中华经典普及文库

綱鑑易知録

〔清〕吴乘权等　辑

下

中華書局

纲鉴易知录卷五七

唐纪

穆宗皇帝

纲 辛丑，穆宗皇帝长庆元年，春正月，诏河北诸道各均定两税。

纲 萧俛罢。

纲 段文昌罢，以杜元颖同平章事。

纲 以王播为盐铁使。

纲 卢龙节度使刘总弃官为僧，以张弘靖代之。

纲 夏四月，贬钱徽、李宗闵为远州刺史，杨汝士为开江令。

目 翰林学士李德裕，吉甫之子也，以中书舍人李宗闵尝对策，讥切其父，恨之。宗闵又与翰林学士元稹争进取有隙。右补阙杨汝士与礼部侍郎钱徽掌贡举，西川节度使段文昌、翰林学士李绅，各以书属所善进士；及榜出，二人所属皆不预，而郑覃弟郎、裴度子撰、宗闵婿苏巢、汝士弟殷士及第。文昌言于上曰："今岁礼部殊不公，所取皆以关节得之。"上以问诸学士，德裕、稹、绅皆以为然。上乃命覆试，黜朗等十人而贬徽等。或劝徽奏二人属书，上必寤，徽曰："苟无愧心，得丧一致，奈何奏人私书，岂士君子所为邪！"取而焚之，时人多之。自是德裕、宗闵各分朋党，更相倾轧，垂四十年。

纲 秋七月，卢龙军乱，囚节度使张弘靖，推朱克融为留后。

目 幕僚韦雍出，逢小将策马冲其前导，雍命杖之，不服。雍白弘靖，系治之。是夕，士卒连营呼噪作乱，囚弘靖，杀雍等，迎朱克融为留后。众以判官张彻长者，不杀。彻骂曰："汝何敢反？行且族灭！"众共杀之。

纲 贬张弘靖为吉州刺史。

纲 成德兵马使王庭凑杀节度使田弘正，起复田布为魏博节度使，讨之。

目 初，田弘正自魏博徙镇成德，自以久与镇人战，有父兄之仇，乃以魏兵二千自卫，请度支供其粮赐。户部侍郎崔倰，刚褊无远虑，恐开事例，不肯给。弘正不得已，遣魏兵归。都知兵马使王庭凑，果悍阴狡，潜谋作乱，以魏兵故，不敢发。及魏兵去，夜结牙兵杀弘正，自称留后。

魏博节度使李愬闻变，素服流涕，令将士曰："魏人所以得通圣化，安宁富乐者，田公之力也。今镇人不道，辄敢害之，是轻魏以为无人也。诸君受田公恩，宜如何报之？"众皆恸哭。深州刺史牛元翼，成德良将也，愬使以宝剑、玉带遗之，曰："昔吾先人以此剑立大勋，吾又以之平蔡州，今以授公，努力翦庭凑。"元翼以剑、带徇于军，报曰："愿尽死！"会愬疾作，不果出兵。乃起复田布为魏博节度使，讨之。

纲 诏诸道讨王庭凑，以牛元翼为深冀节度使。庭凑围深州。

纲 九月，诏两税皆输布、丝、纩。

目 自定两税法以来，钱日重，物日轻，民所输三倍其初。户部尚书杨於陵言："钱者，所以权百货，贸迁有无，所宜流散，不应蓄聚，今税百姓钱藏之公府。又开元中天下铸钱七十余炉，岁入百万，今才十余炉，岁入十五万，又积于富家，流入四夷。如此，则钱焉得不重，物焉得不轻！今宜使天下输税课者皆用谷、帛，广铸钱而禁滞积及出塞者，则钱日滋矣。"从之。

纲 冬十月，以王播同平章事。

目 播为相，专以承迎为事，未尝言国家安危。

纲 以裴度为镇州行营都招讨使。

纲 以魏弘简为弓箭库使，元稹为工部侍郎。

目 翰林学士元稹与知枢密魏弘简相结，求为宰相，由是有宠。稹无怨于裴度，但以度先达重望，恐其复有功大用，妨己进取，故度所奏军事，多与弘简从中沮之。度上表曰："河朔逆贼，祇乱山东；禁闱奸臣，必乱天下。是则河朔患小，禁闱患大。小者臣与诸将必能翦灭，大者非陛下觉寤制断无以驱除。臣蒙陛下委付之意不轻，遭奸臣抑损之事不少。但欲令臣失所，而于天下理乱，山东胜负，悉不之顾。若朝中奸臣尽去，则河朔逆贼不讨自平；若奸臣尚存，则逆贼纵平无益。"表三上，上虽不悦，以度大臣，不得已，罢弘简枢密，解稹翰林，而恩遇如故。

纲 十二月，深州行营节度使杜叔良讨王庭凑，大败。诏以李光颜代之。

纲 以朱克融为平卢节度使。

纲 壬寅，二年，春正月，魏博将史宪诚杀节度使田布，诏以宪诚为节度使。

纲 二月，以王庭凑为成德节度使，遣兵部侍郎韩愈宣慰其军。

目 庭凑围牛元翼于深州，官军三面救之，皆以乏粮不能进，虽李光颜亦闭壁自守。朝廷不得已，以庭凑为成德节度使，而遣韩愈宣慰其军。诏愈至境，更观事势，勿遽入。愈曰："止，君之仁；死，臣之义。"遂往。至镇，庭凑拔刃弦弓以逆之。及馆，甲士罗于庭。庭凑言曰："所以纷纷者，乃此曹所为，非庭凑心。"愈厉声曰："天子以尚书有将帅材，故赐之节钺，不知尚书乃不能与健儿语邪！"甲士前曰："先太师为国击走朱滔，血衣犹在，此军何负朝廷，乃以为贼乎！"愈曰："汝曹尚能记先太师则善矣。夫逆顺之为祸福岂远邪！自禄山、思明以来，至元济、师道，其子孙有今尚存者乎！田令公以魏博归朝廷，子孙孩提，皆为美官；王承元以此军归朝廷，弱冠建节；刘悟、李祐，皆为节度使；汝曹亦闻之乎！"庭凑恐众心动，麾之使出，谓愈曰："侍郎来，欲何为？"愈曰："神策诸将如牛元翼者不少，但朝廷顾大体，不可弃之耳！尚书何为围之不置？"庭凑曰："即当出之。"因与愈宴礼而归之。未几，元翼将十骑突围出深州。

纲 崔植罢，以元稹同平章事。

纲 以裴度为司空、东都留守。

目 元稹怨裴度，欲解其兵柄，故劝上雪王庭凑而罢兵。以度为司空，平章事、东都留守。谏官争上言："时未偃兵，度有将相全才，不宜置之散地。"上乃命度入朝。

目 以李听为河东节度使。

目 初，听为羽林将军，有良马，上为太子，遣左右讽求之，听以职总亲军，不敢献。及河东缺帅，上曰："李听不与朕马，是必可任。"遂用之。

纲 三月，诏留裴度辅政。

纲 王播罢。

纲　夏四月，诏免江州逃户欠钱。

纲　六月，裴度罢为右仆射，元稹罢为同州刺史。

纲　以李逢吉同平章事。

纲　冬十一月，太后幸华清宫，上畋于骊山。

纲　十二月，立景王湛为皇太子。

纲　癸卯，三年，春三月，以牛僧孺同平章事。

目　户部侍郎牛僧孺素为上所厚。至是，遂以为相。时僧孺与李德裕皆有入相之望；德裕出为浙西观察使，八年不迁，以为李逢吉排己而引僧孺，由是怨愈深。

纲　夏四月，以郑权为岭南节度使。

目　翼城人郑注，巧谲倾谄，善揣人意，以医游四方。李愬饵其药颇验，署为牙推，浸预军政，妄作威福，军府患之。监军王守澄请去之，愬曰："注奇才也，将军试与之语，苟无可取，去之未晚。"乃使注见守澄，守澄不得已见之，坐语未久，大喜，促膝恨相见之晚。守澄入知枢密，挈注以西；荐于上，上亦厚遇之。自上有疾，守澄专制国事，势倾中外；注日夜出入其家，与之谋议，人莫能窥其迹。始则微贱巧宦之士，或因以进，数年之后，达官车马满其门矣。工部尚书郑权，家多姬妾，禄薄不能赡，因注通于守澄以求节镇；遂得岭南。

纲　五月，以柳公绰为山南东道节度使。

目　公绰过邓县，有二吏，一犯赃，一舞文，众谓公绰必杀犯赃者。公绰判曰："赃吏犯法，法在；奸吏乱法，法亡。"竟诛舞文者。

纲　六月，以韩愈为京兆尹。

目　愈为京兆，六军不敢犯法，私相谓曰"是尚欲烧佛骨，何可犯也！"

纲　秋八月，以裴度为司空、山南西道节度使。

目　李逢吉恶度，出之山南，不兼平章事。

纲　九月，复以韩愈为吏部侍郎，李绅为户部侍郎。

目　李逢吉结王守澄，势倾朝野，惟翰林学士李绅常排抑之。逢吉患之，而上遇绅厚，不能远也。会御史中丞缺，逢吉荐绅清直，宜居风宪之地；上以中丞亦次对官，可之。会绅与京兆尹韩愈争台参，文移往来，辞语不逊；逢吉奏二人不协，以愈为兵部侍郎，绅为江西观察使。

愈、绅入谢,上问其故,乃寤,故有是命。

纲 甲辰,四年,春正月,帝崩,太子即位。

目 上饵金石之药,处士张皋上疏曰:"神虑澹则血气和,嗜欲胜则疾疹作。药以攻疾,无疾不可饵也。先帝信方士妄言,饵药致疾,岂得复循其覆辙乎!"上善其言,而求之不获。既而疾作,命太子监国。是夕上崩,敬宗即位。

纲 二月,贬李绅为端州司马。

纲 尊皇太后为太皇太后,上母王妃为皇太后。

纲 幸中和殿击球。

目 自是,数游宴、击球、奏乐,赏赐宦官、乐人,不可悉纪。

纲 三月,以刘栖楚为起居舍人;不拜。

目 上视朝每晏,左拾遗刘栖楚进言曰:"陛下富于春秋,嗣位之初,当宵衣求理,而嗜寝乐色,日晏方起。梓宫在殡,鼓吹日喧。令闻未彰,恶声遐布,臣恐福祚之不长。请碎首玉阶以谢谏职之旷。"遂以额叩龙墀,见血不已,响闻阁外。上命中使宣慰令归。寻擢栖楚为起居舍人,栖楚辞疾不拜。

纲 夏四月,以李虞为拾遗。

目 李逢吉用事,所亲厚者张又新、李仲言、李虞、刘栖楚等八人,又有从而附丽之者,时人目之为"八关、十六子。"

纲 五月,以李程、窦易直同平章事。

纲 六月,加裴度同平章事。

纲 夏绥节度使李祐进马百五十匹,却之。

目 侍御史温造弹祐违敕进奉,请论如法,诏释之。祐谓人曰:"吾夜半入蔡州城取吴元济,未尝心动,今日胆落于温御史矣!"

纲 冬十月,赐韦处厚锦彩银器。

目 翰林学士韦处厚谏上宴游曰:"先帝以酒色致疾损寿,臣时不死谏者,以陛下年已十五故也。今皇子才一岁,臣安敢畏死而不谏乎!"上感其言,故有是赐。

纲 十一月,葬光陵。

纲 十二月,以刘栖楚为谏议大夫。

敬宗皇帝

纲　乙巳，敬宗皇帝宝历元年，春正月，赦。

目　先是鄠令崔发闻五坊人殴百姓，命擒以入，曳之于庭。诘之，乃中使也。上怒，收发，系台狱。是日，与诸囚立金鸡下，忽有品官数十人执梃乱捶发，气绝；数刻始苏，诏复击之。给事中李渤上言："县令曳中人，中人殴御囚，其罪一也。然县令所犯在赦前，中人所犯在赦后。中人横暴，若不早正刑书，臣恐四夷藩镇闻之，则慢易之心生矣。"谏议大夫张仲方亦上言曰："鸿恩将布于天下而不行御前，霈泽遍被于昆虫而独遗崔发。"上皆不听。李逢吉从容言于上曰："崔发辄曳中人，诚大不敬，然其母年垂八十，自发下狱，积忧成疾。陛下方以孝理天下，所宜矜念。"上乃愍然曰："比谏官但言发冤，未尝言其不敬，亦不言有老母。如卿所言，朕何为不赦之！"即命中使释其罪，送归家，仍慰劳其母。母对中使杖发四十。

纲　牛僧孺罢为武昌节度使。

目　牛僧孺以上荒淫，嬖幸用事，又畏罪不敢言，但素表求出。乃升鄂岳为武昌军，以僧孺为节度使。僧孺过襄阳，节度使柳公绰服櫜鞬候于馆舍。将佐曰："襄阳地望高于夏口，此礼太过！"公绰曰："奇章公甫离台席，方镇重宰相，所以尊朝廷也。"竟行之。

纲　二月，浙西观察使李德裕献丹扆六箴。

目　上游幸无常，昵比群小，视朝月不再三，大臣罕得进见。德裕献丹扆六箴：一曰宵衣，以讽视朝稀晚；二曰正服，以讽服御乖异；三曰罢献，以讽征求玩好；四曰纳诲，以讽侮弃谠言；五曰辨邪，以讽信任群小；六曰防微，以讽轻出游幸。上优诏答之。

纲　秋七月，盐铁使王播进羡余绢百万匹。

纲　造竞渡船。

目　诏王播造竞渡船二十艘，计用转运半年之费。张仲方等力谏，乃减其半。

纲　八月，昭义节度使刘悟卒。

纲　冬十二月，幸骊山温汤。

目　上欲幸骊山温汤，左仆射李绛、谏议大夫张仲方等屡谏不听，拾遗张权舆伏紫宸殿下，叩头谏曰："昔周幽王幸骊山而为犬戎所杀；秦始皇幸骊山而国亡；玄宗幸骊山而禄山乱；先帝幸骊山而享年不长。”上曰：“骊山若此之凶邪？我宜一往以验彼言。”幸温汤，还，谓左右曰：“彼叩头者之言，安足信哉！”

纲 十二月，以刘从谏为昭义留后。

纲 以李绛为太子少师分司。

目 仆射李绛好直谏，李逢吉恶之。至是，以绛有足疾，出之东都。

纲 丙午，二年，春二月，以裴度为司空、同平章事。

目 言事者多称裴度贤，不宜弃之藩镇，上数遣使劳问，度因求入朝；逢吉之党大惧，百计毁之。先是民间谣云：“绯衣小儿坦其腹，天上有口被驱逐。”又长安城中有横亘六冈，如乾象，度宅偶居第五冈。张权舆上言：“度名应图谶，宅占冈原，不召而来，其旨可见。”上虽年少，悉察其诬谤，待度益厚。

度至京师，复知政事。左右忽白失中书印，闻者失色。度饮酒自如；顷，复白已得之，度亦不应。或问其故，度曰：“此必吏人盗之以印书券耳，急之则投诸水火，缓之则复还故处。”人服其识量。

纲 三月，罢修东都。

目 上欲幸东都，谏者甚众，上皆不听，已使按修宫阙。裴度从容言曰：“国家本设两都以备巡幸，然自多难以来，宫阙、营垒、百司廨舍率已荒弛，陛下傥欲行幸，宜命有司徐加完葺，然后可往。”上曰：“从来言事者皆云不当往，如卿所言，不往亦可。”乃敕罢之。

纲 秋九月，李程罢为河东节度使。

纲 冬十一月，李逢吉罢。

纲 十二月，宦官刘克明等弑帝于室内，立绛王悟。王守澄等讨克明，杀悟，立江王涵。

目 上游戏无度，狎昵群小，善击球，好手搏，又好深夜自捕狐狸。性复褊急，宦官小过，动遭捶挞，皆怨且惧。夜猎还宫，与宦官刘克明、击球军将苏佐明等二十八人饮酒。上酒酣，入室更衣，殿上烛灭，克明等弑帝于室内。

克明矫称上旨，命学士路隋草遗制，以绛王悟权句当军国事。又欲易置内侍之执权者。于是枢密使王守澄、杨承和、中尉魏从简、梁守谦定议。以衙兵迎江王涵入宫，发左右神策、飞龙兵进讨贼党，尽斩之。绛王为乱兵所害。明日，江王即位，更名昂，是为文宗。

纲 尊母萧氏为皇太后。以韦处厚同平章事。

纲 出宫人，放鹰、犬，省冗食，罢别贮、宣索。

目 上自为诸王，深知两朝之弊，及即位，励精求治，去奢从俭。诏宫女非有职事者，出三千余人。放五坊鹰、犬。省教坊、总监冗食千二百余员。近岁别贮钱谷，悉归之有司。宣索组绣、雕镂之物，悉罢之。敬宗之世，每月视朝不过一二，上始复旧制，每奇日视朝，对宰相群臣延访政事，久之方罢。待制官旧虽设之，未尝召对，至是屡蒙延问。中外翕然相贺，以为太平可冀。

文宗皇帝

纲 丁未，文宗皇帝太和元年，夏四月，韦处厚请避位，不许。

目 上虽虚怀听纳而不能坚决，与宰相议事已定，寻复中变。韦处厚于延英极论之，因请避位；上再三慰劳之。

纲 六月，以王播同平章事。

纲 秋七月，葬庄陵。

纲 戊申，二年，春三月，亲策制举人。

目 自元和之末，宦官益横，建置天子在其掌握，威权出人主之右，人莫敢言。贤良方正刘蕡对策，极言其祸，其略曰："陛下宜先忧者，宫闱将变、社稷将危、天下将倾、海内将乱。"又曰："陛下将杜篡弑之渐，则居正位而近正人，远刀锯之贱，亲骨鲠之直，辅相得以专其任，庶职得以守其官，奈何以亵近五、六人总天下大政！祸稔萧墙，奸生帷幄，臣恐曹节、侯览复生于今日。"又曰："忠贤无腹心之寄，阍寺恃废立之权，陷先君不得正其终，致陛下不得正其始。"又曰："陛下何不塞阴邪之路，屏亵狎之臣，制侵陵迫胁之心，复门户扫除之役，戒其所宜戒，忧其所宜忧！"又曰："陛下诚能揭国权以归相，持兵柄以归将，则心无不达，行无不孚矣。"

考官散骑常侍冯宿等见蕡策，皆叹服，而畏宦官，不敢取。裴休、李郃、杜牧、崔慎由等二十二人中第，皆除官，物论嚣然称屈。李郃曰："刘蕡下第，我辈登科，能无厚颜！"乃上疏曰："蕡所对策，汉、魏以来无与为比。今有司以蕡指切左右，不敢以闻，恐忠良道穷，纲纪遂绝。况臣所对不及蕡远甚，乞回臣所授，以旌蕡直。"不报。

纲 冬十二月,中书侍郎、同平章事韦处厚卒。

纲 以路隋同平章事。

纲 己酉,三年,秋八月,以李宗闵同平章事。

目 征李德裕为兵部侍郎,裴度荐以为相。会宗闵有宦官之助,遂以宗闵同平章事。宗闵恶德裕逼己,出之滑州。

纲 九月,命宦官毋得衣纱縠绫罗。

目 上性俭素,听朝之暇,惟以书史自娱,声乐游畋未尝留意。驸马韦处仁着夹罗巾,上谓曰:“朕慕卿门地清素,故有选尚。如此巾服,听其它贵戚为之,卿不须尔。”

纲 冬十一月,禁献奇巧及织纤丽布帛。

纲 庚戌,四年,春正月,以牛僧孺同平章事。

目 李宗闵引僧孺为相,相与排摈李德裕之党,稍稍逐之。

纲 夏六月,以裴度为司徒、平章军国重事。

目 度以老疾辞位,故有是命。仍诏三五日一入中书。

纲 秋七月,以宋申锡同平章事。

目 上患宦官强盛,元和、宝历逆党犹在;而中尉王守澄尤专横。尝密与申锡言之,申锡请渐除其逼。上以申锡沉厚忠谨,可倚以事,擢为宰相。

纲 九月,以裴度为山南东道节度使。

目 初,裴度往淮西,奏李宗闵为判官,由是渐获进用。至是,怨度荐李德裕,因其谢病,出之。

纲 冬十月,以李德裕为西川节度使。

目 蜀自南诏入寇,一方残弊。德裕至镇,作筹边楼,图蜀地形,南入南诏,西达吐蕃。日召老于军旅、习边事者,访以山川、城邑,道路险易,广狭远近,未踰月,皆若身尝涉历。乃练士卒,葺堡鄣,积粮储以备边,蜀人粗安。

纲 辛亥,五年,春三月,贬漳王凑为巢县公,宋申锡为开州司马。

目 上与申锡谋诛宦官,申锡引王璠为京兆尹,以密旨谕之。璠泄其谋,王守澄、郑注知之,使人诬告申锡谋立漳王。上怒,漳王、申锡皆坐贬,申锡竟卒于贬所。

纲 夏五月,李德裕索南诏所掠百姓,得四千人。

纲 秋九月,吐蕃将悉怛谋以维州来降,不受。

目 吐蕃维州副使悉怛谋请降,尽帅其众奔成都;李德裕遣兵据其城。具奏其状,事下尚书省,集百官议,皆请如德裕策。牛僧孺以为不可,上诏德裕以其城及悉怛谋等悉归之吐蕃。吐蕃诛之于境上,极其惨酷。德裕由是怨僧孺益深。

纲 壬子,六年,冬十月,立鲁王永为太子。

纲 十二月,牛僧孺罢为淮南节度使。

目 西川监军王践言入知枢密,数为上言:"缚送悉怛谋以快虏心,绝降者,非计也。"上亦悔之,尤僧孺失策。僧孺内不自安。会上谓宰相曰:"天下何时当太平,卿等亦有意于此乎?"僧孺对曰:"太平无象。今四夷不至交侵,百姓不至流散,虽非至理,亦谓小康。陛下若别求太平,非臣所及。"因累表请罢。乃出镇淮南。

纲 以李德裕为兵部尚书。

目 初,李宗闵与德裕有隙,及德裕还自西川,上注意甚厚,朝夕且为相。宗闵百方沮之不能,深以为忧。京兆尹杜悰谓曰:"德裕有文学而不由科第,常用此为慊慊,若使之知举,则可以平宿憾矣!"宗闵曰:"更思其次。"悰曰:"不则用为御史大夫。"宗闵曰:"可矣。"悰乃诣德裕,告之。德裕惊喜泣下,寄谢重沓。宗闵复与给事中杨虞卿谋之,事遂中止。

纲 癸丑,七年,春二月,以李德裕同平章事。

目 德裕入谢,上与之论朋党事。时给事中杨虞卿与从兄中书舍人汝士等善交结,依附权要,上闻而恶之,故与德裕言首及之,德裕因得以排其所不悦者。他日,上复言及朋党,李宗闵曰:"臣素知之,故虞卿辈,臣皆不与美官。"李德裕曰:"给、舍,非美官而何?"宗闵失色。

纲 夏六月,以郑覃为御史大夫。

目 初,李宗闵恶覃在禁中数言事,奏罢其侍讲。上从容谓宰相曰:"殷侑经术,颇似郑覃。"宗闵对曰:"覃、侑经术诚可尚,然论议不足听。"李德裕曰:"覃、侑议论,他人不欲闻,惟陛下欲闻之,幸甚。"后旬日,宣出,除覃御史大夫。宗闵谓枢密使崔潭峻曰:"事皆宣出,安用中书!"潭峻曰:"八年天子,听其自行事亦可矣!"宗闵愀然而止。

纲　李宗闵罢。

纲　秋七月，以王涯同平章事，兼度支、盐铁、转运使。

纲　八月，诏诸王出阁，停进士试诗赋。

目　上患近世文士不通经术，李德裕请依杨绾议，罢诗赋。又言："昔玄宗以临淄王定内难，疑忌宗室，不令出阁；议者以为幽闭骨肉，亏伤人伦。天宝之末、建中之初，所以悉为安禄山、朱泚所鱼肉者，由聚于一宫故也。陛下诚能听其年高属疏者出阁，又除诸州上佐，使携其男女出外昏嫁，此则百年弊法，一旦去之，海内孰不欣悦！"上曰："兹事朕久知其不可，今诸王岂无贤才，无所施耳！"于是下诏并停诗赋。然诸王出阁，竟以议所除官不决而罢。

纲　加卢龙节度使杨志诚右仆射。

目　初，以志诚为吏部尚书，志诚怒不得仆射，留官告使。朝廷不得已，加志诚仆射，别遣使慰谕之。

杜牧愤河朔三镇之桀骜，而朝廷议者专事姑息，乃作罪言，曰："上策莫如先自治；中策莫如取魏；最下策为浪战，不计地势，不审攻守是也。"

又伤府兵废坏，作原十六卫，曰："贞观中，内以十六卫蓄养戎臣，外开折冲果毅府五百七十四以储兵伍，有事则戎臣提兵居外，无事则放兵居内。其居内也，富贵恩泽以奉养之，所部之兵散舍诸府，三时耕稼，一时治武，籍藏将府，伍散田亩，力解势破，人人自爱，虽有蚩尤为帅，亦不可使为乱耳。及其居外也，缘部之兵，被檄乃来，斧钺在前，爵赏在后，飘暴交捽，岂暇异略，虽有蚩尤为帅，亦无能为叛也。自贞观至于开元，百三十年间，戎臣兵伍，未始逆篡，此大圣人所以柄统轻重，制鄣表里，圣算神术也。至于开元末，愚儒请罢府兵，武夫请搏四夷，于是府兵内铲，边兵外作，尾大中干，成燕偏重，而天下掀然，根萌烬燃矣！盖兵居外则叛，居内则篡。使外不叛，内不篡，其置府立卫乎！呜呼！文皇帝十六卫之旨，其谁原而复之乎！"

又作战论，曰："河北视天下，犹珠玑也；天下视河北，犹四支也。河北气俗温厚，果于战耕，加以土息健马，便于驰敌，是以出则胜，处则饶，不窥天下之产，自可封殖，亦犹大农之家，不待珠玑然后以为富也。国家无河北，则精甲、锐卒、良弓、健马无有也。河东、盟津、滑台、大梁、彭城、东平，尽宿厚兵，不可他使。六镇之师，低首仰给。咸阳西北，戎夷大屯，赤地尽取，始能应费，四支尽解，头腹兀然，其能以是久为安乎！诚能治其五败，则一战可定，四支可生。战士离落，兵甲钝弊，是不搜练之过，其败一也；百人荷戈，千夫仰食，此不责实之过，其败二也；小胜则张皇邀赏，贵极富溢则不肯搜奇出死以勤于我！此厚赏之过，其败三也；多丧兵士，跳身而来，回视刀锯，气色甚安，此轻罚之过，其败四也；大将兵柄不得自专，恩臣、敕使迭来挥之，此不专任之过，其败五也。今诚欲调持干戈，洒扫垢污，以为万世安，而乃踵前非是，不可为也。”

纲　九月，以郑注为右神策判官。

纲　冬十二月，上有疾。

目　上始得风疾，不能言。王守澄荐郑注，上饮其药，颇有验，遂有宠。然上自是神识耗减，不能复故。

纲　甲寅，八年，冬十月，以李宗闵同平章事，李德裕罢为山南西道节度使，以李仲言为翰林侍读学士。

目　初，李仲言流象州，遇赦，还东都。会留守李逢吉思复入相，仲言自言与郑注善，逢吉使仲言厚赂之。注引仲言见王守澄，守澄荐于上。上见之，大悦，欲以为谏官，寘之翰林。李德裕以为不可，上曰：“逢吉荐之，朕不欲食言。”对曰：“逢吉身为宰相，乃荐奸邪以误国，亦罪人也。”上曰：“然则别除一官。”对曰：“亦不可。”上顾王涯，涯对曰：“可。”德裕挥手止之，上回顾适见，不怿而罢。仲言及注皆恶德裕，以宗闵与德裕不相悦，引宗闵以敌之。上遂相宗闵，而出德裕于兴元。是日，以仲言为侍读，寻改名训。

纲　令进士复试诗赋。

纲　以李德裕为兵部尚书。

目　德裕见上，请留京师故也。

纲　十一月，成德节度使王庭凑卒，子元逵自知留后。

目　元逵改父所为，事朝廷甚谨。

纲　以李德裕为镇海节度使。

目　李宗闵言德裕制命已行，不宜自便。诏复以德裕镇浙西。时德裕、宗闵各有朋党，互相挤援，上患之，每叹曰：“去河北贼易，去朝中朋党难。”

纲 以王璠为尚书左丞。

纲 乙卯，九年，春正月，以王元逵为成德节度使。

纲 浚曲江及昆明池。

目 郑注言秦地有灾，宜兴役以禳之也。

纲 夏四月，以李德裕为宾客分司。

纲 以郑注守太仆卿，兼御史大夫。

目 注举李款自代曰："加臣之罪，虽于理而无辜；在款之诚，乃事君而尽节。"人皆哂之。

纲 路隋罢为镇海节度使。

纲 以贾餗同平章事。

目 餗性褊躁轻率，与李德裕有隙，而善于宗闵、郑注，故上用之。

纲 贬李德裕为袁州长史。

纲 五月，以仇士良为神策中尉。

目 初，宋申锡获罪，宦官益横，上不能堪。李训、郑注揣知上意，数以微言动上。上意其可与谋大事，遂密以诚告之。训、注遂以诛宦官为己任，二人言无不从，声势烜赫。上之立也，仇士良有功，王守澄抑之，由是有隙。训、注为上谋，进擢士良以分守澄之权。

纲 六月，贬李宗闵为明州刺史。秋七月，以李固言同平章事。

目 京城讹言郑注为上合金丹，须小儿心肝，民间惊惧。郑注素恶京兆尹杨虞卿，与李训共构之，云此语出于虞卿家人。上怒，下虞卿狱。注求为两省官，李宗闵不许，注毁之于上。会宗闵救虞卿，上怒，叱出，贬之。虞卿亦贬虔州司马，而以李固言为相。训、注为上画太平之策，以为当先除宦官，次复河、湟，次清河北，开陈方略，如指诸掌。上以为信，宠任日隆。连逐三相，威震天下，于是平生丝恩发怨无不报者。

目 注之初得幸，上尝问翰林学士李珏曰："卿知有郑注乎？"对曰："臣岂不知。其人奸邪，陛下宠之，恐无益圣德。臣忝在近密，安敢与此人交通！"至是以注为工部尚书、翰林侍读学士，珏贬江州。时注、训所恶，皆目为二李之党，贬逐无虚日，班列殆空。

纲 陈弘志伏诛。

纲 李固言罢为山南西道节度使，以郑注为凤翔节度使。

目 初，注求镇凤翔，固言不可。乃出固言镇兴元，而以注为凤翔帅。李训虽因注得进，及势位俱盛，心颇忌注，托以中外协势以诛宦官，故出注于凤翔，其实俟既诛宦官，并图注也。

纲 以舒元舆、李训同平章事。

纲 冬十月，杀王守澄。

目 训、注请除守澄，遣中使就第赐鸩杀之。训、注本因守澄以进，卒谋而杀之，人皆快守澄之受佞，而疾训、注之阴狡，于是元和之逆党略尽矣。

纲 加裴度兼中书令。

目 李训所奖拔，率皆狂险之士，然亦时取天下重望以顺人心，如裴度、令狐楚、郑覃皆累朝耆俊，久在散地，训皆引居崇秩。由是士大夫亦有望其真能致太平者，不惟天子惑之也。

纲 十一月，李训、舒元舆、郑注等谋诛宦官，不克。以郑覃、李石同平章事，仇士良杀训、注、元舆及王涯、贾餗等。

目 始郑注与李训谋，至镇，选壮士数百为亲兵。奏请入护王守澄葬，仍请令内臣尽集送之，因令亲兵杀之，使无遗类。约既定，训与其党谋："如此事成，则注专有其功。"乃以郭行余镇邠宁，王璠镇河东，使多募壮士为部曲，以罗立言知京兆府事，韩约为金吾卫大将军，及与御史中丞李孝本谋并注去之。宰相惟舒元舆与其谋，他人莫知也。

及是日，上御紫宸殿。百官班定，韩约奏："左金吾听事后石榴夜有甘露。"因蹈舞再拜，宰相亦帅百官称贺。训、元舆劝上往观，以承天贶，上许之。先命宰相视之，训还奏："非真，未可宣布。"上顾仇士良帅诸宦者往视之。宦者既去，训召行余、璠受敕。时二人部曲数百，皆执兵立丹凤门外，训召之入。士良等至，韩约变色流汗，士良怪之，俄风吹幕起，执兵者甚众。士良等惊走，诣上告变。训呼金吾卫士上殿，宦者即举软舆迎上，决殿后罘罳，疾趋北出。罗立言帅京兆逻卒三百，李孝本帅御史台从人二百，皆登殿纵击，宦官死伤者十余人。训知事不济，走马而出。王涯、贾餗、舒元舆还中书，士良等命左、右神策兵五百人露刃出讨贼。杀金吾吏卒千六百余人，擒舒元舆、王涯、王璠、罗立言等，皆系两军。

明日，百官入朝，上御紫宸殿，问："宰相何为不来？"仇士良曰："王涯等谋反系狱。"命左右仆射令狐楚、郑覃参决机务。使楚草制宣告中外；楚叙涯等反事浮泛，仇士良等不悦，由是不得为相，而以郑覃、李石同平章事。擒获贾餗、李孝本。李训为人所杀，传其首，左、右神策出兵以训首引涯、璠、立言、餗、元舆、孝本徇于两市，腰斩于独柳之下，亲属皆死。数日之间，杀生除拜皆决于中尉，上不豫知也。

郑注将兵至扶风，知训已败，复还凤翔。监军伏甲斩之，灭其家，僚属皆死。右军获韩约，斩之。士良等进阶迁官有差。自是天下事皆决于北司，宰相行文书而已。宦官自是气益盛，迫胁天子，下视宰相，陵暴朝士如草芥。每延英议事，士良等动引训、注折宰相。郑覃、李石曰："训、注诚为乱首，但不知训、注始因何人得进？"宦者稍屈，搢绅赖之。

纲 十二月，诏六道巡边使还京师。

目 初，王守澄恶宦者田全操等六人，李训、郑注因遣分诣盐、灵等道巡边，诏六道使杀之。会训败，六道得诏，皆废不行。至是，召之，全操等追忿训、注之谋，在道扬言："我入城，凡儒服者，尽杀之！"乘驿疾驱而入。京城讹言寇至，民惊走，诸司奔散，郑覃、李石在中书，覃谓石曰："耳目颇异，宜出避之！"石曰："宰相位尊望重，人心所属，不可轻也！今事虚实未可知，坚坐镇之，庶几可定。若宰相亦走，则中外乱矣。且果有祸乱，避亦不免！"覃然之。石坐视文案，沛然自若。

纲 以薛元赏为京兆尹。

目 时禁军暴横，京兆尹张仲方不敢诘，以薛元赏代之。元赏尝诣李石第，闻石方坐听事与一人争辨甚喧，元赏使觇之，云有神策军将诉事。元赏趋入，责石曰："相公纪纲四海，不能制一军将，使无礼如此，何以镇服四夷！"即命左右擒出。士良召之，元赏曰："属有公事，行当至矣。"乃杖杀之，而白服以见士良，曰："中尉、宰相，皆大臣也，宰相之人若无礼于中尉，如之何？中尉之人无礼于宰相，庸可恕乎！中尉与国同体，为国惜法，元赏已囚服而来，惟中尉死生之！"士良无可如何，乃呼酒与元赏欢饮而罢。

纲 丙辰，开成元年，春二月，加刘从谏检校司徒。

目 昭义节度使刘从谏上表请王涯等罪名，且言："涯等荷国荣宠，安肯构逆！训等实欲讨除内臣，两中尉遂诬以反逆，横被杀伤。臣欲身诣阙庭，面陈臧否，恐并陷孥戮，事亦无成。谨当修饬封疆，训练士卒，如奸臣难制，誓以死清君侧！”士良等惧，乃加从谏检校司徒。从谏复表让曰：“臣之所陈，系国大体。可听则涯等宜蒙湔洗，不可听则赏典不宜妄加，安有死冤不申而生者荷禄！”因暴扬仇士良等罪恶，士良等惮之。由是郑覃、李石粗能秉政，天子倚之亦差以自强。

纲　夏四月，以李固言同平章事。

目　固言荐崔球为起居舍人，郑覃以为不可，上曰：“公事莫相违！”覃曰：“若宰相尽同，则事必有欺陛下者矣！”上与宰相语，患四方表奏华而不典。李石对曰：“古人因事为文，今人以文害事。”上与宰相论诗，覃曰：“诗之工者无若三百篇，皆国人作之以刺美时政，王者采之以观风俗耳，不闻王者为诗也。陈后主、隋炀帝皆工于诗，不免亡国，陛下何取焉。”覃笃于经术，上甚重之。上尝欲置诗学士，李珏曰：“诗人浮薄，无益于理。”乃止。上谓宰相曰：“荐人勿问亲疏。朕闻窦易直为相，未尝用亲故，若亲故果才，避嫌而弃之，是亦不为至公也。”

纲　闰月，以李听为河中节度使。

目　上尝叹曰：“付之兵不疑，置之散地不怨，惟听为可以然。”

纲　秋七月，以魏謩为补阙。

目　李孝本二女配没右军，上取之入宫。拾遗魏謩上疏曰：“窃闻数月以来，教坊选试以百数，庄宅收市犹未已；又召李孝本女不避宗姓，大兴物论，臣窃惜之。”上即出之。擢謩为补阙，谓曰：“朕选市女子，以赐诸王耳。怜孝本女孤露，故收养宫中。謩于疑似之间皆能尽言，可谓爱我，不忝厥祖矣！”

后謩为起居舍人，上就取记注观之，謩不可，曰：“记注兼书善恶，所以儆戒人君，陛下但力为善，不必观史。”上曰：“朕向尝观之。”对曰：“此向日史官之罪也。若陛下自观史，则史官必有所讳避，何以取信于后！”上乃止。又尝命謩献其祖文贞公笏，郑覃曰：“在人不在笏。”上曰：“亦甘棠之比也。”

纲鉴易知录卷五八

唐纪

文宗皇帝

纲 丁巳，二年，春三月，彗星出。

纲 夏四月，以柳公权为谏议大夫。

目 上对中书舍人柳公权等于便殿，上举衫袖示之曰："此衣已三浣矣！"时众皆美上之俭德，公权独无言。上问其故，对曰："陛下贵为天子，富有四海，当进贤退不肖，纳谏诤，明赏罚，乃可以致雍熙。服浣濯之衣，乃末节耳。"上曰："朕知舍人不应复为谏议，以卿有诤臣风采，须屈卿为之。"故有是命。

纲 以陈夷行同平章事。

纲 秋七月，太子侍读韦温罢。

目 温晨诣东宫，日中乃得见，因谏曰："太子当鸡鸣而起，问安视膳，不宜专事宴安！"太子不能用其言，温乃辞侍读。

纲 冬十月，国子监石经成。

纲 李固言罢。

纲 戊午，三年，春正月，盗射伤李石。

纲 以杨嗣复、李珏同平章事，李石罢为荆南节度使。

目 李石承甘露之乱，人情危惧，宦官恣横，忘身殉国，故纪纲粗立。仇士良深恶之，潜遣盗杀之，不果。石惧，辞位；上深知其故而无如之何，从之。

纲 以李宗闵为杭州刺史。

纲 夏五月，禁诸道言祥瑞。

目 太和之末，杜悰镇凤翔时，有诏沙汰僧尼。会有五色云见于岐山，近法门寺，民间讹言佛骨降祥，以僧尼不安之故。监军欲奏之，悰曰："云物变色，何常之有！"未几，获白兔，监军又欲奏之，悰曰："野兽未驯，且宜畜之。”旬日而毙；监军不悦，画图献之。及郑注代悰，奏紫云见，又献白雉。是岁，遂有甘露之变。及悰判度支，河中奏驺虞见，百官称贺，上谓悰曰：“李训、郑注皆因瑞以售其乱，乃知瑞物非国之庆。卿在凤翔，不奏白兔，真先觉也。”对曰：“昔河出图，伏羲以画八卦；洛出书，大禹以叙九畴，皆有益于人，故足尚也。至于禽兽草木之瑞，何时无之！愿陛下专以百姓富安为国庆，自余不足取也。”上善之。遂诏：“诸道有瑞，皆勿以闻。”

纲 冬十月，太子永卒。

纲 己未，四年，春三月，司徒、中书令、晋文忠公裴度卒。

目 度镇河东，以疾求归东都，诏入知政事。正月至京师，不能入见，劳赐旁午。至是薨，上怪度无遗表，问其家，得半稿，以储嗣未定为忧，言不及私。度身貌不踰中人，而威望远达四夷，四夷见唐使，辄问度老少用舍。以身系国家轻重如郭子仪者，二十余年。

纲 夏五月，郑覃罢为右仆射，陈夷行罢为吏部侍郎。

纲 以姚勖检校礼部郎中。

目 上以盐铁推官姚勖能鞫疑狱，命权知职方员外郎，右丞韦温奏：“郎官朝廷清选，不宜以赏能吏。”上乃以勖检校礼部郎中，仍充旧职。杨嗣复曰：“温志在澄清流品，若有吏能者皆不得清流，则天下之事孰为陛下理之！恐似衰晋之风。”然上素重温，终不夺其所守。

纲 秋七月，以崔郸同平章事。

纲 冬十月，立陈王成美为皇太子。

目 杨妃请立皇弟安王溶为嗣，上谋于宰相，李珏非之，乃立敬宗少子成美为皇太子。上伤太子之死，旧疾遂增。十一月，疾少间，坐思政殿，召当直学士周墀问曰：“朕可方前代何主？”对曰：“陛下尧、舜之主也。”上曰：“朕岂敢比尧、舜！所以问卿者，何如周赧、汉献耳？”墀惊曰：“彼亡国之主，岂可比圣德！”上曰：“赧、献受制于强诸侯，今朕受制于家奴，以此言之，殆不如也！”因泣下沾襟，墀伏地流涕。自是不复视朝。

纲 庚申，五年，春正月，立颍王瀍为皇太弟，废太子成美为陈王。

目 上疾甚，欲命太子监国。中尉仇士良、鱼弘志以太子之立，功不在己，矫诏立瀍为太弟。以成美冲幼，复封陈王。

纲 帝崩，太弟杀陈王成美，遂即位。

纲 夏五月，杨嗣复罢，以崔珙同平章事。

纲 秋八月，葬章陵。

纲 李珏罢。九月，以李德裕同平章事。

目 初，上之立，非宰相意，故杨嗣复、李珏相继罢去，召德裕而相之。德裕入谢，言于上曰："致理之要，在于辨群臣之邪正。夫邪正二者，势不相容，正人指邪人为邪，邪人亦指正人为邪，人主辨之甚难。臣以为正人如松柏，特立不倚；邪人如藤萝，非附他物不能自起。故正人一心事君，而邪人竞为朋党。先帝深知朋党之患，然所用卒皆朋党之人，良由执心不定，故奸邪得乘间而入也。夫宰相不能人人忠良，或为欺罔，主心始疑，于是旁询小人以察执政。如德宗末年，所听任者惟裴延龄辈，宰相署敕而已，此政事所以日乱也。陛下诚能慎择贤才以为宰相，有奸罔者立黜去之，常令政事皆出中书，推心委任，坚定不移，则天下何忧不理哉！"又曰："先帝于大臣好为形迹，小过皆含容不言，日累月积，以至祸败。兹事大误，愿陛下以为戒！臣等有罪，陛下当面诘之。小过则容其悛改，大罪则加之诛谴，如此，君臣之际无疑间矣。"上嘉纳之。

纲 冬十一月，以李中敏为婺州刺史。

目 内谒者监仇士良请以开府荫其子为千牛，给事中李中敏判云："开府阶诚宜荫子，谒者监何由有儿？"士良惭恚。李德裕亦以中敏为杨嗣复之党，恶之，出为刺史。

武宗皇帝

纲 辛酉，武宗皇帝会昌元年，春三月，以陈夷行同平章事。

纲 杀知枢密刘弘逸、薛季稜，贬杨嗣复、李珏远州刺史，裴夷直驩州司马。

目 刘弘逸、薛季稜有宠于文宗，仇士良恶之。上之立，非二人及宰相意，故嗣复、珏既罢，士良屡谮弘逸等，劝上除之。于是赐二人死，仍遣中使就诛嗣复及珏。杜悰奔马见李德裕曰："天子年少，新即位，兹事不宜手滑！"德裕乃与崔珙、崔郸、陈夷行三上奏，愿开延英赐对。遂入，泣涕极言。上乃追还二使，更贬嗣复等。

纲 夏六月，诏群臣言事，毋得乞留中。

目 诏:"臣下言人罪恶,并应请付御史台按问,毋得乞留中,以杜谗邪。"

纲 上受法箓于赵归真。

纲 秋九月,以牛僧孺为太子太师。

目 先是僧孺镇襄阳,汉水溢,坏民居。李德裕以为僧孺罪而废之。

纲 冬十一月,崔郸罢。

纲 壬戌,二年,春二月,以李绅同平章事。

纲 以柳公权为太子詹事。

目 散骑常侍柳公权素与李德裕善,崔珙奏为集贤学士;德裕以恩非己出,因事左迁之。

纲 夏五月,陈夷行罢。秋七月,以李让夷同平章事。

纲 八月,以白敏中为翰林学士。

目 上闻白居易名,欲相之,以问李德裕。德裕素恶居易,乃言:"居易衰病,不任朝谒。其从弟敏中,辞学不减居易,且有器识。"故有是命。

纲 癸亥,三年,春二月,崔珙罢。

纲 三月,赠悉怛谋右卫将军。

目 李德裕言:"维州据高山绝顶,三面临江,在戎房平川之冲,是汉地入兵之路。自为吐蕃所陷,号曰'无忧城'。从此得以并力西边,凭陵近甸。臣到西蜀,空壁来归,南蛮震慑,山西八国,皆愿内属。可减八处镇兵,坐收千余里旧地。当时不与臣者,望风疾臣,诏执送悉怛谋等令彼自戮,绝忠款之路,快凶虐之情。乞追奖忠魂,各另褒赠。"故有是命。

纲 夏四月,昭义节度使刘从谏薨,其子稹自为留后;诏诸道发兵讨之。

目 初从谏累表言仇士良罪恶,遂与朝廷相猜恨。及疾病,与幕客张谷等谋效河北诸镇,以弟之子稹为都知兵马使。至是薨,稹秘不发丧,逼监军崔士康奏称从谏疾病,请命其子稹为留后。宰相谏官多以为:"回鹘余烬未灭,边鄙犹须警备,复讨泽潞,国力不支。"李德裕独曰:"泽潞事体与河朔三镇不同。河朔习乱已久,人心难化,是故累朝以来,置之度外。泽潞近处腹心,一军素称忠义。如李抱真成立此军,德宗犹不许承袭。敬宗不恤国务,宰相又无远略,刘悟之死,因授从谏,使其跋扈,垂死之际,复以兵权擅付竖子。若又因而授之,则诸镇谁不思效其所为,天子威令不复行矣!"上曰:"卿以何术制之?果可克否?"对曰:"稹所恃者三镇。但得镇、魏不与之同,则稹无能为也。若遣重臣往谕王元逵、何弘敬,以河朔自艰难以来,列圣许其传袭,已成故事,与泽潞不同。今将加兵泽潞,不欲更出禁军,其山东三州,委两镇攻之;贼平之日,将士并当厚加官赏。苟两镇听命,不从旁沮挠官军,则稹必成擒矣!"上喜曰:"吾与德裕同之,保无后悔。"遂决意讨稹,群臣言者不复入矣。

上命德裕草诏赐元逵、弘敬曰:"泽潞一镇,与卿事体不同,勿为子孙之谋,欲存辅车之势。但能显立功效,自然福及后昆。"上曰:"当如此直告之是也!"又赐卢龙节度使张仲武诏,令专御回鹘。元逵、弘敬得诏,悚息听命。

德裕又以分司宾客李宗闵与刘从谏交通,不宜寘之东都,奏以为湖州刺史。制削夺从谏及稹官爵,以王元逵、何弘敬为招讨使,与河东节度使刘沔、河阳节度使王茂元合力攻讨。

纲 以崔铉同平章事。

纲 筑望仙观于禁中。

纲 六月,内侍监仇士良致仕。

目 上外尊宠士良,内实忌之。士良颇觉,遂以老病致仕。其党送归私第,士良教之曰:"天子不可令闲,常宜以奢靡娱其耳目,使日新月盛,无暇更及他事,然后吾辈可以得志。慎勿使之读书,亲近儒生,彼见前代兴亡,心知忧惧,则吾辈疏斥矣。"其党拜谢而去。

纲 秋七月,遣御史中丞李回宣慰河北三镇。

目 诏遣御史中丞李回宣慰河北,令幽州早平回鹘,镇、魏早平泽潞。回至河朔,弘敬、元逵、仲武皆具櫜鞬郊迎,立于道左,不敢令人控马,让制使先行,自兵兴以来,未之有也。回明辩有胆气,三镇无不奉诏。

纲 甲子,四年,春三月,以赵归真为道门教授先生。

纲 夏六月,诏削仇士良官爵,籍其家。

纲 秋七月，以杜悰同平章事。

目 上闻扬州倡女善为酒令，敕监军选而献之。监军请节度使杜悰，不从。监军怒，表其状。左右因请敕悰同选，上曰："敕藩方选倡女入宫，岂圣天子所为！杜悰得大臣体，朕甚愧之！"遽敕勿选，召悰入相，劳之曰："卿不从监军之言，朕知卿有致君之心。今相卿，如得一魏徵矣！"

纲 八月，邢、洺、磁三州降，郭谊斩刘稹以降。

目 刘稹年少懦弱，押牙王协、兵马使李士贵用事，专聚货财，府库充溢，而将士有功无赏，由是人心离怨。邢州将裴问请降于王元逵。洺州守将王钊、磁州守将安玉闻之，皆请降于何弘敬。李德裕曰："昭义根本，尽在山东，三州降则上党不日有变矣。"上曰："郭谊必枭刘稹以自赎。"德裕曰："诚如圣料。"潞人闻三州降，大惧。郭谊、王协谋，说刘稹以兵授谊，束身归朝。稹许之，遂杀稹，灭其族，函首遣使奉表降于王宰。宰以状闻，宰相入贺，上曰："郭谊宜如何处之？"德裕对曰："刘稹騃孺子耳，阻兵拒命，皆谊为之谋主；及势孤力屈，又卖稹以求赏。此而不诛，何以惩恶！宜及诸军在境，并谊等诛之！"上曰："朕意亦以为然。"乃诏石雄将七千人入潞州。雄至潞州，尽执郭谊、王协等送京师，皆斩之。

纲 加李德裕太尉，赐爵卫国公。

目 加李德裕太尉、卫国公，德裕辞，上曰："恨无官赏卿耳！"

初，德裕以比年将帅出兵屡败，其弊有三：一者，诏令下军前者，日有三四，宰相多不预闻；二者，监军各以意见指挥军事，将帅不得专进退；三者，每军各有宦者为监使，悉选军中骁勇数百为牙队，其有战陈，斗者皆怯弱之士，每战，视事势小却，辄引旗先走，陈从而溃。德裕乃与枢密使杨钦义、刘行深议，约敕监军不得预军政，每兵千人听取十人自卫，有功随例沾赏。二枢密皆以为然，白上行之。自非中书进诏意，更无他诏自中出者。号令既简，将帅得以施其谋略，故所向有功。

河北三镇每遣使者至京师，德裕常面谕之曰："河朔兵力虽强，不能自立，须藉朝廷官爵威命以安军情。语汝使：与其使大将邀敕使以求官爵，何如自奋忠义，立功立事，结知明主乎！且李载义为国家平沧景，及为军中所逐，不失作节度使；杨志诚遣大将遮敕使马求官，及为军中所逐,朝廷竟不赦其罪。此二人祸福足以观矣。"由是三镇不敢有异志。

纲 冬十一月,贬牛僧孺为循州长史,流李宗闵于封州。

目 李德裕言于上曰:"刘从谏据上党十年,太和中入朝,僧孺、宗闵执政,不留之,加宰相纵去,以成今日之患。"上遂贬僧孺等。

纲 乙丑,五年,夏五月,杜悰、崔铉罢,以李回同平章事。

纲 秋七月,诏天下佛寺僧尼并勒归俗。

纲 冬十月,以道士刘玄静为崇玄馆学士。

目 玄静固辞还山,许之。

纲 十二月,贬韦弘质为某官。

目 李德裕秉政日久,好徇爱憎,人多怨之。左右言其太专,上亦不悦。给事中韦弘质上疏,言宰相权重,不应更领三司钱谷。德裕奏曰:"制置职业,人主之柄。弘质受人教导,所谓贱人图柄臣,非所宜言。"弘质贬官,由是众怒愈甚。

纲 诏罢来年正旦朝会。

目 初,上饵方士金丹,性加燥急,喜怒不常。问李德裕以外事,对曰:"陛下威断不测,外人颇惊惧。天下既平,愿陛下以宽理之,使得罪者无怨,为善者不惊,则天下幸甚。"上自秋来,已觉有疾,而道士以为换骨。至是,诏罢正旦朝会。

纲 丙寅,六年,春三月,立光王忱为皇太叔。帝崩,太叔即位。

目 初,宪宗纳李锜妾郑氏,生光王怡。幼时宫中皆以为不慧,太和以后,益自韬匿。及上疾笃,诸宦官密于禁中定策,下诏以皇子冲幼,立怡为皇太叔,更名忱,令权句当军国政事。太叔见百官,哀戚满容;裁决庶务,咸当于理,人始知有隐德焉。上崩,以李德裕摄冢宰。宣宗即位,德裕奉册,既罢,上谓左右曰:"适近我者,非太尉邪?每顾我,使我毛发洒淅!"

纲 夏四月,尊帝母郑氏为皇太后。

纲 李德裕罢为荆南节度使。

目 德裕秉权日久,位重有功,众不谓其遽罢,闻之莫不惊骇。

纲 赵归真等伏诛。五月,诏上京增置八寺,复度僧、尼。

纲 以白敏中同平章事。

纲 六月，定太庙为九代十一室。

纲 秋八月，葬端陵。

纲 以牛僧孺为衡州长史，李宗闵为郴州司马。

目 僧孺、宗闵及崔珙、杨嗣复、李珏等五相，皆武宗所贬逐，至是，同日北迁。宗闵未行而卒。

纲 九月，郑肃罢，以卢商同平章事。

纲 以李景让为浙西观察使。

目 初，景让母郑氏，姓严明，早寡，家贫。子幼，每自教之。宅后墙陷，得钱盈船，母祝之曰："吾闻无劳而获，身之灾也。天必以先君余庆，矜其贫而赐之，则愿诸孤学问有成，此不敢取！"遽命掩而筑之。景让宦达，发已斑白，小有过，不免捶楚。弟景庄，老于场屋，每被黜，母辄挞景让。然景让终不肯属主司，曰："朝廷取士自有公道，岂可效人求关节乎！"

纲 冬十月，上受三洞法箓。

宣宗皇帝

纲 丁卯，宣宗皇帝大中元年，春二月，以李德裕为太子少保分司。

目 初，德裕引白敏中入翰林；及德裕失势，敏中竭力排之，使其党讼德裕罪，故有是命。

纲 卢商罢。以崔元式、韦琮同平章事。

纲 闰月，敕复废寺。

纲 夏六月，以令狐绹为考功郎中、知制诰。

纲 秋八月，李回罢。

纲 冬十二月，贬李德裕为潮州司马。

纲 戊辰，二年，春正月，贬丁柔立为南阳尉。

目 初，李德裕执政，有荐丁柔立清直可任谏官者，德裕不能用。至是，为右补阙，上疏讼德裕冤。坐阿附，贬。

纲 二月，以令狐绹为翰林学士。

目 上尝以太宗所撰金镜授绹，使读之，"至乱未尝不任不肖，至治未尝不任忠贤"，止之曰："凡求致太平，当以此言为首。"又书贞观政要于屏风，每正色拱手而读之。

纲 夏五月，崔元式罢，以周墀、马植同平章事。

目 初，墀为义成节度使，辟韦澳为判官，及为相，谓澳曰："何以相助?"澳曰："愿相公无权。"墀愕然，澳曰："官赏刑罚，与天下共其可否，勿以己之爱憎喜怒移之，天下自理，何权之有!"墀深然之。

纲 秋九月，贬李德裕为崖州司户。

纲 冬十一月，韦琮罢。

纲 己巳，三年，春正月，以韦宙为御史。

目 上与宰相论元和循吏孰为第一，周墀曰："臣尝守土江西，闻观察使韦丹功德被于八州，没四十年，老稚歌思，如丹尚存。"诏史馆修撰杜牧撰丹遗爱碑，仍擢其子宙为御史。

纲 夏四月，周墀罢为东川节度使。

目 墀谏上开边，忤旨，遂罢。翰林学士郑颢言于上曰："周墀以直言入相，亦以直言罢。"上深感悟，加检校右仆射。

纲 以崔弦、魏扶同平章事。

纲 秋七月，克复河、湟。

纲 冬闰十一月，加顺宗、宪宗谥号。

目 宰相以克复河、湟，请上尊号。上曰："宪宗尝有志复河、湟，未遂而崩，今乃克成先志耳。其议加顺、宪二庙尊谥，以昭功烈。"

纲 李德裕卒。

纲 庚午，四年，夏四月，贬马植为常州刺史。

纲 六月，魏扶卒，以崔龟从同平章事。

纲 秋九月，贬孔温裕为柳州司马。

目 党项为边患，发兵讨之，连年无功；补阙孔温裕上疏切谏，上怒，贬之。温裕，戣之子也。既而戣弟子吏部侍郎温业亦求补外，白敏中谓同列曰："我辈须自点检，孔吏部不肯居朝廷矣。"

纲 冬十月，以令狐绹同平章事。

纲 辛未，五年，冬十月，以魏謩同平章事。

目 时上春秋已高，尚未立太子，群臣莫敢言。謩入谢，因言："今海内无事，惟未建储副，使正人辅导，臣窃以为忧。"且泣，时人重之。

纲 冬十一月，崔龟从罢。

纲 壬申，六年，夏六月，以毕諴为邠宁节度使。

目 党项复扰边，上欲择帅而难其人，从容与翰林毕諴论边事，諴援古据今，具陈方略。上悦曰："不意颇、牧近在禁庭。卿其为朕行乎！"諴欣然奉命。

纲 秋八月，以裴休同平章事。

纲 冬十月，毕諴招谕党项，降之。

纲 十二月，复禁私度僧尼。

纲 甲戌，八年，春正月朔，日食，罢元会。

纲 秋九月，以高少逸为陕虢观察使。

目 有敕使过硖石，怒饼黑，鞭驿吏见血；少逸以闻。上责敕使，谪配恭陵。其后，上召翰林学士韦澳，屏左右问之曰："近日内侍权势如何？"对曰："陛下威断，非前朝之比。"上闭目摇首曰："全未，全未！尚畏之在。策将安出？"对曰："若与外庭议之，恐有太和之变，不若就其中择有才识者与之谋。"上曰："此乃末策，朕已试之矣！"上又与令狐绹谋尽诛宦官，绹恐滥及无辜，密奏曰："但有罪勿舍，有阙勿补，自然渐耗，至于尽矣。"宦者窃见其奏，由是益与朝士相恶，南北司如水火矣。

纲 冬十月，以李行言为海州刺史。

目 上猎于苑北，遇樵夫，问其"县令为谁？"曰："李行言。""为政如何？"曰："性执。有强盗数人匿军家，索之，竟不与，尽杀之。"上归，帖其名于寝殿之柱。及除刺史，入谢，上赐之金紫，取帖示之。

纲 乙亥，九年，春二月，以李君奭为怀州刺史。

目 初，上校猎渭上，有父老十数，聚于佛寺，上问之，对曰："醴泉百姓也。县令李君奭有异政，考满当罢，诣府乞留，故此祈佛，冀谐所愿耳。"及怀州刺史阙，上手笔除君奭。

上聪察强记，天下奏狱吏卒姓名，一览皆记之。尝密令翰林学士韦澳纂次州县境土风物及诸利害为一书，号曰处分语。他日，邓州刺史薛弘宗入谢，出谓澳曰："上处分本州事惊人。"澳询之，皆处分语中事也。

纲 秋七月，崔铉罢为淮南节度使。

纲 冬十一月，以柳仲郢为盐铁转运使。

纲　丙子，十年，春正月，以郑朗同平章事。

纲　夏五月，以韦澳为京兆尹。

纲　六月，裴休罢为宣武节度使。

目　初，上命休极言时事，休请早建太子，上曰："若建太子，则朕遂为闲人。"休不敢复言。以疾辞位，从之。

纲　冬十一月，以崔慎由同平章事。

纲　丁丑，十一年，春正月，以韦澳为河阳节度使。

目　澳尝奏事，上欲以澳判户部，以"心力衰耗，难处繁剧"为辞，上不悦。及归，其甥柳玭尤之，澳曰："主上不与宰相佥议，私欲用我，人必谓我以他歧得之，何以自明！且尔知时事浸不佳乎？由吾曹贪名位所致耳。"遂出镇河阳。

纲　二月，魏謩罢为西川节度使。

目　上乐闻规谏，凡谏官论事，门下封驳，苟合于理，多屈意从之。得大臣章疏，必焚香盥手而读之。尝欲幸华清宫，谏官论之，上为之止。謩为相，每议事，正言无所避，上每叹曰："謩绰有祖风，我心重之。"然竟以刚直为令狐绹所忌而出之。

纲　秋七月，以萧邺同平章事。冬十月，郑朗罢。

纲　遣使迎道士轩辕集于罗浮山。

目　上好神仙，迎轩辕集至长安，问曰："长生可学乎？"对曰："王者屏欲而崇德，则自然受天遐福，何处更求长生！"留数月，求还山，乃遣之。

纲　戊寅，十二年，春正月，以刘瑑同平章事。

纲　二月，崔慎由罢。

目　上欲御楼肆赦，令狐绹曰："御楼所费甚广，事须有名，且赦不可数。"上不悦，曰："遣朕于何得名！"慎由曰："陛下未建储宫，四海属望。若举此礼，虽郊祀亦可，况于御楼！"时上饵方士药，已觉燥渴，疑忌方深，闻之，俛首不复言。旬日，慎由罢相。

纲　夏四月，以夏侯孜同平章事。

纲　五月，刘瑑卒。

纲　秋七月，河南、北、淮南大水。

纲　冬十月，以于延陵为建州刺史。

目　延陵入谢，上曰："建州去京师几何？"对曰："八千里。"上曰："卿到彼为政善恶，朕皆知之，勿谓其远！此阶前则万里也，卿知之乎？"

令狐绹拟李远杭州刺史，上曰："吾闻远诗云'长日惟消一局棋'，安能理人！"绹曰："诗人托此为高兴耳，未必实然。"上曰："且令往，试观之。"

诏刺史毋得外徙，必令至京师，面察其能否，然后除之。令狐绹尝徙其故人为邻州刺史，便道之官。上以问绹，对曰："以其道近，省送迎耳。"上曰："朕以刺史多非其人，为百姓害，故欲一一访问，知其优劣以行黜陟。而诏命既行，直废格不用，宰相可谓有权！"时方寒，绹汗透重裘。

上临朝，接对群臣如宾客，虽左右近习，未尝见其有惰容。每宰相奏事，旁无一人立者，威严不可仰视。奏事毕，忽怡然曰："可以闲语矣！"因问闾阎细事，或谈宫中游宴，无所不至。一刻许，复整容曰："卿辈善为之，朕常恐卿辈负朕，后日不复得再相见。"乃起入宫。令狐绹谓人曰："吾十年秉政，最承恩遇；每延英奏事，未尝不汗沾衣也。"

纲　十二月，以蒋伸同平章事。

目　伸从容言于上曰："近日官颇易得，人思儌幸。"上惊曰："如此，则乱矣！"对曰："乱则未乱，但儌幸者多，乱亦非难。"上称叹再三，曰："异日不复得独对卿矣。"伸不谕。寻拜相。

纲　己卯，十三年，秋八月，帝崩，郓王漼即位。

目　初，上长子郓王温无宠，爱第三子夔王滋，欲以为嗣，为其非次，故久不建东宫。上饵李玄伯等药，疽发于背，宰相不得见。上密以夔王属王归长等三人，使立之。独左军中尉王宗实素不同心，三人相与谋，出宗实为淮南监军。宗实已受敕，将出，左军副使丌元实谓曰："圣人不豫踰月，中尉何不一见圣人而出乎？"宗实感悟，复入，至寝殿，上已崩。宗实叱归长等，责以矫诏；皆捧足乞命。乃迎郓王立为太子，权句当军国政事，更名漼。取归长等杀之。太子即位，是为懿宗。

宣宗性明察沉断，用法无私，从谏如流，重惜官赏，恭谨节俭，惠爱民物，故大中之政，讫于唐亡，人思咏之，谓之小太宗。

纲　尊皇太后为太皇太后。

纲 李玄伯等伏诛。

纲 冬十一月，萧邺罢。十二月，以杜审权同平章事。

纲 令狐绹罢，以白敏中同平章事。

懿宗皇帝

纲 庚辰，懿宗皇帝咸通元年，春正月，浙东贼裘甫作乱。

目 初，裘甫攻陷象山，观察使郑祇德遣兵讨之，大败；甫遂陷剡县。开府库，募壮士，众至数万人。

纲 葬贞陵。

纲 三月，以王式为浙东观察使，发诸道兵讨裘甫，破之。

纲 夏六月，王式擒裘甫，送京师，斩之。

目 诸将还越，式大置酒。诸将请曰："某等生长军中，久更行陈，今幸得从公破贼，然私有所不谕者。敢问：公之始至，军食方急，而遽散之，何也？"式曰："此易知耳。贼聚谷以诱饥人，吾给之食，则彼不为盗矣。且诸县无守兵，贼至，则仓谷适足资之耳。""不置烽燧，何也？"式曰："烽燧所以趣救兵也，今兵尽行，无以继之，徒惊士民，使自溃乱耳。""使懦卒为候骑而少给兵，何也？"式曰："彼勇卒操利兵，遇敌且不量力而斗；斗死，则贼至不知矣。"皆拜曰："非所及也！"

纲 秋九月，以白敏中为司徒、中书令。

纲 冬十月，追复李德裕官爵，赠左仆射。

纲 夏侯孜罢，以毕諴同平章事。

纲 辛巳，二年，春正月，白敏中罢，以杜悰同平章事。

纲 壬午，三年，春正月，蒋伸罢。

纲 夏四月，置戒坛，度僧尼。

纲 秋七月，以夏侯孜同平章事。

纲 癸未，四年，夏四月，毕諴罢为兵部尚书。

纲 五月，以杨收同平章事。杜审权罢。

纲 六月，杜悰罢，以曹确同平章事。

纲 秋八月，以吴德应为馆驿使。

目 台谏上言："故事，御史巡驿，不应忽以内臣代之。"上谕以"敕命已行，不可复改。"左拾遗刘蜕上言："自古明君所尚者，从谏如流，岂有已行而不改！且敕自陛下出之，自陛下改之，何为不可！"

弗听。

纲 冬十月，以令狐滈为詹事司直。

目 初，以令狐滈为左拾遗。拾遗刘蜕上言："滈专家无子弟之法，布衣行公相之权。"起居郎张云言："滈父绹用李涿为安南，致南蛮至今为梗，由滈纳贿，陷父于恶。绹执政时，人号滈'白衣宰相'。"滈亦引避，故有是命。

纲 甲申，五年，春三月，彗星出。

目 彗出于娄，长三尺。司天监奏："按星经，是名含誉，瑞星也，主大喜。请宣示中外，于是编诸史策。"从之。

纲 夏四月，以萧寘同平章事。

纲 冬十一月，夏侯孜罢，以路岩同平章事。

纲 乙酉，六年，春正月，以杜宣猷为宣歙观察使。

目 宦官多闽人，宣猷为福建观察使，每寒食遣吏分祭其先垄，宦官德之，故有是命，时人谓之"敕使墓户"。

纲 三月，萧寘卒。夏四月，以高璩同平章事。

纲 六月，高璩卒，以徐商同平章事。

纲 丙戌，七年，冬十月，杨收罢。

纲 丁亥，八年，秋七月，以于琮同平章事。

纲 戊子，九年，秋七月，桂州戍卒作乱，判官庞勋将之。冬十月，陷宿、徐州，囚观察使崔彦曾。十一月，诏遣康承训发诸道兵讨之。十二月，贼陷滁、和州，攻泗州，不克。

目 初，南诏陷安南，敕徐、泗募兵二千赴援，分八百人别戍桂州，初约三年一代，至是，戍桂者已六年，屡求代还。徐泗观察使崔彦曾，性严刻，押牙尹勘等用事，以军帑空虚，不能发兵，请令更留戍一年，彦曾从之。戍卒闻之，怒。都虞候许佶等作乱，推粮料判官庞勋为主，劫库兵北还，所过剽掠，州县不能御。朝廷屡敕崔彦曾慰抚之。彦曾遣使谕以敕意，道路相望。勋至徐城，乃言于众曰："吾辈擅归，思见妻子耳。今闻已有密敕下本军，至则灭族！与其自投网罗，曷若相与戮力同心，赴汤蹈火，岂徒脱祸，富贵可求也。"众皆呼跃称善。遂于递中申状，乞停尹勘等职任。

彦曾命都虞候元密等将三千人讨勋，复命宿、泗州出兵邀之。密至任山，顿兵不进，欲俟贼入馆，乃击之。贼诇知之，夜遁。官军引退。

贼至符离，宿州戍卒出战，望风奔溃，贼遂攻城，陷之。贼知彭城无备，还聚彭城。彦曾始选城中丁壮为守备，内外震恐，无复固志。贼至，城陷，囚彦曾，杀尹勘等。即日城中愿从者万余人。

诏以将军康承训为行营都招讨使，王晏权、戴可师为南、北面招讨使，大发诸道兵以讨之。承训奏乞沙陀三部落使朱邪赤心帅以自随，诏许之。

勋以李圆攻泗州久不克，遣其将吴迥代攻，昼夜不息。十二月，贼陷都梁城，据淮口，漕驿路绝。承训军新兴，兵才万人，以众寡不敌，退屯宋州。勋乃遣其将攻陷滁州，杀刺史高锡望。又寇和州，刺史崔雍引贼入城，贼遂大掠。

泗州援绝粮尽，辛谠以浙西军至楚州，贼水陆布兵，锁断淮流。谠募敢死士数十人，先以四舟乘风直进，死战，斧断其锁，帅众扬旗鼓噪而前。贼见其势猛锐，避之，遂得入城。

纲 己丑，十年，春二月，康承训大败贼将王弘立于鹿塘。

纲 夏四月，庞勋杀崔彦曾，自称"天册将军"，与官军战，大败。

纲 马举救泗州，杀贼将王弘立，泗州围解。

纲 六月，徐商罢，以刘瞻同平章事。

纲 秋八月，贼将张玄稔以宿州降。引兵进平徐州。

纲 冬十月，以张玄稔为骁卫大将军；康承训为河东节度使；杜慆为义成节度使；朱邪赤心为大同军节度使，赐姓李，名国昌；辛谠为亳州刺史。

纲 庚寅，十一年，春正月，贬康承训为恩州司马。

纲 三月，曹确罢，夏四月，以韦保衡同平章事。

纲 秋九月，贬刘瞻为驩州司户，温璋为振州司马。

目 刘瞻罢为荆南节度使。温璋贬振州司马，璋叹曰："生不逢时，死何足惜！"仰药卒。韦保衡又与路岩共谮刘瞻，云与医官通谋，投毒药；贬康州刺史。翰林学士承旨郑畋草制曰："安数亩之居，仍非己有；却四方之赂，惟畏人知。"岩谓畋曰："侍郎乃表荐刘相也！"坐贬梧州刺史。岩素与瞻论议不协，既贬，犹不快，阅十道图，以驩州去长安万里，再贬之。

纲 冬十一月，以王铎同平章事。

纲 十二月，以李国昌为振武节度使。

纲 辛卯，十二年，夏四月，路岩罢。

纲 五月，上幸安国寺。

纲 以刘邺同平章事。

纲 壬辰，十三年，春二月，于琮罢，以赵隐同平章事。

纲 秋七月，以李璋为宣歙观察使。

目 初，韦保衡欲以其党裴条为郎官，惮左丞李璋方严，恐其不授，乃先遣人达意。璋曰："朝廷迁除，不应见问。"保衡怒，出之。

纲 癸巳，十四年，春正月，遣使迎佛骨，夏四月，至京师。

目 上遣敕使诣法门寺迎佛骨，群臣谏者甚众，至有言宪宗迎佛骨寻晏驾者。上曰："朕生得见之，死亦无恨！"及至京师，仪卫之盛，过于郊祀。

纲 六月，王铎罢。

纲 秋七月，帝崩，普王俨即位。

目 上疾大渐，中尉刘行深、韩文约立上少子普王俨为皇太子，权句当军国政事。帝崩，太子即位，时年十二，是为僖宗。

纲 八月，关东、河南大水。

纲 九月，贬韦保衡为贺州刺史，寻赐死。

纲 冬十月，以萧仿同平章事。

纲 十一月，贬路岩为新州刺史。

纲鉴易知录卷五九

唐纪

僖宗皇帝

纲 甲午，僖宗皇帝乾符元年，春正月，关东旱、饥。

纲 赐路岩死。

纲 二月，葬简陵。

纲 赵隐罢。以裴坦同平章事，夏五月卒。

纲 以刘瞻同平章事，秋八月卒。

目 瞻之贬也，人无贤愚，莫不痛惜。及还长安，两市人率钱顾百戏迎之。瞻闻之，改期由他道而入。初，瞻南迁，刘邺附于韦、路，共短之。至是，邺惧。延瞻，置酒。瞻归而薨，人以为邺鸩之也。

纲 以崔彦昭同平章事。

纲 冬十月，刘邺罢，以郑畋、卢携同平章事。

纲 十一月，濮州人王仙芝作乱。

目 自懿宗以来，奢侈日甚，用兵不息，赋敛愈急。关东连年水旱，州县不以实闻，百姓流殍，无所控诉，相聚为盗，所在蜂起。是岁，王仙芝聚众数千人，起于长垣。

纲 乙未，二年，春正月，以田令孜为中尉。

目 上之为普王也，小马坊使田令孜有宠，及即位，使知枢密，遂擢为中尉。上专事游戏，政事一委令孜，呼为"阿父"。令孜颇读书，多巧数，纳贿除官，不复关白。

纲 夏五月，萧仿卒。六月，以李蔚同平章事。

纲 王仙芝陷濮、曹州，冤句人黄巢聚众应之。

目 仙芝及其党尚君长攻陷濮、曹州。冤句人黄巢，善骑射，喜任侠，粗涉书传，屡举进士不第，遂与仙芝共贩私盐。至是，聚众应之，攻掠州县，民之困于重敛者争归之，数月之间，众至数万。

纲 秋七月，大蝗。

目 飞蝗蔽日，所过赤地。京兆尹杨知至奏："蝗不食稼，皆抱荆棘而死。"宰相以下皆贺。

纲 冬十二月，以宋威为诸道行营招讨使。

目 王仙芝寇沂州，平卢节度使宋威请帅兵讨贼，故有是命。

纲 丙申，三年，春三月，崔彦昭罢，以王铎同平章事。

纲 夏六月，雄州地震裂，水涌出。

纲 秋七月，宋威击王仙芝于沂州，大破之。

纲 诏忠武节度使崔安潜发兵讨王仙芝。

纲 丁酉，四年，春二月，王仙芝陷鄂州。

纲 黄巢陷郓州。

纲 秋七月，王仙芝、黄巢围宋州。

纲 戊戌，五年，春正月，招讨副使曾元裕大破王仙芝于申州，诏以为招讨使，张自勉副之。

纲 大同军乱，杀防御使段文楚，推李克用为留后。

目 振武节度使李国昌之子克用，为沙陀副兵马使，戍蔚州。时河南盗贼蜂起，沙陀兵马使李尽忠与牙将康君立、薛志勤、程怀信、李存璋等谋曰："今天下大乱，朝廷号令不复行于四方，此乃英雄立功名取富贵之秋也。李振武功大官高，名闻天下，其子勇冠诸军，若辅以举事，代北不足平也。"众以为然。会代北荐饥，漕运不继，防御使段文楚颇减军士衣、米，军士怨怒。尽忠遣君立潜诣蔚州说克用起兵，除文楚而代之。克用曰："吾父在振武，俟我禀之。"君立曰："今机事已泄，缓则生变。"于是尽忠夜执文楚系狱。克用帅其众趣云州，行收兵，众且万人。尽忠送符印，请克用为留后，而杀文楚，克用遂入府视事。表求敕命，朝廷不许。国昌上言："请速除防御使；若克用违命，臣请帅本道兵讨之，终不爱一子以负国家。"朝廷乃以卢简方为防御使。诏国昌语克用，令迎候如常仪，除克用官，必令称惬。

纲 二月，曾元裕大破王仙芝于黄梅，斩之。

纲 黄巢自称冲天大将军，陷沂、濮，掠宋、汴。

纲 夏四月，以李国昌为大同节度使，国昌不奉诏。

目 朝廷以克用据云中，以李国昌为大同节度使，以为克用必无以拒也。国昌欲父子并据两镇，得制书，毁之，杀监军，与克用合兵，进击宁武及岢岚军。

纲 五月，郑畋、卢携罢。

纲 以豆卢瑑、崔沆同平章事。

目 时宰相有好施者，常以囊贮钱自随，行施匄者，每出，褴褛盈路。有朝士以书规之曰："今百姓疲弊，寇盗充斥，相公宜举贤任能，纪纲庶务，捐不急之费，杜私谒之门，使万物各得其所，何必如此行小惠乎！"宰相大怒。

纲 六月，以高骈为镇海节度使。

目 王仙芝余党剽掠浙西，朝廷以西川节度使高骈先在天平，有威名，仙芝党多郓人，乃徙骈镇浙西。

纲 秋七月，黄巢寇宣州，入浙东。

纲 九月，李蔚罢，以郑从谠同平章事。

纲 冬十二月，黄巢陷福州。

纲 曹师雄寇掠二浙。

目 王仙芝余党曹师雄寇掠二浙。杭州募兵，使石镜都将董昌等将兵讨之。临安人钱镠以骁勇事昌，为兵马使。

纲 己亥，六年，春正月，高骈遣将分道击黄巢，大破之。巢趣广南。

纲 岭南西道节度使辛谠遣使如南诏。

目 初，辛谠遣贾宏等使南诏，相继道死。时谠已病风痹，召摄巡官徐云虔，执其手曰："遣使入南诏，而相继物故，吾子既仕，则思徇国，能为此行乎？谠恨风痹不能拜耳。"因呜咽流涕。云虔曰："士为知己死，敢不承命！"谠喜，厚其资装而遣之。

云虔至善阐城，骠信见之与抗礼，使人谓曰："贵府牒欲使骠信称臣，奉表贡方物；骠信已遣人与唐约为兄弟，不则舅甥，何表贡之有？"云虔曰："骠信之先，由大唐之命，得合六诏为一，恩德深厚，中间小忿，罪在边鄙。今骠信欲修旧好，岂可违祖考之故事乎！顺祖考，孝也；事大国，义也；息战争，仁也；审名分，礼也。四者，皆令德也，可不勉乎！"骠信待云虔甚厚，授以木夹遣还，然犹未肯奉表称贡。

纲 夏四月，以王铎为行营招讨都统。

纲 秋七月，黄巢陷广州。

目 黄巢上表求广州节度使；朝廷不许，巢遂急攻广州，陷之。执节度使李迢，使草表，迢曰："予代受国恩，亲戚满朝，腕可断，表不可草。"巢杀之。

高骈奏："请遣兵马使张璘将兵五千于郴州守险，留后王重任将兵八千于循、潮二州邀遮，自将万人自大庾岭趣广州击黄巢。巢必逃遁，乞敕王铎以兵三万守梧、昭、桂、永四州之险。"不许。

纲 冬十月，以高骈为淮南节度使。

纲 黄巢陷潭州。

目 巢士卒罹瘴疫死者什三四，其徒劝之北还，以图大事，巢乃自桂州编筏沿湘而下，抵潭州，攻陷之。

纲 王铎罢，以卢携同平章事。

纲 庚子，广明元年，春正月，沙陀寇忻、代，逼晋阳。

纲 二月，杀左拾遗侯昌业。

目 昌业以盗贼满关东，而上专务游戏，赏赐无度，田令孜专权无上，社稷将危，上疏极谏。上大怒，召昌业至内侍省，赐死。

上善骑射、剑槊、法算，至于音律、蒱博，无不精妙，好蹴鞠、斗鸡，尤善击球。尝谓优人石野猪曰："朕若应击球进士举，须为状元。"对曰："若遇尧、舜作礼部侍郎，恐陛下不免驳放。"上笑而已。

纲 三月，以高骈为诸道行营都统。

纲 夏六月，黄巢陷宣州。

纲 秋七月，黄巢渡江。

纲 李可举讨李克用，大破之。李琢讨李国昌，败之。国昌、克用亡走达靼。

纲 黄巢渡淮。

纲 冬十一月，黄巢陷东都。

纲 十二月，黄巢入潼关。

纲 以王徽、裴澈同平章事，卢携自杀。

目 田令孜闻巢已入关，恐天子责己，乃归罪于携，贬为宾客分司，而荐徽、澈为相。携仰药死。

纲 黄巢入长安，上走兴元。

目　凤翔、博野援兵至渭桥，见新军衣裘温鲜，大怒，掠之，更为巢乡导以趋长安。既入城，令孜帅神策兵五百奉帝自金光门出，惟福、穆、泽、寿四王及妃嫔数人从行，百官皆莫之知。

上趋骆谷，凤翔节度使郑畋谒于道次，请留凤翔。上曰："朕不欲密迩巨寇，且幸兴元征兵以图收复。卿可纠合邻道，勉建大勋。"畋曰："道路梗涩，奏报难通，请得便宜从事。"许之。

纲　黄巢僭号。

目　巢杀唐宗室在长安者无遗类。遂入宫，自称大齐皇帝，改元金统。以其将尚让为大尉。

巢将砀山朱温屯东渭桥。温少孤贫，与兄存、昱依萧县刘崇家，崇数笞辱之，崇母独怜之，戒家人曰："朱三非常人，汝曹善遇之。"

纲　凤翔节度使郑畋合邻道兵讨贼。

纲　车驾至兴元，诏诸道出兵收复京师。

纲　义成节度使王处存举兵入援。

纲　黄巢遣朱温攻河中，节度使王重荣与战，大破之，遂入援。

纲　辛丑，中和元年，春正月，帝幸成都。

目　西川节度使陈敬瑄遣兵奉迎，请幸成都。田令孜亦劝上，上从之。

纲　以萧遘同平章事。

纲　以乐朋龟为翰林学士。

目　裴澈自贼中奔诣行在。时百官未集，乏人草制，右拾遗乐朋龟谒田令孜而拜之，由是擢为翰林学士。兵部郎中张浚先亦拜令孜。至是，令孜召朝贵饮酒，浚耻于众中拜之，乃先谒令孜谢酒。及宾客毕集，令孜言曰："令孜与张郎中清浊异流，尝蒙不外，既虑玷辱，何惮改更，今日于隐处谢酒则又不可。"浚惭惧无所容。

纲　二月，以王铎同平章事。

纲　加高骈东面都统。

目　上遣使趣骈讨黄巢，道路相望，骈终不出兵。

纲　三月，以郑畋为京城四面诸营都统。

纲　赦李克用，遣李友金召之。

目　沙陀李友金入援。至绛州，刺史瞿稹谓曰："贼势方盛，未可轻进。”乃俱还代州。募兵得三万人，皆北方杂胡，稹与友金不能制。友金乃说监军陈景思曰：“吾兄司徒父子，勇略过人，为众所服；请奏天子赦其罪，召以为帅，则代北之人一麾响应，贼不足平也！”景思遣使言之，诏如所请。友金以五百骑迎之，克用帅达靼诸部万人赴之。

纲 郑畋传檄天下，合兵讨贼。

纲 夏五月，高骈移檄讨贼，出屯东塘。

目 有双雉集广陵府舍，占者以为城邑将空之兆。骈恶之，乃移檄四方，云将入讨黄巢，发兵八万，舟二千艘，出屯东塘。诸将数请行期，骈托风涛为阻，竟不发。

纲 六月，以郑畋为司空、同平章事，都统如故。

纲 秋七月，以韦昭度同平章事。

纲 杀左拾遗孟昭图。

目 上日夕专与宦官同处，议天下事，待外臣殊薄。左拾遗孟昭图上疏曰：“天下者，高祖、太宗之天下，非北司之天下；天子者，九州四海之天子，非北司之天子。北司未必尽可信，南司未必尽无用。若天子与宰相了无关涉，朝臣皆若路人，臣恐收复之期，尚劳宸虑。”疏入，令孜屏不奏，矫诏贬昭图嘉州司户，遣人沉于蟇颐津，闻者气塞。

纲 八月，星光交流如织，或大如杯碗。

纲 寿州人王绪作乱，陷光州。

目 寿州屠者王绪，与妹夫刘行全聚众五百，盗据本州。月余，复陷光州，有众万余人。蔡州刺史秦宗权表为光州刺史。固始县佐王潮及弟审邽、审知，皆以材气知名，绪以潮为军正，信用之。

纲 九月，高骈罢兵还府。

目 骈与镇海节度使周宝俱出神策军，骈以兄事宝，及封壤相邻，数争细故，遂有隙。骈留东塘百余日，诏屡趣之，骈上表托以宝将为后患，复罢兵还府。其实无赴难心，但欲禳雉集之异耳。

纲 以董昌为杭州刺史。

目 高骈召董昌至广陵，钱镠说昌曰：“观高公无讨贼心，不若去之。”昌从之，自石镜引兵入据杭州；周宝表为杭州刺史。

纲 冬十月，裴澈罢，郑畋赴行在。

纲 壬寅，二年，春正月，以王铎为诸道行营都统。

纲 二月，朱温据同州。

纲 以郑畋为司空、同平章事。

纲 夏四月，王铎以诸道兵逼长安。

纲 秋九月，朱温以华州降，王铎以为同华节度使。

目 朱温见巢兵势日蹙，知其将亡，遂举州降。

纲 冬十月，以朱温为河中行营招讨副使，赐名全忠。

纲 十一月，李克用将沙陀趣河中。

目 黄巢兵势尚强，王重荣谋于都监杨复光，复光曰："雁门李仆射，骁勇，有强兵，素有徇国之志；所以不来者，以与河东结隙耳。若以朝旨喻郑公而召之，必来，来则贼不足平矣！"时王铎在河中，乃以墨敕召克用，喻郑从谠。克用遂将沙陀万七千人趣河中，不敢入太原境，独以数百骑过晋阳城下别从谠，从谠厚赠之。

纲 十二月，以李克用为雁门节度使。

目 李克用将兵四万至河中，皆衣黑，贼惮之曰："鸦军至矣，当避其锋。"

纲 癸卯，三年，夏五月，李克用破黄巢，收复长安。

目 李克用与忠武将庞从、河中将白志迁等引兵先进，与黄巢军战于渭南，一日三捷；义成、义武等诸军继之，贼众大奔。克用等入京师，巢焚宫室遁去。诏克用同平章事。克用时年二十八，于诸将最少，而兵势最强，破黄巢，复长安，功第一，诸将皆畏之。克用一目微眇，时人谓之"独眼龙"。

纲 六月，黄巢取蔡州，节度使秦宗权降之，合兵围陈州。

纲 秋七月，以朱全忠为宣武节度使。

纲 郑畋罢为太子太保。以裴澈同平章事。

纲 甲辰，四年，夏四月，李克用会许、汴、徐、兖之军于陈州，黄巢退走。

纲 五月，黄巢趣汴州，李克用等追击，大破之。尚让帅众降，巢收余众奔兖州。

纲 李克用至汴州，朱全忠袭之，克用走还。

纲 六月，尚让败黄巢于瑕丘，贼党斩巢以降。

目 尚让追黄巢至瑕丘，败之。巢众殆尽，巢甥林言斩巢兄弟妻子首，将诣时溥；沙陀军夺之，并斩言以献。

纲　秋七月，时溥献黄巢首。

纲　李克用表乞讨朱全忠，诏谕解之。

目　李克用还晋阳，大治甲兵，奉表自陈为朱全忠所图，将佐三百余人，并牌印皆没不返，乞遣使按问，发兵讨之。朝廷方务姑息，得表，大恐，但优诏和解之。克用终郁郁不平。时藩镇相攻者，朝廷不复为之辨曲直。由是互相吞噬，惟力是视，皆无所禀受矣！

纲　八月，进李克用爵为陇西郡王。

纲　冬十一月，田令孜杀内常侍曹知悫。

目　初，宦者曹知悫有胆略。黄巢陷长安，知悫集壮士据嵯峨山。数遣人变服夜入长安攻贼营，贼惊疑不自安。朝廷闻而嘉之，就除内常侍。田令孜恶之，矫诏使邠宁节度使王行瑜袭杀之。令孜由是益骄横，禁制天子，不得有所主断，上时语左右而流涕。

纲　乙巳，光启元年，春正月，诏招抚秦宗权。

目　黄巢虽平，宗权复炽，寇掠焚薽，其残暴又甚于巢。上将还长安，畏宗权为患，诏招抚之。

纲　车驾发成都。

纲　王绪陷汀、漳二州。

目　秦宗权责租赋于光州刺史，王绪不能给。宗权怒，发兵击之。绪惧，悉举光、寿二州兵五千人渡江，转掠江、洪、虔州，是月，陷汀、漳，然皆不能守也。

纲　三月，车驾至京师。

纲　秦宗权僭号，诏以时溥为行营都统，讨之。

纲　夏四月，田令孜自兼两池榷盐使。

目　先是，安邑、解县两池皆隶盐铁，中和以来，河中节度使王重荣专之。令孜奏复旧制，自兼两池使，收其利以赡军。重荣论诉不已，令孜乃徙重荣为泰宁节度使，以王处存代之，仍诏李克用以河东兵援处存赴镇。重荣自以有复京城功，为令孜所摈，不肯之兖州，累表数令孜十罪；令孜结邠宁节度使朱玫、凤翔节度使李昌符以抗之。

纲　秋八月，王绪前锋将擒绪，奉王潮为将军。

目　王绪至漳州，以道险粮少，令军中"无得以老弱自随，犯者斩！"惟王潮兄弟扶其母以从，绪责之曰："军皆有法，未有无法之军。

汝违吾令而不诛,是无法也。"潮等曰:"人皆有母,未有无母之人;将军奈何使人弃其母乎!"绪怒,命斩其母。潮等曰:"潮等事母如事将军,既杀其母,安用其子! 请先母死。"将士皆为之请,乃舍之。有望气者谓绪曰:"军中有王者气。"于是绪见将卒有勇略及气质魁岸者皆杀之,众皆自危。行到南安,潮说其前锋将,伏壮士篁竹中,擒绪,反缚以徇。遂奉潮为将军,引兵围泉州。

纲 冬十月,田令孜遣朱玫、李昌符攻河中,李克用救之。十二月,进逼京城,上奔凤翔。

目 十月,王重荣求救于李克用,克用方怨朝廷不罪朱全忠,聚结诸胡,议攻汴州,报曰:"待吾先灭全忠,还扫鼠辈如秋叶耳!"重荣曰:"待公自关东还,吾为虏矣! 不若先除君侧之恶,退擒全忠易矣。"时朱玫、李昌符亦阴附于全忠,克用乃上言:"玫、昌符与全忠相表里,欲共灭臣,臣不得不自救,已集蕃、汉兵十五万,决以来年济河,北讨二镇。不近京城,保无惊扰。还灭全忠,以雪雠耻。"上遣使者谕释,冠盖相望。

令孜遣玫、昌符将本军及神策等军合三万人屯沙苑,以讨王重荣。重荣发兵拒之,告急于克用,克用引兵赴之。十一月,与重荣俱壁沙苑,表请诛令孜及玫、昌符;诏知解之,克用不听。十二月,合战,玫、昌符大败,克用进逼京城,令孜奉天子幸凤翔。

纲 丙午,二年,春正月,田令孜劫上如宝鸡。

目 李克用还军河中,与王重荣同表请上还宫,因罪状田令孜,请诛之。令孜引兵入宫,劫上幸宝鸡。时令孜弄权,再致播迁,天下共忿疾之;朱玫、李昌符亦耻为之用,且惮蒲、晋之强,更与之合。

纲 朱玫、李昌符追逼车驾,上复走入大散关。

目 玫攻散关,不克。襄王煴,肃宗之玄孙也,为玫所得,与之俱还凤翔。克用还太原,重荣与玫、昌符表请诛田令孜。

纲 二月,至兴元。

纲 三月,以孔纬、杜让能同平章事。

纲 夏四月,朱玫奉襄王煴权监军国事,还京师。以郑昌图同平章事。

纲 秋七月,朱玫遣王行瑜寇兴州,诏神策都将李茂贞拒之。

纲 八月，王潮陷泉州。

纲 冬十月，朱玫立襄王煴称帝，改元。

纲 十一月，董昌取越州。

纲 十二月，王行瑜还长安，斩朱玫。煴奔河中，王重荣杀之，传首行在。

目 中尉杨复恭传檄关中曰："得朱玫首者，以静难节度使赏之。"王行瑜战数败，与其下谋曰："今无功，归亦死；曷若与汝曹斩玫首，定京城，迎大驾，取邠宁节钺乎？"遂引兵归长安，擒玫斩之。裴澈、郑昌图奉襄王奔河中；重荣执煴，杀之，传首行在。

纲 田令孜自为西川监军。

纲 丁未，三年，春正月，以王行瑜为静难军节度使，李茂贞领武定节度使，杨守亮为山南西道节度使。

纲 以董昌为浙东观察使，钱镠为杭州刺史。

纲 二月，流田令孜于端州。

目 令孜依陈敬瑄，竟不行。

纲 代北节度使李国昌卒。

纲 三月，车驾至凤翔。

纲 夏六月，以李罕之为河阳节度使，张全义为河南尹。

目 初，东都荐经寇乱，居民不满百户。全义选麾下十八人材器可任者，人给一旗一榜，谓之屯将，使诣十八县故墟落中，植旗张榜，招怀流散，劝之树艺，蠲其租税，惟杀人者死，余但笞杖而已，由是民归之者如市。又选壮者，教之战陈，以御寇盗。数年之后，都城坊曲，渐复旧制，诸县户口，率皆归复，桑麻蔚然，野无旷土。全义明察，人不能欺，而为政宽简。出，见田畴美者，辄下马与僚佐共观之，召田主，劳以酒食；有蚕、麦善收者，或亲至其家，悉呼出老幼，赐以茶彩衣物。民间言："张公不喜声伎，见之未尝笑；独见佳麦、良茧则笑耳。"有田荒秽者，则集众杖之；或诉以乏人牛，乃召其邻里，责使助之。由是邻里有无相助，比户丰实，凶年不饥，遂成富庶焉。

纲 秋九月，以张浚同平章事。

纲 戊申，文德元年，春正月，以朱全忠为蔡州四面行营都统。

纲 二月，以杨行密为淮南留后。

纲 帝至长安。

纲 三月朔，日食既。

纲 立寿王杰为皇太弟。帝崩，太弟即位。

目 上疾大渐，观军容使杨复恭请立皇弟寿王杰；是日，下诏，立杰为皇太弟。中尉刘季述遣兵迎杰。上崩，遗制太弟即位，更名敏，以韦昭度摄冢宰。

昭宗体貌明粹，有英气，喜文学。以僖宗威令不振，朝廷日卑，有恢复前烈之志，尊礼大臣，梦想贤豪，践阼之始，中外忻忻焉。

纲 冬十月，葬靖陵。

纲 十二月，蔡将申丛执秦宗权以降。

昭宗皇帝

纲 己酉，昭宗皇帝龙纪元年，春正月，以刘崇望同平章事。

纲 二月，秦宗权伏诛。

纲 三月，进朱全忠爵东平郡王。

纲 夏六月，以杨行密为宣歙观察使。

纲 冬十一月，上更名晔。

纲 庚戌，大顺元年，春二月，李克用攻云州。

目 克用将兵攻云州，克其东城。防御使赫连铎求救于卢龙，李匡威将兵三万赴之。克用引还。

纲 夏四月，诏削夺李克用官爵属籍，以张浚为招讨制置使，会诸道兵讨之。

目 赫连铎、李匡威请讨克用。朱全忠亦上言："克用终为国患，臣请与河北三镇共除之。乞朝廷命大臣为统帅。"

初，张浚因杨复恭以进，复恭中废，更附田令孜而薄复恭。复恭再用事，深恨之。上知浚与复恭有隙，特亲倚之；浚亦以功名为己任，每自比谢安、裴度。克用薄其为人，闻其作相，私谓诏使曰："张公好虚谈而无实用，倾覆之士也。主上采其名而用之，他日交乱天下，必是人也。"浚闻而衔之。

及全忠请讨克用，上命三省、御史台四品以上议之，以为不可者十六七。浚欲倚外势以挤复恭，乃曰："先帝再幸山南，沙陀所为也。臣常虑其与河朔相表里，致朝廷不能制。今两河藩镇共请讨之，此千载一时也。但乞陛下付臣兵柄,旬月可平。”孔纬曰:“浚言是也。”上曰:“克用有兴复大功,今乘其危而攻之,天下其谓我何?”纬曰:“陛下所言,一时之体也;张浚所言,万世之利也。”上以二相言协,僶俛从之,曰:“兹事付卿二人,无贻朕羞!”乃以浚为河东行营都招讨制置使,孙揆副之。

纲 昭义军乱,杀留后李克恭。朱全忠取潞州,李克用遣兵围之。诏以孙揆领昭义节度使。

纲 六月,以朱全忠为宣武、宣义节度使。

纲 秋八月,李克用执招讨副使孙揆以归,杀之。

目 张浚恐昭义遂为汴人所据,使孙揆将兵二千趣潞州。八月,发晋州,李存孝闻之,以三百骑伏于长子西谷中,擒揆及中使韩归范献于克用。克用欲以揆为河东副使,揆曰:“吾天子大臣,兵败而死,分也,岂能复事镇使邪!”克用怒,命锯之,不能入。揆骂曰:“死狗奴!锯人当用板夹,汝岂知邪!”乃以板夹而锯之,至死,骂不绝声。

纲 九月,朱全忠遣兵围泽州,李克用养子存孝与战,破之,复取潞州。

纲 李匡威攻蔚州,李克用养子嗣源击走之。

纲 冬十月,李克用遣兵拒官军于赵城。官军溃,张浚、韩建遁还。

纲 辛亥,二年,春正月,孔纬、张浚罢,以崔昭纬、徐彦若同平章事。贬孔纬、张浚远州刺史。复李克用官爵。

纲 二月,加李克用中书令,贬张浚绣州司户。

目 张浚奔华州依韩建,与孔纬密求援于朱全忠。全忠表讼其冤,朝廷不得已,并听自便。

纲 夏四月,彗星见,赦天下。

目 彗星出三台,入太微,长十丈余。

纲 冬十月,以王建为西川节度使。

纲 壬子,景福元年,春三月,以郑延昌同平章事。

纲 夏六月,杨行密击孙儒,斩之,遂归扬州。

纲 秋八月,以杨行密为淮南节度使。

目 淮南被兵六年,士民转徙几尽,行密能以勤俭足用,非公宴,未尝举乐。招抚流散,轻徭薄敛,未及数年,公私富庶,几复承平之旧。

纲 癸丑，二年，春正月，以柳玭为泸州刺史。

目 柳氏自公绰以来，世以孝悌礼法为士大夫所宗。玭为御史大夫，上欲以为相，宦官恶之，故出之于外。玭尝戒其子弟曰："凡门地高，可畏不可恃也。立身行己，一事有失，则得罪重于他人，死无以见先人于地下，此其所以可畏也。门高则骄心易生，族盛则为人所嫉；懿行实材，人未之信，小有疵颣，众皆指之；此其所以不可恃也。故膏粱子弟，学宜加勤，行宜加励，仅得比他人耳！"

纲 夏五月，王潮取福州。

纲 秋七月，杨行密克庐州。

目 先是庐州刺史蔡俦发杨行密父祖墓，遣使求救于朱全忠。全忠恶其反复，牒报行密；行密遣李神福将兵讨俦。至是，克而斩之。左右请发俦父母冢，行密曰："此俦之罪也，吾何为效之！"

纲 九月，以钱镠为镇海节度使。

纲 以韦昭度、崔胤同平章事。

纲 冬十月，以李茂贞为凤翔兼山南西道节度使。

目 于是茂贞尽有凤翔、兴元、洋、陇、秦十五州之地。

纲 以王潮为福建观察使。

纲 十一月，以王行瑜为太师，号"尚父"，赐铁券。

纲 甲寅，乾宁元年，春二月，以郑綮同平章事。

目 綮好诙谐，多为歇后诗，讥嘲时事；上以为有所蕴，手注班簿，命以为相，闻者大惊。堂吏往告之，綮笑曰："诸君大误，使天下更无人，未至郑綮！"吏曰："特出圣意。"綮曰："果如是，奈人笑何！"既而贺客至，綮搔首言曰："歇后郑五作宰相，时事可知矣！"累让不获，乃视事。

纲 夏五月，郑延昌罢，六月，以李溪同平章事，寻罢之。秋七月，郑綮致仕，以徐彦若同平章事。

纲 八月，杨复恭等伏诛。

目 李茂贞献复恭与杨守亮书，诉致仕之由，云："承天门乃隋家旧业，大侄但积粟训兵，勿贡献。吾于荆榛中立寿王，才得尊位，废定策国老，有如此负心门生天子！"

纲 以刘隐为封州刺史。

纲　乙卯，二年，春正月，以陆希声同平章事。二月，复以李溪同平章事，三月罢。

纲　以刘仁恭为卢龙节度使。

纲　崔胤罢，以王抟同平章事。

纲　杨行密取濠州。

目　行密攻濠州，拔之。掠得徐州李氏子，生八年矣，养以为子，其长子渥憎之。行密谓其将徐温曰："此儿质状性识，颇异于人，吾度渥必不能容，今赐汝为子。"温名之曰知诰。知诰勤孝过诸子，温爱之，及长，喜书善射，识度英伟。行密谓温曰："知诰俊杰，诸将子皆不及也。"

纲　夏四月，陆希声罢。

纲　以刘建锋为武安节度使。

目　建锋以马殷为内外马步军都指挥使。

纲　五月，王行瑜、李茂贞、韩建举兵犯阙，杀韦昭度、李溪。

目　初，王行瑜求为尚书令，不得，怨朝廷。王珂、王珙争河中，行瑜及韩建，李茂贞皆为珙请，不能得，耻之。行瑜、茂贞、建各将精骑兵数千人入朝，奏称："南北司互有朋党，隳紊朝政，韦昭度讨西川失策，李溪作相不合众心，请诛之。"上未之许，行瑜等辄杀之。请除王珙河中，上许之。三帅皆还本镇。

纲　秋七月，以崔胤同平章事。

纲　制削夺王行瑜官爵，以李克用为招讨使，讨之。

目　诏李克用讨王行瑜。克用遣其子存勖诣行在，年十一，上奇其状貌，抚之曰："儿方为国之栋梁，他日宜尽忠于吾家。"

纲　崔昭纬罢，冬十月，以孙偓同平章事。

纲　十一月，李克用克邠州，王行瑜伏诛。

纲　十二月，进李克用爵晋王。

纲　李克用还晋阳。

纲　丙辰，三年，夏四月，河涨。

纲　武安军乱，杀刘建锋，推马殷为留后。

纲　秋七月，崔胤罢，八月，以朱朴同平章事。

纲　九月，以王潮为威武军节度使。

纲 以崔胤、崔远同平章事。

纲 冬十月，以钱镠为镇海、镇东节度使。

纲 以刘隐为清海行军司马。

纲 丁巳，四年，春正月，立德王裕为皇太子。冬十月，立淑妃何氏为皇后。

纲 十二月，威武节度使王潮卒。

目 王潮以弟审知为观察副使，有过，犹加捶挞，审知无怨色。潮寝疾，舍其子而命审知知军府事。

纲 戊午，光化元年，春三月，以朱全忠为宣武、宣义、天平节度使。

纲 以马殷知武安留后。秋九月，以王审知为威武节度使。

纲 己未，二年，春正月，崔胤罢，以陆扆同平章事。

纲 秋九月，以李茂贞为凤翔、彰义节度使。

纲 庚申，三年，夏六月，以崔胤同平章事，杀司空、同平章事王抟。

目 王抟明达有度量，时称良相。上素疾枢密使宋道弼、景务修专横，崔胤日与上谋去之。由是南北司益相憎疾，各结藩镇以相倾。抟恐其致乱，从容言于上曰："宦官擅权之弊，其势未可猝除，宜俟多难渐平，以道消息。"胤闻之，谮抟"为道弼辈外应"，上疑之。及胤罢相，意抟排己，恨之。遗朱全忠书，使表论之。上不得已，召胤复相之。贬抟崖州司户，流道弼骓州，务修爱州，皆赐自尽。于是胤专制朝政，势震中外，宦官皆侧目。

纲 秋九月，以徐彦若为清海节度使。

纲 崔远罢，以裴贽同平章事。

纲 冬十一月，中尉刘季述幽上于少阳院而立太子裕。

目 自宋道弼、景务修死，宦官皆惧。中尉刘季述、王仲先、枢密王彦范、薛齐偓等阴相与谋立太子。至是，上猎苑中，夜醉归，手杀黄门、侍女数人。明旦，日加辰巳，宫门不开。季述帅禁兵千人，破门而入，具得其状。出谓崔胤曰："主上所为如此，岂可理天下！废昏立明，自古有之，为社稷大计，非不顺也。"胤不敢违。季述召百官，陈兵殿庭，作胤等状，请太子监国，胤及百官皆署之。将士大呼入思政殿，上惊起，季述等出状白之，曰："此非臣等所为，皆南司众情，不可遏也。"即扶上与何后同辇，嫔御才十余人，适少阳院。季述以银楇画地数上罪数十，乃手锁其门，镕铁固之，穴墙以通饮食。季述迎太子入宫，矫诏立之。

崔胤密致书朱全忠，使兴兵图返正。季述遣其养子希度诣全忠，许以唐社稷输之。全忠犹豫未决，副使李振独曰："王室有难，霸者之资也。公为唐桓、文，安危所属。宦竖囚废天子，不能讨，何以复令诸侯！且幼主位定，则天下之权尽归宦官矣。"全忠大悟，即囚希度，遣亲吏蒋玄晖如京师，与崔胤谋之。

纲 辛酉，天复元年，春正月朔，神策指挥使孙德昭等讨刘季述等，皆伏诛。上复于位，黜太子裕为德王。

目 神策指挥使孙德昭自季述等废立，常愤惋不平。崔胤闻之，遣判官石晋说之曰："今反者独季述、仲先尔，公诚能诛此二人，迎上皇复位，则富贵穷一时，忠义流千古；苟狐疑不决，则功落他人之手矣！"德昭曰："相公有命，不敢爱死。"遂结右军都将董彦弼、周承诲，谋以除夜伏兵安福门外以俟之。正旦，仲先入朝，德昭擒斩之。崔胤迎上御长乐门楼，帅百官称贺。周承诲擒刘季述、王彦范继至，方诘责，已为乱梃所毙。薛齐偓赴井死，出而斩之。上曰："裕幼弱，非其罪。"黜为德王。赐德昭姓名李继昭，承诲姓名李继诲，彦弼亦赐姓，皆以使相留宿卫，时人谓之"三使相"。上宠待胤益厚。朱全忠由是亦益重李振。

纲 进朱全忠爵为东平王，李茂贞为岐王。

纲 以韩全诲、张彦弘为中尉，袁易简、周敬容为枢密使。

目 崔胤、陆扆上言："祸乱之兴，皆由中官典兵。乞令胤主左军，扆主右军，则诸侯不敢侵陵，王室尊矣！"上召李继昭等谋之，皆曰："臣等累世在军中，未闻书生为军主；若属南司，必多所变更，不若归之北司为便。"于是复以宦者为中尉。胤以宦官终为肘腋之患，欲以外兵制之，会李茂贞入朝，胤讽茂贞留兵宿卫，以假子继筠将之。谏议大夫韩偓以为不可，胤不从。

纲 二月，以王溥、裴枢同平章事。

纲 夏五月，以朱全忠为宣武、宣义、天平、护国节度使。

纲 李茂贞入朝。

目 茂贞至京师，韩全诲深与相结，崔胤始惧，益厚朱全忠而与茂贞为仇敌矣。

纲 六月，解崔胤盐铁使。

目 时上悉以军国事委崔胤，宦官侧目，胤欲尽除之。上独召翰林学士韩偓问之，对曰："今不若择其尤无良者数人，明示其罪，寘之于法；然后抚谕其余，有善则奖，有罪则惩，则咸自安矣。此曹任公私者以万数，岂可尽诛邪！夫帝王之道，当以重厚镇之，公正御之，至于琐细机巧，此机生则彼机应矣，终不能成大功。况今朝廷之权，散在四方；苟能先收此权，则事无不可为者矣。"上深以为然，曰："此事终以属卿。"

胤复请尽诛宦官，宦官得胤密谋，日夜谋所以去胤者。时胤领三司，韩全诲等教禁军对上喧噪，诉胤减损冬衣；上不得已，解胤盐铁使。时朱全忠、李茂贞各有挟天子令诸侯之意，胤知谋泄，事急，遗全忠书，称被密诏，令全忠以兵迎车驾。

纲 冬十月，朱全忠举兵发大梁。

纲 十一月，韩全诲等劫帝如凤翔，朱全忠取华州。

目 韩全诲等闻全忠将至，令李继诲、李彦弼等勒兵劫上，请幸凤翔。全忠至河中，表请车驾幸东都，京师大骇。全诲等陈兵殿前，言于上曰："全忠欲劫天子幸洛阳，求传禅；臣等请奉陛下幸凤翔，收兵拒之。"上不许，拔剑登乞巧楼。全诲等逼上下楼，上不得已，与后、妃、诸王百余人皆上马，恸哭而出。

李茂贞出迎，上下马慰接之。还入凤翔。

全忠议引兵还，张浚说之曰："韩建，茂贞之党，不取之，必为后患。"乃引兵逼其城，建单骑迎谒，全忠以建为忠武节度使，以兵送之。

纲 朱全忠引兵至凤翔城东而还。

目 朱全忠至长安，宰相帅百官班迎。至凤翔，军于城东。李茂贞登城谓曰："天子避灾，非臣下无礼；谗人误公至此。"全忠报曰："韩全诲劫迁天子，今来问罪，迎扈还宫。岐王若不预谋，何烦陈谕！"上屡诏全忠还镇，全忠乃拜表奉辞，移兵趣邠州。节度使李继徽请降，复姓名杨崇本。李茂贞以诏命征兵河东，李克用遣李嗣昭将五千骑趣晋州，与汴兵战于平阳北，破之。

纲 以卢光启参知机务，崔胤、裴枢罢。

纲 十二月，清海节度使徐彦若卒。

目 彦若遗表荐刘隐权留后。

纲鉴易知录卷六十

唐纪

昭宗皇帝

纲 壬戌，二年，春正月，以韦贻范同平章事。

纲 三月，汴兵围晋阳。

目 朱全忠还河中，遣氏叔琮、朱友宁攻河东，围晋阳。李克用召诸将议走保云州，李嗣昭、周德威及李嗣源皆曰："儿辈在此，必能固守，王勿为此谋，摇人心。"克用乃止。会大疫，汴兵引还。

克用以贮粮、缮兵、修城利害问于幕府，掌书记李袭吉曰："国富不在仓储，兵强不由众寡，霸国无贫主，强将无弱兵。愿大王崇德爱人，去奢省役，设险固境，训兵务农。如此，则国不求富而自富，不求安而自安矣。"

克用以封疆日蹙，忧形于色，存勖进言曰："朱氏穷凶极暴，人怨神怒，今其极也，殆将毙矣！吾家代袭忠贞，大人当遵养时晦，以待其衰，奈何轻为沮丧，使群下失望乎！"克用悦。

刘夫人无子。克用宠姬曹氏生存勖，幼警敏，有勇略，刘夫人待曹氏加厚。

纲 以杨行密为行营都统，赐爵吴王。

纲 夏四月，卢光启罢。

纲 五月，朱全忠至东渭桥。

目 崔胤诣河中，泣诉于朱全忠，请以时迎奉。全忠与之宴，胤亲执板歌以侑酒。全忠乃将兵五万发河中。

纲 韦贻范罢。

纲 进钱镠爵为越王。

纲 以苏检同平章事。

纲 朱全忠围凤翔。

目 全忠朝服向城而泣曰："臣但欲迎车驾还宫耳，不与岐王角胜也。"

纲 秋八月，起复韦贻范同平章事。

目 贻范之为相也，多受人赂，许以官；既而以丧罢去，日为债家所噪，故汲汲于起复，日遣人诣两中尉、枢密及李茂贞求之。上命韩偓草制，偓曰："吾腕可断，此制不可草！"即上疏论之，上命罢草。明日，班定，无白麻可宣；宦官喧言韩侍郎不肯草麻。茂贞入见曰："陛下命相而学士不肯草麻，与反何异！"上曰："学士所陈，事理明白，若之何不从！"茂贞不悦而出，语人曰："我实不知书生礼数，为贻范所误。"贻范乃止。至是，竟起复贻范，使姚洎草制。贻范不让，即表谢，明日视事。

纲 冬十月，韦贻范卒。

纲 癸亥，三年，春正月，李茂贞杀韩全诲等，帝幸朱全忠营。遂发凤翔，复以崔胤为司空、同平章事。

目 李茂贞独见上，请诛全诲等，与全忠和解，奉车驾还京。上喜，即收全诲等斩之。又斩李继筠、继诲、彦弼等十六人，而以第五可范、仇承坦为中尉，王知古、杨虔朗为枢密使。时凤翔所诛宦官已七十二人，全忠又密令京兆捕诛九十人。车驾幸全忠营，全忠素服待罪，顿首流涕。上亦泣，亲解玉带以赐之。少休，即行。全忠命朱友伦将兵扈从。驾至兴平，崔胤帅百官迎谒，复以为相，领三司如故。

纲 车驾至长安，大诛宦官，以崔胤判六军十二卫事。

目 车驾入长安，崔胤奏："以宦官典兵预政，倾危国家；不翦其根，祸终不已。请悉罢内诸司使，其事务尽归之省、寺，诸道监军俱召还阙下。"上从之。全忠遂以兵驱第五可范已下数百人，尽杀之，冤号之声，彻于内外。其出使外方者，诏所在诛之，止留黄衣幼弱者三十人以备洒扫。以崔胤兼判六军十二卫事。

纲 二月，赐朱全忠号"回天再造竭忠守正功臣"。以辉王祚为诸道兵马元帅，朱全忠守太尉以副之，进爵梁王，崔胤为司徒兼侍中。

纲 贬韩偓为濮州司马。

目 上尝谓偓曰："崔胤虽忠，然颇用机数。"对曰："凡为天下者，万国皆属之耳目，安可以机数欺之！莫若推诚直致，虽日计之不足而岁计之有余也。"上欲用偓为相，偓荐赵崇、王赞自代。胤恶其分己权，使朱全忠白上曰："赵崇轻薄，王赞不才，韩偓何得妄荐！"上不得已贬偓。上与泣别，偓曰："是人非复向来之比，臣得贬死为幸，不忍见篡弑之辱！"

纲 梁王全忠辞归镇。

纲 以裴枢同平章事。

纲 秋八月，进王建爵为蜀王。

纲 冬十月，山南东道节度使赵匡凝取荆南，表其弟匡明为留后。

目 时天子微弱，诸道多不上供，惟匡凝兄弟委输不绝。

纲 李茂贞、李继徽举兵逼京畿。

目 朱全忠之克邠州也，执节度使杨崇本妻于河中而私焉。崇本怒，使谓李茂贞曰："唐室将灭，父忍坐视之乎！"遂相与连兵侵逼京畿，复姓名李继徽。全忠恐其复有劫迁之谋，乃发兵屯河中。

纲 十一月，以独孤损同平章事，裴贽罢。

纲 甲子，天祐元年，春正月，梁王全忠杀崔胤，以崔远、柳璨同平章事。

目 初，崔胤假朱全忠兵力以诛宦官，全忠既破李茂贞，威震天下，遂有篡夺之志。胤惧，与全忠外虽亲厚，私心渐异。至是，全忠欲迁天子都洛，恐胤立异，密表胤等专权乱国，请并其党郑元规等诛之。诏皆贬之，而以裴枢、独孤损分判六军、三司。全忠密令朱友谅杀胤及元规等数人。

纲 梁王全忠屯河中，表请迁都。上发长安，二月，至陕。

目 朱全忠引兵屯河中，遣牙将奉表称："邠、岐兵逼畿甸，请上迁都洛阳。"时上御延喜楼。及下，裴枢已促百官东行。驱徙士民，号哭满路，骂曰："贼臣崔胤，召朱温来倾覆社稷，使我曹流离至此！"上遂发长安，全忠以张廷范为御营使，毁长安宫室百司及民间庐舍，长安遂墟。上至华州，民夹道呼万岁，上泣曰："勿呼万岁，朕不复汝主矣！"馆于兴德宫，谓侍臣曰："鄙语云：'纥干山头冻杀雀，何不飞去生处乐？'朕今漂泊，不知竟落何所！"因泣下沾襟，左右莫能仰视。二月，至陕，全忠来朝，上延入寝室，见何后。后泣曰："自今大家夫妇，委身全忠矣！"

纲 三月，梁王全忠赴洛阳。

纲 遣间使以密诏告难于四方。

目 上复遣间使以绢诏告急于王建、杨行密、李克用等，令纠率藩镇以图匡复，曰："朕至洛阳则为全忠所幽闭，诏敕皆出其手，朕意不得复通矣！"

纲 夏四月，上至洛阳。

纲 更封钱镠为吴王。

纲 五月，梁王全忠还镇。

纲 六月，李茂贞、王建、李继徽合兵讨朱全忠，全忠拒之河中。

纲 秋八月，全忠弑帝于椒殿，太子柷即位。

目 帝自离长安，日忧不测，与何后终日沉饮，或相对悲泣。时李茂贞等移檄往来，皆以兴复为辞。全忠方西讨，以帝有英气，恐变生于中，欲立幼君，易谋禅代。乃遣判官李振至洛阳，与蒋玄晖及朱友恭、氏叔琮等图之。玄晖遣牙官史太等百人夜叩宫门，杀宫人裴贞一。帝在椒殿，方醉，遽起，单衣绕柱走，太追弑之。立辉王祚为皇太子，更名柷。于柩前即位，时年十三。全忠闻之，阳惊哭，自投于地曰："奴辈负我，令我受恶名于万代！"至东都，伏梓宫恸哭，杀友恭、叔琮。友恭临刑大呼曰："卖我以塞天下之谤，如鬼神何！"全忠遂辞赴镇。

纲 冬十二月，以刘隐为清海节度使。

昭宣帝

纲 乙丑，昭宣帝天佑二年。

纲 春二月，朱全忠杀德王裕等九人。

目 全忠使蒋玄晖邀德王裕九人，置酒九曲池，悉缢杀之，投尸池中。皆昭宗之子也。

纲 葬和陵。

纲 三月，以王师范为河阳节度使。

纲 独孤损、裴枢、崔远并罢，以张文蔚、杨涉同平章事。

目 涉为人和厚恭谨，闻当为相，泣谓其子凝式曰："此吾家之不幸也，以为汝累。"

纲 夏四月，彗星出西北，长竟天。

纲 六月，杀裴枢、独孤损、崔远、陆扆、王溥等三十余人。

目　柳璨恃朱全忠之势，恣为威福。会有星变，占者曰："君臣俱灾，宜诛杀以应之。"璨因疏其素所不快者于全忠曰："此曹皆怨望腹非，宜以之塞灾异。"李振因言于全忠曰："王欲图大事，此曹皆朝廷之难制者也，不若尽去之。"全忠以为然。贬独孤损、裴枢、崔远、陆扆、王溥、赵崇、王赞等官有差。自余或门胄高华，或科第自进，以名检自处者，皆指以为浮薄，贬之。六月朔，聚枢等三十余人于白马驿，一夕尽杀之，投尸于河。初，李振屡举进士不中第，故深疾缙绅之士，言于全忠曰："此辈常自谓清流，宜投之黄河，使为浊流！"全忠笑而从之。振自汴至洛，朝臣必有窜逐者，时谓之"鸱枭"。

纲　秋八月，征前礼部员外司空图诣阙，寻放还山。

目　初，图弃官，居虞乡王官谷，昭宗屡征之，不起。柳璨以诏书征之，图惧，入见，阳为衰野，坠笏失仪。璨复下诏曰："养高钓名，匪夷匪惠，难居公正之朝。可放还山。"

纲　冬十一月，吴王杨行密卒，子渥代为淮南节度使。

纲　以梁王全忠为相国，封魏王，加九锡；全忠不受。

纲　十二月，朱全忠弑太后何氏，杀蒋玄晖、柳璨、张廷范。

目　初，柳璨与玄晖、廷范相结，为全忠谋禅代事。何太后使宫人达意，求传禅之后，子母生全。王殷、赵殷衡谮玄晖，云"与璨、廷范与太后夜宴，焚香为誓，兴复唐祚。"全忠信之，诛玄晖，令殷等弑太后于积善堂，斩柳璨于上东门，车裂廷范于都市。璨临刑呼曰："负国贼柳璨，死其宜矣！"

右唐二十一帝，共二百八十九年。

五代　后梁纪

太祖皇帝

纲　丁卯，四年，春正月，淮南牙将张颢、徐温作乱。

目　杨渥骄侈日甚，居丧，酣饮作乐，燃十围之烛以击球。或单骑出游，从者不知所之。左右牙指挥使张颢、徐温泣谏，渥怒。颢、温潜谋作乱。一日帅牙兵二百，露刃直入庭中，渥曰："尔果欲杀我邪？"对曰："非敢然也，欲诛王左右乱政者尔！"因数渥所亲信十余人之罪，曳下，击杀之，谓之"兵谏"。

纲　三月，唐遣使奉册宝如梁。

目　帝下诏禅位于梁。遣宰相张文蔚、杨涉及薛贻矩、苏循、张策、赵光逢等奉玉册、传国宝，帅百官备法驾诣大梁。杨涉子直史馆凝式言于涉曰："大人为唐宰相，而国家至此，不可谓之无过。况手持天子玺绶与人，虽保富贵，奈千载何！盍辞之！"涉大骇曰："汝灭吾族！"神色为之不宁者数日。

纲　夏四月，卢龙节度使刘仁恭为其子守光所囚。

目　仁恭骄侈贪暴，以大安山四面悬绝，筑馆其上，极壮丽。实以美女，与方士炼药其中。有爱妾罗氏，其子守光通焉，仁恭杖守光而斥之。至是，梁遣李思安击之，直抵城下。仁恭在大安，城几不守。守光自外引兵入，登城拒守，却之。遂自称节度使，令部将李小喜攻大安，虏仁恭以归，囚于别室。守光弟守奇奔河东。

纲　梁王全忠更名晃，称皇帝。奉唐帝为济阴王。

目　张文蔚等至大梁。梁王更名晃，即皇帝位。文蔚等升殿读册宝已，降，帅百官舞蹈称贺。梁王与之宴，举酒劳之曰："此皆诸公推戴之力也。"文蔚等皆惭，伏不能对，独苏循、薛贻矩盛称功德，宜应天顺人。

梁王复与宗戚饮博宫中，其兄全昱谓曰："朱三，汝本砀山一民也，从黄巢为盗，天子用汝为四镇节度使，富贵极矣，奈何一旦灭唐家三百年社稷，他日得无灭吾族乎！"梁主不怿而罢。

奉唐帝为济阴王，迁于曹州，使甲士守之。

纲　梁以汴州为东都、开封府，洛阳为西都，长安为大安府、佑国军。

纲　梁以马殷为楚王。

纲　梁以敬翔知崇政院事。

纲　淮南、西川移檄兴复唐室。

目　时惟河东、凤翔、淮南称"天祐"，西川称"天复"年号，余皆禀梁正朔。蜀王建与杨渥移檄诸道，云"欲与岐王、晋王会兵兴复唐室"，卒无应者。建乃谋称帝，遗晋王书云："请各帝一方。"晋王复书不许，曰："誓于此生，靡敢失节。"

纲　岐王李茂贞开府。

目 茂贞治军宽简，无纪律。兵羸地蹙，不敢称帝，但开岐王府，置百官，宫殿、号令皆拟帝者。

纲 契丹遣使如梁。

目 是岁，契丹耶律阿保机，帅众三十万寇云州，晋王与之连和，约为兄弟，延之帐中，纵酒尽欢，约共击梁。或劝晋王擒之，王曰："雠敌未灭而失信夷狄，自亡之道也。"留之旬日，厚赠遗之。阿保机既归而背盟，更附于梁，晋王由是恨之。

纲 梁以钱镠为吴越王。

目 镇海节度判官罗隐说镠举兵讨梁，谓："纵无成功，犹可退保杭、越，自为'东帝'。奈何交臂事贼，为终古之羞乎！"镠始以隐为不遇于唐，必有怨心；及闻其言，虽不能用，心甚义之。

纲 梁以高季昌为荆南节度使。

目 依政进士梁震，唐末登第。归蜀，过江陵，高季昌爱其才识，留之，欲奏为判官。震耻之，欲去，恐及祸，乃曰："震素不慕荣宦，明公不以为愚，必欲使参谋议，但以白衣侍樽俎可也。"季昌许之。震终身止称"前进士"，不受高氏辟署。季昌甚重之，以为谋主，呼曰"先辈"。

纲 梁主封其兄全昱为广王。

目 全昱不乐在京师，常居砀山故里，三子皆封王。

纲 梁礼部尚书苏循等致仕。

目 循及其子楷，自谓有功于梁，朝夕望为相。梁主薄其为人，敬翔、李振亦鄙之，言于梁主曰："苏循，唐之鸱枭，卖国求利，不可以立于维新之朝。"诏循等十五人并勒致仕，楷斥归田里。

纲 秋七月，梁以刘守光为卢龙节度使。

纲 九月，蜀王王建称帝。

纲 戊辰，春正月，晋王李克用卒，子存勖立。

目 晋王病笃。命其弟克宁、监军张承业、大将李存璋、吴珙、掌书记卢质立其子存勖为嗣，曰："此子志气远大，必能成吾事，尔曹善教导之。"又谓克宁等曰："以亚子累汝！"亚子，存勖小名也。言终而卒。存勖袭位。

纲 二月，梁主晃弑济阴王。

纲 夏五月，晋王攻梁夹寨，破之，潞州围解。

目　李思安攻潞州，久不下。晋王与诸将谋曰："上党，河东之藩蔽，无上党，是无河东也。且朱温所惮者先王尔，闻吾新立，以为童子未闲军旅，必有骄怠之心。若简精兵倍道趣之，出其不意，破之必矣。取威定霸，在此一举，不可失也！"乃大阅士卒，以丁会为都招讨使，帅周德威等发晋阳。五月朔，晋王伏兵三垂冈下，诘旦大雾，进兵直抵夹寨。梁军无斥候，将士尚未起，晋王命周德威、李嗣源分兵为二道，填堑烧寨，鼓噪而入。梁兵大溃，南走，失亡将士万计，委弃资械山积。梁主闻夹塞不守，大惊，既而叹曰："生子当如李亚子，克用为不亡矣！至如吾儿，豚犬尔！"

纲　晋王归晋阳。

目　晋王归晋阳，休兵行赏。命州县举贤才，黜贪残，宽租税，抚孤穷，伸冤滥，禁奸盗，境内大治。

纲　淮南张颢、徐温弑其节度使杨渥，温复攻颢，杀之。

纲　秋七月，淮南将吏推杨隆演为节度使。

纲　己巳，春正月，梁迁都洛阳。

纲　淮南徐温自领升州刺史。

目　徐温以金陵形胜，战舰所聚，乃自以淮南行军副使领升州刺史，留广陵，以其假子、元从指挥使知诰为升州防遏兼楼船副使，往治之。

纲　夏四月，梁以王审知为闽王。

目　审知俭约，常蹑麻履，府舍卑陋，未尝营葺。宽刑薄赋，公私富实，境内以安。

纲　秋七月，梁以刘守光为燕王。

纲　庚午，春二月，岐王承制，加杨隆演嗣吴王。

纲　夏四月，梁宋州献瑞麦。

目　梁宋州节度使衡王友谅献瑞麦，一茎三穗，梁主曰："丰年为上瑞。今宋州大水，安用此为！"诏除本县令名，遣使诘责友谅，以惠王友能代之。

纲　辛未，春正月，朔，日食。

纲　三月，梁清海节度使刘隐卒，弟岩知留后。

纲　秋八月，燕王刘守光称帝。

纲 冬十月，晋遣李承勋使于燕。

目 晋王闻刘守光称帝，大笑曰："俟彼十年，吾当问其鼎矣。"张承业请遣使致贺以骄之，晋王遣太原少尹李承勋往，用邻藩通使之礼。燕典客欲使称臣庭见，承勋曰："吾受命于唐朝，为太原少尹，燕王岂得而臣之乎！"守光怒，囚之，数日，竟不能屈。

纲 十一月，幽州参军冯道奔晋。

目 刘守光攻赵易、定，道以为未可，系狱。得免，亡奔晋，张承业荐之晋王，以为掌书记。

纲 刘守光寇易、定，晋遣兵救之。

纲 壬申，春正月，晋师及镇、定之兵伐幽州。二月，梁主救之，大败，走还。

纲 夏五月，梁主至洛阳。

目 梁主至洛阳，疾甚，谓近臣曰："我经营天下三十年，不谓太原余孽更昌炽如此！吾观其志不小，天复夺我年，我死，诸儿非彼敌也，吾无葬地矣！"因哽咽，绝而复苏。

纲 六月，梁郢王友珪弑其主晃而自立。

目 梁主长子友裕早卒。次假子博王友文，梁主特爱之，常留守东都。次郢王友珪，其母娼也，为控鹤指挥使，无宠。次均王友贞，为东都指挥使。初，张后严整多智，梁主敬惮之。后殂，梁主恣意声色，诸子虽在外，常征其妇入侍，友文妇王氏色美，尤宠之，欲以友文为太子。友珪心不平。

梁主疾甚，命王氏召友文，欲付以后事。友珪妇张氏知之，密告友珪。珪与统军韩勍合谋，以牙兵杂控鹤士中，夜斩关入，至寝殿，梁主惊起曰："我固疑此贼，恨不早杀之。汝悖逆如此，天地岂容汝乎！"友珪曰："老贼，万段！"友珪仆夫冯廷谔刺梁主腹，刃出于背。以败毡裹之，瘗于寝殿。遣供奉官丁昭溥驰诣东都，命友贞杀友文。矫诏称："友文谋逆，赖友珪忠孝，将兵诛之，宜令友珪权主军国之务。"韩勍为友珪谋，多出金帛赐诸军及百官以取悦。乃发丧即位。

纲 秋七月，梁以杨师厚为天雄节度使。

纲 梁遣兵击河中，节度使朱友谦降晋。

纲 梁以敬翔同平章事。

纲　冬十月，晋王救河中，梁兵败走。

梁主瑱

纲　癸酉，春二月，梁均王友贞起兵讨贼。友珪伏诛，友贞立于大梁，更名瑱。友谦复归梁。

目　友珪遽为荒淫，内外愤怒。驸马都尉赵岩，太祖之婿也；龙虎统军袁象先，太祖之甥也。岩奉使至大梁，均王友贞密与之谋诛友珪，岩曰："此事成败，在杨令公。得其一言谕禁军，吾事立办。"均王乃遣腹心说师厚曰："郢王篡弑，人望属在大梁，公若因而成之，此不世之功也。"师厚乃遣其将王舜贤至洛阳，阴与袁象先谋。岩归洛阳，亦与象先定计。象先等帅禁兵数千人突入宫中。友珪令冯廷谔先杀妻，次杀己，廷谔亦自刭。均王即位于大梁，更名瑱。加杨师厚兼中书令，赐爵邺王。遣使招抚朱友谦，友谦复称藩。

纲　夏四月，晋师逼幽州。拔平、营州。

纲　六月，梁赐高季昌爵渤海王。

纲　冬十一月，晋王入幽州，执刘仁恭及守光以归。

纲　甲戌，春正月，刘仁恭、刘守光伏诛。

目　晋王以练纤刘仁恭父子，凯歌入于晋阳，献于太庙，自临斩刘守光。械仁恭于代州，刺其心血以祭先王墓，然后斩之。

纲　高季昌攻蜀夔州，不克。

纲　秋八月，蜀以毛文锡判枢密院。

目　峡上有堰，或劝蜀主乘夏秋江涨，决之以灌江陵。文锡谏曰："季昌不服，其民何罪！陛下方以德怀天下，忍以邻国之民为鱼鳖食乎！"蜀主乃止。

纲　乙亥，春正月，梁分天雄为两镇。夏四月，魏人降晋。六月，晋王入魏。

纲　秋七月，梁刘鄩引兵袭晋阳，不至，还守莘城。

目　刘鄩以晋兵尽在魏州，晋阳必虚，欲袭取之，乃潜引兵自黄泽西去。晋人怪鄩军数日不出，遣骑觇之，时见旗帜循堞往来，晋王曰："吾闻刘鄩用兵，一步百计，此必诈也。"更使觇之，乃缚刍为人，执旗乘驴在城上尔。晋王曰："鄩长于袭人，短于决战，计彼行才及山下。"亟发骑兵追之。晋将李嗣恩倍道先入晋阳，城中知之，勒兵为备。郛粮尽，又闻晋有备，追兵在后，众惧，将溃，郛谕止之。

周德威闻郛西上，自幽州引千骑救晋阳。郛知临清有蓄积，欲据之以绝晋粮道。德威争追至南宫，擒其斥候者，断腕而纵之，使言曰："周侍中已据临清矣！"诘朝，略郛营而过，入临清。郛引军趋贝州，军堂邑，德威攻之，不克。翌日，军于莘县，堑而守之。晋王营莘西三十里，一日数战。

晋王爱元行钦骁健，从李嗣源求之，赐姓名曰李绍荣。王复欲求高行周，重于发言，密使人以官禄啖之，行周辞曰："代州养壮士，亦为大王尔，行周事代州，亦犹事大王也。代州脱行周兄弟于死，行周不忍负之。"乃止。

纲 八月，梁刘郛攻镇、定营，晋击败之。

纲 冬十月，梁康王友敬作乱，伏诛。

目 梁德妃张氏卒，将葬，友敬使腹心数人匿于寝殿；梁主觉之，召宿卫兵索殿中，得而手刃之。捕友敬，诛之。由是疏忌宗室，专任赵岩及妃兄弟汉鼎、汉杰、从兄弟汉伦、汉融。岩等依势弄权，卖官鬻狱，离间旧将相，敬翔、李振虽为执政，所言多不用。振每称疾不预事，政事日紊，以至于亡。

纲 丙子，春正月，梁以李愚为左拾遗。

目 梁主闻李愚学行，召为左拾遗，充崇政院直学士。衡王友谅贵重，李振等见皆拜之，愚独长揖，梁主让之曰："衡王，朕兄也，朕犹拜之，卿长揖可乎？"对曰："陛下以家人礼见衡王，拜之宜也。振等陛下家臣；臣于王无素，不敢妄有所屈。"久之，竟以抗直罢。

纲 秋九月，晋王还晋阳。

目 王性孝，虽经营河北，而数还晋阳省曹夫人，岁再三焉。

纲 冬十二月，晋以张瓘为麟州刺史。

目 张承业治家甚严，有侄为盗，杀贩牛者，承业斩之。晋王以其侄瓘为麟州刺史，承业谓曰："汝本为贼，惯为不法，今若不悛，死无日矣！"由此瓘所至，不敢贪暴。

纲 契丹称帝改元。

目 契丹主阿保机自称皇帝，国人谓之天皇王。以妻述律氏为皇后，置百官，改元神册。晋王方经营河北，欲结契丹为援，常以叔父事阿保机，以叔母事述律后。刘守光末年衰困，遣参军韩延徽求援于契丹，阿保机怒其不拜，留之，使牧马于野。延徽有智略，颇知属文。述律后曰："延徽能守节不屈，此今之贤者，奈何辱以牧圉？宜礼而用之。"阿保机召与语，悦之，遂以为谋主。延徽始教契丹建牙开府，筑城郭，立市里，以处汉人，使各有配偶，垦蓺荒田。由是汉人安业，逃亡者少。契丹威服诸国，延徽有功焉。顷之，逃奔晋阳。晋王欲置之幕府，掌书记王缄疾之。延徽不自安，求归省母，遂复入契丹，阿保机待之益厚。至是，以为相。延徽寄书于晋王曰："非求恋英主，非不思故乡，所以不留，正惧王缄之谗尔。"因以老母为托，且曰："延徽在此，契丹必不南牧。"故终同光之世，契丹不深入为寇，延徽之力也。

纲　晋王如魏州。

纲　丁丑，春二月，晋新州裨将卢文进杀其防御使李存矩，亡奔契丹。

纲　三月，契丹陷新州，晋师攻之，不克。

纲　契丹围幽州，夏四月，晋王遣李嗣源将兵救之。

目　契丹乘胜进围幽州，卢文进教之攻城。周德威遣使告急，晋王与梁相持河上，欲分兵则兵少，欲勿救恐失之，谋于诸将，独李嗣源、李存审、阎宝劝王救之。王喜曰："昔太宗得一李靖犹擒颉利，今吾有猛将三人，复何忧哉！"存审、宝以为虏无辎重，势不能久，不若俟其还而击之。李嗣源曰："德威，社稷之臣，今朝夕不保，恐变生于中，何暇待虏之衰！臣请身为前锋以赴之。"王曰："公言是也。"即日，命治兵。四月，命嗣源将兵先进，宝以镇、定之兵继之。

纲　五月，吴徐温徙治升州。

纲　秋八月，刘岩称越帝于广州。

纲　晋师击契丹，败之，幽州围解。

纲　冬十月，晋王还晋阳。

目　王连岁出征，凡军府政事一委监军使张承业，承业劝课农桑，畜积金谷，收市兵马，征租行法不宽贵戚，由是军民肃清，馈饷不乏。王或时须钱蒱博及给赐伶人，而承业靳之。王乃置酒库中，令其子继岌为承业舞，指钱欲赐之，承业曰："此钱，大王所以养战士也，承业不敢以为私礼。"王不悦，语侵之，承业怒曰："仆老敕使尔！非为子孙计，惜此库钱，所以佐王成霸业也；不然，王自取用之，何问仆为！不过财尽人散，一无所成尔。"王怒，顾李绍荣索剑。承业起挽王衣，泣曰："仆受先王顾托之命，誓为国家诛汴贼，若以惜库物死于王手，仆下见先王无愧矣。"曹太夫人闻之，遽令召王，王惶恐叩头谢，请承业痛饮以分其过，承业不肯。王入宫，太夫人使人谢承业曰："小儿忤特进，已笞之矣。"明日，与王俱至承业第谢之。未几，承制授承业开府仪同三司、左卫上将军、燕国公。承业固辞不受，但称唐官终身。

卢质嗜酒轻傲，王衔之。承业恐其及祸，乘间言曰："质数无礼，请为大王杀之。"王曰："吾方招纳贤士以就功业，七哥何言之过也！"承业起贺曰："王能如此，何忧不得天下！"质由是获免。

纲　十一月，晋王如魏州。

纲　戊寅，春正月，晋师掠梁濮、郓而还。

目　梁敬翔上疏曰："国家连年丧师，疆土日蹙。陛下所与计事者皆左右近习，岂能量敌国之胜负乎！宜询访黎老，别求异策；不然，忧未艾也。"疏奏，赵、张之徒言翔怨望，梁主遂不用。

纲　夏六月，蜀主建殂，太子宗衍立。

纲　秋七月，吴以徐知诰为淮南行军副使，辅政。

目　吴徐温入朝于广陵，以知诰为行军副使，知谏权润州团练事。温还金陵，庶政皆决于知诰。知诰事吴王尽恭，接士大夫以谦，御众以宽，约身以俭。蠲逋税，求贤才，纳规谏，除奸猾，杜请托。于是士民归心，宿将悦服。以宋齐丘为谋主。

先是吴有丁口钱，又计亩输钱，钱重物轻，民甚苦之。齐丘请蠲丁口钱，余税悉输谷帛，知诰从之。由是江、淮间旷土益辟，桑柘满野，国以富强。

知诰欲进用齐丘，而徐温恶之。知诰夜引齐丘于水亭屏语，常至夜分，或居高堂，悉去屏障，独置大炉，以铁筯画灰为字，随以匙灭去之，故其所谋，人莫得而知也。

纲　八月，晋王大举伐梁。

目　晋王谋大举伐梁，周德威将幽州步骑三万，李存审、李嗣源及王处直遣将各将步骑万人，及诸部落奚、契丹、室韦、吐谷浑皆以兵会之。并河东、魏博之兵，大阅于魏州，军于麻家渡。梁贺瓌、谢彦章屯濮州北，相持不战。

晋王好自引轻骑迫敌营挑战，危窘者数四，赖李绍荣力战，得免。赵王镕及王处直皆遣使致书曰："元元之命系于王，本朝中兴系于王，奈何自轻如此！"王笑谓使者曰："定天下者，非百战何由得之，安可深居帷房以自肥乎！"一旦将出，李存审扣马泣谏曰："大王当为天下自重。先登陷阵，存审之职也。"王为之揽辔而还。他日，伺存审不在，策马急出，以数百骑抵梁营，谢彦章伏精甲五千，围王数十重，王力战，仅得出，始以存审之言为忠。

纲　冬十一月，越改国号汉。

纲　十二月，晋王与梁战于胡柳陂，周德威败死。晋王收兵复战，大破梁军。

纲　己卯，春三月，晋以郭崇韬为中门副使。

目　孟知祥荐教练使雁门郭崇韬能治剧，王以为中门副使。崇韬倜傥有智略，临事敢决，王宠待日隆。知祥称疾辞位，崇韬专典机密。

纲　夏四月，吴王隆演建国改元。

纲　秋七月，吴越攻吴常州，吴人与战，破之。

目　吴越王镠遣钱传瓘将兵三万攻吴常州，徐温帅诸将拒之，战于无锡。吴越兵败，杀其将何逢，传瓘遁去。

温募生获叛将陈绍者赏钱百万，获之。绍勇而多谋，温复使之典兵。初，吴将曹筠亦奔吴越，温厚遇其妻子，遣间使告之曰："使汝不得志而去，吾之过也。"及是役，筠复奔吴。温自数昔日不用筠言者三，而不问其罪，归其田宅，复其军职。筠内愧而卒。

吴越王镠见何逢马，悲不自胜，故将士心附之。镠自少在军中，夜未尝寐，倦极则就圆木小枕，或枕大铃，寐熟辄攲而寤，名曰"警枕"。置粉盘于卧内，有所记则书盘中，比老不倦。

纲　晋王以冯道掌书记。

纲　八月，吴与吴越连和。

纲　冬十二月，吴团结民兵。

目　吴禁民私畜兵器，盗贼益繁。御史台主簿卢枢言："今四方分争，宜教民战，且善人畏法禁而奸民弄干戈，是欲偃武而反招盗也。宜团结民兵，使之习战，自卫乡里。"从之。

纲　庚辰，夏五月，吴宣王隆演卒，弟溥立。

目　王疾，温自金陵入朝，议当为嗣者。或曰："蜀先主谓武侯：'嗣子不才，君宜自取。'"温正色曰："吾果有意取之，当在诛张颢之初，岂至今日邪！使杨氏无男，有女亦当立之。敢妄言者斩！”乃以王命迎丹阳公溥监国。王殂，溥即位。

纲　辛巳，春正月，晋得传国宝。

目　蜀主、吴王屡以书劝晋王称帝，晋王以示僚佐曰：“昔王太师亦尝遗先王书，劝以自帝一方。先王语余云：‘昔天子幸石门，吾发兵诛贼臣，当是之时，威振天下，吾若挟天子据关中，自作九锡禅文，谁能禁我！顾吾家世忠孝，立功帝室，誓死不为耳。他日当务以复唐社稷为心，慎勿效此曹所为！’言犹在耳，此议非所敢闻也。”因泣。既而将佐及藩镇劝进不已，乃令有司市玉造法物。

黄巢之破长安也，魏州僧得传国宝，至是，以为常玉，将鬻之。或识之，曰：“传国宝也。”乃诣行台献之，将佐皆奉觞称贺。张承业闻之，亟诣魏州谏曰：“吾王世世忠于唐室，救其患难，所以老奴三十余年为王捃拾财赋，召补兵马，誓灭逆贼，复本朝宗社耳。今河北甫定，朱氏尚存，而王遽即大位，殊非从来征伐之意，天下其谁不解体乎！王何不先灭朱氏，复列圣之深雠，然后求唐后而立之，南取吴，西取蜀，汛扫宇内，合为一家，当是之时，虽使高祖、太宗复生，谁敢居王上者？让之愈久则得之愈坚矣。老奴之志无他，但以受先王大恩，欲为王立万年之基耳。”王曰：“此非余所愿，奈群下意何。”承业知不可止，恸哭曰：“诸侯血战，本为唐家，今王自取之，误老奴矣！”即归晋阳，邑邑成疾，不复起。

纲　秋七月，晋以苏循为节度副使。

目　晋王既许藩镇之请，求唐旧臣。朱友谦遣苏循诣行台，循至魏州，望府即拜，谓之“拜殿”。见王呼万岁舞蹈，泣而称臣。翌日，又献大笔三十枚，谓之“画日笔”。王大喜，即命循为河东节度副使。张承业深恶之。

纲　壬午，冬十一月，唐特进、河东监军使张承业卒。

目　曹太夫人诣其第，为之行服，如子侄之礼。晋王闻之，亦不食者累日。

右后梁二主，共十七年。

纲鉴易知录卷六一

后唐纪

庄宗皇帝

纲　癸未，夏四月，晋王存勖称皇帝于魏州，国号唐。

纲　唐以豆卢革、卢程同平章事，郭崇韬、张居翰为枢密使。

纲　闰月，唐遣李嗣源袭梁郓州，取之。以嗣源为节度使。

纲　秋七月，唐卢程罢。

纲　八月，梁以段凝为招讨使，遣王彦章、张汉杰攻郓州。

纲　梁将康延孝奔唐。

目　唐主引兵屯朝城。康延孝来奔，唐主解锦袍玉带赐之，以为招讨指挥使。问以梁事，对曰："梁朝地不为狭，兵不为少；然主既暗懦，赵、张擅权。段凝智勇俱无，近又闻欲数道出兵，令董璋趣太原，霍彦威寇镇、定，王彦章攻郓州，段凝当陛下，决以十月大举。臣窃观梁兵，聚则不少，分则不多。愿陛下养勇蓄力以待其分，帅精骑五千自郓州直抵大梁，擒其伪主，旬月之间，天下定矣。"唐主大悦。

纲　冬十月，唐主救郓州。梁师败绩，王彦章死之。唐主入大梁，梁主瑱自杀。唐遂灭梁。

目　唐主闻梁人欲大举，数道入寇，深以为忧。召郭崇韬问之，对曰："梁今悉以精兵授段凝，决河自固，恃此不复为备。凝非将材，不足畏。降者皆言大梁无兵，陛下若留兵守魏，固保杨刘，自以精兵与郓州合势，长驱入汴，伪主授首，则诸将自降矣。"唐主曰："此正合朕志。丈夫得则为王，失则为虏，吾行决矣！"

王彦章将攻郓州，李嗣源遣从珂逆战，败其前锋，彦章退保中都。捷奏至，唐主喜曰："郓州告捷，足壮吾气。"济河至郓州，中夜进军，以李嗣源为前锋，遇梁兵，一战败之，追至中都，围之。梁兵溃，追击，破之。彦章走，将军李绍奇追之，彦章重伤，马踬，遂擒之，并擒张汉杰等二百余人，斩首数千级。

唐主惜彦章之材，欲用之。彦章曰："余本匹夫，蒙梁恩，位至上将，与皇帝交战十五年；今兵败力穷，死自其分，纵皇帝怜而生我，我何面目见天下之人乎！岂有朝为梁将，暮为唐臣！此我所不为也。"

康延孝请亟取大梁，嗣源曰："兵贵神速。今彦章就擒，段凝必未之知；此去大梁至近，无险，方陈兼程，信宿可至。段凝未离河上，友贞已为吾擒矣。延孝之言是也，请陛下以大军徐进，臣愿以千骑前驱。"唐主从之。令下，诸军踊跃。嗣源是夕遂行。明日，唐主发中都。以王彦章终不为用，斩之。

越二日，至曹州，梁守将降。梁主闻彦章就擒，唐军且至，日夜涕泣，不知所为。置传国宝于卧内，忽失之，已为左右窃之迎唐军矣。梁主谓皇甫麟曰："吾不能自裁，卿可断吾首。"麟泣曰："臣为陛下挥剑死唐军则可矣，不敢奉此诏。"梁主曰："卿欲卖我邪？"麟欲自刭，梁主持之曰："与卿俱死。"麟遂弑梁主，因自杀。

梁主为人温恭俭约，无荒淫之失；但宠信赵、张，使擅威福，疏弃敬、李旧臣，不用其言，以至于亡。

李嗣源军行五日，至大梁，王瓒开门出降。是日唐主亦至，入自梁门，嗣源迎贺，唐主喜不自胜，手引嗣源衣，以头触之曰："吾有天下，卿父子之功也，天下与尔共之。"诏漆朱友贞首，函之，藏于太社。

纲 梁段凝降唐。

纲 敬翔、李振、赵岩、张汉杰等伏诛，夷其族。

纲 唐毁梁宗庙，追废朱温、朱友贞为庶人。

纲 唐以郭崇韬守侍中。

纲 梁河南尹张宗奭入朝于唐。

目 宗奭来朝，复名全义。唐主欲发梁太祖墓，斲棺焚尸，全义言："朱温虽国之深雠，然其人已死，刑无可加，屠灭其家，足以为报，乞免焚斲，以存圣恩。"唐主从之，但铲其阙室，削封树而已。

纲 唐加李嗣源中书令。

纲 楚王殷遣使入贡于唐。

纲 吴遣使如唐。

纲 吴贬钟泰章为饶州刺史。

目 吴人有告寿州团练使钟泰章侵市官马者，徐知诰遣王稔代之。以泰章为饶州刺史。徐温召至金陵，使陈彦谦诘之三，不对。或问泰章“何以不自辨?”泰章曰:“吾在寿州，去淮数里，步骑五千，苟有他志，岂王稔单骑能代之乎！我义不负国，虽黜为县令亦行，况刺史乎！何为自辨，以彰朝廷之失!”

纲 彗星见。

纲 十一月，唐以李绍钦为泰宁节度使。

目 绍钦因伶人景进纳货于宫掖，故是有命。

唐主幼善音律，或时自傅粉墨，与优人共戏于庭，以悦刘夫人，优名谓之“李天下”。尝自呼曰“李天下，李天下”，优人敬新磨遽前批其颊。唐主失色，新磨徐曰:“理天下者只有一人，尚谁呼邪!”唐主悦，厚赐之。诸伶出入宫掖，侮弄搢绅，群臣愤疾，莫敢出气。

纲 唐以赵光胤、韦说同平章事，豆卢革判租庸，兼盐铁转运使。

目 唐荆南节度使高季兴入朝。

纲 十二月，唐迁都洛阳。

目 从张全义之请也。

纲 甲申，春正月，岐王茂贞遣使入贡于唐。

纲 二月，唐主祀南郊，大赦。

目 郭崇韬颇受馈遗，所亲谏之，崇韬曰:“吾禄赐巨万，岂藉外财！但以伪梁之季，贿赂成风，今河南藩镇皆梁之旧臣，主上之仇雠也，若拒，其意能无惧乎！吾特为国家藏之私室耳。”及将祀南郊，崇韬献钱十万缗。先是，宦官劝唐主分天下财赋为内外府，州县上供者入外府，充经费;方镇贡献者入内府，充宴赐。于是外府常虚竭无余，而内府山积。及是乏劳军钱，崇韬言于上曰:“臣已倾家所有以助大礼，愿陛下亦出内府之财以赐有司。”唐主默然久之，曰:“晋阳自有储积，可令租庸辇取。”于是军士皆不满望，始怨恨，有离心矣。

纲 唐以李茂贞为秦王。

纲 唐立夫人刘氏为后。

目 郭崇韬位兼将相，权侔人主，性刚急，遇事辄发，嬖幸侥求，多所摧抑，宦官朝夕短之，崇韬扼腕不能制。先是，唐主欲以刘夫人为皇后，而有正妃韩夫人在，太后素恶刘夫人，崇韬亦屡谏，唐主以是不果。于是所亲说崇韬曰："公若请立刘夫人为皇后，则伶官辈不能为患矣。"崇韬从之，与宰相帅百官共奏，请立之。

纲　三月，唐封高季兴为南平王。

纲　唐以李存贤为卢龙节度使。

目　初，唐主尝与存贤手搏，存贤不尽其技，唐主曰："汝能胜我，当授藩镇。"存贤乃仆唐主。至是，以存贤镇幽州，曰："手搏之约，吾不食言矣。"

纲　夏四月，唐遣客省使李严如蜀。

目　唐遣客省使李严使于蜀。严还言："王衍童骙荒纵，不亲政务，贤愚易位，刑赏紊乱，大兵一临，瓦解土崩可翘足而待也。"唐主然之。

纲　唐秦王李茂贞卒。

纲　五月，唐以李继曮为凤翔节度使。

纲　秋八月，唐以孔谦为租庸使。

目　谦重敛急征，以充唐主之欲，民不聊生，赐号"丰财赡国功臣"。

纲　冬十二月，契丹寇蔚州，唐遣李嗣源御之。

纲　乙酉，春二月，唐以李嗣源为成德节度使。

纲　三月，唐黜李从珂为突骑指挥使。

目　唐主性刚好胜，不欲权在臣下，信伶官之谗，颇疏忌宿将。李嗣源家在太原，表从珂为北京内牙指挥使以便其家。唐主怒，黜从珂为突骑指挥使，帅数百人戍石门镇。

纲　秋七月，唐太后曹氏殂。

目　唐主哀毁，五日方食。

纲　八月，唐主杀其河南令罗贯。

目　贯性强直，为郭崇韬所知，用为河南令。为政不避权豪，伶宦请托，一不报，皆以示崇韬，崇韬奏之，由是伶宦切齿。张全义亦恶之，遣婢诉于刘后，后与伶宦共毁之，唐主含怒未发。会往视坤陵，道泞，桥坏。怒，下贯狱，明日传诏杀之。崇韬谏曰："贯法不至死。"唐主怒曰："太后灵驾将发，天子朝夕往来，桥道不修，卿言无罪。是党也！"崇韬曰："陛下以万乘之尊，怒一县令，使天子谓陛下用法不平，臣之罪也。"唐主不听。贯竟死，暴尸府门，远近冤之。

纲 九月，唐遣魏王继岌及郭崇韬将兵伐蜀。

目 唐主与宰相议伐蜀，以继岌充西川行营都统，郭崇韬充都招讨制置等使，军事悉以委之。又以高季兴充招讨使，李继曮充转运使，李令德、李绍琛、张筠、毛璋、董璋、李严皆为列将，将兵六万伐蜀。工部尚书任圜、翰林学士李愚并参预军机。

纲 冬十一月，唐师灭蜀，蜀主王衍降。

目 郭崇韬入散关，倍道而进，蜀王承捷以凤、兴、文、扶四州印节迎降，崇韬曰："平蜀必矣。"

蜀主命王宗弼守利州。李绍琛昼夜兼行趣利州，继岌至兴州，蜀诸城镇皆望风款附。

高季兴常欲取三峡，畏蜀将张武，不敢进。至是，乘唐兵势，自将水军上峡取施州。武以铁锁断江路，季兴遣勇士乘舟斫之。会风大起，舟絓于锁，不能进退，季兴轻舟遁去。

崇韬遗王宗弼书，为陈利害；宗弼弃城归成都。李绍琛进至绵州，蜀断绵江浮梁，水深，无舟楫，绍琛与李严乘马浮度江，从兵得济者仅千人，溺死者亦千人，遂入鹿头关，据汉州。宗弼遣使劳军，且以蜀主书遗李严曰："公来吾即降。"严驰入成都，蜀主遣兵部侍郎欧阳彬奉降书以迎继岌、崇韬。继岌至成都，李严引蜀主出降。大军入成都，崇韬禁侵掠，市不改肆。自出师至是凡七十日。

高季兴闻蜀亡，方食，失匕箸，曰："是老夫之过也。"梁震曰："不足忧也。唐主得蜀益骄，亡无日矣，安知其不为吾福。"

纲 十二月中，闽主王审知卒，子延翰立。

纲 唐以孟知祥为西川节度使。

纲 闰月，唐遣宦者马彦珪使蜀军。

目 郭崇韬素疾宦者，宦官皆切齿。时蜀中盗贼群起，崇韬恐大军既去，更为后患，命任圜、张筠分道招讨，以是淹留未还。唐主遣宦者向延嗣促之；崇韬不出迎，延嗣怒。李从袭曰："近闻郭廷诲白其父，请表己为蜀帅。诸将皆郭氏之党，王寄身于虎狼之口，一朝有变，吾属不知委骨何地矣。"延嗣归，具以语刘后。后泣诉于唐主，请早救继岌。唐主复遣宦官马彦珪驰诣成都。彦珪说刘后自为教与继岌，令杀崇韬。

纲 楚铸铅铁钱。

纲 丙戌，春正月，唐魏王继岌杀郭崇韬。

目 魏王继岌将发成都，马彦珪至，以皇后教示继岌，李从袭等相与巧陈利害，继岌从之。召崇韬计事，从者李环挝碎其首，并杀其子廷诲、廷信。

纲 二月，唐邺都乱，遣李绍荣招谕之。

纲 唐李绍荣攻邺都，不克。

纲 唐遣李嗣源将亲军讨邺都。

纲 唐讨邺兵劫李嗣源入邺都。

目 李嗣源至邺都城西南，下令，诘旦攻城。是夜，从马直军士张破败作乱，帅众大噪，焚营。嗣源叱而问之，对曰："将士从主上十年，百战以得天下。今贝州戍卒思归，主上不赦，从马数卒喧竞，遽欲尽诛其众。我辈初无叛心，但畏死耳。今欲与城中合势，请主上帝河南，令公帝河北。"嗣源涕泣谕之，不从。遂拔白刃拥嗣源及李绍真等入城；城中不受外兵，逆击之，皆溃。赵在礼帅诸校迎拜嗣源，泣谢曰："将士辈负令公，敢不惟命是听！"嗣源诡说在礼曰："凡举大事，须藉兵力。今外兵流散无所归，我为公出收之。"在礼乃听嗣源、绍真出城，宿魏县，散兵稍有至者。

纲 唐李嗣源奔相州。

目 李嗣源之为乱兵所逼也，李绍荣有众万人，营于城南，嗣源遣人召之，欲与共攻乱者。绍荣疑，不应。及嗣源入邺，遂引兵去。嗣源在魏县，众不满百，李绍真所将镇兵五千归之，由是后稍振。

嗣源欲归藩待罪，中门使安重诲曰："公为元帅，不幸为凶人所劫；李绍荣不战而退，归朝必以公借口。公若归藩，则为据地邀君，适足以实谗慝之口耳。不若星行诣阙，面见天子，庶可自明。"嗣源曰："善！"南趣相州，遇马坊使康福，得马数千匹，始能成军。

纲 唐李嗣源引兵向大梁。

目 李绍荣退保卫州，奏李嗣源已叛，与贼合。嗣源遣使上章自理，一日数辈，皆为绍荣所遏，不得通。嗣源由是疑惧。

石敬瑭曰："夫事成于果决，而败于犹豫，安有上将与叛卒入贼城，而他日得保无恙乎！大梁，天下之要会也，愿假三百骑先往取之；公引大军亟进，如此始可自全。”康义诚曰：“主上无道，军民怨望，公从众则生，守节必死。”嗣源乃令安重诲移檄会兵。李从珂将所部兵趣镇州，与虞候将王建立合，倍道从嗣源。嗣源分三百骑使石敬瑭将之前驱，李从珂为殿，军势大盛。李绍荣至洛阳，劝唐主幸关东招抚，唐主从之。

纲　唐主如关东，李嗣源入大梁，唐主乃还。

目　唐主发洛阳，知汴州孔循遣使迎唐主，亦遣使输款于嗣源，曰：“先至者得之。”嗣源入大梁。唐主至万胜镇，闻嗣源已据大梁，诸军离叛，神色沮丧，登高叹曰：“吾不济矣！”即命旋师。唐主至石桥西，置酒悲涕。晚，入洛城。

纲　夏四月，唐伶人郭从谦弑其主存勖。李嗣源入洛阳。

目　四月朔，从马直指挥使郭从谦帅所部兵攻兴教门。唐主方食，闻变，帅卫兵击之。乱兵焚兴教门，缘城而入，近臣宿将皆释甲潜遁。俄而唐主为流矢所中，须臾遂殂，左右皆散，鹰坊人善友敛乐器覆尸而焚之。是日，李嗣源至罂子谷，闻之，恸哭，谓诸将曰：“主上素得士心，正为群小蔽惑致此，今吾将安归乎！”乃入洛阳，止于私第，禁焚掠，拾庄宗骨于灰烬之中而殡之。是日，豆卢革帅百官上笺劝进，嗣源不许。

纲　唐李嗣源监国。

目　百官三笺请嗣源监国，嗣源乃许之。

纲　唐以安重诲为枢密使，张延朗为副使。

纲　唐张居翰罢，以孔循为枢密使。

纲　唐魏王继岌至长安，自杀。

纲　唐主嗣源立。

目　有司议即位礼。李绍真、孔循以为唐运已尽，宜自建国号。监国问左右：“何谓国号？”对曰：“先帝赐姓于唐，为唐复雠，故称唐。今梁朝之人不欲殿下称唐耳。”监国曰：“吾年十三事献祖，献祖以吾宗属，视吾犹子。又事武皇、先帝垂五十年，经纶攻战，未尝不预。武皇之基业，则吾之基业也，先帝之天下，则吾之天下也，安有同家而异国乎！”李琪曰：“若改国号，则先帝遂为路人，梓宫安所托乎！不惟殿下不忘三世旧君，吾曹为人臣者能自安乎！前代以旁支入继多矣，宜用嗣子柩前即位之礼。”众从之。监国服斩衰，于柩前即位，百官缟素。

既而御衮冕受册，百官吉服称贺。

纲 唐以郑珏、任圜同平章事。

纲 唐初令百官转对。

目 初令百官正衙常朝外，五日一赴内殿起居，转对奏事。

纲 唐以冯道、赵凤为端明殿学士。

目 唐主目不知书，四方奏事皆令安重诲读之；重诲亦不能尽通，乃奏"请选文学之臣与之共事，以备应对。"乃置端明殿学士，以道、凤为之。

纲 秋七月，契丹阿保机死。

纲 九月，契丹德光立。

目 契丹述律后爱中子德光，故立之。

纲 冬十月，王延翰自称闽王。

纲 契丹卢龙节度使卢文进奔唐。

目 文进为契丹守平州，唐主遣人说之，以易代之后，无复嫌怨。文进所部皆华人，思归，乃帅其众十万归唐。

纲 十二月，闽王延禀弑其君延翰而立其弟延钧。

明宗皇帝

纲 丁亥，春正月，唐主更名亶。

目 初，唐主诏："朕二名不连称者勿避。"至是乃改名。

纲 唐以冯道、崔协同平章事。

目 安重诲以孔循知朝士行能，多听其言。时议置相，循已荐郑珏，又荐崔协。而任圜欲用李琪；珏素恶琪，故循力沮之，谓重诲曰："李琪非无文学，但不廉耳。"他日议于唐主前，圜曰："重诲未悉朝中人物，为人所卖。协虽名家，识字甚少。臣既以不学忝相位，奈何更益以协，为天下笑乎！"唐主曰："宰相重任，卿辈审之。吾在河东时，见冯书记多才博学，与物无竞，此可相矣。"既退，循不揖，拂衣去，因称疾不朝者数日。重诲谓圜曰："今方乏人，协且备员，可乎？"圜曰："明公舍李琪而相崔协，是犹弃苏合之丸，取蛣蜣之转也。"循与重诲日短琪而誉协，竟以道、协同平章事。

纲 唐主以其子从厚为河南尹，判六军诸卫事。

纲 二月，唐主以婿石敬塘为六军诸卫副使。

纲 唐郭从谦伏诛,夷其族。

纲 夏五月,唐任圜罢。

纲 唐以马殷为楚国主。

目 殷始建国,立宫殿,置百官,以姚彦章、许德勋为丞相。

纲 冬十月,吴丞相徐温卒。

纲 唐以石敬塘为侍卫亲军都指挥使。

纲 十一月,吴王杨溥称帝。

纲 十二月,唐以周玄豹为光禄卿,致仕。

目 初,晋阳相者周玄豹尝言唐主贵不可言,唐主欲召诣阙。赵凤曰:“玄豹言已验矣,无所复询。若置之京师,则轻躁狂险之人必辐凑其门,争问吉凶。自古术士妄言,致人族灭者多矣,非所以靖国家也。”乃就除光禄卿致仕,厚赐金帛而已。

纲 有年。

纲 戊子,春三月,唐以孔循为东都留守,王建立同平章事。

纲 秋七月,唐收曲税。

纲 八月,唐以王延钧为闽王。

纲 冬十二月,荆南节度使高季兴卒。

目 吴立其子从诲代之。

纲 己丑,春三月,楚王殷以其子希声知政事,总诸军。

纲 夏四月,唐以赵凤同平章事。

纲 秋七月,唐以高从诲为荆南节度使。

纲 有年。

目 唐主与冯道从容语及年谷屡登,四方无事。道曰:“臣昔在先皇幕府,奉使中山,历井陉之险,臣忧马蹶,执辔甚谨,幸而无失;逮至平路,放辔自逸,俄至颠陨。凡为天下者,亦犹是也。”唐主深以为然。又问道:“今岁虽丰,百姓赡足否?”道曰:“农家岁凶则死于流殍,岁丰则伤于谷贱,丰、凶皆病者,惟农家为然。臣记进士聂夷中诗云:‘二月卖新丝,五月粜新谷;医得眼前疮,剜却心头肉。’语虽鄙俚,曲尽田家之情状。农于四民之中最为勤苦,人主不可不知也。”唐主悦,命左右录其诗,常讽诵之。

纲 冬十月,吴加徐知诰兼中书令。

纲 庚寅，春三月，唐立淑妃曹氏为后。

纲 秋八月，唐以张延朗为三司使。

纲 唐立子从荣为秦王，从厚为宋王。

纲 九月，唐以范延光为枢密使。

纲 冬十一月，楚武穆王马殷卒，子希声嗣。

目 殷遗命诸子，兄弟相继。及卒，希声袭位，去建国之制。希声居丧无戚容，葬殷之日，顿食鸡臛数盘，其臣潘起讥之曰："昔阮籍居丧食蒸豚，何代无贤！"

纲 辛卯，春二月，唐以安重诲为护国节度使。

纲 吴以宋齐丘为右仆射，致仕。

目 吴徐知诰欲以宋齐丘为相，齐丘自以资望素浅，欲以退让为高，谒归洪州葬父，因入九华山应天寺，启求隐居；吴王下诏征之，不至。知诰遣其子景通入山敦谕，齐丘始还，除右仆射，致仕。

纲 唐以李愚同平章事。

纲 夏四月，唐杀其太子太师致仕安重诲。

纲 秋九月，唐敕解纵五坊鹰隼。

目 敕解纵鹰隼，内外无得更进。冯道曰："陛下可谓仁及鸟兽。"唐主曰："不然。朕昔尝从武皇猎，时秋稼方熟，有兽逸入田中，遣骑取之，比得兽，余稼无几。以是思之，猎有损无益，故不为耳。"

纲 冬十一月，吴以其中书令徐知诰镇金陵，徐景通为司徒，辅政。

目 知诰表请归老金陵。以知诰为镇海、宁国节度使，镇金陵，总录朝政；以其子景通为司徒、同平章事，知中外左右诸军事，留江都辅政。以王令谋、宋齐丘为左右仆射，并同平章事，兼内枢使，使以佐景通。知诰作礼贤院于府舍，聚图书，延士大夫，与孙晟、陈觉议时事。

纲 壬辰，春二月，唐初刻九经版，印卖之。

纲 三月，吴越武肃王钱镠卒，子元瓘嗣。

目 镠寝疾，谓将吏曰："吾疾必不起，诸儿皆愚懦，谁可为帅者？"众泣曰："两镇令公，仁孝有功，孰不爱戴！"镠乃悉出印钥授传瓘，曰："将吏推尔，宜善守之。"又曰："子孙善事中国，勿以易姓废事大之礼。"卒年八十一。传瓘更名元瓘。

纲 秋七月,唐武安节度使马希声卒,八月,弟希范嗣。

纲 唐以李从珂为凤翔节度使。

纲 吴徐知诰广金陵城。

纲 九月,唐大理少卿康澄上疏论事,唐主优诏答之。

目 澄上疏曰:"国家有不足惧者五,有深可畏者六:阴阳不调不足惧,三辰失行不足惧,小人讹言不足惧,山崩川涸不足惧,蟊贼伤稼不足惧;贤人藏匿深可畏,四民迁业深可畏,上下相徇深可畏,廉耻道消深可畏,毁誉乱真深可畏,直言蔑闻深可畏。不足惧者,愿陛下存而勿问;深可畏者,愿陛下修而靡忒。"唐主优诏奖之。

纲 冬十一月,唐以石敬塘为河东节度使。

目 秦王从荣喜为诗,聚浮华之士高辇等于幕府,与相唱和,颇自矜伐。唐主语之曰:"吾虽不知书,然喜闻儒生讲经义,开益人智思。吾见庄宗好为诗,将家子又非素习,徒取人窃笑,汝勿效也。"从荣为人鹰视,轻佻峻急;既参朝政,骄纵不法。石敬塘兼六军诸卫副使,其妻永宁公主与从荣异母,素相憎疾,故敬塘不欲与从荣共事,常思外补以避之。会契丹欲入寇,唐主命择河东帅,枢密使范延光、赵延寿皆曰:"今帅臣可往者独石敬塘、康义诚耳。"枢密直学士李崧以为非石太尉不可,遂以敬塘镇河东。敬塘至晋阳,以部将刘知远、周瓌为都押衙,委以心腹;军事委远,帑藏委瓌。

纲 癸巳,春正月,闽王王延钧称帝,更名璘。

纲 唐以孟知祥为蜀王。

纲 三月,唐立子从珂为潞王,从益为许王。

纲 吴徐知诰营宫城于金陵。

目 宋齐丘劝知诰徙吴主都金陵,知诰乃营宫城于金陵。

纲 秋七月,唐以钱元瓘为吴王。

纲 冬十一月,唐主疾病,秦王从荣作乱,伏诛。

纲 唐主亶殂。

目 明宗性不猜忌,与物无竞,登极之年已逾六十,每夕于宫中焚香祝天,曰:"某胡人,因乱为众所推;愿天早生圣人,为生民主。"在位年谷屡丰,兵革罕用,较于五代,粗为小康。

纲 十二月,唐主从厚立。

目 唐主自终易月之制，即召学士读贞观政要、太宗实录，有致治之志；然不知其要，宽柔少断。李愚私谓同列曰："位高责重，事亦堪忧。"孟知祥闻明宗殂，亦谓僚佐曰："宋王幼弱，为政者皆胥吏小人，其乱可坐而俟也。"

闵帝

纲 甲午，春正月，唐以高从诲为南平王，马希范为楚王，钱元瓘为吴越王。

纲 蜀主孟知祥称帝。

纲 唐以潞王从珂为河东节度使，石敬塘为成德节度使。从珂举兵凤翔，唐遣兵讨之，官军降溃。

纲 唐潞王从珂至长安，唐主以康义诚为招讨使，将兵拒之。杀马军指挥使朱洪实。

目 从珂至长安，副留守刘遂雍迎谒。都监王景从等奔还，中外大骇。唐主不知所为，欲自迎潞王，以大位让之。枢密使朱弘昭、冯赟大惧。唐主遣使召石敬塘，欲令将兵拒之。康义诚欲悉以宿卫兵迎降为己功，因请自行，唐主乃召将士慰谕，空府库以劳之。马军都指挥使朱洪实请以禁军固守洛阳，曰："如此，彼亦未敢径前，然后徐图进取，可以万全。"义诚怒曰："洪实欲反邪？"洪实曰："公自欲反，乃谓谁反！"其声渐厉。唐主闻，召而讯之，竟不能辨，遂斩洪实。军士益愤。

纲 唐潞王从珂至陕，诸将及康义诚皆降。

纲 唐主出奔，夏四月，石敬塘入朝，遇于卫州，杀其从骑。

目 初，唐主密与慕容迁谋，使帅部兵守玄武门。及是，以五十骑出门，谓曰："朕且幸魏州，徐图兴复。"冯道入朝，及端门，闻变，乃归。至天宫寺，召百官。中书舍人卢导至，冯道曰："劝进文书，宜速具草。"导曰："潞王入朝，百官班迎可也；设有废立，当俟太后教令，岂可遽议劝进乎？"道曰："事当务实。"导曰："安有天子在外，人臣遽以大位劝人者邪！"李愚曰："舍人之言是也。吾辈之罪，擢发不足数矣。"

从珂自陕而东。四月，唐主至卫州东数里，遇石敬塘；大喜，问以大计。敬塘闻康义诚叛去，俯首长叹数四。敬塘牙内指挥使刘知远引兵入，尽杀唐主左右及从骑，独置唐主而去。敬塘遂趣洛阳。

纲 唐潞王从珂入洛阳，废其主从厚为鄂王而自立。

目 从珂至蒋桥，百官班迎，冯道等皆上笺劝进。从珂入谒太后、太妃，诣西宫伏梓宫恸哭，自陈诣阙之由。明日，太后下令废少帝为鄂王，以潞王知军国事，又明日，太后令潞王宜即帝位；乃即位于柩前。

纲 唐主从珂弑鄂王从厚于卫州，磁州刺史宋令询死之。

目 卫州刺史王弘贽迁闵帝于州廨，唐主从珂遣弘贽之子峦往鸩之。闵帝不饮，峦缢杀之。

闵帝之在卫州也，惟磁州刺史宋令询遣使问起居，闻其遇害，恸哭半日，自经死。

纲 唐康义诚伏诛，夷其族。

纲 五月，唐以韩昭胤为枢密史，刘延朗为副史。

纲 唐复以石敬塘为河东节度使。

纲 唐以冯道为匡国节度使，范延光为枢密使。

纲 秋七月，唐以卢文纪、姚颢同平章事。

目 唐主欲命相，问所亲信，皆以尚书左丞姚颢、太常卿卢文纪、秘书监崔居俭对。论其才行，互有优劣。唐主不能决，乃寘其名于琉璃瓶，夜焚香祝天，以箸挟之，得二人，乃有是命。

纲 蜀主知祥殂，子昶立。

纲 八月，唐诏蠲逋租三百三十八万。

纲 冬十一月，吴徐知诰召其子景通还金陵，留景迁江都辅政。

废帝

纲 乙未，冬十月，闽李仿弑其主璘而立福王继鹏，更名昶。

纲 荆南梁震退居土洲。

纲 荆南节度使高从诲性明达，亲礼贤士，委任梁震，以兄事之。楚王希范好奢靡，游谈者共夸其盛。从诲谓僚佐曰："如马王可谓大丈夫矣。"孙光宪对曰："天子诸侯，礼有等差。彼乳臭子，骄侈僭法，取快一时，不为远虑，危亡无日，又足慕乎！"从诲悟曰："公言是也。"他日，谓梁震曰："吾自念平生奉养，固已过矣。"乃捐去玩好，以经史自娱，省刑薄赋，境内以安。震曰："先王待我如布衣交，以嗣王属我。今嗣王能自立，不坠其业，吾老矣，不复事人矣。"遂固请退居。从诲不能留，乃为之筑室于土洲。震披鹤氅，自称荆台隐士，每诣府，跨黄牛至听事。从诲时过其家，自是悉以政事属孙光宪。

纲 吴加徐知诰大元帅，封齐王，备殊礼。

纲 十二月，唐以冯道为司空。

目 时久无正拜三公者，朝议拟其职事；卢文纪欲令掌祭祀扫除，道闻之曰："司空，扫除职也，吾何惮焉。"既而文纪自知不可，乃止。

纲 丙申，春正月，唐以吕琦为御史中丞。

目 唐主以千春节置酒，晋国长公主上寿毕，辞归晋阳。唐主醉，曰："何不且留，遽归，欲与石郎反邪！"石敬瑭闻之，益惧。尽收其货之在洛阳及诸道者归晋阳，托言以助军费，人皆知其有异志。

端明殿学士李崧谓同僚吕琦曰："吾辈受恩深厚，岂得自同众人，一概观望邪！计将安出？"琦曰："河东若有异谋，必结契丹为援。若与契丹和亲，彼必驩然承命。如此，则河东虽欲陆梁，无能为矣。"崧曰："此吾志也。"二人密言其策，唐主大喜。久之，以告枢密直学士薛文遇，文遇对曰："以天子之尊，屈身夷狄，不亦辱乎！又，虏若徇故事求尚公主，何以拒之？"唐主意遂变。一日，急召崧、琦，盛怒，责之，自是群臣不敢复言和亲之策。遂以琦为御史中丞，盖疏之也。

纲 夏五月，唐以石敬瑭为天平节度使；敬瑭拒命，唐发兵讨之。

目 初，石敬瑭欲尝唐主之意，累表自陈羸疾，乞解兵柄，移他镇；唐主与执政议从其请，移镇郓州。李崧、吕琦等皆力谏，以为不可。五月，薛文遇独直，唐主与之议，文遇曰："群臣各为身谋，安肯尽言！以臣观之，河东移亦反，不移亦反，在旦暮耳，不若先事图之。"唐主曰："卿言殊豁吾意。"即命学士草制，徙敬瑭镇天平。制出，两班相顾失色。

敬瑭疑惧，谋于将佐曰："吾之再来河东也，主上面许终身不除代；今忽有是命，得非如千春节与公主所言乎？我安能束手死于道路！"判官赵莹劝敬瑭赴郓州，刘知远曰："明公久将兵，得士卒心；今据形胜之地，士马精强，若称兵传檄，帝业可成，奈何以一纸制书自投虎口乎！"掌书记桑维翰曰："主上初即位，明公入朝，主上岂不知蛟龙不可纵之深渊邪？然则以河东复授公，此乃天意假公以利器也。明宗遗爱在人，主上以庶孽代之，群情不附。公明宗之爱婿，今主上以反逆见待，此非首谢可免，但力为自全之计。契丹主素与明宗约为兄弟，公诚能推心屈节事之，朝呼夕至，何患不成。"敬瑭意遂决。表唐主养子，不应承祀，请传位许王。唐主手裂其表抵地，制削夺敬瑭官爵。以张敬达为太原四面兵马都部署，杨光远为副先锋，将兵讨之。

纲　秋七月，石敬瑭遣使求救于契丹。

目　敬瑭令桑维翰草表称臣于契丹主，且请以父礼事之，约事捷之日，割卢龙一道及雁门关以北诸州与之。刘知远谏曰："称臣可矣，以父事之太过。厚以金帛赂之，自足致其兵，不必许以土田，恐异日大为中国之患，悔之无及。"敬瑭不从。表至，契丹主大喜，复书许俟仲秋倾国赴援。

纲　八月，唐张敬达攻晋阳，不克。

纲　九月，契丹德光将兵救石敬瑭，唐兵大败，契丹围之。唐主自将次怀州。

目　契丹主将五万骑，至晋阳，陈于虎北口。与唐骑将高行周、符彦卿合战，敬瑭遣刘知远出兵助之。张敬达、杨光远、安审琦以步兵陈于城西北山下，契丹遣轻骑三千直犯其陈。唐兵逐之，至汾曲，契丹伏兵起，冲唐兵断而为二，纵兵乘之，唐兵大败。敬达等收余众保晋安，契丹亦引兵归虎北口。敬瑭出见契丹主。引兵会围晋安寨，敬达等遣使告败。唐主大惧，下诏亲征。发洛阳，遣符彦饶将兵赴潞州，为大军后援。

唐主至河阳，心惮北行，卢文纪希旨，言"国家根本在河南。河阳，天下津要，车驾宜留此镇抚南北，且遣近臣往督战，苟不能解围，进亦未晚。"张延朗曰："文纪言是也。"唐主议近臣可使北行者，延朗与翰林学士和凝等皆曰："赵延寿父德钧以卢龙兵来赴难，宜遣延寿会之。"乃遣延寿将兵二万如潞州。唐主至怀州，以晋安为忧，日夕酣饮悲歌。群臣或劝其北行，则曰："卿勿言，石郎使我心胆堕地！"

纲　冬十一月，契丹立石敬瑭为晋皇帝，敬瑭割幽、蓟等十六州以赂之。

目　契丹主谓石敬瑭曰："吾三千里来赴难，必有成功。观汝器貌识量，真中原之主也。吾欲立汝为天子。"敬瑭辞让数四，将吏复劝进，乃许之。契丹主作策书，命敬瑭为大晋皇帝，筑坛即位。割十六州以与契丹，仍许岁输帛三十万匹。

制改长兴七年为天福元年，以赵莹为翰林学士承旨，桑维翰为翰林学士、权知枢密使事，刘知远为侍卫马军都指挥使，客将景延广为步军都指挥使。立晋国长公主为皇后。

纲　唐将杨光远杀招讨使张敬达，降于契丹。

目　晋安被围数月，刍粮俱竭，援兵竟不至。张敬达性刚，时谓之“张生铁”。杨光远、安审琦劝敬达降于契丹，敬达曰：“吾受明宗及今上厚恩，为元帅而败军，其罪已大，况降敌乎！今援兵旦暮至，且当俟之。必若力尽势穷，诸君斩我出降，未为晚也。”光远目审琦，欲斩敬达，审琦未忍。诸将旦集，光远斩敬达首，帅诸将降于契丹。契丹主嘉敬达之忠，命收葬而祭之。谓其下及晋诸将曰：“汝曹为人臣，当效敬达也。”

纲　晋以赵莹、桑维翰同平章事。

纲　契丹以晋主南下，破唐兵于团柏。唐主还河阳，赵德钧降契丹。

纲　晋主发潞州，契丹北还。

目　晋主将发上党，契丹主举酒属之曰：“我若南向，河南之人必大惊骇；汝宜自引汉兵南下，我令太相温将五千骑卫送汝至河梁。余且留此，俟汝音闻，有急则下山救汝；若洛阳既定，吾即北返矣。”因泣别曰：“世世子孙勿相忘。”又曰：“刘知远、赵莹、桑维翰皆创业功臣，无大故，勿弃也。”

纲　唐主还洛阳。

纲　晋主至河阳，节度使苌从简迎降。

纲　唐主从珂自焚死，晋主入洛阳。

目　唐主议复向河阳，将校皆已飞状迎晋主。唐主与曹太后、刘皇后、雍王重美及宋审虔等，携传国宝登玄武楼自焚。是日晚，晋主入洛阳。

纲　十二月，晋追废唐主从珂为庶人，以冯道同平章事。

纲　晋以周瓌为三司使；不拜。

目　瓌辞曰：“臣自知才不称职，宁以避事见弃，犹胜冒宠获辜。”许之。

纲　唐安远节度使卢文进奔吴。

目　文进闻晋主为契丹所立，弃镇奔吴。所过镇戍召其主将告之，故皆拜辞而退。

右后唐四主，共十三年。

纲鉴易知录卷六二

后晋纪

高祖皇帝

纲　丁酉，正春月，晋以李崧同平章事，充枢密使，桑维翰兼枢密使。

目　时晋新得天下，藩镇多未服从；或虽服从，反仄不安。兵火之余，府库殚竭，民间困穷，而契丹征求无厌。维翰劝晋主推诚弃怨以抚藩镇，卑辞厚礼以奉契丹，训卒缮兵以修武备，务农桑以实仓廪，通商贾以丰货财。数年之间，中国稍安。

纲　吴徐知诰建齐国于金陵。

目　徐知诰始建太庙、社稷，改金陵为江宁府，以宋齐丘、徐玠为左、右丞相，周宗、周廷玉为内枢使。

纲　夏四月，晋迁都汴州。

目　天雄范延光聚卒缮兵，将作乱。会晋主谋徙都大梁，桑维翰曰："大梁北控燕、赵，南通江、淮，水陆都会，资用富饶。今延光反形已露，大梁距魏不过十驿，彼若有变，大军寻至，所谓疾雷不及掩耳也。"下诏托以洛阳漕运有阙，东巡汴州。

纲　吴徐知诰更名诰。

纲　五月，吴与契丹通使修好。

纲　六月，晋范延光举兵反，遣杨光远等讨之。

纲　晋以和凝为端明殿学士，张谊为左拾遗。

纲　秋七月，吴徐诰称帝，国号唐。奉吴主为让皇。

目　吴主下诏禅位于齐。齐王诰即帝位于金陵，国号唐。遣丞相玠奉册诣吴主，称受禅老臣诰谨拜稽首，上尊号曰高尚思玄弘古让皇。立王后宋氏为皇后，以景通为吴王，更名璟。

纲　契丹改号辽。

目 是岁，契丹改元会同，国号大辽，公卿庶官皆仿中国，参用中国人，以赵延寿为枢密使，寻兼政事令。

纲 戊戌，春二月，晋诏求直言。

目 左散骑常侍张允上驳赦论，以为："帝王遇天灾，多肆赦，谓之修德。借有二人坐狱遇赦，则曲者幸免，直者衔冤，冤气升闻，乃所以致灾，非所以弭灾也。"诏褒之。

晋主乐闻谠言，诏百官各上封事，置详定院以考之，无取者留中，可者行之。数月，应诏者无十人，复降御札趣之。

河南奏修洛阳宫。谏议大夫薛融谏曰："今宫室虽经焚毁，犹侈于帝尧之茅茨；所费虽寡，犹多于孝文之露台。请俟海内平宁，营之未晚。"诏褒纳之。

纲 夏五月，唐主诰迁故吴主于润州。

纲 秋八月，晋上尊号契丹。

目 上尊号于契丹主及太后，以冯道、左仆射刘昫为册礼使，契丹主大悦。晋主事契丹甚谨，奉表称臣，谓契丹主为"父皇帝"；其后契丹主屡止晋主上表称臣，但令为书称"儿皇帝"，如家人礼。

纲 九月，范延光复降于晋，晋以为天平节度使。

纲 冬十月，契丹加晋主尊号。

纲 晋停兵部尚书王权官。

目 晋主遣权使契丹谢尊号，权耻之，谓人曰："吾老矣，安能向穹庐屈膝！"乃辞以老疾。晋主怒，停权官。

纲 十一月，晋范延光致仕。

纲 故吴主杨溥卒。

纲 己亥，春正月，唐主徐知诰复姓李氏，更名昪。

纲 三月，晋加刘知远、杜重威同平章事。

目 知远自以有佐命功，重威起外戚，无大功，耻与之同制，制下数日，杜门不受。晋主怒，谓赵莹曰："知远坚拒制命！可落军权，令归私第。"莹拜请曰："陛下昔在晋阳，兵不过五千，为唐兵十余万所攻，危于朝露，非知远心如金石，岂能成大业！奈何以小过弃之！窃恐此语外闻，非所以彰人君之大度也。"晋主意乃解，命和凝诣知远第谕旨；知远惶恐，起受命。

纲 夏四月，晋废枢密院。

纲 秋七月，晋以桑维翰为彰德节度使。

目 杨光远疏平章事桑维翰迁除不公，与民争利；晋主不得已，出维翰镇相州。

纲 闽王曦弑其主昶而自立，称藩于晋。

纲 八月，晋以冯道守司徒，兼侍中。

目 诏中书知印止委上相，由是事无巨细，悉委于道。晋主尝访以军谋，对曰："征伐大事，在圣心独断。臣书生，惟知谨守历代成规而已。"晋主然之，宠遇无比。

纲 冬十二月，晋禁造佛寺。

纲 庚子，秋七月，晋西京留守杨光远杀太子太师范延光。

目 延光请归河阳私第，许之。延光重载而行。光远利其货，且虑为子孙之患，奏："延光叛臣，恐其逃入敌国，宜早除之！"不许。请敕延光居西京，从之。光远使其子承贵以甲士围其第，逼令自杀。延光曰："天子赐我铁券，尔父子何得如此？"承贵以白刃驱延光，挤于河，奏云自赴水死。晋主知其故，惮光远之强，不敢诘。

纲 晋以杨光远为平卢节度使。

目 光远入朝，帝欲徙之他镇，谓光远曰："围魏之役，卿左右皆有功，尚未之赏，今当各除一州以荣之。"因以其将校数人为刺史。徙光远镇青州。

纲 辛丑，夏四月，唐遣使如晋。

目 唐主遣通事舍人欧阳遇如晋，求假道以通契丹，不许。

自黄巢以来，天下血战数十年，然后诸国各有分土，兵革稍息。及唐主即位，江、淮丰稔，兵食有余，群臣争言"北方多难，宜出兵恢复旧疆。"唐主曰："吾少长军旅，见兵之为民害深矣，不忍复言。使彼民安，则吾民亦安矣，又何求焉！"

纲 六月，晋成德节度使安重荣执契丹使者，上表请伐契丹。

目 重荣耻臣契丹，见其使者必箕踞慢骂。六月，重荣执契丹使拽剌，上表数千言，大抵斥晋主父事契丹，竭中国以媚无厌之虏。又为书遗朝贵及移藩镇，云已勒兵，必与契丹决战。晋主患之。

时邺都留守刘知远在大梁，泰宁节度使桑维翰密上疏曰："陛下免于晋阳之难而有天下，皆契丹之功，不可负也。今重荣恃勇轻敌，非国家之利，不可听也。议者以岁输缯帛谓之秏蠹，有所卑逊谓之屈辱。殊不知兵连祸结，财力将匮，秏蠹孰甚焉！武吏功臣，过求姑息，屈辱孰大焉！臣愿陛下训农习战，养兵息民，俟国无内忧，民有余力，然后观衅而动，则动必有成矣。又，邺都富盛，国家藩屏，今主帅赴阙，军府无人，乞陛下略加巡幸，以杜奸谋。"晋主谓使者曰："朕比日以来，烦懑不决，今见卿奏，如醉醒矣。"

纲 秋七月，晋以刘知远为北京留守。

目 晋主忧安重荣跋扈，以知远为北京留守。知远微时，为晋阳李氏赘婿，尝牧马犯僧田，僧执而笞之。知远至，首召其僧，命之坐，慰谕赠遗，众心大悦。

纲 八月，晋以杜重威为御营使。

目 冯道、李崧屡荐重威以为御营使，代刘知远，知远由是恨二相。重威所至黩货，民多逃亡，尝出过市，谓左右曰："人言我驱尽百姓，何市人之多也！"

纲 晋主如邺都。

纲 吴越文穆王钱元瓘卒，子弘佐嗣。

纲 冬十月，闽王曦称帝。

纲 十二月，汉主龚更名龑。

目 汉主龚寝疾，有胡僧谓龚名不利；龚乃自造"龑"字名之，义取"飞龙在天"，读若俨。

纲 壬寅，春正月，晋以杜重威为顺德节度使。

目 晋改镇州成德军为恒州顺德军，以杜重威为节度使。重威表王瑜为副使，瑜为之重敛于民，恒人不胜其苦。

纲 夏四月，汉主龑殂，子玢立。

纲 五月，唐以宋齐丘为镇南节度使。

纲 六月，晋主敬塘殂，兄子齐王重贵立。

目 初，刘知远遣亲将郭威，以诏指招纳吐谷浑酋长白承福，契丹遣使来让。晋主忧悒成疾。一旦，冯道独对。晋主命幼子重睿出拜之，又命宦者抱置道怀中，盖欲道辅立之。六月，晋主殂，道与侍卫马步都虞候景延广议，以国家多难，宜立长君，乃奉齐王重贵为嗣。是日，即位。延广始用事，禁人偶语。初，高祖疾亟，有旨召刘知远入辅政，晋主重贵寝之，知远由是怨。

纲 秋七月，晋以景延广为侍卫都指挥使。

出帝

纲 癸卯，春二月，晋主还东京。

目 晋主之初即位也，大臣议奉表称臣告哀于契丹，景延广请致书称孙而不称臣。李崧曰："陛下如此，他日必躬擐甲胄，与契丹战，于时悔无益矣。"延广固争，冯道依违其间。晋主卒从延广议。契丹大怒，遣使来责让，延广复以不逊语答之。契丹卢龙节度使赵延寿，欲代晋帝中国，屡说契丹击晋，契丹主颇然之。晋主谓契丹将入寇，还东京，然犹与契丹问遗相往来，无虚月。

纲 唐主昪殂。

目 唐主饵方士丹，浸成躁急。群臣奏事，往往暴怒；然有论辩中理者，亦敛容谢之。问道士王栖霞："何道可致太平？"对曰："王者治心治身，乃治家国。今陛下尚未能去饥瞋、饱喜，何论太平！"凡所赐予皆不受。唐主疽发背，疾亟，太医吴廷裕遣亲信召齐王璟入侍疾。唐主谓曰："吾饵金石，始欲益寿，乃更伤生，汝宜戒之！"是夕，殂。秘不发丧，下制以齐王监国。

纲 闽富沙王延政称帝于建州，国号殷。

目 王延政称帝，以潘承祐为吏部尚书，杨思恭为兵部尚书、同平章事。国小民贫，军旅不息。思恭以善聚敛得幸，增田亩山泽之税，至于鱼盐蔬果，无不倍征，国人谓之"杨剥皮"。

纲 晋以桑维翰为侍中。

纲 唐主璟立。

纲 汉晋王弘熙弑其主玢而自立，更名晟。

纲 秋九月，晋执契丹回图使乔荣，既而归之。

目 初，河阳牙将乔荣，从赵延寿入契丹，契丹以为回图使。往来贩易于晋，置邸大梁。至是，景延广说晋主囚荣于狱。凡契丹贩易在晋境者，尽杀之，夺其货。大臣皆言契丹不可负，乃释荣，慰赐而归之。契丹主大怒，入寇之志始决。

纲 冬十月，晋主立其叔母冯氏为后。

纲 十二月，晋杨光远诱契丹入寇。

纲　唐以宋齐丘为青阳公，遣归九华。

目　唐侍中周宗，年老恭谨，中书令宋齐丘树党，倾之。宗泣诉于唐主，唐主由是薄齐丘。齐丘忿怼，表乞归九华旧隐；唐主知其诈，一表即从之，仍赐号九华先生，封青阳公。齐丘乃治大第于青阳，服御将吏，皆如王公，而愤色尤甚。

纲　甲辰，春正月，契丹陷晋贝州，权知州事吴峦败死。晋遣兵御之。

纲　唐主敕齐王景遂参决庶政，既而罢之。

目　唐主决欲传位于齐、燕二王。翰林学士冯延巳等因之欲隔绝中外以擅权，请敕"齐王景遂参决庶政，百官惟魏岑、查文徽白事，余非召对不得见。"唐主从之，国人大骇。给事中萧俨上疏极论，不报。侍卫都虞候贾崇叩阁泣谏，唐主感悟，遽收前敕。

唐主于宫中作高楼，召侍臣观之，众皆欢笑。萧俨曰："恨楼下无井。"唐主问其故。对曰："以此不及景阳楼耳。"唐主怒，贬为舒州观察使。

纲　晋主自将次澶州，遣刘知远、杜威、张彦泽将兵御契丹。

纲　二月，契丹度河。晋主自将，及遣李守贞等分道击之，契丹败走。

纲　晋诏刘知远击契丹，知远屯乐平不进。

纲　三月，闽指挥使朱文进弑其主曦而自立。

纲　夏四月，晋主还大梁，以景延广为西京留守。

纲　晋太尉、侍中冯道罢，以桑维翰为中书令兼枢密使。

目　道虽为首相，依违两可，无所操决。或谓晋主曰："冯道承平之良相，今艰难之际，譬如使禅僧飞鹰耳。"乃以为匡国节度使。或谓晋主曰："陛下欲御北狄安天下，非桑维翰不可。"遂复置枢密院，以维翰为中书令兼枢密使，事无大小，悉以委之，数月之间，朝廷差治。

纲　秋八月，晋以刘知远为行营都统，杜威为招讨使，督十三节度以备契丹。

目　契丹之入寇也，晋主再命刘知远会兵山东，皆不至，晋主疑之，谓所亲曰："太原殊不助朕，必有异图。"至是，虽为都统而实无临制之权，密谋大计皆不得预知。远亦知见疏，但慎事自守而已。

郭威见知远有忧色，谓知远曰："河东山河险固，风俗尚武，士多战马，静则勤稼穑，动则习军旅，此霸王之资也，何忧乎！"

纲 朱文进称藩于晋，晋以为闽国王。冬十二月，殷遣兵讨朱文进，唐遣兵攻殷。

纲 闰月，闽人讨杀朱文进，传首建州。

纲 契丹复入寇。

纲 乙巳，春正月，契丹至相州，引还，晋主自将追之。

纲 殷改国号曰闽。

纲 二月，晋主至澶州，诸将引军北上。

纲 契丹陷晋祁州，刺史沈斌死之。

目 契丹以羸兵驱牛羊过祁州城下，晋刺史沈斌出兵击之，契丹以精骑夺其门，州兵不得还。赵延寿引契丹急攻之，斌在城上，延寿语之曰："使君何不早降！"斌曰："侍中父子失计，陷身虏庭，忍帅犬羊以残父母之邦，不自愧耻，更有骄色，何哉？沈斌弓折矢尽，宁为国家死耳，终不效公所为！"明日，城陷，斌自杀。

纲 晋以冯玉为枢密使。

纲 闽人及唐人战，闽人败绩。

纲 三月，契丹还军南下，晋都排陈使符彦卿等击之，契丹败走。夏四月，晋主还大梁。

纲 秋八月，晋加冯玉同平章事。

纲 唐兵拔建州，闽主延政出降。

纲 晋以杜重威为天雄节度使。

纲 晋桑维翰罢。

纲 丙午，春正月，唐以宋齐丘为太傅。

纲 冬十月，晋遣杜重威将兵伐契丹。

纲 十一月，契丹大举入寇。十二月，晋将王清战死，杜重威等以兵降。契丹遣兵入大梁，执晋主重贵以归。杀桑维翰，囚景延广。

目 契丹主大举入寇，趣恒州。杜重威等闻之，将白冀、贝而南。张彦泽时在恒州，引兵会之，言契丹可破之状。重威等乃复趣恒州，以彦泽为前锋，与契丹夹滹沱而军。

开封尹桑维翰，以国家危在旦夕，求见言事。晋主方在苑中调鹰，辞不见。又诣执政言之，执政不以为然。退谓所亲曰："晋氏不血食矣！”

晋主诏以高行周、符彦卿共戍澶州，景延广戍河阳，指挥使王清言于杜威曰：“请以步卒二千为前锋，夺桥开道，公帅诸军继之，得入恒州则无忧矣。”重威许诺，遣清与宋彦筠俱进。清战甚锐，契丹小却，诸将请以大军继之，威不许。彦筠败走，清独帅麾下力战，至暮不息。契丹以新兵继之，清及士众尽死。

契丹遥以兵环晋营，军中食尽。重威与李守贞、宋彦筠谋降契丹。威潜遣腹心诣契丹牙帐，邀求重赏。契丹主绐之曰：“赵延寿威望素浅，恐不能帝中国。汝果降者，当以汝为之。”重威喜，遂定降计。威命军士释甲，军士皆恸哭，声振原野。

契丹主引兵南，杜重威将降兵以从。遣张彦泽将二千骑先取大梁。张彦泽倍道疾驱，夜渡白马津。晋主召李崧、冯玉、李彦韬入禁中计事，欲诏刘知远发兵入援。明日，彦泽自封丘门斩关而入，城中大扰。晋主召范质草降表，自称“孙男臣重贵，祸至神惑，运尽天亡。今与太后及妻冯氏，举族面缚待罪。”彦泽迁晋主于开封府，顷刻不得留，见者流涕。

彦泽杀桑维翰，以带加颈，白契丹主，云其自经。契丹主命厚抚其家。遣兵趣河阳捕景延广，延广伏地请死，乃锁之。

右后晋二主，共十一年。

后汉纪

高祖皇帝

纲 丁未，春正月，契丹德光入大梁，杀张彦泽。景延广自杀。

纲 契丹封晋主重贵为负义侯，徙之黄龙府。

纲 契丹以李崧为枢密使，冯道为太傅，晋诸藩镇皆降。

纲 契丹纵兵大掠，遣使括借士民钱帛。

目 赵延寿请给上国兵食，契丹主曰：“吾国无此法。”乃纵胡骑四出剽掠，谓之打草谷。丁壮毙于锋刃，老弱委于沟壑，自东、西两畿及郑、滑、曹、濮数百里间，财畜殆尽。契丹主谓判三司刘昫曰：“契丹兵应有优赐，速宜营办。”时府库空竭，昫请括借都城士民钱帛，又分遣使者数十人诣诸州括借。人不聊生，由是内外怨愤，始患苦契丹，皆思逐之矣。

纲　晋刘知远遣使奉表于契丹。

目　初，晋主忌河东节度使、北平王刘知远，以为北面行营都统。知远因之广募士卒，又得吐谷浑财畜，由是富强，步骑至五万人。晋主与契丹结怨，知远知其必危，而未尝论谏。契丹屡深入，知远初无邀遮入援之志。及闻契丹入汴，乃分兵守四境，遣客将王峻奉表称臣于契丹。

纲　二月，晋刘知远称帝于晋阳。

目　河东将佐劝知远称尊号，以号令四方，知远不许。闻晋主北迁，声言欲出兵井陉，迎归晋阳。命指挥使史弘肇集诸军告以出师之期，军士皆曰："今天下无主，主天下者非我王而谁？宜先正位号，然后出师。"争呼万岁不已。郭威与都押衙杨邠入说知远曰："此天意也。王不乘此取之，人心一移，则反受其咎矣。"知远从之，遂即位。自言未忍改晋国，又恶开运之名，乃重称天福十二年。

纲　晋主知远自将迎故晋主重贵至寿阳而还。

纲　晋主知远还晋阳。

目　知远还至晋阳，议率民财以赏将士。夫人李氏谏曰："陛下因河东创大业，未有以惠泽其民，而先夺其生生之资，殆非新天子所以救民之意也。请悉出宫中所有以劳军，虽复不厚，人无怨言。"知远从之，中外大悦。

纲　三月，契丹德光发大梁。

目　契丹主发大梁，晋文武诸司、诸军、吏卒从者皆数千人，宫女、宦官数百人，尽载府库之实以行。谓宣徽使高勋曰："吾在上国，以射猎为乐，至此令人悒悒。今得归，死无恨矣！"

纲　晋主知远以其弟崇为太原尹。

纲　夏四月，晋以刘信、史弘肇为侍卫指挥使，杨邠为枢密使，郭威为副使，王章为三司使。

纲　晋以苏逢吉、苏禹珪同平章事。

纲　契丹耶律德光死于杀狐林。

目　契丹主至临城，得疾，至杀狐林而卒。国人剖其腹，实盐数斗，载之北去。晋人谓之"帝羓"。契丹主丧至国，述律太后不哭，曰："待诸部宁一如故，则葬汝矣。"

纲 五月，晋以刘崇为北都留守。

纲 楚文昭王希范卒，弟希广嗣。

纲 六月，晋主知远入洛阳。

纲 吴越忠献王弘佐卒，弟弘倧嗣。

纲 晋主知远入大梁，诸镇多降，始改国号曰汉。

目 知远发洛阳，枢密院使魏仁浦自契丹逃归，郭威问以兵数及故事，仁浦强记精敏，威由是亲任之。知远至大梁，晋之藩镇相继来降，复以汴州为东京，改国号曰汉。仍称天福年，曰："余未忍亡晋也。"

纲 秋七月，汉以杜重威为归德节度使，重威拒命，汉发兵讨之。

纲 汉以窦贞固、李涛同平章事。

纲 冬十月，汉主如澶、魏劳军，十一月，杜重威出降。

纲 十二月，汉主还大梁。

纲 吴越统军使胡思进废其君弘倧而立其弟弘俶。

纲 戊申，春正月，汉主更名暠。

纲 汉以冯道为太师。

纲 汉主暠殂，杜重威伏诛，周王承祐立。

目 汉主大渐，召苏逢吉、杨邠、史弘肇、郭威入受顾命，曰："承祐幼弱，后事托在卿辈。"又曰："善防重威。"是日殂，逢吉等秘不发丧。下诏称："重威父子因朕小疾，谤议摇众。"皆斩之，磔尸于市，市人争啖其肉。二月，立皇子承祐为周王，有顷，发丧。周王即位，时年十八。

纲 汉以王景崇为凤翔巡检司。

纲 三月，汉征凤翔兵诣阙，行至长安，军校赵思绾据城作乱。

纲 汉护国节度使李守贞反。

纲 夏四月，汉以杨邠同平章事，郭威为枢密使。

纲 汉遣郭从义讨赵思绾，白文珂、王峻讨李守贞。

纲 六月，汉王景崇叛降于蜀。

纲 八月，汉河东节度使刘崇表募兵备契丹。

纲 汉以郭威为西面招慰安抚使。

目 汉自河中、永兴、凤翔三镇拒命，继遣诸将讨之，久无功，汉主患之，欲遣重臣临督。以郭威为西面军前招慰安抚使，诸军皆受节度。威问策于冯道，道曰："守贞自谓旧将，为士卒所附，愿公勿爱官物以赐士卒，则夺其所恃矣。"威从之，由是众心始附于威。

纲 郭威督诸将围李守贞于河中。

纲 冬十月，汉赵晖围王景崇于凤翔，蜀遣兵救之，不克。

纲 荆南节度使高从诲卒，以其子保融知留后。

隐帝

纲 己酉，夏四月，太白昼见。

纲 秋七月，汉郭从义诱赵思绾杀之。

纲 汉郭威克河中，李守贞自杀。

目 郭威攻河中，克其外郭。李守贞与妻子自焚。威入城，阅守贞文书，得朝臣藩镇交通书，词意悖逆，欲奏之，秘书郎王涛谏曰："魑魅乘夜争出，见日自消。愿一切焚之以安反仄。"威从之。

纲 八月，汉郭威以白文珂为西京留守。

目 西京留守王守恩，性贪鄙，专事聚敛。郭威自河中还，过洛阳，守恩肩舆出迎。威怒，不见，即以头子命白文珂代守恩。守恩犹坐客次，吏白："新留守已视事于府矣。"守恩狼狈而归，见家属已逐出府矣。朝廷不之问。

纲 九月，汉加郭威侍中。威请加恩将相藩镇，从之。

目 威至大梁，入见，劳赐甚厚。辞曰："臣将兵在外，凡镇安京师，供亿兵食，皆诸大臣居中者之力也，臣安敢独膺此赐！请遍赏之。"乃遍赐宰相、枢密、宣徽、三司、侍卫使九人如一。加威兼侍中。诸大臣议，以"执政既溥加恩，恐藩镇觖望"，亦遍加恩有差。

纲 冬十月，契丹寇河北，汉遣郭威督诸将御之。

纲 十二月，汉赵晖攻凤翔，王景崇自杀。

纲 庚戌，春二月，汉汝州防御使刘审交卒。

目 汝州吏民诣阙上书，以审交有仁政，乞留葬汝州，得奉事其丘垄；许之。州人为立祠，岁时享之。冯道曰："吾尝为刘君僚佐，观其为政，无以逾人，非能减其租赋，除其繇役也，但推公廉慈爱之心以行之耳。此亦众人所能为，但众人不为而刘君独为之，故汝人爱之如此。使天下二千石皆效其所为，何患得民不如刘君哉！"

纲 夏四月，汉以郭威为邺都留守，枢密使如故。

目　汉朝以契丹入寇，议以郭威镇邺都，使督诸将备契丹。史弘肇欲威仍领枢密使，苏逢吉以为故事无之，弘肇曰："领枢密使则可以便宜从事，诸军畏服，号令行矣。"汉主从之。弘肇怨逢吉异议，逢吉曰："以内制外，顺也；今反以外制内，其可乎！"既而朝贵会饮，弘肇举大觞属威，厉声曰："昨日廷议，一何同异！"逢吉与杨邠亦举觞曰："是国家之事，何足介意！"弘肇又厉声曰："安定国家，在长枪大剑，安用毛锥！"王章曰："无毛锥，则财赋何从可出？"自是将相始有隙。

纲　汉以郭荣为贵州刺史。

目　荣本姓柴，父守礼，郭威之妻兄也。威未有子，时养以为子。

纲　五月，郭威赴邺。

纲　闰月，汉大风。

目　汉宫中数有怪，大风发屋拔木，吹掷门扉一十余步而落。汉主召司天监赵延义问以禳祈之术，对曰："王者欲弭灾异，莫如修德。"汉主曰："何谓修德？"对曰："请读贞观政要而法之。"

纲　冬十一月，汉主承祐杀其枢密使杨邠、侍卫指挥使史弘肇、三司使王章。遣使杀郭威，不克；威举兵反，遂杀其主承祐。

目　汉主自即位以来，杨邠总机政，郭威主征伐，史弘肇典宿卫，王章掌财赋，国家粗安。汉主左右嬖幸浸用事，太后亲戚亦干朝政，邠等屡裁抑之。汉主年益壮，厌为大臣所制。左右因谮之曰："邠等专恣，终当为乱。"苏逢吉与弘肇有隙，屡以言激太后弟李业等，汉主遂与业谋诛邠等。弘肇与邠、章入朝，殿中甲士出而杀之。

汉主遣供奉官孟业赍密诏，令镇宁李洪义杀弘肇党步军指挥使王殷，又令行营指挥使郭崇威、曹威杀郭威及监军王峻。

孟业至澶州，洪义不敢发；殷囚业，以诏示郭威。威召郭崇威、曹威及诸将，告以邠等冤死及有密诏之状，且曰："吾与诸公，披荆棘，从先帝取天下，受托孤之任，竭力以卫国家，今诸公已死，吾何心独生！君辈当奉行诏书，取吾首以报天子，庶不相累。"崇威等皆泣曰："天子幼冲，此必左右群小所为，愿从公入朝自诉，荡涤鼠辈以清朝廷。"威乃留其养子荣镇邺都，命崇威前驱，自将大军继之。

威至封丘，人情恟惧，汉主遣慕容彦超等将兵御之。屯七里店，汉主自出劳军。既陈，慕容彦超引轻骑直前奋击，郭威与李荣帅骑兵拒之。彦超引兵退，麾下死者百余人，于是诸军夺气，稍稍降于北军。彦超遂与十余骑奔还，汉主独与从官数十人宿于七里寨。旦日，回辔至赵村，追兵已至，汉主下马入民家，为乱兵所弑。

威至，自迎春门入，归私第。冯道帅百官谒见郭威，威犹拜之，道受拜如平时，徐曰："侍中此行不易！"

纲 汉迎武宁节度使刘赟于徐州。

目 郭威帅百官起居太后，奏请早立嗣君。太后诰曰："河东节度使崇、忠武节度使信，皆高祖之弟，武宁节度使赟、开封尹勋，高祖之子，其令百官议择所宜。"赟，崇之子也，高祖爱之，养视如子。郭威、王峻入见太后，请以勋为嗣。太后曰："勋久羸疾不能起。"于是郭威与峻议立赟。帅百官表请太后诰，遣太师冯道及枢密直学士王度、秘书监赵上交诣徐州奉迎。

威之讨三叛也，见诏书，处分军事皆合机宜，问"谁为之?"使者以范质对。威曰："宰相器也。"至是，令草诰令，具仪注，苍黄之中，讨论撰定，皆得其宜。

纲 汉太后临朝。汉以王峻为枢密使，王殷为侍卫都指挥使。

纲 契丹入寇，屠内丘，陷饶阳，汉遣郭威将兵击之。

纲 汉以范质为枢密副使。

纲 马希萼陷潭州，杀楚王希广而自立。

纲 汉刘赟发徐州。

纲 汉郭威至澶州，自立而还。王峻、王殷遣兵拒刘赟，以太后诰废为湘阴公，令郭威监国。

目 威至澶州。将发，将士数千人忽大噪曰："天子须侍中自为之，将士已与刘氏为仇，不可立也！"或裂黄旗以被威体，共挟抱之，呼万岁震地，因拥威南行。威乃上太后笺，请奉汉宗庙，事太后为母。下书抚谕大梁士民，勿有忧疑。至七里店，窦贞固帅百官出迎，拜谒，劝进。

赟至宋州，王峻、王殷闻澶州军变，遣郭崇威将七百骑往拒之。郭威召冯道先归。太后诰废赟为湘阴公，以侍中监国，百官藩镇相继上表劝进。

右后汉二主，共四年。

后周纪

太祖皇帝

纲 辛亥，春正月，郭威称皇帝，国号周。

纲 汉河东节度使刘崇表请湘阴公归晋阳。

目 初，崇闻隐帝遇害，欲起兵南向，闻迎立湘阴公，乃止，曰："吾儿为帝，吾又何求！"太原少尹李骧阴说崇曰："观郭公之心，终欲自取，公不如疾引兵逾太行，据孟津，俟徐州相公即位，然后还镇，则郭公不敢动矣；不然，且为所卖。"崇怒曰："腐儒，欲离间吾父子！"命左右曳出斩之。及赟废，崇乃遣使请赟归晋阳。周主报曰："湘阴公比在宋州，今方取归，必令得所，公勿以为忧。"

纲 周以王殷为邺都留守。

纲 周主威弑汉湘阴公赟于宋州，汉刘崇称帝于晋阳。

目 刘崇即位于晋阳，仍用乾祐年号。闻湘阴公死，哭曰："吾不用忠臣之言，以至于此！"为李骧立祠，岁时祭之。

纲 周罢四方贡献珍食，诏百官上封事。

目 周主谓王峻曰："朕起于寒微，备尝艰苦，遭时丧乱，一旦为帝王，岂敢厚自奉养，以病下民乎！"命峻疏四方贡献珍美食物，诏悉罢之。又诏曰："朕生长军旅，不亲学问，未知治天下之道，文武官有益国利民之术，各具封事以闻。"以苏逢吉之第赐王峻，峻曰："是逢吉所以族李崧也！"辞而不处。

纲 二月，周主以其养子荣为镇宁节度使。

纲 周主毁汉宫宝器。

目 周主悉出汉宫中宝玉器，碎之于庭，曰："凡为帝王，安用此物！"

纲 夏四月，周以王峻、范质、李谷同平章事。

目 初，周主讨河中，已为人望所属；李谷时为转运使，周主数以微言讽之，谷但以人臣尽节为对，周主以是贤之。即位，首用为相。时国家新造，四方多故，王峻夙夜尽心，知无不为，军旅之谋，多所裨益。范质明敏强记，谨守法度。李谷沉毅有器略，议论慷慨，善譬喻以开主意。

纲 壬子，春二月，唐设科举，既而罢之。

目 唐主好文学，故韩熙载、冯延已、延鲁、江文蔚、潘佑、徐铉之徒皆至美官。文雅于诸国为盛，然未尝设科举，多因上书言事拜官。至是，始命文蔚知贡举。执政皆不由科第，相与沮毁，竟罢之。

纲 三月，唐以冯延已、孙晟同平章事。

目 唐以延已、晟为相。既宣制，户部尚书常梦锡众中大言曰："白麻甚佳，但不及江文蔚疏耳！"晟素轻延已，谓人曰："金杯玉碗，乃贮狗矢乎！"延已言于唐主曰："陛下躬亲庶务，故宰相不得尽其才，此治道所以未成也！"唐主乃悉以政事委之，而延已不能勤事，益不治，唐主乃复自览之。

纲 夏六月朔，周主如曲阜，谒孔子祠，拜其墓。

目 周主谒孔子祠，将拜，左右曰："孔子，陪臣也，不当以天子拜之。"周主曰："孔子，百世帝王之师，敢不敬乎！"遂拜。又拜孔子墓，禁樵采。访孔子、颜渊之后，以为曲阜令及主簿。

纲 冬十月，武平留后刘言遣兵攻潭州，唐节度使边镐弃城走，言遂取湖南。

目 唐武安节度使边镐，不合众心。吉水人欧阳广上书，言"镐非将帅才，必丧湖南。"不报。仍使镐经略朗州，自朗来者，多言刘言忠顺，镐不为备。唐主召言入朝，言不行，谓王逵曰："唐必伐我，奈何？"逵曰："边镐抚御无方，士民不附，可一战擒也。"言乃以逵及周行逢、何敬真、潘叔嗣、张文表等十人皆为指挥使，部分发兵。行逢能谋，文表善战，叔嗣果敢，三人多相须成功，情款甚昵。十月，逵等将兵分道趣长沙，攻潭州，镐弃城走。唐将守湖南者，相继遁去。刘言尽复马氏岭北故地。

纲 刘言奉表于周。

纲 唐冯延已、孙晟罢，削边镐官爵，流饶州。

目 初，镐从查文徽克建州，凡所俘获皆全之，建人谓之"边佛子"。及克潭州，市不易肆，潭人谓之"边菩萨"。既而政无纲纪，惟日设斋供，盛修佛寺，潭人失望，谓之"边和尚"矣。冯延已、孙晟上表请罢；皆释之。晟陈情不已，乃与延已皆罢。唐主思欧阳广之言，拜本县令。

纲 癸酉，春正月，周以刘言为武平节度使。

纲 周罢户部营田务，除租牛课。

目 前世屯田皆在边地，使戍兵佃之。唐末，中原宿兵，所在皆置营田，以耕旷土；其后又募高赀户，使输课佃之，户部别置官司总领，不隶州县，或丁多无役，或容庇奸盗，州县不能诘。梁太祖击淮南，得牛万计，以给农民，使岁输租。牛死而租不除，民甚苦之。周主素知其弊，李谷亦以为言，敕悉罢之，以其民隶州县；田、庐、牛、具并赐见佃者为永业。或言："营田有肥饶者，不若鬻之，可得钱数十万缗以资国。"周主曰："利在于民，犹在国也，朕用此钱何为！"

纲 三月，周主以郭荣为开封尹，封晋王。

纲 夏六月，周九经版成。

目 初，唐明宗之世，令国子监校正九经，刻版印卖。至是，版成，献之。由是，虽乱世，九经传布甚广。是时蜀毋昭裔，亦出私财百万营学馆，且请刻版印九经；蜀主从之。由是蜀中文学亦盛。

纲 秋八月，唐复置科举。

世宗皇帝

纲 甲寅。

纲 春正月，周以晋王荣判内外兵马事。

目 初，周主疾作，群臣希得见，中外恐惧。闻晋王典兵，人心稍安。

纲 周主疾笃，诏晋王荣听政。周以王溥同平章事。

纲 周主威殂，晋王荣立。

纲 二月，北汉主以契丹兵击周，周昭义节度使李筠逆战，败绩。

纲 三月，周主自将与汉战于高平，汉兵败绩。周将樊爱能、何徽等伏诛。

目 世宗欲自将御汉兵，群臣皆谏，冯道固争之，世宗不悦，惟王溥劝行，乃命冯道奉梓宫赴山陵。遂发大梁，至怀州，兼行速进，进宿泽州东北。北汉主军高平南。明日，世宗介马临陈督战，合战未几，周右军将樊爱能、何徽引骑兵先遁，右军溃；步兵千余人解甲降北汉。世宗见军势危，自引亲兵犯矢石督战。我太祖皇帝时为宿卫将，谓同列曰："主危如此，吾属何得不致死！"乃将二千人进战，太祖身先士卒，驰犯其锋，士卒死战，无不一当百，北汉兵披靡。时南风甚盛，周兵争奋，北汉兵大败。是夕，世宗野宿，得步兵之降敌者，皆杀之。爱能、徽闻捷，与士卒稍稍复还。明日，休兵高平。北汉主帅百余骑昼夜北走，仅得入晋阳。世宗收爱能、徽及所部军使以上七十余人，责之曰："汝辈非不能战，正欲以朕为奇货，卖与刘崇耳。"悉斩之。自是骄将惰卒始知所惧，不行姑息之政矣。张永德称我太祖之智勇，世宗擢为殿前都虞候。

纲 周太师、中书令、瀛王冯道卒。

目 道少以孝谨知名，唐庄宗世始贵显，自是累朝不离将、相、公、师之位。为人清俭宽弘，人莫测其喜愠。滑稽多智，浮沉取容。尝著长乐老叙，自叙累朝荣遇之状，时人往往以德量推之。

纲 周立后符氏。

目 初，符彦卿有女，适李守贞之子崇训，相者言其贵当为天下母。守贞喜曰："吾妇犹母天下，况我乎！"反意遂决。及败，崇训先自刃其弟妹，次及符氏；符氏匿帏下，崇训仓猝求之不获，遂自刭。乱兵既入，符氏安坐堂上，叱乱兵曰："吾父与郭公为昆弟，汝曹勿无礼！"太祖遣使归之于彦卿，既而为世宗娶之。至是，立为皇后。后性和惠而明决，世宗甚重之。

纲 夏五月，周主攻晋阳，不克，引军还。

纲 秋七月，周以魏仁浦为枢密使。

纲 冬十月，周简阅诸军，募壮士以补宿卫。

纲 十一月，北汉主旻殂，子钧立。

纲鉴易知录卷六三

后周纪

世宗皇帝

纲　乙卯，春正月，周制举令、录法。

目　初令翰林学士、两省举令、录；除官之日，仍署举者姓名，若贪秽败官，并当连坐。

纲　夏四月，周以王朴为谏议大夫，知开封府事。

目　世宗谓宰相曰："朕每思致治之方，未得其要，寝食不忘。又吴、蜀、幽、并皆阻声教，未能混一，宜命近臣著为君难为臣不易论及开边策各一篇，朕将览焉。"

比部郎中王朴献策曰："中国之失吴、蜀、幽、并，皆由失道。今必先观所以失之之原，然后知所以取之之术。其始失之也，莫不以君暗臣邪，兵骄民困，奸党内炽，武夫外横，因小致大，积微成著。今欲取之，莫若反其所为而已。进贤退不肖，以收其才；恩德诚信，以结其心；赏功罚罪，以尽其力，去奢节用，以丰其财；时使薄敛，以阜其民。俟群才既集，政事既治，财用既充，士民既附，在后举而用之，功无不成矣！彼之人观我有必取之势，则知其情状者愿为间谍，知其山川者愿为乡导，民心既归，天意必从矣。凡攻取之道，必先其易者。唐与吾接境几二千里，其势易扰也。扰之当以无备之处为始，备东则扰西，备西则扰东，彼必奔走而救之。奔走之间，可以知其虚实强弱，然后避实击虚，避强击弱。未须大举，且以轻兵扰之。南人懦怯，闻小有警，必悉师以救之。师数动，则民疲而财竭，不悉师则我可以乘虚取之。如此，江北诸州将悉为我有。既得江北，则用彼之民，行我之法，江南亦易取也。得江南则岭南、巴蜀可传檄而定。南方既定，则燕地必望风内附；若其不至，移兵攻之，席卷可平矣。惟河东必死之寇，不可以恩信诱，必当以强兵制之；然彼自高平之败，力竭气沮，必未能为边患，宜且以为后图,俟天下既平,然后伺间,一举可擒也。”世宗欣然纳之。时群臣多守常偷安,所对少可取者,惟朴神峻气劲,有谋能断,世宗重之,以为谏议大夫,知开封府事。

纲 秋九月,周始铸钱。

目 世宗以县官久不铸钱,而民间多铸钱为器皿及佛像,钱益少,敕立监采铜铸钱,民间铜器、佛像,五十日内输官受直;过期,匿五斤以上罪死。谓侍臣曰:“佛以善道化人,苟志于善,斯奉佛矣。彼铜像岂所谓佛邪!且吾闻佛志在利人,虽头目犹舍以布施,若朕身可以济民,亦非所惜也。”

纲 冬十一月,周遣李谷督诸军伐唐。

目 周以李谷为淮南前军部署,王彦超副之,督侍卫都指挥使韩令坤等十二将以伐唐。

纲 唐遣兵拒周师于寿州,周师击败之。

目 唐主以刘彦贞为部署,将兵二万趣寿州。皇甫晖、姚凤将兵三万屯定远。召镇南节度使宋齐丘还金陵,谋国难。周李谷等为浮梁,自正阳济淮,王彦超败唐兵二千余人于寿州城下。

纲 丙辰,春正月,周主自将伐唐,大败唐兵,斩其将刘彦贞。

纲 二月,周主命我太祖将兵袭唐滁州。克之,擒其将皇甫晖、姚凤。

目 下蔡浮梁成,世宗自往视之。命我太祖皇帝倍道袭清流关。皇甫晖等惊走入滁州,断桥自守,太祖跃马麾兵涉水,直抵城下。晖曰:“人各为其主,愿容成列而战。”太祖笑而许之。晖整众而出,太祖突陈击晖,擒之。并擒姚凤,遂克滁州。

时宣祖为马军副都指挥使,引兵夜至,传呼开门。太祖曰:“父子虽至亲,城门王事也,不敢奉命。”明旦乃得入。

世宗遣翰林学士窦仪籍滁州帑藏,太祖遣亲吏取藏中绢。仪曰:“公初克城时,虽倾藏取之,无伤也。今既籍为官物,非有诏书,不可得也。”太祖由是重仪。

初,永兴节度使刘词,遗表荐其幕僚蓟人赵普,至是,范质以为滁州判官,太祖与语,悦之。时获盗百余人,皆应死,普请先讯鞫然后决,所活什七八。太祖益奇之。

太祖威名日盛,每临陈,必以繁缨饰马,铠仗鲜明。或曰:“如此,为敌所识。”太祖曰：“吾固欲其识之耳。”

纲 三月，唐遣司空孙晟奉表于周。

纲 唐主以其弟齐王景达为元帅，将兵拒周师。

纲 夏四月，唐兵攻六合，我太祖击破之。

目 唐齐王景达将兵济江，距六合二十余里，设栅不进。诸将欲击之，我太祖曰：“吾众不满二千，若往击之，彼必见吾众寡矣；不如俟其来而击之，破之必矣！”居数日，唐出兵趣六合，太祖奋击，大破之，杀获近五千人，溺死甚众，于是唐之精卒尽矣。是战也，将士有不致力者，太祖阳为督战，以剑斫其皮笠。明日，遍阅其笠有剑迹者数十人，皆斩之，由是部兵莫敢不尽死。

纲 周主还大梁，留李重进围寿州。

纲 秋七月，周以周行逢为武平节度使。

纲 冬十月，周立二税起征限。

目 世宗谓侍臣曰：“近朝征敛谷、帛，多不俟时收获、纺绩之毕。”乃诏三司，自今夏税以六月，秋税以十月起征，民间便之。

纲 周以我太祖为定国节度使，兼殿前都指挥使。

目 太祖表赵普为节度推官。

纲 十一月，周杀唐使者司空孙晟。

目 唐使者孙晟从至大梁，世宗待之甚厚，时召见，饮以醇酒，问以唐事。晟但言“臣主畏陛下神武，事陛下无二心。”命都承旨曹翰与之饮酒，从容问以唐虚实，晟终不言。翰乃谓曰：“有敕，赐相公死。”晟神色怡然，索靴袍，整衣冠，南向拜曰：“臣谨以死报国。”乃就刑。并从者百余人皆杀之。

纲 周召华山隐士陈抟诣阙，寻遣还山。

目 世宗召陈抟问以飞升、黄白之术，对曰：“陛下为天子，当以治天下为务，安用此为！”乃遣还山，诏州县长吏常存问之。

纲 丁巳，春正月，唐遣兵救寿州，周师击破之。

纲 三月，周主复如寿州，大破唐兵，唐元帅景达奔还。

纲 唐寿州监军周廷构以城降周，唐节度使刘仁赡死之。周以寿州为忠正军，徙治下蔡。

目 世宗耀兵于寿春城北。唐清淮节度使刘仁赡病甚，不知人，监军使周廷构等作仁赡表，舁仁赡出城以降于周。仁赡卧不能起，世宗慰劳赐赉，复令入城养疾。徙寿州治下蔡。又制曰："刘仁赡尽忠所事，抗节无亏，前代名臣，几人堪比。朕之伐叛，得尔为多。其以为天平节度使，兼中书令。"是日卒，世宗复以清淮军为忠正军，以旌仁赡之节。

纲　周主之父光禄卿致仕柴守礼犯法，周主不问。

目　守礼及当时将相王溥、王晏、韩令坤之父游处，恃势恣横，洛人畏之，谓之"十阿父"。世宗既为太祖嗣，人无敢言守礼子者，但以元舅处之，优其俸给，未尝至大梁。尝以小忿杀人，有司不敢诘，世宗知而不问。

纲　夏四月，周主还大梁。

纲　六月，周以王祚为颍州团练使。

目　祚，溥之父也。溥为宰相，祚有宾客，溥常朝服侍立；客坐不安席，祚曰："犹犬不足为起。"

纲　秋九月，周以窦俨为中书舍人。

目　仪上疏请令有司讨论礼仪，考正钟律，作通礼、正乐。又以为"为政之本，莫大择人；择人之重，莫先宰相。自有唐之末，轻用名器，始为辅弼，即兼三公、仆射之官，故其未得之也，则以趋竞为心；既得之也，则以容默为事。乞令宰相各举所知，且令以本官权知政事。期岁之间，察其职业，若果能堪称，其官已高，则除平章事。未高，则稍更迁官，权知如故。若有不称，则罢其政事，责其举者。又累朝屡诏，听民广耕，止输旧税；及其既种，则有司履亩而增之，故民皆疑惧，而田不加辟。夫为政之先，莫如敦信，信苟著矣，则田无不广，田广则谷多，谷多则藏之民犹藏之官也。"世宗善之。俨，仪之弟也。

纲　冬十一月，周主自将伐唐，攻濠、泗州。

纲　十二月，唐泗州降周，周主遣击唐兵，至楚州，大破之。

纲　唐濠州降周，周主进兵攻楚州，遣兵取扬、泰州。

纲　唐团练使郭廷谓欲以濠州降周，命参军李延邹草降表。延邹责以忠义，廷谓以兵临之，延邹掷笔曰："大丈夫终不负国为叛臣作降表！"廷谓斩之，举城降。周世宗时攻楚州，遣指挥使武守琦将骑数百取扬州。世宗闻泰州亦无备，遣兵袭取之。

纲　戊午，春正月，周主克唐楚州，唐防御使张彦卿死之。

纲 二月，周主至扬州。

纲 三月，唐以太弟景遂为晋王，燕王弘冀为太子。

纲 周主临江，遣水军击唐兵，破之。唐主遣使尽献江北地，周主罢兵引还。

目 世宗如迎銮镇，屡至江口，遣水军击唐兵，破之。唐主恐，遂南渡，又耻降号称藩，乃遣陈觉奉表，请传位于太子弘冀，使听命于中国。时淮南惟庐、舒、蕲、黄未下，觉见周兵之盛，白世宗，请遣人度江取表，献四州之地，画江为境，以求息兵，辞指甚哀。世宗曰："朕本兴师止取江北，今尔主能举国内附，朕复何求！"赐唐主书称"皇帝恭问江南国主"，慰纳之。唐主奉表称"唐国主"，请献江北四州，岁输贡物数十万。于是江北悉平。世宗赐唐主书，谕以"今当罢兵，不必传位。"

纲 夏五月，唐主更名景，去帝号，奉周正朔。

目 唐主避周讳，更名景。下令去帝号，称国王，去年号，用周正朔。平章事冯延己、严续、枢密使陈觉皆罢。

初，延己以取中原之策说唐主，由是有宠。尝笑烈祖龌龊，曰："安陆所丧才数千兵，为之辍食咨嗟者旬日，此田舍翁识量耳，安足与成大事！岂如今上暴师数万于外，而击球宴乐无异平日，真英主也！"与其党谈论，常以天下为己任，更相唱和。翰林学士常梦锡屡言延己等浮诞，不可信；唐主不听，梦锡曰："奸臣似忠，陛下不悟，国必亡矣！"及是，延己之党相与言，有谓周为大朝者，梦锡大笑曰："诸公常欲致君尧、舜，何意今日自为小朝邪！"众默然。

纲 秋八月，南汉主晟殂，子𬬮立。

纲 周遣閤门使曹彬如吴越。

目 周遣曹彬以兵器赐吴越，事毕亟还，不受馈遗。吴越人以轻舟追与之，至于数四，彬曰："吾终不受，是窃名也。"尽籍其数，归而献之。世宗曰："向之奉使者，乞匄无厌，使四方轻朝命。卿能如是，甚善；然彼以遗卿，卿自取之。"彬始拜受，悉以散于亲识，家无留者。

纲 冬十月，周遣使均定境内田租。

目 世宗留心农事，尝刻木为农夫、蚕妇，置之殿庭。欲均定天下租税，先以元稹均田图赐诸道。至是，诏散骑常侍艾颖等三十四人分行诸州，均定田租。

纲 十一月，唐放其太傅宋齐丘于九华山。

恭帝

纲 己未，春正月，周命王朴作律准，定大乐。

纲 二月，周淮南饥。

目 淮南饥，世宗命以米贷之。或曰："民贫，恐不能偿。"世宗曰："民，吾子也，安有子倒悬而父不为之解哉！安在责其必偿也！"

纲 三月，周枢密使王朴卒。

目 朴刚锐明敏，智略过人。及卒，世宗临其丧，以玉钺卓地，恸哭数四，不能自止。

纲 夏四月，周主自将伐契丹。五月，取瀛、莫、易，置雄、霸州，遂趣幽州，有疾乃还。

目 世宗以北鄙未复，下诏亲征，命亲军都虞候韩通等将水陆军先发。四月，通自沧州治水道入契丹境，栅于乾宁军南，补坏防，开游口三十六，遂通瀛、莫。车驾至沧州，即日帅步骑数万直趣契丹之境，非道所从，民间皆不之知。契丹宁州刺史王洪举城降。诏以韩通为陆路都部署，我太祖为水路都部署，自御龙舟沿流而北，舳橹相连数十里。至独流口，溯流而西，至益津关，契丹守将终廷辉以城降。自是水路渐隘，乃登陆而西，宿于野次。我太祖先至瓦桥关，契丹守将姚内斌、莫州刺史刘楚信皆举城降。五月朔，侍卫都指挥使李重进等引兵继至，契丹瀛州刺史高彦晖举城降。于是关南悉平。

宴诸将于行宫，议取幽州。诸将曰："陛下离京四十二日，兵不血刃，取燕南之地，此不世之功也。今虏骑皆聚幽州之北，未宜深入。"世宗不悦。是日趣先锋都指挥使刘重进先发，据固安。自至安阳水，命作桥，会日暮，还宿瓦桥，是夕不豫而止。

契丹主遣使命北汉发兵挠周边，闻周师还，乃罢。孙行友拔易州，擒契丹刺史李在钦献之，斩于军市。以瓦桥关为雄州，益津关为霸州。

命李重进将兵出土门击北汉，韩令坤戍霸州，陈思让戍雄州，遂还。重进败北汉兵于百井。车驾至大梁，往还适六十日。

纲 六月，唐泉州遣使入贡于周；不受。

目 唐清源节度使留从效遣使入贡，请置进奏院于京师。诏报之曰："江南近服，方务绥怀。卿久奉金陵，未可改图；若置邸上都，与彼抗衡，受而有之，罪在于朕。”

纲　唐城金陵。

目　唐遣钟谟入贡于周，世宗曰：“江南亦治兵修守备乎？”对曰：“既臣事大国，不改复尔！”世宗曰：“不然，向时则为雠敌，今日则为一家。吾与汝国，大义已定，保无他虞；然人生难期，至于后世，则事不可知。归语汝主，可及吾时，完城郭，缮甲兵，据守要害，为子孙计。”谟归以告，唐主乃城金陵，凡城之不完者葺之，戍兵少者益之。

纲　周主立其子宗训为梁王。

目　初，宰相屡请王诸皇子，世宗曰：“功臣之子，皆未加恩，而独先朕子，能自安乎！”至是不豫，乃封宗训为梁王，生七年矣。

纲　周以魏仁浦同平章事，我太祖为殿前都点检。

目　世宗欲相仁浦，议者以仁浦不由科第为疑。世宗曰：“自古用文武才略为辅佐者，岂尽由科第邪！”乃以王溥、范质皆参知枢密院事，仁浦同平章事，枢密使如故。

仁浦为人谦谨，世宗性严急，近职有忤旨者，仁浦多引罪归己以救之，所全活什七八。故虽起刀笔吏，致位宰相，时人不以为忝。又以吴延祚为枢密使，韩通充侍卫亲军副都指挥使，我太祖兼殿前都点检。

世宗尝问相于兵部尚书张昭，昭荐李涛，世宗愕然曰：“涛轻薄无大臣体，卿荐之何也？”对曰：“陛下所责者，细行也；臣所举者，大节也。昔张彦泽虐杀不辜，涛累疏以为‘不杀必为国患’。汉隐帝之世，涛亦上疏请解先帝兵权。夫国家安危未形，而能见之，此真宰相器也。”世宗曰：“卿言甚善，然涛终不可置之中书。”涛喜诙谐，不修边幅，与弟浣甚友爱而多谑浪，无长幼体，世宗以是薄之。又以翰林学士王著，幕府旧僚，屡欲相之，亦以其嗜酒无检而罢。

纲　周主荣殂，梁王宗训立。

目　世宗大渐，召范质等入受顾命，谓曰：“王著藩邸故人，朕若不起，当相之。”质等出，相谓曰：“著终日游醉乡，岂堪为相！慎毋泄此言。”是日，世宗殂。

世宗在藩，多务韬晦，及即位，破高平之寇，人始服其英武。其御军，号令严明，人莫敢犯。攻城对敌，矢石落其左右，略不动容。应机决策，出人意表。又勤于为治，发奸擿伏，聪察如神。闲暇则召儒者读前史，商榷大义。性不好丝竹珍玩之物。常言：“朕必不因喜赏人，因怒刑人。”又言:“太祖养成王峻、王殷之恶,致君臣之分不终。”故群臣有过则面质责之,服则赦之,有功则厚赏之。文武参用,各尽其能,人无不畏其明而怀其惠,故能破敌广地,所向无前。然用法太严,群臣职事小有不举,往往置之极刑,虽素有才干声名,无所开宥;寻亦悔之。末年浸宽,登遐之日,远迩哀慕焉。梁王宗训即皇帝位。

纲 秋七月,周以我太祖领归德军节度使。

右后周三主,共十年。

纲鉴易知录卷六四

宋纪

太祖神德皇帝

纲 庚申，春正月，周殿前都点检赵匡胤称皇帝，国号宋。废周主宗训为郑王，周侍卫副都指挥使韩通死之。

目 匡胤涿州人，四世祖朓，唐幽都令，生珽，唐御史中丞。珽生敬，涿州刺史。敬生弘殷，周检校司徒岳州防御使。弘殷娶杜氏，生匡胤于洛阳夹马营，赤光绕室，异香经宿不散。及长，容貌雄伟，器度豁如，识者知其非常人。

仕周，补东西班行首，累官殿前都指挥使，掌军政，凡六年，数从世宗征伐，荐立大功，人望归之。世宗尝于文书囊中得木，长三尺余，题云"点检作天子"。时张永德为殿前都点检，乃命匡胤代之。及宗训立，加检校太尉，领归德节度使。时主少国疑，中外密有推戴之意。

显德六年，冬十一月，镇、定二州言："北汉会契丹兵入寇。"正月辛丑朔，遣匡胤率兵御之。殿前副都点检慕容延钊将前军先发，都下讙言："将以出军之日，册点检为天子。"士民恐怖，争为逃匿之计，惟内廷晏然不知。癸卯，大军继出。军校苗训号知天文，见日下复有一日，黑光摩荡者久之，指示匡胤亲吏楚昭辅曰："此天命也。"

是夕次陈桥驿，将士相聚谋曰："主上幼弱，我辈出死力破敌，谁则知之！不如先册点检为天子，然后北征，未晚也。"都押衙李处耘具以事白匡胤弟供奉官都知匡义及归德掌书记赵普。匡义、普部分都将环列待旦，遣牙队军使郭延赟驰骑入京，报殿前都指挥使石守信、都虞候王审琦，二人皆素归心匡胤者。

甲辰黎明，将士逼匡胤寝所，匡义、普入帐中白之。匡胤时被酒卧，欠伸徐起，将校已露刃列庭曰："诸将无主，愿册太尉为皇帝。"匡胤未及对，黄袍已加身矣。众即罗拜呼万岁，掖之上马，还汴。匡胤揽辔曰:“汝等贪富贵,能从我命则可,不然我不能为若主矣。”皆下马曰:“愿受命。”匡胤曰:“太后、主上,我北面事者,不得惊犯;公、卿皆我比肩,不得侵陵;朝市府库,不得侵掠。用命有重赏,违不汝贳也。”皆应曰:“诺。”遂肃队而行。乙巳,入汴,先遣楚昭辅慰安家人,又遣客省使潘美见执政谕意。

时早朝未罢,闻变,范质执王溥手曰:“仓卒遣将,吾辈之罪也。”

侍卫亲军副都指挥使韩通自禁中遑遽而归,谋帅众御之。军校王彦昇逐焉,通驰入其第,未及阖门,为彦昇所害,妻子俱死。

匡胤进登明德门,命甲士归营,而自退居公署。将士拥范质等至,匡胤见之流涕曰:“吾受世宗厚恩,为六军所迫,一旦至此,惭负天地,将若之何!”质等未及对,列校罗彦环挺剑厉声曰:“我辈无主,今日必得天子!”质等相顾不知所为。溥降阶先拜,质不得已亦拜,遂请匡胤诣崇元殿行禅代礼,召百官至。晡时班定,犹未有禅诏,翰林承旨陶穀出诸袖中,遂用之。宣徽使引匡胤就庭,北面拜受;已,乃掖升殿,服衮冕,即皇帝位。奉周主为郑王,符太后为周太后,迁之西宫。大赦,改元。以所领归德军在宋州,国因号宋。定国运以火德王,色尚赤,腊用戌。华山隐士陈抟闻宋主代周,曰:“天下自此定矣!”未几,镇州报北汉兵引还。

纲 宋赠周韩通为中书令。

目 宋主赠通以旌其忠,仍诏以礼葬之。欲加王彦昇擅杀之罪;群臣以建国之始,乞贳之。宋主犹怒,故终身不得节钺。

纲 宋论翊戴功,加石守信等官爵。

纲 宋遣使分赈诸州。

纲 宋主以其弟光义为殿前都虞候,赵普为枢密直学士。

纲 宋立太庙,追帝其祖考。

纲 宋主视学。

目 诏增葺祠宇,塑绘先圣、先贤像,自为赞书于孔贤座端,令群臣分撰余赞,屡临幸焉。常谓侍臣曰:“朕欲尽令武臣读书,知为治之道。”于是臣庶始贵文学。

纲 二月,宋主尊其母杜氏为太后。

目 后定州安喜人,治家严而有法。陈桥之变,后闻之曰:“吾儿素有大志,今果然矣!”及尊为皇太后,宋主拜于殿上,群臣称贺,后愀然不乐。左右进曰:“臣闻母以子贵。今子为天子,胡为不乐?”后曰:“吾闻为君难。天子置身兆庶之上,若治得其道,则此位可尊;苟或失驭,求为匹夫不可得:是吾所以忧也。”宋主再拜曰:“谨受教。”

纲 宋以范质、王溥、魏仁浦同平章事,吴廷祚为枢密使。

目 旧制,宰臣上殿,命坐而议大政;其进拟差除,但入执状画可,降出奉行而已。质等自以周朝旧臣,稍存形迹,且惮宋主英睿,乃请用劄子,面取旨,退各疏其事,同列书字以志。宋主从之,坐论之礼遂废。

纲 夏四月,周昭义节度使李筠起兵,会北汉伐宋;宋遣兵击之。

目 宋遣使加筠中书令。使者至潞州,筠欲拒之,宾佐切谏,乃延使者置酒,既而取周太祖画像悬于壁,涕泣不已,宾佐惶骇。北汉主钧闻之,乃以蜡书结筠同举兵。筠长子守节泣谏,筠不听。遂起兵,令幕府为檄,数宋主罪。执监军周光逊等送于北汉以求济师,又遣人杀泽州刺史张福,据其城。

从事闾丘仲卿说筠曰:“公孤军举事,其势甚危,虽倚河东之援,恐亦不得其力。大梁甲兵精锐,难以争锋,不如西下太行,直抵怀孟,塞虎牢,据洛邑,东向而争天下,计之上也。”筠不能用。

北汉主自帅兵赴筠,筠迎谒于太平驿,言受周太祖恩,不敢爱死。北汉主与周世雠,不悦其说,因使其宣徽使卢赞监其军。筠见汉兵弱少,而赞又来监,心甚悔,谋多不协,乃留守节守潞而自引众南向。北汉主闻赞与筠异,复遣其平章事卫融和解之。

宋主遣石守信、高怀德、慕容延钊、王全斌分道击之,仍敕守信等曰:“勿纵筠下太行,急引兵扼其隘,破之必矣。”守信等败筠兵于长平。

纲 五月,宋主自将围泽州。六月,克其城,李筠死之。

目 宋主自帅大众讨筠。山路险峻多石,宋主先于马上负数石,将士因争负之,即日平为大道,遂与守信等会,大败筠众于泽州南,杀卢赞。筠走保泽州,宋主列栅围之。六月,宋将马全义帅敢死士数十人攀堞而上,遂入其城。筠赴火死。获卫融,融请死。宋主怒,以铁檛击其首,流血被面。融呼曰:“臣得死所矣。”宋主曰:“忠臣也!”释之,以为太府卿。

北汉主惧,引师归。宋主进攻潞州,守节以城降,宋主释其罪,以为单州团练使。

纲 秋七月，宋主还，以赵普为枢密副使。

纲 荆南节度使高保融卒，弟保勖嗣。

纲 冬十月，周淮南节度使李重进谋起兵拒宋。十一月，宋主自将击之，重进自焚死。

目 重进，周太祖之甥，与宋主同事周室，分掌兵权，常心惮宋主。宋主立，加重进中书令，移镇青州。重进心不自安，阴怀异志。及李筠举兵，重进遣亲吏翟守珣往潞阴结筠。守珣素识宋主，乃潜诣京师求见。宋主问曰："我欲赐重进铁券，彼信我乎？"守珣曰："重进终无归顺之志。"宋主厚赐守珣，令说重进缓其谋，无令二凶并作，分我兵势。守珣归，劝重进未可轻发，重进信之。既而宋主遣六宅使陈思诲赐之铁券，重进欲治装，随思诲朝汴，左右沮之，犹豫不决。又自以周室懿亲，恐不得全，遂拘思诲，治城缮兵，遣人求援于唐。唐主闻于宋，宋遣石守信、王审琦、李处耘、宋偓等分道讨之。赵普劝宋主自行。十月，宋主发汴，十一月至广陵，即日拔之。城将陷，左右欲杀思诲，重进曰："吾将举族赴火死，杀此何益。"即尽室自焚，思诲亦被害。宋主入城，戮同谋者数百人。

纲 唐主遣子朝宋主于扬州。十二月，宋主还汴。

纲 宋以窦仪为翰林学士。

目 翰林学士王著以酒失贬官，宋主谓宰相曰："深严之地，当使宿儒处之。"范质等对曰："窦仪清介重厚，然已自翰林迁端明矣。"宋主曰："非斯人不可。卿当谕以朕意，勉令就职。"即日复入翰林。宋主尝召仪草制，至苑门，仪见宋主岸帻跣足而坐，却立不肯进，宋主遽索冠带而后召入。仪曰："陛下创业垂统，宜以礼示天下，恐豪杰闻而解体。"宋主敛容谢之，自是对近臣未尝不冠带。

纲 辛酉，春二月，唐徙都洪州。

纲 夏六月，宋太后杜氏殂。

目 后疾，宋主侍药饵不离左右。疾革，召赵普入受遗命，且问宋主曰："汝知所以得天下乎？"宋主曰："皆祖考及太后之余庆也。"后曰："不然。正由柴氏使幼儿主天下尔。若周有长君，汝安得至此！汝百岁后，当传位光义，光义传光美，光美传德昭。夫四海至广，能立长君，社稷之福也。"宋主泣曰："敢不如教。"后顾谓普曰："尔同记吾言，不可违也。"普即榻前为誓书于纸尾，署曰："臣普记"，藏之金匮，命谨密宫人掌之；遂殂。

纲　秋七月，宋罢其侍卫都指挥使石守信等典禁兵。

目　石守信、王审琦等皆宋主故人，有功，典禁卫兵。普数以为言，宋主曰："彼等必不吾叛，卿何忧之深邪！"普曰："臣亦不忧其叛也。然熟观数人者，皆非统御才，恐不能制伏其下，则军伍间万一有作孽者，彼临时亦不能自由尔。"宋主悟。

一日因晚朝与守信等饮，酒酣，屏左右谓曰："朕非卿等不及此，然天子亦大艰难，殊不若为节度使之乐，朕终夕未尝敢安枕卧也。"守信等请其故，宋主曰："是不难知，此位谁不欲为。"守信等顿首曰："陛下何为出此言？今天命已定，谁复有异心。"宋主曰："卿等固然，其如麾下欲富贵何。一旦有以黄袍加汝身，汝虽欲不为，其可得乎？"守信等泣谢曰："臣等愚不及此，惟陛下哀矜，指示可生之途。"宋主曰："人生如白驹过隙，所以好富贵者，不过欲多积金钱，厚自娱乐，使子孙无贫乏尔。卿等何不释去兵权，出守大藩，择便好田宅市之，为子孙立永远不可动之业。多置歌儿舞女，日夕饮酒相欢，以终天年。朕且与卿等约为婚姻，君臣之间，两无猜疑，上下相安，不亦善乎？"守信等皆谢曰："陛下念臣等至此，所谓生死而肉骨也。"明日皆称疾，乞罢典兵。宋主从之，以守信为天平节度使，高怀德为归德节度使，王审琦为忠正节度使，张令铎为镇宁节度使，皆罢宿卫就镇，赐赉甚厚，唯守信兼职如故，其实兵权不在也。

纲　宋主以其弟光义为开封尹，光美为兴元尹。

纲　八月，唐主景殂，子煜立于金陵。

目　景方议东还，以疾卒于南都，太子煜时留建康，遂即位。遣其户部尚书冯谧奉父遗表于宋，愿追尊帝号，宋主许之。煜初名从嘉，聪悟好学，善属文，工书画，明音律。

纲　壬戌，春正月，宋广东京城。

目　宋主既广汴城，且命有司画洛阳宫殿，按图修之，以韩重赟董其役。营缮既毕，宋主坐寝殿，令洞开诸门，皆端直轩豁，无有壅蔽，谓左右曰："此如我心；若有邪曲，人皆见之矣。"

纲　二月，宋初诏常参官转对。

目 每五日内殿起居，百官以次转对，指陈时政得失。事关急切者，许非时上章。

纲 宋令大辟，诸州不得专决。

目 宋主谓宰臣曰："五代诸侯跋扈，有枉法杀人者，朝廷置而不问。人命至重，姑息藩镇，当如是邪！自今诸州决大辟，录案闻奏，付刑部详覆之。"

纲 冬十月，宋以赵普为枢密使。

纲 宋主匡胤迁郑王宗训于房州。

纲 武平节度使周行逢卒，子保权嗣。

纲 十一月，荆南节度使高保勖卒，兄子继冲嗣。

纲 十二月，湖南将张文表袭潭州，据之。

目 初，周行逢病，亟召将校属其子保权曰："吾部内凶很者诛之略尽，惟张文表在耳。我若死，文表必乱，诸君善佐吾儿，无失土宇。必不得已，当举族归朝，无令陷于虎口。"及保权嗣位，文表闻之，怒曰："我与行逢俱起微贱，立功名，今日安能北面事小儿乎！"会保权遣兵代永州戍，道出衡阳，文表遂驱之以袭潭州。知留后廖简素易文表，不设备。文表兵径入府中，简方燕客醉，被杀，文表遂据潭州。又将取朗陵，以灭周氏。保权遣杨师璠击之，且求援于宋。

纲 癸亥，春正月，宋初以文臣知州事。

目 五代诸侯强盛，朝廷不能制，每移镇受代，先命近臣谕旨，且发兵备之，尚有不奉诏者。宋初异姓王及带相印者不下数十人，宋主用赵普谋，渐削其权，或因其卒，或因迁徙致仕，或因遥领他职，皆以文臣代之。

纲 宋遣慕容延钊、李处耘假道荆南讨张文表。二月，周保权执文表诛之。处耘袭江陵，高继冲以荆南降。

纲 延钊进克潭州，周保权遣兵逆战，败走，延钊遂入郎，执保权以归。

纲 宋天雄节度使符彦卿入朝。

目 宋主欲使彦卿典兵，赵普屡谏，不听。宣已出，复怀入，从容言之，宋主曰："朕待彦卿厚，岂忍相负邪！"普曰："陛下何以能负周世宗？"宋主默然，事遂寝。

纲 夏四月，宋初置诸州通判。

目 诏设通判于诸州，凡军民之政皆统治之，事得专达，与长吏均礼。大州或置二员。又令节镇所领支郡皆直隶京师，得自奏事，不属诸藩。于是节度使之权始轻，用赵普之言也。

纲 宋初以常参官知县事。

目 符彦卿久镇大名，专恣不法，属邑颇不治，故特选常参官强干者往莅之，自是遂著为令。

纲 秋七月，宋主幸武成王庙，毁白起像。

目 宋主历观武成王庙两庑，指白起曰："起杀已降，不武之甚，岂宜受享！"命去之。

纲 八月，宋侵北汉，取乐平；契丹救之，不及。

目 宋将王全斌攻取北汉乐平，诏以为平晋军。

纲 宋杀其殿前都虞候张琼。

目 初，宋主为周将，琼隶帐下，尝以身蔽宋主，中弩矢，死而复苏。及宋主即位，擢典禁兵。会殿前都虞候阙，宋主曰："殿前卫士如狼虎者，不啻万人，非琼不能统制。"即命琼为之，迁嘉州防御使。时军校史珪、石汉卿以数言外事，得幸于宋主，琼轻侮之，二人因谮琼养部曲百余人，擅威福。宋主召琼面讯之，不伏。宋主怒，令击之，汉卿即奋铁楇击其首，血流气绝，乃曳出下吏。琼自知不免，解所系带以遗母，即自杀。宋主旋闻琼家无余财，甚悔，责汉卿，厚恤其家。

纲 九月，宋贬李处耘为淄州刺史。

纲 北汉以契丹攻宋平晋军，宋将郭进救却之。

目 进从征泽潞，迁洛州防御使，充西山巡检，御下严毅。宋主遣戍卒，必谕之曰："汝辈谨奉法。我犹贷汝，郭进杀汝矣。"尝有军校自西山诣汴，诬讼进不法事，宋主诘知其情，送进，令杀之。会北汉来伐，进语其人曰："汝敢论我，信有胆气。今贳汝罪，汝能掩杀敌兵，当即荐汝；如败，可自投河东。"其人踊跃赴战，大致克捷，进即以闻，乞还其职，宋主从之。

纲 甲子，春正月，宋范质、王溥、魏仁浦罢，以赵普同平章事。

目 普既相，以天下为己任，宋主倚任之，事无大小，悉咨决焉。宋主数微行，过功臣家。普每退朝，不敢去衣冠。一日大雪，向夜，普意宋主不出，久之，闻叩门声，普亟出，宋主立风雪中。普皇恐迎拜。宋主曰："已约光义矣。"已而光义至，设重茵地坐，堂中炽炭烧肉，普妻行酒至，宋主以嫂呼之。因与普计下太原。普曰："太原当西北二面，太原既下，则我独当之，不如姑俟削平诸国，则弹丸黑子之地，将安逃乎。"宋主曰："吾意正如此，特试卿耳。"

宋主又尝以幽、燕地图示普，问进取之策。普曰："图必出曹翰。"宋主曰："然。"因曰："翰可取否？"普曰："翰可取，孰可守？"宋主曰："以翰守之。"普曰："翰死，孰可代？"宋主默然，良久曰："卿可谓深虑矣。"

普尝荐某人为某官，宋主不许；明日复奏，亦不许，明日又奏，宋主大怒，裂碎奏牍掷地，普颜色不变，跪而拾之以归。他日补缀旧牍，复奏如初，宋主乃悟，卒用其人。又有群臣当迁官，宋主素恶其人，不与。普坚以为请，宋主怒曰："朕固不与迁，卿若之何？"普曰："刑赏天下之刑赏，陛下岂得以喜怒专之。"宋主怒甚，起，普亦随之。宋主入宫，普立宫门，久之不去，竟得俞允。其刚毅果断类如此。然多忌克，屡以微时所不足者为言。宋主曰："若尘埃中可识天子、宰相，则人皆物色之矣。"自是不复敢言。

纲 夏四月，宋以薛居正、吕余庆参知政事。

目 宋主以赵普独相，欲置副而难其名称，问翰林承旨陶穀曰："下宰相一等有何官？"对曰："唐有参知政事。"乃以枢密直学士薛居正、兵部侍郎吕余庆并以本官参知政事，不押班、宣制、知印，不预奏事，不升政事堂，止令就宣徽使厅上事，殿廷别设砖位，敕尾署衔降宰相，月俸杂给半之，未欲与普齐也。

纲 六月，宋主以其子德昭为贵州防御使。

目 故事，皇子出阁即封王，宋主以德昭未冠，特杀其礼。

纲 秋七月，宋颁刑统。

纲 九月，宋攻南汉郴州，克之。

目 宋潘美、尹崇珂帅兵攻南汉郴州，克之，获其内侍韩延业。宋主访其国政，延业具言其主作烧煮、剥剔、刀山、剑树之刑，或令罪人斗虎、抵象，又赋敛繁重，邕民入城者人输一钱。宋主惊骇曰："吾当救此一方民！"时方谋下蜀，未遑也。

纲 冬十一月，宋范质卒。

目 质遗命其子勿请谥立碑。宋主弟光义尝称之曰："宰辅中能循规矩，慎名器，持廉节，无出质右者，但欠世宗一死，为可惜尔。"

纲 蜀约北汉侵宋，宋遣忠武节度使王全斌等伐之。

目 初，宋主欲谋伐蜀，以张晖为凤州团练使，晖尽得蜀虚实、险易以闻，宋主大悦。已而蜀山南节度判官张廷伟，说知枢密院事王昭远曰："公素无勋业，一旦位至枢近，不自建立大功，何以塞时论！莫若通好并州，令发兵南下，我自黄花、子午谷出兵应之，使中原表里受敌，则关右之地可抚而有。"昭远然其言，劝蜀主遣赵彦韬等，以蜡书间行约北汉济河同举兵。至汴，彦韬潜取其书以献宋主。宋主得书笑曰："西讨有名矣。"乃命王全斌为西川行营都部署，刘光义、崔彦进副之，王仁赡、曹彬为都监，将步骑六万分道伐蜀。且谓全斌曰："凡克城寨，止籍其器甲刍粮，悉以财帛分给将士，吾所欲得者其土地耳。"

全斌及彦进等由凤州进，光义及彬等由归州进。蜀主闻之，以王昭远为都统，赵崇韬为都监，韩保正为招讨使，李进副之，帅兵拒宋。命左仆射李昊饯于郊，昭远酒酣，攘臂言曰："吾此行非止克敌，取中原如反掌耳。"手执铁如意指麾军事，自比诸葛亮。

纲 十二月，宋王全斌入蜀兴州，擒其招讨使韩保正，蜀兵大溃。

纲 宋将刘光义、曹彬克蜀夔州，蜀宁江制置使高彦俦死之。

纲 宋命判太常寺和岘定雅乐。

纲 乙丑，春正月，宋王全斌攻蜀剑门，克之，获其都统王昭远。

纲 宋刘光义、曹彬取蜀五州。

目 光义克蜀万、施、开、忠四州。遂州知州陈愈以城降。时诸将所过咸欲屠戮以逞，独曹彬禁止之，故峡路兵始终秋毫无犯。

纲 蜀太子玄喆将兵御宋，至绵州遁还。王全斌进次魏城，蜀主昶降。

目 蜀主闻昭远败，大惧，出金帛募兵，令太子玄喆统之。李廷珪、张惠安等为之副，趋剑门以御宋师。玄喆素不习武，廷珪、惠安皆庸懦无识，至绵州，闻已失剑门，遂遁还东川。蜀主皇骇，已而全斌进次魏城，蜀主命李昊草表请降。全斌受之，遂入城，刘光义等亦引兵来会。

前蜀之亡也，降表亦昊为之，蜀人夜书其门曰"世修降表李家"。

宋师自发汴至受降,凡六十六日。

初,全斌之伐蜀也,属汴京大雪,宋主设毡帷于讲武殿,衣紫貂裘帽以视事。忽谓左右曰:“我被服如此,体尚觉寒,念西征将士冲冒霜雪,何以堪处!”即解裘帽,遣中使驰赐全斌,仍谕诸将曰:“不能遍及也。”全斌拜赐感泣,故所向有功。

纲 三月,宋两川军乱。

目 王全斌、崔彦进、王仁赡等在蜀,昼夜宴饮,不恤军务,纵部下掠女子,夺财物,蜀人苦之。曹彬屡请旋师,全斌等不从。既而宋主诏发蜀兵赴汴,并优给装钱,全斌等擅减其数,仍纵部曲侵扰之。蜀兵愤怨,思乱。三月,蜀兵行至绵州,遂作乱,劫属邑,众至十余万,获蜀文州刺史全师雄,推以为帅,率众攻彭州,据之,自称“兴蜀大王”,两川民争应之。全斌等退保成都。

纲 宋初置诸路转运使。

目 自唐天宝以来,藩镇屯重兵,租税所入皆以自赡,名曰留使、留州,其上供者甚少。五代藩镇益强,率令部曲主场务,厚敛以入己,而输贡有数。宋主素知其弊,赵普乞命诸州度支经费外,凡金帛悉送汴都,无得占留。每藩镇帅缺,即令文臣权知所在场务。凡一路之财,置转运使掌之,虽节度、防御、团练、观察诸使及刺史皆不预签书金谷之籍。于是,财利尽归于上矣。

纲 夏六月,宋赐孟昶爵秦国公,寻卒。

目 蜀主昶举族与官属至汴,率子弟素服待罪阙下。宋主御崇元殿,备礼见之,赐赉甚厚,拜昶检校太师,兼中书令,封秦国公,子玄喆为大宁军节度使。昶寻卒,昶母李氏不肯哭,以酒酹地曰:“汝不死社稷,贪生以至今日。吾所以忍死者,以汝在尔。今汝既死,吾何用生焉!”不食数日亦死。宋主闻而伤之。宋主尝见昶宝装溺器,命撞碎之,曰:“以七宝饰此,当以何器贮食! 所为如是,不亡何待!”

纲 秋八月,宋选诸道兵入补禁卫。

纲 宋置封桩库。

目 宋主平荆、湖、西蜀,收其金帛,别为内库储之,号封桩,凡岁终用度之余皆入之,以为军旅饥馑之备。宋主尝谕近臣曰:“石晋割幽、燕以赂契丹,使一方独限外境,朕甚悯之。欲俟斯库所蓄满三五万,遣使谋于彼,倘肯以地归于我,则以此酬之;不然朕当散滞财,募勇士,以图攻取也。”寻又凿大池于京城南,号讲武池,选精卒习战池中,宋主常临视之。

纲　丙寅,夏闰五月,宋求遗书。

纲　冬十一月,宋窦仪卒。

目　初,宋主将改元,谕宰相曰:“年号须择前代所未有者。”及蜀平,蜀宫人入内,宋主见其镜背有识“乾德四年铸”者,召仪问之。仪对曰:“此必蜀物,蜀主王衍尝有此号。”宋主大悦曰:“宰相须用读书人。”由是益重儒者。

纲　十二月,宋两川平。

纲　鞑靼入贡于宋。

纲　丁卯,春正月,宋王全斌等有罪,征还,贬官有差。以曹彬为宣徽南院使。

目　宋主自闻蜀兵乱,凡使者至,各令陈王全斌等不法事,因尽得其状,乃皆征还。以其初立功,不欲属吏,但令中书问状。全斌等具伏黩货杀降之罪,遂责降全斌崇义节度留后,崔彦进昭化节度留后,王仁赡右卫大将军。以刘光义等廉谨,并进爵秩。复召吕余庆参知政事。

仁赡等历诋诸将,冀以自免,独曰“清廉畏慎,不负陛下者,曹彬一人尔。”彬之还也,橐中惟图书衣衾,又能戢下,于是赏彬特优。彬入谢曰:“诸将皆获罪,臣不敢奉诏。”宋主曰:“卿有茂功,又不矜伐。惩劝,国之常典,可无逊。”

纲　二月,宋以沈义伦为枢密副使。

目　义伦为西川转运使,随军入蜀,独居佛寺蔬食,有以珍异献者,皆却之。及归,箧中惟书数卷而已。宋主尝问曹彬以官吏善否,彬曰:“臣止监军旅,至于采察官吏,非所职也。”固问之,曰:“义伦可用。”宋主嘉之,故有是命。

纲　三月,五星聚奎。

目　周显德中,窦俨与卢多逊、杨徽之同为谏官,俨善步星历,尝谓徽之等曰:“丁卯岁五星聚奎,自此天下太平。二拾遗见之,俨不与也。”卒如其言。

纲　戊辰,春二月,宋主立宋氏为后。

目 宋主元配贺氏早卒，建隆初册继室王氏为后，乾德元年殂，至是立宋氏为后。后，左卫上将军偓之女也。

纲 三月，宋覆试贡士。

目 知贡举王裕上进士合格者十八人，陶穀子邴名在第六。宋主谓左右曰："闻穀不能训子，邴安得登第？"因诏："自今举人，凡关食禄之家，悉委中书覆试。"

纲 夏六月，宋以董遵诲为通远军使。

目 遵诲父宗本，仕汉为随州刺史，宋主微时往依焉。遵诲冯藉父势，常侮之。一日谓宋主曰："每见城上有紫云如盖，又梦登高台遇黑蛇，约长百尺余，俄化龙，飞腾东北去，雷电随之。是何祥也？"宋主皆不对。他日论兵，遵诲理屈，拂衣起，宋主乃辞宗本去。及即位，遵诲被召，伏地请死。宋主谕之曰："卿尚记曩日紫云、黑蛇之事乎？"遵诲再拜呼万岁。俄而部下卒诉其不法十余事，遵诲皇恐待罪。宋主曰："朕方赦过赏功，岂念旧恶邪。"至是以夏州近边，授通远军使。遵诲至镇，召诸族酋长，谕以朝廷威德，众皆感悦。后数月，复来扰边，遵诲率兵深入其境，俘斩甚众，获羊马数万，夷落以定。

纲 秋七月，北汉主钧殂，养子继恩立。

纲 八月，宋遣李继勋将兵伐北汉。

纲 九月，北汉司空郭无为弑其主继恩，而立其弟继元。

纲 宋李继勋败北汉兵于铜锅河，进薄太原。

纲 冬十月，宋贬雷德骧为商州司户参军。

目 德骧判大理寺，寺之官属与堂吏附会宰相赵普，增减刑名。德骧愤惋，求见宋主，面白其事。未及引对，即直诣讲武殿奏，辞气俱厉，并言普强市人第宅，聚敛财贿。宋主怒，叱之曰："鼎铛尚有耳，汝不闻赵普吾社稷臣乎！"引柱斧击折其上腭二齿，命左右曳出之，诏处以极刑。既而怒解，止，以阑入之罪黜之。

纲 十一月，契丹救北汉，宋李继勋引还，北汉遂入宋晋、绛州。

纲 宋主享太庙，翌日郊。

目 初，宋主入太庙，见其所陈笾豆、簠簋，问曰："此何物也？"左右以礼器对。宋主曰："吾祖宗宁识此。"亟命撤去，进常膳如平生。既而曰："古礼不可废也。"命复设之。判太常寺和岘请遵唐故事，每室加常食一牙盘，从之。自是三年而郊，郊必先享太庙，礼毕加恩肆赦，以为常制。

纲 己巳，春二月，契丹弑其主兀律于怀州。

纲 宋主自将击北汉，三月，围太原。

纲 契丹耶律贤立。

纲 夏四月，契丹复救北汉，宋韩重赟等击败之。

纲 闰五月，宋主引还。

纲 冬十月，宋罢王彦超等节度使。

目 凤翔节度使王彦超及诸藩镇入朝，宋主宴于后苑，酒酣，从容谓之曰："卿等皆国家宿旧，久临剧镇，王事鞅掌，非朕所以优贤之意也。"彦超谕意，即前奏曰："臣本无勋劳，久冒荣宠；今已衰朽，乞骸骨归丘园，臣之愿也。"安远节度使武行德、护国节度使郭从义、定国节度使白重赞、保大节度使杨廷璋，竞自陈攻战阀阅及历履艰苦。宋主曰："此异代事，何足论！"明日皆罢镇，奉朝请。

纲 庚午，春正月，宋征处士王昭素为国子博士。

目 昭素酸枣人，有学行，宋主召见便殿，年已七十余，问以治世养身之术，对曰："治世莫若爱民，养身莫若寡欲。"宋主爱其言，书于屏几。

纲 秋七月，宋省州县官，增其俸。

目 诏曰："吏员猥多，难以求治；俸禄鲜薄，未可责廉。与其冗员而重费，不若省官而益俸。诸州县宜以户口为率，差减其员，旧奉月增给五千。"

纲 九月，宋遣潘美将兵伐南汉。冬十月，克贺、昭等州。

纲 十二月，南汉将李承渥帅兵拒宋；潘美进击，大败之，遂拔韶州。

纲 辛未，春二月，宋潘美大破南汉兵于马径，遂克广州。南汉主𬬮降。

纲 宋加潘美山南东道节度使。

纲 夏六月，宋诛南汉宦者龚澄枢、李托，赐刘𬬮爵恩赦侯。

目 𬬮至汴，宋主遣吕余庆问𬬮反覆之罪，𬬮归罪龚澄枢、李托。明日，宋主命大理卿高继申引澄枢、托斩于千秋门外，释𬬮罪，封恩赦侯。

铱体质丰硕，眉目俱竦，有口辩，性绝巧。尝以珠结鞍勒为戏龙之状，极其精妙，以献，宋主谓左右曰："铱好工巧，习以成性，倘能移于治国，岂至灭亡哉！"

铱在国时，多置鸩毒臣下。一日从宋主幸讲武池，从官未集，铱先至，赐以卮酒，铱疑有毒，泣曰："臣承祖父基业，违拒朝廷，劳王师致讨，罪固当诛。陛下既待臣以不死，愿为大梁布衣，观太平之盛，未敢饮此酒。"宋主笑曰："朕推赤心于人腹中，安有此事。"命取铱酒自饮，而别酌以赐铱。铱大惭谢。

纲 宋御史中丞刘温叟卒。

目 温叟为中丞十二年，屡求解职，宋主难其代，不许，至是卒。温叟重厚清介，好古执礼。一日晚过明德门西关前，宋主方与中黄门数人登楼，温叟知之，令传呼依常而过。翌日请对，且言"人主非时登楼，则下必希望恩赏。臣所以呵导而过，欲示众以陛下非时不登楼也。"宋主善之。

纲 冬十一月，唐贬国号曰江南，遣使朝宋。

目 唐主因南汉亡，惧甚，使其弟从善上表于宋，乞去国号，改印文为"江南国主"，且请赐诏呼名。宋主许之。

先是，唐主以银五万两遗赵普，普以白宋主，宋主曰："此不可不受，但以书答谢，少赂其使者可也。"普辞。宋主曰："大国之体，不可自为削弱，当使之弗测。"及从善来朝，常赐外，密赍白金如遗普之数。唐君臣皆惊骇，服宋主之伟度。

纲 壬申，春二月，江南主杀其南都留守林仁肇。

目 初，仁肇密陈："淮南戍兵少，宋前以灭蜀，今又取岭南，道远师疲，愿假臣兵数万，自寿春径渡，复江北旧境。彼纵来援，臣据淮御之，势不能敌。兵起日，请以臣叛闻于北朝。事成，国享其利；败则族臣家，明陛下无二心。"江南主不听。

宋忌仁肇威名，赂其侍者，窃取仁肇画像悬别室，引江南使者观之。问："何人？"使者曰："林仁肇也。"曰："仁肇将来降，先持此为信。"又指空馆曰："将以此赐仁肇。"使者归白江南主，江南主不知其间，鸩杀仁肇。

纲 夏五月，大雨，河决；宋主出宫人。

纲 秋九月，宋以辛仲甫为西川兵马都监。

目 宋主问赵普以文臣有武干者，普以左补阙辛仲甫对，宋主遂用之，因谓普曰：“五代方镇残虐，民受其祸。朕今用儒臣干事者百余人，分治大藩，纵皆贪浊，亦未及武臣一也。”

纲 癸酉，春三月，郑王郭宗训卒，宋人葬之，谥曰周恭帝。

纲 宋初殿试贡士。

目 翰林学士李昉知贡举，有进士徐士廉诉昉用情取舍。宋主乃择终场下第，并已举者，亲御讲武殿，给纸笔别试，得进士诸科百二十五人；皆赐及第，且赐钱二十万以张宴会。责昉为太常少卿。殿试遂为永制。

纲 夏五月，宋行开宝通礼。

目 初，宋主命李昉、刘温叟重定开元礼，附以国朝制度损益，为书二百卷，号通礼，至是行之。

纲 秋八月，宋赵普免。

目 普独相十年，为政颇专，尝以私怨诬冯瓒、李美、李檝，以赃论死，廷臣多忌之。

宋主尝幸其第，会吴越遣使致书于普，及海物十瓶，置于庑下，未及发而宋主至，仓卒不暇屏。宋主顾问：“何物？”普以实对。宋主曰：“海物必佳。”即命启之，皆瓜子金也。普皇恐谢曰：“臣未发书，实不知。”宋主曰：“第受之。彼谓国家事，皆由汝书生尔。”

时官禁私贩秦、陇大木，普遣亲吏诣市屋材，联巨筏至汴治第，吏因之窃货大木冒称普市，货鬻都下。三司使赵玭以闻，宋主大怒，即欲逐普，王溥力为救解，得止。卢多逊与普不协，数因入对短普，宋主滋不悦。

初，雷德骧之贬商州也，知州奚屿希普意，奏德骧怨望，坐削籍，流灵武。其子有邻意普害之，击登闻鼓，诉中书不法事。宋主怒，悉下御史狱鞫实。始疑普，诏吕余庆、薛居正与普更知印押班奏事，以分其权。普不自安，求罢政，遂出为河阳三城节度使，以有邻为秘书省正字，召德骧为秘书丞。

普至河阳，上表自诉曰：“外人谓臣轻议皇弟开封尹，皇弟忠孝全德，岂有间然。矧昭宪皇太后大渐之际，臣实预闻顾命，知臣者君，愿赐昭鉴。"宋主手封其表,藏之金匮。

时吕余庆以疾解职,宋主以薛居正、沈义伦同平章事。余庆,宋主霸府元僚,赵普、李处耘先进用,余庆恬然不以介意,及处耘与普得罪,余庆悉为明辨,时称长者。

纲 宋主封其弟光义为晋王,班宰相上。

目 又以弟光美兼侍中,子德昭同平章事。

纲 冬十二月,宋起复卢多逊参知政事。

目 多逊敏给任数,谋多奇中,以翰林学士判史馆。宋主好读书,每取书馆中,多逊预戒吏令必白己,知所取书,因通夕阅览。及召对,宋主问书中事,应答无滞,同列皆服,拜参知政事。未几,以父丧去位,诏起复之。多逊父亿有高识,恶其子所为,曰:"赵普,元勋也,而小子毁之。我得早死,不见其败,幸也!"

纲 甲戌,秋九月,宋遣曹彬将兵伐江南。

目 宋主欲伐江南而无名,遣知制诰李穆谕江南主入朝。江南主欲从之,其门下侍郎陈乔、内史舍人张洎皆劝其主无入朝,江南主遂称疾固辞,而遣使求封册。宋主不许,命梁迥复使讽之入朝,江南主不答。迥还,宋主乃命曹彬为西南路行营都部署,潘美为都监,曹翰为先锋,将兵十万以伐之。

自王全斌平蜀,多杀降卒,宋主每恨之。至是,彬等入辞,宋主诫彬曰:"江南之事,一以委卿。切勿暴掠生民,务广威信,使自归顺,不烦急击也。"又曰:"城陷之日,慎无杀戮。设若困斗,则李煜一门不可加害。"且以剑授彬曰:"副将而下,不用命者斩之。"潘美等皆失色。

彬自荆南发战舰东下,江南屯戍皆谓每岁宋所遣巡兵,但闭壁自守,奉牛酒犒师。寻觉异于他日,池州将戈彦弃城走。彬入池州,败江南兵于铜陵,进次采石矶。

纲 冬十一月,宋潘美渡江,江南将郑彦华等拒战,败走。

目 初,江南池州人樊若水举进士不第,因谋归宋,乃渔钓于采石江上,乘小舟,载丝绳其中,维南岸,疾棹抵北岸,凡十数往返,得其江之广狭。因诣汴上书,言江南可取状,请造浮梁以济师。宋主然之,以为右赞善大夫。遣使往荆、湖造黄黑龙船数千艘,又以大舰载巨竹絙自荆渚而下。或谓江阔水深,古未有浮梁而济者,乃先试于石牌口,移置采石,三日而成,不差尺寸。潘美因帅步兵渡江,若履平地。江南主以镇海节度使、同平章事郑彦华督水军万人，都虞候林真领步军万人，同逆宋师。彦华以战舰鸣鼓溯流而上，急趋浮梁；潘美麾兵击败之。真以所部接战，彦华不能救，亦败。

纲 宋始修日历。

目 史馆修撰扈蒙请修日历，宋主从之。命宰辅日录时政送史馆，仍以卢多逊专其职。

纲 乙亥，宋太祖神德皇帝开宝八年，春二月，曹彬大败江南兵于秦淮，进围金陵。

目 彬连破江南兵于白鹭洲、新林港，遣田钦祚攻溧水，江南统军使李雄谓诸子曰："吾必死于国难，尔曹勉之。"父子八人皆没于陈，钦祚遂克溧水。彬大军进次秦淮，江南兵水陆十万陈于城下。时舟楫未具，潘美率兵先赴，令曰："美提骁果数万人，战胜攻取，岂限此一衣带水而不径渡乎！"遂涉水，大军随之，江南兵大败。马军都虞候李汉琼率所部取巨舰，实以葭苇，乘风纵火，拔其城南水寨，又拔关城，守陴者争遁，溺死千计。

纲 夏四月，彗星见东方。

纲 冬十月，江南主使徐铉来乞缓师，不许。

目 江南都虞候刘澄以润州降。江南主危迫，遣学士承旨徐铉求缓师。铉至，言于宋主曰："李煜无罪，陛下兵出无名。煜以小事大，如子事父，未有过失，奈何见伐？"宋主曰："尔谓父子为两家可乎？"铉不能对而还。逾月，江南主复遣铉乞缓师，以全一邦之命。铉见宋主，论辩不已，宋主按剑怒曰："不须多言！江南亦有何罪，但天下一家，卧榻之侧，岂容他人鼾睡邪！"铉惶恐辞归。

纲 十一月，曹彬克金陵，江南主煜降。门下侍郎陈乔死之。

目 彬遣人谓江南主曰："事势如此，所惜者一城生聚耳。若能归命，策之上也。某日城必破，宜早为之所。"江南主不听。一日，彬忽称疾不视事，诸将皆来问疾。彬曰："余之疾，非药石所能愈，惟须诸君诚心自誓，以克城之日，不妄杀一人，则自愈矣。"诸将许诺，共焚香为誓。明日，彬即称愈；又明日，城陷。

初，陈乔、张洎约同死社稷，然洎实无死志，至是乔径入白江南主曰："今日国亡，愿加显戮以谢国人。"江南主曰："此乃历数，卿死无益也。"乔曰："纵不杀臣，臣何面目以见士人乎！"遂自缢死。

勤政殿学士锺倩，朝服坐于家，兵及门，亦举族死之。

江南主率臣僚诣军门请罪，彬慰安之，待以宾礼，煜遂与其宰相汤悦等四十五人赴汴京。

彬自出师至凯旋，士众畏服，无敢轻肆。克城之日，兵不血刃。捷至，群臣称贺。宋主泣曰："宇县分割，民受其祸，攻城之际，必有横罹锋刃者，实可哀也。"命出米十万赈恤之。

纲　丙子，九年，春正月，曹彬振旅而还。诏赐李煜爵违命侯。

目　彬俘江南主李煜还汴；帝御明德门，令煜君臣至楼下待罪。诏并释之，封煜违命侯。帝责张洎曰："汝教煜不降，使至今日。"因出洎所草召上江援兵蜡丸书示之。洎谢曰："书实臣所为。犬吠非其主，此其一耳；他尚多。今得死，臣之分也。"帝奇之，以为太子中允。

纲　二月，以曹彬为枢密使。

目　初，彬之伐江南也，帝谓曰："俟克李煜，当以卿为使相。"潘美预以为贺，彬曰："不然。夫是行也，仗天威，遵庙谟，乃能成事，吾何功哉，况使相极品乎！"美曰："何谓也？"彬曰："太原未平耳。"及还，帝谓曰："本授卿使相，然刘继元未下，姑少待之。"美视彬微笑，帝诘之，美以实对，帝亦大笑，乃赐彬钱五十万。彬退曰："人生何必使相，好官不过多得钱耳。"未几，乃拜枢密使。

纲　吴越王俶来朝。

目　帝谓吴越使者曰："元帅克毗陵，有大功，俟平江南，可暂来与朕一相见，以慰延想，即当复还。朕三执圭币以见上帝，岂食言乎！"至是，俶与妻孙氏、子惟濬入朝。帝赐礼贤宅以居，亲幸宴之，赏赉甚厚。留两月遣还，赐以一黄袱，封识甚固，戒俶曰："途中宜密观。"及启之，则皆群臣乞留俶章疏也，俶益感惧。

纲　三月，以子德芳为贵州团练使。

纲　帝如西京。夏四月，郊，大赦。

目　帝以江表底定，方内大同，欲西幸以行郊礼。一月，如西京，次巩县，遂拜安陵，至洛阳。四月，祭天地于南郊，都民垂白者相谓曰："我辈少经乱离，不图今日复观太平天子仪卫。"有泣下者。祭毕，大赦。

纲　还宫。

目　帝欲留都洛阳，群臣咸谏，弗听。晋王光义言其非便，帝曰："迁河南未已，终当居长安耳。"光义问其故，帝曰："吾欲西迁，据山、河之胜以去冗兵，循周、汉故事以安天下也。"光义曰："在德不在险。"力请还汴。帝不得已，从之，因叹曰："不出百年，天下民力殚矣！"

纲　曹翰屠江州，杀江南守将胡则。

目　江南州郡皆降，独江州指挥使胡则，杀刺史谢彦实集众固守。曹翰围之四月余，则力屈被执，翰杀之，因纵兵悉取货财，而屠其民。

纲　秋八月，遣侍卫都指挥使党进率兵伐汉。九月，败汉兵于太原，契丹救之。

纲　帝幸晋王光义第。

目　帝友爱光义，数幸其第，恩礼甚厚。光义尝有疾，亲为灼艾，光义觉痛，帝亦取艾自灸。每对近臣言："光义龙行虎步，他日必为太平天子，福德非吾所及也。"

纲　冬十月，帝崩，晋王光义即位。

目　癸丑，帝崩。甲寅，晋王即位，号宋后为开宝皇后，迁之西宫。

帝享年五十，性孝友，节俭，质任自然，不事矫饰。一日罢朝坐便殿，不乐者久之。左右请其故，曰："尔谓天子容易为邪！早作，乘快误决一事，故不乐耳。"宫中苇帘，缘用青布。常服之衣，浣濯至再。永康公主常衣贴绣铺翠襦，帝曰："汝服此，众必相效。"禁之。主一日劝帝以黄金饰肩舆，帝曰："我以四海之富，宫殿饰以金银，力亦可办，但念我为天下守财耳，岂可妄用。"

初，颇好猎，一日逐兔，马蹶坠地，因引佩刀刺马杀之。既而悔曰："吾为天下主，轻事田猎，又何罪马哉！"自是不复猎。

尤注意刑辟，尝读二典，叹曰："尧、舜之罪四凶，止从投窜，何近代法网之密邪！"故定为折杖法，以递减流徒杖笞之刑。自开宝以来，犯大辟，非情理深害者，多得贷死，惟赃吏弃市，则未尝贳。

纲　以弟廷美为开封尹，封齐王；兄子德昭封武功郡王；德芳为兴元尹。

纲　以卢多逊同平章事，楚昭辅为枢密使。

纲 十二月,大赦,改元。

纲 诏群臣论列者即时引对。

纲 初诏诸道转运使纠察官吏。

纲 罢河东兵。

太宗皇帝

纲 丁丑,太宗皇帝太平兴国二年,春二月,赐礼部进士吕蒙正等及第。

目 初,太祖幸洛阳,张齐贤以布衣献策条陈十事,内四说称旨,齐贤坚执其余策皆善;太祖怒,令武士拽出之。及还,语帝曰:"我幸西都,唯得一张齐贤,我不欲爵之以官,异时可使辅汝为相也。"是时,齐贤亦在选中,有司失于抡择,寘于下第;帝不悦,故一牓自吕蒙正以下尽赐及第。

纲 二月,帝更名炅。

纲 夏四月,葬永昌陵。

纲 秋九月,容州初贡珠。

纲 冬十月,初榷酒酤。

纲 十一月朔,日食既。

纲 戊寅,三年,春二月,立崇文院。

目 初置三馆于长庆门北,谓之西馆。帝临幸,恶其陋,命有司于升龙门东北创立三馆。至是成,赐名崇文院,迁西馆书贮焉,凡八万卷。

纲 夏五月,吴越王俶以其地来归,诏封俶为淮海国王。

纲 秋七月,以孔宜袭封文宣公。

目 宜知星子县回,献所为文。帝召问孔子世嗣,遂命袭封。宜因言历代以圣人之后,不预庸调。周显德中遣使均田,遂抑为编户。诏特复其家。

纲 冬十月,置内藏库。

目 帝幸左藏库,语薛居正曰:"此金帛如山,用何能尽。先帝每焦心劳虑,以经费为心,何其过也。"诏改为内藏库,并以封桩库属焉。

纲 己酉,四年,春正月,以潘美为北路都招讨使。

纲 新浑仪成。

目　司天监生张思训本唐李淳风、梁令瓒之法，创式以献，制于禁中，日月行度，成于自然，不假人运，比旧制尤为精妙。命置文明殿东南鼓楼，擢思训为浑仪丞。

纲　二月，帝自将伐汉。

目　帝欲以齐王廷美掌留务。开封判官吕端言于廷美曰："上栉风沐雨以申吊伐，王地处亲贤，当表率扈从；若掌留务，非所宜也。"廷美遂请行，帝许之，以沈伦为东京留守，王仁赡为大内都部署。

纲　三月，契丹救汉，都部署郭进邀击于白马岭，大败之。

纲　夏四月，帝至太原，督诸军围城。五月，汉主继元降，诏赐爵彭城郡公。

目　潘美等屡败汉兵，进筑长连城，围太原，矢石交下如雨。汉外援不至，饷道又绝，城中大惧。帝至，督战益急，城无完堞。帝虑城陷杀伤者众，诏谕继元降。继元率官属缟衣纱帽待罪城台下，帝释之，封彭城郡公。帝作平晋诗，命从臣和。

纲　徙太原民于并州。

目　诏毁太原旧城，改为平晋县，以榆次县为并州，遣使分部徙太原民居之。

纲　帝发太原，六月，遂伐契丹，围幽州。秋七月，与契丹耶律休哥大战于高梁河；败绩，乃还。

纲　八月，皇子武功王德昭自杀。

目　初，德昭从帝征幽州，军中尝夜惊，不知帝所在。有谋立德昭者，帝闻不悦。及还，以征北不利，久不行太原之赏，德昭以为言。帝大怒，曰："待汝自为之，赏未晚也。"德昭退而自刎。帝闻之惊悔，往抱其尸哭曰："痴儿，何至此邪！"追封魏王，谥曰懿。

纲　九月，以杨业为代州刺史。

目　业本汉建雄节度使刘继业，帝克太原，闻其勇，召见，复杨姓。以其老于边事，拜代州刺史。业善战，号"杨无敌"。

纲　冬十月，进封齐王廷美为秦王。

目　论平汉功也。文武诸臣，进秩有差。

纲　庚辰，五年，春二月，定差役法。

目　从京西转运使程能请，定诸州户为九等，上四等充役，下五等免之。

纲 三月，卫公刘𬬮卒。

目 𬬮有口辩，帝之将伐北汉也，宴近臣于禁中，𬬮进言曰："朝廷威灵及远，四方僭伪之主，今日尽在坐中。旦夕平太原，刘继元又至，臣率先来朝，愿得执梃为诸国降王长。"帝大笑。至是卒，追封南越王。

纲 杨业败契丹于雁门，杀其将萧咄李。

目 契丹兵十万寇雁门，业领麾下数百骑，自西陉出至雁门北口，南向击之。契丹兵大败，杀其节度使、驸马侍中萧咄李。自是契丹畏业，每望见旌旗即引去。主将多嫉之，或潜上谤书，帝皆不问，封其书付业。

纲 冬十月，契丹寇瓦桥关。十一月，帝自将御之，次于大名，契丹军退，乃还。

目 契丹主贤围瓦桥关，耶律休哥帅精骑渡水而战，宋军大败，休哥追至莫州。十一月，帝自将御之。时关南诸将已破契丹，帝次大名，诸将复战于莫州，败绩。会契丹主引去，帝欲遂取幽州，李昉力陈其未可，乃诏曹翰部署诸将而还。

帝既还京，议者皆言宜速取幽、蓟。张齐贤上疏曰："圣人举事，动在万全，百战百胜，不若不战而胜。自古疆埸之难，非尽由戎狄，亦多边吏扰而致之；若缘边诸军，抚御得人，但使峻垒深沟，畜力养锐，以逸自处，则边鄙宁，而河北之民获休息矣。臣又闻：家六合者，以天下为心，岂止争尺寸之土，角戎狄之势而已。是故圣人先本而后末，安内以养外，尧、舜王道无他，广推恩于天下之民尔。民既安利，则戎狄敛衽而至矣。"

纲鉴易知录卷六五

宋纪

太宗皇帝

纲　辛巳，六年，春三月，皇子兴元尹德芳卒。

纲　夏六月，薛居正卒。

目　居正辅相十八年，宽简不苛察，众论贤之。因服丹砂遇毒，方奏事疾作，舆归遂卒。帝亲临其丧，为之流涕。居正子惟吉，素无行，帝存问其家，因曰："不肖子安在？颇改节否？不克负荷先业，奈何？"惟吉伏丧侧，惧赧不敢起。自是，尽革故态，读书，亲贤士，修饬为善。其后帝数委以大藩，所至称治。

纲　秋九月，罢左拾遗田锡。

目　时卢多逊专政，群臣章奏必先白多逊，然后敢通。又必于阁门署状，云"不敢妄陈利便，希望恩荣"。锡贻书多逊，乞免署状，多逊不悦，出锡为河北南路转运副使。锡因入辞，直进封事，言朝廷大体者四。其一：乞修德以来远，宜罢交州屯兵。其二言：今谏官不闻廷争，给事中不闻封驳，左右史不闻升陛记言动，御史不敢弹奏，中书舍人未尝访以政事，集贤院虽有书籍而无职官，秘书省虽有职官而无图籍，愿择才任之使各司其局。其三言：辟西苑，广御池，而尚书省湫隘，郎官无本局，尚书无听事，九寺、三监寓天街之两廊，贡院就武成王庙，是岂太平之制度邪！愿别修省寺，用列职官。其四言：按狱官令枷、杻、钳、锁皆有定式，今以铁为枷，于法所无，去之可也。帝览疏，优诏褒答，赐钱五十万。

纲　以赵普为司徒，兼侍中。

目　普奉朝请累年，卢多逊益毁之，谓普初无立上意；普郁郁不得志。会晋邸旧僚柴禹锡、赵镕、杨守一告秦王廷美骄恣，将有阴谋窃发。帝疑，以问普，普因言"原备枢轴，以察奸变。"且自陈曰："臣忝旧臣，为权幸所沮。"遂备道预闻昭宪太后顾命，及前朝上表自诉等事。帝发金匮，得誓书，及览普前表，因召见，谓曰："人谁无过，朕不待五十，已知四十九年非矣。"乃拜普司徒，兼侍中，封梁国公。

纲 以石熙载为枢密使。冬十一月，楚昭辅罢。

纲 女真遣使入贡。

纲 壬午，七年，春三月，罢秦王廷美为西京留守。夏四月，以柴禹锡为枢密副使。

目 或又告廷美欲因帝幸西池为乱，遂罢廷美开封尹。以上变，进禹锡枢密副使，杨守一枢密都承旨，赵镕东上阁门使。初，昭宪太后遗命太祖传位于帝，意欲帝传之廷美以及德昭，故帝即位之初，命廷美尹开封，而德昭、德芳等皆称皇子。及德昭不得其死，德芳相继夭殁，廷美始不自安。他日，帝以传国意访之赵普，普对曰："太祖已误，陛下岂容再误。"廷美遂得罪。

纲 以窦偁、郭贽参知政事。

目 初帝尹开封，偁为判官，以推官贾琰佞谀，于坐叱之曰："贾氏子巧言令色，岂不愧于心哉！"众皆失色。帝因重偁之直，至是谓偁曰："赏卿之叱贾琰也。"

纲 勒秦王廷美就第，流卢多逊于崖州。

目 赵普复相，多逊不自安，普屡讽令引退，而多逊贪固权位，不能决。会普廉得多逊交通秦王事，帝大怒，责授兵部尚书，越二日下御史狱，命翰林承旨李昉等杂治之。多逊具状："累遣中书守堂官赵白以机事密告廷美。且云：'愿宫车晏驾，尽力事大王。'廷美亦遣小吏樊德明报多逊云：'承旨言，正会我意。'因遗之弓箭，多逊受之。"狱上，诏文武集议，王溥等奏："延美、多逊诅咒怨望，大逆不道，宜正刑章。"诏削夺多逊官爵，流崖州，并徙其家属期亲于远裔。赵白、樊德明等悉斩于都门外。廷美勒归私第。

纲 沈伦罢。

纲 五月，贬秦王廷美为涪陵县公，安置房州。

目 赵普又以廷美居西京非便，讽知开封府李符上言："廷美不悔过而怨望，乞徙远郡，以防他变。"诏降封廷美为涪陵县公，房州安置。普又恐符言泄，乃坐符他事，贬宁国司马。

纲　定难留后李继捧入朝，献银、夏、绥、宥四州。六月，继捧弟继迁叛走地斤泽。

目　夏州自李思恭以来，未尝亲朝中国，至是继捧率其族入朝，帝嘉之，赐赉甚厚。继捧陈其诸父、昆弟多相怼怨，乞纳其境内夏、绥、银、宥四州，留京居之。帝为遣使如夏州护缌麻已上亲赴阙，以曹光实为四州都巡检使。

时继捧族弟定难军都知蕃落使继迁留居银州，闻使至，乃诈言乳母死，出葬于郊，遂与其党数十人奔入地斤泽，出其祖像以示戎人，戎人拜泣，从者日众。泽距夏州东北三百里。

纲　秋九月，契丹耶律贤死，子隆绪立。

纲　冬十一月，以李继捧为彰德节度使。

目　帝尝问继捧曰："汝在夏州用何道以制诸部？"对曰："羌人鸷悍，但羁縻而已，非能制也。"

纲　癸未，八年，春正月，罢枢密使曹彬，以王显、弭德超为枢密副使。

目　酒坊使弭德超有宠于帝，觊代曹彬之位，乃自镇州乘传以急变闻，曰："彬秉政久，得士心，将为不利。"且诬以事为征，帝信之。郭贽极言救解，不听，遂出彬为天平节度使，而以显、德超并为副使。

纲　二月，以宋琪参知政事。

纲　三月，宴进士于琼林苑。

目　帝亲试礼部贡士于讲武殿，始分三甲，锡宴于琼林苑，宠之以诗，遂为定制。

纲　夏四月，弭德超有罪，流琼州。

目　德超以不得枢密使，怨望，居常怏怏。一日诟王显、柴禹锡曰："我言国家大事，有安社稷功，止得线许大官；汝等何人，反在吾上。我实耻之！"言颇侵帝。显奏之，诏鞫问，德超具伏，遂夺官秩，禁锢琼州而死。帝始悟曹彬之诬，待之加厚。

纲　六月，以王显为枢密使。

目　帝语显曰："卿世家本儒，少遭兵乱失学，今典机务，无暇博览群书，能熟读军戒三篇，亦可免于面墙。"因取赐之。

纲　秋七月，郭贽免，以李昉参知政事。八月，石熙载罢。

纲 冬十月，以姚坦为益王府翊善。

目 王，帝第五子元杰也。尝作假山，召僚属置酒，众皆褒美，坦独俯首。王强使视之，坦曰："但见血山，安得假山。"王惊问故，坦曰："坦在田舍时，见州县督税，上下相急，父子兄弟鞭笞苦楚，血流满身。此假山皆民租所出，非血山而何！"时帝亦为假山未成，闻之亟毁焉。王每有过失，坦辄尽言规正。左右教王称疾，帝忧甚，召乳母问状。乳母曰："王本无疾，徒以姚坦检束，不得自便耳。"帝怒曰："吾选端士辅王为善，今乃使我逐正人！王年少，岂解此也，必尔辈教之。"杖乳母于后园，召坦慰谕之。

纲 赵普罢。

目 普罢为武胜军节度使，帝作诗饯之，赐宴长春殿。普奉诗泣曰："陛下赐臣诗，当刻石与臣朽骨同葬泉下。"帝为之动容。翌日，帝谓宰相曰："普有功国家，朕昔与游，今齿发衰矣，不欲烦以枢务，择善地处之。因诗以导意，普感激泣下，朕亦为之堕泪。"宋琪对曰："昨普至中书，执御诗涕泣，谓臣曰：'此生余年，无阶上答，庶希来世，得效犬马力。'臣昨闻普言，今复闻宣谕，君臣始终，可谓两全。"

纲 十一月，以宋琪、李昉同平章事，李穆、吕蒙正、李至参知政事，张齐贤、王沔签书枢密院事。

目 昉初与卢多逊善，多逊屡谮昉，人或以告，昉曰："卢与我厚，不当尔。"帝尝语及多逊事，昉颇为解释。帝曰："多逊居常毁卿不直一钱。"昉始悟。帝由此益重之，遂与琪并相。

帝又谓蒙正曰："古所谓君臣道合者，情无间耳。凡士未达，见当世之务戾于理者，则怏怏于心；及列于位，得以献可替否，当尽其所蕴。言或未中，亦当佥议而更之，俾协于道。朕固不以崇高自恃，使人不敢言也。"蒙正初入朝堂，有朝士指之曰："此子亦参政邪？"蒙正佯为不知而过之。同列不能平，诘其姓名，蒙正遽止之曰："若一知其姓名，则终身不能忘，不若弗知之为愈。"时人服其量。

纲 以吕文仲为翰林侍读，王著为侍书。

目 帝勤于读书，自巳至申，然后释卷。诏史馆修太平御览一千卷，日进三卷。宋琪以劳瘁谏，帝曰："开卷有益，不为劳也。朕欲周岁读遍是书耳。"每暇日则问文仲以经义，著以笔法。

纲 甲申，雍熙元年，春正月，求遗书。

目 时三馆所贮遗帙尚多，乃诏募中外，有以书来上，及三百卷，当议甄录酬奖，余第卷帙之数，等级优赐；不愿送官者，借其本写之。由是四方之书间出矣。

纲 涪陵公廷美以忧卒。

目 廷美至房州，忧悸成疾，薨，年三十八。追封涪王，谥曰悼，以其子德恭、德隆为刺史。

纲 李穆卒。

目 帝临其丧，哭谓侍臣曰："穆操履纯正，真不易得。朕方倚用，遽尔沦没，非穆之不幸，乃朕之不幸也！"

纲 夏四月，群臣请封禅，许之。五月，乾元、文明殿灾。六月，诏求直言，罢封禅。

目 帝既诏以十一月有事于泰山，命翰林学士扈蒙等详定仪注矣；五月，乾元、文明二殿灾，诏求直言，遂罢封禅。

知睦州田锡上疏，略曰："给事中不得其人，左右补遗不举其职，致陛下有朝令夕改，舍近谋远之事。"又言："时久升平，天下混一，故左取右奉，致陛下以功业自多。然临御九年，四方虽宁，而刑罚未甚措，水旱未甚调，陛下谓之太平，谁敢不谓之太平！陛下谓之至理，谁敢不谓之至理！"又言："宰相若贤，当信而用之；宰相非贤，当择而任之。何以置之为具臣，而疑之若众人也。"

纲 冬十月，华山隐士陈抟入朝。

目 帝之即位也，召抟入见，待之甚厚，至是复至。帝谓宰臣曰："抟独善其身，不干势利，方外之士也。"遣中使送至中书。宋琪等从容问曰："先生得玄默修养之道，可以教人乎？"抟曰："抟山野之人，于时无用，亦不知神仙黄白之事，吐纳养生之理，非有方术可传。假令白日上升，亦何益于世！今圣上龙颜秀异，有天日之表，博达古今，深究治乱，真有道仁圣之主也。正君臣协心同德、兴化致治之秋，勤行修炼，无出于此。"琪等以闻，帝益重之，赐号希夷先生。还华山，寻卒。

纲 知夏州尹宪袭李继迁，破走之。

纲 十二月，立妃李氏为皇后。

纲 赐京师大酺三日。

纲 乙酉，二年，春二月，李继迁诱杀都巡检使曹光实，遂袭银州据之。

纲 遣知秦州田仁朗等将兵讨李继迁。

纲 夏四月，江南饥。

纲 宴群臣于后苑。

目 先是帝召宰相近臣赏花于后苑，谓之曰："春风暄和，万物畅茂，四方无事，朕以天下之乐为乐，宜令侍从词臣赋诗。"至是召辅臣、三司使、翰林、枢密、直学士、尚书省四品、两省五品以上、三馆学士，宴于后苑，赏花钓鱼，命群臣赋诗。因习射水心殿。赏花曲宴自此始。

纲 征田仁朗还。五月，副将王侁击李继迁走之，银、麟、夏州蕃内附。

纲 秋九月，废楚王元佐为庶人。

目 元佐，帝长子，少聪警，貌类帝，帝钟爱之。廷美迁房州，元佐尝力救。及廷美死，遂发狂疾，至以小过操梃刃伤侍人。疾少间，帝为赦天下。会重九，诏诸王宴射苑中，元佐以新瘥不预。及诸王宴归，暮过元佐，元佐恚曰："若等侍上宴，我独不预，是弃我也。"因发愤被酒，夜纵火焚其宫。帝大怒，废为庶人，均州安置。宋琪率百官三上表，请留之京师；帝许之，召还，居于南宫。

纲 遣使如高丽。

目 时议伐契丹，以高丽与之接壤，数为所侵，命韩国华赍诏谕令发兵西会。高丽迁延未即奉诏，国华屡移檄督之；得报发兵，乃还。

纲 冬十二月，宋琪、柴禹锡免。

纲 丙戌，三年，春正月，以曹彬、田重进、潘美等为都部署，将兵伐契丹。

目 初，贺怀浦将兵屯三交，好议边事，与其子知雄州令图上言："契丹主少，母后专政，宠幸用事，请乘其衅以取燕、蓟。"帝信之，以曹彬为幽州道行营都部署，崔彦进副之；米信为西北道都部署，杜彦圭副之，出雄州；田重进为定州路都部署，出飞狐；潘美为云、应、朔等州都部署，杨业副之，出雁门。

纲 李至罢。

纲 二月，李继迁降契丹。

目 契丹以为定难节度使，都督夏州诸军事。

纲 三月，曹彬取涿州。

纲 田重进败契丹兵于飞狐。

纲 潘美取寰、朔、应、云州。

纲 夏四月，田重进取蔚州。

纲 五月，曹彬引兵退，与契丹耶律休哥战于岐沟，败绩。

纲 契丹复陷蔚、寰州。

纲 潘美副将杨业进兵击契丹，败绩，转战至陈家谷，死之。契丹复陷云、应、朔诸城。

纲 六月，以辛仲甫参知政事。

纲 秋七月，贬曹彬为右骁卫上将军。

纲 以张齐贤知代州。

目 帝以杨业死，访近臣可知代州者。时齐贤以言事颇忤帝意，因请行，乃命与潘美同领缘边兵马。

纲 八月，以王沔、张宏为枢密副使。

纲 冬十二月，契丹隆绪大举入寇，瀛州部署刘廷让与战，败绩。契丹诱执知雄州贺令图，遂掠邢、深、德州。

纲 张齐贤败契丹于代州。

目 契丹薄代州城，副部署卢汉赟畏懦，保壁自固。齐贤选厢军二千出御之，誓众感慨，无不一当百，契丹少却。先是，齐贤遣使约潘美以并师来会战，使为契丹所执，俄而美使至，云："师出至百井，得密诏，云'东路王师败衄，并之全军不许出战'，已还州矣。"

时契丹兵塞川，齐贤曰："敌知美来而不知美退。"乃闭美使室中。夜发兵二百人持一帜负一束刍，距州西南三十里，列帜然刍。契丹遥见火光中有旗帜，意谓并师至，骇而北走。齐贤先伏步卒二千于土镫砦掩击，大败之，斩首数百，获马二千，器械无算。

纲 丁亥，四年，夏四月，张宏免，以赵昌言为枢密副使。

纲 戊子，端拱元年，春正月，亲耕籍田，赦。

纲 二月，改补阙、拾遗为司谏、正言。

目 旧制，台谏有名而不得行其职，帝以失建官本意，故更以新名。

纲 李昉罢。

目 布衣翟颖，性险诞，与知制诰胡旦狎，旦为作大言，使颖上之，且改颖名曰马周，以为唐马周复出也。于是颖击登闻鼓，讼“昉居宰相位，当北方有事之时，不为边备，徒知赋诗宴乐”。帝由是厌昉，遂罢为右仆射。

昉和厚多恕，在位小心醇谨，每有求进用者，虽知其才可取，必正色绝之，已而擢用；或不足用，必和颜温语待之。子弟问其故，昉曰：“用贤人主之事，若受其请，是市私恩也，故峻绝之，使恩归于上。若不用者，既失所望，又无善辞，取怨之道也。”

纲 以赵普为太保，兼侍中，吕蒙正同平章事。

目 帝欲相吕蒙正，以其新进，藉赵普旧德为之表率。会普以籍田入朝，帝遂留为太保，兼侍中。蒙正质厚宽简，有重望，以正道自持，遇事敢言。每论时政，有未允者必固称其不可，帝嘉其无隐，故与普并命。普开国元老，蒙正以后进历官一纪，进同相位，普雅重之。

纲 以王沔参知政事，张宏为枢密副使，杨守一签书枢密院事。

纲 夏五月，作秘阁。

目 诏就崇文院中堂建秘阁，分三馆书籍置其中，以吏部侍郎李至兼秘书监。帝谓至曰：“人君当淡然无欲，勿使嗜好形见于外，则奸佞无自入。朕无他好，但喜读书，多见古今成败，善者从之，不善者改之，如斯而已矣。”至每与李昉、王化基观书阁下，帝必遣使赐宴，且命三馆学士皆预焉。

纲 以李继捧为定难节度使，赐名赵保忠。

目 李继迁侵扰日甚，赵普复请命继捧镇夏州。帝召见，加赐而遣之，且谓曰：“若继迁归款，当授以官也。”

纲 郑州团练使侯莫陈利用有罪，赐死。

目 利用以幻术得幸，骄恣不法，居处服御僭拟乘舆。赵普按其十罪，既命配商州，普复力请诛之。帝曰：“岂有万乘之主，不能庇一人乎。”普曰：“陛下不诛，则乱天下法。法可惜，此一竖子何足惜哉！”帝不得已，命诛之，已而复遣使贷之。使至新安，马旋泞而踣，及出泞易马，至商州，已磔于市矣。闻者快之。

纲 秋八月，邓王钱俶卒。

目　俶薨，辍朝七日，追封秦国王，谥忠懿，命中使护丧葬洛阳。自镠至俶，世有吴越，而俶任太师、尚书令兼中书令者四十年，为天下兵马大元帅者三十五年。既以地归朝，四徙大国，善始令终，穷极富贵，福履之盛，近代无比。

纲　九月，契丹复陷涿州。冬十一月，遂入祁州。

纲　己丑，二年，春正月，契丹陷易州，迁其民于燕。

目　时契丹屡寇边，诏群臣上备戎策。张洎言："中国御戎，惟恃险阻。今自飞狐以东皆为契丹所有，既失地利，而河朔列壁，皆具城自固，莫可出战，此又分兵之过也。请于沿边建三大镇，各统十万之众，鼎峙而守，仍命亲王出临魏府以控其要，则契丹虽有精兵，岂敢越而南侵。制敌之方，尽于此矣。"宋琪言："兵，凶器，圣人不得已而用之。若选使通好，弭战息民，此亦策之得也。"李昉、王禹偁亦多以修好为言，帝喜纳之。

纲　自三月不雨，至于夏五月。

目　诏录系囚，遣使分诸路决狱。

纲　秋七月，以张齐贤为枢密副使，张逊签书枢密院事。

目　齐贤复入枢密，赵普荐之也。

纲　彗星出东井。八月，赦。

目　司天言"妖星为灭契丹之象"。赵普上疏谓"此邪佞之言，不足信"。帝避殿减膳，大赦。

纲　作开宝寺塔。

目　藏佛舍利也。高三百六十尺，费亿万计，逾八年始成。知制诰田锡尝上疏云："众谓金碧荧煌，臣以为涂膏衅血。"帝亦不怒。

纲　都巡检使尹继伦袭契丹耶律休哥于徐河，大败之。

目　朝廷闻契丹复至，遣李继隆发镇、定兵万余，护送粮馈数千乘，趋威虏。休哥闻之，帅精骑数万邀诸途。北面都巡检使尹继伦适领兵徼巡路遇之，休哥不顾而南，继伦曰："寇蔑视我耳。彼捷还，则乘胜而驱我北去；不捷，亦且泄怒于我，将无遗类矣。为今日计，当卷兵衔枚以蹑之。彼锐气前趋，不虞我之至，力战而胜，足以自树；纵死，犹不失为忠义，岂可泯然为胡地鬼乎！"众皆愤激从命。继伦令秣马，俟夜，人持短兵潜蹑其后，行数十里，至徐河，天未明。休哥去大军四五里，会食讫，将战，继隆方阵于前以待，继伦从后急击，杀契丹一大将，众皆惊溃。休哥方食，失箸，为短兵中其臂，创甚，乘善马先遁，余众引去。契丹为之夺气，自是不敢大入寇。每相戒曰："当避黑面大王。"以继伦黑面，故云。

纲　大旱。

目　自秋徂冬不雨。田锡上言："此实阴阳失和，调燮倒置。上侵下之职，而烛理未尽，下知上之失，而规过未能。"疏入，帝及宰臣皆不悦，出锡知陈州。

纲　庚寅，淳化元年，春正月，赵普罢。

纲　夏四月，诏贷江州义门陈兢粟。

目　兢，陈宜都王叔明之后，九世同居，长幼凡七百口，不畜仆妾，上下姻睦，人无间言。每食必群坐广堂，未成人者别为一席。有犬百余，共一牢食，一犬不至，群犬亦皆不食。唐僖宗及南唐时旌其门，开宝初免徭役。至兢子侄益众，常苦乏食，知州康戬言于朝，诏本州每岁贷粟二千石。

纲　冬十二月，契丹封李继迁为夏王。

纲　辛卯，二年，春，旱、蝗。

目　时连岁旱、蝗，是年尤甚，祷雩无应，帝手诏宰相曰："朕将自焚以答天谴。"翌日，大雨，蝗尽死。

纲　闰二月，辛仲甫罢。

纲　夏四月，以张齐贤、陈恕参知政事，张逊、温仲舒、寇准为枢密副使。

目　初准为枢密直学士，尝奏事殿中，语不合，帝怒起，准辄引帝衣请复坐，事决乃退，帝嘉之。及旱、蝗，帝召近臣问以得失，众以"天数"对。准曰："洪范天人之际，应若影响。大旱之证，盖刑有所不平也。"帝怒，起入禁中。顷之，复召准，问以不平状。准曰："愿召二府至，臣即言之。"二府入，准乃曰："顷者祖吉、王淮皆侮法受赇。吉赃少，乃伏诛；淮以参政沔之弟，盗主守财至千万，止杖之，仍复其官：非不平而何？"帝以问沔，沔顿首谢。于是切责沔，而以准为可大任，遂有是命。

纲　张宏罢。

纲 五月，以谢泌为左司谏。

目 上修正殿，颇施彩绘。泌为右正言，因对陈其事。即日命代以赭垩，赐泌金紫，拜左司谏。泌入谢曰："陛下从谏如流，故臣得以尽诚。如唐末孟昭图者，朝上谏疏，暮不知所在，如此安得不乱！"帝动容久之。

纲 置诸路提刑官。

纲 六月，忠武节度使、韩公潘美卒。

纲 秋七月，李继迁请降，以为银州观察使，赐姓名赵保吉。

纲 八月，置审刑院。

目 帝虑大理刑部吏舞文巧诋，乃置审刑院于禁中，以李昌龄知院事。置详议官六员，凡狱上奏，先达院印讫，付大理刑部断覆以闻，乃下院详议，申覆裁决讫，以付中书省行之；其未允者，宰相覆以闻，始命论决。

纲 九月，王沔、陈恕、吕蒙正罢。

目 吕蒙正为首相，以宽简居位，政事多决于沔。沔听察敏辩，有适时材，然性苛刻少诚，谒见者必啖以甘言，既而进退非允，人胥怨之。又素与张齐贤、陈恕不协，及二人参知政事，沔不自安，虑僚属有以中书旧事告齐贤、恕者。会司谏王禹偁言："宰相、枢密不得于本厅见客，许于都堂延接，以杜私请。"沔喜，即奏行之。司谏谢泌以为"如此，是疑大臣以私也"，疏驳之，帝追还前诏，沔遂罢。

时帝怒户部使樊知古所部不治，恕闻，密以语之，觊其修举。知古诉于帝，帝怒恕漏言，亦坐免。

度支判官宋沆伏阁奏疏，请立太子，词意狂率。帝怒，贬沆，而沆乃蒙正妻族也，遂罢蒙正为吏部尚书。

时三日之间，连罢三相，因有奏毁者，帝语之曰："蒙正有大臣体，沔甚明敏。"毁者惭而止。

纲 以李昉、张齐贤同平章事，贾黄中、李沆参知政事。

目 初，黄中再典贡部，多拔寒畯，及掌吏部，选除拟精当。沆尝侍宴，上目送之曰："风度端凝，真贵人也。"至是并拜。

纲 王显免，以张逊知枢密院事，温仲舒、寇准同知院事。

纲 冬十月，赵保忠叛降契丹，契丹封为西平王。

纲 女真请伐契丹，不许。

纲 十一月，以毕士安为翰林学士。

目 先是翰林学士承旨苏易简续翰林志二卷以献，帝嘉之，赐诗二章，又飞白书“玉堂之署”四字，令榜于厅额，曰：“永为翰林美事。”于是知制诰范杲献玉堂记，请备其职。帝恶其躁竞，出知濠州，乃以士安为学士。执政欲用谏议大夫张洎，帝曰：“洎文学、资任不下士安，第德行不及耳。”

纲 壬辰，三年，夏六月，置常平仓于京师。

目 先是旱，大蝗，诏遣使决诸州狱。五月，雨，蝗尽殪。至是京畿谷贱，帝遣使增价籴贮之，俟岁饥则减价粜，名曰“常平仓”，遂为永制。

纲 秋七月，赵普卒。

目 普卒，年七十一。帝闻之震悼，谓近臣曰：“普能断大事，尽忠国家，真社稷臣也。”

普性深沉，有岸谷。少习吏事，寡学术，及为相，太祖劝以读书，遂手不释卷，每归私第，阖户启箧，取书诵之竟日。及次日临政，处决如流。既卒，家人发箧视之，则论语二十篇也。

纲 召终南隐士种放，不至。

目 放，洛人，沉默好学，隐居终南，以讲习为业，从学者众，资以养母。母亦能乐道，薄滋味。放不喜浮图，尝裂佛经以制帐帷。所著有蒙书及嗣禹说。转运使宋惟幹言其才行，诏使召之。其母恚曰：“常劝汝勿聚徒讲学，身既隐矣，何用文为？果为人知，而不得安处。我将弃汝深入穷山矣！”放乃称疾不起。其母尽取其笔砚焚之，与放转居穷僻，人迹罕至。帝嘉其节，命有司时加存问。

纲 癸巳，四年，春二月，置审官院。

目 初，帝虑中外官吏清浊混淆，命官考课，号磨勘院，至是改为审官院，掌审京朝官；其幕职州县官，别置考课院主之。

纲 青神民王小波作乱。

目 初蜀亡，其府库之积悉输汴京，后任事者竞起功利，于常赋外更置博买务，禁商贾不得私市布帛。蜀地狭民稠，耕稼不足以给，由是小民贫困，兼并者益籴贱贩贵以规利。青神民王小波因聚众为乱，且曰："吾疾贫富不均，今为汝均之！"贫者争附。遂攻青神，掠彭山，杀县令齐元振，剖其腹，实之以钱，恶其诛求无厌也。贼党由是愈炽，旁邑响应。

纲　三月，以何承矩为河北屯田制置使。

纲　夏五月，以钱若水为翰林学士。

目　帝谓侍臣曰："学士之职，亲切贵重，非他官可比，朕常恨不得为之。"又曰："士之学古入官，遭时得位，纡朱拖紫，足以为荣矣，得不竭诚以报国乎。"若水对曰："高尚之士不以名位为光宠，忠正之士不以穷达易志操。其或以爵禄位遇之故，而效忠于上，中人以下者之所为也。"

纲　六月，张齐贤罢，以吕端参知政事。

纲　以向敏中、张咏同知银台、通进司。

目　二司旧隶枢密院，至是始以敏中、咏同知司事，隶门下，主视章奏案牍，以稽出入，盖给事中之职也。

纲　张逊、寇准免，以柴禹锡知枢密院事，刘昌言同知院事。

目　逊素与准不协。一日，准与温仲舒并辔晚归，有狂民迎马首呼万岁，街使王宾与逊雅相厚，因奏民迎准拜呼万岁。准自辨云："实与仲舒同行，而逊令宾独奏臣。"因互发其私，帝恶之，乃左降逊为右领军卫将军，出准知青州。准既罢，帝念之不置，语左右曰："寇准在青州乐乎？"左右揣帝意且复召用，因对曰："陛下思准不少忘；闻准日纵酒，未知亦念陛下否？"帝默然。

纲　秋九月，大水。冬十月，河决澶州。

纲　李昉、贾黄中、李沆、温仲舒罢。

纲　以吕蒙正同平章事，苏易简、赵昌言参知政事，赵镕、向敏中同知枢密院事。

目　蒙正尝因召对论及征伐，帝曰："朕比年征讨，盖为民除暴，苟好功黩武，则天下之人熸亡尽矣。"蒙正对曰："治国之要，在内修政事，则远人来归，自致安静。"帝然之。

易简在翰林八年，帝待之若宾友。旧制，欲授台辅，必使天下稔其名望，而后正位。易简以亲老急于进用，因亟言时政得失，遂入政府。自是帝不复有款接意，但正色责吏事而已，易简悔之。

时西北用兵，枢机之任，专主谋议。敏中明辨，有才略，遇事敏速，凡二边道路、斥候、走集之所，莫不周知。帝器之。

纲 闰月，以陈恕为三司总计使。

目 时复置三司使，而罢盐铁、户部、度支三使。分天下郡县为十道，曰河南、河东、关西、剑南、淮南、江南东、西、浙东、西、广南。以京东为左计，西为右计。恕为总计使，魏羽为左计使，董俨为右计使，中分十道以隶焉，而各道则署判官以领其事，凡涉计度者三使通议之。恕言："官司各建，政令互出，难以经久。"帝不听。

纲 十二月，王小波死，其党李顺陷蜀邛州永康军。

纲 甲午，五年，春正月，李顺陷成都；以宦者王继恩为两川招安使，讨之。

纲 赵保吉寇灵州，以李继隆为河西都部署，讨之。

纲 三月，李继隆入夏州，执赵保忠赴京师。

纲 夏四月，削赵保吉姓名，堕夏州城。

纲 置起居院。

目 右谏议大夫张佖请置起居院，修左右史之职为起居注与时政记，逐月终送史馆，以备修日历。上嘉之，乃置院于禁中，命梁周翰等掌其事。周翰请以所撰先进御，后付史馆，从之。起居注进御始此。

纲 五月，王继恩复成都，获李顺诛之，其党张馀复陷嘉、戎诸州。

纲 秋八月，以王继恩为宣政使。

目 中书以继恩讨蜀寇功，欲除宣徽使，帝曰："朕读前代史，不欲令宦官预政。宣徽使，执政之渐也，止可授以他官。"宰相力言继恩有大功，非此不足以赏。帝怒，深责之，乃命学士张洎、钱若水议，别立宣政使以授之。

纲 以张咏知益州。

目 王继恩、上官正、宿翰等总兵讨贼，渐有成功，顿师不进，专务饮博；其下恣横剽掠，余寇势复张大。咏至，勉正等亲行，临发举酒属军校曰："尔曹蒙国家厚恩，此行当平荡丑类；若老师旷日，即此地还为尔死所矣！"正由是决行深入，大致克捷。

时寇掠之际，民多胁从，咏谕以恩信，使各归田里。且曰："前日李顺胁民为贼，今日吾化贼为民，不亦可乎。"其为政恩威并用，蜀民畏而爱之。先是城中屯兵尚三万人，无半月之食，咏知民间旧苦盐贵，而廪有余积，乃下其估，听民以米易盐。未逾月，得米数十万斛。咏度有二岁备，乃奏罢陕西粮运。帝闻之，喜曰："此人何事不能了，吾无忧矣！"

纲 九月，以襄王元侃为开封尹，进封寿王。

目 帝在位久，储贰未定，冯拯等上疏言之。帝怒，斥之岭南，中外无敢复言者。寇准自青州召还，入见，帝曰："朕诸子孰可以付神器者？"准曰："陛下为天下择君，谋及妇人、中官不可也。唯陛下择所以副天下望者。"帝俯首久之，屏左右曰："襄王可乎？"准曰："知子莫若父。圣意既以为可，愿即决定。"遂以元侃为开封尹，进封寿王。元侃，帝第三子也。

纲 以寇准参知政事。

纲 冬十二月，以陈恕为盐铁使。

目 总计使果不便，乃罢之。复以三司、两京、十道归三部，各置使，以恕为盐铁使。恕有心计，厘去宿弊，帝深器之，亲题殿柱曰"真盐铁陈恕"。恕每便殿奏事，帝或未察，至形诮让；恕踧踖退至殿壁，俟帝意稍解复进，亹执前论，终不易，帝亦多从之。

纲 乙未，至道元年，春正月，帝观灯于乾元楼。

目 帝以上元御乾元门楼观灯赐宴，见京师繁盛，谕近臣曰："五代之际，生灵凋丧，当时谓无复太平之日矣。朕躬览庶政，万事粗理，每念上天之贶，致此繁盛，乃知理乱在人。"吕蒙正避席曰："乘舆所在，士庶走集，故繁盛如此。臣尝见都城外不数里，饥寒而死者甚众。愿陛下亲近以及远，苍生之幸也。"帝变色不言。蒙正侃然复位，同列咸多其伉直。

纲 刘昌言免，以钱若水同知枢密院事。

纲 二月，四川都监宿翰获张馀于嘉州，蜀盗平。

纲 夏四月，吕蒙正、柴禹锡、苏易简罢。

目 帝尝欲遣人使朔方，谕中书选可责以事者。蒙正以名上，帝不许。他日三问，三以其人对。帝怒曰："卿何执邪！"蒙正对曰："臣非执，臣不欲用媚道妄随人主意以害国事。"因称其人可使，余人不及。同列竦息不敢动。帝退谓左右曰："蒙正气量我不如。"即而卒用其人，果称职。至是罢相，判河南。

纲 以吕端同平章事，张洎参知政事，赵镕知枢密院事。

目　初帝欲相端，或曰："端为人糊涂。"帝曰："端小事糊涂，大事不糊涂。"决意用之。端持重，识大体，时同列奏对多异议，惟端罕所建明，一日内札戒谕："自今中书事，必经吕端参酌，乃得闻奏。"端愈谦让不敢当。

洎博涉经史，善持论，为翰林学士。帝尝谓近臣曰："张洎富有文艺，至今尚苦学，江东士人之冠也。"甚见宠遇。洎初为寇准官属，甚恭谨。每为准规画，准心伏，以兄事之，极荐其才，遂与准同列，奉之愈谨，政事一决于准，无所参预，惟专修时政记，甘言善柔而已。

纲　开宝皇后宋氏崩，贬翰林学士王禹偁知滁州。

目　后疾甚，迁于故燕国长公主第，崩，权殡普济佛舍，谥曰孝章皇后，群臣不成服。禹偁对客言："后尝母仪天下，当遵旧礼。"帝不悦，坐谤讪，责知滁州。禹偁立朝敢言，以直躬行道为己任，不为流俗所容，故屡见斥。

纲　六月，以李继迁为鄜州节度使；继迁不奉诏。

纲　秋八月，立元侃为皇太子，更名恒，大赦。

目　太子既立，庙见还宫，京师民拥道喜跃曰："少年天子也。"帝闻之不怿，召寇准谓曰："人心遽属太子，欲置我何地！"准再拜贺曰："此社稷之福也。"帝悟。入语后嫔，宫中皆前庆；帝喜，复出，延准饮，极醉而罢。以李至、李沆并兼太子宾客，诏太子以师傅礼事之。太子每见至、沆，必先拜；至、沆不敢当，上表辞谢，帝不许。

纲　丙申，二年，春二月，以李昌龄参知政事。

纲　以太祖孙惟吉为阆州观察使。

目　惟吉，魏王德昭长子也。太祖崩时，惟吉才六岁，帝即位，犹在禁中，日侍中食。太平兴国八年始出居东宫，未几授左骁卫大将军，至是授阆州观察使，凡邸第供亿车服赐与，皆与诸王埒。

纲　夏四月，遣李继隆等分道讨李继迁。

纲　秋七月，寇准罢。

目　是岁郊祀，中外官皆进秩，准素所喜者多得台省清要官，所恶及不相知者即序进之。广州通判冯拯上疏极陈准擅权，且条上除拜不平数事；帝不怿。张洎揣知帝嫉准，惧一旦同罢，乃奏准诽谤；帝益不悦。会广东转运使康戬上言："吕端、张洎、李昌龄皆准所引，故准得以任胸臆，乱经制。”帝怒，召端等责之。端对曰：“准性刚自任，臣等不欲数争，虑伤国体。”因再拜请罪。及准入对，帝语及拯事，准力争不已，又持中书簿论曲直于帝前。帝因叹曰：“鼠雀尚知人意，况人乎？”遂罢知邓州。

纲 八月，李继隆副将范廷召遇李继迁于乌白池，击败之，继隆不见虏而还。

纲 九月，秦、晋诸州地震。

纲 大有年。

纲 丁酉，三年，春正月，张洎罢。

纲 以温仲舒、王化基参知政事，李惟清同知枢密院事。

纲 葬孝章皇后。

纲 分天下州、军为十五路。

目 京东、京西、河北、河东、陕西、淮南、江南东、西、荆湖南、北、两浙、福建、川陕、广南东、西，凡十五路，各置转运使。

纲 三月，帝崩，太子恒即位。

目 帝不豫，宣政使王继恩忌太子英明，阴与参知政事李昌龄、知制诰胡旦等谋立楚王元佐。帝崩，皇后令继恩召吕端，端知有变，即绐继恩入书阁，锁闭之。亟入宫，后问曰：“宫车已晏驾，立嗣以长，顺也，今将何如？”端曰：“先帝立太子，正为今日，岂容更有异议。”后默然，乃奉太子至福宁殿即位，垂帘引见群臣。端平立殿下，不拜，请卷帘升殿审视，然后降阶，率群臣拜焉。

纲 夏四月，尊皇后为皇太后，赦。以李至、李沆参知政事。

纲 五月，李昌龄有罪，贬忠武行军司马。

目 讨谋立楚王之罪，贬昌龄为司马；降王继恩为右监门卫将军，均州安置；胡旦除名，长流寻州。

纲 立郭氏为皇后。

纲 六月，追复涪王廷美为秦王，复封兄元佐为楚王。

纲 钱若水请罢，许之。

目 初，太宗以刘昌言罢，问左右曰：“昌言涕泣否？”及吕蒙正罢，又曰：“望复位目穿矣。”若水因叹曰：“上待辅臣如此，盖无秉节高迈，全进退之道以感动之者耳。”即欲移疾，会西边用兵，不敢言。至是以母老请解枢务，章再上，乃罢为集贤院学士。若水入谢便殿，帝问近臣可大用者，若水以中书舍人王旦对，帝曰："此固朕所属也。"

纲 秋八月，赵镕、李惟清罢，以曹彬为枢密使，向敏中、夏侯峤为副使。

纲 冬十月，葬永熙陵。

纲 十二月，追尊太宗贤妃李氏为皇太后。

纲 李继迁请降，以为定难节度使，复姓名赵保吉。

纲鉴易知录卷六六

宋纪

真宗皇帝

纲 戊戌，真宗皇帝咸平元年，春正月，彗星见，诏求直言。

目 彗出营室北，吕端言："应在齐、鲁分。"帝曰："朕以天下为忧，岂直一方邪！"诏求直言，避殿减膳。时田锡自知集贤院出知泰州，上疏言："李继迁不合与夏州，又不合呼之为赵保吉，乃时政舛误之大者。"又言"枢密公事，宰相不得预闻，中书政事，枢密不得预议，以致兵谋未精，国计未善。"帝嘉纳之。

纲 夏四月，遣使按诸路逋负，悉除之。

目 除天下逋欠一千余万，释系狱者三千余人，用三司判官王钦若之言也。

纲 冬十月，吕端、李至、温仲舒、夏侯峤罢。

目 端器量宽恕，知大体，帝深重之。每见其入对，肃然拱揖，不以名呼。又以端姿仪瓌大，宫庭陛峻，特令梓人为纳陛。至是，以疾罢。

纲 以张齐贤、李沆同平章事，向敏中参知政事，杨砺、宋湜为枢密副使。

目 齐贤慷慨有大略，每以致君自负。尝为帝言皇王之道，帝曰："皇王之道非有迹，但庶事无挠，则近之矣。"

帝尝问沆治道所宜先，沆对曰："不用浮薄新进喜事之人，此最为先。"帝问其人，沆曰："如梅询、曾致尧辈是矣。"帝又语及"唐人树党，遂使王室微弱，盖奸邪难辨耳。"沆曰："佞言似忠，奸言似信，如卢杞蒙蔽德宗，李泌以为真奸邪是也。"帝曰："奸邪之迹虽曰难辨，久之自败。"一夕内出手诏，欲以刘美人为贵妃，沆对使者引烛焚之，附奏曰："但道臣沆以为不可。"其议遂寝。帝尝谓沆曰："人皆有密启，卿独无，何也?”对曰:“臣待罪宰相,公事则公言之,何用密启。夫人臣有密启者,非谗即佞,臣常恶之,岂可效尤。”

纲　己亥,二年,春闰三月,旱,求直言。

目　转运副使朱台符上言,略曰:“陛下践祚以来,彗星一见,时雨再愆。彗星见者,兵之象也。时雨愆者,泽未流也。宜重农以积粟,简卒以省费,专将帅之任以安边,慎守令之选以惠民,舍此数事,虽有智者不能为计矣。”

纲　夏六月,枢密使兼侍中鲁公曹彬卒。

目　彬疾,帝临问,因询以契丹事宜,彬对曰:“太祖英武定天下,犹经营和好。”帝曰:“此事朕当屈节为天下苍生,然须执纲纪,存大体,即久远之利也。”又问以后事,对曰:“臣无事可言。臣子璨、玮,材器皆堪为将。”帝问其优劣,对曰:“璨不如玮。”及卒,帝哭之恸,赠中书令,追封济阳王,谥武惠。彬在朝廷,未尝忤旨,亦未尝言人过失。位兼将相,不以等威自异,遇士夫于途,必引车避之,不名下吏。每白事,必冠而后见。居官俸入,给宗族,无余积。君子谓彬仁恕清慎,能保功名,守法度,为宋良将第一。

纲　秋七月,以王显为枢密使。

纲　以吕文仲等为翰林侍读学士,邢昺为侍讲学士。

目　初置翰林侍读、侍讲学士,设直庐于秘阁,以杨徽之、夏侯峤及文仲为侍读学士,昺为侍讲学士,更直召对询访,或至中夕。寻诏昺与杜镐、舒雅、孙奭等校定周礼、仪礼、公羊、穀梁春秋传、孝经、论语、尔雅义疏。

纲　冬十月,契丹隆绪入寇,都部署康保裔与战于瀛州,死之。十二月,帝自将御契丹,次于大名。

纲　庚子,三年,春正月,契丹引还,范廷召追败之。帝至自大名。

纲　二月,王显罢,以周莹、王继英知枢密院事,王旦同知院事。

目　初,旦为翰林学士,尝奏事退,帝自送之,曰:“为朕致太平者,必此人也。”

纲　夏四月,太子太保吕端卒。

纲　冬十一月,张齐贤免。

目 齐贤与李沆不相得。日南至朝会，齐贤被酒失仪，遂坐免。

纲 辛丑，四年，春二月，诏群臣子弟补京官者试一经。

纲 三月，以吕蒙正、向敏中同平章事。王化基罢。以王旦参知政事，冯拯、陈尧叟同知枢密院事。

纲 夏四月，以王钦若参知政事。

纲 颁九经于州县学校。

纲 秋八月，以张齐贤为泾原诸路经略使。

目 帝以赵保吉虽入贡，而钞劫益甚，乃遣齐贤行边。齐贤言："灵武孤城，必难固守，徒使军民六七万陷于危亡之地。"通判永兴军何亮复上安边书，言"灵武地方千里，表里山河，决不可舍之以资戎狄"。帝不能决，诏群臣议弃守之宜。杨亿言"弃之便"。辅臣咸以"灵州乃必争之地，苟失之，则缘边诸郡皆不可保"。帝惑之。李沆曰："保吉未死，灵州非朝廷有也。莫若遣使密召州将，使部分军民，空垒而归，如此则关右之民息肩矣。"帝不从，以王超为西面行营都部署，将步骑六万援灵州。齐贤又请募江南丁壮以益戍兵，帝曰："此不惟人心动摇，抑使南方之人远戍西鄙，甚不便也。"寝其奏。

纲 九月，赵保吉反，陷清远军。

纲 壬寅，五年，春三月，赵保吉陷灵州，知州事裴济死之。

目 济知灵州，谋辑八镇，兴屯田之科，民甚赖之。保吉大集蕃部来攻，济被围饷绝，刺指血染奏，求救兵，不至，城遂陷，济死焉。保吉以州为西平府，居之。帝得报，悔不用李沆之言，诏王超屯永兴军。

纲 夏六月，周莹罢。

纲 秋九月，召种放为左司谏，直昭文馆。

目 张齐贤言放孝行纯至，简朴退静，可厉风俗。下诏召之，放乃诣京师，对于崇政殿，赐坐，询以民政边事。放对曰："明王之治，爱民而已，惟徐而化之。"余皆谦让不对。即日授左司谏、直昭文馆。放固让，不许，赐予甚厚，时召对焉。明年请暂还山，许之，迁起居舍人。放既还，后数朝京师，东封、西祀无不预。禄赐既丰，颇饰舆服，置田长安，强市争讼，时议薄之。王嗣宗守京兆，因条上其不法事，极其丑诋，会赦而止。杜镐尝因宴饯赋诗，诵北山移文以讥之，放不之愧。

纲 冬十月，向敏中免。

纲 癸卯，六年，夏四月，复以张咏知益州。

目 帝以咏前在蜀，治政优异，复自永兴徙知益州。民闻咏再至，皆鼓舞相庆。咏威惠并行，政绩益著，下诏褒美，且令巡抚使传谕咏曰："得卿在蜀，朕无西顾之忧矣。"

纲 六月，以寇准为三司使，陈恕罢。

目 恕久领三司。帝初即位，尝命条具中外钱谷，恕久不进，屡诏趣之，恕对曰："陛下富于春秋，若知府库充实，恐生侈心，是以不敢进也。"帝嘉之。至是以疾固求馆殿之职，帝曰："卿求一人可代者，听卿去。"恕荐准焉。准至三司，检寻恕前后改创之事类为册，及其所出榜，别用新板，躬至恕第请判押；恕亦不让，一一押之，自是计使无不循其旧贯。恕精于吏理，深刻少恩，人不敢干以私。掌利柄十余年，强力干事，胥吏畏服。

纲 秋九月，吕蒙正罢。

纲 冬十二月，右谏议大夫田锡卒。

目 锡居谏署，直言时政得失，每指斥将相备位，无所筹谋，封疏凡五十二奏，悉焚之。曰："直谏，臣职也，岂可藏副示后以卖直邪。"及卒，帝谓李沆曰："田锡，直臣也。朝廷少有阙失，方在思虑，锡之章疏已至矣。"嗟惜久之。

纲 赵保吉陷西凉，杀丁惟清，潘罗支会蕃部击败之。保吉走死，子德明嗣。

目 环、庆边臣以德明初立，乞降诏抚之。帝乃诏德明，令审图去就。知镇戎军曹玮上言："保吉擅河南地二十年，兵不解甲，使中国有西顾之忧。今其国危子弱，不即捕灭，后更强盛，不可制矣。愿假臣精兵，出其不意，擒德明送阙下，复河南为郡县，此其时也。"帝欲以恩致德明，不报。

纲 甲辰，景德元年，春正月，京师地震。

纲 三月，皇太后李氏崩。

纲 秋七月，尚书右仆射同平章事李沆卒。

目 时西北用兵，帝便殿延访，或至旰食，王旦叹曰："我辈安得坐见太平，优游无事邪！"沆曰："强敌外患，足为警戒。他日四方宁谧，朝廷未必无事。"

沆又日取四方水旱、盗贼奏之，旦以为细事不足烦帝听。沆曰："人主少年，当使知四方艰难，不然，血气方刚，不留意声色犬马，则土木、甲兵、祷祠之事作矣。吾老不及见，此参政他日之忧也。"

丁谓与寇准善，准屡荐其才于沆，沆不用。准问之，沆曰："顾其为人，可使之在人上乎？"准曰："如谓者，相公终能抑之使在人下乎？"沆笑曰："他日当思吾言。"

沆尝言："居重位无补，惟中外所陈利害，一切报罢之，少以报国尔。朝廷防制，纤悉备具，或徇所陈请，行一事即所伤多矣，陆象先所谓'庸人扰之'是已。"沆常读论语，或问之，沆曰："沆为宰相，如'节用而爱人，使民以时'，尚未能行。圣人之言，终身诵之可也。"

沆性直谅，内行修谨，居位慎密，不求声誉，遵法度，识大体，人莫能干以私。公退，终日危坐，未尝跛倚。治第封丘门内，厅前仅容旋马。或言其太隘，沆笑曰："居第当传子孙。此为宰相厅事诚隘，为太祝奉礼厅事则已宽矣。"

及卒，帝惊恸，谓左右曰："沆忠良纯厚，始终如一，岂意不享遐寿邪！"赠太尉、中书令，谥文靖。

纲　以毕士安参知政事。

纲　八月，以毕士安、寇准同平章事，王继英为枢密使，冯拯、陈尧叟签书枢密院事。

目　初，士安既拜参知政事，入谢，帝曰："未也，行且相卿。"因问"谁可与卿同进者？"对曰："寇准兼资忠义，善断大事，臣所不如。"帝曰："闻其好刚使气。"对曰："准忘身徇国，秉道疾邪，故不为流俗所喜。今天下之民，虽蒙休德，涵养安佚，而北戎跳梁，为边境患，若准者正宜用也。"帝曰："然。当藉卿宿德镇之。"准既相，守正疾恶，小人日思所以倾之，士安每为申辨，帝始不疑。

纲　闰九月，契丹隆绪大举入寇。

纲　冬十月，契丹来议和，遣阁门祗候曹利用报之。

纲　置龙图阁。

目　奉太宗御制文集及典籍图画宝瑞之物，与宗正所进属籍；并置待制学士官。自是，每一帝崩，则置一阁。

纲　十一月，契丹进寇澶州，帝自将御之。

目　契丹陷德清军，逼冀州，遂抵澶州。边书告急，一夕五至，寇准不发，饮笑自如。帝闻之大骇，以问准。对曰："陛下欲了此，不过五日耳。"因请帝幸澶州，同列惧欲退，准止之，令候驾起。帝难之，欲还内，准曰："陛下入，则臣不得见，大事去矣！请无还。"

毕士安力劝帝如准所请，帝乃议亲征，召群臣问方略。时以虏寇深入，中外震骇，王钦若临江人也，请幸金陵；陈尧叟阆州人也，请幸成都。帝以问准，准心知二人谋，乃阳若不知者，曰："谁为陛下画此策？罪可斩也！陛下神武，将臣协和，若大驾亲征，敌当自遁；不然，出奇以挠其谋，坚守以老其师，劳佚之势，我得胜算矣。奈何弃庙社欲幸楚、蜀？所在人心崩溃，敌乘胜深入，天下可复保邪！"帝意乃决。时欲择大臣镇大名，准荐钦若，遂诏判天雄军。盖准以钦若多智，恐妄有所疑沮，故出之。

纲　李继隆军射杀契丹将萧挞览。

目　契丹围澶州，李继隆整军御之。会有自虏中回者，言挞览谋以迟明袭寨，继隆伏兵分据要害。顷之，控弦暴至，挞览躬出阵前督战；继隆将张环守床子弩，弩撼机发，射杀之。挞览有机勇，所领皆锐兵，既死，虏大挫衄。

纲　以王旦为东京留守。

纲　十二月，帝渡河，次澶州，契丹请盟而退。

目　帝在道，又有以金陵之谋告者，帝意稍惑，召准问之。准曰："陛下惟可进尺，不可退寸。河北诸军日夜望銮舆至，士气百倍；若回辇数步，则万众瓦解，虏乘其后，金陵亦不可得至也。"殿前都指挥使高琼曰："寇准言是。"准又曰："机不可失，宜趣驾。"帝乃晨发。

至澶州南城，望见契丹军势甚盛，众请驻跸。寇准固请曰："陛下不过河则人心益危，敌气未慑，非所以取威决胜也。且王超领劲兵屯中山以扼其吭，李继隆、石保吉分大阵以扼其左右肘，四方征镇赴援者日至，何疑而不进！"高琼亦固以请，即麾卫士进辇，帝遂渡河。御北城门楼，远近望见御盖，踊跃呼万岁，声闻数十里，契丹相视益恂骇。帝悉以军事付准，准承制专决，号令明肃，士卒畏悦。已而契丹数千骑来薄城下，诏士卒迎击，斩获大半，乃引去。

帝还行宫，留准居北城上，徐使人视准何为。准方与知制诰杨亿饮博，歌谑欢呼。帝喜曰："准如是，吾复何忧。"

契丹遣其臣韩杞持书与曹利用俱来请盟，利用言契丹欲得关南地，帝曰："所言归地，事极无名；若必邀求，朕当决战；若欲金帛，朝廷之体，固亦无伤。"准不欲赂以货财，且欲邀其称臣及献幽、蓟之地，因画策以进曰："如此，则可保百年无事；不然，数十年后戎且生心矣。"帝曰："数十年后，当有扞御之者。吾不忍生灵重困，姑听其和可也。"准尚未许，会有谮准幸兵以自取重者，准不得已，乃许其成。复遣曹利用如契丹军，议岁币。帝曰："必不得已，虽百万亦可。"准闻之，召利用至幄谓曰："虽有敕旨，汝所许过三十万，吾斩汝矣！"利用至契丹军，竟以银十万两，绢二十万匹，成约而还。契丹遣其阁门使丁振持誓书来，以兄礼事帝，引兵北归。

纲　帝至自澶州。

纲　乙巳，二年，春正月，大赦。

目　以契丹讲和，大赦天下，放河北诸州强壮归农，罢诸路行营，省河北戍兵十之五，缘边三之二。诏缘边毋出境掠夺，得契丹马牛悉纵还之。通互市，葺城池，招流亡，广储蓄，由是河北民得安业，皆毕士安之谋也。

纲　夏四月，王钦若罢，以冯拯参知政事。

目　钦若与寇准不协，累表愿解政事，特置资政殿学士授之。

纲　秋七月，增置制举六科。

目　贤良方正等三科久不行，至是增置为六科："曰贤良方正能直言极谏，博通坟、典达于教化，才识兼茂明于体用，详明吏理可使从政，识洞韬、略运筹决胜，军谋宏远材任边寄，凡六科。诏中书门下试察其才，具名闻奏，临轩亲策之。

纲　归币于契丹。

目　自是岁以为常。

纲　八月，以向敏中知延州。

目　先是赵德明以父有遗命，遣使乞归顺，诏以敏中为缘边安抚使，受其降。至是，以德明誓约未定，徙敏中为都部署，兼知延州，委以经略。

纲　冬十月，吏部侍郎同平章事毕士安卒。

目 帝谓辅臣曰："士安饬躬畏谨，有古人之风，遽此沦没，深可悼惜。"王旦等对曰："士安官至辅相，而四方无田园居第。没未终丧，家用已屈，真不负陛下之所知矣。"帝感叹，赐其家白金五千两，谥文简。

纲 十一月，契丹遣使来聘。

纲 丙午，三年，春二月，罢寇准知陕州。

目 准为相，用人不以次，同列颇不悦。他日除官，同列目吏持例簿以进，准曰："宰相所以进贤退不肖，若用例，一吏职耳。"自澶渊还，颇矜其功。

帝待准甚厚，王钦若深嫉之。一日会朝，准先退，帝目送之，钦若因进曰："陛下敬准，为其有社稷功邪？"帝曰："然。"钦若曰："澶渊之役，陛下不以为耻，而谓准有社稷功何也？"帝愕然，曰："何故？"钦若曰："城下之盟，春秋耻之。澶渊之举，以万乘之贵，而为城下之盟，何耻如之！"帝愀然不悦。钦若曰："陛下知博乎？博者输钱欲尽，乃罄所有出之，谓之孤注。陛下，寇准之孤注也，斯亦危矣！"由是帝顾准浸衰，竟罢为刑部尚书，出知陕州。

初，张咏在成都，闻准入相，谓僚属曰："寇公奇材，惜学术不足耳。"及准知陕，咏适自成都还，准送之郊，问曰："何以教准？"咏徐曰："霍光传不可不读也。"准莫谕其意，归取其传读之，至"不学无术"，笑曰："此张公谓我也。"

未几，移准知天雄军，契丹使过大名谓准曰："相公望重，何故不在中书？"准曰："主上以朝廷无事，北门锁钥，非准不可耳。"

纲 以王旦同平章事，赵安仁参知政事。以王钦若、陈尧叟知枢密院事，韩崇训、马知节签书院事。

纲 置诸州常平仓。

纲 冬十月，赵德明请降，诏以为定难节度使。

纲 丁未，四年，春正月，契丹城辽西为中京。

纲 夏四月，皇后郭氏崩。

纲 五月，增孔子守茔户。

纲 秋八月，权三司使丁谓上景德会计录。

纲 戊申，大中祥符元年，春正月，有天书见于承天门，大赦，改元。

目 帝自闻王钦若言，深以澶州之盟为辱，常怏怏不乐。钦若度帝厌兵，因谬进曰："陛下以兵取幽、蓟，乃可涤此耻。"帝曰："河朔生灵，始免兵革，朕安忍为此！可思其次。"钦若曰："惟封禅可以镇服四海，夸示外国。然自古封禅，当得天瑞希世绝伦之事乃可尔。"既而又曰："天瑞安可必得，前代盖有以人力为之者。惟人主深信而崇奉之，以明示天下，则与天瑞无异也。陛下谓河图、洛书果有邪？圣人以神道设教耳。"帝沉思久之，曰："王旦得无不可乎？"钦若曰："臣论以圣意，宜无不可。"钦若乃乘间为旦言，旦黾勉从之。帝尚犹豫，会幸秘阁，骤问直学士杜镐曰："古所谓河出图、洛出书，果何事邪？"镐老儒，不测上旨，漫应之曰："此圣人以神道设教耳。"帝意乃决，遂召旦饮，欢甚，赐以樽酒曰："归与妻孥共之。"既归，发封，则皆美珠也。旦悟帝旨，自是不敢有异议。

正月乙丑，帝谓群臣曰："去冬十一月庚寅，夜将半，朕方就寝，忽室中光曜，见神人星冠绛衣，告曰：'来月宜于正殿建黄箓道场一月，当降天书大中祥符三篇。'朕竦然起对，已复无见。自十二月朔，即斋戒于朝元殿，建道场以伫神贶。适皇城司奏有黄帛曳左承天门南鸱尾上，令中使视之，帛长二丈许，缄物如书卷，缠以青缕，封处隐隐有字，盖神人所谓天降之书也。"旦等皆再拜称贺。

帝即步至承天门，瞻望再拜，遣二内侍升屋奉之下。旦跪进，帝再拜受之，亲置舆中，导至道场，授陈尧叟启封，复命尧叟读之。其书黄字三幅，词类洪范、道德经，始言帝能以至孝至道绍世，次谕以清净简俭，终述世祚延永之意。读讫，盛以金匮，群臣入贺于崇政殿，赐宴，遣官告天地、宗庙、社稷，大赦，改元。

钦若之计既行，陈尧叟、陈彭年、丁谓、杜镐益以经义附和，而天下争言祥符矣。独龙图阁待制孙奭言于帝曰："以臣愚所闻，'天何言哉'，岂有书也！"帝默然。

纲 三月，诏议封禅。夏四月，以王旦兼封禅大礼使。

纲 六月，得天书于泰山。群臣上帝尊号。

纲 作玉清昭应宫。

纲 冬十月，帝封泰山，禅社首。大赦。

纲 十一月，帝过曲阜，谒孔子，加谥玄圣文宣王。

纲 还宫。

目 帝还，群臣争颂功德，惟进士孙籍献书，言："封禅，帝王之盛事，愿陛下谨于盈成，不可遂自满假。"知制诰周起亦上言："天下之势，常患恬于逸安，而忽于兢畏。愿毋以告成为恃。"帝皆纳之。

纲 己酉，二年，春二月，以方士王中正为左武卫将军。

目 先是汀州人王捷言："于南康遇道人，姓赵氏，授以丹术及小镮神剑。盖司命真君，是为圣祖。"宦者刘承珪以闻，赐捷名中正，得对龙图阁。既东封，加圣祖为司命天尊，授中正以官，恩遇甚厚。

纲 夏四月，升州大火，陕西旱、蝗。

纲 三司使丁谓上封禅祥瑞图。

目 丁谓上封禅祥瑞图，示百官于朝堂。自封禅之后，士大夫争奏符瑞，献赞颂。崔立独言："水发徐、兖，旱连江、淮，无为烈风，金陵大火，是天所以戒骄矜也。而中外多上云雾草木之瑞，此何足为治道言哉！"不省。

纲 庚戌，三年，春二月，赎吕端第赐其家。

目 端诸子多不同处，旧第已质于人。帝闻之，出内库钱赎还之，令其聚居。端长子蕃言负人息钱甚多，帝别赐内库金帛，俾偿之。蕃弟荀与西京差遣，仍令内侍省置簿为掌儆课，给其家。王旦曰："陛下推恩旧臣，始终委曲至矣。"

纲 秋，旱、蝗。

纲 九月，内侍江守恩有罪，诛。

目 守恩擅取民麦穗，杖杀军士，狱成抵法。太常博士俞献卿抗章论救，坐贬。帝尝谓辅臣曰："前代内臣恃恩恣横，蠹政害物，朕深以为戒，故于班秩赐予不使过分，有罪未尝矜贷。"王旦等曰："前代事迹昭然，足为龟鉴。陛下言及此，社稷之福也。"

纲 冬十二月，夏州饥。

目 西夏管内饥，赵德明表求粟百万，朝议不知所出。或言德明方纳款，而敢渝誓，请降诏责之。王旦曰："第诏德明云：'已敕有司具粟百万于京师，其遣众来取。'"德明得诏惭曰："朝廷有人。"

纲 辛亥，四年，春二月，帝祭后土于汾阴，大赦。

目 先是群臣上表请祀汾阴，帝从之，以王旦兼大礼使，王钦若为礼仪使，陈尧叟为经度使。正月，奉天书发京师，是月至宝鼎县，祀后土地祇，大赦天下。建宝鼎县为庆成军，大宴群臣于穆清宫而还。

初，将祀汾阴，会岁旱，龙图阁待制孙奭上疏，陈不可者十，且曰："陛下才毕东封，又议西幸，非先王五年卜征重谨之意。今国家土木之功，累年不息，水旱作沴，饥馑居多，乃欲劳民事神，神其飨之乎！"时群臣争奏祥瑞，奭复上言："方今野雕、山鹿，并形奏简；秋旱、冬雷，率皆称贺。将以欺上天，则上天不可欺；将以愚下民，则下民不可愚；将以惑后世，则后世不可惑。夫'国将兴听于民，将亡听于神'，陛下何为而不思也！"帝嘉其忠而不能从。

纲 三月，召陕州隐士魏野，不至。

目 野不求闻达，居陕之东郊，为诗精苦。帝自汾阴还，次陕州，遣陕令王希召之，不起，命工图其所居观之。

纲 帝过西京，遂谒诸陵。夏四月，还宫。

纲 太子太师吕蒙正卒。

纲 壬子，五年，夏四月，复以向敏中同平章事。

目 时旧相出镇，不以吏事为意，惟敏中尽心民事，帝由是有复用之意。及东封、西祀，皆以敏中留守，厚重镇静，人情帖然，遂复拜相。

纲 五月，赐杭州隐士林逋粟帛。

目 逋力学，善诗，不趋荣利。家贫，衣食不足，晏如也。结庐杭州西湖之孤山。帝闻其名，赐以粟帛。

纲 秋八月，作会灵观。

纲 九月，罢参知政事赵安仁。

目 初，议立后，安仁谓"刘德妃家世寒微，不如沈才人出于相门"。帝不悦。他日，与王钦若从容论方今大臣谁为长者，钦若欲排安仁，乃誉之曰："无若赵安仁。安仁昔为沈伦所知，常欲报之。"帝默然，未几罢。安仁虽贵，简俭若贫素，喜诲诱后进，时以重德推焉。

纲 以王钦若、陈尧叟为枢密使，丁谓参知政事，马知节为枢密副使。

目 时天下乂安，王钦若、丁谓导帝以封祀，眷遇日隆。钦若自以深达道教，多所建明，而谓附会之，与陈彭年、刘承珪等搜讲坠典，大修宫观。以林特有心计，使为三司使以干财利。五人交通，纵迹诡秘，时号"五鬼"。王旦欲谏，则业已同之；欲去，则上遇之厚。追思李沆之先识，叹曰："李文靖真圣人也！"

钦若状貌短小，颈有附疣，时目为"瘿相"。性倾巧，敢为矫诞。知节以众方竞言祥瑞，深不然之，每言于帝曰："天下虽安，不可忘战去兵也。"

纲　冬十月，帝言圣祖降于延恩殿。

目　帝语辅臣曰："朕梦神人传玉皇之命云：'先令汝祖赵玄朗授汝天书，今令再见汝。'翌日，复梦神人传圣祖言。吾座西，斜设六位以候。是日即于延恩殿设道场，五鼓一筹，先闻异香，顷之，圣祖至，朕再拜殿下，俄有六人至，揖圣祖，皆就坐。圣祖命朕前曰：'吾人皇九人中一人也，是赵之始祖。'即离座乘云而去。"王旦等皆再拜称贺。诏告天下，肆赦加恩。闰月，上圣祖及圣母尊号。

纲　十一月，以王旦兼玉清昭应宫使。

纲　作景灵宫。

纲　改孔子谥。

目　以"玄"字犯圣祖讳，改"玄圣"为"至圣"。

纲　十二月，立德妃刘氏为皇后。

目　后父通为虎捷都指挥使，从征太原，道卒，后在襁褓而孤，鞠于外氏，善播鼗。蜀人龚美者以锻银为业，携之至京师，年十五入襄邸。帝即位，自美人进位德妃，专宠后宫。郭氏崩，帝欲立之，翰林学士李迪言"妃起于寒微，不可以母天下"。帝不从。欲得杨亿草制，使丁谓谕旨。亿难之，谓曰："勉为此，不忧不富贵。"亿曰："如此富贵，亦非所愿也。"乃命他学士焉。后既立，以无宗族，更以美为兄，改其姓为刘。闻李迪之谏，大恨之。后性警敏，晓书史，闻朝廷事，能记其本末。帝退朝，阅天下封奏，多至中夜，后皆预闻。宫闱事有问，辄援引故实以对。帝深重之，由是渐干外政。

纲　癸丑，六年，春正月，禁内臣出使干预公事。

纲　秋七月，除农器税。

目　知滨州吕夷简请免税河北农器。帝曰："务穑劝农，古之道也，岂独河北哉！"诏诸路并除之。

纲 冬十二月，献天书于朝元殿。

目 先是，帝享玉皇于朝元殿，判亳州丁谓献芝草三万七千本，遂诏扶侍使赵安仁等奉献天书于朝元殿。

纲 甲寅，七年，春正月，帝如亳州，谒老子于太清宫。

目 先是，诏亲谒太清宫，命王旦兼大礼使，丁谓兼奉祀经度制置使，陈彭年副之，加号太上老君混元上德皇帝。孙奭上言："陛下事事慕效唐明皇，岂以明皇为令德之主邪?"帝曰："东封、祀汾、谒陵寝、享老子，非始于明皇。且开元礼今世所循用，不可以天宝之乱而非之。"作解疑论以示群臣。是月，奉天书发京师，遂朝谒太清宫。

纲 以应天府为南京。

目 国初因五代之旧，以大梁为东京开封府，洛阳为西京河南府，后以太祖旧藩归德军在宋州，改宋州为应天府，至是建为南京。作鸿庆宫，以奉太祖、太宗圣像。

纲 二月，还宫，大赦。

纲 夏六月，王钦若、陈尧叟、马知节免。

目 知节素恶钦若之为人，议论未尝少屈。钦若每奏事，必怀数奏，但出一二，匿其余，退则以己意称上旨行之。知节尝于帝前顾钦若曰："怀中奏，何不尽出之?"钦若不悦。会泸州都巡检王怀信等上平蛮功，钦若久不决，既而擅超擢之；知节因面诋其短，争于帝前。帝召王旦质之。旦至，钦若犹哗不已，知节流涕曰："愿与钦若同下御史府。"旦叱钦若使退。帝大怒，命付狱。旦从容曰："钦若等当黜，未知坐以何罪?"帝曰："忿争无礼。"旦曰："陛下奄有天下，使大臣坐忿争无礼之罪，或闻外国，无以威远。愿至中书召钦若等，宣示陛下含容之意，且戒约之，俟少间罢未晚也。"帝曰："非卿言，朕固难忍。"月余，始罢钦若、知节并及尧叟。

纲 司空张齐贤卒。

纲 以寇准为枢密使。

纲 秋七月，以王嗣宗、曹利用为枢密副使。八月，以向敏中兼景灵宫使。

纲 冬十二月朔，司天监奏日食，不应。

目 群臣表贺。

纲 乙卯，八年，春二月，加楚王元佐天策上将军，赐剑履上殿，诏书不名。

纲 夏四月，寇准罢。

目 准以三司使林特附会邪险，恶之，每事沮抑。帝方宠特，闻之不悦，谓王旦曰："准刚忿如昔。"旦曰："准，好人怀惠，又欲人畏威，皆大臣所当避，而准乃以为己任，此其所短也。非至仁之主，孰能容之？"准竟以是罢。

初，准数短旦于帝，而旦专称准。帝谓旦曰："卿虽称其美，彼专谈卿恶。"旦曰："理固当然。臣在相位久，政事缺失必多，准对陛下无隐，益见其忠直，此臣所以重准也。"帝由是益贤旦。

中书有事送枢密院，违诏格，准以上闻。旦被责，拜谢，堂吏皆坐罚。不逾月，枢密有事送中书亦违诏格，尝吏欣然呈旦，旦令送还枢密而已。准大惭谢。

及罢，准托人语旦，求为使相。旦惊曰："将相之任，岂可求邪！吾不受私请也。"准深憾之。已而除准武胜军节度使、同平章事、判河南府。准入见，谢曰："非陛下知臣，安能至此。"帝具道旦所以荐者，准愧叹，以为不可及。

纲 以王钦若、陈尧叟为枢密使。

纲 朝元殿火。

纲 秋九月，王嗣宗罢。

纲 枢密直学士知陈州张咏卒。

目 咏临卒上疏言："不当造宫观，竭天下之财，伤生民之命。此皆贼臣丁谓诳惑陛下；乞斩谓头置国门以谢天下，然后斩咏头置丁氏之门以谢谓。"帝叹其忠，谥忠定。

纲 赐信州道士张正随号真静先生。

目 初，汉张鲁子自汉川徙居信州龙虎山，世以鬼道惑众，正随其后也。至是，召赴阙，赐号。王钦若为奏立授箓院及上清观，蠲其田租。自是凡嗣世者皆赐号。

纲 丙辰，九年，春正月，以张旻为枢密副使。

目 先是旻为马军副都指挥使，被旨选兵，下令太峻，兵惧，谋欲为变。上召二府议之，王旦曰："若罪旻，则自今帅臣何以御众，捕谋者则震惊都邑。今但擢旻，使解兵柄，反侧者当自安矣。”帝从其言，兵果无他。帝语左右曰：“王旦善处大事，真宰相也。”

纲 夏六月，畿内蝗。

目 帝遣人出郊，得死蝗以献，因以示大臣。明日执政遂袖死蝗进曰：“蝗尽死矣，请示于朝，率百官贺。”王旦曰：“蝗出为灾。灾弭，幸也，又何贺。”固称不可。后数日二府方奏事，飞蝗忽蔽天，帝顾旦曰：“使百官方贺而蝗如此，岂不为天下笑邪！”

纲 秋八月，知秦州曹玮败吐蕃于伏羌砦。

目 玮在秦州，屡请益兵。帝不悦，问李迪“边将谁可代玮者”？迪曰：“玮知唃厮啰欲窥关中，故请益兵为备，非怯也。”乃诏发关内羡兵赴玮。未几，唃厮啰与宗哥族连结入寇；使谍者声言以某日下秦州会食，以激怒玮。玮勒兵不动，坐俟其至，大破之，夷其族帐，斩首千余级。自是唃厮啰势蹙，退保碛中不出。

纲 九月，丁谓、陈尧叟免，以陈彭年、王曾、张知白参知政事，任中正为枢密副使。

目 彭年初入翰林为学士，尝谒王旦，旦辞不见。翌日，向敏中以彭年所上文字示旦，旦暝目不览曰：“是不过兴建符瑞，图进取耳。”已而彭年附王钦若、丁谓，朝廷典礼，无不参预，帝甚宠遇。及升内阁，而李宗谔卒，杨亿罢，彭年独任，事务丛委，形神皆耗，举止失措，至家人有不记其名者。

纲 罢诸营建。

目 李迪言：“陛下土木之役过甚，蝗旱之灾，殆天意以警陛下也。”帝深然之，遂罢诸营造，禁天下贡瑞物。诏民能赈贫者，官之。未几得雨，青州飞蝗多赴海死。

纲鉴易知录卷六七

宋纪

真宗皇帝

纲 丁巳，天禧元年，春二月，陈彭年卒。

目 彭年敏给强记，尤好刑名之学，性奸谄，时号“九尾狐”。张齐贤谓人曰：“彭年在位，必乱国政。”或疑齐贤过甚，后乃服其知人。

纲 三月，以王曾兼会灵观使，曾辞不受。

目 王钦若方挟符瑞以固宠位，阴排异己者。会有诏以曾为会灵观使，曾以推钦若，帝不悦，谓曾曰：“大臣宜傅会国事，何遽自异邪！”曾顿首曰：“君从谏谓明，臣尽忠谓义。陛下不知臣驽病，使待罪宰府，臣知义而已，不知异也。”

纲 夏五月，以王旦为太尉、侍中，参决军国重事。旦固辞，许之。

纲 秋七月，王旦罢。

目 旦疾甚，引对滋福殿，力求避位，帝悯其形瘁，许之。复问曰：“卿万一有不讳，朕以天下付之谁乎？”旦谢曰：“知臣莫若君，惟明主择之。”固问之，旦举笏曰：“以臣之愚，莫如寇准。”帝曰：“准性刚褊，更思其次。”旦曰：“他人臣所不知也。”

纲 八月，以王钦若同平章事。

目 帝久欲相钦若，王旦曰：“钦若遭逢陛下，恩礼已隆，且乞留之枢密，两府亦均。臣见祖宗朝，未尝有南人当国者。虽古称立贤无方，然须贤士乃可。臣为宰相，不敢沮抑人，此亦公议也。”乃止。及旦罢，钦若遂相。钦若语人曰：“为王子明，迟我十年作宰相。”

纲 九月，王曾罢。

目 曾既不受会灵观使，上意不怿，王钦若数谮之。会曾市贺皇后家旧第，其家未徙，而曾令人舁土置其门。贺氏诉于朝，遂罢曾政事。王旦在告，闻之曰："王君介然，他日德望勋业甚大，顾予不得见尔。"或请其故，曰："王君昨让观使，虽怫上旨，而辞直气和，了无所慑。且始被进用，已能若是。我自任政事二十年，每进对稍忤，即蹙踖不能自容，以是知其伟度矣。"

纲 以李迪参知政事，马知节知枢密院事，曹利用、任中正、周起同知院事。

纲 太尉玉清昭应宫使王旦卒。

目 旦为首相，会天下无事，慎守祖宗法度，无所变改。帝久益信，言无不从，凡大臣有所奏请，必问曰："王旦以为如何？"

旦与人寡言笑，及奏事，群臣异同，旦徐一言以定。

居家宾客满堂，察可与言及素知名者，数日后召与语，询访四方利病，或使疏其言而献之，以观其所长，密籍其名荐之，人未尝知。谏议大夫张师德两诣旦门，不得见，意为人所毁，以告向敏中。敏中从容为旦言之，旦曰："旦处安得有毁人者。"及议知制诰，旦曰："可惜张师德。"敏中问之，旦曰："师德名家子，有士行，不意两及吾门。状元及第，荣进素定，当静以待之；若复奔竞，使无阶而入者当如何也。"

薛奎发运江、淮，辞旦，旦无他语，但云"东南民力竭矣"。奎退叹曰："真宰相之言也。"

内臣刘承珪以忠谨得幸，既病，求节度使。帝谓旦曰："承珪待此以瞑目。"旦执不可，曰："他日求为枢密使，此其阶也。"遂止。自是内臣不过留后。旦任事久，有谤之者辄引咎不辨；至人有过失，虽人主盛怒，可辨者辨之，必得而后已。

至是疾笃，帝临问，亲调药并薯蓣粥赐之。及薨，痛悼不已。旦遗令削发披缁以敛，盖悔其不谏"天书"之失也。诸子欲奉遗令，杨亿以为不可，乃止。

纲 戊午，二年，夏闰四月，马知节罢。六月，以曹利用知枢密院事。

纲 彗星出北斗。

纲 秋八月，立子受益为皇太子，更名祯，赦。

目 受益，司寝李氏所生，皇后养以为子，与杨淑妃同抚育之。祥符九年，封寿春郡王，就学于资善堂，以张士逊、崔遵度为王友。未几进封升王，至是立为皇太子。

纲 冬十二月，张知白罢。

纲 乙未，三年，春三月，得天书于乾佑山。夏六月，王钦若有罪，免；以寇准同平章事。

目 巡检朱能，挟内侍都知周怀政，诈为天书。时寇准判永兴军，以闻，诏迎入禁中。中外皆识其诈，帝独信之。谕德鲁宗道言："奸臣诞妄，以惑圣听。"知河阳孙奭言："乞斩朱能，以谢天下。"皆不听。准由是得召用矣。时钦若恩礼衰，商州捕得道士谯文易，畜禁书，能以术使六丁、六甲神。钦若坐与之出入，遂免，以准代相。准之始召也，门生有劝准者曰："公若至河阳称疾，坚求外补，此为上策；倘入见，即发乾佑天书之诈，斯为次也；最下则再入中书耳。"准不怿。

纲 以丁谓参知政事。

目 谓因准称誉得致通显，虽同列，而事之甚谨。尝会食中书，羹污准须，谓徐起拂之。准笑曰："参政国之大臣，乃为官长拂须邪！"谓大惭恨，遂成雠隙。

纲 秋八月，大会道、释于太安殿。

纲 冬十一月，帝谒景灵宫，享太庙，祀天地于圜丘，大赦。

目 自是每三岁行礼，宫庙、圜丘必同举，为永制。向敏中、寇准并加仆射。麻下，帝以即位未尝除左仆射，意敏中应甚喜，贺客必多，使人密觇之，云敏中方谢客，门阑悄然，晌其庖中，亦寂无一人。帝大笑曰："向敏中大耐官职。"

纲 十二月，以曹利用、丁谓为枢密使，任中正、周起为副使。

纲 庚申，四年，春正月，以曹玮签书枢密院事。

目 玮沉勇有谋，驭军严明，自少捍御西陲，熟知羌情，每以奇计用兵，所向克捷。善抚士卒，绥怀边人，羌戎畏怀之。

纲 二月，帝有疾，不视朝。

纲 三月，尚书左仆射、同平章事、兼景灵宫使向敏中卒。

纲 夏四月，有两月并见西南。

纲 六月，寇准罢。

目 时帝得风疾，事多决于皇后，寇准、李迪以为忧。一日准请间曰："皇太子人所属望，愿陛下思宗庙之重，传以神器，择方正大臣羽翼之。丁谓、钱惟演，佞人也，不可以辅少主。"帝然之。准密令杨亿草表，请太子监国，且欲援亿辅政。已而准被酒，漏言，谓闻之曰："即日上体平，朝廷何以处此？"李迪曰："太子监国，古制也，何不可之有？"谓力谮准，请罢其政事。帝不记与准有成言，竟罢为太子太傅，封莱国公。

纲 秋七月，以李迪、丁谓同平章事，冯拯为枢密使。

纲 贬寇准知相州。

目 帝始得疾，自疑不起，尝卧宦者周怀政股，与之谋，欲命太子监国。怀政，东宫官也，出告寇准。已而事泄，准罢，丁谓等因疏斥之，使不得亲近。怀政忧惧不自安，阴谋奉帝为太上皇，而传位太子，罢皇后预政，杀丁谓而复相准。客省使杨崇勋等以其谋告谓，谓即微服夜乘犊车，挟崇勋诣曹利用议。明日以闻，诏命曹玮讯之；怀政具服。帝怒甚，欲责及太子。群臣莫敢言，李迪从容奏曰："陛下有几子，乃欲如是？"帝悟，乃止，诛怀政。谓与皇后谋，并发朱能天书妖妄事，遂贬准为太常卿，知相州。

纲 八月，以任中正、王曾参知政事，钱惟演为枢密副使。周起、曹玮罢。

纲 贬寇准为道州司马。

目 时遣使捕朱能，能拥众叛，未几众溃，自杀。准坐是，再贬道州。既至，晨具朝服如常时，对宾客言笑自若，初无廊庙之贵者。自罢相三绌，皆非帝意。岁余，帝问左右曰："吾目中何久不见寇准？"群臣畏谓威，莫敢对。

纲 九月，帝疾瘳。

纲 冬十一月，李迪、丁谓罢，翌日谓复留视事。罢翰林学士刘筠。

目 丁谓擅权用事，至除吏不以闻，迪愤然谓同列曰："迪起布衣至宰相，有以报国，死犹不恨，安能附权幸为自安计邪！"会议二府皆进秩兼东宫官，迪以为不可。谓又欲引林特为枢副，迪复沮之。谓积怒。既而谓加门下侍郎兼太子太傅，迪加尚书左丞，仍兼太子少傅。故事，宰相无兼左丞者，及入对长春殿，内出制书置榻前，帝谓辅臣曰："此卿等兼东宫官制也。"迪进曰："东宫官属不当增置，臣不敢受命。丁谓罔上弄权，私林特、钱惟演而嫉寇准。特子杀人，事寝不治；准无罪远谪；惟演以皇后姻家使预朝政；曹利用、冯拯相为朋党。臣愿与谓俱罢，付御史台劾正。"帝怒，留制不下，左迁迪知郓州，谓知河南府。明日，谓入谢，帝诘所争状，谓对曰："非臣敢争，乃迪詈臣尔。愿复留。"遂自出传口诏，复入中书视事。

时刘筠已草迪、谓同罢制，既而谓复留，命草制，筠不奉诏，乃更召学士晏殊草之。筠自院出遇殊，殊皇愧侧面，不敢与揖。谓既复位，益擅权专恣。筠曰："奸人用事，安可一日居此！"力请补外，遂知庐州。筠初为杨亿所识拔，后遂与亿齐名，时号"杨、刘"。

纲 诏太子参议朝政。

目 诏："自今军国大事，取旨如故，余皆委皇太子同宰相、枢密等参议施行。"太子固让不允，遂开资善堂亲政，皇后裁决于内，而丁谓用事，中外以为忧。王曾谓钱惟演曰："太子幼，非中宫不能立；中宫非倚太子，则人心亦不附。后若加恩太子则太子安，太子安则刘氏安矣。"惟演乘间言之，后深纳焉。

纲 以冯拯同平章事。

纲 辛酉，五年，春正月，以张士逊为枢密副使。

纲 冬十一月，贬王钦若为司农卿，分司南京。

目 钦若判河南，有疾，表乞就医京师。丁谓使人绐之曰："上甚思一见君也。"钦若信之，即舆疾至京。谓因言："钦若擅去官守，无人臣礼。"命御史就第按问，钦若惶恐伏罪，故贬。

纲 壬戌，乾兴元年，春二月，帝崩。遗诏皇后权处分军国事。太子祯即位，尊皇后为皇太后，赦。

目 王曾奉遗诏入殿庐草制，命皇后权处分军国事，辅太子听政。太子即位，年十三矣，尊皇后为皇太后，淑妃杨氏为皇太妃。两府议太后临朝仪，曾请如东汉故事，太后与帝五日一御承明殿，太后坐右，垂帘听政。丁谓欲擅权，不欲同列与闻机政，潜结入内押班雷允恭，密请太后降手书云："帝朔望见群臣，大事则太后召对，辅臣决之；非大事则令允恭传奏禁中，画可以下。"曾曰："两宫异处，而柄归宦官，祸端兆矣。"于是允恭恃势专恣，而谓权倾中外，众莫敢抗，独曾正色立朝，时倚为重。

纲 夏四月，贬寇准为雷州司户参军，李迪为衡州团练副使。

目 帝临崩，惟言寇准、李迪可托。丁谓怨准，而太后憾迪尝谏立己，遂诬以朋党，贬之。连坐者甚众，曹玮亦谪知莱州。初议窜逐，王曾疑责太重，谓熟视曾曰："居停主人恐亦未免耳。"盖曾尝以第舍假准，曾遂不复争。学士呈制草，谓改曰："当丑徒干纪之际，属先帝违豫之初，罹此震惊，遂致沉剧。"且使人迫迪行。或语谓曰："迪若贬死，公如士论何！"谓曰："异日诸生记事，不过曰'天下惜之'而已。"谓必欲令二人死，遣中使赍敕就赐，以锦囊贮剑，揭于马前，示将诛戮状。至道州，众皆皇恐，不知所为。准方与郡官宴饮，神色自若，使人谓之曰："朝廷若赐准死，愿见敕书。"中使不得已，乃授敕。准拜于庭，升阶，复宴，至暮乃罢。

纲　六月，内侍雷允恭伏诛，丁谓、任中正免。

目　谓为山陵使，允恭为都监判，司天监邢中和言于允恭曰："今山陵上百步，法宜子孙，但恐下有石与水耳。"允恭曰："上无子，何不可。"中和曰："山陵事重，踏行覆按，动经月日，恐不及七月之期耳。"允恭曰："第移就上穴，我走马入见太后言之。"允恭素骄横，人不敢违，即改穿上穴，乃入白。太后曰："此大事，何轻易如此！"允恭曰："使先帝宜子孙，何为不可？"太后意不然，曰："出与山陵使议可否。"允恭出与谓言，谓唯唯。遂命夏守恩领工徒数万穿地，土石相半，继之以水，众议日喧，奏请待命。谓庇允恭，依违不决。内侍毛昌达自陵下还，以其事闻。诏问谓，谓始请遣使按视。既而咸请复用旧地，乃诏遣王曾复视，曾还，请独对，因言："谓包藏祸心，令允恭移皇堂于绝地。"太后大惊，怒甚，欲并诛谓。冯拯进曰："谓固有罪，然帝新即位，亟诛大臣，骇天下耳目。"后怒稍解，遂止诛允恭等。任中正进曰："谓被先帝顾托，虽有罪，请如律议功。"曾曰："谓以不忠得罪宗庙，尚可议邪！"乃降授谓太子少保，分司西京，并罢中正出知郓州。

纲　秋七月朔，日食几尽。

纲　以王曾同平章事，吕夷简、鲁宗道参知政事，钱惟演为枢密使。

目　曾方严持重，每进见言利害事，审而中理。多所拔荐，尤恶侥幸。帝尝问曾曰："比臣僚请对多求进者。"曾对曰："惟陛下抑奔竞，崇恬静，庶几有难进易退之人矣。"

初，真宗封岱祀汾，两过洛阳，皆幸吕蒙正第，问曰："卿诸子孰可用？"蒙正对曰："臣诸子皆不足用，侄夷简宰相材也。"夷简由是进用，累擢知开封府，严辨有声，真宗识其姓名于屏风，将大任之，不果。

宗道尝为右正言，论列无所畏避，真宗书殿壁曰“鲁直”，盖思念之也。

纲 丁谓有罪，贬崖州司户参军。

目 初女道士刘德妙常以巫师出入谓家，谓败，逮系德妙，内鞫问之。德妙具言谓尝教之曰：“汝所为不过巫事，不若托老君言祸福，足以动人。”谓又作颂，题曰：“混元皇帝赐德妙”，语涉妖诞。遂贬谓崖州司户参军。谓赴崖州，道出雷州，寇准使人以一蒸羊逆诸境上。谓欲见准，准固辞之。准闻家僮谋欲报仇，乃杜门使纵博，毋得出，候谓行远乃已。

纲 八月，太后同御承明殿听政。

纲 冬十月，葬永定陵，以天书殉。

纲 十一月，钱惟演罢。

目 初，惟演见丁谓当国，权势熏灼，因附之，与为婚姻，寇准之斥，惟演有力焉。及序枢密题名，独削去准姓氏，云“逆准不书”。御史中丞蔡齐言于帝曰：“寇准忠义闻天下，社稷之臣也，岂可为奸党所诬哉！”帝遽令磨去之。谓得罪，惟演虑将及己，因挤谓以自解。冯拯以是恶其为人，因言惟演以妹妻刘美，乃太后姻家，不可与机政，以废祖宗之法，请罢之。乃以保大节度使知河阳府。逾年入朝，意图执政，御史鞠咏上疏论之，太后遣内使持奏示惟演。惟演犹顾望不行，咏语右司谏刘随曰：“若相惟演，当取白麻庭毁之。”惟演始亟去。

纲 以张知白为枢密副使。

纲 给兖州学田。

目 判国子监孙奭上言：“知兖州日，建立学舍以延生徒，至数百人。臣虽以俸赡之，然常不给，乞给田十顷为学粮。”从之。诸州给学田始此。

纲 帝初御经筵。

目 王曾以帝初即位，宜近师儒，乃请御崇政殿西阁，召侍讲学士孙奭、直学士冯元讲论语。初诏双日御经筵，自是虽只日亦召侍臣讲读。帝在经筵，或左右瞻瞩及容体不正，奭即拱立不讲，帝为竦然改听。

仁宗皇帝

纲　癸亥，仁宗皇帝天圣元年，秋九月，冯拯罢。

目　拯气貌严重，而乏风节，议论多迎合上意。平居自奉侈靡，外示俭陋，人不能知。至是，以疾罢。

纲　以王钦若同平章事。

目　钦若再相，以帝初临政，谓百官叙进皆有常法，为图以献，然亦不能大用事如真宗朝矣。

纲　闰月，故相寇准卒于雷州。

目　诏许归葬西京。

纲　冬十一月，置益州交子务。

目　初，张咏知益州，患蜀人铁钱重，不便贸易，设质剂之法，一交一缗，以三年为一界而换之，六十五年为二十二界，谓之交子，使富民主之。后富民稍衰，不能偿所负，争讼不息。转运使薛田、张若谷请置交子务，以权其出入，禁私造者。帝从其议，立务于益州界，以百二十五万六千三百缗为额。

纲　甲子，二年，夏五月朔，司天监奏日食，不应。

目　中书奉表称贺。

纲　秋八月，帝临国子监，谒孔子。

纲　冬十一月，立皇后郭氏。

目　后，平卢节度使崇之孙女。时张美人有宠，帝欲立之，太后不可而止，故后虽立而颇见疏。

纲　乙丑，三年，冬十月，以晏殊为枢密副使。

纲　十一月，王钦若卒。

目　帝谓辅臣曰："钦若久在政府，观其所为，真奸邪也。"王曾对曰："钦若与丁谓、林特、陈彭年、刘承珪同恶，时人目为'五鬼'，奸邪险伪，诚如圣谕。"

纲　十二月，以张知白同平章事，张旻为枢密使。

目　太后微时尝寓旻家，旻事之甚谨，后德之，故自河阳召还长枢府。晏殊言："旻无勋劳，徒以恩幸被宠，天下已有非才之议，奈何复用为枢密使也！"后不悦。旻寻更名耆。

纲　丙寅，四年，夏六月，大水。

目 京师大雨,平地水数尺,坏民舍,压死数百人。京东、西及河北、江、淮以南皆大水。帝避殿,减膳,肆赦,蠲民租,抚流民。方水之作也,宰执晨朝,未入,有旨放朝,王曾附中使奏曰:"天变甚异,乃臣等燮理无状,岂可退安私室。"亟请入见,陈所以备御之道。同列有先归者,皆愧服焉。

纲 丁卯,五年,春正月朔,帝率群臣朝太后于会庆殿。

纲 晏殊罢,以夏竦为枢密副使。

目 殊从幸玉清昭应宫,从者持笏后至,殊怒,以笏击之,折齿,为御史所论,出知宣州,寻改应天。自五代以来,天下学校废坏,殊始兴建,为诸州倡,且延范仲淹以教生徒。仲淹敦尚风节,每感激论天下事,殊深器之。

竦明敏博学,文章典雅,材术过人,但急于进取,喜交结,任数倾侧,世以奸邪目之。

纲 夏五月,楚王元佐卒。

纲 秋九月,以程琳为御史中丞。

目 张知白最器琳,当除命,喜曰:"不辱吾笔。"琳上疏请罢诸土木营造,蠲被灾郡县逋租,帝嘉纳之。未几除知开封府。

纲 戊辰,六年,春二月,工部尚书、同平章事张知白卒。

目 知白为相,慎名器,抑傲幸,每以盛满为戒;虽贵显,清约如寒士。卒,谥文节。

纲 三月,以张士逊同平章事,姜遵、范雍为枢密副使。

纲 夏五月,赵德明使其子元昊袭回鹘甘州,取之。

目 元昊小字嵬理,性雄毅,多大略,善绘画,能创制物始。圆面高准,晓浮图学,通蕃、汉文字。德明虽臣事中国及契丹,然于本国则称帝,至是以元昊袭破回鹘,夺甘州,遂立为皇太子。

纲 秋八月,水。

纲 己巳,七年,春正月,曹利用罢。

纲 二月,参知政事鲁宗道卒。

目 太后临朝,宗道屡有献替。后尝问"唐武后何如主"?对曰:"唐之罪人也,几危社稷。"后默然。有小臣方仲弓请立刘氏七庙,后问诸辅臣,众不敢对。宗道独进曰:"若立刘氏七庙,如嗣君何!"乃止。

后尝与帝同幸慈孝寺，欲乘辇先行，宗道以夫死从子之义争之，后遽命辇后乘舆。宗道刚正嫉恶，遇事敢言，贵戚用事者皆惮之，目为“鱼头参政”，因其姓，且言骨鲠也。卒，谥简肃。

纲 张士逊罢。

目 士逊之相，曹利用荐之也。利用凭宠自恣，而士逊依违其间，时人目之为“和鼓”。利用既斥，士逊亦罢。

纲 以吕夷简同平章事，夏竦、薛奎参知政事，陈尧佐为枢密副使。

目 初奎知开封府时，真宗数宴大臣，至有沾醉者，奎谏曰：“今天下诚无事，然宴乐无度，大臣数被酒失仪，非所以重朝廷也。”真宗善其言。及拜参政，入谢，帝曰：“先帝常以卿可大任；今用卿，先帝意也。”他日帝谕辅臣曰：“臣事君鲜有克终者。”奎对曰：“保终之道，匪独臣下然也。”因历数唐开元、天宝时事以闻，帝然之。

纲 复制举诸科。

目 诏复贤良方正等六科，以待京朝官之被举及应选者；增置书判拔萃科，以待选人之应书者；高蹈丘园、沉沦草泽、茂材异等三科，以待布衣之被举者。又置武举，以待方略智勇之士。

纲 三月，给契丹流民田。

目 契丹饥，流民至境上，帝曰：“皆吾赤子也。”诏给以唐、邓州闲田，仍令所过给食。

纲 夏六月，玉清昭应宫灾，罢王曾知兖州。

目 初太后受册，将御大安殿，曾执不可；及长宁节上寿，又执不可；皆供帐便殿。太后左右姻家稍通请谒，曾多裁抑之。太后滋不悦，会玉清昭应宫灾，曾以首相罢，出知兖州。

纲 秋八月，以陈尧佐、王曙参知政事，夏竦为枢密副使。

纲 冬十月，京师地震。

纲 十一月，出秘阁校理范仲淹通判河中。

目 时帝每以岁旦冬至，率百官上太后寿于会宁殿，遂同御大安殿以受朝。秘阁校理范仲淹上疏曰：“天子奉亲于内，自有家人礼。今顾与百官同列北面而朝，亏君体，损主威，非所以垂法后世也。”疏入，不报。既而又疏请太后还政，亦不报。遂乞补外，出为河中府通判。

纲 庚午,八年,秋九月,姜遵卒,以赵稹为枢密副使。

目 时政出宫掖,稹厚结刘美家婢以干进用。命未下,有驰告者,稹问:“东头,西头?”盖意在中书也,闻者以为笑谈。

纲 辛未,九年,夏六月,契丹隆绪死,子宗真立,其母萧耨斤治国事。

纲 秋七月,遣龙图阁待制孔道辅等使契丹。

目 契丹来告哀,帝遣道辅及王随等充贺册及吊祭等使。初,道辅使契丹,契丹燕使者,优人以文宣王为戏。道辅艴然径出,虏使主客者邀还坐,且令谢。道辅正色曰:“中国与北朝通好,以礼文相接。今俳优之徒侮慢先圣,而不之禁,北朝之过也,何谢为!”至是益加礼重。道辅,孔子四十五世孙也。

纲 冬十月,罢翰林学士宋绶。

目 时太后专政,而帝未始独对群臣,绶请令群臣对前殿,非军国大事及除拜皆前殿取旨。书上,忤太后意,出知应天府。

纲 壬申,明道元年,春二月,以张士逊同平章事。

纲 真宗宸妃李氏卒。

目 李氏,杭州人,实生帝,太后既取帝为己子,与杨太妃保护之,李氏默然处先朝嫔御中,未尝自异。人畏太后,亦无敢言者,以是帝虽春秋长,不自知为李氏出也。至是疾革,乃自顺容进位宸妃。薨,太后欲以宫人礼治丧于外,吕夷简奏:“礼宜从厚。”太后遽引帝起;有顷,复独立帘下,召夷简问曰:“一宫人死,相公云云何也?”夷简对曰:“臣待罪宰相,事无内外,皆当预也。”后怒曰:“相公欲离间吾母子邪!”夷简对曰:“陛下不以刘氏为念,臣不敢言。尚念刘氏,则丧礼宜从厚。”后悟,乃以一品礼殡于洪福院。夷简又谓入内都知罗崇勋曰:“宸妃当以后服殓,用水银实棺,异时勿谓夷简不道及也。”崇勋惧,驰告太后,乃许之。

纲 秋七月,王曙罢。八月,以晏殊参知政事,杨崇勋为枢密副使。

纲 宫中火,诏群臣言阙失。

纲 九月,复作受命宝。

纲 冬十一月,夏王赵德明卒,子元昊嗣。

纲 癸酉，二年，春二月，彗星见于东北。

目 光芒长二尺，司天言含誉星见，然观者皆以为彗。

纲 太后有事于太庙。

目 太后欲被服天子衮冕以享太庙，薛奎力谏，且曰："必御此，若何为拜！"后不听，服仪天冠衮衣初献，皇太妃亚献，皇后终献。礼毕，群臣上太后尊号。

纲 帝耕藉田。

目 命宰相张士逊撰谒太庙及躬耕藉田记。检讨宋祁言："皇太后谒庙，非后世法。"乃止撰藉田记。

纲 三月，皇太后刘氏崩，尊太妃杨氏为皇太后。帝始亲政。

目 后称制十一年，至是后崩，谥曰庄献明肃。旧制后皆二谥，称制加四谥，自此始。遵太后遗诰，尊太妃为皇太后。帝始亲政，罢创修寺观，裁抑侥幸。召宋绶、范仲淹而黜内侍罗崇勋等，中外大悦。刘太后爱帝如己出，帝亦尽孝，故始终无毫发间隙。及帝亲庶务，言者多追诋太后时事，仲淹言于帝曰："太后受遗先帝，调护陛下者十余年，今宜掩其小故，以全大德。"帝曰："此亦朕所不忍闻也。"遂下诏戒饬中外，毋得辄言皇太后垂帘日事。

纲 夏四月，吕夷简、张耆、夏竦、陈尧佐、范雍、赵稹、晏殊罢。

目 帝与吕夷简谋，以张耆等皆附太后，欲悉罢之，夷简以为然。帝退，以语皇后，后曰："夷简独不附太后邪？但多机巧，善应变耳。"由是夷简亦罢。制下，夷简方押班，闻唱名，大骇，不知其故。因令素所厚内侍都知阎文应诇之，乃知事由郭后也，于是深憾后，思有以倾之。

纲 以李迪同平章事，王随参知政事，李谘为枢密副使，王德用签书枢密院事。

目 迪自太后崩，召还，未几复相。

德用初为殿前都虞候，有求太后内降补军吏者，德用曰："补吏，军政也，不可与。"太后固欲与之，德用卒不奉诏。至是，帝阅太后阁中，得德用所奏事，奇之，以为可大用，遂拜签枢。

纲 追尊母宸妃李氏为皇太后。

目 左右有为帝言，"陛下乃李宸妃所生，妃死以非命"者。帝号恸累日，下诏自责，追尊为皇太后，谥庄懿，幸洪福寺祭告，易梓宫，亲启视之,妃以水银故,玉色如生,冠服如皇后。帝叹曰:“人言其可信哉!”待刘氏加厚。

纲 秋七月,旱、蝗,诏求直言。

纲 冬十月,张士逊、杨崇勋免,以吕夷简同平章事,宋绶参知政事,王曙为枢密使,王德用、蔡齐为副使。

纲 十一月,赠寇准中书令。

目 复莱国公,谥忠愍。

纲 薛奎罢。

目 奎以疾罢,逾年卒。奎谋议正直,或志不伸,归辄叹吒不食。家人笑曰:“何必如是。”奎曰:“吾仰惭古人,俯愧后世尔。”尤能知人,范仲淹、庞籍、明镐自为吏部选人,皆以公辅许之,卒如其言。

纲 诏宰相毋得进用台官。

目 言者谓台官必由中旨,乃祖宗法也。帝曰:“祖宗法不可坏。宰相自用台官,则宰相过失无敢言者矣。”故诏:“自今台官,非中丞、知杂保荐者,毋得除授。”

纲 废皇后郭氏,谪御史中丞孔道辅、右司谏范仲淹。

目 时尚美人、杨美人俱得幸,数与皇后忿争。一日,尚氏于帝前有侵后语,后不胜忿,批其颊;帝自起救之,误批帝颈。帝大怒,内侍阎文应因与帝谋废后,且劝以爪痕示执政。帝以示吕夷简,告之故。夷简有憾于后,遂主废黜之议。帝犹疑之,夷简曰:“光武,汉之明主也,郭后止以怨怼坐废,况伤陛下颈乎!”帝意遂决。

夷简先敕有司毋得受台谏章奏,乃诏称皇后愿入道,封净妃、玉京冲妙仙师,居长宁宫。台谏章疏果不得入。于是中丞孔道辅率谏官范仲淹、孙祖德、宋庠、刘涣、御史蒋堂、郭劝、杨偕、马绛、段少连十人,诣垂拱殿伏奏:“皇后,天下之母,不当轻废。愿赐对,尽所言。”殿门阖,不为通。道辅扣镮大呼曰:“皇后被废,奈何不听台臣言!”寻有诏,令夷简谕以皇后当废状。道辅等至中书语夷简曰:“大臣之于帝后,犹子事父母也。父母不和,可以谏止,奈何顺父出母乎!”夷简曰:“废后有汉、唐故事。”道辅曰:“人臣当道君以尧、舜,岂得引汉、唐失德为法邪?”夷简不能答。即奏言“伏阁请对,非太平美事”,遂黜道辅知泰州,仲淹知睦州,祖德等罚金。道辅鲠挺特达,遇事弹劾无所避,天下皆以直道许之。签书河阳判官富弼言:“朝廷一举而两失,纵不能复后,宜还仲淹等。"不听。

纲 甲戌，景祐元年，春正月，置崇政殿说书。

目 侍讲学士孙奭年老乞外，因荐贾昌朝、赵希言、王宗道、杨安国等自代。遂置说书，日轮二人祗候。昌朝诵说明白，帝多所质问。

纲 秋七月，赵元昊反，寇环、庆。

纲 八月，有星孛于张、翼。

目 帝以星变避殿，减膳。寻诏净妃郭氏出居瑶华宫，美人尚氏入道，杨氏安置别宅。

纲 王曙卒，以王曾为枢密使。

纲 九月，立曹氏为皇后。

目 后，彬之孙女也。御史里行孙沔请终庄献丧制而后行，秘书丞余靖亦以为言，不报。

纲 乙亥，二年，春正月，作迩英、延义二阁。

目 孙奭尝上无逸图，帝命施于讲读阁，至是又诏蔡襄写无逸篇于阁屏。

纲 贬御史里行孙沔监永州酒务。

目 沔上言："自孔道辅、范仲淹被黜，凡在缙绅，尽怀缄默。乞少霁天威，用存国体。"疏入，责知衡山县。沔未知有责命，复上书曰："深宫之中，侍左右者，刀锯之余；悦耳目者，艳冶之色。宸禁昼严，乘舆天远，未见款召名臣，清问外事，询祖宗之纪纲，质朝廷之得失，徒修简易之名，未益承平之化。"又曰："愿推择大臣，讲求古道，极论精思，品藻贤哲。逐刺史、县令老懦、贪残之辈，以利于民。罢公卿、大夫谄佞、诡诞之士，以肃于朝。简掖庭之幽旷，以求锡羡之庆。抑宦侍之重任，以防昵近之私。"书奏，再责监永州酒务。

纲 二月，育宗室允让子宗实于宫中。

目 宗实，太宗之曾孙，商王元份之孙，江宁节度使允让之子也。帝未有储嗣，取入宫，命皇后拊鞠之；生四年矣。

纲 李迪罢。

纲 以王曾同平章事，蔡齐、盛度参知政事，王随、李谘知枢密院事，王德用、韩亿同知院事。

纲 命集贤校理李照重定雅乐。

纲 冬十一月，故后郭氏暴卒，诏窜内侍阎文应于岭南。

目 后居瑶华，帝颇念之，遣使存问，赐以乐府；后和答之，辞意凄惋，帝亦悔焉。尝密遣人召之，后辞曰："若再见召，须百官立班受册方可。"文应以尝谮后，惧其复立。属后小疾，帝遣文应挟医诊视，数日，言后暴崩。中外疑文应进毒，而不得其实。帝深悼之，追复后号，以礼敛葬，而停谥册祔庙之礼。知开封府范仲淹劾奏文应之罪，窜之岭南，死于道。

纲 诏录五代及诸国后。

目 御史台辟石介为主簿，介未至，论不当求诸伪国后，坐罢。馆阁校勘欧阳修贻书责中丞杜衍曰："主簿于台中非言事官，介足未履台门之阈，已用言事见罢，可谓正直刚明，不畏避矣。度介之才不止为主簿，直可为御史。今斥介而他举，亦必择贤。夫贤者固好辩，又有言则又斥而他举乎？如此，则必得愚暗懦默者而后止也。"衍不能用。

纲 丙子，三年，夏五月，贬知开封府范仲淹及集贤校理余靖、馆阁校勘尹洙、欧阳修于外。诏戒群臣越职言事。

目 仲淹以吕夷简执政，进用多出其门，上百官图，指其次第曰："如此为序迁，如此为不次，如此则公，如此则私，况进退近臣凡超格者，不宜全委之宰相。"夷简不悦。他日论建都之事，仲淹进曰："洛阳险固，而汴为四战之地，太平宜居汴，即有事必居洛阳。当渐广储蓄，缮宫室。"帝以问夷简，夷简对曰："仲淹迂阔，务名无实。"仲淹闻之，乃为四论以献，大抵讥切时弊，且曰："汉成帝信张禹不疑舅家，故有新莽之祸。臣恐今日亦有张禹坏陛下家法。"夷简诉仲淹越职言事，离间君臣，引用朋党。仲淹对益切，由是落职，知饶州。

集贤校理余靖上言："仲淹以讥刺大臣，重加谴谪。倘其言未合圣虑，在陛下听与不听尔，安可以为罪乎！陛下自亲政以来，屡逐言事者，恐钳天下口。请改前命。"疏入，坐落职，监筠州酒税。

馆阁校勘尹洙上疏曰："仲淹忠亮有素，臣与之义兼师友，则是仲淹之党也。臣不可苟免。"夷简怒，斥监郢州酒税。

馆阁校勘欧阳修贻书责司谏高若讷曰："仲淹以非辜逐，君不能辨，犹以面目见士大夫，出入朝中，是不复知人间有羞耻事！"若讷怒，上其书，修坐贬夷陵令。

时朝士畏宰相，无敢送仲淹者，独龙图直学士李纮、集贤校理王质出郊饮饯之。或以诮质，质曰："希文贤者，得为朋党，幸矣。"馆阁校勘蔡襄作四贤一不肖诗以誉仲淹、靖、洙、修而讥若讷，都人相传写，粥书者市之得厚利。御史韩缜希夷简旨，请以仲淹朋党牓朝堂，戒百官越职言事者，从之。

纲 冬十月，契丹初殿试进士。

纲 十一月，皇太后杨氏崩。

纲 李谘卒，以王德用知枢密院事，章得象同知院事。

纲 丁丑，四年，夏四月，吕夷简、王曾、宋绶、蔡齐罢。

目 初，夷简事曾甚谨，曾力荐为相。及曾复入中书，位反居下。而夷简任事久，多所专决，曾不能堪，议论间有异同，遂力求罢。帝疑之，问曾曰："卿亦有所不足邪？"时外传夷简纳赂，曾因及之。帝以问夷简，夷简乞置对，遂交论帝前，而曾语亦有失实者，求去益力，夷简亦乞罢。时曾与蔡齐善，而夷简善宋绶，惟盛度不得志于二人，而性猜险，每有所议，依违其间。及是，帝问度曰："曾、夷简力求退，何也？"度对曰："二人心事，臣不得知。陛下询二人以孰可代者，则其情可察矣。"帝从之。曾荐齐，夷简荐绶；于是四人俱罢，而度独留。

纲 以王随、陈尧佐同平章事，韩亿、程琳、石中立参知政事，盛度知枢密院事，王鬷同知院事。

纲 冬十二月，地震。

目 京师及并、代、忻州皆震，而并、代、忻尤甚，坏民庐舍，压死者二万二千余人，伤者五千六百人。

纲 戊寅，宝元元年，春正月，求直言。

目 时有众星西北流，雷发不时。下诏求直言，大理评事苏舜钦言："臣观国史，见祖宗日日视朝，旰昃方罢。今陛下春秋鼎盛，实宵旰求治之秋，乃隔日御殿，此政事不亲也。三司计度经费，二十倍于祖宗之时，府库匮竭，敛科无虚日，此用度不足也。二者诚国大忧。愿陛下因此灾变，修己以御人，洗心以鉴物，勤听断，舍燕安，放优谐近习之纤人，亲刚明鲠直之良士，以思永图。"疏入，诏复日御前殿。

纲 三月，王随、陈尧佐、韩亿、石中立免。

目 随为相无所建明，而数与尧佐、亿、中立争事。会灾异屡见，右司谏韩琦言："随、尧佐、中立非辅弼才，亿不当以子纲为众牧判官。"

遂皆免。琦遇事敢言，切而不迂，在谏垣前后凡七十余疏。

纲 以张士逊、章得象同平章事，王鬷、李若谷参知政事，王博文、陈执中同知枢密院事。夏四月，王博文卒，以张观同知枢密院事。

纲 冬十月，赵元昊称帝于夏州。

纲 十一月，沂公王曾卒。

目 赠侍中，谥文正。曾性资端厚，在朝廷进止有常处，平居寡言笑，人不敢干以私。进退士人，莫有知者。范仲淹尝谓曾曰："明扬士类，宰相任也，公之盛德独少此尔。"曾曰："恩欲归己，怨将谁归邪？"仲淹服其言。

纲 十二月，京师地震。

纲 以夏竦为泾原、秦、凤安抚使，范雍为鄜、延、环、庆安抚使，经略夏州。

纲 己卯，二年，夏四月，募民入粟实边。

纲 五月，罢王德用，以夏守赟知枢密院事。

目 赵元昊反，德用请自将讨之，不许。德用状貌雄毅，面黑，颈以下白皙，人皆异之，言者论其貌类艺祖，且得士心，不宜久典机密，遂罢。言者犹不已，遂降知随州。家人惶惧，而德用举止言笑自若，惟不接宾客而已。

纲 六月，削赵元昊赐姓、官爵。

纲 冬十一月，盛度、程琳罢。

纲 以王鬷知枢密院事，宋庠参知政事。

纲 夏人寇保安军，巡检指挥使狄青击败之。

目 青初以善骑射为骑御散直，从西征，战安远诸砦，皆克捷。临敌，披发带铜面具，出入贼中，皆披靡，莫敢当。至是元昊寇保安军，钤辖卢守懃使青击走之，以功加秦州刺史。帝欲召见，问以方略，会贼寇渭州，命图形以进。

纲鉴易知录卷六八

宋纪

仁宗皇帝

纲　庚辰，康定元年，春正月朔，日食。

目　先是司天杨惟德请移闰于庚辰岁，则日食在正月之晦。帝曰："闰，所以正天时而授民事，其可曲避乎！"不许。至是知谏院富弼请"罢宴、彻乐，就馆赐北使酒食。"执政不可，弼曰："万一契丹行之，岂不为朝廷羞。"既而闻契丹罢宴，帝深悔之。

纲　元昊寇延州，副总管刘平、石元孙战没。二月，贬范雍知安州。

纲　以夏守赟为陕西经略安抚招讨使，内侍王守忠为都钤辖。

纲　除越职言事之禁。

纲　命知制诰韩琦安抚陕西。

目　初，琦使蜀归，论西师形势甚悉，即命安抚陕西。琦言："范雍节制无状，宜召知越州范仲淹委任之。方陛下焦劳之际，臣岂敢避形迹不言，若涉朋比误国家，当族。"帝从之，召仲淹知永兴军。

纲　三月，王鬷、陈执中、张观免。

目　天圣中，鬷使河北，过真定，时曹玮为总管，鬷见之，玮谓曰："君异日当柄用，愿留意边防。"鬷曰："何以教之？"玮曰："吾尝使人觇赵元昊，状貌异常，他日必为边患。"鬷未以为然。比再入枢密，元昊果反。帝数问边事，鬷不能对。及刘平败，议刺乡兵久未决，帝怒，遂与执中、观同免，鬷始叹玮之明识。

纲　以晏殊、宋绶知枢密院事，王贻永同知院事。

纲　夏五月，张士逊致仕，以吕夷简同平章事。

纲　以夏竦为陕西经略安抚招讨使，韩琦、范仲淹副之；召夏守赟、王守忠还。

纲　元昊陷塞门诸砦。

目　执砦主高延德以去。又陷安远、承平砦。时著作佐郎张方平上平戎十策，其略以为“宜屯重兵河东，示以形势。贼入寇必自延渭，而兴州巢穴之守必虚，我师自麟、府渡河，不十日可至，此所谓攻其所必救，形格势禁之道也。”宰臣吕夷简见之，谓知枢密院宋绶曰：“大科得人矣。”

纲　六月，以夏守赟同知枢密院事。秋八月，守赟罢，以杜衍同知枢密院事。

纲　以范仲淹兼知延州。

目　延州诸砦多失守，仲淹请自行，诏兼知延州。仲淹大阅州兵，得万八千人，分六将领之，日夜训练。量敌众寡，使更出御。敌人闻之相戒曰：“无以延州为意，今小范老子腹中自有数万甲兵，不比大范老子可欺也。”大范盖指雍也。仲淹以民远输劳苦，请建鄜城为军，以河中府、同、华州中下户租税就输之，春夏徙兵就食，可省籴十之三，他所减不与。诏以为康定军。仲淹又修承平、永平等砦，稍招还流亡，定堡障，通斥堠，城十二砦，于是羌、汉之民相踵归业。

纲　九月，李若谷罢，以宋绶、晁宗悫参知政事。以晏殊为枢密使，王贻永、杜衍、郑戬为副使。

纲　元昊寇三川诸砦，环庆副总管任福攻其白豹城，克之。

目　元昊之寇三川也，韩琦使任福等领兵七千声言巡边，部分诸将，夜趋七十里至白豹城，平明克之，破四十族，焚其积聚而还。

纲　鄜州将种世衡城青涧。

目　时塞门诸砦既陷，鄜州判官种世衡言：“延安东北二百里有故宽州，请因废垒而兴之以当寇冲。右可固延安之势，左可致河东之粟，北可图银、夏之旧。”朝廷从之，命世衡董其役。夏人屡来争，世衡且战且城。然处险无泉，议不可守，凿地百五十尺至石不及泉，工辞不可穿。世衡命屑石一畚，酬百钱，卒得泉以济。城成，赐名青涧，以世衡知城事。世衡开营田，募商贾，通货利，城遂富实。

纲　冬十二月，宋绶卒。

纲　铸当十钱。

纲　辛巳，庆历元年，春正月，诏鄜、延、泾原会兵讨李元昊，不果行。

纲 元昊遣人至延州议和，范仲淹以书谕之。

目 元昊遣高延德还延州，与范仲淹约和。仲淹自为书遗元昊，反覆戒谕，令去帝号尽臣节，以报累朝厚待之恩。韩琦闻之曰："无约而请和者，谋也。"命诸将戒严，而自行边。

纲 二月，元昊寇渭州，任福与战于好水川，败死。贬韩琦知秦州。

目 韩琦行边至高平，元昊果遣众寇渭州，薄怀远城，琦乃趋镇戎军，尽出其兵，又募勇士万八千人，命环庆副总管任福将之，以耿傅参军事，泾原都监桑怿为先锋，朱观、武英、王珪各以所部从福。将行，琦令福并兵自怀远趋德胜砦，至羊牧隆城，出敌之后，诸砦相距才四十里，道近，粮饷便；度势未可战，即据险置伏，要其归路。戒之再三，且曰："苟违节制，有功亦斩！"

福引轻骑数千趋怀远捺龙川，遇镇戎西路巡检常鼎、刘肃与敌战于张家堡南，斩首数百，敌弃马羊橐驼佯北，桑怿引骑趋之，福踵其后。谍传敌兵少，福等颇易之。薄暮，与怿合军屯好水川，观、英屯笼络川，相距五里，约翌日会兵川口，必使夏人匹骑不还，然不知已陷其伏中矣。路既远，刍饷不继，士马乏食者三日。

时元昊自将精兵十万营于川口。候者言"夏人有砦不多"。诘旦，福与怿循好水川西行，出六盘山下，距羊牧隆城五里与夏军遇；诸将方知坠敌计，势不可留，遂前格战。怿于道傍得数银泥合，封袭谨密，中有动跃声，疑莫敢发。福至，发之，乃悬哨家鸽百余，自中起盘飞军上，于是夏兵四合。怿驰犯其锋，福阵未成列，贼纵铁骑突之。自辰至午，阵动，众欲据胜地，忽夏人阵中树鲍老旗，怿等莫测。既而旗左麾，左伏起；右麾，右伏起；自山背下击，士卒多坠崖堑相覆压，怿、肃战死。敌分兵数千断官军后，福力战，身被十余矢。有小校刘进劝福自免，福曰："吾为大将，兵败，以死报国尔。"挥四刃铁简，挺身决斗，枪中左颊，绝其喉而死。子怀亮亦死之。英、珪、傅皆死，士卒死者万三百人。惟观以兵千余保民垣，会暮，敌引去，得还。关右大震。

奏至，帝震悼，为之旰食。夏竦使人收散兵，得琦檄于福衣带间，言罪不在琦；琦亦上章自劾，徙知秦州。

纲 三月,贬仲淹知耀州。

目 元昊答仲淹书,语多不逊,仲淹对来使焚之。朝议以仲淹不当擅通书,又不当擅焚之。宋庠请斩仲淹,杜衍曰:"仲淹志在招纳,盖忠于朝廷也,何可深罪。"帝悟,乃降户部员外郎,徙知耀州。

纲 夏四月,以陈执中同陕西安抚经略招讨使。

目 时夏竦判永兴军,执中知军事议多异同,故分命竦屯鄜州,执中屯泾州。竦雅意在朝廷,及任以西事,颇依违顾避。尝出巡边,置侍婢中军帐下,几至兵变。元昊命募得竦首者,与钱三千,其见轻侮如此。

纲 五月,宋庠、郑戬罢。

纲 以王举正参知政事,任中师、任布为枢密副使。

纲 秋八月,元昊陷丰州。冬十月,夏竦、陈执中免。

纲 分陕西为四路,以韩琦、王沿、范仲淹、庞籍兼经略安抚招讨使。

目 分秦凤、泾原、环庆、鄜延为四路,各置使。时琦知秦州,沿知渭州,仲淹知庆州,籍知延州,诏分领之。

自元昊反,延州城砦焚掠殆尽,籍至,稍葺治之。戍兵十万无壁垒,皆散处城中,畏籍莫敢犯法。籍命部将狄青将万人筑招安砦于桥子谷旁,以断寇出入之路。又使周美袭取承平砦,王信筑龙安砦。悉复所亡地,筑十一城,延民以安。

初,元昊阴诱属羌为助,而环庆酋长六百余人,约为乡导。事寻露,仲淹以其反覆不常,至部即奏行边,以诏书犒赏诸羌,阅其人马,为立条约;诸羌皆受命,自是为中国用。羌人亲爱之,呼为"龙图老子"。

仲淹以庆州西北马铺砦当后桥川口,在贼腹中,欲城之,度贼必争,密遣其子纯佑与蕃将赵明先据其地,引兵随之。诸将不知所向,行至柔远,版筑皆具,旬日城成,即大顺城也。贼觉,以三万骑来战,佯北;仲淹戒勿追,已而果有伏。大顺既成,而白豹、金汤皆不敢犯,环庆自此寇盗益少。

仲淹在边,纯佑年方冠,与将卒错处,钩深摘隐,得其材否,由是仲淹任无失,所向有功矣。

纲 壬午,二年,春二月,置义勇保捷军。

目　诏选河北诸州强壮者为军，刺手背为“义勇”字。各营于其州给以俸廪，分番训练，不愿者释之。寻又刺陕西秦凤路义勇为保捷军。

纲　三月，晁宗悫罢。

纲　契丹来求关南之地；夏四月，遣知制诰富弼报之。

目　契丹主有南侵意，会元昊反，欲乘衅取瓦桥关以南十县地，乃遣南院宣徽使萧特末、翰林学士刘六符来致书取故地。帝唯许增岁币，或以宗室女嫁其子，且令吕夷简择报聘者。夷简不悦弼，因荐之。弼得命，即入对，叩头曰：“主忧臣辱，臣不敢爱其死。”帝为动色。进弼枢密直学士，弼辞曰：“国家有急，义不惮劳，奈何逆以官爵赂之！”遂往。

纲　五月，以大名府为北京。

纲　六月，以王德用判定州。

纲　秋七月，任布罢。以吕夷简、章得象兼枢密使，加晏殊同平章事。

纲　富弼还，复如契丹。

目　弼至契丹，见契丹主宗真言曰：“两朝人主，父子继好垂四十年，一旦求割地，何也？”契丹主曰：“南朝违约，塞雁门，增塘水，治城隍，籍民兵，将以何为？群臣请举兵而南，吾谓不若遣使求地；求而不获，举兵未晚。”弼曰：“北朝忘章圣皇帝之大德乎？澶渊之役，苟从诸将言，北兵无得脱者。且北朝与中国通好，则人主专其利，而臣下无所获；若用兵，则利归臣下，而人主任其祸。故劝用兵者，皆为身谋尔。”契丹主惊曰：“何谓也？”弼曰：“晋高祖欺天叛君，末帝昏乱，土宇狭小，上下离叛，故契丹全师独克。然虏获金币充牣诸臣之家，而壮士健马，物故大半。今中国提封万里，精兵百万，法令修明，上下一心，北朝欲用兵，能保其必胜乎！就使其胜，所亡士马，群臣当之欤，抑人主当之欤？若通好不绝，岁币尽归人主，群臣何利焉。”契丹主大悟，首肯者久之。弼又曰：“塞雁门者，备元昊也。塘水始于何承矩，事在通好前。城隍皆修旧；民兵亦补阙，非违约也。”契丹主曰：“微卿言，吾不知其详。虽然，吾祖宗故地当见还也。”弼曰：“晋以卢龙赂契丹，周世宗复取关南地，皆异代事；若各求地，岂北朝之利哉。”既退，刘六符曰：“吾主耻受金币，坚欲十县何如？”弼曰：“本朝皇帝尝言：‘为祖宗守国，岂敢妄以土地与人！北朝所欲，不过租赋尔，朕不忍多杀两朝赤子，故屈己增币以代之；若必欲得地，是志在败盟，假此为辞尔。澶渊之盟，天地、鬼神实临之。北朝首发兵端，过不在我，天地、鬼神其可欺乎！’”六符谓其介曰：“南朝皇帝存心如此，大善，当共奏使两主意通。”

明日，契丹主召弼同猎，引弼马自近，谓曰：“得地则欢好可久。”弼反复陈其不可状，且言：“北朝既以得地为荣，南朝必以失地为辱，兄弟之国，岂可使一荣一辱哉！”猎罢，六符曰：“吾主闻公荣辱之言，意甚感悟。今惟有结昏可议尔。”弼曰：“结昏易生嫌隙，本朝长公主出降，赍送不过十万缗，岂若岁币无穷之利哉。”契丹主谕弼使还曰：“俟卿再至，当择一事受之，卿其遂以誓书来。”弼还，具以白帝。

帝复使弼持和亲、增币二议及誓书往契丹，且命受口传之辞于政府。既行，次乐寿，谓副使张茂实曰：“吾为使而不见国书，脱书辞与口传异，吾事败矣。”启视，果不同。驰还都，以晡时入见，曰：“政府故为此以陷臣，臣死不足惜，如国事何！”帝以问晏殊，殊曰：“吕夷简决不为此，诚恐误尔。”弼曰：“晏殊奸邪，党夷简以欺陛下！”遂易书而行。

纲　九月，暨契丹平。

目　弼至，契丹不复议昏，专欲增币，且曰：“南朝既增我岁币，其遗我之辞当曰‘献’。”弼曰：“南朝为兄，岂有兄献于弟乎！”契丹主曰：“然则为‘纳’字。”弼曰：“亦不可。”契丹主曰：“南朝既以厚币遗我，是惧我矣，于一字何有？若我拥兵而南，得无悔乎！”弼曰：“本朝兼爱南北之民，故屈己增币，何名为惧？或不得已而用兵，则当以曲直为胜负，非使臣之所知也。”契丹主曰：“卿勿固执，古有之矣。”弼曰：“自古惟唐高祖借兵突厥，当时赠遗或称献纳，然后颉利为太宗所擒，岂复有此礼哉！”声色俱厉。契丹主知不可夺，乃曰：“吾当自遣人议之。”乃留增币誓书，而使其北院枢密副使耶律仁先及刘六符，持誓书与弼偕来，且议“献纳”二字。弼至，入对曰：“二字臣以死拒之，虏气折矣，可勿许也。”帝用晏殊议，竟以“纳”字许之。于是岁增银、绢各十万匹、两，送至白沟，自是通好如故。

纲　元昊寇镇戎军，副总管葛怀敏会兵御之，败死；元昊遂大掠渭州。

纲 冬十一月，以韩琦、范仲淹、庞籍为陕西安抚经略招讨使，置司泾州。

目 初，翰林学士王尧臣，体量安抚陕西归，上疏论兵，因言："韩琦、范仲淹皆忠义智勇，不当置之散地。"及葛怀敏败死，中外震惧，帝思尧臣之言，乃复置陕西路经略安抚诏讨使，总四路之事，置府泾州，益屯兵三万，以琦、仲淹、籍分领之。复以尧臣为体量安抚使，以文彦博帅秦州，滕宗谅帅庆州，张亢帅渭州。尧臣复言："琦等既为陕西四路招讨等使，则四路当禀节制，不当复带使名，各置司行事，使所禀不一。"于是诸路并罢经略使。

琦与仲淹在兵间久，名重一时，人心归之，朝廷倚以为重。二人号令严明，爱抚士卒，诸羌来者推诚抚接，咸感恩畏威，不敢辄犯边境。边人为之谣曰："军中有一韩，西贼闻之心胆寒。军中有一范，西贼闻之惊破胆。"

纲 征处士孙复为国子监直讲。

目 复，晋州平阳人，举进士不第，退居泰山，著春秋尊王发微十二篇。国子直讲石介尝师事之，语人曰："孙先生非隐者也。"于是范仲淹、富弼皆言复有经术，宜在朝廷，故召用之。

纲 以富弼为翰林学士，辞不拜。

目 弼始受命使契丹，闻一女卒；再往，闻一男生，皆不顾。得家书未尝发，辄焚之，曰："徒乱人意。"于是帝复申枢密直学士之命，弼辞。又除翰林学士，弼恳辞曰："增岁币，非臣本意，特以方讨元昊，未暇与角，故不敢以死争，安敢受赏乎！"

纲 癸未，三年，春正月，元昊上书请和。

纲 二月，立四门学。

纲 三月，以吕夷简为司徒，同议军国大事。

目 先是，夷简感风眩，诏拜司空，平章军国重事。疾稍愈，命数日一至中书，裁决可否。夷简力辞，帝降手诏曰："古谓髭可疗疾，今剪以赐卿。"至是帝御延和殿召见，敕乘马至殿门，命内侍取兀子舆以前。夷简辞避久之，诏给扶，毋拜。乃罢相，改授司徒，同议军国大事。

纲 以晏殊同平章事兼枢密使，贾昌朝参知政事，富弼为枢密副使。弼固辞，不拜。

纲 召夏竦为枢密使。

纲 以欧阳修、王素、蔡襄知谏院，余靖为右正言。

目 增置谏官，以修等为之。襄喜言路开而虑正人难久立，乃上疏曰："任谏非难，听谏为难。听谏非难，用谏为难。修等三人，忠诚刚正，必能尽言。臣恐邪人不利，必造为御之之说。其御之不过有三：曰好名，好进，彰君过尔。愿陛下察之，毋使有好谏之名，而无其实。"

修每入对，帝必延问执政，咨所宜行。既多所张弛，小人滃滃不便；修虑善人必不胜，数为帝分别言之。

初，范仲淹之贬饶州，修及尹洙、余靖皆以直仲淹见退，群邪目之曰"党人"，于是朋党之论起。修乃进朋党论，以为："君子以同道为朋，小人以同利为朋，皆自然之理也。然小人无朋，惟君子则有之。盖小人所好者利禄，所贪者财货，当其同利之时，暂相党引以为朋者，伪也；及其见利而争先，或利尽而反相贼害，虽兄弟亲戚不能相保。君子则不然，所守者道义，所行者忠信，所惜者名节，以之修身则同道而相益，以之事国则同心而共济，终始如一。故为君者但当退小人之伪朋，用君子之真朋，则天下治矣。"修论事切直，人视之如仇，帝独奖其敢言，顾侍臣曰："如欧阳修者何处得来。"

纲 夏四月，以韩琦、范仲淹为枢密副使。

纲 夏竦至京师，罢之，以杜衍为枢密使。

目 初召竦，谏官欧阳修、蔡襄等交章论："竦在陕西，畏懦不肯尽力，兼之挟诈任数，奸邪倾险。陛下孜孜政事，首用怀诈不忠之臣，何以求治！"中丞王拱宸亦言："竦经略西师，无功而归。今置诸二府，何以厉世！"因对极论之，帝未省，遽起；拱宸前引裾毕其说，帝乃悟。会竦已至国门，言者论益力，即日诏竦归镇；拜杜衍为枢密使。竦亦自请还节钺，徙知亳州。竦至亳上书万言自辨，乃徙判并州。

蔡襄言于帝曰："陛下罢竦而用琦、仲淹，士大夫贺于朝，庶民歌于路，至饮酒叫号以为欢。且退一邪进一贤，岂能关天下轻重哉？盖一邪退则其类退，一贤进则其类进，众邪并退众贤并进，海内有不泰乎！虽然，臣窃忧之。天下之势，譬犹病者，陛下既得良医矣，信任不疑，非徒愈病而又寿民；医虽良，术不得尽用，则病且日深，虽有和、扁，难责效矣。"

国子监直讲石介，笃学尚志，乐善嫉恶，喜声名，遇事奋然敢为。会吕夷简罢相，章得象、晏殊、贾昌朝、韩琦、范仲淹、富弼同时执政，而欧阳修、蔡襄、王泰、余靖并为谏官，夏竦既拜，复夺之，以衍代，因大喜曰："此盛事也！歌颂，吾职，其可已乎？"作庆历圣德诗，有曰："众贤之进，如茅斯拔。大奸之去，如距斯脱。"其言大奸，盖斥竦也。诗且出，孙复闻之曰："介祸始于此矣！"范仲淹亦谓韩琦曰："为此鬼怪辈坏事也。"

纲 自正月不雨至于是月。帝祷于西太乙宫，是日雨。

纲 吕夷简罢。

目 先是陕西转运使孙沔上书，言自夷简当国，黜忠良，废直道，以姑息为安，以避谤为智，柔而易制者升为心腹，奸而可使者保为羽翼，是张禹不独生于汉，而李林甫之复见于今也。"书上，帝不之罪。夷简见书谓人曰："元规药石之言，但恨闻此迟十年尔！"至是蔡襄复言："夷简被病以来，两府大臣并笏受事于门，贪尚权势，病不知止。"乃罢同议军国大事，未几以太尉致仕。

纲 秋七月，王举正罢。八月，以范仲淹参知政事，富弼为枢密副使。

目 帝方锐意太平，数问仲淹以当世事，又为之开天章阁，召辅臣条对。仲淹退而上十事，曰"明黜陟，抑侥幸，精贡举，择长官，均公田，厚农桑，修武备，推恩信，重命令，减徭役"，悉采用之。

帝以平治责成辅相，命弼主北事，仲淹主西事。弼上当世之务十余条及安边十三策，大略以进贤、退不肖，止侥幸，去宿弊，欲渐易监司之不才者，使澄汰所部吏，于是小人始不悦矣。

纲 以韩琦为陕西宣抚使。

纲 九月，任中师罢。

纲 冬十月，以张昷之、王素等为都转运按察使。

目 先是知谏院欧阳修言："天下官吏既多，朝廷无由遍知其贤愚善恶，乞立按察之法。于内外朝官三丞郎官中，选强干廉明者为之，使至州县遍见官吏，其公廉无状皆以朱书于名之下，其中材之人以墨书之，岁具以闻。"诏从之。富弼、范仲淹复请诏中书、枢密通选逐路转运按察使，即委使自择知州，知州择知县，不任事者皆罢之。于是昷之等首被兹选，昷之河北，王素淮南，沈邈京东，施昌言河东，李绚京西。

仲淹之选监司也，取班簿视不才者一笔勾之。弼曰："一笔勾之甚易，焉知一家哭矣。"仲淹曰："一家哭，何如一路哭邪！"遂悉罢之。

纲　十二月，河北雨赤雪，河东地震。

纲　甲申，四年，春正月，帝复御经筵。

目　自元昊反，罢进讲。崇政殿说书赵师民言："帝王治经与品庶异，不独玩空文、占古语也。今方外小有事，臣等即不复进见，是以为先王遗籍可以讲无事之朝，不足赞有为之世，臣愚以为过矣。"又献劝讲箴，帝嘉纳之，于是复命曾公亮等讲读经史。尝谓公亮等曰："卿等宿儒博学，多所发明；朕虽盛暑，亦未尝倦，但恐卿等劳尔。"

纲　三月，诏天下州县立学，行科举新法。

目　时范仲淹意欲复古劝学，数言兴学校，本行实。诏近臣议，于是宋祁等奏："教不本于学校，士不察于乡里，则不能核名实。有司束以声病，学者专于记诵，则不足尽人材。参考众说，择其便于今者，莫若使士皆土著而教之于学校，然后州县察其履行，则学者修饬矣。先策论，则文词者留心于治乱矣。简程式，则闳博者得以驰骋矣。问大义，则执经者不专于记诵矣。"帝从之，乃诏天下州县皆立学，本道使者选部属官为教授；员不足，取于乡里宿学有道业者。士须在学三百日乃听预秋赋；旧尝充赋者，百日而止。试于州者令相保任，有匿服、犯刑、亏行、冒名等禁。三场，先策，次论，次诗赋，通考为去取，而罢帖经墨义。士通经术愿对大义者，试十道。

纲　夏四月，作太学。五月，帝谒孔子。

目　判国子监王拱辰、田况、王洙、余靖等言："汉太学二百四十房，千八百室，生徒三万人，唐学舍亦千二百间。今取才养士之法盛矣，而国子监才二百楹，制度狭小，不足以容。"诏以锡庆院为太学，置内舍生二百人。讲殿既备，帝谒孔子，故事止肃揖，帝特再拜。赐直讲孙复五品服。

初，海陵人胡瑗为湖州教授，训人有法，科条纤悉备具。以身率先，虽盛暑必公服坐堂上，严师弟子之礼，视诸生如其子弟，诸生亦信爱如其父兄，从之游者常数百人。时方尚词赋，湖学独立经义、治事斋以敦实学。及兴太学，诏下湖州取其法，著为令式。

纲　元昊复遣使来上表。

纲 六月，以范仲淹为陕西、河东宣抚使。

目 初，仲淹以忤吕夷简放逐者数年，及陕西用兵，帝以其士望所属，拔用护边。及夷简罢，召还，倚以为治。中外想望其功业，仲淹亦以天下为己任，与富弼日夜谋虑，兴致太平；然更张无渐，规模阔大，论者籍籍，由是谤毁稍行。先是石介奏记于弼，责以行伊、周之事。夏竦怨介，又欲因以倾弼等，乃使女奴阴习介书，久之习成，遂改"伊、周"曰"伊、霍"，且伪作介为弼撰废立诏草，飞语上闻。帝虽不信，而弼与仲淹恐惧不自安，适闻契丹伐夏，遂请行边。

纲 秋七月，大封宗室。

纲 八月，以富弼为河北宣抚使。

目 从弼请也。弼及范仲淹既去，石介不自安，亦请外，得濮州通判。

纲 许公吕夷简卒。

目 谥文靖。自庄献太后临朝，十余年间，天下晏然，夷简之力为多。及西夏用师，契丹求地，夷简选将命使，二边以宁。独成郭后之废，逐孔道辅、范仲淹于外，时论少之；然所斥士，旋复收用，亦不终废。其于天下之事，屈伸舒卷，动有操术，故当国最久，虽数为言者所诋，而帝眷倚不衰。

纲 九月，晏殊罢。

目 殊刚简清俭，博学洽闻，文章赡丽，为世推重。

纲 以杜衍同平章事兼枢密使，贾昌朝为枢密使，陈执中参知政事。

目 衍务裁侥幸，每有内降，率寝格不行。积诏旨至十数，辄纳帝前。帝尝语欧阳修曰："外人知杜衍封还内降邪？凡有求于朕，每以衍不可告之而止者，多于所封还也。"

纲 冬十一月，诏戒朋党相讦。

纲 契丹以云州为西京。

纲 十二月，册元昊为夏国王。

纲 乙酉，五年，春正月，罢杜衍、范仲淹、富弼，以贾昌朝同平章事兼枢密使，宋庠参知政事，王贻永为枢密使，吴育、庞籍为副使。

目 仲淹、弼既出宣抚，攻者益众，二人在朝所为亦稍沮止，衍独左右之。衍好荐引贤士而抑侥幸,群小咸怨。衍壻苏舜钦,易简子也,能文章,论议稍侵权贵。时监进奏院,循例祠神以伎乐娱宾,集贤校理王益柔,曙之子也,于席上戏作傲歌。御史中丞王拱辰闻之,以二人皆仲淹所荐,而舜钦又衍婿,欲因是倾衍及仲淹,乃讽御史鱼周询、刘元瑜举劾其事。拱辰及张方平列状请诛益柔,章得象无所可否,贾昌朝阴主之。韩琦言于帝曰:"益柔狂语,何足深计。方平等皆陛下近臣,今西陲用兵,大事何限,俱不为陛下论列,而同状攻一王益柔,此其意可见矣。"帝感悟,乃止黜益柔监复州酒税,而除舜钦名,同席被斥者十余人,皆知名之士。拱辰喜曰:"吾一举网尽矣。"舜钦既得罪,衍由是不安,求去不许,会谏官钱明逸论"仲淹、弼更张纲纪,纷扰国经,凡所推荐,多挟朋党"。陈执中复谮衍庇二人。帝不悦,遂并黜之。衍罢知兖州,仲淹知邠州,弼知郓州。衍清介有大节,其去也君子惜之。

纲 三月,罢枢密副使韩琦。

目 范仲淹、富弼罢去,琦不能独居,上疏辨析,且言"近日臣僚多务攻击忠良,取快私忿",不报。琦乃请外,遂出知扬州。河东转运使欧阳修上疏曰:"杜衍、范仲淹、韩琦、富弼,天下皆知其有可用之贤,而不闻其有可罢之罪。夫正士在朝,群邪所忌;谋臣不用,敌国之福也。窃为陛下惜之。"群邪益忌修,因傅致修罪,左迁知滁州。

知庆州尹洙,博学有识度,以为自唐以来文格卑弱,至柳开始为古文,而世未知宗尚,乃与穆修复振起之,为文简而有法。元昊反,洙未尝不在兵间,故于西事尤为练习。未几卒。

纲 罢科举新法。

目 范仲淹既去,执政以新定科举,入学预试为不便。且言:"诗赋声病易考,而策论汗漫难知,祖宗以来莫之有改,且得人尝多矣。"帝下其议,有司请如旧法,乃诏前所更令悉罢之。

纲 夏五月,章得象罢。

纲 以陈执中同平章事兼枢密使,吴育参知政事,丁度为枢密副使。

纲 冬十一月,罢京东安抚使富弼。

目 滁州狂人孔直温谋反,伏诛。搜其家,得石介书。时介已死,宣徽南院使夏竦言:"介诈死,乃弼遣介结契丹起兵,期以一路兵为内应,请发介棺验之。"诏下兖州访介存亡,杜衍以阖族保介必死,提刑吕居简亦言“无故发棺，何以示后”始获免，遂罢弼安抚使，贬孙复监虔州税，介子孙羁管他州。

纲 丙戌，六年，秋八月，以吴育为枢密副使，丁度参知政事。

纲 丁亥，七年，春二月，大旱，诏求直言。三月，贾昌朝、吴育免。

纲 以夏竦同平章事，寻改授枢密使。

目 竦制下，谏官、御史交章言：“大臣和则政事修。竦前在关中与首相陈执中论议不合，今不可使共事。”故改之。

纲 以文彦博参知政事，高若讷为枢密副使。

纲 帝祷于西太乙宫，是日雨。

目 帝出祷雨于太乙宫，日方炎赫，帝却盖不御，及还而雨大浃。

纲 冬十一月，贝州卒王则据城反。以明镐为河北安抚使。

纲 太子太傅致仕李迪卒。

纲 戊子，八年，春正月，以文彦博为河北宣抚使，明镐副之。闰月，执王则，槛送京师，诛之。以彦博同平章事。

纲 夏元昊卒。

目 年四十六。子谅祚方期岁，没藏氏所生也，养于母族讹庞。讹庞因以三大将分治国政，谥元昊曰武烈皇帝，庙号景宗，尊没藏氏为皇太后。

纲 三月，诏众臣言时政阙失。

目 帝幸龙图、天章阁，以手诏问辅臣及御史中丞以上时政阙失，皆给笔札，令即坐以对。时陈执中不学少文，固辞不对，宋庠亦请至中书合议条奏，乃听两府归而上之。翰林学士张方平方锁院草制，夜半与所条对俱上，言汰冗兵，退剩员，慎磨勘，择将帅四事。帝览奏惊异，诘旦更赐手札问诏所不及者，方平复上备边、恤刑二事。

纲 夏四月，册谅祚为夏国王。

目 夏遣使来告哀，朝廷及契丹皆遣使慰奠。议者请因谅祚幼弱，母族专国，以节钺啖其三大将，使各有所部分以披其势，可以得志。陕西安抚使程琳曰：“幸人之丧，非所以柔远人，不如因而抚之。”帝乃遣使册谅祚为夏国王，议者深惜朝廷之失机会。

纲 罢丁度为观文殿学士，以明镐参知政事。

目　度以与夏竦议事不合，求解政事，乃置观文殿学士以授之。度性淳质，在翰林十五年，数论天下事，未尝及私，帝雅重之。文彦博数推镐贝州之功，且荐其才可大用，帝遂以代度。

纲　五月，无云而震。夏竦免，以宋庠为枢密使，庞籍参知政事。

目　殿中侍御史何郯论竦奸邪，不可任枢要。会京师一日无云而震者五，帝方坐便殿，趣召翰林学士张方平至，谓曰："夏竦奸邪，以致天变如此，宜免之！"乃出知河南。

纲　六月，明镐卒。

纲　河北、京东大水。

纲　冬十月，以美人张氏为贵妃。

纲　己丑，皇祐元年，春正月朔，日食。

纲　二月，彗星见。

纲　夏五月，加知青州富弼礼部侍郎，辞不受。

目　河北、京东大水，民流就食青州，富弼劝所部民出粟益以官廪，得公私庐舍十余万区，散处其人，以便薪水。官吏自前资待缺寄居者，皆给其禄，使即民所聚，选老弱病瘠者廪之。仍书其劳，约他日为奏请受赏，率五日辄遣人持酒肉饭糗慰藉，出于至诚，人人为尽力。山林陂泽之利，可资以生者，听民擅取。死者为大冢葬之，目曰丛麦。及麦大熟，民各以远近受粮而归。凡活五十余万人，募为兵者万计。前此救灾者皆聚民城郭中，为粥食之，蒸为疾疫，及相蹈藉，或待哺数日不得粥而仆，名为救之，而实杀之。自弼立法，简便周尽，天下传以为式。帝闻，遣使褒劳，加拜礼部侍郎。弼曰："救灾，守臣职也。"固辞不受。

纲　帝幸后苑观刈麦。

目　帝御宝岐殿观之，谓辅臣曰："朕作此殿，不欲植花卉而岁以种麦，庶知稼穑之不易也。"

纲　六月，以贾昌朝为观文殿大学士，判尚书都省。

目　帝以昌朝旧学，特置观文殿大学士以宠之，仍兼判尚书都省。诏："自今非尝为相者毋得除。"后昌朝以山南东道节度使同平章事入见，召赴迩英阁讲乾卦，帝曰："将相侍讲，天下盛事。"昌朝顿首谢。

纲 秋八月，陈执中罢。

纲 以宋庠同平章事，高若讷参知政事，庞籍为枢密使，梁适为副使。

目 庠初执政，遇事辄分别可否；及再登用，遂浮沉自安，然天资忠厚，尝曰："逆诈恃明，残人矜才，吾终身不为也。"

纲 汰诸路兵。

纲 九月，广源州蛮侬智高反，寇邕州。

纲 罢武举。

纲 庚寅，二年，秋九月，大享天地于明堂，赦。

纲 冬十一月，诏外戚毋得任二府。

目 时张贵妃宠冠后庭，尧佐其伯父也，骤除宣徽、节度、景灵、群牧四使。殿中侍御史唐介与知谏院包拯、吴奎等力争之，中丞王举正又留百官班廷论，故有是诏，且罢尧佐宣徽、景灵二使。

纲 闰月，诏太子中舍致仕胡瑗定雅乐。

纲 辛卯，三年，春三月，宋庠免，以刘沆参知政事。

纲 夏六月，诏州郡勿献瑞物。

目 知无为军茹孝标献芝草，帝曰："朕以丰年为瑞，贤臣为宝，草木之异焉足尚哉！"免孝标罪，而戒州郡勿复献。

纲 冬十月，以张尧佐为宣徽南院使，贬殿中侍御史里行唐介为英州别驾，文彦博免。

目 尧佐复除宣徽使，知河阳。命下，介谓同列曰："是欲与宣徽而假河阳为名耳。"独抗言之。帝谓曰："除拟本出中书。"介遂劾文彦博知益州日造闲金奇锦，缘阉侍通宫掖，以得执政。今显用尧佐，益自固结。请罢之而相富弼。语甚切直，帝怒，即其奏不视，且曰："将远窜。"介徐读疏毕，曰："臣忠愤所激，鼎镬不避，何辞于谪。"帝急召执政示之曰："介论事是其职，至以彦博由妃嫔致宰相，此何言也？进用冢司，岂应得预，而乃荐弼！"时彦博在帝前，介责之曰："彦博宜自省，即有之不可隐。"彦博拜谢不已，帝怒益甚，梁适叱介使下殿，修起居注蔡襄趋进救之，贬春州别驾。王举正言其太重，帝亦悟，明日取其疏入，改英州，而罢彦博知许州。吴奎亦以介党出知密州。帝虑介或道死，有杀直臣名，命中使护之。由是介直声闻天下，然彦博事之有无，卒莫能辨。

纲　夏竦卒。以庞籍同平章事，高若讷为枢密使，梁适参知政事，王尧臣为枢密副使。

纲　壬辰，四年，夏五月，资政殿学士汝南公范仲淹卒。

目　赠兵部尚书，谥文正。仲淹为政忠厚，所至有恩，邠、庆二州之民与属羌皆画像立生祠，其卒也哀号如父。

纲　侬智高陷邕、横诸州，遂围广州；诏钤辖陈曙等发兵讨之。

纲　以狄青为枢密副使。

目　初，尹洙与青谈兵，善之，荐于韩琦、范仲淹曰："此良将材也。"二人待之甚厚。仲淹授以左氏春秋，且曰："将不知古今，匹夫勇耳。"青由是折节读书，悉通秦、汉以来将帅兵法，累进马军副都指挥使。青起行伍，十余年而显贵，面涅犹存。帝尝敕青傅药除之，青指其面曰："陛下以功擢臣，不问门地。臣所以有今日，由此涅耳，臣愿留以劝军中，不敢奉诏。"帝益重之。至是，自知延州召拜副使，台谏王举正等谏其不可，帝不听。

纲　秋七月，侬智高陷昭州。九月，以孙沔为广南安抚使。

纲　以狄青为荆湖宣抚使，督诸军讨侬智高。

目　智高寇扰日甚，帝以为忧。智高移书行营求邕、桂节度使，帝将受其降，梁适曰："若尔，则岭表非朝廷有矣。"会狄青上表请行，遂以为宣抚使、提举广南经制盗贼事。谏官韩绛言青武人，不宜专任。帝以问庞籍，籍力赞青可用，且言："号令不专，不如不遣。"乃诏岭南诸军皆受青节度。

纲　冬十月，以胡瑗为国子监直讲。

目　瑗既居太学，其徒至不能容，取旁官舍处之。礼部所得士，瑗弟子十常居四五，随材高下，喜自修饬，衣服容止，往往相类，人遇之不问可知为瑗弟子也。时与孙复同为直讲，复教养不及瑗而治经过之。然二人论见多不合，常相避不见。

纲　侬智高陷宾州，复入于邕。

纲　十二月，狄青勒兵宾州；陈曙兵败，青斩之以徇。

目　青行军立行伍，明约束，野宿皆成营栅。至广南，合孙沔、余靖之兵进次宾州，戒诸将无得妄与贼斗，听吾所为。广西钤辖陈曙乘青未至，辄以步兵八千击贼，溃于昆仑关，殿直袁用等皆遁。青曰："令之不齐，兵所以败。”晨会诸将堂上，揖曙起，并召用等三十二人，按以败亡状，驱出军门斩之。沔、靖相顾愕眙，诸将股栗，莫敢仰视。

纲 癸巳，五年，春正月，狄青夜度昆仑关，大败侬智高于邕州。智高走大理，广南平。

目 青既诛陈曙，因按兵止营，令军休十日，众莫测；贼觇者还言军未即进。青明日即整兵，自将前军，孙沔将次军，余靖为殿，夕次昆仑关。黎明，整大将旗鼓，诸将环立帐前，待令乃发，而青已微服与先锋度关，趣诸将会食关外。贼方觉，悉出逆战。青执白旗麾蕃落骑兵，从左右翼击之，纵横开合，部伍不乱。贼不知所为，大败，走，追奔五十里，斩首数千级，生擒贼五百余，死者万计。智高夜纵火烧城遁去，由合江口入大理。迟明，青按兵入城，敛尸筑京观于城北隅，时贼尸有衣金龙衣者，众谓智高已死，欲以上闻。青曰：“安知其非诈邪！宁失智高，不敢诬朝廷以贪功也。”广南悉平，捷至，帝喜曰：“青破贼，庞籍之力也。”又曰：“向非梁适言，南方安危未可知也。”诏余靖经制广西，追捕智高，而召青、沔还朝。后二年，靖募死士使大理求智高，会智高已死于大理，函首至京师。

纲 夏五月，高若讷罢，以狄青为枢密使，孙沔为副使。

纲 以孙抃为御史中丞。

目 韩绛奏抃非纠绳才，抃即手疏曰：“臣观方今士人，趋进者多，廉退者少。以善求事为精神，以能讦人为风采，捷给者谓之有议论，刻深者谓之有政事，谏官所谓才者，无乃谓是乎？若然，臣诚不能也。”上察其言，趣令视事。未几，抃举吴中复为监察御史，抃未始识其面，或问之，抃曰：“昔人耻为呈身御史，今岂荐识面台官邪。”

纲 秋七月，庞籍罢。八月，以陈执中、梁适同平章事。

纲鉴易知录卷六九

宋纪

仁宗皇帝

纲　甲午，至和元年，春正月，贵妃张氏卒，追册为温成皇后。二月，孙沔罢。

目　贵妃卒，帝忧悼甚，追册为皇后，知制诰王洙阴与内侍石全斌附会，欲令孙沔读册，帝从之。沔曰："陛上若以臣沔读册则可，以枢密副使读册则不可。"遂求罢，乃知杭州。

纲　京师疫。

目　内出犀角二，令太医和药以疗民。其一通天犀也，左右请留供服御，帝曰："吾岂贵异物而贱百姓哉！"立命碎之。

纲　以田况为枢密副使。

纲　三月，王贻永罢，以王德用为枢密使。

目　贻永尚真宗女郑国公主，自以祖宗来无外姻辅政者，恒惧宠禄过盛，故于枢府十五年，能远权势，帝由是益加尊礼；至是，以疾罢。

德用时以太子太师致仕，会乾元节上寿，立班廷中，契丹使语译者曰："黑王相公乃复起邪！"帝闻之，遂拜枢使。

纲　夏四月，朔，日食，用牲于社。

纲　秋七月，以程戡参知政事。

纲　梁适免。八月，以刘沆同平章事。冬十月，葬温成皇后，祔其主于太庙。

纲　乙未，二年，春三月，改封孔子后世愿为衍圣公。

目　世愿，孔子四十七代孙，袭封文宣公。太常博士祖无择言"祖谥不可加后嗣"，乃诏改封，仍令世袭。

纲　夏四月，以赵抃为殿中侍御史。

目　抃弹劾不避权幸，声称凛然，京师目为"铁面御史"。其言务欲朝廷别白君子、小人。以为小人虽小过，当力遏而绝之；君子不幸诖误，当保全爱惜，以成就其德。时吴充、鞠真卿、马遵、吴中复等，皆以直言居外，欧阳修、贾黯复求郡，抃言："近日正人端士纷纷引去者，以正色立朝，不能谄事权要，伤之者众耳。"由是充等悉得召还。

纲 六月，陈执中免。

目 知谏院范镇论执中无学术，非宰相器。孙抃复论奏执中过失，执中竟免。然执中在中书八年，人莫敢干以私。

纲 以文彦博、富弼同平章事。

目 帝尝问置相于王素，素对曰："惟宦官宫妾不知姓名者可充其选。"帝曰："如是则富弼耳。"至是，彦博与弼同召，至郊，诏百官迎之。范镇言曰："隆之以虚礼，不若推之以至诚。"及宣制，士大夫相庆于朝，帝遣小黄门觇知之，语翰林学士欧阳修曰："古之命相，或得诸梦卜。今朕用二相，人情如此，岂不贤于梦卜哉。"修顿首贺。会契丹使者耶律防至，王德用与射于玉津园，防曰："天子以公典枢密，而用富公为相，将相皆得人矣。"

纲 以张昪为御史中丞。

目 昪指切时政，无所避畏，帝谓之曰："卿孤立，乃能如是。"昪对曰："臣仰托圣主致位侍从，是为不孤。今陛下之臣持禄养望者多，而赤心谋国者少，窃以为陛下乃孤立耳。"帝为感动。

纲 秋八月，契丹宗真死，子洪基立。

纲 冬十二月，修六塔河。

目 时河决大名、馆陶，殿中丞李仲昌请自澶州商胡河穿六塔渠入横陇故道，以披其势，富弼是其策。诏发三十万丁修六塔河以回河道，以仲昌提举河渠。翰林学士欧阳修三上疏，力谏其不可行，帝不听。

纲 丙申，嘉祐元年，春正月，帝有疾，文彦博等宿卫禁中。二月，帝疾瘳。

纲 闰三月，以王尧臣参知政事，程戡为枢密副使。

纲 以唐介知谏院。

目 御史吴中复请召还唐介，文彦博因言于帝曰："介顷言臣事，多中臣病，其间虽有风闻之误，然当时责之太深，请如中复奏。"乃召介知谏院，时称彦博长者。

纲 夏四月，河决六塔，流殿中丞李仲昌于英州。

纲 五月，罢知谏院范镇。

目 帝性宽仁，言事者竞为激讦，镇独务引大体，非关朝廷安危，生民利疚，则未尝言。及帝暴疾，文彦博因请帝建储，帝许之，会疾瘳而止。至是镇奋然曰："天下事尚有大于此者乎！"即上疏曰："置谏官者，为宗庙、社稷计也。谏官而不以宗庙、社稷计事陛下，是爱死嗜利之人，臣不为也。方陛下不豫，海内皇皇，莫知所为。陛下独以祖宗后裔为念，是为宗庙、社稷之虑至深且明也。昔太祖舍其子而立太宗，天下之大公也；真宗以周王薨养宗子于宫中，天下之大虑也。愿以太祖之心，行真宗故事，拔近属贤者，优其礼秩而试以政事，俟有圣嗣，复遣还邸。"章累上，不报。执政论之曰："奈何效希名干进之人！"镇贻书曰："比天象见变，当有急兵。镇义当死职，不可死乱兵之下。此乃镇择死之时，尚何顾希名干进之嫌哉！"因复上疏，言之愈切。除兼侍御史知杂事，镇以言不从固辞。凡见帝面陈者三，因泣下，帝亦泣谓曰："朕知卿忠，当更俟二、三年。"镇前后章凡十九上，待命百余日，须发皆白，朝廷知不可夺，乃罢知谏院，改纠察在京刑狱。时并州通判司马光亦言建储事，且劝镇以死争之。翰林学士欧阳修、殿中侍御史包拯、吕景初、赵抃、知制诰吴奎、刘敞等皆上疏力请，于是文彦博、富弼、王尧臣等相继劝帝早定大计，皆不见听。

纲 六月，大水，社稷坛坏。诏求直言。

纲 彗出紫微垣。

纲 秋八月，罢狄青判陈州，以韩琦为枢密使。

目 青在枢府，每出入，士卒辄指目以相矜夸，至壅马足不得行；又其家数有光怪。会大水，青避于相国寺，行止殿上，人情颇疑。翰林学士欧阳修言："青掌国机密，而得军情，非国家之利。"知制诰刘敞出知扬州，陛辞，亦言："陛下幸爱青，不如出之以全其终。"帝然之，乃以使相判陈州。

纲 冬十一月，王德用罢，以贾昌朝为枢密使。

目 德用将家子，习知军中情伪，善以恩抚下，故多得士心，虽屡临边境，未尝亲矢石，督攻战，而名闻四夷，闾阎妇女、小儿亦呼为"黑王相公"。

纲 十一月，刘沆免，以曾公亮参知政事。

纲 以包拯知开封府。

目 拯立朝刚毅，贵戚宦官为之敛手，闻者皆惮之，以其笑比黄河清。童稚妇女亦知其名，呼曰"包待制"，京师为之语曰："关节不到，有阎罗包老。"

纲 丁酉，二年，春二月，祁公杜衍卒。

目 衍临终作遗疏，略曰："无以久安而忽边防，无以既富而轻财用，宜早建储副以安人心。"语不及私，谥正献。

纲 以翰林学士欧阳修知贡举。

目 帝切于求士，进士诸科一举而获选者至千三百余人。士子习尚险怪奇涩之文，号"太学体"。张方平尝言："文章之变与政通。迩来文格日失其旧，各出新意，相胜为奇，驱扇浮薄，重亏雅俗，非取贤敛才备治具之意。"虽下诏揭示，而士习不改。翰林学士欧阳修知贡举，痛抑新体，凡为时所推誉者皆被黜。榜出，浇薄之士俟修晨朝聚噪于马首，街司逻卒不能禁止，然自是场屋之习遂为之变。

纲 二月，护国节度使、同平章事狄青卒。

目 青为人慎密寡言，其计事必审中机会而后发。行师，先正部伍，明赏罚，与士卒同饥寒、劳苦，虽敌猝犯之，无一士敢后先者，故数有功。尝有持狄梁公画像及告身诣青献之，以为青之远祖。青谢之曰："一时遭际，安敢自附梁公。"厚赠其人而遣之。卒谥武襄。

纲 秋八月，诏诸州置广惠仓。

目 初，天下没入户绝田，官自粥之。至是韩琦请留勿粥，募人耕而收其租，别为仓贮之，以给州县之老幼贫疾不能自存者，谓之"广惠仓"。

纲 冬十二月，诏间岁一举士，置明经科。

纲 戊戌，三年，夏六月，文彦博、贾昌朝罢。

目 彦博以老求罢，以使相判河南，封潞国公。知谏院陈旭等恐昌朝遂代为相，乃率僚属上言昌朝交通女谒，昌朝竟出判许州。

纲 以韩琦同平章事，宋庠、田况为枢密使，张昪为副使。

纲 以包拯为御史中丞。

目 拯言："东宫虚位日久，天下以为忧。夫万物皆有根本，而太子者天下之根本也，根本不立，祸孰大焉。”帝曰：“卿欲谁立？”拯曰：“臣非才备位，所以乞豫建太子者，为宗庙万世计尔。陛下问臣欲谁立，是疑臣也。臣年七十且无子，非邀后福者。”帝喜曰：“徐当议之。”

纲 秋八月，王尧臣卒。

纲 己亥，四年，春正月朔，日食，用牲于社。

目 知制诰刘敞言：“社者，上公之神，群阴之长，故日食则伐鼓于社，所以责上公，退群阴。今反祠而请之，是屈天子之礼，从诸侯之制，抑阳扶阴，降尊贬重，非承天戒尊朝廷之义也。”

纲 夏四月，封周世宗后柴咏为崇义公。

目 给田十顷，以奉周祀，从著作佐郎何鬲请也。

纲 秋七月，放宫人。

纲 田况罢。

纲 冬十一月，汝南王允让卒，追封濮王。

目 允让天资浑厚，内宽外庄，知大宗正寺二十年。宗子有好学者，勉进之以善；若不率教，则劝戒之；至不变，始正其罪，故皆畏服。及薨，谥安懿，以其子宗实育宫中，故恤典有加。

纲 召河南处士邵雍，不至。

目 雍，河南人，少时自雄其才，慷慨欲树功名，于书无所不读。始为学即坚苦刻励，寒不炉，暑不扇，夜不就枕者数年。既而逾河、汾，涉淮、濮，周流齐、鲁、宋、郑，久之，幡然来归，曰：“道在是矣。”遂不复出。

初，北海李之才受易于河南穆修，修受于种放，而放受之于陈抟，源流最远。之才摄共城令，雍时居母忧于苏门山，躬爨以养父，之才叩门来谒，劳苦之曰：“好学笃志，果何似？”雍曰：“简策迹外，未有适也。”之才曰：“君非迹简策者，其如物理之学何。”他日则又曰：“物理之学学矣，不有性命之学乎。”雍再拜愿受业，之才遂授以河图、洛书、伏羲八卦六十四卦图象。雍由是探赜索隐，妙悟神契，玩心高明，深造曲畅，遂衍伏羲先天之旨，著书十余万言。富弼、司马光、吕公著诸贤居洛中，雅敬雍，恒相从游，为市园宅。雍德气粹然，望之知其贤，群居燕笑终日，不为甚异，人无贵贱少长一接以诚，故贤者悦其德，不贤者服其化。留守王拱辰荐雍遗逸，授将作主簿，后复举逸士，补颍州团练推官，皆固辞乃受命，竟称疾不之官。

纲 庚子，五年，夏四月，程戡免，以孙抃为枢密副使。

纲 五月，召王安石为三司度支判官。

目 安石，临川人，好读书，善属文，曾巩携其所撰以示欧阳修，修为之延誉；擢进士上第，授淮南判官。故事，秩满许献文求试馆职，安石独否，调知鄞县，通判舒州。文彦博为相，荐其恬退，乞不次进用，以激奔竞之风；欧阳修荐为谏官；安石皆以祖母年高辞。修以其须禄养，复言于朝，召为群牧判官，改度支判官。

安石议论高奇，能以辨博济其说，果于自用，慨然有矫世变俗之志。于是上万言书，其大要以为："今天下之财力日以困穷，风俗日以衰坏，患在不知法度，不法先王之政故也。法先王之政者，法其意而已。法其意，则吾所改易更革，不至乎倾骇天下之耳目，嚣天下之口，而固已合先王之政矣。因天下之力以生天下之财，取天下之财以供天下之费；自古治世，未尝以财不足为患也，患在治财无其道耳。"

先是，馆阁之命屡下，安石辄辞不起，士大夫谓其无意于世，恨不识其面；朝廷每欲畀以美官，惟患其不就也。及赴是职，闻者莫不喜悦。

纲 六月，契丹新置国子监。

纲 欧阳修等上新唐书。

目 先是帝以刘昫等所撰唐史卑弱浅陋，命翰林学士欧阳修、端明殿学士宋祁刊修之，曾公亮提举其事，十有七年而成，凡二百二十五卷。事增于前，文省于旧，修撰纪、志、表，祁撰传。

纲 冬十一月，宋庠免，以曾公亮为枢密使。以张昪、孙抃参知政事，欧阳修、陈旭、赵概为枢密副使。

纲 辛丑，六年，春三月，起复富弼同平章事，弼固辞，许之。

目 弼以母丧去位，诏为罢春宴。故事，执政遭丧皆起复，帝虚位五起之，弼固请终制，且曰："起复，金革之变礼，不可施于平世。"帝乃许之。

纲 夏四月，陈旭罢。

纲 以包拯为枢密副使。

纲 六月朔，日食。

目 司天言："当食六分之半。"食四分而雨。群臣欲援例称贺，同判尚书礼部司马光言："日之所照，周遍华夷，云之所蔽，至为近狭，虽京师不见，四方必有见者。天意若曰'人君阴邪所蔽'，灾慝甚明，天下皆知其忧危，而朝廷独不知也。食不满分者，乃历官术数不精，当治其罪，亦非所以为贺也。"帝从之。

纲 以司马光知谏院。

目 光入对，首言："臣昔通判并州，所言三章，愿陛下果断力行。"帝沉思久之，曰："得非欲选宗室为继嗣者乎？此忠臣之言，但人不敢及耳。"光对曰："臣言此，自谓必死，不意陛下开纳。"帝曰："此何害！古今皆有之。"

光复以三札子上，其一论"君德有三：曰仁、曰明、曰武。仁者，非妪煦姑息之谓；兴教化，修政治，养百姓，利万物，此人君之仁也。明者，非烦苛伺察之谓；知道谊，识安危，别贤愚，辨是非，此人君之明也。武者，非强亢暴戾之谓；唯道所在，断之不疑，奸不能惑，佞不能移，此人君之武也。陛下天性慈惠，谨微接下，子育元元，泛爱群生，虽古先圣王之仁殆无以过。然践祚垂四十年，而朝廷纪纲犹有亏缺，闾里穷民犹有怨叹，意者群臣不能宣扬圣化，将陛下之于三德万分一亦有所未尽欤？臣伏见陛下推心御物，端拱渊默，群臣各以其意有所敷奏，陛下不复询访利害，一皆可之，诚使陛下左右前后之臣皆忠实正人则善矣，或有一奸邪在焉，则岂可不为之寒心哉！"

其二论"致治之道有三：曰任官、曰信赏、曰必罚。国家御群臣之道，累日月以进秩，循资涂而授任。苟日月积久，则不问其人之贤愚而置高位；资涂相值，则不问其人之能否而居重职。非特如是而已，国家采名不采实，诛文不诛意。夫以名行赏，则天下饰名以求功；以文行罚，则天下巧文以逃罪。陛下诚能慎选在位之士而用之，有功则增秩加赏，而勿徙其官；无功，则降黜废弃，而更求能者；有罪，则流窜刑诛而勿加宽贷。"

其三言"养兵之术，务精不务多。赦书害多而利少，非国家之善政"。

又进五规：曰保业、惜时、远谋、谨微、务实。又言："故事，凡臣僚上殿奏事，悉屏左右内臣。今内臣不过去御坐数步，君臣对问之言皆可听闻，恐漏泄机事，非便。"帝皆嘉纳之，诏："自今止令御药侍臣及扶侍四人立殿角以备宣唤，余悉屏之。"

纲　以王安石知制诰。

目　安石自度支判官改同修起居注，辞之累日，阁门吏赍敕就付之，拒不受。吏随而拜之，则避于厕。吏置敕于案而去，又遣还之。上章至八九，乃受。及径除知制诰，安石遂不复辞矣。

纲　秋八月，以曾公亮同平章事，张昪为枢密使，胡宿为副使。

目　宿为人清慎忠实，临事不妄发，既发亦不可回止。其当重任，尤能顾惜大体。群臣多务更张革弊，宿曰："变法，古人所难，不务守祖宗成法而徒纷纷，无益于治也。"

纲　闰月，策贤良方正直言极谏之士。

目　王介、苏轼、苏辙皆在举中。辙对切直，胡宿力请黜之，帝不许，曰："以直言召人，奈何以直弃之！"乃收入第四等。王安石意辙右宰相，专攻人主，比之谷永，不肯撰词。韩琦曰："此人谓宰相不足用，欲得娄师德、郝处俊而用之，尚以谷永疑之乎？"改命沈遘为之词。

纲　以欧阳修参知政事。

目　时韩琦为首相，法令典故问曾公亮，文学之事问修，三人同心辅政，百官奉法循理，朝廷称治。修以兵民、官吏、财利之要，中书所当知者集为总目，遇事取视之，不复求诸有司。

纲　冬十月，起复宗实知宗正寺，固辞不拜。

目　群臣以储位未建为忧，言者虽切，而帝未之允。司马光上疏曰："向者臣进豫建太子之说，意谓即行；今寂无所闻，此必有小人言'陛下春秋鼎盛，何遽为此不祥之事！'小人无远虑，特欲仓卒之际，援立其所厚善者耳。'定策国老、门生天子'之祸，可胜言哉！"帝大感动曰："送中书。"光见韩琦等曰："诸公不及今定议，异日禁中夜半出寸纸，以某人为嗣，则天下莫敢违。"琦等拱手曰："敢不尽力。"时知江州吕诲亦上疏言之。及琦入对，以光、诲二疏进读，帝遽曰："朕有意久矣，谁可者？"琦皇恐对曰："此非臣辈所可议，当出自圣择。"帝曰："宫中尝养二子，小者甚纯，近不慧；大者可也。"琦请其名，帝曰："宗实。"琦等遂力赞之，议乃定。

宗实天性笃孝，好读书，不为燕嬉亵慢，服御俭素如儒者。时居濮王丧，乃起复知宗正寺。琦曰："事若行，不可中止。陛下断自不疑，乞内中批出。"帝意不欲宫人知，曰："只中书行足矣。"命下，宗实固辞，乞终丧。帝复以问琦，琦对曰："陛下既知其贤而选之，今不敢遽当，盖器识远大，所以为贤也。愿固起之。"帝曰："然。"

纲 壬寅，七年，春三月，孙抃罢，以赵概参知政事，吴奎为枢密副使。

纲 夏四月，枢密副使包拯卒。

目 拯性陗直耿介，与人不苟合，不一毫妄取，平居无私书，故人亲党干谒一切绝之，然恶吏苛刻，务敦厚，于人未尝不恕。其饮食服用喜俭朴，虽贵，如布衣时。卒赠礼部尚书，谥孝肃。

纲 秋八月，立宗实为皇子，赐名曙；九月，进封巨鹿郡公。

目 宗实既终丧，韩琦言："宗正之命初出，外人皆知必为皇子，不若遂正其名。"帝从之。琦至中书，召翰林学士王珪草诏，珪曰："此大事也，非面受旨不可。"明日请对，曰："海内望此举久矣，果出自圣意乎？"帝曰："朕意决矣。"珪再拜贺，始退而草诏。诏下，宗实复称疾固辞，章十余上。记室周孟阳请其故，宗实曰："非敢徼福，以避祸也。"孟阳曰："今已有此迹，设固辞不受，中人别有所奉，遂得燕然无患乎！"宗实始悟。司马光言于帝曰："皇子辞不赀之富，至于旬月，其贤于人远矣。然'父召无诺，君命召不俟驾'，愿以臣子大义责之，宜必入。"帝从之，宗实遂受命。将入宫，戒其舍人曰："谨守吾舍，上有适嗣，吾归矣。"因肩舆赴召，良贱不满三十人，行李萧然，唯书数厨而已。中外相贺。

纲 癸卯，八年，春三月，帝崩。巨鹿公曙即位，尊皇后为皇太后，赦。

纲 帝有疾，诏请皇太后权同听政。

目 帝得暴疾，诏请皇太后权同处分军国事；后乃御内东门小殿垂帘，宰臣日奏事。后性慈俭，颇涉经史，多援以决事。中外章奏日数十上，一一能记纲要。有疑未决者，则曰"公辈更议之"，未尝出己意简柅，曹氏及左右臣仆毫分不以假借，宫省肃然。

纲 立皇后高氏。

纲 五月，以富弼为枢密使。

纲 秋七月，帝疾瘳。

目 帝疾甚，举措或改常度，遇宦者尤少恩，左右多不悦，乃共为谗间，两宫遂成隙，内外汹惧。知谏院吕诲上书两宫，开陈大义，词旨深切，多人所难言者；然两宫犹未释然。

一日，韩琦、欧阳修奏事帘前，太后呜咽流涕，且道所以。琦曰："此病故尔，疾已必不然。子疾，母可不容之乎？"后意不解。修进曰："太后事先帝数十年，仁德著于天下。昔温成之宠，太后处之裕如，今母子间反不能容邪！"后意稍和。修复曰："先帝在位久，德泽在人，故一日晏驾，天下奉戴嗣君无敢异同者。今太后一妇人，臣等五六书生耳，非先帝遗意，天下谁肯听从。"后默然久之。琦进曰："臣等在外，圣躬若失调护，太后不得辞其责。"后惊曰："是何言！我心更切也。"同列闻者莫不流汗。

后数日，琦独见帝，帝曰："太后待我少恩。"琦对曰："自古圣帝明王不为少矣，独称舜为大孝，岂其余尽不孝哉！父母慈而子孝，此常事，不足道；惟父母不慈而子不失孝，乃为可称。但恐陛下事之未至耳，父母岂有不慈者哉！"帝大感悟。

帝自六月不御殿，至是初御紫宸殿，见百官，琦因请乘舆祷雨，具素服以出，人情大安。

纲 冬十月，葬永昭陵。

英宗皇帝

纲 甲辰，英宗皇帝治平元年，夏五月，太后还政于帝。加韩琦尚书右仆射。

目 帝疾大瘳，琦欲太后撤帘还政，乃取十余事禀帝，帝裁决悉当，琦即诣太后覆奏，后每事称善。琦因白后求去，后曰："相公不可去，我当居深宫耳。"遂起。琦即厉声命撤帘；帘既落，犹于御屏后见后衣也。帝亲政，加琦右仆射。

纲 秋八月，内侍任守忠有罪，窜蕲州。

目 初，庄献太后临朝，守忠与都知江德明等交通请谒，权宠过盛，累迁宣政使入内都知。仁宗以未有储嗣，属意于帝，守忠建议欲援立昏弱以邀大利。及帝即位，又乘帝疾交构两宫。知谏院司马光论守忠离间之罪，国之大贼，乞斩于都市。吕诲亦上疏论之。帝纳其言，翌日，韩琦出空头敕一道，欧阳修已签，赵概难之，修曰："第书之，韩公必自有说。"既而琦坐政事堂，召守忠立庭下曰："汝罪当死！"遂责蕲州安置，取空头敕填与之，即日押行，琦意以为少缓则中变也。其党史昭锡等悉窜南方，中外快之。

纲　诏日开经筵。

目　重阳节当罢讲，吕公著、司马光言"先帝时无事常开经筵。近以圣体不安，遂于端午及冬至后盛暑、盛寒权罢数月。今陛下始初清明，宜亲近儒雅，讲求治术，愿不惜顷刻之闲，日御讲筵。"从之。

纲　九月，复武举。

纲　冬十一月，刺陕西民为义勇军。

目　韩琦言："唐置府兵，最为近古。今之义勇，河北几十五万，河东几八万，勇悍纯实，若稍加简练，亦唐之府兵也。河东、北、陕西三路当西、北控御之地，事当一体。今若于陕西诸州刺手背以为义勇，甚便。"乃命徐亿等往籍陕西主户三丁之一刺之，凡十五万六千余人，人赐钱二千；民情惊扰，而纪律疏略，不可用。知谏院司马光上疏力谏，不听。光至中书与韩琦辨，琦曰："兵贵先声，谅祚方桀骜，使骤闻益兵二十万，岂不震慑！"光曰："兵贵先声，为其无实也，独可欺于一日之间耳。今吾虽益兵，实不可用，不过十日，彼将知其详，尚何惧？"琦曰："君但见庆历间乡兵刺为'保捷'，忧今复然。已降敕与民约，永不充军戍边矣。"光曰："朝廷尝失信于民，未敢以为然。"琦曰："吾在此，君无忧。"光曰："公长在此地可也。异日他人当位，用以运粮戍边，反掌间耳。"琦不从，竟为陕西之患。

纲　十二月，吴奎罢，以王畴为枢密副使。

纲　以内侍为陕西诸路钤辖。

纲　乙巳，二年，春二月，罢三司使蔡襄。

目　帝自濮邸立为皇子，闻近臣中有异议；人疑为襄。及即位，数问"襄何如人"？韩琦等为救解，帝意不回，襄请罢，遂命出知杭州。

纲　王畴卒。

纲　夏四月，诏议崇奉濮王典礼。

目　初，知谏院司马光以帝必将追隆所生，尝因奏事言："汉宣帝为孝昭后，终不追尊卫太子、史皇孙，光武上继元帝，亦不追尊巨鹿、南顿君，此万世法也。"既而韩琦等言："礼不忘本，濮安懿王德盛位隆，所宜尊礼，请下有司议。王及夫人王氏、韩氏、仙游县君任氏，合行典礼，用宜称情。"帝令"须大祥后议之"。至是，诏"礼官与待制以上议"。翰林学士王珪等相视莫敢先发，司马光独奋笔立议，略云："为人后者为之子，不得顾私亲。若恭爱之心分于彼，则不得专于此。秦、汉以来帝王有自傍支入承大统者，或推尊其父、母以为帝、后，皆见非当时，取讥后世，臣等不敢引以为圣朝法。况前代入继者多宫车晏驾之后，援立之策，或出臣下，非如仁宗皇帝年龄未衰，深惟宗庙之重，于宗室中简推圣明，授以大业。陛下亲为先帝之子，然后继体承祧，光有天下。濮安懿王虽于陛下有天性之亲，顾复之恩，然陛下所以负扆端冕，子孙万世相承，皆先帝德也。臣等窃以为濮王宜准先朝封赠期亲尊属故事，尊以高官大国，谯国、襄国、仙游并封太夫人，考之古今为宜称。"于是珪即命吏具以光手稿为按，议上。中书奏："珪等所议未见详定，濮王当称何亲？名与不名？"珪等议："濮王于仁宗为兄，于皇帝宜称皇伯而不名。"欧阳修引丧服大记，以为"为人后者，为其父母降服三年为期，而不没父母之名，以见服可降而名不可没也。若本生之亲，改称皇伯，历考前世皆无典据。进封大国，则又礼无加爵之道。请下尚书集三省御史台议。"而太后手诏诰责执政，帝乃诏曰："如闻集议不一，权宜罢之，令有司博求典故以闻。"

纲　五月，以陈旭为枢密副使。

纲　秋七月，富弼、张昪罢。

目　嘉祐中，韩琦与弼同相，或中书有疑事，往往与枢密谋之；自弼使枢密，非得旨合议者，琦未尝询弼，弼颇不怿。及太后还政，弼大惊曰："弼备位辅佐，他事固不可预闻，此事韩公独不能共之邪！"或以咎琦，琦曰："此事当如出太后意，安可显言于众。"弼愈不怿。帝亲政，加弼户部尚书，弼辞曰："制词：'取嘉祐中尝议建储推恩。'此特丝发之劳，何足加赏。仁宗、太后于陛下有天地之恩，尚未闻所以为报，可谓倒置。"再奏，不听，乃受。至是以足疾力求解政，遂以使相、郑国公判扬州。未几徙判汝州。

昪请老，帝曰："太尉勤劳王家，讵可遽去。"但命五日一至院，进见毋蹈舞。司马光亦疏昪忠谨清直，请留于朝，而昪求去益力，乃判许州。

纲　以文彦博为枢密使，吕公弼为副使。

目　彦博自河南入觐，帝曰："朕之立，卿之功也。"彦博悚然对曰："陛下入继大统，乃先帝意，皇太后协赞之力，臣何功之有！且其时臣方在外，皆韩琦等承圣志，受顾命，臣无预焉。"因避谢不敢当。帝曰："暂烦卿西行，即召还矣。"乃改判永兴军，遂召为枢密使。

纲　八月，京师大水，诏求直言。

目　京师大雨，平地涌水，坏官私庐舍，漂人民畜产，不可胜计。帝下诏责躬求言。司马光上疏，略云："陛下即位以来，灾异甚众：日有黑子；江、淮之水或溢或涸；去夏霖雨，涉秋不止，老弱流离，积尸成丘；今夏疫疠大作，弥数千里，秋收未获，暴雨大至，都城之内，道路乘桴，官府民居，覆没殆尽，死于压溺者不可胜纪。陛下安得不侧身恐惧，思其所以致此者乎！"又曰："先帝擢陛下于众人中，升为天子，惟以一后数公主托陛下，而梓宫在殡，已失太后欢心，长公主数人屏居闲宫，此陛下所以失人心之始也。"又曰："凡百奏请，不肯与夺；知人之贤不能举，知人不肖不能去，知事之非不能改，知事之是不能从，此天下所以重失望也。"又曰："台谏，天子之耳目，其有所言，当以圣意察其是非，不宜一付之大臣。"帝嘉纳之。

纲　丙午，三年，春正月，翰林学士范镇罢。

目　韩琦求去，镇草批答，引"周公不之鲁"为辞，帝不悦。镇遂请外，罢知陈州。时论或谓镇以议濮王追崇事忤欧阳修，修为帝言"镇以周公待琦，是以孺子待陛下"，镇之出，修为之也。

纲　契丹复改国号曰辽。

纲　诏称濮王为亲，立园庙。谪侍御史吕诲等于州县。

目　濮王崇奉之议久而未定，侍御史吕诲、范纯仁、监察御史吕大防引义固争，以为王珪议是，乞从之。章七上而不报，遂劾韩琦专权导谀罪，曰："昭陵之土未干，遽欲追崇濮王，使陛下厚所生而薄所继，隆小宗而绝大宗。"又共劾欧阳修"首开邪议，以枉道说人主，以近利负先帝，陷陛下于过举，而韩琦、曾公亮、赵概附会不正，乞皆贬黜。"不报。

时中书亦上言："请明诏中外，以皇伯无稽，决不可称。今所欲定者正名号耳，至于立庙京师，干乱统纪之事，皆非朝廷本意。"帝意不能不向中书，然未即下诏也。既而皇太后手诏中书："宜尊濮王为皇，夫人为后，皇帝称亲。"帝下诏谦让，不受尊号，但称亲，即园立庙，以王子宗濮为濮国公，奉祠事，仍令臣民避王讳。

时论以为太后之追崇及帝之谦让，皆中书之谋也。于是吕诲等以所论奏不见听用，缴纳御史敕告，家居待罪。帝命阁门以告还之。诲力辞台职，且言“与辅臣势难两立”。帝以问执政，琦、修等对曰：“御史以为理难并立，若臣等有罪，当留御史。”帝犹豫久之，命出御史，乃下迁诲知蕲州，纯仁通判安州，大防知休宁县。

时赵鼎、赵瞻、傅尧俞使契丹还，以尝与吕诲言濮王事，即上疏乞同贬；乃出鼎通判淄州，瞻通判汾州。帝眷注尧俞，独进除侍御史。尧俞曰：“诲等已逐，臣义不当止。”帝不得已，命知和州。

知制诰韩维及司马光皆上疏乞留诲等，不报；遂请与俱贬，亦不许。侍读吕公著言：“陛下即位以来，纳谏之风未彰，而屡诎言者，何以风天下！”帝不听。公著乞补外，乃出知蔡州。

诲等既出，濮议亦寝。

纲　三月，彗星见西方。

目　如太白，长丈有五尺；又孛于毕，如月。

纲　夏四月，胡宿罢，以郭逵同签书枢密院事。

纲　夏人寇边，环庆经略使蔡挺击走之。

纲　秋九月，诏宰臣举馆职。

目　帝谓中书曰：“水潦为灾，言事者多言不进贤，何也？”欧阳修曰：“近年进贤路狭。往时进士五人以上，皆得试馆职；第一人及第，不十年即至辅相。今第一人两任方得试，而第二人以下无复得试。往时大臣荐举即召试，今止令上簿，候阙人乃试。唯有因差遣例除者，半是年劳老病之人，此所谓进贤路狭也。”帝嘉纳之。因命韩琦等四人举士，得二十人，皆令召试。琦等以人多难之，帝曰：“苟贤，岂患多也。”乃先召试十人，余须后试。时士人以登台阁、升禁从为显官，而不以官之迟速为荣滞，故为之语曰：“宁登瀛，不为卿；宁抱椠，不为监。”

纲　冬十月，以郭逵为陕西四路宣抚使。

纲　诏礼部三岁一贡举。

纲　十一月，帝有疾。十二月，立子顼为皇太子，大赦。

目　时帝久疾，韩琦入问起居，因进言曰：“陛下久不视朝，愿早建储以安社稷。”帝颔之。琦请帝亲笔指麾，帝乃书曰：“立大王为皇太子。”琦曰：“必颍王也，烦圣躬更亲书之。”帝又批于后曰“颍王顼”。琦即召学士承旨张方平至福宁殿草制，帝凭几言，言不可辨；方平复进笔请书其名，帝力疾书之。太子既立，帝因泫然下泪。文彦博退谓琦曰：“见上颜色否？人生至此，虽父子亦不能不动也。”

纲 丁未，四年，春正月，帝崩，太子即位，大赦。

纲 尊皇太后曰太皇太后，皇后曰皇太后。以吴奎为枢密副使，以韩琦为司空兼侍中。

纲 二月，立皇后向氏。

目 后，太尉敏中之曾孙，定国留后经之女，帝为颍王时纳焉，至是册为后。

纲 始命公主行见舅姑礼。

纲 三月，欧阳修罢。

目 修既以议濮王典礼为吕诲所诋，惟蒋之奇以修为是。及诲等斥，而修荐之奇为御史，众因目为奸邪。之奇患焉，思所以自解。会修妇弟薛良孺有憾于修，诬修以帷薄不根之谤，达于中丞彭思永，思永以告之奇，之奇即上章劾修。修杜门请推治，帝使诘所从来，皆辞穷；乃黜思永知黄州，之奇监道州酒税。修因力求退，乃以观文殿学士知亳州。

纲 以吴奎参知政事。

目 奎入谢，进治说三篇。又尝言："帝王所职惟在判正邪，使君子常居要近，小人不得以害之，则自治矣。"帝因言："尧时四凶犹在朝。"奎曰："四凶虽在，不能惑尧之聪明。圣人以天下为度，未有显过，固宜包容，但不可使居近要地耳。"帝然之。

纲 以司马光为翰林学士；固辞，不许。

目 光力辞，帝曰："古之君子或学而不文，或文而不学，惟董仲舒、扬雄兼之。卿有文学，何辞焉？"光对曰："臣不能为四六。"帝曰："如两汉制诰可也。且卿能(举)进士，取高第，而云不能四六，何邪？"光乃就职。

纲 闰月，以王安石知江宁府。

目 终英宗之世，安石被召未尝起，韩维、吕公著兄弟更称扬之。帝在颍邸，维为记室，每讲说见称，辄曰："此非维之说，维友王安石之说也。"维迁庶子，又荐安石自代。帝由是想见其人。及即位，召之，安石不至。帝谓辅臣曰："安石历先帝朝召不赴，颇以为不恭。今又不至，果病邪？有所要邪？"曾公亮曰："安石真辅相材，必不欺罔。"吴奎曰："臣尝与安石同领群牧，见其护非自用，所为迂阔，万一用之，必紊纲纪。”帝不听，命知江宁府。众谓安石必辞；及诏至，即起视事。

纲　夏四月，以司马光为御史中丞。

纲　秋八月，葬永厚陵。

纲　京师地震。

纲　九月，召王安石为翰林学士，罢司空侍中韩琦。

目　琦执政三朝，或言其专，帝颇不悦。曾公亮因力荐安石，觊以间琦。琦求去益力，帝不得已，以琦为镇安、武胜军节度使、司徒兼侍中，判相州。入对，帝泣曰：“侍中必欲去，今日已降制矣。然卿去，谁可属国者？王安石何如？”琦对曰：“安石为翰林学士则有余，处辅弼之地则不可。”帝不答。

琦早有盛名，识量英伟，临事喜愠不见于色。居相位，再决大策，以安社稷。当是时朝廷多故，琦处危疑之际，知无不为。或曰：“公所为诚善，万一蹉跌，岂惟身不自保，恐家无处所矣。”琦叹曰：“是何言邪！人臣当尽力事君，死生以之。至于成败，天也，岂可豫忧其不济，遂辍不为哉。”闻者愧服。

纲　吴奎、陈升之罢。

纲　以吕公弼为枢密使，张方平、赵抃参知政事，韩绛、邵亢为枢密副使。

目　抃自知成都召知谏院。故事，近臣召自外州将大用者，必更省府。及命下，大臣以为疑。帝曰：“吾赖其言耳。苟欲用之，无伤也。”及入谢，帝曰：“闻卿匹马入蜀，以一琴一鹤自随，为治简易，亦称是乎？”遂拜参知政事。抃感顾知遇，朝政有未便者必密启闻，帝嘉其忠，恒褒答之。

纲　复以司马光为翰林学士。冬十月，张方平罢。

纲　青涧守将种谔，袭虏夏监军嵬名山，遂复绥州。

纲　十一月，夏人诱杀知保安军杨定等。诏韩琦经略陕西，窜种谔于随州。

目　种谔既受嵬名山降，夏主谅祚乃诈为会议，诱知保安军杨定等杀之，边衅复起。朝议以谔生事，欲弃绥诛谔。陕西宣抚主管机宜文字赵卨言：“虏既杀王官，而又弃绥不守，示弱已甚。且名山举族来归，当何以处？”又移书执政，请存绥以张兵势，规度大理河川建堡，画稼穑之地三十里以处降者。不从，乃命琦判永兴军，经略陕西。琦初言绥不当取，及定等被杀，复言绥不可弃。枢密以初议诘之，琦具论其故，卒存绥州。时言者交论种谔，乃下吏，贬其官，安置随州。

纲 十二月，夏主谅祚卒，子秉常立。

纲鉴易知录卷七十

宋纪

神宗皇帝

纲 戊申，神宗皇帝熙宁元年，春正月朔，日食。

目 帝不受朝，诏宰相极言阙失。帝尝谓文彦博曰："天下敝事至多，不可不革。"彦博对曰："譬如琴瑟不调，必更张之。"韩绛曰："为政立事，当有大小先后之序。"帝曰："大抵威克厥爱，乃能有济。"又谓彦博曰："当今理财最为急务。养兵备边，府库不可不丰，大臣共宜留意节用。"

纲 赵概罢。

目 概秉心和平，与人无怨恶，在官如不能言，然阴以利物者为多，时议比之刘宽、娄师德。以老求罢。

纲 以唐介参知政事。

纲 夏四月，诏王安石越次入对。

目 安石受命，历七月始至京师，诏越次入对。帝问为治所先，安石对曰："择术为先。"帝曰："唐太宗何如？"曰："陛下当法尧、舜，何以太宗为哉！尧、舜之道至简而不烦，至要而不迂，至易而不难，但末世学者不能通知，以为高不可及耳。"帝曰："卿可谓责难于君。"

一日御讲度，群臣退，帝留安石坐，因言"唐太宗必得魏徵，汉昭烈必得诸葛亮，然后可以有为，二子诚不世出之人也。"安石曰："陛下诚能为尧、舜，则必有皋、夔、稷、契；诚能为高宗，则必有傅说；彼二子者何足道哉！以天下之大，常患无人可以助治者，以陛下择术未明，推诚未至，虽有皋、夔、稷、契、傅说之贤，亦将为小人所蔽，卷怀而去耳。"帝曰："何世无小人！虽尧、舜之时，不能无四凶。"安石曰："惟能辨四凶而诛之，此其所以为尧、舜也。若使四凶得肆其谗慝，则皋、夔、稷、契亦安肯苟食其禄以终身乎。"

纲 六月，河决恩、冀、瀛州。

纲 秋七月，以陈升之知枢密院事。

纲 京师地震。

目 自七月至十一月京师地震者六，河朔地亦大震。

纲 九月，初封太祖曾孙从式为安定郡王。

目 帝谓创业垂统，实自太祖，顾无以称，乃下诏封太祖诸孙行尊者一人，奉太祖祀，世世勿绝。同知太常礼院刘攽言："礼，诸侯不得祖天子。太祖传天下于太宗，继体之君，皆太祖子孙，不当别为天子置后。若崇德昭、德芳之后，世世勿降爵，宗庙祭祀，使之在位，则所以褒扬艺祖者著矣。"帝从之。遂有是命。从式，德芳之孙也。

纲 冬十一月，郊。

目 执政以河朔旱伤，国用不足，乞南郊勿赐金帛。诏学士议。司马光曰："救灾节用，当自贵近始，可听也。"王安石曰："常衮辞堂馔，时以为衮自知不能，当辞职，不当辞禄。且国用不足，以未得善理财者故也。"光曰："善理财者不过头会箕敛尔。"安石曰："不然。善理财者，不加赋而国用足。"光曰："天下安有此理！天地所生财货百物，不在民则在官，彼设法夺民，其害乃甚于加赋，此盖桑弘羊欺武帝之言，太史公书之，以见其不明耳。"争议不已。帝曰："朕意与光同，然姑以不允答之。"会安石草制引常衮事责两府，两府不敢复辞。

纲 十二月，邵亢罢。

纲 己酉，二年，春二月，以富弼同平章事，王安石参知政事。

目 初，弼自汝州入觐，诏许肩舆至殿门，令其子掖以进，且命毋拜。坐语，从容访以治道。弼知帝果于有为，对曰："人君好恶不可令人窥测，可测则奸人得以傅会。当如天之监人，善恶皆所自取，然后诛赏随之，则功罪皆得其实矣。"又问边事，弼对曰："陛下临御未久，当布德惠，愿二十年口不言兵。"帝默然。至日昃乃退。欲以集禧观使留之，力辞赴郡。至是，召拜司空兼侍中，赐甲第；悉辞之，乃诏以左仆射同平章事。

时帝以灾变避殿，减膳撤乐，王安石言："灾异皆天数，非关人事得失所致。"弼在道闻之，叹曰："人君所畏者天耳，若不畏天，何事不可为者。此必奸人欲进邪说以摇上心，使辅弼谏诤之臣无所施其力。是治乱之机,不可以不速救。"即上书数千言力论之。及入对,又曰:"君子小人之进退,系王道之消长,愿深加辨察,勿以同异为喜怒,喜怒为用舍。陛下好使人伺察外事,故奸俭得志。又今中外之务渐有更张,此必小人献说于陛下也。大抵小人惟喜动作生事,则其间有所希觊;若朝廷守静,则事有常法,小人何望哉。愿深烛其然,无使有悔!"

帝欲用安石,唐介言:"安石难大任。"帝曰:"文学不可任邪?经术不可任邪?吏事不可任邪?"介对曰:"安石好学而泥古,故议论迂阔,若使为政,必多所更变。"介退谓曾公亮曰:"安石果大用,天下必困扰,诸公当自知之。"帝问侍读孙固曰:"安石可相否?"固对曰:"安石文行甚高,处侍从、献纳之职可矣。宰相自有度,安石狷狭少容。必欲求贤相,吕公著、司马光、韩维其人也。"帝不以为然,竟以安石参知政事,谓之曰:"人皆不能知卿,以卿但知经术,不晓世务。"安石对曰:"经术正所以经世务。"帝曰:"然则卿设施以何为先?"安石对曰:"变风俗,立法度,正方今之所急也。"帝深纳之。

纲 创制置三司条例司,议行新法,命陈升之、王安石领其事。

目 王安石言:"周置泉府之官,以权制兼并,均济贫乏,变通天下之财,后世惟桑弘羊、刘晏粗合此意。学者不能推明先王法意,更以为人主不当与民争利。今欲理财,则当修泉府之法,以收利权。"帝纳其说。

安石犹恐帝不能决意任之,乃复言:"人才难得亦难知。今使十人理财,其中容有一二败事,则异论乘之而起。尧与群臣共择一人治水,尚不能无败事,况所择而使非一人,岂能无失。要当计利害多少,不为异论所惑。"帝曰:"有一人败事而遂废所图,此所以少成事也。"乃立制置三司条例司,掌经画邦计,议变旧法,以通天下之利。命升之、安石领其事。

初,泉人吕惠卿,自真州推官秩满入都,与安石论经义意多合,遂定交。因言于帝曰:"惠卿之贤,虽前世儒者未易比也。学先王之道而能用者,独惠卿而已。"遂以惠卿及苏辙并为简详文字。事无大小,安石必与惠卿谋之,凡所建请章奏皆惠卿笔也。又以章惇为三司条例官,曾布简正中书五房。凡有奏请,朝臣以为不便者布必上疏条析,以坚帝意,使专任安石,以威胁众,俾毋敢言,由是安石信任布亚于惠卿。而农田、水利、青苗、均输、保甲、免役、市易、保马、方田诸役相继并兴,号为新法，颁行天下。

安石与刘恕友善，欲引置三司条例，恕以不习金谷为辞，且曰："天子方属公以大政，宜恢张尧、舜之道以佐明主，不应以利为先。"安石遂与之绝。

纲 夏四月，河决，地震，旱。

纲 参知政事唐介卒。

目 介简伉敢言，居政府数与王安石争辩，而安石强解，帝主其说，介不胜其愤，遂疽发背而卒。谥忠肃。

纲 以薛向为江、浙、荆、淮发运使。

纲 罢知开封府滕甫。

目 初，甫同修起居注，帝召问治乱之道，对曰："治乱之道，知黑白、东西，所以变色易位者，朋党汩之也。"帝曰："卿知君子、小人之党乎？"曰："君子无党，譬之草木，绸缪相附者，必蔓草非松柏也。朝廷无朋党，虽中主可以济；不然，虽上圣亦殆。"帝以为名言，乃以翰林学士知开封府。甫在帝前论事，如家人父子，言无文饰，洞见肺鬲。帝知其诚，尽事无巨细，人无亲疏，辄皆问之，甫随事解答，不少嫌隐。王安石尝与甫同考试，语言不相能，深恶甫。会议新法，恐甫言而帝信之，因极力排甫，出知郓州。

纲 遣使察农田水利赋役于天下。

目 从三司条例司之请，遣刘彝、谢卿材、侯叔献、程颢、卢秉、王汝翼、曾伉、王广廉八人行诸路，相度农田、水利、税赋、科率、徭役利害。

纲 置卖盐场于永兴军，罢通商法。

目 官自鬻之，从薛向之请也。

纲 五月，罢翰林学士郑獬、宣徽北院使王拱辰、知制诰钱公辅。

目 獬权开封府，不肯行新法；拱辰与王安石议新法不合；公辅言滕甫不宜去，薛向变法当黜。安石恶之，出獬知杭州，拱辰判应天府，公辅知江宁府。

纲 六月，罢御史中丞吕诲。

目 王安石既执政，士大夫多以为得人，吕诲独言其不通时事，大用之则非所宜。将对，学士司马光亦将诣经筵，相遇并行，光密问："今日所言何事？"诲曰："袖中弹文乃新参也。"光愕然曰："众喜得人，奈何论之?”诲曰:“君实亦为是言邪!安石虽有时名,然好执偏见,轻信奸回,喜人佞己。听其言则美,施于用则疏,置诸宰辅,天下必受其祸。且上新即位,所与图治者二三执政而已,苟非其人,将败国事。此乃心腹之疾,顾可缓邪!”

上疏言:“大奸似忠,大诈似信。安石外示朴野,中藏巧诈,骄蹇慢上,阴贼害物。诚恐陛下悦其才辩,久而倚毗,大奸得路,群阴汇进,则贤者尽去,乱由是生。臣究安石之迹,固无远略,惟务改作,立异于人,徒文言而饰非,将罔上而欺下,臣窃忧之,误天下苍生必斯人也。”疏奏,帝方眷注安石,还其章疏。诲遂求去,安石亦求去。帝谓曾公亮曰:“若出诲,恐安石不自安。”安石曰:“臣以身许国,陛下处之有义,臣何敢以形迹自嫌,苟为去就。”乃出诲知邓州。

诲既斥,安石益横,光由是服诲之先见,自以为不及也。诲三居言职,始论陈旭,次论欧阳修。最后论王安石。凡三见黜,人推其鲠直。

王安石嫌吕公弼不附己,乃白用公弼弟知开封府公著为中丞以逼之,公弼果力求去,帝不许。公著言于帝曰:“惟人君去偏听独任之弊,而不主先入之言,则不为邪说所乱矣。”帝善其言,而不能用。

纲　秋七月,行均输法。

目　条例司言:“诸路上供,岁有常数,年丰可以多致,而不能赢馀;年歉难于供亿,而不敢不足。远方有倍蓰之输,中都有半价之鬻,徒使富商大贾,乘公私之急,以擅轻重敛散之权。今江、浙、荆、淮发运使实总六路赋入,宜假以钱货,资其用度。凡上供之物,皆得徙贵就贱,因近易远。预知在京仓库所当办者,得以便宜蓄买,而制其有无,庶几国用可足,民财不匮。”诏以发运使薛向领均输平准,专行于六路,赐内藏钱五百万缗,上供米三百万石。时议者虑其为扰,多言非便,帝不听。

薛向既董其事,乃请设置官属,从之。苏辙言:“今先设官置吏,簿书廪禄,为费已厚,非良不售,非贿不行。是官买之价,比民必贵;及其卖也,弊复如前。此钱一出,恐不可复,纵使其间薄有所获,而征商之额所损必多矣。”帝方惑于王安石,不纳其言,然均输法亦迄不能就。

纲　八月,罢判国子监范纯仁。

目　初,纯仁自陕西转运副使召还,拜起居舍人、同知谏院,奏言:“王安石变祖宗法度,掊克财利,民心不宁。书曰:‘怨岂在明,不见是图。'愿陛下图不见之怨。"帝曰:"何谓不见之怨?"对曰:"杜牧所谓'不敢言而敢怒'者是也。"帝曰:"卿善论事,宜为朕条陈古今治乱可为监戒者。"遂作尚书解以进。

时帝切于求治,多延见疏逖小臣,咨访阙失。纯仁言:"小人之言听之若可采,行之必有累。盖知小忘大,贪近昧远。愿加深察。"及薛向行均输法于六路,纯仁言:"臣尝亲奉德音,欲修先王补助之政。今乃使小人掊克生灵,敛怨基祸。安石以富国强兵之术启迪上心,欲求近功,忘其旧学,鄙老成为因循,弃公论为流俗,异己者为不肖,合意者为贤人。在廷之臣,方大半趋附,陛下又从而驱之,其将何所不至!道远者理当驯致,事大者不可速成,人才不可急求,积弊不可顿革,俪欲事功急就,必为憸佞所乘。宜速还言者而退安石。"留章不下。纯仁力求去,不许。未几罢谏职,改判国子监,纯仁去意愈确。安石使谕之曰:"已议除知制诰矣。"纯仁曰:"是以利诱我也。言不用,万钟何加焉!"遂录所上章申中书。安石大怒,乞加重贬,帝曰:"宜与一善地。"命知河中府,寻徙成都转运使,以新法不便,戒州县未得遽行,安石怒其沮格,以事左迁知和州。

纲 以程颢权监察御史里行。

目 初,颢举进士,再调晋诚令,民以事至县者必告以孝弟忠信。度乡村远近为伍保,使之力役相助,患难相恤。凡孤茕残废,使无失所,行旅疾病,皆有所养。乡必有校,暇时亲至,召父老与之语;儿童所读书,亲为正句读。乡民为社会,为立科条,旌其善恶。在县三年,民爱之如父母。去之日,哭声振野。用荐者改著作佐郎。至是,吕公著荐为御史。帝素知其名,数召见;每退,必曰:"频求对,欲常常见卿。"一日从容咨访,报正午,始趋出庭,中人曰:"御史不知上未食乎!"颢前后进说甚多,大要以正心、窒欲、求言、育才为言,务以诚意感悟人主。尝劝帝防未萌之欲,及勿轻天下士。帝俯躬曰:"当为卿戒之。"

纲 罢条例司检详文字苏辙。

目 辙与吕惠卿论多不合,会遣八使于四方求遗利,辙以书抵王安石,力陈其不可。安石怒,将加之罪,陈升之止之,乃以为河南府推官。

纲 九月,行青苗法。

目　初，陕西转运使李参以部内多戍兵，而粮储不足，令民自隐度麦粟之赢，先贷以钱，俟谷熟还官，号青苗钱。经数年，廪有余粮。至是，条例司请："以诸路常平、广惠仓钱谷，依陕西青苗钱例，民愿预借者给之，令出息二分，随夏秋税输纳，愿输钱者从其便；如遇灾伤，许展至丰熟日纳。非惟足以待凶荒之患，民既受贷，则兼并之家，不得乘新陈不接以邀倍息。又常平、广惠之物，收藏积滞，必待年俭物贵，然后出粜，所及者不过城市游手之人，今通一路有无，贵发贱敛，以广蓄积，平物价，使农人有以赴时趋事，而兼并不得乘其急。凡此皆以为民，而公家无所利其入，是亦先王散惠兴利，以为耕敛补助之意也。欲量诸路钱谷多寡，分遣官提举，每州选通判幕职官一员，典干转移出纳，仍先自河北、京东、淮南三路施行，俟有绪推之诸路。"诏曰："可。"乃出内库缗钱百万，籴河北常平粟，而常平、广惠仓之法遂变为青苗矣。

初，王安石既与吕惠卿议定，出示苏辙等曰："此青苗法也，有不便以告，勿疑。"辙曰："以钱贷民，本以救民。然出纳之际，吏缘为奸，虽有法不能禁；钱入民手，虽良民不免妄用；及其纳钱，虽富民不免逾限；如此，则恐鞭箠必用，州县之事烦矣。"安石曰："君言诚有理，当徐思之。"由是逾月不言青苗。

会京东转运使王广渊言："春农事兴而民苦乏，兼并之家得以乘急要利。乞留本道钱帛五十万，贷之贫民，岁可获息二十五万。"从之。其事与青苗法合，安石始以为可用。召广渊至京师与之议，于是决意行焉。

纲　以吕惠卿为崇政殿说书。

目　王安石荐惠卿为太子中允、崇政殿说书。司马光谏曰："惠卿险巧，非佳士，使王安石负谤于中外者皆其所为。安石贤而愎，不闲世务，惠卿为之谋生，而安石力行之，故天下并指为奸邪。近者进擢不次，大不厌从心。"帝曰："惠卿进对明辩，亦似美才。"光对曰："惠卿诚文学辩捷，然用心不正，愿陛下徐察之。江充、李训若无才，何以动人主？"帝默然。光又贻书安石曰："谄谀之士，于公今日诚有顺适之快，一旦失势，将必卖公自售矣。"安石不悦。

纲　冬十月，富弼罢。

目　王安石用事，雅不与弼合，弼度不能争，多称疾求退，章数十上。帝曰："卿即去，谁可代卿者？"弼荐文彦博。帝默然良久，曰："王安石何如？"弼亦默然。遂出判亳州。弼恭俭孝敬，好善疾恶，常言："君子与小人并处，其势必不胜。君子不胜，则奉身而退，乐道无闷；小人不胜，则交结构扇，千岐万辙，必胜而后已。待其得志，遂肆毒于善良，求天下不乱，不可得也。"

纲　以陈升之同平章事。

目　升之既相，帝问司马光曰："近相升之，外议云何？"对曰："闽人狡险，楚人轻易。今二相皆闽人，二参政皆楚人，必将援引乡党之士，充塞朝廷，风俗何以更得淳厚。"帝曰："升之有才智，晓民政。"光曰："但不能临大节不可夺耳。凡才智之士，必得忠直之人从旁制之，此明主用人之法也。"帝又曰："王安石何如？"对曰："人言安石奸邪，则毁之太过；但不晓事，又执拗耳。"

纲　城绥州。

目　初，夏主秉常寇秦州，复上誓表，请纳安远、塞门二砦以乞绥州，诏将许之，鄜延宣抚郭逵上言曰："此正商於六百里之策也。非先交二砦，不可与绥。"朝议以为然，赐以誓诏。逵命机宜文字赵卨等如夏，卨以夏人渝盟，请城绥州不以易二砦，从之，改名绥德城。

纲　十一月，命韩绛制置三司条例。

目　初，陈升之欲傅会王安石以固其位，安石亦患正论盈廷，引升之为助。升之知其不可，而竭力为之用；安石德之，故先使正相位。升之既相，乃时为小异，阳若不与之同者。因言于帝曰："宰相无所不统，所领职事，岂可称司，请罢制置三司条例司。"由是二人遂判，安石乃荐绛共事。安石每奏事，绛必曰："臣见安石所陈非一，皆至当可用，陛下宜省察。"安石恃以为助。

纲　十二月，下龙图阁学士祖无择秀州狱，贬为忠正节度副使。

目　初，无择与王安石同知制诰，安石尝辞一人所馈润笔物，不获，取置诸院梁上。安石忧去，无择用为公费，安石闻而恶之。及安石得政，乃讽监司求无择罪。会知明州苗振以贪闻，御史王子韶使两浙廉其状，因迎安石意，遂连无择在杭州贪贿。时无择知通进银台司，自京师逮赴秀州狱，巧诋无所得，遂诬以他事，调为忠正军节度副使。无择以言语、政事为时名卿，被诬放弃，士论惜之。

纲 增置宫观官。

目 帝以监司郡守有老不任职者，则与闲局，王安石亦欲以处异议者，遂增置三京留司、御史台、国子监及诸州宫观官使，不限员。

纲 以张载为崇文院校书，寻辞归。

目 载，长安人，少喜谈兵，至欲结客取洮西之地。年二十，以书谒范仲淹，仲淹谓之曰："儒者自有名教可乐，何事于兵！"因劝之读中庸。载读其书，犹以为未足，又访诸释、老，累年究极其说，知无所得，反而求之六经，与程颢、程颐论道学之要，涣然自信曰："吾道自足，何事傍求。"于是尽弃异学，淳如也。举进士，调云岩令，以敦本善俗为先。每月吉，具酒食，召乡人高年会县庭，亲劝酬之，使人知养老事长之义，因访民疾苦，及告所以训戒子弟之意。

帝初即位，一新百度，思得才哲之士谋之，吕公著荐载有古学，召见，问治道。载对曰："为政不法三代者终苟道也。"帝悦，以为崇文校书。一日见王安石，安石问以新政。载曰："公与人为善则人以善归公，如教玉人琢玉，则宜有不受命者矣。"未几移疾，屏居南山下。

纲 庚戌，三年，春正月，罢判尚书省张方平。

目 初，帝欲用王安石，方平以为不可。方平寻以丧去，服阕，以观文殿学士判尚书省。安石言留之不便，遂出知陈州。及陛辞，极论新法之害，帝为之怃然。未几召为宣徽北院使，留京师，安石深沮之，方平亦力求去，乃复出判应天府。

纲 二月，河北安抚使韩琦请罢青苗法。王安石称疾不朝，诏谕起之。

目 河北安抚使韩琦上疏曰："臣准散青苗诏书，务在惠小民，不使兼并乘急以要倍息，而公家无所利其入。今所立条约，乃令乡户及坊郭户，借钱一千，纳一千三百，是官自放钱取息，与初诏相违。又条约虽禁抑勒，然不抑勒，则上户必不愿请，下户虽或愿请，请时甚易，纳时甚难，将来必有督索同保均赔之患。陛下躬行节俭，以化天下，自然国用不乏，何必使兴利之臣，纷纷四出，以致远迩之疑哉。乞罢提举官，第委提点刑狱，依常平旧法施行。"帝袖其疏以示执政曰："琦真忠臣，虽在外不忘王室。朕始谓可以利民，今乃害民如此！且坊郭安得青苗，而使者亦强与之。"王安石勃然进曰："苟从其所欲，虽坊郭何害！”因难琦奏曰：“如桑弘羊笼天下货财以奉人主私用，乃可谓兴利之臣。今陛下修周公遗法，抑兼并，振贫弱，非所以佐私欲，安可谓兴利之臣乎！”帝终以琦说为疑，安石遂称疾不出。

帝谕执政罢青苗法，赵抃请俟安石出。安石求去，帝命司马光草答诏，有“士夫沸腾，黎民骚动”之语。安石抗章自辩，帝为巽辞谢之，且命吕惠卿谕旨。韩绛又劝帝留安石，安石入谢，因言：“中外大臣、从官、台谏朋比，欲败先王正道以沮陛下，此所以纷纷也。”帝以为然。安石乃起视事，持新法益坚。以琦奏付条例司，令曾布疏驳，刊石颁之天下。琦申辩愈切，且论安石妄引周礼以惑上听，皆不报。

纲　以司马光为枢密副使；固辞不拜。

目　光素与王安石厚，及行新法，贻书开陈再三，又与吕惠卿辨论于经筵，安石不乐。帝欲大用光，访之安石，安石曰：“光外托劘上之名，内怀附下之实，所言尽害政之事，所与尽害政之人，而欲置之左右使预国论，此消长之机也。光才岂能害政，但在高位，则异论之人倚以为重。韩信立汉赤帜，赵卒夺气，今用光，是与异论者立赤帜也。”

及安石称疾不出，帝乃以光为枢密副使。光辞曰：“陛下所以用臣，盖察其狂直，庶有补于国家。若徒以禄位荣之，而不取其言，是以天官私非其人也。臣徒以禄位自荣，而不能救生民之患，是盗窃名器，以私其身也。陛下诚能罢制置条例司，追还提举官，不行青苗、助役法，虽不用臣，臣受赐多矣。青苗之散，使者恐其逋负，必令贫富相保；贫者无可偿，则散而之四方，富者不能去，必责使代偿，十年之外，贫者既尽，富者亦贫，常平又废，加之以师旅，因之以饥馑，民之羸者必委死沟壑，壮者必聚而为盗贼，此事之必至者也。”疏凡九上，帝使谓之曰：“枢密，兵事也，官各有职，不当以他事为辞。”光对曰：“臣未受命，则犹侍从也，于事无不可言者。”会安石复起视事，乃下诏允光辞，收还敕诰。知通进银台司范镇封还诏旨者再，帝以诏直付光，不由门下。镇奏曰：“由臣不才，使陛下废法。”乞解其职，许之。

纲　解韩琦河北安抚使。

目　琦以论青苗不见听，上疏请解河北安抚使，止领大名府路。王安石欲沮琦，即从之。

纲　三月，始以策试进士。

目 初,同知贡举吕公著在贡院中密奏言:"天子临轩策士而用诗赋,非举贤求治之意,乞出自宸衷以咨访治道。"至是上御集英殿试进士,遂专用策,赐叶祖洽以下三百人及第出身。祖洽策言:"祖宗多因循苟简之政,陛下即位革而新之。"得擢第一。时直史馆苏轼谓"祖洽诋祖宗以媚时宰,而魁多士,何以正风化"?乃拟答进士策献之。上以示王安石,安石言"轼才亦高,但所学不正,又以不得逞之故,其言遂跌荡至此",数请绌之。

纲 置刑法科。

纲 贬知审官院孙觉知广德军。

目 帝初即位,觉为右正言,以言事忤帝意,罢去。王安石早与觉善,将援以为助,自知通州召还,累改知审官院。时吕惠卿用事,帝问于觉,觉对曰:"惠卿辩而有才,过于人数等,特以为利之故,屈身安石。安石不悟,臣窃以为忧。"帝曰:"朕亦疑之。"青苗法行,首议者谓:"周官泉府,民之贷者至输息二十而五,国事之财用取具焉。"觉条奏其妄曰:"成周赊贷,特以备民之缓急,不可徒与也,故以国服为之息。然国服之息,说者不明,郑康成释经乃引王莽计赢受息,无过岁什一为据。不应周公取息重于莽时,况国用专取具于泉府,则冢宰九赋将安用邪!圣世宜讲求先王之法,不当取疑文虚说以图治。"安石览之怒,始有逐觉意。会曾公亮言畿县散青苗钱,有追呼抑配之扰。安石遣觉行视虚实,觉言:"民实不愿与官相交,望赐寝罢。"遂坐奉诏反覆,贬知广德军。

纲 夏四月,贬御史中丞吕公著知颍州。

目 青苗法行,公著上疏曰:"自古有为之君,未有失人心而能图治,亦未有胁之以威,胜之以辩,而能得人心者也。昔日之所谓贤者,今皆以此举为非,而主议者一切诋为流俗浮论,岂昔皆贤而今皆不肖乎!"会帝使公著举吕惠卿为御史,公著曰:"惠卿固有才,然奸邪不可用。"王安石以是积怒公著,诬其言"韩琦欲因人心如赵鞅兴晋阳之甲以逐君侧之恶",贬知颍州。

纲 赵抃罢。

目 安石持新法益坚,抃大悔恨,上疏言:"制置条例司,建使者四十余辈,骚动天下。安石强辩自用,诋公论为流俗,违众罔民,顺非文过。近者,台谏侍从多以言不听而去,司马光除枢密不肯拜。且事有轻重,体有大小。财利于事为轻,而民心得失为重。青苗使者于体为小,而禁近耳目之臣用舍为大。今去重而取轻,失大而得小,惧非宗庙、社稷之福也。"奏入,恳求去位,乃出知杭州。抃长厚清修,为政善因俗施教,宽猛不同,以惠利为本,韩琦称为人中表仪,己不及也。

纲 以韩绛参知政事。

纲 以李定为监察御史里行。罢知制诰宋敏求、苏颂、李大临。

目 定少受学于王安石,举进士,为秀州判官。孙觉荐之朝,召至京师。知谏院李常见之,问曰:"君从南方来,民谓青苗法如何?"定曰:"民便之,无不喜者。"常曰:"举朝方共争是事,君勿为此言。"定即往白安石,且曰:"定但知据实以言,不知京师乃不许。"安石大喜,立荐对。帝问青苗事,定曰"民甚便之"。于是诸言新法不便者,帝皆不听。命定知谏院,宰相言:"前无选人除谏官之比。"遂拜监察御史里行。知制诰宋敏求、苏颂、李大临言:"定不由铨考擢授朝列,不缘御史荐寘宪台,虽朝廷急于用才,度越常格,然隳紊法制,所益者小,所损者大。"封还制书。诏谕数四,颂等执奏不已;并坐累格诏命,落知制诰。天下谓之"三舍人"。

纲 罢临察御史里行程颢、张戬、右正言李常,以谢景温为侍御史知杂事。

目 颢言:"自古兴治立事,未有中外人情交谓不可而能有成者。正使侥幸小有事成,而兴利之臣日进,尚德之风浸衰,尤非朝廷之福。"帝令颢诣中书议,安石方怒言者,厉色待之。颢徐言曰:"天下事非一家私议,愿平气以听之。"安石为之愧屈。

戬与台官王子韶论新法不便,乞召还孙觉、吕公著。戬又上疏论王安石乱法,曾公亮、陈升之依违不能救正,韩绛左右徇从,李定以邪谄窃台谏,吕惠卿刻薄辩给,假经术以文奸言,岂宜劝讲君侧。又诣中书争之,安石举扇掩面而笑,戬曰:"戬之狂直,宜为公笑,然天下之笑公者不少矣。"陈升之从傍解之,戬曰:"公亦不得为无罪。"升之有愧色。

常上言:"均输青苗,敛散取息,傅会经义,何异王莽猥析周官片言以流毒天下。"安石遣所亲密谕意,常不为止。又言:"州县散常平钱实不出本,勒民出息。"帝诘安石,安石请令常具官吏主名;常以非谏官体，不奉诏。

安石既积怒言者，而颢等以言不行，亦各乞罢，乃罢常通判滑州，戬知公安县，子韶知上元县。安石素善颢，及是虽不合，犹敬其忠信，但出为京西路提刑。颢固辞，乃改签书镇宁节度判官。数日之间，台谏一空。安石以外议纷纷，请以姻家谢景温为侍御史知杂事，帝从之。

纲　五月，诏罢制置条例归中书，以吕惠卿兼判司农寺。

纲　辽立贤良科。

纲　分审官东、西院。六月，罢知谏院胡宗愈。

目　旧制，文选属审官院，武选属枢密院。至是帝与王安石议分审官为东、西院，东主文，西主武，以夺枢密之权，且沮文彦博也。彦博言于帝曰："若是则臣无由与武臣相接，何由知其才而委令之哉！"帝不听。宗愈亦力言其不可，且言："李定非才。"帝恶之，手诏"宗愈潜伏奸意，中伤善良"，罢通判真州。

监察御史陈荐言："李定顷为泾县主簿，闻母仇氏死，匿不为服。"定自辩实不知为仇氏所生，故疑不敢服，而以侍养辞官。曾公亮谓"当行追服"，王安石力主之。罢荐御史，而改定为崇政殿说书。监察御史林旦、薛昌朝、范育复言："定不孝之人，不宜居劝讲之地。"且论安石之罪。安石又白罢三人。定亦不自安，求解说书，乃检正中书吏房直舍人院。

纲　以朱寿昌通判河中府。

目　寿昌父巽守京兆时，妾刘有娠而出，生寿昌，数岁乃还父家，母子不相闻者五十年。寿昌行四方求之，不得，饮食罕御酒肉，与人言辄流涕。及知广州军，与家人诀，弃官入秦，誓不见母不还。行次同州得焉，刘氏时年七十余矣。京兆守臣钱明逸以闻，诏寿昌赴阙。时言者共攻李定不服母丧，王安石力主定，因忌寿昌。及寿昌至，但付审官院折资，通判河中府。居数岁，其母卒，寿昌居丧几丧明，天下称其孝。

纲　秋七月，罢吕公弼知太原府，以冯京为枢密副使。

目　公弼以王安石变法，数劝其务安静，安石不悦。公弼具疏将论之，从孙嘉问窃其稿以示安石，安石先白之，帝怒，遂罢公弼知太原府。吕氏号嘉问为"家贼"。

京为御史中丞，言："薛向总利权无绩效，近者复除天章阁待制，于侍从为最亲，非向人材所堪处。"帝不悦，以语安石，安石请改用京，帝从之，以为枢密副使。

纲 出直史馆苏轼通判杭州。

目 轼自直史馆议贡举与帝合，即日召见，问方今政令得失。轼对曰："陛下天纵文武，不患不明，不患不勤，不患不断，但患求治太急，听言太广，进人太锐。愿镇以安静，待时之来，然后应之。"帝竦然曰："卿三言，朕当熟思之。凡在馆阁，皆当为朕深思治乱，无有所隐。"轼退言于同列，王安石不悦，命权开封推官，将困之以事。

轼决断精敏，声闻益远。尝以新法不便，上疏极论，且曰："臣之所言者三言而已，愿陛下结人心，厚风俗，存纪纲。人主所恃者人心也，自古及今未有和易同众而不安，刚果自用而不危者。祖宗以来，治财用者不过三司，今陛下又创制置三司条例司，使六七少年日夜讲求于内，使者四十余辈分行营干于外。以万乘之主而言利，以天子之宰而治财，君臣宵旰，几一年矣，而富国之功茫如捕风。青苗放钱，自昔有禁，今陛下始立成法，每岁常行，虽云不许抑配，而数世之后，暴君污吏，陛下能保之乎！昔汉武以财力匮竭，用桑弘羊之说，买贱卖贵，谓之均输，于时商贾不行，盗贼滋炽，几至于乱。臣愿陛下结人心者此也。国家之所以存亡者，在道德之浅深，不在乎强与弱。历数之所以长短者，在风俗之厚薄，不在乎富与贫。臣愿陛下务崇道德而厚风俗，不愿陛下急于有功而贪富强。仁祖持法至宽，用人有序，专务掩覆过失，未尝轻改旧章。考其成功，则曰未至；言乎用兵，则十出而九败；言乎府库，则仅足而无余；徒以德泽在人，风俗知义，故升遐之日，天下归仁。议者见其末年吏多因循，事不振举，乃欲矫之以苛察，济之以智能，招来新进勇锐之人，以图一切速成之效。未享其利，浇风已成，欲望风俗之厚，岂可得哉！臣愿陛下厚风俗者此也。祖宗委任台谏，未尝罪一言者，纵有薄责，旋即超升。台谏固未必皆贤，所言亦未必皆是，然须养其锐气，而借之重权者，将以折奸臣之萌也。臣闻长老之谈，皆谓台谏所言，常随天下公议。今者物论沸腾，怨讟交至，公议所在，亦知之矣。臣恐自兹以往，习惯成风，尽为执政私人，以致人主孤立，纲纪一废，何事不生？臣愿陛下存纪纲者此也。"时王安石赞帝以独断专任，轼因试进士发策，以晋武平吴独断而克，苻坚伐晋独断而亡，齐桓专任管仲而霸，燕哙专任子之而败，事同功异为问。安石滋不悦，使侍御史谢景温论奏其过，穷治无所得。轼遂请外，通判杭州。

纲 八月，夏人寇环、庆州，以韩绛为陕西宣抚使。

纲 九月，以曾布为崇政殿说书，判司农寺。

目 王安石常欲置其党一二人于经筵，以防察奏对者。吕惠卿遭父丧去职，安石遂荐布代之。布资序浅，人尤不服，寻罢。

山阴陆佃尝受经于安石，至是应举入京师。安石问以新政，佃曰："法非不善，但推行不能如初意，还为扰民。"安石惊曰："何乃尔？吾与惠卿议之。"又访外议，佃曰："公乐闻善，古所未有，然外间颇以为拒谏。"安石笑曰："吾岂拒谏者，但邪说营营，顾无足听。"佃曰："是乃所以致人言也。"明日召佃谓之曰："惠卿言'私家取债，亦须一鸡半豚，已遣李承之使淮南质究矣'。"既而承之还，诡言民无不便，佃说遂不行。

纲 以刘庠知开封府。

目 庠不肯屈事王安石，安石欲见之。或以为言，庠曰："安石自执政，未尝一事合人情，往将何语邪！"卒不往，而上疏极言新法非是。帝曰："奈何不与大臣协心济治乎！"庠对曰："臣知事陛下而已，不敢附安石也。"

纲 曾公亮罢。

目 公亮初嫉韩琦，故荐王安石以间之。及同辅政，知帝方向安石，凡更张庶事，一切阴助之，而外若不与同者。尝遣其子孝宽参其谋，至帝前略无所异，由是帝益信任安石；安石深德之。公亮以老求去，遂拜司空、侍中、集禧观使。苏轼尝从容责其不能救正变更，公亮曰："上与介甫如一人，此乃天也。"然安石犹以公亮不尽阿附己，于是听其罢相。

纲 以冯京参知政事，吴充为枢密副使。

纲 策贤良方正之士，黜台州司户参军孔文仲。

目 诏举贤良，帝亲策之。太原判官吕陶对曰："陛下初即位，愿不惑理财之说，不间老成之谋，不兴疆埸之事。陛下措意立法，自谓庶几尧、舜，然以陛下之心如此，天下之论如彼，独不反而思之乎！"及奏第，帝顾王安石取卷读，读未半，神色颇沮。帝觉之，使冯京竟读，称其言有理。台州司户参军孔文仲策凡九千余言，力论安石所建之法非是，宋敏求第为异等。安石怒，启帝御批，罢文仲还故官。齐恢、孙固封还御批。范镇上疏言："臣所荐孔文仲，草茅疏远，不识忌讳。且以直言求之，而又罪之，恐为圣明之累。”不听。吕陶亦止授通判蜀州。

纲 罢翰林学士司马光。

目 光求去，上曰：“王安石素与卿善，何自疑？”光曰：“安石执政，凡忤其意如苏轼辈者皆毁其素履，中以危法。臣不敢避削黜，但欲苟全素履。且臣善安石孰如吕公著？安石初举公著，后亦毁之，彼一人之身，何前是而后非，必有不信者矣。”求益力，乃以端明殿学士知永兴军。

纲 冬十月，陈升之罢。

纲 贬秦凤经略使李师中知舒州。

目 管干秦凤经略司机宜文字王韶，请筑渭、泾上下两城，屯兵以抚纳洮、河诸部。下师中议，师中以为不便，诏师中罢帅事。韶又言渭源至秦州良田不耕者万顷，愿置市易司，颇笼商贾之利，取其赢以治田，乞假官钱为本。诏秦凤经略司以川交子易物货给之，命韶领市易事。师中言：“韶所指田，乃极边弓箭手地耳。又将移市易司于古渭，恐秦州自此益多事，所得不补所亡。”王安石主韶议，为削师中职，徙知舒州。寻进韶太子中允。

初，师中仕州县，邸状报包拯参知政事，或曰：“朝廷自此多事矣。”师中曰：“包公何能为？今知鄞县王安石者眼多白，甚似王敦，他日乱天下者必斯人也。”世贵其先识。

纲 翰林学士范镇致仕。

目 镇上疏曰：“臣言青苗不见听，一宜去；荐苏轼、孔文仲不见用，二宜去。李定避持服，遂不认母，坏人伦逆天理，而欲以为御史，反为之罢舍人，逐台谏。王韶上书肆欲欺罔，以兴造边事，事败则置而不问，反为之罪帅臣。及不用苏轼则掎摭其过，不悦孔文仲则遣之归仕，以此二人，况彼二人，是非得失，能逃圣鉴乎！”因复极言青苗之害，且曰：“陛下有纳谏之资，大臣进拒谏之计。陛下有爱民之性，大臣用残民之术。”疏入，王安石大怒，持其疏至手颤，乃自草制极诋之，遂以户部侍郎致仕。镇表谢，略曰：“愿陛下集群议为耳目，以除壅蔽之奸。任老成为心腹，以养中和之福。”天下闻而壮之。苏轼往贺曰：“公虽退而名益重矣。”镇愀然曰：“君子言听计从，消患于未萌，使天下阴受其赐，无智名，无勇功。吾独不得为此，使天下受其害而吾享其名，吾何心哉！”

纲 十二月，改诸路更戍法。

纲 立保甲法。

目 于是诸州籍保甲，聚民而教之，禁令苛急，往往去为盗，郡县不敢以闻。判大名府王拱辰抗言其害。曰："非止困其财力，夺其农时，是以法驱之使陷于罪罟也。浸淫为大盗，其兆已见。纵未能尽罢，愿裁损下户以纾之。"主者指拱辰为沮法，拱辰曰："此老臣所以报国也。"抗章不已，帝悟，由是下户得免。

纲 以韩绛、王安石同平章事，王珪参知政事。

纲 行募役法。

目 司马光言："上等户自来更互充役，有时休息；今使岁出钱，是常无休息之期。下等户及单丁、女户从来无役；今尽使之出钱，是鳏寡孤独之人俱不免役。夫力者，民之所生而有；谷帛者，民可耕桑而得；至于钱者，县官之所铸，民之所不得私为也。今有司立法，惟钱是求，岁丰则民贱粜其谷，岁凶则伐桑枣、杀牛、卖田得钱以输，民何以为生乎！此法卒行，富室差得自宽，贫者困穷日甚矣！"帝不听。

纲鉴易知录卷七一

宋纪

神宗皇帝

纲　辛亥，四年，春正月，韩绛使种谔袭夏人，败之，遂城啰兀。

纲　粥广惠仓田。

目　广惠仓田，本绝户业以赈济者也。王安石请粥之，以为河北东、西、陕西、京东四路青苗本钱，诏从之。

纲　二月，更定科举法，专以经义、论策试士。

目　初，上笃意经学，深悯贡举之弊，且以西北人材多不在选，遂议更法。王安石言于帝曰："进士科试诗赋，亦多得人。然士少壮时正当讲求天下正理，乃闭门学作诗赋，及其入官，世事皆所未习。此科法败坏人材，致不如古。"既而中书门下言："今欲追复古制，则患于无渐，宜先除去声律偶对之文，使学者得专意经术，以俟朝廷兴建学校，然后讲求三代所以教育、选举之法，施之天下，则庶几可以复古矣。"于是改法，罢诗赋，士各占治易、诗、书、周礼、礼记一经，兼论语、孟子。每试四场，初本经，次兼经大义，凡十道；次论一首，次策三道；礼部试即增二道。其殿试则专以策。分五等：第一等、二等赐进士及第，第三等赐进士出身，第四等赐同进士出身，第五等赐同学究出身。

纲　三月，夏人陷抚宁诸城。诏安置种谔于潭州。韩绛免。

纲　诏察奉行新法不职者。

目　陈留知县姜潜，到官才数月，青苗令下，潜即榜于县门，又移之乡村，各三日，无人至。遂撤榜付吏曰："民不愿矣！"即移疾去。

山阴知县陈舜俞上书极论新法，谪监南康军盐酒税。至是，复上书言："青苗法实便，初迷不知尔！"识者笑之。

纲　夏四月，以司马光判西京留台。

目　光在永兴，以言不用，乞判西京留台，不报。又上疏曰："臣之不才，最出群臣之下，先见不如吕诲，公直不如范纯仁、程颢，敢言不如苏轼、孔文仲，勇决不如范镇。今陛下唯安石是信，附之者谓之忠良，攻之者谓之谗慝。臣今日所言，陛下之所谓谗慝者也。若臣罪与范镇同，即乞依镇例致仕；若罪重于镇，或窜或诛，所不敢逃！”久之，乃从其请。光既归洛，自是绝口不复论新法。

纲 以邓绾为侍御史，判司农寺。

目 初，绾通判宁州，知王安石得君专政，乃条上时事数十，以为“宋兴百年，习安玩治，当事更化。”且言“陛下得伊、周之佐，作青苗、免役等法，民莫不歌舞圣泽，愿勿移以浮议而坚行之。”复贻安石书，极其佞谀。由是安石力荐于帝，遂驿召对，帝问：“议王安石、吕惠卿否？”绾对曰：“不识也。”帝曰：“安石，今之古人；惠卿，贤人也。”退见安石，欣然如素交。或问：“君今当作何官？”绾曰：“不失为馆职。”“得无为谏官乎？”明日果除集贤校、理检正中书孔目房。乡人在都者皆笑且骂，绾曰：“笑骂从他笑骂，好官还我为之！”寻同知谏院。时新法皆出司农，曾布不能独任其事，安石欲藉绾以威众，故有是命。

纲 五月，右谏议大夫吕诲卒。

目 诲以疾表求致仕，曰：“臣本无宿疾，偶值医者用术乖方，妄投药剂，浸成风痹，遂艰行步，非只惮跛戾之苦，又将虞心腹之变。势已及此，为之奈何！”盖以身疾喻朝政也。至是，病亟。司马光往省之，至则目已瞑，闻光哭，张目强视曰：“天下事尚可为，君实勉之！”遂卒。

纲 罢知开封府韩维。

目 保甲法行，维时知开封，上言：“诸县团结保甲，乡民惊扰，至有截指断腕以避丁者，乞候农隙排定。”帝以问安石，安石对曰：“此固未可知，就令有之，亦不足怪。”帝曰：“民言合而听之，则理亦不可不畏也。”安石对曰：“为天下者，如止欲任民情所愿而已，则何必立君而为之张官置吏也！大抵保甲法不特除盗，固可渐习为兵，且省财费。惟陛下果断，不恤人言以行之。”帝遂变河东、北、陕西三路义勇如府畿保甲法。安石由此益恶维。

帝欲命维为御史中丞，维以兄绛居政府，力辞。安石因言：“维善附流俗以非上所建立，乞允其请。”会文彦博求去，帝曰：“密院事剧，当除韩维佐卿。”明日维奏事殿中，以言不用，力请外郡，乃出知襄州。

纲　六月，知蔡州欧阳修致仕。

目　修以风节自持，既连被污蔑，年六十，即乞谢事。及守青州，上疏请止散青苗钱。帝欲复召执政，王安石力诋之，乃徙蔡州，至是求归益切。冯京请留之，安石曰："修附丽韩琦，以琦为社稷臣。如此人在一郡则坏一郡，在朝廷则坏朝廷，留之安用！"乃以太子少师致仕。

纲　贬富弼官，徙知汝州。

目　弼判亳州，青苗法行，弼谓："如是则财聚于上，人散于下。"持不行。提举官赵济劾弼沮格诏旨，邓绾乞付有司鞫治，乃落弼使相，以左仆射移判汝州。弼行过应天，谓判府张方平曰："人固难知也。"方平曰："谓王安石乎？亦岂难知者！方平顷知皇祐贡举，或称其文学，辟以考较，既至，院中之事皆欲纷更。方平恶其为人，檄之使出，自是未尝与语。"弼有愧色，盖弼亦素喜安石也。

纲　秋七月，贬御史中丞杨绘知郑州，监察御史里行刘挚监衡州盐仓。

目　时贤士多引去，以避王安石。绘上疏言："老成人不可不惜。当今旧臣，多引疾求去，范镇年六十有三，吕诲年五十有八，欧阳修年六十有五而致仕，富弼年六十有八而引疾，司马光、王陶皆五十而求散地，陛下可不思其故乎！"安石闻而深恶之。

挚为安石所器，拜监察御史里行。始就职，即奏言："陛下有劝农之志，今变而为烦扰；陛下有均役之意，今倚以为聚敛。天下有喜于敢为，有乐于无事，彼以此为流俗，此以彼为乱常，此风浸成，汉、唐党祸必起矣。"因陈率钱助役十害。绘又言助役之难行者有五。于是安石大怒，使知谏院张璪取绘、挚所论助役十害、五难行之事，作十难以诘之，璪辞不为。曾布请为之，既作十难，且劾绘、挚欺诞怀向背；诏下其疏于绘、挚，使各言状。绘录前后四奏以自辨，挚奋然曰："为人臣，岂可压于权势，使天子不知利害之实！"即条对所难以伸其说，不报。

明日，复上疏曰："陛下夙夜励精以亲庶政，天下未致于安且治者，谁致之邪？陛下注意以望太平，而自以太平为己任得君专政者是也。二三年间，开阖摇动，举天地之内，无一民一物得安其所者。其议财，则市井屠贩之人皆召至政事堂；其征利，则下至历日而官自粥之。推此以往，不可究言。轻用名器，淆混贤否。忠厚老成者，摈之为无能；

佞少儇辩者，取之为可用；守道忧国者，谓之流俗；败常害民者，谓之通变。凡政府谋议经画，除用进退，独与一掾属曾布者论定，然后落笔，同列与闻，反在其后；故奔走乞丐之人，布门如市。今西夏之款未入，反侧之兵未安，三边疮痍，流溃未定，河北大旱，诸路大水，民劳财乏，县官减耗。圣上忧勤念治之时，而政事如此，皆大臣误陛下，而大臣所用者误大臣也。"疏奏，安石欲窜挚岭外，帝不许，诏贬绘知郑州，谪挚监衡州盐仓。璪亦落职。

纲 八月，以王雱为崇政殿说书。

目 雱，安石子也。为人慓悍阴刻，无所顾忌。性敏甚，未冠已著书数十万言。举进士，调旌德尉。雱气豪，睥睨一世，不能作小官。安石执政，所用多少年，雱亦欲预选，乃与父谋曰："执政子虽不可预事，而经筵可处。"安石欲帝知而自用，乃以雱所作策及注道德经镂版鬻于市，遂传达于帝，邓绾、曾布又力荐之。召见，除太子中允、崇政殿说书。

安石更张政事，雱实导之。常称商鞅为豪杰之士，且言不诛异议者则法不行。安石一日与程颢语，雱囚首跣足，携妇人冠以出，问父所言何事？曰："以新法为人所沮，故与程君议之。"雱大言曰："枭韩琦、富弼之首于市，则法行矣。"安石遽曰："儿误矣！"颢曰："方与参政论国事，子弟不可预，姑退。"雱不乐。

纲 命王韶主洮、河安抚司事。

纲 冬十月，以鲜于侁为利州转运副使。

目 初，诏监司各定所部助役钱数。利州路转运使李瑜欲定四十万。侁时为判官，争之曰："利州民贫地瘠，半此可矣。"瑜不从，遂各为奏。帝是侁议，谕司农曾布，使颁以为式，因黜瑜而擢侁副使，兼提举常平。侁既为副使，部民不请青苗钱，安石遣吏诘之，侁曰："青苗之法，愿取则与。民自不愿，岂能强之哉！"苏轼称侁上不害法，中不废亲，下不伤民，以为三难。

纲 立太学生三舍法。

目 帝垂意儒学，因言者论太学假锡庆院西北廊甚湫隘，乃尽以锡庆院及朝集院西庑广太学。增直讲为十员，率二员共讲一经。生员厘为三等：始入太学为外舍，定额为七百人；外舍升内舍，员三百；内舍升上舍，员百。各执一经，从所讲官受学，月考试其业，优等以次升舍。

纲 壬子，五年，春正月，置京城逻卒，察谤时政者。

纲 二月，以蔡挺为枢密副使。

目 挺知渭州，甲兵整习，常若寇至，故多立功效。然谲智深险，在位岁久，郁郁不得志，寓意词曲，有“玉关人老”之句，中使至，使优伶歌之，传达禁中。帝闻而愍之，故有是命。

纲 三月，判汝州富弼致仕。

目 弼至汝州两月，即上言：“新法臣所不晓，不可以治郡，愿归洛养疾。”许之。遂请老，复授司空、使相，使致仕。弼虽家居，朝廷有大利害，知无不言。帝虽不尽用，而眷礼不衰。尝因王安石有所建明，(帝)却之曰：“富弼手疏称‘老臣无所告诉，但仰屋窃叹’者，即当至矣。”其敬之如此。

纲 行市易法。

目 自王韶倡为缘边市易之说，王安石善之，以为与汉平准法同，可以制物低昂而均通之，遂用草泽魏继宗议，以内藏库钱帛置市易务于京师。凡货之可市及滞于民而不售者，平其价市之，愿以易官物者听。若欲市于官者，则度其田宅或金帛为抵当而贷之钱，责期使偿，半岁输息十一，及岁倍之；过期不输，息外每月更加罚钱。以户部判官吕嘉问为提举。

纲 夏五月，行保马法。

目 王安石建保甲养马之法，文彦博、吴充以为不便，安石持论益坚。乃诏曾布等上其条约，保甲愿养马者户一匹，物力高愿养二匹者听，皆以监牧见马给之，或官与其直，令自市。先行于开封府及陕西五路。岁一阅其肥瘠，死病者补偿。三等以上，十户为一保，四等以下，十户为一社，以待病毙补偿者。保户马死，保户独偿；社户马死，社户半偿之。其后遂遍行于诸路。

纲 王安石求去位，帝不许。

纲 秋闰七月，以章惇为湖北察访使。

目 时帝思用兵以威四夷。湖北提点州狱赵鼎上言“峡州峒酋刻剥无度，蛮众愿内附”。辰州布衣张翘，亦上书言南北江利害。遂诏中书检正官章惇察访荆湖北路，经制蛮事。

纲 八月，王韶击吐蕃。败之，遂城武胜。

目 初，韶言："措置洮、河只用回易息钱，未尝辄费官本。"文彦博曰："工师造屋，初必小计，冀人易于动工。及既兴作，知不可已，乃方增多。"帝曰："屋坏岂可不修！"王安石曰："主者善计，自有忖度，岂为工师所欺也！"彦博不复敢言。由是韶进讨，辄肆欺诞，朝廷不与计财。

纲 观文殿学士致仕欧阳修卒。

目 是岁有诏求修所撰五代史，而修卒矣。修天资刚劲，见义勇为，平生与人，尽言无隐，奖引后进，如恐不及，赏识之下，率为闻人。及在政府，士大夫有所干请，辄面谕可否，虽台谏论事，亦必以是非诘之，怨诽益众。自五代以来，文体卑弱。修游随州，得唐韩愈遗稿，读而心慕之，苦心探赜，坐忘寝食，遂以文章名冠天下，学者翕然师尊之。谥文忠。

纲 贬唐坰为潮州别驾。

目 坰尝上书言："秦二世制于赵高，乃失之弱，非失之强。"帝悦其言。又言："青苗法不行，宜斩大臣异议如韩琦者数人。"王安石尤喜之，荐使对，赐进士出身，为崇文校书。安石复令邓绾举为御史，遂除太子中允。将用为谏官，安石疑其轻脱，将背己立名，不除职，以本官同知谏院，非故事也。

坰果怒安石易己，凡奏二十疏论时事，皆留中不出。坰乃因百官起居日，扣陛请对，帝令谕以他日，坰伏地不起，遂召升殿。坰至御座前，进曰："臣所言皆大臣不法，请对陛下一陈之。"乃搢笏展疏，目安石曰："王安石近御座听札子！"安石迟迟，坰诃曰："陛下前犹敢如此，在外可知！"安石竦然而进。坰大声宣读，凡六十条，大抵言"安石专作威福，曾布表里擅权，天下但知惮安石，不复知有陛下。文彦博、冯京知而不敢言，王珪曲事安石，无异厮仆。"且读且目珪，珪惭惧，俯首先降。又言："薛向、陈绎，安石颐指气使，无异家奴；张璪、李定为安石爪牙；张商英乃安石鹰犬。"至诋安石为李林甫、卢杞。帝屡止之，坰慷慨自若，略不退慑。读已，下殿再拜而退。侍臣卫士相顾失色，阁门纠其渎乱朝仪，贬潮州别驾。

纲 颁方田均税法。

目 帝患田赋不均，诏司农重定方田及均税法，颁之天下。令既具，乃以巨野县尉王雱为指教官，先自京东路行之，诸路仿焉。

纲 九月，少华山崩。

纲 冬十二月，以陈升之为枢密使。

纲 癸丑，六年，春二月，王韶克河州。

目 获木征妻子。

纲 三月，置经义局。

目 训诗、书、周礼义，以王安石提举，吕惠卿、王雱同修撰。帝欲召程颢预其事，安石不可。

纲 夏四月，文彦博罢。

目 彦博久居枢密，以王安石多变旧典，言于帝曰："朝廷行事，务合人心，宜兼采众论，以静重为先。陛下励精求治，而人心未安，盖更张之过也。祖宗法，未必皆不可行，但有偏而不举之弊尔。"及市易司立，至果实亦官监卖，彦博以为损国体，敛民怨，致华岳山崩，为帝极言之。安石曰："华山之变，殆天意为小人发。市易之起，自为细民久困，以抑兼并尔，于官何利焉！"彦博求去益力，遂以司空、河东节度使判河阳，徙大名府。身虽在外，而帝眷有加。

纲 置律学。

目 诏士之莅官，以法从事。今所习非所学，宜置律学，命官、举人皆得入学习律令。

纲 六月，知南康军周敦颐卒。

目 敦颐，道州营道人。初因舅郑向，任为分宁主簿，有狱久不决，敦颐至，一讯立辨。邑人惊曰："老吏不如也。"调南安司理，有囚，法当不死，转运使王逵欲深治之。敦颐力与辩，逵不听，敦颐委手版，将弃官去，曰："如此，尚可仕乎！杀人以媚人，吾不为也。"逵悟，囚得释。调桂阳令，改知南昌，富家、大姓、黠吏、恶少惴惴焉，不独以得罪为忧，而又以污秽善政为耻。历知南康军，年五十七而卒。

敦颐博学力行，着太极图、易通，明天理之根源，究万物之终始，言约而道大，文质而义精，得孔、孟之本原，大有功于学者。

为南安司理时，通判程珦以其学为知道，使二子颢、颐往受业。敦颐每令寻孔、颜乐处，所乐何事。颢尝曰："自再见周茂叔后，吟风弄月以归，有'吾与点也'之意。"侯师圣学于程颐，未悟，因见敦颐。敦颐留与对榻夜谈，越三日乃还。程颐惊异之，曰："非从周茂叔来邪？"其善开发人类此。

既至南康，即筑室于莲花峰下。前有溪合于湓江，取营道所居濂溪以名之，学者称为濂溪先生。

纲　大蝗。

纲　秋九月，初策武举之士。

纲　吐蕃木征复入河州，王韶破走之，遂取岷、宕、洮、叠四城。帝御殿受贺。

纲　收免行钱。

纲　冬十月，章惇击南江蛮，平之。置沅州。

纲　行折二钱。

纲　甲寅，七年，春三月，辽使人来议疆事，遣太常少卿刘忱报之。

目　辽以河东路沿边增修戍垒，起铺舍，侵入蔚、应、朔三州界内，使林牙萧禧来言，乞行毁撤，别立界至。禧归，帝面谕以“三州地界，俟遣官与北朝官即境上议之”。遂诏忱如辽。辽遣枢密副使萧素会忱于代州境上。

诏下枢密院议，且手诏判相州韩琦、司空富弼、判河南府文彦博、判永兴军曾公亮条代北事宜以闻。琦言：“臣观近年朝廷举事，似不以大敌为恤，彼见形生疑，必谓我有复燕之意，故引先发制人之说造为衅端。所以致疑，其事有七：招高丽朝贡，一也；取吐蕃之地建熙河，二也；植榆柳于西山以制蕃骑，三也；创保甲，四也；筑河北城池，五也；置都作院，颁弓矢新式，六也；置河北三十七将，七也。契丹素为敌国，因事起疑，不得不然。臣尝窃计，始为陛下谋者，必曰治国之本，当先聚财、积谷，募兵于农，则可以鞭笞四夷。故散青苗钱，为免役法，置市易务，次第取钱，新制日下，更改无常，而监司督责以刻为明。今农怨于畎亩，商叹于道路，长吏不安其职，陛下不尽知也。夫欲攘斥四夷以兴太平，而先使邦本困摇，众心离怨，此则为陛下始谋者大误也。臣今为陛下计，宜遣报使，具言向来兴作，乃修备之常，疆土素定，悉如旧境，不可持此造端，以隳累世之好。可疑之形，如将官之类，因而罢去。益养民爱力，选贤任能，使天下悦服，边备日充，若其果自败盟，则可一振威武，恢复故疆，摅累朝之宿愤矣。”弼、彦博、公亮亦皆有言，大抵度上以虏为忧，故深指时事云。

纲 大旱，诏求直言。夏四月，权罢新法；雨。

目 自去秋七月不雨至夏四月，帝忧形于色，欲尽罢法度之不善者。王安石曰："水旱常数，尧、汤不免。但当修人事以应之。"帝曰："朕所以恐惧者，正谓人事之未修尔！今取免行钱太重，人情咨怨，自近臣以至后族，无不言其害者。"冯京曰："臣亦闻之。"安石曰："士大夫不逞者以京为归，故京独闻此言，臣未之闻也！"翰林学士韩维言："陛下损膳避殿，乃举行故事，恐不足以应变。当痛自责己，广求直言。"帝即命维草诏行之。

初，光州司法参军郑侠，为安石所奖拔，感其知己，思欲尽忠。及满秩入京，安石问以所闻，侠曰："青苗、免役、保甲、市易数事，与边鄙用兵，在侠心不能无区区也。"安石不答。久之，监安上门。会岁饥，征敛苛急，东北流民，每风沙霾曀，扶携塞道，羸疾愁苦，身无完衣，或茹木实草根，至身被锁械，而负瓦揭木，卖以偿官，累累不绝。乃绘所见为图，奏疏诣阁门，不纳，遂假称密急，发马递，上之银台司，且云："旱由安石所致。去安石，十日不雨，即乞斩臣宣德门外，以正欺君之罪。"疏奏，帝反复观图，长吁数四，袖以入内。是夕，寝不能寐。翌日，命开封体放免行钱，三司察市易，司农发常平仓，三卫具熙河所用兵，诸路上民物流散之故，青苗、免役，权息追呼，方田、保甲并罢，凡十有八事，民间欢呼相贺。是日，果大雨，远近沾洽。

纲 下监安上门郑侠狱，复行新法。

目 辅臣入贺雨。帝示以侠所进图状，且责之。皆再拜，安石上章求去，外间始知所行之由。群奸切齿，遂以侠付御史，治其擅发马递罪。吕惠卿、邓绾言于帝曰："陛下数年忘寝与食，成此美政，天下方被其赐，一旦用狂夫之言，罢废殆尽，岂不惜哉！"相与环泣于帝前。于是新法一切如故，惟方田暂罢。

纲 吐蕃木征围河州，王韶击降之。

纲 王安石免。以韩绛同平章事，吕惠卿参知政事。

目 安石执政六年，更法度，开边疆，老成正士，废黜殆尽，儇慧少年，超擢用事，天下怨之，而帝倚任益专。太皇太后尝乘闲语帝曰："祖宗法度，不宜轻改。吾闻民间甚苦青苗、助役，宜罢之。"帝曰："此以利民，非苦之也。"后又曰："安石诚有才学，然怨之者甚众，欲保全之，不若暂出之于外。”帝曰：“群臣惟安石为国家当事。”时帝弟岐王颢在侧，因进曰：“太后之言，至言也，不可不思。”帝怒曰：“是我败坏天下邪？汝自为之！”颢泣曰：“何至是邪！”皆不乐而罢。久之，太后流涕谓帝曰：“安石乱天下，奈何？”帝始疑之。及郑侠疏进，安石不自安，遂求去位，帝再四勉留，安石请益坚，乃以观文殿大学士知江宁府。吕惠卿使其党变姓名日投匦留之，安石感其意，因乞韩绛代己而惠卿佐之，帝从其请。二人守其成规不少失，时号绛为“传法沙门”，惠卿为“护法善神”。

纲 初榷蜀茶。

纲 五月，罢制科。

纲 三司使曾布、提举市易司吕嘉问免。

纲 六月，作浑仪、浮漏成。

纲 秋七月，立手实法。

目 时免役出钱或未均，吕惠卿用其弟曲阳尉和卿计，创手实法。其法，官为定物价，使民各以田亩、屋宅、资货、畜产随价自占。非用器、食粟而辄隐落者许告，有实，以三分之一充赏。诏从其言，于是民家尺椽寸土，检括无遗，至于鸡豚亦遍钞之，民不聊生。

纲 冬十月，置三司会计司。

纲 十二月，以王韶为枢密副使。

纲 乙卯，八年，春正月，蔡挺罢。

纲 窜郑侠于英州，罢参知政事冯京，放秘阁校理王安国于田里。

目 侠上疏论吕惠卿朋奸壅蔽，仍取唐魏徵、姚崇、宋璟、李林甫、卢杞传为两轴，题曰正直君子邪曲小人事业图迹，在位之臣与之暗合者，各以其类，复为书献之，且荐冯京可相。惠卿奏为谤讪，令中丞邓绾、知制诰邓润甫治之，遂编管侠于汀州。

御史台吏杨忠信谒侠曰：“御史缄默不言，而君上书不已，是言责在监门，而台中无人也。”取怀中名臣谏疏二帙授侠曰：“以此为正人助。”

京在政府，常与惠卿争辨，而王安石弟安国素与侠善。侍御史张琥承惠卿旨，劾京与侠交通有迹。时侠已行，惠卿遂令奉礼郎舒亶往捕，遇于陈州，搜其箧，得所录名臣谏疏，有言新法事及亲朋书尺，悉按姓名治之。狱成，惠卿欲致侠以死，帝曰："侠所言，非为身也，忠诚亦可嘉，岂宜深罪！"但徙英州。京罢政，出知亳州。安国夺秘阁校理，放归田里。

初，安国仕西京国子教授，秩满至京师。帝以安石故，特召对，问曰："汉文帝何如主？"安国对曰："三代以后未有也。"帝曰："但恨其才不能立法更制耳。"安国对曰："文帝自代来入未央宫，定变故俄顷呼吸间，恐无才者不能。至用贾谊言，待群臣有节，专务以德化民，海内兴于礼义，几致刑措，则文帝加有才一等矣。"帝曰："王猛佐苻坚，以蕞尔国而令必行。今朕以天下之大，不能使人，何也？"曰："猛教坚以峻刑法杀人，致秦祚不传世。今刻薄小人必有以是误陛下者，愿专以尧、舜、三代为法，则下岂有不从者乎！"帝又问："卿兄秉政，外论谓何？"安国对曰："恨知人不明，聚敛太急尔！"帝不悦，由是止授崇文院校书，寻改秘阁校理。安国屡以新法之弊力谏安石，又尝以佞人目惠卿，故惠卿衔之。

纲　二月，复以王安石同平章事。

目　初，吕惠卿迎合安石，建立新法，安石故力援引，骤至执政。惠卿既得志，忌安石复用，遂欲迎闭其途，凡可以害安石者无所不用其智。安石闻而怨之。时韩绛颛处中书，事多稽留不决，且数与惠卿争论，度不能制，密请帝复用安石，帝从之。安石承命，即倍道而进，七日至汴京。

纲　二月，辽人复来议疆事，遣知制诰沈括报之。

目　刘忱与萧素议不能决，虏初指蔚、朔、应三州分水岭土垄为界，及忱与之行视，无土垄，乃但云以分水岭为界。凡山皆有分水，虏意至时可以罔取也。相持久之。至是，辽主复遣萧禧来致图书，以忱等迁延为言。乃命韩缜代忱等与辽使议。缜与禧争辩或至夜分，禧执分水岭之说不变，留馆不肯辞，曰："必得请而后反。"帝不得已，先遣知制诰沈括报聘。括诣枢密院阅故牍，得顷岁所议疆地书，指古长城为分界，今所争乃黄嵬山，相远三十余里，表论之。帝喜曰："大臣殊不究本末，几误国事。"乃赐括白金千两，使行。

括至辽，辽相杨益戒与议，不能屈，谩曰："数里之地不忍，而轻绝好乎？"括曰："师直为壮，曲为老。今北朝弃先君之大信，以威用其民，非我朝之不利也。"凡六会，竟不可夺，乃还。括在道，图其山川险易迂直，风俗淳庞，人情向背，为使契丹图，上之。

纲 夏四月，以吴充为枢密使。

纲 闰月，陈升之罢。

纲 六月，王安石上三经新义，诏颁于学宫。

目 王安石等以所训释诗、书、周礼三经上进，帝谓之曰："今谈经者人人殊，何以一道德？卿所著经，其以颁行，使学者归一。"遂颁于学宫，号曰三经新义。加安石左仆射，吕惠卿给事中，王雱龙图阁直学士。雱辞新命，惠卿劝帝许之，由是王、吕之怨益深。新义既颁，一时学者无敢不传习，主司纯用以取士；先儒传注，一切废而不用。又黜春秋之书，不列学宫，至诋之为断烂朝报。安石又以字学久不讲，后罢居金陵，作字说二十四卷以进，多穿凿附会，其流入于佛、老云。

纲 司徒、侍中、魏公韩琦卒。

目 琦卒前一夕，大星陨州治，枥马皆惊。帝自为碑文，载琦大节，篆其首曰"两朝顾命定策元勋"。赠尚书令，谥忠献。后追封魏王。

纲 秋七月，诏韩缜如河东，割地以畀辽。

目 辽使争议疆事不决。帝问于安石，安石劝帝曰："将欲取之，必姑与之。"于是诏于分水岭为界，禧乃去。至是，遣天章阁待制韩缜如河东，割新疆与之。凡东西失地七百里，遂为异日兴兵之端。

纲 八月，韩绛免。

纲 冬十月，吕惠卿有罪，免。

目 御史蔡承禧论惠卿奸恶，惠卿居家俟命，中丞邓绾亦欲弥缝前附惠卿之迹以媚安石，安石子雱复深憾惠卿，遂讽绾发惠卿兄弟强借秀州华亭富民钱五百万，与知华亭县张若济买田共为奸利事，置狱鞫之。惠卿竟罢，出知陈州。绾又论三司使章惇协济惠卿之奸，出知湖州。

纲 彗星见。诏求直言。罢手实法。

目 彗出轸。诏求直言，赦天下，询政事之未协于民者。邓绾言"凡民养生之具，日用而家有之，今欲尽令疏实，则家有告讦之忧，人怀隐匿之虑。商贾通殖货利，交易有无，或春有之而夏已荡析，或秋贮之而冬已散亡，公家簿书，何由拘录，其势安得不犯！徒使嚚讼者趋赏报怨，畏怯者守死忍困而已。"诏罢手实法。

纲 十一月，交阯大举入寇，陷钦、廉州。

纲 十二月，以元绛参知政事，曾孝宽签书枢密院事。

目 绛在翰林，谄事王安石，而安石尝德曾公亮之助己，欲引公亮子孝宽于政地以报之，由是二人同升。

纲 罢直学士院陈襄。

目 襄，福州侯官人。举进士，历知仙居、河阳县，留意教化，进县子弟于学。判府富弼奇之，及弼相，荐诸朝，累擢侍御史。上疏论青苗之害，曰："臣观制置司所议，莫非引经以为言，而其实则称贷以取利，是特管夷吾、商鞅之术。望贬斥王安石、吕惠卿以谢天下，罢韩绛以杜大臣争利而进者。"不听，乃请外，帝惜其去，留修起居注。安石屡欲出之，帝不许。三迁直学士院，帝尝访人才之可用者，襄以司马光、韩维、吕公著、苏颂、范纯仁、苏轼等三十三人对。安石益恶之，摘其书诏小失，讽御史劾之，遂知陈州。

纲鉴易知录卷七二

宋纪

神宗皇帝

纲　丙辰，九年，春正月，交阯陷邕州，知州事苏缄死之。

目　交人围邕，知州苏缄悉力拒守，外援不至，城遂陷。缄义不死贼手，命其家三十六人皆先死，藏尸于坎，乃纵火自焚。城中人感缄之义，无一人从贼者。于是交人尽屠其民，凡五万八千馀口。事闻，诏赠缄奉国节度使，谥曰忠勇。

纲　章惇招降五溪蛮，遂城下溪州。

纲　二月，以郭逵为安南招讨使。

目　王安石闻钦、廉陷，不悦，会得交人露布，言中国作青苗、助役之法，穷困生民，今出兵欲相拯济。安石怒，自草敕榜诋之，而以天章阁待制赵卨为招讨使，宦者李宪为副，将兵讨之。既而卨与李宪议事不合，帝因问卨"孰可代宪"？卨言："逵老于边事，愿以为使，而己副之。"帝从其言，仍诏占城、占腊合击交阯。

纲　秋七月，御史中丞邓绾有罪，免。

目　吕惠卿既出守陈，而张若济之狱久不成，王雱令门下客吕嘉问、练亨甫共取邓绾所列惠卿事杂他书下制狱，王安石不知也。省吏告惠卿于陈，惠卿以状闻，且讼安石"尽弃所学，隆尚纵横之末数，方命矫令，罔上要君"。帝以状示安石，安石谢无有，归以问雱。雱言其情，安石咎之；雱忿，患疽发背死。帝颇厌安石所为，绾虑安石去失势，乃上书言宜录安石子及婿，仍赐第京师。帝以语安石，安石曰："绾为国司直，而为宰臣乞恩泽，极伤国体，当黜之！"帝以绾操心颇僻，赋性奸回，论事荐人，不循分守，斥知虢州。

纲　八月，罢粥祠庙。

目　司农粥祠庙于民，应天府阏伯、微子庙皆在粥中，判官刘挚叹曰:“一至于此!”往见判府张方平曰:“独不能为朝廷言之邪!”方平矍然,托挚为奏,曰:“阏伯迁商丘主祀炎火,为国家盛德所乘;微子,宋始封之君,开国此地,亦本朝受命建号所因。又有双庙,乃唐张巡、许远,孤城死败,能捍大患。今若令承买,小人规利,冗亵渎慢,何所不为,岁收微细,实伤国体,乞留此三庙以慰邦人崇奉之意。”疏上,帝大震怒,批牍尾曰:“慢神辱国,无甚于斯!”于是天下神庙皆得罢粥。

纲 冬十月,王安石免,以吴充、王珪同平章事,冯京知枢密院事。

目 安石之再相也,屡谢病求去,及子雱死,尤悲伤不堪,力请解机务,帝益厌之,乃以使相判江宁府,寻改集禧观使。安石既退处金陵,往往写“福建子”三字,盖深悔为吕惠卿所误也。

充子安持虽娶安石女,而充心不善安石所为,数为帝言新法不便。帝察充中立无与,及安石免,遂相之。充欲有所变革,乞召还司马光、吕公著、韩维、苏颂及荐孙觉、李常、程颢等数十人。

光自洛贻书充曰:“自新法之行,中外汹汹。民困于烦苛,迫于诛敛,愁怨流离,转死沟壑,日夜引领,冀朝廷觉悟,一变敝法。今日救天下之急,当罢青苗、免役、保甲、市易,而息征伐之谋。欲去此五者,必先别利害,开言路,以悟人主之心。今病虽已深,犹未至膏肓,失今不治,遂为痼疾矣。”充不能用。吕惠卿告安石罪,发其私书有“无使上知”,及“勿令齐年知”之语。京与安石同年生,故云。帝以安石为欺而贤京,故召用之。

纲 十二月,郭逵败交阯兵于富良江,李乾德降。

纲 诏宦者李宪节制秦凤、熙河诸军。

纲 丁巳,十年。春二月。王韶免。

目 韶与王安石有隙,且以勤兵远略,归曲朝廷,帝亦不悦。数以母老乞归,乃出知洪州。

纲 秋七月,河决澶州。

纲 九月,河南邵雍卒。

目 雍天性高迈,迥出千古,而坦夷温厚,不见圭角。时新法行,吏牵迫不可为,或投劾去,雍门生故友居州县者或贻书访之。雍曰:“此贤者所当尽力之时,新法固严,能宽一分则民受一分之赐矣,投劾何益邪!”程颢尝与雍议论终日,退而叹曰:“尧夫内圣外王之学也。”雍知虑绝人，遇事能前知，程颢尝曰："其心虚明，自能知之。"及疾病，司马光、张载、颢、颐晨夕候之，卒年六十七。颢为铭墓，称雍之学纯一不杂，汪洋浩大，就其所至而论之，可谓安且成矣。所著皇极经世、观物内外篇、渔樵问对传于世。元祐中赐谥康节。

纲 冬十一月，同知太常礼院张载卒。

目 载自崇文归，终日危坐一室，左右简编，俯而读，仰而思，有得则识之，或中夜起坐，取烛以书，其志道精思，未尝须臾息也。敝衣疏食，与诸生讲学，每告以知礼成性，变化气质之道，学必如圣人而后已。以为知人而不知天，求为贤人而不求为圣人，此秦、汉以来学者大弊也。故其学以易为宗，以中庸为体，以孔、孟为法，黜怪妄，辨鬼神。其家婚丧葬祭，率用先王之意，而傅以今礼。又论定井田学校之法，皆欲条理成书，使可举而措诸事业。吕大防荐之，召同知太常礼院。以疾归而卒，世称横渠先生，所著正蒙、西铭行于世。程颐言："西铭明理一而分殊，扩前圣所未发，与孟子善养气之论同功。"

纲 戊午，元丰元年，春闰正月，曾孝宽罢，以孙固同知枢密院事。

目 初，固与王安石议新法不合，出知真定，至是，帝思其先见，召用之。

纲 秋九月，以吕公著、薛向同知枢密院事。

目 公著在翰林，帝尝以释、老之事语之。公著曰："尧、舜知此道乎？"帝曰："尧、舜岂不知。"公著曰："尧、舜虽知此，而惟以知人安民为难，所以为尧、舜也。"帝默然。向干局绝人，尤善商财计，算无遗策，为陕西转运副使，八年改三司使。洮、河用兵，资用浩繁，向未尝乏供给。用心至到，然不能不病民，王安石方尚功利，从中主之，虽御史有言不听也，故益得展奋，由文俗吏得大用。

纲 冬，复置大理狱。

纲 己未，二年，春二月，召程颢判武学，既而罢之。

目 颢自知扶沟县召判武学，命下数日，李定、何正臣劾其"学术迂阔，趋向僻异，且新法之初，首为异论"，复罢之。吕公著上疏言："方朝廷修改法度之初，凡在朝野，孰无论议？陛下兼包，岂悉记录。而小人贼害，指目未已，如颢者，陛下早自知之，其立身行己素有本末。昔在言路，时有论列，皆辞意忠厚，不失臣子之体。兼所除武学，亦未为仕宦要津，而小人龂龂必以为不可者，直欲深梗正路，其所措意非特一二人而已。"疏奏，不纳，颢竟归故官。

纲 夏五月，元绛罢，以蔡确参知政事。

目 确善观人主意，与时上下。以王安石荐再调监察御史，因为之用，知帝已厌安石，即论安石乘马入宣德门，与卫士竞，以贾直。

文彦博言浚川杷非浚河之具。帝遣知制诰熊本行视，以文彦博言为是。确遂论本附彦博，本坐罢，确因代其职，改知谏院，判司农事。觊欲得台端，因论中丞邓润甫、御史上官均按狱失实，润甫、均皆罢，而确得中丞，犹领司农。会太学生虞蕃讼博士受贿，确深探其狱，连引朝士，自翰林学士许将及元绛子耆宁以下皆逮系，遂劾绛为子有所属，请出知亳州，确遂代其位。

确自谏院为参知政事，皆以起狱夺人位而居之，士大夫交口叱骂，而确自以为得计也。

吴充数为帝言新法不便，欲稍去甚者。确曰："曹参与萧何有隙，至代为相，一遵何约束。今陛下所自建立，岂容一人挟怨而坏之！"法遂不变。

纲 冬十月，太皇太后曹氏崩。

目 帝事太后极诚孝，后亦慈爱天至。故事，外家男子毋得入谒；帝以后春秋高，数请召弟佾入见，久之乃许。及见，少顷，后谓佾曰："此非汝所当得留。"趣遣出焉。帝尝有意于燕、蓟，已与大臣定议，乃诣太后白其事。后曰："事体至大。吉凶悔吝生乎动，得之，不过南面受贺而已；万一不谐，则生灵所系，未易以言。苟可取之，太祖、太宗收复久矣，何待今日！"帝曰："敢不受教。"

纲 下知湖州苏轼狱，贬为黄州团练副使。

目 轼自徐徙湖，上表以谢，又以事不便民者不敢言，以诗托讽，庶有益于国。中丞李定、御史舒亶擿其语以为侮慢，因论轼"自熙宁以来，作为文章，怨谤君父，交通戚里"。逮轼赴台狱，诏定与知谏院张璪、御史何正臣、舒亶等杂治之。定等媒蘖以为讪谤时事，锻炼久之，且多引名士，欲寘之死。太皇太后曹氏违豫中闻之，谓帝曰："尝忆仁宗以制科得轼兄弟，喜曰：'吾为子孙得两宰相。'今闻轼以作诗系狱，得非仇人中伤之乎？捃至于诗，其过微矣，宜熟察之。"帝曰："谨受教。"吴充申救甚力，帝亦怜之，会同修起居注王安礼从容白帝曰："自古大度之君，不以言语罪人。轼以才自奋，谓爵禄可立取，顾碌碌如此，其心不能无觖望。今一旦致于理，恐后世谓陛下不能容才。”帝曰：“朕固不深谴也，行为卿贯之。第去，勿漏言。轼方贾怨于众，恐言者缘以害卿也。”王珪复举轼咏桧诗，曰“根到九泉无曲处，世间惟有蛰龙知”，以为不臣。帝曰：“彼自咏桧尔，何预朕事。”轼遂得轻比。舒亶又言：“驸马都尉王诜辈公为朋比，如盛侨、周邠固不足论，若司马光、张方平、范镇、陈襄、刘挚皆略能诵说先王之言，而所怀如此，可置而不诛乎！”帝不从，但贬轼黄州团练副使，本州安置。弟辙及诜皆坐谪贬，张方平、司马光、范镇等二十二人俱罚铜。

初，鲜于侁为京东转运使，以王安石、吕惠卿当国，正人不得立朝，叹曰：“吾有荐举之权，而所列非贤，耻也。”遂举刘挚、李常、苏轼、苏辙、刘邠、范祖禹等。及知扬州，会轼自湖赴狱，亲朋皆绝与交，道出广陵，侁往见之，台吏不许通，或曰：“公与轼相知久，其所往来文字书问宜焚之，勿留，不然且获罪。”侁曰：“欺君负友，吾不忍为。以忠义分谴，则所愿也。”至是以举吏，累谪主管西京御史台。

纲 庚申，三年，春正月，以章惇参知政事。三月，吴充罢。

纲 夏六月，诏中书详定官制。诏秘书监刘几等定雅乐。

纲 秋七月，彗出太微垣，诏群臣直言阙失。

目 王安石弟安礼应诏上疏曰：“人事失于下，变象见于上。陛下有仁民爱物之心，而泽不下究，意者左右大臣，是非好恶，不遵诸道，乘权射利者，用力殚于沟瘠，取利究于园夫，足以干阴阳而召星变。愿察亲近之行，杜邪枉之门，至于祈禳小数，贬损旧章，恐非所以应天者。”帝览疏嘉叹，谕之曰：“王珪欲使卿条具，朕尝谓不应沮格人言，以自壅障。今以一指蔽目，虽泰、华在前弗之见，近习蔽其君何以异此，卿当益自信。”遂进翰林学士，知开封府。

纲 九月，定百官寄禄格。

目 官制成，下诏行之，凡领空名者一切罢去，而易之以阶，因以寄禄。议者又欲罢枢密院归兵部，帝曰：“祖宗不以兵柄归有司，故专命官以统之，互相维制，何可废也。”遂止。帝尝谓执政曰：“官制将行，欲新旧人两用。”指御史大夫曰：“非司马光不可。”王珪、蔡确相顾失色，珪忧甚，不知所出，确曰：“上久欲收灵武，公能任责，则相位可保也。”珪喜谢之，因荐俞允帅庆，使上平西夏策。其意以为既用兵深入，必不召光；虽召，将不至。已而光果不召。

纲 以冯京为枢密使，薛向、孙固、吕公著为副使，向寻免。

纲 辛酉，四年，春正月，冯京罢，以孙固知枢密院事，吕公著、韩缜同知院事。

目 京再执政，初与王安石不合，后为吕惠卿所倾，中立不倚，人服其操。宋进士自乡举至廷试皆第一者才三人，王曾、宋庠为名宰相，京为名执政，不愧科名云。

纲 三月，章惇有罪，免，以张璪参知政事。

目 朱服为御史，惇密使客达意于服，为服所白。惇父俞又强占民田，民遮诉惇，惇系之开封。事并闻，遂免知蔡州。

纲 夏四月，筑河堤，自大名至于瀛州。

目 河复大决澶州小吴埽，诏都水监丞李立之经画以闻。立之言："宜自北京至瀛州，分立东西隄五十九埽。"诏从之。

纲 五月，立晋程婴、公孙杵臼庙于绛州。

目 报其存赵孤也。追赠婴成信侯，杵臼忠智侯。

纲 夏人幽其主秉常。秋七月，诏李宪会陕西、河东五路之师讨之。

目 知庆州俞允知帝有用兵意，屡请西伐，又言："谍报云：'夏将李清本秦人，说秉常以河南地来归，秉常母梁氏知之，遂诛清，夺秉常政而幽之。'宜兴师问罪，此千载一时也。"帝然之，遂诏熙河经制李宪等大举征夏，而召鄜延副总管种谔入对。谔至，大言曰："夏国无人，秉常孺子，往持其臂以来尔！"帝壮之，乃决意西伐。

方议出师，孙固谏曰："举兵易，解祸难，不可。"帝曰："夏有衅不取，则为辽人所有，不可失也。"固曰："必不得已，请声其罪薄伐之，分裂其地，使其酋长自守。"帝笑曰："此真郦生之说尔。"固曰："然则孰为陛下任此者？"帝曰："朕已属李宪。"固曰："伐国大事，而使宦者为之，则士大夫孰可为用！"帝不悦。他日固又曰："今五路进师而无大帅，就使成功，兵必为乱。"帝谕以"无其人"。吕公著进曰："问罪之师，当先择帅，既无其人，曷若已之。"固曰："公著言是也。"帝不听，竟命李宪出熙河，种谔出鄜延，高遵裕出环庆，刘昌祚出泾原，王中正出河东，分道并进。

纲 冬十一月，高遵裕等兵溃，李宪不至灵州而还。

纲 壬戌，五年，春正月，贬高遵裕等官，以李宪为泾原经略安抚制置使。

纲 夏四月，御史中丞舒亶有罪，免。

纲 以王珪为尚书左仆射兼门下侍郎，蔡确为尚书右仆射兼中书侍郎，章惇为门下侍郎，张璪为中书侍郎，蒲宗孟为尚书左丞，王安礼为尚书右丞。

目 官制成，改同中书门下平章事为左右仆射，参知政事为门下中书侍郎、尚书左右丞。

确既相，屡兴罗织之狱，缙绅士大夫重足而立。富弼在洛上书："确，小人，不宜大用。"帝不从。

帝尝语辅臣有无人才之叹，宗孟率尔对曰："人才半为司马光邪说所坏。"帝不语，直视久之，曰："蒲宗孟乃不取司马光邪？未论别事，只辞枢密一节，朕自即位以来，惟见此一人；他人则虽迫之使去，亦不肯矣！"宗孟惭惧，无以为容。

时李宪乞再举伐夏，帝以访辅臣。王珪对曰："向所患者用不足，朝廷今捐钱钞五百万缗，以供军食，有余矣。"安礼曰："钞不可啖，必变而为钱，钱又变为刍粟。今距出征之期才两月，安能集事？"帝曰："李宪以为已有备，彼宦者能如是，卿等独无意乎？唐平淮蔡，惟裴度谋议与主同，今乃不出公卿，而出于阉寺，朕甚耻之！"安礼曰："淮西三州尔，有裴度之谋，李光颜、李愬之将，然犹引天下之兵力，历岁而后定。今夏氏之强非淮蔡比，宪才非度匹，诸将非有光颜、愬辈，臣惧无以副圣志也。"

纲 以曾巩为中书舍人。

目 巩能文章，为欧阳修所重，帝深知其才，命充史馆修撰，专典史事，至是命为中书舍人。时自三省百职事，选授一新，除书日至十数人，人举其职，于训辞典约而尽。未几卒。吕公著尝言于帝曰："巩为人行义不如政事，政事不如文章。"以是不大用。

纲 吕公著罢。

纲 秋八月，诏岁以四孟月朝献景灵宫。

目 帝以先朝御容多寓寺观，乃作十一殿于景灵宫，凡神御皆迎入,累朝文臣执政官、武臣节度使以上,并图形于两庑。凡执政官除拜,赴宫恭谢。其后南郊,先诣宫行荐享礼,并如太庙。

纲 给事中徐禧护兵城永乐。

目 种谔西讨不能如志,知延州沈括,欲尽城横山,下瞰平夏,使虏不得绝碛为寇。谔遂上其策于朝,且言兴功当自银州始。帝以为然,遣给事中徐禧、内侍李舜举往鄜延议之。禧至鄜延,上言:"银州不如永乐之形势险阨,请先城永乐。"永乐依山无水泉,种谔极言其不可。帝从禧议,乃诏禧护诸将往城之,而命括移府并塞,总兵为援,陕西转运判官李稷主馈饷。禧以谔跋扈,奏留谔守延州,自率诸将往筑,十四日而成。距故银州治二十五里,赐名银州砦。禧等退还米脂,以兵万人属曲珍守之。

纲 九月,夏人陷永乐,徐禧等败死。

目 禧等既城。去九日,夏人以数千骑来攻。曲珍使报禧,禧遂与李舜举、李稷往援之,留沈括守米脂。比抵永乐,夏人倾国而至。禧兵陈于城下,夏人纵铁骑渡河。珍白禧曰:"此铁鹞子军也。当其半济击之,乃可以逞;得地,则其锋不可当也。"禧不从。铁骑既济,震荡冲突,大众继之;珍锐卒败,奔还,夏人乘之,珍众大溃。珍收余众入城,夏人围之,且据其水砦,珍城中乏水已数日,渴死者十六七。括与李宪援兵及馈饷,皆为夏人所隔,不得前。种谔怨禧,不遣救师。会夜半大雨,夏人环城急攻,城遂陷,禧、舜举、稷皆为乱兵所害,惟珍走免,将校死者数百人,丧士卒役夫二十余万。夏人耀兵米脂城下而还。

自熙宁以来用兵,得夏葭芦、吴保、义合、米脂、浮图、塞门六堡,而灵州永乐之役,官军、熟羌、义保死者六十万人,钱谷银绢不可胜计。事闻,帝临朝痛悼,为之不食,赠禧等官,而贬括为均州团练副使,随州安置;降珍为皇城使。自是帝始知边臣不可倚信,深自悔咎,无意于西伐,而夏人亦困弊矣。初帝之遣禧也,王安礼谏曰:"禧志大才疏,必误国事。"帝不听。及败,帝曰:"安礼每劝朕勿用兵,少置狱,盖为是也。"

纲 癸亥,六年,春二月,夏人寇兰州,贬李宪为熙河都总管。

纲 夏四月,辽大雪。

目 平地丈余,马死者十六七。

纲 闰六月,司徒、韩公富弼卒。

目 遗表大略云："陛下即位之初，邪臣纳说，上误聪明，浸成祸患。今上自辅臣，下自多士，畏祸图利，习成敝风。去年永乐之役，兵民死亡者数十万，今久戍未解，百姓困穷，岂讳过耻败，不思救祸之时乎！天地至仁，宁与羌夷较胜负！愿休兵息民，使关、陕之间稍遂生理。兼陕西再团保甲，州县奉行，势侔星火，人情惶骇；不若寝罢，以绥怀之。臣之所陈急于济事，若夫要道，则在圣心所存，与所用之人君子小人之辨尔。"弼早有公弼之望，名闻夷狄，辽使每至，必问其出处安否。临事周悉，不万全不发。当其敢言，奋不顾身，忠义之性，老而弥笃。家居一纪，斯须未尝忘朝廷。讣闻，赠太尉，谥文忠。

纲 秋七月，孙固罢，以韩缜知枢密院事，安焘同知院事。八月，蒲宗孟免，以王安礼、李清臣为尚书左、右丞。

纲 冬十一月，太师文彦博致仕。

目 彦博自河南入朝，帝嘉其辅立英宗而不伐其功，加两镇节度使。将行，赐燕琼林苑，两遣中使遗诗祖道，当世荣之。至是请老，以太师致仕。

彦博之在河南也，与富弼等，用白居易故事，就弼第置酒相乐，尚齿不尚官。洛阳多名园古刹，诸老须眉皓白，衣冠甚伟，都人常随观之。已而图形妙觉僧舍，谓之洛阳耆英会。司马光年未六十，以狄兼謩故事与焉。

纲 甲子，七年，夏五月，诏以孟轲配食孔子。

目 先是判国子监常秩，请立孟轲、扬雄像于庙庭，仍赐爵号，又请追尊孔子为帝。下两制礼官详议，以为非是而止。知郓州曾孝宽复请加封孟子，乃诏封为邹国公，至是复诏孟子与颜子并配孔子。又追封荀况为兰陵伯，扬雄为成都伯，韩愈为昌黎伯，从祀庙庭。

纲 秋七月，王安礼罢。

纲 冬十二月，端明殿学士司马光上资治通鉴。

目 初，光约战国至秦二世如左氏体为通志以进，英宗悦之，命续其事，就崇文殿开局，许自选官属，得借龙图、天章、三馆秘阁书籍，给御府笔墨、缯帛，及御前钱以供果饵，以内臣为承受。光遂与刘攽、刘恕、范祖禹及子康编集。帝即位，赐名资治通鉴，制序文赐之。会光出知永兴军，以衰病乞间，乃差判西京，留司御史台及提举崇福宫，前后六任,听以书局自随。光于是遍阅旧史,旁采小说,抉擿幽隐,较计毫厘,上起周威烈王二十三年,下终五代。又略举事目,年经国纬,以备检寻,为目录;又参考群书,评其同异,俾归一涂,为考异:合三百五十四卷,历十九年而成。至是上之,诏以光为资政殿学士,降诏奖谕。

纲 乙丑,八年,春正月,帝有疾。三月,诏立延安郡王佣为皇太子,赐名煦,皇太后权同听政。

目 帝疾甚,群臣请立皇太子,及请皇太后高氏权同听政,许之。三月,甲午朔,立佣为皇太子,赐名煦。先是岐王颢、嘉王頵日问起居,太后既垂帘,命二王毋辄入。

初,太子之未立也,职方员外郎邢恕与蔡确成谋,密语太后之侄高公绘、公纪曰:"上疾不可讳,延安幼冲,宜早有定论,岐、嘉皆贤王也。"公绘惊曰:"此何言!君欲祸吾家邪!"恕知计不行,反宣言太后属意岐王,而与王珪表里;导确约珪入问疾,阳钩致珪语,使知开封府蔡京伏剑士于外,须珪小持异,则执而诛之。既而珪言上自有子,定议立延安,恕益无所施。及太子已立,犹与确自谓有定策功,传播其语于朝。

纲 帝崩,太子即位,赦。

目 帝崩,年三十八。太子即位,生十年矣。

纲 尊皇太后曰太皇太后,皇后曰皇太后,德妃朱氏曰皇太妃。

目 德妃,帝生母也。太皇太后既听政,散遣修京城役夫,止造军器及禁庭工技,出近侍尤无状者,戒中外无苛敛,宽民间保户马;事由中旨,王珪等弗预知也。蔡确思求媚于太后以自固,太后从父高遵裕坐西征失律抵罪,因上言乞复遵裕官。后曰:"遵裕灵武之役,涂炭百万,先帝中夜得报,起环榻而行,彻旦不能寐,自是惊悸,驯致大故。祸由遵裕,得免刑诛幸矣!先帝肉未冷,吾何敢顾私恩而违天下公议乎!"确悚栗而退。

纲 罢免行钱。

纲 司马光自洛入临。夏五月,诏求直言。

目 光居洛十五年,天下以为真宰相,田夫野老皆号为司马相公,妇人女子亦知其为君实也。神宗崩,光欲入临,避嫌不敢,时程颢在洛,劝光行,乃从之。卫士见光,皆以手加额曰:"此司马相公也。"所至民遮道聚观,马至不得行,曰:"公无归洛,留相天子,活百姓。"光惧,亟还。太后遣内侍梁惟简劳光,问为政所当先。光请开言路。诏榜朝堂，于是上封事者千数。

纲 召程颢为宗正寺丞，未至卒。

目 颢尝曰："新法之行，乃吾党激成之。当时自愧不能以诚感上心，遂致今日之祸，岂可独罪王安石也。"至是召为宗正丞，未行而卒，年五十四。颢自十五六时与弟颐闻汝南周敦颐论道，遂厌科举之业，慨然有求道之志。未知其要，泛滥于诸家，出入于老、释者几十年，返求诸六经，而后得之。资性过人，充养有道，纯粹之气，盎于面背，同人交友，从之岁久，未尝见其忿厉之容，遇事优为，虽当仓卒，不动声色。深有意经济，方召用，遽卒，士大夫识与不识，莫不哀伤焉。文彦博采众论，题其墓曰"明道先生"。弟颐序之曰："周公没，圣人之道不行。孟轲死，圣人之学不传。道不行，百世无善治；学不传，千载无真儒。无善治，士犹得以明夫善治之道，以淑诸人，以传诸后；无真儒，则天下贸贸焉，莫知所之，人欲肆而天理灭矣。先生生乎千百年之后，得不传之学于遗经，以兴起斯文为己任，辨异端，辟邪说，使圣人之道焕然复明于世，盖自孟子之后一人而已。然学者于道不知所向，则孰知斯人之为功；不知所至，则孰知斯名之称情也哉。"

纲 王珪卒。

目 珪以文学见推流辈，然自执政至宰相，凡十六年，无所建明，率谄谀将顺，当时目为"三旨相公"，以其上殿进呈云取圣旨，上可否讫云领圣旨，退谕禀事者云已得圣旨也。

纲 以蔡确、韩缜为尚书左、右仆射兼门下、中书侍郎，章惇知枢密院事。

纲 以司马光为门下侍郎。

目 诏起光知陈州，过阙，留为门下侍郎。既而苏轼自登州召还，缘道人相聚号呼曰："寄谢司马相公，毋去朝廷，厚自爱以活我。"是时天下之民引领拭目以观新政，而议者犹谓"三年无改于父之道"。光曰："先帝之法，其善者虽百世不可变也；若王安石、吕惠卿所建为天下害者，改之当如救焚拯溺，况太皇太后以母改子，非子改父也。"于是众议少止。

纲 六月，赐楚州孝子徐积粟帛。

目 积事亲孝，旦夕必冠带定省。从胡瑗学，所居一室，寒一裘，啜粟饮水，虽瑗遗以食亦不受。以父名石，至终身不用石器，行遇石则避而不践。中年屏居穷里，而四方事无不知。尝借人书，经夕还之，借者给言书中有金叶，积卖衣偿之，不与辩。后以近臣荐授楚州教授，每升堂，训诸生曰："诸君欲为君子，而使劳己之力，费己之财，如此而不为君子犹可也；不劳己之力，不费己之财，诸君何不为君子？乡人贱之，父母恶之，如此而不为君子犹可也；乡人荣之，父母欲之，诸君何不为君子？"闻者敬服。及卒，赐谥节孝。

纲　秋七月，以吕公著为尚书左丞。

目　公著知扬州，被召侍读。既至，拜左丞。公著既居政府，与司马光同心辅政，推本先帝之志，凡欲革而未暇，与革而未定者，一一举行之，民欢呼鼓舞称便。

纲　罢保甲法。

纲　冬十一月，复以鲜于侁为京东转运使。

目　熙宁末，侁已尝为京东转运使，至是复用之。司马光语人曰："今复以子骏为转运使，诚非所宜，然朝廷欲救东土之弊，非子骏不可。此一路福星也，安得百子骏布在天下乎！"侁既至，奏罢莱芜、利国两铁冶，又奏海盐依河北通商，民大悦。

纲　葬永裕陵。

纲　罢方田法。

纲　十二月，罢市易法，贬吕嘉问知淮阳军。

纲　罢保马法。

纲　起居舍人邢恕有罪，贬知随州。

目　恕博通经籍，能文章，从程颐学，司马光、吕公著、王安石、吴充皆重之。然天资诡诈冒进，与蔡确谋立岐王颢，事既不成，会王珪卒，恕与确及章惇宣言太皇太后及吴充有异议，赖确拥护而止，自以为功。至是，复为高公绘草奏，乞尊崇朱太妃，为高氏异日计。太后怒，黜知随州。

哲宗皇帝

纲　丙寅，哲宗皇帝元祐元年，春闰二月，蔡确有罪，免。

目　右司谏王觌上疏言："国家安危治乱，系于大臣。今执政八人，而奸邪居半，使一二元老何以行其志哉！"因极论蔡确、章惇、韩缜、张璪朋邪害正，章数十上。会右谏议大夫孙觉、侍御史刘挚、左司谏苏辙、御史王岩叟、朱光庭、上官均等连章论确罪，太后不忍斥之，但罢政，出知陈州。

纲 以司马光为尚书左仆射兼门下侍郎。

目 时光已得疾，而青苗、免役、将官之法犹在，西伐之议未决，光叹曰："四害未除，吾死不瞑目矣！"折简与吕公著曰："光以身付医，以家事付愚子，惟国事未有所托，今以属公。"既而诏免朝觐，许乘肩舆三日一入省。光不敢当，曰："不见君，不可以视事。"诏令子康扶入对。辽人闻之，敕其边吏曰："中国相司马矣，毋轻生事开边隙！"

纲 以吕公著为门下侍郎，李清臣、吕大防为尚书左、右丞，以李常为户部尚书。

纲 章惇有罪，免，以范纯仁同知枢密院事。

目 惇与司马光争辩役法于太后帘前，其语甚悖，太后怒，斥知汝州，以安焘代惇知枢密院事，范纯仁同知院事。命既下，给事中王岩叟、侍御史刘挚等交章论焘附惇，不当躐迁，至封还诰命；焘亦力辞，乃诏仍同知院事。

纲 罢青苗法。

纲 三月，罢免役法。

目 司马光请悉罢免役钱，诸色役人皆如旧制，其见在役钱拨充州县常平本钱。于是诏修定役书，凡役钱惟元定额及额外宽剩二分以下，许著为准；余并除之。光复请直降敕命，委县令佐揭簿定差，其人不愿身自供役，许择可任者顾代。

苏轼言于光曰："差役、免役，各有利害。免役之害，聚敛于上，而下有钱荒之患。差役之害，民不得力农而吏胥缘以为奸。此二害，轻重盖略等矣。"光曰："于君何如？"轼曰："法相因，则事易成；事有渐，则民不惊。三代之法，兵农为一，至秦始分为二。及唐中叶，尽变府兵为长征卒，自是农出谷帛以养兵，兵出性命以卫农，天下便之，虽圣人复起不能易也。今免役之法实大类此；公欲骤罢免役而行差役，正如罢长征而复民兵，盖未易也。"光不以为然。轼又陈于政事堂，光色忿然。轼曰："昔韩魏公刺陕西义勇，公为谏官，争之甚力，韩公不乐，公亦不顾。轼昔闻公道其详，岂今日作相，不许轼尽言邪！"光谢之。

范纯仁谓光曰："差役当熟讲缓行，不然滋为民病。愿虚心以延众论，不必谋自己出。谋自己出，则谄谀得乘间迎合矣。役议或难回，则可先行之一路，以观其究竟。”光不从，持之益坚。纯仁曰：“是使人不得言尔。若欲媚公以为容悦，何如少年合安石以速富贵哉！”光深谢之。

初，差役之复，为期五日，同列病其太迫，知开封府蔡京独如约，悉改畿县顾役，无一违者。诣政事堂白光，光喜曰：“使人人奉法如君，何不可之有！”

纲 范子渊有罪，贬知峡州。

目 子渊在熙、丰间，提举修堤开河，糜费巨万，而功用卒不成，护堤压埽之人溺死无算。至是御史吕陶劾其罪，黜知峡州。中书舍人苏轼草制词有曰：“汝以有限之财，兴必不可成之役，驱无辜之民，置之必死之地。”时以为至言。

纲 夏四月，召程颐为崇政殿说书。

目 颐，颢弟也。年十八上书仁宗，欲黜世俗之论，以王道为心。治平、元丰间，大臣屡荐皆不起，至是司马光、吕公著共疏其行义曰：“伏见河南处士程颐，力学好古，安贫守节，言必忠信，动遵礼法，年逾五十，不求仕进，真儒者之高蹈，圣世之逸民。望擢以不次，使士类有所矜式。”诏以为西京国子监教授，力辞；寻召为秘书郎。及入对，改崇政殿说书。颐即上疏言：“习与智长，化与心成。陛下春秋方富，虽睿圣得于天资，而辅养之道不可不至。大率一日之中，接贤士大夫之时多，亲寺人宫女之时少，则气质变化，自然而成。愿选名儒入侍劝讲，讲罢留之分直，以备访问，或有小失，随事献规，岁月积久，必能养成圣德。”

纲 韩缜免。

纲 王安石卒。

目 安石性强忮，遇事无可否，自信所见，执意不回。然议论奇高，能以辨博济其说，慨然有矫世变俗之志，故神宗排众论，力倚任之。及议变法，在廷交执不可，安石傅经义，出己意辨论，辄数百言，众不能诎。甚者谓天变不足畏，祖宗不足法，人言不足恤。以是怨议纷起，终神宗世不复召，凡八年。安石每闻朝廷变其法，夷然不以为意，及闻罢助役复差役，愕然失声曰：“亦罢至此乎！”良久曰：“此法终不可罢。”又尝曰：“新法始终以为可行者，曾子宣也；始终以为不可行者，司马君实也。”

纲 以吕公著为尚书右仆射，兼中书侍郎。

纲 诏起文彦博平章军国重事。

目 彦博致仕居洛，司马光言其宿德元老，宜起以自辅。太后将用为三省长官，言者以为不可，乃命平章军国重事，六日一朝，一月两赴经筵，班宰相上，恩礼甚渥。彦博年八十一矣。

纲 诏举经明行修之士。

目 司马光请立经明行修科，岁委升朝文臣，各举所知，以勉励天下，使敦士行，以示不专取文学之意。若所举人违犯名教，必坐举主，毋赦，则自不敢妄举，而士之居乡居家者，惟惧玷缺外闻，不待学官日训月察，立赏告讦，而士行自美矣。于是诏："自今凡遇科举，令升朝官各举经明行修之士一人，俟登第日用以升甲。"

纲 五月，以韩维为门下侍郎。

目 神宗崩，维自提举嵩山崇福宫入临，太后手诏劳问，维对曰："人情贫则思富，苦则思乐，困则思息，郁则思通。诚能常以利民为本，则民富；常以忧民为心，则民乐；赋力非人力所堪者去之，则劳困息；法禁非人情所便者蠲之，则郁塞通：推此而广之，尽诚而行之，则子孙观陛下之德，不待教而成矣。"未几起知陈州，召为资政殿大学士，兼侍读，至是拜门下侍郎。

纲 命程颐等修定学制。

目 太学自蔡确起大狱，连引朝士，有司缘此造为法禁，烦苛凝密，博士诸生禁不相见，教谕无所施。御史中丞刘挚以为言，至是命程颐、孙觉、顾临同太学长贰看详修定条制。颐大概以为：学校，礼义相先之地，而月试之争，殊非教养之道。请改试为课，有所未至，则学官召而教之，更不考定高下。置尊贤堂，以延天下道德之士，镌解额以去利诱，省繁文以专委任，励行检以厚风教，及置待宾、吏师斋，立观光法，如是者亦数十条。

纲 六月，放邓绾、李定于滁州。

纲 置春秋博士。

纲 吕惠卿有罪，建州安置。

目 惠卿见正人汇进，知不容于时，恳求散地。右司谏苏辙、王觌历数其奸，请投畀四裔以御魑魅；中丞刘挚复列其五罪。于是贬光禄卿分司南京，再贬建宁军节度副使，建州安置。

时惠卿、章惇、吕嘉问、邓绾、李定、蒲宗孟、范子渊等皆已斥外，言者论之不已，范纯仁言于太后曰："录人之过，不宜太深。"太后深然之，乃诏："前朝希合附会之人，一无所问，言者勿复弹劾。"惠卿党稍安。或谓吕公著曰："今除恶不尽，将贻后患。"公著曰："治道去太甚耳。文、景之世，网漏吞舟。且人才实难，宜使自新，岂宜使自弃邪。"

纲 秋七月，立十科举士法。

目 司马光奏曰："为政得人则治，然人之才或长于此而短于彼，虽皋、夔、稷、契各守一官，中人安可求备。若指瑕掩善，则朝无可用之人；苟随器授任，则世无可弃之士。臣备位宰相，职当选官，若专引知识，则嫌于私；若止循资序，未必皆才。乞设行义纯固，可为师表；节操方正，可备献纳；知勇过人，可备将帅；公正聪明，可备监司；经术精通，可备讲读；学问该博，可备顾问；文章典丽，可备著述；善听狱讼，尽公得实；善治财赋，公私俱便；练习法令，能断请谳：凡十科举士。应侍从以上，每岁于十科举三人，中书置籍记之。有事须材，执政按籍视其所举科，随事试之。有劳，又著之籍。内外官阙，取尝试有效者，随科授职。所赐告命，仍具所举官姓名，其人任官无状，坐以谬举之罪。"诏从之。

纲 夏主秉常卒，子乾顺立。

纲 九月，尚书左仆射兼门下侍郎、河内公司马光卒。

目 时两宫虚己以听光为政，光亦自见言行计从，欲以身徇社稷，躬亲庶务，不舍昼夜。宾客见其体羸，举诸葛亮食少事烦以为戒。光曰："死生，命也。"为之益力。病革，谆谆语如梦中，皆朝廷天下事也。及薨，太后哭之恸，与帝临其丧。赠太师、温国公，谥文正。年六十八。京师人为之罢市，往吊。及如陕葬，送者如哭私亲。四方皆画像以祀。

子康居丧，因寝地得腹疾，召医李积于兖，乡民闻之告积曰："百姓受司马公恩深；今其子病，愿速往也。"积至，则康疾不可为矣。

光孝友忠信，恭俭正直，居处有法，动作有礼，自少至老，语未尝妄，自言："吾无过人者，但平生所为，未尝有不可对人言者耳。"诚心自然，天下敬信，陕、洛间皆化其德；有不善，曰："君实得无知之乎！"光于物澹然无所好，于学无所不通，惟不喜释、老，曰："其微言不能出吾书，其诞吾不信也。”及居政府，凡王安石、吕惠卿所建新法为民害者，划革略尽。或谓光曰：“熙、丰旧臣多憸巧小人，他日有以父子之义间上，则祸作矣。”光正色曰：“天若祚宋，必无此事。”遂改之不疑。

纲 以苏轼为翰林学士。

目 轼自登州召还，十月之间，三迁清要。寻兼侍读，每经筵进读未尝不反复开导，觊有所启悟。尝锁宿禁中，召见便殿，太后问曰：“卿前为何官？”对曰：“常州团练副使。”曰：“今为何官？”对曰：“待罪翰林学士。”曰：“何以遽至此？”对曰：“遭遇太皇太后、皇帝陛下。”曰：“非也。”对曰：“岂大臣论荐乎？”曰：“亦非也。”轼惊曰：“臣虽无状，不敢自他途进。”曰：“此先帝意也。先帝每诵卿文章，必叹曰：‘奇才，奇才！’但未及进用卿耳。”轼不觉哭失声，太后与帝亦泣，左右皆感涕。已而命坐赐茶，彻御前金莲烛送归院。

轼在翰林，颇以言语文章规切时政，卫尉丞毕仲游忧其及祸，贻书戒之曰：“君官非谏官，职非御史，而好非是人，危身触讳，以游其间，殆犹抱石而救溺也。”轼不能从。

纲 张璪免。

纲 冬十月，改封孔子后为奉圣公。

目 鸿胪卿孔宗翰言：“孔子后世袭公爵，本为侍祠；今乃兼领他官，不在故郡，于名为不正。乞自今袭封之人，使终身在乡里。”诏改衍圣公为奉圣公，不预他职。添给田百顷，供祭祀外，许均赡族人。赐国子监书，立学官以诲其子弟。宗翰，道辅子也。

纲 十一月，以吕大防为中书侍郎，刘挚为尚书右丞。

纲鉴易知录卷七三

宋纪

哲宗皇帝

纲 丁卯，二年，春正月，禁科举用王氏经义、字说。

目 时科举罢词赋，专用王安石经义，且杂以释氏之说，凡士子自一语以上，非安石新义不得用。学者至不诵正经，惟窃安石之书以干进，精熟者辄上第，故科举益弊。吕公著当国，始请禁主司不得以老、庄书命题，举子不得以申、韩、佛书为学，经义参用古今诸儒说，毋得专取王氏，寻又禁毋得引用王氏字说。

纲 夏四月，诏文彦博十日一议事都堂。

纲 以处士陈师道为徐州教授。

目 师道高介有节，安贫乐道，博学善文，家贫或经日不炊，晏如也。熙宁中，王氏经学盛行，师道心非其说，遂绝意进取。至是，以苏轼荐，授是职。

纲 复制科。

纲 李清臣免。

目 时厘正熙、丰之政，清臣固争，以为不可。遂罢知河阳府。

纲 五月，以刘挚、王存为尚书左、右丞。六月，以安焘知枢密院事。

纲 秋七月，罢门下侍郎韩维。

目 维处东省逾年，有忌之者密为谗愬，诏分司南京。王存抗声帘前曰："韩维得罪，莫知其端，臣切为朝廷惜之！"乃还维资政殿大学士、知邓州。

纲 八月，罢崇政殿说书程颐。

目 颐在经筵，以礼法自持，每进讲，色甚庄，继以讽谏。苏轼谓其不近人情，深嫉之，每加玩侮。于是颐门人右司谏贾易、左正言朱光庭等愤不能平，劾轼“试馆职，策问谤讪”。殿中侍御史吕陶言：“台谏当徇至公，不可假借事权以报私隙。”右司谏王觌言：“轼命辞失轻重，其事小，不足考；若悉考同异，深究嫌疑，则两岐遂分，使士大夫有朋党之名，大患也。”太后然之。范纯仁亦言轼无罪，遂置不问。

会帝患疮疹不出，颐诣宰臣问知否，且曰：“上不御殿，太后不当独坐，人主有疾，而大臣可不知乎！”翌日，宰臣以颐言问疾，由是大臣亦多不悦。御史中丞胡宗愈、左谏议大夫孔文仲、给事中顾临，遂连章力诋颐不宜在经筵，乃罢颐出管句西京国子监。

时吕公著独当国，群贤咸在朝，不能不以类相从，遂有洛党、蜀党、朔党之语。洛党以颐为首，而朱光庭、贾易为辅；蜀党以苏轼为首，而吕尚等为辅；朔党以刘挚、梁焘、王岩叟、刘安世为首，而辅之者尤众。是时熙、丰用事之臣，退休散地，怨入骨髓，阴伺间隙；而诸贤不悟，各为党比以相訾议。惟吕大防秦人，戆直无党；范祖禹师司马光，不立党。既而帝闻之，以问胡宗愈，宗愈对曰：“君子指小人为奸，则小人指君子为党，陛下能择中立之士而用之，则党祸息矣。”因著君子无党论以进。

纲　罢右司谏贾易。

目　时程颐、苏轼交恶，其党互相攻讦。易因劾吕陶党轼兄弟，语侵文彦博、范纯仁。太后怒，欲峻责易；吕公著言：“易言颇直，惟诋大臣太甚，不可处谏列耳。”乃止，罢知怀州。公著退，语同列曰：“谏官所言，未论得失。顾主上方富于春秋，异时有导谀惑上心者，正赖左右力谏，不可使人主轻厌言者。”吕大防、刘挚、王存私顾而叹曰：“吕公可谓仁者之勇。”

纲　戊辰，三年，春正月，复置广惠仓。

纲　夏四月，以吕公著为司空、同平章军国事。

目　公著以老，恳辞位；乃拜司空、同平章军国事。国初以来，宰相以三公平章军国事者四人，公著与父夷简居其二，世羡其荣。

时熙、丰用事之臣虽去，其党分布中外，起私说以摇时政。鸿胪丞常安民贻公著书曰：“善观天下之势，犹良医之视疾。方安宁无事之时，语人曰‘其后必将有大忧’，则众必骇笑。惟识微见几之士，然后能逆知其渐，故不忧于可忧，而忧之于无足忧者，至忧也。今日天下之势，可为大忧。虽登进忠良，而不能搜致海内之英才，使皆萃于朝以胜小人,恐端人正士未得安枕而卧也。故去小人为不难,而胜小人为难。陈蕃、窦武协心同力,选用名贤,天下想望太平,然卒死曹节之手,遂成党锢之祸;张柬之五王,中兴唐室,以谓庆流万世,及武三思一得志,至于窜移沦没。凡此者,皆前世已然之祸也。今怨忿已积,一发其害必大,可不为大忧乎!”公著得书,默然。

纲 以吕大防、范纯仁为尚书左、右仆射兼门下、中书侍郎,孙固、刘挚为门下、中书侍郎,王存、胡宗愈为尚书左、右丞,赵瞻签书枢密院事。

目 大防朴厚惷直,纯仁务以博大开上意,忠厚革士风。二人同心戮力以相王室,太后复尽心委之,故元祐之治,比隆嘉祐。

时党论方起,纯仁虑之。会右谏议大夫王觌以胡宗愈进君子无党论,恶之,因疏宗愈不可执政。太后大怒,纯仁与文彦博、吕公著辨于帘前,太后意未解,纯仁曰:“朝臣本无党,但善恶邪正各以类分,彦博、公著皆累朝旧人,岂容雷同罔上,昔先臣与韩琦、富弼同庆历柄任,各举所知,当时飞语指为朋党。三人相继补外,造谤者共相庆曰:‘一网打尽矣!’此事未远,愿陛下戒之。”因极言前世朋党之祸,并录欧阳修朋党论上之。然竟出觌知润州,而宗愈居位如故。

纲 冬闰十二月,蜀公范镇卒。

纲 己巳,四年,春二月,东平公吕公著卒。

目 公著薨,年七十二,太皇太后见辅臣泣曰:“邦国不幸,司马相公既亡,吕司空复逝。”帝亦悲感,即诣其家临奠,赠太师,封申国公,谥正献。

公著自少讲学,即以治心养性为本;平居无疾言遽色,于声利纷华,泊然无所好。简重清洁,盖天禀然。其识虑深敏,量宏而学粹,遇事善决,苟便于国,不以利害动其心。与人交,出于至诚,好德乐善,见士大夫以人物为意者,必问其所知,与其所闻参互考实,以达于上。每议政事,博采众善以为善,至所当守,则毅然不可回夺。神宗尝言:“其于人材不欺,如权衡之称物。”尤能避远声迹,不以知人自处。王安石博辨骋辞,人莫敢与亢,公著独以精识约言服之。安石尝曰:“疵吝每不自胜,一诣长者即废。”其敬服如此。

纲 三月,胡宗愈免。

纲 夏四月，分经义、诗赋为两科试士，罢明法科。

目 尚书省请复诗赋与经义兼行，解经通用先儒传注及己说。又言旧明法最为下科，今中者即除司法，叙名反在及第进士上，非是。乃诏立经义、诗赋两科，罢试律义。

初，司马光言："取士之道，当先德行，后文学。就文学言之，经术又当先于词章。神宗专用经义、论策取士，此乃复先王令典，百王不易之法。但王安石不当以一家私学，欲盖先儒，令天下师生讲解。至于律令，皆当官所须，使为士者果能知道义，自与法律冥合，何必置明法一科，习为刻薄，非所以长育人才、敦厚风俗也。"至是遂罢之。未几，诏御试举人，仍试赋、诗、论三题。

纲 五月，以范祖禹为右谏议大夫兼侍读。

目 祖禹初从司马光修资治通鉴，在洛十五年，不事进取。王安石尤爱重之，祖禹终不往谒。帝即位，擢右正言，以妇翁吕公著当国，引嫌辞职；再改著作郎兼侍讲。会夏暑，权罢讲筵，祖禹上言："陛下今日之学与不学系他日治乱，如好学则天下君子欣慕愿立于朝，以直道事陛下，辅佐德业而致太平；不学则小人皆动其心，务为邪谄以窃富贵。且凡人之进学，莫不于少时。今圣质日长，数年之后，恐不得如今日之专，窃为陛下惜也。"公著薨，始除右谏议大夫，寻加礼部侍郎。

闻禁中觅乳媪，以帝年十四，非近女色之时，与左谏议大夫刘安世上疏劝进德爱身，又乞太皇太后保护圣躬，言甚切至。太后谓曰："乳媪之说，外间虚传也。"祖禹对曰："外议虽虚，亦足为先事之戒。凡事言于未然则诚为过，及其已然则又无所及，言之何益！陛下宁受未然之言，勿使臣等有无及之悔。"太后深嘉之。

纲 安置蔡确于新州。

目 确失势日久，遂怀怨望。在安州尝游车盖亭，赋诗十章。知汉阳军吴处厚与确有隙，上之，以为皆涉讥讪，其用郝处俊上元间谏高宗欲传位武后事以斥东朝，语尤切害。于是台谏言确怨谤，乞正其罪。执政议置确于法，范纯仁、王存独以为不可，力争之。文彦博欲贬确岭峤，纯仁闻之，谓吕大防曰："此路自乾兴以来，荆棘近七十年，吾辈开之，恐自不免。"大防遂不敢言。越六日，贬确英州别驾，新州安置。确至新州，未几卒。

纲 六月,范纯仁、王存罢。

目 吕大防言:"蔡确党盛,不可不治。"纯仁面谏:"朋党难辨,恐误及善人。"司谏吴安诗、正言刘安世因论纯仁党确,纯仁亦力求罢政,乃出知颍昌府。存,确所举也,故亦出知蔡州。

纲 以赵瞻同知枢密院事,韩忠彦、许将为尚书左、右丞。

纲 秋七月,安焘罢。

纲 冬十一月,以孙固知枢密院事,刘挚、傅尧俞为门下、中书侍郎。

纲 庚午,五年,春二月,夏人来归永乐之俘,诏以米脂等四砦畀之。

目 夏人来归永乐所获吏士百四十九人,遂诏以米脂、葭芦、浮图、安疆四砦还之;夏得地益骄。

纲 文彦博致仕。

目 彦博复居政府,无岁不求去。会殿中侍御史贾易言:"彦博至和建储之议不可信。"太后命付史官,彦博益求罢,乃以太师、充护国军、山南西道节度等使致仕,命有司备礼册命,宴饯于玉津园。

先是辽使耶律永昌来聘,苏轼馆之。与永昌入觐,见彦博于殿门外,却立改容,曰:"此潞公也邪?"问其年,曰:"何壮也?"轼曰:"使者见其容,未闻其语。其总理庶务,虽精练少年有不如;其贯穿古今,虽专门名家有不逮。"永昌拱手曰:"天下异人也。"

纲 三月,赵瞻卒,以韩忠彦同知枢密院事,苏颂为尚书左丞。

纲 夏四月,孙固卒。

目 固宅心诚粹,不喜骄亢,与人居久而益信,故更历夷险而不为人所疾害。傅尧俞言:"司马公之清节,孙公之淳德,盖所谓不言而信者也。"世以为确论。

纲 秋八月,召邓润甫为翰林学士承旨,罢御史中丞梁焘、谏议大夫刘安世、朱光庭。

目 初,润甫以母丧终制,除吏部尚书,梁焘权给事中,驳之,改知亳州。至是,复以承旨召。焘为中丞,与左谏议大夫刘安世、右谏议大夫朱光庭交章论"润甫出入王、吕党中,始终反覆,今之进用,实系君子小人消长之机。"又言:"润甫尝为蔡确制,称确有定策之功,以欺惑天下，乞行罢黜。”累疏不报。焘等因力请外，乃出焘知郑州，光庭知亳州，安世提举崇福宫。时刘挚上疏请暂出润甫留焘等，苏辙亦三疏论之，皆不报。

自司马光卒后，王安石之徒，多为飞语，以摇在位。大臣为自全计，吕大防、范纯仁二相尤畏之，欲用其党以平旧怨，谓之“调停”，太后疑不决。辙复上疏曰：“先帝疾颓靡之俗，将以纲纪四方，而臣下不能将顺，造作诸法，上逆天意，下失民心。今二圣因民所愿，取而更之，上下忻慰。前者用事之臣，不加斥逐，宥之于外，盖已厚矣。而议者惑于众说，乃欲招而纳之，与之共事。此辈若返，岂肯但已哉！必将戕害众人，以快私忿。人臣被祸，盖不足言，臣所惜者，祖宗、朝廷也。”疏入，太后曰：“辙疑吾君臣兼用邪正，其言极中理。”诸臣从而和之，调停之说遂已。

纲 辛未，六年，春二月，以刘挚为尚书右仆射兼中书侍郎，苏辙为尚书右丞，王岩叟签书枢密院事。

目 辙除命既下，右司谏杨康国奏曰：“辙之兄弟，谓其无文学则非也，蹈道则未也。其学，乃学为仪、秦者也。其文，率务驰骋，好作为纵横捭阖，无安静理。陛下若悦苏辙文学而用之不疑，是又用一安石也。辙以文学自负，而刚很好胜，则与安石无异。”不报。

岩叟居言职五年，正谏无隐。及拜签枢入谢，因进曰：“太后听政以来，纳谏从善，务合人心，所以朝廷清明，天下安静。愿信之勿疑，守之勿失！”复进言于帝曰：“陛下今日圣学，当深辨邪正。正人在朝，则朝廷安；邪人一进，便有不安之象。非谓一夫能然，盖其类应之者众，上下蔽蒙，不觉养成祸胎尔！”又曰：“或闻有以君子小人参用之说告陛下者，不知果有之否？此乃深误陛下也。自古君子小人无参用之理，圣人但云君子在内小人在外则泰，君子在外小人在内则否。小人既进，君子必引类而去；若君子与小人竞进，则危亡之基也。”两宫深然之。

纲 夏五月朔，日食。

纲 六月，浙西水。

纲 翰林学士承旨苏轼罢。

目 初，轼以论事为众所忌，赵挺之、王觌攻之，遂出知杭州。未几，召还，侍御史贾易复劾轼元丰末在扬州闻先帝厌代作诗，及草吕惠卿制，皆诽怨先帝，无人臣礼。御史中丞赵君锡亦继言之。太后怒，罢易知宣州，君锡知郑州。吕大防请并轼两罢，乃出轼知颍州，寻改知扬州。

纲 冬十一月，罢刘挚知郓州。

目 挚性陗直，有气节，不为利诱威怵。与吕大防同位，国家大事多决于大防，惟进退士大夫实执其柄。然持心少恕，勇于去恶，竟为朋谗奇中，遂与大防有隙。中丞郑雍、殿中侍御史杨畏皆附大防。章惇诸子故与挚子游，挚亦间与之接，雍、畏谓延见接纳，为牢笼之计，以觊后福。遂罢挚知郓州。给事中朱光庭驳之曰："挚忠义自奋，朝廷擢之大位，一旦以疑而罢，天下不见其过。"言者以光庭为党，亦罢知亳州。

纲 中书侍郎傅尧俞卒。

目 尧俞重厚寡言，遇人不设城府，人不忍欺。论事君前，略无回隐，退与人言，不复有惊异色。素与王安石善。熙宁初，自知庐州入京，时方行新法，安石谓之曰："举朝纷纷，俟君来久矣！将以待制谏院处君。"尧俞曰："新法，世以为不便，诚如是，当极论之。"安石怒，遂不用。司马光尝谓邵雍曰："清、直、勇三德，人所难兼，吾于钦之见焉。"雍曰："钦之清而不耀，直而不激，勇而能温，是为难耳。"及卒，太后谓辅臣曰："傅侍郎清直一节，始终不变，金玉君子也。方倚以为相。遽至是乎！"谥献肃。

纲 壬申，七年。春三月，以程颐直秘阁、判西京国子监，既而罢之。

目 颐服阕，三省拟除馆职，判检院。苏辙进曰："颐入朝，恐不肯静。"太后纳之，遂差管句崇福宫。颐亦恳辞，讫不就职。范祖禹言："颐经术行义，天下共知，司马光、吕公著岂欺罔者邪！但草茅之人，未习朝廷事体则有之，宁有他故如言者所指哉！乞召劝讲，必有补圣明。"不听。

纲 夏四月，始备六礼，立皇后孟氏。

目 后，洺州人，马军都虞候元之孙。帝年益壮，太皇太后历选世家女百余入宫。后年十六，太皇太后及太后皆爱之，教以女仪。至是，太皇太后谕执政曰："孟氏女能执妇礼，宜正位中宫。"命学士草制。又以近世礼仪简略，诏翰林、台谏、给、舍与礼官，议册后六礼以进。遂命吕大防兼六礼使，帝御文德殿册为皇后。太皇太后语帝曰："得贤内助，非细事也。"既而叹曰："斯人贤淑，惜福薄耳！异日国有事变，必此人当之。"

纲　五月，王岩叟罢。

纲　六月，以苏颂为尚书右仆射兼中书侍郎，苏辙为门下侍郎，范百禄为中书侍郎，梁焘、郑雍为尚书左、右丞，韩忠彦知枢密院事，刘奉世签书院事。

纲　秋八月，陕西地震。

纲　九月，召苏轼为兵部尚书兼侍读。

纲　癸酉，八年，春三月，苏颂、范百禄罢。

纲　夏六月，梁焘罢。

目　焘以疾罢。焘自立朝，一以引拔人物为意，尝作荐士录，具载姓名。或曰："公所植桃李，乘时而发，但不向人开耳。"焘笑曰："焘出入侍从，致位执政，八年之间，所荐用之不尽，负愧多矣。"帝以焘求去，遣近臣密访人材。焘具奏："访人才可大任者，陛下当自知之。但须识别邪正，公天下之善恶，图任旧人中坚正纯厚有人望者，不牵左右好恶之言以移圣意，天下幸甚！"帝然之。

纲　秋七月，以范纯仁为尚书右仆射兼中书侍郎。

目　纯仁入谢，太后谓曰："或谓卿必先引用王觌、彭汝砺，卿宜与吕大防一心。"对曰："此二人实有士望，臣终不敢保位蔽贤，望陛下加察。"纯仁之将召也，殿中侍御史杨畏附苏辙，欲相之，因与来之邵上疏论纯仁不可复相，乞进用章惇、安焘、吕惠卿；不报。及纯仁视事，吕大防欲引畏为谏议大夫以自助，纯仁以畏不端，不可用。大防曰："岂以畏尝言相公邪？"苏辙即从旁诵其弹文，纯仁初不知也，已而竟迁畏礼部侍郎。

纲　八月，京东、西、河南、北、淮南水。

纲　九月，太皇太后高氏崩。

目　太皇太后不豫。吕大防、范纯仁等问疾。太皇太后曰："老身没后，必多有调戏官家者，宜勿听。公等亦宜早退，令官家别用一番人。"乃呼左右赐社饭，曰："明年社饭时，思量老身也。"寻崩。太后临朝九年，朝廷清明，华夏绥定。力行故事，抑绝外家私恩，人以为女中尧、舜。

纲 冬十月，帝始亲政，诏内侍刘瑗等复入内给事。

目 太后既崩，中外汹汹，人怀顾望，在位者畏惧，莫敢发言。翰林学士范祖禹虑小人乘间害政，上疏曰："陛下方揽庶政，延见群臣，此国家隆替之本，社稷安危之机，生民休戚之端，君子小人进退消长之际，天命人心去就离合之时也，可不畏哉！先后有大功于宗社，有大德于生灵，九年之间始终如一。然群小怨恨，亦不为少，必将以改先帝之政、逐先帝之臣为言以事离间，不可不察也。惟剖析是非，深拒邪说，有以奸言惑听者，付之典刑，痛惩一人以警群慝，则恬然无事。此等既误先帝，又欲误陛下，天下之事，岂堪小人再破坏邪！"时苏轼方具疏将谏，及见祖禹奏，曰："经世之文也。"遂附名同进而毁己草。疏入，不报。会有旨召内侍刘瑗等十人复职，祖禹又谏曰："陛下亲政以来，未闻访一贤臣，而所召乃先内侍，四海必谓陛下私于近习，不可。"弗听。

纲 十二月，范纯仁乞罢政，不许。

目 初，太皇太后寝疾，召纯仁曰："卿父仲淹，可谓忠臣，在明肃垂帘时，惟劝明肃尽母道；明肃上宾，惟劝仁宗尽子道。卿当似之。"纯仁泣曰："敢不尽忠！"及帝亲政，纯仁乞避位。帝语吕大防曰："纯仁有时望，不宜去，可为朕留之。"时群小力排太后时事，纯仁奏曰："太皇保佑圣躬，功烈诚心，幽明共鉴，议者不恤国是，一何薄哉！"因以仁宗禁言明肃垂帘时事诏书上之，曰："望陛下稽放而行，以戒薄俗。"帝不纳。

纲 复章惇、吕惠卿官，贬枢密都承旨刘安世知成德军。

目 吕大防为山陵使，甫出国门，杨畏首叛大防，上疏言："神宗更法立制，以垂万世，乞赐讲求，以成继述之道。"帝即召对，询以先朝故臣孰可召用者？畏遂列上章惇、安焘、吕惠卿、邓润甫、李清臣等行义，各加题品。且言神宗所以建立法度之意，与王安石学术之美，乞召章惇为相。帝深纳之，遂复惇、惠卿官。安世谏以为不可，出知成德军。

纲 甲戌，绍圣元年，春二月，以李清臣为中书侍郎，邓润甫为尚书左丞。

目 润甫首陈武王能广文王之声，成王能嗣文、武之道，以开绍述，故有是命。范纯仁以时用大臣，皆从中出，言于帝曰："陛下亲政之初，四方拭目以观，天下治乱，实本于此。舜举皋陶，汤举伊尹，不仁者远。纵未能如古人，亦须极天下之选。"帝不纳。

纲 葬宣仁圣烈皇后。

纲 三月朔，日食。

目 不尽如钩。

纲 吕大防罢。

纲 策进士。罢门下侍郎苏辙。

目 廷试进士，李清臣发策曰："今复词赋之选而士不知劝，罢常平之官而农不加富，可差可募之说杂而役法病，或东或北之论异而河患滋，赐土以柔远也而羌夷之患未弭，弛利以便民也而商贾之路不通。夫可则因，否则革，惟当之为贵，圣人亦何有必焉！"其意盖绌元祐之政也。

苏辙谏曰："伏见策题，历诋近岁行事，有绍复熙宁、元丰之意。臣谓先帝设施，盖有百世不可改者。元祐以来，上下奉行，未尝失坠。至于事或失当，何世无之！父作于前，子救于后，前后相济，此则圣人之孝也。汉武帝外事四征，内兴宫室，财用匮竭，于是修盐铁、榷酤、均输之政，民不堪命，几至大乱。昭帝委任霍光，罢去烦苛，汉室乃定。陛下若轻变九年已行之事，擢任累岁不用之人，怀私忿而以先帝为辞，大事去矣。"帝览奏，大怒曰："安得以汉武比先帝！"

辙下殿待罪，众莫敢救。范纯仁从容言曰："武帝雄才大略，史无贬辞，辙以比先帝，非谤也。"邓润甫越次进曰："先帝法度，为司马光、苏辙坏尽。"纯仁曰："不然，法本无弊，弊则当改。"帝曰："人谓秦皇、汉武。"纯仁曰："辙所论，事与时也，非人也。"帝为之少霁。竟落辙职，出知汝州。

及进士对策，考官第主元祐者居上；礼部侍郎杨畏覆考，乃悉下之，而以主熙、丰者置前列，遂拔毕渐为第一。自是绍述之论大兴，国是遂变矣。

纲 以曾布为翰林学士承旨。

纲 夏四月，以张商英为右正言。

纲 贬苏轼知英州。

纲 诏改元。

目 曾布上疏，请复先帝政事，且乞改元，以顺天意。帝从之，改元祐九年为绍圣元年。于是天下晓然知帝意所向矣。

纲　罢翰林学士范祖禹。

目　时帝欲相章惇，祖禹言惇不可用，帝不悦。祖禹遂乞郡，乃知陕州。祖禹在迩英，守经据正，献纳尤多。每当讲前夕，必正衣冠如在上侧，命子弟侍，先按讲其说，开列古义，参之时事，言简而当，义理明白，苏轼称为讲官第一。

纲　以章惇为尚书左仆射兼门下侍郎，范纯仁罢。

目　惇之被召也，通判陈瓘从众道谒之。惇闻瓘名，邀与同载，询当世之务。瓘因问惇曰："天子待公为政，敢问何先？"惇曰："司马光奸邪，所当先辨，势无急于此。"瓘曰："公误矣。果尔，将失天下望。"惇厉声曰："光不务缵述先烈，而大改成绪，误国如此，非奸邪而何？"瓘曰："不察其心而疑其迹，则不为无罪。若指为奸邪，又复改作，则误国益甚矣。为今之计，惟消朋党，持中道，庶可以救弊。"惇不悦。

帝既相惇，纯仁请去益力，乃以观文殿大学士出知颍昌府。

纲　召蔡京为户部尚书，以林希为中书舍人。

目　章惇尝言："元祐初，司马光作相，用苏轼掌制，所以能鼓动四方。安得斯人而用之！"或曰："林希可。"会希赴成都过阙，惇欲使典书诰，逞毒于元祐诸臣，且许以为执政，希久不得志，请甘心焉。凡元祐名臣贬黜之制，皆希为之，极其丑诋，至以"老奸擅国"之语阴斥宣仁，读者无不愤叹。一日草制罢，掷笔于地曰："坏名节矣！"

纲　复免役法。

纲　以蔡卞为国史修撰。

纲　闰月，罢十科举士法。

纲　以安焘为门下侍郎。

纲　贬吏部尚书彭汝砺知江州。

目　言者谓其附会刘挚也。汝砺将行，帝问所欲言，对曰："陛下今所复者，其政不能无是非，其人不能无贤不肖；政惟其是则无不善，人惟其贤则无不得矣。"至郡数月而卒。

纲　五月，诏进士专习经义。

纲　罢制举，置宏词科。

纲　刘奉世罢。

目　奉世，敞之子也。为人简重有法度，常云："家世惟知事君，内省不愧，恃士大夫公论而已。得丧，常理也。譬如寒暑加人，虽善摄生者不能无疾，正须安处之。”以章惇用事，力乞外，乃出知成德军。

纲 邓润甫卒。

纲 以黄履为御史中丞。

目 元丰末，履为中丞，与蔡确、章惇、邢恕相交结，每确、惇有所嫌恶，则使恕道风旨于履，履即排击之，时谓之“四凶”，为刘安世所论而出。至是，惇复引用，俾报复仇怨，元祐正臣，无一得免者矣。

纲 六月，除字说之禁。

纲 以曾布同知枢密院事。

纲 秋七月，夺司马光、吕公著等赠谥，贬吕大防、刘挚、苏辙、梁焘等官，诏谕天下。

目 黄履、张商英、上官均、来之邵等交章论司马光等变更先朝之法，畔道逆理。章惇、蔡卞请发光、公著冢，斲棺暴尸。帝问许将，将对曰：“此非盛德事也。”帝乃止。于是追夺光、公著赠谥，仆所立碑，夺王岩叟赠官；贬大防为秘书监，挚为光禄卿，辙为少府监，并分司南京。

初，李清臣冀为相，首倡绍述之说，以计去苏辙、范纯仁，亟复青苗、免役法。及章惇至，心甚不悦，复与为异。惇既贬司马光等，又籍文彦博以下三十人，将悉窜岭表。清臣进曰：“更先帝法度，不能无过，然皆累朝元老；若从惇言，必大骇物听。”帝乃下诏曰：“大臣朋党，司马光以下各以轻重议罚。其布告天下，余悉不问，议者亦勿复言。”

初，朋党论起，帝曰：“梁焘每起中正之论，其开陈排击，尽出公议，朕皆记之。”又曰：“苏颂知君臣之义，无轻议也。”由是颂获免，而焘止谪提举舒州灵仙观。

纲 八月，罢广惠仓。

纲 复免行钱。

纲 冬十月，以吕惠卿知大名府。

目 监察御史常安民言：“北都重镇而除惠卿。惠卿赋性深险，背王安石者，其事君可知。今将过阙，必言先帝而泣以感动陛下，希望留京矣。”帝纳之。及惠卿至京，请对，见帝果言先朝事而泣，帝正色不答。计卒不施而去，时论快之。

纲 十二月，重修神宗实录成，安置范祖禹等于远州。

目　蔡卞进神宗实录，于是祖禹及赵彦若、黄庭坚等并坐诋诬，降官，安置永、澧、黔州；迁卞为翰林学士。初，礼部侍郎陆佃预修实录，数与祖禹等争辨，大要是安石，为之晦隐。庭坚曰："如公言，盖佞史也！"佃曰："尽用君意，岂非谤书乎？"至是佃亦落职。言者又以吕大防监修神宗实录，徙安州居住。

纲　乙亥，二年，春二月，复保甲法。

纲　夏四月，置律学博士。

纲　冬十月，郑雍罢，以许将、蔡卞为尚书左、右丞。

纲　赠蔡确太师，谥忠怀。

纲　贬监察御史常安民监滁州酒税。

目　时蔡京深结中官裴彦臣，安民因论之，谓"京奸足以惑众，辩足以饰非，巧足以移夺人主之视听，力足以颠倒天下之是否。内结中官，外连朝士，一不附己，则诬以党于元祐、非先帝法，必挤之而后已。今在朝之臣，京党过半，陛下不可不早觉悟而逐之，他日羽翼成就，悔无及矣。"是时京之奸始萌芽，人多未测，独安民首发之。至是复论章惇颛国植党，乞收主柄而抑其权，反覆曲折，言之不置。惇怒。御史董敦逸论安民党于苏轼兄弟。会安民言事忤旨，惇遂出安民监滁州酒税；安焘救之，不克。

纲　左司谏张商英有罪免。

纲　十一月，安焘罢。

纲　贬范纯仁知随州。

目　时吕大防等窜居远州。会明堂赦，章惇豫言此数十人当终身勿徙。纯仁闻之忧愤，欲申理，所亲劝其勿触怒，万一远斥，非高年所宜。纯仁曰："事至于此，无一人敢言，若上心遂回，所系大矣；如其不然，死亦何憾！"因上言："大防等所罪，亦因持心失恕，好恶任情，违老氏好还之戒，忽孟轲反尔之言。然牛、李之祸，数十年沦胥不解，岂可尚遵前轨！愿断自渊衷，原放大防等。"疏奏，章惇大怒，遂落观文殿大学士，徙知随州。

纲　丙子，三年，春正月，韩忠彦罢。

纲　二月，女真伐纥石烈部阿疏，阿疏奔辽。

纲　秋七月，窜范祖禹于贺州，刘安世于英州。

目 时刘婕妤专宠内庭，章惇、蔡京摭祖禹、安世元祐中谏乳媪事，以为斥婕妤也。于是坐二人构造诬谤之罪，谪授昭、新州别驾，贺、英州安置。

纲 九月，废皇后孟氏。

目 刘婕妤同后朝太后于隆祐宫，或撤婕妤座，怼，不复朝，泣诉于帝。会后女福庆公主疾，后姊持道家治病符水入治，宫中相传，厌魅之端作矣。未几，后养母听宣夫人燕氏、尼法端为后祷祠事闻，诏入内押班梁从政等即皇城司鞫之，捕逮宦者、宫妾三十人，搒掠备至。狱成，命侍御史董敦逸覆录罪人。敦逸秉笔疑未下，内侍郝随等以言胁之。敦逸畏祸，乃以奏牍上。诏废后为华阳教主、玉清妙静仙师，法名冲真，出居瑶华宫。时章惇欲诬宣仁后有废立计，以后逮事宣仁；又阴附刘婕妤，欲请建为后，遂与郝随构成是狱，天下冤之。

纲 冬十月，雷，大雨雹。

纲 以龚原为国子司业。

目 原少师王安石，安石之改学校法常引原自助，原亦为尽力。及为司业，遂请以安石所撰字说、洪范传及王雱论语、孟子义刊板传学者。故学校举子之文，靡然从之，其弊自原始。

纲 丁丑，四年，春正月，李清臣免。

纲 二月，追贬司马光、吕公著等官。

纲 复罢春秋科。

纲 流吕大防、刘挚、苏辙、梁焘、范纯仁等于岭南，贬韩维等三十人官。大防道卒。

目 三省言："吕大防等为臣不忠，罪与司马光等不异，顷朝廷虽尝惩责，而罚不称愆；生死异罪，无以垂示万世。"遂贬大防、刘挚、苏辙、梁焘、范纯仁，安置于循、新、雷、化、永五州，刘奉世安置柳州；韩维落职致仕，再谪均州安置；王觌、韩川、孙升、吕陶、范纯礼、赵君锡、马默、顾临、范纯粹、孔文仲、王钦臣、吕希哲、吕希纯、吕希绩、姚缅、吴安诗、秦观十七人远州居住；王攽落职，致仕；张耒、晁补之、贾易并监当官；朱光庭、孙觉、赵卨、李之纯、杜纯、李周并追夺官秩。叶涛当制，文极丑诋，闻者切齿。时焘已卒。大防行至虔州信丰而卒，天下惜之。既而苏轼自惠州徙昌化军，范祖禹自贺州徙宾州，刘安世自英州徙高州。纯仁时因疾失明，闻命怡然就道。或谓近名，纯仁曰："七十之年，两目俱丧，万里之行，岂其欲哉！但区区之爱君，有怀不尽，若避好名之嫌，则无为善之路矣。"诸子欲以与司马光议役法不同为请，冀得免行，纯仁曰："吾用君实荐，以致宰相，昔同朝论事不合则可，汝辈以为今日之言则不可也。有愧心而生，不若无愧于心而死。"其子乃止。每戒子弟不可小有不平，闻诸子怨章惇，必怒止之。及在道，舟覆于江，纯仁衣尽湿，顾诸子曰："此岂章惇为之哉！"

纲 降太师致仕文彦博为太子少保。

纲 闰月，以曾布知枢密院事，林希同知院事，许将为中书侍郎，蔡卞、黄履为尚书左、右丞。

目 布初附章惇，觊惇引居同省，故草惇制，极其称美，复赞绍述甚力；惇忌之，处于枢府，由是稍不相能。时章惇、蔡卞同肆罗织，贬谪元祐诸臣，欲举汉、唐故事，诛戮党人。帝以问将，将对曰："二代固有之，但祖宗以来未之有。本朝治道所以远过汉、唐者，以未尝辄戮大臣也。"帝深然之。

纲 三月，诏中书舍人蹇序辰等编类司马光等章疏。

目 章惇议遣吕升卿、董必察访岭南，将尽杀流人。帝曰："朕遵祖宗遗志，未尝杀戮大臣，其释勿治。"惇志不快。于是中书舍人蹇序辰上疏言："司马光等变乱典刑，改废法度，其章疏案牍散在有司；若不汇缉而藏之，岁久必致沦弃。愿选官编类，人为一帙，置之二府，以示天下后世之大戒。"章惇、蔡卞请即命序辰及直学士院徐铎编类。由是缙绅之士，无得脱祸者矣。卞党薛昂、林自，又乞毁司马光资治通鉴板；太学博士陈瓘因策士引神宗所制序文以问，昂、自议沮，得免。

纲 夏五月，潞公文彦博卒。

目 彦博逮事四朝，任将相五十年，名闻四夷。平居接物谦下，尊德乐善如恐不及。其在洛也，洛人邵雍、程颢兄弟，皆以道自重，宾接之如布衣交；立朝端重，公忠直谅，临事果断，有大臣之风。功成退居，朝野倚重，卒年九十二。追复太师，谥忠烈。

纲 秋八月，彗星见西方。

纲 冬十月，以邢恕为御史中丞，追贬王珪为万安军司户参军。

纲 十一月，梁焘卒于化州。

纲 编管程颐于涪州。

目 颐时放归田里。帝一日与辅臣语及元祐政事，曰："程颐妄自尊大，在经筵多不逊。"于是言者论颐与司马光同恶相济，削籍窜涪州，河南尹李清臣即日迫遣。

纲 复立市易务。

目 十二月，刘挚卒于新州。

纲鉴易知录卷七四

宋纪

哲宗皇帝

纲　戊寅，元符元年，春正月，得秦玺于咸阳。

目　咸阳县民段义，于刘银村修舍，得古玉印，其文曰“受命于天，既寿永昌”，上之。诏蔡京等辨验，京以为秦玺。遂命曰“天授传国受命宝”。帝御大庆殿受宝，行朝会礼，诏赐义绢二百匹，授右班殿直。

纲　三月，下文彦博子及甫于同文馆狱，遂锢刘挚、梁焘子孙于岭南。以蔡京为翰林学士承旨，安惇为御史中丞。

纲　章惇、蔡卞请追废宣仁圣烈皇后，不果行。

目　惇、卞恐元祐旧臣一旦复起，日夜与邢恕等谋，且结内侍郝随为助，媒蘖宣仁尝欲危帝之事。至是，惇，卞自作诏书，请废宣仁为庶人。皇太后方寝，闻之，遽起谓帝曰：“吾日侍崇庆，天日在上，此语曷从出。且帝必如此，亦何有于我！”帝感悟，取惇、卞奏，就烛焚之。郝随知之，密语惇、卞。明日，惇、卞再具状，坚请施行。帝怒曰：“卿等不欲朕入英宗庙乎！”抵其奏于地，事得寝。

纲　夏四月，林希免。

纲　秋七月，再窜范祖禹、刘安世于化、梅州，祖禹寻卒。

目　初，章惇怨范祖禹、刘安世尤深，必欲置诸死地。至是，讽蔡京并陷二人以罪，诏徙祖禹于化州，安世于梅州。

安世至贬所，章惇将必置之死，擢土豪为转运判官，使杀之。判官承意疾驰，未至梅三十里，呕血而死，安世获免。

祖禹平居恂恂，口不言人过，遇事则别白是非，不少借隐。长于劝讲，论谏不啻数十万言，开陈治道，辨释事宜，平易明白，洞见底蕴，虽贾谊、陆贽不是过也。

纲　京师地震。

纲 己卯，二年，秋八月，子茂生。九月，立贤妃刘氏为皇后。窜右正言邹浩于新州。

目 妃多材艺，有盛宠。既构废孟后，章惇与内侍郝随、刘友端相结，请妃正位中宫。时帝未有储嗣，会妃生子茂，帝大喜，遂立焉。浩以数论事，帝亲擢为右正言，露章劾章惇不忠慢上之罪，未报而刘后立。浩上疏言："贤妃与孟后争宠，而孟后废。今乃立之，殊累圣德。乞追停册礼。"帝曰："此祖宗故事，岂独朕邪！"盖指真宗立刘德妃也。浩对曰："祖宗大德，可法者多矣，陛下不之取，而效其小疵邪！"帝变色，持其章踌躇，若有所思，因付于外。明日，章惇诋其狂妄，除名勒停，羁管新州。尚书右丞黄履进曰："浩以亲被拔擢之故，敢犯颜纳忠，陛下遽出之死地，人臣将视以为戒，谁复为陛下论得失乎！幸与善地。"不听。

初，阳翟田画议论慷慨，与浩以气节相激厉。刘后立，画谓人曰："志完不言，可以绝交矣！"浩既得罪，画迎诸途。浩出涕，画正色责之曰："使志完隐默官京师，遇寒疾不汗，五日死矣，岂独岭海之外能死人哉！愿君毋以此举自满，士所当为者，未止此也。"浩茫然自失，谢曰："君赠我厚矣！"浩之将论事也，以告其友宗正寺簿王回，回曰："事有大于此者乎？子虽有亲，然移孝为忠，亦太夫人素志也。"及浩南迁，人莫敢顾，回敛交游钱与浩治装，往来经理，且慰安其母。逻者以闻，逮诣诏狱，众为之惧，回居之晏如。御史诘之，回曰："实尝预谋，不敢欺也。"因诵浩所上章，几二千言。狱上，除名停废，回即徒步出都门。行数十里，其子追及，问以家事，不答。又有曾诞者，尝三以书劝浩论孟后事，浩不报。及浩废，诞作玉山主人对客问，以讥浩不能力谏孟后之废，而俟朝廷过举乃言，为"不知几"云。

纲 御史中丞邢恕免。

纲 闰月，黄履罢。

纲 置看详诉理局。

目 安惇言："陛下未亲政时，奸臣置诉理所，凡得罪熙、丰之间者咸为除雪，归怨先朝，收恩私室。乞取公案，看详从初加罪之意，复依断施行。"蔡卞劝章惇置局，命中书舍人蹇序辰及安惇看详。由是重得罪者八百三十家，士大夫或千里会逮，天下怨疾，有二蔡、二惇之谣。

纲 子茂卒。

纲 庚辰，三年，春正月，帝崩，端王佶即位，太后权同听政，赦。

目 帝崩，无子，皇太后向氏哭谓宰臣曰："国家不幸，大行皇帝无嗣，事须早定。"章惇抗声曰："在礼律当立母弟简王似。"太后曰："老身无子，诸王皆神宗庶子，莫难如此分别。"惇复曰："以长则申王佖当立。"太后曰："申王有目疾，不可。于次则端王佶，当立。"惇曰："端王轻佻，不可以君天下。"言未毕，曾布叱之曰："章惇未尝与臣商议，如皇太后圣谕极当。"蔡卞、许将相继曰："合依圣旨。"太后又曰："先帝尝言端王有福寿，且仁孝。"于是惇默然。乃召端王入即位于柩前。群臣请太后权同处分军国事，后以长君辞；帝泣拜移时，乃许之。端王，神宗第十一子也。

纲 尊皇后刘氏为元符皇后。

纲 二月，立皇后王氏。

纲 以韩忠彦为门下侍郎，黄履为尚书右丞。

目 忠彦入对，陈四事，曰广仁恩，开言路，去疑似，戒用兵。太后纳之。自是忠直敢言、知名之士稍见收用。

纲 三月，诏求直言。

目 以四月朔日当食，诏求直言。筠州推官崔鶠上书曰："毁誉者，朝廷之公议。故责授朱厓军司户司马光，左右以为奸，而天下皆曰忠。今宰相章惇，左右以为忠，而天下皆曰奸。此何理也？赏缪罚滥，佞人徜徉，如此，而国不乱，未之有也。小人譬之蝮蝎，其凶忍害人根乎天性，随遇必发。天下无事，不过贼陷忠良，破碎善类；至缓急危疑之际，必有反覆卖国，跋扈不臣之心。比年以来，谏官不论得失，御史不劾奸邪，门下不驳诏令，共持喑默，以为得计。夫以股肱耳目，治乱安危所系，而一切若此，陛下虽有尧、舜之聪明，将谁使言之，谁使行之！夫四月，阳极盛、阴极衰之时，而阴干阳，故其变为大。惟陛下畏天威，听明命，大运乾刚，大明邪正，则天意解矣。"帝览而善之，以为相州教授。

纲 召龚夬为殿中侍御史，陈瓘、邹浩为左、右正言。

目 韩忠彦等荐之也。御史中丞安惇言："邹浩复用，虑彰先帝之失。"帝曰："立后，大事也。中丞不言，而浩独敢言，何为不可复用！"

惇惧而退。陈瓘言："陛下欲开正路，取浩既往之善；惇乃诳惑主听，规骋其私，若明示好恶，当自惇始。"遂出惇知潭州。

纲 诏许刘挚、梁焘归葬，录其子孙。

纲 夏四月朔，日食。

纲 以韩忠彦为尚书右仆射兼中书侍郎，李清臣为门下侍郎，蒋之奇同知枢密院事。

纲 复范纯仁等官，徙苏轼等于内郡。

目 纯仁时在永州，遣中使赐以茶药，谕之曰："皇帝在藩邸，太皇太后在宫中，知公先朝言事忠直，今虚相位以待，不知目疾如何？用何人医之？"纯仁顿首谢。徙居邓州；在道，拜观文殿大学士、中太乙宫使。制词有曰："岂惟尊德尚齿，昭示宠优；庶几鲠论嘉谋，日闻忠告。"纯仁闻制，泣曰："上果用我矣，死有余责。"既又遣中使趣入觐。纯仁乞归养疾，帝不得已许之。每见辅臣，问："安否？"且曰："范纯仁得一识面足矣！"

轼自昌化移廉，徙永，更三赦，复提举玉局观，未几，卒于常州。轼与弟辙师父洵，为文如行云流水，初无定质，虽嬉笑怒骂之辞，皆可书而诵之。自为举子至出入侍从，必以爱君为本，忠规谠论，挺挺大节，但为小人忌恶，不得久居朝耳。

纲 五月，诏复哲宗废后孟氏为元祐皇后。

目 初，哲宗尝悔废后事，叹曰："章惇坏我名节。"至是太后将复后位，会布衣何文正上书言之，遂降是诏。自瑶华宫还居禁中。

纲 蔡卞有罪免。

目 卞专托绍述之说，上欺天子，下胁同列。凡中伤善类，皆密疏建白，然后请帝亲札付外行之；章惇虽巨奸，然犹在其术中。至是，龚夬论惇、卞之恶，未报，而台谏陈师锡、陈次升、陈瓘、任伯雨、张庭坚等极论卞罪浮于惇，乞正典刑以谢天下。乃出知江宁，台谏论之不已，遂以秘书少监分司池州。

纲 追复文彦博、王珪、司马光、吕公著、吕大防、刘挚等三十三人官。

纲 六月，邢恕有罪，安置均州。

目 陈瓘论其矫诬定策之罪也。

纲 秋七月，太后罢听政。

纲 八月，葬永泰陵。

纲 九月，章惇有罪免。

目 惇为相，专图复怨，引蔡卞、林希、黄履、来之邵、张商英等居要地，任言责，由是正人无一得免死者；屡兴大狱，以陷忠良，天下嫉之。及兼山陵使，灵舆陷淖中，逾宿而行。台谏丰稷、陈次升、龚夬、陈瓘等劾其不恭，免知越州。

纲 冬十月，复以程颐判西京国子监。

目 颐既受命，即谒告，欲迁延为寻医计。既而供职，门人尹焞深疑之。颐曰："上初即位，首被大恩，不如是则何以仰承德意！然吾之不能仕，盖已决矣，受一月之俸焉，然后惟吾所欲尔。"未几，致仕。

纲 安惇、蹇序辰有罪除名，放章惇于潭州。

目 惇既罢知越州，陈瓘等以为责轻，复论"惇在绍圣中置看详元祐诉理局，凡于先朝言语不顺者，加以钉足、剥皮、斩颈、拔舌之刑，其惨刻如此。看详之官如安惇、蹇序辰等，受大臣讽谕，迎合绍述之意，傅致语言，指为谤讪，遂使朝廷纷纷不已。考之公论，宜正典刑。"于是二人并除名，放归田里，而贬惇武昌节度副使。居潭州。

纲 蔡京有罪免。削林希官，徙知扬州。

目 中丞丰稷论京奸状，帝未纳，台谏陈瓘、江公望等相继言之，帝亦不听。稷曰："京在朝，吾属何面目居此！"复力论之，始出知永兴军，言者不已，乃职居杭州。

右司谏陈祐复论林希绍圣初党附权要，词命丑诋之罪。乃削端明殿学士，徙知扬州。

纲 以韩忠彦、曾布为尚书左、右仆射兼门下、中书侍郎。

目 布初附章惇，凡惇所为，多布所建白；及不得同省，始与乖异。及帝即位，锐意图治，延进忠鲠，布因力排绍圣之人而去之。既拜相，其弟翰林学士肇引嫌出知陈州。言于布曰："兄方得君，当引用善人，翊正道以杜惇、卞复起之萌。而数月以来，所谓端人吉士，继迹去朝，所进以为辅佐、侍从、台谏，往往皆前日事惇、卞者，一旦势异今日，必首引之以为固位计，思之可为恸哭。异时惇、卞纵未至，一蔡京足以兼二人，可不深虑乎！"布不能从。

纲 十一月，诏改元。

目 时议以元祐、绍圣均有所失，欲以大公至正消释朋党，遂诏改明年元为建中靖国，由是邪正杂进矣。

纲 以安焘知枢密院事。黄履免。

纲 置春秋博士。

纲 以范纯礼为尚书右丞。

徽宗皇帝

纲 辛巳，徽宗皇帝建中靖国元年，春正月朔，有赤气亘天。

目 是夕，有赤气起东北，亘西南，中函白气；将散，复有黑祲在旁。右正言任伯雨言："正岁之始，而赤气起于暮夜之幽。日为阳，夜为阴；东南为阳，西北为阴；朝廷为阳，宫禁为阴；中国为阳，夷狄为阴；君子为阳，小人为阴。此宫禁阴谋，下干上，夷狄窃发之证也。天心仁爱，以灾异为警戒。愿陛下进忠良，绌邪佞，正名分，击奸恶，使小人无得生犯上之心，则灾异可变为休祥矣。"

纲 高平公范纯仁卒。

目 纯仁疾革，口占遗表，劝帝清心寡欲，约己便民，绝朋党之论，察邪正之归，毋轻议边事，易逐言官，辨明宣仁诬谤。且云："盖尝先天下而忧，期不负圣人之学，此先臣所以教子，而微臣资以事君者也。"卒，赠开府仪同三司，谥忠宣。纯仁性夷易宽简，不以声色加人，谊之所在，则挺然不少屈。尝曰："吾平生所学，得之'忠恕'二字，一生用不尽，以至立朝事君，接待僚友，亲睦宗族，未尝须臾离此也。"每戒子弟曰："人虽至愚，责人则明；虽有聪明，恕己则昏。苟能以责人之心责己，恕己之心恕人，不患不至圣贤地位也。"

纲 皇太后向氏崩。

纲 追尊太妃陈氏为钦慈皇后，陪葬永裕陵。

目 陈氏，帝生母也。

纲 辽耶律洪基死，孙延禧立。

纲 二月，贬章惇为雷州司户参军。

目 任伯雨论："惇久窃朝柄，迷国罔上，毒流缙绅，承先帝变故仓卒，辄逞异志。向使其计得行，将置陛下与皇太后于何地！若贷而不诛，则天下大义不明、大法不立矣。臣闻北使言：'去年辽主方食，闻中国黜惇，放箸而起，称善者再，谓南朝错用此人。'北使又问：'何为只若是行遣？'以此观之，不独孟子所谓'国人皆曰可杀'，虽蛮貊之邦莫不以为可杀也。"章入上，未报。会台谏陈瓘、陈次升等复极论之，乃贬惇为雷州司户参军。

初，苏辙谪雷州，不许占官舍，遂僦民屋。又以为强夺民居，下州追民究治，以僦券甚明，乃止。至是惇问舍于民，民曰："前苏公来，为章丞相几破我家，今不可也。"后徙睦州，卒。

纲 三月，罢权给事中任伯雨。

目 伯雨初为右正言，半岁之间，凡上百八疏。大臣畏其多言，俾权给事中，密谕以少默即为真。伯雨不听，抗论愈力。时曾布欲和调元祐、绍圣之人，伯雨言："人才固不当分党与，然自古未有君子小人杂然并进，可以致治者。盖君子易退，小人难退，二者并用，终于君子尽去，小人独留。唐德宗坐此，致播迁之祸，建中乃其纪号，不可以不戒。"既而欲劾布，布觉之，徙为度支员外郎。

纲 夏六月，罢尚书右丞范纯礼。

目 时韩忠彦虽首相，而曾布专政，渐进绍述之说，讽中丞赵挺之排击元祐诸臣。纯礼从容言于帝曰："迩者朝廷命令，莫不是元丰而非元祐，以臣观之，神宗立法之意固善，吏推行之或有失当，以致病民；宣仁听断，一时小有润色，盖大臣识见异同，非必尽怀邪为私也。今议论之臣，有不得志，故挟此以藉口，其心岂恤国事，直欲快私忿以售其奸，不可不深察也。"纯礼沉毅刚正，曾布惮之，谓驸马都尉王诜曰："上欲除君承旨，范右丞不可。"诜怒。会诜馆辽使，纯礼主宴，诜诬其辄斥御名，遂罢知颍昌府。

纲 罢左司谏江公望。

目 先是公望上疏言："自先帝有绍述之意，辅政非其人，借威柄以快私隙，使天下骚然。神考与元祐之臣，其先非有射钩斩祛之隙也，先帝信仇人而黜之。陛下若立元祐为名，必有元丰、绍圣为之对，有对则争兴，争兴则党复立矣。陛下改元诏旨，亦称思建皇极，端好恶以示人，本中和而立政，皇天后土，实闻斯言。今若渝之，奈皇天后土何！"帝尝以示范纯礼，纯礼赞之，乞褒迁公望以劝来者。会蔡王府相告，有不逊语及于王，公望乞勿以无根之言加诸至亲，遂坐罢。

纲 秋七月，安焘罢，以蒋之奇知枢密院事，章楶同知院事，陆佃为尚书右丞。

纲 冬十月，李清臣免。

纲 罢权给事中陈瓘。

目 瓘议论持平，务存大体，不以细故藉口，未尝及人晻昧之过。及权给事中，曾布使客告以将即真。瓘语子正汇曰："吾与丞相议事多不合，今若此，是欲以官爵相饵也。若受其荐进，复有异同，则公议、私恩两有愧矣。吾有一书论其过，将投之以决去就，汝其书之，旦持入省。"布使数人邀相见，甫就席，遽出书，布大怒，争辩移时，至箕踞谇语。瓘色不变，徐起言曰："适所论者国事，是非有公议，公未可遽失待士礼。"布矍然改容。信宿出瓘知泰州。

纲 十一月，以陆佃、温益为尚书左、右丞。

纲 复召蔡京为翰林学士承旨。

目 供奉官童贯，性巧媚，善择人主微指先事顺承，以故得幸。及诣三吴，访书画奇巧，留杭累月，蔡京与之游，不舍昼夜。凡所画屏障扇带之属，贯日以达禁中，且附语言论奏于帝所，由是帝属意用京。左阶道录徐知常，以符水出入元符皇后所，太学博士范致虚与之厚，因荐京才可相。知常入宫言之，由是宫妾、宦官众口一辞誉京。遂起京知定州，改大名。会韩忠彦与曾布交恶，布谋引京自助，乃召为翰林学士承旨。

纲 再诏改元。

目 曾布主于绍述，请改明年元为崇宁，帝从之。

纲 以邓洵武为给事中兼侍讲。

目 洵武为起居郎，尝因对言："陛下乃神宗子。今相忠彦，乃琦之子。神宗行新法以利民，琦尝论其非。今忠彦更神宗之法，是忠彦为能继父志，陛下为不能也。必欲继志述事，非用蔡京不可。"又曰："陛下方绍述先志，群臣无助者。"乃作爱莫助之图以献。其图如史记年表，列旁行七重，别为左右，左曰元丰，右曰元祐。自宰相、执政、侍从、台谏、郎官、馆阁、学校各为一重，左序绍述者，执政中惟温益一人，余不过三四，若赵挺之、范致虚、王能甫、钱遹之属而已。右序举朝辅相、公卿、百执事，咸在以百数。帝出示曾布，而揭去左方一姓名。布请之，帝曰："蔡京也。洵武谓非相此人不可，以与卿不同，故去之。"布曰："洵武既与臣见异，臣安敢与议！"明日改付温益，益欣然奉行，请相蔡京而籍异论者。于是善人皆不见容，而帝决意相京矣。乃进洵武中书舍人、给事中兼侍读。

纲 罢礼部尚书丰稷，复蔡卞、邢恕、吕嘉问、安惇、蹇序辰等官。

纲 壬午，崇宁元年，春正月，河东地震。

纲 三月，命宦者童贯制御器于苏、杭州。

目 童贯置局于苏、杭造作器用，曲尽其巧。牙角、犀玉、金银、竹藤、装画、糊抹、雕刻、织绣诸色匠，日役数千。而材物所须，悉科于民，民力重困。

纲 夏五月，罢韩忠彦知大名府。

目 忠彦为相，召还流人，进用忠谠之士，张庭坚、陈瓘、邹浩、龚夬、江公望、常安民、任伯雨、陈次升、陈君锡、张舜民等皆居台谏，翕然称为得人。然与曾布不协，至是，左司谏吴材、右正言王能甫附布，论忠彦变神考之法度，逐神考之人材，遂罢知大名府。

纲 复追贬司马光等四十四人官。

纲 诏籍元祐、元符党人，陆佃罢。

目 诏元祐并元符末今来责降人，除韩忠彦曾任宰相，安焘曾任执政，王觌、丰稷见任侍从官外，苏辙、范纯礼、刘奉世等凡五十余人，并令三省籍记，不得与在京差遣。又诏司马光等二十一人子弟毋得官京师。

佃与曾布比，而持论近恕，每欲参用元祐人才，尝曰："今天下之势，如人大病向愈，当以药饵辅养之，须其安平；苟为轻事改作，是使之骑射也。"会御史请更惩元祐余党，佃言于帝曰："不宜穷治。"乃下诏云："元祐诸臣，各已削秩，自今无所复问，言者亦勿辄言。"揭之朝堂，言者用是论佃名在党籍，不欲穷治，正恐自及耳。遂罢知亳州，卒。

纲 以许将、温益为门下、中书侍郎，蔡京、赵挺之为尚书左、右丞。

纲 闰六月，曾布免。

目 布与蔡京素有隙，议事多不合。会布拟壻父陈祐甫为户部侍郎，京言布私其所亲，布忿然争辨，久之，声色俱厉。温益叱之曰："曾布，上前安得失礼！"帝不悦。殿中侍御史钱遹言布援元祐之奸党，挤绍圣之忠贤。于是布请罢，出知润州。

纲 秋七月，以蔡京为尚书右仆射兼中书侍郎。

目 制下之日，赐坐延和殿，命之曰："神宗创法立制，先帝继之，两遭变更，国是未定，朕欲上述父兄之志，卿何以教之？"京顿首谢曰："敢不尽死！"

纲 焚元祐法，置讲议司于都省。

纲 章楶罢。

纲 复罢春秋博士。

纲 八月，诏天下兴学贡士，作辟雍于都城南。

纲 以赵挺之、张商英为尚书左、右丞。

纲 复令进士兼试律。

纲 复绍圣役法。

纲 九月，立党人碑于端礼门。籍元符末上书人，分邪正等黜陟之。

目 时元祐、元符末群贤，贬窜死徙者略尽，蔡京犹未惬意，乃与其客强浚明、叶梦得籍宰执司马光、文彦博、吕公著、吕大防、刘挚、范纯仁、韩忠彦、王珪、梁焘、王岩叟、王存、郑雍、傅尧俞、赵瞻、韩维、孙固、范百禄、胡宗愈、李清臣、苏辙、刘奉世、范纯礼、安焘、陆佃，曾任待制以上官苏轼、范祖禹、孔文仲、孔武仲、朱光庭、孙觉、鲜于侁、贾易、邹浩等，余官程颐、秦观、张耒、晁补之、黄庭坚、孔平仲等，内臣张士良等，武臣王献可等，凡百二十人，等其罪状，谓之奸党，请御书刻石于端礼门。京等复请下诏籍元符末日食求言章疏及熙宁、绍圣之政者，付中书定为正上、正中、正下三等；邪上、邪中、邪下三等。于是锺世美以下四十一人为正等，悉加旌擢；邓考甫以下五百余人为邪等，降责有差。又诏降责人不得同州居住。

纲 冬十月，蒋之奇罢。

纲 复废元祐皇后孟氏，贬韩忠彦等官，窜丰稷、陈瓘等于远州。

目 时元符皇后阁宦者郝随讽蔡京再废元祐皇后，京未得间。既而昌州判官冯澥上书论复后为非，于是御史中丞钱遹、殿中侍御史石豫、左膚连章论"韩忠彦等乘一布衣诳言，复瑶华之废后，掠流俗之虚美。当时物议固已汹汹，乃至疏逖小臣诣阙上书，忠义激切，则天下公议从可知矣。望询考大臣，断以大义，无牵于流俗非正之论以累圣朝”。京与许将、温益、赵挺之、张商英皆主台臣之说,帝不得已,从之。诏罢元祐皇后之号,复居瑶华宫,且治元符末议复后号者,降宰臣韩忠彦、曾布官,追贬李清臣雷州司户参军,黄履祁州团练副使,安置翰林学士曾肇、御史中丞丰稷、谏臣陈瓘、龚夬等十七人于远州。擢冯澥鸿胪寺主簿。

纲 以蔡卞知枢密院事。

纲 十二月,追谥哲宗子茂为献愍太子,窜邹浩于昭州。

目 初,邹浩召自新州入对,帝首及谏立后事,奖叹再三,询谏草安在?对曰:“已焚之矣。”退告陈瓘,瓘曰:“祸其在此乎!异时奸人妄出一缄,则不可辨矣。”蔡京用事,乃使其党伪为浩疏,有“刘后杀卓氏而夺其子以为己出,欺人可矣,讵可以欺天乎”之语。帝诏暴其事,遂追册茂为太子,而窜浩于昭州。

纲 癸未,二年,春正月,安置任伯雨等十二人于远州。蔡京、蔡卞怨元符末台谏之论己,悉陷以党事,同日贬窜。

纲 温益卒。以蔡京为尚书左仆射兼门下侍郎。二月,尊元符皇后刘氏为皇太后。

纲 三月,诏党人子弟毋得至阙下。

纲 夏四月,诏毁司马光等景灵宫绘像。

目 司马光及吕公著、吕大防、范纯仁、刘挚、范百禄、梁焘、郑雍、赵瞻、王岩叟凡十人。时又诏毁范祖禹唐鉴及三苏、黄庭坚、秦观文集。

纲 以赵挺之为中书侍郎,张商英、吴居厚为尚书左、右丞,安惇同知枢密院事。

纲 除故直秘阁程颐名。

目 言者希蔡京意,论颐“学术颇僻,素行谲怪,专以诡异,聋瞽愚俗”。乃追毁颐出身文字,其所著书,令监司严加觉察。范致虚又言:“颐以邪说诐行,惑乱众听,而尹焞、张绎为之羽翼,乞下河南,尽逐学徒。”颐于是迁居龙门之南,止四方学者曰:“尊所闻,行所知,可矣,不必及吾门也。”

纲 诏童贯监洮西军。六月,贯及安抚王厚复湟州,贬韩忠彦等官有差。

纲 秋八月，张商英罢。

纲 九月，令州县立党人碑。

目 蔡京又自书奸党为大碑，颁于郡县，令监司长吏厅皆刻石。有长安石工安民当镌字，辞曰："民，愚人，固不知立碑之意。但如司马相公者，海内称其正直，今谓之奸邪，民不忍刻也！"府官怒，欲加之罪，民泣曰："被役不敢辞，乞免镌安民二字于石末，恐得罪后世。"闻者愧之。

纲 甲申，三年，春正月，铸当十大钱。

纲 命方士魏汉津定乐，铸九鼎。

纲 二月，令天下阬冶金银悉输内藏。

纲 夏六月，图熙宁、元丰功臣于显谟阁。

纲 以王安石配享孔子。

目 辟雍初成，诏："荆国公王安石，孟轲以来一人而已，其以配享孔子，位次孟轲。"吏部尚书何执中请开学殿，使都人纵观。

纲 置书画算学。

纲 重定党人，刻石朝堂。

纲 秋七月，复行方田法。

纲 八月，许将罢。九月，以赵挺之、吴居厚为门下、中书侍郎，张康国、邓洵武为尚书左、右丞。

纲 以胡师文为户部侍郎。

纲 冬十二月，复封孔子后为衍圣公。

纲 是岁，大蝗。

纲 安惇卒。

纲 乙酉，四年，春正月，蔡卞罢。

目 卞居心倾邪，一意妇翁王安石所行为至当。以兄京晚达，而位在上，致己不得相，故二府政事，时有不合。至是京请以童贯为制置使，卞言不宜用宦者，必误边计。京于帝前诋卞，卞求去，遂出知河南府。

纲 以童贯为熙河、兰湟、秦凤路经略安抚制置使。

纲 二月，以张康国知枢密院事，刘逵同知院事，何执中为尚书左丞。

纲　闰月，铸夹锡铁钱。

纲　三月，以赵挺之为尚书右仆射兼中书侍郎。

纲　夏五月，除党人父兄子弟之禁。

纲　六月，赵挺之罢。

纲　秋七月，置四辅郡。

目　右司谏姚祐请置辅郡，以拱大畿。诏以颍昌府为南辅；升襄邑县为拱州，为东辅；郑州为西辅；澶州为北辅。各屯兵二万，重其资给。盖蔡京欲兵权归己故也。

纲　还上书流人。

纲　八月，新乐及九鼎成。九月，帝受贺于大庆殿。

目　九鼎成，奉安于九成宫，以蔡京为定鼎礼仪使。帝幸宫行酌献礼。鼎各一殿，中央曰帝鼎，北曰宝鼎，东曰牡鼎，东北曰苍鼎，东南曰冈鼎，南曰彤鼎，西南曰阜鼎，西曰皛鼎，西北曰魁鼎。时制新乐亦成，赐名大晟。置大晟府，建官属。九月，帝受贺于大庆殿，加号魏汉津虚和冲显宝应先生。帝之幸九成宫也，酌献至北方宝鼎，鼎忽破，水流溢于外，或者以为北方致乱之兆。

纲　诏徙元祐党人于近地。

纲　冬十一月，以朱勔领苏、杭应奉局及花石纲。

目　先是苏州人有朱冲者及其子勔，俱给事蔡京所，京窜其父子名姓于童贯军籍中，皆得官。帝颇垂意花石，京讽冲密取浙中珍异以进。初致黄杨三本，帝嘉之。后岁岁增加，舳舻相衔于淮、汴，号“花石纲”。乃命勔领应奉局及纲事，勔指取内帑如囊中物，每取以数十百万计。于是搜岩剔薮，幽隐不置。凡士庶之家，一石一木稍堪玩者，即领健卒直入其家，用黄封表识，使护视之。微不谨，即被以大不恭罪。及发行，必撤屋抉墙以出。人不幸有一物小异，共指为不祥，惟恐芟夷之不速。民预是役者，中家破产，或粥卖子女以供其须。斸山辇石，程督惨刻，虽在江湖不测之渊，百计取之，必得乃止。篙工柁师，倚势贪横，陵轹州县，道路以目。

纲　丙戌，五年，春正月，彗出西方，长竟天。

纲　以吴居厚为门下侍郎，刘逵为中书侍郎。

纲　诏求直言，毁党人碑，复谪者仕籍。

目 帝以星变，避殿损膳，刘逵请碎元祐党人碑，宽上书邪籍之禁，帝从之，夜半遣黄门至朝堂毁石刻。翌日，蔡京见之，厉声曰："石可毁，名不可灭也。"寻以太白昼见，赦除党人一切之禁，诏崇宁以来左降者，无问存没，稍复其官，尽还诸徙者。

纲 二月，蔡京有罪免。

目 京怀奸植党，托绍述之名，纷更法制，贬斥群贤，增修财利之政，务以侈靡惑人主，动以周官惟王不会为说，每及前朝惜财省费者必以为陋。至于土木营造，率欲度前规而侈后观。时天下久平，京因睹帑庾盈溢，遂倡为"丰亨豫大"之说，视官爵财物如粪土，累朝所储扫地矣。及彗星见，帝悟其奸，凡所建置，一切罢之，而免京为中太乙宫使，留京师。

纲 以赵挺之为尚书右仆射兼中书侍郎。

目 挺之与刘逵同心辅政，然挺之多知，虑后患，每建白务开其端，而使逵毕其说。初，蔡京兴边事，用兵累年。至是，帝临朝语大臣曰："朝廷不可与四夷生隙，衅端一开，兵连祸结，生民肝脑涂地，岂人主爱民之意哉！"挺之退谓同列曰："上志在息兵，吾曹所宜将顺。"时执政皆京党，但唯笑而已。

纲 三月，罢求直言。

纲 许夏人平。

纲 秋七月朔，日当食，不亏。冬十二月朔，日当食，不亏。群臣称贺。

纲 刘逵罢。

目 蔡京令其党进言于帝曰："京之改法度，皆禀上旨，非私为之。今一切皆罢，恐非绍述之意。"帝惑其说，复有用京之心。于是京党御史余深、石公弼论逵专恣，反覆引用邪党，出知亳州。

纲 丁亥，大观元年，春正月，以蔡京为尚书左仆射兼门下侍郎。吴居厚罢，以何执中为中书侍郎，邓洵武、梁子美为尚书左、右丞。三月，赵挺之罢，以何执中、邓洵武为门下、中书侍郎。梁子美、朱谔为尚书左、右丞。

纲 以蔡攸为龙图阁学士兼侍读。

纲 立八行取士科。

目　八行者：孝，友，睦，姻，任，恤，忠，和也。凡有此八行者，即免试，补太学上舍。知台州李谔文以徐中行应，中行闻之，尽毁其所为文，入委羽山以避之。或问之，中行曰："人而无行与禽兽等，使吾得以八行应科目，则彼之不被举者非人类欤？"

纲　夏五月，以蔡嶷为给事中。

目　嶷以诸生试策，揣蔡京且复用，即对曰："熙、丰之德业足以配天，不幸继之以元祐；绍圣之缵述足以永赖，不幸继之以靖国。"于是擢为第一，以所对颁天下。甫解褐，即除秘书正字，未逾年至侍从，前此未有也。

纲　邓洵武免。六月，以梁子美为中书侍郎。

纲　朱谔卒。

纲　秋八月，以徐处仁为尚书右丞，林摅同知枢密院事。处仁寻罢。

纲　九月，故直秘阁程颐卒。

目　颐于书无所不读，其学本于诚，以大学、论语、孟子、中庸为标指，而达于六经。动止语默，一以圣人为师，卒得孔、孟不传之学为诸儒倡。著易春秋传。平生诲人不倦，故学者出其门最多，渊源所渐，皆为名士，而刘绚、李吁、谢良佐、游酢、张绎、苏昞、吕大临、吕大钧、尹焞、杨时成德尤著。世称颐为伊川先生，卒年七十五。

绚力学不倦，颐每言"他人之学，敏则有矣，未易保也。若绚者，吾无疑焉"。仕终太常博士。

吁，颐称其才器可大任。又言："自予兄弟倡明道学，能使学者视仿而信从者，吁与刘绚有力焉。"仕终较书郎。

良佐学问该赡，事有未澈，则颡有泚。尝与颐别，一年复来见，颐问所进，对曰："但去得一'矜'字尔。"颐喜曰："是子可谓博学切问而近思者。"与游酢、杨时、吕大临在程门号"四先生"。仕终监西京竹木场。

酢，初与兄醇俱以文行知名，所交皆天下士。颐见之京师，谓其资可以进道。及程颢兴扶沟学，酢尽弃故所习而学焉。仕终知濠州。

绎，家世甚微，年长未知学，佣力于市。闻邑官传呼声，心慕之，即发愤为学，遂以文名。会颐自涪还河南，绎往受业，颐称其颖悟，尝曰："吾晚得二士。"谓绎与尹焞也。

昞，始学于张载而事二程卒业，仕为太常博士，坐元符上书邪等人，编管饶州，卒。

大均，大防之弟，能守其师说而践履之，尤喜讲明井田兵制，谓治道必自此始。张载每叹其勇为不可及。仕终陕西转运从事。

大临，大均之弟，通六经，尤邃于礼，每欲掇习三代遗文旧制，令可行，不为空言以拂世矫俗。仕终秘书省正字。

纲 冬闰十月，以林摅为尚书左丞，郑居中同知枢密院事。

纲 流太庙斋郎方轸于岭南。

目 轸上书言："蔡京睥睨社稷，内怀不道，专以绍述熙、丰之说为自媒之计。内而执政侍从，外而帅臣监司，无非其门人亲戚。自元符末陛下嗣服，忠义之士投匦者无日无之；京分为邪等，黥配编置，不齿仕籍，则谁肯为陛下言哉！京又使子攸日以花、石、禽、鸟为献，欲愚陛下，使不知天下治乱。臣以为京必反也，请诛京。"诏宣示京，京请下轸狱，竟流岭南。

纲 十二月，黄河清。

目 乾宁军言："河清逾八百里，凡七昼夜。"诏以乾宁军为清州。

纲 戊子，二年，春正月朔，受八宝于大庆殿，赦。

目 先是有以玉印六寸龟纽献者，文曰"承天福，延万亿，永无极"，诏名镇国宝。至是，又得良玉工，帝命作六宝以合秦制天子六玺之数，与受命、镇国，通曰八宝。

纲 二月，以叶梦得为翰林学士。

目 梦得初用，蔡京荐为礼部员外郎。京罢相，赵挺之更其所行，及京再相，复反前政。梦得入对，因言："事不过可、不可二者而已。以为可而出于陛下，则前日不应废；以为不可而不出于陛下，则今日不可复。今徒以大臣进退为可否，无乃陛下未有了然于胸中乎！"帝悦，以为起居郎，遂进学士。

纲 夏五月，童贯复洮州，诏加贯检校司空。

纲 秋八月，梁子美罢。九月，以林摅为中书侍郎，余深为尚书左丞。

纲 皇后王氏崩。

纲 冬十二月，诏以孔伋从祀孔子庙。

纲鉴易知录卷七五

宋纪

徽宗皇帝

纲　己丑，三年，春三月，谪右正言陈禾监信州酒税。

目　时童贯权益张，与黄经臣胥用事，中丞卢航表里为奸，缙绅侧目。陈禾曰："此国家安危之本也。"遂上书劾贯、经臣怙宠弄权之罪，愿亟窜之远方。论奏未终，帝拂衣起，禾引帝衣，请毕其说，衣裾落。帝曰："正言碎朕衣矣！"禾言："陛下不惜碎衣，臣岂惜碎首以报陛下！此曹今日受富贵之利，陛下他日受危亡之祸。"言愈切，帝变色曰："卿能如此，朕复何忧。"内侍请帝易衣，帝却之曰："留以旌直臣。"翌日，贯等相率前诉，谓国家极治，安得如此不详语邪！"遂奏禾狂妄，谪监信州酒税。

纲　夏四月，林摅有罪，免。

目　集英胪唱贡士，摅当传姓名，不识"甄盎"字，帝笑曰："卿误邪？"摅不谢，而语诋同列。御史论其寡学，倨傲不恭，失人臣礼，黜知滁州。久之，自扬州徙大名，道过阙，为帝言："顷使辽，见其国中携贰，若兼而有之，势无不可。"盖欲报其辱也。帝由是始有北伐之意。

纲　以郑居中知枢密院事，管师仁同知院事，余深为中书侍郎，薛昂、刘正夫为尚书左、右丞。

纲　五月，流孟翊于远州。

目　孟翊献所画卦象，谓宋将中微，有再受命之象，宜更年号，改官名，变庶事以厌之。帝不乐，诏窜之远方。

纲　六月，管师仁罢。

纲　蔡京有罪，免。

目　中丞石公弼、殿中侍御史张克公劾京罪恶，章数十上，京遂罢为太乙宫使。时有郭天信者以方伎得亲幸，深以京为非，每奏天文，必指陈以撼京。密白日中有黑子，帝为之恐，故罢京。

纲 以何执中为尚书左仆射，兼门下侍郎。

目 执中一意谨事蔡京，遂代为首相。太学生陈朝老诣阙上书曰："陛下知蔡京之奸，解其相印，天下之人，鼓舞有若更生。及相执中，中外黯然失望。执中虽不敢若京之蠹国害民，然碌碌常质，初无过人。天下败坏至此，如人一身脏腑受沴已深，岂庸庸之医所能起乎？执中夤缘攀附，致位二府，亦已大幸，遽俾之经体赞元，是犹以蚉负山，多见其不胜任也。"疏奏，不省。

纲 冬十一月，诏蔡京以太师致仕，留京师。

纲 庚寅，四年，春正月，以余深为门下侍郎，张商英为中书侍郎，侯蒙同知枢密院事。

目 蔡京既免，商英自峡州起知杭州，过阙，赐对，因奏曰："神宗修建法度，务以去大害，兴大利。今诚一一举行，则尽绍述之美。"遂留居政府。

帝尝从容问蒙曰："蔡京何如人也？"蒙对曰："使京正其心术，虽古贤相何以加。"帝使密伺京所为，京闻而衔之。

纲 夏五月，立词学兼茂科。

纲 彗出奎、娄，诏直言阙失。贬蔡京为太子少保，出居杭州。

纲 余深罢。

纲 六月，以张商英为尚书右仆射，兼中书侍郎。

目 蔡京久盗国柄，中外怨疾，见商英能立异同，更称为贤，帝因人望而相之。时久旱，彗星中天；商英受命，是夕彗不见，明日雨。帝喜，因大书"商霖"二字赐之。

纲 薛昂免。秋八月以吴居厚、刘正夫为门下、中书侍郎，侯蒙、邓洵仁为尚书左、右丞。

纲 冬十月，立贵妃郑氏为皇后。

纲 郑居中罢，以吴居厚知枢密院事。

纲 辛卯，政和元年，春三月，以王襄同知枢密院事。

纲 秋八月，张商英罢。

目 商英为政持平，谓蔡京虽名绍述，但借以劫制人主，禁锢士大夫耳。于是大革弊事，劝帝节华侈，息土木，抑侥幸。帝颇严惮之，时称商英忠直。初，何执中与蔡京同相，凡营立皆预议，至是恶商英出己上，与郑居中日夜醞织其短。会商英与郭天信往来，事觉，居中因讽中丞张克公论之，遂罢政出知河南府，寻贬为崇信军节度副使。

纲　九月，王襄免。

纲　遣端明殿学士郑允中及童贯使辽。

目　童贯既得志于西羌，遂谓辽亦可图，因请使辽以觇之。乃以郑允中充贺辽主生辰使，而以贯副之。或言："以宦官为上介，国无人乎？"帝曰："契丹闻贯破羌，故欲见之，因使觇其国，策之善者也。"遂行。

纲　冬十月，羁管陈瓘于台州。

目　瓘以忤蔡京窜郴州，瓘子正汇在杭，讼京有动摇东宫迹，杭守蔡薿执送京师，阴告京，俾为计。事下开封府，并逮治瓘。尹李孝寿逼使证其妄，瓘曰："正汇闻京将不利社稷，传于道路，瓘岂得预知。以所不知，忘父子之恩，而指其为妄，则情有所不忍；挟私情以符合其说，又义所不为。京之奸邪，必为国祸，瓘固尝论之于谏省，亦不待今日语言间也。"内侍黄经臣莅鞫，闻其词，失声太息，谓曰："主上正欲得实，但如言以对可也。"狱具，正汇犹以所告失实流海上，瓘安置通州。

瓘尝撰尊尧集，谓绍圣史官专据王安石日录改修神宗史，变乱是非，不可传信，深明诬妄，以正君臣之义。张商英为相，取其书，既上，而商英罢，瓘又徙台州。何执中起迁人石㦸知台州，欲置瓘以必死。㦸至，执瓘至庭，大陈狱具，将胁以死。瓘揣知其意，大呼曰："今日之事，岂被制旨邪！"㦸失措，始告之曰："朝廷令取尊尧集尔。"瓘曰："然则何用许？使君知尊尧所以立名乎？盖以神考为尧，主上为舜，尊尧何得为罪！时相学术短浅，为人所愚，君所得几何，乃亦不畏公议干犯名分乎！"㦸惭，揖瓘使退。执中怒，罢㦸。瓘平生论京兄弟，皆披擿其处心，发露其情慝，最所忌恨，故得祸最酷。

纲　童贯以辽李良嗣来；命为秘书丞，赐姓赵。

目　燕人马植本辽大族，仕至光禄卿，行污而内乱，不齿于人。童贯使辽，道卢沟，植夜见其侍史，自言有灭燕之策，因得见贯。贯与语，大奇之，载与俱归，易姓名曰李良嗣，荐诸朝。植即献策曰："女真恨辽人切骨，而天祚荒淫失道，本朝若自登、莱涉海，结好女真，与之相约攻辽，其国可图也。"议者谓："祖宗以来，虽有此道，以其地接诸蕃，禁商贾舟船不得行，百有余年矣；一旦启之，惧非中国之利。"不听。帝召问之，植对曰："辽国必亡。陛下念旧民遭涂炭之苦，复中国往昔之疆，代天谴责，以治伐乱，王师一出，必壶浆来迎。万一女真得志，事不侔矣。"帝嘉纳之，赐姓赵氏，以为秘书丞。图燕之议自此始。

纲　壬辰，二年，春二月，复蔡京太师，赐第京师。

纲　夏五月，诏蔡京三日一至都堂议事。

目　京患言者议己，乃作御笔密进，而丐帝亲书以降，谓之"御笔手诏"，违者以违制坐之。事无巨细，皆纪以行，至有不类帝书者，群下亦莫敢言。由是贵戚近臣争相请求，至使中人杨球代书，号曰"书杨"。京复病之，而亦不能止矣。

纲　六月，以余深为门下侍郎。

纲　秋九月，更定官名。

纲　冬十一月，受元圭于大庆殿，赦。

纲　以何执中为少傅。

纲　十二月，加童贯太尉。

纲　癸巳，三年，春正月，追封王安石为舒王，安石子雱为临川伯，从祀孔子庙。

纲　以何执中为太宰。

纲　吴居厚罢，以郑居中知枢密院事。

纲　二月，太后刘氏自杀。

纲　夏四月，邓洵仁罢。

纲　以薛昂为尚书右丞。

纲　闰月，改公主为帝姬。

纲　秋八月，以何执中为少师。

纲　九月，赐方士王老志号洞微先生，王仔昔号通妙先生。

目　濮人王老志，初为小吏，遇异人授以丹，遂弃妻子，结草庐田间，为人言休咎，多验。太仆卿王亶以名闻，时帝方向道术，乃召至京师，馆于蔡京第。尝缄书一封至帝所，启视乃昔岁中秋与乔、刘二妃燕好之语也。由是益信之，号为洞微先生。朝士多从求书，初若不可解者，卒应者什八九，其门如市。逾年而死。

洪州人王仔昔，初隐于嵩山，自言遇许逊，得大洞隐书豁落七元之法，能道人未来事。京荐之，帝召见，赐号冲隐处士，进封通妙先生。由是道家之事日兴，而仔昔恩宠浸加，朝臣戚里，夤缘关通。

纲 冬十一月，祀天于圜丘，以天神降，诏百官。

纲 十二月，诏求道教仙经于天下。

纲 女真阿骨打自称都勃极烈。

目 初辽主如春州，幸混同江钩鱼，生女真酋长在千里内者，以故事皆来朝。适遇鱼头宴，辽主命诸酋次第起舞，至阿骨打，辞不能，但端立直视。辽主喻之再二，终不从。他日，辽主密谕北院枢密使萧奉先曰“阿骨打雄豪不常，可托以边事诛之，否则必贻后患。”奉先曰：“彼麁人，不知礼义，且无大过而杀之，恐伤向化心。设有异志，蕞尔小国，亦何能为！”辽主乃止。阿骨打归，疑辽主知其异志，且以辽主淫酗，不恤国政，遂称兵先并旁近族。至是，节度使乌雅东死，阿骨打袭位为都勃极烈。都勃极烈者，官长也。辽使阿息保往谓之曰：“何故不告丧？”阿骨打曰：“有丧不能吊，而乃以为罪乎！”

纲 甲午，四年，冬十月，女真阿骨打叛辽，取宁江州。

纲 十一月，辽遣都统萧嗣先伐女真；阿骨打迎战于混同江，辽军大败。

目 辽主闻宁江州陷，乃以司空萧嗣先为东北路都统，萧挞不也副之，帅兵屯出店河。阿骨打帅众来御，未至混同江，会夜，阿骨打方就枕，若有扶其首者三，寤而起曰：“神明警我也。”即鸣鼓举燧而行，黎明，至混同江，与辽兵遇。会大风起，尘埃蔽天，阿骨打乘风奋击，辽兵溃，将士多死，其获免者十有七人。辽人尝言女真兵满万则不可敌，至是始满万云。

纲 乙未，五年，春正月，女真完颜阿骨打称帝，国号金。

目 阿骨打既屡胜辽，其弟吴乞买率将佐劝其称帝，阿骨打遂于正月朔即皇帝位。且曰：“辽以宾铁为号，取其坚也。宾铁虽坚，终亦变坏，惟金不变不坏。金之色白，完颜色尚白，况所居按出虎水之上。”于是国号大金，改元收国，更名旻。以吴乞买为谙班勃极烈，撒改斜也为国论勃极烈。其国语谓金为按出虎，谓尊大为谙班，谓国相为国论。斜也亦阿骨打弟，撒改乌古乃之孙也。

纲 二月，立定王桓为皇太子，赦。

纲 以童贯领六路边事。

纲 秋八月，有星流出于柳。

目 其光照地，色赤黄，有尾。占者以为天子宗庙有喜，国家建造宫室之祥；蔡京率百官表贺。

纲 安置太子詹事陈邦光于池州。

目 蔡京献太子以大食国琉璃酒器，罗列宫庭，太子怒曰："天子大臣不闻以道义相训，乃持玩好之具，荡吾志邪！"命左右碎之。京闻邦光实激太子，讽言者斥逐之。

纲 九月，金取辽黄龙府。

目 金主攻黄龙府，次混同江，无舟以渡，金主使一人导前，乘赭白马径涉。曰："视吾鞭所指而行。"诸军随之以济，遂克黄龙府。遣萧辞剌还辽，曰："若归我叛人阿疏，即当班师。"

纲 丙申，六年，春正月，赐方士林灵素号通真达灵先生。

目 灵素，温州人，少从浮屠，苦其师笞骂，去为道士。善妖幻，往来淮、泗间。及王老志死，王仔昔宠衰，帝访方士于左阶道箓徐知常，知常以灵素对，即召见，赐号通真达灵先生，为改温州为应道军。灵素本无所能，惟稍习五雷法，召呼风霆，间祷雨有小验而已。

纲 闰月，立道学。

纲 二月，作上清宝箓宫成。

纲 夏四月，何执中罢。诏蔡京三日一朝，总治三省事。

纲 五月，以郑居中为少保太宰，刘正夫为少宰，邓洵武知枢密院事。秋八月，以侯蒙为中书侍郎，薛昂为尚书左丞。

纲 九月，帝诣玉清和阳宫，上玉帝徽号，赦。

目 帝奉玉册玉宝如玉清和阳宫，上玉帝尊号曰太上开天执符御历含真体道昊天玉皇上帝。诏天下洞天福地修建宫观，塑造圣像。

纲 冬十月，以白时中为尚书右丞。十二月，刘正夫罢。

纲 丁酉，七年，春二月，帝幸上清宝箓宫，命林灵素讲道经。

目 时道士皆有俸，每一观给田亦不下数百千顷。凡设大斋，辄费缗钱数万，贫下之人多买青布幅巾以赴，日得一饫餐，而衬施钱三百，谓之"千道会"。且令士庶入听灵素讲经，帝为设幄其侧。灵素据高座，使人于下再拜请问，然所言无殊绝者，时时杂以滑稽媟语，上下为大哄笑，莫有君臣之礼。

纲 夏四月，道箓院上章册帝为教主道君皇帝。

纲 冬十二月，有星如月，南行。

纲 帝言天神降于坤宁殿。

纲 作万岁山。

目 初，帝以未得嗣子为念。道士刘混康以法箓符水出入禁中，言“京师西北隅地协堪舆，倘形势加以少高，当有多男之祥”。始命为数仞冈阜，已而后宫生子渐多，帝甚喜，始信道教。至是，又命户部侍郎孟揆于上清宝箓宫东筑山，以像余杭之凤凰山，号曰万岁。

纲 戊戌，重和元年，春正月，作定命宝成。

目 于阗上美玉，逾二尺，帝命制宝，号曰“定命宝”，合前八宝为九宝，以定命宝为首。

纲 以王黼为尚书左丞。

纲 二月，遣武义大夫马政浮海使金，约夹攻辽。

目 建隆中，女真尝自其国之苏州，泛海至登州卖马，故道犹存。至是有汉人高药师者，泛海来言女真建国，屡破辽师。登州守臣王师中以闻，诏蔡京、童贯共议。命师中募人同药师等赍市马诏以往；不能达而还。帝乃复委童贯选人使之，遂使武义大夫马政同药师由海道如金。政言于金主曰：“主上闻贵朝攻破契丹五十余城，欲与通好，共行吊伐。若允许，后当遣使来议。”通金好自此始。

纲 秋七月，以郑居中为少傅，余深为少保。八月，以童贯为太保。

纲 九月，掖庭大火。

纲 薛昂罢，以白时中、王黼为门下、中书侍郎，冯熙载、范致虚为尚书左、右丞。郑居中罢。

纲 闰月，立周恭帝后。

纲 冬十二月，辽大饥，人相食。

纲 己亥，宣和元年，春正月，金人来聘。遣马政报之，不至而复。

目 金主遣渤海人李善庆等持国书同马政来修好；诏蔡京等谕以夹攻辽之意。遣政同赵有开赍诏与善庆等渡海报聘。行至登州，有开死，会谍者言辽已封金主为帝，乃诏政勿行，止遣平海军校呼庆送善庆等归金。金主遣庆归，且语之曰：“归见皇帝，果欲结好，早示国书；

若仍用诏，决难从也。”

纲 以余深为太宰，王黼为少宰。二月，以邓洵武为少保。三月，以冯熙载为中书侍郎，范致虚、张邦昌为尚书左、右丞。

纲 夏五月，京师大水。

目 京师茶肆佣，晨兴见大犬蹲榻傍，近视之，则龙也，军器作坊兵士取而食之；逾五日，大雨如注，历七日而止，京城外水高十余丈。起居郎李纲言：“国家都汴百五十余年矣，未尝有此异。夫变不虚生，必有感召之，灾非易御，必有消复之，望求直言，采而用之，以答天戒。”诏贬纲一官，与县去。

纲 六月，夏人来，诏童贯罢兵。秋七月，以贯为太傅。

纲 八月，范致虚罢。

目 时朝廷欲用师契丹，致虚言“边隙一开，必有意外之患”，宰相谓其怀异，会母丧，去位。

纲 九月，幸蔡京第。

纲 加蔡攸开府仪同三司。

目 攸有宠于帝，进见无时，与王黼得预宫中秘戏。或侍曲宴，则攸、黼着短衫窄袴，涂抹青红，杂倡优侏儒中，多道市井淫媟谑浪语，以献笑取悦。攸妻宋氏出入禁掖，攸子行领殿中监，宠信倾其父。攸尝言于帝曰：“所谓人主当以四海为家，太平为娱。岁月能几何，岂徒自劳苦！”帝深纳之，因令苑囿皆仿江、浙为白屋，不施五采，多为村居野店，及聚珍禽异兽，动数千百，以实其中。都下每秋风夜静，禽兽之声四彻，宛若山林陂泽之间，识者以为不祥之兆。

纲 冬十一月，以张邦昌、王安中为尚书左、右丞。

纲 十二月，帝数微行。窜秘书省正字曹辅于郴州。

目 帝自政和以来，多微行。始民间犹未知，及蔡京谢表：“轻车小辇，七赐临幸。”自是邸报传之四方，而臣僚阿顺莫敢言。曹辅上疏谏曰：“陛下厌居法宫，时乘小辇出入廛陌郊坰，极游乐而后返。臣不意陛下当宗社付托之重，玩安忽危，一至于此。夫君之与民，本以人合，合则为腹心，离则为楚、越，畔服之际，在于斯须，甚可畏也。万一当乘舆不戒之初，一夫不逞，包藏祸心，虽神灵垂护，然亦损威伤重矣，又况有臣子不忍言者，可不戒哉！”帝得疏，出示宰臣，令赴都堂审问。余深曰：“辅小官，何敢论大事！”辅曰：“大官不言，故小官言之。”王黼阳顾张邦昌、王安中曰:“有是事乎?”皆应以“不知”。辅曰:“兹事,虽里巷小民无不知;相公当国,独不知邪!曾此不知,焉用彼相!”黼怒,令吏从辅受词。辅操笔曰:“区区之心,一无所求,爱君而已。”退,待罪于家,遂编管郴州。初辅将有言,知必获罪,召子绅来付以家事,乃闭户草疏;及贬,怡然就道。

纲 召杨时为秘书郎。

目 时,南剑将乐人。初举进士第,闻程颢兄弟讲孔、孟绝学于河、洛,调官不赴,以师礼见颢于颍昌,相得甚欢。其归也,颢目送之,曰:“吾道南矣!”及颢卒,又师事程颐于洛,盖年四十矣。一日颐偶瞑坐,时与游酢侍立不去,颐既觉,则门外雪深一尺矣。后历知浏阳、余杭、萧山三县,皆有惠政,民思之不忘。时安于州县,未尝求闻达,而德望日重,四方之士不远千里从之游,号曰龟山先生。会蔡京客张觷言于京曰:“今天下多故,事至此必败,宜亟引旧德老成置诸左右,庶几犹可及。”京问其人,觷以时对,京因荐之。会路允迪自高丽还,言高丽国王问龟山先生安在,乃召为秘书郎。

纲 庚子,二年,春正月,罢道学。

纲 林灵素有罪,放归田里。

目 灵素初与道士王允诚共为神怪之事,后忌其相轧,毒杀允诚,遂专用事。及都城水,帝遣灵素厌胜,方步虚城上,役夫争举梃将击之,走而免,帝始厌之。然横恣愈不悛,道遇皇太子弗敛避,太子入诉于帝。帝怒,以灵素为太虚大夫,斥还故里,命江端本通判温州察之。端本廉得其居处过制罪,诏徙置楚州,命下而灵素已死。

纲 二月,遣赵良嗣使金。

纲 夏六月,诏蔡京致仕。

目 京专政日久,公论益不与,帝亦厌薄之。子攸权势既与父相轧,浮薄者复间焉,由是父子各立门户,遂为仇敌。攸别居赐第,一日诣京,京正与客语,使避之。攸甫入,遽起握父手为胗视状,曰:“大人脉势舒缓,体中得无有不适乎?”京曰:“无之。”攸曰:“禁中方有公事。”即辞去。客窃窥见,以问京,京曰:“君固不解此邪?此儿欲以为吾疾而罢我耳。”阅数日,果以太师、鲁国公致仕,仍朝朔望。

纲 秋八月,金人来议攻辽及岁币,遣马政报之。

目 赵良嗣谓金主曰："燕本汉地，欲夹攻辽，使金取中京大定府，宋取燕京析津府。"金主许之，遂议岁币。金主因以手札付良嗣，约金兵自平地松林趋古北口，宋兵自白沟夹攻，不然不能从。因遣勃堇偕良嗣还，以致其言。帝使马政报聘，书云："大宋皇帝致书于大金皇帝：远承示书，致罚契丹，当如来约，已差童贯勒兵相应，彼此兵不得过关。岁币之数，同于辽。"

纲 以余深为少傅。

纲 冬十月，加内侍梁师成太尉。

目 时帝留意礼文符瑞之事，师成善逢迎，希恩宠，帝命处殿中，凡御书号令皆出其手，多择善书吏习仿帝书，杂诏旨以出，外庭莫能辨。师成实不能文，而高自标榜，自言苏轼出子。时天下禁诵苏文，其尺牍在人间者皆毁去。师成诉于帝曰："先臣何罪！"自是轼之文乃稍出。以翰墨为己任，四方俊秀名士必招致门下，往往遭点污。多置书画卷轴于外舍，邀宾客纵观，得其题识合意者辄密加汲引，执政、侍从可阶而升。王黼以父事之，称为恩府先生，蔡京父子亦谄附焉，都人目为"隐相"，所领职局至数十百，阶至开府仪同三司。布衣朱梦说上书论宦寺权太重，诏编管于池州。

纲 睦州人方腊作乱。

目 睦州清溪民方腊，世居县揭村，托左道以惑众。腊有漆园，造作局屡酷取之，腊怨而未敢发。时吴中困于朱勔花石之扰，比屋致怨，太学生邓肃进诗讽谏，帝不听，放肃归田里，勔益横。腊因民不忍，阴聚贫乏游手之徒，以诛勔为名，起作乱，自号圣公，建元永乐。置官吏将帅，以巾饰为别，自红巾而上凡六等。无弓矢介胄，惟以鬼神诡秘事相扇怵。焚室庐，掠金帛子女，诱胁良民为兵。人安于太平，不识金革，闻金鼓声即敛手听命，不旬日聚众至数万。

纲 十一月，余深罢，以王黼为少保太宰。

纲 十二月，方腊陷睦、歙、杭州，诏以童贯为江、淮、荆、浙宣抚使，发兵讨之。

纲 真腊入贡。

纲 辛丑，三年，春正月，邓洵武卒。

纲 童贯承诏罢苏、杭应奉局、花石纲。

纲　方腊陷婺州，又陷衢州。

目　衢守彭汝方被执，骂贼而死，贼屠其城。

纲　二月方腊陷处州。

纲　淮南盗宋江掠京东诸郡，知海州张叔夜击降之。

目　宋江起为盗，以三十六人横行河朔，转掠十郡，官军莫敢婴其锋。知亳州侯蒙上书，言"江才必有过人者，不若赦之，使讨方腊以自赎"。帝命蒙知东平府，未赴而卒。又命张叔夜知海州。江将至海州，叔夜使间者觇所向，江径趋海滨，劫巨舟十余，载卤获。叔夜募死士得千人，设伏近城，而出轻兵距海诱之战，先匿壮卒海旁，伺兵合，举火焚其舟。贼闻之皆无斗志，伏兵乘之，擒其副贼，江乃降。

纲　方腊寇秀州，官军败之。

纲　辽都统耶律余睹叛降金。

纲　夏四月，童贯合兵击方腊，破之，执腊以归。

目　二月，童贯、谭稹前锋水陆并进，腊乃宵遁，还清溪帮源洞。诸将刘延庆、辛兴宗、王渊等相继至，尽复所陷城。四月，贯等合兵击腊于帮源洞。腊众尚二十万，与官军力战而败，深据岩屋为三窟，诸将莫知所入。王渊裨将韩世忠潜行溪谷，问野妇得径，即挺身仗戈直前捣其穴，格杀数十人，擒腊以出。辛兴宗领兵截洞口，掠为己功，并取腊妻子及伪相方肥等五十二人，杀贼七万余人，其党皆溃。腊凡破六州五十二县，戕平民二百万，所掠妇女，自贼洞逃出，裸而缢于林中者相望百余里。

纲　五月，以郑居中领枢密院事。

纲　大蝗。

纲　安置御史中丞陈过庭于黄州。

目　过庭以睦寇窃发，尝上言："致寇者蔡京，养寇者王黼，窜二人则寇自平。"又言："朱勔父子本刑余小人，交结权近，窃取名器，罪恶盈积，宜正典刑以谢天下。"三人憾之，至是陷以罪，责黄州安置。

纲　秋七月，黑眚见于禁中。

目　元丰末，尝有物大如席，夜见寝殿上，而神宗崩。元符末，又见，哲宗崩。至大观间，渐昼见。政和以来大作，每出若列屋摧倒之声，其形仅丈余，仿佛如龟，黑气蒙之，不大了了，气之所及，腥血四洒。

又或变人形，或为驴，昼夜出无时，多在掖庭及内殿，习以为常，人亦不大怖。又洛阳府畿内忽有物如人，或如犬，其色正黑，不辨眉目。始夜则掠小儿食之，后虽白昼入人家为患，所至喧然不安，谓之“黑汉”。有力者夜执枪自卫，亦有托以作过者，二年乃息。

纲 八月，加童贯太师，封楚国公。

纲 方腊伏诛。

纲 九月，以王黼为少傅，郑居中为少师。

纲 诏宦者李彦括民田于京东、西路。

纲 冬十月，诏童贯复领陕西、两河宣抚使。

纲 十一月，冯熙载罢。以张邦昌为中书侍郎，王安中、李邦彦为尚书左、右丞。

纲 金侵辽中京。

纲 壬寅，四年，春正月，以蔡攸为少保。

纲 金克辽中京，辽耶律延禧杀其子晋王敖卢干走云中。

纲 二月，管句太平观陈瓘卒。

目 或问游酢以当今可以济世之人，酢曰：“四海人才，不能周知，以所识知，陈了翁其人也。”刘安世尝因瓘病，使人勉以医药自辅，曰：“天下将有赖于公，当力加保养，以待时用。”至是，卒于楚州。

纲 三月，金袭辽军，延禧走夹山。

纲 辽燕京留守李处温等以耶律淳称帝，遥废其主延禧为湘阴王。

纲 金克辽西京。

纲 诏童贯、蔡攸等勒兵巡边，以应金。

目 朝廷既与金约夹攻辽，以复燕、云，蔡京、童贯主之。郑居中力陈不可，谓京曰：“公为大臣，不能守两国盟约，辄造事端，诚非庙算。”京曰：“上厌岁币五十万故尔。”居中曰：“公独不思汉世和戎用兵之费乎？使百万生灵肝脑涂地，公实为之。”由是议寝。及金数败辽兵，童贯乃复乞举兵，居中又言“不宜幸灾而动，待其自毙可也”。时睦寇初平，帝亦悔于用兵，王黼独言曰：“中国与辽虽为兄弟之邦，然百余年间，彼之所以开边慢我者多矣。今而不取燕、云，女真即强，中原故地将不复为我有。”帝遂决意治兵。会闻耶律淳自立，乃以蔡攸副贯，勒兵十五万巡北边以应金。

纲 夏五月，童贯进兵击辽，败绩，退保雄州，诏班师。贬都统制种师道为右卫将军，致仕。

目 贯至高阳关，命都统制种师道护诸将进兵。师道谏曰："今日之举，譬如盗入邻家，不能救，又乘之而分其室焉，无乃不可乎！"贯不听。耶律淳闻之，遣耶律大石、萧干御之。师道次白沟，辽人噪而前，师道前军统制杨可世败绩，师道退师雄州。帝闻兵败而惧，诏班师。辽使来言曰："女真之叛本朝，亦南朝之所甚恶也。今射一时之利，弃百年之好，结豺狼之邻，基他日之祸，谓为得计可乎！救灾恤邻，古今通义，惟大国图之。"贯不能对。种师道复请许之和，贯不纳，而密劾师道助贼，王黼怒，责授师道右卫将军，致仕。

纲 六月，以王黼为少师。

纲 辽耶律淳死，其妻萧氏称太后，主国事。李处温伏诛。

纲 秋七月，诏童贯、蔡攸再举伐辽，以刘延庆为都统制。

纲 九月，除朝散郎宋昭名。

目 昭上书极言辽不可攻，金不可邻，异时金必败盟为中国患，乞诛王黼、童贯、赵良嗣等。且曰："两国之誓，败盟者祸及九族。陛下以孝理天下，其忍忘列圣之灵乎！陛下以仁覆天下，其忍置河北之民于涂炭之中，而使肝脑涂地乎！"王黼大恶之，除昭名，编管海州。

纲 金遣使来，命赵良嗣报之。

纲 辽将郭药师以涿、易二州来降。

纲 冬十月，刘延庆及郭药师进兵攻辽。药师袭燕，败绩，延庆兵溃。

纲 以蔡攸为少傅，判燕山府。

纲 十一月，金人来议燕地。十二月，遣赵良嗣复如金，求营、平、滦三州。

纲 金克辽燕京，耶律淳妻萧氏奔天德。

纲 万岁山成，更名曰艮岳。

纲 癸卯，五年，春正月，金遣使来，赵良嗣复如金。

纲 良嗣至燕，与金主议燕京、西京之地，金主曰："若宋必欲平、滦等州，则并燕京不与。"因以答书先示良嗣。良嗣读至"燕京用本朝兵力攻下，其租税当输本朝"。良嗣因曰："租税随地，岂有与其地而不与其租税者。"粘没喝曰:"燕京自我得之,则当归我。大国熟计,若不早见与,请速退涿、易之师,无留我疆。"于是遣李靖与良嗣偕来。靖既入对,遂见王黼。黼谓靖曰:"租税,非约也。"上意以交好之故,欲以银绢充之。靖复请去年岁币,帝亦特许之,仍命良嗣与靖偕使。

纲 以王安中知燕山府,郭药师同知府事。

目 朝廷以金人将归燕,谋帅臣守之。左丞王安中请行,王黼赞于帝,遂以安中知燕山府,郭药师同知府事。诏药师入朝,礼遇甚厚,赐以甲第、姬妾,命贵戚大臣更互设宴。又召对于后苑延春殿,药师拜庭下,泣言:"臣在虏中,闻赵皇如在天上,不谓今日得望龙颜。"帝深褒称之,委以守燕。对曰:"愿效死!"又令取天祚以绝燕人之望。药师变色,言曰:"天祚,故主也,国破出走,臣是以降陛下。使臣毕命他所不敢辞,若使反故主,非所以事陛下,愿以付他人。"因涕泣如雨。帝以为忠,解所御珠袍及二金盆以赐。药师出谕其下曰:"此非吾功,汝辈力也。"即剪盆分给之。

纲 金以辽平州为南京,命张瑴留守。

纲 二月,以李邦彦、赵野为尚书左、右丞。

纲 三月,遣使如金。

目 赵良嗣至燕,谓金主曰:"本朝徇大国多矣,岂平、滦一事不能相从邪?"金主曰:"平、滦欲作边镇,不可得也。"辽议租税,金主曰:"燕租六百万,止取一百万。不然,还我涿、易旧疆,我且提兵按边。"良嗣曰:"本朝自以兵下涿、易,今乃云尔,岂无曲直邪!"且言御笔许十万至二十万,不敢擅增,乃令良嗣归报。金主谓之曰:"过半月不至,吾提兵往矣。"时左企弓尝以诗献金主曰:"君王莫听捐燕议,一寸山河一寸金。"故金人欲背初约,要求不已。良嗣行至雄州,以金书递奏。王黼欲功之速成,乃请复遣良嗣自雄州再往,使许辽人旧岁币四十万之外,每岁更加燕京代税钱一百万缗。金主大喜,遂遣银朮可持誓书草来,许以燕京及六州来归,而山后诸州,及西北一带接连山、川,不在许与之限。帝曲意从之,遣卢益、赵良嗣等持誓书往。金人又求粮,良嗣许以二十万石。

纲 夏四月,金人来归燕及涿、易、檀、顺、景、蓟之地,诏童贯、蔡攸班师。

纲 金袭辽延禧于青冢，获其子女、族属、从臣以归。延禧邀战，败绩，走云内。

纲 五月，以杨时为迩英殿说书。

目 时入对，言于帝曰："熙宁之初，大臣文六艺之言以行其私，祖宗之法纷更殆尽。元祐继之，尽复祖宗之旧，熙宁之法一切废革。至绍圣、崇宁，抑又甚焉，凡元祐之政事著在令甲，皆焚之以灭其迹。自是分为二党，缙绅之祸，至今未殄。臣愿明诏有司，条具祖宗之法，著为纲目，有宜于今者举而行之，当损益者损益之，元祐、熙、丰，姑置勿问，一趋于中而已。"又言："燕、云之师宜退守内地，以省转输之劳，募边民为弓弩手，以杀常胜军之势。"又言："都城无高山巨浸以为阻卫，士人各异心，缓急不可倚仗，君臣警戒，正在无虞之时。"帝首肯之，除迩英说书。

纲 以王黼为太傅，总治三省事；郑居中为太保，蔡攸为少师。进封童贯为徐豫国公。居中辞不拜。

纲 辽延禧奔夏，都统萧特烈等以梁王雅里称帝。

纲 金遣使如夏。

纲 六月，金张毂以平州来归。

目 金驱辽宰相左企弓等同燕京大家富民俱东徙，燕民流离道路，不胜其苦。过平州，遂入城言于张毂曰："左企弓不能守燕，致吾民如是。公今临巨镇，握强兵，尽忠于辽，使我复归乡土，人心亦惟公是望。"毂遂召诸将领议，皆曰："闻天祚兵势复振，出没漠南，公若仗义勤王，奉迎天祚以图兴复，先责左企弓等叛降之罪而诛之，尽归燕民，使复其业，而以平州归宋，则宋无不接纳，平州遂为藩镇矣。即后日金人加兵，内用营、平之军，外藉宋人之援，又何惧焉？"毂又访于翰林学士李石，亦以为然。毂乃遣张谦帅五百余骑传留守令，召左企弓等，数以十罪，皆缢杀之。毂乃称保大三年，榜谕燕人复业，恒产为常胜军所占者悉还之。燕民既得归，大悦。

李石更名安弼，偕故三司使高党至燕京，说王安中曰："平州形势之地，张毂总练之才，足以御金人，安燕境，幸招致之。"安中令安弼党与至汴以闻。帝以手札付同知燕山府事詹度，第令羁縻之，而度促毂内附，毂乃遣张钧、张敦固持书来请降，王黼劝帝纳之。赵良嗣谏曰：

"国家新与金盟,如此,必失其欢,后不可悔。"不听。

纲 郑居中卒,以蔡攸领枢密院事。

纲 秋七月,童贯致仕,以内侍谭稹为两河、燕山路宣抚使。

纲 禁元祐学术。

纲 中书言"福建印造司马光等文集",诏令毁板,凡举人传习元祐学术者以违制论。寻又诏:"苏轼、黄庭坚等获罪宗庙,义不戴天,片文只语,并令焚毁勿存,违者以大不恭论。"

纲 八月,金阿骨打死,弟吴乞买立。

纲 冬十月,诏建平州为泰宁军,以张瑴为节度使。

目 金人闻瑴叛,遣阇母将三千骑来讨。瑴率兵拒之于营州,阇母以兵少,不交锋而退,瑴遂妄以大捷闻朝廷。拜瑴节度使,犒赏银绢数万。

纲 十一月,幸王黼第观芝。

纲 金人袭平州,张瑴奔燕山,平州人杀金使以拒守。

目 阇母无功而退,金主复使斡离不督阇母攻平州。会张瑴闻朝廷犒赐将至,喜而远迎,斡离不乘其无备袭之,与瑴战于城东;瑴败,宵奔燕山,王安中纳而匿之。平州都统张忠嗣及张敦固出降金,金遣使与敦固入谕城中,城中人杀其使者,立敦固为都统,闭门固守。

纲 诏杀张瑴,函首以畀金。

目 金人以纳叛来责,朝廷初不欲发遣,金人索之益急,王安中取貌类瑴者斩其首与之。金曰:"非瑴也。"遂欲以兵攻燕。朝廷不得已,令安中缢杀之,函其首,并瑴二子送于金,于是燕降将及常胜军士皆泣下。郭药师曰:"金人欲瑴即与,若求药师亦将与之乎!"安中惧,因力求罢,以蔡靖知燕山府事。自是,降将卒皆解体,而金人遂用此兴师矣。

纲鉴易知录卷七六

宋纪

徽宗皇帝

纲 甲辰，六年，春正月，夏称藩于金，金以边地界之。

纲 三月，金人来索粮，不与。

纲 闰月，京师、河东、陕西地震。

纲 夏四月，起复李邦彦为尚书左丞。

纲 六月，金人陷平州。

纲 秋八月，谭稹罢，复以童贯领枢密院事，两河、燕山路宣抚使。

纲 九月，以白时中为太宰，李邦彦为少宰，赵野、宇文粹中为尚书左、右丞，蔡懋同知枢密院事。

纲 冬十一月，王黼有罪，免。

纲 十二月，诏蔡京复领三省事。

纲 河北、山东盗起。

纲 都城有女子生髭，诏度为道士。

目 都城中酒保朱氏女忽生髭，长六七寸，疏秀甚美，宛然一男子。特诏为道士。又有卖青果男子，孕而诞子。

纲 乙巳，七年，春正月，辽延禧如党项。二月，至应州，金将娄室获之以归。

纲 辽耶律大石称帝于起儿漫。

纲 夏四月，勒蔡京致仕。

纲 复元丰官制。

纲 六月，封宦者童贯为广阳郡王。

纲 前宝文阁待制刘安世卒。

目 安世为章惇、蔡卞、蔡京所忌，连贬窜，极远恶地无不历之，至是卒。安世少从学于司马光，平居坐不倾倚，书不草率，不好声色货利，忠孝正直，皆取则于光。除谏官，在职累年，正色立朝，其面折廷诤，或逢盛怒，则执简却立，俟威少霁，复前抗辞，旁列者见之，蓄缩耸汗。年既老，群贤凋丧略尽，岿然独存，以是名望益重。梁师成用事，能生死人，心服其贤，求得小吏吴默常趋走前后者，使持书啖以即大用。默劝为子孙计，安世笑谢曰："吾若为子孙计，不至是矣。"还其书，不答。苏轼尝评元祐人物曰："器之真铁汉。"

纲 秋八月，金吴乞买废辽延禧为海滨王。

纲 九月，有狐升御榻而坐。

目 时又有都城东门外鬻菜夫，至宣德门下，忽若迷罔，释荷担向门戟手，且詈云："太祖皇帝、神宗皇帝使我来道，尚宜速改也。"逻卒捕之，下开封狱。一夕方省，则不知向者所为，乃于狱中尽之。

纲 冬十月，金将粘没喝、斡离不分道入寇。

纲 十一月，太常少卿傅察使金，不屈，死之。

目 察为金贺正使，至境上，遇斡离不兵，胁之使拜且降；不拜，左右捽之伏地，愈植立，反复论辨不屈，遂遇害。察，尧俞从孙也，十八登进士，蔡京尝欲妻以女，拒弗答。平居恂恂然若无所可否，及仓猝徇义，闻者莫不壮之，后谥忠肃。

纲 召种师道为两河制置使。

纲 十二月，童贯自太原逃归。金粘没喝陷朔、代州，遂围太原。

目 先是，金人遣使来，许割蔚、应州及飞狐、灵丘县，帝信之，遣童贯往受地。至太原，闻粘没喝自云中南下，贯乃使马扩、辛兴宗往，使谕以交割地事。扩至，粘没喝曰："尔尚欲此两州两县邪？汝家别削数城来，可赎罪也！汝辈可即去。"扩还报，请贯速作备御，贯不从。既而粘没喝遣王介儒、撒离拇持书至太原，责以渝盟纳叛等事，词语甚倨。贯问之曰："如此大事，何不素告我？"撒离拇曰："兵已兴，何告为！宜速割河东、河北，以大河为界，用存宋朝宗社，乃报国也。"贯闻之气褫，不知所为，即欲假赴阙禀议为名，遁还京师。知太原府张孝纯止之曰："金人渝盟，大王当会诸路将士极力枝梧。今大王去，人心必摇，是以河东与金也。河东既失，河北岂可保邪！愿少留，共图报国。兼太原地险城坚，人亦习战，未必金便能克也。"贯怒，叱之曰："贯受命宣抚，非守土也。必欲留贯，置帅臣何为？"遂行。孝纯叹曰："平生童太师作几许威望，及临事，乃蓄缩畏慑，奉头鼠窜，何面目复见天子乎！”粘没喝引兵降朔州，克代州，都巡检使李翼力战，被执，骂贼死。粘没喝遂进围太原，孝纯悉力固守。

纲 金斡离不入檀、蓟州，郭药师以燕山叛降金，金尽陷燕山州县。

纲 诏内侍梁方平帅卫士守黎阳。

纲 以皇太子为开封牧。

目 帝以金师日迫为忧。蔡攸探知帝意欲内禅，引给事中吴敏入对，宰执皆在，敏前奏事，且曰：“金人渝盟，举兵犯顺，陛下何以待之？”帝蹙然曰：“奈何！”时东幸计已定，命李棁先出守金陵，敏退诣都堂言曰：“朝廷便为弃京师计，何理也？此命果行，须死不奉诏！”宰执以为言，棁遂罢行，而以太子为开封牧。

纲 诏天下勤王，许臣庶直言极谏，罢道官及行幸诸局。

目 初，宇文虚中为童贯参议官，虚中以庙谟失策，主帅非人，将有纳侮自焚之祸，上书极言之，王黼大怒；又累建防边策议，皆不报。及金人南下，贯与虚中还朝，帝谓虚中曰：“王黼不用卿言，今事势若此，奈何！”虚中对曰：“今日宜先降诏罪己，更革弊端，俾人心天意回，则备御之事，将帅可以任之。”帝即命虚中草诏，帝览之曰：“今日不吝改过，可便施行。”虚中又请出宫人、罢道官及大晟府行幸局暨诸局务。

纲 召熙河经略使姚古、秦凤经略使种师中将兵入援。

纲 以吴敏为门下侍郎。

目 帝东幸之意益决，太常少卿李纲谓敏曰：“建牧之议，岂非欲委太子以留守之任乎？今敌势猖獗，非传太子以位号，不足以招徕天下豪杰。”敏曰：“监国可乎？”纲曰：“肃宗灵武之事，不建号不足以复邦，而建号之议不出于明皇，后世惜之。上聪明仁恕，公曷不为上言之。”翌日，敏入对，具以纲言白帝。帝即召纲入议，纲刺血上疏曰：“皇太子监国，礼之常也。今大敌入攻，安危存亡，在呼吸间，犹守常礼可乎！名分不正而当大权，何以号召天下？若假皇太子以位号，使为陛下守宗社，收将士心，以死捍敌，天下可保。”帝意遂决。明日，宰臣奏事，帝留李邦彦，语敏、纲所言；遂拜敏门下侍郎，草诏传位。

纲 帝传位于太子，太子即位，尊帝为教主道君太上皇帝，皇后为太上皇后。

纲 以李纲为兵部侍郎。

目 纲上书言："方今中国势弱，君子道消，法度纪纲，荡然无统。陛下履位之初，当上应天心，下顺人欲，攘除外患，使中国之势尊，诛锄内奸，使君子之道长，以副道君皇帝付托之意。"召对延和殿，时金议割地，纲言："祖宗疆土，当以死守，不可以尺寸与人。"帝嘉纳之，拜兵部侍郎。

纲 立皇后朱氏。

纲 以耿南仲签书枢密院事。

纲 遣给事中李邺使金。

目 告内禅，且请修好。邺至庆源府。斡离不欲还，郭药师曰："南朝未必有备，不如姑行。"从之。

纲 太学生陈东上书，请诛蔡京等六人。

目 时天下皆知蔡京等误国，而用事者多受其荐引，莫肯为帝明言之。东率诸生上书曰："今日之事，蔡京坏乱于前，梁师成阴贼于内，李彦结怨于西北，朱勔聚怨于东南，王黼、童贯又从而结怨于二虏，创开边隙，使天下势危如丝发。此六贼者，异名同罪，伏愿陛下擒此六贼，肆诸市朝，传首四方，以谢天下。"

钦宗皇帝

纲 丙午，钦宗皇帝靖康元年，春正月，诏中外臣庶直言得失。

目 自金人犯边，屡下求言之诏，事稍缓，则阴沮抑之，当时有"城门闭，言路开；城门开，言路闭"之语。

纲 梁方平之师溃于黎阳，金人遂渡河。

目 金斡离不陷相、浚二州。时方平帅禁旅屯于黎阳河北岸，金将迪古补奄至，方平奔溃。河南守桥者望见金兵旗帜，烧桥而遁，河北、河东路制置副使何灌帅兵二万退保滑州，亦望风迎溃，官军在河南者无一人御敌。金人遂取小舟以济，凡五日，骑兵方绝，步兵犹未渡也。旋渡旋行，无复队伍，金人笑曰："南朝可谓无人，若以一二千人守河，我岂得渡哉！"遂陷滑州。

纲 以吴敏知枢密院事，李棁同知院事。

纲 窜王黼于永州；赐李彦死，并籍其家；放朱勔归田里。黼至雍丘，盗杀之。

纲 太上皇出奔亳州，遂如镇江。

目 帝闻斡离不济河，即下诏亲征，以蔡攸为太上皇帝行宫使，宇文粹中为副使，奉上皇东行以避敌。庚午，上皇如亳州，于是百官多潜遁。初，童贯在陕西募长大少年，号胜捷军，几万人，以为亲军，及自太原还京，适上皇南幸，贯即以是军自随。上皇过浮桥，卫士攀望号恸，贯惟恐行不速，使亲军射之，中矢而踣者百余人，道路流涕。蔡京亦尽室南行，为自全之计。辛巳，上皇至镇江。

纲 以李纲为尚书右丞、东京留守，兼亲征行营使。京师戒严。

目 宰执议请帝出幸襄、邓以避敌锋。行营参谋官李纲曰："道君皇帝挈宗社以授陛下，委而去之，可乎？"帝默然。白时中谓都城不可守，纲曰："天下城池岂有如都城者，且宗庙、社稷、百官、万民所在，舍此欲何之？今日之计，当整饬军马，固结人心，相与坚守，以待勤王之师。"帝问："谁可将者？"纲曰："白时中、李邦彦等虽未必知兵，然藉其位号，抚将士以抗敌锋，乃其职也。"时中勃然曰："李纲莫能将兵出战否？"纲曰："陛下不以臣庸懦，傥使治兵，愿以死报。"乃以纲为尚书右丞、东京留守。纲为帝力陈不可去之意，且言："明皇闻潼关失守即时幸蜀，宗庙、朝廷毁于贼手。今四方之兵不日云集，奈何轻举以蹈明皇之覆辙乎！"会内侍奏中宫已行，帝色变，仓卒降御榻曰："朕不能留矣。"纲泣拜，以死邀之，帝顾纲曰："朕今为卿留。治兵御敌之事，专责之卿，勿致疏虞。"纲皇恐受命。宰臣犹请出幸不已，帝从之。纲趋朝，则禁卫擐甲，乘舆已驾矣。纲急呼禁卫曰："尔等愿守宗社乎？愿从幸乎？"皆曰："愿死守。"纲入见曰："陛下已许臣留，复戒行，何也？今六军父子妻孥皆在都城，愿以死守，万一中道散归，陛下孰与为卫？敌兵已逼，知乘舆未远，以健马疾追，何以御之？"帝感悟而止，禁卫六军闻之无不悦者，皆拜伏呼万岁。乃命纲兼行营使，以便宜从事。纲治守战之具，不数日而毕。

纲 白时中免，以李邦彦为太宰，张邦昌为少宰，赵野为门下侍郎，王孝迪为中书侍郎，蔡懋为尚书左丞。

纲 遣使督诸道兵入援。

纲 金斡离不围京师，李纲力战御之。金人来议和，诏出内帑及括借士民金帛与之，遣康王构及少宰张邦昌往为质。

目 癸酉，斡离不军抵汴城，据牟驼冈。帝召群臣议之，李邦彦力请割地求和，李纲以为击之便。帝竟从邦彦计，命虞部员外郎郑望之及高世则使其军，未至，遇金使吴孝民来，因与偕还。是夜，金人攻宣泽门，李纲御之，斩获百余人，金人知有备，又闻道君已内禅，乃退。

甲戌，孝民入见，问纳张瑴事，令执送童贯、谭稹、詹度，且言曰："上皇朝事已往，不必计。今少帝与金别立誓书结好，仍遣亲王、宰相诣军前可也。"帝因求大臣可使者，李纲请行，帝不许，而命李棁。纲曰："安危在此一举，臣恐李棁怯懦，误国事也。"不听，遂命棁使金军。棁至，斡离不谓之曰："汝家京城，破在顷刻，所以敛兵不攻者，徒以少帝之故，欲存赵氏宗社，我恩大矣。今若欲议和，当输金五百万两，银五千万两，牛、马万头，表段百万匹；尊金帝为伯父；归燕、云之人在汉者；割中山、太原、河间三镇之地，而以宰相、亲王为质，送大军过河，乃退尔。"因出事目一纸付棁，遣还。棁等唯唯，不敢措一言，遂与金使萧三宝奴、耶律忠、王汭等偕来。凡金人所要求，皆郭药师教之也。

乙亥，金人攻天津、景阳等门，李纲亲督战，募壮士缒城而下，自卯至酉，斩其酋长十余，杀其众数千人，何灌力战而死。丙子，棁至，李邦彦等力劝帝从金议，帝乃括借都城金、银及倡优家财，得金二十万两，银四百万两，而民间已空。李纲言："金人所需金币，竭天下且不足，况都城乎！三镇，国之屏蔽，割之何以立国？至于遣质，则宰相当往，亲王不当往。若遣辩士姑与之议所以可不可者，宿留数日，大兵四集，彼孤军深入，虽不得所欲亦将速归；此时与之盟，则不敢轻中国，而和可久也。"李邦彦等言："都城破在旦夕，尚何有三镇？而金币之数又不足较。"帝默然。纲不能夺，因求去。帝慰谕之曰："卿第出治兵，此事当徐图之。"纲退，则誓书已成，称"伯大金国皇帝，侄大宋皇帝"，金币、割地、遣质、更盟，一依其言。遣沈晦以誓书先往，并持三镇地图示之。

庚辰，以张邦昌为计议使，奉康王构往金军为质以求成。初，邦昌与邦彦等力主和议，不意身自为质，及行，乃邀帝署御批，无变割地议，帝不许。康王与邦昌乘筏渡壕，自午至夜始达金营。康王，道君皇帝第九子，韦贤妃所生也。

纲 以唐恪同知枢密院事。

纲 都统制马忠败金人于顺天门。

目 金游骑大掠于城下，忠以京西募兵适至，击金人，败之于顺天门外。金师遂收敛为一，西路稍通，援兵得达。

纲 以路允迪签书枢密院事，如金粘没喝军。种师道帅师入援；以师道同知枢密院事，统四方勤王兵。

目 师道至洛，闻斡离不已屯东城下，或止师道，言"贼势方锐，愿少驻汜水以谋万全"。师道曰："吾兵少，若迟回不进，形见情露，祇取辱焉。今鼓行而进，彼安能测我虚实？都人知吾来，士气自振，何忧贼哉！"揭榜沿道，言"种少保领西兵百万来"，遂抵京西，趋汴水南，径逼敌营。金人惧，徙砦稍北，敛游骑，但守牟驼冈，增垒自卫。

时师道年高，天下称为老种。帝闻其至，甚喜，开安上门，命李纲迎劳。师道入见，帝问曰："今日之事，卿意若何？"对曰："女真不知兵，岂有孤军深入人境，而能善其归乎！"帝曰："业以讲好矣。"对曰："臣以军旅之事事陛下，余非所敢知也。"遂拜同知枢密院事，充京畿、河北、河东宣抚使，统四方勤王兵及前后军，以姚平仲为都统制。师道时被病，命毋拜，许肩舆入朝。金使王汭在廷颉颃，望见师道，拜跪稍如礼。帝顾笑曰："彼为卿故。"师道请"缓给金币于金，俟彼惰归，扼而歼诸河，计之上也"。李邦彦不从。

纲 以杨时为右谏议大夫兼侍讲。

目 时言："今日之事，当以收人心为先；人心不附，虽有高城深池，坚甲利兵，不足恃也。童贯为三路大帅，弃军逃归，朝廷置之不罪，故梁方平之徒相继而遁。当正典刑，以为不忠之戒。自贯握兵二十余年，覆军杀将，驯至今日；比闻防城，仍用阉人，覆车之辙，不可复蹈。"疏上，遂有是命。

纲 贬梁师成为彰化节度副使，寻赐死。

纲 二月，都统制姚平仲将兵夜袭金营，不克而遁。

目 时朝廷日输金币于金，而金人需求不已，日肆屠掠。四方勤王之师渐至，李纲言："金人贪婪无厌，凶悖日甚，其势非用师不可。且敌兵号六万，而吾勤王之师集城下者已二十余万，彼以孤军入重地，犹虎豹自投陷阱中，当以计取之，不必与角一旦之力。若扼河津，绝饷道，分兵复畿北诸邑，而以重兵临敌营，坚壁勿战，俟其食尽力疲，然后以一檄取誓书、复三镇，纵其北归，半渡而击之，此必胜之计也。"帝深然之，约日举事。种氏、姚氏皆素为山西巨室，平仲以父古方帅熙河兵入援，虑功名独归种氏，乃云："士不得速战，有怨言。"帝闻之以语李纲，纲主其议，令城下兵缓急听平仲节度。帝日遣使趣师道战，师道欲俟其弟师中至，因奏言"过春分乃可击"。时相距才八日，帝以为缓；平仲请先期击之。二月朔，平仲帅步骑万人，夜斫敌营，欲生擒斡离不及取康王以归。夜半，帝遣中使谕李纲曰："姚平仲已举事，卿速援之。"平仲方发，金候吏觉之，斡离不遣兵迎击。平仲兵败，惧诛，亡去。李纲率诸将出救，遂与金人战于幕天坡，以神臂弓射却之。师道复言："劫寨已误，然兵家亦有出其不意者；今夕再遣兵分道攻之，亦一奇也。如犹不胜，然后每夕以数千人扰之，不十日贼遁矣。"李邦彦等畏懦，皆不果用。

纲 罢李纲以谢金人。

目 斡离不召诸使者诘责用兵违誓之故。张邦昌恐惧涕泣，康王不为动，金人异之，乃使王汭来致责，且请更以他王为质。汭至，李邦彦语之曰："用兵乃李纲、姚平仲尔，非朝廷意也。"因罢李纲以谢金人，废亲征行营司。

时宇文虚中闻汴京急，驰归，收合散卒，得东南兵二万人，以便宜起李邈领之，令驻于汴、河。会姚平仲失利，援兵西来者皆溃，虚中缒而入京。帝欲遣人奉使辨劫营非朝廷意，大臣皆不欲行，虚中承命，慨然而往。

纲 太学生陈东上书，请复用李纲，诏以纲为尚书右丞、京城防御使。

纲 东等千余人上书于宣德门，言"李纲奋勇不顾，以身任天下之重，所谓'社稷之臣'也。李邦彦、白时中、张邦昌、赵野、王孝迪、蔡懋、李棁之徒，庸缪不才，忌嫉贤能，动为身谋，不恤国计，所谓'社稷之贼'也。陛下拔纲，中外相庆，而邦彦等疾如仇雠，恐其成功，因缘沮败。罢纲，非特堕邦彦等计中，又堕虏计中也。乞复用纲而斥邦彦等，且以阃外付种师道，宗社存亡在此举，不可不谨。"书奏，军民不期而集者数万人。帝乃复纲右丞，充京城四壁防御使。既而都人又言："愿见种师道。"诏趋师道入城弹压。师道乘车而至，众褰帘视之，曰："果我公也。"相麾声喏而散。吴敏奏东为士学录，东力辞以归。

纲 除元祐党籍学术之禁。

纲 更以肃王枢为质于金,康王构还。

目 宇文虚中冒锋镝至金营,次日,金遣王汭随虚中入城,要越王及李邦彦、吴敏、李纲并驸马曹晟等,与金银骡马之类,且欲御笔书定三镇界,方退军。明日,帝命肃王往代质,康王、张邦昌还。

纲 以徐处仁为中书侍郎,宇文虚中签书枢密院事。蔡懋罢。

纲 诏割三镇地以畀金,金斡离不引兵北去,京师解严。

目 初,金人犯城,蔡懋禁不得辄施矢石,将士积愤。及李纲复用,下令能杀敌者厚赏,众无不奋跃。金人惧,稍稍引却。至是,宇文虚中复奉诏如金,许割三镇地;斡离不得诏,遂不俟金币数足,遣韩光裔来告辞,退师北去,肃王从之,京师解严。

种师道请乘其半济击之,帝不许。师道曰:"异日必为国患。"御史中丞吕好问进言于帝曰:"金人得志,益轻中国,秋、冬必倾国复来。御敌之备,当速讲求。"不听。

纲 李邦彦免。

目 邦彦无所建明,惟阿顺趋诏而已,都人目为"浪子宰相"。

纲 以张邦昌为太宰,吴敏为少宰,李纲知枢密院事,耿南仲、李棁为尚书左、右丞。

纲 宇文粹中罢。

纲 姚古、种师中及府州将折彦质以兵入援。

目 姚古、种师中及府州帅折彦质各以兵勤王,凡十余万人,至汴城下,而斡离不已退。李纲请诏古等追之,且戒俟其间可击则击;而三省乃令护送出之,勿轻动以启衅。时大臣政令矛盾,故迄无成功。

纲 种师道罢。

目 中丞许翰言:"师道名将,沉毅有谋,不可使解兵柄。"帝谓其老难用,翰曰:"秦始皇老王翦而用李信,兵辱于楚;汉宣帝老赵充国而卒能成金城之功。自吕望以来,以老将收功者难一二数。师道智虑未衰,虽老,可用也。"帝不纳。翰又言:"金人此去,存亡所系,当令一大创,使失利去,则中原可保,四夷可服;不然,将来再举,必有不救之患。宜遣师邀击之。"帝亦不听。

纲 以杨时兼国子祭酒。

目 时知无不言，然不见听。及太学生留李纲、种师道，吴敏乞用时以靖太学，因召对，时言："诸生忠于朝廷，非有他意，但择老成有行谊者为之长贰，则将自定。"帝曰："无以逾卿。"遂用之。

纲 金粘没喝入威胜军，陷隆德府。

目 粘没喝攻太原，悉破诸县，独城中以张孝纯固守不下。平阳府叛卒导金兵入南北关，粘没喝叹曰："关险如此，而使我过之，南朝可谓无人矣！"既过，知威胜军李植以城降，遂攻下隆德府，知府张确死之；进屯泽州。

纲 贬蔡京为秘书监，童贯为左卫上将军，蔡攸为大中大夫。

纲 梁方平伏诛。

纲 王孝迪罢。

纲 以聂昌为东南发运使，未行而罢。

目 初上皇南幸，童贯、高俅等以兵扈从。既行，闻都城受围，乃止东南邮传及勤王之师。道路籍籍，言贯等为变，朝议以户部尚书聂昌为发运使，往图之。李纲曰："使昌所图果成，震惊太上，此忧在陛下；万一不果，是数人者挟太上于东南，求剑南一道，陛下将何以处之？莫若罢聂昌之行，请于太上，去此数人，自可不劳而定。"帝从之。

纲 金粘没喝还云中，留军围太原。

纲 三月，张邦昌、李棁免。

纲 以徐处仁为太宰，唐恪为中书侍郎，何桌为尚书右丞，许翰同知枢密院事。

目 帝召处仁问割三镇是否，处仁言"不当弃"，与吴敏议合，敏荐处仁可相，遂拜太宰。时进见者多论宣和间事，恪言于帝曰："革弊当以渐，宜择今日之所急者先之，而言者不顾大体，至毛举前事，以快一时之愤，岂不伤太上之心哉！京、攸、贯、黼之徒，既从窜斥，姑可已矣，他日边事既定，然后白太上，请下一诏，舆天下共弃之，谁曰不可？"帝曰："卿论甚善，为朕作诏书，以此意布告在位。"

纲 宇文虚中免。

纲 诏种师道屯滑州，姚古、种师中援三镇。古复隆德府、威胜军，师中追斡离不至北鄙而还。

目 诏："金人要盟，终不可保。今粘没喝深入，南陷隆德，先败元约，朕夙夜追咎，已黜罢原主和议之臣，其太原、中山、河间三镇，保塞、陵寝所在，誓当固守。”于是命种师道为河北、河东宣谕使，驻滑州；姚古为河北制置使，种师中副之。古总兵援太原，师中援中山、河间。斡离不行至中山、河间，两镇皆固守不下，师中因进兵以逼之，斡离不遂出境。姚古以兵复隆德、威胜，扼南北关。

纲 诏李纲迎太上皇于南京。

目 时用事者言太上将复辟于镇江，人情危骇。既而太上还至南京，以书问改革政事之故，且召吴敏、李纲。或虑太上意不可测，纲曰：“此无他，不过欲知朝廷事尔。”纲往，具道皇帝圣孝思慕，请陛下蚤还京师。太上因及行宫止递角等事，纲曰：“当时恐金人知行宫所在，非有他也。”因言：“皇帝每得诘问之诏，辄忧惧不食。臣窃譬之，家长出而强寇至，子弟之任家事者不得不从宜措置，长者但当以其能保田园大计而慰劳之，苟诛及细故，则为子弟者何所逃其责邪！陛下回銮，臣谓宜有以大慰皇帝之心，勿问细故可也。”太上感悟，出玉带、金鱼、象简赐纲，且曰：“卿捍守宗社有大功，若能调和父子间，使无疑阻，当遂垂名青史。”纲遂具道太上意，帝始释然。

纲 夏四月，太上皇至京师。

目 太上将至，宰执进迎奉仪注，耿南仲议欲屏太上左右，车驾乃进。李纲言：“天下之理，诚与疑、明与暗而已。自诚明推之，可至于尧、舜，自疑暗推之，其患有不可胜言者。耿南仲不以尧、舜之道辅陛下，乃暗而多疑。”南仲怫然曰：“臣适见左司谏陈公辅，乃为李纲结士民伏阙者，乞下御史置对。”上愕然。纲曰：“臣与南仲所论国事也，南仲乃为此言，臣何敢复有所辨。”因求去，帝不允。

纲 立子谌为皇太子。

纲 以耿南仲为门下侍郎，赵野免。

纲 以种师道为两河宣抚使。

纲 复以诗赋取士，禁用王安石字说。

纲 召河南尹焞至京师，赐号和靖处士，遣还。

纲 焞，洛人，师事程颐，绍圣初尝应举，发策有诛元祐诸臣议，焞曰：“噫，尚可以干禄乎哉！”不对而出，告颐曰：“焞不复应进士举矣。”颐曰：“子有母在。”焞归告其母，母曰：“吾知汝以善养，不知汝以禄养。”颐闻之曰：“贤哉母也。”于是终身不就举，聚徒洛中，非吊丧问疾不出，士大夫宗仰之。种师道荐焞德行，召至京师，不欲留，赐号和靖处士遣还。户部尚书梅执礼及侍郎邵溥、中丞吕好问、中书舍人胡安国合奏："焞言动可以师法，器识可以任大，乞擢用之。"不报。

纲 五月，罢王安石配享孔子，犹从祀庙庭。国子祭酒杨时致仕。

目 时上言："蔡京用事二十年，蠹国害民，几危宗社，人所切齿，而论其罪者莫知其所本也。盖京以继述神宗为名，实挟王安石以图身利，故推尊安石，加以王爵，配享孔子庙庭。今日之祸，实安石有以启之。安石挟管、商之术，饰六艺以文奸言，变乱祖宗法度，当时司马光已言'其为害当见于数十年之后'，今日之事，若合符契。其著为邪说以涂学者耳目，而败坏其心术者，不可缕数。伏望追夺王爵，明诏中外，毁去配享之象，使邪说淫辞不为学者之惑。"疏上，诏罢安石配享，降居从祀之列。

时诸生习用王氏学以取科第者已数十年，不复知其非，忽闻杨时目为邪说，群谕籍籍。于是中丞陈过庭、谏议大夫冯澥上疏诋时，乃罢时祭酒，诏改给事中。时力辞，遂以徽猷阁待制致仕。

时居谏垣九十日，凡所论列，皆切于世道，而其大者则辟王氏，排和议，论三镇不可弃云。

纲 诏种师中、姚古进军太原。师中与金人战于杀熊岭，败绩，死之；古军溃。

目 太原围不解，诏种师中由井陉，与姚古掎角。师中进次平定军，乘胜复寿阳、榆次等县，留屯真定。时粘没喝避暑还云中，留兵分就畜牧，觇者以为将遁，告于朝，许翰信之，数遣使趣师中出战，责以逗挠。师中叹曰："逗挠，兵家大戮也。吾结发从军，今老矣，忍受此为罪乎！"即日办严，约姚古及张灏俱进，而辎重赏犒之物皆不暇从行。师中抵寿阳之石坑，为金将完颜活女所袭，五战三胜；回趋榆次，至杀熊岭，去太原百里。姚古将兵至威胜，统制焦安节妄传粘没喝将至，故古与灏皆失期不至。师中兵饥甚，敌知之，悉众攻右军，右军溃，而前军亦奔，师中独以麾下死战，自卯至巳，士卒发神臂弓射退金人，而赏赉不及，皆愤怨散去，所留才百人。师中身被四创，力疾斗死。师中老成持重，为时名将，既死，诸军无不夺气。金乘胜进兵迎古，遇于盘陀，古兵溃，退保隆德。事闻，李纲召安节斩之，安置古于广州，而赠师中少师。

纲 六月,诏谏官极论阙失。

目 右正言崔鷃上疏曰:"谏议大夫冯澥,近上章言:'熙宁、元丰之间,士无异论,太学之盛也。'澥尚敢为此奸言乎!王安石除异己之人,著三经之说以取士,天下靡然雷同,陵夷至于大乱,此无异论之效也。蔡京又以学校之法驭士人如驭卒伍,有一异论,累及学官。其苛锢多士固已密矣,而澥犹以为太学之盛,欺罔不已甚乎!仁宗、英宗选敦朴敢言之士以遗子孙,安石目为流俗,一切逐去;司马光复起而用之,元祐之治天下安于泰山。及蔡京得志,引门生故吏,更持政柄,倡绍述之论以欺人主,使天下一于谄佞。绍述同风俗,而天下同于欺罔;绍述理财,而公私竭;绍述造士,而人才衰;绍述开边,而塞尘犯阙矣。京之术破坏天下已极,尚忍使其余蠹再破坏邪!京奸邪之计大类王莽,而朋党之众则又过之,愿斩之以谢天下。"

纲 召种师道还,以李纲为两河宣抚使。

目 京师自金兵退,上下恬然,置边事于不问,李纲独以为忧,数上备边御敌之策,不见听用。每有谋议,复为耿南仲等所沮。及姚古、种师中败溃,种师道以病丐归,南仲等请弃三镇,纲言不可,乃以纲为宣抚使,刘韐副之,以代师道;又以解潜为制置副使,以代姚古。纲言:"臣书生,实不知兵。在围城中,不得已为陛下料理兵事;今使为大帅,恐误国事。"因拜辞,不许。或谓纲曰:"公知所以遣行之意乎?此非为边事,欲缘此以去公,则都人无辞尔。公不起,上怒且不测,奈何!"许翰复书"杜邮"二字以遗纲,纲不得已受命,帝手书裴度传以赐之。宣抚司兵仅万二千人,纲请银绢钱各百万,仅得二十万。庶事皆未集,纲乞展行期,御批以为迁延拒命,趣召数四。纲入对,帝曰:"卿为朕巡边,便可还朝。"纲曰:"臣之行,无复还理。臣以愚直,不容于朝,使既行之后,无有沮难,则进而死敌,臣之愿也;万一朝廷执议不坚,臣自度不能有为,即当求去,陛下宜察臣孤忠以全君臣之义。"上为感动。陛辞,又为上道唐恪、聂昌之奸,任之必误国,言甚激切。

纲 路允迪免。

纲 谪左司谏陈公辅监合州酒税。

目 公辅居职敢言,耿南仲指为李纲之党,公辅因自列,且辞位。复言:"李纲书生,不知军旅,遣援太原,乃为大臣所陷,后必败事。"时宰怒其言，斥监合州酒务。

纲　天狗星陨。

纲　彗出紫微垣。

纲　秋七月，窜蔡京于儋州，道死。童贯、赵良嗣伏诛。

纲　李纲至怀州，诸军溃于太原。

目　纲留河阳十余日，练士卒，修整器甲之属，进次怀州，造战车，期兵集大举，而朝廷降诏罢所起兵。纲上疏言："秋高马肥，敌必深入，宗社安危，殆未可知。防秋兵尽集，尚恐不足，今河北、河东日告危急，未有一人一骑以副其求，奈何甫集之兵又皆散遣！且以军法勒诸路起兵，而以寸纸罢之，臣恐后时有所号召，无复应者矣！"疏上，不报，趣赴太原。纲乃遣解潜屯威胜军，刘韐屯辽州，幕官王以宁与都统制折可求、张思正等屯汾州，范琼屯南北关，皆去太原五驿，约三道并进。时诸将皆承受御画，事皆专达，进退自如，宣抚司徒有节制之名，多不遵命。于是刘韐兵先进，金人并力御之，韐兵溃。潜与敌遇于关南，亦大败。思正等领兵十七万，与张灏夜袭金娄室军于文水，小捷，明日战，复大败，死者数万人。可求师溃于子夏山。于是威胜军、隆德府、汾、晋、泽、绛民皆渡河南奔，州县皆空。

纲　八月，复以种师道为两河宣抚使，召李纲还。

目　纲以张灏等违节制而败，又上疏极论节制不专之弊，且言："分路进兵，贼以全力制吾孤军，不若合大兵由一路进。"及范世雄以湖南兵至，因荐为宣抚判官，方欲会合亲率击虏，会以议和止纲进兵；纲亦求罢，遂代还。

纲　金粘没喝、斡离不复分道入寇。

纲　徐处仁、吴敏、许翰罢，以唐恪为少宰，何桌为中书侍郎，陈过庭为尚书左丞，聂昌同知枢密院事，李回签书院事。

纲　九月，金粘没喝陷太原，副都总管王禀等死之。

目　粘没喝乘胜急攻太原，知府张孝纯力竭不能支，城遂陷，孝纯被执，既又释而用之。副都总管王禀负原庙中太宗御容赴汾水死，通判方笈、转运韩揆等三十人皆被害。金分兵陷汾州，知州张克戬毕力扞御，城破犹巷战，不克，乃南向拜，自引决，一家死者八人。

纲　蔡攸、朱勔伏诛。

纲 以王寓为尚书左丞。

纲 罢李纲知扬州，谪中书舍人刘珏、胡安国于远州。

目 安国初为太学博士，蔡京恶其异己，坐事除名，张商英相始得复官。帝即位，召赴京师，入对，言："明君以务学为急，圣学以正心为要。"语甚剀切，日昃始退。耿南仲闻其言而恶之，力间于帝，帝不为动。中丞许翰入见，帝谓曰："卿识胡安国否？"翰对曰："自蔡京得政，士大夫无不受其笼络；超然远迹，不为所污，如安国者实鲜。"遂除中书舍人。

及言者论李纲专主战议，丧师费财，罢知扬州。舍人刘珏当制，谓纲勇于报国，吏部侍郎冯澥言珏为纲游说，珏坐贬。安国封还词头，且论澥越职论事，耿南仲大怒，何桌从而挤之，遂出知通州。

安国在省一月，多在告之日，及出，必有所论列。或曰："事之小者，盍姑置之。"安国曰："事之大者，无不起于细微。今以小事为不必言，至于大事又不敢言，是无时可言也。"人服其论。

纲 罢西南勤王兵。

目 金师日逼，南道总管张叔夜，陕西制置使钱盖，各统兵赴阙。唐恪、耿南仲专主和议，函檄止诸军勿前，遣给事中黄谔由海道使金以请和。

纲 金斡离不陷真定，都钤辖刘竧死之。

目 种师闵及金斡离不战于井陉，败绩，斡离不遂入天威军，犯真定。竧率众昼夜搏战，久之城陷，竧巷战，麾下稍稍散亡，竧顾其弟曰："我大将也，可受贼戮乎！"因挺刃欲夺门出，不果，自缢死。知府李邈被执北去。

纲 冬十月，安置李纲于建昌军。

纲 金遣使来。

纲 罢御史中丞吕好问。

目 金人复至，大臣不知所出，遣使讲解。金人佯许，而攻略自如。诸将以和议故，皆闭壁不出。好问乃请"亟集沧、滑、邢、相之戍以遏奔冲，而列勤王之师于畿邑以卫京城"。疏入，不省。金人陷真定，攻中山，上下震骇，廷臣狐疑相顾，犹以和议为辞。好问率台属劾大臣"畏懦误国"，坐贬知袁州；帝闵其忠，下迁吏部侍郎。

纲　召种师道还，寻卒。

目　师道次河阳，遇王汭，揣敌必大举，亟上疏请幸长安以避其锋。大臣以为怯，召还，以范讷代之。师道寻卒，谥曰忠宪。

纲　十一月，诏百官议三镇弃守。

目　先是遣王云使金军，许以三镇赋入之数，至是云还言："金人必欲得三镇，不然则进兵取汴都。"中外震骇，诏集从官于尚书省议割三镇。百官多请割与以纾国祸，何㮚曰："三镇，国之根本，奈何一旦弃之！且金人无信，割亦来，不割亦来。"唐恪、耿南仲等力主割地，㮚论辨不已，因曰："河北之民皆吾赤子，弃地则并其民弃之，为民父母而弃其子可乎！"帝悟，乃止。

纲　金粘没喝陷河东诸州郡；李回、折彦质师溃，金人遂渡河，陷西京。诏冯澥使金军请和。

纲　下哀痛诏，征兵于四方。

纲　诏王云副康王构使金军，许割三镇。至磁州，州人杀云，构还次相州。

目　云固请康王往使，诏云以资政殿学士副王使斡离不军，许割三镇。王由滑、濬至磁州，守臣宗泽迎谒曰："肃王一去不返，今敌又诡辞以致大王。其兵已迫，复去何益，愿勿行！"先是，王云奉使过磁、相，劝两郡撤近城民舍，运粟入堡，为清野之计，民怨之。及是次磁，会康王出谒嘉应神祠，云在后，民遮道谏王勿北去，厉声指云曰："真奸贼也！"执云杀之。

时斡离不军济河，游奕日至磁城下踪迹王所在。知相州汪伯彦亟以帛书请王如相，服櫜鞬，部兵以迎于河上。王遂行，至相，劳伯彦曰："他日见上，当首以京兆荐公。"由是受知。议者以为是役云不死，王必至金，无复还理。

相州汤阴人岳飞，少负气节，家贫力学，尤好左氏春秋、孙吴兵法，有神力，能挽弓三百斤，弩八石。刘韐宣抚真定，募敢战士，飞舆焉，屡擒剧贼。至是，因刘浩以见，王以为承信郎。

纲　何㮚罢。以陈过庭为中书侍郎，孙傅为尚书右丞。

纲　以郭京为成忠郎，选六甲兵以御金。

纲　遣耿南仲、聂昌使金军，许尽割两河地。昌为绛人所杀，南仲奔相州。

目　斡离不亦遣使来议割两河地，帝许之，命耿南仲如河北斡离不军。聂昌如河东粘没喝军。昌行至绛，钤辖赵子清麾众杀昌，抉其目而脔之。南仲与金使王汭偕行，至卫州，卫乡兵欲杀汭，汭脱去，南仲遂奔相州，以帝旨谕康王起河北兵入卫京师，因联署募兵榜揭之，人情始安。

纲　以孙傅同知枢密院事，曹辅签书院事。

纲　以范致虚为陕西五路宣抚使，会兵入援。

纲　金人入怀州，知州事霍安国等死之。

纲　金斡离不、粘没喝围京城，要帝出盟。

目　斡离不自真定趋汴，仅二十日至城下。粘没喝自河阳来会，使刘晏来要帝出盟。时西南两道援兵，为唐恪、耿南仲遣还，于是四方无一人至者。城中惟卫士及弓箭手七万人，乃以万人分作五军，备缓急救护，命姚友仲、辛永宗分领之，以五万七千人分四壁守御。

纲　李回免。

纲　南道都总管张叔夜将兵勤王。

目　叔夜闻召，即日自将中军，令子伯奋将前军，仲雄将后军，合三万余人与金游兵转战而前。至都下，帝御南薰门见之，军容甚整。入对，言“贼锋甚锐，愿如明皇之避禄山，暂诣襄阳，以图幸雍”。帝不答。

纲　复元丰三省官名。

纲　以何桌为门下侍郎。

纲　闰月，唐恪免，以何桌为尚书右仆射，兼中书侍郎。

纲　冯澥至自金军，以为尚书左丞。

纲　诏张叔夜签书枢密院事，将兵入城。

纲　诏康王构为天下兵马大元帅。

目　殿中侍御史胡唐老言：“康王奉使至磁，为士民所留，乃天意也。乞就拜为大元帅，俾率天下兵入援。”何桌以为然，密草诏稿上之。帝令募死士，得秦仔、刘定等四人，遣持蜡诏如相州，拜王为兵马大元帅，陈遘为元帅，汪伯彦、宗泽为副元帅，使尽起河北兵速入卫。仔至相州，于顶发中出诏，王读之呜咽，军民感动。

纲　彗星出，长竟天。

纲　郭京出御金军，败走，京城陷；帝如金营请降。

目　金人攻通津、宣化门，何桌数趣郭京出师，京徙期再三。至是，京尽令守御人下城，毋得窃窥，因大启宣化门出攻金师。京与张叔夜坐城楼上，金兵分四翼噪而前；京兵败，退走，堕死于护龙河，填尸皆满，城门急闭。京白叔夜曰："须自下作法。"因下城引余众南遁。金兵遂登城，四壁兵皆溃，京城遂陷。帝闻城陷，恸哭曰："不用种师道言，以至于此！"

何桌欲亲率都民巷战，金人宣言议和退师，乃止。帝闻金人欲和而退，命何桌及济王栩使其军以请成。粘没喝、斡离不曰："自古有南即有北，不可相无也。今之所议，期在割地而已。"桌还，言金人欲邀上皇出郊，帝曰："上皇惊忧而疾，必欲之出，朕当亲往。"遂如粘没喝军，奉表请降。桌喜和议成，既归都堂，作会饮酒，谈笑终日。

纲　十二月，康王构帅师入卫，次于东平。

目　康王开大元帅府于相州，有兵万人，分为五军而进。既渡河，次于大名。宗泽以二千人与金人力战，破其三十余砦，履冰渡河见王曰："京城受围日久，入援不可缓。"王纳之。既而知信德府梁扬祖以三千人至，张俊、苗傅、杨沂中、田师中等皆在麾下，兵威稍振。会帝遣曹辅赍蜡诏至，云"金人登城不下，方议和好，可屯兵近甸毋动"。汪伯彦等皆信之，宗泽独曰："金人狡谲，是欲款我师尔。君父之望入援，何啻饥渴，宜急引军直趋澶渊，次第进垒，以解京城之围。万一敌有异谋，则吾兵已在城下。"伯彦难之，劝王遣泽先行。王乃命泽趋澶渊，自是泽不得预帅府事矣。耿南仲及伯彦请移军东平，从之。

纲　帝至自金营，遣使如两河割地以畀金。

目　帝还宫，士庶及太学生迎谒，帝掩面大哭曰："宰相误我父子。"观者无不流涕。金遣使来索金一千万锭，银二千万锭，帛一千万匹。于是大括金银。以陈过庭、折彦质等为割地使，如河东、北割地以畀金。又分遣欧阳珣等二十人持诏而往。珣尝上书，极言："祖宗之地，尺寸不可以与人。"复抗论："当与力战。战败而失地，他日取之直；不战而割地，他日取之曲。"时宰怒欲杀珣，乃以珣为将作监丞，奉使割深州。珣至深州城下，恸哭谓城上人曰："朝廷为奸臣所误至此，吾已办死来矣，汝等宜勉为忠义报国！"金人怒，报送燕，焚死之。

纲　范致虚会师入援，至邓州，师溃。

纲鉴易知录卷七七

宋纪

钦宗皇帝

纲 丁未，二年，春正月，诏两河民降金民，不从。

目 陈过庭至两河，民坚守不奉诏。至是，复诏两河民开门出降，民犹不肯。

纲 帝命太子监国，复如金军。

目 金人索金、银急，且再邀帝至营。帝有难色。何㮚、李若水以为无虞，劝帝行。帝乃命孙傅辅太子监国，而与㮚、若水等复如金营。唐恪闻之，曰："一之为甚，其可再乎！"阁门宣赞舍人吴革亦白㮚曰："天文帝座甚倾，车驾若出，必堕虏计。"㮚不听。

纲 河东割地使刘韐自经于金军。

目 韐至金营，金人使仆射韩正馆之僧舍，谓韐曰："国相知君，今用君矣。"韐曰："偷生以事二姓，有死不为也。"正曰："军中议立异姓，欲以君为正代。与其徒死，不若北去取富贵。"韐仰天大呼曰："有是乎！"归，书片纸曰："贞女不事二夫，忠臣不事二君。况主辱臣死，以顺为正者妾妇之道，此予所以必死也！"使亲信持归，报其子子羽等，即沐浴更衣，酌卮酒而缢。金人叹其忠，瘗之寺西冈上，遍题窗壁以识其处。凡八十日，乃就敛，颜色如生。

纲 副元帅宗泽大败金人于卫州。

目 泽自大名至开德，与金人十三战，皆捷，遂以书劝康王檄诸道兵会京城。又移书北道总管赵野，河东、北路宣抚范讷，知兴仁府曾楙合兵入援，三人皆以泽为狂，不答。泽遂以孤军进至卫南，先驱云："前有敌营"，泽挥众直前，与战，败之，转战而东。敌益生兵至，泽将王孝忠战死，前后皆敌垒，泽下令曰："今日进退等死，不可不死中求生。"士卒知必死，无不一当百，斩首数千；金人大败，退却数十里。泽计敌众势必复来，乃暮徙其营。金人夜至，得空营，大惊，自是惮泽，不敢复出兵。泽出其不意，遣兵过大河袭击，败之。

纲 辽耶律大石建都于虎思。

纲 大风霾，云雾四塞。

纲 二月，金劫上皇及后妃、太子、宗戚至其军。吏部侍郎李若水死之。

目 帝自如金营，都人日出迎驾，而粘没喝留不遣。太学生徐揆上书请帝还宫，金人取而杀之。

吴乞买得帝降表，遂废帝及太上皇帝为庶人。知枢密院事刘彦宗请复立赵氏，不许。丁卯，金人令翰林承旨吴幵、吏部尚书莫俦入城，令推立异姓堪为人主者，且邀上皇出城。孙傅曰："吾惟知吾君可帝中国尔。若立异姓，吾当死之。"京城巡检范琼逼上皇与太后御犊车出宫。郓王楷及诸妃、公主、驸马及六宫有位号者皆行，独元祐皇后孟氏以废居私第获免。

初金人檄开封尹徐秉哲，尽取诸王、皇孙、妃、主，凡得三千余人，秉哲悉令衣袂相联属而往。

金人逼帝及上皇易服。若水抱帝而哭，诋金人为狗辈。金人曳若水出，击之，败面，气结仆地。金人又逼上皇召皇后、太子；孙傅留太子不遣。吴幵、莫俦督胁甚急，范琼恐变生，以危言詟卫士，遂拥皇后、太子共车而出。傅曰："吾为太子傅，当同死生。"遂以留守事付王时雍，从太子出；百官军吏奔随太子号哭，太子亦呼云："百姓救我！"哭声震天。至南熏门，范琼力止傅，金守门者曰："所欲得太子，留守何预？"傅曰："我宋之大臣，且太子傅也，当死从。"遂宿门下以待命。若水在金营旬日，粘没喝召问立异姓状，若水因骂之为剧贼。粘没喝令拥之去，若水反顾，骂益甚。谓其仆曰："我为国死，职尔，奈并累若属何！"又骂不绝口，监军挝破其唇，噀血骂愈切，至以刃裂颈断舌而死。金人相与言曰："辽国之亡，死义者十数，南朝惟李侍郎一人。"

纲 金人大括金帛，杀户部尚书梅执礼等。

纲 康王构次于济州。

目 王有众八万，分屯济、濮诸州。金人遣甲士及中书舍人张征赍蜡诏自汴京至，命王以兵付副帅而还京。王问计于左右，后军统制张俊曰："此金人诈谋尔。今大王居外，此天授，岂可徒往！"因请进兵，王遂如济州。既而金人谋以五千骑取康王，吕好问闻之，遣人以书白王曰："大王之兵，度能击则邀击之；不然，即宜远避。"

纲 金人议立异姓，执孙傅、张叔夜及御史中丞秦桧。

目 吴幵、莫俦复召百官议立异姓，众莫敢出声。王时雍问于幵、俦、二人得言敌意在张邦昌，时雍未以为然。适尚书员外郎宋齐愈至自金营，众问金人意所主，齐愈取片纸书"张邦昌"三字示之。时雍乃决，遂以邦昌姓名入议状，张叔夜不肯署状，金人执叔夜及孙傅置军中。粘没喝召叔夜给之曰："孙傅不立异姓，已杀之；公年老大家，岂可与傅同死！"叔夜曰："世受国恩，义当与之存亡。今日之事，有死而已！"金人皆义之。太常寺簿张浚、开封士曹赵鼎、司门员外郎胡寅皆逃入太学，不书名。唐恪书名，饮药而死。已而时雍复集百官诣秘书省，俾范琼谕众以立邦昌意，众唯唯。时雍先署状以率百官，御史马伸独奋曰："吾曹职为争臣，岂容坐视！"乃与御史吴给约中丞秦桧共为议状，愿复嗣君以安四方，且论邦昌当上皇时蠹国乱政，以致社稷倾危。金人怒，执桧去。

纲 三月，金立张邦昌为楚帝。阁门宣赞舍人吴革率众讨邦昌，不克而死。

目 金人奉册宝至，邦昌北向拜舞，受册即位，号大楚。阁门宣赞舍人吴革，耻屈节异姓，率内亲事官数百人，皆先杀其妻孥，焚所居，举义金水门外。范琼诈与合谋，令悉弃兵仗，乃从后袭之，杀百余人，捕革，并其子杀之。是日风霾，日晕无光。百官惨沮，邦昌亦变色，唯王时雍、吴幵、莫俦、范琼等欣然以为有佐命功。邦昌心不安，拜官皆加权字。

纲 夏四月，金人以二帝及后妃、太子、宗戚三千人北去。

目 斡离不胁上皇、太后与亲王、皇孙、驸马、公主、妃嫔及康王母韦贤妃、康王夫人邢氏等由滑州去，粘没喝以帝、后、太子、妃嫔、宗室及何㮚、孙傅、张叔夜、陈过庭、司马朴、秦桧等由郑州去，而归冯澥、曹辅、孙觌、汪藻、郭仲荀等于张邦昌。邦昌率百官遥辞二帝于南薰门，众恸哭，有仆绝者。京师为之一空。

宗泽在卫，闻二帝北行，即提军趋滑，走黎阳，至大名，欲径渡河，据金人归路，邀还二帝，而勤王之兵卒无至者，遂不果。

纲 张邦昌号哲宗废后孟氏曰宋太后。

目 吕好问谓邦昌曰："相公欲真立邪，抑姑塞敌意而徐为之图也？"邦昌曰："是何言也？"好问曰："相公知中国人情所向乎？特畏女真兵威尔。女真既去，能保如今日乎？大元帅在外，元祐皇后在内，此殆天意。盍亟还政，可转祸为福。且省中非人臣所处，宜寓直殿庐。车驾未还，下文书不当称圣旨。为今计者，当迎元祐皇后，请康王早正大位，庶获保全。"监察御史马伸具书，请邦昌速奉迎康王，极陈逆顺利害。邦昌读其书，气沮，乃尊元祐皇后为宋太后，迎居延福宫，而遣人至济州访康王。

纲 五月，康王即皇帝位于南京，大赦，改元。

目 吕好问谓邦昌曰："天命人心皆归康王，相公先遣人推戴，则功无在相公右者。若抚机不发，他人声罪致讨，悔可追邪！"邦昌乃复遣谢克家往奉迎。王时雍曰："骑虎者势不得下，所宜熟虑。他日噬脐，悔无及矣！"邦昌不听。克家至济州劝进，王不许，张俊曰："大王，皇帝亲弟，人心所归，当早正大位。"既而邦昌又遣蒋思愈等持书诣济州，自陈："所以勉循金人推戴者，欲权宜一时，以纾国难尔，非敢有他也。"王复书与之，而谕宗泽等，以为"邦昌受伪命之人，义当诛讨；然虑事出权宜，未可轻动，合移师近都，按甲观变"。泽复书谓："邦昌篡乱，踪迹已无可疑。今二圣、诸王悉渡河而北，惟大王在济，天意可知，宜亟行天讨，兴复社稷，不可不断。"好问亦遣人来言："大王不自立，恐有不当立而立者。"

邦昌又遣谢克家及王舅忠州防御使韦渊，奉大宋受命宝诣济州，复以手书号太后曰元祐皇后，入居禁中，垂帘听政，以俟复辟。克家等至济州，王恸哭受之，命克家还京办仪物。

皇后命太常少卿汪藻草手书告中外，俾王嗣统，其略曰："历年二百，人不知兵，传序九君，世无失德。虽举族有北辕之衅，而敷天同左祖之心。乃眷贤王，越居近服。汉家之厄十世，宜光武之中兴；献公之子九人，惟重耳之尚在。兹乃天意，夫岂人谋！"济州父老诣军门，言"州四旁望见城中火光属天，请即皇帝位"。会宗泽及权应天府朱胜非来言："南京，艺祖兴王之地，取四方中，漕运尤易。"王遂决意趋应天府。

既发济州，鄜延副总管刘光世自陕州来会，王以光世为五军都提举。西道都总管王襄、宣抚司统制官韩世忠皆以师来会。

王至应天，邦昌来见，伏地恸哭请死，王抚慰之。王时雍等奉乘舆服御至，群臣劝进者益众。王命筑坛于府门之左，五月庚寅朔，王登坛受命。毕，恸哭，遥谢二帝，遂即位于府治。改元建炎，大赦。是日元祐皇后在东京撤帘。

纲 遥上靖康帝尊号曰孝慈渊圣皇帝。以黄潜善为中书侍郎，汪伯彦同知枢密院事。尊哲宗废后孟氏为元祐太后，遥尊韦氏为宣和皇后，遥立夫人邢氏为皇后。以张邦昌为太保，封同安郡王，五日一赴都堂参决大事。

纲 耿南仲免，召李纲为尚书右仆射，兼中书侍郎。

目 纲再贬宁江，金兵复至，渊圣悟和议之非，召纲为开封尹。行次长沙，被命即帅湖南勤王师入援，未至，而京城失守。至是，召拜右相，趋赴行在所。中丞颜岐、右谏议大夫范宗尹咸沮之，帝皆不听。汪伯彦、黄潜善自谓有攀附之劳，拟必为相，及召纲于外，二人不悦，遂与纲忤。纲行至太平，上疏曰："兴衰拨乱之主，非英哲不足以当之。英则用心刚，足以莅大事而不为小故之所摇；哲则见善明，足以任君子而不为小人之所间。愿陛下以汉之高、光，唐之太宗，国朝之艺祖、太宗为法。"

纲 冯澥免，以吕好问为尚书右丞。

目 元祐太后遣好问奉手书诣应天，帝劳之曰："宗庙获全，卿之力也。"除尚书右丞。后李纲以群臣在围城中不能执节，欲悉按其罪。好问曰："王业艰难，政宜含垢，绳以峻法，惧者众矣。"纲乃止。

纲 窜李邦彦、吴敏、蔡懋、李棁、宇文虚中、耿南仲、郑望之、李邺等于远州。

纲 追贬蔡确、蔡卞、邢恕等官。

纲 签书枢密院事张叔夜自杀于金军。

目 叔夜即北迁，道中惟时饮水，义不食其粟。至白沟，御者曰："过界河矣。"叔夜乃矍然起，仰天大呼，遂不复语。明日，扼吭而死。朝廷闻叔夜死，赠开府仪同三司，谥忠文。

纲 金人陷河中府及解、绛、慈、隰诸州。

目 金娄宿以重兵压河中，权府事郝仲连力战，外援不至，度不能守，先自杀其家人，已而城陷，与其子致厚皆不屈而死。

纲 以宗泽知襄阳府。

目 泽见帝应天，陈兴复大计。帝欲留泽，黄潜善等沮之，故出。

纲 安置监察御史张所于江州。

目 靖康中，所以蜡书冒围募河北兵，士民得书喜曰："朝廷弃我，犹有一张察院能拔而用之。"应募者十七万人，由是所声震河北。帝即位，遣所按视陵寝，所还上言曰："河东、河北，天下之根本。昨者误用奸臣之谋，始割三镇，继割两河，其民怨入骨髓，至今无不扼腕，若因而用之，则可藉以守，否则两河兵民无所系望，陛下之事去矣！"且请帝亟还京城，因具言有五利："奉宗庙保陵寝，一也；慰安人心，二也；系四海之望，三也；释河北割地之疑，四也；早有定处而一意于边防，五也。夫国之安危，在乎兵之强弱与将相之贤不肖，而不在乎都之迁与不迁也。诚使兵弱而将士不肖，虽渡江而南，安能自保！"帝欲以其事付所。会所言黄潜善奸邪不可用，恐害新政。潜善引去，帝留之，乃罢所言职，安置江州。

纲 六月，李纲至行在，固辞相位，不许。

目 纲至，入见，涕泗交集，帝为动容。纲力辞相位，帝曰："朕知卿忠义、智略久矣，其勿辞。"纲顿首泣谢。且言："昔唐明皇欲相姚崇，崇以十事要说，皆中一时之病。今臣亦以十事仰干天听，陛下度其可行者赐之施行，臣乃敢受命。"一曰议国是，谓"中国之御四夷，能守而后可战，能战而后可和，而靖康之末皆失之。今莫若先自治，专以守为策，俟吾政事修，士气振，然后可议大举"。二曰议巡幸，谓"车驾不可不一至京师，见宗庙以慰都人之心，度未可居则为巡幸之计。天下形势，长安为上，襄阳次之，建康又次之，皆当诏有司预为之备"。三曰议赦令，谓"祖宗登极，赦令皆有常式。前日赦书，乃以张邦昌伪赦为法；如赦恶逆及罪废官尽复官职，皆不可行，宜悉改正"。四曰议僭逆，谓"张邦昌为国大臣，不能临难死节，而挟金人之势易姓改号，宜正典刑，垂戒万世"。五曰议伪命，谓"国家更大变，鲜有仗节死义之士，而受伪官者不可胜数。昔肃宗平贼，污伪命者以六等定罪，宜仿之以厉士风"。六曰议战，谓"军政久废，士气怯惰，宜一新纪律，信赏必罚，以作其气”。七曰议守，谓“敌情狡狯，势必复来，宜于沿河、江、淮，措置控御，以扼其冲”。八曰议本政，谓“政出多门，纲纪紊乱，宜一归之中书，则朝廷尊”。九曰议久任，谓“靖康间进退大臣太速，功效蔑著，宜慎择而久任之，以责成功”。十曰议修德，谓“上始膺天命，宜益修孝悌恭俭，以副四海之望而致中兴”。翌日，班纲议于朝，惟僭逆、伪命二事留中不出。

纲 以黄潜善为门下侍郎。

纲 安置张邦昌于潭州，贬放其党有差。

目 李纲以僭逆、伪命二事留中，言于帝曰：“二事，乃今日刑政之大者。邦昌当道君朝，在政府者十年，渊圣即位，首擢为相，方国家祸难，金人为易姓之谋，邦昌如能以死守节，推明天下戴宋之义，以感动其心，敌人未必不悔祸而存赵氏。而邦昌方以为得计，偃然正位号，处宫禁，擅降伪诏，以止四方勤王之师。及知天下之不与，乃不得已，请元祐太后垂帘听政，而议奉迎。邦昌僭逆始末如此，而议者不同，臣请以春秋之法断之。夫春秋之法，人臣无将，将而必诛。赵盾不讨贼则书以弑君。今邦昌已僭位号，敌退而止勤王之师，非特将与不讨贼而已。刘盆子以汉宗室为赤眉所立，其后以十万众降，光武但待之以不死。邦昌以臣易君，罪大于盆子，不得已而自归，朝廷既不正其罪，又尊崇之，此何理也？陛下欲建中兴之业，而尊崇僭逆之臣以示四方，其谁不解体！又伪命臣僚，一切置而不问，何以厉天下士大夫之节！”时执政中有议不同者，帝召黄潜善等语之，潜善主邦昌甚力，帝顾吕好问曰：“卿昨在围城中知其故，以为何如？”好问附潜善，持两端。纲言：“邦昌僭逆，岂可留之朝廷，使道路指目曰‘此亦一天子’哉！”因泣拜曰：“陛下必欲用邦昌，第罢臣。”帝颇感动。汪伯彦乃曰：“李纲气直，臣等所不及。”帝乃出纲奏，责授邦昌昭化军节度副使，潭州安置。并安置王时雍、徐秉哲、吴幵、莫俦、李擢、孙觌于高、梅、永、全、柳、归州，而颜博文、王绍以下论罪有差。

纲 赠李若水、霍安国、刘韐官，诏诸路访死节之臣以闻。

纲 以李纲兼御营使。

目 纲既受命，拜谢，有旨兼充御营使。入对，言曰：“今国势不逮靖康间远甚，然而可为者，陛下英断于上，群臣辑睦于下，庶几中兴可图，然非有规模而知先后缓急之序，则不能以成功。夫外御强敌，内销盗贼，修军政，变士风，裕邦财，宽民力，改弊法，省冗官，诚号令以感人心，信赏罚以作士气，择帅臣以任方面，选监司郡守以奉行新政，俟吾所以自治者，政事已修，然后可以问罪金人，迎还二圣，此谓规模也。至于当急而先者，则在于料理河北、河东。盖两路，国之屏蔽，料理稍就，然后中原可保，而东南可安。今河东所失者恒、代、太原、泽、潞、汾、晋，河北所失者真定、怀、卫、浚，其余诸郡皆为朝廷守。两路士民兵将皆推豪杰以为首领，多者数万，少者不下万人，朝廷不因此时置司遣使以大慰抚之，分兵以援其危急，臣恐粮尽力疲，坐受金人之困，虽怀忠义之心，危迫无告，必且愤怨朝廷，金人因得抚而用之，皆精兵也。莫若于河北置招抚司，河东置经制司，择有材略者为之，使宣谕天子恩德，所以不忍弃两河于敌国之意。有能全一州复一郡者，以为节度、防御、团练使，如唐之方镇，使自为守，非惟绝其从敌之心，又可资其御敌之力，使朝廷永无北顾之忧，最今日之先务也。"帝善其言，问谁可任者，纲荐张所、傅亮。亮，西人，习古兵法。纲与语，谓可为大将，因奏用之。

纲 子旉生，大赦。

纲 还元祐党籍及元符上书人官爵。

纲 以汪伯彦知枢密院事。

纲 遣宣义郎傅雱使金军，通问二帝。

目 初，黄潜善白遣雱为祈请使，又遣太常少卿周望为通问使，俱未行。李纲上言："尧、舜之道，孝弟而已。今日之事，正当枕戈尝胆，内修外攘，使刑政修而中国强，则二帝不俟迎请而自归。不然，虽冠盖相望，卑辞厚礼，恐亦无益。今所遣使，但当奉表通问，致思慕之意可也。"帝从之，遂命纲草表，付雱以往，且致书于粘没喝。

纲 立沿河、江、淮帅府。

纲 以张悫同知枢密院事，兼提举户部财用。

目 初，悫为计度都转运使，帝为大元帅，募诸道兵勤王。悫飞輓踵道，建议印给盐钞以便商旅，不阅旬得缗钱五十万以佐军。帝即位，以为户部尚书。至是，除同知枢密院事，兼提举户部财用。

悫建言："三河之民，怨敌深入骨髓，恨不歼殄其类以报国家之仇。请因唐人泽潞步兵雄边子弟遗意，募民联以什伍，而寓兵于农，使合力抗敌，谓之巡社。其法：五人为甲，五甲为队，五队为部，五部为社，皆有长。五社为一都，社有正副，二都社有都副总首。甲长以上免身役，所结五百人以上，借补官有差。”论者以其法精详，前此言民兵者皆莫之及。诏集为书行之，隶安抚司。

纲 吕好问罢知宣州。

目 侍御史王宾论“好问尝污伪命，不可立新朝”。帝曰：“邦昌僭号之初，好问募人赍帛书道京师内外之事；金人甫退，又遣人劝进。考其心迹，非他人比。”好问自惭，力求去，且言“邦昌僭号之时，臣若闭门洁身，实不为难，徒以世被国恩，所以受贤者之责，冒围赍书于陛下”。疏入，除资政殿学士，知宣州，以恩封东莱郡侯。

纲 以宗泽为东京留守。泽累表请帝还京师，不报。

目 泽在襄阳，闻黄潜善复倡和议，上疏曰：“自金人再至，朝廷未尝命一将，出一师，但闻奸邪之臣朝进一言以告和，暮入一说以乞盟，终至二圣北迁，宗社蒙耻。臣意陛下赫然震怒，大明黜陟，以再造王室。今即位四十日矣，未闻有大号令，但见刑部指挥云：‘不得誊播赦文于河之东西，陕之蒲、解。’是褫天下忠义之气，而自绝其民也。臣虽驽怯，当躬冒矢石，为诸将先，得捐躯报国恩，足矣！”帝览其言而壮之。及开封尹阙，李纲言：“绥复旧都，非泽不可。”乃以为东京留守、知开封府。时敌骑留屯河上，金鼓之声日夕相闻，而京城楼橹尽废，兵民杂居，盗贼纵横，人情汹汹。泽威望素著，既至，首捕诛舍贼者数人，下令曰：“为盗者，赃无轻重悉从军法。”由是盗贼屏息。因抚循军民，修治楼橹，屡出师以挫敌，上疏请帝还京师。时真定、怀、卫间敌兵甚盛，方密修战具，为入攻之计，泽以为忧。乃渡河约诸将，共议事宜，以图收复，而于京城四壁，各置使以领招集之兵。造战车千二百乘，又据形势立坚壁二十四所于城外，沿河鳞次为连珠砦，连结河东、河北山水砦忠义民兵，于是陕西、京东、西诸路人马咸愿听泽节制。泽又开五丈河以通西北商旅。守御之具既备，累表请帝还京，而帝用黄潜善计，决意幸东南，不报。

秉义郎岳飞犯法将刑，泽一见奇之，曰：“将材也！”会金人攻汜水，以五百骑授飞，使立功赎罪。飞大败金人而还，升飞为统制而谓之曰：“尔智勇材艺，古良将不能过，然好野战，非万全计。”因授飞阵图。飞曰：“阵而后战，兵法之常，运用之妙，在乎一心。”泽是其言，飞由此知名。

纲 金斡离不卒。

纲 诏诸路募兵买马，劝民出财。

目 李纲言："熙、丰间，内外禁旅五十九万。今禁旅单弱，何以捍强敌而镇四方！莫若取财于东南，募师于西北，若得数十万，付诸将以时练之，不久皆成精兵，此最为急务。"于是诏陕西、河北、京东、西路募兵十万，更番入卫；河北西路括买官民马，劝民出财助国。纲又言："步不足以胜骑，骑不足以胜车。请以战车之制，颁于京东、西路，使制造而教习之。"

纲 以张所为河北招抚使。

目 所招徕豪杰，擢王彦为都统制。时岳飞上书言："勤王之师日集，宜乘敌怠而击之。黄潜善、汪伯彦辈不能承圣意恢复，奉车驾日益南，恐不足系中原之望。愿陛下乘敌穴未固，亲率六军北渡，则将士作气，中原可复。"坐越职言事夺官。归诣所，所以飞为中军统领，问之曰："尔能敌几何？"飞曰："勇不足恃，用兵在先定谋。栾枝曳柴以败荆，莫敖采樵以致绞，皆谋定也。"所矍然曰："君殆非行伍中人。"飞因说所曰："国家都汴，恃河北以为固，苟冯据要冲，峙列重镇，一城受围，则诸城或挠或救，金人不能窥河南，而京师根本之地固矣。招抚诚能提兵压境，飞唯命是从。"所大喜，借补飞武经郎。

纲 秋七月，以王瓔为河东经制使，傅亮副之。

纲 以许翰为尚书右丞。

纲 右谏议大夫宋齐愈以罪弃市。

目 齐愈附黄潜善、汪伯彦，上疏论李纲募兵、买马、括财三事之非，不报。章拟再上，其乡人嗛齐愈者，窃其草示纲。时方论僭逆附伪之非，而齐愈实书邦昌姓名以示众者，于是逮齐愈于狱。齐愈引伏，遂命戮于东市。

纲 以范致虚知邓州。

目 李纲尝言："车驾巡幸之所，关中为上，襄阳次之，建康为下。陛下纵未能行上策，犹当且适襄、邓，示不忘故都，以系天下之心。不然，中原非复我有，车驾还阙无期矣。"帝乃谕两京以还都之意，读者感泣。

既而有诏欲幸东南避敌，纲极言其不可，且曰："自古中兴之主，起于西北，则足以据中原而有东南；起于东南，则不能复中原而有西北。盖天下精兵健马，皆在西北，若委中原而弃之，岂惟金人将乘间以扰内地，盗贼亦将蜂起为乱，跨州连邑，陛下虽欲还阙，不可得矣，况欲治兵胜敌，以归二圣哉！夫南阳光武之所兴，有高山峻岭可以控扼，有宽城平野可以屯兵，西邻关、陕可以召将士，东达江、淮，可以运谷粟，南通荆、湖、巴、蜀可以取财货，北距三都，可以遣救援。暂议驻跸，乃还汴都，策无出于此者。今乘舟顺流而适东南，固甚安便，第恐一失中原则东南不能必其无事，虽欲退保一隅不可得也！况尝降诏许留中原，人心悦服，奈何诏墨未干，遽失大信。”帝乃许幸南阳，以范致虚知邓州，修城池，缮宫室，输钱谷以实之。而汪伯彦、黄潜善阴主扬州之议。或谓纲曰：“外论汹汹，咸谓东幸已决。”纲曰：“国之存亡于是焉分，吾当以去就争之。”

纲　元祐太后如扬州。

目　帝从汪伯彦、黄潜善言，将幸扬州以避敌。诏副都指挥使郭仲荀奉太后先行，六宫及卫士家属皆从，遣使诣汴京迎奉太庙神主赴行在。

纲　閤门宣赞舍人曹勋以上皇手书至自金。

目　上皇在燕山，谓閤门宣赞舍人曹勋曰：“我梦四日并出，此中原争立之象，不知中原之民尚肯推戴康王否？”因出御衣绢半臂，亲书其领中曰：“便可即真，来救父母。”又谕勋曰：“如见康王，第言有清中原之策，悉举行之，毋以我为念。”康王夫人邢氏，闻勋南还，亦脱所御金环，使内侍持付勋曰：“幸为我白大王，愿如此环，得早相见也。”勋遂间行至南京，以御衣进。帝泣以示辅臣。勋因建议募死士入海，至金东境，奉上皇由海道归。执政难之，出勋于外。

纲　八月，以李纲、黄潜善为尚书左、右仆射兼门下、中书侍郎。

目　纲尝侍帝，论及靖康时事，帝曰：“渊圣勤于政事，省览章奏，至终夜不寐。然卒至播迁，何也？”纲对曰：“人主之职在知人。进君子，退小人，则大功可成；否则衡石程书无益也。”因勉帝以明恕尽人言，恭俭足国用，英果断大事。帝嘉纳之。纲所论谏，其言切直，帝初无不容纳；至是惑于黄潜善、汪伯彦之言，常留中不报。

纲　更号元祐太后曰隆祐太后。

纲 召河东经制副使傅亮还行在。罢李纲提举洞霄宫。

目 傅亮军行十余日，黄潜善等以为逗遛，令东京留守宗泽节制亮军，即日渡河。亮言措置未就而渡河，恐误国事。李纲为之请，潜善等不以为然。纲言："招抚、经制二司，臣所建明，而张所、傅亮，又臣所荐用。今黄潜善、汪伯彦沮所、亮，所以沮臣。臣每鉴靖康大臣不和之失，事未尝不与潜善、伯彦议而后行，而二人设心如此，愿陛下虚心观之。"既而召亮赴行在，纲言："圣意必欲罢亮，乞付黄潜善施行，臣得乞身归田里。"纲退而亮竟罢。纲乃再疏求去，帝曰："卿所争细事，胡乃尔？"纲言："方今人材，将帅为急，恐非小事。臣昨议迁幸，与潜善、伯彦异，宜为所嫉。然臣东南人，岂不愿陛下东下为安便哉！顾一去中原，后患有不可胜言者！愿陛下以宗社为心，以生灵为意，以二圣未还为念，勿以臣去而改其议。臣虽去左右，不敢一日忘陛下。"泣辞而退。或曰："公决于进退，于义得矣，如谗者何？"纲曰："吾知尽事君之道，不可则全进退之节，患祸非所恤也！"会侍御史张浚劾纲以私意杀宋齐愈，且论其买马、招军之罪。潜善、伯彦等复力排纲，请帝去之，遂罢纲为观文殿大学士；浚论纲不已，乃落职，止提举洞霄宫。凡在相位七十七日。纲罢，而招抚、经制司废，车驾遂东幸，两河郡县相继沦陷。凡纲所规画军民之政，一切废罢。金兵益炽，关辅残毁，而中原盗贼蜂起矣。

纲 杀太学生陈东、布衣欧阳澈。

目 东自丹阳召至，未得对，会李纲罢，乃上书乞留纲而罢黄潜善、汪伯彦；不报。又上疏请帝亲征以还二圣，治诸将不进兵之罪以作士气，车驾宜还京师勿幸金陵；又不报。

会抚州布衣欧阳澈徒步诣行在，伏阙上书，极诋用事大臣。潜善遽以语激怒帝，言"若不亟诛，将复鼓众伏阙"。书独下潜善所，府尹孟庾召东议事。东请食而行，手书区处家事，字书如平时，已，乃授其从者曰："我死，尔归，致此于吾亲。"食已，如厕，吏有难色，东笑曰："我陈东也，畏死即不敢言，已言肯逃死乎！"吏曰："吾亦知公，安敢相迫！"顷之，东具冠带出，别同邸，乃与澈同斩于市。四明李猷赎尸瘗之。东初未识纲，特以国故，为之死，识与不识皆为流涕。

纲 许翰罢。

目 李纲罢，翰言："纲忠义英发，舍之无以佐中兴。今罢纲，臣留无益。"力求去，帝不许。及陈东见杀，翰谓所亲曰："吾与东皆争李纲者，东戮于市，吾在朝堂可乎？"乃为东、澈著哀辞，而八上章求罢，遂以资政殿大学士提举洞霄宫。

纲 封子旉为魏国公。

纲 安置河北招抚使张所于岭南。

纲 都统制王彦等渡河，败金人于新乡，进次太行。金人围之，彦兵溃，走保共城。

目 彦率岳飞等十一将，部七千人渡江，至新乡，金兵盛，彦不敢进，飞独引所部鏖战，夺其纛而舞，诸军争奋，遂复新乡。明日，战于侯兆川，飞身被十余创，士皆死战，又败之。会食尽，诣彦壁乞粮，彦不许。飞乃引兵益北，与金人战于太行山，擒其将拓跋耶乌。居数日，又与敌遇，飞单骑持丈八铁枪，刺杀其将黑风大王，金人败走。飞知彦不悦己，遂率所部复归宗泽，泽复以为统制。

彦以屡胜，因傅州郡。金人以为大军至，率骑数万薄彦垒，围之数匝。彦以众寡不敌，溃围出走，诸将败去。彦独保共城西山，遣腹心结两河豪杰图再举。金人购求彦急，彦虑变，夜寝屡迁。其部曲觉之，相率刺面作"赤心报国，誓杀金贼"八字，以示无他意。彦益感励，抚爱士卒，与同甘苦。未几，两河响应，忠义民兵首领傅选、孟德、刘泽、焦文通等皆附之，众十余万，绵亘数百里，皆受彦约束。金人患之，召其首领，俾以大兵破彦垒。首领跪而泣曰："王都统砦坚如铁石，未易图也。"金人乃间遣骑兵挠彦粮道，彦勒兵待之，斩获甚众。

纲 张邦昌伏诛。

纲 金尽陷河北州郡。

纲 冬十一月，帝如扬州。

目 先是黄潜善、汪伯彦力主幸东南，许景衡亦言："建康天险可据。"帝从之，诏淮、浙沿海诸州，增修城壁，招训民兵，以备海道。又命扬州守臣吕颐浩缮修城池。至是，谍者言金人欲犯江、浙，诏暂驻淮甸，捍御稍定，即还京阙。宗泽上疏谏曰："京师，天下腹心，不可弃也。昔景德间契丹寇澶渊，王钦若江南人，劝幸金陵；陈尧叟阆中人，劝幸成都；惟寇准毅然请亲征，卒用成功。"因条上五事，其一言黄潜善、汪伯彦赞南幸之非。泽前后建议，辄为汪、黄所抑，二人每见泽奏至，皆笑以为狂。于是帝决意幸扬州。十月朔，帝登舟。

时两河虽多陷于金，而其民怀朝廷恩，所在结为红巾，出攻城邑，皆用建炎年号，金人稍稍引去，及闻帝南幸，无不解体。泽复上疏言："欲遣闾勍、王彦各统大军尽平贼垒，望陛下早还京阙。臣之此举，可保万全。或奸谋蔽欺，未即还阙，愿陛下从臣措画，勿使奸臣沮抑，以误社稷大计！陈师鞠旅，尽扫胡尘，然后奉迎銮舆还京，以塞奸臣之口，以快天下之民。"帝优诏答之。

纲　十一月，窜李纲于鄂州。

目　寻责授单州团练使，安置于万安军。

纲　遣朝奉郎王伦使金。

目　伦，旦之族孙也，家贫无行，为任侠，往来京、洛间，数犯法，幸免。至是，选能专对者使金问二帝起居，乃假伦刑部侍郎，充大金通问使，合门舍人朱弁副之。至云中，见粘没喝议事。时金方大举南下，伦邀说百端，粘没喝不听。

先是渊圣自云中徙燕山，始与太上皇相见，居于愍忠寺。至是，并迁于霫郡。霫，古溪国也，在燕山北千里。

纲　以张悫为中书侍郎，颜岐、许景衡为尚书左、右丞，郭三益同知枢密院事。

纲　十二月，金人分道入寇，遂陷西京；留守孙昭远走死，河东经制使王瓊引兵遁蜀。

纲鉴易知录卷七八

南宋纪

高宗皇帝

纲 戊申，高宗皇帝建炎二年，春正月，金人陷邓州，范致虚出奔，安抚使刘汲死之，京西州郡皆陷。

纲 金将兀术犯东京，宗泽败之。

纲 金兀术自郑抵白沙，去汴京密迩，都人震恐。僚属入问计，宗泽乃对客围棋，笑曰："何事张皇！刘衍等在外，必能御敌。"乃选精锐数千，使绕出敌后，伏其归路。金人方与衍战，伏兵起，前后夹击之，金人果败。

粘没喝据西京，与泽相持。泽遣部将阎中立、郭俊民、李景良等帅兵趋郑，遇敌大战，兵败，中立死之，俊民降，景良遁去。泽捕景良，斩之。既而俊民与金将史姓者持书来招泽，泽皆斩之。刘衍还，金人复入滑，泽部将张㧑往救之。㧑至滑，众寡不敌，或请少避之，㧑曰："避而偷生，何面目见宗公！"力战而死。泽闻㧑急，遣王宣往援，已不及，因与金人大战，破走之。泽以宣知滑州，金自是不复犯东京。

泽得金将辽臣王策于河上，解其缚，问金之虚实，得其详，遂决大举之计。召诸将谓曰："汝等有忠义心，当协谋剿敌，期还二圣，以立大功。"言讫泣下，诸将皆听命。金人屡战不利，悉引去。宗泽复上疏请帝还京，曰："臣为陛下保护京城，自去年秋至今春，又三月矣。陛下不早回，则天下之民何依戴？"不报。泽威声日著，敌闻其名，常尊惮之。对南人言，必曰"宗爷爷"。

纲 金人破永兴军，经略使唐重死之。

纲 窜内侍邵成章于南雄州。

目 时所在盗起，汪伯彦、黄潜善匿不以闻。成章上疏言二人必误国；帝怒，除名，编管南雄州。

纲 以刘豫知济南府。

目 豫，景州人，为河北提刑。金人南侵，豫弃官避地真州，张悫荐之，起知济南。时盗起山东，豫不愿行，请易东南一郡，执政不许，豫忿而去。

纲 二月，金人陷淮宁，知府向子韶死之。

目 金人昼夜攻城，子韶率军民固守，遣人诣宗泽乞援，未至，城陷。金人欲降之，子韶骂不屈，遂为所杀，阖门皆遇害。事闻，赐谥忠毅。淮宁初陷时，杨时闻之，曰："子韶必死矣！"盖知其素守云。

纲 金粘没喝焚西京而去。三月，翟进复之，诏以进为京西北路安抚使。

纲 夏四月，金兀朮复入西京，翟进击走之。

纲 工部侍郎兼侍讲杨时罢。

目 帝初即位，除时工部侍郎，陛对，言"古圣贤之君，未有不以兴学为务"，除兼侍讲。以老求去，遂提举洞霄宫。时在东〔郡〕(都)，所交皆天下士，先达陈瓘、邹浩，皆以师礼事时。暨渡江，东南学者推时为程氏正宗。

纲 以信王榛为河外兵马都元帅。五月，下诏还京师，不果。

目 时宗泽招抚群盗聚城下，又募兵储粮，召诸将约日渡河，诸将皆掩泣听命。泽乃上疏，大略言："祖宗基业可惜，陛下父母兄弟蒙尘沙漠，日望救兵。西京陵寝为贼所占，今年寒食节未有祭享之地，而两河、二京、陕右、淮甸，百万生灵，陷于涂炭。乃欲南幸河外，盖奸邪之臣一为贼虏方便之计，二为奸邪亲属皆已津置在南故也。今京城已增固，兵械已足备，人气已勇锐，望陛下毋沮万民敌忾之气，而循东晋既覆之辙。"奏至，或言信王榛有渡河入汴之谋，帝乃降诏择日还京。

纲 许景衡罢。

目 时朝廷有大政事，景衡必请间极谏，黄潜善、汪伯彦以为异己，因共以渡江南幸之议为景衡罪，罢之。景衡行至瓜洲，得暍疾卒，谥忠简。景衡得程颐之学，志虑忠纯，议论不与时俯仰。既卒，帝思之曰："朕自即位以来，执政忠直，遇事敢言，惟许景衡尔。"

纲 定诗赋、经义试士法。

目 元祐中科举以经义、诗赋兼取，绍圣以来罢试诗赋，至是命参酌元祐科举条制，定试士法。中书省请习诗赋，举人不兼经义，习经义人止习一经，解试、省试并计数各取，通定高下，殿试仍对策三道。故事，廷试上十名，内侍先以卷奏定高下。帝曰："取士当务至公，岂容以己意升降！自今勿先进卷。"

纲 以朱胜非为尚书右丞。以宇文虚中充金国祈请使。虚中降金。

纲 诏御营统制韩世忠会宗泽以御金，王彦引兵屯滑州。

目 时得报虏分道渡河，诏世忠与泽率所部迎敌。泽闻王彦聚兵太行山，欲大举趋太原，泽即以彦为忠州防御使，制置河北军事。恐彦孤军不可独进，召彦计事。彦悉召诸寨指授方略，以俟会合，乃以万余人先发，金人以重兵蹑其后，而不敢击。既至汴，泽令宿兵近甸，以卫根本，彦遂屯滑州之沙店。泽上疏曰："臣欲乘此暑月，遣彦等自滑州渡河，取怀、卫、浚、相等州，再兴等自郑州直护西京陵寝，马扩等自大名取洺、相、真定，杨进、王善、丁进等各以所领兵分路并进。既渡河，则山寨忠义之民相应者不啻百万。愿陛下早还京师，臣当躬冒矢石，为诸将先。中兴之业，必可立致。"疏入，黄潜善等忌泽成功，从中沮之。

纲 秋七月，东京留守宗泽卒，以杜充代之。

目 泽前后请帝还京，二十余奏，每为黄潜善、汪伯彦所抑。潜善、伯彦又疑泽为变，以郭仲荀为副留守以察之。泽忧愤成疾，疽发于背，诸将入问疾，泽矍然曰："吾以二帝蒙尘，愤愤至此，汝等能歼敌，则我死无恨。"众皆流涕曰："敢不尽力！"诸将出，泽叹曰："出师未捷身先死，长使英雄泪满襟！"无一语及家事，但连呼"过河"者三而卒。年七十。都人号恸。讣闻，赠观文殿学士，谥忠简。

泽子颖居戎幕，素得士心，都人请以颖继父任；时已命杜充代泽，不许。充酷而无谋，至汴，悉反泽所为，于是豪杰离心，降盗聚城下者复去剽掠矣。

纲 八月，贬殿中侍御史马伸监濮州酒税，卒于道。

目 伸自湖南还，上疏言黄潜善、汪伯彦不法十七事，乞速罢二人政柄，别选贤者，共图大事。疏入，留中。明日，改授卫尉少卿，伸辞不拜，录其疏申御史台，且言："臣论可采，即乞施行；非是，合坐诬罔之罪。"因移疾待命。诏："伸言事不实，送吏部。"责监濮州酒税，趣使上道。伸怡然襆被而行，竟死道中，闻者冤之。

伸学于程颐，勇于为义，每曰："吾志在行道。以富贵为心则为富贵所累，以妻子为念则为妻子所夺，道不可行也。"

纲 以赵子砥知台州。

目 子砥自燕山遁归，命辅臣问北事甚悉，子砥大略言："金人讲和以用兵，我国敛兵以待和。吾国与金，势不两立。昔契丹主和议，女真主用兵，十余年间竟灭契丹。今复蹈其辙，譬人畏虎，以肉馁之，食尽，终于噬人。若设陷穽以待之，然后可以制虎矣。"遂命知台州。

纲 金主吴乞买废上皇为昏德公，靖康帝为重昏侯，徙之韩州。

目 金主命二帝赴上京，以素服见金太祖庙，遂见金主于乾元殿。金封太上皇帝为昏德公，渊圣皇帝为重昏侯。未几，徙之韩州。命晋康郡王孝骞等九百余人至韩州同处，惟秦桧不与徙，依挞懒以居，挞懒亦厚待之。

纲 九月，郭三益卒。

纲 金将讹里朵袭破信王榛于五马山砦，遂会粘没喝入寇。

纲 冬十月，隆祐太后如杭州。

目 侍御史张浚请先定六宫所居地，诏孟忠厚奉太后及六宫皇子如杭州，以苗傅、刘正彦为扈从都副统制。

纲 知濮州杨粹中袭破金粘没喝军。十一月，金人陷濮州，粹中死之。

目 粘没喝、讹里朵合兵围濮州，以濮州小，易之。至城下，知州杨粹中固守，命将姚端夜捣其营，粘没喝跣足走，仅以身免。遂攻城益急，凡三十三日而陷，粹中被执，竟不屈而死。

纲 金人寇晋宁军，知军事徐徽言拒却之。知府州折可求叛降金。

纲 十二月，刘豫叛降金。

目 挞懒围济南，刘豫遣子麟御却之。挞懒遣人啖豫以利，豫惩前忿，遂杀济南骁将关胜，率百姓降金。百姓不从，豫缒城纳款。

纲 金讹里朵陷北京，提刑郭永死之。

纲 以黄潜善、汪伯彦为尚书左、右仆射兼门下、中书侍郎，颜岐、朱胜非为门下、中书侍郎，卢益同知枢密院事。

纲　金粘没喝陷袭庆府。

目　军士有欲发孔子墓者，粘没喝问其通事高庆裔曰："孔子何人？"曰："古之大圣人。"粘没喝曰："大圣人墓安可发！"遂杀军士。

纲　以礼部侍郎张浚参赞御营军事。

目　浚极言金人必来，请豫为备，黄潜善、汪伯彦以为过计而笑之，命浚参赞军事，与吕颐浩教习河北兵民。

纲　己酉，三年，春正月，河北制置使王彦致仕。

目　彦以所部兵马付东京留守司而率亲兵趋行在，见黄潜善、汪伯彦，力陈两河忠义延颈以望王师，愿因人心大举北伐。言辞愤激。二人大怒，遂请降旨免对，彦遂称疾致仕。

纲　金粘没喝陷徐州，知州事王复死之。

目　金人围城，复与子倚率军民力战，外援不至，城陷。复谓粘没喝曰："死守者我也，愿杀我而舍僚吏、百姓。"粘没喝欲降之，复嫚骂求死，阖门百口皆被杀。

纲　韩世忠会兵救濮州，至沭阳，兵溃。金粘没喝遂入淮、泗。

纲　二月，诏刘光世将兵阻淮以拒金。光世兵溃，走还，金粘没喝遂陷天长军。帝奔镇江。

目　粘没喝至楚州，守臣朱琳降，遂乘胜而南，陷天长军。内侍邝询报金兵至，帝即被甲乘骑，驰至瓜州镇，得小舟渡江，惟护圣军卒数人及王渊、张俊、内侍康履等从行。日暮至镇江。时汪伯彦、黄潜善方率同列听浮屠克勤说法罢，会食，堂吏大呼曰："驾已行矣！"二人相顾仓皇，乃戎服策马南驰，居民争门而出，死者相枕藉，无不怨愤。司农卿黄锷至江上，军士以为黄潜善，骂之曰："误国误民，皆汝之罪！"锷方辨其非是，而首已断矣。是日，金将马五帅五百骑先驰至扬州城下，闻帝已南行，乃追至扬子桥。时事起仓卒，朝廷仪物皆委弃，太常少卿季陵亟取九庙神主以行，出城未数里，回望城中烟焰烛天。陵为金人所追，亡太祖神主于道。

纲　帝如杭州，以吕颐浩签书枢密院事，守镇江。

目　帝至镇江，宿于府治，翌日，召从臣问去留。吏部尚书吕颐浩乞留跸以为江北声援，群臣皆以为然。王渊独言："镇江止可捍一面，若金人自通州渡江，以据姑苏，将若之何？不如钱塘有重江之险。"

帝意遂决。以颐浩为江、淮制置使，与行在五军制置使刘光世驻镇江，又以杨惟忠节制江东军马，驻江宁。是夕发镇江，越四日次平江，命朱胜非节制平江、秀州军马，张浚副之，留王渊守平江。又二日次崇德。时吕颐浩从行，即拜同签书枢密院事，江、淮、两浙制置使，以兵二千还屯京口。又命张俊以兵八千守吴江。

纲 金娄室陷晋宁军，徐徽言死之。

目 娄室破晋宁军，徽言据子城拒战，因溃围走，被擒，使之拜，不拜，临之以兵，不动，命折可求谕使降；徽言大骂，娄室杀之。统制孙昂及士卒皆不屈被害。事闻，赠徽言晋州观察使，谥忠壮。

纲 帝至杭州，赦。

目 帝驻跸杭州，即州治为行宫。下诏罪己，求直言，赦死罪以下，放还士大夫被窜斥者。惟李纲不赦，更不放还，盖用黄潜善计，罪纲以谢金也。

和州防御使马扩应诏上书言："前日之事，其误有四，其失有六。今愿陛下西幸巴、蜀，用陕右之兵，留重臣使镇江南，抚淮甸，破金贼之计，回天下之心，是为上策。都守武昌，襟带荆、湖，控引川、广，招集义兵，屯布上流，扼据形势，密约河南诸路豪杰，许以得地世守，是为中策。驻跸金陵，备御江口，通达漕运，精习水军，厚激将士，以幸一胜，观敌事势，预备迁徙，是为下策。若倚长江为可恃，幸金贼之不来，犹豫迁延，候至秋冬，金贼再举，驱虏舟楫，江、淮千里，数道并进，方当此时，然后又悔，是为无策。"扩累数千言，皆切事机。

纲 金人焚扬州而去。

纲 黄潜善、汪伯彦以罪免。

目 潜善、伯彦自知不为众所容，联疏求退。中丞张澄论："二人大罪二十，致陛下蒙尘，天下怨怼，乞加罪斥。"乃罢潜善知江宁府，伯彦知洪州。

纲 以叶梦得、张澄为尚书左、右丞。

纲 三月，以朱胜非为尚书右仆射兼中书侍郎。命张浚驻平江。

纲 叶梦得罢，以王渊同签书枢密院事。

纲 以吕颐浩为江东安抚制置使。

纲 扈从统制苗傅、刘正彦作乱，杀王渊及内侍康履等，劫帝传位于魏国公旉，请隆祐太后临朝。

目 苗傅自负世将，以王渊骤迁显职，心不平之，而刘正彦亦以招降剧盗，功大赏薄怨上，二人因相结。时内侍康履等恃恩用事，妄作威福，凌忽诸将，诸将嫉之。中大夫王世修亦嫉内侍恣横，言于正彦。正彦曰："会当共除之。"及王渊入枢府，傅等疑其由内侍以进，遂与世修谋先斩渊然后杀宦者。

议既定，时以刘光世为殿前都指挥使，百官入听宣制，傅、正彦令世修伏兵城北桥下，俟渊退朝，即捽下马，诬以结宦者谋反，正彦手斩渊，即与傅拥兵至行宫，执康履等斩之。帝谕傅等归营，傅等逼帝传位皇太子，请隆祐太后同听政。太后出，见傅等谕之曰："今强敌在前，吾以一妇人抱三岁儿决事，何以令天下？敌国闻之，岂不转加轻侮！"傅等不从。后顾朱胜非曰："今日政须大臣果决，相公可无一言？"胜非白帝曰："傅等腹心有王钧甫者，适语臣云：'二将忠有余而学不足。'此语可为后图之绪。"帝乃即坐上作诏，禅位于皇子，而请太后同听政。宣诏毕，傅等麾其军退，于是皇子旉即位，太后垂帘决事。尊帝为睿圣仁孝皇帝，以显宁寺为睿圣宫，是夕徙帝居之。大赦，改元明受。

纲 张浚、吕颐浩会兵讨贼。

目 改元赦书至平江，张浚命守臣汤东野秘不宣。既而得苗傅等所传檄，浚恸哭，召东野及提刑赵哲谋起兵讨之。

时傅令张俊以三百人赴秦凤，而以余兵属他将。俊知其伪，拒不受。即引所部八千人至平江，浚见俊语故，相持而泣，且谕俊以将起兵问罪。

赦至江宁，吕颐浩曰："是必有兵变。"其子抗曰："主上春秋鼎盛，二帝蒙尘沙漠，且望拯救，其肯遽逊位于幼冲乎！灼知兵变，无疑也。"即遣人寓书于浚。浚以颐浩有威望，能断大事，乃答书约共起兵，且告刘光世于镇江，令以兵来会。

颐浩得浚书，上疏请复辟，遂以兵发江宁。

会韩世忠自盐城由海道将赴行在，至常熟，张俊闻之曰："世忠来，事济矣。"因白浚，以书招之。世忠得书，以酒酹地曰："誓不与此贼共戴天！"至平江，见浚恸哭，曰："今日之事，世忠愿与张俊任之，公无忧也。"浚因大犒俊、世忠将士，众皆感愤。于是令世忠帅兵赴阙，戒之曰："投鼠忌器，事不可急，急则恐有他变。宜趋秀州，据粮道，以俟大军之至。”

世忠发平江，至秀州，称病不行，而大修战具。傅等闻之始惧，乃遣苗瑀、马柔吉将重兵扼临平。颐浩将至平江，浚乘轻舟迓之，既而刘光世兵亦至。浚、颐浩等发平江，上疏乞建炎皇帝还即尊位。傅等闻之，忧恐不知所为。朱胜非谓之曰：“勤王之师未进者，使是间自反正耳；不然，下诏率百官六军请帝还宫，公等置身何地乎！”傅等遂帅百官朝于睿圣宫，帝慰劳之。

纲 金以刘豫知东平府。

纲 夏四月，帝复位，召张浚知枢密院事。

纲 吕颐浩、张浚败贼将苗翊于临平，苗傅、刘正彦夜遁，颐浩、浚入杭州。

目 吕颐浩、张浚军次秀州，颐浩谕诸将曰：“今虽反正，而贼犹握兵居内。事若不济，必反以恶名加我，翟义、徐敬业可监也。”进次临平。苗翊、马柔吉负山阻水为阵，中流植鹿角以梗行舟。韩世忠舍舟力战，张俊、刘光世继之，翊众少却。世忠复舍马操戈而前，翊遂败走。勤王兵入北关，傅、正彦拥精兵二千夜开涌金门以走，将南趋闽中。颐浩、浚入城，世忠手执王世修以属吏。颐浩、浚入见，伏地涕泣待罪。帝问劳再三，握世忠手恸哭曰：“中军统制吴湛佐逆为最，尚留朕肘腋，能先诛乎？”世忠即谒湛，握手与语，折其中指，与王世修俱斩于市；逆党皆贬。

纲 朱胜非、颜岐、王孝迪、张澄、路允迪、卢益免。

纲 以吕颐浩为尚书右仆射兼中书侍郎，李邴为尚书右丞，郑瑴签书枢密院事。

纲 重正三省官名。

目 从吕颐浩之言，诏左、右仆射并同中书、门下平章事，改中书、门下侍郎为参知政事，省尚书左、右丞，三省始合为一。

纲 以李邴参知政事。

纲 帝如江宁。

纲 册魏国公旉为皇太子。

纲 五月，以张浚为川、陕、京、湖宣抚处置使，便宜黜陟。

目 浚谓“中兴当自关、陕始，虑金人或先入陕、蜀，则东南不可保”。因慷慨请行，诏以浚为宣抚处置使，听便宜黜陟，置幕府于秦州。

初，浚宣抚川、陕之议未决，监登闻检院江若海曰："天下者，常山蛇势也，秦、蜀为首，东南为尾，中原为脊。今以东南为首，安能起天下之脊哉！将图恢复，必在川、陕。"浚大悦。

纲 以滕康同签书枢密院事。

纲 遣徽猷阁待制洪皓使金，金人拘之。

目 粘没喝还云中，讹里朵还燕山。帝遣皓如金，遗粘没喝书，愿去尊号，用金正朔，比于藩臣。皓至云中，粘没喝迫皓使仕刘豫，皓曰："万里衔命，不得奉两宫南归，恨力不能磔逆豫，忍事之邪！留亦死，不即豫亦死，不愿偷生狗鼠间，愿就鼎镬无悔！"粘没喝怒，将杀之，旁一校曰："此真忠臣也。"目止剑士，为皓跪请，得流递冷山。

纲 韩世忠获苗傅、刘正彦，送行在诛之。

纲 六月，大霖雨，诏郎官以上言阙政。罢王安石配享神宗庙庭。

目 时久雨恒阴，吕颐浩、张浚皆谢罪求去。诏郎官以上言阙政，司勋员外郎赵鼎上疏曰："自熙宁间王安石用事，变祖宗之法而民始病，假辟国之谋造生边患，兴理财之政穷困民力，设虚无之学败坏人材。至崇宁初蔡京托绍述之名，尽祖安石之政。凡今日之患，始于安石，成于蔡京。今安石犹配享神宗，而京之党未除，时政之缺，莫大于此。"帝从之，遂罢安石配享。

寻下诏以四失罪己：一曰昧经邦之大略，二曰昧戡难之远图，三曰无绥人之德，四曰失驭臣之柄；"仍榜朝堂，使知朕悔过之意"。中丞张守上疏曰："陛下处宫室之安，则思二帝、母后穹庐毳幕之居；享膳羞之奉，则思二帝、母后膻肉酪浆之味；服细暖之衣，则思二帝、母后穷边绝塞之寒苦；操予夺之柄，则思二帝、母后语言动作受制于人；享嫔御之适，则思二帝、母后谁为之使？令对臣下之朝，则思二帝、母后谁为之尊礼？思之又思，兢兢栗栗，圣心不倦，而天不为之顺助者，万无是理也。今罪己之诏数下，而天未悔祸，实有所未至耳。"

纲 金兀术大举入寇。

目 帝以金人复来，乃遣工部尚书崔纵使金，并通问二帝。纵至金，首以大义责金人，请还二帝。金人怒，徙之穷荒，纵不少屈，竟死焉。

纲 秋七月，太子旉卒。

纲 郑瑴卒。以王绹参知政事，周望同签书枢密院事。

纲 御营司提举范琼有罪，伏诛。张浚发建康。

目 初，汴京破，二帝及宗室北迁，多琼之谋，又乘时剽掠，左右张邦昌，为之从卫。至是，自洪州入朝，悖慢无礼，且乞贷苗、刘等死。帝畏其威，以为御营司提举一行事务。张浚将赴川、陕，与枢密检详文字刘子羽密谋诛之。一日令张俊以千兵渡江，若备他盗者，使皆甲而来，因招琼、俊及刘光世赴都堂议事，为设食。食已，诸公相顾未发，子羽坐庑下，恐琼觉，取黄纸趋前，举以麾琼曰："下！有敕，将军可诣大理寺置对。"琼愕不知所为，子羽顾左右拥置舆中，卫以俊兵送狱。光世出抚其众，数琼在围城中附金迫二帝北狩之罪，且曰："诛止琼尔，汝等固天子自将之军也。"众皆投刃曰"诺"，有旨，分隶御营五军。琼下狱，具伏，赐死，子弟皆流岭南。琼既诛，张浚乃发建康。

纲 升杭州为临安府。

纲 诏李邴、滕康权知三省、枢密院事。奉隆祐太后如洪州。

纲 以杜充同知枢密院事。

纲 广州教授林勋上本政书。

目 勋上本政书十三篇，言"国朝兵农之政，大抵因唐末。今农贫而多失职，兵骄而不可用，地利多遗，财用不足，皆本政不修之故。宜仿古井田之制，使民一夫占田五十亩，其有羡田之家，毋得市田；其无田与游惰末作者，皆驱之使为隶农，以耕田之羡者，而杂组钱谷以为什一之税。每十六夫为一井，每井赋二兵、马一匹，蚕妇之贡绢三尺、绵一两，非蚕乡则布六尺、麻二两"。其说甚备，书奏，诏以为桂州节度掌书记。其后朱熹甚爱其书，陈亮亦曰："此书考古验今，思虑周密，世之为井田之学者无以加矣。"

纲 八月，李邴罢，以刘珏权知三省、枢密院事。

纲 遣使致书于金，金人不答。

目 时闻金人南侵，而洪皓、崔纵未得前，帝求可使缓师者，乃遣京东转运判官杜时亮及修武郎宋汝为使金师以请和，致书于粘没喝曰："古之有国家而迫于危亡者，不过守与奔而已。今以守则无人，以奔则无地，此所以諰諰然，惟冀阁下之见哀而赦已。故前者连奉书，愿削去旧号,是天地之间皆大金之国,而尊无二上,亦何必劳师远涉而后为快哉!"

纲 闰月,以吕颐浩、杜充为尚书左、右仆射,并同平章事。

纲 罢起居郎胡寅。

目 寅上疏曰:"陛下以亲王介弟,受渊圣皇帝之命,出师河北,二帝既迁,则当纠合义师,北向迎请,而乃亟居尊位,建立太子,不复归觐宫阙,展省陵寝,偷安岁月,略无扞御。及虏骑乘虚,匹马南渡,一向畏缩,惟务远逃。军民怨咨,恐非自全之计也。"因进七策:一,罢和议而修战略;二,置行台以区别缓急之务;三,务实效,去虚文;四,大起天下之兵以自强;五,都荆、襄以定根本;六,选宗室之贤才,封建任使之;七,存纪纲以立国体。书凡数千言。吕颐浩恶其切直,罢之于外。

纲 诏杜充、韩世忠、刘光世分屯江东以备金。

纲 帝如临安。

纲 九月,金人陷南京。

纲 诏周望守平江。

纲 以张守同签书枢密院事。

纲 命刘光世移屯江州。

纲 遣直龙图阁张邵使金,金人囚之。

目 邵至潍州见挞懒,命邵拜,邵曰:"监军与邵为南北朝,从臣无拜礼。"且具书言:"兵不在强弱,在曲直。天未厌宋,而金乃裂地以封刘豫,复穷兵不已,曲有在矣。"挞懒怒,取国书去,送邵密州,囚于祚山砦。

纲 金禁民汉服。杀故知真定府李邈。

目 金下令禁民汉服,又令髡发,不如式者杀之。邈故为真定帅,被执三年,金人欲使知沧州,邈笑不答。及髡发令下,邈愤诋之,虏挞击其口,犹吮血噀之,遂遇害。邈将死,颜色不变,南向拜讫就死,燕人为之流涕。后事闻,谥曰忠壮。

纲 冬十月,帝至临安,留七日,复如越州。

纲 张浚治兵于兴元以图中原。

目 浚至兴元上疏言:"汉中实形胜之地,前控六路之师,后据两川之粟,左通荆、襄之财,右出秦、陇之马,号令中原,必基于此。宜谨积粟理财,以待巡幸。"于是辟刘子羽参议军事,承制以赵开为随军转运使，专总四川财赋。

开见浚曰："蜀之民力尽矣，锱铢不可加。独榷货尚存赢余，而贪猾认为己有，共相隐匿；惟不恤怨詈，断而敢行，庶可救一时之急。"浚锐意兴复，委任不疑。时浚荷重寄，旬犒月赏，期得士死力，费用不赀，悉取办于开。开悉智虑于食货，算无遗策，虽支费不可计，而赀财常有余。

初，陕西都统制曲端欲斩节制使王庶，朝廷疑其叛，浚以百口保之，且以其与敌屡角，欲仗其威声，承制筑坛拜端武威大将军、宣抚司都统制，军士欢声如雷。子羽又荐泾原都监吴玠及弟璘之才勇，浚以玠为统制，璘掌帐前亲兵。

纲 金人趋江西，刘光世引兵遁。十一月，隆祐太后如虔州。江西州、军多陷。

纲 知徐州赵立将兵勤王，败金人于淮阴。

目 立闻诏诸路以兵勤王，乃将兵三万趋行在，杜充承制以立知楚州。金人闻立弃徐州将赴楚州，乃以兵邀于淮阴。立麾下劝立不如还保徐州，立奋怒，嚼其齿曰："回顾者斩！"于是率众径进，与金人遇，转战四十里，至楚州城下。立中箭贯两颊，口不能言，以手指挥诸军前，歇定方拔出之。议者谓自燕山之役，南北战争，未有如此之鏖战者。

纲 以范宗尹参知政事，赵鼎为御史中丞。

目 二人皆尝建议避狄，故遂用之。鼎上言："经营中原，当自关中始。经营关中，当自蜀始。欲幸蜀，当自荆、襄始。吴、越介在一隅，非进取中原之地。荆、襄左顾川、陕，右控湖、湘，而下瞰京、洛，三国所必争，宜以公安为行阙，而屯重兵于襄阳，运江、浙之粟，以资川、陕之兵，经营大业，计无出此。"

纲 金兀术渡江入建康，杜充叛降金，通判杨邦乂死之。

目 时江、浙倚重于充，而充日事诛杀，且无制敌之方。及兀术与李成合兵攻乌江，充闭门不出，统制岳飞泣谏请视师，充不从。兀术遂乘充无备，进兵取和州、无为军，王善迎降，遂由马家渡渡江陷太平州，充始遣都统制陈淬及飞帅师迎战，王瓒以军先遁，淬败死，诸将皆溃，充兵亦散。兀术至建康，守臣陈邦光、户部尚书李棁迎降。

充渡江保真州，兀术遣人说之曰："若降，当封以中原，如张邦昌故事。"充遂还建康,与棁、邦光率官属迓金师,拜兀术于马首。通判杨邦乂独不肯屈膝,以血大书衣裾曰:"宁作赵氏鬼,不为他邦臣!"兀术使人诱以官,终不屈,大骂求死,遂杀之。充至金,粘没喝薄其为人,久之乃得仕。

纲 帝奔明州。

目 帝闻杜充败,谓吕颐浩曰:"事迫矣,若何!"颐浩遂进航海之策,其言曰:"敌兵多骑,必不能乘舟袭我,江、浙地热,必不能久留,俟其退去,复还二浙。彼出我入,彼入我出,此兵家之奇也。"帝然之,遂如明州。

纲 韩世忠自镇江退守江阴。十二月,金兀术陷临安,遣兵渡浙追帝,帝航于海。

纲 江、淮统制岳飞败金人于广德。

目 飞率所部自建康蹑金人于广德境中,六战皆捷,擒金将王权;俘首领四十余,察其可用者结以恩义,遣还,令夜斫营纵火,飞乘乱纵击,大破之。驻军钟村,军无见粮,将士忍饥,秋毫无犯。金所籍兵相谓曰:"此岳爷爷军也。"争降附之。

纲 金人陷越州,遂寇明州;张俊使统制杨沂中迎战于高桥,败之。

纲 庚戌,四年,春正月,金人陷明州,屠其民;遂袭帝于海,帝走温州。

目 是月朔,西风大作,金师乘之,复攻明州。张俊、刘洪道坐城楼遣兵掩击,杀伤大半;金人奔北,死于江者无数,夜拔砦退屯余姚,而遣人请济师于兀术。兀术遣兵与阿里蒲卢浑复攻明州。张俊惧,帅师趋台州,刘洪道亦遁,金师入城,屠其民。帝闻明州陷,遂移次台州章安镇。金人闻帝在章安,以舟师追三百余里,弗及,提领海舟张公裕引大舶击却之,金人引还。帝发章安,如温州,泊于港口。

纲 金娄室陷陕州,知府李彦仙死之。

目 彦仙在陕,益为战守备,遣统领邵兴复虢州。金将乌鲁来攻,彦仙败之。娄室闻之,自蒲、解率兵大至,彦仙又大败之,娄室仅以身免。彦仙度金人必并力来攻,自遣人求兵于张浚,已而娄室果率折可求等众十万来,分其军为十,以正月旦为始,日轮一军攻城,期以三旬必拔。彦仙意气如常,数出兵与战。既而食尽,告急于浚;浚檄曲端以泾原兵援之。端素嫉彦仙,不奉命。浚曰:“金若下陕,则全据大河,且窥蜀矣。”乃出师至长安,道阻不得进。彦仙日与金战,娄室奇其才,诱啖百端,彦仙悉斩其使。力尽城陷,彦仙投河死;其属官居民无一人降者,娄室怒,尽屠之。

纲　滕康、刘珏免。二月,以卢益、李回权知三省枢密院事。

纲　金兀朮引兵北还。

纲　金人入东京。

纲　周望弃军走太湖,金人大掠平江。

纲　三月,遣使迎隆祐太后于虔州。

目　帝谓辅臣曰:“太后爱朕,不啻己出,今在数千里外,兵马惊扰,当亟奉迎,以慊朕朝夕慕念之意。”遂遣卢益等奉迎于虔州。

纲　夏四月,张浚引兵入卫,闻金军退,乃还。

纲　帝还越州。

目　帝发温州,至越州,下诏亲征,巡幸浙西。寻升越州为绍兴府。

纲　韩世忠邀击金兀朮于江中,大败之,走建康。复引兵袭世忠,世忠败绩,兀朮遂趋江北。

目　初,韩世忠以前军驻青龙镇,中军驻江湾,后军驻海口,欲俟兀朮师还击之。及兀朮由秀趋平江,世忠事不就,遂移师镇江以待之。金师至江上,世忠先以八千人屯焦山寺,兀朮欲济江,乃遣使通问,且约战期,世忠许之,因谓诸将曰:“是间形势无如金山龙王庙者,敌必登之以觇我虚实。”乃遣苏德将百人伏庙中,百人伏庙下岸侧,戒之曰:“闻江中鼓声则岸兵先入,庙兵继出,以合击之。”及敌至,果有五骑趋庙,庙兵先鼓而出,获两骑,其三骑则振策以驰。驰者一人红袍玉带,既坠,复跳而免,诘诸获者则兀朮也。既而接战江中,凡数十合,世忠妻梁氏亲执桴鼓,敌终不得济。俘获甚众,虏兀朮之婿龙虎大王。

兀朮惧,请尽归所掠以假道,世忠不许。复益以名马,又不许。遂自镇江溯流西上,兀朮循南岸,世忠循北岸,且战且行。世忠艨艟大舰出金师前后数里,击柝之声达旦。将至黄天荡,兀朮窘甚,或曰:“老鹳河故道今虽湮塞,若凿之可通秦淮。”兀朮从之,一夕渠成,凡三十里,遂趋建康。岳飞以骑三百,步兵三千,邀击于新城,大破之,兀朮乃复自龙湾出江中,趋淮西。

会挞懒自潍州遣孛堇太一引兵来援，兀朮乃复引还，欲北渡，世忠与之相持于黄天荡。太一军江北，兀朮军江南。世忠以海舰进泊金山下，豫以铁绠贯大钩授健者。明旦，敌舟噪而前，世忠分海舟为两道出其背，每缒一绠则曳一舟沉之，兀朮穷蹙，求会语，祈请甚哀。世忠曰："还我两宫，复我疆土，则可以相全。"兀朮语塞。又数日，求再会，而言不逊，世忠引弓欲射之，兀朮亟驰去。见海舟乘风使篷，往来如飞，谓其下曰："南军使船如使马，奈何！"乃募人献破海舟之策，于是闽人王姓者教其舟中载土，以平板铺之，穴船板以棹桨，俟风息则出，海舟无风不可动也，且以火箭射其箬篷，则不攻自破矣。兀朮然之。及天霁风止，兀朮以小舟出江，世忠绝流击之；海舟无风不能动，兀朮令善射者乘轻舟以火箭射之，烟焰蔽天，师遂大溃，焚溺死者不可胜数，世忠仅以身免，奔还镇江。兀朮遂济江，屯于六合县。

世忠以八千人拒兀朮十万之众，凡四十八日而败，然金人自是亦不敢复渡江矣。

纲 迁赵鼎为翰林学士，鼎辞不拜。吕颐浩免。

目 初，御营使本以行幸总齐军政，而宰相兼领之，遂专兵柄，枢府几无所预。颐浩在位尤颛恣，中丞赵鼎尝疏论之。及闻韩世忠败金人，颐浩请帝幸浙西，下诏亲征。帝将从之，赵鼎以为不可轻举，颐浩恶鼎异己，改鼎翰林学士，鼎不拜，改吏部尚书，又不拜，乃上疏论颐浩过失，凡千余言。颐浩因求去，诏以颐浩倡义勤王，宜从优礼，乃罢为镇南军节度使、醴泉观使，而复命鼎为中丞，谕之曰："朕每闻前朝忠谏之臣，恨不之识，今于卿见之。"

纲 五月，以范宗尹为尚书右仆射同平章事，张守参知政事，赵鼎签书枢密院事。

纲 岳飞袭金人于静安，败之。

目 兀朮既济江，金人在建康者大肆焚掠。执李棁、陈邦光等，自静安渡宣化而去；棁道死，邦光归于刘豫。岳飞邀击金人于静安镇，大败之。

纲 六月，张浚罢其都统制曲端。

纲 秋七月，金徙二帝于五国城。

目 金将立刘豫，乃徙二帝于五国城，去上京东北千里。徙此逾月，太上皇后郑氏崩。洪皓自云中密遣人奏书，以桃、梨、栗、面等献二帝，始知帝即位之实。

纲　八月，以谢克家参知政事。隆祐太后至越州。

纲　金人围楚州。

纲　九月，金立刘豫为齐帝。

目　金遣高庆裔及知制诰韩昉备玺绶宝册，立刘豫为大齐皇帝，世修子礼，奉金正朔，置丞相以下官。九月，豫即位，都大名府，改明年为阜昌元年。

纲　诏刘光世督诸军救楚州；光世不进，镇抚使赵立死之，楚州陷。

纲　张浚使都统制刘锡帅五路之兵与金娄室大战于富平，败绩，浚退军秦州。

目　兀术引兵趋陕西，浚闻其将至，檄召熙河刘锡、秦凤孙偓、泾原刘锜、环庆赵哲四经略及吴玠之兵，合四十万人，马七万匹，以锡为统帅，迎敌决战。王彦谏曰："陕西五路兵将，上下之情未通；若不利，则五路俱失，不若屯利、阆、兴、洋，以固根本。敌入境，则檄五路之兵来援，万一不捷，未大失也。"浚不从。刘子羽亦力言未可，浚曰："吾宁不知此，顾东南事方急，不得不为是耳。"吴玠、郭浩皆曰："敌锋方锐，宜各守要害，须其弊而乘之。"亦不从。遂行，次于富平县。刘锡会诸将议战，玠曰："兵以利动，今地势不利，未见其可，宜择高阜据之，使不可胜。"诸军皆曰："我众彼寡，又前阻苇泽，敌有骑不得施，何用他徙。"已而娄室引兵骤至，舆柴囊土，藉淖平行，进薄诸营。锡等与之力战，刘锜身率将士薄敌陈，杀获颇多，胜负未分，而敌铁骑直击赵哲军，他将不及援，哲因离所部，其将较望见尘起，遂惊遁，诸将皆溃。敌乘胜而进，关陕大震。浚时驻邠州督战，既败，退保秦州，召赵哲斩之，而安置刘锡于合州，令诸将各还本路，上书待罪，帝手诏慰勉之。自是关陕不可复，论者咎浚之轻师失律焉。

纲　冬十月，金人纵秦桧还。

目　桧从二帝至燕，金主以桧赐挞懒，为其任用。挞懒信之。及南侵，以为参谋军事，又以为随军转运使。挞懒攻楚州，桧与妻王氏自军中趋涟水军，自言杀金人监己者夺舟而来，欲赴行在，遂航海至越州。帝命先见宰执，桧首言："如欲天下无事，须是南自南，北自北。"朝士多疑其与何㮚、孙傅等同被拘执，而桧独还，又自燕至楚二千八百里，逾河越海，岂无讥诃之者，安得杀监而南？就令从军挞懒，金人纵之，必质妻属，安得与王氏偕？惟范宗尹及李回二人素与桧善，尽破群疑，力荐其忠。桧入对，首奏所草与挞懒求和书，帝谓辅臣曰："桧朴忠过人，朕得之喜而不寐。既闻二帝、母后消息，又得一佳士也。"遂拜礼部尚书。先是，朝廷虽数遣使于金，但且守且和，而专意与敌解仇息兵，则自桧始。盖桧首倡和议，故挞懒阴纵之使还也。

纲 以李回同知枢密院事。

纲 十一月，赵鼎罢。

目 上欲以副都统辛企宗为节度使，鼎言企宗非军功，持不下；帝不乐，遂罢鼎提举洞霄宫。

纲 以富直柔签书枢密院事。

纲 金人复陷泾原诸州、军。

纲 日南至，帝率百官遥拜二帝。

纲 张浚军兴州，遣吴玠守和尚原以拒金。

纲 十二月，金人寇熙河，副总管刘惟辅死之。金娄室卒。

目 金人掠熙河，惟辅击败之，杀五千余人；已而复至，惟辅顾熙河尚有积粟，恐金人因之以守，急出焚之。为金人所执，捽以去，惟辅曰："死犬！斩即斩，吾头岂汝捽也！"顾坐上客曰："国家不负汝，一旦遽降敌邪！"即闭口不言而死，所部亦多不屈被杀。

纲 定差役法。

目 帝在河朔亲见闾阎之苦，尝叹知县不得其人，一充役法，即至破家。及即位，深加讲议，乃定差役法。以二十五家为一保，十大保为一都，内选才力高富者二人充都保，主一都盗贼烟火之事，其次有保长。若品官，则一品限田五十顷，至九品五顷。免差子孙，荫尽则同编户。太学生及得解经省试者，许募人充役。军丁女户及孤弱悉免。

纲鉴易知录卷七九

南宋纪

高宗皇帝

纲 辛亥，绍兴元年，春正月，以张俊为江、淮招讨使，岳飞副之。

目 时孔彦舟据武陵，张用据襄、汉。李成据江、淮、湖、湘十余郡，尤悍强，连兵数万，有席卷东南之意，久围江州。朝廷患之，以俊为招讨使。俊请岳飞同讨，许之。

纲 李成陷江州。

目 未几，复陷筠州。

纲 谢克家罢。二月，以秦桧参知政事。

纲 三月，张俊、岳飞大败李成于楼子庄，群盗皆遁。

纲 武功大夫张荣击败金兵于兴化，挞懒北遁。

目 荣本梁山泺渔人，聚舟数百，以劫掠金人。杜充时尝借补武功大夫，金人南侵，攻之不克。及金兵退，荣袭据通州，联舟入兴化缩头湖，作水寨以守。金挞懒在泰州，谋再渡江，欲先破营寨，荣率舟师与之遇，见金战舰不多，余皆小舟，时水退隔泥淖不能前，乃舍舟登岸，大呼而击之。金人不得骋，舟中自乱，溺水及陷泥淖者不可胜计，俘馘五千余人。挞懒收余众奔还楚州，退屯宿迁，寻北去。荣告捷于朝，遂以荣知泰州。

纲 张浚军阆州，分诸将守川、陕。

纲 夏四月，隆祐皇太后孟氏崩。

纲 刘光世复楚州。

纲 五月，作"大宋中兴"玉宝。

纲 张俊追败李成于黄梅，成奔刘豫。岳飞招张用，降之。

目 俊引兵渡江，追成至蕲州黄梅县，大败之，其众数万皆溃，成北走，降刘豫。用复寇江西。岳飞与用俱相人，以书谕之曰："吾与汝同里，欲战则出，不战则降。”用得书，遂帅众降，江、淮悉平。张俊奏飞功第一，诏进飞右军都统制，屯洪州，弹压盗贼。

纲 六月，张浚以吴玠为陕西诸路都统制。

纲 秋七月，封太祖后令话为安定郡王。

目 先是下诏曰：“太祖创业垂统，德被万世。神宗初封子孙一人为安定郡王，今其封久不举，有司具上应袭封者。”至是，以德昭玄孙令话为安定郡王，自后袭封不绝。

纲 范宗尹免。

纲 八月，张浚杀前威武大将军曲端。

目 浚既败于富平，乃思端言，召之还，稍复其官，徙阆州，将复用之。吴玠憾端，因言：“端再起，必不利于公。”王庶又从而间之，玠复书“曲端谋反”四字于手以示浚，庶又言端尝作诗题柱曰：“不向关中兴事业，却来江上泛渔舟。”谓其指斥乘舆。浚乃送端于恭州狱。有武臣康随者，尝以事忤端，端鞭其背，随深憾之。及浚以随提点夔路刑狱，端闻之曰：“吾其死矣。”随至，命狱吏絷维端，以纸糊其口，熁之以火。端干渴求饮，与之酒，九窍流血而死。陕西士大夫莫不痛惜之，军士怅恨，有叛去者。

纲 以李回参知政事，富直柔同知枢密院事。

纲 以秦桧为尚书右仆射同平章事，兼知枢密院事。

目 范宗尹既去，桧欲得其位，因扬言曰：“我有二策，可耸动天下。”或问：“何不言？”桧曰：“今无相，不可行也。”帝闻，乃有是命。

纲 诏赠程颐直龙图阁。

纲 以吕颐浩为尚书左仆射同平章事，兼知枢密院事。

纲 复修日历。

目 翰林学士汪藻言：“本朝宰相皆兼史馆，故书榻前议论之词则有时政记，(录)柱下见闻之实则有起居注，谓之日历，所以备言，垂一世之典。苟旷三十年之久，漫无一字，何以示来世？”帝从之，即以命藻。

纲 长星见，诏求直言。

纲 冬十一月，李回罢。

纲 王德歼邵青之众于崇明沙，获青送行在。

目　青寇宣州，进围太平，刘光世招降之，寻复叛去，聚其党于崇明沙，将犯江阴。光世令都统制王德讨之。德执旗麾兵，拔栅以入，青众大溃，翌日余党复索战，谍言贼将用火牛，德笑曰："此古法也，可一不可再。"命合军持满，阵始交，万矢齐发，牛皆返奔，贼众歼焉。青自缚请命，德献诸行在，余党悉平。

纲　以孟庾参知政事。

纲　金兀术寇和尚原，吴玠及其弟璘大败之，兀术遁。

目　玠自富平之败，收散卒保和尚原，积粟缮兵，列栅为死守计。或谓玠宜退屯汉中，扼蜀口以安人心。玠曰："我保此，敌决不敢越我而进，是所以保蜀也。"玠在原上，凤翔民感其遗惠，相与夜输刍粟助之，玠偿以银帛，民益喜，输者益多。金人怒，伏兵渭河邀杀之，且令保伍连坐，民冒禁如故。

金将没立自凤翔，乌鲁折合自阶、成出散关，约日会和尚原。乌鲁折合先期至，阵北山，索战，玠命诸将坚阵待之，更战迭休，金人大败遁去。没立方攻箭筈关，玠复遣将击破之。两军终不得合。金人自起海角，狃于常胜，及与玠战辄败，愤甚，谋必取玠。于是，兀术会诸帅兵十余万，造浮梁跨渭，自宝鸡结连珠营，垒石为城，夹涧与官军相拒，进薄和尚原。玠与弟璘选劲弩，命诸将分番迭射，号"驻队矢"，连发不绝，繁如雨注；敌稍却，则以奇兵旁击，绝其粮道，度其困且走，设伏于神坌以待之。敌至伏发，遂大乱。玠因纵兵夜击，大败之。兀术中二流矢，仅以身免，亟鬋其须髯而遁。

初，金人之至也，玠与璘以散卒数千驻原上，朝问隔绝，人无固志。有谋劫玠之兄弟北降者，玠知之，召诸将歃血盟，勉以忠义，皆感泣，愿尽死力，故能成功。

纲　初置见钱关子。

目　时命张浚屯婺州，有司请桩办合用钱，而路不通舟，钱重难致，乃造关子付婺州，召商人入中以给军食。商人执关子于榷货务请钱，愿得茶、盐、香货、钞引者听。于是州县以关子充籴本，未免抑配，而榷货务又止以日输三分之一偿之，人皆嗟怨。

纲　以孟庾为福建、江西、荆湖宣抚使，韩世忠副之。

目　初建人范汝为作乱，破建阳。命辛企宗讨之，不克，其势益炽。乃命庾为宣抚使，世忠副之，发大军由温台路入闽。汝为闻大军将至，亟入据建州。

纲 富直柔罢。

纲 十二月，金以陕西地畀刘豫。

纲 壬子，二年，春正月，复贤良方正直言极谏科。

纲 韩世忠拔建州，范汝为自焚死。

目 世忠闻汝为入建州，曰："建居闽岭上流，贼沿流而下，七郡皆血肉矣。"亟率步卒三万，水陆并进，直抵凤凰山，五日破之，汝为自焚死。世忠初欲尽诛建民，李纲自福州驰见世忠曰："建民多无辜。"世忠乃令军士驻城上，听民自相别，农给牛谷，商贾弛征禁，胁从者汰遣，独取附贼者诛之。民感更生，家为立祠。捷闻，帝曰："虽古名将何以加！"世忠因进讨江西、湖、广诸盗。

纲 帝如临安。

纲 二月，以李纲为湖、广宣抚使。

纲 帝初御讲殿。

纲 三月，河南镇抚使翟兴为其下所杀，诏以其子琮代之。

目 刘豫将迁汴，以兴屯伊阳山，惮之，遣蒋颐持书诱兴以王爵；兴斩颐而焚其书。豫复阴啖兴裨将杨伟以利，伟遂杀兴，携其首奔豫。兴在河南累年，军少乏食，而能激以忠义，士莫不自奋，金人畏之，诸陵得不侵犯。诏以其子琮嗣职。

纲 夏四月，以翟汝文参知政事。

纲 诏吕颐浩都统江、淮、荆、浙诸军事，开府镇江。

目 颐浩屡请出师，身自督军北向，乃命颐浩开府镇江。颐浩辟文武士七十余人，以神武后军及御前忠锐崔增、赵延寿二军从行，韩世忠、张俊、刘光世、岳飞、王𤫉、杨沂中等皆隶焉。

纲 刘豫徙居汴。

目 豫至汴，尊其祖考为帝，置于宋太庙。是日暴风卷旗，屋瓦皆振，士民大惧。时河、淮、山东、陕西皆屯金军，刘麟籍乡兵十余万，为皇太子府军，分置河南、汴京淘沙官，两京冢墓发掘殆尽，赋敛烦苛，民不聊生。

纲 岳飞追曹成，大败之，成走邵州。

目 盗曹成初陷道州，复陷贺州，拥众十余万，由江西历湖、湘据道、贺二州，命岳飞权荆湖东路安抚都总管，付金字牌、黄旗招成。成闻飞至，惊曰："岳家军来矣。"即遁。飞追至贺州，力战，大破之，成乃自桂岭置砦至北藏岭，连控隘道，以众十余万守蓬头岭。飞部才八千人，一鼓登岭，破其众，成奔连州。飞谓部将张宪、徐庆、王贵曰："成党散去，追而杀之，则胁从者可悯；纵之，则复聚为盗。今遣若等诛其首而抚其众，慎勿妄杀，累上保民之仁。"于是宪自贺、连，庆自邵、道，贵自郴、桂，招降者二万，与飞会连州；进讨，成走入邵州。

纲 五月，以权邦彦签书枢密院事。

纲 育太祖后子偁之子伯琮于宫中，赐名瑗。

目 元懿太子卒，帝未有后，范宗尹尝造膝请建太子，帝曰："太祖以神武定天下，子孙不得享之，遭时多艰，零落可悯。朕若不法仁宗，为天下计，何以慰在天之灵？"于是诏知内外宗正事，令广选太祖后，将育宫中。会上虞县丞娄寅亮上书曰："先正有言：'太祖舍其子而立弟，此天下之大公。周王薨，章圣取宗室育之宫中，此天下之大虑。'仁宗感悟其说，召英宗入继大统，文子文孙，宜君宜王，遭罹变故，不断如带。今有天下者，独陛下一人而已，属者椒寝未繁，前星不耀，孤立无助，有识寒心，天其或者深戒陛下，追念祖宗公心、长虑之所及乎！崇宁以来，谀臣进说，独推濮王子孙，以为近属，余皆谓之同姓，遂使昌陵之后寂寥无闻，仅同民庶，艺祖在上，莫肯顾歆，此金人所以未悔祸也。望陛下于伯字行内，选太祖诸孙有贤德者，视秩亲王，俾牧九州，以待皇嗣之生，退处藩服，庶几上慰在天之灵，下系人心之望。"书奏，帝读之大感叹，至是，选秦王德芳后朝奉大夫子偁之子伯琮入宫，命张婕妤鞠之，生六年矣。其后吴才人亦请于帝，乃复取秉义郎子彦之子伯玖，命才人鞠之。皆太祖后也。寻以伯琮为和州防御使，赐名瑗。

纲 吕颐浩前军将赵延寿叛，颐浩次于常州，王德追延寿至建平，诛之。

纲 张浚以刘子羽知兴元府。

纲 韩世忠招曹成，降之。

目 世忠既平范汝为，旋师永嘉，若将休息者，忽由处、信径至豫章，连营江滨数十里。群贼不虞其至，大惊，世忠因使董收招成，成方为岳飞所追，乃率众降。得战士八万，遣诣行在。

纲 六月，以李横为襄、郢镇抚使。

纲 颁戒石铭于州县。

目 以黄庭坚所书戒石铭颁于州县，令刻石。文曰："尔俸尔禄，民膏民脂。下民易虐，上天难欺。"

纲 翟汝文罢。

目 汝文虽为桧所荐，然性刚，不为桧屈，至对案相诟，目桧为金人奸细，故不得久居位。

纲 秋八月，召朱胜非兼侍读，罢给事中胡安国及程瑀等二十人。

目 帝初即位，召安国为给事中，黄潜善恶之，遂罢。潜善去，复召为中书舍人，兼侍讲。安国因上时政论二十一篇，其言以为："保国必先定计，定计必先建都，建都择地必先设险，分土必先制国，制国以守必先恤民。夫国之有民，犹人之有元气，不可不恤也。除乱贼，选县令，轻赋敛，更弊法，省官吏，皆恤民事也。而行此有道，必先立政；立政有经，必先核实，而后赏罚当；赏罚当，而后号令行，人心顺从，惟上所命，以守则固，以战则胜，以攻则服；天下定矣。然欲致此，顾人主志尚如何耳。尚志，所以立本也；正心，所以决事也；养气，所以制敌也；宏度，所以用人也；宽隐，所以明德也：具此五者，帝王之能事毕矣。"论入，改给事中。入对，以疾力求去，帝曰："闻卿深于春秋，方欲讲论。"遂以左氏传付安国点句、正音。安国言："春秋经世大典，见诸行事，非空言比。方今思济艰难，左氏繁碎，不宜虚费光阴，耽玩文采，莫若潜心圣经。"帝善之，命兼侍读，专讲春秋。

先是秦桧欲倾吕颐浩而专政，乃多引知名士布列清要以自助。安国尝闻游酢论桧人材可方荀文若，故力言桧贤于张浚诸人。及颐浩自常州还，憾桧欲去之，问计于席益，益曰："目为党可也。今党魁胡安国在琐闼，宜先去之。"会颐浩荐知绍兴府朱胜非代己都督，帝从之。命下，安国奏："胜非与黄潜善、汪伯彦同在政府，缄默附会，驯致渡江，尊用张邦昌，结好金虏，沦灭三纲，天下愤郁；及正位冢司，苗、刘肆逆，贪生苟容，辱逮君父。今强敌凭陵，叛臣不忌，用人得失，系国安危，深恐胜非上误大计。"帝为罢都督之命，改兼侍读，安国复持录黄不下，颐浩特命检正黄龟年书行。安国言："有官守者不得其职则去。臣今待罪无补，既失其职，当去甚明。况胜非既臣论列之人，今朝廷乃称胜非处苗、刘之变，能调护圣躬。昔公羊氏言祭仲废君为行权，先儒力排其说，盖权宜废置，非所施于君父，春秋大法，尤谨于此。建炎之失节者，今虽特释而不问，又加进擢，习俗既成，大非君父之利。臣以春秋入侍，而与胜非为列，有违经训。"遂卧家不出。颐浩劝帝降旨，落职提举仙都观。秦桧三上章留之，不报。侍御史江跻、左司谏吴表臣论胜非不可用，安国不当责，于是与张焘、程瑀、胡世将、刘一止、林待聘、楼炤等二十余人皆坐桧党，并落职罢官，台省为之一空。

纲 以孟庾同都督江、淮、荆、浙诸军事。

纲 秦桧免，榜其罪于朝堂。

目 先是起居郎王居正与秦桧善，及桧执政，与居正论天下事甚锐，既相，所言皆不酬。居正疾其诡，言于帝曰："秦桧尝语臣：'中国之人，唯当著衣啖饭，共图中兴。'臣时心服其言。桧又自谓：'为相数月，必耸动天下。'今为相设施止是。愿陛下以臣所言，问桧所行。"桧闻而憾之，出居正知婺州。及胡安国罢，桧留之，不报，遂求去。吕颐浩讽侍御史黄龟年劾桧"专主和议，沮止国家恢复远图，且植党专权，渐不可长"。乃罢桧相，仍榜朝堂，示不复用。初桧所陈二策，欲以河北人还金，中原人还刘豫。帝曰："桧言南人归南，北人归北。朕北人，将安归?"桧语乃塞，至是帝召直学士院綦崈礼语以是事，及居正所言。崈礼即以帝意载于制辞，播告中外，人始知桧之奸。

纲 彗星见，赦，求直言。

纲 九月，韩世忠大败刘忠于蕲阳，忠走降刘豫。

目 世忠自豫章移师长沙，刘忠有众数万，据白面山，营栅相望，世忠至，与贼对垒，奕棋张饮，坚壁不动，众莫能测。一夕与苏格联骑穿贼营，候者诃问，世忠先得贼军号，随声应之，周览以出。喜曰："此天赐也。"夜伏精兵二千于山下，与诸将拔营而进。贼方迎战，伏兵已驰入中军，夺望楼，植旗盖，传呼如雷，贼回顾惊溃，世忠麾将士夹击，大破之；忠走降豫。

纲 王伦还自金。

目 伦既被留，久困怀归，乃倡为和议，粘没喝纵之归报。伦至，入对，言金人情伪甚悉，帝优奖之。时方议讨刘豫，和议中格，久之乃以潘致尧为通问使，复如金。

纲 以朱胜非为尚书右仆射同平章事，兼知枢密院事。

纲 以王似为川、陕宣抚处置副使。

目 张浚在关陕三年，训新集之兵，当方张之敌，以刘子羽为上宾，任赵开为转运，擢吴玠为大将。子羽慷慨有才略，开善理财，而玠每战辄胜，西北遗民归附者众，故关陕虽失，而全蜀安堵，且以形势牵制东南，江、淮亦赖以安。朝廷疑浚杀赵哲、曲端为无辜，任子羽、开、玠为非是，乃以似为副使；浚始不安。

纲 冬十一月，李纲至潭州，湖南群盗平。

纲 十二月。罢湖、广宣抚使李纲。

目 纲上言："荆、湖自昔用武之地，今朝廷保有东南，制驭西北，当于鼎、澧、荆、鄂皆宿重兵，使与四川、襄、汉相接，乃有恢复中原之渐。"会吕颐浩言纲纵暴无善状，而谏官徐俯、刘斐亦劾纲，遂罢提举崇福宫。

纲 召张浚知枢密院事。

纲 癸丑，三年，春正月。李横举兵伐金，复颍昌府。

纲 横屡败刘豫及金兵，诏以横为襄阳府、邓、随、郢州宣抚使。

纲 金人陷金州，王彦走石泉。

目 王彦守金州，金撒离喝攻之，彦以三千人迎敌而败，退保石泉，撒离喝遂乘胜而进。

纲 三月，刘子羽、吴玠兵溃于饶风关。金人入兴元；子羽、玠还击，破之。

目 金人长驱趋洋、汉。刘子羽闻王彦败，亟命田晟守饶风关，而遣人召吴玠入援。玠自河池日夜驰三百里至饶风，以黄柑遗敌，曰："大军远来，聊用止渴。"撒离喝大惊，以杖击地曰："尔来何速邪！"遂悉力仰攻，一人先登，二人拥后，先者既死，后者代攻；玠军弓弩乱发，大石摧压，如是者六昼夜，死者山积。敌乃更募死士，由间道自祖溪关入，绕出玠后，乘高以阚饶风，诸军不支，遂溃。敌入洋州，玠邀子羽去，子羽不可，而留玠同守定军山。玠难之，遂退保兴元之西县；子羽亦焚兴元，退保大安之三泉县。撒离喝遂入兴元，至金牛镇。四川大震。

子羽从兵不满三百，与士卒取草芽木甲食之，遗玠书诀别。玠得书未有行意，其爱将杨政大呼军门曰："节使不可负刘待制！不然，政辈亦舍节使去矣！"玠乃间道会子羽，子羽留玠共守三泉。玠曰："关外，蜀之门户，不可轻弃。"复往守仙人关，子羽以潭毒山形斗拔，其上宽平有水，乃筑壁垒，方成而金人已至，距营十数里。子羽据胡床坐垒口，诸将泣告曰："此非待制坐处。"子羽曰："子羽今日死于此！"敌寻亦引去。时张浚亦移守潼川，子羽遗书言已在此，金人必不南，浚乃止。金兵由斜谷北去。

撒离喝既至凤翔，遣十人持书招子羽，子羽皆斩之，而纵其一还，曰："为我语贼，欲来即来，吾有死尔，何可招也。"

初，子羽闻有金兵，预徙梁、洋之积，及金人深入，馈饷不继，杀马及两河所佥军士以食，而子羽、玠复腹背要击之，死伤十五六，疫疠且作，乃引众还。子羽、玠因出师掩其后，金人堕溪涧死者不可胜计，尽弃辎重而走，余兵不能自拔者悉降。子羽遂还兴元。

金人始谋，本谓玠在西边，故涉险东来，不虞玠驰至，虽入三州，而得不偿失。

纲　权邦彦卒。以席益参知政事，徐俯签书枢密院事。

纲　三月，李横传檄收复东京，刘豫以金人来战于牟驼冈，横师败绩，颍昌复陷。

纲　夏四月，杨太僭号大圣天王，诏统制王𤫊会兵讨之。

纲　以韩肖胄签书枢密院事，遣使金。

纲　王彦复金州。

纲　诏李横等班师还镇，禁边兵侵齐。

纲　六月，岳飞讨江、广群盗，悉平之。

目　时虔、吉盗连兵寇掠江、广诸州，帝专命飞平之。飞至虔，固石洞贼彭友悉众至雩都迎战，跃马驰突；飞麾兵即马上擒之，余党皆破降之。初，帝以隆祐太后震惊之故，密令飞屠虔城。飞请诛首恶而赦胁从，帝许焉，虔人感其德，绘像祠人。及入见，帝手书"精忠岳飞"字，制旗以赐之。

纲　秋九月，吕颐浩免。以刘光世、韩世忠为江东、两淮宣抚使，王𤫊、岳飞为荆、湖、江西制置使，分屯沿江诸州。

纲　冬十月，李成寇襄、邓，李横奔荆南，成遂陷京西六郡。

纲 十一月，复元祐十科取士法。

纲 金兀朮陷和尚原。

纲 甲寅，四年，春二月，席益罢。

纲 三月，吴玠、吴璘与金兀朮战于仙人关，大败之。

目 先是璘守和尚原，馈饷不继，玠虑金人必复深入，且其地去蜀远，乃命璘别营垒于仙人关右之地，名曰杀金平，移兵守之。至是，兀朮、撒离喝、刘夔帅步骑十万破和尚原，进攻仙人关，自铁山凿崖开道，循岭东下。玠以万人守杀金平，以当其冲；璘自武阶路入援，冒围转战七昼夜，始得与玠会于仙人关。

敌首攻玠营，玠击走之。又以云梯攻垒壁，杨政以撞竿碎其梯，以长矛刺之。金军分为二，兀朮阵于东，韩常阵于西，璘率锐卒介其间，左绕右萦，随急而后战。

数日，玠大出兵，统领王善、王武率锐士分紫、白旗入金营，金阵乱，奋击，射韩常中左目，金人始宵遁。玠遣统制官张彦劫横山砦，王俊伏河池，扼其归路，又败之。

是役也，兀朮以下皆携妻孥来。刘夔乃刘豫腹心，本谓蜀可图，既不得逞，度玠终不可犯，乃还据凤翔，授甲士田，为久留计，自是不妄动矣。

纲 以赵鼎参知政事。

纲 张浚至临安，罢为资政殿大学士，居之福州。

目 浚虽被召，以刘子羽等军败，秘其事未行。已而诏王似、卢法原赴镇，浚及子羽、王庶、刘锡等俱赴行在。浚至临安，中丞辛炳以宿憾率殿中侍御史常同等劾浚丧师失地，跋扈不臣，遂落职奉祠福州居住，安置刘子羽于白州。浚即日行。诏以王似为川、陕宣抚使，卢法原、吴玠副之。法原寻卒。

纲 夏四月，徐俯罢。

纲 五月，以岳飞兼荆南制置使。

目 时杨太与刘豫通，欲顺流而下。李成既据襄阳，又欲自江西陆行趋浙，与太会。帝命飞为之备。朱胜非言："襄阳，国之上流，不可不急取。"飞亦奏："襄阳等六郡为恢复中原基本，今当先取六郡，以除心膂之病，李成远遁，然后加兵湖、湘，以殄群盗。"帝以语赵鼎，鼎曰：

“知上流利害，无如飞者。”除飞兼荆南制置使。飞渡江，中流顾幕属曰：“飞不擒贼不涉此江！”

纲 秋七月，以胡松年签书枢密院事。

纲 岳飞复襄阳等六郡。

纲 八月，以赵鼎知枢密院事，都督川、陕、荆、襄诸军事。

目 鼎为朱胜非所忌，除鼎枢密都督，鼎条奏便宜，复为胜非所抑，乃上疏言：“顷者陛下遣张浚出使川、陕，国势百倍于今。浚有补天、浴日之功，陛下有砺山、带河之誓，君臣相信，古今无二，而终致物议，以被窜逐。夫丧师失地，浚则有之，然未必如言者之甚也。大抵专黜陟之典，受不御之权，则小人不安其分，谓爵赏可以苟求，一不如意，便生觖望，是时蜀士至于醵金募人，诣阙讼之，以无为有，何以自明！故有志之士，欲为国立事者，每以浚为戒。今臣无浚之功，当此重责，去朝廷远，恐好恶是非，行复纷纷于聪明之下矣。望闵臣孤忠，使得展布四体，少宽陛下西顾之忧。”

纲 遣吏部员外郎魏良臣使金。

纲 杨太败官军于鼎江，诏岳飞移兵讨之。

目 王瓔遣忠锐统制崔增等讨太于鼎江，师败皆没。太乘大水出兵，攻破鼎州社木寨，守将许筌战没，官军死者甚众。于是授飞清远军节度使，代王瓔讨太。飞时年三十二，中兴诸将建节未有如飞之年少者。

纲 九月，朱胜非罢。

纲 刘豫使其子麟以金兵入寇。

纲 以赵鼎为尚书右仆射同平章事，兼知枢密院事。

目 时边报骤至，举朝震恐。鼎将赴川、陕，陛辞，帝曰：“卿岂可远去，当遂相朕。”制下，朝士相庆。

纲 以沈与求参知政事。

纲 冬十月，诏韩世忠进屯扬州。

纲 召张浚于福州。

目 初，浚至福州，虑金、齐必并力窥东南，而朝廷已议讲解，因上疏极言其状。至是帝思其言，会赵鼎劝帝亲征，帝从之。喻樗谓鼎曰：“六龙临江，兵气百倍，然公自度此举果出万全乎？或姑试一掷也？”鼎曰：“中国累年退避不振，敌情益骄，义不可更屈，故赞上行耳。

若事之济否，则非鼎所可知也。”樗曰：“然则当思归路耳。张德远有重望，若使宣抚江、淮、荆、浙、福建，俾以诸道兵赴阙，则其来路即朝廷归路也。”鼎然之，入言于帝，遂召浚，以资政殿学士提举万寿观，兼侍读。

纲 韩世忠大败金人于大仪，追至淮而还。

目 世忠至扬州，使统制解元守承州，候金步卒，亲提骑兵驻大仪，以当敌骑，伐木为栅，自断归路。会魏良臣使金过之，世忠撤炊爨，给良臣有诏移屯平江，良臣疾驰去，世忠度良臣已出境，即上马令军中曰：“眡吾鞭所向。”于是移军向大仪，勒五阵，设伏二十余所，约闻鼓即起击。良臣至金军中，金前将军聂儿孛堇问官军动息，具以所见对。孛堇大喜，即引兵至江口，距大仪五里，别将挞不野拥铁骑过五阵东，世忠传小麾鸣鼓，伏兵四起，旗色与金人旗杂出，金军乱，官军迭进。世忠令背嵬军各持长斧，上揕人胸，下斫马足。敌被甲陷泥淖，世忠麾劲骑四面蹂躏，人马俱毙，遂擒挞不野等二百余人，而世忠所遣董旼亦击败金人于天长之鸦口桥。解元至承州北门遇敌，设水军夹河阵，一日十三战，相拒未决。世忠遣成闵将骑士往援，复大战，俘获甚多。世忠复亲追至淮，金人惊溃，相蹈藉溺死者甚众。捷闻，群臣入贺。帝曰：“世忠忠勇，朕知其必能成功。”沈与求曰：“自建炎以来，将士未尝与金人迎敌一战。今世忠连捷，厥功不细。”论者以此举为中兴武功第一。

纲 帝自将御金，次于平江。

目 金、齐之兵日迫，群臣劝帝他幸，散百司以避之。张浚曰：“避将安之？惟进御乃可耳。”赵鼎曰：“战而不捷，去未晚也。”帝因曰：“朕为二圣在远，屈己请和，而彼复肆侵陵。朕当亲总六师，临江决战。”沈与求复力赞之，鼎喜曰：“累年退怯，敌志益骄。今圣断亲征，将士必奋，成功可必。臣愿效区区以图报国。”于是以孟庾为行宫留守，命百司不预军旅之务者从便避兵。以张俊为浙西、江东宣抚使，王璎为江西沿江制置使，胡松年诣江上会诸将议进兵，刘光世诣军建康，后宫自温州泛海如泉州。光世遣人讽鼎曰：“相公自入蜀，何事为他人任患！”韩世忠亦曰：“赵丞相真敢为者。”鼎闻之，恐上意中变，乘间言：“陛下养兵十年，用之正在今日。若少加退沮，即人心涣散，长江之险不可复恃矣。”帝遂发临安，刘锡、杨存中以禁兵扈从。

韩世忠捷奏至，帝次平江，欲自渡江决战。鼎曰：“敌之远来，利在速战，遽与争锋，非策也。且逆豫犹遣其子，岂可烦至尊邪！”帝乃止。及胡松年自江上还，云“北兵大集”，然后知鼎之有先见也。

纲　十一月，诏暴刘豫罪逆于六师。

纲　以张浚知枢密院事，视师江上。

目　浚至，见赵鼎，执其手曰：“此行举事，皆合人心。”鼎笑曰：“喻子才之功也。”复命浚知枢密院事，以其尽忠竭节诏谕中外。浚既受命，即日起江上视师。时挞懒、兀术拥兵十万，约日渡江决战。浚长驱临江，召刘光世、韩世忠、张俊议事，将士见浚，勇气十倍。浚既部分诸将，身留镇江以节度之。

纲　十二月，金人围庐州，岳飞使牛皋救之；金兵败走。

纲　魏良臣还自金。

纲　金兵自淮引还。

目　挞懒屯泗州，兀术屯竹墩镇，为韩世忠所扼，以书币约战。世忠遣麾下王愈及两伶人以橘茗报之，且言：“张枢密已在镇江。”兀术曰：“张枢密贬岭南，何得乃在此？”愈出浚所下文书示之，兀术色变，遂有归意。会雨雪，馈道不通，野无所掠，杀马而食，蕃、汉军皆怨，又闻金主晟病笃，乃夜引还。兀术等既去，刘麟、刘猊不能独留，亦弃辎重遁。

帝谓赵鼎曰：“近将士致勇争先，诸路守臣亦翕然自效，乃朕用卿之力也。”鼎谢曰：“皆出圣断，臣何力之有。”或问鼎曰：“金人倾国来攻，众皆汹惧，公独言不足畏，何也？”鼎曰：“敌众虽盛，然以刘豫邀而来，非其本心，战必不力，是以知其不足畏也。”帝语张浚曰：“赵鼎真宰相，天使佐朕中兴，可谓宗社之幸。”

鼎奏：“金人遁归，尤当博采群言，为善后之计。”于是诏前宰执议攻战备御措置绥怀之方。提举临安府洞霄宫李纲上疏曰：“议者或以敌马既退，当遂用兵，为大举之计。臣窃以生理未固，而欲浪战以侥幸，非制胜之术也。今朝廷以东南为根本，苟不大修守备，先为自固之计，何以能万全而制敌！议者又谓敌人既退，当且保据一隅，以苟目前之安。臣谓祖宗境土，岂可坐视沦陷，不务恢复！若今岁不征，明年不战，使敌势益张，而吾之所纠合精锐士马，日以耗损，何以图敌！唯宜于防守既固，军政既修之后，即议攻讨，乃为得计。

其守备之宜，则料理淮甸、荆、襄以为东南屏蔽，当以淮之东西及荆、襄置三大帅，屯众兵以临之，分遣偏师进守支郡，加以战舰水军，上连下接，自为防守，则藩篱之势成。守备之宜，莫大于是。

然后可议攻战之利，分责诸路大帅，因利乘便，收复京畿，以及故都，断以必为之志，而勿失机会，则以弱为强，取威定乱，逆臣可诛，强敌可灭。攻战之利，莫大于是。

若夫万乘所居，必择形胜以为驻跸之所。东南形势，无如建康。旧都未复，莫若权于建康驻跸，治城池，修宫阙，立官府，固营壁，使粗成规模，以待巡幸。此措置之所当先也。

至于西北之民，皆陛下赤子，荷祖宗涵养之深，其心未尝忘宋，特制于强敌，不能自归。天威震惊，必有愿为内应者，宜优加抚循，使陷溺之民，知所依怙，益坚戴宋之心。此绥怀之所当先也。”

又曰：“臣窃观陛下临御九年，国不辟而日蹙，事不立而日坏，将骄而难御，卒惰而未练，国用匮而无赢余之蓄，民力困而无休息之期，使陛下忧勤虽至，而中兴之效邈乎无闻，则群臣误陛下之故也。陛下观近年以来所用之臣，慨然敢以天下之重自任者几人？平居无事，小廉曲谨，似可无过；忽有扰攘，则错愕无所措手足，不过奉身以退，天下忧危之重委之陛下而已。有臣如此，何补于国，而陛下亦安取此！

大概近年闲暇，则以和议为得计，而以治兵为失策。仓卒，则以退避为爱君，而以进御为误国。国势益弱，职此之由。今天启宸衷，悟前日和议退避之失，亲临大敌，天威所加，使北军数十万之众震怖不敢南渡，潜师宵奔，则和议之与治兵，退避之与进御，其效概可见矣！然敌兵虽退，未大惩创，安知其秋高马肥不再来扰我疆埸，使疲于奔命哉。且退避之策，可暂而不可常，可一而不可再。退一步则失一步，退一尺则失一尺。往时自南都退至维扬，则河北、河东、关陕失矣；自维扬退至江、浙，则京东、西失矣。万一敌骑南牧，将复退避，不知何所适而可乎！航海之策，万乘冒风涛之险，此又不可之尤者。惟当于国家闲暇之时，明政刑，治军旅，选将帅，修车马，备器械，峙糗粮，积金帛，敌来则御，俟时而奋，以光复祖宗之大业，此最上策也。臣愿陛下，自今以往，勿复为退避之计！

夫古者敌国善邻则有和亲，仇雠之邦鲜复遣使。今金人造衅之深，知我必报，其措意为何如，而我方且卑辞厚币屈体以求之，其不推诚以见信决矣。器币礼物，所费不赀，使轺往来，坐索士气，而又邀我以必不可从之事，制我以必不敢为之谋，是和卒不成，而徒为此扰扰也，况于吾自治自强之计，动辄相妨。臣愿自今以往，勿复遣和议之使。二者既定，择所当为者，一切以至诚为之。俟吾之政事修，仓廪实，府库充，器用备，士气振，力可有为，乃议大举，则兵虽未交，而胜负之势决矣。惟陛下正心以正朝廷百官，使君子小人各得其分，则是非明，赏罚当，自然藩方协力，将士用命，虽强敌不足畏，逆臣不足忧，此特在陛下方寸间耳。"疏奏，帝赐诏褒谕。

纲鉴易知录卷八十

南宋纪

高宗皇帝

纲　乙卯，五年，春正月朔，日食。

纲　召张浚还。

目　命韩世忠屯镇江，刘光世屯太平，张俊屯建康。俊尝以其军从上行，至是始军于外。

纲　金主吴乞买卒，兄之孙亶立。

纲　二月，帝如临安。

纲　以赵鼎、张浚为尚书左、右仆射并同平章事，兼知枢密院事，都督诸路军马。

目　鼎、浚相得甚驩，人知其将并相，史馆校勘喻樗独曰："二人宜且同在枢府，他日赵退则张继之。立事任人，未甚相远则气脉长；若同处相位，万一不合而去，则必更张，是贤者自将背戾矣。"寻命浚如江上议边防。

纲　作太庙于临安。

目　侍御史张致远言："创建太庙，甚失兴复大计。"殿中侍御史张绚亦言："去年建明堂，今年立太庙，是将以临安为久居之地，不复有意中原。"不报。

纲　闰月，胡松年罢。

纲　三月，张浚视师潭州。

目　浚以建康东南都会，而洞庭据上流，恐杨太滋蔓为害，请乘其急讨之。至醴陵，释邑囚数百，皆太谍者，给以文榜，俾招谕诸砦，皆驩呼而去，于是相率来降。

纲　夏四月，封周后柴叔夏为崇义公。

纲　上皇卒于金。

目 年五十四。遗言欲归葬内地，金主亶不许。时兵部侍郎司马朴与奉使朱弁在燕山，闻之，共议制服。弁欲先请，朴曰："为臣子闻君父子丧，当致其哀，尚何请！设请而不许，奈何？"遂服斩衰，朝夕哭，金人义之而不责。洪皓在冷山闻之，北向泣血，操文以祭。其词激烈，闻者挥涕。

纲 龙图阁直学士致仕杨时卒。

目 时奉祠致仕，优游林泉，以著书讲学为事。东南学者推时为程氏正宗，胡宏、罗从彦皆其弟子。卒年八十三，谥文靖。

从彦，南剑人，初为博罗主簿，闻时得程氏之学，慨然慕之。及时为萧山令，从彦徒步往学，见时三日，即惊汗浃背曰："不至是，几虚过一生矣！"既卒业归。筑室山中，绝意仕进，学者称为豫章先生。朱熹谓"龟山倡道东南，士之游其门者甚众，然潜思力行，任重诣极者，豫章一人而已"。

延平李侗，初从从彦学，从彦令于静中看喜、怒、哀、乐未发前气象，而求所谓中者。久之，于天下之理，该摄洞贯，以次融释，各有条序。退居山中，谢绝世故，凡四十年。其接后学，答问不倦，常曰："学之道不在多言，但默坐澄心体认，天理自见。"学者称为延平先生。朱熹尝从侗受学，每称侗资禀劲特，气节豪迈，而充养完粹，无复圭角，自然之中若有成法。平居恂恂，无甚可否，及酬酢事变，断以义理，则有截然不可犯者。

纲 五月，遣忠训郎何藓使金，罢中书舍人胡寅。

目 寅上疏言："女真惊动陵寝，戕毁宗庙，劫质二帝，涂炭生民，乃陛下之大雠也。自建炎丁未至绍兴甲寅，卑辞厚礼，以问安、迎请为名，而遣使者不知几人矣。知二帝所在，见二帝之面，得女真之要领，因讲和而能息兵者，谁欤？但见通和之使归未息肩，而黄河、长淮、大江相继失险矣。夫女真知中国所重在二帝，所恨在劫质，所畏在用兵，则常示欲和之端，增吾所重，平吾所恨，匿吾所畏；而中国坐受此饵，既久而不悟也，天下其谓自是改图矣，何为复出此谬计邪！苟曰'以二帝之故，不得不然'，则前效可考矣。适观何藓之事，恐和说复行，国论倾危，士气沮丧，所系不细。"疏入，诏褒谕之。会张浚奏言："使事兵家机权，后将辟地复土，终归于和，未可遽绝。"乃遣藓行。寅因乞外，知邵州。

纲 以孟庾知枢密院事。

纲 封瑗为建国公，就学资善堂。

目 赵鼎请以行宫新作书院为资善堂，命建国公听读，且荐徽猷阁待制范冲兼翊善，起居郎朱震兼赞读，朝论二人极天下之选。帝命瑗见之，皆设拜。后岳飞诣资善堂见瑗，退而喜曰："社稷得人矣，中兴基业其在是乎！"寻以伯玖为和州防御使，赐名璩。

纲 六月，岳飞大破杨太于洞庭；太死，湖、湘平。

目 飞奉命讨太，而所部皆西北人，不习水战。飞曰："兵何常？顾用之何如耳。"乃先遣使招谕之。其党黄佐曰："岳节使号令如山，若与战，万无生理，不如往降。节使诚信，必善遇我。"遂降。飞表授佐武义大夫，单骑按其部，拊佐背曰："子知逆顺者，果能立功，封侯岂足道！欲复遣子归湖中，视其可乘者擒之，可劝者招之，如何？"佐感泣，誓以死报。时张浚至潭州，席益疑飞玩寇，欲以闻。浚曰："岳侯，忠孝人也。兵有深机，胡可易言！"益惭而止。黄佐袭周伦砦，杀之；飞上其功，迁武功大夫。

会朝旨召张浚还防秋，飞袖小图示浚，浚欲俟来年议之。飞曰："已有定画，都督能少留八日可破贼。"浚曰："何言之易！"飞曰："因敌将，用敌兵，夺其手足之助，离其腹心之托，使孤立而以王师乘之，八日之内，当俘诸酋。"浚许之。飞遂如鼎州。黄佐招杨钦来降，飞喜曰："杨钦骁悍，既降，敌腹心溃矣。"表授钦武义大夫，礼遇甚厚，乃复遣归湖中。两日钦说全琮、刘诜来降，飞诡骂钦曰："贼不尽降，何来也！"杖之，复遣去。是夜掩贼营，降其众数万。

太负固不服，方浮舟湖中，以轮激水，其行如飞，傍置撞竿，官舟迎之辄碎。飞伐君山木为巨筏，塞诸港汊，又以腐木乱草浮上流而下，择水浅处遣善骂者挑之，且行且骂，贼怒来追，则草木壅积，舟轮碍，不行。飞急击之，贼奔港中，为筏所拒，官军乘筏，张牛革以蔽矢石，举巨木撞其舟尽坏。太技穷，赴水死。飞入贼垒，余酋惊曰："何神也！"俱请降，众凡二十余万。果八日，而捷书至潭。浚叹曰："岳侯，神算也！"黄诚斩杨太首，挟钟子仪、周伦诣浚降，湖、湘悉平。

初，太恃其险，官军自陆袭则入湖，水攻之则登岸，因曰："欲犯我者，除是飞来！"至是，人以其言为谶云。

纲 秋七月，孟庾罢。

纲 冬十月，张浚还自潭州。

目 湖、湘平，浚奏遣岳飞屯荆、襄以图中原，乃自鄂、岳转淮东，会诸将议防秋之宜。帝赐诏趣归，及至，劳问曰："卿暑行甚劳，群寇就招抚，成朕不杀之仁，卿之功也。"召对便殿，浚进中兴备览四十一篇，帝嘉叹，置之座隅。

纲 十一月，征和靖处士尹焞于涪州。

目 初，金人陷洛，焞阖门被害，焞死复苏，门人舁至山谷中而免。刘豫聘之，不从；以兵恐之，焞自商州奔蜀。至阆，得程颐易传，拜受之。因止于涪，辟三畏斋以居，州人不识其面。至是，范冲举以自代。

纲 以李纲为江西安抚制置大使。

目 张浚荐其忠也。

纲 金伐蒙古。

目 蒙古在女真之北，唐为蒙兀部，亦号蒙骨斯。其人劲悍善战，夜中能视，以鲛鱼皮为甲，可捍流矢。金主命万户胡沙虎将兵击之。

纲 丙辰，六年，春二月，以折彦质签书枢密院事。

纲 韩世忠围淮阳，金兀术救之，世忠还。

目 世忠闻刘豫聚兵淮阳，即引军渡淮，旁符离而北，至其城下，为贼所围，奋戈溃围而出，不遗一镞。呼延通与金将牙合孛堇搏战，扼其吭而擒之，乘锐掩击。金人败去，遂进兵围淮阳。兀术与刘猊皆引兵至，世忠求援于张俊，俊以世忠有见吞意，不从。世忠勒阵向敌，遣人语之曰："锦衣骢马立阵前者，韩相公也。"或危之，世忠曰："不如是不足以致敌。"敌果至，杀其导战二人，遂引去。世忠复还楚州，淮阳之民从而归者以万计。

纲 沈与求罢。

纲 张浚会诸将于镇江，遣张俊屯盱眙，韩世忠屯楚州。

目 张浚每称二人可倚大事，故并命之。世忠至楚，披草莱，立军府，与士卒同力役。夫人梁氏，亲织箔为屋。将士有怯战者，世忠遗以巾帼，设乐大宴，俾妇人妆以耻之，故人人奋励。抚集流散，通商惠工，山阳遂为重镇。

纲 夏四月，起复岳飞为京湖宣抚副使。

目 飞以母丧扶榇还庐山，累表乞终制，不许。

纲 六月，张浚抚师淮上，遣刘光世屯庐州，岳飞屯襄阳，杨沂中屯泗州。

目 浚命光世屯合肥以招北军；沂中领精骑以佐张俊；飞屯襄阳，以图中原。且谓飞曰："此君素志也。"

纲 秋七月，以陈公辅为左司谏。

目 公辅召还，为吏部员外郎，言："今日之祸，实由公卿大夫无气节忠义，不能维持天下国家。平时既无忠言直道，缓急讵肯仗节死义，岂非王安石学术坏之邪！安石政事坏人才，学术坏人心，三经、字说诋诬圣人，破碎大道，非一端也。春秋正名分，定褒贬，俾乱臣贼子惧，安石使学者不治春秋。史、汉载成败安危，存亡理乱，为世龟鉴，安石使学者不读史、汉。扬雄不死王莽之篡，而著剧秦美新之文，安石乃曰：'合于孔子"无可无不可"之义。'冯道事四姓八君，安石乃曰：'善避难以存身。'使公卿皆师安石之言，宜其无气节忠义也。"疏入，帝大喜，授左司谏，赐三品服。

纲 八月，以秦桧为行营留守，孟庾副之，并参决尚书省、枢密院事。

目 张浚奏："东南形势莫重于建康，实为中兴根本，且使人主居此，北望中原，常怀愤惕，不敢暇逸。而临安僻在一隅，内则易生安肆，外则不足以号召远近，系中原之心。请临建康，抚三军以图恢复。"会谍报刘豫将南寇，赵鼎议幸平江，帝从之。遂命桧、庾留守，并参决尚书省、枢密院事。桧自被斥，会与金议和，稍复其官，知温州、绍兴府。又以张浚荐，授醴泉观使，兼侍读，至是渐用事。

纲 岳飞复蔡州。

目 飞累战皆捷，遣牛皋复镇汝军，杨再兴复河南长水县。张浚曰："飞措画甚大，今已至伊、洛，则太行一带山砦必有响应者。"已而忠义杜梁兴等果归之。飞复及伪齐李成、孔彦舟连战，至蔡州，克其城。

纲 九月，帝如平江。

纲 岳飞遣兵败刘豫之众于唐州。上疏请进军恢复中原，帝不许，飞乃还鄂。

纲 冬十月,刘豫使刘麟、刘猊分道寇淮西,杨沂中等大败猊于藕塘,追麟至南寿春而还。

目 刘豫闻张浚会诸将于江上,榜其罪逆,将进兵讨之;告急于金,请先出师南侵,而乞师救援。金主亶召诸将、相议之,蒲卢虎曰:"先帝所以立豫者,欲其开疆保境,我得安民息兵也。今豫进不能取,又不能守,兵连祸结,愈无休期。从其请则豫收其利,败则我受其弊,况前年因豫出师,尝不利于江上矣,奈何许之!"金主遂不许豫,而遣兀术提兵黎阳以观衅。于是豫佥乡兵三十万,分三道入寇:麟率中路兵,由寿春以犯合肥;猊率东路兵,由紫荆山出涡口以犯定远;孔彦舟率西路兵,由光州以犯六安。时张浚、杨沂中、韩世忠、岳飞、刘光世分屯诸州,而沿江上下无兵,赵鼎深以为忧,移书张浚,欲令俊与沂中同保合肥。浚以为然,乃遣沂中、张宗颜等分道御之,且令沂中趋濠州以与张俊合。

及刘麟进逼合肥,赵鼎曰:"今贼渡淮,当急遣张俊合光世之军尽扫淮南之寇,然后议去留。"帝善之,然虑俊、光世不足任,因命岳飞尽以兵东下,而手札付浚,令浚、光世、沂中等还保江。浚上言:"若诸将渡江则无淮南,而长江之险与贼共,有淮南之地,正所以屏蔽大江。使贼得淮南,因粮就运以为家计,江南其可保乎!今正当合兵掩击,可保必胜;若一有退意,则大事去矣。且岳飞一动,襄、汉有警,何所恃乎!愿朝廷勿专制于中,使诸将有所观望也。"帝手书报浚曰:"非卿识高虑远,何以及此。"由是异议乃息。

沂中兵至濠,光世已舍庐州,将趋采石,淮西大震。浚闻之,令吕祉驰往光世军,谕之曰:"有一人渡江,即斩以徇!"光世不得已,复还庐州,与沂中、俊等相应。

刘猊军至淮东,为韩世忠所沮,乃引趋定远。刘麟从淮西系三浮桥而渡,次于濠、寿之间,张俊以兵拒之。猊率众犯定远,欲趋宣化以寇建康。沂中以兵二千进御,与猊前锋遇于越家坊,败之。猊恐孤军深入为王师所袭,乃欲趋合肥与麟合而后进。至藕塘,沂中复遇之。猊据山列阵,矢下如雨。沂中急击之,使统制吴锡率劲卒五千突入其军;猊众溃乱,沂中纵大军乘之,而自以精骑冲其胁,大呼曰:"贼破矣!"贼众错愕骇视。张宗颜自泗来,乘背击之,张俊大军复与战于李家湾,贼众大败,横尸满野。猊以首抵谋主李愕曰:“适见髯将军,锐不可当,果杨殿前也。”即与数骑遁去。麟在顺昌,闻猊败,亦拔砦去。沂中及王德乘势追麟,至南寿春而还。孔彦舟亦解光州围而去,北方大恐。金人闻豫败,来诘其状,始有废豫之意。

纲 十二月,张浚还自镇江。

纲 韩世忠败金人于淮阳。

纲 赵鼎罢。

目 初,张浚在江上,遣参议军事吕祉入奏事,所言夸大,鼎每抑之。帝谓鼎曰:“他日浚与卿不和,必吕祉也。”既而浚因论事,语意微侵鼎。鼎言:“臣初与浚如兄弟,因吕祉离间,遂尔暌异。今浚成功,当使展尽底蕴。浚当留,臣当去。”帝曰:“俟浚还议之。”及浚还,鼎与折彦质请帝回跸临安。浚奏:“天下之事,不倡则不起。三岁之间,陛下一再临江,士气百倍,乞乘胜攻河南,而车驾幸建康。”又言:“刘光世骄惰不战,请罢其军政。”鼎言:“得河南固易尔,能保金人不内侵乎!且光世累世为将,将卒多出其门,无故而罢之,恐人心不安。”浚滋不悦,而帝多从浚议。鼎求退益力,遂罢知绍兴府。

鼎与浚为相,政事先后及人才所当召用者,条而置之座右,次第奏行之,故列要津者多一时之望,人号为“小元祐”。帝尝亲书“忠正德文”四字及尚书赐之,曰:“书载君臣相戒饬之言,所以赐卿,欲共由斯道也。”鼎顿首谢。

纲 折彦质罢,以张守参知政事。

纲 陈公辅乞禁程氏学,诏从之。

目 公辅上疏言:“今世取程颐之说,谓之伊川之学,相率从之,倡为大言,谓尧、舜、文、武之道传之仲尼,仲尼传之孟轲,孟轲传之颐,颐死,遂无传焉。狂言怪语,淫说鄙论,曰‘此伊川之文也’。幅巾大袖,高视阔步,曰:‘此伊川之行也。’师伊川之文,行伊川之行,则为贤士大夫;舍此,皆非也。乞禁止之。”遂诏士大夫之学,宜以孔、孟为师,庶几言行相称,可济时用。时方召尹焞,焞,颐门人也,公辅之意,盖有所指云。

纲 丁巳,七年,春正月,以陈与义参知政事,沈与求同知枢密院事。

纲 以张浚兼枢密使。

纲 何藓还自金,始闻上皇及太后之丧,帝成服。

目 何藓还,始知道君皇帝、宁德皇后郑氏相继崩,帝成服。百官七上表,请遵以日易月之制。知严州胡寅上疏:“请服丧三年,衣墨临戎,以化天下。”帝欲遂终服,张浚言:“天子之孝不与士庶同,必思所以奉宗庙、社稷。今梓宫未返,天下涂炭,愿陛下挥泪而起,敛发而趋,一怒以安天下之民。”帝乃命浚草诏,告谕群臣,外朝勉从所请,宫中仍行三年之丧。

纲 以秦桧为枢密使。

纲 三月,遣王伦如金。

目 诏以伦为奉迎梓宫使。陛辞,帝命谓挞懒曰:“河南之地,上国既不有,与其付刘豫,曷若见归。”

纲 三月,帝如建康。以吕祉参谋都督府军事,张宗元为参议官;以沈与求知枢密院事。遥尊宣和皇后韦氏为皇太后。

纲 刘光世免,张浚命吕祉节制其军。

纲 夏四月,岳飞乞终丧,遂还庐山。张浚以张宗元监其军。

目 飞自鄂入见,拜太尉,继除宣抚使,以王德、郦琼兵隶之。帝诏德、琼曰:“听飞号令,如朕亲行。”飞见帝,数论恢复之略,疏言:“金人所以立刘豫,盖欲荼毒中原,以中国攻中国,彼得以休息观衅耳。臣愿陛下假臣日月,提兵趋京、洛,据河阳、陕府、潼关以号召五路叛将。叛将既还,遣王师前进,豫必弃汴而走,河北、京畿、陕右可以尽复,然后分兵浚、滑,经略两河,如此则逆豫成擒,金人可灭,社稷长久之计,实在此举。”帝曰:“有臣如此,朕复何忧!”复召至寝阁,命之曰:“中兴之事,一以委卿。”

飞方图大举,会秦桧主和议,忌之,遂不以德、琼兵隶飞,而请诏飞诣张浚议事。浚谓飞曰:“王德,淮西军所服,浚欲以为都统,而命吕祉以督府参谋领之,如何?”飞曰:“德与郦琼素不相下,一旦握之在上则必争。吕尚书不习军旅,恐不足服众。”浚曰:“张俊、杨沂中如何?”飞曰:“张宣抚,飞之旧帅也,其人暴而寡谋;沂中视德等耳,亦岂能御此军哉!”浚艴然曰:“固知非太尉不可。”飞曰:“都督以正问飞,飞不敢不尽其愚,岂以得军为念哉!”飞既与浚忤,即日上章乞终丧服,以张宪摄军事，步归庐山，庐母墓侧。浚怒，遂以张宗元权宜抚判官，监其军。

纲 五月，召胡安国提举万寿观，兼侍读；未至而罢。

目 张浚荐安国，帝召之，将行，闻陈公辅乞禁程颐之学，乃上疏曰："孔、孟之道，不传久矣，自颐兄弟始发明之，然后知其可学。而至今使学者师孔、孟而禁从颐学，是入室而不由户也。自嘉祐以来，颐与兄颢及邵雍、张载皆以道德名世，著书立言，公卿大夫所钦慕而师尊之；及王安石、蔡京等曲加排抑，故其道不行。望下礼官，讨论故事，加之封爵，载在祀典，仍照馆阁裒其遗书，羽翼六经，使邪说者不得作，而道术定矣。"疏入，公辅与中丞周祕、侍御史石公揆交章论安国学术颇僻，除知永州；安国辞，遂复与祠。

纲 六月，沈与求卒。

纲 岳飞奉诏入朝，遂遣还镇。

目 累诏趣飞还职，飞不得已，趋朝待罪，帝慰遣之。及张宗元还，言"将和士悦，人怀忠孝，皆飞训养所致"。帝大悦。飞至镇，奏言："此者寝阁之命，咸谓圣断已坚，何至今尚未决？臣愿提兵进讨，顺天道，因人心，以曲直为老壮，以逆顺为强弱，万全之效可必。钱塘僻在海隅，非用武地，愿建都上游，用汉光武故事，亲率六军，往来督战，庶将士知圣意所向，人人用命。"

纲 秋八月，以张浚为淮西宣抚使。

纲 召淮西副统制郦琼赴行在。琼以众叛降刘豫，执吕祉杀之。

纲 九月，张浚免，罢都督府。

目 浚总中外之政，几事丛委，以一身任之。每奏对，必言雠耻之大，帝未尝不改容涕洟，事无巨细，必以咨浚。及郦琼叛，吕祉死，浚因引咎力求去，帝问谁可代者，且曰："秦桧何如？"浚曰："近与共事，方知其暗。"帝曰："然则用赵鼎尔。"浚曰："得之矣。"桧由是憾浚。浚遂奉祠，而都督亦罢。

纲 以赵鼎为尚书左仆射同平章事，兼枢密使。

纲 冬十月，安置张浚于永州。

目 浚既去位，言者论之不已，欲远窜之。会赵鼎乞降诏安抚淮西，帝曰："俟行遣张浚，朕当下罪己之诏。"鼎言浚已落职，帝曰："浚罪当远窜。"鼎曰："浚母老，且有勤王功。"帝曰："功过自不相掩。"已而内批出浚谪岭南，鼎留不下，诘旦约同列救解。帝怒未释，鼎力恳曰："浚罪不过失策尔。凡人计虑，岂不欲万全，倘因一失，便置之死地，后有奇谋秘计，谁复敢言者！此事自关朝廷，非独私浚也。”张守亦以为言，帝意解，遂以秘书少监分司西京，永州居住。李纲闻之，驰奏曰：“浚措置失当，诚为有罪，然其区区徇国之心，有可矜者。愿少宽假，以责来效。”不报。

纲 闰月，以尹焞为崇政殿说书。

目 初，焞被召，以疾辞。范冲奏：“给五百金为行资，命漕臣至涪亲遣。”焞始就道。会陈公辅攻程氏之学，焞至九江，遂留不进。张浚言：“焞拒刘豫之节，且其所学所养有大过人者，乞令江州守臣疾速津送。”焞至建康，复以疾辞。帝曰：“焞可谓恬退矣。”趣召入见，命为秘书郎，兼说书。

纲 张浚弃盱眙还建康。

纲 金人袭汴，执刘豫，废为蜀王，立行台尚书省于汴。韩世忠、岳飞请伐金，收复中原。不报。

纲 十二月，王伦还自金，寻复遣之。

目 伦还入对，言：“金人许还梓宫及太后，且许归河南地。”帝喜曰：“若金人能从朕所求，其余一切非所较也。”逾五日，复遣伦奉迎梓宫于金。

纲 戊午，八年，春正月，张守罢。

目 帝议还临安，张守言：“建康自六朝为帝王都，气象雄伟，且据都会以经理中原，依险阻以捍御强敌。陛下席未及暖，今又巡幸，百司六军有勤动之苦，民力邦用有烦费之忧。愿少安于此，以系中原民心。”赵鼎不可，守遂求去，出知婺州。

纲 二月，胡安国进春秋传，诏加安国宝文阁直学士。

目 自王安石废春秋，不列于学官，安国谓：“先圣手所笔削之书，天下事物无不备于此，乃传心之要典也。而人主不得闻讲说，学士不得相传习，乱伦灭理，用夷变夏，殆由乎此。”因潜心二十余年，著春秋传以成其志。至是，上之，帝谓：“深得圣人之旨。”诏进一官，命未下而卒，赐谥文定。

安国强学力行，以圣人为标的，志于康济斯民。见中原沦没，遗黎涂炭，常若痛切其身。虽数以罪去，爱君忧国，远而弥笃。风度凝远，视天下万物无一足婴其心。自渡江以来，儒者进退合义，以安国、尹焞为称首。谢良佐尝语人曰:"胡康侯如大冬严雪百草萎死而松柏挺然独秀者也。"

纲 帝定都临安。

目 帝自建康至临安,自是始定都矣。

纲 三月,以刘大中参知政事,王庶为枢密副使。

纲 以秦桧为尚书仆射同平章事,兼枢密使。

目 初,张浚尝与赵鼎论人才,浚极称桧善,鼎曰:"此人得志,吾辈无所措足矣!"及鼎再相,桧在枢密,一惟鼎言是从。鼎由是深信之,言桧可大任于帝,而不知为桧所卖也。桧既相,制下,朝士相贺,独吏部侍郎晏敦复有忧色,曰:"奸人相矣!"闻者皆以其言为过。

纲 陈与义罢。

纲 夏四月,诏王庶视师江、淮。

目 庶至淮上,遂移张俊下张宗颜军淮西、巨师古屯太平州,分韩世忠二军屯天长、泗州,缓急为声援;以刘锜军驻镇江,以固根本。

纲 五月,王伦偕金使来。

纲 伦至会宁,见金主,首谢废刘豫,次致使指。会挞懒自河南还,言于金主,请以废齐旧地与宋。金主命群臣议,蒲卢虎议以河南、陕西地与宋,遂遣伦及其太原少尹乌陵思谋、太常少卿石庆来议事。

纲 六月,赐衍圣公孔玠衢州田。

纲 秋七月,彗星见。

纲 王伦复如金。

纲 八月,金始颁行官制。

纲 金以会宁为上京,临潢府为北京。

目 会宁即海古地,金之旧土,初称内地,至是升为上京会宁府。改辽上京临潢府为北京,而东京辽阳、西京大同、南京大兴、中京大定府则仍旧云。

纲 冬十月,罢参知政事刘大中。

目 大中与赵鼎不主和议,秦桧忌之,荐萧振为侍御。振入台,即劾大中,罢之。鼎曰:"振意不在大中也。"振亦谓人曰:"赵丞相不待论,当自为去就矣。"

纲 赵鼎罢。

目 初，中书舍人潘良贵，以户部侍郎向子諲奏事久，叱之退。帝欲抵良贵罪，中丞常同为之辨，帝欲并逐同。鼎奏子諲虽无罪，而同与良贵不宜逐，帝不从。命下，给事中张致远谓："不应以一子諲，出二佳士。"不书黄。帝怒，顾鼎曰："固知致远必缴驳。"鼎问："何也？"帝曰："与诸人善。"盖已有先入之言，由是不乐鼎。秦桧继留身奏事，及出，鼎问："帝何言？"桧曰："上无他，恐丞相不乐耳。"鼎乃引疾求罢，且言："臣议论出处与刘大中同，大中去，臣何可留！"乃出知绍兴府。入辞，言于帝曰："臣去后，必有以孝悌之说胁制陛下者。"将行，桧率执政饯之，鼎不为礼，一揖而去，桧益憾之。鼎自再相，无所施为。或以为言，鼎曰："今日之事，如人患羸，当静以养之，若复攻砭，必损元气矣。"后王庶入对，帝曰："赵鼎两为相，于国有大功；再赞亲征，皆能决胜。又镇抚建康，回銮无虞，他人所不及。"

纲 以句龙如渊为御史中丞。

目 先是宰执入见，秦桧独留身，言："臣僚畏首尾，多持两端，此不足以论大事。若陛下决欲讲和，乞专与臣议，勿许群臣预。"帝曰："朕独委卿。"桧曰："臣恐不便，望陛下更思三日。"桧复留身奏事，帝意欲和甚坚，桧犹以为未也，复进前说。又三日，桧复留身奏事如初，知帝意不移，乃始出文字乞决和议。然犹以群臣为患，中书舍人句龙如渊为桧谋曰："相公为天下大计，而邪说横起，盍不择人为台谏，使尽击去，则事定矣。"桧大喜，即擢如渊为中丞，劾异议者，卒成其志。

纲 金以张通古为河南诏谕使，来言归河南、陕西之地。

目 先是王伦使金，从赵鼎受使指，鼎言："问礼数，则答以君臣之分已定；问地界，则答以大河为界。二事，使者之大指，或不从，则已。"伦受命而行。至是伦还，有"诏谕江南"之名，帝叹息谓王庶曰："使五日前得此报，赵鼎岂可去邪！"

初，秦桧主和议，命韩世忠移屯镇江，世忠言："金人诡诈，恐以计缓我师，乞留此军蔽遮江、淮。"因力论和议之非，且请单骑诣阙面奏。帝不许。及张通古来，以诏谕为名，世忠四上疏，言："不可从，愿举兵决战。兵势最重处，臣请当之。"且言："金人欲以刘豫相待，举国士大夫尽为陪臣，恐人心离散，士气凋沮。"不报。

纲 十一月，以孙近参知政事。

纲 罢直学士院曾开。诏群臣议和金得失，贬枢密院编修官胡铨监广州都盐仓。

目 礼部侍郎兼直学士院曾开当草国书，辨视体制非是，论之，不听，遂请罢，改兼侍讲。秦桧以温言慰之曰："主上虚执政以待。"开曰："儒者所争在义，苟为非义，高爵厚禄弗顾也。愿闻所以事敌之礼。"桧曰："若高丽之于本朝耳。"开曰："主上以盛德登大位，公当强兵富国，尊主庇民，奈何自卑辱至此，非开所闻也！"复引古谊折之。桧大怒曰："侍郎知故事，桧独不知也。"开又诣都堂问："计果安出？"桧曰："圣意已定，尚何言。公自取大名而去，如桧，但欲济国事耳。"

然犹虑群言，乃诏："金国遣使入境，欲朕屈己受和。在朝侍从、台谏，其详思条奏和好得失。"于是开与从官张焘、晏敦复、魏矼、李弥逊、尹焞、梁汝嘉、楼炤、苏符、薛徽言、御史方廷实、馆职胡珵、朱松、张扩、凌景夏、常明、范如圭、冯时中、许忻、赵雍皆极言不可和。

提举洞霄宫李纲亦上疏言："朝廷使王伦使金国奉迎梓宫，往还屡矣。今伦之归，与虏使偕，乃以'诏谕江南'为名。不著国号而曰'江南'，不云通问而曰'诏谕'，此何礼也？臣在远方，不知其曲折，然以愚意料之，虏为此名以遣使，其要求有五：必降诏书，欲陛下屈体降礼以听受，一也；必有赦文，欲朝廷宣布颁示郡县，二也；必立约束，欲陛下奉藩称臣，禀其号令，三也；必求我赂，广其数目，使我自困，四也；必求割地，以江南为界，五也。此五者，朝廷从其一，则大事去矣。金人变诈不测，贪惏无厌，纵使听其诏令，奉藩称臣，其志犹未已，必继有号召，或使亲迎梓宫，或使单骑入觐，或使移易宰相，或使改革政事，或竭取赋税，或朘削土宇。从之则无有纪极，一不从则前功尽废，反为兵端。以为权时之宜，听其邀求，可无后悔者，非愚则诬也。"疏入，不省。

胡铨抗疏言曰："臣谨按：王伦本一狎邪小人，市井无赖，顷缘宰臣无识，举以使虏，专务诈诞，欺罔天听，骤得美官，天下之人，切齿唾骂。今者无故诱致虏使，以'诏谕江南'为名，是欲臣妾我也，是欲刘豫我也，陛下奈何以祖宗之天下为金虏之天下，以祖宗之位为金藩臣之位！陛下一屈膝，则祖宗、庙社之灵尽污夷狄，祖宗数百年之赤子尽为左衽，朝廷宰执尽为陪臣，天下士大夫皆当裂冠毁冕，变为胡服。异时豺狼无厌之求，安知不加我以无礼，如刘豫也哉！今伦之议曰：'我一屈膝则梓宫可还，太后可复，渊圣可归，中原可得。'呜呼！自变故以来，主和议者谁不以此说啖陛下哉！然而卒无一验，则虏之情伪已知矣，而陛下尚不觉悟，竭民膏血而不恤，忘国大雠而不报，含垢忍耻，举天下而臣之甘心焉。就令虏决可和，尽如伦议，天下后世谓陛下何如主？况虏变诈百出，而伦又以奸邪济之，梓宫决不可还，太后决不可复，渊圣决不可归，中原决不可得，而此膝一屈不可复伸，国势陵夷不可复振，可为痛哭流涕长太息矣！臣窃谓不斩王伦，国之存亡未可知也。虽然，伦不足道也，秦桧以腹心大臣，而亦为之。陛下有尧、舜之资，桧不能致君如唐、虞，而欲导陛下如石晋。孙近傅会桧议，遂得参政，伴食中书，漫不敢可否事，桧曰'可和'，近亦曰'可和'，桧曰'天子当拜'，近亦曰'当拜'。呜呼！参赞大事，徒取充位如此，有如虏骑长驱，尚能折冲御侮邪！臣窃谓桧、近亦可斩也。臣备员枢属，义不与桧等共戴天，区区之心，愿断三人头，竿之稿街，然后羁留虏使，责以无礼，徐兴问罪之师，则三军之士不战而气自倍。不然，臣有赴东海而死，宁能处小朝廷求活邪！"书上，桧以铨狂妄凶悖，鼓众劫持，诏除名编管昭州。给、舍、台谏及朝臣多救之，桧迫于公论，翌日改铨监广州都盐仓。

宜兴进士吴师古，锓其书于木，金人募之千金。朝士陈刚中以启事贺铨之谪。师古坐流袁州，刚中谪知虔州安远县，皆死焉。晏敦复谓人曰："顷言桧奸，诸君不以为然。今方专国，便敢尔，他日何所不致邪！"

纲 王庶罢。

纲 十二月，以李光参知政事。

纲 以韩肖胄签书枢密院事。

纲 己未，九年，春正月，大赦。

目 以金国通和，大赦江南新复州军。直学士院楼炤草赦文，略曰："乃上穹开悔祸之期，而大金报许和之约，割河南之境土归我舆图，戢宇内之干戈用全民命。"张浚在永州，上疏言："燕、云之举，其鉴不远。虏自宣和以来，挟诈反复，倾我国家，盖非可结以恩信者。借令虏中有故，上下纷杂，天属尽归，河南遂复，我必德其厚赐，谨守信誓，数年之后，人情益解，士气渐消；彼或内变既平，指瑕造衅，肆无厌之欲，发难从之请，其将何辞以对！顾事理可忧，又有甚于此者。陛下积意兵政，将士渐孚，一旦北面事虏，听其号令，小大将帅，孰不解体！盖自尧、舜以来，人主奄有天下，非兵无以立国，未闻委质可以削平祸难者也。"前后凡五上疏，皆不报。

岳飞在鄂州，闻金将归河南地，上言："金人不可信，和好不可恃。相臣谋国不臧，恐贻后世讥。"秦桧衔之。及赦至鄂，飞又上疏力陈和议之非，至有"愿定谋于全胜，期收地于两河。唾手燕、云，终欲复雠而报国；誓心天地，尚令稽首以称藩"之语。疏入，桧益怒，遂成雠隙。

和议成，例加爵赏，飞加开府仪同三司，力辞，言"今日之事，可危而不可安，可忧而不可贺，可训兵饬士谨备不虞，而不可论功行赏取笑敌人"。三诏不受，帝温言奖誉之，飞乃受命。

吴璘在熙州，其幕客拟为贺表，璘愀然曰："在朝廷休兵息民，诚天下庆。璘等叨窃，不能宣国威灵，亦可愧矣，但当待罪，称谢何也！"

纲　二月，遣判大宗正事士㒟，兵部侍郎张焘诣河南修奉陵寝。

目　初，史馆校勘范如圭以书责秦桧，力谏和议忘雠辱国之罪，且曰："公不丧心病狂，奈何为此，必遗臭万世矣！"及金人归河南地，桧方自以为功，如圭入对言："两京之版图既入，则九庙八陵瞻望咫尺，今朝陵之使未还，何以慰神灵萃民志乎！"帝泫然曰："非卿不闻此言！"即日遣士㒟等往。桧以如圭不先白己，益怒，如圭遂谒告去。

纲　以尹焞提举万寿观兼侍讲；辞不拜。

目　先是资善堂翊善朱震疾亟，荐焞自代。帝惨然曰："杨时物故，胡安国与震又亡，朕痛惜之！"赵鼎曰："尹焞学问渊源可以继震。"乃除焞太常少卿，兼宗政殿说书，至是改命。焞以和议为非，固辞不拜。

纲　以王伦为东京留守。

纲　以吴玠为四川宣抚使。

目　玠与金人对垒且十年，常苦远饷劳民，屡汰冗员，节浮费，益治屯田。和议之成，帝以玠功高，授开府仪同三司、四川宣抚使，陕西阶、成等州皆听节制，遣内侍奉手札以赐。至则玠病甚，扶掖受命。

纲　三月，王伦至汴，金人归河南、陕西之地。

纲　以楼炤签书枢密院事。夏四月，命炤宣谕陕西。

目　炤至凤翔，承制以杨政为熙河经略使，吴璘为秦凤经略使，屯内地以保蜀；郭浩为鄜延经略使，屯延安以守陕。炤倚秦桧势，妄自尊大，且好货，失将士心。

纲 罢权吏部尚书晏敦复。

目 和议之初，敦复力诋屈己之非，秦桧使人讲之曰："公若曲从，两府旦夕可至。"敦复曰："吾终不以身计而误国家，况吾姜桂之性，到老愈辣，请勿复言。"桧卒不能屈，权吏部甫踰月，罢知衢州。

纲 五月，李世辅自夏来归，赐名显忠。

纲 夏主乾顺卒，子仁孝立。

纲 开府仪同三司、四川宣抚使吴玠卒。

目 玠善读史，凡往事可师者，录置座右，积久墙牖皆格言也。用兵本孙、吴，务远略，不求近小利，故能保必胜。御下严而有恩，虚心请受，虽身为大将，卒伍最下者得以情达，故士乐为之死。选用将佐，视劳能为高下先后，不以亲故权贵挠之。卒年四十七，赠少师，谥武安。自富平之败，金人专意图蜀，微玠身当其冲，无蜀久矣，故西人思之，立祠以祀。

纲 士㒟、张焘还自河南，出焘知成都府。

目 张焘奏疏曰："金人之祸，上及山陵，虽殄灭之，未足以雪此耻复此雠也！必不可恃和盟而忘复雠之大事！"帝问："诸陵寝何如？"焘不对，唯言"万世不可忘此贼"！帝黯然。秦桧患之，出焘知成都府。

纲 秋七月，以胡世将为四川宣抚副使。

目 世将精神明悟，闲习吏治。初除宣抚，诸将皆贺，世将语之曰："世将不习骑射，不知虏情，朝廷所以遣来者，袭国家故事，以文臣为制将尔。军事一无改吴宣抚之规，各推诚心，共济国事可也。"诸将皆拜谢。

纲 金宋王蒲卢虎等谋反，伏诛。

纲 王伦如金，金人执之。

目 兀术言于金主曰："挞懒、蒲卢虎主割河南与宋，必有阴谋。今宋使在汴，勿令逾境。"伦闻之，即遣介具言于朝。会孟庾至汴，伦即解留钥，将使指赴金国议事。行至中山，会挞懒等反，金人执之，乃遣副使蓝公佐还，议岁贡、正朔、誓命等事，及索河东、北士民之在南者，而徙伦拘于河间以待报命之至。时皇后邢氏崩于五国城，金人秘之。

纲 金以挞懒、杜充为行台左、右丞相。八月，挞懒以谋反诛。

纲 冬十二月，李光罢。

目 光初谓可因和为自治之计，故署榜不辞。及秦桧议撤淮南守备，夺诸将兵权，光始极言"和不可恃，备不可撤"，桧恶之。光复折桧于帝前曰："桧怀奸误国，不可不察。"桧大怒，光遂求去。

纲 蒙古袭败金人于海岭。

纲鉴易知录卷八一

南宋纪

高宗皇帝

纲　庚申，十年，春正月，遣工部侍郎莫将等使金。

纲　观文殿大学士、陇西公李纲卒。

目　纲卒于福州，年五十八，赠少师，谥忠定。纲负天下之望，以一身用舍为社稷生民安危，虽身或不用，用且不久，而其忠诚义气，凛然动乎远迩。每使者至金，金人必问："李纲、赵鼎安否?"其为远人所畏服如此。

纲　夏四月，韩肖胄罢。

纲　五月，金兀术、撒离喝分道入寇，复陷河南、陕西州郡。

目　秦桧以其言不雠，甚惧，谓给事中冯檝曰："金人背盟，我之去就未可卜。前此大臣皆不足虑，独君乡浚，未测上意，君其为我探之!"檝入见曰："金人长驱犯顺，势必兴师，如张浚者且须以戎机付之。"帝正色曰："宁至覆国，不用此人。"桧闻之喜。

纲　诏吴璘同节制陕西诸军。六月，璘败金人于扶风，复其城，撒离喝走凤翔。

纲　东京副留守刘锜大败金人于顺昌，兀术走汴。

目　初，锜赴东京，至涡口，方食，忽暴风拔坐帐，锜曰："此贼兆也，主暴兵。"即下令兼程而进。闻金人败盟南下，锜与将佐舍舟陆行，至顺昌城下，谍报东京已陷，因与知府陈规议敛兵入城为守御计。乃寘家寺中，积薪于门，戒守者曰："脱有不利，即焚吾家，毋辱敌手也。"于是军士皆奋。时守备一无可恃，锜于城上躬自督励，取刘豫时所造痴车，以轮辕埋城上，又撤民户扉周匝蔽之。凡六日，粗毕，而金兵遂围城。锜募壮士五百，夜斫其营，是夕天欲雨，电光四起，见辫发者辄歼之；敌众大乱，终夜自战，积尸盈野，退兵老婆湾。

兀术在汴闻之，即索靴上马，帅十万众来援。锜遣耿训约战，兀术怒曰："以吾力破汝城，直用靴尖趯倒耳。"训曰："太尉非但请战，且谓太子必不敢济河，愿献浮桥五所，济而大战。"迟明，锜果为五浮桥于颍河上，且毒颍上流及草中，戒军士虽渴死，毋饮于河。时大暑，敌远来疲弊，人马饥渴，食水草者辄病。锜士气闲暇，军皆番休。方晨气清凉，按兵不动；敌力疲气索，乃出接战，敌大败，兀术拔营去，车旗器甲积如山阜。兀术平日所恃以为强者，十损七八，遂还汴。

既而洪皓自金密奏："顺昌之捷，金人震恐丧魄，燕之重宝珍器悉徙而北，意欲损燕以南弃之。"故议者谓："是时诸将协心，分路追讨，则兀术可擒，汴京可复；而王师亟还，自失机会，良可惜也。"

纲 岳飞遣兵败金人于京西。

目 帝赐飞札曰："设施之方，一以委卿，朕不遥度。"飞乃遣王贵、牛皋、杨再兴、李宝等分布经略西京诸郡，又命梁兴渡河纠合忠义社取河东、北州县，又遣兵东援刘锜，西援郭浩，自以其军长驱以阚中原。将发，密奏言："先正国本以安人心，然后不常厥居，以示无忘复雠之意。"飞将李宝、牛皋，相继败金人于京西。

纲 楼炤罢。

纲 遣使谕岳飞班师。

纲 闰月，金人寇泾州，经略使田晟破走之。

纲 岳飞收复河南州郡。

纲 韩世忠遣兵复海州。

目 世忠使王胜等复海州，父老裒金帛以犒军，胜不受。世忠每出军，必戒以秋毫无犯，军之所过，耕夫皆荷锄而观。

纲 张俊使王德复宿州。金人弃亳而遁，俊入亳，遽还寿春。

目 俊遣统制王德复宿州，金守将马秦降，宿州平。德乘胜趋亳州，与俊会于城父。时郦琼与葛王乌禄在亳，闻德至，曰："夜叉未易当也。"即遁去。德入亳州，请于俊曰："今兵威已振，请乘胜进取。"俊不从而还寿春。初，德以十六骑径入隆德府，缚金守臣姚太师献于朝，钦宗问状，姚对曰："臣就缚时，止见夜叉耳。"由是人呼为"王夜叉"。

纲 安置赵鼎于潮州。

目 秦桧恶鼎居越偪己，徙知泉州，又讽司谏谢祖信等论鼎尝受张邦昌伪命，遂夺节提举洞霄宫。鼎自泉还，复上书言时政。桧忌其复用，又讽中丞王次翁论其乾没都督府钱十七万缗，谪官居兴化军。次翁及右谏议大夫何铸论之不已，乃贬清远军节度副使，潮州安置。

纲　秋七月，以王次翁参知政事。

目　秦桧荐次翁为中丞，故凡可以为桧地者无不力为之。及金人败盟，帝下诏罪状兀朮，次翁惧桧得罪，因奏曰："前日国是，初无主议，事有小变，更用他相，后来者未必贤，而排黜异党，纷纷累月不能定。愿陛下以为至戒！"帝深然之。桧德其言，遂引同列，由是益安据其位，公论不能撼摇矣。

纲　岳飞击走金兀朮于郾城，追至朱仙镇，大破之。遣使修治诸陵。

目　飞留大军于颍昌，命诸将分道出战，自以轻骑驻郾城，兵势甚锐。兀朮大惧，合龙虎大王、盖天大王及韩常之兵逼郾城。飞遣子云领骑兵直贯其阵，戒之曰："不胜先斩汝！"云与金人战数十合，金尸布野。兀朮以拐子马万五千来，飞戒步卒以麻札刀入阵，勿仰视，第斫马足。拐子马相连，一马仆，二马不能行，飞军奋击，遂大破之。兀朮大恸曰："自海上起兵，皆以此胜，今已矣！"因复益兵而前，飞自以四十骑突战败之。兀朮夜遁，追奔十五里。中原大震。

飞谓子云曰："贼屡败，必还攻颍昌，汝宜速援王贵。"既而兀朮果至，贵将游奕，云将背嵬战于城西，云以骑兵八百，挺前决战，步卒张左右翼继之，杀兀朮婿夏金吾。飞又使梁兴会太行忠义、两河豪杰，败金人于垣曲，又败之于沁水，遂复怀、卫州，断金人山东、河北之道。金人大恐。

飞进军朱仙镇，距汴京四十五里，与兀朮对垒而阵，遣背嵬骑五百奋击，大破之。兀朮还汴。飞檄陵台令行视诸陵，葺治之。

纲　以杨沂中为淮北宣抚副使。

纲　岳飞奉诏班师还鄂，河南州郡复陷于金。

目　两河豪杰李通等帅众归飞，由是金人动息，山川险要，飞皆得其实。中原尽磁、相、泽、潞、晋、绛、汾、隰之境，皆期日兴兵与官军会。其所揭旗，以岳为号，父老百姓争挽车牵牛，载糗粮以馈义军，顶盆焚香迎候者充满道路。自燕以南，金人号令不行。兀朮欲佥军以抗飞，河北无一人应者，乃叹曰："自我起北方以来，未有如今日之挫衄。"金将乌陵思谋，素骁勇桀黠，亦不能制其下，但谕之曰："毋轻动，待岳家军来即降。”金将王镇、崔庆、李觊、崔虎、华旺等皆率所部降飞。龙虎大王之将忔查等亦密受飞旗榜，自其国来降。韩常亦欲以众五万内附。飞大喜，语其下曰：“直抵黄龙府，与诸君痛饮耳！”

方指日渡河，而秦桧欲画淮以北与金和，讽台臣请班师。飞奏：“金人锐气沮丧，尽弃辎重，疾走渡河，而我豪杰向风，士卒用命。时不再来，机难轻失！”桧知飞志锐不可回，乃先请张俊、杨沂中等归，而后上言：“飞孤军不可久留，乞连诏还。”飞一日奉十二金字牌，乃愤惋泣下，东面再拜曰：“十年之力，废于一旦！”乃自郾城引兵还。民遮马痛哭，诉曰：“我等迎官军，金人皆知之，相公去，我辈无噍类矣！”飞亦悲泣，取诏示之曰：“我不得擅留！”哭声振野。飞留五日以待民徙。从而南者如市，飞亟奏以汉上六郡闲田处之。

初，兀术败于朱仙，欲弃汴而去，有书生叩马曰：“太子毋走，岳少保且退。”兀术曰：“岳少保以五百骑破吾十万，京城日夜望其来，何谓可守？”生曰：“自古未有权臣在内，而大将能立功于外者。岳少保且不免，况欲成功乎！”兀术悟，遂留不去。

及飞还，兀术遣兵追之，不及，而河南新复府、州皆复为金有。飞至鄂，力请解兵柄，不许。已而入觐，帝问之，飞拜谢而已。

纲　八月，贬秘阁修撰张九成等官。

目　九成等皆言和议非计，秦桧恶之，乃贬九成知邵州，喻樗知怀宁县，陈刚中知安远县，凌景夏知辰州，樊光远阆州学教授，毛叔度嘉州司户参军。

九成从杨时学，绍兴初举进士，对策直言无隐。及为刑部侍郎，会金人议和，九成言于赵鼎曰：“金实厌兵，而张虚声以撼中国耳。”因陈十事，云彼诚能从吾所言则与之和，使权在朝廷。鼎罢相，桧诱之曰：“且成桧此事。”九成曰：“九成胡为异议，特不可苟安耳！”桧曰：“立朝须优游委曲。”九成曰：“未有枉己而能直人者。”帝问以和议，九成对曰：“敌情多诈，不可不察。”桧尤恶之。

纲　杨沂中军溃于宿州，走还泗，金人屠宿州。

纲　九月，遣使谕韩世忠罢兵还镇。

纲　冬十月，金撒离喝陷庆阳，河东经略使王忠植死之。

目　忠植本河东步佛山忠义人，以复石、代等十一州功，授河东经略安抚使。及撒离喝犯庆阳，知府宋万年拒守，胡世将檄忠植以所部救庆阳。行次延安，叛将赵惟清执忠植诣撒离喝，撒离喝使甲士引至庆阳城下谕降，忠植大呼曰："我太行忠义也，为虏所执，使来招降。愿将士勿负朝廷，坚守城壁！"撒离喝怒诘之，忠植披襟曰："当速杀我！"遂遇害。万年以城降。后赠忠植奉国军节度使，谥义节。

纲 临安火。

纲 十一月，金封孔子后璠为衍圣公。

纲 十二月，金始置屯田军于中原。

目 金既取河南，犹虑中原士民怀贰，始创屯田军。凡女真、奚、契丹之人，皆自本部徙居中州，与百姓杂处，计其户口，授以官田，使自播种，春秋量给其衣；若遇出师，始给钱米。凡屯田之所，自燕南至淮、陇之北俱有之，皆筑垒于村落间。

纲 辛酉，十一年，春正月，金兀术陷寿春，入庐州，诏张俊等将兵救之。二月，王德复和州。

目 兀术自败后，留屯京、亳以谋再举。及闻秦桧召诸军还，乃攻陷寿春，遂渡淮入庐州。诏张俊、杨沂中帅兵赴淮西，岳飞进兵江州。寻诏韩世忠引兵往援。时兀术自合肥趋历阳，游骑至江，张俊议分军守南岸，王德请急击之，即渡采石，俊督军继之，宿江中。德曰："明旦当会食历阳。"已而夜拔和州，晨迎俊入，兀术退保昭关。既而德又败韩常于含山县东，又败兀术于昭关，复含山及昭关。

纲 杨沂中、刘锜败金兀术于柘皋，遂复庐州。

目 刘锜自太平渡江，与张俊、杨沂中会，而庐州已陷，锜乃与关师古据东关之险以遏敌，引兵出清溪，两战皆捷。兀术以柘皋地坦平，利于用骑，因驻师。锜进兵，与兀术夹石梁河而阵。河通巢湖，广二丈，锜命曳薪叠桥，须臾而成，遣甲士数队，逾桥卧枪而坐。遣人会合张俊、杨沂中之师。翌日，沂中及王德、田师中、张子盖诸军俱至，惟俊后期。锜与诸将分军为三，并进渡河以击之。师中欲俟俊至，德曰："事当机会，复何待！"即与锜上马先迎敌，沂中继之。金人以拐子马两翼而进，德率众鏖战。沂中曰："虏恃弓矢，吾有以屈之。"使万人持长斧如墙而进，虏遂大败。德与锜等追之，又败(之)于东山。虏望见，惊曰："此顺昌旗帜也！"即走保紫金山。是役也，失将士九百人，金人死者以万计。既而兀术复亲帅兵逆战于店步，沂中等又败之，乘胜逐北，遂复庐州。

纲 金主亲祀孔子。

纲 三月，张俊、杨沂中、刘锜奉诏班师。金人陷濠州，俊使沂中救之，败绩。

纲 岳飞帅兵救濠州，不及，还次舒州。

纲 金兀朮渡淮北去。

纲 孙近罢。

纲 夏四月，以韩世忠、张俊为枢密使，岳飞为副使。

纲 罢三宣抚司。五月，诏张俊、岳飞如楚州阅军。

纲 六月，进秦桧为尚书左仆射。秋七月，以范同参知政事。

纲 罢淮北宣抚判官刘锜。

目 锜自顺昌之捷，骤贵，张俊、杨存中嫉之。至是，二人言于朝曰："淮西之役，岳飞不赴援，刘锜战不力。"秦桧信之，遂罢锜兵，命锜知荆南府。

纲 八月，罢知温州王居正。

目 居正立朝，累与秦桧忤，且力辨王安石父子学行之非。自兵部侍郎出知温州，桧犹忌之，讽中丞何铸劾居正为赵鼎汲引，欺世盗名；夺职奉祠。

居正之学，根据六经，杨时器之，出所著三经义解示居正曰："吾举其端，子成吾志。"居正感励，首尾十载，为诗、书、周礼辨学三十九卷，与时书同进。二书行，天下遂不复言王氏学。

纲 罢岳飞奉朝请。

目 飞以恢复为己任，不肯附和议。尝读桧奏，至"德无常师，主善为师"之语，恚曰："君臣大伦，根于天性，大臣而忍面欺其主邪！"兀朮遗桧书曰："汝朝夕以和请，岳飞方为河北图，必杀飞始可和。"桧亦以飞不死，终梗和议，己必及祸，故力谋杀之。遂讽中丞何铸、侍御史罗汝楫、谏议大夫万俟卨交章论飞："奉旨援淮西，暂至舒、蕲而不进，比与张俊按兵淮上，欲弃山阳而不守。"乃罢为万寿观使，奉朝请。

纲 九月，吴璘等收复陕西诸州，诏班师还镇。

目 吴璘进兵拔秦州，闻金统军胡盏与习不祝合兵五万屯刘家圈，请于胡世将击之。世将问："策安出？"璘曰："有新立叠阵法，每战以长枪居前，坐不得起，次最强弓，次强弩，跪膝以俟，次神臂弓。约贼相搏，至百步内则神臂先发，七十步强弓并发，次阵如之。凡阵以拒马为限，铁钩相连，俟其伤则更代，代则以鼓为节，骑两翼以蔽于前，阵成而骑退，谓之叠阵。”世将善之。诸将窃议曰：“吾军其歼于此乎！”璘曰：“此古束伍令也，军法有之，诸君不识耳。得车战余意，无出于此。战士心定则能持满，敌虽锐，不能当也。”遂进次剡家湾。时胡盏、习不祝据险自固，前临峻岭，后控腊家城，谓璘必不敢犯。璘先以兵挑之，胡盏出鏖战，璘以叠阵法更迭战，轻裘驻马亟麾之，士殊死斗，金人大败，降者万人。胡盏走保腊家城，璘围而攻之。城垂破，朝廷方主和议，以驿书诏班师。

时璘拔秦州，其势方张，陕西、河东首领争来附，而杨政拔陇州，郭浩复华州入陕州矣。诏至，璘即自腊家城引兵还河池，浩还延安，政还巩，世将惟浩叹而已。

纲 莫将还自金。

纲 冬十月，诏以魏良臣为金国禀议使。

纲 秦桧矫诏下岳飞于大理狱。

目 秦桧必欲杀飞，乃与张俊谋，密诱飞部曲能告飞事者，优与重赏，卒无应者。俊闻飞尝欲斩统制王贵，又尝杖之，乃诱贵告飞；贵不肯，俊因劫以私事，贵惧而从之。桧又闻飞统制王俊善告讦，号“雕儿”，以奸贪屡为张宪所抑；使人谕之，王俊许诺。于是桧谋以张宪、王贵、王俊，皆飞部将，使其徒自相攻发，因以及飞父子，庶帝不疑。

俊时在镇江，乃自为状付王俊，妄言“副都统制张宪谋据襄阳，还飞兵柄”。令告王贵，使贵执宪赴镇江行枢密府。宪未至，俊预为狱以待之。俊亲行鞫炼，使宪自诬，谓得飞子云手书，命宪营还兵计。宪被掠无完肤，竟不伏。俊手自具狱成，告桧，械宪至临安，下大理寺狱。

桧奏召飞父子证宪事，帝曰：“刑所以止乱，勿妄追证，动摇人心。”桧矫诏召飞父子，使者至飞第，飞笑曰：“皇天后土，可表此心！”遂与云就狱。桧命中丞何铸、大理寺周三畏鞫之。铸引飞至庭，诘其反状。飞裂裳以背示铸，有旧涅“尽忠报国”四大字，深入肤理。既而阅实俱无验，铸察其冤，白桧。桧曰：“此上意也。”铸曰：“铸岂区区为岳飞者。强敌未灭，无故戮一大将，失士卒心，非社稷之长计。”桧语塞，乃改命谏议大夫万俟卨。卨素与飞有怨，遂诬飞令于鹏、孙革致书张宪、王贵，令虚申探报，以动朝廷，云与宪书，令措置使飞还军，且云其书已焚。飞坐系两月，无可证者，或教卨以台章所指淮西逗留事为言。卨喜白桧，卨又使鹏、革等证飞受诏逗留，命评事元龟年取行军时日杂定之，傅会其狱。大理卿薛仁辅、寺丞李若朴、何彦猷皆言飞无辜。判宗正寺士㒟请以百口保飞无他，且曰："中原未靖，祸及忠义，是忘二圣，不欲复中原也。"皆不听。韩世忠心不平，诣桧诘其实，桧曰："飞子云与张宪书虽不明，其事莫须有。"世忠曰："'莫须有'三字，何以服天下也！"

纲 韩世忠罢。

目 世忠深以和议为不然，及魏良臣使金，抗疏言秦桧误国之罪。桧讽言官论之，帝不听，而世忠连疏乞罢，遂罢为醴泉观使，封福国公。世忠自是杜门谢客，绝口不言兵，时跨驴携酒，从一二童奴，纵游西湖以自乐，澹然若未尝有权位者。平时将佐，罕得见其面。

纲 十一月，范同罢。

纲 和议成，以何铸签书枢密院事，奉表称臣于金。

目 兀术以萧毅、邢具瞻为审议使，与魏良臣偕来，议以淮水为界，求割唐、邓二州及陕西余地，岁币银绢各二十五万，仍许归梓宫、太后。帝悉从其请，命铸往使，铸至汴，见兀术，遂如会宁。

纲 遣使割唐、邓、商、秦之地以界金。

纲 秦桧杀故少保、枢密副使、武昌公岳飞。

目 岁已暮，而飞狱不成，一日桧手书小纸付狱，即报飞死矣。年三十九。云与张宪皆弃市，于鹏等从坐者六人。籍飞家赀，徙之岭南。于是薛仁辅、李若朴、何彦猷皆被黜。布衣刘允升上书讼飞冤，下大理狱死。凡傅成其狱者皆进秩。

洪皓在金，以蜡书奏："金人所畏服者惟飞，至以父呼之。及闻其死，诸酋酌酒相贺。"

飞事亲孝，家无姬侍。吴玠素服飞，愿与交驩，饰名姝遗之，飞曰："主上宵旰，岂大将安乐时邪！"却不受，玠益敬服。帝欲为飞营第，飞辞曰："金虏未灭，何以家为！"或谓天下何时太平？飞曰："文臣不爱钱，武臣不惜死，天下太平矣。"

卒有取民麻一缕以束刍者，立斩以徇。卒夜宿，民开门愿纳，无敢入者。军号："冻死不拆屋，饿死不卤掠。"卒有疾，飞躬为调药。诸将远戍，飞遣妻问劳其家。死事者哭之而育其孤，或以子婚其女。凡是颁犒，均给军吏，秋毫不私。

善以少击众，尝以八百人破群盗王善等五十万众于南熏门，以八千人破曹成十万众于桂岭。其战兀朮于颍昌，则以背嵬八百，于朱仙镇则以五百，皆破其众十余万。凡有所举，尽召诸统制与谋，谋定而后战，故有胜无败。猝遇敌不动，故敌为之语曰："撼山易，撼岳家军难!"张俊尝问用兵之术，飞曰："仁、信、智、勇、严，阙一不可。"

飞好贤礼士，览经史，雅歌、投壶，恂恂如书生。每辞官，必曰："将士效力，飞何功之有!"然忠愤激烈，议论持正，不挫于人，卒以此得祸。

纲 壬戌，十二年，春二月，进封建国公瑗为普安郡王。

纲 封崇国公璩为恩平郡王。

纲 诏诸州修学宫。

纲 何铸还自金。

目 初，萧毅至临安，帝曰："朕有天下而养不及亲，徽宗无及矣。今立信誓明言归我太后，朕不耻和；不然，朕不惮用兵。"及何铸、曹勋往，帝召至内殿，谕之曰："朕北望庭闱，无泪可挥。卿见金主，当曰：'慈亲之在上国，一老人耳；在本国，则所系甚重。'以至诚说之，庶彼有感。"铸至金，首以太后为请。金主曰："先朝业已如此，岂可辄改。"曹勋再三恳请，金主乃许之。遂遣铸还，许归徽宗及郑后、邢后之丧，与帝母韦氏。

纲 三月，放齐安王士㒟于建州。

纲 四川宣抚副使胡世将卒，以郑刚中代之。

纲 夏四月，金使人以衮冕来册帝。

纲 六月，何铸罢。

纲 秋八月，以万俟卨参知政事。

纲 金人归徽宗皇帝、显肃皇后郑氏及懿节皇后邢氏之丧。

纲 皇太后韦氏至自金。

纲 九月，以孟忠厚为枢密使。

纲 大赦，加秦桧太师，封魏国公。

纲 遣使如金。

纲 冬十月，攒徽宗皇帝、显肃皇后于永固陵，以懿节皇后祔。

纲 以程克俊签书枢密院事。

纲 进封秦桧为秦、魏两国公;辞不拜。

纲 十一月,张俊免。

目 初,俊赞秦桧成和议,约尽罢诸将,独以兵权归俊。及和议定,诸将罢,而俊无去意,故桧讽台臣江邈论之。遂罢为节度使,充醴泉观使,进封清河郡王,奉朝请。

纲 刘光世卒。

目 光世在诸将中最先进,律身不严,驭军无法,不肯为国任事。早解兵柄,与时浮沉,不为秦桧所忌,故能窃宠荣以终其身。方之韩、岳,不逮远矣。

纲 徽猷阁待制致仕尹焞卒。

目 焞质直弘毅,实体力行,程颐尝以鲁许之,且曰:“我死而不失其正者,尹氏子也。”

纲 诏秘书少监秦熺修日历。

目 秦桧无子,取妻兄王焕孽子熺养之。南省擢为第一,桧以为嫌。进士陈诚之策,专主和议,乃以为首;熺次之,历官秘书少监。桧自知不为士论所与,乃以熺领国史。自桧再相,凡诏书章疏稍及桧者率更易焚弃。因以太后北还为己功,自领其事,使著作郎王杨英、周执羔上之。

纲 孟忠厚罢。

目 忠厚始以外戚贵显,然能避权势,不以私干朝廷。秦桧,忠厚之僚婿也,未尝亲附。至是,桧讽台谏,引故事外戚不预政,罢之。

纲 癸亥,十三年,春正月,作太学。

纲 二月,作景灵宫。

纲 夏闰四月,立贵妃吴氏为皇后。

目 后,开封人,年十四选入王邸。帝既即位,后常以戎服侍左右。习书史,善翰墨,宠遇日隆,累进贵妃。帝怜邢氏在金,虚中宫以待其还。至是,秦桧累表请立后,皇太后亦以为言,帝从之。

纲 王次翁罢。六月,程克俊罢。

纲 秋七月,行人洪皓、张邵、朱弁还自金。

目 自建炎以来,奉使如金被拘囚者三十余人,多已物故,惟三人以和议成许归。已而金人遣七骑追之,及淮,而皓等已在舟中矣。

皓居冷山，距会宁二百里，屡因谍者密奏敌情，且力言和议非计，乞兴师进击。尝求韦太后书，遣李微持归，帝大喜曰："朕不知太后宁否几二十年，虽遣使百辈，不如此一书！"每遇贵族名家子流落于金者，尽力拯救之，留金十五年而还，入对内殿，求郡养母。帝曰："卿忠贯日月，志不忘君，虽苏武不能过，岂可舍朕去邪！"皓退，见秦桧，语连日不止，曰："张和公金人所惮，乃不得用，钱塘暂居。为景灵宫、太庙，皆极土木之华，岂非示无中原意乎！"桧不怿。遂除徽猷阁直学士，提举万寿观；复以论事忤桧，出知饶州。

邵被囚祚山逾年，送刘豫使用之。邵见豫，长揖而已，又呼豫为殿院，责以君臣大义，词气俱励。豫怒，械于狱。久之，复送于金，拘之燕山僧寺，从者皆莫知所之。金复徙之会宁。及还，入见，除秘书修撰，主管祐神观。司谏詹大方论其使事无成，改台州崇道观。

弁副王伦使金，既就馆，守之以兵。久之，金将议和，当遣一人受书还，欲弁与伦探策决去留。弁曰："吾来，固自分必死，岂应今日觊幸先归！愿正使受书，归报天子，成两国之好，蚤伸四海之养于两宫，则吾虽暴骨外国，犹生之年也。"伦将归，弁谓曰："古之使者有节以为信。今无节有印，印亦信也，愿留之，使弁得抱以死，死不腐矣！"伦解以授弁，弁受而怀之，卧起与俱。金人迫弁仕刘豫，且訹之曰："此南归之渐。"弁曰："豫，国贼，吾常恨不食其肉，又忍北面臣之，吾有死耳！"金人怒，绝其饩遗以困之。弁忍饥待尽，誓不为屈；金人感动，致礼如初。久之，复欲易其官，弁曰："吾官受之本朝，有死而已，誓不易以辱吾君也。"又以书诀洪皓曰："杀行人，非细事，吾曹遭之，命也！要当舍生以全义耳。"及还，入见便殿，弁谢，且曰："陛下与金人讲和，上返梓宫，次迎太母，此皆知时知几之明。然时运而往，或难固执，几动用变，宜鉴未兆。金人以黩武为至德，以苟安为太平，虐民而不恤民，广地而不广德，此皆天助中兴之势；若时与几，陛下既知于始，愿图厥终。"帝曰："善。"秦桧恶其言，奏以初补官易宣教郎直秘阁而卒。

纲 帝书六经，刻石于太学。

纲 冬十二月，金人来聘。

纲 复置三馆。

目 上谓宰执曰："人才须素养。太宗置三馆养天下之士，至仁庙人才辈出为用。今日若不兴学校，将来安得人才用邪！"

纲 甲子，十四年，春正月，乐平水斗。

目 乐平县何冲里，田陇数十百顷，田中水，类为物所吸，聚为一，直行，高平地数尺，不假堤防而水自行；里南程氏家井水溢，亦高数尺，夭矫如长虹，声如雷，穿墙毁楼。二水斗于杉墩，且前，且却，约十余刻乃解，各复故。

纲 二月，万俟卨罢，以楼炤签书枢密院事。

纲 三月，帝谒孔子庙，遂视学。

目 国学大成殿成，司业高闶表请帝视学，从之。止辇于殿门外，步趋升降，退御敦化堂，命礼部侍郎秦熺执经，高闶讲易泰卦。胡宏见其表，移书责之曰："太学，明人伦之所在也。太上皇帝劫制于强敌，生往死归，此臣子痛心切骨卧薪尝胆宜思所以必报之大雠也。太母，天下之母，其纵释乃在金人，此中华之大辱，臣子所不忍言也。而柄臣乃也欺天罔人，以大雠、大辱而为大恩，阁下目睹，忘雠灭理，北面敌国，以苟晏安之事，犹偃然为天下师儒之首。既不能建大论明天人之理以正君心，乃阿谀柄臣，希合风旨，求举太平之典，又从而为之辞，欺罔孰甚焉！"宏，安国子也。

纲 夏四月，初禁野史。

目 从秦桧请也。后著作郎林机言："有失意之人，匿迹近地，窥伺朝廷，作为私史，以售其邪说，请禁绝之。"复下诏申禁之。

纲 五月，楼炤罢，以李文会签书枢密院事。

纲 闽、浙大水。

目 内侍右武大夫白锷，从皇太后北归者，因闽、浙大水，宣言："燮理乖盭，洪皓名闻华、夷，顾不用！"锷馆客张伯麟，尝题太学壁云："'夫差，而忘越王之杀而父乎！'"秦桧怒之，俱坐诽谤，刺配锷于万安军，伯麟于吉阳军，罢皓提举江州太平观。

纲 秋九月，徙赵鼎于吉阳军。

目 鼎在潮五年，杜门谢客，时事不挂口，有问者，引咎而已。先是，鼎请正建国公皇子之号，桧言："鼎欲立皇太子，是待陛下终无子也。宜俟亲子乃立。"至是，中丞詹大方希桧意，劾鼎与其党范冲邪谋密计，转相扇惑，以徼无妄之福。盖指皇子，而冲尝为翊善故也。遂移鼎吉阳。鼎谢表有曰："白首何归？怅余生之无几！丹帆未泯，誓九死以不移！”桧见曰：“此老倔强犹昔。”

纲 冬十月，何若请黜程颐之学。

目 右正言何若指程颐、张载遗书为专门曲学，请戒内外师儒之官，力加禁绝。秦桧从之。

纲 十二月，李文会免，以杨愿签书枢密院事。

目 愿为中丞，迎合桧意以举劾，人号之为“肉简牌”。至是，论文会，遂代其位。

纲 王伦为金所杀。

目 金欲以伦为平州路转运使，伦曰：“奉命而来，非降也。”金胁以威，遣使来趣，伦拒益力，金杖其使，俾缢杀之。

纲 乙丑，十五年，春正月朔，初御大庆殿受朝。

纲 夏四月朔，彗出东方，大赦。

纲 六月朔，日食。

纲 帝幸秦桧第。

纲 秋七月，放张浚于连州。

目 浚因星变，欲力论时事，以其母计氏年高，言之必被祸。计氏知之，诵其父咸绍圣初制策曰：“臣宁言而死于斧钺，不忍不言而负陛下。”浚意遂决，即上疏言：“当今时势，如养大疽于头目心腹之间，不决不止。迟则祸大而难决，疾则祸轻而易治。惟陛下谋之于心，断之以独，谨察情伪，豫备仓卒，庶几社稷安全。不然，后将噬脐。”事下三省。秦桧大怒，令中丞何若劾之，遂贬连州居住，寻徙永州。桧必欲杀浚，以其死党张柄知潭州，与郡丞汪召锡共伺察之。

纲 冬十月，杨愿罢，以李若谷签书枢密院事。

纲 丙寅，十六年，春正月，行藉田礼。

目 先是知度州薛弼言：“州民朽柱中有文，曰‘天下太平年’。”秦桧大喜，乞诏付史馆。于是修弥文以饰治具，如乡饮、耕藉之类。节节备举，为苟安于杭之计。自此不复巡幸江上，而祥瑞之奏日闻矣。

纲 秋九月，金刘豫死。

纲 丁卯，十七年，春正月，以李若谷参知政事，何若签书枢密院事。二月，李若谷罢。三月，以段拂参知政事。何若罢。夏四月，以汪勃签书枢密院事。

纲 五月，安置提举江州太平观洪皓于英州。

纲 秋八月，故相赵鼎卒于吉阳军。

目 鼎潜居深处，门人故吏皆不敢通问，惟广西帅张宗元时馈醪米。会降旨“赵鼎、李光，遇赦永不检举”，且令本军月具存亡申省。鼎遣人语其子汾曰：“秦桧必欲杀我。我死，汝曹无患；不尔，祸及一家矣。”自书墓中石，记乡里及除拜岁月，且书铭旌云：“身骑箕尾归天上，气作山河壮本朝。”遗言其子乞归葬，遂不食而死。天下闻而悲之。

鼎为相，专以固本为先，以为本固而后敌可图，雠可复。惜其见忌于桧，赍志以没。然中兴贤相，鼎为称首。

纲 九月，罢四川宣抚副使郑刚中。

纲 冬十二月，金及蒙古和。

目 初，挞懒既诛，其子胜花都郎君率其父故部曲以叛，与蒙古通。蒙古益强，兀术讨之，连年不能克，乃与之议和，割西平河以北二十七团寨与之，岁遗牛、羊、米、豆，且册其酋熬罗勃极烈为蒙辅国王；不受，自号大蒙古国。至是始和，岁遗甚厚。于是蒙酋自称祖元皇帝，改元天兴。

纲 戊辰，十八年，春二月，段拂罢。三月，以秦熺知枢密院事。

纲 夏四月，秦熺罢为观文殿学士兼侍读，位次右仆射。

纲 五月，放浙东副总管李显忠于台州。

目 显忠熟知西边山川险易，因上恢复策。秦桧恶之，降官奉祠，台州居住。

纲 秋七月，宽诸郡杂税。

纲 八月，汪勃罢，以詹大方签书枢密院事。九月，詹大方卒。

纲 冬十月，以余尧弼签书枢密院事。

纲 金兀术卒。

纲 十一月，窜胡铨于海南。

纲 十二月，金以完颜亮为右丞相。

纲 己巳，十九年，冬十二月，金完颜亮弑其主亶而自立。

纲 庚午，二十年，春正月，殿司军士施全刺秦桧，不克，桧杀之。

目 桧趋朝，殿前司后军使臣施全挟刃于道，遮桧肩舆刺之，不中，捕送大理。桧亲鞫之，全对曰：“举天下皆欲杀虏人，汝独不肯，故我欲杀汝也。”诏磔于市。自是桧每出，列五十兵持长梃以自卫。

纲 三月，以余尧弼参和政事，巫伋签书枢密院事。遣尧弼使金。

纲 下李光子孟坚于大理狱，流之峡州。责降徽猷阁直学士胡寅等官有差。

目 光在琼，尝作私史，其仲子孟坚为所亲陆升之言之，升之讦其事。秦桧命两浙转运副使曹泳究实，泳言“孟坚省记父光所作小史，语涉讥谤”。送大理寺，狱成，诏光遇赦永不检举，孟坚除名，编管峡州。于是胡寅、程瑀、潘良贵、宗颖、张焘、许忻、贺允中、吴元许八人皆缘坐，责降有差。有太常主簿吴元美作夏二子传，指蚊、蝇也。其乡人告之，以为讥毁大臣。且言：“元美与李光交，故其亭号潜光。”桧大怒，窜之容州。

纲 夏四月，金主亮大杀其宗室。

纲 冬十月，金主亮杀其左副元帅撒离喝等，夷其族。

纲 秦桧有疾，诏执政赴桧第议事。

纲 辛未，二十一年，春正月，金置国子监。

纲 二月，以巫伋为金国祈请使。

目 伋至金，首请迎靖康帝归国，金主曰：“不知归后何处顿放？”伋唯唯而退。

纲 三月，金主大营宫室于燕。

目 金主稍习经史，慕中国朝著之尊，密有迁都意，遂下诏求直言，而上书者多谓“上京僻在一隅，不若徙燕，以应天地之中”，与金主意合。乃遣左丞相张浩、右丞相张通古等调诸路夫匠，筑燕京宫室，一依汴京制度。一殿之费，以亿万计，成而后毁，务极华丽。

纲 秋八月，太傅、镇南、武安、宁国节度使、咸平王韩世忠卒。

目 世忠解兵罢政，卧家凡十年，至是卒。孝宗朝追封蕲王，谥忠武。子彦直、彦质、彦古，皆以才见用。

纲 冬十一月，余尧弼罢。

纲 壬申，二十二年，夏四月，巫伋罢，以章复签书枢密院事。秋九月，章复罢。冬十月，以宋朴签书枢密院事。

纲鉴易知录卷八二

南宋纪

高宗皇帝

纲 癸酉，二十三年，春三月，金迁都于燕。

目 金主自上京至燕京，初备法驾，下诏改元。以燕，列国之名，不当为京师号，遂改燕京为中都大兴府，汴京为南京，削上京之名止称会宁府。又改中京大定府为北京，而东京辽阳府、西京大同府如旧。

纲 冬，宋朴罢，以史才签书枢密院事。

纲 甲戌，二十四年，春正月，地震。

纲 夏六月，史才罢，以魏师逊签书枢密院事。

纲 秋七月，张俊卒。

目 俊握兵最早，屡立战功，帝于诸将中眷注特厚。然忌刘锜，附秦桧杀岳飞，为世所鄙薄焉。

纲 以敷文阁待制秦埙修撰实录院。

纲 冬十一月，魏师逊罢，以施巨参知政事，郑仲熊签书枢密院事。加秦熺少傅，封嘉国公。

纲 乙亥，二十五年，夏四月，施巨罢。

纲 六月，郑仲熊罢，以汤思退签书枢密院事。

纲 改岳州为纯州，岳阳军为华阳军。

目 或言"岳州乃岳飞驻军之地，又与其姓同，乞改之。"盖以媚秦桧也。岳州人谓："飞驻军乃鄂州，于我州何与而改之？"

纲 金汴京火。

纲 秋八月，下赵鼎子汾等于大理狱。

目 秦桧于一德格天阁书赵鼎、李光、胡铨三人姓名，必欲杀之。及鼎死而憾不已。江西运判张常先笺注前帅张宗元与张浚诗言于朝，其词连逮者数十家，将诬以不轨而尽去之。会汪召锡告宗室知泉州令衿观桧家庙记，口诵“君子之泽，五世而斩”，谪居汀州。桧乃讽殿中侍御史徐嘉论赵汾与令衿饮别厚贶必有奸谋。诏送汾、令衿大理鞫问，使汾自诬与张浚、李光、胡寅、胡铨等五十三人谋大逆。狱成，而桧病不能书矣。

纲 以董德元参知政事。

纲 冬十月，徙洪皓于袁州，未至卒。

目 皓居英州九年，始复朝奉郎，徙袁州，至南雄卒。卒后一日，秦桧死。皓久在北庭，为金人所敬。既归，金人至，必问“皓为何官，居何地？”不幸为桧所忌，不死于敌国，而死于谗慝，闻者悼之。

纲 进封秦桧为建康郡王，加其子熺少师，并致仕。是夕，桧死。

目 桧病，帝幸其第问焉，无一语，惟流涕而已。熺奏请：“代居相位者为谁？”帝曰：“此事卿不当与。”帝还宫，命沈虚中草桧及熺制，并令致仕。是夕，桧卒，赠申王，谥忠献。

桧居相位十九年，倡和误国，忘雠斁伦，包藏祸心，劫制君父，郡国事惟申省，无至上前者。同列论事上前，未尝力辨，但以一二语倾挤之，俾帝自怒，一时忠臣良将，诛锄略尽。其顽钝无耻者，率为桧用，争以诬陷善类为功。晚年残忍尤甚，屡兴大狱。开门受赂，富敌于国，外国珍宝，死犹及门。桧每事与帝争胜，其势渐不可制。桧既死，帝谓杨存中曰：“朕今日始免防桧逆谋矣。”

纲 黜秦桧姻党。十一月，释赵汾及李孟坚、王之奇等自便。

纲 以魏良臣参知政事。

纲 十二月，复张浚、胡寅、张九成等二十九人官，徙李光、胡铨于近州。

纲 丙子，二十六年，春正月，追复赵鼎、郑刚中等官。

纲 二月，魏良臣罢。

纲 三月，罢宰相兼枢密使。

纲 以万俟卨参知政事。

纲 窜东平进士梁勋于远州。

目 勋上书言：“金人必举兵，宜为之备。”帝怒，编管勋于千里外州军，而下诏曰：“讲和之策，断自朕志，秦桧但能赞朕而已，岂以存亡而渝定议邪？近者无知之辈，鼓倡浮言，以惑众听，朕甚骇之！自今有此，当重置典宪。”

纲 夏五月，以沈该、万俟卨为左、右仆射，并同平章事。汤思退知枢密院事。

目 初，秦桧病笃，召董德元、汤思退至卧内，属以后事，各赠黄金千两。德元虑桧以为自外，不敢辞；思退虑桧以为期其死，不敢受。帝闻思退不受，以为非桧党，遂信任之。

纲 六月，以程克俊参知政事。

纲 靖康帝卒于金。

纲 秋七月，彗出井，诏求直言。

纲 八月，程克俊罢，以张纲参知政事。

目 纲初为给事中，以秦桧用事，遂致仕，卧家者二十余年。尝书座右曰："以直行己，以正立朝，以静退高天下。"其笃守如此。

纲 九月，以陈诚之同知枢密院事。

纲 冬十月，复安置观文殿大学士张浚于永州。

目 浚去国二十年，天下士无贤不肖，莫不倾心慕焉。金使至，必问浚安在，惟恐其复用，而秦桧惧其正论害己，必欲杀之。桧死，乃复观文殿大学士，判洪州。时丧母将归葬，会星变求直言，浚虑虏数年间，势必求衅用兵，而吾方溺于宴安，谓虏可信，莫为之备。沈该、万俟卨居相位，尤不厌天下望。自以大臣义同休戚，不敢以居丧为嫌，乃上疏极言。沈该、万俟卨、汤思退谓"敌未有衅，而浚乃若祸在年岁间者"，皆笑其狂。台谏汤鹏举、凌哲等论浚"名在罪籍，唱异议以动国是，若使归蜀，恐或远方生患"。复安置永州。

纲 丁丑，二十七年，春二月，以汤鹏举参知政事。

纲 三月，万俟卨卒。夏六月，以汤思退为尚书右仆射、同平章事。秋八月，以汤鹏举知枢密院事。九月张纲罢，以陈康伯参知政事。冬，汤鹏举免。

纲 戊寅，二十八年，春二月，以陈诚之知枢密院事，王纶同知院事。

纲 秋七月，金以李通参知政事。

纲 九月，以王刚中为四川制置使。

目 初，刚中言："夷狄之情，强则犯边，弱则请盟。今勿计其强弱，而先择将帅，搜士卒，实边储，备军械，加我数年，国势富强，彼请盟则为汉文帝,犯边则为唐太宗。"上壮其言,会西蜀谋帅,帝曰:"无如王刚中矣。"遂有是命。

纲 冬十月,金营汴宫。

纲 己卯,二十九年,春二月,金籍诸路兵,造战具。

纲 夏五月,贬礼部侍郎孙道夫知绵州。

目 道夫使金还,具奏金有南侵之意。帝曰:"朝廷待之甚厚,彼以何名为兵端?"道夫曰:"彼身弑其君而夺之位,兴兵岂问有名!"汤思退、沈该不以为然。道夫每对帝,辄言武事,该疑其引用张浚,忌之,故贬。

纲 六月,陈诚之罢,沈该免。秋七月,以贺允中参知政事。

纲 八月,召监潭州南岳庙朱熹,不至。

目 熹,徽州婺源人,少有求道之志。父松,知饶州,疾亟,属熹曰:"胡宪、刘勉之、刘子翚三人,学有渊源,吾所敬畏;吾即死,汝往事之。"熹奉以告而禀学焉。既博求之经传,复遍交当世有识之士。及举进士,为泉州同安县主簿,罢归。闻延平李侗学于罗从彦,得伊洛之正,徒步往从之。其学大要穷理致知,反躬践实,而以居敬为主。筑室武夷山中,四方游学之士从之者如市。上闻其贤,故召之,熹卒不至。

宪,安国从子,生而静悫,不妄笑语。绍兴中与勉之同入太学,时禁伊洛之学,宪与勉之求得程颐书,潜钞默诵,夜以继日。闻涪陵谯定受易学于颐,二人往从受业,久未有得,定曰:"心为物渍,故不有见,惟学乃可明耳。"宪悟曰:"所谓学者,非克己工夫邪?"自是一意下学,不求人知。一旦揖诸生归崇安故山,力田卖药,以奉其亲,从游日众,号籍溪先生。仕终秘书省正字。朱熹尝言从宪及勉之、子翚三君子游,而事籍溪先生为久,得其学为多。

勉之从谯定、刘安世、杨时受学,卒业乃还崇安,结草堂读书其中。力耕自给,澹然无求于世,惟与宪、子翚日相往来讲论,学者踵至,勉之随其才器为说圣贤之道,因以女妻熹,门人号曰白水先生。

子翚,韐仲子,以父死国难,痛愤致疾,弃兴化通判,隐居武夷山中者十七年。与宪、勉之交相得,每见,讲学外无杂言,他所与游,皆知名士,而期以任重致远者朱熹而已。熹初从子翚游,子翚以易之"不远复"三言,俾佩之终身。学者称为屏山先生。

纲 九月，以汤思退、陈康伯为尚书左、右仆射，并同平章事。

纲 皇太后韦氏崩。

纲 冬十月，以王纶知枢密院事。

纲 庚辰，三十年，春正月，以叶义问同知枢密院事。

纲 二月，以普安郡王瑗为皇子，更名玮，进封建王。

目 初，帝知瑗之贤，欲立为嗣，恐太后意所不欲，迟回久之。及后崩，帝问吏部尚书张焘以方今大计，对曰："储嗣者，国之本也。天下大计，无逾于此。今两邸名分宜早定。"帝喜曰："朕怀此久矣，开春当议典礼。"焘顿首谢。至是，利州提点刑狱范如圭，掇至和、嘉祐间名臣奏章，凡二十六篇，合为一书，囊封以献，请断以至公勿疑。帝感悟，即日下诏以普安郡王为皇子，加恩平郡王璩开府仪同三司，判大宗正寺，称皇侄。

纲 夏六月，王纶罢。秋七月，以叶义问知枢密院事，朱倬参知政事。

目 倬初以张浚荐，自宜兴簿入对，时方以刘豫为忧，倬策其必败。帝大喜，而秦桧恶之，出为越州教授。桧死，倬知惠州，陛辞，因言前事，帝问："卿何久淹如此？"倬言："为桧所扼。"帝愀然慰谕，目送之，且曰："人不知卿，惟朕独知。"遂累擢至中丞，论事多所裨益，帝信任之。

纲 八月，贺允中致仕。

纲 九月，以李宝为浙西副总管。

目 宝尝陷金，拔身自海道来归，至是召对，询以北事，历历如数，乃授官，令于平江督海舟捍御。

纲 冬十二月，汤思退有罪，免。

目 侍御史陈俊卿论思退"挟巧诈之心，济倾邪之术，观其所为，多效秦桧。盖思退致身，皆秦桧父子恩也。宜寘之宪典"。遂奉祠。

纲 初行会子。

目 户部侍郎钱端礼被旨造会子。储见钱于城内外流转，其合发官钱，并许兑会子，输左藏库。初行于两浙，遂通行诸州。

纲 辛巳，三十一年，春正月朔，日食，帝不受朝。

纲 风、雷、大雨雪。

目 侍御史汪澈言："春秋鲁隐公时大雨，震电，继以雨雪。孔子以八日之间，再有大变，谨而书之。今一夕之间，二异交至，阴盛也。今臣下无奸萌，戚属无乖剌，而又无女谒之私，意者殆为夷狄乎？愿陛下饬大臣，当谨于备边也。"

纲 二月，分经义、诗赋为两科以取士。

目 礼部侍郎金安节言："熙宁、元丰以来，经义、诗赋，废兴离合，随时更革。近合科以来，通经者苦赋体雕刻，习赋者病经旨渊微，心有弗精，业难兼济，后进往往得志，而老生宿儒多困也。请复立两科，永为成宪。"从之。

纲 三月，以杨椿参知政事。

纲 以陈康伯、朱倬为尚书左、右仆射，并同平章事。

纲 以吴拱知襄阳府。

目 先是陈康伯以金人必败盟，请早为之备。及闻金人决败盟，乃召杨存中及三衙帅至都堂议举兵，又诏侍从台谏集议。康伯传上旨曰："今日更不论和与守，直问战当如何？"时上意雅欲视师，内侍省都知张去为阴沮用兵，且陈退避策，中外妄传幸闽、蜀，人情汹汹。朱倬无一语。康伯奏曰："金敌败盟，天人共愤。今日之事，有进无退。圣意坚决，则将士之意自倍。愿分三衙禁旅助襄、汉，待其先发应之。"乃以利州西路都统制吴拱知襄阳，部兵三千戍之。拱，玠之子也。

纲 夏五月，金主亮使人来求汉、淮之地，始闻靖康帝之丧。

目 金主亮尝密隐画工于奉使中，俾写临安湖山以归，为屏，而图己之像，策马于吴山绝顶，题诗其上，有"立马吴山第一峰"之句。至是，遣其签书枢密院事高景山、右司员外郎王全来贺天中节。亮谓全曰："汝见宋主，即面数其焚南京宫室，沿边买马，招致叛亡之罪。当令大臣来此，朕将亲诘之。且索汉、淮之地；如不从，则厉声诋责之，彼必不敢害汝。"盖欲激怒以为南侵之名也。又谓景山曰："回日以全所言奏闻。"全至临安，一如金主之言以诋帝，帝谓全曰："闻公北方名家，何乃如是？"全复曰："赵桓今已死矣。"帝始闻渊圣崩，遽起发哀而罢，诏持斩衰三年。

纲 以吴璘为四川宣抚使。

纲 六月，以刘锜为江淮、浙西制置使，屯扬州。

纲 金主亮迁都于汴。

纲 秋七月，金大括马于诸路。

纲 金主大杀宋、辽宗室之在其国者。

纲 八月，宿迁人魏胜起兵复海州，诏以胜知州事。

目 胜多智勇，应募为弓箭手，居山阳，及金人籍诸路民为兵，胜跃曰："此其时也！"聚义士三百，北渡淮，取涟水军，宣布朝廷德意，不杀一人。金知海州事高文富遣兵捕胜，胜迎击走之；追至城下，文富闭门固守。胜令城外多张旗帜，举烟火为疑兵，又使人向诸城门谕以金人弃信背盟，无名兴兵，及本朝宽大之意，城中人闻即开门，独文富与其子安仁率牙兵拒之。胜杀安仁，擒文富，民皆安堵如故。

纲 金主亮弑其太后徒单氏，九月，遂大举入寇。

目 徒单后闻亮欲南侵，数以言谏之。亮不悦，寻弑之。遂分诸道兵为三十二军。九月，亮戎服乘马，具装启行，妃嫔皆从，众六十万，号百万，毡帐相望，钲鼓之声不绝。李通造浮梁于淮水之上，将自清河口入淮东。远近大震。

纲 以黄祖舜同知枢密院事。

纲 金人犯黄牛堡，吴璘等败之，遂复秦、陇、洮三州。

纲 刘锜遣兵复泗州。

纲 高平人王友直起兵复大名，遣使入朝。

目 友直幼从父佐游，志复中原，闻金主亮渝盟，乃结豪杰谓之曰："权所以济事，权归于正，何害于理？"即矫制自称河北等路安抚制置使，以其徒王任为副使，遍谕州县勤王。未几，得众数万，制为十三军，置统制官以统之。进攻大名，一鼓而克。抚定众庶，谕以绍兴年号，遣人入朝奏事。未几，自寿春来归，诏以为忠义都统制。

纲 冬十月，金人围海州；魏胜、李宝合击，大败之。

纲 金人渡淮，刘锜进军楚州以拒之。

纲 金人立曹国公乌禄为帝于辽阳，更名雍。

目 金东京留守乌禄，许王讹里朵之子，太祖之孙也。性仁孝，沉静明达，众心归之。会故吏六斤自汴还，具言金主弑母等事，且曰："将遣使害宗室兄弟矣。"乌禄惧，谋于其舅兴元少尹李石，石劝乌禄先杀副留守高存福。乌禄遂御宣政殿即位，改元大定，下诏暴扬亮罪恶数十事。

纲 刘锜将王权军溃于昭关，锜引还扬州。金主亮入庐州。

纲 帝亲征，诏叶义问督视江淮军马，虞允文参谋军事。

目 帝闻王权败，召杨存中至内殿议御敌之策，因命存中就陈康伯议欲航海避敌。康伯延之入，解衣置酒。帝闻之，已自宽。明日，康伯入奏曰："闻有劝陛下幸越趋闽者，审尔，大事去矣。盍静以待之。"一日，帝忽降手诏曰："如敌未退，散百官。"康伯焚诏而后奏曰："百官散，主势孤矣。"帝意既坚，康伯乃请下诏亲征，帝从之。以叶义问督视江淮军马，中书舍人虞允文参赞军事，寻以杨存中为御营宿卫使。

纲 王权退屯采石，金主亮入和州。

纲 李宝大破金人于陈家岛，杀其将完颜郑家。

纲 金人陷扬州，刘锜遣兵拒于皂角林，大败之。

纲 十一月，召张浚判建康府。

目 殿中侍御史陈俊卿上疏，极言浚忠荩。帝悟，乃诏复官，判建康。浚至岳阳，买舟，冒风雪而行。时金兵充斥，浚遇东来者，云："敌兵方盛，焚采石。烟焰涨天，慎毋轻进！"浚曰："吾赴君父之急，知直前求乘舆所在而已！"遂乘小舟径进，时长江无一舟敢行北岸者。

纲 编管王权于琼州，以李显忠代将其军。

纲 金人侵瓜洲，叶义问使中军统制刘汜御之，败绩，义问走建康。

纲 虞允文大败金军于采石。金主亮趋扬州。

目 亮筑台江上，自披金甲登台，杀黑马以祭天，以一羊、一豕投于江中，誓明日渡江，晨炊玉麟堂，先济者与黄金一两。亮置黄旗、红旗于岸上，以号令进止。

时叶义问命虞允文往芜湖趣李显忠交王权军，且犒师。允文至采石，权已去，显忠未来，敌骑充斥，官军三五星散，解鞍束甲坐道傍，皆权败兵也。允文谓坐待显忠则误国事，遂立召诸将，勉以忠义，曰："金帛、告命皆在此，以待有功。"众曰："今既有主，请死战。"或谓允文曰："公受命犒师，不受命督战，他人坏之，公受其咎邪！"允文叱之曰："危及社稷，吾将安避？"乃命诸将列大阵不动，分戈船为五，其二并东、西岸；其一驻中流，藏精兵待战；其二藏小港，备不测。部分甫毕，敌已大呼，亮操小红旗麾数百艘绝江而来，瞬息之间，抵南岸者七十艘，直薄官军。军小却，允文入阵中，抚统制时俊之背曰："汝胆略闻四方；立阵后，则儿女子尔！"俊即挥双刀出，士殊死战；中流官军以海鳝船冲敌舟，皆平沉，敌半死半战，日暮未退。会有溃卒自光州至，允文授以旗鼓，从山后转出，敌疑援兵至，始遁。允文又命劲弩尾击追射，大败之。

金兵还和州，会报曹国公已即位于东京，改元大定。亮拊髀叹曰："朕本欲平江南，改元'大定'，此非天乎！"遂召诸将帅谋北还，率其军趋扬州。

纲　刘锜罢，以成闵、李显忠、吴拱为两淮、京湖三路招讨使。

目　显忠至采石，虞允文语之曰："敌入扬州，必与瓜州兵合。京口无备，我当往，公能分兵相助乎?"显忠分万六千与之，允文遂还京口。时敌屯重兵滁河，造三闸储水，深数尺，塞瓜洲口。杨存中、成闵、邵宏渊诸军皆集京口，凡二十万。允文命张深守滁河口，扼大江之冲，以苗定驻下蜀为援。且谒刘锜问疾，锜执允文手曰："疾何必问！朝廷养兵三十年，一技不施，而大功乃出一儒生，我辈愧死矣！"以疾笃召还，提举万寿观。诏以闵等为招讨使，闵淮东，显忠淮西，拱湖北、京西。

纲　金主亮为其下所杀。

目　亮至瓜洲，居于金山寺。虞允文与杨存中临江按试，命战士踏军船，中流上下三周金山，回转如飞。敌持满以待，相顾骇愕。亮笑曰："纸船耳。"有一将跪奏："南军有备，不可轻，愿驻扬州，徐图进取。"亮怒，杖之五十，召诸将约以三日济江，否则尽杀之。军士危惧，欲亡归，乃决计于都统制耶律元宜，且曰："前阻淮，渡皆成擒矣！比闻辽阳新天子即位，不若共行大事，然后举军北还。"元宜然之。诘旦，元宜等帅诸将以众薄亮营，遂杀之。元宜自为左领军副大都督，使人杀太子光英于汴，退军三十里，遣人持檄诣镇江军议和。未几，金军皆北还。

纲　十二月，成闵、李显忠收复两淮州郡。

纲　帝如建康。

目　张浚至建康，即具行宫仪物，请车驾临幸，帝从之。帝至建康，张浚迎拜道左，卫士见浚，莫不以手加额。浚起复用，风采隐然，军民皆倚为重。

纲　金主雍入燕。

纲 壬午，三十二年，春正月朔，日食。

纲 山东人耿京起兵复东平，遣其将辛弃疾来朝。

目 金主亮死，中原豪杰并起，山东忠义耿京据东平，自称天平节度使，以齐州历城人辛弃疾掌书记。弃疾劝京来归，京遣弃疾奉表诣行在。帝大喜，厚赉之，以京知东平府。

纲 金主雍遣使来聘。

纲 二月，以虞允文为川、陕宣谕使。

目 允文还朝，帝慰藉嘉叹，谓陈俊卿曰："允文，朕之裴度。"及是陛辞，言："金亮既诛，新主初立，彼国方乱，天相我恢复也。和则海内气沮，战则海内气伸。"帝以为然。允文至蜀，遂与吴璘经略中原。

纲 帝还临安。

纲 闰月，吴璘复大散关，分兵守和尚原。金人走宝鸡。

纲 杨椿罢。

纲 太尉、威武节度使刘锜卒。

目 锜以刘汜败，发怒呕血数升，至是卒。赠开府仪同三司，谥武穆。锜慷慨深毅，有儒将风。金主亮之南下也，令有敢言锜姓名者斩，枚举南朝诸将，问其下孰敢当者，皆随名姓以对，其答如响，至锜，莫有应者。亮曰："吾自当之！"惜锜以疾不能成功，赍恨而没。

纲 耿京将张安国杀京以降金。辛弃疾还，执安国送临安，斩之。

纲 遣起居舍人洪迈使金。

目 金高忠建至临安，议遣使报聘，且贺即位。工部侍郎张阐，请"严遣使之命，正敌国之礼，彼或不从，则有战耳。如是，则中国之威可以复振"。帝然之，遂遣洪迈充贺登极使。迈行，书用敌国礼。帝手札赐迈曰："祖宗陵寝隔阔三十年，不得以时洒扫祭祀，心实痛之！若彼能以河南地见归，必欲居尊如故，正复屈己，亦何所惜！"迈奏言："山东之兵未解，则两国之好不成。"至燕，金阁门见国书不如式，抑令于表中改"陪臣"二字；朝见之仪，必欲用旧礼。迈执不可，金锁使馆，三日水浆不通。及见金人，语不逊，欲留迈，张浩不可，乃遣还。迈，皓季子也。

纲 夏四月，以汪澈参知政事。

纲 金人复攻海州，镇江都统张子盖及魏胜大败之。

纲 金追废亮为海陵炀王。

纲 五月，立建王玮为皇太子，更名昚。

目 初，金亮南侵，两淮失守，朝臣多劝帝退避。建王玮不胜其愤，及帝下诏亲征，玮请率师为前驱。直讲史浩闻之，入言于玮曰："皇子不宜将兵。"因为草奏请扈跸以供子职。帝亦欲玮遍识诸将，遂命从幸金陵。及还临安，帝欲逊位，陈康伯密赞大议，乞先正名，俾天下咸知圣意，遂草立太子诏以进，帝从之。玮既立，更名昚。

纲 罢三招讨司。

纲 六月，追封子偁为秀王。

纲 朱倬罢。

纲 帝传位于太子，自称太上皇帝，皇后称太上皇后。太子即位，大赦。

纲 帝朝太上皇于德寿宫。

纲 以龙大渊为枢密副都承旨，曾觌干办皇城司。

纲 诏中外臣庶陈时政阙失。

目 监南岳庙朱熹上封事，首言："帝王之学，必先格物致知，以极夫事物之变，使义理所存，纤悉必照，则自然意诚心正，而可以应天下之务。"次言："修攘之计不时定者，讲和之说疑之也。今虏于我，有不共戴天之雠，则不可和也明矣！愿断以义理之公，参以利害之实，闭关绝约，任贤使能，立纪纲，厉风俗，使吾修政攘夷之外，孑然无一毫可恃为迁延中已之资，而不敢怀顷刻自安之意，更相激厉，以图事功。数年之外，国富兵强，视吾力之强弱，观彼衅之浅深，徐起而图之，中原故地不为吾有而将焉往？"次言："四海利病，系斯民之休戚；斯民之休戚，系守令之贤否。监司者，守令之纲；朝廷者，监司之本。欲斯民之得所，本原之地，亦在朝廷而已。"

纲 秋七月，召张浚入朝，以为江淮宣抚使，封魏国公。

纲 帝手书召浚入见，浚至，帝改容曰："久闻公名，今朝廷所恃惟公。"因赐之坐，浚从容言："人生之学，以心为本，一心合天，何事不济？所谓天者，天下之公理而已，必兢业自持，使清明在躬，则赏罚举措无有不当，人心自归，敌雠自服。"帝竦然曰："当不忘公言。"加浚少傅、魏国公,宣抚江淮。

浚见帝英武,力陈和议之非,劝帝坚意以图恢复。欲遣舟师自海道捣山东,命诸将出师犄角以向中原。翰林学士史浩,以潜邸旧臣,时预枢密议,欲城采石、瓜洲。浚言:"不守两淮而守江,于是示敌以削弱,怠战守之气,不若先城泗州。"浩不悦,遂与有隙。凡浚所规画,浩必沮之,竟无成功。

纲 追复岳飞官,以礼改葬。

目 官其孙六人。

纲 八月,以史浩参知政事。九月,罢川陕宣谕使虞允文。

纲 浩上言:"官军西讨,东不可过宝鸡,北不可过德顺。若兵宿于外,去川口远,则敌必袭之。朝廷遂欲弃三路。允文上言:"恢复莫先于陕西,陕西五路新复州郡,又系于德、顺之存亡,一旦弃之,则窥蜀之路愈多,利害至重,不可不虑。"于是允文罢知夔州,以王之望代之。明年,允文入对,言今日有八可战,且以笏画地,陈弃地利害,帝曰:"此史浩误朕也。"改允文知太平。

纲 冬十月,叶义问罢,以张焘同知枢密院事。

纲 十一月,金以仆散忠义为都元帅,纥石烈志宁副之。

目 金主以宋不称臣,乃诏忠义总戎事,居南京节制诸军,复令志宁驻军淮阳。忠义将行,金主谕之曰:"宋若归侵疆,贡礼如故,则可罢兵。"忠义至汴,简阅士卒,分屯要害。

纲 十二月,诏宰相复兼枢密使。

纲 诏吴璘班师。

孝宗皇帝

纲 癸未,孝宗皇帝隆兴元年,春正月,置武举十科。

纲 吴璘还河池,金人遂陷新复十三州、军。

目 璘得诏,僚属交谏曰:"将在军,君命有所不受,引举所系甚重,奈何退师?"璘知朝论主和,乃曰:"璘岂不知此!顾主上初政,璘握重兵在远,有诏,璘何敢违?"遂退师还河池。金人乘其后,璘军亡失者三万三千,部将数十人,连营痛哭,声振原野。于是秦凤、熙河、永兴三路新复十三州三军,皆复为金取。

纲 以史浩为尚书右仆射、同平章事,兼枢密使。

纲 以张浚为枢密使，都督江、淮军马，开府建康。

目 浚荐陈俊卿为宣抚判官。先是帝召俊卿及浚子栻赴行在，浚附奏，请帝临幸建康以动中原之心，用师淮壖，以为吴璘声援。帝见俊卿，问浚动静饮食颜貌，曰："朕倚魏公如长城，不容浮言摇夺。"浚开府江、淮，参佐皆一时之选，栻以少年内赞密谋，外参庶务，其所综画，幕府诸人皆自以为不及。及入奏事，因进言曰："陛下上念祖宗之雠耻，下闵中原之涂炭，惕然于中，思有以振之。臣谓此心之发，即天理之所存也。愿益加省察，而稽古亲贤以自辅，无使少息，则今日之功可以立成。"帝大异之。

纲 二月，黄祖舜罢。

纲 三月，以张焘参知政事，辛次膺同知枢密院事。

目 初，次膺为右正言，力谏和议，为秦桧所怒，流落者二十年。帝即位，召为中丞，次膺每以名实为言，多所裨益，帝呼其官而不名。若成闵之贪饕，汤思退之朋比，叶义问之奸罔，皆被论罢。每章疏一出，天下韪之。渡江已后，直言之臣，称次膺为首。

纲 金人以书来求海、泗、唐、邓、商州之地及岁币。

纲 张焘罢。

纲 夏四月，张浚使李显忠、邵宏渊分道伐金。

目 帝锐意恢复。张浚入见，乞即日降诏幸建康。帝以问史浩，浩对曰："先为备守，是为良规。议战议和，在彼不在此。傥听浅谋之士，时兴不教之师，寇退则论赏以邀功，寇至则敛兵而遁迹，取快一时，含冤万世。"及退，诘浚曰："帝王之兵，当出万全，岂可尝试以图侥幸！"复辨论于殿上，浚因内引，奏浩意不可回，恐失机会，且谓"金人秋必为边患，当乘其未发攻之"。帝然其言，乃议出师渡淮。三省、枢密院不预闻。会显忠、宏渊亦献捣虹县、灵壁之策，帝命先图二城。浚乃遣显忠出濠州趋灵壁，宏渊出泗州趋虹县。

纲 五月，史浩免。

目 省中忽见邵宏渊出兵状，始知不由三省。浩因奏言："张浚锐意用兵，若一失之后，恐陛下不得复望中原。"因力丐免。侍御史王十朋论浩怀奸误国等八罪，遂罢浩知绍兴府。

纲 李显忠复灵壁，遂会邵宏渊复虹县，金将士多降。

目 显忠自濠梁渡淮至陡沟，金右翟都统萧琦用拐子马来拒。显忠与之力战，遂复灵壁。显忠入城，宣布德意，不戮一人，于是中原归附者接踵。宏渊围虹久不下，显忠遣灵壁降卒开谕祸福，金守将蒲察徒穆、大周仁皆出降。宏渊耻功不自己出，会有降千户诉宏渊之卒夺其佩刀，显忠立斩之，由是二将不协。未几，萧琦复降于显忠。

纲 张浚渡江，李显忠大败金人，复宿州。

目 显忠兵傅宿州城，金人来拒，显忠大败其众，追奔二十余里。宏渊至，谓显忠曰："招抚真关西将军也。"显忠闭营休士，为攻城计，宏渊等不从，显忠引麾下杨椿上城开北门，不逾时拔其城，宏渊等殿后趣之，遂复宿州，中原震动。捷闻，帝手书劳张浚曰："近日边报，中外鼓舞，十年来无此克捷。"既而宏渊欲发仓库犒卒，显忠不可，移军出城，止以见钱犒士，士皆不悦。诏以显忠为淮南、京东、河北招讨使，宏渊副之。

纲 帝率群臣诣德寿宫上寿。

纲 以辛次膺参知政事，洪遵同知枢密院事。

纲 李显忠、邵宏渊之师溃于符离。

目 纥石烈志宁自睢阳引兵攻宿州，李显忠击却之。金孛撒复自汴率步骑十万来攻宿州，显忠谓宏渊并力夹击，宏渊按兵不动，显忠独以所部力战，俄而敌大至，显忠用克敌弓射却之。宏渊顾众曰："当此盛夏，摇扇于清凉且犹不堪，况烈日被甲苦战乎！"人心遂摇，无复斗志。诸将以显忠、宏渊不协，各遁去。宏渊又言："金添生兵二十万来，傥我兵不返，恐不测生变。"显忠知宏渊无固志，势不可孤立，叹曰："天未欲平中原邪？何沮挠如此！"遂夜引还，至符离，师大溃。是举所丧军资器械殆尽，幸而金不复南。

时张浚在盱眙，显忠往见浚，纳印待罪。浚以刘宝为镇江诸军都统制，乃渡淮入泗州抚将士，遂还扬州，上疏自劾。

纲 六月，汪澈罢，以周葵参知政事。

纲 贬张浚为江淮宣抚使，安置李显忠于筠州。

目 初，宿师之还，士大夫主和者皆议浚之非。帝赐浚书曰："今日边事，倚卿为重，卿不可畏人言而怀犹豫。前日举事之初，朕与卿任之，今日亦须与卿终之。"浚乃大饬守备。帝复召浚子入奏事，浚附奏曰:“自古有为之君,心腹之臣相与协谋同志,以成治功。今臣以孤踪,动辄掣肘,陛下将安用之?”因乞骸骨。帝览奏,谓栻曰:“朕待魏公有加,虽乞去之章日上,朕决不许。”帝对近臣言,必曰“魏公”,未尝斥其名。至是帝以符离师溃,乃议讲和,召汤思退为醴泉观使,奉朝请,而下诏罪己。于是尹穑附思退劾浚,遂降授浚特进、枢密使,充宣抚,治扬州。显忠责授果州团练副使,筠州安置,而邵宏渊仍前建康都统制。后朝廷知其故,复显忠太尉、奉祠。

纲 辛次膺罢。

纲 次膺以疾祈免,且奏曰:“王十朋虽上亲擢,天下皆知臣荐其贤。汤思退召将至,亦知臣尝疏其奸。”遂罢,奉祠。陛辞,帝甚惜其去,次膺奏曰:“臣与思退理难同列。”帝曰:“有谓思退可用者。”次膺曰:“今日之事,恐非思退能办。思退固不足道,窃恐有误国家尔。”

纲 秋七月,以汤思退为尚书右仆射、同平章事,兼枢密使。

纲 八月,复以张浚都督江、淮军马。

纲 金人复以书来求地及岁币,诏淮西安抚干办官卢仲贤报之。

目 纥石烈志宁以书贻三省、密院云:“故疆、岁币如旧及称臣、还中原归正人,即止兵;不然,当俟农隙往战。”帝以付张浚,浚言:“金强则来,弱则止,不在和与不和。”汤思退,秦桧党也,急于求和。陈康伯、周葵、洪遵等皆上疏谓:“敌意欲和,则我军民得以休息,为自治之计,以待中原之变而图之,是万全之计也。”工部侍郎张阐独曰:“彼欲和,畏我邪?爱我邪?直款我耳!”力陈六害不可许。帝意亦然,姑随宜应之。乃遣卢仲贤持报书如金师云:“海、泗、唐、邓等州,乃正隆渝盟之后,本朝未遣使之前得之。至于岁币,固非所较,第两淮凋瘵之余,恐未如数。”仲贤陛辞,帝敕以勿许四郡,而思退等命许之。张浚奏“仲贤小人多妄,不可委信”,不听。既而命廷臣议金师所言四事,其说不一。帝曰:“四州、岁币可与,名分、归正人不可从也。”

纲 冬十月,立贤妃夏氏为皇后。

纲 十一月,卢仲贤还,有罪除名。遣审议官胡昉如金军。

目 仲贤至宿州,仆散忠义惧之以威,仲贤皇恐,言归当禀命,遂以忠义遗三省、密院书来,上其画定四事:一欲通书称叔侄,二欲得唐、邓、海、泗四州,三欲岁币银绢之数如旧,四欲归彼叛臣及归正人。仲贤还,帝大悔。张浚遣子栻入奏仲贤辱国无状,帝怒,遂下大理,问其擅许四州之罪，夺三官，寻除名窜郴州。

汤思退奏以王之望充金国通问使，龙大渊副之，许割弃四州，求减岁币之半。初，之望为都督府参赞军事，不欲战，请入朝，因奏"移攻战之力以自守。自守既固，然后随机制变，择利而应之"。思退悦其言，故奏遣之。会右正言陈良翰言："前遣使已辱命，大臣不悔前失，而复遣王之望，是金不折一兵而坐收四千里要害之地，决不可许四郡也。若岁币，则俟得陵寝然后与，庶为有名，今议未决而之望遽行，恐其辱国不止于仲贤。愿先驰一介往，俟议决然后行，未晚也。"遂以胡昉为金国通问所审议官。张浚亦力言金未可与和，请帝幸建康以图进兵。帝乃手诏王之望等并一行礼物并回，待命境上，而令胡昉先往，谕金以四州不可割之意，如必欲得四州，当追使人罢和议矣。

纲 诏廷臣集议和金得失，召张浚还。

目 陈康伯等以和金未决，乞召张浚归国特垂咨访，仍命侍从台谏集议，帝从之。群臣多欲从金人所请，张浚及湖北、京西宣谕使虞允文、起居郎胡铨、监察御史阎安中上疏力争，以为不可与和。汤思退怒曰："此皆以利害不切于己，大言误国，以邀美名，宗社大事，岂同戏剧！"帝意遂定。浚在道闻王之望行，上疏力辨其失曰："自秦桧主和，阴怀他志，卒成逆亮之祸。桧之大罪未正于朝，致使其党复出为恶。臣闻立大事者以人心为本，今内外之议未决，而遣使之诏已下，失中原将士四海倾慕之心，他日谁复为陛下用命哉！人心既失，如水之覆，难以复收，而况于天则不顺，于义则不安，窃为陛下忧之！"不听。

纲 以朱熹为武学博士，既而罢之。

目 熹应诏入对，言"君父之雠不与共戴天。今日所当为者，非战无以复雠，非守无以制胜"。时相汤思退方倡和议，不悦，除武学博士，后与洪适论不合而归。

纲 十二月，陈康伯罢，以汤思退、张浚为尚书左、右仆射，并同平章事，兼枢密使。浚仍都督江、淮军马。

纲鉴易知录卷八三

南宋纪

孝宗皇帝

纲　甲申，二年，春正月，金人执胡昉，寻遣还。

目　昉至金，金人以失信执之。帝闻昉被执，谓浚曰："和议不成，天也。自此事当归一矣。"诏王之望以币还。既而仆散忠义以书进金主，金主览之，曰："行人何罪？即遣还。边事令元帅府从宜措画。"

纲　三月，张浚视师江、淮，金军退。

目　汤思退阴谋去浚，令王之望等驿奏："兵少粮乏，楼橹器械未备。"又言"委四万众以守泗州，非计"。帝惑之。会户部侍郎钱端礼言："兵者凶器，愿以符离之溃为戒，早决国是，为社稷至计。"乃诏浚行视江、淮。时浚所招徕山东、淮北忠义之士以实建康、镇江两军，凡万二千人，万弩营所招淮南壮士及江西群盗，又万余人，陈敏统之以守泗州。凡要害之地，皆筑城堡。增置江、淮战舰，诸军弓矢器械悉备。金人方屯重兵为虚声胁和，有"克日决战"之语，乃闻浚复视师，亟撤兵归。于是淮北之来归者日不绝，山东豪杰悉愿受节度。浚以萧琦契丹望族，沉勇有谋，欲令尽领降众，且以檄谕契丹，约为应援；金人益惧。

纲　夏四月，罢张浚判福州。

目　汤思退讽右正言尹穑论浚跋扈，且费国不赀。浚乃请解督府，凡八上疏乞致仕。帝察浚之忠，欲全其去，乃命以少师、保信节度使判福州。左司谏陈良翰、侍御史周操言"浚忠勤，人望所属，不当使去国"，皆坐罢。

纲　秋七月，洪遵罢。

纲　撤两淮边备。

纲　八月，少师、保信节度使、魏公张浚卒。

目　浚既去，朝廷遂决弃地求和之议。浚犹上疏言尹穑奸邪，必误国事，且劝帝务学亲贤。或劝浚勿以时事为言，浚曰："君臣之义，无所逃于天地间。吾荷两朝厚恩，久居重任，今虽去国，惟日望上心感悟，苟有所见，安忍弗言！上如欲复用浚，浚当即日就道，不敢以老疾为辞；如若等言，是诚何心哉！"闻者耸然。行次余干，得疾，手书付二子栻、杓曰："吾尝相国，不能恢复中原，雪祖宗之耻，即死，不当葬我先人墓左，葬我衡山足矣！"数日而薨。赠太保。后帝思浚忠，加赠太师，谥忠献。

纲 以贺允中知枢密院事。

纲 遣宗正少卿魏杞使金。

目 汤思退奏遣杞如金议和，书称："侄大宋皇帝某，再拜奉于叔大金皇帝岁币二十万。"帝面谕杞曰："今遣使，一正名，二退师，三减岁币，四不发归附人。"杞陛辞，奏曰："臣将旨出疆，岂敢不勉！万一无厌，愿速加兵。"帝善之。兵部侍郎胡铨言："虏不可和。臣恐再拜不已，必至称臣；称臣不已，必至请降；请降不已，必至纳土；纳土不已，必至舆榇；舆榇不已，必至如晋帝青衣行酒而后为快。今日举朝之士，皆妇人也！"不听。

纲 九月，以王之望参知政事。

纲 诏汤思退都督江、淮军马，思退辞不行。

纲 冬十月，贺允中罢。

纲 诏辅臣晚对便殿。

目 诏曰："朕每听朝议政，顷刻之际，意有未尽。自今执政大臣，或有奏陈，宜于申未间入对便殿，庶可坐论，得尽所闻，期跻于治。"

纲 金兵复渡淮。十一月，魏胜拒战于淮阳，败绩，死之，楚州陷。

目 汤思退以帝悔悟，恐事不成，阴遣孙造谕敌以重兵胁和。金仆散忠义等遂议渡淮，与纥石烈志宁分兵自清河口以犯楚州，都统制刘宝弃城遁。时胜奉诏专一措置清河口。金兵诈称欲运粮往泗州，由清河口入淮，胜欲御之，刘宝戒以方议和，不可。金兵轶境，胜帅诸兵拒于淮阳，自卯至申，胜负未决。金徒单克宁帅生兵至，胜与力战，矢尽，依土阜为阵，谓士卒曰："我当死此，得脱者归报天子。"乃令步卒居前，骑兵为殿，至淮阴东十八里，中矢坠马死，楚州遂陷。

纲 以杨存中都督江、淮军马。

纲 汤思退以罪窜永州。

目 言者论其主和误国之罪，遂落职，永州居住。太学生张观等七十二人伏阙上书，论思退及王之望、尹穑奸邪误国，钩致敌人之罪，乞斩三人以谢天下，并窜其党洪适等，而用陈康伯、胡铨、陈良翰、王十朋、虞允文等以济大计。思退行至信州，闻之，忧悸而死。

纲 复以陈康伯为尚书左仆射、同平章事、兼枢密使，钱端礼签书枢密院事，虞允文同签书院事。

纲 周葵罢。十二月，以钱端礼参知政事，虞允文同知枢密院事，王刚中签书院事。

纲 乙酉，乾道元年，春正月，召杨存中还。

纲 二月，陈康伯卒。

纲 三月，以虞允文参知政事，王刚中同知枢密院事。

纲 魏杞还自金，始正敌国礼。

目 金馆伴张恭愈以国书称"大宋"，胁杞去"大"字。杞拒之，具言："天子神圣，才杰奋起，人人有敌忾意，北朝用兵能保必胜乎？"金君臣环听拱竦。金主许损岁币，不发归正人，命元帅府罢兵分戍。杞卒正敌国礼而还，帝慰藉甚厚。

纲 夏六月，王刚中卒，以洪适签书枢密院事。

纲 秋八月，立邓王愭为皇太子，大赦。

纲 虞允文罢，以洪适参知政事，叶颙签书枢密院事。

纲 钱端礼罢。

纲 九月，以汪澈知枢密院事。

纲 冬十二月，以洪适为尚书右仆射、同平章事、兼枢密使，汪澈为枢密使，叶颙参知政事。

纲 丙戌，二年，春三月，洪适罢。

纲 以魏杞同知枢密院。夏四月，汪澈罢。

纲 五月，叶颙罢，以魏杞参知政事，林安宅同知枢密院事，蒋芾签书院事。

纲 秋八月，林安宅免。

纲 冬十一月，宁远、昭庆节度使杨存中卒。

纲　十二月，以叶颙知枢密院事。

纲　以叶颙、魏杞为尚书左、右仆射，并同平章事，兼枢密使。蒋芾参知政事，陈俊卿同知枢密院事。

目　先是帝犹鞠戏，又将游猎白石。俊卿上疏力谏，至引汉桓、灵，唐敬、穆以为戒。后数日入对，帝迎谓曰："前日之奏，备见忠谠，朕决意用卿矣。"遂有是命。

纲　置制国用司，以宰相领之。

目　议者言："近以宰相兼枢密使，盖欲使知兵也，而不知财谷出入之源，可乎？且唐制宰相兼领三司使。"于是诏："自今宰相可带制国用使，参知政事带同知。"

纲　丁亥，三年，春二月，出龙大渊为浙东总管，曾觌为福建总管。

纲　以虞允文知枢密院事。

纲　三月，秀王夫人张氏卒。

纲　夏五月，太傅、四川宣抚使、新安王吴璘卒。

目　璘刚勇，喜大节，略苛细，代兄玠守蜀二十年，隐然为方面之重，威声亚于玠。卒赠太师，谥武顺。

上皇尝问胜敌之术于璘，璘对曰："弱者出战，强者继之。"上皇曰："此孙武子三驷之法，一败而二胜也。"璘选诸将率以功，有荐才者，璘曰："兵官非尝试难知其才。以小善进之则侥幸者获志，而边人宿将之心怠矣。"寻以虞允文为四川宣抚使。

纲　六月，皇后夏氏崩。

纲　秋七月，太子愭卒。

纲　冬十一月，合祀天地于圜丘，雷；叶颙、魏杞免。

纲　以陈俊卿参知政事，刘珙同知枢密院事。

目　珙自湖南召还，初入见，首论："独断虽英主之能事，然必合众智而质之以至公，然后有以合乎天理人心之正，而事无不成。若弃佥谋，徇私见，而有独御区宇之心，则适所以蔽四达之明，而左右私昵之臣，将有乘之以干天下之公议者。"又论羡余和籴之弊，帝皆嘉纳之，授翰林学士。复上言："世儒多病汉高帝不悦学，轻儒生。臣以为汉高帝所不悦者，特腐儒俗学耳。使当时有以二帝三王之学告之，知其必敬信，功烈不止此。”因陈圣王之学所以明理正心，为万事之纲。帝称善，遂拜枢副。珙因荐张栻、汪应辰、陈良翰学行于帝。

纲 戊子，四年，春二月，以蒋芾为尚书右仆射、同平章事，兼枢密使。以王炎签书枢密院事。

纲 秋八月，刘珙罢。

目 主管殿前司公事王琪，奉诏按视两淮城壁，琪擅令扬州增筑新城，扬民言不便；珙乞罢琪，忤帝意，遂罢珙。陈俊卿言珙正直有才，愿留之，不听。

纲 冬十月，起复蒋芾为尚书左仆射，以陈俊卿为右仆射并同平章事，兼枢密使。芾辞，许之。

纲 大阅于茅滩。

目 帝亲御甲胄指授方略，命三司合教为三阵。戈甲耀日，旌旗蔽天，六师驩呼，犒赉有加。

纲 十二月，召建宁布衣魏掞之，以为太学录。

目 掞之师胡宪，与朱熹游。诸司荐其学行，召赴行在。入对，帝曰：“治道以何为要？”掞之奏：“治道以分臣下邪正为要。”诏除太学录。时将释奠孔子，掞之请废安石父子勿祀，而追爵程氏兄弟使从食，不听。又言：“太学之教宜以德行为先；今一以空言浮说取之，非是。”其它政事有系安危治乱之机者，无不抗疏尽言，至三四，皆不见省，遂罢为台州教授。寻以病卒，闻者惜之。

纲 己丑，五年，春正月，措置两淮屯田。

目 陈俊卿以两淮备御未设，民无固志，万一寇至，仓猝渡兵，恐不及事。请于扬州、和州各屯三万人，预为守计。仍籍民家三丁者取其一，以为义兵，授之弓弩，教以战阵，农隙之日，给以两月之食，聚而教之。沿江诸郡亦用其法，诸将渡江则使之城守，以备缓急，且以阴制州兵颉颃之患。其两淮诸郡守臣，但当择才，不当复论文武，计资历；损以财赋，许辟官吏，略其小过，责其成功。要使大兵屯要害必争之地，待敌至而后决战，使民各守其城，相为掎角，以壮声势。帝意亦以为然，诏即行之。然竟为众论所持，俊卿寻亦去位，不能及其成也。

纲 二月，以梁克家签书枢密院事。

纲 罢制国用司。

纲 以王炎参知政事。三月，召四川宣抚使虞允文还，以炎代之。

纲 夏五月，帝不视朝，六月始视朝。

目 以射弩弦断伤目故也。陈俊卿言于帝曰："陛下未能忘骑射者，盖志图恢复耳。诚能任智谋之士以为腹心，仗武猛之将以为爪牙，明赏罚以鼓士气，恢信义以怀归附，则英声义烈不出于尊俎之间，而敌人固已逡巡震慑于千万里之远，尚何待区区驰射于百步之间哉！"

纲 以虞允文为枢密使。

纲 秋八月，以陈俊卿、虞允文为尚书左、右仆射，并同平章事，兼枢密使。

纲 俊卿以用人为己任，所除吏皆一时之选。奖廉退，抑奔竞，或才可用而资历浅者则密荐于帝，未尝语人。每接朝士及牧、守自远至，必问以时政得失，人才贤否。

允文为相，亦以人才为急，尝籍为三等，有所见闻即记之，号材馆录，故所用皆知名士。

纲 庚寅，六年，夏四月，罢吏部尚书汪应辰。

目 应辰刚方正直，敢言不避，在朝多革弊政，中贵人皆侧目。上皇方甃石池，以水银浮金凫鱼于上，帝过之，上皇指示曰："水银正乏，此买之汪尚书家。"帝怒曰："汪应辰力言朕建房廊与民争利，乃自贩水银邪？"时赐发运使史正志缗钱二百万，为均输和籴之用，应辰三上疏论之，遂出知平江府。然水银实非买应辰家也。

纲 五月，陈俊卿罢。

目 虞允文建议遣使如金，以陵寝为请。俊卿以为未可，允文请不已。帝手札谕俊卿，俊卿奏曰："陛下痛念祖宗，思复故疆，然大事须万全，俟一二年吾力稍完乃可，不敢迎合意指以误国事。"帝意方乡允文，俊卿以论不合，因力求去，遂判福州。陛辞，犹劝帝远佞亲贤，修政攘夷，泛使不可轻遣。

纲 闰月，以起居郎范成大为金国祈请使。

目 求陵寝地及更定受书礼，盖泛使也。绍兴中，金使者至，捧书升殿北面立榻前跪进，帝降榻受书，以授内侍。金主初立，使者至，陈康伯令伴使取书以进。及汤思退当国，复循绍兴故事，帝意悔之，故令成大口以为请。成大至金，密草奏，具言受书式，怀之入。初进国书，辞意慷慨，金君臣方倾听，成大忽奏曰："两国共为叔侄，而受书礼未称，臣有疏。"搢笏出之。金主大骇曰："此岂献书处邪？"左右以笏摽起之，成大屹不动，必欲书达。既而归馆所，金庭纷然，其太子允恭欲杀成大，或劝止之，竟得全节而归。其复书略去："和好再成，界河山而如旧。缄音遽至，指巩、洛以为言。既云废祀，欲伸追远之怀；止可奉迁，即俟克期之报。至若未归之旅榇，亦当并发于行涂。抑闻附请之辞，欲变受书之礼，于尊卑之分何如？顾信誓之诚安在！"于是二事皆无成功。

初，议遣使祈请陵寝，士大夫有忧其无备而召兵者，辄斥去之。起居郎张栻入对，帝曰："卿知敌国事乎？"栻对曰："不知也。"帝曰："金国饥馑连年，盗贼四起。"栻曰："金人之事臣虽未知，境内之事则知之矣。"帝曰："何也？"栻曰："臣窃见比年诸道多水、旱，民贫日甚，而国家兵弱财匮，官吏诞谩，不足倚赖。正使彼实可图，臣惧我之未足以图彼也。"帝默然久之。栻复奏曰："臣窃谓陵寝隔绝，诚臣子不忍言之至痛。然今日未能奉辞以讨之，又不能正名以绝之，乃欲卑辞厚礼以求于彼，则于大义已为未尽，而或犹以为忧者，盖见我未有必胜之形故也。夫必胜之形当在于早正素定之时，而不在于两阵决机之日。今日但当下哀痛之诏，明复雠之义，显绝金人，不与通使，然后修德立政，用贤养民，选将练兵，以内修外攘、进战退守通为一事，必治其实而不为虚文，则必胜之形隐然可见，虽有浅陋畏怯之人，亦且奋跃而争先矣。"帝深纳之。

纲　以梁克家参知政事。

纲　冬十一月，遣中书舍人赵雄如金。

目　遣雄如金贺生辰，别函书请陵寝及更受书之礼；金主不许。雄辞归，金主谓雄曰："汝国何舍钦宗灵柩而请巩、洛山陵？如不欲钦宗之柩，我当为尔国葬之。"

纲　辛卯，七年，春正月朔，上太上皇尊号。

目　帝寻谕辅臣曰："前日奉上册宝，上皇圣意甚悦。翌日过宫侍宴，邦家非常之庆，汉、唐所无也。"又曰："本朝家法，远过汉、唐，惟用兵一事未及。"

纲 帝作敬天图。

目 帝谓辅臣曰："无逸一篇，享国长久，皆本于寅畏。朕近日取尚书所载敬天事，编为两图，朝夕观贤，以自警省，名曰'敬天图'。"虞允文对云："惟陛下尽躬行之实，敬畏不已，必有明效大验。"帝深然之。

纲 二月，立恭王惇为皇太子，大赦。进封庆王恺为魏王。

目 庄文太子卒，庆王恺以次当立。帝以恭王惇英武类己，越次立之，而进封恺为魏王，判宁国府。帝谓辅臣曰："古人以教子为重，其事备见于文王世子。须当多置僚属，博选忠良，使左右前后罔非正人；不然，'一薛居州'，亦无益也。"寻以王十朋、陈良翰为太子詹事，刘焞国子司业兼太子侍读。

纲 三月，金葬钦宗皇帝于巩、洛之原。

纲 以张说签书枢密院事，未拜而罢。

目 说妻吴氏，太上皇后女弟也。说因攀缘亲属，擢拜枢府，命下，朝论哗然，然未有敢诵言攻之者。左司员外郎兼侍讲张栻独上疏切谏，且诣朝堂责虞允文曰："宦官执政，自京、黼始；近习执政，自相公始。"允文惭愤不堪。栻复奏："文武诚不可偏，然今欲右武以均二柄，而所用乃得如此之人，非惟不足以服文吏之心，正恐反激武臣之怒。"帝感悟，命遂寝。

纲 夏四月，诏皇太子领临安尹。

纲 五月，起复刘珙为荆襄宣抚使，珙固辞不起。

目 珙凡六疏辞之，引经据礼，词甚切至，最后言曰："三年通丧，先王因人情而节文之，三代以来，未之有改，至于汉儒，乃有金革无避之说，此固已为先王之罪人矣！然尚有可诿者，曰：'鲁公伯禽有为之也。'今以陛下威灵，边陲幸无犬吠之警，臣乃冒金革之名，以私利禄之实，不亦又为汉儒之罪人乎？抑陛下之诏臣，则有曰：'义当体国'，其敢噤无一言以塞明诏！"

乃手疏别奏，略曰："天下之事，有其实而不露其形者，无所为而不成；无其实而先示其形者，无所为而不败。今德未加修，贤不得用，赋敛日重，民不聊生。将帅方割削士卒以事苞苴，士卒方饥寒穷苦而生怨谤。凡吾所以自治而为恢复之实者，大抵阔略如此，而乃外招归正之人，内移禁卫之卒，规算未立，手足先露，其势适足以速祸而致寇。

且荆襄，四支也；朝廷，元气也。诚使朝廷设施得宜，元气充实，则犁庭扫穴，在反掌间耳，何荆襄之足虑？如其不然，则荆襄虽得臣辈百人悉以经理，亦何足恃哉！臣恐恢复之功未易可图，而意外立至之忧将有不可胜言者，惟陛下图之！”帝纳其言，为寝前诏。

纲 秋七月，加王炎枢密使。

纲 壬辰，八年，春二月，改左、右仆射为左、右丞相，惟虞允文、梁克家为之，并兼枢密使。

纲 罢左司员外郎兼侍讲张栻。

目 宰相阴主张说，欲伸前命，故出栻知袁州。栻在朝仅一年，召对至六七，所言皆修身务学，畏天恤民，抑侥幸，屏谗谀，宰相、近习皆惮之。

纲 复以张说签书枢密院事，罢侍御史李衡等四人。

目 侍御史李衡、右正言王希吕，论说不可执政，直学士院周必大不草答诏，给事中莫济封还录黄。帝诏翰林学士王曮草制，权给事中姚宪书行，而罢四人。都人作四贤诗以纪之。

纲 以曾怀参知政事，王之奇签书枢密院事。

纲 秋七月，以曾觌为武泰节度使。

纲 罢虞允文为四川宣抚使。

目 帝命选谏官，允文以李彦颖、林光朝、王质对，三人皆鲠亮有文学，为时所推重。帝不报，而用曾觌所荐者。允文、梁克家争之，不从。允文遂力求去，授四川宣抚使，进封雍国公。

纲 癸巳，九年，春正月，王炎、王之奇罢，以张说同知枢密院事，沈复、郑闻签书院事。

纲 冬十月，梁克家罢。以曾怀为右丞相，郑闻参知政事，张说知枢密院事，沈复同知院事。十二月，沈复罢，以姚宪签书枢密院事。

纲 甲午，淳熙元年，春二月，少保、四川宣抚使、雍公虞允文卒。

纲 夏四月，以姚宪参知政事，叶衡签书枢密院事。六月宪罢，以衡代之。

纲 秋八月，张说免。

纲 以杨倓签书枢密院事。

纲 冬十月，郑闻卒。

纲 十一月，以龚茂良参知政事。杨倓罢。

纲 曾怀罢，以叶衡为右丞相兼枢密使。

纲 十二月，以李彦颖签书枢密院事。以沈复为四川宣抚使。

纲 乙未，二年，夏六月，以沈复同知枢密院事，罢四川宣抚使。

纲 秋八月，以左司谏汤邦彦为金国申议使。九月，叶衡罢。

纲 赠赵鼎太傅，追封丰国公。

纲 闰月，以李彦颖参知政事，王淮签书枢密院事。

纲 丙申，三年，夏四月，金始命京、府设学养士。

纲 六月，召朱熹为秘书郎，不至。

目 先是陈俊卿、刘珙荐熹为枢密院编修官，累召不至。梁克家奏乞褒录之，帝曰："熹安贫守道，廉退可嘉，命主管台州崇道观。"至是，龚茂良言熹操行耿介，除秘书郎。熹以改官之命，正以嘉其廉退，顾乃冒进擢之宠，是左右望而罔市利也，力辞不至。会复有言虚名之士不可用者，遂改主管武夷山冲佑观。史浩复荐熹知南康军，再辞，不许。至南康，值岁不雨，讲求荒政，多所全活。间诣郡学，引士子与之讲论。访唐李渤白鹿洞书院遗址，奏复其旧，为学规，俾守之。

纲 汤邦彦有罪，流新州。

纲 秋八月，以王淮同知枢密院事，赵雄签书院事。

纲 冬十月，立贵妃谢氏为皇后。

纲 丁酉，四年，春二月，帝谒孔子，遂临太学。

纲 秋七月，罢王雱从祀孔子。

纲 戊戌，五年，春正月，侍御史谢廓然请禁有司毋以程颐、王安石之说取士。

目 未几，秘书郎赵彦中复疏言："科举之文，成式具在，今乃祖性理之说，以浮言游词相高。士之信道自守，以六经圣贤为师可矣，而别为洛学，饰怪惊愚，外假诚敬之名，内济虚伪之实，士风日弊，人才日偷。望诏执事，使明知圣朝好恶所在，以变士风。"帝从之。

纲 三月，李彦颖罢。

纲 以史浩为右丞相、兼枢密使，王淮知枢密院事，赵雄参知政事。

纲 夏四月，以陈俊卿判建康府。

目 时曾觌、王抃、甘昪三人盘结擅政，进退大臣，权震中外，士大夫争附之。俊卿自兴化赴建康，过阙，入对，因极言三人招权纳贿，荐进人才而以中批行之等事。且曰："去国十年，见都城谷贱人安，惟士大夫风俗大变。"帝曰："何也？"俊卿曰："向士大夫奔觌、抃之门，十才一二，尚畏人知；今则公然趋附已七八，不复顾忌矣。人才进退由私门，大非朝廷美事。臣恐二人坏朝廷纪纲，废有司法度，败天下风俗，累陛下圣德。"帝感其言。

纲 以范成大参知政事，六月罢。以钱良臣签书枢密院事。

纲 秋七月，太尉、提举万寿观李显忠卒。

目 显忠生而神奇，立功异域，父子破家殉国。志复中原，见忤秦桧，屡遭废黜；符离之役，又为邵宏渊所忌，竟无成功。帝尝奇其状貌魁伟，令绘像阁下。卒，谥忠襄。

纲 冬十一月，史浩罢，以赵雄为右丞相，王淮为枢密使，钱良臣参知政事。

纲 己亥，六年，夏旱，诏求直言。

目 知南康军朱熹上疏，其略曰："天下之务，莫大于恤民，而恤民之本，在人君正心术以立纲纪。盖纲纪不能以自立，必人主之心术公平正大，无偏党反侧之私，然后有所系而立。君心不能以自正，必亲贤臣，远小人，讲明义理，闭塞私邪，然后可得而正。今宰相、台省、师傅、宾友、谏诤之臣，皆失其职，而陛下所与亲密谋议者，不过一二近习之臣，上以蛊惑陛下之心志，下则招集天下士大夫之嗜利无耻者，盗陛下之权，窃陛下之柄，使陛下之号令黜陟不复出于朝廷，而出于一二人之门，名为陛下独断，而实此一二人者阴执其柄。臣恐莫大之祸，必至之忧，近在朝夕，而陛下独未知之。"帝读之，大怒曰："是以我为亡也。"谕赵雄令分析。雄言于帝曰："士之好名，陛下疾之愈甚，则人之誉之愈众，无乃适所以高之。不若因其长而用之，彼渐当事任，能否自见矣。"帝以为然，诏以熹提举江西常平茶盐。

纲 庚子，七年，春二月，魏王恺卒。

纲 右文殿修撰张栻卒。

目 栻病且死，犹手疏劝帝亲君子，远小人，信任防一己之偏，好恶公天下之理。天下传诵之。卒年四十八，帝闻之，嗟叹不已。朱熹与黄榦书曰："吾道益孤矣。"

栻颖悟夙成，父浚深爱之。自幼学所教，莫非仁义忠孝之实。长师胡宏，宏以孔门论仁亲切之旨告之，栻退而思，若有得焉。宏称之，曰："圣门有人矣。"栻益自奋励，以古圣贤自期，作希颜录。为人表里洞然，勇于从义，无毫发滞吝。

每进对，必自盟于心，不可以人主意辄有所随顺。帝尝言伏节死义之臣难得，栻对："当于犯颜敢谏中求之。若平时不能犯颜敢谏，他日何望其伏节死义。"帝又言难得办事之臣，栻对："陛下当求晓事之臣，不当求办事之臣。若但求办事之臣，则他日败陛下事者未必非此人也。"

其远小人尤严。为都司日，肩舆出，遇曾觌，觌举手欲揖，栻急掩其窗棂。觌惭，手不得下。

所至郡，暇日召诸生告语。民以事至庭，必随事开晓，具为条教，大抵以正礼俗、明伦纪为先。斥异端，毁淫祠，而崇社稷、山川、古先圣贤之祀。

栻闻道甚蚤。朱熹尝言："己之学，乃铢积寸累而成；如敬夫，则大本卓然，先有见者也。"栻所著论语孟子说、太极图说、洙泗言仁录、诸葛武侯传、经世纪年行于世。尝言曰："学莫先于义利之辨。义者，本心之当为，非有为而为也。有为而为，则皆人欲，非天理矣。"学者称为南轩先生。

纲　夏五月，以周必大参知政事，谢廓然签书枢密院事。

目　必大为翰林学士几六年，制命温雅，周尽事情，为一时词臣之冠。及拜参政，帝谓之曰："执政于宰相，固当和而不同，前此宰相议事，执政更无语，何也？"必大对曰："大臣自应互相可否，自秦桧当国，执政不敢措一辞，后遂以为当然。陛下虚心无我，人臣乃欲自是乎？虽小事不敢有隐，则大事何由蔽欺！"帝深然之。

纲　冬十二月，资政殿学士致仕胡铨卒。

纲　辛丑，八年，秋七月，著作郎吕祖谦卒。

目　祖谦，夷简五世孙也。自其祖好问始居婺州。其学本之家庭，有中原文献之传。长从林之奇、汪应辰、胡宪游，而友张栻、朱熹。学以关、洛为宗，旁稽载籍，心平气和，不立崖异，少卞急。一日，诵孔子"躬自厚而薄责于人"之言，忽觉平时忿懥，涣然冰释。朱熹常言：

"学如伯恭,方是能变化气质。"其所讲画,将以开物成务,既卧病,而任重道远之志不衰,居家之政皆可以为后世法。年四十五而卒。著读书记、大事记皆未成书,考定古周易、书说、阃范、官箴、辨志录、皇朝文鉴行于世。学者称为东莱先生。

纲 八月,赵雄罢。

纲 以王淮为右丞相兼枢密使,谢廓然同知枢密院事。

目 淮既相,问太子侍读杨万里曰:"宰相先务何事?"万里曰:"人才。"淮因问其人,万里即疏朱熹、袁枢以下六十八人。

纲 九月,钱良臣罢。

纲 以朱熹提举浙东常平茶盐。冬十二月,下熹社仓法于诸路。

目 浙东大饥,王淮荐熹,即日单车就道。召入对,首陈灾异之由与修德任人之说,因及时政之缺,凡七事,帝深纳之。熹始拜命,即移书他郡募米商,蠲其征;及至,则米已辏集。熹日钩访民隐,按行境内,单车屏徒从,所至人不及知。郡县官吏惮其风采,至是引去,所部肃然。凡政有不便于民者,悉厘革之。有短熹者,谓其疏于为政。帝谓王淮曰:"朱熹政事,却有可观。"淮言:"修举荒政,是行其所学,民被实惠,宜进职以旌之。"乃进熹直徽猷阁。

熹言:"乾道四年,民艰食,熹请于府,得常平米六百石赈贷,夏受粟于仓,冬则加息计米以偿。自后随年敛散。歉,蠲其息之半;大饥,则尽蠲之。凡十有四年,以元数六百石还府,见储米三千一百石,以为社仓,不复收息,每石止收耗米三升,以故一乡四十五里间,虽遇歉年,民不缺食。"诏下其法于诸路。其法以十家为甲,甲推一人为首,五十家则推一人通晓者为社首。其逃军及无行之士,与有税粮衣食不缺者,并不得入甲。其应入甲者又问其愿与不愿。愿者开具一家大小口若干,大口一石,小口五斗;五岁以下者不预。置籍以贷之,其以湿恶不实还者有罚。

纲 壬寅,九年,夏六月,谢廓然卒。

纲 秋七月,以李彦颖参知政事。

纲 九月,以王淮、梁克家为左、右丞相,并兼枢密使。

纲 以朱熹为江西提刑,熹辞不拜。

目 朱熹行部至台,知州唐仲友为其民所讼,熹按得其实,而仲友与王淮同里,且为姻家。已除江西提刑,未行而熹论之,淮匿其章不以闻。熹论益力,章前后六上,淮不得已,夺仲友江西新命以授熹;熹辞不拜,遂乞奉祠。

纲 癸卯,十年,春正月,以施师点签书枢密院事。李彦颖罢。

纲 以黄洽为御史中丞。

目 洽为中丞,尽言无隐。然所论列,未尝捃摭细故。尝奏云:"因言固可以知人,轻听亦至于失人,是故听言不厌其广,广则庶几其无壅;择言不厌其审,审则庶几其无误。"帝深然之。洽为人质直端重,有大臣体。常言:"居家不欺亲,仕不欺君,仰不欺天,俯不欺人,幽不欺鬼神,何用求福报哉!"

纲 夏六月,监察御史陈贾请禁道学。

目 王淮以唐仲友之故,怨朱熹,欲沮之。于是吏部尚书郑丙上疏言:"近世士大夫有所谓道学者,欺世盗名,不宜信用。"帝已惑其说,淮又以大府丞陈贾为监察御史,贾因面对,首论曰:"臣伏见近世士大夫有所谓道学者,其说以谨独为能,以践履为高,以正心诚意克己复礼为事,若此之类皆学者所共学也,而其徒乃谓己独能之。夷考其所为,则又大不然,不几于假其名以济其伪者邪?臣愿陛下明诏中外,痛革此习。每于听纳除授之间,考察其人,摈斥勿用,以示好恶之所在,庶几多士靡然向风,言行表里一出于正,无或肆为诡异以干治体,实宗社无疆之福。"盖指熹也。帝从之,由是"道学"之名,贻祸于世。

后直学士院尤袤以程氏之学为陈贾所攻,言于帝曰:"道学者,尧、舜所以帝,禹、汤、文、武所以王,周公、孔、孟所以设教。近立此名诋訾士君子,故临财不苟得所谓廉介,安贫守道所谓恬退,择言顾行所谓践履,行己有耻所谓名节,皆目之为道学。此名一立,贤人君子欲自见于世,一举(足)且入其中,俱无得出。此岂盛世所宜有!愿徇名责实,听言观行,人情庶不坏于疑似。"帝曰:"道学岂不美之名!正恐假托为奸,真伪相乱。"

纲 秋八月,以施师点、黄洽参知政事。

纲 丙午,十三年,夏五月,宴讲臣于秘书省。

目 以进读陆贽奏议终篇,赐侍读萧燧等御筵及金器鞍马。帝召宰执赐酒,从容语曰:"自古人主读书,少有知道,知之亦罕能行之。甚者但作歌诗,如隋、陈之君,竟亦何补?唐德宗岂不知书,然所行不至,与陆贽论事,皆使中人传旨。且事有是非,面相诘难犹恐未尽,传旨安能尽邪！投机之会，间不容发，惟其若此，误事多矣，故朕每事以德宗为戒。"

纲　赐处士郭雍号颐正先生。

目　雍之先，洛阳人，父忠孝，师事程颐，著易说，号兼山先生。雍传其学，通世务，隐居峡州。乾道中守臣荐于朝，召不起。帝稔其贤，每对辅臣称道之，命所在州郡岁时致礼存问。至是赐号颐正先生，令部使者遣官就问，雍所欲言，备录来上。时雍年八十三矣。

纲　秋闰七月，以留正签书枢密院事。

纲　八月，日月五星聚轸。

纲　冬十一月，梁克家罢。

纲　丁未，十四年，春二月，以周必大为右丞相，施师点知枢密院事。

纲　秋八月，以留正参知政事。

纲　九月，太上皇有疾。冬十月，帝罢朝侍疾，赦。

纲　太上皇崩，遗诰太上皇后改称皇太后。帝致丧三年。

目　太上皇崩，帝号恸辟踊，逾二日不进膳。谓王淮等曰："晋孝武、魏孝文实行三年丧服，何妨听政？司马光通鉴所载甚详。"淮对曰："晋武虽有此意，后来在宫中止用深衣练冠。"帝曰："当时群臣不能将顺其美，光所以讥之。自我作古，何害？"于是诏曰："大行太上皇帝，奄弃至养，朕当衰服三年，群臣自遵易月之令。"百官五上表，请帝还内听政，不许。

纲　十一月，诏皇太子参决庶务。

目　左谕德尤袤言于太子曰："大权所在，天下之所争趋，甚可惧也。愿殿下事无大小一取上旨而后行，情无厚薄一付众议而后定。"又曰："储副之位，止于侍膳问安，不交外事。抚军监国，自汉至今，多出权宜，事权不一，动有触碍。乞俟祔庙之后，便行恳辞，以彰殿下令德。"

纲　十二月，大理寺奏狱空。

纲　戊申，十五年，春正月，复置补阙拾遗官。

目　未几，左补阙薛叔似等上疏劾王淮，帝曰："卿等官以补阙、拾遗为名，专主规正人主，不任纠劾。今所奏乃类弹击，甚非设官命名之意，宜思自警。"

纲 施师点罢，以黄洽知枢密院事，萧燧参知政事。

纲 三月，葬永思陵。

纲 夏五月，王淮罢。

纲 六月，以朱熹为兵部郎官，未上而罢。贬侍郎林栗知泉州。

目 王淮罢，周必大荐熹为江西提刑，入奏事，或要于路曰："'正心诚意'之论，上所厌闻，慎勿复言。"熹曰："吾平生所学，惟此四字，岂可隐默以欺吾君乎！"及入对，首言："陛下居虚明应物之地，而天理有所未纯，人欲有所未尽，是以为善不能充其量，除恶不能去其根，一念之顷，公私邪正、是非得失之机交战于中。愿自今以往，一念之顷，必察夫天理人欲。果天理邪，则敬以充之，而不使少有壅阏；果人欲邪，则敬以克之，而不使少有凝滞。推而至于言语动作之间，用人处事之际，无不以是裁之，则圣心洞彻，而天下之事，将惟陛下所欲为，无不如志矣。"帝曰："久不见卿，浙东之事，朕自知之。今当处卿清要，不复以州县为烦也。"除兵部郎官。熹以足疾乞祠。

兵部侍郎林栗与熹论易、西铭不合，遂论熹"本无学术，徒窃张载、程颐之绪余，为浮诞宗主，谓之道学，妄自推尊。所至辄携门生数十人，习为春秋、战国之态，妄希孔、孟历聘之风。绳以治世之法，则乱人之首也。今采其虚名，俾之入奏，既经陛对，得旨除郎，而辄怀不满，傲睨累日，不肯供职，是岂张载、程颐之学教之然也！望将熹停罢，以为事君无礼者之戒"。帝谓栗言过当，而大臣畏栗之强，莫敢深论，乃命熹依旧江西提刑。会胡晋臣拜侍御史，首劾栗喜同恶异，无事而指学者为党。乃出栗知泉州，而熹亦除直宝文阁，奉祠而去。

纲 秋七月，恩平王璩卒。

目 帝友爱甚至，每召璩内宴，呼以官而不名，赐予无算，卒，追封信王。

纲 冬十二月，以朱熹为崇政殿说书，熹辞不至。

目 熹既归，投匦进封事，言大本急务："大本者，陛下之心；急务，则辅翼太子，选用大臣，振举纪纲，变化风俗，爱养民力，修明军政。凡此六事，皆不可缓，而本在于陛下之一心。一心正，则六事无不正。一有人心私欲以介乎其间，则虽惫精劳心不可为矣。"疏入，夜漏下七刻，帝已就寝，亟起，秉烛读之终篇。明日，除主管西太一宫兼崇政殿说书。熹力辞,乃以秘阁修撰奉祠。

纲 己酉,十六年,春正月,金主雍卒,孙璟立。

目 金主雍太子允恭先卒,以孙原王麻达葛判大兴尹,又以为右丞相,更名璟,使亲见朝廷议论,习知政事之体。至是即位,追号雍曰世宗,允恭曰显宗,母徒单氏为太后。

世宗在金诸帝中最为贤主,即位五载,南北讲和,与民休息,群臣守职,上下相安,家给人足,仓廪有余,刑部断死罪岁或十七人,国人号称“小尧舜”。

纲 黄洽罢。

纲 以周必大、留正为左、右丞相,王蔺参知政事,葛邲同知枢密院事。

目 帝自高宗崩,即欲传位太子,尝谕必大曰:“礼莫重于事宗庙,而孟享多以病分诣;孝莫大于执丧,而不得日至德寿宫,朕将退休矣。”因密赐绍兴传位亲札于必大,命预草诏,专以奉几筵、侍东朝为意,而进必大为首相。

纲 萧燧罢。

纲 二月,帝传位于太子。太子即位,尊帝为寿皇圣帝,皇后为寿成皇后,皇太后为寿圣皇太后,大赦。

纲 立皇后李氏。

目 后,安阳人,庆远节度使道之女也。道帅湖北,闻道士皇甫坦善相人,乃出诸女拜之。坦见后惊,不敢受拜,曰:“此女当母天下。”坦言于高宗,遂聘为恭王妃。生嘉王扩。性妒悍,尝诉帝左右于高宗及寿皇,高宗不怿,谓吴后曰:“是妇将种,吾为皇甫坦所误。”寿皇亦屡训敕,令以皇太后为法,不然,行当废汝。后疑其说出于太后,憾之。至是,立为后。

纲 三月,废补阙、拾遗官。

纲 夏五月,以王蔺知枢密院事。

纲 周必大罢。

目 初,何澹与必大厚,为司业久不迁,留正奏迁之,澹由是憾必大而德正。为谏议大夫,首上疏攻必大,罢之。必大纯笃忠厚,能以善道其君。

纲鉴易知录卷八四

南宋纪

光宗皇帝

纲 庚戌，光宗皇帝绍熙元年，春正月朔，帝朝寿皇于重华宫。

纲 二月，殿中侍御史刘光祖乞禁讥议道学者。

目 光祖入对言："近世，是非不明则邪正互攻，公论不立则私情交起，此固道之消长，时之否泰，而实为国家之祸福，社稷之存亡，甚可畏也！本朝士大夫学术最为近古，初非有强国之术，而国势尊安，根本深厚。咸平、景德之间，道臻皇极，治保太和至于庆历、嘉祐盛矣。不幸而坏于熙、丰之邪说，疏弃正士，招徕小人，幸而元祐君子起而救之。绍圣、元符之际，群凶得志，绝灭纲常，崇、观而下，尚复何言？臣始至时，闻有讥贬道学之说，而实未睹朋党之分，逮臣复来则朋党已成，而忠谏者获罪矣。夫以忠谏为罪，其去绍圣几何？陛下即位之初，凡所进退，率用人言，初无好恶之私，岂以党偏为主！而一岁之内，逐者纷纷，往往推忠之言，谓为沽名之举，至于洁身以退，亦曰愤怼而然，欲激怒于至尊，必加之以谤讪。臣欲息将来之祸，故不惮反复以陈，伏冀圣心豁然，永为皇极之主，使是非由此而定，公论由此而明，道学之讥由此而消，朋党之迹由此而泯，和平之福由此而集，国家之事由此而理，则生灵之幸，社稷之福也。不然，相激相胜，展转反复，为祸无穷，臣实未知税驾之所。"帝下其章，读者至于流涕，何澹见之，数日恍惚无措。

是年，廷试举人，婺州进士王介策亦言："今之所谓道学者，即世之君子正人也。君子正人之名不可逐，故设为此名一网去之，圣明在上而天下以道学为讳，将何以立国哉！"帝嘉叹，擢为第三，由是道学之讥少沮。

纲 夏四月，以伯圭嗣秀王。

目 伯圭，寿皇母兄，而秀王子偁之长子也。伯圭谦谨，不以近属自居，每入见，帝行家人礼，宴私隆洽，伯圭执臣礼愈恭。

纲 秋七月，以留正为左丞相，王蔺为枢密使，葛邲参知政事，胡晋臣签书枢密院事。冬十二月，王蔺罢，以葛邲知枢密院事，胡晋臣参知政事。

纲 辛亥，二年，冬十一月，帝有事于太庙，后杀贵妃黄氏。翌日郊，大风雨，不卒事而还。帝有疾。

目 初，帝欲诛宦者，近习惧，遂谋离间三宫，帝疑之，不能自解。会帝得心疾，寿皇构得良药，欲因帝至宫授之。宦者遂诉于皇后曰："太上合药一大丸，俟宫车过即投药；万一不虞，奈宗社何！"后观药实有，心衔之。顷之，内宴，后讲立嘉王扩为太子，寿皇不许。后曰："妾，六礼所聘，嘉王，妾亲生也，何为不可？"寿皇大怒。后退，持嘉王泣诉于帝，谓寿皇有废立意。帝惑之，遂不朝寿皇。

一日，帝浣手宫中，睹宫人手白，悦之。他日，后遣人送食合于帝，启之，则宫人两手也。后又以黄贵妃有宠，因帝祭太庙，宿斋宫，后杀贵妃以暴卒闻。翌日，合祭天地，风雨大作，黄坛烛尽灭，不能成礼而罢。

帝既闻贵妃卒，又值此变，震惧增疾，不视朝，政事多决于后，后益骄恣。寿皇闻帝疾亟，往南内视之；且责后，后怨愈深。

纲 壬子，三年，春三月，帝疾瘳，群臣请朝重华宫，不果行。

目 帝自有疾，重华温凊之礼，以及诞辰节序，屡以寿皇传旨而免。既而帝神思浸清，宰辅百官下至韦布之士，以过宫为请者甚众；至有扣头引裾，号泣而谏者。帝开悟，有翻然夙驾之意；既而不果行，都人始以为忧。

纲 夏四月，以丘崈为四川制置使。

目 初，留正帅蜀，虑吴氏世将，谋去之，不果。至是议更蜀帅，正言："西边三将，惟吴氏世袭兵柄，号为吴家军，不知有朝廷。"遂以户部侍郎丘崈往。崈陛辞，奏曰："臣入蜀后，吴挺脱至死亡，兵权不可复付其子，臣请得以便宜抚定诸军。"许之。

纲 六月，以陈骙同知枢密院事。

目 骙疏三十条，如宫闱之分不严则权柄移，内谒之渐不杜则明断息，谋台谏于当路则私党植，咨将帅于近习则贿赂行，不求谠论则过失彰，不谨旧章则取舍错，宴饮不时则精神昏，赐予不节则财用竭，皆切于时病。

纲 冬十一月，日南至，越六日，帝始朝重华宫。

目 十一月丙戌，日南至，兵部尚书罗点、给事中尤袤等上疏请帝朝重华宫，不从。吏部尚书赵汝愚入对，往复规谏，帝意乃悟。汝愚又属嗣秀王伯圭调护，于是两宫之情始通。辛卯，帝朝重华宫，皇后继至，从容竟日而还，都人大悦。

纲 是岁，诸路大水。

纲 癸丑，四年，春三月，以葛邲为右丞相，陈骙参知政事，胡晋臣知枢密院事，赵汝愚同知院事。

纲 夏五月，赐礼部进士陈亮及第。

目 亮才气超迈，喜谈兵，议论风生，下笔数千言立就。所交皆一时豪俊，志存经济。隆兴初，上中兴五论，不报。退居婺之永康，益力学著书，尝圜视钱塘，喟然叹曰："城可灌也！"盖以地下于西湖耳。淳熙中更名同，诣阙上书，极言时事，因言钱塘非驻跸之所。寿皇赫然震动，召令上殿，将擢用之。曾觌闻而欲见焉，亮耻之，逾垣而逃。觌不悦，大臣亦恶其言切直，交沮之。待命十日，再诣阙上书。寿皇欲官亮，亮闻而笑曰："吾欲为社稷开数百年之基，宁用以博一官乎！"即渡江归。厉志读书，所学益博。其学自孟子后惟推王通，尝曰："研穷义理之精微，辨析古今之同异，原心于眇忽，较礼于分寸，以积累为上，以涵养为正，睟面盎背，则于诸儒诚有愧焉。至于堂堂之阵，正正之旗，风雨云雷，交发而并至，龙蛇虎豹，变见而出没，推倒一世之智勇，开拓万古之心胸，自谓差有一日之长。"盖指朱熹、吕祖谦也。

至是策进士，问以礼乐刑政之要，亮以君道、师道对，且曰："臣窃叹陛下于寿皇莅政二十有八年之间，宁有一政一事之不在圣怀！而问安视寝之余，所以察辞而观色，因此而得彼者，其端甚众，亦既得其机要，而见诸施行矣。岂徒一月四朝，为京邑之美观也哉！"帝得其策大喜，以为善处父子之间，御笔擢为第一。授签书建康府判官厅公事，未上，一夕卒。

纲 利州安抚使吴挺卒，丘崈使总领财赋杨辅等权总其军。

纲 六月，胡晋臣卒。

目 帝自有疾不视朝，晋臣与留正同心辅政，中外帖然。其所奏陈，以温凊定省为先，次及亲君子，远小人，抑侥幸，消朋党，启沃剀切，弥缝缜密,人无知者。

纲 秋七月,以赵汝愚知枢密院事。余端礼同知院事。

纲 九月,群臣请帝朝重华宫,不听,冬十一月始朝。

目 帝制于后,久不朝重华宫。会九月重阳节,群臣连章请帝过宫,不听。中书舍人陈傅良上疏力谏。给事中谢深甫言:"父子至亲,天理昭然。太上之爱陛下,亦犹陛下之忧嘉王。太上春秋高,千秋万岁后,陛下何以见天下?"帝感悟,趣命驾往朝,百官班立以俟。帝出至御屏,后挽留帝入,傅良趣进,引帝裾,请毋入,因至屏后,后叱之。傅良痛哭于庭,后益怒,遂传旨罢还内。傅良下殿径行,诏改秘阁修撰,不受。于是著作郎沈有开、秘书郎彭龟年等皆上疏请朝,不从。十月,工部尚书赵彦逾等上书重华宫,乞会庆节勿降旨免朝。及会庆节,帝复称疾不朝;丞相以下皆上疏自劾,乞罢黜。嘉王府翊善黄裳请诛内侍杨舜卿,彭龟年请逐陈源以谢天下。太学生汪安仁等一百一十八人上书请朝重华宫,皆不报。十一月,彦逾复力谏,帝始往朝。

纲 十二月,夏主仁孝卒,子纯祐立。

目 仁孝在位五十五年,始建学校于国中,立小学于禁中,亲为训导,尊孔子为文宣帝。然权臣擅国,兵政衰弱。子纯祐立,改元天庆,号仁孝曰仁宗。

纲 以朱熹知潭州。

目 使者自金还,言金人问"朱先生安在?"故有是命。

纲 甲寅,五年,春正月,寿皇有疾。

纲 葛邲罢。

目 邲为相,专守祖宗法度,荐进人才,博采古论,惟恐其人闻之。常曰:"十二时中,莫欺自己。"其实践如此。

纲 金购求遗书。

纲 夏四月,帝及后幸玉津园,群臣请帝问疾重华宫,不从。

目 自寿皇不豫,群臣请帝省视,皆不报,而与皇后幸玉津园。兵部尚书罗点请先过重华,且曰:"陛下为寿皇子,四十余年无一间言,止缘初郊违豫,寿皇尝至南内督过,左右之人自此谗间,遂生忧疑。乃若深居不出,久亏子道,众口谤讟,祸患将作,不可以不虑。"帝曰:"卿等可为朕调护之。"侍讲黄裳对曰:"父子之亲,何俟调护!"点曰:"陛下一出,即当释然。"帝犹未许。点乃率讲官言之,帝曰:"朕心未尝不思寿皇。”点曰：“陛下久阙定省，虽有此心，何以自白？”起居舍人彭龟年连三疏请对，不报。属帝视朝，龟年不离班位，伏地扣额，血流渍甃。帝曰：“素知卿忠直，欲何言？”龟年奏：“今日无大于过宫。”余端礼因曰：“扣额龙墀，曲致忠恳，臣子至此，岂得已邪？”帝曰：“知之。”然犹不往。

寿皇疾益甚，群臣上疏请者相继。帝将以癸丑日朝，至期，帝复辞以疾。于是群臣请斥罢者百馀人，诏不许。起居郎兼中书舍人陈傅良，请以亲王、执政一人充重华宫使。台谏交章劾内侍陈源、杨舜卿、林亿年离间之罪，请逐之。

纲　五月，寿皇疾大渐，诏嘉王扩问疾重华宫。

目　陈傅良以帝不往重华宫，乃缴上告敕，出城待罪。丞相留正等率宰执进谏，帝拂衣起，正引帝裾泣谏。罗点进曰：“寿皇疾势已危，不及今一见，后悔何及！”群臣随帝入至福宁殿，内侍阖门，恸哭而出。明日，帝召罗点入对，点言：“前日迫切献忠，举措失礼，陛下赦而不诛，然引裾亦故事也。”帝曰：“引裾可也，何得辄入宫禁乎？”点引辛辛毗事以谢。彭龟年、黄裳、沈有开奏：“乞令嘉王诣重华宫问疾。”许之，王至宫，寿皇为之感动。

纲　六月，寿皇崩，帝称疾不出。留正等诣寿圣皇太后代行丧礼。

目　寿皇崩，年六十八。赵汝愚以闻，因请诣重华宫成礼，帝许之。至日昃不出，宰相乃率百官诣重华宫发丧。将成服，留正与汝愚议，介少傅吴琚请寿圣皇太后垂帘暂主丧事，太后不许，正等奏：“乞太后降旨，以皇帝有疾，暂就宫中成服。然丧不可以无主，祝文称‘孝子嗣皇帝’，宰臣不敢代行。太后，寿皇之母也，请设行祭礼。”太后许之。

纲　尊寿圣皇太后为太皇太后，寿成皇后为皇太后。

纲　秋七月，留正请建太子，不许，遂称疾而遁。

目　尚书左选郎官叶适言于留正曰：“帝疾而不执丧，将何辞以谢天下？今嘉王长，若预建参决，则疑谤释矣。”正从之，率宰执入奏云：“皇子嘉王，仁孝夙成，宜早正储位以安人心。”不报。越六日又请，御劄付丞相云：“历事岁久，念欲退闲。”正得之大惧，因朝佯仆于庭，即出国门，上表请老。

初，正始议帝以疾未克主丧，宜立皇太子监国，设议内禅，太子可即位;而赵汝愚请以太皇太后旨禅位嘉王。正谓建储诏未下,遽及此,他日必难处,与汝愚异,遂以肩舆五鼓逃去。

纲 太皇太后诏嘉王扩成服即位,尊帝为太上皇帝,皇后为太上皇后。

目 留正既去,人心益摇,会帝临朝,忽仆于地,赵汝愚忧危不知所出,内禅之议益决。属工部尚书赵彦逾结殿帅郭杲,而与左选郎官叶适、左司郎中徐谊谋可以白内禅意于太皇太后者,乃遣知阁门事韩侂胄。侂胄,琦五世孙,太后女弟之子也。侂胄因所善内侍张宗尹以奏太后,不获命,逡巡将退。内侍关礼见而问之,侂胄具述汝愚意。礼令少俟,入见太后而泣,太后问故,且云:"侂胄安在?"礼曰:"臣已留其俟命。"太后曰:"事顺则可,令谕好为之。"礼报侂胄,侂胄复命,日已向夕,汝愚始以其事语陈骙、余端礼,亟命郭杲等夜以兵分卫南北内。时将禫祭,翌日甲子,群臣入,嘉王亦入,汝愚率百官诣梓宫前,太后垂帘,汝愚率同列再拜奏:"皇帝疾未能执丧,臣等乞立皇子嘉王为太子以系人心。皇帝批出有'念欲退闲'之旨,取太皇太后处分。"太后曰:"即有御笔,相公当奉行。"汝愚袖出所拟太后指挥以进云:"皇帝以疾,至今未能执丧,曾有御笔,欲自退闲。皇子嘉王扩可即皇帝位,尊皇帝为太上皇帝,皇后为太上皇后。"太后览毕曰:"甚善。"乃命汝愚以旨谕皇子即位。皇子固辞曰:"恐负不孝名!"汝愚奏:"天子当以安社稷、定国家为孝。今中外人人忧乱,万一变生,置太上于何地?"众扶皇子入素幄,披黄袍,方却立未坐,汝愚率同列再拜。皇子诣几筵奠哭尽哀,遂衮服出就重华殿东庑素幄立,内侍扶掖乃坐。百官起居讫,行坛祭礼,寻诏:"即以寝殿为泰安宫,以奉上皇。"民心悦怿,中外晏然,汝愚之力也。

纲 立皇后韩氏。

目 后,琦六世孙,父曰同卿,侂胄则其季父也。被选入宫,能顺适两宫意,遂归嘉王邸,至是立为后。

纲 以赵汝愚兼权参知政事。

纲 召留正赴都堂视事。

目 帝手札遣使召正还。侍御史张叔椿请议正弃国之罚,乃徙叔椿为吏部侍郎,而正复相。

纲 以赵汝愚为右丞相。汝愚辞，遂以为枢密使。以陈骙知枢密院事，罗点签书院事，余端礼参知政事。

纲 加殿前都指挥使郭杲武康节度使，知阁门事韩侂胄汝州防御使。

目 韩侂胄欲推定策功，赵汝愚曰："吾，宗臣；汝，外戚也，何可以言功？"乃加杲节钺，但迁侂胄防御使。侂胄大失望，然以传导诏旨，浸见亲幸，时时乘间窃弄威福。知临安府徐谊告汝愚曰："侂胄异时必为国患，宜饱其欲而远之。"不听。汝愚欲推叶适之功，适辞曰："国危效忠，职也，适何功之有？"及闻侂胄觖望，言于汝愚："侂胄所望不过节钺，宜与之。"不从。适叹曰："祸自此始矣！"遂力求补外。

纲 贬内侍陈源等十人。

纲 八月，召朱熹至，以为焕章阁待制兼侍讲。

目 先是黄裳为嘉王府翊善，上谕之曰："嘉王进学，皆卿之功。"裳谢曰："若欲进德修业，追迹古先哲王，则须寻天下第一等人。"上问为谁，裳以熹对。彭龟年为嘉王府直讲，因讲鲁庄公不能制其母，云"母不可制，当制其侍御仆从。"王问："此谁之说？"对曰："朱熹说也。"自后每讲必问熹说如何？至是，赵汝愚首荐熹，遂自知潭州召入经筵。

熹在道闻泰安朝礼尚缺，近习已有用事者，即具奏云："陛下嗣位之初，方将一新庶政，所宜爱惜名器，若使幸门一开，其弊不可复塞。至于博延儒臣，专意讲学，必求所以深得亲懽者，为建极导民之本；思所以大振朝纲者，为防微虑远之图。"不报，且辞新命，不许。及入对，首言："乃者太皇太后躬定大策，陛下寅绍丕图，可谓处之以权，而庶几不失其正；今反不能无疑于逆顺之际，窃为陛下忧之。尤有可诿者，亦曰陛下之心，前日未尝有求位之计，今日未尝忘思亲之心，此则所以行权而不失其正之根本也。充未尝求位之心，以尽负罪引慝之诚；充未尝忘亲之心，以致温清定省之礼，始终不越乎此，而大伦可正，大本可立矣。"时赵彦逾按视孝宗山陵，以为土肉浅薄，下有水石，孙逢吉覆按，乞别求吉兆。有旨集议，熹上议状言："寿皇圣德，衣冠之藏，当博求名山，不宜偏信台史，委之水泉沙砾之中。"不报。

纲 增置讲读官。

纲 内批罢左丞相留正。

目 韩侂胄浸谋预政，数诣都堂，正使省吏谕之曰："此非知阁日往来之地。"侂胄怒而退。会正与汝愚议攒宫不合，侂胄因间之于帝，遂以手诏罢正出知建康府。正谨法度，惜名器，毫发不可干以私，与周必大俱以相业称。

纲 以赵汝愚为右丞相。

目 汝愚本倚留正共事，怒韩侂胄不以告，及来谒，因不见之，侂胄惭忿。罗点谓汝愚曰："公误矣！"汝愚悟，乃见之，侂胄终不怿。

纲 九月，罗点卒。

目 点孝友端介，不为矫激之行。或谓天下事非才不办，点曰："当论其心。心苟不正，才虽过人，亦何取哉！"时给事中黄裳亦卒，赵汝愚泣谓帝曰："黄裳、罗点相继沦谢，二臣不幸，天下之不幸也。"

纲 以京镗签书枢密院事。

纲 冬十月，内批以谢深甫为御史中丞，刘德秀为监察御史，罢右正言黄度。

目 韩侂胄日夜谋去赵汝愚，知阁门事刘弼亦以不得预内禅，心怀不平，因谓侂胄曰："赵相欲专大功，君岂惟不得节钺，将恐不免岭海之行！"侂胄愕然，问计，弼曰："惟有用台谏耳。"侂胄问："若何而可？"弼曰："御笔批出是也。"侂胄然之，遂以内批拜给事中谢深甫为中丞。

会汝愚请令近臣荐御史，侂胄密以其党刘德秀属深甫，遂以内批用之。由是刘三杰、李沐等牵连以进，言路皆侂胄之人，排斥正士。朱熹忧其害政，每因进对，为帝切言之。复疏白汝愚，当以厚赏酬侂胄之劳，勿使预政。汝愚为人疏，谓其易制，不以为虑。

黄度将上疏论侂胄之奸，侂胄觉之，以御笔除度知平江府。度言："蔡京擅权，天下所由以乱。今侂胄假御笔逐谏臣，使俛首去，不得效一言，非国之利也。"固辞，奉祠归养。

纲 闰月，内批罢焕章阁待制兼侍讲朱熹。

目 熹每进讲，务积诚意以感动帝心，以平日所论著敷陈开析，坦然明白，可举而行。讲毕，有可以开益帝德者罄竭无隐，帝亦虚心嘉纳焉。至是，以黄度之去，因讲毕奏疏，极言"陛下即位，未能旬月，而进退宰臣，移易台谏，皆出陛下之独断，中外咸谓左右或窃其柄，臣恐主威下移，求治反乱矣"。疏入，侂胄大怒，使优人峨冠阔袖象大儒戏于帝前，因乘间言熹迂阔不可用。帝方倚任侂胄，乃出御批云："悯卿耆艾，恐难立讲，已除卿宫观。"赵汝愚袖御笔见帝，且见且拜，帝不省；汝愚因求罢去，不许。越一日，侂胄使其党封内批付熹，熹即附奏谢，遂行。中书舍人陈傅良封还录黄，起居郎刘光祖、起居舍人邓驲、御史吴猎、吏部侍郎孙逢吉、登闻鼓院游仲鸿交章留熹，皆不报。傅良、光祖亦坐罢。工部侍郎黄艾，因侍讲问逐熹之骤，帝曰："始除熹经筵耳，今乃事事欲与闻。"艾力辨其故，帝不听。熹登第五十年，仕于外仅九考，立朝才四十六日，进讲者七，知无不言，既去，侂胄益无所忌惮矣。

纲 十一月，以韩侂胄兼枢密都承旨。

纲 诏行孝宗皇帝丧三年。葬永阜陵。

纲 十二月，内批罢吏部侍郎兼侍讲彭龟年，进韩侂胄一官。

目 侂胄权势日重，龟年上疏条奏其奸，请去之，且云："陛下逐朱熹太暴，故欲陛下亦亟去此小人，毋使天下人谓陛下去君子易，去小人难。"于是龟年、侂胄俱请祠，帝欲两罢其职，陈骙进曰："以阁门去经筵，何以示天下？"既而内批龟年与郡，侂胄进一官，与在京宫观。给事中林大中、中书舍人楼钥缴奏，以为非是，不听，由是侂胄益横。

纲 陈骙罢，以余端礼知枢密院事，京镗参知政事，郑侨同知枢密院事。

目 骙与赵汝愚素不协，未尝同堂语。及争彭龟年事，韩侂胄语人曰："彭侍郎不贪好官，固也，元枢亦欲为好人邪？"故罢之，而引京镗居政府以间汝愚。汝愚孤立于朝，天子亦无所倚信。

纲 以赵彦逾为四川制置使。

目 工部尚书赵彦逾以有功于帝室，冀赵汝愚引居政府。及除蜀帅，大怒，遂与韩侂胄合，因陛辞，疏廷臣姓名于帝，指为汝愚之党。且曰："老奴今去，不惜为陛下言之。"由是帝亦疑汝愚矣。

宁宗皇帝

纲 乙卯，宁宗皇帝庆元元年，春正月，白虹贯日。以李沐为右正言。二月，罢右丞相赵汝愚。

目 韩侂胄欲逐汝愚而难其名，谋于京镗。镗曰："彼宗姓也，诬以谋危社稷，则一网打尽矣。"侂胄然之。以秘书监李沐尝有怨于汝愚，引为右正言，使奏"汝愚以同姓居相位，将不利于社稷，乞罢其政，以奠安天位,杜塞奸源"。是日,汝愚出浙江亭待罪,遂以观文殿大学士出知福州。谢深甫等论:"汝愚冒居相位,今既罢免,不当加以书殿隆名、帅藩重寄,乞令奉祠请咎。"命提举洞霄宫。直学士院郑湜草制词,有曰:"顷我家之多难,赖硕辅之精忠,持危定倾,安社稷以为悦,任公竭节,利国家无不为。"坐无贬词,亦免官。

兵部侍郎章颖侍经帏,帝曰:"谏官有言赵汝愚者,卿等谓何?"同列漫无可否,颖奏言:"天地变迁,人情危疑,加以敌人嫚侮,国势未安,未可轻退大臣,愿降诏宣谕汝愚,毋听其去。"国子祭酒李祥言:"去岁国遭大戚,中外汹汹,留正弃宰相而去,官僚几欲解散,军民皆将为乱,两宫隔绝,国丧无主。汝愚以枢臣独不避殒身灭族之祸,奉太皇太后命翊陛下以登九五。勋劳著于社稷,精忠贯于天地,乃卒受黯黮而去,天下后世其谓何?"知临安府徐谊素为汝愚所器,凡有政务,多咨访之。谊随事裨助,不避形迹,又尝劝汝愚早退,及豫防侂胄之奸,侂胄尤怨之。及是,与国子博士杨简亦抗论留汝愚,李沐劾为党,皆斥之。

纲 夏四月,安置太府寺丞吕祖俭于韶州。

目 祖俭上书诉赵汝愚之忠,并论朱熹老儒,彭龟年旧学,李祥老成,不当罢斥,语侵韩侂胄。有旨:"祖俭朋比罔上,送韶州安置。"或谓侂胄曰:"自赵丞相去,天下已切齿,今又投祖俭瘴乡,不幸或死,则怨益重。"侂胄始改送吉州。祖俭尝曰:"因世变有所摧折失其素履者,固不足言;因世变而意气有所加者,亦私心也。"竟死吉州。

纲 以余端礼为右丞相,郑侨参知政事,京镗知枢密院事,谢深甫签书院事。

纲 流太学生杨宏中等六人。

目 宏中与周端朝、张衜、林仲麟、蒋傅、徐范六人伏阙上书,言:"近者谏官李沐论罢赵汝愚,陛下独不念去岁之事乎?人情惊疑,变在朝夕,是时假非汝愚出死力,定大议,虽百李沐,罔知攸济!当国家多难,汝愚立枢府,本兵柄,指挥操纵,何向不可?不以此时为利,今上下安妥,乃有异议乎?章颖、李祥、杨简发于中激,力辨其非,即遭斥逐。六馆之士,拂膺愤怨,李沐自知邪正不两立,思欲尽覆正人以便其私,必托朋党以罔陛下之听。臣恐君子小人消长之机于此一判,则靖康已然之验,何堪再见于今日邪?伏愿陛下念汝愚之忠勤,察祥、简之非党,灼李沐之回邪,窜沐以谢天下,还祥等以收士心。"疏上,诏:"宏中等罔乱上书，扇摇国是，悉送五百里外编管。”

纲　六月，右正言刘德秀乞考核邪正真伪，遂罢国子司业汪逵等。

目　自程颢、程颐传孔、孟千载之学，其徒杨时传之罗从彦，从彦传之李侗。朱熹师侗，致知力行，其学大振，流俗丑正，多不便之，遂有“道学”之名，阴以攻诋。及韩侂胄用事，士大夫宗为清议所摈者，乃教以凡相与异者，皆道学之人也，阴疏姓名授之，俾以次斥逐。或又为言：“以道学目之，则有何罪？当名曰伪学。”盖谓贪黩放肆乃人真情，廉洁好修者皆伪耳。由是有伪学之目，善类皆不自安。至是，德秀上言：“邪正之辨，无过于真与伪而已。彼口道先王之言，而行如市人所不为，在兴王之所必斥也。昔孝宗垂意规复，首务核实，凡言行相违者未尝不深知其奸，臣愿陛下以孝宗为法，考核真伪以辨邪正。”诏下其章。由是博士孙元卿、袁燮、国子正陈武皆罢。汪逵入劄子辨之，德秀以逵为狂言，亦被斥。中丞何澹急欲执政，亦上疏言：“专门之学，流而为伪，空虚短拙，文诈沽名。愿风厉学者，专师孔子，不必自相标榜。”诏榜于朝堂。

纲　加韩侂胄保宁节度使。

纲　冬十一月，窜故相赵汝愚于永州，汝愚至衡州暴卒。

目　韩侂胄忌汝愚，必欲置之死以息人言。至是，监察御史胡纮上言汝愚倡引伪徒，谋为不轨，乘龙授鼎，假梦为符，因条奏其十不逊，且及徐谊。诏责汝愚宁远军节度副使，永州安置；谊惠州团练副使，南安军安置。汝愚怡然就道，谓诸子曰：“观侂胄之意，必欲杀我；我死，汝曹尚可免也。”明年正月，行至衡州，病作，衡守钱鍪承侂胄密谕窘辱百端，汝愚暴薨，天下闻而冤之。

纲　丙辰，二年，春正月，以余端礼、京镗为左、右丞相，谢深甫参知政事，郑侨知枢密院事，何澹同知院事。

纲　二月，以端明殿学士叶翥知贡举。

目　翥与刘德秀同知贡举，奏言：“伪学之魁，以匹夫窃人主之柄，鼓动天下，故文风未能丕变。乞将‘语录’之类尽行除毁。”故是科取士，稍涉义理者悉皆黜落，六经、语、孟、中庸、大学之书为世大禁。

纲　夏四月，余端礼罢。

纲 以何澹参知政事，叶翥签书枢密院事。罢礼部侍郎倪思。

目 初，翥要思列疏论伪学，思不从，韩侂胄遂荐翥而罢思。

纲 秋七月，罢殿中侍御史黄黼。

目 中书舍人汪义端引唐李林甫故事，以伪学之党皆名士，欲尽除之。太皇太后闻而非之，帝乃诏台谏、给、舍："论奏不必更及旧事，务在平正，以副朕建中之意。"诏下，韩侂胄及其党皆怒，刘德秀遂与御史张伯垓、姚愈等上疏力争，以为不可，乃改"不必更及旧事"为"不必专及旧事"。自是侂胄与其党攻治之志愈急矣。

黄黼上言："治道在黜首恶而任其贤，使才者不失其职，而不才者无所憾。故仁宗尝曰：'朕不欲留人过失于心。'此皇极之道也。"遂罢黼而以姚愈代之。

纲 八月，禁用伪学之党。

目 太常少卿胡纮上书言："比年以来，伪学猖獗，图为不轨，摇动上皇，诋诬圣德，几至大乱。赖二三大臣台谏，出死力而排之，故元恶陨命，群邪屏迹。自御笔存救偏建中之说，或者误认天意，急于奉承，倡为调停之议，取前日伪学之奸党次第用之，以冀幸其它日不相报复。往者建中靖国之事，可以为戒，陛下何未悟也？宜令退伏田里，循省愆咎。"遂诏："伪学之党，宰执权住进拟。"自是学禁愈急。已而言者又论伪学之祸，乞鉴元祐调停之说，杜其根源，遂有诏："监、司、帅、守荐举改官，并于奏牍前声说非伪学之人。"会乡试，漕司前期取家状，必令书"系不是伪学"五字。抚州推官柴中行，独申漕司云："自幼习易，读程氏易传，未审是与不是伪学？如以为伪，不愿考校。"士论壮之。

纲 冬十月，召陈贾为兵部侍郎。

目 以其尝击朱熹也。

纲 十二月，削秘阁修撰朱熹官，窜处士蔡元定于道州。

目 熹家居，自以蒙累朝知遇之恩，且尚带从臣职名，义不容默，乃草封事数万言，陈奸邪蔽主之祸，因以明丞相赵汝愚之冤。子弟诸生更进迭谏，以为必且贾祸，熹不听。蔡元定请以蓍决之，遇遯之同人，熹默然，取稿焚之，遂上奏力辞职名。诏仍充秘阁修撰。时台谏皆韩侂胄所引，汹汹争欲以熹为奇货，然无敢先发者。胡纮未达时，尝谒熹于建安。熹待学子惟脱粟饭，遇纮不能异也。纮不悦，语人曰："此非人情。只鸡樽酒，山中未为乏也。”及是为监察御史，乃锐然以击熹自任。物色无所得，经年酝酿，章疏乃成；会改太常少卿，不果。

有沈继祖者，为小官时尝采摭熹语、孟之语以自售。至是，以追论程颐，得为御史。纮以疏草授之，继祖遂诬论熹十罪，且言：“熹剽窃张载、程颐之余论，以吃菜事魔之妖术簧鼓后进，张浮驾诞，私立品题，收召四方无行义之徒以益其党伍，潜形匿迹，如鬼如魅。乞褫熹职罢祠。其徒蔡元定佐熹为妖，乞送别州编管。”诏熹落职罢祠，窜元定于道州。

元定生而颖异，父发博览群书，以程氏语录、邵氏经世、张氏正蒙授元定，曰：“此孔、孟正脉也。”元定深涵其义。既长，辨析益精。登建阳西山绝顶，忍饥啖荠以读书。闻熹名，往师之。熹叩其学，惊曰：“季通，吾老友也。”凡性与天道之妙，他弟子不得闻者，必以语元定焉。尤袤、杨万里交荐于朝，召之不起。会伪学党禁之论起，元定曰：“吾其不免乎。”及闻贬，不辞家即就道。熹与从游者百余人饯别萧寺中，坐客兴叹，有泣下者。熹微视元定，不异平时，因喟然曰：“交朋相爱之情，季通不挫之志，可谓两得矣。”众谓宜缓行，元定曰：“获罪于天，天可逃乎？”杖屦同其子沈行三千里，脚为流血，无几微见言面。至春陵，远近来学者日众，州士子莫不趋席下以听讲说。爱元定者谓宜谢生徒，元定曰：“彼以学来，何忍拒之；若有祸患，亦非闭门塞窦所能避也。”贻书训诸子曰：“独行不愧影，独寝不愧衾，勿以吾得罪故遂懈其志。”在道逾年卒。元定于书无所不读，于事无所不究，义理洞见大原，图书礼乐制度无不精妙，著洪范解、大衍详说、律吕新书行于世，学者尊之曰西山先生。熹尝曰：“造化微妙，惟深于理者能识之，吾与季通言而不厌也。”每诸生请疑，必令先质元定，而后为之折衷。

纲 丁巳，三年，春正月，郑侨罢。

纲 夏闰六月，贬留正为光禄卿，居之邵州。

目 朝散大夫刘三杰免丧入见，论留正共引伪学之罪。侂胄大喜，即日降旨除三杰右正言，正坐贬邵州居住。

纲 冬十一月，太皇太后吴氏崩。

纲 十二月，籍伪学，罢吏部侍郎黄由。

目 知绵州王沇上疏：“乞置伪学之籍，仍自今曾受伪学举荐、关升，及刑法廉吏自代之人，并令省部籍记姓名，与闲慢差遣。”从之。于是伪学逆党得罪著籍者，赵汝愚、留正、周必大、王蔺四人为之首，朱熹、徐谊、彭龟年、陈傅良、薛叔似、章颖、郑湜、楼钥、林大中、黄由、黄黼、何异、孙逢吉、刘光祖、吕祖俭、叶适、杨芳、项安世、沈有开、曾三聘、游仲鸿、吴猎、李祥、杨简、赵汝谠、赵汝谈、陈岘、范仲黼、汪逵、孙元卿、袁燮、陈武、田澹、黄度、张体仁、蔡幼学、黄颢、周南、吴柔胜、李埴、王厚之、孟浩、赵巩、白炎震、皇甫斌、危仲任、张致远、杨宏中、周端朝、张衜、林仲麟、蒋傅、徐范、蔡元定、吕祖泰，凡五十九人。黄由上言："人主不可待天下以党与，不必置籍以示不广。"殿中侍御史张岩劾由阿附，罢之，而擢沆为利州路转运判官。

纲　戊午，四年，春正月，以叶翥同知枢密院事。

纲　夏五月，加韩侂胄少傅，封豫国公。

纲　诏严伪学之禁。

纲　秋七月，叶翥罢。八月，以谢深甫知枢密院事，许及之同知院事。

目　及之为吏部尚书，谄事韩侂胄无所不至。居二年不迁，见侂胄流涕，叙其知遇之意，衰迟之失，不觉屈膝；侂胄恻然怜之，故有是命。侂胄尝值生辰，群公上寿，既毕集，及之适后至，阍人掩关拒之。及之大窘，会门闸未及闭，遂俯偻而入。当时有"由窦尚书，屈膝执政"之语，传以为笑。

纲　育太祖十世孙与愿于宫中，赐名曮。

目　帝未有嗣，京镗等请择宗室子育之。诏育燕懿王德昭九世孙与愿于宫中，年六岁矣，寻赐名曮，封卫国公。

纲　以赵师羼为工部侍郎。

目　师羼附韩侂胄得知临安府，侂胄生日，百官争贡珍异，师羼最后至，出小合曰："愿献少果核侑觞。"启之，乃粟金蒲桃小架，上缀大珠百余颗，众惭沮。侂胄有爱妾张、谭、王、陈四人，皆封郡夫人，其次有名位者又十人。或献北珠冠四枚于侂胄，侂胄以遗四夫人；其十人亦欲之，未有以应也。师羼闻之，亟市北珠制十冠以献。十人者喜，为求迁官，拜工部侍郎。侂胄尝与众客饮南园，过山庄，顾竹篱草舍曰："此真田舍间气象，但欠犬吠鸡鸣耳。"俄闻犬嗥丛薄，视之，乃师羼也。侂胄大笑，闻者莫不鄙之。

纲　己未，五年，春正月，夺前起居舍人彭龟年等官。

纲 二月，放主管玉虚观刘光祖于房州。

目 光祖撰涪州学记，谓“学者明圣人之道以修其身，而世方以道为伪，以学为弃物。好恶出于一时，是非定于万世”。谏议大夫张釜劾“光祖佐逆不成，蓄愤怀奸，欺世罔上”。诏落职房州居住。

纲 秋八月，帝始朝太上皇于寿康宫。

纲 九月，加韩侂胄少师，封平原郡王。

纲 是岁，诸州大水。

纲 庚申，六年，春闰二月，以京镗、谢深甫为左、右丞相，何澹知枢密院事。

纲 三月，故秘阁修撰朱熹卒。

目 熹家贫，故诸生自远至者，豆饭藜羹率与之共，往往称贷于人以给用；非其道义，一介不取也。时攻伪学日急，士之绳趋步尺，稍以儒自名者无所容其身。从游之士，特立不顾者屏伏丘壑，依阿巽懦者更名他师，过门不入，甚至变易衣冠，狎游市肆，以自别其非党。而熹日与诸生讲学不休，或劝其谢遣生徒者，笑而不答。疾且革，正坐，整衣冠，就枕而卒，年七十一。将葬，右正言施康年言：“四方伪徒聚于信上，欲送伪师之葬，会聚之间，非妄谈时人短长，则谬议时政得失，望令守臣约束。”从之。

熹所著，有易本义、启蒙，蓍卦考误，诗集传，大学、中庸章句，或问，论语、孟子集注，太极图，通书，西铭解，楚辞集注辨正，韩文考异；所编次，有论孟集义、孟子指要、中庸辑略、孝经刊误、小学书、通鉴纲目、宋名臣言行录、家礼、近思录、河南程氏遗书、伊洛渊源录、仪礼经传通解。其门人不可胜计，最知名者：黄榦、李燔、张洽、陈淳、李方子、黄灏、蔡沈、辅广。

榦之言曰：“道之正统，待人而后传。自周以来，任传道之责不过数人，而能传斯道章章较著者，一二人而止耳。由孔子而后，曾子、子思得其微，至孟子而始著；由孟子而后，周、程、张子继其统，至熹而始著。”众以为知言。榦初见熹，夜不设榻，不解带。熹语人曰：“直卿志坚思苦，与之处，甚有益。”因妻以女。及熹病革，以深衣及所著书授榦，与之诀曰：“吾道之托在此，吾无憾矣！”熹殁，榦弟子日盛，编礼著书，讲论经理，朝夕不倦。卒赠朝奉郎。

燔初见熹，熹告以曾子弘毅之语，燔因以“弘”名其斋。凡诸生未达者，熹先令访燔，俟有所发，乃从而折衷之，诸生畏服。燔尝曰：“凡人不必待仕宦有位为职事方为功业，但随力到处有以及物，即功业矣！”居家讲道，学者宗之。卒赠直华文阁。

洽从熹学，自六经传注而下皆究其指归。熹嘉其笃志，谓黄榦曰：“所望以永斯道之传者，二三君也。”洽自少用力于敬，平居不异常人，至义所当为，则勇不可夺。著春秋集注、地理沿革表行于世。仕终直宝章阁。

淳少习举子业，林宗臣见而奇之，谓曰：“此非圣贤事业也。”因授以近思录，淳读之，遂尽弃其业而学焉。及熹至漳，淳请受教，为学益力。熹语人曰：“吾南来喜得陈淳。”由是所闻皆切要语。及熹没，淳追思之，痛自裁抑。无书不读，无物不格，日积月累，义理贯通，恬退自守，多所著述。仕终安溪主簿。

方子端敬纯笃。初见熹，熹谓曰：“观公为人，自是寡过，但宽大中要规矩，和缓中要果决。”方子遂以“果”名其斋。尝曰：“吾于问学虽未能尽，然幸于大本有见处，此心常觉泰然，不为物欲所渍耳。”

灏性行端饬，以孝友称。广淳谨勤恪，尝著四书纂疏、诗传童子问，以发明师旨。

沈，元定子也，著书传。

纲　夏六月，太上皇后李氏崩。

纲　许及之罢。

纲　秋七月，以陈自强签书枢密院事。

纲　八月，太上皇崩。

纲　京镗卒。

纲　九月，处士吕祖泰上书请诛韩侂胄，诏配祖泰于钦州牢城。

目　祖泰，祖俭从弟也。性疏达，尚气谊，论世事无所忌讳。先是祖俭以言事贬，祖泰语其友曰：“自吾兄之贬，诸人箝口。我虽无位，义必以言报国。当少须之，今亦未敢以累吾兄也。”至是，祖俭卒，祖泰乃击登闻鼓，上书论韩侂胄有无君之心，请诛之以防祸乱，其略曰：“道学，自古所恃以为国者也。丞相汝愚，今之有大勋劳者也。立伪学之禁，逐汝愚之党，是将空陛下之国，而陛下不知悟邪？陈自强，侂胄童稚之师，躐致宰辅；陛下旧学之臣彭龟年等，今安在邪？苏师旦，平江之吏胥，周筠，韩氏之厮役，人人知之；今师旦以潜邸随龙，筠以皇后亲属，俱得大官。不知陛下在潜邸时果识师旦乎？椒房之亲果有筠乎？侂胄徒自尊大，而卑陵朝廷，一至于此。愿亟诛侂胄、师旦、筠，而逐罢自强之徒。故大臣在者，独周必大可用，宜以代之。不尔，事将不测。"书出，中外大骇。有旨："吕祖泰挟私上书，语言狂妄，拘管连州。"右谏议大夫程松与祖泰狎友，惧曰："人知我素与游，其谓我与闻乎？"乃独奏言："祖泰有当诛之罪，且其上书必有教之者。今纵不杀，犹当杖黥，窜之远方。"乃杖祖泰一百，配钦州牢城收管。祖泰自期必死，冀以身悟朝廷，了无惧色。监察御史林采言伪习之成，造端自周必大，宜加绌削，遂贬必大为少保。

纲 冬十月，加韩侂胄太傅。

纲 十一月，皇后韩氏崩。

纲 十二月，葬永崇陵。

纲鉴易知录卷八五

南宋纪

宁宗皇帝

纲　辛酉，嘉泰元年，春二月，临安大火。

纲　秋七月，何澹罢。

目　时吴挺子曦为殿前副都指挥使，自以世守西蜀，为国潘屏，而身留行都，不得如志，乃以贿赂宰辅，规图帅蜀；未及赂澹。韩侂胄已许之，澹持不可。侂胄怒曰："始以君肯相就黜伪学，汲引至此，今顾立异邪！"遂罢奉祠。

纲　以陈自强参知政事，张釜签书枢密院事。

纲　以吴曦为兴州都统制。

目　曦至兴州，因谮副都统制王大节罢之，由是兵权悉归于曦，异志遂成矣。

纲　八月，张釜罢。

纲　以张岩参知政事，程松同知枢密院事。

目　皆附韩侂胄者。松谄侂胄尤甚，自知钱塘县，不二年，为谏议大夫，满岁未迁，殊怏怏。乃市一妾献之，名曰松寿。侂胄曰："奈何与大谏同名？"答曰："欲使贱名常达钧听耳。"侂胄怜之，遂除同知枢密院事。

纲　乃蛮袭西辽，灭之。

目　西辽王直鲁古出猎，乃蛮王屈出律伏兵八千擒之而据其位，尊直鲁古为太上皇，直鲁古寻死，辽祀始绝。

纲　壬戌，二年，春正月，以苏师旦兼枢密都承旨。

纲　二月，弛伪学党禁，复诸贬谪者官。

目　伪学之祸，虽本于韩侂胄欲去异己以快所私，然实京镗创谋，而何澹、刘德秀、胡纮成之。及镗死，三人亦罢，侂胄厌前事之乖戾，欲稍更改以消中外之议。会张孝伯谓侂胄曰：“不弛党禁，恐后不免报复之祸。”藉田令陈景思，侂胄之姻也，亦谓侂胄勿为已甚，侂胄然之。于是赵汝愚追复资政殿学士。党人见在者，徐谊、刘光祖、陈傅良诸人，咸先后复官自便。又削荐牍中“不系伪学”一节，俾勿复有言。时朱熹没已逾年，周必大、留正各已贬秩致仕；诏熹以待制致仕，必大复少傅，正复少保。

纲 秋八月，以袁说友同知枢密院事。冬十一月，以陈自强知枢密院事，许及之参知政事。

纲 十二月，立贵妃杨氏为皇后。

目 时后为贵妃，与曹美人俱有宠。韩侂胄以后颇涉书史，知古今，性警敏，任权术，而曹美人柔顺，劝帝立曹氏。帝不从，竟立后，由是后与侂胄有怨矣。

纲 加韩侂胄太师。

纲 是岁大蝗。

纲 癸亥，三年，春正月，谢深甫罢。张岩罢。

纲 帝视太学。

纲 以袁说友参知政事，傅伯寿签书枢密院事。伯寿辞不拜。二月，以费士寅签书枢密院事。

纲 夏五月，以陈自强为右丞相。

目 时侂胄专权，凡所欲为，宰执惕息，不敢为异，自强至印空名敕劄授之，惟所欲为，宰执不预知也。言路扼塞，每月按举小吏一二人，谓之“月课”。又有泛论君德、时事，皆取其陈熟缓慢，略无撄拂者言之。或问之，则愧谢曰：“聊以塞责尔。”加以苞苴盛行，自强尤贪鄙，四方致书馈必题其缄，云“某物若干并献”，凡书题无“并”字则不开。自强每称侂胄为恩主、恩父，苏师旦为叔，堂吏史达祖为兄。侂胄奸宄专政，自强表里之功为多。

纲 以许及之知枢密院事。

纲 秋七月，造战舰，八月，增置襄阳骑军。

纲 九月，袁说友罢。冬十月，以费士寅参知政事，张孝伯同知枢密院事。

纲 甲子，四年，春正月，韩侂胄定议伐金。

目　金为北鄙阻𩏽等部所扰，无岁不兴师讨伐，兵连祸结，士卒涂炭，府仓空匮，国势日弱。有劝韩侂胄立盖世功名以自固者，侂胄然之，恢复之议遂起。聚财募卒，出封椿库黄金万两，以待赏功，命吴曦练兵西蜀。既而安丰守臣厉仲方，言淮北流民咸愿归附；而浙东安抚使辛弃疾入见，言金国必乱亡，愿属元老大臣备兵为仓猝应变之计。侂胄大喜。郑挺、邓友龙等又附和其说，侂胄用师之意益锐矣。

纲　三月，临安大火，诏百官陈时政阙失。

纲　夏四月，许及之罢。以张孝伯参知政事，钱象祖同知枢密院事。

纲　五月，追封岳飞为鄂王。

目　先已赐谥武穆，至是韩侂胄欲风厉诸将，乃追封飞。寻封刘光世为鄜王，赠宇文虚中少保。

纲　秋八月，张孝伯罢。

纲　冬十月，以张岩参知政事。十二月，诏宰相兼国用使。

目　韩侂胄议恢复，陈自强请尊孝宗典故，创国用司，总核内外财赋。遂以自强兼国用使，费士寅、张岩同知国用事。掊克民财，州郡骚动。

纲　乙丑，开禧元年，春三月，费士寅罢。

纲　太白昼见。

纲　夏四月，以钱象祖参知政事，刘德秀签书枢密院事。

纲　以皇甫斌知襄阳府。

目　寻以斌为京西、北路招抚副使。

纲　窜武学生华岳于建宁。

目　岳上书，谏朝廷未宜用兵启边衅，且乞斩韩侂胄、苏师旦、周筠以谢天下。侂胄大怒，下岳大理，编管建宁。

纲　五月，金以仆散揆为河南宣抚使。

纲　秋七月，诏韩侂胄平章军国事。

纲　以苏师旦为安远节度使，领阁门事。

纲　八月，金罢河南宣抚司。

纲　以郭倪知扬州。

目　寻兼山东、京东招抚使。

纲 九月，刘德秀罢。

纲 遣使如金。

纲 以丘崈为江、淮宣抚使，崈辞不拜。

目 初，韩侂胄以北伐之议示崈，崈曰："中原沦陷且百年，在我固不可一日而忘；然兵凶战危，若首倡非常之举，兵交，胜负未可知，则首事之祸，其谁任之？"侂胄不纳。至是命崈宣抚江、淮，崈手书切谏曰："金人未必有意败盟，中国当示大体，宜申警军实，使吾常有胜势，若衅自彼作，我有词矣。"因力辞不拜，侂胄不悦。

纲 丙寅，二年，春二月，寿慈宫火。

纲 以程松为四川宣抚使，吴曦副之。

目 松移司兴元，东军三万属焉。曦进屯河池，西军六万属焉。仍听节制财赋，按劾计司，曦由是益得自专，松无所关与。松始至，欲以执政礼见曦，责庭参；曦闻之，及境而还。松用东、西军一千八百自卫，曦抽摘以去，松亦不悟。寻诏曦兼陕西、河东招抚使。

纲 钱象祖罢。

纲 夏四月，以薛叔似为京、湖宣抚使，邓友龙为两淮宣抚使。

纲 追夺秦桧王爵，改谥缪丑。

纲 金复命仆散揆会兵河南。

纲 吴曦反，献阶、成、和、凤四州于金以求封。

目 曦既得志，与其从弟晛及徐景望、赵富、米修之、董镇共为反谋，阴遣其客姚淮源献阶、成、和、凤四州于金，求封蜀王。

纲 郭倪遣兵复泗州。五月，下诏伐金。

目 韩侂胄闻已得泗州，乃议降诏，略曰："天道好还，中国有必伸之理；人心效顺，匹夫无不报之仇。蠢兹丑虏，犹托要盟，朘生灵之资，奉溪壑之欲。此非出于得已，彼乃谓之当然。军入塞而公肆创残，使来庭而敢为桀骜，洎行李之继遣，复嫚词之见加。含垢纳污，在人情而已极；声罪致讨，属胡运之交倾。兵出有名，师直为壮。言乎远，言乎近，孰无忠义之心？为人子，为人臣，当念祖宗之愤！"直学士院李壁之词也。

纲 郭倪遣兵攻宿州，大败。

目 时建康都统李爽攻寿州，亦败。

纲 皇甫斌败绩于唐州。

目 时江州都统王大节攻蔡州，亦不克而溃。

纲 诏以宗室均为沂王柄嗣，赐名贵和。

纲 六月，邓友龙免，以丘崈为两淮宣抚使。

纲 秋七月，苏师旦有罪，安置韶州。

纲 以张岩知枢密院事，李壁参知政事。

纲 夏李安全废其主纯佑而自立。

纲 冬十月，金仆散揆分兵入寇。

纲 金人围楚州。

纲 十一月，以丘崈签书枢密院事，督视江、淮军马。

纲 金人陷京西州军，招抚使赵淳焚樊城而遁。

纲 金仆散揆陷安丰军，遂围和州。

目 揆引兵至淮，遣人密测淮水，惟八叠滩可涉，即遣奥屯骧扬兵下蔡，声言欲渡，守将何汝励、姚公佐以为诚然，悉众屯花靥以备之。揆乃遣赛不等潜师渡八叠，驻于南岸。官军不虞其至，遂皆溃走，揆遂下安丰军。进围和州，屯于瓦梁河，以控真、扬诸州之冲。乃整军列骑，张旗帜于沿江上下，于是江南大震。

纲 金人入西和州。十二月，入成州，吴曦焚河池，退壁青野原。

纲 金人陷真州，寇六合，郭倪遣兵救之，败绩。倪弃扬州走。

纲 金人入大散关，吴曦还兴州。

目 时兴州都统制毋思以重兵守关，金人绕出关后，思孤军不能支，遂陷。曦退屯置口，金完颜纲以金主命，立曦为蜀王，曦密受之，遂还兴州。是夜，天赤如血，光烛地如昼。翌日，曦召幕属谕意，谓“东南失守，车驾幸四明，今宜从权济事”。王翼、杨骙之抗言曰：“如此，则相公忠孝八十年门户，一朝扫地矣。”曦曰：“吾意已决。”即遣任辛奉表献蜀地图及吴氏谱牒于金。

纲 丘崈遣使如金军议和，金仆散揆还军下蔡。

目 韩侂胄以师出屡败，悔其前谋，谕崈募人持书币赴敌营议和。崈乃遣刘祐持书于揆，愿讲好息兵；揆不从。崈复遣使相继以往，因许还其淮北流移人及今年岁币。揆始许之，自和州退屯下蔡。

纲 薛叔似免。

纲 以毕再遇权山东、京东招抚司。

目 时诸将用兵皆败，惟再遇数有功。金人常以水柜取胜，再遇夜缚藁人数千，衣以甲胄，持旗帜戈矛，俨立成行，昧爽，鸣鼓，金人惊视，亟放水柜。后知其非兵也，甚沮。乃出兵攻之，金人大败。又尝引金人与战，且前且却，至于数四，视日已晚，乃以香料煑豆布地上，复前搏战，佯为败走。金人乘胜追逐，马饥，闻豆香，皆就食，鞭之不前；反攻之，金人马死者不可胜计。又尝与金人对垒，度金兵至者日众，难与争锋。一夕拔营去，留旗帜于营，并缚生羊，置其前二足于鼓上，击鼓有声；金人不觉为空营，复相持数日。及觉，欲追之则已远矣。

纲 程松自兴元逃归。

纲 蒙古奇渥温铁木真称帝于斡难河。

纲 先是金主遣卫王允济往靖州受铁木真之贡，允济奇其状貌，归言于金主，请以事除之，金主不许。铁木真闻而憾之。

纲 蒙古灭乃蛮。

纲 丁卯，三年，春正月，罢丘崈，以张岩督视江、淮军马。

目 时金已有和意，崈上疏乞移书金帅以成前议，且言金人指韩侂胄为元谋，若移书，宜暂免系衔。侂胄大怒，罢崈。

纲 以陈自强兼枢密使。

纲 吴曦自称蜀王。权大安军杨震仲死之。

目 曦召随军转运使安丙为丞相长史、权行都省事；丙度不能脱，徒死无益，乃阳与而阴图之。曦又召权大安军杨震仲，震仲不屈，饮药而死。其它如陈咸自髡其发，史次秦自瞽其目，李道传、邓性甫等悉弃官去。

纲 二月，以知建康府叶适兼江、淮制置使。

纲 金平章政事仆散揆卒于下蔡。

目 揆有疾，金主命左丞相完颜宗浩行省事于汴。至是，揆卒。揆为政多惠，人乐为用。

纲 四川转运使安丙诛吴曦，传首临安。

目 监兴州合江仓杨巨源谋讨曦，乃阴与曦将张林、朱邦宁及忠义士朱福等深相结。眉州人程梦锡知之，以告转运使安丙。丙时称疾，不视事，乃属梦锡以书致巨源，延之卧所。巨源曰："非先生不足以主此事，非巨源不足以了此事。”会兴州中军正将李好义，亦结军士李贵、进士杨君玉、李坤辰、李彪等数十人谋诛曦。好义欲奉安丙主事，使坤辰来邀巨源与会。巨源往与约，还报丙，丙大喜，始出视事。君玉与白子申共草密诏。二月乙亥，未明，好义帅其徒七十四人入伪宫。巨源持诏乘马，自称奉使，入内户。曦启户欲逸，李贵即前斫其首，驰告丙。宣诏，军民拜舞，声动天地，持曦首抚定城中，市不易肆。尽收曦党杀之。

先是韩侂胄闻曦反，大惧，召知镇江府宇文绍节问计。绍节云：“安丙非附逆者，必能讨贼。”侂胄乃密以书谕丙云：“若能图曦报国，即当不次推赏。”书未达而诛曦，露布已闻，朝廷大喜。传曦首至临安，诏诛曦妻子，夺曦父挺官爵，迁曦祖璘子孙出蜀，存璘庙祀。

纲　以方信孺为国信所参议官，如金军。

目　韩侂胄募可以报使金帅府者，近臣荐信孺可使，自萧山丞召赴都，命以使事。信孺曰：“开衅自我，金人若问首谋，当以何词答之？”侂胄矍然。遂以信孺为奉使金国通谢国信所参议官，持张岩书以行。

纲　三月，安丙使兴州将李好义等复西和、阶、成、凤州及大散关。

纲　夏四月，程松以罪窜澧州。

纲　以钱象祖参知政事。

纲　金人复陷大散关。

纲　五月，太皇太后谢氏崩。

纲　李好义袭秦州，与金将术虎高琪战，败绩。

目　好义还，为吴曦将王喜所毒而卒。朝廷虑喜为变，授节度使，移荆鄂都统制。

纲　六月，安丙杀宣抚司参议官杨巨源。

目　初，吴曦诛，奖谕诏至兴州，巨源谓人曰“诏命一字不及巨源”，疑有以蔽其功者。俄报王喜授节度使，而巨源授通判，心益不平，乃怨功于朝。或谓安丙曰：“巨源谋乱。”丙令喜鞠其党，皆抵罪。时巨源方与金人战于凤州之长桥而败，丙密使兴元都统制彭辂收巨源，械送阆州狱，至大安龙尾滩，丙使将校樊世显杀之。忠义之士闻者，莫不扼腕流涕。

纲 秋七月，大旱，蝗。

目 蝗飞蔽天，食浙西豆粟皆尽。诏郡邑赈恤之。

纲 九月，贬方信孺官，遣右司郎中王柟如金军。

目 信孺至濠州，纥石烈子仁下之于狱，露刃环守之，绝其薪水，要以五事。信孺曰："反俘、归币，可也；缚送首谋，自古无之；称藩、割地，则非臣子所敢言。"子仁怒曰："若不望生还邪？"信孺曰："吾将命出国门时，已置生死度外矣。"子仁遣至汴见完颜宗浩，宗浩坚持五说。信孺辨对不少屈，宗浩不能诘，授以报书曰："和与战，俟再至决之。"信孺还，朝廷以林拱辰为通谢使，与信孺持国书誓草，及许通谢百万缗。信孺至汴，宗浩怒信孺不曲折建白，遽以誓书来，有诛戮禁锢之语；信孺不为动。宗浩遣信孺还，复书于张岩曰："若斩元谋奸臣，函首以献，及添岁币五万两匹，犒师银一千万两，方可议和好。"信孺还，致其书。韩侂胄问之，信孺言："敌所欲者五事：一割两淮，二增岁币，三索归正人，四犒军银，五不敢言。"侂胄固问之，信孺徐曰："欲得太师头耳！"侂胄大怒，夺信孺三官，临江军居住。

信孺三使金师，以口舌折强敌，金人计屈情见，虽未即和，然已有成说。及贬，欲再遣使，顾在廷无可者，近臣以王柟荐，乃命假右司郎中，持书北行。柟，伦之孙也。

纲 冬十一月，礼部侍郎史弥远诛韩侂胄于玉津园。诏暴侂胄罪恶于中外。

自兵兴以来，公私之力大屈，而侂胄意犹未已，中外忧惧。礼部侍郎兼资善堂翊善史弥远入对，因力陈危迫之势，请诛侂胄以安邦。皇后杨氏素怨侂胄，因使皇子荣王曮具疏言："侂胄再启兵端，将不利于社稷。"帝不答，后从旁力赞之，帝犹未许；后请命其兄杨次山择群臣可任者与共图之，帝始允可。次山遂语弥远。弥远得密旨，先白钱象祖，象祖许之，象祖以告李壁。弥远自怀中出御批，罢韩侂胄平章军国事；陈自强阿附充位，罢右丞相，日下出国门。仍命主管殿前司公事夏震以兵三百防护。象祖欲奏审，壁谓"事留恐泄"，乃已。翌日，侂胄入朝，至太庙前，震呵止之，从者皆散，震以兵拥侂胄至玉津园侧，殛杀之。弥远、象祖以诛侂胄闻，遂下诏暴侂胄罪恶于中外，论功，进弥远为礼部尚书，加震福州观察使。

侂胄专政十四年，宰执、侍从、台谏、藩阃，皆其门庑之人，天子孤立于上，威行宫省，权震宇内。及籍其家，多乘舆服御之饰，其僭紊极矣。

纲 治韩侂胄党，窜陈自强于永州，斩苏师旦，流郭倪等于岭南，贬李璧等官。

纲 以卫泾签书枢密院事。

纲 立荣王曮为皇太子，更名帱。

纲 十二月，罢山东、京东、西路招抚司。

纲 以钱象祖为右丞相兼枢密使，卫泾、雷孝友参知政事，史弥远同知枢密院事，林大中签书院事。

目 初，韩侂胄欲内交于大中，大中不许，而上章极论其奸，因辞官屏居，时事不挂于口。侂胄当国，或劝其通书以免祸，大中曰："福不可求而得，祸可惧而免邪？"不听，凡十二年而复起。

纲 戊辰，嘉定元年，春正月，以史弥远知枢密院事。

纲 王柟还自汴。三月，以韩侂胄、苏师旦首畀金。

目 柟至汴，金主遣柟持书，求函韩侂胄首以赎淮南。柟还，言于朝，诏百官议。吏部尚书楼钥曰："和议重事，待此而决，奸宄已毙之首，又何足惜！"遂命临安府斲棺取首，枭之两淮，仍谕诸路以函首畀金之事，遂以侂胄及师旦之首付王柟送金师，以易淮、陕侵地。

纲 复秦桧爵、谥。

纲 临安大火。

纲 夏六月，金人来归大散关及濠州。

目 王柟以韩侂胄、苏师旦首至金，金主璟遂命完颜匡等罢兵，更元帅府为枢密院，遣使来归大散关及濠州。

纲 卫泾罢。林大中卒。

纲 秋七月，召丘崈同知枢密院事，未至卒。

目 崈仪状魁杰，机神英悟，尝慷慨曰："生无以报国，死愿为猛将以灭敌。"其忠义盖天性也。

纲 八月，以娄机同知枢密院事，楼钥签书院事。

目 钥持论坚正，忤韩侂胄意，奉祠累年。

机初为太常少卿，侂胄开边，机曰："恢复之名非不美。今人才难得，财力未裕，万一兵连祸结，奈何？"邓友龙曰："不逐此人则异议无所回。"遂斥外。及入枢府,时干戈甫定,信使往来,机裨赞之功为多。尤惜名器,守法度,进退人物,直言可否,不市私恩,不避怨。

纲 金遣使来,和议成。

纲 冬十月,以钱象祖、史弥远为左、右丞相,雷孝友知枢密院事,楼钥同知院事,娄机参知政事。

纲 金主璟卒,卫王永济立。

目 永济,世宗第七子也。金主无子,疏忌宗室,以永济柔弱,鲜智能,故爱之,欲传位焉。金主殂,元妃李氏、黄门李新喜、平章政事完颜匡等定策,奉永济即位。

纲 赠赵汝愚太师,沂国公。

纲 钱象祖罢。

纲 己巳,二年,春正月,以楼钥参知政事,章良能同知枢密院事,宇文绍节签书院事。

纲 夏五月,起复右丞相史弥远。

纲 蒙古入灵州,夏主安全降。

纲 冬十二月,畏吾儿国降于蒙古。

目 畏吾儿,唐之高昌也。

纲 庚午,三年,冬十二月,娄机罢。

目 机立朝能正言,好称奖人才,不遗寸长,访问贤能,疏列姓名及其可用之实,以备采取。至是以老罢。

纲 蒙古侵金。

目 金主永济嗣位,有诏至蒙古,传言当拜受。蒙古主问金使曰:"新君为谁?"使曰:"卫王也。"蒙古主遽南面唾曰:"我谓中原皇帝是天上人做,此等庸儒,亦为之邪?何以拜为!"即乘马北去。金使还言,永济怒,欲俟蒙古入贡就害之。蒙古主知之,遂与金绝,益严兵为备,数侵掠金西北之境,其势渐盛;金人皇皇,遂禁百姓传说边事。

纲 辛未,四年,春三月,临安大火。

纲 夏四月,金使人求和于蒙古,蒙古不许。

纲 秋八月,夏主安全卒,族子遵顼立。

纲 蒙古攻金西京,留守纥石烈胡沙虎弃城遁,金西北诸州皆降蒙古。

纲 闰九月，金兵御蒙古，败绩于会河，蒙古遂入居庸关，大掠而去。

纲 壬申，五年，秋七月，雷雨，太庙屋坏。

目 权直学士院真德秀上疏曰："臣博观经籍史传所志，自非甚无道之世，未闻震霆之惊及于宗庙者。夫震霆者，上天至怒之威。宗庙者，国家至严之地。以至怒之威而加诸至严之地，其为可畏也明矣。古先哲王，遇非常之变异，则必应之以非常之德政，未尝仅举故事而已；今日避殿、损膳之外，咸无闻焉。或者固已妄议陛下务为应天之文，而不究其实矣。臣愿陛下，内揆之一身，外察诸庶政，勉进君德，毋以豢养安逸为心，博通下情，深求致异召和之本，庶几善祥日应，咎征日消矣。"

纲 癸酉，六年，春正月，宇文绍节卒。三月，楼钥罢。

纲 故辽人耶律留哥取金辽东州郡，自立为辽王。

纲 夏四月，以章良能参知政事。

纲 五月，金主永济复以纥石烈胡沙虎为右副元帅，秋八月，胡沙虎弑永济而立昇王珣，自为太师、尚书令、都元帅，封泽王。

纲 冬十月，蒙古大败金将术虎高琪于怀来，进围燕。高琪还，杀胡沙虎，金主以高琪为左副元帅。

纲 甲戌，七年，春正月，章良能卒。

纲 三月，金以其故主永济之女归蒙古。夏四月，及蒙古平。

纲 五月，金主珣徙都汴。秋七月，蒙古复围燕。

目 金主以国蹙兵弱，财用匮乏，不能守中都，乃迁都于汴。蒙古主闻之，怒曰："既和而迁，是有疑心而不释憾，特以解和为款我之计耳。"复图南侵，遣兵围燕京。

纲 罢金岁币。

目 时金人屡遣使来督岁币，起居舍人真德秀上疏请绝之，其略曰："女真以鞑靼侵陵，徙巢于汴，此吾国之至忧也。盖鞑靼之图灭女真，犹猎师之志在得鹿；鹿之所走，猎必从之。既能越三关之阻以攻燕，岂不能绝黄河一带之水以趋汴。使鞑靼遂能如刘聪、石勒之盗有中原，则疆埸相望，便为邻国，固非我之利也；或如耶律德光之不能即安中土，则奸雄必将投隙而取之，尤非我之福也。今当乘虏之将亡，亟图自立之策，不可幸虏之未亡，姑为自安之计也。夫用忠贤，修政事，屈群策，收众心者，自立之本。训兵戎，择将帅，缮城池，饬戍守者，自立之具。以忍耻和戎为福，以息兵忘战为常，积安边之金缯，饰行人之玉帛，女真尚存，则用之女真，强敌更生，则施之强敌，此苟安之计也。陛下以自立为规模，则国势日张，人心日奋，虽强敌骤兴，不能为我患；以苟安为志向，则国势日削，人心日偷，虽弱虏仅存，不能无外忧。盖安危存亡，皆所自取。若夫当事变方兴之日，而示人以可侮之形，是堂上召兵，户内延敌也。微臣区区，窃所深虑。"反复数千言，帝纳之，遂罢金国岁币。

纲 以郑昭先签书枢密院事。

纲 乙亥，八年，春二月，雷孝友罢。

纲 三月，金主遣兵救燕，与蒙古兵遇于霸州，大溃。夏五月，中都留守右丞相完颜承晖自杀，蒙古遂入燕。

纲 秋七月，以郑昭先参知政事，曾从龙签书枢密院事。

纲 冬十一月，以真德秀为江东转运副使。

目 德秀朝辞，奏五事，一曰宗社之耻不可忘，言："国家之于金虏，盖万世必报之雠，高宗、孝宗值其方强，不得已以太王自处，而以句践望后人。今天亡此胡，近在朝夕，诚能以待敌之礼而遇天下之豪杰，以遗虏之费而厉天下之甲兵，人心奋张，士气自倍，何惮于此虏而犹事之哉！且重于绝虏者，畏召怨而启衅也。然能不召怨于亡虏，而不能不启衅于新敌，权其利害，孰重孰轻？臣愿陛下勉句践之良图，惩绍兴之失策，则王业兴隆可冀矣。"二曰比邻之道不可轻，言："鞑靼及山东之盗，苟得志而邻于吾，莫大之忧也。愿朝廷毋轻二贼，日夜讲其攻守之策，以逆杜窥窬之心。"三曰幸安之谋不可恃，言："今之议者，大抵以金虏之存亡，为我欣戚。闻危蹙之报，则冀其非实；得安静之耗，则幸其必然；是犹以朽壤为垣，而望其能障盗贼也。愿陛下励自强之志，恢立武之经，毋以虏存为喜，虏亡为畏，则大势举矣。"四曰导谀之言不可听，言："今边事方殷，正君臣戒惧之日。而荐绅大夫工为谀说，或以五福足恃为言。夫乾象告愆，迩日尤甚，其可恃谶纬不经之说，而忽昭昭之儆戒乎？惟陛下鉴天人之相因，察谀佞之有害，益修其本，以格天休，宗社之庆也。"五曰至公之论不可忽，言："公论，国之元气也。元气痞鬲，不可以为人，公论湮郁，不可以为国。深惟今日，实公论屈伸之机。朝廷之上，若以言者为爱君，为报国，无猜忌之意，而有听用之诚，则公论自此愈伸。若以言者为沮事，为徼名，无听用之诚，而有猜忌之意，则公论自此复屈。夫公论伸屈，乃治乱存亡之所由分，故臣于篇终，反复极言，惟陛下亮臣愚忠也。”

纲 丙子，九年，春二月，东、西两川地大震。

目 马湖夷界山崩八十里，江水不通。

纲 夏四月，辽王留哥降蒙古。

纲 丁丑，十年，春二月，金尚书省请罢府州学生廪给，金主不许。

目 尚书省以军储不继，请罢州府学生廪给。金主曰：“自古文武并用，向在中都，设学养士，犹未尝废，况今日乎！其令仍旧给之。”

纲 夏四月，金人分道入寇，诏京湖、江淮、四川制置使赵方、李珏、董居谊饬兵御之。

纲 五月，赵方遣统制扈再兴、钤辖孟宗政等救枣阳，金人败走。

纲 太白经天。

纲 秋七月，李全率众来归。诏李珏等节制京东忠义军。

纲 八月，金以河南为中京。

纲 冬十二月，李全及其兄福袭金青、莒州，取之。

纲 戊寅，十一年，春正月，以李全为京东路总管。

纲 夏五月，金中都经略副使贾瑀杀苗道润，道润将张柔讨之，至紫荆关，遇蒙古，与战，被执，遂降蒙古。

目 道润素与瑀有隙，一日从数骑出，瑀伏甲射杀之。张柔檄召道润部曲，告以复雠之意，众皆罗拜，推柔为长。柔方会兵趣中山，而蒙古兵出自紫荆关；柔遇之，遂战于狼牙岭，柔马跌，为蒙古兵士所执。至军前，见主帅明安，柔立而不跪，左右强之，柔叱曰：“彼帅，我亦帅也。大丈夫死即死，终不偷生为他人屈！”明安壮而释之。其溃卒稍稍来集，明安恐柔为变，质其二亲于燕京。柔叹曰：“吾受国厚恩，不意猖獗至此。顾忠孝不两立，姑为二亲屈。”遂降，蒙古以柔为河北都元帅。

纲 秋八月，蒙古木华黎攻取金河东诸州郡，金元帅乌古论德升等死之。

目 木华黎围太原，环之数匝，金元帅乌古论德升力拒之。城破，德升至府署，谓其姑及妻曰：“吾守此数年，不幸力穷。”乃自缢而死。行省参政李革守平阳,兵少援绝,城陷。或谓革"宜上马突围出",革叹曰:"吾不能保此,何面目见天子!汝辈可去矣。"遂自杀。节度使完颜讹出虎守汾州,元帅右监军纳合蒲剌都守潞州,城破,皆力战而死。

纲 冬十二月,金主珣遣使来求和,不纳。遂使其太子守绪会兵入寇。

纲 己卯,十二年,春正月,金人复寇西和、成、凤州,入黄牛堡,吴政拒战,死之。

纲 金人复大举围枣阳,赵方使知随州许国等率师攻唐、邓以救之。

目 完颜讹可围枣阳,方计其空巢穴而来,若捣其虚,则枣阳之围自解。乃命国及扈再兴引兵三万余,分二道出攻唐、邓二州,又命其子范监军,葵为后殿。

纲 以曾从龙同知枢密院事,任希夷签书院事。

目 希夷尝从朱熹学,笃信力行,为礼部尚书。以朱熹、张栻、吕祖谦皆已赐谥,而周敦颐、程颢、程颐、张载四人,为百代绝学之倡,尚未赠谥,乃上言乞定议赐谥,朝廷从之。

纲 三月,以郑昭先知枢密院事,曾从龙参知政事。

纲 夏四月,曾从龙罢。

纲 复以安丙为四川宣抚使。

目 兴元卒张福等作乱。四川大震。张方、魏了翁移书宰执,谓"安丙不起,则贼未即平,蜀未可定。虽贼亦曰:'须安相公作宣抚使,事乃定耳。'"会诏丙为宣抚,知兴元府、利州路安抚使,民心始安。

纲 六月,安丙讨张福,诛之。

纲 孟宗政、扈再兴合击金人于枣阳,大败之,追至邓州而还。

纲 冬十二月,赵方使扈再兴、许国、孟宗政帅师分道伐金。

目 方以金人屡败,必将同时并攻,当先发以制之。乃遣再兴等帅师六万,分三道而进,戒之曰:"毋深入,毋攻城,第溃其保甲,毁其城砦,空其赀粮而已。"

纲 庚辰,十三年,秋八月,太子询卒。

纲 安丙遣兵会夏人伐金。

目 丙遣夏人书，定议同举伐金，约以夏兵野战，我师攻城。遂命利州统制王仕信帅师赴熙、秦、巩、凤翔，委丁熔节制，且传檄招谕陕西五路官吏军民。

纲 九月，夏人围金巩州，官军会之，不克而还。

纲 冬十一月，蒙古耶律楚材进庚午元历。

目 楚材，辽东丹王突欲八世孙，金尚书右丞履之子。贞祐三年，为中都行省员外郎，中都陷，遂降于蒙古。蒙古主尝访辽宗室，召楚材谓之曰："辽、金世雠，吾为汝报之矣。"楚材对曰："臣祖父以来，尝北面事之。既为臣子，岂敢复怀二心，雠君父邪！"蒙古主重其言，命处左右备访问。楚材通术数之学，尤邃于太玄。时从征西域，以金大明历不应，制庚午元历上之。蒙古主每征伐，必令楚材预卜吉凶，亦自灼羊胛以符之，然后行。

纲 辛巳，十四年，夏六月，立沂王嗣子贵和为皇子，更名竑。

目 帝以国本未立，命选太祖十世孙年十五岁以上者，教育宫中，如高宗择普安王故事。于是立贵和为皇子，以贵诚为秉义郎。贵诚初名与莒，燕懿王德昭之后，希瓐之子也，母全氏，家于绍兴山阴县。

初，庆元人余天锡为史弥远府童子师，性谨愿，弥远器重之。弥远在相位久，以帝未有储嗣，而沂靖惠王近属亦未有嗣，欲借沂王置后为名，阴择宗室中可立者，以备皇子之选。会天赐告还乡秋试，弥远密语之曰："今沂王无后，宗子贤厚者幸具以来。"天锡渡浙，舟抵越西门，会天大雨，过全保长家避雨，保长知其为丞相客，具鸡黍甚肃。须臾有二子侍立，天锡异而问之，保长曰："此吾外孙赵与莒、与芮也。日者尝言二儿后当极贵。"天锡因忆弥远言，及还临安，以告之。弥远命召二子来。保长大喜，鬻田，治衣冠，集姻党送之，且诧其遇。及见，弥远善相，大奇之，恐事泄不便，遽使复归。保长大惭。逾年，弥远忽谓天锡曰："二子可复来乎？"天锡召之，保长辞谢不遣。弥远乃使天锡密谕保长曰："二子，长者最贵，宜还抚于其父家。"遂载至临安。及贵和立为皇子，乃补与莒秉义郎，赐名贵诚，年十七矣。

纲 秋八月，任希夷罢，以宣缯同知枢密院事，俞应符签书院事。

纲 京湖制置大使赵方卒。

目 方病革，曰："未死一日，当立一日纪纲。"及卒，人皆思之。

方少从张栻学，初知青阳县，告其守史弥远曰："催科不扰，是催科中抚字；邢罚无差，是刑罚中教化。"人以为名言。方守襄、汉十年，以战为守，合官民兵为一体，通制总司为一家，许国之忠，应变之略，隐然有樽俎折冲之风，故金人扰边，淮、蜀大困，而京西一境独全。能用名人，如陈晐、游九功辈，皆拔为大吏，扈再兴、孟宗政，皆自土豪推诚擢任，致其死力，卒为名将。故能藩屏一方，使朝廷无北顾之忧。

纲　九月，立宗室贵诚为沂王后。

目　贵诚凝重寡言，洁修好学，每朝参待漏，他人或笑语，贵诚独俨然，出入殿庭，矩度有常，见者敛容。弥远益异之，至是立为沂靖惠王后。

纲　冬十一月，四川宣抚使安丙卒，诏以崔与之为四川制置使，尽护蜀军。

目　丙在四川，以攻为守，威功甚著，朝廷赖之。及卒，诏与之尽护西蜀之师。与之开诚布公，拊循将士，人人悦服，军政复立。

纲　十二月，郑昭先罢。

纲　壬子，十五年，春正月朔，受"恭膺天命宝"于大庆殿，大赦。

目　初，镇江都统翟朝宗得玺于金师，献于朝。既而赵拱又得玉印，文与玺同而加大。朝廷喜，受之，行庆贺礼，大赦。贾涉遗书弥远，谓："天意隐而难知，人事切而易见。当思今日人事，尚未有可答天意。"弥远不怿。

纲　夏五月，进封子竑为济国公，以贵诚为邵州防御使。

目　竑好鼓琴，史弥远买美人善鼓琴者纳诸竑而厚抚其家，使瞯竑动息。美人知书慧黠，竑嬖之。时杨皇后专国政，弥远用事久，宰执、侍从、台谏、藩阃，皆所引荐，莫敢谁何，权势熏灼。竑心不能平，尝书杨后及弥远之事于几上，曰："弥远当决配八千里。"又尝指宫壁舆地图琼、崖曰："吾他日得志，置史弥远于此。"又尝呼弥远为"新恩"以他日非新州则恩州也。弥远闻之，大惧，思以处竑，而竑不知。

真德秀时兼宫教，谏竑曰："皇子若能孝于慈母而敬大臣，则天命归之矣，否则深可虑也！"竑不听。一日，弥远为其父浩饭僧净慈寺，与国子学录郑清之登慧日阁，屏人语曰："皇子不堪负荷，闻后沂邸者甚贤，今欲择讲官，君其善训导之，事成，弥远之坐即君坐也。然言出于弥远之口，入于君之耳，若一语泄，吾与君皆族矣！"清之曰："不敢。"乃以清之兼魏忠宪王府学教授。

清之日教贵诚为文，又购高宗御书，俾习之。清之谒弥远，即示以贵诚诗文翰墨，誉之不容口。弥远尝问清之曰："吾闻皇侄之贤已熟，大要竟何如？"清之曰："其人之贤，更仆不能数，然一言以断之，曰'不凡'。"弥远颔之再三，策立之意益坚。乃日媒蘖竑之失言于帝，觊帝废竑立贵诚，而帝不悟其意。

纲 六月，俞应符卒。

纲 秋八月，长星见西方。

目 蒙古耶律楚材谓其主曰："女真将易主矣。"

纲 九月，以宣缯参知政事，程卓同知枢密院事，薛极签书院事。

纲 冬十二月，以李全为保宁节度使、京东、河北镇抚副使。

目 初，全有战功，史弥远欲加全官，贾涉止之，及加节钺，涉叹曰："朝廷但知官爵可以得其心，宁知骄则将至于不可劝邪！"

纲 蒙古铁木真入西域，屠蔑里城，灭回回国，大掠忻都而还。

目 蒙古主入西域，围塔里寒寨，拔之。进薄回回国，其主委国而去。蒙古主遂进次于忻都国铁门关。侍卫见一兽，鹿形马尾，绿色而独角，能为人言，谓之曰："汝君宜早回。"蒙古主怪之，以问耶律楚材，对曰："此兽名角端，解四夷语，是恶杀之象。今大军征西已四年，盖上天恶杀，遣之告陛下。愿承天心，宥此数国人命，实无疆之福。"蒙古遂大掠忻都而还。

纲 癸未，十六年，春三月，蒙古木华黎死于解州。

目 木华黎自河中帅师还，至解州而卒。木华黎雄勇善谋，与博尔术、博儿忽、赤老温俱以忠勇事其主，号为拨里班曲律，犹华言四杰也。四人之子孙皆领宿卫，号四怯薛，出官则为辅相焉。

纲 夏五月，蒙古初置达鲁花赤，监治郡县。

目 蒙古主以西域渐平，置达鲁花赤于各城，监治之。达鲁花赤，犹华言掌印官也。

纲 六月，程卓卒。淮东制置使贾涉卒。

纲 冬十二月，以许国为淮东制置使。

目 初，淮西都统许国奉祠家居，欲倾贾涉而代之，数言李全必反。涉卒，会召国入对，国疏"全奸谋益深，反状已著，非有豪杰，不能消弥"，盖自鬻也。遂易国文阶为淮东安抚制置使，兼知楚州。命下，闻者惊愕。淮东参幕徐晞稷雅意开阃，及闻国用，乃注释国疏以寄全，全不乐。

纲 金主珣卒，子守绪立。

纲 蒙古攻夏，夏主遵顼传国于其子德旺。

纲 甲申，十七年，春三月，召崔与之为礼部尚书，以郑损为四川制置使。与之辞，不拜。

纲 秋闰八月，帝崩。史弥远矫诏立沂王子贵诚，更名昀。尊皇后为皇太后，同听政。封皇子竑为济王，出居湖州。

目 八月丙戌，帝不豫。史弥远遣郑清之往沂王府，告贵诚以将立之意，贵诚默不应。清之曰："丞相以清之从游久，故使布腹心。今不答一语，则清之将何以答丞相？"贵诚始拱手徐言曰："绍兴老母在。"清之以告弥远，益相与叹其不凡。

壬辰，帝疾笃。弥远称诏，以贵诚为皇子，改赐名昀。闰月丁酉，帝崩。弥远遣皇后兄子谷、石，以废立事白后，后不可，曰："皇子竑，先帝所立，岂敢擅变！"谷等一夜七往返，后终不许。谷等乃拜泣曰："内外军民皆已归心，苟不立之，祸变必生，则杨氏无噍类矣！"后默然，良久曰："其人安在？"弥远即于禁中遣快行宣昀，令之曰："今所宣是沂靖惠王府皇子，非万岁巷皇子，苟误，则汝皆处斩！"昀入宫见后，后拊其背曰："汝今为吾子矣。"弥远引昀至柩前，举哀毕，然后召竑。竑至，则昀已即位矣。遂称诏，以竑为开府仪同三司，封济阳郡王；尊杨皇后曰皇太后，垂帘同听政。诏遵孝宗故事，宫中自服三年丧。寻进封竑为济王，出居湖州。

纲 九月，诏傅伯成为显谟阁学士，杨简为宝谟阁学士，辞不至。

目 史弥远欲收众望，劝帝褒表老儒。遂诏傅伯成、杨简及柴中行俱奉朝请。伯成、简辞不至。

纲 以真德秀直学士院，魏了翁为起居郎。

目 初以德秀兼侍读，寻又以德秀直学士院，召魏了翁为起居郎。德秀之为起居舍人兼宫讲也，言事不避权贵，且惓惓于复雠，知弥远欲以爵禄縻天下士，慨然谓刘爚曰："吾徒须急引去，使庙堂知世有不肯为从官者。"遂力请外。至是自知潭州召还，入对，劝帝容受直言，召用贤臣，固结人心为本；帝开纳之。

了翁当开禧初，以武学博士召试学士院。对策，谏开边事，御史徐柟劾了翁狂妄，了翁亦以亲老，出知嘉定府。寻筑室白鹤山下，以所闻于辅广、李燔者，开门授徒，士争负笈从之，由是蜀人尽知义理之学。及为潼川转运判官，上疏乞与周敦颐、张载、程颢、程颐赐爵定谥，示学者趋向，朝廷从之。

纲 追封希瓐为荣王，以其子与芮袭封奉祀。

纲 冬，以葛洪同签书枢密院事。

纲鉴易知录卷八六

南宋纪

理宗皇帝

纲　乙酉，理宗皇帝宝庆元年，春正月，湖州潘壬起兵，谋立济王竑；竑讨平之。史弥远矫诏杀竑，追贬为巴陵郡公。

纲　湖州人潘壬，与其从兄甫、弟丙，以史弥远废立，不平，乃遣甫密告谋立济王意于李全。全欲坐致成败，阳与之期日，遣兵应接，而实无意也。壬等信之，遂部分其众以待。及期，全兵不至。壬等惧事泄，乃以其党杂贩盐盗千余人，结束如全军状，扬言自山东来，夜入州城，求济王。王闻变，匿水窦中，壬寻得之，拥至州治，以黄袍加王身。王号泣不从，壬等强之，王不得已，乃与约曰："汝能勿伤太后、官家乎？"众许诺。遂发军资库金帛、会子犒军。知州谢周卿，率官属入贺。壬等伪为李全榜揭于门，数史弥远废立罪，且曰："今领精兵二十万，水陆并进。"人皆耸动，比明视之，则皆太湖渔人及巡尉兵卒耳。

王知事不成，乃遣王元春告于朝，而帅州兵讨壬，壬变姓名走楚州，甫、丙皆死。元春至行在，史弥远惧甚，急召殿司将彭壬帅师赴之，至则事平矣。壬至楚，将渡淮，为小校明亮所获，送临安斩之。弥远忌竑，诈言竑有疾，令余天锡召医入湖州视之。天锡至，谕旨逼竑缢于州治，以疾薨闻。寻诏追贬为巴陵郡公，改湖州为安吉州。

起居郎魏了翁、〔金部〕（考功）员外郎洪咨夔，相继言竑之冤。及礼部侍郎直学士院真德秀入对，因曰："陛下初膺大宝，不幸处人伦之变有所未尽，流闻四方，所损非浅。霅川之变，非济邸本志，前有避匿之迹，后闻捕讨之谋，情状本末，灼然可考。愿诏有司，讨论雍熙追封秦邸舍罪恤孤故事，斟酌行之。虽济王未有子息，兴灭继绝，在陛下耳。"帝曰："朝廷待济王亦至矣。"德秀曰："若谓此事处置尽善，臣未敢以为然。观舜所以处象，则陛下不及舜明甚。人主但当以二帝、三王为师。”帝曰：“一时仓卒耳。”德秀曰：“此已往之咎。愿陛下进德修学，以掩前失。”

纲 二月，李全作乱，焚楚州，许国走死。以徐晞稷为制置使，抚之。

目 许国至镇，李全妻杨氏郊迓，国辞不见；杨氏惭而归。国既视事，痛抑北军，有与南军竞者，无曲直，偏坐之，犒赏十损八九。全自青州还楚州，上谒，国端坐纳全拜，不为止。全退，怒，自计曰：“彼所争者，拜耳。拜而得志，吾何爱焉！”更折节为礼。因会集间，出劄白事，国见其细故，判从之，全即席再拜谢。自是动息必请，得请必拜，国大喜，语家人曰：“吾折伏此虏矣！”全往青州，遂遣刘庆福还楚为乱。至是，国晨起视事，忽露刃充庭，国厉声曰：“不得无礼！”矢已及颡，流血蔽面而走。乱兵悉害其家，大纵火焚官寺。亲兵数十人翼国登城楼，缒城走。明日，国缢于途。

事闻，史弥远惧激他变，欲事含忍，以徐晞稷尝倅楚守海，得全欢心，乃授晞稷制使，令屈意抚全。全闻国死，自青州还楚，佯责庆福不能弹压，致忠义之哄，斩数人，上表待罪；朝廷不问。晞稷至楚，全及门，下马拜庭下，晞稷降等止之，贼众乃悦。

纲 三月，葬永茂陵。

纲 夏四月，太后以疾罢听政。

纲 五月，李全袭彭义斌于恩州，义斌败之。

目 许国既死，李全牒彭义斌于山东，曰：“许国谋反，已伏诛矣，尔军并听我节制。”义斌大骂曰：“逆贼！背国厚恩，擅杀制使，我必报此雠！”乃斩赍牒人，南向告天誓众。见者愤激。五月，全自青州攻东平，不克。乃攻恩州，义斌出兵与战，全败走。义斌致书沿江制置使赵善湘曰：“不诛逆全，恢复不成。但能遣兵扼淮，进据涟、海以蹙之，断其南路，此贼必擒。贼平之后，收复一京、三府，然后义斌战河北，盱眙诸将、襄阳骑士战河南，神州可复也。”盱眙四总管亦各遣使致书乞助讨贼，知扬州赵范亦以为言，史弥远令谕范毋出位专兵，各享安靖之福。范复以书力论之，弥远不听。

纲 六月，加史弥远太师，封魏国公。

纲 彭义斌围东平，严实请和。秋七月，义斌徇真定，实以蒙古兵来袭，义斌死之。京东州县尽陷。

纲 窜大理评事胡梦昱于象州。

目 梦昱上书言济王不当废，引晋太子申生、汉戾太子，及秦王廷美之事为证，言甚切直。史弥远讽御史李知孝劾之，除名，羁管而卒。

纲 赠张九成官爵，录程颐后。

帝以九成正色立朝，有中兴明道之功，赠太师，追封崇国公。九成研思经学，多所训解，然早与学佛者游，故议论多偏。寻又诏求程颐后，得四世孙源，以为藉田令。

纲 以梁成大为监察御史，罢直学士院真德秀、〔金部〕(考功)员外郎洪咨夔。

目 时论济王事者众，史弥远患之。成大以知县秩满待选，谄事弥远家干者万昕。昕一日言真德秀当逐。成大曰："某若入台，必能办此事。"昕为达其语，遂擢御史，成大因与莫泽、李知孝共为弥远鹰犬，凡忤弥远意者，三人必相继击之。于是给事中王塈等，驳德秀所主济王赠典，莫泽等继劾之，遂命提举玉隆宫。咨夔亦言济王冤，成大等复交劾之，镌二秩。由是名人贤士，排斥殆尽，人目成大、知孝、与泽为"三凶"，且谓成大为"成犬"。

纲 冬十一月，以薛拯参知政事，葛洪签书枢密院事。

纲 以李知孝为右正言。

纲 贬魏了翁官，居之靖州。罢真德秀祠禄。

纲 胡梦昱贬时，魏了翁出关饯之，李知孝遂指了翁首倡异论，将击之，弥远犹畏公议，外示优礼，改权工部侍郎。了翁力以疾辞，乃出知常德府。越二日，谏议大夫朱端常劾了翁欺世盗名，朋邪谤国；德秀奏劄诋诬。诏了翁落职，靖州居住；德秀落焕章阁待制，罢祠。梁成大贻书所亲曰："真德秀乃真小人，魏了翁乃伪君子，此举大快公论。"识者笑之。

了翁至靖，湖、湘、江、浙之士，不远千里负书从学。乃著九经要义百卷，订定精密，先儒所未有也。德秀既归浦城，修读书记，语门人曰："此人君为治之门，如有用我者，执此以往。"

纲 丙戌，二年，春正月，赠陆九龄等官，赐谥。录张栻、吕祖谦、陆九渊后。

目　诏赠陆九龄直秘阁，谥文达；沈焕直华文阁，谥端宪。录张栻、吕祖谦、陆九渊子孙官各有差。九龄，抚州金溪人。幼颖悟端重，秦桧当国，程氏学废，九龄独尊其说，举进士，调兴国教授，严规矩，劝绥引翼，士类兴起。改全州教授，卒。张栻尝与讲学，期以任道之重。吕祖谦尝称之曰："所志者大，所据者实。"

九渊，九龄弟，生而颖异。与其兄自相师友，和而不同。其教人不用学规，有小过，言中其情，或至流汗；有怀于中而不能自晓者，为之条析其故，悉如其心；亦有相去千里，闻其大槩而得其为人。后以将作监丞奉祠还乡，学者称为象山先生。

九渊尝谓学者曰："汝耳自聪，目自明，事父自能孝，事兄自能弟，本无欠阙，不必他求，在乎自立而已。"又曰："此道与溺于利欲之人言犹易，与溺于意见之人言却难。"或劝其著书，九渊曰："学苟知道，六经皆我注脚。"及知荆门军，政行令修，民俗为变。卒，谥曰文安。

九渊尝与朱熹会于鹅湖，辨论多不合，及熹与至白鹿洞，九渊为讲君子小人喻义利一章，熹以为切中学者隐微深痼之病。至于无极而太极之辨，则贻书往来，论辨不置焉。其次兄九韶，亦学问渊粹，人称为梭山先生。

九渊门人，其最著者曰袁燮、杨简、沈焕、舒璘。燮，端粹专静，为国子祭酒，延见诸生，必迪以反躬切己、忠信笃实是为道本，闻者竦然有得。每言："人心与天地一本，精思以得之，兢业以守之，则与天地相似。"简，笃学力行，为政设施，皆可为后世法。所著礼书行于时。焕，定海人，乾道中为太学录，以所躬行者淑诸人。同僚忌其立异，或劝其"姑营职，道未可行也。"焕曰："道与职有二乎？"适私试发策，引孟子"立乎人之本朝而道不行，耻也。"言路以为讪己，请黜之，遂为高邮军教授，终于舒州通判。焕，人品高明，不苟自恕，常曰："昼观诸妻子，夜卜诸梦寐，两者无愧，始可以言学。"璘，刻苦磨厉，改过迁善，从张栻及九龄游。及闻朱熹、吕祖谦讲学于婺，徒步往谒之。乾道中为徽州教授，作诗礼讲解，仕终宜州通判。

纲　二月，建昭勋崇德阁。

纲　三月，蒙古围李全于青州。

目　全粮援路绝，与兄福谋，福曰："二人俱死，无益也。汝身系南北轻重，我当死守孤城；汝间道南归，提兵赴援，可寻生路。”全曰：“数十万勍敌，未易支也！全朝出，城夕陷，不如兄归。”于是全留青，福还楚。

纲 秋七月，夏主德旺以忧卒，弟子晛立。

纲 八月，卫泾卒。

纲 徐晞稷罢，以刘琸为淮东制置使。

纲 冬十一月，盱眙忠义夏全作乱，逐刘琸，以众降金。

纲 丁亥，三年，春正月，以姚翀为淮东制置使。

纲 赠朱熹太师、信国公。

目 熹先谥曰文。至是，诏曰：“朕观朱熹集注大学、论语、孟子、中庸，发挥圣贤蕴奥，有补治道。朕励治讲学，缅怀典刑，可特赠熹太师，追封信国公。”逾月，熹子工部侍郎在入对，言人主学问之要，帝曰：“先卿中庸序，言之甚详，朕读之不释手，恨不与之同时也。”绍定中改封徽国公。

纲 夏五月，李全以青州降蒙古。

纲 六月，楚州忠义李福作乱，逐姚翀。诏以统制杨绍云兼淮东制置使，改楚州为淮安军。

纲 蒙古铁木真灭夏，以夏主晛归。

目 时诸将争掠子女财帛，耶律楚材独取书数部，大黄两驼而已。既而军士病疫，唯得大黄可愈，楚材用之，所活万人。

纲 秋七月，张林等归淮安，讨李福，斩之。

纲 八月，蒙古以李全行省事于山东、淮南，全自青州复入淮安，杀张林。

纲 冬十二月，蒙古铁木真死于六盘山，少子拖雷监国。

目 蒙古主在位二十二年，卒年六十六，庙号太祖。凡四子：长曰术赤，性卞急而善战，早死；二曰察合歹，性慎密，为众所畏；三曰窝阔台；四曰拖雷。铁木真死，拖雷监国。

目 蒙古入西和州，知州事陈寅死之。

目 蒙古兵薄西和城，寅率民兵昼夜苦战，援兵不至，城遂陷。寅谓妻杜氏曰：“若速自为计。”杜厉声曰：“安有生同君禄，死不共王事者？”即饮药自杀，二子及妇俱死母傍，寅敛而焚之，乃自伏剑死。宾客同死者二十八人。

纲　戊子，绍定元年，春三月，金将完颜陈和尚大败蒙古兵于大昌原。

目　蒙古兵入大昌原，金将完颜陈和尚以四百骑大败蒙古八千之众，士气皆倍，盖自有蒙古之难二十年间，始有此捷，奏功第一，名震关中。

纲　冬十二月，以薛极知枢密院事，袁绍同知院事，郑清之签书院事，葛洪参知政事。

纲　己丑，二年，秋八月，蒙古窝阔台立。

纲　庚寅，三年，春三月，复起赵范、赵葵节制镇江、滁州军马。

纲　夏五月，以李全为彰化、保康节度使、京东镇抚使；全不受命，遂罢知扬州翟朝宗。

目　全自还楚，即厚募人为兵，不限南北。全知东南利舟楫，谋习水战，米商至，悉并舟籴之，留其舵工，以一教十。又遣人泛江湖市桐油黏筏，厚募南匠，大治舭舦船，自淮口及海相望。时时试舟于射阳湖及海洋。复以粮少为辞，遣海舟自苏州洋入平江、嘉兴告籴，实欲习海道以觇畿甸。且欲销朝廷兵备，乃遣军士穆椿潜入京师皇城纵火，焚御前军器库，于是先朝兵甲尽丧。及全粜麦舟过盐城，知扬州翟朝宗嗾尉兵夺之。全怒，以捕盗为名，水陆数万，径捣盐城；戍将陈益、楼强、知县陈遇皆遁，全入城据之。留郑祥、董友守盐城，而自提兵还楚州，以状白于朝曰："遣兵捕盗，过盐城，县令自弃城遁去，虑军民惊扰，不免入城安众。"朝廷乃授全节钺，令释兵，命制置司干官往谕之。全曰："朝廷待我如小儿，啼则与果。"不受制命。朝廷为罢朝宗，命通判赵璥夫摄州事。赵范、赵葵深以全必反为虑，累疏力言之，史弥远不纳。

纲　冬十月，以赵善湘为江淮制置使。

目　李全反谋益急，执政多不以为意，独郑清之深忧之，力劝帝讨全。帝乃以赵善湘制置江淮，许便宜从事，然犹有内图进讨，外用调停之说，惟赵范、赵葵兄弟力请进兵讨之。

纲　十二月，李全寇扬州，赵范、赵葵会师击败之。

纲　以郑清之参知政事，乔行简同签书枢密院事。

纲　立皇后谢氏。

目 后，天台人，丞相深甫之孙也。生而黧黑，翳一目。父渠伯早世，产业破坏，后躬亲汲饪。帝即位，议择中宫，杨太后以深甫有援己功，命选谢氏女。谢氏独后在室，兄弟欲纳入宫，诸父榉伯不可，曰："即奉诏纳女，当厚奉资装，异时不过一老宫婢，事奚益？"会元夕，县有鹊来巢灯山，众以为后妃之祥，榉伯不能止，乃共送后就道。后旋病疹，良已，肤蜕莹白如玉，医又药去翳，遂与贾涉女同入宫。贾女有殊色，帝欲立之，太后曰："谢女端重有福，宜正中宫。"左右亦相窃语曰："不立真皇后，乃立假皇后邪？"帝不能夺。贾妃专宠后宫，后处之裕如，不以介怀，太后益贤之，帝礼遇日加。

纲 辛卯，四年，春正月，赵范、赵葵大败李全于扬州城下，全走死新塘。

纲 夏五月，赵范、赵葵等收复淮安。

纲 秋八月，蒙古主以耶律楚材为中书令。

纲 九月，太庙火。冬十二月，新作太庙。

纲 壬辰，五年，春正月，以孟珙为京西兵马钤辖，屯枣阳。

目 初，珙父宗政知枣阳，招唐、邓、蔡州壮士三万余人，号忠顺军，命江海统之，众不服；制置司以珙代海，珙分其军为三，众皆帖然。珙又创平堰于枣阳，自城至军西十八里，由八垒河轻渐水侧，水跨九阜，建通天槽八十有三丈，溉田十万顷，立十庄、三辖，使军民分屯，边储丰足。珙又命忠顺军家自畜马，官给刍粟，马益蕃息。至是以母忧起复，驻札枣阳。

纲 以史嵩之为京湖制置使。

纲 蒙古窝阔台自白坡渡河，次郑州，使其将速不台围金汴京。

纲 金完颜合达、移剌蒲阿引军援汴，及蒙古拖雷战于三峰，大败，忠孝军总领完颜陈和尚死之。

纲 金遣曹王讹可为质于蒙古，请和。夏四月，蒙古退军河、洛。

纲 秋七月，以陈贵谊同签书枢密院事。

纲 蒙古国安用降金，金封为兖王，行东京尚书省事，赐姓名完颜用安。

纲 闰九月，彗出于角。

纲 冬十月，金盱眙守将以城来归，诏改为昭信军。

纲 蒙古拖雷死。

目 拖雷生六子：长蒙哥，次术儿哥，三忽睹都，四忽必烈，五旭烈，六阿里不哥。

纲 十二月，皇太后杨氏崩。

纲 蒙古遣使来议伐金，许之。

目 蒙古再遣王檝来京湖议夹攻金。史嵩之以闻，朝廷皆以为可遂复雠之举，独赵范不喜，曰："宣和海上之盟，厥初甚坚，迄以取祸，不可不鉴。"帝不从，命嵩之报使许之。嵩之乃遣邹伸之往报，蒙古许俟成功，以河南地来归。

纲 金主守绪出奔河北，蒙古速不台复围汴。

纲 癸巳，六年，春正月，金主守绪济河，使完颜白撒攻卫州，与蒙古兵战，大败，金主走归德。白撒伏诛。

纲 金汴京西面元帅崔立作乱，以梁王从恪监国而幽之，自为太师、尚书令、都元帅，以城降蒙古。

纲 夏四月，金崔立执其主之后妃及梁王从恪等送蒙古军。蒙古速不台杀从恪等，以后妃北还。

纲 六月，蒙古取洛阳，金中京留守强伸死之。

纲 金主守绪走蔡州。

纲 蒙古以孔元措袭封衍圣公。

纲 秋八月，史嵩之以兵会蒙古将塔察儿伐金。

纲 九月，金人来乞粮，不许。

目 金使完颜阿虎带来乞粮，将行，金主谕之曰："宋人负朕深矣，朕自即位以来，戒饬边将，无犯南界，边臣有请征讨者，未尝不切责之。今乘我疲弊来攻，彼为谋亦浅矣。蒙古灭国四十，以及西夏；夏亡，及于我；我亡，必及于宋。唇亡齿寒，自然之理。若与我连和，所以为我者，亦为彼也。卿其以此意晓之。"阿虎带至，朝廷不许。

纲 蒙古塔察儿围金蔡州，冬十月，史嵩之使孟珙等帅师会之。

纲 封史弥远为会稽郡王，奉朝请。弥远寻卒。

目 弥远以疾求解政。诏"弥远有定策大功，勤劳王室，宜加优礼。"于是封会稽郡王，奉朝请。越八日而卒。弥远为相，凡二十六年，用事专且久，权倾内外。初欲反韩侂胄所为，故收召贤才老成，布于朝廷。及济王不得其死，论者纷起，遂专任憸壬，以居台谏，一时君子贬斥殆尽。帝德其立己，惟言是从，故恩宠终其身。

纲　十一月，刑部侍郎梁成大等有罪，免。

目　时成大权刑部侍郎，有旨黜之。既而台臣交劾刑部尚书兼给事中莫泽贪淫忮害，工部尚书李知孝侵欲亡厌，皆罢之。盖三人皆党附史弥远，排斥诸贤；而成大尤心术崄巇，凡可贼害忠良者，率攘臂为之，虽知孝亦鄙其为人，至曰："所不堪者，他日与成大同传耳！"卒皆贬死，天下快之。

纲　诏改元。

目　史弥远卒，帝始亲政，励精求治。郑清之亦慨然以天下为己任，收召贤才，擢之朝廷。下诏改明年纪元端平。

纲　曾从龙、宣缯免。

纲　以洪咨夔、王遂为监察御史。

目　帝亲政五日，即召咨夔为礼部员外郎。入对，帝问以今日急务，咨夔言："进君子，退小人，开诚心，布公道。"因乞召用崔与之、真德秀、魏了翁，帝纳之。翌日，与王遂并拜御史。咨夔谓遂曰："朝无台谏久矣，要当极本原而先论之。"因上疏乞权归人主，政出中书，以致平治之道。且劾资政殿学士袁韶仇视善类，谄附史弥远；诏夺韶祠禄。又论赵善湘、郑损、陈晐纳赂史弥远，怙势肆奸，失江淮、荆襄、蜀汉人心，罪状显著；诏善湘有讨李全功，特寝免。晐、损皆落职。

纲　十二月，薛极免。

目　极与胡榘、聂子述、赵汝述附史弥远，最亲用事，时人谓之"四木"。

纲　甲午，端平元年，春正月，金主守绪传位于其宗室承麟。孟珙以蒙古兵入蔡州，守绪及其尚书右丞完颜忽斜虎死之，承麟为乱兵所杀，金亡。

纲　以陈、蔡西北地分属蒙古，蒙古以刘福为河南道总管。史嵩之使孟珙等分屯京西。

纲　三月，以贾贵妃弟似道为藉田令。

目　似道，涉之子，少落魄为游博，不事操行，以荫补嘉兴司仓，帝以贵妃故，累擢藉田令。恃宠不检，日纵游诸妓家，至夜即燕游湖上不返。帝尝夜凭高望西湖中灯火异常时，语左右曰："此必似道也。"明日询之,果然。使京尹史岩之戒之,岩之对曰:“似道虽有少年气习,然其才可大用也。”

纲 夏四月,献金俘于太庙,论功行赏有差。

目 史嵩之遣使以孟珙所获金俘囚张天纲、完颜好海等献于临安。四月丙戌,备礼告于太庙,加孟珙带御器械,江海以下论功行赏有差。知临安府薛琼问天纲曰:“有何面目到此?”天纲曰:“国之兴亡,何代无之。我金之亡,比汝二帝何如?”琼叱之。明日,奏其语,帝召天纲问曰:“汝真不畏死邪?”天纲对曰:“大丈夫患死之不中节耳,何畏之有!”因祈死不已,帝不听。初,有司令天纲具状,必欲书金主为“虏主”,天纲曰:“杀即杀,焉用状为!”有司不能屈,听其所供,天纲但书“故主”而已。闻者怜之,后莫知其所终。

监察御史王遂言:“史嵩之本不知兵,矜功自侈,谋身诡秘,欺君误国,留之襄阳一日,则有一日之忧。”不报。洪咨夔亦言:“残金虽灭,邻国方强,亦严守备,犹恐不逮,岂可动色相贺,涣然解体,以重方来之忧!”帝嘉纳之。

纲 五月,赐黄榦、李燔、李道传等谥,录其子。

目 诏:“榦、燔、道传及陈宓、楼昉、徐瑄、胡梦昱等,阨于权奸,而各行其志,没齿无怨,其赐谥复官,录用其子。”

纲 六月,以曾从龙参知政事,乔行简知枢密院事,郑性之签书院事。

纲 诏复故济王竑官爵。

纲 赵范、赵葵请复三京,诏知庐州全子才会兵趋汴,金故将李伯渊等诛崔立以降。

目 范、葵欲乘时抚定中原,建守河、据关、收复三京之议,朝臣多以为未可,独郑清之力主其说。乃命赵范移司黄州,刻日进兵。范参议官邱岳曰:“方兴之敌,新盟而退,气盛锋锐,宁肯捐所得以与人邪!我师若往,彼必突至,非惟进退失据,开衅致兵必自此始。且千里长驱以争空城,得之当勤馈饷,后必悔之。”范不听。史嵩之亦言荆襄方尔饥馑,未可兴师。杜杲复陈守境之利,出师之害。乔行简时在告,上疏曰:“八陵有可朝之路,中原有可复之机,以大有为之资,当大有为之会,则事之有成,固可坐而策也。臣不忧师出之无功,而忧事力之不可继,有功而至于不可继,则其忧始深矣。夫规恢进取,必须选将练兵，丰财足食；而今将乏卒寡，财匮食竭，臣恐北方未可图，而南方已先骚动矣。愿坚持圣意，定为国论，以绝纷纷之说。”皆不听。而诏知庐州全子才合淮西兵万人赴汴。

时汴京都尉李伯渊、李琦、李贱奴等，为崔立所侮，谋杀之，及闻子才军至，伯渊以书约降，而阳与立谋备御之策。六月，伯渊烧封丘门，约立视火，仓猝中就马上抱立，刺杀之，遂以城降。

纲　赵葵帅师会全子才于汴。秋七月，葵将杨谊等入洛阳。

目　全子才次于汴，赵葵自滁州以淮西兵五万趋汴以会之。葵谓子才曰：“我辈始谋据关守河，今已抵汴半月，不急攻洛阳、潼关，何待邪？”子才以粮饷未集对，葵督促益急，乃檄钤辖范用吉等提兵万三千，命淮西制置司机宜文字徐敏子为监军，先命西上，又命杨谊以庐州强弩军万五千继之，各给五日粮。七月，徐敏子启行，遣军正将张迪以二百人趋洛阳。迪至城下，城中寂然无应者，至晚，有民庶三百余家登城投降，迪与敏子遂帅众入城。蒙古闻之，复引兵南下。

纲　八月，朱扬祖还自河南。

目　先是遣太常簿朱扬祖诣河南省谒八陵，至是还，扬祖以八陵图上进。帝问诸陵相去几何及陵前涧水新复，扬祖悉以对。帝忍涕太息久之。

纲　蒙古复引兵至洛阳城下，杨谊军溃，赵葵、全子才遂弃汴而归。

目　徐敏子入洛之明日，军食已竭，乃采蒿和面作饼而食之。杨谊至洛东三十里，方散坐蓐食，而蒙古伏兵突起深蒿中，杨谊仓卒无备，师遂大溃，谊仅以身免。八月朔，旦，蒙古兵至洛阳城立寨，敏子与战，胜负相当。士卒乏粮，因杀马而食，敏子等不能留，乃班师。赵葵、全子才在汴，亦以史嵩之不致馈，粮用不继；所复州郡率皆空城，无兵食可因，遂皆引师南还。赵范以入洛之师败绩，上表劾葵、子才轻遣偏师，赵楷、刘子澄参赞失计，师退无律，致后阵覆败。诏葵、子才削一秩，余贬秩有差。郑清之力辞解政，不许。乔行简上言：“三京挠败之余，事与前异，但当益修战守之备。”帝嘉纳之。

纲　京湖制置使史嵩之免。九月，以赵范代之。

纲　召真德秀为翰林学士，魏了翁直学士院。

目 帝因民望召还二人。德秀入对，帝迎谓曰："卿去国十年，每切思贤。"德秀以大学衍义上进，因言于帝曰："'天之所助者顺，人之所助者信。'天厌夷德久矣，陛下倘能敬德以迓续休命，中原终为吾有；若徒以力求之而不反其本，天意难测，臣实忧之。"了翁入对，言事剀切，反复利害之端，至漏下四十刻乃退，帝皆嘉纳之。

纲 冬十月，陈贵谊卒。

纲 诏真德秀进讲大学衍义。

纲 十二月，蒙古使王檝来。

目 蒙古使王檝来言曰："何为而败盟也？"自是河、淮之间，无宁日矣。

纲 安南入贡。

纲 乙未，二年，春正月，以程芾为蒙古通好使。

纲 诏孟珙屯黄州。

目 珙留襄阳，招中原精锐之士万五千人，分屯漅北、樊城、新野、唐、邓间，以备蒙古，名镇北军。诏以珙为襄阳都统制，入对，授主管侍卫马军司公事，时暂黄州驻劄。朝辞，帝问恢复，珙对曰："愿陛下宽民力，蓄人材，以俟机会。"帝问和议，珙对曰："臣介胄之士，当言战，不当言和。"赐赉甚厚。珙至黄，增陴浚隍，搜访军实，边民来归者日以千数，为屋三万间以居之，厚加赈贷。又虑军民杂处，因高阜为齐安、镇安二砦，以居诸军。

纲 三月，以真德秀参知政事，陈卓同签书枢密院事。夏五月，德秀卒。

目 德秀拜参知政事时已得疾，遂三上表乞祠，帝不得已，授资政殿学士，提举万寿宫。逾旬而卒，赠银青光禄大夫，谥文忠。德秀立朝不满十年，奏疏将数十万言，皆切当世要务，直声震朝廷。四方文士诵其文，想见风采。及宦游所至，惠政深洽，不愧甚言。由是中外交颂，史弥远忌之，辄摈不用，而声闻愈彰。及归朝将大用，则既衰矣。然自韩侂胄立伪学之名以锢善类，凡近世大儒之书，皆显禁绝之。德秀晚出，独慨然以斯文自任，讲习而服行之。党禁既开，正学遂明于后世，德秀之力为多。

纲 六月，葛洪免，召崔与之参知政事，不至。

目 与之自成都乞归广州，每有除命，皆力辞不起。及拜广东安抚，会摧锋军士作乱，与之肩舆登城，叛兵望之，俯伏听命而散。因即家治事。帝注想弥切，召参大政，与之力辞，帝乃遣使趣之，且访以政事之当行罢者，人才之当用舍者。与之上疏曰："天生人才，自足以供一代之用，惟辨其君子小人而已。忠实而有才者，上也；才不高而忠实存者，次也；用人之道，无逾于此。"帝嘉纳之，召命益力。与之控辞至十三疏，不许。

纲 蒙古主使其子阔端等分道入寇。

目 蒙古主命子阔端、将塔海等侵蜀，忒木斛及张柔等侵汉口，温不花及察罕等侵江淮，又命侄蒙哥征西域，唐古鲁火赤伐高丽。

纲 冬十二月，以魏了翁同签书枢密院事，督视江淮、京湖军马。

目 了翁在朝凡六月，前后二十余疏，皆当世急务。帝将引以共政，而忌者相与合谋排挨之，且言了翁知兵体。乃命出视师，赐便宜诏书如张浚故事。陛辞，御书唐严武诗及"鹤山书院"四大字赐之。了翁开幕府于江州，以吴潜为参谋官，赵善瀚、马光祖为参议官。

纲 曾从龙卒，以余嵘同签书枢密院事。

纲 蒙古阔端入沔州，杀知州事高稼，进围青野原，利州统制曹友闻将兵救却之。

纲 丙申，三年，春正月，蒙古将忒木斛寇江陵。

目 统制李复明死之。

纲 二月，召魏了翁还签书枢密院事，固辞不拜。

目 廷臣多忌了翁者，故谋假出督以外之。甫二旬，复以建督为非，召之还，而帝不悟。于是了翁固辞求去。

纲 以陈铧为沿江制置使，史嵩之为淮西制置使。

纲 三月，襄阳将王旻等作乱，以城降蒙古。

纲 赵范在襄阳，以北军将王旻、季伯渊、樊文彬、黄国弼等为腹心，朝夕酣狎，了无上下之序，民讼边防，一切废弛。既而南北军交争，范失于抚驭，于是旻、伯渊焚襄阳城郭、仓库，相继降于蒙古。诏削赵范三官，仍旧职任。

纲 夏四月，魏了翁罢。

目 了翁乞归田里，不允，以资政殿学士知潭州。时殿中侍御史李韶讼曰:"了翁刻志问学,几四十年,忠言谠论,载在国史。比者枢庭之诏,未几改镇,改镇未久,有旨予祠,不知国家人才,烨然有称如了翁者几人?愿亟召还,处以台辅。"不报。

纲 下诏罪己。

目 时师屡为蒙古所败,襄、汉、淮、蜀日事兵争,帝悔前事,命学士吴泳草诏罪己。泳以监察御史王万忠伉有大志,精于边防,以诏意访之。万曰:"兵固失矣,言之甚,恐亦不可。今边民生意如发,宜以振厉奋发,兴感人心。"因为条具沿边事宜。泳从其言,草诏上进,其略有曰:"数年之间,多难已甚,属雠金之浸灭,而蒙古之与邻。逮合谋成破蔡之功,恐假道有及虞之势。心之忧矣,脐可噬乎!"又曰:"兵民之死战斗,户口之困流离,室庐靡存,骼胔相望。是皆朕明不能烛,德有未孚,上无以格天心,下无以定民志。今方施令发政,以为绥辑之图,补卒搜乘,以严守御之备,想疮痍之溢目,如疾病之在身。"

纲 五月,以赵葵为淮东制置使。

纲 秋七月,陈卓罢,以郑性之参知政事,李鸣复签书枢密院事。

纲 八月,赵范有罪免。

纲 蒙古陷枣阳军、德安府。

目 初,蒙古破许州,获金军资库使姚枢,杨惟中见之,以兄事枢。时北庭无汉人士大夫,太祖见枢至,甚喜,特加重焉。及阔端南侵,俾枢从。至是破枣阳,忒木觧欲坑士人,枢力与辨,得脱死者数十人。继拔德安,得赵复。复以儒学见重于世,其徒称为江汉先生。既被获,不欲北行,力求死所。枢止与共宿,譬说百端,曰:"徒死无益,随吾而北,可保无他也。"至燕,名益大著,学徒百人,由是北方始知学经,而枢亦初得睹程、朱性理之书。

纲 九月,有事于明堂,大雨,震电。郑清之、乔行简免。召崔与之为右丞相兼枢密使,复辞不至。

纲 曹友闻与蒙古战于阳平关,败绩,死之。蒙古阔端遂入成都。

纲 冬十月,蒙古陷文州,知州事刘锐等死之。

目 阔端兵离成都入文州,知州刘锐、通判赵汝向乘城固守,昼夜搏战。逾月,援兵不至,锐度不免,集其家人,尽饮以药,皆死。家素有礼法,幼子才六岁,饮药时犹下拜受之,左右感动。城破,锐及其二子自刎死。汝向被执，脔杀之，军民同死者数万。

纲 封陈日煚为安南王。

纲 十一月，以乔行简为左丞相兼枢密使。

纲 蒙古兵入淮西，诏史嵩之、赵葵、陈韡分道拒之。

纲 孟珙引兵败蒙古忒木觪于江陵。

纲 蒙古将察罕寇真州，知州事邱岳败之。

纲 复成都。

纲鉴易知录卷八七

南宋纪

理宗皇帝

纲　丁酉，嘉熙元年，春正月，以李埴同知枢密院事，宣抚四川。

纲　二月，以郑性之知枢密院事，邹应龙签书院事，李宗勉同签书院事。李鸣复罢。

纲　诏经筵进讲朱熹通鉴纲目。

纲　三月，资政殿学士魏了翁卒。

纲　夏五月，临安大火。

目　临安大火，自巳至酉，烧民庐五十三万。士民上书咸诉济王之冤，进士潘昉对策亦以为言，并及史弥远。侍御史蒋岘，弥远之党也，上疏谓："火灾天数，何预故王？"遂劾方大琮、王迈、刘克庄等鼓扇异论，并斥昉性同逆贼，语涉不顺，请皆论以汉法。自是群臣无敢复言济王冤矣。

纲　六月，邹应龙罢。秋八月，以李鸣复参知政事，李宗勉签书枢密院事。

纲　蒙古校儒士于诸路。

目　耶律楚材奏："制器者必用良工，守成者必用儒臣。儒臣之事业，非积数十年殆未易成也。"蒙古主曰："果尔，可官其人。"楚材请校试之，乃命税课使刘中、杨奂随郡考试，以经义、词赋、论分为三科，儒人被俘为奴者亦令就试，其主匿弗遣者死，得士凡四千三十人，免为奴者四之一。楚材又请一衡量，立钞法，定均输，庶政略备，民稍苏息。

纲　冬十月，蒙古寇安丰，知军事杜杲力战御之，蒙古引还。

目　蒙古口温不花攻黄州，孟珙帅师救却之。遂攻安丰。杜杲缮完守御，蒙古以火炮焚楼橹，杲随陷随补完。蒙古令拔都鲁斫牌杈木。拔都鲁者，皆死囚为之，攻城以自赎。杲募善射者用小箭射其目，拔都鲁多伤而退。会池州都统制吕文德突围入城，合力捍御，蒙古引去，淮右以安。文德，安丰人，魁梧勇悍，尝鬻薪城中，赵葵见其遗屦长尺有咫，异而访之，值文德出猎，暮负虎鹿各一而归，召置帐下，遂累功劳，超擢军职。

纲 戊戌，二年，春正月，以余天锡同签书枢密院事。

纲 二月，以史嵩之参知政事，督视京湖、江西军马，置司鄂州。

纲 夏六月，李埴卒。

纲 秋七月，以赵以夫同知枢密院事。

纲 九月，蒙古围庐州，杜杲败走之。

目 蒙古察罕帅兵号八十万围庐州，期破庐后造舟巢湖以窥江左。于壕外筑土城六十里，穿两壕，攻具皆数倍于攻安丰时。杜杲极力守御，蒙古筑坝高于城楼，杲以油灌草，即坝下炼之，皆为煨烬。又于串楼内立雁翅七层，俄炮中坝上，众惊，杲乘胜出战，蒙古败走，杲追蹑数十里。又练舟师扼淮河，遣其子庶监吕文德、聂斌伏精锐于要害；蒙古不能进，遂引师北归。诏加杲淮西制置使。

纲 以孟珙为京湖制置使。冬十月，珙复郢州、荆门军。

纲 蒙古建太极书院于燕京。

目 时濂溪周子之学未至于河朔，杨惟中用师于蜀、湖、京、汉，得名士数十人，始知其道之粹，乃收集伊洛诸书，载送燕京。师还，与姚枢谋建太极书院及周子祠，以二程、张、杨、游、朱六子配食，请赵复为师，选俊秀有识度者为道学生。由是河朔始知道学。

纲 己亥，三年，春正月，以乔行简为少傅、平章军国重事，李宗勉为左丞相兼枢密使，史嵩之为右丞相兼枢密使、督视江淮、四川、京湖军马。

目 嵩之既相，一时正人多以不合逐去。时三相当国，论者谓乔失之泛，李失之狭，史失之专；然宗勉清谨守法，犹号为贤。

纲 以余天锡参知政事，游侣签书枢密院事。

纲 三月，孟珙复襄阳。

目 珙遣兵及蒙古三战皆捷，遂复樊城，襄阳，因上奏曰："取襄不难而守为难。非将士不勇也，非车马器械不精也，实在乎事力之不继尔。襄、樊为朝廷根本，今百战而得之，当加经理，如护元气，非甲兵十万，不足分守。与其抽兵于敌来之后，孰若保此全胜！练兵集谋，此不争之争也。”乃以蔡、息降人置忠卫军，襄、郢降人置先锋军。

纲 冬十二月，观文殿大学士致仕崔与之卒。

目 与之晚出番禺，屹然有大臣风，与张九龄齐名异代。赠少师，封南海郡公，谥清献。

纲 孟珙遣兵御蒙古于蜀口，遂复夔州。

纲 以陈埙为国子司业。

目 埙，史弥远之甥也，绍定中为太常博士，上疏“乞去君侧之蛊媚以正王德，从天下之公论以新庶政”，盖指贾贵妃及弥远也。弥远召谓曰：“何为好名？”埙曰：“好名，孟子所不取，然求士于三代之上，惟恐其好名；求士于三代之下，惟恐其不好名耳。”因力请外。弥远卒，乃召还，历官吏部侍郎，至是授司业，诸生相庆以为得师。

纲 庚子，四年，春正月，彗见营室。

纲 临安大饥。

纲 蒙古张柔等分道入寇。

纲 二月，以孟珙为四川宣抚使，珙遂大兴屯田。

目 珙条具上疏事宜，遂拜四川安抚使，知夔州。珙至镇，招集散民为宁武军，以降人回鹘爱里八都鲁为飞鹘军。寻兼夔州路制置屯田，调夫筑堰，募农给种，首秭归，尾汉口，为屯二十，为顷十八万八千二百八十。又创南阳、竹林两书院，以处襄、汉、四川流寓之士。以李庭芝权施州建始县，庭芝训农治兵，选壮士杂官军教之，期年民皆知战守，善驰逐，无事则植戈而耕，敌至则悉出而战。珙下其法于所部行之。

纲 夏四月，召史嵩之还。

纲 以杜杲为沿江制置使。

纲 秋九月，乔行简罢。寻卒。

纲 冬闰十二月，李宗勉卒。以游佀知枢密院事，徐荣叟签书院事，范钟参知政事。

纲 辛丑，淳祐元年，春正月，诏加周敦颐、张载、程颢、程颐封爵，与朱熹并从祀孔子庙庭；黜王安石从祀。

目 诏曰：“孔子之道，自孟轲后不得其传，至我朝周敦颐、张载、程颢、程颐，真见实践，深探圣域，千载绝学，始有指归。中兴以来，又得朱熹，精思明辨，表里浑融，使大学、论、孟、中庸之书本末洞彻，孔子之道益以大明于世。朕每观五臣论著，启沃良多。今视学有日，其令学官列诸从祀，以示崇奖之意。”寻以：“王安石谓‘天命不足畏，祖宗不足法，人言不足恤’，为万世罪人，岂宜从孔子！其黜之。”越二日，加封敦颐汝南伯、载郿伯、颢河南伯、颐伊阳伯。

纲　三月，赵以夫罢。

纲　秋八月，求遗书。

纲　冬十一月，蒙古主窝阔台卒，第六后乃马真氏称制。

目　窝阔台立十有三年，卒年五十六，庙号太宗。初，蒙古主有旨以孙失烈门为嗣。至是六皇后召耶律楚材问之，楚材曰：“此非外姓臣所敢知，自有先帝遗诏，幸遵行之。”后不从，遂称制于和林。失烈门，蒙古主第四子曲出之子也。

纲　成都将田世显叛，以城降蒙古，制置使陈隆之死之。

目　塔海部汪世显等复入蜀，进围成都，隆之守弥旬，誓与城存亡。部将田世显潜送款于蒙古，乘夜开门，北兵突入，隆之举家数百口皆死。槛送隆之至汉州，命谕守臣王夔降，隆之大呼曰：“大丈夫死尔，勿降也！”遂见杀。汉州兵三千出战，城破，尽为蒙古所屠。

纲　十二月，余天锡卒。

纲　蒙古使月里麻思等来，至淮上，守将囚之。

纲　壬寅，二年，春正月，游侣罢。

纲　以范钟知枢密院事，赵葵同知院事，别之杰签书院事。

纲　以徐荣叟参知政事。

纲　蒙古复寇蜀，孟珙分兵御之。

纲　蒙古也可那颜、耶律朱哥自京兆取道商、房以趋三川，遂攻泸州。孟珙遣一军屯江陵及郢州，一军屯沙市，一军自江陵出襄与诸军会，又遣一军屯涪州。且下令应出戍主兵官，不许失弃寸土。权开州梁栋以乏粮还司，珙曰：“是弃城也！”斩以徇。由是诸将禀命惟谨。

纲　蒙古燕京行省郎中姚枢弃官隐于苏门。

目　蒙古牙剌瓦赤在燕，惟事货赂，以枢为幕长，分及之，枢一切拒绝，因辞职去，携家往辉州之苏门，作家庙，别为室，奉孔子及宋儒周、程、张、邵、司马六君子像，刊小学、四书并诸经传注以惠学者，读者鸣琴，若将终身。

纲　夏五月，赵葵罢。

纲　六月，徐荣叟罢。以别之杰同知枢密院事，高定子签书院事，杜范同签书院事。定子寻罢。

纲　秋七月，蒙古兵渡淮入扬、滁、和州。

纲　冬十月，蒙古陷通州，屠其民。

纲　十二月，别之杰罢。

纲　癸卯，三年，春二月，以余玠为四川制置使。

目　初，玠家贫落魄，无行，亡命走扬州，上谒赵葵，葵壮之，留置幕府，俾帅舟师溯淮入河抵汴，所向有功，累推淮东制置副使。入对言："方今指即戎之士为粗人，斥为'哙伍'。愿陛下视文武之士为一，勿令偏有所重。偏则必到于激，文武交激，非国之福。"帝曰："卿人物议论不寻常，可独当一面。"乃授四川宣谕使。至是加制置使，知重庆府。

时蜀地残破，两川无复纪律，遗民咸不聊生。监司、戎帅各专号令，擅辟守宰，荡无法度，蜀日益坏。玠至，大更弊政，遴选守宰。筑招贤馆于府左，士之至者，玠不厌接，随其材而任之。遂于利、阆城大获山以护蜀口，蓬州城营山，渠州城大良坪，嘉定城旧治，泸州城神臂山，其他因山为垒，棋布星列，如臂使指，气势联络。屯兵聚粮，为必守计，民始有安土之心。

纲　三月，蒙古中书令耶律楚材以忧卒。

目　乃马真氏称制，奥都剌合蛮专政用事，权倾中外，后至以御宝空纸使自书填。楚材谏不听，愤悒成疾而卒。或谮之曰："楚材为相二十年，天下贡赋，半入其家。"后命近臣覆视之，惟琴玩十余及古今书画、金石、遗文数千卷。

楚材天资英迈，夐出人表，正色立朝，不为势屈，每陈国家利病，生民休戚，辞色恳切。蒙古太宗尝曰："汝又欲为百姓哭邪！"楚材每言："兴一利，不若除一害。生一事，不若减一事。"人以为名言。至顺初，赠太师，追封广宁王，谥文正。

纲　余玠城钓鱼山，徙合州治之。

目　播州冉琎及弟璞俱有文武材，隐居蛮中，前后阃帅辟召，皆坚辞不至。闻玠贤，自诣府上谒，玠待以上客。琎、璞居数月，无所言，玠疑之，乃更开别馆以处之，且日使人窥其所为。兄弟终日不言，惟对踞以垩画地，为山川城池之形，起则漫去。如是又旬日，请见玠，屏人曰："某兄弟辱明公礼遇，思有以少裨益。为今日西蜀之计，其在徙合州城乎？"玠不觉跃起，执其手曰："此玠志也，但未得其所耳。"琎曰："蜀口形胜之地莫若钓鱼山，请徙诸此。若任得其人，积粟以守之，贤于十万师远矣。"玠大喜曰："玠固疑先生非浅士。先生之谋，玠不敢掠以归己。"遂密以其谋闻于朝，请不次官之；诏琎权发遣合州，璞权通判，徙城之事悉以任之。钓鱼城成，蜀始可守。

纲 甲辰，四年，春正月，以李鸣复参知政事，杜范同知枢密院事，刘伯正签书院事。范固辞，遂与鸣复俱罢。

目 初，范为殿中侍御史，尝论郑清之、李鸣复之过，不行，即弃官去。至是不屑与鸣复共政，上疏辞位而去。帝遣使召还，太学诸生亦上书留范而斥鸣复，并斥史嵩之。嵩之讽谏议大夫刘晋之并论罢二人。

纲 三月，以金渊签书枢密院事。

纲 夏六月，赐礼部进士留梦炎及第。

纲 以吕文德为淮西招抚使。

纲 秋九月，诏起复史嵩之；将作监徐元杰、太学生黄恺伯等上书论之，不报。

目 先是，黄涛、刘应起、徐霖等俱上书论嵩之深奸擅权，帝不听，而论者益众。及其父弥忠疾亟，嵩之谒告，许之；翌日弥忠卒，诏嵩之起复。徐元杰上疏曰："陛下为四海纲常之主，大臣身任道揆，扶翊纲常。自闻嵩之有起复之使，凡有父母之心者，莫不失声涕零。是果何为而然？人心天理，谁实无之，兴言及此，非可使闻于邻国也。臣恳恳纳忠，何敢诋讦，特为陛下爱惜民彝而已。"疏出，嵩之憾之，帝不听。

于是太学生黄恺伯等百四十四人上书曰："嵩之心术回邪，踪迹诡秘。曩者开督府，以和议堕将士心，以厚货窃宰相位，罗天下之小人为私党，夺天下之利权私室。蓄谋积虑，险不可测，在朝廷一日则贻一日之祸，一岁则贻一岁之忧，万口一辞，惟恐其去之不速。今嵩之不去，徘徊牵引，弥缝贵戚，买属貂珰，转移上心，衷私御笔，必得起复之礼，然后从容就道，初不见其忧戚之容。大臣佐天子以孝治天下，孝不行于大臣，是率天下而为无父之国矣。以法绳之，虽置之铁钺犹不足谢天下，况复置之具瞻之位乎！”武学生翁日善等六十七人，京学生刘时举等九十四人、宗学生与寰等三十四人皆上书切谏，亦不报。时范钟、刘伯正领相事，恶京学生言事，谓皆游士鼓倡之，讽京尹赵与筹尽削游士之籍。

纲　冬十月，以刘汉弼为左司谏。

目　史嵩之久擅国柄，帝亦患苦之，乃夜降御笔，黜四不才台谏，于是谏议大夫刘晋之、侍御史王瓒、监察御史龚基先、胡清献皆罢去，以汉弼为左司谏。汉弼首赞帝曰：“拔去阴邪，庶可转危而安；否则是非不两立，邪正不并进，陛下虽欲收召善类，不可得矣。”帝嘉纳之。

纲　十一月，诏史嵩之终丧。

目　徐元杰复上疏论：“嵩之起复，士论纷然，乞许其举执政自代。”帝曰：“学校虽是正论，但言之太甚。”元杰对曰：“正论乃国家元气。今正论犹在学校，要当保养一线之脉。”因乞引去。左司谏刘汉弼亦上言愿听嵩之终丧，亟选贤臣，早定相位。会嵩之亦自知不为众论所容，上疏乞终制，帝乃许之。

纲　十二月，以范钟、杜范为左、右丞相，并兼枢密使。

目　范入相首上五事：曰正治本，谓“政事当常出于中书，毋使旁蹊得窃威福”。曰肃宫闱，谓“当严内外之限，使官府一体”。曰择人才，谓“当随其所长用之，而久于职，毋徒守迁转之常格”。曰惜名器，谓“如文臣贴职，武臣阁卫，不当为徇私市恩之地”。曰节财用，谓“当自人主一身始，自宫掖始，自贵近始。考对桩国用出入之数，而补窒其罅漏；求盐筴楮币变更之日，而斟酌其利害。仍乞早定国本，以安人心”。

纲　以孟珙兼知江陵府。

目　珙至江陵，登城叹曰：“江陵所恃三海，不知沮洳有变为桑田者，敌一鸣鞭，即至城外。”盖自城以东，古岭、先锋直到三汊，无限隔，乃修复内隘十有一，别作十隘于外，有距城数十里者。沮、漳之水，旧自城西入江、因障而东之，俾绕城北入于汉，而三海遂通为一。随其高下，为渠蓄泄，三百里间，渺然巨浸。土木之工，百七十万，民不知役。因绘图上之。

纲　乙巳，五年，春正月，刘伯正罢，以李性传签书枢密院事。

纲　夏四月，右丞相兼枢密使杜范卒。

纲 六月，工部侍郎徐元杰暴卒。

目 史嵩之既去，元老旧德次第收召，杜范既入相，复延元杰议政，多所裨益。六月朔，元杰当侍立，先一日谒范钟归，是夕热大作，夜四鼓，指爪忽裂以死。三学诸生相继伏阙上言："昔小人倾君子者，不过使之死于蛮烟瘴雨之乡；今蛮烟瘴雨不在岭海而在朝廷。"诏会临安府鞫治常所给使之人，狱迄无成。刘汉弼亦每以奸邪未尽屏汰为虑，未几以肿疾暴死，太学生蔡德润等百七十有三人复叩阍上书讼冤。诏给元杰、汉弼官田五百亩，缗钱五千，恤其家。时杜范入相八十日卒，元杰、汉弼相继暴死，时谓诸公皆中毒，堂食无敢下箸者。

初，嵩之从子璟卿尝上书谏嵩之曰："久开督府，所成何功？东南民力困于征输，州县匮于应办，诚恐祸起萧墙，危如朝露。为今上计，莫若尽去在幕之群小，悉召在野之君子，相与改弦易辙，戮力王事，以收桑榆之功。"言甚切至，居无何，璟卿暴卒，相传亦嵩之致毒云。

纲 冬十一月，以陈韡同签书枢密院事。

纲 十二月，以游侣为右丞相兼枢密使，赵葵知枢密院事，李性传同知院事。性传寻罢。

纲 丙午，六年，春正月朔，日食。

纲 二月，范钟罢。

纲 夏六月，以陈韡参知政事。

纲 秋七月，蒙古主贵由立。

纲 九月，宁武节度使、汉东公孟珙卒。以贾似道为京湖制置使。

目 珙忠君体国之念可贯金石。在军中，参佐、部曲论事，言人人殊，珙徐以片言折衷，众志皆惬。谒士、游客、老校、退卒，一以恩意抚接。名位虽重，惟建旗鼓、临将士，面色凛然，无敢涕唾者；退同扫地焚香，隐几危坐，若萧然事外。远货色，绝滋味，尤邃于易学。累赠太师，追封吉国公，谥忠襄。

纲 冬十二月，诏史嵩之致仕。

纲 蒙古寇京湖、江淮之境。

纲 丁未，七年，夏四月，以王伯大签书枢密院事，吴潜同签书院事。

纲 游侣罢，以郑清之为太傅、右丞相，兼枢密使。

纲 以赵葵为枢密使，督视江淮、京湖军马。陈韡知枢密院事、湖南安抚大使。

纲 戊申，八年，春三月，蒙古主贵由卒，后斡兀立海迷失称制。

目 贵由年四十三卒，庙号定宗。皇后斡兀立海迷失抱曲出子失烈门听政，诸王大臣皆不服。

纲 秋七月，王伯大罢。

纲 己酉，九年，春闰二月，以郑清之为太师、左丞相，赵葵为右丞相。并兼枢密使，应䌛、谢方叔参知政事，史宅之同知枢密院事。夏五月，陈韡罢。冬十一月，应䌛罢。十二月，以吴潜同知枢密院事，徐清叟签书院事。史宅之卒。

纲 庚戌，十年，春三月，以贾似道为两淮制置大使，李曾伯为京湖制置使。

纲 赵葵罢。

目 言者论葵非由科目进，且曰："宰相须用读书人。"葵因力辞，其表有云："霍光不学无术，每思张咏之语以自惭。后稷所读何书，敢以赵抃之言而自解。"帝不得已，授醴泉观使，兼侍读；复固辞，乃以观文殿大学士判潭州。

纲 冬，余玠出兵至兴元而还。

目 玠帅蜀，慷慨自许，数年之间，边境稍息，浸以骄恣。而郑清之再相，因从臾其进兵，于是一意出师，虽有小捷，至兴元遇蒙古将汪德臣、郑鼎，无功而还。

纲 辛亥，十一年，夏六月，蒙古主蒙哥立。

目 初，定宗卒，久未立君，中外汹汹，至是诸王木哥及大将兀良合台等咸会议所立。时定宗后所遣使者在坐曰："昔太宗命以皇孙失烈门为嗣，诸王百官皆与闻之。今失烈门故在，而议欲他属，将置之何地邪？"兀良合台等不听，共推蒙哥即位于阔帖兀阿兰之地，追尊其考拖雷为帝，庙号睿宗。失烈门及诸弟心不能平，蒙哥因察诸王有异同者并羁縻之，取主谋者诛之；遂颁便宜事于国中，罢不急之役，凡诸王、大臣滥发牌印、诏旨、宣命，尽收之，政始归一。兀良合台，速不台之子也。

纲 秋七月，蒙古主命其弟忽必烈总治漠南。开府金莲川。

目 诏凡军民在漠南者听忽必烈总之，遂开府于金莲川。时姚枢隐居苏门，忽必烈遣赵璧召之。枢至，大喜，待以客礼，枢乃为书数千言上之，首陈帝王之道，与治国平天下之大经，汇为八目，曰修身、力学、尊贤、亲亲、畏天、爱民、好善、远佞，次及救时之弊，为条三十。忽必烈奇其才，动必召问，枢因言于忽必烈曰："今土地、人民、财赋皆在汉地，王若尽有之，则天子何为？后必有间之者矣。不若惟持兵权，凡事付之有司，则势顺理安。"忽必烈从之。

纲 冬十一月，郑清之卒。

纲 以谢方叔为左丞相，吴潜为右丞相，并兼枢密使。

纲 以徐清叟参知政事，董槐签书枢密院事。

纲 蒙古忽必烈置经略司于汴，分兵屯田。

目 忽必烈从姚枢之请，置经略司于汴、以忙哥、史天泽、杨惟中、赵璧为使，俾屯田唐、邓等州，授之兵、牛，敌至则战，退则耕。

纲 蒙古号西域僧那摩为国师。

纲 壬子，十二年，春二月，蒙古主蒙哥徙诸王子边，杀定宗后斡兀立海迷失，窜失烈门于没脱赤。

纲 夏六月，闽、浙大水。

纲 蒙古分汉地封宗属。

目 蒙古主以中州封同姓，命弟忽必烈于汴京、关中自择其一。姚枢曰："南京河徙无常，土薄水浅，不若关中。"忽必烈遂请于蒙古主，蒙古主曰："关中户寡，河南怀孟地狭民伙，可取自益。"由是尽有关中、河南之地。

纲 癸丑，宝祐元年，春正月，诏以与芮子禥为皇子，封永嘉郡王。

目 帝在位岁久，无子，群臣屡以为言，至是乃下诏以母弟嗣荣王与芮子孜为皇子，赐名禥，封永嘉郡王，明年进封忠王。

纲 夏五月，召余玠还。六月，以余晦为四川宣谕使。

目 初利州都统王夔素残悍，号"王夜叉"，恃功骄恣，桀骜不受节度，所至劫掠，蜀人苦之。玠至嘉定，夔帅所部兵迎谒，班声如雷，江水为沸，旗帜精明，舟中皆战掉失色，而玠自若也。徐命吏班赏。夔退谓人曰:“儒者乃有此人!”玠久欲诛夔,独患其握重兵居外,谋于亲将杨成。成曰:“今纵弗诛,养成其势,后一举足,西蜀危矣。”玠意遂决。夜召夔计事,潜以成代领其众;夔才离营,而新将以单骑入矣。夔至,玠斩之。

会戎州帅欲举统制姚世安为代,玠素欲革军中举代之弊,以三千骑至云顶山下,遣都统金某往代世安;世安闭关不纳。而世安素结丞相谢方叔子姓,至是求援于方叔,方叔遂倡言玠失戎伍心,帝惑之。世安乃与玠抗,玠郁郁不乐。

玠专制西蜀,凡有奏疏,词气不谨,帝不能平。会徐清叟入对,语及玠,因言:“玠不知事君子礼,陛下何不出其不意而召之。”帝不答。清叟曰:“陛下岂以玠握大权,召之或不至邪?臣度玠素失士心,必不敢。”帝然之,乃以资政殿学士召,而以知鄂州余晦为宣谕使。

纲 秋七月,资政殿学士余玠暴卒。

纲 八月,以余晦为四川制置使。

纲 甲寅,二年,夏六月,诏籍余玠家财。

目 侍御史吴燧等论故蜀帅余玠聚敛罔利七罪。玠死,其子如孙尽窃帑庾之积以归。诏簿录玠家财以犒师、赈边。如孙遂认钱三千万,征之累年始足。

纲 加贾似道同知枢密院事。

纲 召余晦还。闰月,以李曾伯为四川宣抚使,置司夔州。

目 初,晦制下,徐清叟奏曰:“朝廷命令不甚行于西蜀者十有二年,今者天毙余玠,乃陛下大有为之机也。今以素无行检、轻儇浮薄、不堪任重余晦者当之,臣恐五十四州军民不特望而轻鄙之,夷狄闻之,亦且窃笑中国之无人矣。乞收回所除内批。”帝不听。及晦在蜀屡败,边事日急,帝乃召晦还。董槐上疏请行,且请顿重兵置司夔州,以固荆、蜀辅车之势。帝以槐言事无隐,方向用之,不许,而以李曾伯代晦。

纲 秋九月,杀利州西路安抚使王惟忠。

目 惟忠以余晦镇蜀,心轻之,呼其小字曰:“余再五来也。”晦怒,诬奏惟忠潜通北国。诏下大理狱,勘官陈大方煅成其事,遂斩于市;血上流而色不变,且谓大方曰:“吾死诉于天!”未几,大方亦死。

纲 冬十一月,蒙古忽必烈以廉希宪为京兆宣抚使。

目 希宪，畏兀人，少入侍忽必烈，笃好经书，一日方读孟子，闻召，因怀以进。忽必烈问其说，希宪以性善、义利、仁暴之旨为对。忽必烈善之，目为"廉孟子"。又一日，与诸贵人较射，连发三中，众惊叹曰："真文武材也。"忽必烈以京兆分地置宣抚司，命希宪为使。京兆控制陇、蜀、诸王贵藩分布左右，民杂戎、羌，尤号难治；希宪讲求民病，抑强扶弱，境内大安。

纲 乙卯，三年，春正月，迅雷，罢元夕张灯。

纲 二月，蒙古忽必烈征许衡为京兆提学。

目 衡，怀庆河内人，幼有异质，七岁入学授章句，问其师曰："读书何为？"师曰："取科第耳。"曰："如此而已乎？"师大奇之，谓衡父母曰："儿颖悟非常，他日必有过人者，吾非其师也。"遂辞去。稍长，嗜学如饥渴，然遭世乱，且贫无书，尝从日者得书疏义。避难徂徕山，得易王弼说，夜思昼诵，言动必揆诸义。既而乱少定，往来河、洛间，从柳城姚枢得程、朱氏书，益大有得。寻居苏门，与枢及窦默相讲习，慨然以道自任。尝语人曰："纲常不可一日亡于天下。苟在上者无以任之，则在下之任也。"凡丧、祭、娶、嫁必征于礼，以倡其乡人，学者浸盛。衡尝语之曰："进学之序，必当弃前日章句之习，从事于小学。"因悉取向来简帙焚之，使无大小皆自小学入。是时秦人新脱于兵，欲学无师，闻衡来，人人莫不嘉幸，于是郡县皆建学，民大化之。

纲 三月，以王埜签书枢密院。

纲 雨土。

纲 夏五月，四川地震，闽、浙大水。

纲 六月，以丁大全为右司谏。

目 大全，镇江人，面蓝色，为戚里婢婿，夤缘阎妃及内侍卢允升、董宋臣遂得宠于帝，自萧山尉累拜右司谏。时正言陈大方、侍御史胡大昌与大全同除，人目为"三不吠犬"。

纲 罢监察御史洪天锡，秋七月，谢方叔、徐清叟免。

纲 八月，王埜罢。

纲 以董槐为右丞相兼枢密使，程元凤签书枢密院事，蔡抗同签书院事。

纲 丙辰，四年，春三月，以蒲择之为四川制置使，置司重庆。

纲 夏四月，加贾似道参知政事。

纲 五月，赐礼部进士文天祥及第。

目 天祥以“法天不息”为对，其言万余，帝亲拔为第一。考官王应麟奏曰：“是卷古谊若龟鉴，忠肝如铁石，臣敢为得人贺。”

纲 六月，丁大全逐右丞相董槐，诏罢槐提举洞霄宫。窜太学生陈宜中等于远州。

目 槐自以为人主所振拔，苟可以利安国家者无不为。时帝年浸高，操柄独断，群臣无当意者，渐喜狎佞人。丁大全方谄事内嬖，窃弄威权，帝弗觉悟。大全尝遣客私于槐，槐曰：“吾闻人臣无私交，吾惟事上，不敢私结约，幸为谢丁君。”大全度槐终不容己，乃日夜刻求槐短。槐入对，极言大全邪佞不可近，大全益怨之，乃上章劾槐，章未下，大全夜半以台檄调隅兵百余人，露刃围槐第，驱迫之出，而罢相之制始下，物论殊骇。三学生屡上书言之，乃诏槐以观文殿大学士提举洞霄宫。大全既逐槐，益恣横用事，道路以目，太学生陈宜中、黄镛、林则祖、曾唯、刘黻、陈宗六人上书攻之。大全怒，使御史吴衍劾之，削其籍，编管远州，立碑三学，戒诸生勿得妄议国政，士论翕然，称宜中等号为“六君子”。

纲 秋七月，以程元凤为右丞相兼枢密使，蔡抗参加政事，张磻签书枢密院事。

纲 九月，监察御史朱熠乞汰冗吏，不报。

目 熠言：“境土蹙而赋敛日繁，官吏增而调度日广。景德、庆历时，以三百二十余郡之财赋，供一万余员之俸禄；今日以一百余郡之事力，赡二万四千余员之冗官，边郡则有科降支移，内地则欠经常纳解。欲宽民力，必汰冗员。”帝嘉之而不能用。

纲 冬十一月，以张磻同知枢密院事，丁大全签书院事，马天骥同签书院事。

目 时阎妃怙宠，大全、天骥用事，有无名子书八字于朝门曰：“阎马丁当，国势将亡。”

纲 蔡抗罢。

纲 丁巳，五年，春正月，加贾似道知枢密院事。召吴渊参知政事；渊未至卒。

纲 蒙古罢忽必烈开府，命阿兰答儿行省事于京兆。

目 或谗忽必烈得中土心，蒙古主遣阿兰答儿行省事于京兆，刘太平佐之。忽必烈闻之不乐，姚枢曰："帝，君也。大王为皇弟，臣也。事难与较，远将受祸。莫若尽王邸、妃主自归朝廷，为久居谋，疑将自释。"及忽必烈见蒙古主，皆泣下，竟不令有所白而止。

纲 夏六月，马天骥罢。

纲 秋八月，蒙古主蒙哥分道入寇，以其少弟阿里不哥守和林。

纲 冬，张磻卒，以林存签书枢密院事。

纲 戊午，六年，春正月，以丁大全参知政事。

纲 二月，以马光祖为京湖制置使。

目 光祖为沿江制置，辟召僚属皆极一时之选，至是移镇江陵，以汪立信、吕文德、王登、王鉴为参议官。

纲 夏四月，程元凤罢，以丁大全为右丞相兼枢密使。

纲 秋九月，蒙古主蒙哥入剑门；冬十一月，陷鹅顶堡诸城。

纲 林存罢。以贾似道为枢密使、两淮宣抚使。

纲 十二月，诏马光祖等进军归、峡州以援蜀。

目 诏光祖移司峡州六郡，镇抚向士璧移司绍庆，士璧遂进师归州，与光祖迎战房州，蒙古少却。

纲 蒙古主蒙哥入阆州，守将杨大渊以城降。

纲 己未，开庆元年，春正月，以贾似道为京湖南、北、四川宣抚大使。

纲 二月，蒙古主蒙哥围合州，王坚力战御之。

纲 三月，以吕文德为四川制置副使。夏六月，文德及蒙古史天泽战于嘉陵江，败绩。

纲 以朱熠参知政事，饶虎臣同知枢密院事。

纲 秋七月，蒙古主蒙哥卒于合州城下，余众解围北还。

目 王坚固守，蒙古主督诸军攻之。屡战不克，前锋将汪德臣选兵夜登外城，坚率兵逆战。迟明，德臣单骑大呼曰："王坚，我来活汝一城军民，宜早降。"语未既，几为飞石所中，因得疾死。会天大雨，攻城梯折，后军不克进，俱退。蒙古主亦卒于合州城下，年五十二，诸王、大臣用二驴蒙以绘椟，负之北行。合州围解，捷闻，诏加坚宁远军节度使。

纲 八月,蒙古忽必烈将兵渡淮,九月渡江,遂围鄂州。

纲 以戴庆炣签书枢密院事。

纲 蒙古陷临江,知军事陈元桂死之;蒙古遂入瑞州。

纲 诏诸路出师以御蒙古,大出内府银币犒师。

纲 冬十月,丁大全有罪,免。

纲 以吴潜为左丞相兼枢密使。

目 潜既相,首言:"鄂渚被兵,湖南扰动,推原祸根,由近年奸臣佥壬,设为虚议,迷国误君,仁贤空虚,名节丧败,天怒而陛下不知,人怨而陛下不察,稔成兵戈之祸。章鉴、高铸尝与丁大全同官,倾心附丽,躐跻要途。萧泰来等,群小噂沓,国事日非,浸淫至于今日。沈炎实其爪牙,而任台臣,甘为搏击,奸党盘据,血脉贯穿,以欺陛下,致危乱。望令炎等与祠,铸等羁管州军。"帝不听。

纲 即拜贾似道右丞相兼枢密使,军汉阳以援鄂。

纲 以赵葵为江东、西宣抚使。

纲 十一月,诏贾似道移军黄州。

纲 闰月以吕文德知鄂州,向士璧知潭州。

纲 贾似道乞和于蒙古,忽必烈引还,鄂州围解。

目 蒙古攻城益急,似道大惧,乃密遣宋京诣蒙古营,请称臣纳币;忽必烈不许。会合州守臣王坚使阮思聪走鄂,以蒙古主讣闻。似道再遣京往,请称臣,割江南为界,岁奉银绢匹两各二十万。忽必烈亦闻阿蓝答儿等谋立阿里不哥,乃许之,遂拔砦而去,遣张杰、阎旺以偏师候湖南兀良合台之兵。

纲 十二月,蒙古兀良合台引兵趋湖北,潭州围解。

纲 庚申,景定元年,春二月,蒙古兀良合台至鄂州引还,贾似道使夏贵等杀其殿卒于新生矶。

纲 三月,贾似道奏诸路大捷,召似道还朝。

目 似道匿议和称臣、纳币之事,以所杀获俘卒殿兵,上表言:"诸路大捷,鄂围始解,江、汉肃清,宗社危而复安,实万世无疆之休。"帝以似道有再造功,召入朝。

纲 白气如匹练亘天。

纲 夏四月，蒙古主忽必烈立。

目 忽必烈北还，时诸王合丹莫哥、塔察儿俱会于开平，旭烈亦自西域遣使劝进，惟阿里不哥不至。廉希宪、赵良弼及商挺等力言："先发制人，后发人制，逆顺安危，间不容发，宜早定大计。"忽必烈然之，遂即位，建元中统。

目 蒙古召窦默、许衡至开平。

目 默，肥乡人，金末避乱转徙，隐于大名，与姚枢、许衡朝暮讲习，至忘寝食。蒙古主在潜邸，尝召之，默变姓名以自晦，使者俾其友人往见之，微服踵其后，默不得已，乃拜命。既至，问以治道，默首以纲常为对，且曰："失此，则无以自立于世矣。"又言："帝王之道，在诚意正心。心既正，则朝廷远近莫敢不一于正。"蒙古主敬待加礼，久之南还。至是，复与衡同召。

纲 吴潜罢。

目 初，贾似道在汉阳，以潜移之黄州，为欲杀己，衔之。至是帝欲立忠王禥为太子，潜密奏云："臣无弥远之才，忠王无陛下之福。"帝遂积怒潜，似道因陈建储之策，令侍御史沈炎劾奏，且云："忠王之立，人心所属，潜独不然。章汝钧乞为济王立后，潜乐闻其论，授汝钧正字，奸谋叵测。请速召贾似道正位鼎轴。"帝从之，遂罢潜奉祠。

纲 加贾似道少师，封卫国公；将士进官有差。

目 似道既至，诏百官郊劳，如文彦博故事，奖眷甚至。诸将士悉进官：吕文德检校少傅，高达宁江军承宣使，刘整知泸州、兼潼川安抚副使，夏贵知淮安州、兼京东招抚使，孙虎臣和州防御使，范文虎黄州、武定诸军都统制，向士璧、曹世雄各加转有差。初，似道恶达在军中尝侮己，言于帝，欲杀之，帝知其有功，不从，故论功以文德为第一，而达居其次。似道既相，权倾中外，进用群小，变更法制矣。

纲 蒙古初定官制。

纲 以饶虎臣参知政事，戴庆炣同知枢密院事，皮龙荣签书院事。

纲 蒙古以廉希宪为陕西、四川宣抚使。

纲 蒙古阿里不哥称帝于和林。

纲 五月，饶虎臣罢。

纲 戴庆炣卒，以沈炎同签书枢密院事。

纲 蒙古以王鹗为翰林学士承旨。

目 鹗，金正大元年进士第一人，历官尚书左右司郎中。金亡，将被杀，张柔闻其名救之，馆于保州。蒙古主在藩邸召对，甚礼重之。至是为翰林学士承旨，制诰、典章，皆所裁定。又荐李冶、李昶、王盘、徐世隆、高鸣为学士，复奏立十道提举学校官，蒙古主皆从之。

纲 荧惑入南斗。

目 留五十余日。

纲 六月，立忠王禥为皇太子。

目 帝家教甚严，太子鸡初鸣问安，再鸣回宫，三鸣往会议所参决庶事，退入讲堂讲经史，将晡，复至榻前起居，问今日讲何经，答之是则赐坐赐茶，否则为之反复剖析，又不通，则继以怒，明日须更覆讲，率为常例。

纲 秋七月，蒙古使翰林侍读学士郝经来修好，贾似道幽之真州。

目 似道还朝，使其客廖莹中辈撰福华编，称颂鄂功，通国皆不知所谓和也。蒙古主既立，欲来修好，以郝经为翰林侍读学士，充国信使，来告即位，且征前日请和之议。似道恐经至谋泄，竟拘留于真州之忠勇军营。经上表曰："愿附鲁连之义，排难解纷；岂知唐俭之徒，款兵误国。"又数上书于帝及执政，极陈和战利害，且请入见及归国，皆不报。驿吏棘垣钥户，昼夜守逻，欲以动经；经不屈，但语其下曰："死生进退，听其在彼，屈身辱命，我终不能！汝等不幸，宜忍死以待，揆之天时、人事，宋祚殆不远矣！"蒙古遣详问官崔明道诣淮东制司访问经等所在，仍以稽留信使、侵扰疆埸来诘。淮东制置李庭芝奏蒙古使者久留真州，不报。

纲 以贾似道兼太子太师。

纲 冬十二月，蒙古号西僧八思巴为国师。

纲鉴易知录卷八八

南宋纪

理宗皇帝

目　辛酉，二年，春正月，诏皇太子释奠孔子；加张栻、吕祖谦伯爵，并从祀。

目　帝手诏曰："虎闱齿胄，太子事也。此礼废久矣，如释奠、释菜之事，我朝俱未尝废，然享师敬道，又不可拘旧制，可令太子谒拜。"太子既还，上奏曰："先圣之道，至我朝而后有以续孟氏之传。然诸说并驾，未知统一。迨朱熹、张栻、吕祖谦志同道合，切思讲磨，择精语详，开牖后学，人心一正，圣道大明。今熹已秩从祀，而栻、祖谦尚未奉明诏，臣窃望焉。"帝从之，遂封栻华阳伯，祖谦开封伯，并列从祀。

纲　二月，朱熠罢。夏四月，以皮龙荣参知政事，沈炎同知枢密院事，何梦然签书院事。

纲　以俞兴为四川制置使。

纲　蒙古听儒士被俘者赎为民。

纲　五月，蒙古以史天泽为中书右丞相。

纲　蒙古以姚枢为太子太师，窦默为太子太傅，许衡为太子太保；皆辞不拜。

纲　六月，潼川安抚副使刘整以泸州叛降蒙古，制置司参谋官许彪孙死之。

目　初，贾似道之出督也，尝憾高达、曹世雄之轻己，令吕文德捃摭其罪，逼世雄死，达亦废弃。整闻之惧，会俞兴帅蜀，整素与兴有隙，而似道方会计边费，兴遣吏下整，整诉于朝不得达，心益不安，遂籍泸州十五郡、户三十万降于蒙古，蒙古以整为夔路行省，兼安抚使。整，骁将也，蒙古既得之，由是尽得国事虚实，而似道不以为虞。整之将叛也，命制置司参谋官许彪孙草表，彪孙不屈，合门仰药死。

纲 秋七月，窜吴潜于循州。

纲 八月，俞兴讨刘整败绩，诏罢兴，以吕文德兼四川宣抚使。

纲 以江万里同签书枢密院事。

纲 贾似道杀湖南制置副使向士璧。

目 先是贾似道忌功，欲污蔑一时阃臣，且怨士璧尝侮己，讽侍御史孙附凤等劾罢之，送漳州安置。又遣官会计边费，于是赵葵、史岩之等皆坐侵盗掩匿，罢官征偿，而士璧所费尤多，至是逮至行部责偿。幕属方元善者，极意逢迎似道意，士璧坐是死，复拘其妻妾征之，潭人闻之有垂涕者。信州谢枋得，以赵葵檄给钱粟募民兵守御，及会计者至信，枋得曰："不可以累宣抚。自偿万缗，余不能办。"乃上书似道，有云"千金而募徙木，将取信于市人；二卵而弃乾城，岂可闻于邻国！"遂得免征余者。似道又忌王坚，出知和州；坚郁郁而卒。

纲 冬十月，沈炎罢。

纲 蒙古主忽必烈击阿里不哥于昔木土，败走之。

纲 十二月，以何梦然参知政事，马光祖知枢密院事、兼知临安府。江万里罢。

纲 壬戌，三年，春正月，赐贾似道第宅、家庙。

纲 吕文德复泸州。

目 刘整率所部入朝于蒙古，文德遂入泸州；诏改为江安军。

纲 蒙古修孔子庙。二月，皮龙荣罢。

纲 临安饥。

目 诏赈恤贫民。时马光祖知荣王与芮府有积粟，三往见之，王以他辞；光祖乃卧于客次，王不得已，见焉。光祖厉声曰："天下谁不知储君为大王子！今民饥欲死，不以此时收人心乎！"王以廪虚辞，光祖探怀中出片纸曰："某庄、某仓若干。"王语塞，遂许以三十万。光祖遣吏分给，活饥民甚众。

纲 蒙古江淮大都督李璮以京东来归。诏封璮为齐郡王，复其父全官爵。三月，蒙古杀王文统。

目 璮自忽必烈即位，便有南归之志。至是召其子彦简于开平，修筑济南、益都等城壁，遂以涟、海三城来归，献京东郡县，请赎父过。诏授璮保信、宁武军节度使，督视京东、河北路军马，封齐郡王，改涟水为安东州。蒙古王文统使其子荛通好于璮，事觉被诛。

纲 以孙府凤签书枢密院事。

纲 夏五月，马光祖罢。

纲 蒙古史天泽围李璮于济南。六月，遣提刑青阳梦炎将兵救之，不至而还。

纲 封陈光昺为安南王。

纲 故相吴潜暴卒于循州。

纲 以杨栋同签书枢密院事。

纲 秋八月，蒙古陷济南，李璮死之。蒙古以董文炳为山东经略使。

纲 九月，蒙古以阿术为征南都元帅。

纲 冬十月，以杨陈签书枢密院事，叶梦鼎同签书院事。

纲 蒙古命阿合马领中书左右部，专理财赋。

纲 十一月，窜丁大全于新州，道死。

纲 癸亥，四年，春正月，蒙古以姚枢为中书左丞。

纲 二月，诏买公田，置官领之。罢翰林学士徐经孙。

目 贾似道以国计困于造楮，富民困于和籴，思有以变法而未得其说。知临安府刘良贵，浙西转运使吴势卿献买公田之策，似道乃命殿中侍御史陈尧道、右正言曹孝庆、监察御史虞宓、张希颜上疏言："三边屯列，非食不饱；诸路和籴，非楮不行。既未免于廪兵，则和籴所宜广图；既不免于和籴，则楮币未容缩造。为今日计，欲便国便民而办军食、重楮价者，莫若行祖宗限田之制。以官品计顷，以品格计数，下两浙、江东、西和籴去处，先行归并诡析，后将官户田产逾限之数，抽三分之一，回买以充公田。但得一千万亩之田，则每岁可收六七百万石之米，其于军饷沛然有余，可免和籴，可以饷军，可以住造楮币，可平物价，可安富定，一事行而五利兴矣。"帝从之，诏买公田，置官田所，以刘良贵提领，通判陈訔为简阅，副之。

良贵请下都省，严立赏罚，究归并之弊。独徐经孙条具其害，似道讽御史舒有开劾之，罢归。经孙尝举陈茂濂，至是为公田官，分司嘉兴，闻经孙去国，曰："我不可以负徐公！"亦谢事，终身不起。

未几帝手诏曰："永免和籴，无如买逾限之田为良法。然东作方兴，权俟秋成续议施行。"似道愤然上疏求去，复讽何梦然、陈尧道、曹孝庆抗章留之，且劝帝下诏慰勉。帝乃趣似道出视事，似道复具陈其制，帝悉从之。

纲 三月，蒙古始建太庙。

纲 夏六月，论买公田功，进知临安府刘良贵等官。

纲 秋七月，置榷场于樊城。

目 刘整言于蒙古曰："南人惟恃吕文德耳，然可以利诱也，请还以玉带馈之，求置榷场于襄阳城外。"蒙古从之，至鄂请于文德，文德许之。蒙古使曰："南人无信。安丰等处榷场，每为盗所掠，愿筑土墙以护货物。"文德不许。或谓文德曰："榷场成，我之利，且可因以通好。"文德为请于朝，开榷场于樊城外，筑土墙于鹿门山，外通互市，内筑堡壁。蒙古又筑堡于白鹤，由是敌有所守，以遏南北之援，时出兵哨掠襄阳城外，兵威益炽。文德弟文焕知为蒙古所卖，以书谏止；文德始悟，然事已无及，惟自咎尔。

纲 蒙古以廉希宪为中书平章政事，商挺参知政事。

纲 甲子，五年，春三月，增公田官于平江诸路。

纲 何梦然罢。夏五月，以杨栋参知政事，叶梦鼎同知枢密院事，姚希得同签书院事。

纲 秋七月，彗星出。中外上书乞罢公田，贾似道力求去位，诏勉留之。

目 彗星出柳，光烛天，长数十丈，自四更见东方，日高始灭。诏避殿、减膳，许中外直言。台谏士庶皆上书，以为公田不便，民间愁怨所致，于是似道上书力辩，乞避位。帝曰："言事易，任事难，自古然也。公田之说，公私兼济，所以决意行之。今业已成矣，若遽因人言罢之，虽可快一时之异，如国计何。卿既任事，亦当任怨，'礼义不愆，何恤人言'！"由是公论顿沮。

纲 黥配临安府学生叶李等于远州。

目 叶李、萧规应诏上书，诋贾似道专权，害民误国。似道命刘良贵捃摭以罪，黥配李于漳州，规于汀州。

纲 蒙古阿里不哥自归于上都，蒙古主释不治，其党不鲁花等伏诛。

纲 杨栋免。

纲 八月，蒙古以刘秉忠为太保，参领中书省事。

纲 蒙古入都于燕。

目 刘秉忠请定都于燕，蒙古主从之，诏营城池及宫室，仍号为中都。

纲 九月，窜建宁府教授谢枋得于兴国军。

目 枋得考试宣城及建康，摘贾似道政事为问，且言："权奸擅国，敌兵必至，赵氏必亡。"漕使陆景思上其稿于似道，于是左司谏舒有开劾枋得怨望腾谤，大不敬；诏窜之。

纲 作银关。

目 贾似道以物贵由于楮贱，楮贱由于楮多，乃更造银关，每一，准十八界会之三，自制其印如"贾"字状行之，出奉宸库珍货，收币会于官，废十七界会不用。银关行，物益贵，楮益贱。

纲 冬十月，帝崩，太子禥即位，尊皇后曰皇太后，大赦。

度宗皇帝

纲 乙丑，度宗皇帝咸淳元年，春正月朔，日食。

纲 二月，以姚希得参知政事，江万里同知枢密院事，王爚签书院事。

纲 三月，葬永穆陵。夏四月，加贾似道太师，封魏国公。

目 帝以似道有定策功，每朝必答拜，称之曰"师臣"而不名，朝臣皆称为周公。理宗山陵事竣，径弃官还越，而密令吕文德诈报蒙古兵攻下沱急，朝中大骇，帝与太后手诏起之，似道乃至。

纲 闰五月，以江万里参知政事，王爚同知枢密院事，马廷鸾签书院事。

纲 秋八月，蒙古以安童为中书右丞相。冬十月，命许衡议省事，衡辞，不许。

目 安童，木华黎四世孙，年二十一矣。蒙古主以其幼未更事，召许衡于怀孟，俾议中书省事，衡至，以疾辞，蒙古主不许。安童亲候其馆，与语良久，既还，念之不释者累日。

纲 十一月，以留梦炎签书枢密院事。

纲 丙寅，二年，春正月，江万里罢。

目 贾似道以去要君，帝至拜留之，万里以身掖帝，云："自古无此君臣礼！陛下不可拜，似道不可复言去。”似道不知所为，下殿，因举笏谢万里曰：“微公，似道几为千古罪人。”然以此益忌之，谋逐万里。万里亦四上疏求退，乃以资政殿大学士奉祠。

纲 夏四月，姚希得、王爚罢。

纲 五月，以王爚参知政事，留梦炎同知枢密院事，包恢签书院事。

目 恢所至，以严为治，破豪猾，去奸吏，治蛊狱，政声赫然。理宗朝，尝因轮对曰：“陛下之心，如天地日月，其闭而食者，外戚近习耳。”

纲 秋七月，蒙古以张德辉参议中书省事。

目 初，德辉在史天泽幕下，蒙古主在藩邸闻之，召见，问曰：“或云‘辽以释废，金以儒亡’，有诸？”对曰：“辽事臣未周知，金季乃所亲睹。宰执皆武弁世爵，虽用一二儒臣，及论军国大事又不使预闻，然则金之存亡，自有任其责者。”蒙古主然之，呼其字而不名。德辉又尝与元裕上谒，请蒙古主为儒教太宗师，蒙古主悦而受之。既即位以为河东南、北路宣抚使，遂入议政。

纲 丁卯，三年，春正月，立皇后全氏。

目 后，会稽人，理宗母慈宪夫人侄孙也。宝祐中，父昭孙没于王事，理宗以母故，常召后入宫，问曰：“尔父没于王事，每念之，令人可哀。”后对曰：“妾父可念，淮、湖之民尤可念也。”帝异之，语大臣曰：“全氏女言辞甚令，宜配冢嗣以承宗祀。”遂纳为太子妃。

纲 帝释菜于孔子，以颜回、曾参、孔伋、孟轲配，列邵雍、司马光于从祀。

目 又升颛孙师于十哲，追封雍新安伯。

纲 蒙古许衡谢病还怀孟。

目 衡陈时务四事，书至万余言，且谓：“孔子曰：‘以道事君，不可则止。’孟子以责难陈善，乃为恭敬。臣之所守如此，而大约以大学‘修身’为之本。”蒙古主嘉纳之。衡多病，蒙古主命五日一至中书，至是始听归怀孟。

纲 二月，以贾似道平章军国重事，三日一朝，治事都堂。

目 似道上疏乞归养，帝命大臣侍从传旨固留，日四五至，中使加赐日十数至，特授平章军国重事，一月三赴经筵，三日一朝，治事都堂;赐第西湖之葛岭,使迎养其中。似道于是五日一乘湖船入朝,不赴都堂治事,吏抱文书就第呈署,大小朝政,一切决于馆官廖莹中、堂吏翁应龙,宰执充位而已。似道虽深居简出,凡台谏弹劾,诸司荐辟,及京尹畿漕一切事,不关白不敢行。正人端士,斥罢殆尽。吏争纳赂求美职,图为帅阃、监司、郡守者,贡献不可胜计,一时贪风大肆。兵丧于外,匿不以闻,民怨于下,诛责无艺,莫敢言者。

纲 三月,以程元凤为右丞相,枢密使,叶梦鼎参知政事,王爚知枢密院事,常挺签书院事。元凤、爚寻罢。

纲 夏六月,以马光祖参知政事。

纲 秋八月,进封嗣荣王与芮为福王。

纲 以叶梦鼎为右丞相兼枢密使,固辞,不许。

目 利州路转运使王价子愬求遗泽,梦鼎以为合与,似道以恩不出己,罢省部吏数人。梦鼎怒曰:"我断不为陈自强。"即求去。似道母责似道曰:"叶丞相安于家食,未尝求进,汝强与以相印,今乃牵制至此;若不从吾言,吾不食矣。"似道曰:"为官不得不如此。"会太学诸生亦上书言似道专权固位,似道乃悔悟求解。梦鼎请去益力,帝不许。

纲 冬十二月,以吕文焕知襄阳府。

纲 蒙古阿朮、刘整谋入寇,遂城白河口。

目 刘整言于蒙古主曰:"襄阳,吾故物,由弃弗戍,使宋得窃筑为强藩。若复襄阳,浮汉入江,则宋可平也。"蒙古主从之,诏征诸路兵,命阿朮与整经略襄阳。

阿朮驻马虎头山,顾汉东白河口曰:"若筑垒于此,以断宋饷道,襄阳可图也。"遂城其地。吕文焕大惧,遣人以蜡书告文德,文德怒且骂曰:"汝曹妄言邀功赏,设有之,亦假城耳。襄、樊城池坚深,兵储支十年,令吕六坚守;果整妄作,春水至吾往取之。比至,恐遁去耳。"议者窃笑之。

纲 戊辰,四年,春正月,留梦炎罢。

纲 夏四月,夺观文殿大学士惠国公谢方叔官爵。

目 方叔以尝为东宫官,自豫章以一琴、一鹤、金丹一炉献帝。似道疑其观望再相,讽谏官赵顺孙等论其"不当诱人主为声色之好",欲谪之远郡。吕文德请以己官赎方叔罪,乃止夺官爵。

纲 秋九月,蒙古阿术、刘整围襄阳。

目 刘整与阿术计曰:“我精兵突骑,所当者破,惟水战不如宋耳。夺彼所长,造战舰,习水军,则事济矣。”乃造船五十艘,日练水军,虽雨不能出,亦画地为船而习之,得练卒七万,遂筑圜城以逼襄阳。

纲 冬十一月,常挺卒。

纲 行义役法。

纲 十二月,包恢罢。

纲 己巳,五年,春正月,以李庭芝为两淮制置大使。

目 兼知扬州。时扬州新遭火,公私萧然,庭芝大筑城壁,募汴南流民二万余人以实之,号武锐军。修学赈饥,民德之如父母。

纲 叶梦鼎上疏乞致仕,不待报而去。

目 梦鼎扼于贾似道不得行,乃引杜衍故事,上疏乞致仕,单车宵遁。诏判福州,梦鼎不拜。

纲 以马廷鸾、江万里参知政事。

纲 蒙古遣史天泽益兵围襄阳。

目 蒙古括诸路兵以益襄阳之师,遣史天泽往经画之。天泽至,筑长围,起万山,包百丈山,令南北不相通。又筑岘山、虎头山为一字城,联互诸堡,以立久驻必取之基。

纲 二月,蒙古行新字,加号西僧八思巴为大宝法王。

纲 三月,蒙古军围樊,遂城鹿门,京湖都统张世杰将兵拒之,战于赤滩圃,败绩。

目 世杰,柔之从子,从柔戍杞,有罪来奔,阮思顺见而奇之,言于吕文德,文德召置麾下,累功至都统制。

纲 以江万里、马廷鸾为左、右丞相兼枢密使,马光祖知枢密院事。夏五月,光祖罢。

纲 秋七月,夏贵袭蒙古阿术于新城,败绩。

纲 冬十二月,吕文德卒。以范文虎为殿前副都指挥使。

目 文德以许蒙古置榷场为恨,每曰:“误国家者,我也。”因疽发背,乞致仕;诏授少师,封卫国公,卒。贾似道以其婿范文虎总禁兵。

纲 庚午,六年,春正月,以李庭芝为京湖制置大使,督师援襄、樊。

纲 起复孙虎臣为淮东安抚副使。

纲 江万里罢。

纲 蒙古廉希宪罢。

目 蒙古主尝令希宪受帝师戒，希宪对曰："臣已受孔子戒矣。"蒙古主曰："汝孔子亦有戒邪？"对曰："为臣当忠，为子当孝，孔子之戒，如是而已。"

纲 以陈宗礼签书枢密院事，赵顺孙同签书院事。

目 宫中饮宴，名曰排当。理宗朝，排当之礼多内侍自为之，一有排当，则必有私事密启。帝即位益盛，至出内帑为之。宗礼为给事中，尝上疏言："内侍用心，非借排当以侵羡余，则假秩筵以奉殷勤，不知费几州汗血之劳，而供一夕笙歌之乐！请禁绝之。"不报。

纲 蒙古立尚书省，以阿合马平章正事。

纲 二月，蒙古以许衡为中书左丞，衡固辞，不许。

目 时阿合马势倾中外，其子忽辛有同签枢密院之命，衡执奏曰："国家事权，兵、民、财三者而已。父典民与财，子又典兵，不可。"蒙古主曰："卿虑其反邪？"衡曰："彼虽不反，此反道也。"蒙古主以语阿合马，由是怨衡，亟荐衡为左丞，欲因以事中之。衡屡入辞免，蒙古主不许。

纲 夏四月，罢直学士院文天祥。

目 贾似道以去要君，帝勉留益坚，命学士降诏。天祥当制，时内制相承，必先呈稿于相，天祥不从。似道意不满，讽别院改作。天祥亟求解职，迁秘书监，似道使台官张志立劾罢之。

纲 秋八月，诏贾似道十日一朝，入朝不拜。

目 时襄、樊围急，似道日坐葛岭，起楼阁亭榭，作半闲堂，延羽流，塑己像其中，取宫人叶氏及娼尼有美色者为妾，日肆淫乐。尝与群妾踞地斗蟋蟀，所狎客戏之曰："此军国重事邪！"酷嗜宝玩，建多宝阁，一日一登玩。自是或累月不朝，有言边事者辄加贬斥。一日帝问曰："襄阳之围已三年矣，奈何！"似道对曰："北兵已退，陛下何从得此言？"帝曰："适有女嫔言之。"似道诘其人，诬以他事赐死。由是边事虽日急，无敢言者。

纲 冬十月，诏范文虎总中外诸军救襄阳。

纲 十一月，蒙古城万山。

纲 十二月，陈宗礼卒。

纲 辛未，七年，春二月，大饥。

目 是岁淮、浙、江西皆饥，命官赈贷。知抚州黄震，大书“闭粜者籍，强籴者斩”！不抑米价，劝分有方，全活甚众。

纲 夏五月，蒙古兵分道寇嘉定诸路。

纲 六月，范文虎帅师至鹿门而遁，李庭芝自劾请代，不许。

纲 蒙古以许衡为集贤大学士，兼国子祭酒。

目 衡上疏论阿合马专权罔上，蠹政害民诸事，不报，因谢病请解机务。蒙古主不许，且命举自代者。衡奏曰：“用人，天子之大柄。臣下泛论其贤否则可，若授之以位，则断自宸衷，不可使臣下有市恩之渐。”乃拜衡集贤大学士，兼国子祭酒，即燕京南城旧枢密院设学。衡闻命，喜曰：“此吾事也。”因请征其弟子王梓、耶律有尚、姚燧等十二人为斋长。时所选弟子皆幼稚，衡待之如成人，爱之如子，出入进退，其严如君臣。其为教，因觉以明善，因善以开蔽，相其动息以为张弛，课诵少暇即习礼或习书算。少者则令习拜跪、揖让、进退、应对，或射、或投壶，负者罚读书若干遍。久之，诸生人人自得，尊师敬业，下至童子，亦知三纲、五常为生人之道。

纲 冬十一月，蒙古改国号曰元。

目 取易“乾元”之义，从太保刘秉忠请也。

纲 壬申，八年，春正月，元罢尚书者。

纲 夏五月，李庭芝使统制张顺、张贵将兵救襄阳，与元军战，败绩，皆死之。

目 襄阳被围五年，援兵不至，吕文焕竭力拒之，幸城中稍有积粟，所乏者盐、薪、布帛尔。至是，诏李庭芝移屯郢州。庭芝闯知襄阳西北一水曰清泥河，即其地造轻舟百艘。出重赏募死士，得襄、郢、山西民兵之骁悍善战者三千人。求将，得民兵部辖张顺、张贵，俱智勇，素为诸将所服，俾为都统，号贵曰“矮张”，顺曰“竹园张”出令曰：“此行，有死而已！汝辈或非本心，宜亟去，毋败吾事。”人人感奋。

汉水方生，乘顺流发舟百艘，夜漏下三刻起矴出江，以红灯为号，贵先登，顺殿之，乘风破浪，径犯重围。元兵布舟蔽江，无隙可入。顺等乘锐断铁絙，攒枨数百，转战百二十里，元兵皆披靡以避其锋。黎明，抵襄阳城下。城中久绝援，闻顺等至，踊跃过望，勇气百倍。及收军，独失顺，越数日有浮尸溯流而上，被甲胄，执弓矢，直抵浮梁，视之则顺也，身中四创六箭，怒气勃勃如生，诸军惊以为神，结冢敛葬之。贵入襄阳，文焕固留共守，贵恃其骁勇，欲还郢，乃募二士，能伏水中数日不食，持蜡书赴范文虎于郢求援。元兵增守益密，水路连锁数十里，列撒星桩，虽鱼虾不得度。二人遇桩即锯断之，竟达郢。还报，许发兵五千驻龙尾洲以助夹击。

刻日既定，乃别文焕东下，点视所部军，洎登舟，帐前一人亡去，乃有过被挞者。贵惊曰："吾事泄矣！亟行，彼或未及知。"复不能衔枚隐迹，乃举炮鼓噪发舟，乘夜顺流断絙，破围冒进，元兵皆辟易。既出险地，渐近龙尾洲，遥望军船，旗帜纷披；贵兵以为郢兵来会，喜跃而进，及势近欲合，则来舟皆元军也。盖郢兵前二日以风水惊疑，退屯三十里，而元兵得逃卒之报，先据龙尾洲以逸待劳。贵与战而困，且出于不意，所部杀伤殆尽。贵身被数十创，力不能支，遂被执，见阿术于柜门关。阿术欲降之，贵誓不屈，乃见杀。元令降卒四人舁贵尸至襄阳城下，曰："识矮张都统乎？此是也。"守陴者皆哭，城中丧气。文焕斩四卒，以贵祔葬顺冢，立双庙祀之。

纲　六月，窜资政殿大学士皮龙荣于衡州，道卒。

目　龙荣，旧宫僚也，知贾似道忌之，家居杜门不预人事。一日，帝偶问"龙荣安在？"似道恐其召用，阴讽湖南提刑李雷应诬劾以事，徙衡州居住。龙荣恐不为雷应所容，未至，饮药卒。

纲　以章鉴同签书枢密院事。

纲　秋九月，有事于明堂，大雨，帝还宫。贾似道去位，诏出贵嫔胡氏为尼，似道乃还。

目　祀明堂，似道为大礼使。礼成，幸景灵宫，将还，遇大雨，似道期帝雨止升辂，胡贵嫔之兄显祖为带御器械，请如开禧故事，却辂乘逍遥辇还宫。帝曰："平章得无不可？"显祖绐曰："平章已允。"帝遂归。似道大怒曰："臣为大礼使，陛下举动不得预闻，乞罢政。"即日出嘉会门，帝固留之不得，乃罢显祖，涕泣出贵嫔为尼，似道始还。

纲　冬十一月，马廷鸾罢。

目　廷鸾扼于贾似道，力辞相位，乃授观文殿大学士，知饶州。入辞，帝恻怛久之，曰："丞相勉为朕留。"廷鸾对曰："臣死亡无日，恐不得再见君父。然国事方殷，强圉孔棘，天下安危，人主不知；国家利害，群臣不知；军前胜负，列阃不知，陛下与元老大臣，惟怀永图，臣死且瞑目。"泣拜而出。

纲　十二月，召叶梦鼎入相，固辞不至。

目　诏加梦鼎少傅，入相。梦鼎引疾力辞，使者相继促行，扶病至嵊县，疏奏："愿上厉精寡欲，规当国者收人心，固邦本。"扁舟径还。使者以祸福告，梦鼎曰："廉耻事大，死生事小，万无可回之理。"贾似道大怒，乃令致仕。

纲　癸酉，九年，春正月，樊城陷，守将范天顺、牛富死之。

目　樊城被围四年，范天顺、牛富力战不为衄，富又数射书襄阳城中，期吕文焕相与固守为唇齿。未几，阿里海涯得西域人所献新炮法，乃进攻樊，破外郛，张弘范为流矢中其肘，束创见阿术曰："襄在江南，樊在江北，我陆攻樊则襄出舟师求救，终不可取。若截江道，断救兵，水陆夹攻，则樊破而襄亦下矣。"阿术从之。

初，襄、樊两城，汉水出其间，文焕植木江中，锁以铁緪，上造浮桥以通援兵，樊亦恃此为固。至是阿术以机锯断木，以斧断緪，燔其桥，襄兵不能援。乃以兵截江而出，锐师薄樊城，城遂破。天顺仰天叹曰："生为宋臣，死为宋鬼。"即所守处缢死。富率死士百人巷战，元兵死伤者不可计，渴饮血水，转战而进，遇民居烧绝街道，富身被重伤，以头触柱赴火死，裨将王福见富死，叹曰："将军死国事，吾岂宜独生！"亦赴火死。

纲　二月，吕文焕以襄阳叛降元。

目　襄阳久困援绝，文焕每一巡城，南望恸哭而后下。告急于朝，贾似道累上书请行边，而阴使台谏上章留己。樊城既陷，复申请之，事下公卿杂议，监察御史陈坚等以为"帅臣出顾襄，未必能及淮；顾淮，未必能及襄；不若居中以运天下"。帝从之。未几，阿里海涯帅总管唆都等移破樊攻具以向襄阳，城中汹汹，诸将多逾城降者。阿里海涯身至城下，宣元主所降招谕文焕诏曰："尔等拒守孤城，于今五年，宣力尔主，固其宜也，然势穷援绝，如数万生灵何！若能纳款，悉赦勿治，且加迁擢。”文焕乃出降，且陈攻郢之策，请己为前锋。阿朮入襄阳，阿里海涯遂阶文焕朝燕，元主以文焕为襄汉大都督。事闻，似道言于帝曰：“臣始屡请行边，陛下不之许，向使早听臣出，当不至此。”

纲 三月，诏城清口。

目 刘整故吏罗鉴自北复还，上整书稿一帙于四川制司，有取江南二策，其一言先取全蜀，蜀平，江南可定；其二言清口、桃源，河、淮要冲，宜先城其地，屯山东军以图进取。帝亟诏淮东制司往清口，择利地筑城备之。

纲 元主立其子真金为太子。

目 真金，蒙古主之长子，初封燕王，守中书令，兼判枢密院事。刘秉忠荐中山王恂以辅之，蒙古主以为太子赞善。真金问恂以心之所守，恂曰：“尝闻许衡言：‘人心犹印板然，板本不差，虽摹千万本皆不差；本既差矣，摹之于纸无不差者。’”真金曰：“善。”至是立为皇太子。

纲 李庭芝免。夏四月，以汪立信为京湖制置使，赵溍为沿江制置使。

纲 六月，降范文虎一官，职任如故。窜俞兴子大忠于循州。

目 给事中陈宜中言：“襄、樊之失，皆由范文虎怯懦逃遁。乞斩之。”贾似道不许，止降一官。汪立信言：“臣奉命分阃，延见吏民，皆痛哭流涕，言襄、樊之祸皆由范文虎及俞兴父子。文虎闻难怯战，仅从薄罚，犹子天顺守节不屈，犹可少赎其愆。兴奴隶庸材，务复私怨，激叛刘整，流毒至今。其子大忠，挟多资为父行贿，且自希进；今虽寸斩，未足以快天下之忿。乞置重典，则人心兴起，事功可图。”诏除大忠名，循州拘管。

纲 秋七月，元许衡乞罢，许之。

目 阿合马等屡毁汉法，诸生廪食或不继，衡请还怀孟。元主以问翰林学士王磐，磐对曰：“衡教人有法，诸生行可从政，此国之大体，宜勿听其去。”元主又命诸老臣议其去留，窦默为衡恳请，乃听衡还。刘秉忠、姚枢及磐、默等复请以赞善王恂摄学事，衡弟子耶律有尚、苏郁、白栋为助教，庶几衡之规矩不致废坠；从之。

纲 九月，以章鉴签书枢密院事，陈宜中同签书院事。

纲 冬十一月，以李庭芝、夏贵为淮东、西制置使，陈奕为沿江制置使。

纲 甲戌，十年，春正月，贾似道母死，诏以卤簿葬之。遂起复似道入朝。

纲 元以伯颜为中书左丞相。

目 伯颜事宗王旭烈于西域，尝入奏事，蒙古主见其貌伟言厉，曰："此非诸侯王臣。"遂留与议国政，自右丞进左相。

纲 二月，赵顺孙罢。

纲 秋七月，帝崩，子嘉国公显即位，太后临朝称制。

目 帝崩，年五十三。贾似道入宫议所立，众以建国公昰长，当立；似道主嫡，乃立嘉国公显，时年四岁矣。谢太后临朝称诏，号帝庙曰度宗。

纲 封兄昰为吉王，弟昺为信王。

纲 诏贾似道独班起居。

纲 尊皇太后曰太皇太后，皇后曰皇太后。

纲 罢京湖制置使汪立信。

目 立信移书贾似道，谓"今天下之势，十去八九，诚上下交修以迓续天命之几，重惜分阴以趋事赴功之日也。而乃酣歌深宫，啸傲湖山，玩岁愒月，缓急倒施，以求当天心，俯遂民物，拱揖指挥而折冲万里者，不亦难乎！为今日之计者，其策有三：夫内郡何事乎多兵，宜尽出之江干，以实外御。算兵帐见兵，可七十余万人，老弱柔脆，十分汰二，为选兵五十余万人。而沿江之守，则不过七千里，若距百里而屯，屯有守将，十屯为府，府有总督，其尤要害处，辄参倍其兵。无事则泛舟长淮，往来游徼，有事则东西齐奋，战守并用，刁斗相闻，馈饷不绝，互相应援，以为联络之固。选宗室大臣忠良有干用者，立为统制，分东西二府以莅，任得其人，率然之势。此上策也。久拘聘使，无益于我，徒使敌得以为辞。请礼而归之，许输岁币以缓师期。不二三年，边运稍休，藩垣稍固，生兵日增，可战可守。此中策也。二策果不得行，则天败我，衔璧舆榇之礼，请备以俟。"似道得书，大怒，抵之地，诟曰："瞎贼，狂言敢尔！"盖立信一目微眇云。寻中以危法，废斥之。

纲 以朱禩孙为京湖、四川宣抚使。

纲 八月，大霖雨，天目山崩。

目 水涌安吉、临安、余杭，民溺死者无算。

纲 元以博罗欢为中书右丞。

纲 元太保刘秉忠卒。

目 秉忠自幼好学，至老不衰，虽位极人臣，终日澹然，不异平昔。至是卒。元主惊悼，谓左右曰："秉忠事朕三十年，小心慎密，不避艰险，言无隐情。其阴阳术数之精，占事知来，若合符契，惟朕知之，他人不得与闻也。"赠太傅、赵国公，谥文贞。

纲 元史天泽、伯颜大举入寇。天泽有疾而还。

目 阿朮自襄、樊既下，奉命略淮东而还，与阿里海涯同请南侵，且曰："臣久在行间，备见宋兵之弱；失今不取，时不再来。"刘整亦言："襄阳破则临安摇矣。若以水军乘胜长驱，则大江必非宋有。"元主可其奏。史天泽、姚枢复上言："如求大将，非安童不可。"元主遂下诏，数宋贾似道背盟拘执信使之罪，命天泽、伯颜总诸道兵，与阿朮、阿里海涯、吕文焕行中书省于荆湖，博罗欢、阿答海、刘整、塔出、董文炳行枢密院于淮西，兵凡二十万。天泽至郢，病笃，召还，诸军并听伯颜节制。

纲 九月，元吕文焕以伯颜趋郢州，刘整以博罗欢趋淮西。

纲 冬十月，元伯颜攻郢州，张世杰力战御之。伯颜遂潜兵入汉；屠沙洋，陷新郢，守将边居谊死之。

纲 十一月，以陆秀夫参议淮东制置司事。

目 李庭芝在淮南，闻秀夫名，辟置幕下，时天下称得士多者，以淮东为第一，号"小朝廷"。秀夫性沉静，不苟求人知。每僚吏至阁，宾主交欢，秀夫独敛焉无一语。或时宴集府中，矜庄终日，未尝少有希合。至察其事，皆治。庭芝益器之，虽改官，不使去己。

纲 以王爚、章鉴为左、右丞相，兼枢密使。爚固辞，不许。

纲 十二月，元伯颜攻阳逻堡，夏贵帅师拒之。伯颜使阿朮袭青山矶，遂渡江。

纲 元伯颜拔阳逻堡，夏贵弃师还，伯颜遂会阿朮趋鄂州。

纲 朱禩孙将兵救鄂，不至而还。

纲 鄂州降元，伯颜使行省右丞阿里海涯戍鄂，遂引兵东下。

纲 诏贾似道都督诸路军马，开府临安。似道以孙虎臣总统诸军。

目 鄂既破，朝廷大惧。三学生及群臣上疏，以为非师相亲出不可。似道不得已,始开都督府于临安,以黄万石等参赞军事。

纲 诏天下勤王。

纲 以高达为湖北制置使。

纲 陈奕以黄州叛降元。

纲 李庭芝遣兵入援。

纲鉴易知录卷八九

南宋纪

恭宗皇帝

纲 乙亥，帝显德祐元年，春正月，葬永绍陵。

纲 以陈宜中同知枢密院事。

纲 以吕师夔参赞都督府军事。师夔不受命，以江州叛降元。

纲 元中书左丞刘整死于无为军。

纲 知安庆府范文虎叛降元。

目 文虎遣人以酒馔如江州迎元军，伯颜使阿术以舟师先造，文虎以城降，通判夏倚仰药死。伯颜继至，承制授文虎两浙大都督。

纲 贾似道出师，次于芜湖。二月，夏贵引兵会之。

纲 似道畏刘整，不敢发，及闻其死，喜曰："吾得天助也。"乃上表出师，抽诸路精兵十三万人以行，金帛辎重之舟，舳舻相衔百有余里。命宰执小事专决，大事则关白于督府，不得擅行。又以所亲信韩震为殿帅，总禁兵。进次于芜湖，遣人通吕师夔以议和。未几，夏贵引兵来会，袖中出一编书示似道曰："宋历三百二十年。"似道俯首而已。

纲 以汪立信为江、淮招讨使，募兵御元。

目 贾似道至江上，以立信为端明殿学士、江、淮招讨使，俾就建康府库募兵，以援江上诸郡。立信受诏，即日上道，以妻子托其爱将金明，执其手曰："我不负国家。尔亦必不负我。"遂行。与似道遇于芜湖，似道拊立信背曰："不用公言，以至于此！"因问立信何向，立信曰："今江南无一寸干净地，某去寻一片赵家地上死，要死得分明耳。"既至建康，守兵悉溃，而四面皆北军。立信知事不可成，叹曰："吾生为宋臣，死为宋鬼，终为国一死，但徒死无益耳！"率所部数千人至高邮，欲控引淮、汉以为后图。

纲 贾似道复请和于元，伯颜不许。

目 似道自芜湖遣还元俘曾安抚，且以荔子、黄柑遗伯颜，复使宋京如元军，请称臣、奉岁币如开庆约。阿术谓伯颜曰："宋人无信，惟当进兵。"伯颜乃令囊加歹来，答书曰："未渡江时，议和入贡则可。今沿江州郡皆已内属，欲和则当来面议也。"似道不答。囊加歹归报，京亦还。

纲 以黄万石为江西制置使。

纲 元陷池州，权守赵昴发死之。

目 池守王起宗闻元军渡江，弃官去，通判赵昴发摄州事。昴发缮壁聚粮，为固守计。元游骑至李王河，都统张林屡讽之降，昴发忿气填膺，瞠目视林，林不敢复言。已而林帅兵巡江阴，遣人纳款，而阳助昴发为守，守兵皆归于林。昴发知事不济，乃置酒，会亲友与诀，谓妻雍氏曰："城将破，吾守臣，不当去，汝先出走。"雍曰："君为忠臣，我独不能为忠臣妇乎！"昴发笑曰："此岂妇人女子所能也。"雍曰："吾请先君死。"昴发笑止之。明日，乃散其家赀与弟至仆婢，悉遣之。元兵薄城，昴发晨起，书几上曰："国不可背，城不可降。夫妇同死，节义成双。"遂与雍氏同缢死于从容堂。林开门降，伯颜入城，问"太守何在？"左右以死对，深叹息之，命具棺衾合葬，祭其墓而去。事闻，赠华文阁待制，谥文节，雍氏赠顺义夫人。

纲 元主封其子那木罕为北平王，以安童行省院事于北鄙。

目 元太宗长孙曰海都，居北方，自定宗以来，日寻干戈。至是诏封那木罕为北平王，率诸王兵镇守，而安童总省院之政。

纲 元平章军国重事史天泽卒。

目 天泽至真定，病笃，附奏曰："臣死不足惜，但愿天兵渡江，慎勿杀掠。"语不及他。元主闻讣震悼，赠太尉，谥忠武，追封镇阳王。

纲 孙虎臣、夏贵之师溃于江上，贾似道奔扬州，元尽陷江、淮州、军。

目 贾似道以精锐七万余人尽属孙虎臣，军于池州下流之丁家洲，夏贵以战舰二千五百艘横亘江中，似道自将后军鲁港。贵尝失利于鄂，恐督府成功无所逃罪，又忌虎臣新进出己上，殊无斗志。会伯颜令军中作大栰数十，采薪刍置其上，阳言欲焚舟，诸军但昼夜严备，而战心少懈。伯颜分步骑夹岸而进，麾战舰合势冲虎臣军。时阿术与虎臣对阵，伯颜命举巨炮击虎臣中坚；虎臣军动，阿朮以划船数千艘乘风直进，呼声动天地。虎臣前锋将姜才方接战，虎臣遽过其妾所乘舟，众见之，讙曰："步帅遁矣！"军遂乱。

夏贵不战而走，以扁舟掠似道船，呼曰："彼众我寡，势不支矣！"似道闻之，错愕失措，遽鸣钲收军。舳舻簸荡，乍分乍合。阿朮以小旗麾将校，帅轻锐横击深入，诸军回棹前走，伯颜以步骑左右掎之，杀溺死者不可胜计，水为之赤，军资器械尽为元所获。

似道夜驻珠金沙，召贵计事。顷之，虎臣至，抚膺哭曰："吾兵无一人用命者。"贵微笑曰："吾尝血战当之矣。"似道曰："计将安出？"贵曰："诸军已胆落，吾何以战！师相惟有入扬州招溃兵，迎驾海上，吾当以死守淮西耳。"遂解舟去。似道乃与虎臣单舸奔还扬州。明日，溃兵蔽江而下，似道使人登岸，扬旗招之，皆莫应，有为恶语嫚骂之者。于是镇江、宁国、隆兴、江阴守臣皆弃城遁，太平、和州、无为军俱相继降元。

纲　元陷饶州，知州事唐震、故相江万里死之。

目　元军略饶州，知州唐震发州民城守。时元遣使来取降款，通判万道同阴使所部敛白金、牛、酒备降礼，微讽震降，震叱之曰："我忍偷生负国邪！"城中少年感震言，杀元使者。已而元军登陴，众皆散。震入坐府中，元军执牍使署降，震掷笔于地，不屈，遂死之；兄椿与家人俱死。

初，江万里闻襄、樊破，凿池芝山后圃，扁其亭曰止水，人莫喻其意。至是，执门人陈伟器手曰："大势不可为，余虽不在位，当与国为存亡。"既而元军执其弟知南剑州万顷，索金银不得，支解之，万里赴止水死，左右及子镐相继投沼中，积尸如叠。翌日，万里尸独浮出水上，从者敛葬之。事闻，赠震华文阁待制，谥忠介；万里太傅、益国公，谥文忠。

纲　行宫留守赵溍弃建康而遁。

纲　贾似道上书请迁都。王爚去位。

目　似道至扬州，檄列郡如海上迎驾，上书请迁都。太皇太后不许，殿帅韩震复以为请，诏下公卿杂议。王爚请坚跸，未决，以己不能与大计，乞罢政，不待报径去。已而宗学生上言："陛下移跸，不于庆元则于平江，事势危急，则航海幸闽。不思我能往，彼亦能往，徒惊扰无益！"乃止。

纲 张世杰将兵入卫，遂复饶州。

目 时方危急，征诸将勤王，多不至，惟世杰来，上下叹异。陈宜中疑世杰归自元，易其所部军。

纲 江西提刑文天祥起兵勤王。

目 勤王诏至赣，天祥奉之涕泣，发郡中豪杰，并结溪峒山蛮，有众万人，遂入卫。天祥性豪华，平生自奉甚厚，声伎满前，至是痛自抑损，尽以家赀为军费。每与宾客僚佐语及时事，辄抚几曰："乐人之乐者忧人之忧，食人之食者死人之事。"闻者为之感动。

纲 湖南提刑李芾遣兵入援。

目 芾性刚直，忤贾似道，贬官家居者久之。至是，提刑湖南，发壮士三千人，使将将之勤王。

纲 以陈宜中知枢密院事，曾渊子同知院事，文及翁签书院事，倪普同签书院事。

纲 遣元行人郝经还，经至燕卒。

目 元主复使经弟行枢密院都事庸等来问经所在，诏遣总管段佑以礼送经归。经道病，元主敕尚医近侍迎劳，至燕卒，谥文忠。经为人尚气节，为学务有用。及被留，撰续后汉书及易、春秋外传诸书。从者皆通于学，书佐荀宗道后亦至国子祭酒。

纲 贾似道有罪，免。

目 陈宜中初附似道，得骤登政府。及堂吏翁应龙自军中以都督府印还，宜中问似道所在，应龙以不知对。宜中意其已死，即上疏乞诛似道，以正误国之罪。太皇太后曰："似道勤劳三朝，安忍以一朝之罪，失待大臣之礼！"诏授似道醴泉观使，罢平章、都督。凡似道诸不恤民之政，次第除之，以公田给还田主，令率其租户为兵；放还诸窜谪人。

纲 右丞相章鉴遁。

纲 端明殿学士、江淮招讨使汪立信卒于军。

目 立信闻贾似道师溃，江、汉守臣望风降遁，叹曰："吾今日犹得死于宋土也！"乃置酒召宾僚与诀，手自为表，起居三宫，与从子书，属以家事。夜分，起步庭中，慷慨悲歌，握拳抚案者三，以是失声。三日，扼吭而卒。后元军至建康，金明以其家人免。或以立信三策及死告伯颜，请戮其孥，伯颜叹息久之，曰："宋有是人，有是言哉！使果用之，我安得至此。”命求其家，厚恤之。曰：“忠臣之家也。”金明以立信之丧归葬丹阳。

纲 元博罗欢入涟、海州。

纲 三月，陈宜中杀殿前都指挥使韩震。

目 或言震谋劫帝迁都。陈宜中欲示非贾似道党，乃召震计事，伏壮士，袖铁椎击杀之。震部曲百余人大哄而出，射火箭入宫，斫嘉会门。宜中遣兵逐之，遂奔建康。

纲 元伯颜入建康。

目 建康都统徐旺荣迎伯颜入城居之。时江东大疫，居民乏食，伯颜开仓赈之，且遣医治疾，民大悦。会元主有诏：“以时方暑，不利行师，俟秋再举。”伯颜上言曰：“百年逋敌，已扼其吭，少尔迟回，奔播海岛，遗后悔矣！”元主从之，诏伯颜以行中书省驻建康，阿术分兵驻扬州，与博罗欢、塔出绝宋淮南之援。伯颜分兵四出，知广德军令狐槩以城降元。

纲 诏谕元吕文焕、陈奕、范文虎使通好息兵。

纲 以王爚、陈宜中为左、右丞相，并兼枢密使，都督诸路军马。

纲 削章鉴官，放归田里。

目 鉴既去，太皇太后遣使召还，罢相予祠。韩震之死，鉴明其无他，为御史王应龙所劾，削其官，放归田里。鉴居位号宽厚，与人多许可，时目为“满朝欢”。

纲 复吴潜、向士璧官，贬窜贾似道党人有差。

目 御史陈过、潘文卿请窜贾似道，并治其党与。诏刺配翁应龙于吉阳军，罢廖莹中、王庭、刘良贵、陈伯大、董朴等官。

纲 元军入常州。

目 知常州赵与鉴遁，州人王良臣等以城降元。

纲 知平江府潜说友叛降元。

纲 诏张世杰总都督府诸军。世杰分道出兵以拒元。

目 世杰遣其将阎顺、李存进军广德，谢洪永进军平江，李山进军常州。顺遂复广德军。

纲 有二星斗于中天，一星陨。

纲 趣五郡镇抚使吕文福将兵入卫，文福杀使者，叛入江州。

纲 临安戒严，曾渊子、文及翁、倪普等弃位而遁；诏戒禁之。

目 元兵既近，临安戒严，于是同知枢密院事曾渊子等数十人皆遁，朝中为之萧然。签书枢密院事文及翁、同签书院事倪普，讽台谏劾己，章未上，亟出关遁。太皇太后闻之，诏榜朝堂云："我朝三百余年，待士大夫以礼。吾与嗣君遭家多难，尔小大臣未尝有出一言以救国者。内而庶僚畔官离次，外而守令委印弃城，耳目之司既不能为吾纠击，二三执政又不能倡率群工，方且表里合谋，接踵宵遁。平日读圣贤书，自诿谓何？乃于此时作此举措，生何面目对人，死亦何以见先帝！天命未改，国法尚在，其在朝文武官，负国弃予者，令御史台觉察以闻。"然不能禁也。

纲 元礼部尚书廉希贤等来至独松关，守将张濡杀之。

目 元主遣礼部尚书廉希贤、工部侍郎严忠范奉国书来至建康。希贤请兵自卫，伯颜曰："行人以言不以兵，兵多反致疑耳。"希贤固请，遂以兵五百送之。伯颜仍下令诸将各守营垒，勿得妄有侵掠。希贤等至独松关，张濡部曲杀忠范，执希贤送临安，希贤病创死。濡，俊之曾孙也。朝廷使人移书元军，言杀使之事乃边将，太后及嗣君实不知，当按诛之，愿输币请罢兵通好。伯颜曰："彼为诈计，视我虚实耳。当择人同往，观其事体，令彼速降。"乃遣议事官张羽同使人还临安，羽至平江被杀。

纲 元阿里海涯入岳州。

纲 以陈合同签书枢密院事。

纲 夏四月，元阿里海涯寇江陵，朱禩孙、高达以城降，荆南州军皆陷。

纲 以高斯得签书枢密院事。

纲 以福王与芮为浙东安抚大使，开府绍兴。

纲 元阿术寇扬州，李庭芝遣守将苗再成、姜才帅兵御之，败绩。

纲 加李庭芝参知政事。

纲 五月，刘师勇复常州。

纲 赐婺州处士何基、王柏赠谥。

目 基少师事黄榦，榦告以必有真实心地，刻苦工夫而后可。基悚惕受命，遂得闻渊源之懿。赵汝腾、蔡抗、杨栋相继荐于朝，诏与州学教授，基固辞。柏年三十始知为学之源，捐去俗学，勇于求道。从基游，基授以立志居敬之旨，以质实坚苦自励，凡六经、四书，及濂、洛、关、闽之书，皆有著述。至是，诏谥基曰文定，赠柏承事郎。

纲 以张珏为四川制置副使。

纲 籍吕文焕、陈奕、范文虎家。

纲 诏张世杰等四道出兵以御元。

目 时知庆远府仇子真、淮东兵马钤辖阮克己各将兵入卫，诏与世杰、张彦分道出击元军。台谏请命大臣监护，事下公卿杂议，久而不决。陈文龙上言："书云'三后协心，同底于道'。北兵今日取某城，明日筑某堡，而我以文相逊，以迹相疑，譬犹拯溺救焚而为安行徐步之仪也。请诏大臣无滋虚议。"不报。

纲 六月朔，日食既，昼晦如夜。

纲 成都安抚使昝万寿以嘉定诸城叛降元。

纲 以王爚平章军国重事，陈宜中、留梦炎为左、右丞相，并兼枢密使，都督诸路军马。

纲 加李庭芝知枢密院事。

纲 秋七月，张世杰与元阿术战焦山下，世杰败绩，奔圌山。

目 世杰与刘师勇、孙虎臣等，大出舟师万余艘，次于焦山，令以十舟为方，碇江中流，非有号令毋得发碇，示以必死。元阿术登石公山望之曰："可烧而走也。"遂遣健卒善彀者千人，载以巨舰，分两翼夹射，阿术居中，合势进战，继以火矢，篷樯俱焚，烟焰蔽江；诸军死战，欲走不能前，多赴江死。张弘范、董文炳复以锐卒横冲，世杰不复能军，奔圌山，阿术、弘范追之，获白鹞子七百余艘。师勇还常州，虎臣还真州。世杰请济师，不报。

纲 放贾似道于循州，籍其家。

目 似道既免，三学生及台谏、侍从皆上疏乞诛似道，太皇太后不许。及似道上表自劾，且言为夏贵、孙虎臣所误，乞保余生。有旨，令李庭芝津遣归越，以终丧制；似道留扬不还。王爚复论："似道既不死忠，又不成孝，乞下诏切责。"似道得诏，乃还绍兴府，绍兴守臣闭城不纳。王爚复言于太后曰："本朝权臣稔祸，未有如似道之烈者。搢绅茅草，不知几疏，陛下皆抑而不行，付人言于不恤，何以谢天下？"太后乃降似道三官，婺州居住。婺人闻似道至，率众为露布逐之；复诏徙于建宁府。斩翁应龙，籍其家。廖莹中、王庭除名，流之岭南，皆自杀。

于是御史孙嵘叟等又以似道罪重罚轻，乞斩之以正法，方回复上疏论似道侥、诈、贪、淫、褊、骄、吝、专、忍、谬十罪，太皇太后犹不听。翁合上言：“似道以妒贤无比之林甫，辄自托于伊、周；以不学无术之霍光，敢效尤于莽、操。其总权罔上，卖国召兵，专利虐民，滔天之罪，人人能言。迫于众怒，仅谪建宁。夫建宁实朱熹讲道之阙里，虽三尺童子亦知向方，闻似道名，咸欲呕唾，况见其面乎！乞远投荒昧，以御魑魅。”遂诏责授高州团练副使，循州安置；籍其家，遣使监押之贬所。

会稽县尉郑虎臣，以其父尝为似道所配，欲报之，欣然请行。似道时寓建宁之开元寺，侍妾尚数十人，虎臣至，悉屏去。撤轿盖，暴行秋日中，令舁轿夫唱杭州歌谑之，每名斥似道，窘辱备至。一日，入古寺，壁上有吴潜南行所题字，虎臣呼似道曰：“贾团练，吴丞相何以至此？”似道惭不能对。至泉州洛阳桥，遇叶李自漳州放还，见于客邸，李赋词赠之，似道俯首谢焉。

纲 复皮龙荣官。

纲 陈宜中去位，诏罢王爚为醴泉观使，召宜中于温州。

目 初，张世杰之将出师也，王爚谓“二相宜一人督师吴门，否则臣虽老无能为，若效死封疆，亦不敢辞”。会世杰败于焦山，爚复言曰：“事无重于兵。今二相并建都督，庙算指授，臣不得而知。比者六月出师，诸将无统。臣岂不知吴门去京不远，而必为此请者，盖大敌在境，非陛下自将，则大臣并督。今世杰以诸将心力不一而败，不知国家尚堪几败邪？臣既不得其职，又不得其言，乞罢平章。”太后不许。

既而京学生刘九皋等伏阙上书，言宜中擅权，其略以为“赵溍、赵与鉴皆弃城遁，宜中乃借使过之说以报私恩。令狐槩、潜说友皆以城降，乃受其苞苴而为之羽翼。文天祥率兵勤王，信谗而沮挠之。贾似道丧师辱国，阳请致罚而阴佑之。元兵薄国门，勤王之师，乃留之京城而不遣。宰相当出督，而畏缩犹豫，第令集议而不行。吕师夔狼子野心，而使之通好乞盟。张世杰步兵而用之于水，刘师勇水兵而用之于步，指授失宜，因以败事。臣恐误国将不止于一似道也”。

初，宜中书多专决，不关白爚，或谓京学之论，实爚嗾之。书上，宜中径去，遣使四辈召之，不至。太后乃下九皋等临安狱，而手诏曰：“给、舍之奏，谓爚与宜中必难久处。兼爚近奏乞免平章，辞气不平，诚有如人言者，可罢𤆬平章军国重事，以少保观文殿大学士充醴泉观使。”是岁，卒。𤆬清修刚劲，不阿权势。及为相，属国势危亡，乃不能协谋以济大事，士论惜之。

纲　元以伯颜为右丞相，阿朮为左丞相。

目　元主召伯颜还至上都，面陈形势，乞即进兵，遂拜右丞相。伯颜辞曰：“阿朮功多，臣宜居后。”乃进阿朮左丞相，仍诏伯颜直趋临安，阿朮仍攻淮南，阿里海涯取湖南，万户宋都解及吕师夔、李恒等取江西。

纲　以陈文龙同签书枢密院事。

纲　八月，以李芾知潭州，文天祥知平江府。

目　天祥至临安，上疏言：“本朝惩五季之乱，削藩镇，建都邑，一时虽足以矫尾大之弊，然国以浸弱，故敌至一州即一州破，至一县则一县破，中原陆沉，痛悔何及！今宜分境内为四镇，建都统于其中，以广西益湖南而建阃于长沙，以广东益江西而建阃于隆兴，以福建益江东而建阃于番阳，以淮西益淮东而建阃于扬州。责长沙取鄂，隆兴取蕲、黄，番阳取江东，扬州取两淮。地大力众，乃足以抗敌。约日齐奋，有进无退，日夜以图之，彼备多力分，疲于奔命，而吾民之豪杰者，又伺间出于其中，如此则敌不难却也。”时议以为迂阔，不报，命知平江府。

纲　元以廉希宪行省事于江陵。

纲　九月，元兵陷泰州，孙虎臣自杀。

纲　冬十月，诏张世杰、刘师勇总出戍兵。

纲　以留梦炎、陈宜中为左、右丞相兼枢密使，都督诸路军马。

纲　元阿里海涯围潭州，李芾力战御之。

目　李芾至潭，元游骑已入湘阴、益阳诸县。城中守卒不满三千，芾结峒蛮为援，缮器械，峙刍粮，栅江修壁。及元兵至，芾慷慨登陴，与诸将分地而守，民老弱皆出，结保伍助之，不令而集。芾日以忠义勉将士，死伤相藉，人犹饮血乘城殊死战，有来招降者，辄杀之以徇。

纲　监押官郑虎臣杀贾似道于漳州。

目　似道舟次南剑州黯淡滩，虎臣曰：“水清甚，何不死于此？”似道曰：“太后许我以不死，候有诏即死。”十月，至漳州木绵庵，虎臣曰：“吾为天下杀似道，虽死何憾！”遂拘其子与妾于别馆，即厕上拉其胸杀之。陈宜中至福州，捕虎臣，毙于狱。

纲 元阿术围扬州，李庭芝力战御之。

目 阿术攻扬，久而无功，乃筑长围困之，城中食尽，死者枕藉满道，而庭芝之志益坚。会伯颜至湾头，遂议深入。

纲 元伯颜渡江，分兵东下。

纲 文天祥遣兵救常州，不克。

纲 十一月，以陈文龙同知枢密院事，黄镛同签书院事。

纲 元将阿剌罕陷广德军四安镇，召文天祥入卫。

目 阿剌罕破银树东坝，戍将赵淮死之，遂陷广德军四安镇。陈宜中仓皇发临安民年十五以上者，皆籍为兵，号武定军，召文天祥于平江。

纲 元将宋都䚟、李恒等陷江西州、军，都统密佑逆战于抚州，死之。

纲 元伯颜陷常州，屠其民，知州事姚訔、通判陈照、都统王安节死之。

目 伯颜至常州，会兵围城。姚訔、陈炤、刘师勇、王安节力战固守。伯颜遣人招之，譬喻百端，终不听。伯颜怒，命降人王良臣役城外居民运土为垒，土至，并人以筑之，且杀民煎膏取油以作炮，焚其牌杈，日夜攻不息。城中甚急，而訔等守志益坚。伯颜乃叱帐前诸军奋勇争先，四面并进；城遂破，訔死之。炤与安节犹巷战，或谓炤曰："城东北门未合，可走。"炤曰："去此一步，非死所矣！"日中，兵至，死焉。伯颜命屠其民。执安节至军前，不屈，亦死。师勇以八骑突围走平江。訔，希得之子。安节，坚之子也。

纲 以谢枋得为江西招谕使，知信州。

目 初，枋得闻淮西、江东、西州郡守将皆吕氏部曲，故争降附，自以与吕师夔善，乃应诏上书，以一族保师夔可信，乞分沿江诸屯兵，以师夔为镇抚使，使之行成，且乞身至江州见文焕与议。朝廷乃以枋得为沿江察访使以往，会文焕北还，不及而返，遂改知信州。

纲 元军破独松关，守将张濡遁。

目 独松既破，邻邑望风皆遁，朝廷大惧。时勤王师尚三四万人，文天祥与世杰议，以为"淮东坚壁，闽、广全城，若与敌血战，万一得捷，则令淮帅以截其后，国事犹可为也"。世杰大喜。陈宜中白太后降诏，以王师务宜持重，议遂止。濡既遁，后为廉希贤之子所杀。

纲 元董文炳入江阴军。

纲 左丞相留梦炎遁。

纲 十二月，诏许贾似道归葬，返其田庐。

纲 以吴坚签书枢密院事。

纲 遣工部侍郎柳岳如元军请平，伯颜不许。

目 陈宜中遣柳岳奉书如元军前，称“廉尚书之死，乃盗杀之，非朝廷意，乞班师修好”。岳见伯颜于无锡，泣请曰：“嗣君幼冲，在衰绖中，自古礼不伐丧。凡今日事至此者，皆奸臣贾似道失信误国尔。”伯颜曰：“汝国执戮我行人，故我兴师。钱氏纳土，李氏出降，皆汝国之法也。汝国得天下于小儿，亦失于小儿，其道如此，尚何多言！”遂令囊加歹偕岳还。

纲 以陈文龙参知政事，谢堂同知枢密院事。

纲 元伯颜入平江。

纲 复遣柳岳如元求封，行至高邮，民杀之。

目 陈宜中因柳岳还，复奏遣宗正少卿陆秀夫及吕师孟等同囊加歹使元军，求称侄纳币；不从，则称侄孙，且敕吕文焕令通好罢兵。秀夫等见伯颜于平江，伯颜不许，宜中乃白太后，奉表求封为小国，太后从之。直学士院高应松不肯草表，改命京局官刘褒然为之。岳等至高邮嵇家庄，为嵇耸所杀。

纲 以文天祥签书枢密院事。

纲 黄万石叛降元，都统米立死之。

目 立初从陈奕守黄州，奕降，立溃围出，万石署之帐前。元军略江西，立迎战于江坊，兵败，被执不降，系狱。至是万石举军降元，元行省遣万石谕立曰：“吾官衔一牙牌书不尽，今亦降矣。”立曰：“侍郎国家大臣，立一小卒尔。但三世食赵氏禄，赵亡，何以生为！立乃陈上生擒合死之人，与投拜者不同。”万石再三谕之，不屈，遂遇害。

纲 丙子，二年，春正月元阿里海涯破潭州，湖南镇抚大使、知州事李芾死之。湖南州、军皆陷。

目 阿里海涯督战益急，城中大窘，力不能支，诸将泣请曰：“事急矣，吾属为国死可也，如民何！”芾骂曰：“国家平时所以厚养汝者，为今日也。汝第死守，有复言者吾先戮汝！”除夕，元兵登城，蚁附而上。

知衡州尹谷时寓城中，知事不可为，乃为二子行冠礼。或曰："此何时，行此迂阔事！"谷曰："正欲令儿曹冠带见先人于地下尔！"既毕礼，与其家人自焚。芾命酒酹之，因留宾佐会饮。夜传令，犹手书"尽忠"字为号，饮达旦，诸宾佐出，参议杨震赴园池死。芾坐熊湘阁，召帐下沈忠，遗之金曰："吾力竭，分当死。吾家人亦不可辱于俘，汝尽杀之，而后杀我。"忠伏地叩头，辞以不能。芾固命之，忠泣而诺。取酒，饮其家人，尽醉，乃遍刃之。芾亦引颈受刃。忠纵火焚其居，还家杀其妻子，复至火所，大恸，举身投地，乃自刎。潭民闻之，多举家自尽，城无虚井，缢林木者相望。

元旦，守将吴继明、刘孝忠以城降。由是湖南州郡皆降于元。宝庆通判曾如骥，亦不屈而死。事闻，赠芾端明殿大学士，谥忠节。

纲 陈文龙、黄镛遁。

纲 以吴坚为左丞相兼枢密使，常楙参知政事。

目 日午，宣麻慈元殿，文班止六人。

纲 诸关兵皆溃。

目 知嘉兴府刘汉杰以城降元。元兵围安吉州，知州赵良淳与提刑徐道隆同守。时元兵迫行都，召道隆入卫，道绝不通，乃由太湖经武康、临安县境勤王。范文虎致书诱良淳降，良淳焚书，斩其使，元兵至，良淳率众城守，夜就茇舍陴上，不归。既而戍将吴国定开门纳元兵，良淳命车归府，兵士止之曰："侍郎何自苦？"良淳叱去之，闭阁自经。元兵追道隆，及之，一军尽没，道隆见执，守者少怠，赴水死。

纲 遣监察御史刘岊奉表称臣于元。

目 陆秀夫还，言伯颜不肯从伯侄之称。太后命用臣礼，陈宜中难之。太后涕泣曰："苟存社稷，称臣，非所较也。"遂遣岊奉表称臣，上尊号，岁贡银、绢二十五万两、匹，乞存境土以奉蒸尝，且约伯颜会长安镇以输平。

纲 常楙遁，以夏士林签书枢密院事，士林亦遁。

纲 进封吉王昰为益王，判福州；信王昺为广王，判泉州。

目 初，召文天祥知临安府，天祥辞不拜，请以福王、秀王判临安系民望，身为少尹，以死卫宗庙；又乞命吉王、信王镇闽、广以图兴复，俱不许。至是宗亲复请，太后从之。以驸马都尉杨镇及杨淑妃弟亮节、俞充容弟如珪，提举二王府事。

纲　陈宜中请迁都，不果行。

纲　元伯颜军皋亭山，太皇太后遣使奉玺以降。右丞相陈宜中夜遁。

目　伯颜至长安镇，陈宜中违约，不往议事。伯颜乃进次皋亭山，阿剌罕、董文炳之师皆会。文天祥、张世杰请移三宫入海，而己帅众背城一战。宜中不许，白太后，遣监察御史杨应奎上传国玺以降。伯颜受之，遣使召宜中出议降事，而使囊加歹奉玺表赴上都。应奎既行，是夜宜中遁归于温州之清澳。

纲　张世杰、刘师勇各以所部兵入于海。

目　世杰、师勇及苏刘义以不战而降，遂去。世杰次于定海，元石国英使都统卞彪说世杰降，世杰大怒，断彪舌，磔之于巾子山。师勇至海上，见时事不可为，忧愤纵酒卒。

纲　吴坚、文天祥如元军，伯颜执天祥，遣坚还。

目　杨应奎还，言伯颜欲执政面议。太后乃以天祥为右丞相兼枢密使，与吴坚偕往；天祥辞不拜，遂行。因说伯颜曰："北朝若以宋为与国，请退兵平江或嘉兴，然后议岁币与金帛犒师，北朝全兵以还，策之上也。若欲毁其宗社，则淮、浙、闽、广尚多未下，利钝未可知，兵连祸结，必自此始。"伯颜以北诏为辞，顾天祥举动不常，疑有异志，留之军中，遣坚还。天祥怒，数请归，曰："我之此来，为两国大事，何故留我！"伯颜曰："勿怒，君为宋大臣，责任非轻，今日之事，正当与我共之。"令忙兀台、唆都馆伴羁縻之。

纲　驸马都尉杨镇等奉益王、广王走婺州。

目　杨淑妃、秀王与檡从行。

纲　以家铉翁签书枢密院事，贾馀庆同签书院事。

纲　元吕师夔寇江东，谢枋得迎战，败绩。

目　枋得与元战于安仁，矢尽而败，遂奔建宁山中，妻子皆被执。

纲　二月，日中有黑子。元伯颜遣人入临安，封府库，收图籍符印。

目　伯颜承制，以临安为两浙大都督府，命忙兀台、范文虎入城治都督府事。又令程鹏飞取太皇太后手诏及三省、枢密院檄，谕州郡降附。执政皆署，家铉翁独不肯，鹏飞命缚之。铉翁曰："中书无缚执政之理，归私第以待命可也。”乃止。

伯颜进屯湖州市，复令吕文焕及范文虎等慰谕太皇太后。文焕因入内上表谢而出，有曰：“兹衔北命，来抗南师，视以犬马，报以仇雠，非曰子弟攻其父母，不得已也，尚何言哉！”伯颜令张惠、阿剌罕、董文炳、张弘范、唆都等封府库，收史馆、礼寺图书及百司符印告敕，罢官府及侍卫军。

纲 以贾余庆为右丞相兼枢密使，刘岊同签书枢密院事，与吴坚、谢堂、家铉翁并充祈谢使，如元。谢堂逃归。

纲 元人以文天祥北去。

目 伯颜尝引天祥与吴坚等同坐。天祥面斥贾馀庆卖国，且责伯颜失信。吕文焕从旁谕解之，天祥并斥文焕及其侄师孟：“父子兄弟受国厚恩，不能以死报国，乃合族为逆，尚何言！”文焕等惭恚，伯颜遂拘天祥，随祈请使北行。

纲 浙江潮三日不至。

目 时元军分驻江沙上，杭人方幸之，潮汐三日不至。

纲 元伯颜使范文虎追益王、广王不及，执杨镇还临安。二王遂走温州。

纲 夏贵以淮西叛降元，知镇巢军洪福死之。

纲 三月，元伯颜入临安，以帝及皇太后全氏、福王与芮等北去。

目 帝与太后肩舆出宫。太皇太后以疾留内。与芮及沂王乃猷、度宗母隆国夫人黄氏并杨震、谢堂、高应松、庶僚刘褒然、三学生等皆行。太学生徐应镳与其二男一女同赴井死。

纲 文天祥自镇江亡入真州，遂浮海如温州。

目 天祥至镇江，与其客杜浒等十二人夜亡入真州，苗再成出迎，喜且泣曰：“两淮兵足以兴复，特二阃少隙，不能合从耳。”天祥问：“计将安出？”再成曰：“今先约淮西兵趋建康，彼必悉力以扞吾西兵。指挥淮东诸将，以通、泰兵攻湾头，以高邮、宝应、淮安兵攻扬子桥，以扬兵攻瓜步，吾以舟师直捣镇江，同日大举。湾头、扬子桥，皆沿江脆兵，且日夜望我师之至，攻之即下，命攻瓜步之三面，吾自江中一面薄之，虽有智者不能为之谋矣！瓜步既举，以淮东兵入京口，淮西兵入金陵，要其归路，其大帅可坐致也。”天祥大称善，即以书遗李庭芝，遣使四出结约。

初，天祥未至真时，扬有脱归兵言："元密遣一丞相入真州说降矣。"庭芝信之，以天祥来说降也，使再成亟杀之。再成不忍，给天祥出相城垒，以制司文示之，闭之门外。久之，复遣二路分觇天祥，果说降者即杀之。二路分与天祥语，见其忠义，亦不忍杀，以兵二十人道之如扬。四鼓抵城下，闻候门者曰："制置司下令捕文丞相甚急！"众相顾吐舌。天祥乃变姓名，由通州泛海，如温州以求二王。

纲 元以阿剌罕、董文炳行省事于临安。

目 伯颜北还，承制留阿剌罕、董文炳经略闽、浙，以忙兀台镇浙西，唆都镇浙东。会江西都元帅宋都斛言宋二王在闽、广聚兵将攻江西，乃遣塔出移军，与李恒、吕师夔会阿剌罕、文炳同取未下州县，以追二王。

纲 闰月，陈宜中等奉益王为天下兵马都元帅，广王副之，开府福州，起兵兴复。

目 陆秀夫、苏刘义等闻二王走温州，继追及于道，遣人召陈宜中于清澳。宜中来谒，复召张世杰于定海，世杰亦以所部兵来。温之江心寺，旧有高宗南奔时御座，众相率哭座下，奉益王为都元帅，广王副之。发兵除吏，以秀王与檡为福建察访使，先入闽中，抚谕士民，檄召诸路忠义，同奖王室。会太皇太后遣二宦者以兵百人召二王还临安，宜中等沉其兵江中，遂入闽。时黄万石降元，以尝为福建漕使，欲取全闽为己功。汀、建诸州方谋从万石送款，闻二王至，复闭门以拒万石。南剑守臣林起鳌遣军逐之，万石败走，其将士多来归，兵势稍振。

纲 帝至瓜洲，李庭芝使姜才将兵夜捣元军，不克。

目 帝北行，至瓜洲，庭芝与才涕泣誓将士出夺之，将士皆感泣。乃尽散金帛犒兵，以四万人夜捣瓜洲，战三时，众拥帝避去。才追战至浦子市，夜，犹不退。阿术使人招之，才曰："吾宁死，岂作降将军邪！"真州苗再成亦谋夺驾，不克。

纲 夏五月朔，益王即位于福州，遥上帝尊号，尊度宗淑妃杨氏为皇太妃，同听政。

目 改元景炎。遥上帝尊号为孝恭懿圣皇帝。升福州为福安府，以大都督府为垂拱殿，便厅为延和殿，王刚中知福安府。是日，有大声出府中，众皆惊仆。

纲　进封广王为卫王。以陈宜中为左丞相兼枢密使、都督诸路军马，陈文龙、刘黼参知政事，张世杰为枢密副使，陆秀夫直学士院，苏刘义主管殿前司。

纲　召李庭芝为右丞相，姜才为保康军承宣使。

纲　诏江西制置使赵溍、招谕使吴浚等分道出师，兴复帝室。

目　诏以赵溍为江西制置使，进兵邵武；谢枋得为江东制置使，进兵饶州；李世逵、方兴等进兵浙东；吴浚为江西招谕使，邹凤副之；毛统由海道至淮，约兵会合。仍诏傅卓、翟国秀等分道出兵。时枋得败走，已不能军。

纲　文天祥至自温州，以为枢密使，同都督诸路军马。

纲　元主忽必烈废德祐帝为瀛国公。

纲　元以伯颜同知枢密院事。

纲　罢直学士院陆秀夫。

纲　元将唆都陷衢州，江东、西、湖南、北宣抚大使留梦炎降。

纲　六月，元军入广州。

纲　秋七月，文天祥开府南剑州，经略江西。

纲　李庭芝、姜才赴召，至泰州。扬州守将朱焕、泰州裨将孙贵等皆降于元，庭芝、才死之，淮东尽陷。

目　临安既陷，阿术以太皇太后手诏谕庭芝使降。庭芝登城谓使者曰："奉诏守城，未闻以诏谕降也。"既而阿术复遣使者持元主诏招庭芝，庭芝开壁纳使者，斩之，焚其诏于陴上。

会福州使至，庭芝命制置副使朱焕守扬，而自与姜才将兵七千趋泰州，将东入海。庭芝既行，焕即以城降。阿术分道追及庭芝，杀步卒千余人。庭芝走入泰州，阿术围之，且驱其妻子至陴下招降。会姜才疽发背，不能战，泰州裨将孙贵，胡惟孝开北门纳元军。庭芝赴莲池中，水浅不死，遂与姜才俱被执。至扬州，阿术责其不降，才曰："不降者我也！"愤骂不已，然犹爱其才勇，未忍杀之。朱焕请曰："扬自用兵以来，积骸满野，皆庭芝与才所为，不杀之何俟！"阿术乃皆杀之。扬民闻者莫不泣下。

纲　八月，元军入真州，苗再成死之。

纲　元人以太皇太后谢氏北去。

纲 九月，元军分道寇闽、广。

目 阿剌罕、董文炳及忙兀台、唆都以舟师出明州，塔出及吕师夔、李恒等以骑兵出江西。

纲 东莞民熊飞起兵，会赵溍复韶、广州。

纲 冬十月，文天祥帅师次于汀州。

目 天祥遣赵时赏等将一军趋赣以取宁都，吴浚将一军取雩都，刘洙等皆自江西起兵来会。

纲 元吕师夔等将兵度梅岭，遂入韶州，熊飞死之。

目 赵溍使飞及曾逢龙御元军于南雄，逢龙败死，飞走韶州。元军围之，守将刘自立以城降，飞率兵巷战，兵败，赴水死。

纲 十一月，元阿剌罕、董文炳入处州，秀王与檡等逆战于瑞安，败绩，死之。

纲 元军入建宁府、邵武军。

纲 陈宜中、张世杰奉帝航海。

目 北兵既逼，陈宜中、张世杰备海舟，奉帝及卫王、杨太妃等登舟。时军十七万人，民兵三十万人，淮兵万人，与北舟相遇，值天雾晦冥不辨，舟得以进。

纲 帝至泉州，招抚使蒲寿庚作乱，帝走潮州。十二月，寿庚以泉州叛降元。

纲 元人入兴化军，知军事陈文龙死之。

目 王刚中既降，遣使至兴化军，文龙斩之，而发民固守。使部将林华伺元兵于境上，华反导元兵至城下，通判曹澄孙开门降。执文龙，欲降之，文龙指其腹曰："此皆节义文章也，可相逼邪！"卒不屈，乃械送杭州，文龙不食死。

纲 元阿里海涯破静江，坑其民，都统马塈死之。广西州郡皆陷。

纲 帝次惠州，遣使奉表请降于元。

纲鉴易知录卷九十

南宋纪

端宗皇帝

纲 丁丑，端宗皇帝景炎二年，春正月，文天祥移屯漳州。汀守黄去疾及吴浚降元。

纲 元命道士张宗演领江南道教。

纲 二月，元军入广州，遂陷广东诸郡。

纲 文天祥诛吴浚。

目 浚既降元，因至漳州说天祥降，天祥责以大义，斩之。

纲 元军引还，留潜说友为福州宣慰使，王积翁副之。

目 时北方有警，元主召诸将班师，凡诸将及淮兵在福安者，命李雄统之。

纲 元以西僧杨琏真加总摄江南释教。

纲 三月，文天祥复梅州。

纲 元将李雄杀潜说友。

纲 陈瓒起兵复兴化军。

纲 夏四月，广东制置使张镇孙复广州。五月，张世杰复潮州。

纲 文天祥引兵自梅州出江西。

目 吉、赣兵皆会之，遂复会昌县。

纲 六月，文天祥败元军于雩都。秋七月，使赵时赏等分道复吉、赣诸县，遂围赣州。

纲 张世杰会师讨蒲寿庚于泉州，传檄诸路，遂复邵武军。

目 世杰以元军既退，自将淮兵讨蒲寿庚。时汀、漳诸路剧盗陈吊眼及许夫人所统诸峒、畲军皆会，兵势稍振。寿庚闭城自守。世杰遂传檄诸路，陈瓒起家丁、民义五百人应世杰，世杰遣将复邵武军。

纲 八月，元李恒袭文天祥于兴国县。天祥兵溃，走循州，诸将巩信、赵时赏等皆死之。

目 李恒遣兵援赣，而自将攻天祥于兴国。天祥不意恒猝至，遣兵战钟步，不利。时邹沨聚兵数万于永丰，天祥引兵就之，会沨兵先溃，恒追天祥至方石岭，及之。巩信以短兵接战，恒骇其以寡敌众，疑有伏，敛兵不进。信坐巨石，余卒侍左右，箭雨集，屹不动，恒从间道就视之，创被体而死不仆。天祥至空坑，兵尽溃。时赵时赏坐肩舆后，元军问为谁，时赏曰："我姓文。"众以为天祥，擒之。恒遍求俘虏人识认，有曰："此赵督参时赏也。"天祥由是得与杜浒、邹沨乘骑逸去，至循州，散兵颇集。天祥妻子及幕僚、客将皆被执。时赏至隆兴，奋骂不屈。有系累至者，辄麾去，云："小小佥厅官耳。执之何为！"得脱者甚众。临刑，刘洙颇自辨，时赏叱曰："死耳，何必然！"于是被执者皆死。恒送天祥妻子、家属于燕，二子死于道。

纲 九月，帝迁潮州之浅湾。

纲 元将塔出等引兵入大庾岭。

目 元主诏塔出与李恒、吕师夔等以步卒入岭，忙兀台、唆都、蒲寿庚及元帅刘深等以舟师下海，合追二王。

纲 张世杰攻泉州，不克。元复陷邵武军，遂入福州。

纲 冬十月，以陆秀夫同签书枢密院事。

目 秀夫之谪，张世杰让陈宜中曰："此何如时，动以台谏论人！"宜中惶恐，亟召秀夫还行朝。时播越海滨，庶事疏略，杨太妃垂帘与群臣语，犹自称奴。每时节朝会，独秀夫俨然正笏，立如治朝，或时在行中凄然泣下，以朝衣收泪，衣尽湿，左右无不悲恸者。

纲 元唆都破兴化军，屠其民，陈瓒死之。

目 唆都至兴化，瓒闭城拒守。唆都临城谕之，矢石雨下，乃造云梯、炮石，攻破其城，巷战终日。获瓒，车裂之。屠其民，血流有声。

纲 十一月，元塔出会兵陷广州。

纲 元将刘深袭浅湾，帝奔井澳。

目 深攻浅湾，张世杰战不利，奉帝走秀山，遂至井澳。

纲 十二月，帝有疾。

目 帝至井澳，飓风坏舟，帝溺，几不救，遂得惊疾。旬余，诸兵士稍集，死者过半。

纲 元刘深袭井澳，帝奔谢女峡，陈宜中逃之占城。

目 帝复入海，至七里洋，欲往占城。陈宜中请先往谕意，度事不可为，遂不返。

纲 戊寅，三年，春正月，元降封福王与芮为平原郡公。

纲 元军入重庆，张珏死之，西川州县皆陷。

纲 二月，元唆都陷潮州，屠其民。

纲 三月，文天祥收兵，复出丽江浦。

目 天祥以弟璧及母在惠州，乃趋之。行收兵，出海丰县，遂次于丽江浦。

纲 都统凌震复广州。

纲 帝迁硇洲。

纲 曾渊子至自雷州，以为参知政事、广西宣谕使。

目 渊子起兵据雷州，元军谕降不听，进兵攻之。渊子奔硇洲，遂有是命。

纲 夏四月，帝崩，卫王即位。

目 帝崩，年十一。群臣多欲散去，陆秀夫曰："度宗皇帝一子尚在，将焉置之！古人有以一旅一成中兴者，今百官有司皆具，士卒数万，天若未欲绝宋，此岂不可为国邪！"乃与众共立卫王，年八岁矣。方登坛，礼毕，御辇所向，有龙挐空而上。既入宫，云阴不见，改元祥兴。升硇洲为翔龙县。上帝庙号曰端宗。太妃仍同听政。

陈宜中入占城，行都日候其还朝，宜中竟不至。时世杰秉政，而秀夫裨助之，外筹军旅，内调工役，凡有述作，尽出其手，虽匆遽流离中，犹日书大学章句以劝讲。

纲 六月，帝迁新会之厓山。

目 时六军所泊，居雷、化犬牙处，而厓山在新会县南八十里巨海中，与奇石山相对立如两扉，潮汐之所出入也，故有镇戍，张世杰以为天险，可扼以自固，乃奉帝移驻。遣人入山伐木，造行宫及军屋千余间。行宫正殿曰慈元，杨太妃居之。升广州为祥兴府。时官民兵尚二十余万，多居于舟，资粮取办于广右诸郡、海外四州。复刷人匠造舟楫，制器仗，至十月始罢。

纲 元以张弘范为都元帅，李恒副之，将兵入闽、广。

纲　秋八月，有星陨于广南。

目　有星堕广州南，初陨色红，大如箕，中爆烈为五，既坠地，声如鸣鼓，一时顷止。

纲　加文天祥少保、信国公，张世杰越国公。

目　天祥闻帝即位，上表自劾兵败江西之罪，乞入朝；优诏不许，而加官爵。会军中大疫，士卒多死，天祥母亦病没，诏起复之。天祥长子复亡，家属皆尽。

纲　九月，葬端宗皇帝于厓山。

纲　冬十一月，凌震弃广州遁。

纲　元张弘范袭执文天祥于五坡岭。

目　天祥屯潮阳，邹㵯、刘子俊皆集师会之，遂讨剧盗陈懿、刘兴于潮。兴死；懿遁，以海舟导张弘范兵济潮阳。天祥帅麾下走海丰，先锋将张弘正追之。天祥方饭五坡岭，弘正兵突至，众不及战，天祥遂被执，吞脑子不死，邹㵯自刭。刘子俊自诡为天祥，冀可免天祥；及天祥至，各争真伪，元遂烹子俊。天祥至潮阳，见弘范，左右命之拜，天祥不屈。弘范释其缚，以客礼之。天祥固请死，弘范不许，处之舟中，求族属被俘者悉还之。

纲　十二月，元西僧杨琏真加发绍兴诸陵。

目　杨琏真加利宋欑宫金玉，发诸陵在绍兴者及大臣冢墓，凡一百一所。又欲裒诸陵骨，杂牛马枯骼为镇南浮屠。会稽人唐珏独痛愤，乃货家具行贷，得百金，为酒食，阴召诸恶少，泣曰："尔辈皆宋人，吾不忍陵骨之暴露，欲以他骨易之。已造石函六，刻纪年一字为号，自思陵以下，随号收殡。"众如珏言，夜往取遗骸，葬兰亭山后，又移宋故宫冬青树植其上以识，闻者悲之。

帝昺

纲　己卯，帝昺祥兴二年，春正月，元张弘范袭厓山，张世杰力战御之。

目　弘范由潮阳港乘舟入海，至甲子门，获斥候将，知帝所在，乃至厓山。或谓世杰曰："北兵以舟师塞海口，则我不能进退，盍先据之？幸而胜，国之福也；不胜，犹可西走。"世杰恐久在海中，士卒离心，动则必散，乃曰："频年航海，何时已乎，今须与决胜负。"遂焚行朝草芾，结大舶千余，作一字阵，碇海中，中舻外舳，贯以大索，四周起楼棚如城堞，奉帝居其间为死计，人皆危之。厓山北浅，舟胶不可进。弘范由山东转而南，入大洋，与世杰之师相遇，薄之，且出骑兵断官军汲路。世杰舟坚不能动，弘范乃舟载茅茨，沃以膏脂，乘风纵火焚之。世杰战舰皆涂泥，缚长木以拒火，舟不爇，弘范无如之何。

时世杰有甥韩在元军中，弘范三使韩招世杰，世杰不从，曰："吾知降生且富贵，但义不可移尔！"因历数古忠臣以答之。弘范乃命文天祥为书招世杰，天祥曰："吾不能扞父母，乃教人叛父母，可乎？"固命之，天祥遂书所过零丁洋诗与之，其末有云："人生自古谁无死，留取丹心照汗青。"弘范笑而置之。

弘范复遣人语厓山士民曰："汝陈丞相已去，文丞相已执，汝复欲何为？"士民亦无叛者。弘范又以舟师据海口，世杰兵士茹干粮，十余日，下掬海水饮之，水咸，饮即呕泄，兵士大困。世杰帅苏刘义、方兴等旦夕大战。既而李恒自广州以师来会，弘范命恒守厓山北。

纲　二月，张世杰与元张弘范战于厓山。世杰兵溃，陆秀夫负帝赴海死之。世杰复收兵，至海陵山，舟覆而死。宋亡。

目　都统张达夜袭元军，败还。弘范乃四分其军，自将一军，相去里许，令诸将曰："宋舟西舣厓山，潮至必东遁，急攻之。闻吾乐作，乃战，违令者斩。"时黑气出山西，李恒乘早潮退，攻其北，世杰以淮兵殊死战。至午，潮上，元军乐作，世杰以为且懈，不设备。弘范以舟攻其南，世杰南北受敌，兵士皆疲，不能复战，俄有一舟樯旗仆，诸舟之樯旗皆仆，世杰知事去，乃抽精兵入中军，诸军大溃，翟国秀、凌震等皆解甲降元。元军薄中军，会日暮，风雨昏雾四塞，咫尺不相辨，世杰乃与苏刘义断维，以十六舟夺港而去。陆秀夫走帝舟，帝舟大，且诸舟环结，度不得出走，乃先驱其妻子入海，谓帝曰："国事至此，陛下当为国死。德祐皇帝辱已甚，陛下不可再辱！"即负帝同溺，后宫诸臣从死者甚众。余舟尚八百，尽为弘范所得，越七日，尸浮海上者十余万人。因得帝尸及诏书之宝。

世杰行收兵，遇杨太妃，欲奉以求赵氏后。杨太后始闻帝崩，抚膺大恸曰："我忍死间关至此者，正为赵氏一块肉耳，今无望矣！"遂赴海死，世杰葬之海滨。世杰将趋占城，土豪强之还广东，乃回舟舣南恩之海陵山，散溃稍集。谋入广，飓风大作，将士劝世杰登岸，世杰曰："无以为也。"登柁楼，露香祝曰："我为赵氏，亦已至矣。一君亡，复立一君，今又亡。我未死者，庶几敌兵退，别立赵氏以存祀耳。今若此，岂天意邪！"风涛愈甚，世杰堕水溺死。诸将函其骨，葬潮居里。苏刘义出海洋，为其下所杀。

纲 冬十月，文天祥至燕，不屈，元人囚之。

目 厓山之破，张弘范等置酒大会，谓天祥曰："国亡，丞相忠孝尽矣。能改心以事之宋者事今，将不失为宰相也。"天祥泫然出涕曰："国亡不能救，为人臣者死有余罪，况敢逃其死而贰其心乎！"弘范义之，遣使护送天祥赴燕。道经吉州，痛恨不食，八日犹生，乃复食。十月，至燕，馆人供张甚盛，天祥不寝处，坐达旦；遂移兵马司，设卒守之。既而丞相博罗等召见于枢密院，欲使拜，天祥长揖不屈。博罗曰："自古有以宗庙土地与人而复逃者乎？"天祥曰："奉国与人，是卖国之臣也。卖国者有所利而为之，必不去，去者必非卖国者也。予前除宰相不拜，奉使军前，寻被拘执。已而有贼臣献国，国亡当死，所以不死者，以度宗二子在浙东，老母在广故耳。"博罗曰："弃德祐嗣君而立二王，忠乎？"天祥曰："当此之时，社稷为重，君为轻。吾别立君，为宗庙、社稷计也。从怀、愍而北者非忠，从元帝为忠；从徽、钦而北者非忠，从高宗为忠。"博罗语塞，忽曰："晋元帝、宋高宗，皆有所受命，二王不以正，是篡也。"天祥曰："景炎乃度宗长子，德祐亲兄，不可谓不正；登极于德祐去位之后，不可谓篡；陈丞相以太后命奉二王出宫，不可谓无所受命。"博罗等皆无辞，但以"无受命"为解。天祥曰："天与之，人归之，虽无传受之命，推戴拥立，亦何不可！"博罗怒曰："尔立二王，竟成何功？"天祥曰："立君以存宗社，存一日，则尽臣子一日之责，何功之有！"曰："既知其不可，何必为？"天祥曰："父母有疾，虽不可为，无不下药之理。尽吾心焉，不可救，则天命也。今日天祥至此，有死而已，何必多言。"博罗欲杀之，而元主及大臣不可。弘范病中亦表奏天祥忠于所事，愿释勿杀，乃囚之。

右南宋九帝，共一百五十三年。合两宋一十八帝，共三百二十年。

元纪

世祖文武皇帝

纲　庚辰，元世祖文武皇帝至元十七年，春正月，都元帅张弘范卒。

纲　三月，帝如上都。

纲　遣使穷河源。

纲　秋七月，以郝祯、耿仁为左丞。

目　阿合马贪横益肆，援引二人，骤升同列，交为蒙蔽，掊敛日急，内通货贿，外示威刑，廷中相视，无敢言者。

纲　八月，集贤大学士兼国子祭酒许衡致仕。

目　衡以疾，乞致仕。皇太子请以其子师可为怀孟路总管，以便侍养，且遣使谕之曰："公毋以道不行为忧也；公安，则道行有时矣。"

纲　翰林学士承旨姚枢卒。

纲　九月，帝还大都。

纲　冬十月，以阿剌罕为右丞相。复大发兵击日本。

纲　十一月，行授时历。

纲　平章政事廉希宪卒。

目　大德间赠太师、恒阳王，谥文正。伯颜曰："廉公宰相中真宰相，男子中真男子。"世以为名言。

纲　十二月，昭文馆大学士窦默卒。

目　默为人乐易，平居未尝出一言方人物。至论国家大计，面折廷诤，人谓可比汲黯。帝尝曰："朕求贤三十年，得一窦汉卿及李俊民。"又曰："如窦汉卿之心，姚公茂之才，合而为一，可谓全人矣。"累赠太师，封魏国公，谥文正。

纲　辛巳，十八年，春二月，皇后弘吉剌氏崩。

目　后性明敏，达于事机，国家初政，左右匡正，与有力焉。宋亡，幼主入朝，后不乐。帝曰："江南平，自此不用兵甲，人皆喜之，尔何独不乐？"后曰："自古无千岁之国，毋使吾母子及见此则幸矣。"帝以宋府库物置殿庭，召后视之，后一视而反。帝问后何欲，后曰："宋人贮蓄以贻子孙，子孙不能守而归于我，我又何忍取之邪！"宋太后全氏至京，不习风土，后屡奏乞令回江南，帝不允。后退亦厚待之。

纲 三月，许衡卒。

目 衡病革，家人祀先，衡曰："吾一日未死，宁不有事于祖考！"起，奠献如仪，既撤而卒，年七十二。衡尝语其子曰："我平生虚名所累，竟不能辞官，死后慎勿请谥，勿立碑，但书'许某之墓'四字，使子孙识其处足矣。"后赠司徒，封魏国公，谥文正。

纲 帝如上都。

纲 秋七月，阿剌罕卒于军。八月，诸将弃师于海岛而还。

纲 闰月，帝还大都。

纲 冬十月，焚毁道书。

目 帝方信桑门之惑，诏枢密副使张易参校道书。言："惟道德经为老子所著，余皆后人伪撰。"诏悉焚之。

纲 十二月，以瓮吉剌带为右丞相，阿合马为左丞相。

纲 壬午，十九年，春二月，帝如上都。

纲 三月，益都千户王著杀阿合马于阙下。

纲 夏四月，瓮吉剌带罢，以和礼霍孙为右丞相。

纲 诏戮阿合马尸，遂穷治其党。

目 阿合马死，帝犹不深知其奸，及询枢密副使孛罗，乃尽得其罪恶，始大怒曰："王著杀之诚是也！"命发冢，剖其棺，戮尸于通玄门外，纵犬食之，四民聚观称快，并诛其子忽辛等四人。寻令中书悉罢黜其党与。又以郝祯、耿仁党恶尤甚，命剖祯棺，戮其尸，下耿仁于狱，诛之。

纲 以张雄飞为参知政事。

纲 秋八月，帝还大都。

纲 九月，俱蓝国入贡。

纲 遣使括云南金。

纲 诏诸路岁举儒吏各一人。

目 中书省掾史有阙，选枢密院、御史台、六部令史转用之，令史则取诸路岁贡之数。仍诏："诸路岁贡儒、吏，儒必通吏事，吏必知经史者。"

纲 冬十月，复以耶律铸为左丞相。

纲 以宋衍圣公孔洙为国子祭酒，提举浙东学校。

目　孔子后自宋南渡初，其四十八代孙端友子玠寓衢州。帝既平宋，疑所立，或言孔氏子孙寓衢者乃其宗子。召洙赴阙，洙逊于居曲阜者。帝曰："宁违荣而不违亲，真圣人后也。"遂命为国子祭酒，兼提举浙东学校。

纲　十二月，杀宋少保、枢密使、信国公文天祥。

目　时有闽僧言："土星犯帝座，疑有变。"未几，中山有狂人，自称宋主，有众千人，欲取丞相。京城亦有匿名书，言某日烧蓑城苇，率两翼兵为乱，丞相可无忧者。朝廷疑之，遂撤蓑城苇，迁瀛国公及宋宗室于上都。疑丞相为天祥，乃召天祥入，谕之曰："汝移所以事宋者事我，当以汝为相矣。"天祥曰："天祥为宋宰相，安事二姓！愿赐之一死足矣。"帝犹未忍，遽麾之退。左右力赞从其请，遂诏杀之于都城之柴市。天祥临刑殊从容，谓吏卒曰："吾事毕矣。"南向再拜死，年四十七。其衣带中有赞曰："孔曰成仁，孟曰取义，惟其义尽，所以仁至。读圣贤书，所学何事？而今而后，庶几无愧！"其妻欧阳氏收其尸，面如生。

天祥为人丰下，两目炯然。博学善论事，作文未尝起草。尤长于诗，居狱四年，忠义之气，一著于诗歌，累数十百篇。至是兵马司籍所存上之，观者无不流涕悲恸。有得其一履者，亦宝藏之。寻有义士张毅甫者，负其骨归葬吉州，适家人自广东奉其母曾夫人之柩同日至城下，人以为忠孝所感云。

初，天祥开督府置僚属，一时知名者四十余人，而遥请号令，称幕府文武士者不可悉数。然皆一念向正，至死靡悔。

纲　以孔散为平章政事。

纲　征处士刘因为右赞善大夫，寻辞归。

目　因，容城人，天资绝人，日记千百言，过目成诵。初为经学，究训诂注释之说，叹曰："圣人精义，殆不止此。"及得周、邵、程、朱之书，一见即曰："我固谓当有是也。"及论其学之所长，曰："邵，至大也；周，至精也；程，至正也；朱子，极其大，尽其精，而贯之以正也。"爱诸葛孔明"静以修身"之语，表所居曰"静修"。不忽木荐之，诏征之，至，擢右赞善大夫。寻以继母老辞归，俸给一无所受。

纲　诏御史台得自选其属。

目　初，御史唯用汉人，至是崔彧请参取蒙古人用之。又言："台察之选，正由中书，宁无偏党之弊！今宜令本台得自选任。"既而江淮省臣有欲专恣而忌台察之言者，上议欲以行台隶行省，诏廷臣杂议。兵部尚书董文用曰："御史台譬之卧虎，虽未噬人，人犹畏其虎也。今虎名仅存而纲纪犹不振，更加抑之，则风采薾然，无复可望矣。此不可行也。"从之。

纲 始海运。

纲 癸未，二十年，春正月，立弘吉剌氏为皇后。

目 时帝春秋高，后颇预朝政，相臣常不得见帝，辄因后以奏事焉。

初，弘吉剌之族，从太祖起兵有功，寻立其女为后，遂与约曰："弘吉剌氏生女，世以为后，生男，世尚公主。"故元世诸后，多其族焉。

纲 诏停燕南河北、山东租赋。

纲 三月，帝如上都。

纲 复命高丽王瑃及阿答海发兵击日本。

纲 夏四月，罢采民间女子。

纲 六月，增给官吏俸。

纲 冬十月，帝还大都。

纲 耶律铸有罪免。

纲 甲申，二十一年，春正月，群臣上尊号。

目 时议欲肆赦，张雄飞谏曰："古人言，无赦之国，其刑必平。故赦，不平之政也。圣明之世，岂宜数赦！"上纳之，遂止下轻刑之诏。

纲 二月，迁宋宗室及大臣之仕者。

纲 三月，帝如上都。

纲 秋七月，诏镇南王脱欢假道安南击占城。

纲 八月，帝还大都。

纲 九月，京师地震。

纲 冬十一月，和礼霍孙、张雄飞等罢，复以安童为右丞相，卢世荣为右丞，史枢为左丞，撒的迷失、廉希恕并参知政事。

纲 十二月，宋太皇太后谢氏卒于燕。

纲 乙酉，二十二年，春正月，以阿必失合为平章政事。

纲 二月，立规措所。

纲 帝如上都。

纲 复以瓮吉剌带为左丞相。

纲 秋八月，帝还大都。

纲 冬十一月，卢世荣伏诛。

纲 十二月，太子真金卒。

目 太子初从姚枢、窦默学，仁孝恭俭，尤优礼大臣，一时在师友之列者，非朝廷名德，则布衣节行之士。在中书日久，明于听断，闻四方科征、挽漕、造作、和市，有系民之休戚者，多奏罢之，中外归心焉。江南行省以岁课羡钞四十七万贯来献，太子怒曰："朝廷但令汝等安百姓，百姓安，钱粮何患不足！百姓不安，钱粮虽多，能自奉乎！"尽却之。中庶子伯必以其子阿八赤入见，谕之以"毋读蒙古书，须习汉人文字"。行台治书侍御史王恽进承华事略二十篇，太子览之，至汉成帝不绝驰道，唐肃宗改服绛纱为朱明服，心甚喜，曰："我若遇是礼，亦当如是。"又至邢峙止齐太子食邪蒿，顾侍臣曰："一菜之名，遽能邪人邪？"詹事孔九思曰："正臣防微，理固当然。"太子善其说，令诸子博观其书。时帝春秋高，南台御史上书请内禅，太子闻之惧。台臣寝其章不敢闻，而阿合马之党答即古、阿散等请收百司吏案，钩考天下钱谷，欲因以发之。都事尚文曰："是欲上危太子，下陷大臣，其谋奸矣。"遂语御史大夫及丞相先入言之，以夺其谋。帝震怒曰："汝等无罪邪？"丞相进曰："臣等无所逃罪，但此辈名载刑书，而为此举，实动摇人心耳。"太子益忧惧不自安。寻卒，年四十三。

纲 集僧四万，作资戒会。

纲 丙戌，二十三年，春三月，遣侍御史程文海访求江南人才。

目 先是文海为集贤直学士，言省院诸司皆用南人，惟御史台、按察司无之。江南风俗，南人所谙，亦宜参用之。至是，遂诏文海仍集贤直学士，拜侍御史、行御史台事，往江南博采知名之士。帝素闻赵孟藡、叶李名，密谕文海，必致此二人。文海复荐宋宗室赵孟頫及张伯淳等二十余人，帝皆擢用之。

纲 帝如上都。

纲 秋七月，免左丞相瓮吉剌带、平章政事阿必失合。

纲 冬十月，帝还大都。

纲 丁亥，二十四年，春二月，以麦朮督丁为平章政事。

纲 闰月，复置尚书省，以桑哥、铁木儿并为平章政事，阿鲁浑萨里为右丞，叶李为左丞，马绍参知政事。初置国子监，以耶律有尚为祭酒。

纲 设江南各路儒学提举司。

目 时江南诸县，各置教谕二人，又用廷臣议，诸道各置提举司，设提举儒学二人，统诸路、府、州，县学祭祀、钱粮之事。未几，复从桑哥等言，钩考江西学田所入羡余，贮之集贤院，以给有才艺之士。

纲 帝如上都。

纲 三月，行至元钞。

纲 戊子，二十五年，夏四月，征宋江西招谕使、知信州谢枋得，辞不至。

目 初，枋得遁入建阳。时程文海至江南访求人才，荐宋遗士三十人，枋得亦在列。枋得方居母丧，遗书文海曰："某所以不死者，以九十三岁之母在耳。先妣以今年二月考终，某自今无意人间事矣。'亡国之大夫不可与图存'，李左车犹能言之，况稍知诗书，颇识义理者乎！某之至愚极暗，决不可以辱召命亦明矣。"既而留梦炎亦力荐之于上，枋得复遗书梦炎，言："江南无人才，未有如今日之可耻。春秋以下之人物，本不足道，今欲求一人如瑕吕饴甥、程婴、杵臼、厮养卒，亦不可得。"辩论凡数千百言，卒不行。

纲 秋九月，帝还大都。

纲 置征理司。冬十月，遣使钩考诸路钱谷。

目 初，桑哥摘委六部钩考百司仓库财谷，复以为不专其任，遂置征理司以主之。行台侍御史程文海入朝言："天子之职，莫大于择相，宰相之职，莫大于进贤。宰相不以进贤为急，而惟以货殖为心，非为上为德，为下为民之意。今权奸用事，立尚书省钩考钱谷，以割剥生民为务，所委任者率皆贪饕邀利之人，江南盗贼窃发，良以此也。臣窃以为：宜清尚书之政，损行省之权，罢言利之官，行恤民之事。"桑哥大怒，留京师不遣，奏请杀之者六，帝皆不允。

纲 遣瀛国公赵显学佛于吐蕃。

纲 己丑，二十六年，春正月，地震。

纲 三月，帝如上都。

纲 以中书右丞相伯颜知枢密院事，将兵镇和林。

纲 以伯答儿为中书平章政事。

纲 夏四月，福建参知政事魏天祐执宋谢枋得至燕，不屈，死之。

纲 初，天祐见时方求才，欲荐枋得为功。遣使诱枋得入城，与之言，坐而不对，或嫚言无礼。天祐不能堪，乃让曰："封疆之臣，当死封疆，安仁之败何不死？"枋得曰："程婴、公孙杵臼二人皆忠于赵，一存孤，一死节。王莽篡汉，龚胜饿死。司马子长云'死有重于泰山，轻于鸿毛'，参政岂足知此！"天祐怒，逼之北行。枋得以死自誓，自离嘉兴，即不食，二十余日不死，乃复食。既渡采石，惟茹少蔬果，积数月，困殆。四月朔至燕，问太后欑所及瀛国所在，再拜恸哭。疾甚，留梦炎使医持药杂米饮进之，枋得怒，掷之于地，不食五日死。子定之护骸骨归葬信州。枋得天资严厉，雅负奇气，风岸孤陗，不能与世轩轾。而以天时人事，推宋必亡于二十年后。每论乐毅、申包胥、张良、诸葛亮事，常若有千古之愤者，而以植世教、立民彝为任，贵富贱贫一不动其中。

初，枋得之北行也，贫苦已甚，衣结履穿，人有尝德之者，赗以金帛，辞不受。又为诗别其门人故友，时以为"读其辞，见其心，慷慨激烈，真可以使顽夫廉，懦夫立"云。

纲 五月，以忻都为尚书左丞，何荣祖参知政事，张天祐为中书参知政事。

纲 冬闰十月，帝还大都。

纲 十二月，帝幸大圣寿万安寺。

纲 庚寅，二十七年，夏四月，帝如上都。

纲 河北十七郡蝗。

纲 秋八月朔，日食。

纲 地大震。九月，赦天下。

纲 帝还大都。

纲 冬十一月，安童罢。

纲 大水。

纲 辛卯，二十八年，春正月，桑哥及阿鲁浑萨里、叶李以罪免。

纲 二月。罢征理司。

纲 以完泽为尚书右丞相，不忽木平章政事。

纲 帝如上都。

纲 夏五月，逮西僧杨琏真加下狱，寻释之。

目 杨琏真加发宋诸陵及其大臣冢墓，攘取金宝珠玉无算，私庇平民之不输赋者二万三千户，田土称是，及受美女宝物之献，藏匿未露者尤多。至是坐侵盗官物，遣使逮问，追治之，籍其妻孥、田亩。台省诸臣皆言："宜诛之以谢天下。"帝不听，命释之，给还其所籍。

纲 复征刘因为集贤学士，辞不至。

目 因以疾固辞。帝闻之曰："古有所谓不召之臣，其斯人之徒欤！"遂不强致之。

纲 下桑哥狱，逮其党要束木诛之。

纲 罢尚书省，命右丞相完泽等并入中书。

纲 秋七月，桑哥伏诛。

纲 九月，以咱喜鲁丁为平章政事。冬十月，以雪雪的斤为平章政事。

纲 壬辰，二十九年，春正月朔，日食。

纲 二月，以亦黑迷失、史弼、高兴并为福建行省平章政事，将兵击瓜哇。

纲 三月，麦朮督丁罢，以铁哥、剌真并为平章政事。

纲 帝如上都。秋八月，帝还大都。

纲 冬十二月，改封梁王甘麻剌为晋王，镇北边。

纲 癸巳，三十年，春正月，右丞相安童卒。

纲 二月，以杨琏真加子暗普为江浙行省左丞。

纲 帝如上都。

纲 夏四月，刘因卒。

纲 秋七月，以月赤察儿知枢密院事。

纲 九月，帝还大都。

纲 冬十月，彗出紫微垣。

目 帝忧之，夜召不忽木入禁中，问所以销天变之道。不忽木曰："风雨自天而至，人则栋宇以待之；江河为地之限，人则舟楫以通之；天地有所不能者，人则为之，此人所以与天地参也。且父母怒，人子不敢疾怒，起敬起孝，故易曰：'君子以恐惧修省。'诗曰：'敬天之怒。'三代圣王，克谨天戒，鲜有不终。汉文之世，同日山崩者二十有九，日食、地震，频岁有之。善用此道，天亦悔祸，海内乂安。此前代之龟鉴也，愿陛下法之。"因诵文帝日食求言诏，帝悚然曰："此言深合朕意，可复诵之。"遂论说至四鼓乃罢。

纲　以伯颜为平章政事。

纲　甲午，三十一年，春正月，帝崩。

纲　葬起辇谷。

纲　夏四月，皇孙铁木耳即位于上都，大赦。追尊皇考曰裕宗皇帝，尊母弘吉剌氏曰皇太后。

纲　五月，以玉昔帖木耳为太师，伯颜为太傅，月赤察儿为太保。六月，复以帖木儿为平章政事。

纲　赐宋使臣家铉翁号处士，遣还乡。

目　初，世祖欲官铉翁，不受，遂安置河间，以春秋教授弟子，数为诸生谈及宋兴亡之故，辄流涕太息。至是，年逾八十，诏赐号处士，放还乡里，锡予金币，皆不受。寻卒。

纲　秋七月，诏中外崇奉孔子。

纲　冬十月，帝至自上都。

目　帝巡狩三不剌之地，董文用言："先帝新弃天下，陛下巡游不以时，无以慰安元元。且人君犹北辰，居其所而众星拱之，不在勤远略也。宜趣还京师。"帝悟，遂还。

纲　十一月，以何玮为参知政事，伯颜察儿参议省事。

纲　十二月，太傅知枢密院事伯颜卒。

目　伯颜深沉有谋略，善断，将二十万众伐宋，如将一人，诸将仰之若神明。还朝，未尝言功。卒赠太师，追封淮安王，谥忠武。

纲鉴易知录卷九一

元纪

成宗皇帝

纲　乙未，成宗皇帝元贞元年，春二月，帝如上都。

纲　翰林学士承旨留梦炎致仕。

目　上以其在先朝言无所隐，厚赐遣之。初，世祖尝问梦炎、叶李优劣于赵孟頫，对曰："梦炎，臣之父执，其人重厚笃于自信，好谋能断，有大臣器。叶李所读之书，臣皆读之，所知所能，臣皆知之能之。"世祖曰："汝以梦炎优于李邪？梦炎为宋状元，至宰相，当贾似道误国，依阿取容；李以布衣，乃伏阙上书，是贤于梦炎也。"

纲　三月，安南入贡。

纲　夏闰四月，兰州河清。

目　上下三百余里，凡三日。

纲　六月，陕西旱，饥。

纲　秋九月，帝还大都。

纲　冬十二月，立皇后伯岳吾氏。

纲　丙申，二年，春二月，以不忽木为昭文馆大学士、平章军国事，段贞为平章政事。

纲　三月，帝如上都。秋八月，帝还大都。

纲　丁酉，大德元年，春正月，以也先帖木儿为平章政事。帝如上都。

纲　太后幸五台山。

目　初为太后建寺于五台山，至是成。太后将临幸之，监察御史李元礼上疏言："五台山创建寺宇，工役俱兴，供亿烦重，民不聊生。伏闻太后临幸五台，尤不可者有五：盛夏禾稼方茂，民食所仰，骑从经过，不无蹂躏，一也。亲劳圣体，经冒风日，往复数千里，山川之险，万一调养失宜，悔将何及！二也。天子举动，必书简册以贻万世，书而不法，将焉用之？三也。财不天降，皆出于民，今日支持调度，百倍曩时，而又劳民伤财以奉土木，四也。佛以慈悲为教，虽穷天下珍玩供养不为喜，虽无一物为献亦不怒。今太后欲为兆民祈福，而先劳圣体，使天子旷定省之礼，五也。伏望回辕中道，端处深宫，上以循先皇后之懿范，次以尽圣天子之孝诚，下以慰元元之望，如此，则不祈福而福自至矣。"台臣不敢以闻。其后侍御史万僧与中丞崔彧有隙，取元礼章封入奏之曰："崔中丞私比汉人。李御史为大言谤佛，谓不宜建寺。"帝大怒，敕完泽、不忽木鞫之。完泽曰："往吾亦尝以此谏，太后曰：'我非喜建此寺，盖先帝尝许为之，非汝所知也。'"不忽木曰："他御史惧不敢言，言者惟一元礼，可赏也。"完泽等入言之，帝沉思良久曰："御史言是也。"乃罢万僧，复元礼职。

纲　秋七月，祆星出奎。

纲　九月，帝还大都。

纲　冬十月，以吴元珪为吏部尚书。

目　时选曹铨注，多有私其乡人者，元珪曰："此风不可长。"自视事，请谒悉皆谢绝。

纲　禁诸王驸马夺民田。

纲　戊戌，二年，春二月，以张九思、梁德珪并为平章政事。

目　初，太子真金卒，朝议欲罢詹事院，九思时为詹事丞，抗言曰："皇孙宗社人心所属，詹事正所以辅成道德者，奈何罢之！"寻进拜中书左丞。

德珪一名梁谙都剌，世祖时参知政事，治事有敏才。京师地震，世祖怪州郡报囚之数过多，德珪曰："当国者急于征索，蔓延收系，以致此尔。"帝悟，为赦中外逋负，寻拜右丞。

纲　帝如上都。

纲　夏五月，以何荣祖为平章政事。秋九月，帝还大都。

纲　冬十二月，定岁课三十取一。命廉访司岁举廉干者各二人。

纲　彗星见。

目　出子孙星下。

纲　己亥，三年，春正月，遣使问民疾苦。

纲 以哈剌哈孙为左丞相。

纲 二月，帝如上都。

纲 命何荣祖等更定律令。

目 帝谕荣祖曰："律令，良法也，宜早定之。"既而书成上之，且言："臣所择者三百八十条，一条有该三四事者。"帝曰："古今异宜，不必相沿。"诏元老大臣聚听之，未及颁行而荣祖卒。

纲 秋九月，帝还大都。

纲 冬十二月，以阿鲁浑萨里为平章政事。

纲 命兄子海山镇漠北。

目 海山，帝兄答剌麻八剌之长子。帝以宁远王阔阔出总兵北边，怠于备御，命海山即军中代之。

纲 庚子，四年，春二月，皇太后弘吉剌氏崩。

目 后有贤德，事昭睿顺圣皇后执妇道甚谨。及尊为太后，后之弟欲因后求官，后拒之曰："勿以累我也！"崩，谥徽仁裕圣皇后。

纲 三月，帝如上都。

纲 夏四月，以不兰奚为平章政事。

纲 五月，昭文馆大学士、平章军国事不忽木卒。

纲 秋闰八月，帝还大都。

纲 辛丑，五年，秋八月，彗出井，入紫微垣。

纲 九月，禁酒。

纲 壬寅，六年，春正月，诏收富民护持玺书。

目 帝诏台臣曰："闻江南富民侵占民田，致贫者流徙，卿等亦闻之否？"对曰："富民多乞护持玺书，依倚以欺贫民，官府不能诘治，宜悉追收为便。"命即行之，毋越三日。

纲 二月，帝有疾。

纲 夏四月，帝如上都。

纲 五月，太庙寝殿灾。

纲 冬十月，帝还大都。

纲 癸卯，七年，春二月，以阿老瓦丁、木八剌沙并为平章政事。

纲 汰诸司冗员。

目 定中书省自左、右丞相而下，平章政事二员，左、右丞各一员，参知政事二员，定为八府。

纲 三月，遣使巡行天下。

纲 复以铁哥为平章政事。

纲 帝如上都。

纲 兰溪处士金履祥卒。

目 履祥少从学同郡王柏及何基之门，二人盖得朱熹之传者。宋将亡，遂绝意进取，屏居金华山中。尝以刘恕外纪，记司马氏通鉴以前事不本于经，舛谬不可信，乃断自尚书，旁采子、史损益之，作通鉴前编。他如论、孟、大学诸经传及礼乐书，各有注疏，授其门人许谦以传。当时以为基之清介纯实似尹和靖，柏之高明刚正似谢上蔡，履祥则亲得之二氏，而并克于己者也。居仁山之下，学者因称仁山先生，至正中赐谥文安。

纲 夏闰五月，右丞相完泽卒。

纲 秋七月，以哈剌哈孙为右丞相，阿忽台为左丞相。

纲 八月，地震。

目 平阳、太原尤甚，村堡移徙，地裂成渠，坏庐舍万八百区，人民压死不可胜计。诏问致灾之由，齐履谦言："地为阴而主静，妻道、臣道、子道也。三者失其道，则地为之不宁。弭之之道，大臣当反躬责己，去专制之威，以答天变，不可徒为祈禳也。"时帝寝疾，宰臣及中宫专政，故履谦言及之。而集贤大学士陈天祥亦上书极陈阴阳不和、天地不位，为时政之弊。言尤切直，执政者恶之，抑不以闻。天祥自被召起，且一岁，每以不得一见帝言，郁郁不自释，寻复谢病归。

纲 九月，帝还大都。

纲 复以木八剌沙为平章政事。

纲 十二月，彗出紫微垣。

纲 甲辰，八年，春正月，地震。

纲 二月，帝如上都。秋九月，帝还大都。

纲 冬十月，立海山为怀宁王。

纲 乙巳，九年，春三月，帝如上都。陨霜杀桑。

纲 夏四月，大同地震。

目 有声如雷，坏官民庐舍五千余间，压死二千余人。

纲 六月，立子德寿为皇太子。

纲 秋七月，命兄子爱育黎拔力八达居怀州。

目 答剌麻八剌次子，海山母弟也。

纲 以段贞、八都马辛并为平章政事。

纲 八月，给曲阜林庙洒扫户。

纲 贾胡献宝珠。

目 西域贾人有献珍宝求售者，议以六十万锭酬其直。省臣有谓左丞尚文者曰："此所谓押忽大珠也，六十万酬之不为过矣。"文问："何所用之？"答曰："含之可不渴，熨面可使目有光。"文曰："一人含之，千万人不渴，则诚宝也。若一宝止济一人，则用已微矣。吾之所谓宝者，米粟是也，有之则百姓安，无则天下乱，以功用较之，岂不愈于彼乎！"

纲 九月，帝还大都。

纲 冬十二月，太子德寿卒。

纲 丙午，十年，春闰正月，以彻里、阿散并为平章政事。

纲 二月，帝如上都。冬十一月，帝还大都。十二月，有疾。

纲 丁未，十一年，春正月，安西王阿难答及诸王明里帖木儿入朝。

纲 帝崩。

纲 左丞相阿忽台等谋奉皇后临朝，以安西王摄政。右丞相哈剌哈孙遣使迎怀宁王海山于漠北，及其弟爱育黎拔力八达于怀州。

目 后以己尝谋出爱育黎拔力八达及其母居怀州，至是恐其兄怀宁王立，必报前怨，乃命召安西王入京师，欲立之。而左丞相阿忽台、平章赛典赤、八都马辛、伯颜及诸王明里帖木儿阴左右之，谋断海山归路，奉皇后垂帘听政，立安西王辅之。时右丞相哈剌哈孙收百司符印，封府库，称疾，守宿掖门，内旨日数至，皆不听。众欲害之，未敢发。怀宁王适遣康里脱脱计事京师，哈剌哈孙令急还报，复遣使南迎爱育黎拔力八达于怀州。

纲 二月，爱育黎拔力八达至自怀州，诛阿忽台等，执阿难答归于上都。

纲 夏五月，怀宁王海山至上都，废皇后伯岳吾氏居东安，杀之。

诛安西王阿难答及诸王明里帖木儿。遂即位，大赦。

纲 追尊考曰顺宗皇帝，尊母弘吉剌氏为皇太后。加哈剌哈孙、朵儿朵海并太傅，阿沙不花太尉。以塔剌海为左丞相，床兀儿、乞台普济、明里不花并平章政事。

纲 六月，立弟爱育黎拔力八达为皇太子。以床兀儿、不兰奚并为平章政事。

纲 秋七月，封秃剌为越王，左迁右丞相哈剌哈孙为和林左丞相，以月赤察儿为和林右丞相，进爵淇阳王。

纲 以塔剌海为右丞相，塔思不花为左丞相，塔失海牙、教化、法忽鲁丁别不花并平章政事。

纲 制加孔子号曰大成。

目 制曰："先孔子而圣者，非孔子无以明；后孔子而圣者，非孔子无以法；所谓祖述尧、舜，宪章文、武，仪范百王，师表万世者也。可加大成至圣文宣王，遣使阙里，祀以太牢。於戏！父子之亲，君臣之义，永为圣教之遵，天地之大，日月之明，奚罄名言之妙，尚资神化，祚我皇元。"

纲 八月，赐诸王孝经。

目 中书右丞孛罗帖木儿以国字译孝经进，诏曰："此孔子微言，王公庶民，皆当由是而行。"命刻板摹印，诸王以下咸赐之。

纲 以塔海为平章政事。

纲 九月，帝至自上都。

纲 冬十二月，征处士萧𣂏为太子右谕德。

目 𣂏，陕西奉元人，初出为府史，语当道不合，即引退。力学三十年，不求进。乡人有暮行遇盗，诡曰："我萧先生也。"盗惊愕释去。世祖时辟为陕西儒学提举，不赴。后累授集贤直学士、国子司业，改集贤侍读学士，皆不赴。至是征拜太子右谕德，扶病至京师，入觐东宫，书酒诰为献，以朝廷时尚酒也。寻以病请解职，或问之，则曰："礼，东宫东面，师傅西面，此礼今可行乎？"俄擢集贤学士、国子祭酒，依前右谕德。疾作，固辞而归。卒，谥贞敏。

武宗皇帝

纲 戊申，武宗皇帝至大元年，春正月，以阿沙不花为右丞相，行御史大夫事。

目 初，阿沙不花见帝容色日悴，乘间进曰："陛下八珍之味不知御，万金之身不知爱，而惟麴糵是耽，妃嫔是好，是犹两斧伐孤树，未有不颠仆者。陛下纵不自爱，独不思祖宗付托之重，天下仰望之切乎？"帝大悦，曰："非卿孰为朕言！"因命进酒。阿沙不花顿首谢曰："臣方欲陛下节饮，而反劝之，是臣之言不信于陛下也。臣不敢奉诏。"左右皆贺帝得直臣，遂授右丞相、行御史大夫事。寻以太子请，复入中书，既又赐爵康国公。

纲 三月，帝如上都。

纲 以脱脱木儿为平章政事。

纲 夏六月，陇西、云南地大震。

纲 加宦者李邦宁大司徒兼左丞相。

目 邦宁在宋，为小黄门，初从瀛国公入见世祖，留给事内庭。至是，帝欲以为浙江平章，辞曰："臣以阉腐余命，前朝赦而用之，今陛下复欲置臣宰辅，臣闻宰辅者，佐天子共治天下者也，奈何辱以寺人？陛下纵不臣惜，如天下后世何！诚不敢奉诏。"帝大悦，加大司徒，遥授左丞相，仍领太医院事。

纲 秋七月，以答思不花为右丞相，乞台普济为左丞相。

纲 八月，诸路水、旱、蝗。

目 江淮民采草根树皮为食，而河南、山东有父食其子者。诏凡遣使赈贷之处，差税并蠲除之。既而省臣言："夏秋之间，巩昌地震，归德暴风，济宁、泰安、真定大水，民居荡析。江浙饥荒之余，疫疠大作，死者相枕藉。父鬻其子，夫离其妻，哭声震野，所不忍闻。是皆臣等不才，猥当大任，以致政事乖违，阴阳失序，愿退位以避贤路。"帝曰："灾害事有由来，非尔等所致也，但当慎所行尔。"

纲 九月，帝还大都。

纲 冬十月，以西僧教瓦斑为翰林学士承旨。

纲 十一月，以乞台普济为右丞相，脱脱左丞相。

纲 闰月，太傅哈剌哈孙卒。

纲 诏有司赎饥民所鬻子女。

纲 以赤因帖木儿为平章政事。

纲 己酉，二年，春正月，帝如上都。

纲 秋八月，复置尚书省，以乞台普济为右丞相，脱虎脱为左丞相，三宝奴、乐实为平章政事，保八为右丞，忙哥铁木儿为左丞、王罴参知政事。

纲 置太子右卫率府。

目 命右丞相脱虎脱、御史大夫不里牙敦领府事，取河南蒙古军万人隶之。王约曰："左卫率府，旧制有之，今置右府何为？诸公深思之，不可以累储宫也。"太子又命取安西兵器给宿卫士。约谓詹事完泽曰："詹事移文千里取兵器，人必惊疑。主上闻之奈何？"完泽愧曰："实虑不及此。"家令薛居言陕西分地五事，命往理之，约不为署行，语之曰："太子，潜龙也，当勿用之时，为飞龙之事，可乎？"遂止。太子喜，谕群下曰："事未经王彦博议者，勿启。"

纲 九月，帝还大都。

纲 冬十一月，以阿散为尚书左丞相，行中书平章政事。

纲 庚戌，三年，春正月，征李孟入见，以为平章政事、同知枢密院事。

目 初，孟既逃去。有谮于帝者曰："内难初定时，孟尝劝皇太子自取。"帝弗之信。一日，太子侍内宴，忽戚然改容。帝曰："吾弟何不乐？"太子从容起谢曰："赖天地、祖宗神灵，神器有归。然成今日母子、兄弟之欢者，李道复之功居多。适思之，不自知其变于色也。"帝即命搜访之，得于许昌陉山。召见，谓宰臣曰："此皇祖妣命为朕宾师者，宜速任之。"至是乃授中书平章事、集贤大学士、同知枢密院事。

纲 立皇后弘吉剌氏。

纲 二月，宁王阔阔出谋反，流于高丽。以乐实为尚书左丞相。

纲 三月，帝如上都。

纲 夏五月，荆、襄大水，山崩。

纲 秋九月，帝还大都。

纲 辛亥，四年，春正月，帝崩。

纲 皇太子罢尚书省，诛脱虎脱、三宝奴、乐实、保八、王罴，流忙哥铁木儿于海南。

目 皇太子以脱虎脱等变乱旧章，流毒百姓，凡误国者，欲悉按诛之。延庆使杨朵儿只谏曰："为政而首尚杀，非帝王治也。"太子感其言,特诛其尤者。既而御史言:"脱虎脱等既正典刑,而党附之徒布在百司,若孛罗铁木儿、阔里吉思、乌马儿等奸贪害政;今中书方欲用为各省平章、参政等官,宜加罢黜。"从之。

纲 以铁木迭儿为右丞相,完泽、李孟并平章政事。

纲 召先朝旧臣程鹏飞等十五人。

目 召先朝谙知政务老臣程鹏飞、董士选、李谦、张驴、陈天祥、尚文、刘正、郝天挺、董士珍、萧𣂏、刘敏中、王思廉、韩从益、赵君信、程文海十五人诣阙,同议庶政。天祥等五人不至。谦至首陈九事,正陈八事,皆欲朝廷守成宪,开贤路,重名爵,节财用,兴学校,定律令,举切时弊。

纲 二月,罢康里脱脱为江浙行省左丞相。

纲 三月,皇太子即位,大赦。

纲 宁夏地裂。

纲 遣宦者李邦宁释奠于孔子。

目 邦宁既受命行礼,方就位,忽大风起,殿上及两庑烛尽灭,烛台底铁镈入地尺许无不拔者。邦宁悚息伏地,诸执事者皆伏,良久风息,乃成礼。邦宁因惭悔累日。

初,帝在东宫,邦宁知三宝奴等畏帝英明,乘间言于武宗曰:"陛下富于春秋,皇子浙长,父作子述,古之道也,未闻有子而立弟者。"武宗不悦,曰:"朕志已定,汝自往东宫言之。"邦宁惭惧而退。及帝即位,左右咸请诛之,帝曰:"帝王历数,自有天命,其言何足介怀!"加邦宁开府仪同三司,为集贤院大学士,寻卒。

纲 秋闰七月,赐李孟爵秦国公。

目 孟感帝知遇,颇以国事为己任。见当时赐予太广,名爵太滥,风俗太侈,僭拟无章,每劝帝言:"人君之柄在刑与赏,刑不足惩,赏不足劝,何以为治!"帝在怀州,深见吏弊,既即位,欲痛刬除之。孟曰:"吏亦当有贤者,在激厉之而已。"帝曰:"卿儒者,宜与此曹气类不合,而曲为保护如此,真长者之言也。"尝谓之曰:"朕在位,必卿在中书。"赐爵秦国公,图其像,命词臣赞之。每入见,称曰道复而不名。

纲 增国子生为三百人。

目 初,帝命李孟领国子学,谕之曰:"国学,人材所自出。卿宜数课诸生,勉其德业。"至是,又谕省臣曰:"昔世祖注意国学,如不忽木等皆蒙古人，而教以成材。朕今亲定国子生为三百人，仍增陪堂生二十人，通一经者以次补伴读，著为式。”既而孟等言：“方今进用儒者，而老成日以凋谢，四方儒士有成材者，请擢任国学、翰林、秘书、太常或儒学提举等职，俾学者有所激劝。”帝从之，诏：“自今勿限资给，果材而贤，虽白身亦任用之。”

纲　冬十一月，复以阿散为平章政事。

仁宗皇帝

纲　壬子，仁宗皇帝皇庆元年，春正月，制进翰林、国史院秩。

目　帝谕省臣曰：“翰林、集贤儒臣，须朕自选用，毋辄拟奏。人言御史台任重，朕谓国史院尤重；盖御史台是一时公论，国史院是万世公论。”于是升翰林、国史院秩从一品，寻敕博选中外才学之士居之。

纲　夏四月，帝如上都。

纲　五月，以阿散为左丞相，张驴为平章政事。

纲　六月，敕左右勿侥幸乞加官。

目　时朝廷封拜繁多，群臣无功而受王公之爵者，前后相继。于是诫左右勤职业，勿妄侥幸加官。御史中丞郝天挺言：“自先帝即位之时，大事初定，故于左右三五有功之人，爵之太高，遂使近倖之臣，因而相袭，王公师保，接迹于朝。比者虽令追印裁罢，曾未经岁，又复纷然。春秋云：‘服之不衷，身之灾也。’是以朝廷名器重，则斗升之禄足以鼓舞豪杰；名器滥，则虽日拜卿相，而人不劝矣。”又言：“国初设官，在内须三十月，在外须三周岁，考其殿、最，以为黜、陟。比者省、院、台、部之臣，久者一二岁，少者三五月，甚有旬日之间而屡迁数易者。奔走往来之不暇，何暇宣风布化，参理机务哉！乞自今惟大臣可急阙选授，其余内外大小官属，必候任满，方许超迁，庶免朝除夕改，启幸长奸之弊。”

纲　秋七月，帝还大都。

纲　冬十二月，李孟罢，以张珪为平章政事。

目　帝欲以伶人曹咬住为礼部尚书，珪曰：“伶人为宗伯，何以示后世！”力谏止之。

纲　癸丑，二年，春二月，铁木迭儿罢，以秃忽鲁为右丞相。立皇后弘吉剌氏。

纲 彗出东井。

目 丞相秃忽鲁言："频年亢旱，民黎艰食，而又陨霜雨沙，天象示警，皆由臣等燮理不职所致，乞罢黜以答天谴。"帝曰："事岂关汝，其勿复言。"

纲 夏四月，帝如上都。

纲 五月，以乌伯都剌为平章政事。

纲 六月，京师地再震。

纲 诏以周敦颐、程颢、程颐、张载、邵雍、司马光、朱熹、张栻、吕祖谦、许衡并从祀孔子庙庭。

纲 秋八月，帝还大都。

纲 冬十一月，初诏行科举。

目 初，世祖时，议定科举新制，未及行。至是，中书省臣复以为言，乃命定其条制。诏天下三岁一开科，蒙古、色目人与汉人、南人各命题。蒙古、色目人愿试汉人、南人科目，中选者加一等注授。

纲 京师大旱疫。

目 帝问弭灾之道，翰林学士程钜夫举汤祷桑林事以对，帝叹曰："此实朕之责也，赤子何罪！"

纲 甲寅，延祐元年，春正月，诏求遗逸。

纲 二月，秃忽鲁罢，以阿散为右丞相，赵世延参知政事。

纲 三月，帝如上都。

纲 夏六月，敕自今宦者勿得授文阶。

纲 秋八月，帝还大都。地震。

纲 九月，复以铁木迭儿为右丞相，阿散为左丞相。

纲 冬，诏吏坐赃罪者黥其面。

纲 十二月，复以李孟为平章政事。

纲 复以齐履谦为国子司业。

目 初，履谦与吴澄俱在国学。既罢去，学制稍废。至是，复以履谦为司业，乃酌旧制，议立升斋积分之法，每季考其学行，以次第升。既升上斋，逾再岁始与私试。辞理俱优者一分，辞平理优者为半分，岁终积至八分者为高等。礼部、集贤岁选六人以贡。帝从其议。

纲 乙卯，二年，春正月，遣使巡行天下。

纲 三月，初赐进士护都沓儿、张起岩等五十六人及第、出身有差。

纲 张驴罢。夏四月，帝如上都。

纲 五月，成纪县山移。

目 是夜，疾风电雹，北山南移至西河川，次日再移；平地突出土阜，高者二三丈，陷没民居。监察御史马祖常言："山不动之物，今而动焉，由在野有当用不用之贤，在官有当言不言之佞，故致然耳。"

纲 加宦官续元晖昭文馆大学士。

纲 秋八月，帝还大都。以赵世延为御史中丞。冬十月，以郭贯为参知政事。

纲 十一月，彗见紫微垣，赦。

纲 立武宗子和世㻋为周王，出镇云南。

目 初，武宗既立帝为太子，后丞相三宝奴复劝立和世㻋。召康里脱脱言之，脱脱曰："太弟曩定宗社，居东宫已久，兄弟叔侄，世世相承，孰敢紊其序乎。"三宝奴曰："今日兄已授弟，异日能保叔授其侄乎？"脱脱曰："在我不可渝。彼失其信，天实鉴之。"至是议立太子，丞相铁木迭儿欲徼宠，请立皇子硕德八剌，又与太后幸臣失烈门谮王于两宫，遂封为周王，遣出镇云南。

纲 诏免江浙等三省自实田租二年。

纲 丙辰，三年，春三月，帝如上都。平章政事张珪谢病归。

纲 太史令郭守敬卒。

目 守敬之学，长于天文、水利。太史令王恂以学自负，每见守敬制度精巧，深叹服之。

纲 夏五月，以伯铁木儿、萧拜住并为平章政事。

纲 秋八月，帝还大都。

纲 冬十月，以赵孟頫为翰林学士承旨。

目 帝在东宫，素知其名，及即位，召除集贤侍讲学士。至是，拜翰林学士承旨。有间之者，言国史不宜令孟頫与。帝曰："子昂，世祖所简拔，朕置之馆阁，使典述作，传之后世。此属呶呶何也？"复厚赐之。

纲 十一月，周王和世㻋逃居漠北。

纲 立子硕德八剌为皇太子。

纲 丁巳，四年，春三月，帝如上都。

纲 夏四月，不雨。

目 帝尝夜坐，谓侍臣曰："雨旸不时，奈何?"萧拜住曰："宰相之过也。"帝曰："卿不在中书邪?"拜住惶愧。顷之，帝露香祷于天。既而大雨，左右以雨衣进，帝曰："朕为民祈雨，何避焉!"

纲 五月，以赤因铁木儿、阿卜海牙并为平章政事。六月，铁木迭儿罢，以阿散为右丞相。以乌伯都剌复为平章政事。秋七月，李孟罢，以王毅为平章政事。

纲 赐卫士钱帛。

目 帝出见卫士有弊衣者，驻马问之，对曰："戍守边镇逾十五年，以故贫耳。"帝曰："此辈久劳于外，留守臣未尝以闻，非朕亲见，何由知之！自今有类此者，必言于朕。"因命赐之钱帛。

纲 八月，帝还大都。

目 帝在御已久，犹居东宫，而饮酒无度。监察御史马祖常上书言："天子承天继统，当极保爱。玉食之御，犹审五味之宜；酒醴之供，可不思百拜之义。大内正衙，朝贺之地，虽陛下不忘东宫之旧，窃虑起民间观听之疑。且国家百年，朝仪尚阙，诚使群臣奏对之际，御史执简，史官执笔，则虽有怀奸利乞官赏者，不敢出诸其口。乞令中书集议，或三日、二日，常出视朝，则治道昭明，生民之福也。"

纲 九月，以伯答沙为右丞相，阿散复为左丞相。

目 初，阿散奏事毕，帝问曰："卿等日所行者何事?"对曰："奉行诏旨而已。"帝曰："卿等何尝奉行朕旨！虽祖宗遗训，朝廷法令，皆不遵守。夫法者，所以辨上下，定民志，自古未有法不立而天下治者。使人君制法，宰相能守法，则民知畏避，免于刑戮；若法弛民慢，怨言并兴，求治难矣!"阿散因言："故事，丞相必用蒙古勋臣；阿散，西域人，不厌人望。"因恳辞。遂以宣徽使伯答沙为右丞相，阿散仍左丞相。

纲 岭北地震三日。

纲 戊午，五年，春二月，写金字佛经。

纲 夏四月，以千奴、史弼并为平章政事。

纲 帝如上都。秋八月，帝还大都。

纲 九月，以亦列赤为平章政事。

纲 己未，六年，夏四月，帝如上都。

纲 以铁木迭儿为太子太师。

目 铁木迭儿家居未逾年，复夤缘起为太子太师。中外闻之，莫不惊骇。时御史中丞赵世延论其不法数十事，并内外台劾其不可辅导东宫者又四十余人，然以太后之故，皆不听。

纲 扬州火。

纲 六月，山东、淮南诸路大水。

纲 秋八月，帝还大都。

纲 冬十二月，诏太子参决朝政。

纲 庚申，七年，春正月朔，日食。帝崩。

纲 伯答沙罢。

纲 太后以铁木迭儿为右丞相。

目 帝崩方四日，铁木迭儿遂以太后命，复入中书。后数日，参议省事乞失监有罪应杖，太后又欲笞之，太子曰："不可。法者，天下之公，徇私而轻重之，非所以正天下也。"徽政院使失烈门复以太后命，请迁转朝官。太子曰："此岂除官时邪？且先帝旧臣，岂宜轻动。俟予即位之后，议于宗亲元老，贤者任之，邪者黜之可也。"

纲 二月，太子以黑驴、赵世荣并为平章政事。

纲 铁木迭儿杀前中书平章政事萧拜住、御史中丞杨朵儿只。

纲 三月，太子即位，大赦。尊皇太后为太皇太后，皇后为皇太后。加铁木迭儿太师。

纲 夺李孟封爵，左迁为集贤侍讲学士。

目 铁木迭儿以孟初不附己，谗构于上，尽夺其前后封拜制命，仆其先墓碑，左迁为集贤侍读学士；欲因其不就，中害之。孟拜命欣然。帝谓铁木迭儿子八尔吉思曰："尔辈谓孟不肯为是官，今何如？"由是无敢言者。

纲 以拜住为平章政事。

纲 夏四月，帝如上都。

纲 近臣献七宝带，却之。

目 有献七宝带者，因近臣以进，帝曰："朕登大位，不闻卿等进贤而为人献带，是以带诱朕也。其还之。”

纲 阿散罢，以拜住为左丞相；乃剌忽、塔失海牙并平章政事。

纲 平章政事黑驴、御史大夫秃秃哈等谋逆，伏诛。

纲 以铁木儿脱为平章政事，六月，以康里脱脱为御史大夫。秋七月，乃剌忽罢，以廉恂为平章政事。

纲 八月，下四川平章政事赵世延狱。

目 初，世延既解中丞，出为四川平章，铁木迭儿犹怨之不已；仁宗崩，即属其党诬告之，逮世延置对。既遇赦，犹锻炼成狱，请置极典。诏以经赦，置不问。铁木迭儿更以他事罔上，系之于狱，逼令自裁，世延终无屈。

纲 冬十月，帝还大都。

纲 十一月，始服衮冕，享太庙。

目 帝将以四时躬享太庙，命礼官与中书翰林集议其礼。制曰："此追远报本之道也，毋以朕劳于对越，而有所损焉。"至是，以恭谢太庙，乃备法驾，服衮冕以行礼。于仁宗室，辄歔欷流涕，左右莫不感恸。自是始以明年正月、四时亲享，岁以为常。礼毕，还宫，鼓吹交作，万姓耸观，百年废典，一旦复见，至有感泣者。

纲 河南饥。

目 帝问其故，群臣皆莫对。帝曰："良由朕治道未洽，卿等又不尽职，致阴阳不和，灾害荐至。自今宜各务勤恪以应天心，毋使吾民重困。"

纲 诏上书言事者得专达。

英宗皇帝

纲 辛酉，英宗皇帝至治元年，春正月，罢元夕张灯于禁中。

目 帝欲以元夕张灯，禁中为鳌山。时张养浩以礼部尚书参议中书省事，遂具疏因拜住以谏曰："世祖临御三十余年，每值元夕，闾阎之间，灯火亦禁；况阙庭宫掖之严邃，尤当戒慎。今灯山之构，所玩者小，所系者大；所乐者浅，所患者深。"帝大怒，既而喜曰："非张希孟不敢言。"即罢之，赐养浩尚服、金织帛，以旌其直。

纲 二月，杀监察御史观音保等。

目 时敕建西山佛寺甚亟，御史观音保、锁咬儿、哈的迷失、成珪、李谦亨以岁饥，且东作方兴，上章极谏。帝怒，杀观音保、锁咬儿、哈的迷失，杖珪、谦亨，流奴儿干地。

纲　三月，帝如上都。以铁失为御史大夫，领侍卫亲军都指挥使。

纲　夏四月，迁武宗子图帖睦尔于琼州。

纲　六月，以只儿哈郎为平章政事。

纲　秋九月，帝还大都。

纲　冬十二月，立皇后亦启烈氏。

纲　壬戌，二年，春正月，敕有司恤孔氏子孙贫乏者。

纲　二月，以钦察、买闾并为平章政事。

纲　夏四月，帝如上都。

纲　秋八月，铁木迭儿卒。

纲　太皇太后弘吉剌氏崩。

纲　九月，京师地震。

纲　冬十月，以拜住为右丞相。

纲　复以张珪为平章政事。

纲　癸亥，三年，春正月，起王约、吴元珪、韩从益商议中书省事。吴澄为翰林直学士。

目　时约等以年老致仕。丞相拜住一新政务，尊礼老臣，传诏复起约等，俾以其禄家居，每日一至中书省议事，至治之政，多所参酌。澄，延祐初诏起为集贤直学士，以疾不果行。至是以拜住荐，起为翰林直学士。

纲　出赵世延于狱。

纲　二月，敕写金字藏经。

目　时方书金字藏经。帝在上都，使左丞速速诏学士吴澄为序，澄曰："主上写经，为民祈福，甚盛举也。若用以追荐，臣所未谕。盖福田利益，虽人所乐闻，而输回之说，不过谓为善者死，则上通高明，其极品与日月齐光；为恶者死，则下沦污秽，其极下与沙虫同类，其徒遂创为荐拔之论，以惑世人。今列圣之神，上同日月，何庸荐拔？且自国初以来，凡写经追荐不知其几，若未效，是无佛法矣；若已效，是诬其祖矣。撰为文辞，不可以示后世。"

纲 三月，帝如上都。

纲 夏六月，大风拔木。

纲 奉元行宫正殿灾。

目 帝语群臣曰："世皇建此宫室，至朕而毁，实朕不能图治之故也。"尝御大安阁，见太祖、世祖遗衣，皆缣素木绵，重加补缀，嗟叹良久，谓侍臣曰："祖宗创业艰难，服用节俭乃如此，朕焉敢顷刻忘之！"

纲 秋八月，癸亥，御史大夫铁失弑帝于南坡及右丞相拜住。

目 初，铁木迭儿既夺爵籍产，铁失等以奸党不安。帝在上都。以夜寐不宁，命作佛事；拜住以国用不足谏止之。既而惧诛者复阴诱群僧，言国当有厄，非作佛事大赦，无以禳之，拜住叱曰："尔辈不过图得金帛而已，又欲庇有罪邪？"奸党闻之，益惧，乃生异谋。至是，帝自上都南还，驻跸南坡。是夕，铁失与知枢密院事也先铁木儿、诸王按梯不花等谋逆，铁失先与前平章政事赤斤铁木儿杀右丞相拜住，而铁失直犯禁幄，手弑帝于卧所。时年二十一。

纲 诸王按梯不花等奉玺绶迎晋王也孙铁木儿于北边。九月，晋王即位于龙居河，赦。

纲 以也先铁木儿为右丞相，倒剌沙为平章政事，铁失知枢密院事。

纲 冬十月，铁失、也先铁木儿等伏诛。以乌伯都剌为平章政事。

纲 十一月，帝至大都。

纲 追尊考晋王为皇帝，母弘吉剌氏为皇后。

泰定皇帝

纲 甲子，泰定皇帝泰定元年，春正月，以乃蛮台为平章政事。召图帖睦尔于琼州。

纲 二月，开经筵。

目 江浙行省左丞赵简请开经筵及择师傅，令太子及诸王大臣子孙受学。章上，遂命平章政事张珪、翰林学士承旨忽都鲁都儿迷失、学士吴澄、集贤直学士邓文原、王结等以帝范、资治通鉴、大学衍义、贞观政要等书进讲。

纲 立皇后八不罕氏。立子阿造吉八为皇太子。

纲 夏四月,帝如上都。大风地震。

纲 秋八月,帝还大都。封图帖睦尔为怀王,徙云南王王禅为梁王。

纲 乙丑,二年,春正月,命怀王图帖睦尔出居建康。

纲 三月,帝如上都。

纲 夏四月,革大臣兼领军务。

目 参知政事左塔不花言:“大臣兼领军务,前古所无,铁失以御史大夫、也先帖木儿以知枢密院事,皆领卫兵,如虎而翼,故成逆谋。乞军卫之职勿以大臣领之,庶勋旧之家得以保全。”从之,仍赐币帛以旌其直。

纲 秋九月,帝还大都。冬十二月,以塔失铁木儿为右丞相。

纲 丙寅,三年,春二月,以察乃为平章政事。帝如上都。

纲 秋七月,帝还大都。

纲 丁卯,四年,春正月,帝如上都。

纲 春四月,旱、蝗。民饥。

纲 秋八月,山崩,地震。

纲 闰九月,帝还大都。

纲 戊辰,致和元年,春二月,帝如上都。命签枢密院事燕帖木儿等居守。

纲 徙怀王图帖睦尔于江陵。

纲 秋七月,帝崩于上都。

纲 八月,签枢密院事燕帖木儿谋逆,执中书省御史台臣乌伯都剌等下之狱,遂遣使迎怀王图帖睦尔于江陵。

纲 皇太子阿速吉八即位于上都,遣梁王王禅、右丞相塔失帖木儿将兵分道讨燕帖木儿。

纲 怀王图帖睦尔入京师。

目 以明里董阿、阔阔台、速速并为平章政事,曹立为右丞,伯颜为御史大夫,赵世延为御史中丞,高昌王铁木儿补化知枢密院事。

纲 九月,图帖睦尔杀平章政事乌伯都剌,流左丞朵朵等于远州。

纲 图帖睦尔袭帝位。

纲 图帖睦尔既至，燕帖木儿以为扰攘之际，不正大位不足以系天下之志。图帖睦尔以其兄周王和世㻋在漠北，欲虚位俟之，燕帖木儿曰："人心向背之机，间不容发，一或失之，噬脐无及。"图帖睦尔曰："必不得已，当明吾志，播告中外。"遂即帝位，改元天历。诏天下曰："谨俟大兄之至，以遂固让之心。"大赦。封燕帖木儿为太平王、右丞相、知枢密院，加伯颜太尉。

纲 冬十月，图帖睦尔兵陷上都，梁王王禅遁走，辽王脱脱死之。

纲 十一月，图帖睦尔迁泰定皇后弘吉剌氏于东安州。遣使迎周王和世㻋于漠北。

明宗皇帝

纲 己巳，春正月，周王和世㻋称帝于和宁之北。

纲 二月，图帖睦尔立其妃弘吉剌氏为皇后。

纲 追尊周王母亦乞烈氏、母唐兀氏并为皇后。

纲 三月，图帖睦尔遣燕帖木儿奉皇帝宝赴漠北。夏四月，周王以燕帖木儿为太师。

纲 周王遣使立图帖睦尔为太子。以彻里帖木儿为平章政事。

纲 秋七月，太白经天。

纲 八月丙戌，周王次旺忽察都，图帖睦尔入见。庚寅，王暴卒。

纲 图帖睦尔以伯颜为左丞相，钦察台、阿儿思兰海牙、赵世延并为平章政事。

纲 图帖睦尔复袭位于上都，大赦。

纲 冬十二月，以西僧辇真吃剌思为帝师。

目 帝师至，上命朝臣一品以下咸郊迎。大臣俯伏进觞，帝师不为动。惟国子祭酒孛术鲁翀举觞立进曰："帝师，释迦之徒，天下僧人师也。予，孔子之徒，天下儒人师也。请各不为礼。"帝师笑而起，举觞卒饮，众为之栗然。

纲鉴易知录卷九二

元纪

文宗皇帝

纲 庚午，文宗皇帝至顺元年，春二月，立明宗子懿璘质班为鄜王。

纲 以阿卜海牙为平章政事。以伯颜知枢密院事。罢置左丞相。

纲 夏五月，帝如上都。

纲 以亦列赤为平章政事。秋闰七月，赵世延罢。

纲 诏加孔子父母及颜回、曾参、孔伋、孟轲、程颢、程颐封爵。

目 孔子父叔梁纥为启圣王，母颜氏启圣王夫人，颜子兖国复圣公，曾子郕国宗圣公，子思沂国述圣公，孟子邹国亚圣公，程颢豫国公，颐洛国公。

纲 八月，帝还大都。

纲 冬十二月，诏以汉董仲舒从祀孔子庙。

纲 辛未，二年，春二月，以伯撒里为平章政事。

纲 夏五月，帝如上都。

纲 六月，翰林学士吴澄卒。

目 澄，泰定间谢病归临川，四方从学者，恒数百人。著书至将终不辍，有易、春秋、礼记纂言及校定皇极经世书、大戴礼等书。卒赠临川郡公，谥文正。

纲 秋八月，帝还大都。

纲 诏皇子古剌答纳出居燕帖木儿家。

纲 冬十一月，诏养燕帖木儿之子塔剌海为子。

纲 壬申，三年，夏五月，帝如上都。

纲 秋八月，京师、陇西地震。

纲 帝崩于上都。

纲 冬十月，鄜王懿璘质班即位。

目 王，明宗第二子，留居京师。帝崩，燕帖木儿请皇后立皇子燕帖古思，后不从，命立王，时年甫七岁。首司庶务，咸启皇后取进止。

纲 以撒迪为平章政事。十一月，尊皇后为皇太后。

纲 鄜王薨。

纲 太后遣右丞阔里吉思迎妥欢帖睦尔于静江。

目 明宗子妥欢帖睦尔居广西之静江。鄜王薨，燕帖木儿复请立燕帖古思，皇太后曰："吾子尚幼，妥欢帖睦尔在广西，今年十三矣，且明宗长子，于理当立。"乃遣阔里吉思往迎之。

顺帝

纲 癸酉，四年，春三月，燕帖木儿死。

纲 夏五月，京师地震。

纲 六月，妥欢帖睦尔即位于上都。

目 初，妥欢帖睦尔至自静江，百官具卤薄迎于良乡。燕帖木儿既见，并马徐行，具陈迎立之意。妥欢帖睦尔幼，且畏之，一无所答。燕帖木儿疑其意不可测，故至京久不得立。适太史亦言其立则天下乱，用是议未能决，迁延者数月，至是，燕帖木儿死，皇太后乃与大臣定议立之，且约后当传于燕帖古思，若武宗、仁宗故事。

纲 以伯颜为太师、右丞相，撒敦为太傅、左丞相。

目 时有阿鲁辉帖木儿者，明宗亲臣也，言于帝曰："天下事重，宜委宰相决之，庶可责其成功；若躬自听断，必负恶名。"帝然之，由是深居宫中，每事决于宰相而已，无所专焉。

纲 秋八月，立皇后伯牙吾氏。

纲 奎章阁侍书学士虞集谢病归。

纲 冬十月，封撒敦荣王，唐其势袭封太平王。

纲 十一月，封伯颜为秦王。是日秦州山崩地裂。

纲 甲戌，顺帝元统二年，春正月，汴梁雨血。

纲 阿卜海牙罢，以脱别台为平章政事。

纲 三月，天雨毛。

目 彰德路天雨毛，如线而缘。民谣云："天雨线，民起怨，中原地,事必变。”

纲 水、旱、疫、民饥。

纲 夏四月,帝如上都。

纲 秋八月,赦。是日京师地震,鸡鸣山崩。

目 以湖广、河南自三月不雨至于是月,及诸路旱、蝗、民饥,太白屡昼见经天,大赦天下。是日京师地震,鸡鸣山崩,陷为池,方百里,人死者众。

纲 帝还大都。

纲 乙亥,至元元年,春二月,帝畋柳林,不果行。

目 帝将畋于柳林,御史台臣谏曰:“陛下春秋鼎盛,宜思文皇付托之重,致天下于隆平。今赤县之民,供给繁劳,农务方兴,而驰骋冰雪之地,倘有衔橛之变,奈宗庙社稷何!”遂止。

纲 夏五月,帝如上都。

纲 六月,唐其势反,伏诛。秋七月,伯颜弑皇后伯牙吾氏。

目 时撒敦已死,伯颜独秉政,唐其势忿曰:“天下,本我家天下,伯颜何人而位吾上!”遂与其叔父句容郡王荅磷荅里潜蓄异心,谋立诸王晃火帖木儿。郯王撒撒秃发其谋。六月晦,唐其势伏兵东郊,率勇士突入宫;伯颜及完者帖木儿等掩捕,获唐其势及其弟塔剌海,诛之。荅里走晃火帖木儿所,阿鲁浑察执送上都,戮之;晃火帖木儿自杀。

初,唐其势事败被擒,攀折殿槛不肯出。塔剌海走匿皇后座下,后蔽之以衣,左右曳出斩之,血溅后衣。伯颜奏并执后,后呼帝曰:“陛下救我!”帝曰:“汝兄弟为逆,岂能相救!”乃迁出宫。伯颜寻杀之于开平民舍。

纲 九月,帝还大都。

纲 冬十一月,以阿吉剌为平章政事。

纲 诏罢科举。

目 初,彻里帖木儿为江浙平章,会科举,驿请试官,供张甚盛,心颇不平。及复入中书,首议罢科举,及论学校庄田租可给宿卫士衣粮,动当国者以发其机,又欲损太庙四祭为一。于是御史吕思诚等列其罪状劾之,不报,皆辞职去,而思诚出为广西佥事。时罢科举诏已书而未用玺,参政许有壬力争之,伯颜怒曰:“汝讽台臣言彻里帖木儿邪?”有壬曰:“太师擢彻里帖木儿在中书,御史三十人不畏太师而听有壬,岂有壬权重于太师邪?”伯颜意稍解。有壬乃曰:“科举若罢,天下才人觖望。”伯颜曰:“举子多以赃败。”有壬曰:“科举未行时,台中赃罚无算,岂尽出于举子?”伯颜曰:“举子中可任用者惟参政尔。”有壬曰:“若张梦臣、马伯庸辈皆可任大事;如欧阳玄之文章,亦岂易及!”伯颜曰:“科举虽罢,士之欲求美衣食者,自能向学。”有壬曰:“为士者初不事衣食。”伯颜曰:“科举取人,实妨选法。”有壬曰:“今通事、知印等,天下凡二千三百余名。今岁自四月至九月,白身补官受宣者亦且七十三人,而科举一岁仅三十余人,科举于选法果相妨乎不也?”伯颜心然其言,而议已定,不可中辍,乃温言慰解之。翊日,宣诏,特令有壬为班首以折辱之,有壬惧祸不敢辞。治书侍御史溥化诮有壬曰:“参政可谓过桥拆桥者矣!”有壬以为大耻,移疾不出。

纲 十二月,尊皇太后为太皇太后。

纲 丙子,二年,春二月,追尊生母迈来的为皇后。

纲 夏四月,以帖木儿不花为平章政事。帝如上都。秋九月,帝还大都。

纲 丁丑,三年,春三月,立皇后弘吉剌氏。

纲 夏四月,帝如上都。

纲 五月,民讹言采童男、女。

纲 彗星见。

目 凡六十有三日,自昴房历一十五宿而灭。

纲 秋八月,京师地屡震。

纲 冬十月,金华处士许谦卒。

目 谦受业金履祥之门。履祥曰:“士之为学若五味之在和,醯盐既加,则酸咸顿变。子来见我三日矣,而犹夫人也,岂吾之学无以感发于子邪?”谦闻之惕然,居数年,尽得其所传之妙。履祥既没,谦益肆充阐,多所自得。自谓:“吾非有大过人者,惟为学之功无间断尔。”平生制行甚严,而所以应世者,不胶于古,不流于俗,屏迹入华山,四方之士不远百里而来受业。其教人至诚谆悉,内外殚尽,独不教人以科举之文,曰:“此义利之所由分也。”不出里闾垂四十年,中外名臣列其行义,章凡数十上,郡以遗逸应诏,有司请主文衡,皆莫能致。世称为白云先生,卒谥文懿。

先是何基、王柏、金履祥殁,其学犹未大显,至谦而其道益著。同时休宁陈栎、婺源胡一桂,皆以讲明道学见重于时云。

纲 戊寅,四年,夏四月,帝如上都。

目 次八里塘,雨雹,大如拳,其状有小儿、环玦、狮、豹等物之形。

纲 秋八月,京师地震。帝还大都。

纲 己卯,五年,夏四月,帝如上都。秋八月,帝还大都。

纲 冬十一月,诏以伯颜为大丞相。

纲 伯颜矫诏杀郯王彻彻笃。

目 伯颜构陷郯王,奏赐死;带未允,辄传旨杀之。又奏贬宣让王帖木儿不花、威顺王宽彻普化,不俟命即遣之。帝为之不平。

纲 庚辰,六年,春二月,伯颜有罪,黜为河南行省左丞相,寻窜南恩州,道死。

目 伯颜既诛唐其势,独秉国钧,遂专权自恣,渐有异谋,帝患之。伯颜欲以所养弟之子脱脱宿卫,侦帝起居,惧涉物议,乃以知枢密院汪家奴、翰林学士承旨沙剌班同侍禁近,实属意脱脱。故脱脱政令日修,卫士拱听约束。伯颜自领诸卫精兵,以燕者不花为屏蔽,导从之盛,填溢街衢,而帝仪卫反落落如晨星,势焰熏灼,天下之人,知有伯颜而已。

脱脱深忧之,私请于父马札儿台曰:"伯父骄纵已甚,万一天子震怒,则吾族赤矣,曷若于未败图之!"其父亦以为然。脱脱复质于师吴直方,直方曰:"传有之:'大义灭亲。'大夫但知忠于国尔,余复何顾焉!"一日,见帝,乘闲自陈忘家徇国之意,帝犹未之信。时帝前后左右皆伯颜之党,独世杰班、阿鲁为帝腹心,乃遣二人与脱脱游,日以忠义之言相与往复辩论,益悉其心靡他,遂闻于帝,帝始信之无疑。

及伯颜擅贬宣让、威顺二王,帝不胜其忿,决意逐之。一日泣语脱脱,脱脱亦泣下。遂与世杰班等谋,欲候伯颜入朝擒之,戒卫士,严宫门出入,螭坳皆为置兵。伯颜见之大惊,召脱脱责之,对曰:"天子所居,防御不得不尔。"然遂疑脱脱,亦增兵自卫。

至是伯颜以所领兵卫请帝出田,脱脱劝帝称疾不往;伯颜固请,乃命太子燕帖古思出次柳林。脱脱遂与阿鲁等合谋,悉拘京城门钥,命所亲信列布城门下。是夜,奉帝居玉德殿,遣怯薛月可察儿率三十骑抵营中,取太子入城,又召杨瑀、范汇入,草诏数伯颜罪状,出为河南行省左丞相。伯颜奏乞陛辞，不许。既而帝以伯颜罪重罚轻，复降诏安置南恩州阳春县，行次江西隆兴驿，病死。

纲　以马札儿台为太师、右丞相，塔失海牙为太傅、知枢密院事，探马赤为太保、御史大夫，汪家奴为平章政事，脱脱知枢密院。

纲　彗星见。

纲　夏五月，帝如上都。

纲　六月，诏废文宗庙主，迁太皇太后弘吉剌氏于东安州，寻崩。放燕帖古思于高丽，杀诸途。

目　诏曰："昔武宗升遐，太后惑于憸慝，俾皇考出封云南。英宗遇害，我皇考以武宗之嫡，逃居沙漠，宗王大臣，同心翊戴。于时以地近，先迎文宗暂总机务，继知天理人伦所在，假让位之名，以宝玺来上。皇考推诚不疑，即立为皇太子，而乃当躬迓之际，与其臣月鲁不花、也里牙、明里董阿等谋为不轨，使我皇考饮恨上宾。归而再御宸极，又私图传子，嫁祸于八不沙皇后，谓朕非明宗之子，出居遐陬。上天不佑，随降殒罚。叔婶不荅失里，怙其势焰，舍长嫡而立次幼，奄复不年。诸王大臣，以贤以长，扶朕践祚，赖天之灵，权奸屏黜，永惟鞠育罔极之恩，忍忘不共戴天之义。其命太常撤去图帖睦尔在庙之主；不荅失里削太皇太后之号，徒东安州安置；燕帖古思放诸高丽。当时贼臣月鲁不花等已死，其以明里董阿明正典刑。"

时监察御史崔敬言："文宗既撤庙主，婶母亦削鸿名。尽孝正名，斯亦足矣。惟念皇弟燕帖古思年幼播迁，天理人情有所不忍。方先皇上宾，皇弟尚在襁褓，未有知识，义当矜闵。伏望陛下迎归太后母子，以尽骨肉之义。"书奏，不报。未几，太后崩于东安州，燕帖古思遇害于中道。

纲　秋八月，帝还大都。

纲　冬十月，马札儿台罢，以脱脱为右丞相，铁木儿不花为左丞相。

纲　十二月，诏复行科举。

目　时科举既辍，翰林学士承旨巎巎从容言曰："古昔取人材以济世用，必由科举，何可废也?"帝采其论，诏复行之。

纲　辛巳，至正元年，夏四月，帝如上都。

纲　以铁木儿塔识为平章政事。

纲　秋八月，帝还大都。

纲　壬午，二年，夏四月，帝如上都。秋九月，帝还大都。

纲　冬十二月，京师地震。

纲　癸未，三年，春三月，诏修辽、金、宋三史。

目　初，世祖立国史院，首命王鹗修辽、金二史。宋亡，又命史臣通修三史。延祐、天历之间，屡诏修之，以义例未定，竟不能成。至是，命脱脱为都总裁，铁木儿塔识、张起岩、欧阳玄、吕思诚、揭奚斯为总裁官，修之。或欲如晋书例，以宋为世纪，而辽、金为载纪。或又谓辽立国先于宋五十年，宋南渡后尝称臣于金，以为不可。待制王理者，祖修端之说，著三史正统论，欲以辽、金为北史，太祖至靖康为宋史，建炎以后为南宋史。一时士论，非不知宋为正统，然终以元承金，金承辽之故疑之，各持论不决。诏辽、金、宋各为史。凡再阅岁书成，上之，发凡举例论赞表奏，多玄属笔焉。

纲　夏四月，帝如上都。秋八月，帝还大都。

纲　冬十月，亲祀太庙。

目　帝行礼至宁宗室，问曰："朕，宁宗兄也，理当拜否？"太常博士刘闻对曰："宁宗虽弟，其为帝时陛下为臣。春秋时鲁僖公，闵公兄也，闵公先为君，宗庙之祭，未闻僖公不拜。陛下当拜。"乃拜之。

纲　十二月，以别儿怯不花为左丞相，铁木儿不花罢。

纲　征清江处士杜本，不至。

目　本在武宗时尝被召至京师，即归隐武夷山中。文宗闻其名，征之，不起。至是脱脱荐之，召为翰林待制兼国史院编修官。使者趣至杭州，称疾固辞。

既又征处士完者图、执礼哈郎、董立、李孝光、张枢，枢辞不至。诏以完者图、执礼哈郎为翰林待制，立修撰，孝光著作郎。或疑其太优，右丞相铁木儿塔识曰："隐士无求于朝廷，朝廷有求于隐士，区区名爵，何足吝惜！"识者诵之。

纲　甲申，四年，春正月，以贺惟一为平章政事。

纲　三月，以纳麟为平章政事。

纲　夏四月，帝如上都。

纲　五月，脱脱罢，以阿鲁图为右丞相。

纲　秋七月，温州地震、海溢。

纲　八月，帝还大都。

纲　乙酉，五年，夏四月，帝如上都。

纲　五月，翰林学士承旨巎巎卒。

目　初，巎巎知经筵，日劝帝就学。帝欲宠以师礼，固辞不可。帝尝欲观画，巎巎取比干图以进。一日，帝览宋徽宗画称善，巎巎进曰："徽宗多能，惟一事不能。"帝问一事谓何？对曰："独不能为君尔。身辱国破，皆由不能为君所致。凡为人主，贵能为君，他非所尚也。"其随事规谏，皆类此。尝谓人曰："天下事宰相当言，宰相不得言则台谏言之，台谏不敢言则经筵言之。备位经筵，得言人所不敢言于天子之前，志愿足矣。"故于时政得失，有当匡救者未尝缄默。至是卒。

纲　秋七月，以巩卜班为平章政事。

纲　八月，帝还大都。

纲　九月，遣使巡行天下。

目　时诸道奉使者皆与台谏交相掩蔽，惟巡京畿道西台中丞定定、集贤侍讲学士苏天爵纠举无所避，凡兴革者七百八十三事，纠劾凡百四十三人。都人称天爵为"包拯"，天爵亦竟以忤时相罢去。

纲　丙戌，六年，夏四月，帝如上都。

纲　五月，盗窃太庙神主。

纲　秋八月，帝还大都。

纲　冬十二月，阿鲁图罢。

纲　丁亥，七年，春正月朔，日食。

目　是日大寒而风，朝官仆者六人。

纲　二月，山东地震。

目　坏城郭，有声如雷。三月，东平又震，河水动摇。

纲　夏四月，帝如上都。

纲　六月，复以太平为平章政事。

纲　秋九月，帝还大都。

纲　铁木儿塔识卒，以朵儿只为左丞相。

纲　冬十月，沿江兵起。

纲　十一月，诏选台阁名臣出为守令。

纲　戊子，八年，春三月，帝临国子学。

目　赐衍圣公银印，陞秩从二品。定弟子员出身，及省亲、奔丧等制。

纲　帝如上都。

纲　夏五月，霖雨，山崩，江溢。

纲　秋八月，帝还大都。

纲　奎章阁侍书学士致仕虞集卒。

目　谥文靖。集性孝友，学博洽而究极本源，研精探微，心解神契。其经纶之妙，一寓诸文，颇有宋庆历、乾、淳风烈。

纲　冬十一月，台州方国珍兵起。

纲　以太不花、忽都不花并为平章政事。

纲　己丑，九年，夏四月，以钦察台为平章政事。帝如上都。

纲　枣阳童子暴长。

目　枣阳民张氏妇生男，甫及周岁，暴长四尺许，容貌异常，皤腹拥肿，见人嬉笑，如世俗所画布袋和尚云。

纲　秋七月，朵儿只、太平俱罢，以脱脱为右丞相。

纲　八月，以伯颜为平章政事。

纲　庚寅，十年，春正月，以搠思监为平章政事。

纲　夏四月，帝如上都。

纲　六月，有星入于北斗。

目　大如月，震声如雷。

纲　秋八月，帝还大都。

纲　冬十月，方国珍攻温州。

纲　辛卯，十一年，夏四月，诏修河防。左迁工部尚书成遵为河间盐运使，以贾鲁为总治河防使。

目　初黄河决，脱脱集群臣廷议，言人人殊，惟漕运使贾鲁以为："必塞北河，疏南河，使复故道。役不大兴，害不能已。"于是遣工部尚书成遵與大司农秃鲁行视河，议其疏塞之方以闻。遵等自济、濮、汴梁、大名，行数千里，掘井以量地之高下，测岸以究水之浅深，博采兴论，以谓"河之故道，断不可复"。且曰："山东连歉，民不聊生，若聚二十万众于此地，恐他日之忧，又有重于河患者。”时脱脱先入鲁言，及闻遵等议，怒曰：“汝谓民将反邪？”自辰至酉，论辨终莫能入。明日，执政谓遵曰：“修河之役，丞相意已定，且有人任其责。公勿多言，幸为两河之议。”遵曰：“腕可断，议不可易！”逐出遵河间盐运使。诏开黄河故道，命鲁以工部尚书充河防使，发河南、北兵民十七万，自黄陵冈南达白茅，放于黄冈、哈只等口，又自黄陵西至阳青村，凡二百八十里有奇。兴工凡五阅月，诸埽堤成，河复故道。超授鲁集贤大学士，赐脱脱世袭“荅剌罕”之号，其余迁赉有差。

先是河南、北童谣云：“石人一只眼，挑动黄河天下反。”及鲁治河果于黄陵冈得石人，一眼，而汝、颍之兵起。

纲　帝如上都。

纲　五月，颍州刘福通、萧县李二、罗田徐寿辉等兵起。

目　先是四方盗贼蜂起，有司不能制，及发丁夫开河，民心益愁怨思乱。有韩山童者，栾城人，自其祖父以白莲会烧香惑众，谪徙永平。至是山童倡言天下大乱，弥勒佛下生，河南及江、淮愚民翕然信之。颍州刘福通与杜遵道、罗文素、盛文郁、王显忠、韩咬儿复诡言“山童实宋徽宗八世孙，当为中国主”。遂同起兵，以红巾为号。县官捕之急，山童就擒，其妻杨氏及其子韩林儿逃之武安。惟福通党盛不可制，朝廷乃命同知枢密院秃赤以兵击之。

福通既破颍州，遂据朱皋，攻罗山、上蔡、真阳、确山诸县，寻犯舞阳、叶县，陷汝宁府及光、息二州，众至十万。

萧县李二，号“芝麻李”，亦以烧香聚众，与其党赵均用、彭早住攻陷徐州，据之。罗田徐寿辉与倪文俊、邹普胜等聚众举兵，亦以红巾为号。攻陷蕲水县及黄州路。

纲　秋八月，帝还大都。

纲　冬十月，饶、信等雨黍。

目　信州及邵武雨黍，饶州、建宁雨黑子，大如黍菽，衢州雨黍，民多取而食之。

纲　徐寿辉称帝于蕲水。

纲　十一月，有星孛于西方。

纲　壬辰，十二年，春正月，徐寿辉兵破汉阳诸郡，威顺王宽彻普化等弃城走。二月，破江州，总管李黼死之。

纲　以月鲁不花为平章政事。

纲　定远郭子兴等兵起，破濠州。

目　子兴见汝、颍兵起，列郡骚动，遂与其党孙德崖等举兵，自称元帅，攻拔濠州据之。彻里不花率兵欲复濠城，惮不敢进，惟日掠良民为盗以徼赏。由是民益恟恟不安，其豪杰咸投入城以自保。

纲　三月，徐寿辉破袁、瑞、饶、信、徽等州。

纲　诏省台官兼用南人。

目　自世祖以后，台省之职，南人斥不用。至是始复旧制，诏："南人有才学者，并许用之。"

纲　台州路达鲁花赤泰不华，与方国珍战于澄江，死之。

目　先是国珍入海烧掠沿海州郡，朝廷遣大司农达识帖木迩招降之。至是，朝廷方征徐州，命江浙募舟师北守大江。国珍怀疑，复劫其党入海，泰不华遣义士王大用往谕，国珍拘留不遣。其戚党陈仲达往来议降，泰不华具舟，张受降旗，乘潮下澄江，触沙不行。垂与国珍遇，呼仲达申前议，仲达目动气索，泰不华觉其心异，手斩之，即前薄贼船，奋击之；贼群至，欲抱持入其船，泰不华瞋目叱之，夺刀杀贼，贼攒槊刺之，中颈死，犹植立不仆，投其尸海中。事闻，追赠江浙平章，封魏国公，谥忠介。

纲　陇西地震。

目　凡百余日，城郭颓圮，陵谷变迁，定西、会州尤甚，会州公宇墙崩，获弩五百余，长者丈余，短者九尺，人莫能挽。因改定西为安定州，会州为会宁州。

纲　夏四月，帝如上都。

纲　五月，徙瀛国公子赵完普等于沙州。

目　御史彻彻帖木儿等言："诸处群盗，辄引亡宋故号以为口实。宜徙和尚完普及亲属于沙州安置，禁人交通。"从之。

纲　秋七月，徐寿辉兵袭杭州，江浙参知政事樊执敬战死，董抟霄率兵复之，遂复徽州。

纲　八月，方国珍攻台州，浙东元帅也忒迷失击走之。

纲　右丞相脱脱将诸军击李二于徐州，大破之，屠其城。

纲　帝还大都。

纲 冬十月，霍山崩。

目 前三日山如雷鸣，禽兽惊散，殒石数里。

纲 十一月，江西行省平章政事星吉击赵普胜，战于湖口，兵败，死之。

纲 赵均用入濠州，据之。

纲 癸巳，十三年，春正月，以哈麻为右丞。

纲 夏四月，帝如上都。

纲 五月，泰州张士诚兵起于高邮，自称诚王，知府李齐死之。

目 士诚，白驹场亭民，及其弟士德、士信举兵陷泰州，遂据高邮，称诚王，国号大周，建元天祐。已而有诏赦之，使至，不得入，贼绐言："请李知府来乃受命。"淮南行省强齐往，至则下齐于狱。齐虽辩说百端，而士诚本无降意。士诚呼齐使跪，齐叱曰："吾膝如铁，岂为贼屈。"士诚怒，使曳倒，槌碎其膝而剐之。时论大科三魁，若李黼、泰不华及齐皆不负所学云。

纲 六月，立子爱猷识理达腊为皇太子，赦。

纲 秋九月，帝还大都。

纲 冬十二月，江浙平章政事卜颜帖木儿等会兵击徐寿辉于蕲水，破之。

纲 哈麻进西番僧于帝。

目 僧教帝行房中运气之术，号演揲儿法。又进僧伽璘真，善秘密法，帝皆习之。诏以西番僧为司徒、伽璘真为大元国师，各取良家女三四人奉之，谓之"供养"。尝谓帝曰："陛下尊居万乘，富有四海，不过保有见世而已。人生能几何，当受此秘密大喜乐禅定。"于是帝日从事于其法，广取女子，惟淫戏是乐。帝诸弟八郎者，与哈麻妹婿秃鲁帖木儿及老的沙等十人，号"倚纳"，皆有宠，在帝前相与亵狎，甚至男女裸处，号所所处室曰"皆即兀该"，犹华言事事无碍也。君臣宣淫，而群僧出入禁中，无所禁止，丑秽外闻。皇太子既长，深疾二僧等所为，欲去之，未能也。

纲 郭子兴引兵入滁州。

目 时子兴患赵均用之专，乃领所部万人入据滁州城，称王。

纲 甲午，十四年，春正月，汴河冰五色。

目　冰皆成五色花草如绘画，三日乃解。

纲　夏四月，帝如上都。秋八月，帝还大都。

纲　九月，命右丞相脱脱督诸军击张士诚。

纲　冬十二月，以定住为左丞相，琐南班、哈麻并为平章政事。

纲　诏削脱脱官爵，安置淮安，以太不花等代总其军。

纲　帝制龙舟于内苑。

目　帝自制船式，长一百二十尺，广二十尺，用水手二十四人，皆衣金紫，自后宫至前宫山下海子内，往来游戏，行时，龙首、眼、口、爪、尾皆动。

又自制宫漏，高六七尺，广半之，造木为匮，藏壶其中，运水上下。匮上设三圣殿，匮腰立玉女捧时刻筹，时至，辄浮木而上。左右二金甲神，一县钟，一县钲，夜则神人自能按更而击，无分毫差。鸣钟、钲时，狮凤在侧者，皆自翔舞。匮之东西有日月宫，飞仙六人立宫前，遇子午时，自能耦进，度仙桥，达三圣殿，复退立如前。其精巧绝出人意，皆前所未有。

帝既怠于政治，惟事游宴，以宫女十六人按舞，名十六天魔，又十一人奏龙笛、头管、小鼓、筝、纂、琵琶、笙、胡琴、响板、拍板，每宫中赞佛，则按舞奏乐。宦官非受秘密戒者不得与。

纲　乙未，十五年，春二月，刘福通以韩林儿称宋帝。

纲　三月，窜脱脱于云南。

纲　蓟州雨血。

纲　帝如上都。

纲　夏四月，以定住为右丞相，哈麻为左丞相，桑哥失里为平章政事，雪雪为御史大夫。

纲　六月，明太祖皇帝起兵，自和阳渡江取太平路。

目　时四方割据称雄者众，战争无虚日，兵乱岁饥，民不聊生。壬辰春，明太祖皇帝避兵濠城，有安天下救生民之志。乃收纳英贤置之左右，遂起兵攻滁州，下之。明年，又下和阳，恩威日著，豪杰归心。至是谋渡江取金陵，患无舟楫，而巢湖水寨军帅俞通海等率众万余、船千艘来降。太祖顾谓诸将曰："方谋渡江，而巢湖水军来附，吾事济矣！"遂率徐达、冯国用、邵荣、汤和、李善长、常遇春、邓愈、耿君用、毛广、廖永安引舟东下，首克牛渚矶，遂进攻太平，拔之。耆儒陶安、李习率父老出迎，安因献言曰："方今四海鼎沸，豪杰并争，攻城屠邑，互相长雄，然其志皆在子女玉帛，取快一时，非有拨乱、救民、安天下之心。明公率众渡江，神武不杀，人心悦服，以此顺天应人而行吊伐，天下不足平也。"

纲 冬十一月，荅失八都鲁击宋刘福通军，破之。十二月，遂围亳，福通以其主韩林儿走安丰。

纲 元哈麻矫诏杀右丞相脱脱。

纲 丙申，十六年，春正月，元哈麻、雪雪有罪，伏诛。

纲 天完主徐寿辉据汉阳。

纲 二月，张士诚入平江，据之。

纲 三月，明太祖帅师克金陵，改集庆路为应天府。

目 诸军水陆并进，至江宁镇，攻陈兆先营，破之。进围集庆，南台御史大夫福寿督兵出战，力不能支，死于兵。太祖入城，召官吏耆老，谕曰："吾率众至此，为民除乱耳。尔宜各安职业，毋恐。"于是民大悦，更相庆慰。遂改集庆路为应天府。分遣诸将取镇江、广德，皆下之。

纲 方国珍降于元。

纲 是月，有两日相荡。

纲 夏六月，彰德李实如黄瓜。

目 先是童谣云："李生黄瓜，民皆无家。"

纲 秋八月，彗星见。

目 彗出张宿，色青白，指西南，长尺余，至十二月朔始灭。

纲 冬十月，星陨大名。化为石。

目 从东南流，芒尾如曳彗，堕地有声，火焰蓬勃，久之乃息。化为石，青黑色，形如狗头，其断处若新割者。

纲 丁酉，十七年，春正月朔，日食。

纲 三月，明太祖兵克常州。

目 先是徐达攻常州，进薄城下，张士诚遣其弟士德以数万众来援，达伏兵擒之，由是士诚气沮，乃奉书请和，愿输粮犒军。太祖复书，数其开衅召兵之罪，且许其归我使臣将校，即当班师。士诚得书，不报，达请益兵围之，遂下其城。

纲 夏五月，元以搠思监为右丞相，太平为左丞相。

纲 明太祖取宁国等路。

目 徐达、常遇春率兵取宁国，攻之久不下。太祖乃亲往督师，既至，守将杨仲英开门请降，百户张文贵杀其妻妾自刎而死。寻遣诸将取江阴、徽州、池州，皆下之。

纲 六月，有龙斗于乐清江。

纲 秋七月，元大都昼雾。

纲 八月，张士诚降于元，元以为太尉。明太祖取扬州。

纲 九月，天完将陈友谅袭杀倪文俊。

目 友谅，沔阳渔人子，尝为县吏，不乐。会寿辉、文俊兵起，慨然往从之，遂为文俊簿书掾，寻亦领兵为元帅。及文俊专恣，心不能平。至是，文俊谋杀寿辉，不果，奔黄州，友谅因乘衅袭杀之，遂并其军，自称平章。

纲 冬十一月，汾州桃杏有花。

纲 十二月，天完将明玉珍据成都。

目 玉珍，随州人。初闻徐寿辉兵起，乃集乡兵屯于青山，结栅自固，未几，降于寿辉。及倪文俊陷川蜀，令玉珍守之。至是文俊死，玉珍遂自据成都，蜀中郡县皆附之。

纲 元翰林学士承旨欧阳玄卒。

纲 戊戌，十八年，春正月，天完将陈友谅破安庆，元淮南行省左丞余阙死之。

目 先是阙固守安庆，友谅引军薄城下，阙遣兵扼之。俄而饶寇攻西门，友谅兵乘东门，既登城，阙简死士奋击，败之。至是，池州赵普胜军东门，友谅军西门，饶兵军南门，四面蚁集。阙徒步提戈，为士卒先；分遣部将督三门之兵，自以孤军血战，斩首无算，而阙亦被十余创。日中，城陷，火起，阙知不可为，乃引刀自刭，堕清水塘中死。妻蒋氏及妾耶卜耶律氏，子德臣，女安安，甥福童，亦皆赴井死。同时死者，守臣韩建一家被害。居民誓不从贼，焚死者以千计。

纲 三月，宋毛贵破济南路，元河南行省右丞董抟霄与战，死之。

目 济南城陷，贵入据之。时抟霄方驻于南皮之魏家庄，诏遣使拜为河南右丞。甫拜命，值贵兵猝至，而营垒犹未完，诸将曰：“贼至，当如何?”揆霄曰:“当以死报国!”因拔剑督战,贼突前捽揆霄,刺杀之,无血,惟见白气冲天。是日其弟昂霄亦死。

纲 大同路夜闻空中有声。

目 初,黑气蔽西方,有声如雷。顷之,东北方有云如火,交射中天,遍地俱见火光,空中如有兵戈之声。

纲 夏四月,天完将陈友谅破隆兴。

纲 五月,宋刘福通破汴梁,奉其主韩林儿居之。

纲 山东地裂。

纲 六月,宋将关先生兵破辽州,遂大掠塞外诸郡。

纲 冬十一月,元左丞相搠思监有罪免,以纽的该为左丞相。

纲 十二月,明太祖取婺州。

目 胡大海兵攻婺州,久不克。太祖乃自将精兵十万往征,拔之。改婺州路为宁越府。命知府王宗显开郡学,延儒士叶仪、宋濂为五经师,戴良为学正,吴沉、徐厚等为训导。时丧乱之余,学校久废,至是始闻弦诵之声,无不忻悦。

太祖既抚定宁越,欲遂取浙东未下诸郡。集诸将谕之曰:“克城虽以武,而安民必以仁。吾师比入建康,秋毫无犯,故一举而遂定。今新克婺城,民始获苏,政当抚恤,使民乐于归附,则彼未下郡县,亦必闻风而归。吾每闻诸将下一城,得一郡,不妄杀人,辄喜不自胜。盖师旅之行,势如烈火,火烈则人必避之。为将者能以不杀为心,非惟国家所利,在己亦蒙其福。尔等从吾言,则事不难就,大功可成矣。”

纲 宋关先生兵破上都,焚宫关。

纲 太白经天。

纲 己亥,十九年,春三月,元方国珍遣使以温、台、庆元三郡附于明太祖。

目 先是太祖遣使往庆元招谕方国珍,国珍与其下谋曰:“方今元运将终,豪杰并起,惟江左号令严明,所向莫敌。今又东下婺州,恐不能与抗。况与我为敌者,西有张士诚,南有陈友定,莫若姑示顺从,藉为声援,以观其变。”遂遣使奉书币,以温、台、广元三郡来献,且以次子关为质。太祖曰:“古者虑人不从,则为盟誓,盟誓变而为交质,皆由未能相信故也。今既诚信来归,便当推诚相与,如青天白日,何自怀疑而以质子为哉?”乃厚赐关而遣之。国珍既又以金玉饰马鞍辔来献,太祖曰:“吾方有事四方,所需者文武材能,所用者谷粟布帛,其他宝玩非所好也。”悉却之。

纲 夏四月,赵均用杀宋毛贵,其党续继祖执均用杀之。

纲 六月,天完将陈友谅攻信州,元江东廉访使伯颜不花的斤往救,死之。

纲 秋八月,元察罕帖木儿克汴梁,宋刘福通以其主韩林儿复走安丰。

纲 九月,明太祖兵取衢、处州。

目 初,太祖克婺州,置分中书省,召儒士许元、叶瓒玉、胡翰、汪仲山、李公常、金信、徐孳、童冀、吴履、张启敬、孙履皆会食省中,日令二人进讲经史,敷陈治道。至是克处州,又有荐青田刘基、龙泉章溢、丽水叶琛及宋濂者,即遣使以书币征之,至建康。比入见,甚喜,赐坐,从容与论经史,及咨以时事,深见尊宠。既而命有司即所居之西,创礼贤馆处之。时朱文忠守金华,复荐王祎、王天锡至,皆用之。

纲 冬十二月,天完将陈友谅徙其主徐寿辉都江州,自称汉王。

纲 庚子,二十年,春三月,彗见东方。

纲 夏五月,汉主陈友谅弑其主徐寿辉,遂自称帝。

纲 辛丑,二十一年,秋八月,明太祖帅师伐汉,拔江州,汉主友谅走武昌。

目 先是友谅引兵犯金陵,败溃,奔还。寻遣其将张定边陷安庆府,太祖乃下令诸将曰:“陈友谅贼杀其主,僭称大号,侵我太平,犯我建康,今又以兵陷我安庆。观其所为,不灭不已。尔等其厉士卒以从。”徐达进曰:“师直为壮。今我直而彼曲,焉有不克。”刘基曰:“取威制敌,以成王业,在此时也。”遂督诸帅,率舟师,乘风遡流而上。遂克安庆,长驱向江州,分舟师为两翼,夹击友谅,大破之;友谅挈妻子夜奔武昌。既而友谅伪相胡廷瑞见江州已破,遣使诣军中请降,太祖遂至隆兴。建昌王溥、饶州吴宏、袁州欧普祥各率众来见,宁州陈龙及吉安孙本立、曾万中皆来降,乃改隆兴路为洪都府。

纲 冬十一月,黄河清。

目 自平陆三门碛,下至孟津,五百里皆清,凡七日。

纲 大饥。

纲 壬寅，二十二年，春二月，彗星见。

目 未几，长星复见于虚、危之间，其形如练，长数十丈。

纲 三月，明玉珍破云南，夏五月，自称陇蜀王。

纲 六月，彗出紫微垣。

纲 癸卯，二十三年，春正月，明玉珍称帝于成都。

纲 二月，张士诚将吕珍入安丰，杀宋刘福通等，据其城。明太祖率兵击走之。

纲 三月，彗见东方。

纲 秋七月，汉主友谅围洪都，明太祖帅诸将讨之，大战于鄱阳湖。友谅败死，子理立。

目 初，友谅忿其疆埸日蹙，乃作大舰，来攻洪都。自为必胜之计，载其家属、百官，空国而来，以兵围城，其气甚盛。兵戴竹盾御矢石攻城，城且坏，守将朱文正、赵德胜、邓愈督诸将死战，且战且筑，城坏复完。已而德胜中流矢死，内外阻绝，音问不通，文正乃遣使赴建康告急。太祖亲帅诸将，发舟师二十万，进次湖口。

友谅闻援兵至，即解围，东出，与明师遇鄱阳湖之康郎山。戊子，徐达、常遇春等诸将击败其前军，军威大振。明日，诸军接战，至晡，东北风起，燔其水寨舟数百艘。友谅弟友仁、友贵及其平章陈普略皆焚死。

辛卯，复联舟大战，自辰至午，敌兵大败，友谅夺气。其将张定边欲挟之退保鞋山，为我师所扼，不得出，敛舟自守，不敢战。是夕，明舟渡浅，泊于左蠡，与友谅相持者三日。

八月壬戌，友谅计穷，冒死突出，将奔还武昌；太祖麾诸将邀击之，友谅中流矢，贯睛及颅而死。擒其太子善儿，其平章陈荣以下悉以楼船军马来降。

定边乘夜以小舟载其尸及其子理径趋武昌，复立理为帝，改元德寿。既而明太祖复进兵围之。

纲 张士诚自称吴王。元遣使征粮，不与。

纲 冬十月，山东赤气千里。

纲 甲辰，二十四年，春正月，明太祖建国号曰吴。二月，自将伐汉，汉主陈理降，湖广、江西悉平。

目 时李善长、徐达等以太祖功德日隆，屡表劝进，不允。乃于是月朔即吴王位，建百司官属，以李善长为右相国，徐达为左相国，常遇春、俞通海为平章政事，汪广洋为右司郎中，张昶为左司都事。谕达等曰："卿等为生民计，推戴予。然建国之初，当先正纪纲。元氏昏乱，纪纲不立，主荒臣专，威福下移，由是法度不行，人心涣散，遂致天下骚乱。今将相大臣，当鉴其失，宜协心为治，以成功业，毋苟且因循，取充位而已。"

二月，以武昌围久不下，乃亲往视师，督诸将击之，擒其元帅张必先。既而遣其降将罗复仁入城，谕陈理使降，理遂率其太尉张定边等，诣军门请降。凡府库储蓄，悉令理自取。城中民多饥困，命给粟赈之。于是湖广、江西诸郡县相继皆降。

江西行省以陈友谅镂金床进，太祖观之，谓侍臣曰："此与孟昶七宝溺器何异！以一床工巧若此，其余可知。陈氏父子穷奢极靡，焉得不亡！"侍臣曰："未富而骄，未贵而侈，此所以取败。"太祖曰："既富，岂可骄；既贵，岂可侈；有骄侈之心，虽富贵，岂能保乎！"即命毁之。

纲 三月，明太祖定官制。

纲 乙巳，二十五年，春二月，日旁有一月一星。

纲 夏五月，大都雨氂。

目 长尺许，或曰龙须也。命拾而祀之。

纲 秋七月，元皇后弘吉剌氏崩。

纲 九月，元以方国珍为淮南左丞相。

纲 冬十二月，元立奇氏为皇后。

纲 丙午，二十六年，春三月，夏主明玉珍卒，子昇立。

纲 夏四月，明太祖兵取淮安诸路。

纲 五月，明太祖求遗书。

目 太祖尝命有司访求古今书籍，藏之秘府，以资览阅，因谓侍臣詹同等曰："三皇、五帝之书，不尽传于世，故后世鲜知其行事。汉武帝购求遗书，而六经始出，唐、虞三代之治，始可得而见。武帝雄才大略，后世罕及，至表章六经，开阐圣贤之学，又有功于后后。吾每于宫中无事，辄取孔子之言观之，如'节用而爱人，使民以时'，真治国之良规，孔子之言，诚万世之师也。"

纲 秋八月，元以陈有定为福建行省平章政事。

纲 九月，元以方国珍为江浙行省左丞相。

纲 明太祖取湖州诸路。

纲 冬十二月，明太祖立宗庙、社稷。

目 时群臣皆言，新城既建，宫阙制度，亦宜早定。太祖以国之所重，莫先宗庙、社稷，遂定议以明年为吴元年，命有司立庙社，建宫室。典营缮者，以宫室图进。见其有雕琢奇丽者，即去之。谓中书省臣曰："昔尧之时，茅茨上阶，采椽不斲，可谓极陋，然千古之上，称盛德者，必以尧为首。后世竞为奢侈，极宫室苑囿之娱，穷舆马珠玉之玩，欲心一纵，乱由是起。吾常谓珠玉非宝，节俭是宝。宫室但取完固而已，何必极雕巧以殚天下之力也。"既而新殿成，制皆朴素，命博士熊鼎编类古人行事可为鉴戒者，书于殿壁。又命侍臣书大学衍义于两庑壁间，曰："前代宫室，多施绘画。予书此，以备朝夕观览，岂不愈于丹青乎？"寻命协律郎冷谦考正宗庙雅乐音律及钟磬等器。既又定乐舞之制，文武生各六十四人。

纲 丁未，二十七年，春正月，绛州夜闻天鼓鸣，将旦，复鸣，其声如空中战斗者。

纲 三月，明太祖定文武科取士之法。

目 先是，令有司每岁举贤才及武勇谋略通晓天文之士，其有兼通书律廉吏，亦得荐举，得贤者赏，滥举及蔽贤者罚。至是，复下令曰："上世帝王，创业之际，用武以安天下；守成之时，讲武以威天下。至于经纶抚治，则在文臣，二者不可偏用也。古者，人生八岁，学礼、射、御、书、数之文；十五，学修身、齐家、治国、平天下之道；是以周官选举之制，曰六德、六行、六艺，文武兼用，贤能并举，此三代治化所以盛隆也。兹欲上稽古制，设文武二科，以广求天下之贤。其应文举者，察之言行以观其德，考之经术以观其业，试之书算以观其能，策之经史、时务以观其政事。应武举者，先之以谋略，次之以武艺，俱求实效，不尚虚文。然此二者，必三年有成。有司预为劝谕民间秀士及智勇之人，以时勉学，俟开举之岁，充贡京师，其科目等第，各出身有差。"

纲 秋九月，明太祖兵克平江，执吴王张士诚以归。

纲 冬十月，明太祖命大将军徐达等帅师北定中原。

目　太祖既扫除群雄，抚有江南，乃遣大将军徐达、副将军常遇春，率甲士二十五万，北伐以定中原，驰檄谕齐、鲁、河、洛、燕、蓟、秦、晋之人。

纲　明太祖定律令。十一月，颁戊申历。

纲　明太祖兵讨方国珍，降之。

纲　明太祖兵徇山东郡县，皆下之。

目　时徐达、常遇春引兵由淮入河，鼓行而东，首克沂州，进取峄州及益都，于是莱州诸郡悉奉图籍来降。

山东既定，明年，达与遇春会诸将于临清，率马步舟师进克元都。元主集三宫后妃、皇太子同议避兵北行，诏淮王帖木儿不花监国，庆童为左丞相，同守京城。夜半，开建德门北奔。遇春等追至北河，擒皇孙买的里八剌而还，元亡。

元主驻应昌，二年殂，寿五十一，在位三十六年。太尉完者等奉梓宫北葬，谥曰惠宗。太祖以帝知顺天命，退避而去，特加号曰顺帝，而封其孙买的里八剌为崇礼侯。

右元十帝共八十九年。

明鉴易知录卷一

明纪

太祖高皇帝

编　戊申，明太祖高皇帝洪武元年，春正月，吴王即皇帝位，定有天下之号曰明，建元洪武，追尊四代祖考妣皆为帝后。

纪　元顺帝至正十二年，闰三月，明太祖朱元璋起兵濠州。

太祖之先故沛人，徙江东句容为朱家巷，宋季大父再徙淮，家泗州；父世珍又徙钟离太平乡。母陈，生四子，太祖其季也。太祖生于元天历戊辰之九月丁丑，其夕赤光烛天，里中人竞呼“朱家火”！及至，无有。三日洗儿，父出汲，有红罗浮至，遂取衣之，故所居名红罗障。少时常苦病，父欲度为僧。岁甲申，泗大疫，父母兄及幼弟俱死，贫不能殓，藁葬之。仲与太祖舁至山麓，绠绝，仲还取绠，留太祖守之。忽雷雨大作，太祖避村寺中。比晓往视，土坟起，成高垄。地故属乡人刘继祖，继祖异之，归焉。

寻仲又死，太祖年十七，九月入皇觉寺为僧。逾月，僧乏食，太祖乃游江、淮，崎岖三载，仍还皇觉寺。

时汝、颍兵起，骚动濠州。定远人郭子兴据濠州，元将彻里不花惮不敢进，日掠良民邀赏。太祖诣伽蓝卜问：避乱，不吉；即守故，又不吉；因祝曰：“岂欲予倡义邪？”大吉。意遂决。以闰三月朔入濠州见郭子兴，子兴奇其状貌，与语，大悦之，取为亲兵，凡有攻伐，命之往，辄胜。子兴故抚宿州马公女为己女，遂妻焉，即高后也。

九月，元丞相脱脱破徐州，芝麻李遁去，赵均用、彭早住帅余党奔濠，子兴屈己下彭、赵，遂为所制。彭、赵据濠称王。

太祖虽在甥馆，每有大志。十三年春，乃归乡里募兵，得七百人，濠人徐达、汤和等皆往归焉。

十四年，秋七月，徇定远，下滁阳。时彭、赵御下无道，太祖乃以七百人属他将，而独与徐达、汤和、吴良、吴顺、花云、陈德、顾时、费聚、耿再成、耿炳文、唐胜宗、陆仲亨、华云龙、郑遇春、郭兴、郭英、胡海、张龙、陈桓、谢成、李新材、张赫、周铨、周德兴等二十四人，南略定远。定远张家堡有民兵号驴牌寨者，太祖诱执其帅，于是营兵焚旧垒悉降，得壮士三千人，又招降秦把头，得八百余人。

定远缪大亨以义兵二万屯横涧山，太祖命花云夜袭破之，亨举众降，军声大振。定远人冯国用与弟国胜率众归附，太祖奇之，因问大计。国用对曰："金陵龙蟠虎踞，帝王之都，愿先拔金陵定鼎，然后命将四出，救生灵于水火，倡仁义于远迩，勿贪子女玉帛，天下不难定也。"太祖大悦，俾兄弟皆居帷幄，预机密焉。

定远人李善长来谒，留幕下，掌书记，画馈饷，甚见亲信。

秋七月，太祖将兵进攻滁阳，克之，因驻师焉。朱文正、李文忠来归。文正，太祖孟兄南昌王子，先同其母避乱，与太祖相失。李文忠，太祖姊曹国长公主子。公主卒，其父携文忠走乱军中，几不能存，至是闻太祖驻兵滁阳，皆来归。太祖喜甚。文忠年十二，与沐英皆赐姓朱。英，定远人，父母俱亡，太祖见而怜之，令高后育之为子。何世隆来降。

未逾月，彭早住、赵均用挟子兴往泗州，既而早住中流矢死，均用益自专，衔子兴，欲杀之。太祖赂其左右，子兴乃得帅所部归滁，称滁阳王。时太祖部兵数万人，悉归之，奉其号令。太祖威名日著，子兴二子阴置毒酒中欲害之，谋泄。及期太祖即与俱往，中途遽跃马起，仰天若有所见，因骂二子曰："吾何负尔？适空中神人谓尔欲以酒毒我。"二子骇，汗浃背，自此不敢萌害意。虹县胡大海来归，太祖一见语合，用为前锋。

十五年，春正月，滁师乏粮，诸将谋所向，太祖曰："困守孤城，诚非计，今惟和阳可图。"子兴使张天祐等将兵前行，与元兵遇，急击败之，追至小西门，汤和夺其桥而登，将士从之，遂据和阳。子兴属太祖总和阳兵，入抚定城中，诸将破和阳，暴横多杀掠，城中夫妇不相保。太祖恻然，召诸将谓曰："诸军自滁来，多掠人妻女，军中无纪律，何以安众？"凡所得妇女悉还之，于是皆相携而去，人民大悦。三月，郭子兴卒，太祖并统其军。

虹县人邓愈来归。怀远人常遇春，刚毅多智勇，膂力绝人，年二十三，为群雄刘聚所得，遇春察其多钞掠，无远图，弃之来归。未至，假寐田间，梦神人呼之曰："起，起，主君来！"适太祖骑从至，即乞归附，请为先锋。

太祖驻和阳久，谋渡江无舟楫，而巢湖水寨军帅俞通海、廖永安等，率众万余、船千艘来降，太祖大喜曰："此天意也，吾事济矣！"六月，太祖率诸将渡江，乘风举帆，顷刻达牛渚。太祖先抵采石矶，时元兵阵于矶上，舟距岸三丈许，未能卒登，常遇春飞舸至，太祖麾之，应声挺戈跃而上，守者披靡，诸军从之，遂拔采石。乘胜径攻太平，拔之。耆儒李习、陶安等率父老出迎，安见太祖，谓李习曰："龙姿凤质，非常人也，我辈今有主矣。"太祖召安谓曰："吾欲取金陵如何？"安对曰："金陵帝王之都，龙蟠虎踞，限以长江之险，若据其形胜，出兵以临四方，则何向不克，此天所以资明公也！"太祖大悦，礼安甚厚，由是凡机密辄与议焉。

方山寨民兵元帅陈埜先，与其将康茂才水陆分道寇太平城下，太祖亲督兵御之，命徐达等以奇兵出其后，设伏擒埜先，太祖释不杀，埜先诈曰："生我何为？"太祖曰："天下大乱，豪杰并起，胜则人附，败则附人。尔既以豪杰自负，岂不知生尔之故。"埜先曰："然则欲吾军降乎？此易耳。"乃为书招其军，明日皆降。八月，诸军进克溧水，将攻集庆路。埜先之为书也，意其众未必从，阳为招词，阴实激之，不意其众遽降，自悔失计。及闻欲攻集庆，私谓部曲曰："汝等攻集庆，毋力战，俟我得脱还，当与元兵合。"太祖闻其谋，召语之曰："人各有心，从元从我，不相强也。"纵之还。诸军进攻集庆，埜先遂与元福寿合，拒战于秦淮。诸军失利，埜先来追袭，经葛仙乡，乡民兵百户卢德茂遣壮士五十人，衣青出迎，埜先不虞其图己，青衣兵自后攒槊杀之。埜先既死，其子兆先复集兵屯方山。

十六年，春三月，太祖率诸将取集庆路，攻破陈兆先营，释兆先而用之，择其降兵骁勇五百人置麾下。五百人者多疑惧不自安，太祖觉其意，是夕令入宿卫，环上而寝，悉屏旧人于外，独留冯国用一人侍卧榻傍。太祖解甲，安寝达旦，疑惧者始安。

进攻集庆，国用率五百人先登陷阵，败元兵于蒋山，直抵城下，诸军拔栅竞进，元行台御史大夫福寿督兵力战，死之，遂克集庆路。太祖入城，召官吏父老谕之曰："元失其政，所在纷扰，生民涂炭。吾率众至此，为民除害耳。汝等各守旧业，无怀疑惧。"于是城中军民皆喜悦，更相庆慰。改集庆路为应天府。太祖嘉福寿之忠,以礼葬之。

张士诚、康茂才来降。士诚,泰州白驹场亭民,及其弟士德、士信举兵陷泰州,据高邮,称诚王,时据平江来降。茂才,蕲州人,初结义旅,为元捍寇江上,有功累迁宣慰使、都元帅,戍采石。及太祖兵渡江,茂才奔金陵,至是率众来附。

金陵既定,太祖欲发兵取镇江,虑诸将不戢士卒,为民患,命徐达为大将,率诸将浮江东下,戒之曰:"吾自起兵未尝妄杀,今尔等当体吾心,戒戢士卒。城下之日,毋焚掠杀戮,有犯令者处以军法,纵者罚无赦。"达等顿首受命。进兵攻镇江,克之,达等自仁和门入,号令严肃,城中晏然。

六月,命邓愈等将兵攻广德路,克之,改为广兴府。

秋七月,诸将奉太祖为吴国公。遣使聘镇江秦从龙,既至,太祖亲迎之入,事无大小皆与谋。从龙尽言无隐,每以笔书漆简,问答甚密,左右无知之者;太祖呼为先生而不名。九月,太祖如镇江府,谒孔子庙,分遣儒士告谕乡邑劝农桑。

十七年,夏四月,命徐达、常遇春帅师攻宁国,久不下,太祖乃亲往督师,守将杨仲英开门降,其百户张文贵杀其妻子,自刎死。寻遣诸将取江阴、徽州、池州,皆下之。秋八月,张士诚降于元。九月,太祖取扬州。

十八年,春二月,以康茂才为营田使,太祖谕之曰:"比因兵乱,堤防颓圮,民废耕耨,故设营田使以修筑堤防。今军务实殷,用度为急,理财之道,莫先于农事,故命尔此职。大抵设官为民,非以病民,若所至纷扰,无益于民,则非付任之意!"

冬十二月,太祖取婺州,命知府王宗显开郡学,延儒士叶仪、宋濂为五经师。时丧乱之余,学校久废,至是始闻弦诵之声。

太祖欲遂取浙东未下诸郡,谕诸将曰:"克城虽以武,而安民必以仁。吾每闻诸将下一城得一郡不妄杀人,辄喜不自胜。为将者能以不杀为心,非惟国家所利,在己亦蒙其福。"

十九年,春三月,方国珍以三郡来附。国珍,台州人。戊子冬起兵,后降于元。至是以温、台、庆元三郡来献,且以次子关为质。太祖曰:"既诚信来归,便当推诚相与,何以质为!"乃厚赐关而遣之。

秋九月,太祖兵取处州。冬十月,遣使征青田刘基、龙泉章溢、丽水叶琛及浦江宋濂，以胡大海荐也。时朱文忠守金华，亦荐王袆、许元、王天锡，太祖皆征召之。

十二月，天完将陈友谅称汉王。友谅，沔阳渔人子，尝为县吏，不乐。会徐寿辉兵起，慨然往从之。寿辉称帝于蕲水，国号天完，后据汉阳。至是，友谅徙寿辉都江州，自称王。

二十年，春三月，刘基、宋濂、章溢、叶琛至建康，入见，太祖喜甚，曰："我为天下屈四先生。"赐坐，从容与论经史及咨以时事，甚见尊礼，命有司创礼贤馆处之。

基自幼聪明绝人，凡天文、兵法、性理诸书，过目洞识其要。至正初以春秋举进士，授高安县丞，累官江浙儒学副提举。元政乱，投劾去。尝建议剿方国珍，不用，安置绍兴。游西湖，有异云起西北，诸同游者皆以为庆云，将分韵赋诗，基独纵饮不顾，大言曰："此天子气也，十年后应在金陵，我当辅之。"时杭州犹全盛，皆大骇，以为狂，无知基者，惟西蜀赵天泽奇之，以为诸葛孔明之流。至是，基趋建康，陈时务十八策，太祖嘉纳之，留基帷幄，预机密谋议。

夏五月，陈友谅攻太平，城陷，守将花云被获。贼缚云急，云怒骂曰："贼奴！尔缚吾，吾生必灭尔？"遂奋跃大呼起，缚尽绝，夺守者刀，连杀五六人。贼怒，缚云从射之，比死，骂贼不绝口。

方云之与贼战也，势甚急，妻郜氏生子炜方三岁，抱之泣，语家人曰："城且破，吾夫必死之。吾夫死，吾不独生，然不可使花氏无后；儿在，若等善抚育之。"已闻云就缚，郜氏即赴水死。侍儿孙氏收郜瘗之，抱儿逃，汉军掠之。军中恶小儿啼，孙氏恐被害，以簪珥属渔家鞠之。汉败，孙氏脱身至渔家，窃儿去，夜宿陶穴中；天曙，登舟渡江，遇汉溃军夺舟，捽孙氏及儿投之江，江中得断木，附之入芦渚中，渚有莲实，孙氏取啖儿，凡七日不死。忽夜半闻人语声，呼之，逢老父，号雷老，告之，遂与偕行达太祖所。孙氏抱儿拜泣，太祖亦泣，置儿于膝曰："此将种也。"命赐雷老衣，忽不见。

陈友谅弑其主徐寿辉，遂自称帝，国号汉。二十一年秋八月，太祖帅师伐汉，拔江州，友谅挈妻子夜奔武昌。既而友谅伪相胡廷瑞见江州已破，遣使诣军请降，太祖遂至龙兴，改为洪都府。

二十三年，秋七月，陈友谅作大舰攻洪都，空国而来，以兵围城。守将朱文正遣使赴建康告急，太祖亲帅舟师二十万进次湖口；友谅闻之,即解围东出,与太祖兵遇鄱阳湖之康郎山。友谅联舟纵战,望之如山,太祖军舟小,怯于仰攻,往往退缩。

郭兴曰:“彼舟如此,大小不敌,非火攻不可。”太祖然之。明日,东北风起,令诸将乘风纵火,焚其水寨舟数百艘,友谅弟友仁、友贵及其平章陈普略皆焚死。明日,复联舟大战,敌兵大败。友谅敛舟自守,不敢战,相持者三日。

友谅计穷,冒死突出,将奔还武昌,太祖麾诸将邀击之,友谅中流矢,贯睛及颅而死。其将张定边乘夜以小舟载友谅尸及其子理径趋武昌,复立理为帝。

初,鄱阳湖之战,太祖亦屡滨于危,一日被围莫解,指挥韩成请服太祖冠袍,对贼众投水中,围乃解。又一日,太祖方与友谅鏖战,刘基忽跃起大呼曰:“难星过,速更舟。”太祖急更之,旧舟已为敌炮碎矣。

先是有周颠者举措诡谲,人莫能识,每见太祖必曰告太平,太祖厌之。至是征陈友谅,太祖问:“此行何如?”颠应声曰:“好。”从行至皖城,苦无风,问颠,颠曰:“只管行,只管有风;无胆不行,便无风。”行不三十里,果大风,倏忽达小孤,竟如其言。

二十四年,春正月,李善长、徐达等以太祖功德日隆,屡表劝进,不允,乃于是月朔即吴王位。

陈理既还武昌,太祖复进兵围之,久不下,乃亲往视师,遣其降将罗复仁入城谕理使降,理遂率其太尉张定边等诣军门降。凡府库储蓄令理自取。城中饥困,命给粟赈之。于是湖广、江西悉平。江西行省以陈友谅镂金床进,太祖观之,曰:“此与孟昶七宝溺器何异。陈氏穷奢极侈,安得不亡!”即命毁之。

张士诚自立为吴王,即平江治宫室,立官属。士诚委政于弟士信,士信荒淫,每事惟与王敬夫、叶德新、蔡彦夫三人谋,三人者皆谄佞险邪,惟事蒙蔽。太祖闻之曰:“我无一事不经心,尚被人欺,张九四终岁不出门理事,岂有不败者乎!”时有十七字谣曰:“丞相做事业,专用王、蔡、叶,一朝西风起,干瘪。”

二十六年,夏五月,太祖命有司访求古今书籍,因谓侍臣詹同等曰:“吾每取孔子之言观之,如‘节用而爱人,使民以时’,真治国之良规。孔子之言,诚万世之师也。”

太祖议讨张士诚,李善长以为未可。徐达进曰:“张氏骄横,暴殄奢侈,此天亡之时也。其所任骄将如李伯昇、吕珍之徒,皆龌龊不足数,王、蔡、叶三参军迂阔书生,不知大计。臣奉主上威德,声罪致讨,三吴可计日而定。”太祖大喜曰:“汝合吾意,事必济矣。”秋八月,命徐达为大将军,常遇春为副将军,帅师二十万伐张士诚,集诸将佐谕之曰:“卿等宜戒饬士卒,毋肆虏掠,毋妄杀戮,毋发丘垄,毋毁庐舍。闻士诚母葬姑苏城外,慎勿侵毁其墓。”诸将皆再拜受命出。太祖复召达、遇春曰:“尔等此行,用师孰先?”遇春曰:“逐枭者必覆其巢,去鼠者必熏其穴。此行当直捣平江,平江既破,其余诸郡可不劳而下。”太祖曰:“不然。士诚起盐贩,与张天骐、潘原明辈皆相为手足。士诚穷蹙,天骐辈惧俱毙,必并力救之。今不先分其势,而遽攻姑苏,若天骐出湖州,原明出杭州,援兵四合,何以取胜?莫若先攻湖州,使其疲于奔命。羽翼既披,然后移兵姑苏,取之必矣。”

冬十月,徐达师至湖州,士诚发兵来援,大败之,而守将李伯昇及张天骐遂举城降。朱文忠师下杭州,守将潘原明籍土地钱谷出降。文忠入宿城上,秋毫无犯。一卒强入民家,磔以徇。

徐达既下湖州,会诸将进攻平江,士诚诸将多降。康茂才至尹山桥,遇士诚兵,击败之,遂进兵围其城。达、遇春等四面筑长围困之,城中震恐。

十二月,群臣咸请太祖定宫阙制度。太祖以国之所重,莫先宗庙、社稷,遂定议以明年为吴元年,命有司立庙、社,建宫室。

二十七年,春二月,太祖定文武科取士之法。

夏六月,士诚被围既久,欲突围出,将奔常遇春营,遇春觉其至,严阵待之。遇春抚王弼背曰:“军中皆称尔为猛将,能为我取此乎?”弼应声驰铁骑挥双刀往击之,敌小却;遇春率众乘之,遂大败其军,溺于沙盆之潭。士诚故有勇胜军,号“十条龙”,常银铠锦衣出入阵中,是日皆溺死。士诚马惊,堕水,几不救,肩舆入城。

逾三日,士信方在城楼上督战,忽飞炮碎其首而死。

秋九月,达、遇春率众渡桥进薄城下,士诚军大溃。诸将蚁附登城,城破,士诚收余兵二三万,亲率之战于万寿寺东街,复败。士诚仓皇归,从者仅数骑。

初,士诚见兵败,谓其妻刘氏曰:“我败且死,若曹何为?”刘氏曰:“君勿忧,妾必不负君!”乃予乳媪金,抱二幼子出,积薪齐云楼下,驱其群妾、侍女登楼，令养子辰保纵火焚之；刘氏自缢死。日暮，士诚距户经，旧将李伯昇决户抱解之。徐达令人慰谕之，反复数四，士诚瞑目不言，乃以旧盾舁至舟中，送建康。士诚卧舟中不食，至龙江，坚卧不肯起。舁至中书省，李善长问之不语；已而士诚言不逊，善长怒骂之，士诚竟自缢死。改平江曰苏州府，浙西、吴会皆平。

冬十月，太祖既扫除群雄，乃遣大将军徐达、副将军常遇春率甲士二十五万北伐以定中原，驰檄谕齐、鲁、河、洛、燕、蓟、秦、晋之人。

太祖定律令。十一月，颁戊申历。

太祖遣兵讨方国珍。初，国珍怀诈反复，云“俟克杭州即纳土”。及大兵克杭州，犹自据如故。至是太祖命汤和等帅师讨国珍于庆元，国珍遁入海岛；太祖复命廖永忠帅师自海道会汤和等兵讨之。国珍惶惧，遂及其弟国珉、兄子明善率家来降。和送国珍于京师，浙东悉平。徐达、常遇春引兵徇山东郡县，皆下之。

是年，正月，李善长率群臣奉表劝进，上曰：“恐德薄不足以当尊。”善长曰：“天命已有归矣，若不正大位，何以慰天下臣民之望！”上固却之。明日，善长复固请，乃从之。

编 立妃马氏为皇后。

纪 上初渡江时，后尝谓上曰：“今豪杰并争，虽未知天命所归，以妾观之，惟以不杀人为本，人心所归即天命所在。”上深然之，至是册立为皇后。上因谓侍臣曰：“昔光武劳冯异曰：‘仓卒芜蒌亭豆粥，滹沱河麦饭，厚意久不报。’朕念皇后起布衣，常仓卒自忍饥饿，怀糗饵食朕，比之豆粥、麦饭，其困尤甚。昔长孙皇后当隐太子构隙之际，内能尽孝，谨承诸妃，消释嫌疑。朕素为郭氏所疑，径情不恤，将士或以服用为献，后辄先献郭氏，慰悦其意；及欲危朕，后乃为宽解，卒免于患，尤难于长孙皇后也。朕或因服御诘怒小过，辄劝朕曰：‘王忘昔日之贫贱邪？’朕为惕然。家之良妻，犹国之良相，岂忍忘之！”罢朝，因以语后。后曰：“妾闻夫妇相保易，君臣相保难。妾安敢比长孙皇后，但愿陛下以尧、舜为法耳。”

编 立世子标为皇太子。

编 以李善长为左丞相，章溢为御史中丞。

编 命廷臣兼东宫官。

纪 礼部尚书陶凯请选人专任东宫官属，上曰："朕以廷臣有德望者兼东宫官，非无谓也。常虑廷臣与东宫官属有不相能，遂成嫌隙，江充之事，可为明鉴！朕今立法，令台省等官兼东宫官赞辅之，父子一体，君臣一心。"于是太子官属，以李善长、章溢、刘基等兼之。

编 二月，定郊社宗庙礼。

编 定卫所官军及将帅将兵之法。

纪 自京师及郡县皆立卫所，大率以五千六百人为一卫，一千一百二十人为一所，一百一十二人为百户所。每百户所设总旗二名，小旗十名，官领钤束，通以指挥使等官领之。有事征伐则诏总兵官佩将印领之，既旋则上所佩将印于朝，官军各回本卫，大将军身还第。权皆出于朝廷，不敢有专擅，自是征伐率以为常。

编 汤和等克福州，闽地悉平。

纪 先是帝命汤和、廖永忠等取闽，进兵延平，先遣使招谕元福州平章陈友定，不从，遂进攻之。参政文殊海牙开门出降，执友定械送京师。胡廷瑞等进兵克兴化，元汀州路守将陈国珍纳款，于是郡县相继降附，福建悉平。

编 诏以太牢祀孔子于国学。

纪 仍遣使诣曲阜致祭。

编 诏衣冠悉如唐制。

编 命中书议役法。

纪 上以立国之初，经营兴作，恐役及平民，乃命中书省验田出夫。于是省臣奏议："田一顷出丁夫一人，不及顷者以别田足之，名曰均工夫。遇有兴作，农隙用之。"

编 命选国子监生侍太子读书。

编 三月，以廖永忠为征南将军，朱亮祖副之，由海道取两广。

编 命翰林儒臣修女诫。

纪 上谓学士朱升等曰："治天下者修身为本，正家为先。观历代宫阃政由内出，鲜有不为祸乱者也。卿等纂修女诫及贤妃之事可为法者，使后世子孙知所持守。"

编 蕲州进竹簟，命却之。

纪 谕中书侍臣曰："古者方物之贡惟服食器用，无玩好之饰。

今蕲州进竹簟，未有命而来献，天下闻风，争进奇巧，则劳民伤财自此始矣。其勿受。仍令四方，非朝廷所需，毋得妄献。”

编 夏四月，命图古孝行及身所经历艰难、起家、战伐之事，以示子孙。

编 禁宦官预政典兵。

编 六月，两广平。

编 秋七月，徐达、常遇春帅诸将入通州，元主避兵北行。

纪 达与遇春会诸将于临清，遂入通州。元主大惧，集后妃、太子议避兵北行，召群臣会议端明殿，元主徘徊叹息曰：“今日岂可复作徽、钦！”遂决计北徙，命淮王帖木儿不花监国，丞相庆童留守。是夜三鼓，元主及后妃、太子开建德门由居庸北走如上都。

编 八月，徐达、常遇春克元都。

纪 达等进师取元都，至齐化门，将士填壕，登城而入。达登齐化门楼，执帖木儿不花、庆童等戮之，并获诸王子六人及玉印二，成宗玉玺一。封府库、图籍、宝物及故宫殿门，以兵守之。宫人、妃主，令其宦寺护视。号令士卒，毋得侵暴；人民安堵。元翰林待制黄殷仕投井死，左丞丁敬可、总管郭允中等皆死之。学士危素寓僧寺，亦欲赴井，一僧止之曰：“公死，亡国史也。”遂往见徐达，达寻以素归。

编 命大将军徐达、副将军常遇春往取山西。

编 漳州通判王祎上书。

纪 祎上言：“人君修德之要有二：忠厚以为心，宽大以为政。昔者周家忠厚，故垂八百年之基；汉室宽大，故开四百年之业。盖上天以生物为心，春夏长养，秋冬收藏，其间雷电霜雪，有时而薄击肃杀焉，然皆暂而不常；向使雷电霜雪无时不有，上天生物之心息矣。臣愿陛下之法天道也。”上嘉纳之。时尚严厉，故祎以为言。

编 始置六部官。

纪 先是中书省惟设四部，掌钱谷、礼仪、刑名、营造，至是乃定置吏、户、礼、兵、刑、工六部，分理庶务。

编 诏以汴梁为北京，金陵为南京。

编 御史中丞刘基致仕。

纪 先是上北巡，命基同李善长留守京师。中书都事李彬犯法，事觉。彬素附善长，善长请基缓其狱，基不听，驰奏，上竟杀彬，善长銜之。上还,善长愬之,会基有丧告归,许之。

编 放元宫人。

编 旁求隐逸之士。

纪 命学士詹同等十人,分行十道求之。

编 诏乘舆服御诸物毋饰金。

纪 有司奏造乘舆服御诸物应用金者,特命以铜为之。有司言:“费小,不足惜。”上曰:“朕富有四海,岂吝于此,然所谓俭约者,非身先之,何以率下!且奢侈之原,未有不由小至大者也。”

编 冬十月,碎元水晶刻漏。

纪 司天监进元所置水晶刻漏,备极机巧,中设二木偶人,能按时自击钲鼓。上览之,谓侍臣曰:“废万几之务,用心于此,所谓‘作无益,害有益’也。”命碎之。

编 诏御史大夫汤和、平章杨璟并从西征。

编 召刘基至京师。

纪 基至,赠其祖父爵永嘉郡公。欲授基爵,辞曰:“陛下乃天授,臣何敢贪天之功!显荣先人足矣。”

编 十一月,建大本堂。

纪 命取古今图籍充其中,延儒臣教授太子、诸王。以起居注魏观侍太子说书。

编 以孔希学袭封衍圣公,孔希大为曲阜知县。

纪 皆世袭。立孔、颜、孟三氏教授司,尼山、洙泗二书院,命博士孔克仁等授诸子经,功臣子弟亦令入学。

编 十二月,大将军徐达帅诸军取太原。

编 己酉,二年,春正月,诏免中原田租。

编 诏免江南田租。

编 副将军常遇春帅师取大同。

编 二月,大将军徐达师次河中,副将军常遇春、冯宗异渡河趋陕西。

编 诏修元史。

纪 上谓廷臣曰:“近克元都,得元十三朝实录,元虽亡,史所以劝惩,不可废。”乃诏左丞相李善长、前起居注宋濂、漳州府通判王袆总裁,征山林遗逸之士汪克宽等十六人同纂修。

编　亲耕藉田。

纪　上躬耕藉田于南郊。既又命皇后率内外命妇蚕于北郊，以为祭祀衣服。

编　三月，敕翰林为文无事浮藻。

纪　上谓詹同曰："古人为文，以明道德，通世务，典、谟之言皆明白易知。至如诸葛孔明出师表亦何尝雕刻为文，而诚意溢出，至今诵之，使人忠义感激。近世文士，立辞虽艰深，而意实浅近，即使过于相如、扬雄，何裨实用！自今翰林为文，但取通道理、明世务者，无事浮藻。"

编　大将军徐达克河中，遂会诸将进取陕西。

纪　大军至西安，营于长安城北，元平章王武率官属迎降。达遂遣冯宗异取凤翔，元将李思齐奔临洮。

编　夏四月，淮安、宁国、镇江、扬州、台州各献瑞麦。

纪　一茎五穗、三穗者甚众，群臣贺，上曰："朕为生民主，惟思修德致和，使三光平，寒暑时，为国家之瑞，不以物为瑞也。"

编　大将军徐达至凤翔，遣冯宗异进攻临洮；李思齐举城降。

编　五月，大将军徐达师至萧关，下平凉。指挥朱明克延安，以明守之。

编　元将张良臣以庆阳降。

编　六月，蓟北悉平，改元都为北平府。

纪　元也速复侵通州，上命常遇春以所部军自凤翔还御之。复命李文忠为偏将军，副遇春自北平往开平，道三河，经鹿儿岭，败元将江文清于锦州，也速复以兵迎战，又败之；也速遁，遂帅兵进攻开平。元主先已北走，追奔数百里，俘其宗王庆生等斩之，凡得将士万人，车万辆，马三万匹，牛五万头。蓟北悉平，遂改元都为北平府。

编　秋七月，副将军常遇春卒于军。

纪　遇春还次柳河川，得疾卒。上令偏将军李文忠代领其众，寻诏文忠自北平会师攻庆阳。

编　八月，大将军徐达克庆阳。

纪　六军列营庆阳城下，张良臣数出战，俱不利，粮饷乏绝，至煮人汁和泥咽之。其平章姚晖等开门纳降，达勒兵自北门入，良臣投井中，引出斩之，陕西悉平。达帅诸军还京师。

编　建功臣庙。

纪　庙成，叙功，以徐达为首，次常遇春、李文忠、邓愈、汤和、沐英、胡大海、冯国用、赵德胜、耿再成、华高、丁德兴、俞通海、张德胜、吴良、吴祯、曹良臣、康茂才、吴复、茅成、孙兴祖凡二十一人。

编　命吏部定内侍诸司官制。

纪　上曰："朕观周礼，阉寺未及百人；后世至逾数千，卒为大患。今虽未能复古，亦当为防微之计，可斟酌其宜，毋令过多。"又顾侍臣曰："求善良于中涓，百无一二。用为耳目即耳目蔽，用为腹心即腹心病。驭之之道，但当使之畏法，不可使之有功；有功则骄恣，畏法则检束。"

编　九月，诏以濠州为中都。

纪　上问群臣建都之地。或言关中天府之国，或言洛阳天地之中，汴梁亦宋旧京，或言北平宫室完备。上以平定之初，民未休息，供给力役悉资江南，建业长江天堑，足以立国，临濠前江、后淮，以险可恃，以水可漕，诏以为中都。

编　冬十月，诏天下郡县皆立学。

纪　府设教授一，训导四，生员四十人；州设学正一，训导三，生员三十人；县设教谕一，训导二，生员二十人。学者专治一经，以礼、乐、射、御、书、数设科分教，务求实才，顽不率者黜之。

编　庚戌，三年，春正月，帝命徐达等往征沙漠。

纪　元王保保为西北边患，上命右丞相、信国公徐达为征北大将军，浙西行省平章李文忠为左副将军，都督冯胜为右副将军，御史大夫邓愈为左副将军，汤和为右副将军，往征沙漠。上问诸将曰："元主迟留塞外，王保保近以孤军犯我兰州，其志欲侥幸尽寸之利，不灭不已。卿等出师，当何先？"诸将皆曰："保保之寇边者，以元主之犹在也；若以师直取元主，则保保失势，可不战而降。"上曰："王保保方以兵临边，今舍彼而取元主，是忘近而趋远，失缓急之宜，非计之善。吾意欲分兵二道：一令大将军自潼关出西安捣定西以取王保保，一令左副将军出居庸入沙漠以追元主，使彼此自救，不暇应援。元主远居沙漠，不意吾师之至，如孤豚之遇猛虎，擒之必矣！事有一举而两得者，此是也。"诸将皆曰："善。"遂受命而行。

编　二月，诏群臣亲老者许归养。

纪　上行后苑，见鹊巢卵翼之劳，喟然而叹，因有是命。

编　夏四月，以危素为翰林侍读学士，已，谪素居和州。

纪　素居弘文馆，一日上御东阁，闻履声橐橐，上问"为谁?"对曰："老臣危素。"上曰："是尔邪，朕将谓文天祥耳。"素惶惧顿首，上曰："素元朝老臣，何不赴和州看守余阙庙去?"遂有是谪。素逾年卒。

编　大将军徐达帅师出安定，与王保保战，大败之，保保奔和林。

纪　达出安定，驻沈儿峪口，与王保保隔深沟而垒。一日，达整众出战，大败保保兵于川北乱冢间，擒元诸王国公及平章等官一千八百六十五人，将校士卒八万四千五百余人，获马万五千二百八十余匹，骆驼驴骡杂畜称是。保保仅与其妻子数人从古城北遁去，至黄河，得流木以渡，遂出宁夏奔和林。

编　五月，左副将军李文忠克应昌，获元主孙买的里八剌等。帝谥元主曰顺帝。

纪　文忠与左丞赵庸师出野狐岭，擒元平章祝真，进败元太尉蛮子等于白海之骆驼山，遂次开平，元平章上都罕等降。文忠帅师趋应昌，未至百余里，获元骑问之，知四月二十八日元主已殂。文忠至应昌，围其城，获元主孙买的里八剌并后妃、宫人、诸王，宋代玉玺金宝一十五，宣和殿玉图书一、玉册二，镇国玉带、玉斧各一，及驼马牛羊无算，惟太子爱猷识理达腊与数十骑遁去。文忠帅精骑追之，至北庆州，不及而还。捷闻，百官称贺，上命礼部榜示，凡经仕元者不与。又以庚申元主不战而奔，克知天命，谥曰顺帝。

编　诏设科取士，定科举法。

纪　初场各经义一道，四书义一道；二场论一道，诏诰表笺内科一道；三场策一道。中式者，后十日以骑、射、书、策、律五事试之。

编　诏行大射礼。

纪　令太学生及天下郡县学生员皆习射。

编　诏定服色。

纪　礼部奏："夏尚黑，殷尚白，周尚赤，秦尚黑，汉尚赤，唐服饰尚黄、旗帜尚赤。国家取法周、汉、唐、宋以为治，尚赤为宜。"上从之。

编　册封诸王。

纪 诏曰："诸子之封，本待报赏功臣之后，然尊卑之分所宜早定。"乃封樉为秦王，㭎为晋王，棣为燕王，橚为周王，桢为楚王，榑为齐王，梓为潭王，杞为赵王，檀为鲁王，侄孙守谦为靖江王，皆授以册宝，置相、傅、官属。

编 严宫阃之政，著为令。

纪 上以元末宫嫔女谒私通外臣，或番僧入宫摄持受戒，而大臣命妇亦往来禁掖，淫渎亵乱。遂深戒前代之失，著为典，俾世守之。皇后止得治宫中嫔妇事，宫门之外不得与焉。宫费奏自尚宫，内使监覆之，始支部，违者死。私书出外者，罪如之。宫人疾，言其状，征药。群臣命妇节庆、朔望朝见中宫，无故不得入。人君无见外命妇礼。天子、亲王后、妃、宫嫔，慎选良家子女，进者勿受。

编 六月，李文忠遣人送元买的里八剌等及其宝册至京师。

纪 省臣杨宪等请以买的里八剌献俘于庙，宝册令百官具朝服进。上曰："宝册贮之库，不必进也。古者虽有献俘之礼，武王伐殷曾用之乎？"宪对曰："武王事殆不可知，唐太宗尝行之。"上曰："太宗是待王世充，若遇隋之子孙，恐不行此礼。元人入主中国，百年之内，生齿甚繁，家给人足，朕之祖先亦预享其太平，虽古有献俘之礼，不忍加之。"乃赐买的里八剌第宅于龙山，封为崇礼侯。

编 颁平定沙漠诏于天下。

纪 是日百官表贺，上谕之曰："当元之季，盗贼蜂起，天下已非元有矣。朕取天下于群雄，非取天下于元氏。向使元君克畏天命，不自暇逸，其臣各尽乃职，罔敢骄奢，天下豪杰其得乘隙而起邪！"

编 秋九月，大明集礼书成，诏刊行之。

编 冬十一月，大将军徐达、左副将军李文忠等振旅还京师。

编 大封功臣。

明鉴易知录卷二

明纪

太祖高皇帝

编　辛亥，四年，春正月，帝命汤和等帅师伐夏。

纪　元至正十七年，随州人明玉珍起兵，从徐寿辉陷川蜀，寿辉令玉珍守之，玉珍寻自据成都，遂称帝，建国号曰夏。

二十六年，玉珍卒，子升嗣，甫十岁，母彭氏同听政。至是，升将吴友仁寇兴元，上命汤和、周德兴、廖永忠、杨璟、叶升等率舟师由瞿塘趋重庆，傅友德、顾时、何文辉等率步骑由秦、陇趋成都。上谕和等曰："今天下大定，四海奠安，惟川蜀未平耳。朕以明玉珍尝遣使修好，存事大之礼，悯明升稚弱，不忍加兵，数遣使开谕，冀其觉悟；升乃惑于群议，反以兵犯吾兴元，不可不讨。今命卿等率水陆大军分道并进，首尾攻之。"诸将陛辞，上复密谕傅友德曰："蜀人闻吾西伐，必悉其精锐东守瞿塘，北阻金牛，以拒我师。彼谓地险，吾兵难至；若出其意外，直捣阶、文，门户既隳，腹心自溃。兵贵神速，但患卿等不勇耳！"友德顿首受命。

编　三日，策试进士于奉天殿。

纪　始令进士释褐行释菜礼。

编　遣使祭历代帝王陵寝。

纪　祀帝王三十五。

编　夏四月，命永嘉侯朱亮祖为右副将军，帅师伐蜀。

纪　上以汤和、傅友德等伐蜀三月，未得捷报，命亮祖帅师助之。

编　六月，吏部尚书詹同、礼部尚书陶凯作宴享九奏乐章。

编　廖永忠、汤和师至重庆，夏主明升降。

纪　永忠帅舟师自夔州乘胜抵重庆，沿江州县望风奔附。明升与右丞刘仁等大惧，仁劝明升奔成都，其母彭氏泣曰："事势如此，纵往成都，不过延命旦夕，何益？不如早降，以免生灵于锋镝。”明升遂遣使诣永忠军，全城纳款。永忠以汤和军未至，辞不受。后数日，汤和至重庆，会永忠以兵驻朝天门外，是日明升面缚衔璧，奉表诣军门降。和受璧，永忠解缚，遣指挥万德送明升等并降表于京师。朱亮祖兵亦至。

编　秋七月，傅友德兵围成都，克之。蜀地悉平。

编　八月，明升至京师，封为归义侯。

编　以刘基所上书付史馆。

纪　上手书问刘基曰："近西蜀平，疆宇恢广。元以宽失天下，朕救之以猛，然小人但喜宽，遂恣诽谤。今天鸣八载，日中黑子迭见，卿宜条悉以闻。"基上言，以为"霜雪之后，必有阳春，今国威已立，宜少济以宽"。上以其书付史馆。或有言杀运三十年未除者，基曰："若使我当国，扫除俗弊，一二年后宽政可复也。"

编　冬十二月，赏平蜀将士。

纪　傅友德、廖永忠各白金二百五十两，彩缎二十表；杨璟、赵庸、朱亮祖不与赏。上亲制平西蜀文，纪傅、廖二将之功。

编　壬子，五年，春正月，遣大将军徐达等征沙漠。

纪　上谓诸将曰："今天下一家，尚有三事未了：一，历代传国玺在元未获；二，王保保未擒；三，元太子不闻音问。今遣尔等分道征之。"于是令徐达、冯胜、李文忠等三路出师，其兵四十万。

编　冬十二月，敕中书命有司考课。

纪　敕考课必有学校、农桑之绩，违者降罚。已而莒州日照知县马亮考满，无课农、兴学之效，而长于督运，命黜之。山西汾州考平遥主簿成乐，能恢辨商税。上曰："恢辨是额外取民也。主簿职在佐理县政，抚安百姓，岂以恢辨为能！州之考非是。"命吏部移文讯责。

编　命仍祀孟子。

纪　初，国子监请释奠，命罢孟子祀。至是上曰："孟子辟邪说，辨异端，发明先圣之道，其复之。"

编　纵苑中禽兽。

纪　内使奏增饲虎肉，上曰："养牛以供耕作，养马以供骑乘，养虎欲以何用？而费肉以饲之乎！"命以虎送光禄，他禽兽悉纵之。

编　癸丑，六年，春正月，置六科给事中。

编　征孔克表为翰林修撰。

编　以举人张唯、王琏等为编修。

纪　唯、琏等入文华堂肄业，以太子赞善宋濂、正字桂彦良为之师。上听政之暇，辄幸堂中，定其优劣，赐白金、弓矢、鞍马，宠遇甚隆。一日，上问彦良曰："法数行而数犯，奈何?"对曰："用德则逸，用法则劳。法以靖民则民劳而弗靖，德以靖民则民靖于德矣。"上曰："卿，帝者师也，江南大儒惟卿一人。"对曰："臣不敢当宋濂、刘基。"上曰："濂文人，基峻隘，不如卿也。"

编　二月，诏暂罢科举，令有司察举贤才。

纪　上谕中书省臣曰："朕设科举，求天下贤才以资任用。今所司多取文词，及试用之，不能措诸行事者甚众。朕以实心求贤，而天下以虚文应之，甚非所以称朕意也！其暂罢天下科举。有司察举贤才，必以德行为本，文艺次之。"

编　夏四月，修昭鉴祖训录成。

纪　初，上命陶凯等采摭汉、唐以来藩王可为观戒者，书成，赐名昭鉴祖训录，上亲为之叙，颁赐诸王。

编　以左丞相胡惟庸为右丞相。

编　夺诚意伯刘基禄。

纪　先是基言于帝曰："温、处之间，有地名谈洋，僻绝岩险，民多负贩私监，萃逋逃之众，宜设巡司莅之。"基又言："郡县豪猾吏当治。"使其子琏奏上二事，皆不先关白中书。时胡惟庸行丞相事，恨之。适有旨逮豪猾吏，惟庸讣吏诬基善相地，以谈洋负山面海，有王气，欲图为祖墓，民弗与，则画建司之策以逐其家。遂为成案，奏上，请加重辟。帝不听，惟夺基禄而已。基入朝谢，遂留京师。

编　秋九月，诏禁对偶文辞。

纪　命翰林院儒臣择唐、宋名儒笺表可为法者，群臣以柳宗元代柳公绰谢表及韩愈贺雨表进，令中书省颁为式。

编　冬十月，更定大明律。

编　十一月，潞州进人参。

纪　上曰："朕闻人参得之甚艰，岂不劳民，今后不必进。"因谓省臣曰："往年金华进香米，朕命止之，遂于苑中种之，每当耘耔割获之时,亲往观之,足以自适,而其所人亦足供用。朕饮酒不多,太原进葡萄酒。亦令勿进。国家以养民为务,岂以口腹累人哉!”

编 甲寅,七年,春二月,诏修治阙里孔子庙。

纪 设孔、颜、孟三氏子孙教授,以训其族人。

编 夏五月,礼部尚书牛谅奏请致斋之日,宰犊为膳;不许。

纪 谅奏:“古礼,凡大祀斋之日,宰犊牛为膳,以助精神。”上曰:“致斋三日而供三犊,所费太侈,徒增伤物之心,何益事神之道?”谅曰:“周礼所定也。”上曰:“周礼不行于后世多矣,惟自奉者乃欲法古,何哉!”

编 冬十月,遣崇礼侯买的里八剌北还。

纪 临行,上谕之曰:“尔本元君子孙,国亡就俘,曩即欲遣归,以尔年幼,道里辽远,恐不能达。今既长成,朕不忍令尔久客于此,故特遣还,见尔父母,以全骨肉之爱。”

编 十二月,陕州人献天书,斩之。

编 乙卯,八年,夏四月,诚意伯刘基卒。

纪 初,上欲相胡惟庸,基谓不可,既而上竟相之,基大戚曰:“其如苍生何!”因忧愤成疾。后疾愈增,惟庸乃遣医视疾,饮基药二剂,有物积腹中如卷石,疾遂笃。至是,上遣使送还家,仅一月而卒,基刚毅慷慨,每遇急难,计画立就,上甚礼重,常称为“老先生”而不名。又曰:“伯温,吾子房也。”

编 甘露降。

纪 甘露降于圜丘青松上,有若明珠,采尝之,甘于饴。群臣咸歌诗诵德,上曰:“天道幽微难测,若恃祥不戒,祥未必吉。朕德不逮,惟图修省,岂敢以此为己所致哉!”

编 丙辰,九年,春三月,诏免今年税粮。

编 秋闰九月,五星紊度,诏求直言。

纪 钦天监奏:“五星紊度,日、月相刑。”下诏求言。山西平遥训导叶居升上言曰:“臣观当今之事,太过者有三:曰分封太侈也;用刑太繁也;求治太速也。臣观历代开国之君,未有不以尚德缓刑而结民心,亦未有不以专事刑罚而失民心,国祚长短,悉由于此。今议者曰:‘宋、元中叶之后,纪纲不振,专事姑息,以致亡灭。’陛下所以痛惩其弊而矫枉之者也。姑以当今刑法言之,笞、杖、徒、流、死,今之五刑也。用此五刑，既无假贷，一出乎大公至正可也；而用刑之际，多出圣衷，致使治狱之吏，务求深刻以趋承上意，深刻者多获功，平允者多获罪，欲求治狱之平允，岂易得哉！近者特旨杂犯死罪免死充军，其余以次仿徒、流律，又删定旧诸律条减宥有差；此渐见宽宥，全活者众，而主上好生之仁已蔼然布乎宇内矣。然法司之治狱，犹循旧弊，虽有宽宥之名，而无宽宥之实。所谓实者，在主上不在臣下也，故必有罪疑惟轻之意，而后好生之德洽于民心，必有王三宥然后刑之政，而后有囹圄空虚之效。唐太宗曰：'鬻棺之家，欲岁之疫，非欲害于人，欲利于棺售故耳。'今法司核理一狱，必求深以成其考，今作何法，使得平允！古之为士者以登仕版为荣，以罢职不叙为辱。今之为士者以混迹无闻为福，以受玷不录为幸，以屯田、工役为必获之罪，以鞭笞捶楚为寻常之辱。其始也，朝廷取天下之士，网罗捃摭，务无遗逸，有司催迫上道，如捕重囚。比至京师，而除官多以貌选，故所学或非其所闻，而其所用或非其所学，洎乎居官，言动一跌，于法苟免诛戮，则必罹屯田、工役之科，所谓取之尽锱铢，用之如泥沙，率是为常，不少顾惜。然此亦岂人主乐为之事哉？欲人之惧而不敢犯也，窃见数年以来，诛杀亦可谓不细矣，而犯者日月相踵，岂下人之不惧哉？良由激浊扬清之不明，善恶贤愚之无别，议能之法既废，以致人不自厉，而为善者怠。若是，非用刑之烦者乎！汉之世尝徙大族于山陵矣，未闻实之以罪人也。今凤阳皇陵所在，龙兴之地，而率以罪人居之，以怨嗟愁苦之声充斥园邑，非所以恭承宗庙意也。贼人四大王突窜山谷，如狐如鼠，无窟可追，深山大壑，捕之数年，既无其方，乃归咎于新附户籍之细民而迁徙之，骚动四千里之地，鸡犬不得宁息。况新附之民，日前兵难流于他所，朝廷许之复业而来归；今乃就附籍者取其数而尽迁之，是法不信于民也！夫有户口而后田野辟，田野辟而后赋税增，臣恐自兹之后，北郡户口不复得增矣！凡此皆臣所谓大过，而足以召灾异者也。臣愿自今朝廷宜录大体，赦小过，明诏天下，备举八议之法，严深刻之吏，断狱平允者则超迁之，奇刻聚敛者则罢黜之，兆民自安，天变自消矣。

昔者周自文、武至于成、康而后教化大行，汉自高帝至于文、景而后号称富庶。文王、武王、高帝之才，非不能使教化行以致富庶也，盖天下之乱，气化之转移，人心之趋向，皆非一朝一夕之故。臣谓天下趋于治也，犹坚冰之将泮也。冰之坚，非太阳一日之光能消之也，阳气发生，土脉微动，然后能使之融释。圣人之治天下，亦犹是也。求治之道，莫先于正风俗，正风俗之道莫先于使守令知所务，使守令知所务莫先于使风宪知所重，使风宪知所重莫先于朝廷知所尚；则必以簿书期会、狱讼、钱谷之不报为可恕，而流俗失世败坏为不可不问，而后正风俗之道得矣。今之守令，以户口、钱粮、簿书、狱讼为急务，至于农桑、学校，王政之本，乃视为虚文而置之不问，此守令未知所务之失也。风宪之司，所以代朝廷宣导风化，条举纲目，至于听讼谳狱，其一事耳。今专以讼狱为要务，虽有忠臣、孝子、义夫、节妇，视为虚文末节而不暇举，此风宪未知所重之失也。守令，亲民之官；风宪，亲临守令之官，未知所务如此，所以求善治而卒未能也。王制论乡秀士升于司徒，司徒升于太学，太学正升诸司马，司马辨论官材，论定然后官之，任官然后爵之，其考之详如此。今使天下郡县生员升于太学，或未数月遽选入官者间亦有之。开国以来，选举秀才不为不多，选任名位不为不重，自今数之，贤者能有几人乎！凡此皆臣所谓求治太速之过也。

日者君之象也，月者臣之象也，五星者乡士庶人之象也。臣愚不知星术，姑以所闻于经、传并摭前世已行之得失者论之。诗曰：'彼月而食，则维其常。'今日刑于月犹之可也，而日、月相刑，则月敢抗于日者，臣敢抗于君矣。传曰：'都城过百雉，国之害也。'国家惩宋、元孤立宗室不竞之弊，秦、晋、燕、齐、梁、楚、吴、闽诸国，各尽其地而封之，都城宫室之制，广狭大小，亚于天子之都，赐之以甲兵卫士之盛。臣恐数世之后，尾大不掉，然后削之地而夺之权，则起其怨，如汉之七国，晋之诸王，否则恃险争衡，否则拥众入朝，甚则缘间而起，防之无及也。昔贾谊劝汉文帝早分诸国之地，空之以待诸王子孙，谓力少则易使以义，国小则无邪心。愿及诸王未国之先，节其都邑之制，减其卫兵，限其疆里，亦以待封诸王之子孙。此制一定，然后诸王有圣贤之德行者，入为辅相，其余世为藩辅，可以与国同休，世世无穷矣。"书奏，帝怒，逮问，系死狱中。后无敢言者。

编　诏改中书行省为承宣布政使司。

编　丁巳，十年，春二月，学士承旨宋濂致仕归。

编　夏五月，命韩国公李善长、曹国公李文忠总中书省、都督府、御史台，同议军国重事。诏监察御史巡按州县。

编　制内侍不许读书识字。

纪　有内侍以久侍内庭，从容言及政事；上即日遣还乡，命终身不齿。谕群臣曰："阉侍之人，朝夕左右，其小忠小信，足以固结君心。及其久也，假威窃权，势遂至于不可抑。朕立法，寺人不得预政事，今决去之，所以惩将来也。"因敕内侍不许读书识字。

编　秋九月，置通政使司。

纪　掌出纳诸司文书、敷奏封驳之事，以曾秉正为之。

编　冬，都督佥事濮真征高丽，被执，不屈，死之。

纪　真被执，高丽王爱其骁勇，欲降之，不从。王怒欲杀之，真曰："大丈夫有赤心，肯汝屈邪！"即抽刀剖心示之而死。王大惧，遣使入朝谢罪。上嘉真忠节，追封乐浪公，谥忠襄，其子瑜尚在襁褓，即封为西梁侯。

编　十一月，皇孙允炆生。

编　戊午，十一年，春三月，禁奏事关白中书省。

编　以李文焕、费震并为户部侍郎。

纪　上谕吏部曰："朝廷悬爵禄以待士，资格者为常流设，非为贤才设。今后庶官之有才能而居下位者，当不次用之。"于是以西安府知府李文焕、宝钞提举费震俱为户部侍郎。

编　己未，十二年，春三月，东宫文学傅藻等编春秋本末成，上之。

编　冬十二月，贬右丞相汪广洋于海南，道卒。

纪　御史中丞涂节言刘基为胡惟庸毒死，广洋宜知状。上问广洋，广洋对无是事。上颇闻其实，因责广洋欺绐，谪居海南，行次太平，上复遣使责之，广洋自缢死。

编　庚申，十三年，春正月，丞相胡惟庸谋逆，伏诛。

纪　惟庸等谋逆，诳言所居第井中涌醴泉，邀上往观。驾出西华门，内使云奇知其谋，走冲跸道，勒马言状，气方勃，舌駃不能达意，上怒其不敬，左右挝捶乱下，奇右臂几折，尚指惟庸第，弗为痛缩。上悟，登城眺察，见惟庸第内兵甲伏屏帷间；即发兵掩捕，拷掠具伏，磔惟庸于市。御史大夫陈宁、都督李玉等皆伏诛。上召云奇，死矣，深悼之，追封右少监，赐葬钟山。

惟庸辞连李善长，群臣请罪之。上曰："此吾初起时股肱心腹，吾不忍罪之，其勿问。"宋濂、孙慎坐党逆被刑，籍其家，械濂至京，上欲并诛之，皇后谏曰："民间请一先生尚有始终，不忘待师之礼。宋濂亲教太子、诸王，岂宜若是恝。况濂致仕在家，当不知情。"上意解，濂得发茂州安置。行至夔州，以疾卒。

编 诏罢中书省。

纪 罢丞相等官，升六部官秩，如古六卿之制。夏五月，诏免天下今年田租。

编 燕王之国北平。以葛诚为燕府长史。

编 辛酉，十四年，春三月，编赋役黄册。

编 秋七月，举孝弟力田、贤良方正文学之士。

编 九月，命颍川侯傅友德为征南将军，永昌侯蓝玉、西平侯沐英为副将军，帅师征云南。

纪 友德等帅师征云南，上谕之曰："云南自昔为西南夷，至汉置吏，臣属中国。今元之遗孽把匝剌瓦尔密等自恃险远，辄害使臣，在所必讨。尔等行师之际，当知其山川形势，以规进取。"师行，上饯于龙江，旌旗蔽江而上。友德师至湖广，分遣都督郭英、胡海洋、陈桓等帅兵五万，由四川永宁趋乌撒，友德等率大兵由辰、沅趋贵州。

编 冬十二月，傅友德等师至普安，攻下之，遂进平曲靖。

纪 元梁王把匝剌瓦尔密，遣司徒平章达里麻将精兵十余万屯曲靖，以拒明师。沐英谓友德曰："彼谓我师疲于深入，未有虞心；若倍道疾趋，出其不意，破之必矣。"友德是之，遂进师。未至曲靖数里，忽大雾四塞，冲雾而行，阻水，则已临白石江矣。顷之雾霁，达里麻望见大惊，仓皇失措。友德即欲济师，英曰："我军远来，形势既露，固利速战，然亟济恐为所扼。"乃整师临流，势若欲渡。达里麻悉精锐扼水，英别遣数十人从下流潜渡出其后，鸣金鼓，树旗帜。达里麻急撤众御之，阵动，英乃拔剑督师济江，以猛而善泅者先之，长刀蒙盾，破其前军；敌气索，退数里而阵。明师毕济，友德麾兵进薄之，英纵铁骑捣其中坚，敌遂大败，生擒达里麻，横尸十余里，军声大振，遂平曲靖。友德分遣蓝玉、沐英帅师趋云南，而自以众数万向乌撒，为郭英等声援。把匝剌瓦尔密闻达里麻败，弃城走，挈妻子入晋宁州忽纳砦，驱妻子俱赴滇池死。

编 蓝玉、沐英等师至云南，元右丞观甫保出降，云南遂平。

纪 玉等师至云南之板桥，观甫保出降，诸父老焚香出迎，玉等敕众入城，秋毫无犯，收梁王金印并宫府符信图籍，抚定其民。自九月朔出师迄下云南，仅百余日。

编 壬戌，十五年，春正月，命天下朝覲官各举所知一人。

编 三月，置锦衣卫及镇抚司。

编 夏四月，黜廉州府巡检王德亨，流广平府吏王允道于海外。

纪 德亨上言取西戎水银坑；黜之。允道言磁州临水镇地产铁，请如元时置铁冶都提举司辖之，岁可收铁百余万斤；上命杖之，流海外。

编 五月，遣使求经明行修之士，以秀才曾泰为户部尚书。

纪 广东儒士上治平策数千言，上以其不及用贤，责之。泰，江夏人，有学行，故不次擢用。

编 帝诣国子学行释菜礼。

纪 国学成，上将释菜，令诸儒议礼。议者曰："孔子虽圣人，臣也，礼宜一奠再拜。"上曰："圣如孔子，岂可以职位论哉！昔周太祖如孔子庙将拜，左右曰：'陪臣，不宜拜。'周太祖曰：'百世帝王之师，敢不拜乎！'遂再拜。朕深嘉其不惑于左右之言。今朕敬礼先师之礼，宜特加尊崇。"儒臣乃定其仪，从之。

编 帝亲录系囚。

纪 上录囚毕，命御史袁凯送东宫覆审，递减之。凯还复命，上问："朕与东宫孰是？"凯顿首曰："陛下法之正，东宫心之慈。"上大喜，悉从之。

编 秋八月，皇后马氏崩。

纪 后性恭俭，服澣濯之衣，每诫诸王妃、公主曰："尔等生长富贵，当为天地惜物。"接妃嫔有恩，被宠生子者待之加厚。太子、诸王虽爱之甚笃，勉令务学，有以器皿衣服相尚者，必切责之。上常前殿决事，或震怒，还宫必问今日处何事？怒何人？因言："陛下有众子，正好积德，不可纵怒杀人，致死者冤枉。活人性命，乃子孙之福，国祚亦长久。"上每从之。至是病，不肯服药；上强之，终不肯，曰："死生有命，虽扁鹊，何益！使服药而不瘳，陛下宁不以妾故而杀此诸医乎！"遂崩，年五十一。上痛悼，终身不复立后。

编 九月，诏选高僧分侍诸王。

纪 有僧道衍者，姓姚名广孝，苏州人，幼出家，改名道衍，字斯道。好读书，工诗文，遇异人传术，能预知人休咎，及善术数之学。文皇在燕邸，广孝自请于燕王曰："殿下若能用臣，臣当奉白帽子与大王戴。"至是，燕王自求广孝于上，许之。

编 征耆儒鲍恂等至，并命为学士；固辞，寻放还。

纪 征崇德鲍恂、上海全思诚、吉安余铨、高邮张长年，既至，入见，年皆七十余，赐坐，顾问者久之，并命为文华殿大学士。恂等固辞，上曰："免卿早朝，日晏而入。"恂等复以老疾辞，乃放还。

编 置殿、阁学士，以礼部尚书刘仲质为华盖殿大学士，翰林学士宋讷为文渊阁大学士，检讨吴伯宗为武英殿大学士，典籍吴沈为东阁大学士。

编 召方孝孺入见，复遣还。

纪 吴沈荐孝孺学行，召入见，上喜其举动端雅，曰："此庄士，当老其才用之。"遣还乡。

编 设都察院，以詹徽、林驷为监察御史。

编 癸亥，十六年，春正月，吴沈承制编敬天、忠君、孝亲三事为书，上之，赐名精诚录。

编 秋七月，遣御史录囚于诸省。

编 冬十月，刑部尚书开济以罪诛。

纪 先是济议法巧密，上曰："竭泽而渔，害及鲲鲕；焚林而田，祸及麛鷇。巧密之法，百姓何堪，非朕所望也！"济强敏综核，善深文，莫能自脱。尝鬻狱，借死囚脱代，狱吏发之，捶狱吏死。至是下济狱而死。

编 十二月，初令儒学岁贡生员。

编 甲子，十七年，春正月，以孔讷袭封衍圣公。

编 三月，颁行科举成式。

纪 凡三年大比，乡试，试三场：八月初九日，试四书义三，经义四，四书义主朱子集注，经义：诗主朱子集传，易主程、朱传、义，书主蔡氏传及古注疏，春秋主左氏、公羊、穀梁、胡氏、张洽传，礼记主古注疏；十二月，试论一，判语五，诏、诰、章、表内科一；十五日，试经史策五。

礼部会试以二月,与乡试同,其举人则国子学生、府州县学生、暨儒士未仕官之未入流者应之;其学校训导,专主生徒,罢闲官吏、倡优之家与居父母丧者,俱不许入试。

编 冬十月,以秀才宋矩等十七人为监察御史。

编 十一月,以孔希文为曲阜世职知县。

编 乙丑,十八年,春二月,初昏五星并见。

编 太傅、魏国公徐达卒。

纪 达自北征还,即上将印。自去冬疾作,至是卒,年五十四。上痛悼不已。亲为文祭之,追封中山王,谥武宁,赐葬中山。子四:长辉祖,袭封魏国公;次添福,勋卫;次增寿,左都督;次应绪,都督佥事。女四:长文皇后,次安王妃,次代王妃。

编 会试天下贡士。

纪 取黄子澄第一,练子宁次之。殿试丁显第一,子宁次之,子澄又次之。

编 丙寅,十九年,春二月,置行人司。

编 秋七月,诏举经明行修、练达时务之士,年七十以上者送京师。

编 丁卯,二十年,春正月,诏修阙里孔子庙。

编 二月,帝耕藉田。

编 诏焚锦衣卫刑具。

纪 上闻锦衣卫多以非法讯鞫罪囚,命取其刑具悉焚之,所系囚仍送刑部审理。有军人犯罪当杖,其人尝两得罪宥免,有司请并论前罪诛之。上曰:“前罪既宥,今复论之,则不信矣,使人何所措手足乎!”

编 秋七月,有司请立武学,祀太公,不许。

纪 有司请立武学,祀太公。上曰:“文、武非二涂也,太公从祀帝王庙,罢其旧祀。”

编 戊辰,二十一年,春正月,以御史凌汉为右都御史。

纪 汉鞫狱平恕,人有德汉者遇诸途,厚遗以金。汉曰:“了罪当尔,律有定法,非我私子,何以金为!”上廉得其事,故有是擢。

编 三月,廷试进士。

纪 赐任亨泰等进士及第、出身有差。亨泰,襄阳人,命有司建状元坊以旌之。奉旨建坊自此始。

编 冬十月，以庶吉士解缙为监察御史，寻遣归。

纪 缙，吉水人，七岁能诗文，十八举于乡，连登进士，上亲选为庶吉士，特被宠眷。因上封事，凡万余言，其略曰："陛下进人不择贤否，授职不量轻重，诚信有间，用刑太繁，每多自悔之时，辄有无及之叹。律以人伦为重，乃有给配夫妇之条，恐伤节义之礼。太常非俗乐可肄，官妓非人道所为，可以禁绝。释、老之壮者宜出之，使复人伦。经咒之妄者悉火之，以杜俗惑。陛下天资清高，而学问不充；善端间发，而心学无素。"上嘉其识，擢为监察御史。时都御史袁泰恣横，无敢言之者，缙历诋其奸状。上虑缙少涵养，将为众所倾，召其父谕之曰："才之生甚难，而大器者晚成，其以尔子归，益进其学。"又谕缙曰："后十年来朝，大用尔未晚也。"

编 以卓敬为给事中。

纪 时诸王服饰有拟太子者，敬乘间言于上曰："陛下于诸王不早辨等威，而使服饰与太子埒。尊卑无序，何以令天下！"上曰："卿言是也。"

编 己巳，二十二年，春二月，改大宗正院为宗人府，以秦王为宗人令。

编 二月，诏公侯各还其乡，赐赉有差。

纪 上以天下无事，悯诸将老，欲保之，故有是命，上论守成之道曰："人常虑危，乃不蹈危。车行于峻阪而仆于平地者，慎于难而忽于易也。保天下亦如御车，虽治平，何可不慎！"

编 庚午，二十三年，夏四月，除百官期年奔丧之制。

编 杀韩国公李善长。

纪 先是善长坐他累削禄，既又有以胡惟庸党言者，上亦未之究也。至是，会有星变，其占为大臣当灾。时帝大杀京民之怨逆者，善长请免其亲戚数人。上大怒，遂赐死。

编 诏求仙人张三丰不得，召其徒丘玄清拜太常卿。

纪 三丰不知何处人，洪武初入武当山修炼，寒暑一衲，时称为张邋遢。有问之者，终日不答一语。或与论经书，则津津不绝口。一啖数斗辄尽，辟谷数月亦自若。隆冬，鼾卧雪中，道士丘玄清遇之，遂为弟子。至是上遣使求三丰不得，乃召丘玄清至，与语大悦，拜太常卿。

编 命刘基孙廌袭封诚意伯。

纪 初基爵止其身,不世袭。既而忤胡惟庸,为所害,基子琏为江西参政,又为惟庸党沈立木所胁,卒于官。及惟庸败,上悯思之,故有是命。

编 辛未,二十四年,春二月,改封豫王桂为代王,汉王模为肃王,卫王植为辽王。

编 冬十月,定生员巾服之制。

纪 上亲视,必求典雅,凡三易其制,始定襕衫。

编 擢冯坚为佥都御史。

纪 南丰典史冯坚上言九事,上奇之,超擢为都察院右佥都御史。

编 壬申,二十五年,夏四月,皇太子薨,谥曰懿文。

编 秋七月,窜吴从权、张恒于极边。

纪 岢岚州学正吴从权、山阴教谕张恒,给由至京师,上问民间疾苦,皆对曰:"非职事,不知也。"上曰:"宋儒胡瑗,为苏、湖教授,其教诸生皆兼时务。圣贤之道,所以济世也,民情不知,则所教何事?其窜之极边,命刑部榜谕天下学校。"

编 九月,立嫡长孙允炆为皇太孙。

纪 太孙生而额颇稍偏,性聪颖,善读书,然仁柔少断。帝每令赋诗,多不喜。一日令之属对,大不称旨;复以命燕王,语乃佳。帝常有意易储,翰林学士刘三吾曰:"若然,置秦、晋二王何地?"帝乃止。

编 以修撰黄子澄兼少詹事,侍东宫讲读。

编 以方孝孺为汉中府教授。

纪 蜀献王闻孝孺贤,命世子受学,名其读书之庐曰正学。

编 癸酉,二十六年,春正月,凉国公蓝玉谋逆,伏诛。

纪 初,胡惟庸之叛,有称玉与其谋者,上以其功大,宥不问。后诸老将多没,乃擢为大将,总兵征伐,甚称上意。然玉素不学,性复狠愎,又恃功横暴。有讦其阴事者,上诘责之,玉不为意。至是,命为太傅,玉攘袂大言曰:"我固不当为太师也。"间奏事,上不从,玉惧,退语所亲曰:"上疑我矣。"乃谋反。

时鹤庆侯张翼、普定侯陈桓、景川侯曹震、舳舻侯朱寿、东莞伯何荣、都督黄恪、吏部尚书詹徽、侍郎傅友文及诸武臣尝为玉部将者，玉乃遣亲信召之，晨夜会私宅谋议，集士卒及诸家奴，伏甲将为变。约束已定，为锦衣卫指挥蒋瓛所告。命群臣讯状具实，磔于市，夷三族。彻侯、功臣、文武大吏以至偏裨将卒，坐党论死者可二万人，蔓衍过于胡惟庸。

编　夏四月，太白经天。

编　秋九月，颁大成乐器于天下以祀孔子。

编　诏褒浦江义门郑氏。

纪　浦江郑氏，十世不异爨，长幼至千余人，田赋各有所司，凡出纳虽丝毫咸有文可覆，无敢私。诸妇惟事女工，不与家政。子孙孝谨，执亲丧，哀毁三年，不御酒肉。家畜两马，一出则一为之不食。家以田多，择为粮长，数以事入觐，上识之。后被人妄讦其家与权臣通财，时严通财党与之诛，犯者不问实与不实，必死。其宗长郑濂与从弟湜两人争先就吏，上怜之曰："我知郑门无是也，人诬之耳。"擢湜福建布政司参政。上问濂治家所以长久之道，对曰："守家法，不听妇人言而已。"上深嘉之。至是，尚书严震直述其家世孝友以闻，遂下诏褒异之。

编　甲戌，二十七年，秋九月，谪青州民江伯儿戍海南。

纪　青州日照民江伯儿以母病，割胁肉食之，不愈，祷于岱岳，祠誓云："母病愈则杀子以祀。"既而母病愈，竟杀其三岁子祭之。有司以闻，上怒曰："父子天伦至重，今贼杀其子，绝灭伦理！亟捕治之，勿使伤坏风化。"遂逮伯儿，杖一百，谪戍海南。

编　寰宇通志成。

纪　方隅之目有八：东距辽东都司，东北至三万卫，西极四川松潘卫，西南距云南金齿，南距广东崖州，东南至福建漳州府，北暨太平大宁卫，西北至陕西、甘肃。纵一万九百里，横一万一千五百里，四裔不与焉。

编　乙亥，二十八年，夏六月，诏禁黥、刺、剕、劓、阉割之刑。

编　秋七月，信国公汤和卒。

编　九月，皇明祖训成。

纪　上自为之序曰："朕观自古国家，建立法制，皆在始受命之君。盖其创业之初，备尝艰苦，阅人既多，历事亦熟，比之生长深宫之主，未谙世故，及僻处山林之士，自矜己长者，甚相远矣。朕与群雄并驱,虑患防微,近二十载,乃能统一海宇,人之情伪亦颇知之,故以所见所行,开导后人,著祖训一篇,立为家法。首尾六年,凡七誊稿,至今方定,岂非难哉!盖俗儒多是古非今,奸吏常舞文弄法,凡我子孙,钦承朕命,毋作聪明,乱我已成之法。”

编 丙子,二十九年,春三月,诏文庙从祀罢扬雄,进董仲舒。

编 冬十月晦,皇曾孙文奎生。

纪 太孙允炆长子也。上以十月数终,又生于晦日,命内庭勿贺。

编 丁丑,三十年,春三月,命儒臣覆阅会试下第卷。

纪 初,会试以翰林学士刘三吾、安府纪善白信蹈充考试官,取宋琮等五十二人,中原、西北士子无与名者。三月殿试赐进士,以闽县陈䢿为第一。被黜者咸以不公为言。上大怒,命儒臣覆阅下第卷。或传三吾与信蹈至阅卷官所,属以卷之最陋者进呈。上验之,果为不堪文字,益怒,谓为胡、蓝二党,命刑部拷讯。三吾、信蹈、赞善司宪三人为蓝党,侍读张信、司直张谏、校书严叔载等皆为胡党,惟侍读戴彝不与焉。诏三吾谪戍边,余皆弃市。于是覆阅取六十一人,皆北人也。

编 夏五月,大明律诰成。

编 秋九月,诏天下每乡里各置木铎。

纪 上命户部令天下人民,每乡里各置木铎,选年老者,每月六次持铎徇于道路。又令民每时置一鼓,凡遇农桑时月,晨起击鼓会田所,怠惰者里老督责之,里老不劝督者罚。遇婚姻、死丧吉凶等事,一里之内,互相赒给。

编 戊寅,三十一年,春三月,以齐泰为兵部尚书。

编 夏五月,上不豫。

编 闰月,帝崩,太孙允炆即位。

纪 帝崩,年七十一。遗诏止诸王入临、会葬。燕王入,将至淮安,齐泰言于帝,令人赍敕使还国;燕王不悦。

编 葬孝陵。

编 六月,上皇祖考大行皇帝谥曰钦明启运峻德成功统天大孝高皇帝,庙号太祖。尊母吕氏为皇太后。

编 以蹇义为吏部右侍郎,夏原吉为户部右侍郎。命兵部尚书齐泰、太常寺卿黄子澄与参国事。

编　秋七月，以方孝孺为翰林院侍讲，直文渊阁。以董伦为礼部侍郎，兼翰林院学士。王仲为国子监博士。

编　逮周王橚至京，废为庶人。

纪　户部侍郎卓敬密奏裁抑宗藩，疏入不报。于是燕、周、齐、湘、代、岷诸王颇相煽动，有流言闻于朝，帝患之，谋诸齐泰。泰与黄子澄首建削夺议，乃以事属泰、子澄。泰谓子澄曰："燕握重兵，且素有大志，当先削之。"子澄曰："不然。燕预备久，卒难图，宜先取周，剪燕手足，燕即可图矣。"乃命曹国公李景隆调兵卒至河南围之，执周王及其世子、妃嫔送京师，削爵为庶人，迁之云南。燕王见周王被执，且齐泰、黄子澄用事，遂简壮士为护卫，以句逃军为名，异人术士多就之。

初，道衍尝游嵩山佛寺，遇鄞人袁珙，珙相之曰："宁馨胖和尚乃尔邪！目三角，影白，形如病虎，性必嗜杀，他日刘秉忠之流也。"道衍大笑，因此自负。至是，荐珙相术于燕王。王使召之至，令使者与饮于酒肆，王服卫士服，偕卫士九人入肆沽，珙趋拜燕王前曰："殿下何自轻如此！"燕王阳不省曰："吾辈皆护卫校士也。"珙不对。乃召入详叩之，珙稽首曰："殿下异日太平天子也。"燕王恐人疑，乃佯以罪遣之，既而密召入邸。

编　冬十月，荧惑守心。

纪　四川岳池教谕程济通术数，上书言："北方兵起，期在明年。"朝议以济妄言，召入，将杀之，济曰："陛下幸囚臣，至期无兵，杀臣未晚也。"乃囚济于狱。

编　十一月，诏加魏国公徐辉祖太子太傅，与李景隆同掌六军以图燕。

纪　燕、齐有告变者，帝问黄子澄曰："孰当先？"子澄曰："燕王久称病，日事练兵，且多置异人术士左右，此其机事已露，不可不急图之。"复召齐泰问曰："今欲图燕，燕王素善用兵，北卒又劲，奈何？"泰对曰："今北边有寇警，以防边为名，遣将戍开平，悉调燕藩护卫兵出塞，去其羽翼，乃可图也。"从之。乃以工部侍郎张昺为北平左布政使，谢贵为都指挥使，俾察燕王动静。徐辉祖，燕王妃同产兄也，时以燕事密告之帝，大见信用，诏加太子太傅，与李景隆同掌六军，协谋图燕。

明鉴易知录卷三

明纪

建文皇帝

编　己卯，建文皇帝建文元年，春正月，燕王遣长史葛诚入奏事。

编　帝密问诚燕邸事，诚具以实告。遣诚还燕，使为内应。至则燕王察其色异，心疑之。

编　二月，尊皇考懿文太子为兴宗孝康皇帝，皇妣常氏为孝康皇后。

编　对弟允熥为吴王，允熞为衡王，允熈为徐王。

编　立子文奎为皇太子。

编　燕王来朝。

纪　燕王入觐，行皇道入，登陛不拜。监察御史曾凤韶劾王不敬，帝曰："至亲勿问。"户部侍郎卓敬密奏曰："燕王智虑绝人，酷类先帝。夫北平者，强干之地，金、元所由兴也，宜徙封南昌，以绝祸本。"帝览奏，袖之，翼日语敬曰："燕王骨肉至亲，何得及此？"敬曰："隋文、杨广，非父子邪！"帝默然，良久曰："卿休矣。"

编　三月，燕王还国。

纪　燕王归国即托疾，久之，遂称笃。

编　夏四月，遣使执湘王柏，湘王自焚死。

纪　人告岷王楩不法事，削其护卫，诛其导恶指挥宗麟，废为庶人。又以湘王柏伪造钞及擅杀人，降敕切责，仍遣使以兵迫执之。湘王曰："吾闻前代大臣下吏，多自引决，身高皇帝子，南面为王，岂能辱仆隶手求生活乎！"遂阖宫自焚死。又以人告齐王榑阴事，诏至京，废为庶人，拘系之。幽代王桂于大同，废为庶人。未几，靖难兵起。

编　燕世子高炽及其弟高煦、高燧至京师，寻遣还。

纪　太祖小祥，燕王遣三子入临，或曰："不宜偕往。"王曰："令朝廷勿疑也。”及至京，齐泰请并留之，黄子澄曰：“不可。疑而备之，殆也，不若遣还。”世子兄弟皆魏国公徐辉祖甥，辉祖察高煦有异志，密奏曰：“三甥中独高煦勇悍无赖，非但不忠，且叛父，他日必为大患。”帝以问辉祖弟增寿及驸马王宁，皆庇之，乃悉遣归国。

初，世子入京，燕王大忧悔，及归，喜曰：“吾父子复得相聚，天赞我也。”已而燕兵起，高煦戮力为多，帝曰：“吾悔不用辉祖之言！”

编 六月，下诏让燕，逮燕府官属。

纪 燕护卫百户倪谅上变告燕官校于谅、周铎等阴事，逮系至京，皆戮之。有诏责燕王，王乃佯狂称疾，走呼市中，夺酒食，语多妄乱，或卧土壤弥日不苏。张昺、谢贵入问疾，王盛夏围炉摇颤，曰：“寒甚。”宫中亦杖而行。朝廷稍信之。长史葛诚密告昺、贵曰：“燕王本无恙。公等勿懈。”会燕王使其护卫百户邓庸诣阙奏事，齐泰请执讯之，具言王将举兵状，泰即发遣使往逮燕府官属，密令谢贵、张昺图燕，使约长史葛诚、指挥卢振为内应。以北平都指挥张信为燕王旧所信任，密敕之使执燕王。信受命，忧甚，不敢言。母疑问之，信以告，母惊曰：“不可。吾故闻燕王当有天下。王者不死，非汝所能擒也。”信乃往燕邸请见，召入，拜于床下。王佯为风疾不能言，信曰：“殿下无尔也，有事当以告臣。”王曰：“疾非妄也。”信曰：“殿下不以情语臣，上擒王矣，当就执；如有意，勿讳臣。”王见其诚，下拜曰：“生我一家者子也！”乃召僧道衍至谋事，适暴风雨，檐瓦堕，王心恶之，色不怿。道衍以为祥，王谩骂：“和尚妄，乌得祥！”道衍曰：“殿下不闻乎？飞龙在天，从以风雨，瓦坠，天易黄屋耳。”王喜，遂令护卫指挥张玉、朱能等帅壮士八百人入卫。贵等以在城七卫并屯田军士围王城，又以木栅断端礼等门。未几，削爵及逮官属诏至。

编 秋七月，燕王棣杀北平左布政使张昺、都指挥使谢贵等，遂发兵反。

纪 谢贵、张昺督诸卫士，皆甲，围府第，索所逮诸官属，飞矢入府内。燕王与张玉、朱能等谋曰：“彼军士满城市，吾兵甚寡，奈何？”朱能曰：“先擒杀贵、昺，余无能为矣。”王曰：“是当以计取之。今奸臣遣使来逮官属，依所坐名收之。即令来使召贵、昺，付所逮者。贵、昺必来，来则擒之，一壮士力耳。”明日，王称疾愈，御东殿，官僚入贺。王先伏壮士左右及端礼门内，遣人召贵、昺，不来，复遣官属内官以所就逮名往，乃至。王曳杖坐，赐宴行酒，出瓜数器，曰："适有进新瓜者，与卿等尝之。"王自进片瓜，忽怒，且詈曰："今编户齐民，兄弟宗族尚相恤；身为天子亲属，旦夕莫必其命，县官待我如此，天下何事不可为乎！"掷瓜于地。护卫军皆怒，前擒贵、昺，捽卢振、葛诚等下殿。王投杖起曰："我何病，迫于若奸臣耳！"遂曳贵、昺等，皆斩之。贵、昺诸从人在外者尚未知，见贵、昺移时不出，各稍稍散去；围王城将士闻贵、昺已被执，亦溃散。

明日，燕王誓师以诛齐泰、黄子澄为名，去建文年号，仍称洪武三十二年，署官属。以张玉、朱能、丘福为都指挥佥事，拜卒金忠为燕纪善。王下令谕将士曰："予太祖高皇帝之子，今为奸臣谋害。祖训云：'朝无正臣，内有奸逆，必举兵诛讨以清君侧之恶。'用率尔将士诛之；罪人既得，法周公以辅成王。尔等其体予心。"

编　燕王棣上书请诛齐泰、黄子澄；诏削燕王属籍。

纪　燕王上书曰："皇考太祖高皇帝艰难百战定天下，成帝业传之万世，封建诸子，巩固宗社为磐石计。奸臣齐泰、黄子澄包藏祸心，橚、榑、柏、桂、楩五弟，不数年间，并见削夺，柏尤可悯，阖室自焚。圣仁在上，胡宁忍此！盖非陛下之心，实奸臣所为也。心尚未足，又以加臣。臣守藩于燕二十余年，寅畏小心，奉法循分，诚以君臣大分，骨肉至亲，恒思加慎，为诸王先，而奸臣跋扈，加祸无辜，执臣奏事人，箠楚刺爇，备极苦毒，迫言臣谋不轨，遂分宋忠、谢贵、张昺等于北平城内外围守臣府。已而护卫人执贵、昺，始知奸臣欺诈之谋。窃念臣于孝康皇帝同父母兄弟也，今事陛下如事天也。譬伐大树，先翦附枝，亲藩既灭，朝廷孤立，奸臣得志，社稷危矣！臣伏睹祖训有云：'朝无正臣，内有奸恶，则亲王训兵待命，天子密诏诸王统领兵讨平之。'臣谨俯伏俟命。"书奏，诏削燕王属籍。

编　燕张玉攻蓟州，都督指挥马宣死之。

纪　燕王以郭资守北平，出师次通州，指挥房胜以城降。张玉曰："不先定蓟州，将为后患。"时都督指挥马宣严兵守蓟州，燕王命玉帅兵往攻。玉使人谕之，不下；环城攻之，宣帅众出战，败被执，骂不绝口，遂死之。指挥毛遂以蓟州降。

编　燕兵陷怀来，都指挥使余瑱、都督宋忠等皆死之。

纪 先是宋忠率兵三万屯开平，寻自开平率兵至居庸关，不敢进，退保怀来。时余瑱守居庸，燕王令指挥徐安、钟祥等击瑱，瑱且守且战，援兵不至，乃弃关走怀来依宋忠。燕王曰："宋忠握兵怀来，必争居庸，宜乘其未至击之。"诸将皆曰："彼众我寡，难以争锋，击之未便，宜固守以待其至。"王曰："当以智胜，难以力取。彼众新集，其心不一，宋忠轻躁寡谋，很愎自用，乘其未定，击之必破矣。"遂率马步精锐八千，卷甲倍道而进。

先是宋忠绐将士云："尔等家在北平城中，皆为燕兵所杀，尸积道路。"欲以激怒将士。燕王令其家人张树旗帜为先锋，众遥识旗帜，呼其父兄子弟相问劳，无恙，辄喜，谓："宋都督欺我！"倒戈走。宋忠帅余众仓皇列阵未成，王麾师渡河，鼓噪而前。都指挥孙泰先登，颇有斩获，燕王择善射者射泰，中之，流血被甲，慷慨裹血而战，奋呼陷阵死。忠军大败，奔入城，燕兵乘之而入。忠匿于厕，搜获之，并执余瑱，皆不屈死。当时诸将校为燕师所俘者百余人，皆不肯降，发愤死。

燕兵既克怀来，山后诸州皆不守，而开平、龙门、上谷、云中守将往往降附矣。

编 命长兴侯耿炳文等帅师讨燕。

纪 时帝方锐意文治，日与方孝孺等讨论周官法度，以北兵为不足忧。黄子澄谓北兵素强，不早御之，恐河北遂失。乃以耿炳文佩大将军印，驸马都尉李坚为左副将军，都督宁忠为右副将军，帅师北伐。子澄又请命安陆侯吴杰、江阴侯吴高、都督都指挥盛庸、潘忠、杨松、顾成、徐凯、李文、陈晖、平安等帅师并进。擢程济为翰林编修，充军师，护诸将北行。吴杰等各帅偏师步骑，号百万，数道并进，期直捣北平，檄山东、河南、山西三省合给军饷。帝诫诸将士曰："昔萧绎举兵入京，而令其下曰'六门之内，自极兵威'，不祥之极。今尔将士与燕王对垒，务体此意，毋使朕有杀叔父名。"

编 八月，耿炳文与燕师战于真定，败绩，遣李景隆代将。

纪 炳文等率兵三十万至真定，徐凯率兵十万驻河间，潘忠驻莫州，杨松帅先锋九千人据雄县，约忠为应。张玉往觇炳文营还，报燕王曰："炳文军无纪律，其上有败气，无能为。潘忠、杨松扼吾南路，宜先擒之。"燕王悦，躬擐甲胄，帅师至涿州。壬子，晡时，渡白沟河，谓诸将曰:"今日中秋,彼不备,饮酒为乐,此可破也。"夜半至雄县,缘城而上,松与麾下九千人皆战死。燕王度潘忠在莫州,未知城破,必引众来援,谕诸将曰:"吾必生擒潘忠。"诸将未喻,遂命谭渊领兵千余,渡月样桥,伏水中,领军士数人伏路侧,望忠等接战,即举炮。既而忠等果至,王进兵逆击之,路旁炮举,水中伏兵起据桥;忠战败,趋桥不得,燕兵腹背夹击,遂生擒忠,余众多溺死。

燕王问诸将帅所向,玉曰:"当径趋真定,彼众新集,我军乘胜,可一鼓破之。"王曰:"善!"即趋真定。耿炳文部将张保来降,保言:"炳文兵三十万,先至者十三万分营滹沱河南北。"燕王厚抚保,遣归诈言"保兵败被执,幸守者困得脱,窃马归。"又令言雄、莫败状,燕兵旦夕且至。诸将请曰:"今由间道,不令彼知,盖掩其不备,奈何遣保告之?"王曰:"不然。"始不知彼虚实,故欲掩袭之。今知其半营河南北,则当令知我至,其南岸之众必移于北,并力拒战,一举可尽歼之,兼使知雄县、莫州之败以夺其气,兵法所谓'先声后实'也。若径薄城下,北岸虽胜,南岸之众乘我战疲,鼓行渡河,是我以劳师当彼逸力也。"

壬戌,燕王率三骑先至真定东门,突入其运粮车中,擒二人讯状,南岸营果北移。王率轻骑数十,绕出城西南,破其二营。炳文出城迎战,张玉、谭渊、马云、朱能等率众奋击,燕王以奇兵出其背,循城夹击,横贯南阵,炳文大败,奔还。朱能与敢死士三十余骑,追奔至滹沱河东,炳文众尚数万,复列阵向能。能奋勇大呼,冲入炳文阵,阵众披靡,自相蹂躏,死者无算,弃甲降者三千余人。骑士薛禄引槊中李坚,坠马,获之。甯忠、顾成及都指挥刘燧皆被执。燕王谓坚至亲,送北平,道卒。谓成先朝旧人,解其系,与语曰:"皇考之灵,以汝授我。"因语以故,言已,泣下,成亦泣,遂遣人护送北平,令辅世子居守。

炳文奔入真定,合门固守。燕兵攻城,三日不能下,燕王还北平。帝闻,怒曰:"老将也而摧锋,奈何!"黄子澄曰:"胜败常事,毋足虑。聚天下之兵,得五十万,四面攻北平,众寡不敌,必成擒矣。"曰:"孰堪将者?"子澄曰:"李景隆可。向用景隆,今破矣。"遂遣景隆代炳文,临行,赐景隆通天犀带,亲饯之江浒。复赐斧钺,俾专征伐,不用命者僇之。召炳文回。

编 九月,镇守辽东江阴侯吴高与耿瓛、杨文帅师围永平。

编 李景隆师屯河间。燕王棣帅师援永平，吴高保退山海关；诏削高爵，徙广西。

纪 景隆乘传至德州，收集耿炳文败亡将卒，并调各路军马五十万，进营于河间。燕王闻之，呼景隆小字曰："李九江，膏粱竖子耳，寡谋而骄，色厉而馁，未尝习兵见阵，辄予以五十万众，是自坑之也。然吾在此，彼不敢至，今往援永平，彼知我出，必来攻城，回师击之，坚城在前，大军在后，必成擒矣。"诸将曰："北平兵少，奈何？"王曰："城中之众，以战则不足，以守则有余。兵出在外，奇变随用，吾出非专为永平，直欲诱九江来就擒耳。吴高怯不能战，闻我来，必走，是我一举解永平围，且破九江也。"遂行，而诫世子居守，曰："景隆来，坚守毋战也。"

壬申，燕军援永平，诸将请守芦沟桥，王曰："方欲使九江困于坚城之下，奈何拒之？"燕师猝至永平，吴高不能军，退保山海关。燕兵奔之，斩首数千级。王曰："高虽怯，行事差密，杨文勇而无谋，去高，文不足虑也。"乃遣人贻二人书，盛誉高而诋文，帝闻之，削高爵，徙广西，独命文守辽东。

编 冬十月，燕兵袭大宁，执宁王权还北平。

纪 初，太祖诸子，燕王善战，宁王善谋。洪武中，燕王受命巡边，至大宁，与宁王相得甚欢。燕王既起兵，而朝廷疑宁王与燕合，削其三护卫。燕王闻之，喜曰："此天赞我也，取大宁必矣。"乃为书贻宁王，而阴帅师兼程趋大宁，袭破其西门。燕王驻师城外，遂单骑入城会宁王，执手大恸，言"北平旦夕且破，非吾弟表奏，吾死矣"。宁王为草表谢，请赦。居数日，情好甚洽。燕王锐兵出伏城外，诸亲密吏士稍稍得入城，遂令阴结三卫渠长及闾左思归士，皆喜，定约。燕王辞去，宁王出饯郊外，伏兵起，执宁王，诸骑士卒一呼皆集，遂拥宁王入关。燕兵益盛，于是宁府妃妾、世子皆携其宝货随宁王还北平。

编 李景隆进师攻北平。十一月，燕王棣兵至，击之，景隆败，走还德州。

纪 景隆闻燕兵攻大宁，帅师进渡芦沟桥，喜曰："不守此桥，吾知其无能为矣！"遂薄城下，筑垒九门。景隆攻丽正门，几破，城中妇女并乘城，掷瓦砾，景隆令不严，骤退。北平守益坚，燕世子选勇士夜缒城砍营，南军扰乱，退营十里。惟都督瞿能奋勇，与其二子帅精骑千余杀入张掖门,锐不可当,后不继,乃勒兵以待;景隆忌能成功,使人止之,候大军至俱进。于是城中连夜汲水灌城,天寒冰结,明日,不得登。

十一月,景隆移营向河西,先锋都督陈晖渡河而东。燕王率兵至孤山,列阵于北河西,河水难渡,是日雪,默祷曰:"天若助予,则河冰合。"是夜冰果合,遂率师击败陈晖兵,晖众跳冰遁,冰乃解,溺死无算。燕王见景隆兵动,以奇兵左右夹击,连破七垒,逼景隆营。燕中军将张玉等列阵而进,至城下,城中亦出兵,内外交攻,景隆不能支,宵遁。翌日,诸军始闻景隆走,乃弃兵粮,晨夜南奔。景隆还德州。

景隆既败,黄子澄等匿不以闻。帝曰:"外间近传军不利,果何如?"子澄曰:"闻交战数胜,但天寒士卒不堪,今暂回德州,待来春更进。"子澄遂遣人密语景隆,隐其败,勿奏。

编 燕王棣复上书自理,以诛齐泰、黄子澄传檄天下。

编 十二月,加李景隆太子太师。

纪 景隆之败,黄子澄既不以闻,且云屯德州合各处军马,期以明年春大举,故有是命。燕王谕诸将曰:"李九江集众德州,将谋来春大举,我欲诱之,以敝其众。今帅师征大同,大同告急,景隆势必来援,南卒脆弱,苦寒之地,疲于奔命,冻馁逃散者必多,善战者因其势而利导之。"诸将曰:"善。"遂帅师出紫荆关,攻广昌,守将杨宗以城降。

编 罢兵部尚书齐泰、太常寺卿黄子澄。

纪 以燕王疏列二人罪也。二人名虽罢退,实筹画治兵如故。

编 蓟州镇抚曾浚起兵攻北平,不克,死之。

编 以练子宁为吏部左侍郎,茹瑺为兵部尚书。

编 庚辰,二年,春正月,燕王棣帅师下蔚州,遂进攻大同。

纪 燕王进兵围蔚州,指挥王忠、李远以城降,遂进攻大同。李景隆帅师救大同,出紫荆关。燕王由居庸关入还北平。景隆军冻馁死者甚众,堕指者十二三,委弃铠仗于道,不可胜纪。

编 夏四月,李景隆与武定侯郭英、安陆侯吴杰合军北伐,战于白沟河,败绩。

纪 景隆自德州进兵,过河间,前锋将至白沟河,英等过保定,期于白沟河合势同进。燕王帅诸将进驻固安,谓丘福等曰:"李九江等皆匹夫,无能为,惟恃其众耳。然众岂可恃也?人众易乱,击前则后不知,击左则右不应,将帅不专,政令不一,甲兵粮饷,适足为吾资耳。尔等但秣马厉兵以待。”张玉请先往驻白沟以逸待劳，燕王从之。燕兵渡五马河，驻营苏家桥。燕王见兵刃有火光，如球击，金铁铮铮作声，弓弦皆鸣，喜曰：“此胜兆也。”

帝虑景隆轻敌，乃遣魏国公徐辉祖帅京军三万为殿，星驰会之。

己未，景隆及郭英、吴杰等合军六十万，号百万，次于白沟河，列阵以待。景隆前锋都督平安伏精兵万骑邀击。燕王曰：“平安竖子，从吾出塞，识吾用兵，以故敢为先锋。今日吾先破之。”安骁勇善战，锋初交，安奋矛率众而前，都督瞿能父子亦奋跃，所向披靡，杀伤燕兵甚众，燕兵遂却。燕有内官狗儿者，亦敢勇，率千户华聚力战河北岸，百户谷允入阵，得级七，燕王亲率兵夹击，杀数千人，都指挥何清被执，至夜深始各收军还。燕王从三骑殿后，迷失道，下马伏地视河流，辨东西，始知营，自上流仓猝渡河而北。

燕王既收军还营，夜秣马待战，使张玉将中军，朱能将左军，陈亨将右军为先锋，丘福将骑兵继之，马步十余万。黎明，燕军毕渡，瞿能率其子捣房宽阵，平安翼之；宽阵披靡，擒斩数百人。张玉等见宽败，有惧色，燕王曰：“胜负常事耳。彼兵虽众，不过日中，保为诸君破之。”即麾精锐数千突入左掖，高煦率张玉等军齐进。燕王先以七骑驰击之，南军飞矢如注，射王马，凡三被创，三易之，马却阻于堤，几为瞿能所及。燕王急走登堤，佯麾鞭若招后继者，景隆疑有伏，不敢上堤，而燕王复率众驰入阵，斩其骑数人。平安斩陈亨于阵，高煦见事急，帅精骑数千前与王合。日薄午，瞿能复引众跃而前，大呼灭燕，斩其骑百余人。越嶲侯俞通渊、陆凉卫指挥滕聚复引众赴之。会旋风起，折大将旟，南军相视而动，燕王乃以劲骑绕出其后，突入驰击，与高煦骑兵合杀瞿能父子于阵，平安与朱能战亦败，于是列阵大崩，奔走之声如雷。通渊与聚等皆死，燕兵追至其营，乘风纵火，燔其营垒。郭英等溃而西，李景隆溃而南，委弃器械辎重山积，斩首及溺死者十余万。景隆单骑走德州。壬戌，燕王进攻德州。

编　五月，李景隆奔济南，燕兵入德州，济阳儒学教谕王省死之。

纪　燕兵入德州，籍吏民，收府库，获粮百余万，自是兵食益饶。哨骑至济阳，执教谕王省，既而释之。省还，升明伦堂，集诸生曰：“此堂名‘明伦’。今日君臣之义何在？”遂大哭，诸生亦哭，以头触柱而死。

编 燕王棣帅兵围济南,参政铁铉等击却之,遂复德州。

纪 先是山东参政铁铉方督饷赴李景隆军,会景隆师溃东奔,铉与参军高巍酌酒同盟,收集溃亡守济南,相与慷慨涕泣,以死自誓。及景隆奔就铉,燕王令诸将乘胜倍道而进。庚辰,至济南,景隆众尚十余万,仓猝出战,布阵未定,燕王帅精骑驰击之,景隆复大败,单骑走。于是燕兵列阵围之,铉督众悉力捍御。事闻,乃升铉为山东布政司使,召李景隆还,以左都督盛庸为大将军,右都督陈晖副之。

燕王围济南久不下,乃堰城外诸溪涧水灌城,城中人大惧,铉曰:"无恐,计且破之。"乃议令军中诈降,迎燕王入,约壮士悬铁板伏城上闉,王且入则下铁板,拔桥。计定,乃撤守具出居民,伏地请曰:"奸臣不忠,使大王冒霜露,为社稷忧。然东海之民,不习兵革,见大军压境,不识大王安天下、子元元之意,或谓聚而歼之。请大王退师十里,单骑入城,臣等具壶浆而迎。"燕王大喜,亟下令退军。王乘骏骑徐行,张盖率劲骑数人渡桥直至城下,城门开,守陴者皆登城伏堞间,燕王比入门,门中人呼千岁,铁板亟下,伤燕王马首。王惊,易马而驰。济南人挽桥,桥则坚,燕王竟从桥逸去,复合兵围济南。铉令守陴者骂,燕王大怒,乃以炮击城,垂破;铉书高皇帝神牌悬城上,燕兵不敢击。铉每出不意,募壮士突击燕兵,破之。燕王愤甚,计无所出,僧道衍进曰:"师老矣,请暂还北平以图后举。"于是撤围还北平,铉及盛庸等兵乘势追之,遂复德州,兵势大振。上即军中擢铉为兵部尚书,赞理大将军军事,封盛庸为历城侯。

编 九月,诏大将军盛庸总平燕师北伐。

纪 于是副将军吴杰进兵定州,都督徐凯等被执,械至北平。

编 冬十月,燕王棣帅兵袭沧州,城陷,徐凯等屯沧州。

编 十二月,大将军盛庸、参军铁铉等及燕王棣战于东昌,大败之,杀燕将张玉,燕军奔还。

纪 燕王率兵至汶上,掠济宁,盛庸、铁铉蹑其后,营于东昌。乙卯,燕兵向东昌,庸与铉等背城而阵,具烈火器、毒弩以待。燕军至即鼓噪前薄,尽为火器所伤。会平安兵至,与庸军合,于是庸麾兵大战。燕王以精骑冲左掖,入中坚,庸军围燕王数重,朱能率蕃骑冲入,奋力死战,翼燕王出。张玉不知王已出,突入阵救之,没于阵,庸军乘胜擒斩万余人。燕兵大败，遂北奔，庸趣兵追之，复击杀者无算。

是役也，燕王数危甚，诸将奉帝诏，莫敢加刃。至是奔北，燕王独以一骑殿后，追者数百人不敢迫。适高煦领指挥华聚等至，击退庸兵而去。燕王闻张玉败没，乃痛哭曰："胜负常事，不足虑；艰难之际，失此良辅，殊可悲恨！"师还，与诸将语，每及东昌事，曰："自失张玉，吾至今寝食不安。"遂涕下不已。

编 辛巳，三年，春正月，诏复齐泰、黄子澄官，仍领军国事。

纪 东昌捷至，诏褒赏将士，召泰、子澄还朝，仍领军事。享太庙，告东昌之捷。

编 二月，燕王棣帅师南下。

纪 初，燕王师出，僧道衍曰："师行必克，但费两日耳。"及自东昌还，道衍曰："两日，昌也，自此全胜矣。"至是，燕王因激劝将吏，召募勇敢。以图进取。乙未，帅师南出。己酉，师至保定。

盛庸合诸军二十万驻德州，吴杰、平安出真定。燕王与诸将议所向，丘福等言："定州城池未固，攻之可拔。"王曰："野战易，攻城难。今盛庸聚德州，吴杰、平安驻真定，相为犄角，攻城未拔，顿师城下，必合势来援。坚城在前，强敌在后，胜负未可决也。今真定相距德州二百余里，我军界其中，敌必出迎战；取其一军，余自胆破。"诸将曰："军介两敌，使彼合势夹攻，吾腹背受敌，奈何？"王曰："百里之外，势不相及。两军相薄，胜败在呼吸间，虽百步不能相救，况二百里哉！"明日遂移军东出。

编 三月，盛庸及燕兵战于夹河，败绩，庸走还德州。

纪 燕王师次滹沱河，盛庸军夹河为营，燕兵由陈家渡过河逆之。辛巳，庸军及燕兵遇于夹河，燕王以步骑万余薄庸阵，攻其左掖，庸军拥盾自蔽，矢刃不能入。燕军预作长䅟，约六七尺，横贯铁钉于端，钉末有逆钩，令勇士直前掷之，直贯其盾，亟不得出，动则牵连。乘隙急攻之，庸军弃盾走，燕兵蹂阵而入，南军奔溃。壬午复战，相持不决，忽东北风大起，尘埃涨天，沙砾击面，两军眯目，咫尺不见人。北军乘风大呼，纵左右翼横击之，庸军大败，弃兵走。燕兵追至滹沱河，践溺死者不可胜计。庸走德州。燕王战罢还营，尘土满面，诸将不能识，闻语声始趋进见。

编 诏窜逐齐泰、黄子澄于外，籍其家以谢燕。

编 闰月，吴杰等及燕兵战于藁城，败绩。

纪 杰、平安自真定引军出滹沱河，距燕军七十里。燕王闻之，趣兵渡河，循河行二十里，与杰军遇于藁城，会日暮。明日，杰等列方阵于西南以待，燕王亲率骁骑循滹沱河绕出阵后，会大风起，发屋拔树，燕军乘之，杰等师大溃。燕王麾兵四向蹙之，斩首六万余级，追奔至真定城下，杰、安走入城。燕兵自白沟至藁城，三捷皆有风助之。

编 夏四月，燕王棣上书请召还吴杰等师，帝遣使赍书报之。

纪 燕王兵次于大名，闻齐泰、黄子澄皆窜逐，乃上书，称臣燕王棣，大略言："比闻齐泰、黄子澄皆已窜逐，臣一家喜有更生之庆，而将士皆曰'恐非诚心，姑以饵我。不然，吴杰、平安、盛庸之众当悉召还，而今犹集境上，是奸臣虽出，而其计实行。'臣思其言，恐亦人事或然也，故不敢遽释兵。惟陛下断而行之，毋为奸邪所敝。"书上，帝以示方孝孺及侍中黄观，孝孺对曰："诸军大集，燕兵久羁大名，暑雨为沴，不战自疲。急令辽东诸将入山海关攻永平，真定诸将渡卢沟桥捣北平；彼顾巢穴归援，我以大军蹑其后，必成擒矣。今宜且舆报书，往返逾月，彼心懈而众离，我谋定而势合，机不可失也。"帝曰："善。"命孝孺草诏赦燕王父子及诸将士罪，使归本国，勿预兵政，仍复王爵，永为藩辅。遣大理少卿薛嵓赍往燕师。

嵓赍诏至，燕王读之怒，问嵓临行上何言？嵓曰："上言殿下旦释甲谒孝陵，暮即旋师。"燕王曰："嘍，是不可绐三尺儿！"嵓惶恐不能对。诸将请杀嵓，燕王曰："嵓天子命使，毋妄言。"嵓战栗，流汗被体。留数日，遣中使送出境，语之曰："归为老臣谢天子。天子素爱厚臣，一旦为权奸谗构，以至于此。臣不得已，为救死计耳。幸蒙诏罢兵，臣一家不胜感戴，但奸臣尚在，大军未还，臣将士存心狐疑，未有遽散。望皇上诛权奸，散天下兵，臣父子单骑归阙下，惟陛下命之。"嵓归至京，方孝孺私就问燕事，嵓具以告，且曰："燕王语直而意诚。"又言其将士同心，南帅虽众，骄惰寡谋，未见可胜，孝孺默然。嵓入见帝，亦备述前意。帝语孝孺曰："诚如嵓言，曲在朝廷，齐、黄误我矣。"孝孺恶之曰："此为燕游说也。"

编 五月，燕王棣遣都指挥李远烧南军积聚。

纪　燕师驻大名，吴杰、平安发兵断北平饷道，燕王遣指挥武胜复奏书于朝，大略言："朝廷许罢兵，而盛庸等攻北绝粮饷，与诏旨背驰。"帝得书有罢兵意，以示方孝孺曰："此孝康皇帝同产弟，朕叔父也。吾他日不见宗庙神灵乎！"孝孺曰："陛下果欲罢兵邪？即兵一罢，散不可复聚，彼长驱犯阙，何以御之？今军声大振，计捷书当不远，愿陛下毋惑甘言。"上然之，缚胜下锦衣狱。燕王闻之，怒曰："候命三月，今武胜见执，是其志不可回矣。彼军驻德州，资粮所给，皆道徐、沛，以轻骑数千邀焚之，德州必困。若来求战，吾严师待之，以逸待劳，可必胜。"诸将皆曰："善。"乃遣李远等帅轻骑六千诣徐、沛，令易士卒甲胄与南师同，插柳枝于背为识。远等至济宁、谷城，尽焚军兴以来积聚。丘福、薛禄合兵攻济州，破其城，遂掠沙河、沛县。南军不之觉，粮船数万艘，粮数百万，悉为所焚，军资器械俱为煨烬，河水尽热，漕运军士散走。京师大震，德州粮饷遂艰。

编　秋七月，遣张安遗燕世子高炽书。

纪　方孝孺门人林嘉猷尝居北平邸中，知高煦、高燧弗恭于燕世子。中官黄俨素奸险，方曲事高燧。高燧与世子协守北平，高煦从燕王军，时时倾世子。而是时河北师老无功，德州饷道绝，孝孺乃言于上曰："兵家贵间，燕父子兄弟可间而离也。世子诚见疑，王必北归，王归而我饷道通，事乃可济。"上善之，立命孝孺草书，遣锦衣卫千户张安如燕遗世子，令归朝廷，许以王燕。世子得书不启封，遣人并安等送军前。中官黄俨者，比书至北平，则已先使人驰报燕王曰："世子且反。"王疑之，问高煦。高煦曰："世子固善太孙。"语未竟，世子所遣使以书及张安至，燕王启视，遽曰："嗟乎，几杀吾子！"乃囚安等。

编　冬十月，燕王棣还北平。

编　十一月，遣驸马都尉梅殷镇守淮安。

纪　殷尚太祖女宁国公主，有才智，太祖特眷注之。临崩，帝与殷侍侧受顾命，太祖谓帝曰："燕王不可忽。"顾语殷曰："汝老成忠信，可托幼主。"出誓书及遗诏授之曰："敢有违天者，为朕伐之！"言讫崩。至是燕兵渐逼，诸将多畏懦观望，乃召募淮南兵民，合军士号四十万，命殷统之，驻淮上以阨燕师。既而燕王遣殷书以进香金陵为辞，殷答曰："进香皇考有禁，遵者为孝，不遵者不孝。"割使者耳、鼻，口授数语，词甚峻。燕王怒,决计趋金陵。

编 十二月,燕师发北平。

编 壬午,四年,春正月,命魏国公徐辉祖帅京军往援山东。

编 燕兵陷东阿,吏目郑华死之。

编 燕兵入沛县,知县颜伯玮、主簿唐子清、典史黄谦皆死之。

编 二月,燕王棣帅师南下。

编 平安及燕兵遇于淝河,战不利,退屯宿州。

纪 燕将金铭护北军渡河,期与燕王会于宿州。平安率马步兵四万蹑燕军,燕王亲率骑二万,持三日粮,至淝河,设伏兵,南军追至,伏发,南军还走。燕王率兵至,平安以三千骑走北岸,燕王以数十骑当之。平安裨将火耳灰者,故燕蕃骑指挥,素骁勇,被召入京师,遂隶平安麾下,持矟直犯燕王,相距十步许,燕王令胡骑指挥童信射其马蹶,遂获火耳灰者,其部曲哈三帖木儿亦勇,见火耳灰者被获,持矟突阵,亦射擒之。平安易服,以数骑走,燕王率兵追之,南军大败,骁将林帖木儿等被执。平安退屯宿州。是日释火耳灰者,令入宿卫,诸将以为言,不听。

编 燕兵陷萧县,知县陈恕死之。

编 夏四月,总兵何福、都督平安等师屯灵壁,燕兵攻破之,福遁走。安被执,遣诣北平。

纪 平安营于小河,燕兵据河北,燕王令陈文扼要处为桥,先渡步卒,辎重骑兵随之,遂分兵守桥。明日,总兵何福列阵十余里,张左右翼,缘河而东,燕王帅骑兵战,福麾步兵而前争所守桥。福帅后军来援,奋击破之,遂斩陈文于阵。平安转战,遇燕王于北坂,王急,几为安槊所及,马蹶不得前,燕蕃骑指挥王骐跃马入阵援,燕王得脱。南军夺桥而北,勇气百倍。徐辉祖军至,大战齐眉山,自午至酉,胜负相当。

是时南军再捷,燕骁将多败没,燕王不解甲者数日,南军相庆。

时廷臣有曰:"燕且北矣,京师不可无良将。"帝因召辉祖还,何福军声遂孤。燕遣轻骑截南军饷道,又令游骑扰其樵采;福乃下令移营灵壁就粮。时南军运粮五万,平安帅马步六万护之,燕王遣壮士万人遮援兵,而令高煦伏兵林间,躬帅师迎战。福出壁与安合击,高煦帅众自林间突出,燕王还兵掩击其后,福等大败,尽丧其粮饷。福等入营坚守。是夜,福下令期明旦闻炮声三,即突围出师就粮于淮河。庚辰,燕军攻灵璧营，燕王帅诸将先登，军士蚁附而上。燕兵三震炮，福军误为己炮，急趋门，门塞不得出，营中纷扰，燕兵急攻之，遂破其营。福遁走，安等被执，参赞军务礼部侍郎陈性善、大理寺丞彭与明皆死之。平安被俘见燕王，王曰："淝河之战，公马不蹶，何以遇我？"安大言曰："刺殿下如拉朽耳！"王太息曰："高皇帝好养壮士。"释之，遣还北平。自是南军益衰矣。

编　五月，燕兵至泗州，守将周景初举城叛降燕。

纪　燕王谒祖陵，泣曰："横罹权奸，几不免矣，幸赖祖宗，得今日拜陵下。"陵下父老来见，悉赐牛酒慰劳遣之。

编　燕兵渡淮，守淮河兵部主事樊士信死之。

纪　燕师至淮，盛庸帅马步兵数万、战舰数千列营南岸。燕王令舣舟编筏，扬旗鼓噪，若将渡者，潜遣丘福、朱能、狗儿等西行二十里，以小舟潜渡出庸后，渐近营，举炮，南军惊走。庸股栗不能上马，遂单舸脱去。燕兵尽得其战舰，渡淮驻南岸。樊士信死之。

编　燕兵陷盱眙、天长，进至扬州，守将崇刚，监察御史王彬死之。

编　燕兵至高邮，遂陷仪真。

编　诏天下勤王。

纪　仪真既破，北舟往来江上，旗鼓蔽天，燕王驻师江北。朝廷六卿大臣多为自全计，求出守城，都城空虚。帝下诏罪己，遣使四出征勤王兵。方孝孺曰："事急矣，宜以计缓之。遣人许割地，稽延数日，东南募兵当至。长江天堑，北兵不闲舟楫，相与决战于江上，胜败未可知。"帝从之，乃以吕太后命，遣庆城郡主如燕师议和，以割地分南北为请。郡主，燕王从姊也。燕王见郡主哭，郡主亦哭。燕王问周、齐二王安在？郡主言："周王召还未复爵，齐王仍拘囚。"燕王益悲不自胜。郡主徐申割地议，燕王曰："凡所以来，为奸臣耳。皇考所分吾地且不能保，何望割也！但得奸臣之后，谒孝陵，朝天子，求复典章之旧，免诸王之罪，即还北平，祗奉藩辅，岂有他望。此议盖奸臣欲缓我师，俟远方兵至耳。"郡主默然辞归，燕王送之出曰："为我谢天子。吾与之至亲，相爱无他意，幸不终为奸臣所惑。更为我语诸弟妹，吾几不免，赖宗庙神灵得至此，相见有日矣。"郡主还，具言之。帝出语方孝孺，且问曰："今奈何？"孝孺曰："长江可当百万兵。江北船已遣人烧尽，北师岂能飞渡!"

编 宁波知府王琎、永清典史周缙募兵勤王。

编 六月,燕兵渡江,盛庸整众御之,师溃,庸单骑遁。

纪 燕兵至浦子口,盛庸诸将逆战,败之。会高煦引北骑至,燕王大喜,抚煦背曰:"勉之! 世子多疾。"于是煦殊死战,燕王帅精骑直冲庸阵,庸军小却。帝遣都督佥事陈瑄帅舟师往援庸,瑄乃降燕。

乙卯,瑄具舟至江上来迎燕王,王乃誓师渡江。庸所驻海艘列兵沿江上下二百里,皆大惊愕。师渐近岸,庸等整众以御。燕王麾诸将鼓噪先登,以精骑数百冲庸军,庸师溃,追奔数十里,庸单骑走,余将士皆降燕。

编 燕兵进屯金川门,谷王橞与李景隆开门降。

纪 燕诸将请径薄京城,燕王曰:"镇江咽喉之地,若城守不下,往来非便。先下镇江,则彼势益危矣。"乃令来降海舟悬黄帜往来江中,镇江城中望见惊曰:"海舟皆已降,吾将何为?"其守将童俊遂率众降。

帝闻江上海舟暨镇江皆降,甚忧郁,召方孝孺问计。孝孺即班中执李景隆,请诛之,曰:"坏陛下事者此贼也。"不听。孝孺请令诸王分守城门,乃命谷王橞、安王楹分守都城门,遣李景隆及兵部尚书茹瑺、都督王佐往龙潭,仍以割地请和为辞,观虚实以待援兵。景隆、瑺至龙潭见燕王,伏地叩头而已,稍稍及割地事,燕王曰:"吾今救死不暇,何用地为! 且今割地何名? 皇考裂土分封,吾故有地矣,此又奸臣计也。凡所以来,欲得奸臣耳。公等归奏上,但奸臣至,吾即解甲,谢罪阙下,谒孝陵归奉北藩,永祗臣节。"景隆、瑺还报命,帝令景隆再如燕师,言罪人已窜逐,候执至来献,且令诸王与偕。既至,燕王见诸王相劳苦,诸王具述帝意。燕王曰:"诸弟试谓斯言诚伪。"诸王曰:"大兄洞见矣。"燕王曰:"吾来但欲得奸臣耳,不知其它。"遂宴诸王,遣归。

帝会群臣恸哭,或劝帝且幸浙,或曰不若幸湖、湘。方孝孺请坚守京城以待援,万一不利,车驾幸蜀,收集士马以为后举。齐泰奔广德州,黄子澄奔苏州,帝太息曰:"事出汝辈,而今皆弃我去乎!"长吁不已。

癸亥,燕王整兵而进,屯金川门,时谷王橞与李景隆守金川门,燕兵至,遂开门降。魏国公徐辉祖率师迎战,败绩。

编　大内火，帝逊国去。

纪　时朝廷文武俱迎降燕，帝闻金川门失守，欲自杀。翰林院编修程济曰："不如出亡。"少监王钺跪进曰："昔高帝升遐时，有遗箧，曰：'临大难当发。'谨收藏奉先殿之左。"群臣齐言急出之，俄而舁一红箧至，四围俱固以铁，二锁亦灌铁，帝见而大恸。急命举火焚大内，皇后马氏赴火死。程济碎箧得度牒三张，一名应文，一名应能，一名应贤，袈裟、帽鞋、剃刀俱备，白金十锭，朱书箧内："应文从鬼门出，余从水关御沟而行，薄暮会于神乐观之西房。"帝曰："数也。"程济即为帝祝发，吴王教授杨应能愿祝发随亡，监察御史叶希贤毅然曰："臣名贤，应贤无疑。"亦祝发。各易衣披牒，在殿凡五六十人俱矢随亡。帝曰："多人不能无生得失，宜各从便。"九人从帝至鬼门，而一舟舣岸，为神乐观道士王昇，见帝叩头称万岁，曰："臣固知陛下之来也。畴昔，高皇帝见梦，令臣至此耳。"乃乘舟至太平门，昇导至观，已薄暮矣。俄而杨应能、叶希贤等十三人同至，共二十二人。帝曰："今后但以师弟称，不必拘主臣礼也。"约定，左右不离者三人，给运衣食者六人，余俱遥为应援。黎明，取道溧阳去。

编　燕王立为皇帝。

纪　诸王及文武臣诣燕王劝进，燕王固辞，诸王群臣顿首固请，燕王乃命驾谒孝陵毕，入城。燕王曰："诸王群臣以为奉宗庙宜莫如子。宗庙事重，予不足称；今辞弗获，勉徇众志，诸王群臣各宜协心辅予不逮。"遂诣奉天殿即皇帝位。

复周王橚、齐王榑封爵。

清宫三日，诸宫人、内官多诛死，惟得罪于建文者乃得留。上诘问宫人、内侍以建文帝所在，皆指认后尸应焉。乃出尸于煨烬中哭之，曰："小子无知，乃至此乎！"召翰林侍读王景问葬礼当何如？景对曰："当葬以天子之礼。"从之。

革去兴宗孝康皇帝庙号，仍旧谥号懿文皇太子。降封吴王允熥为广泽王，卫王允熞为怀恩王，徐王允熈为敷惠王。寻复降允熥、熞为庶人，允熈改封瓯宁王，后皆不得其死。

编　杀故文学博士方孝孺。

纪　上之发北平也，僧道衍送之郊，跪而密启曰："南有方孝孺者，素有学行，武成之日，必不降附，请勿杀之，杀之则天下读书种子绝矣。”上首肯之。及建文帝逊去，即召用孝孺，不屈，系之狱。上欲草即位诏，皆举孝孺，乃召出狱。孝孺斩衰入见，悲恸彻殿陛。上谕之曰：“我法周公辅成王耳。”孝孺曰：“成王安在？”上曰：“伊自焚死。”孝孺曰：“何不立成王之子？”上曰：“国赖长君。”孝孺曰：“何不立成王之弟？”上降榻劳曰：“此朕家事耳，先生毋过劳苦。”左右授笔札，上曰：“诏天下非先生不可。”孝孺大批数字，掷笔于地，且哭且骂，曰：“死既死耳，诏不可草。”上大声曰：“汝独不顾九族乎！”孝孺曰：“便十族奈我何！”声愈厉，上大怒，令以刀抉其口，两旁至两耳，复锢之狱。大收其朋友、门生尽杀之，然后出孝孺磔之聚宝门外。孝孺慷慨就戮，时年四十六，坐死者八百七十三人。

编　杀故兵部尚书铁铉。

纪　铉被执至京陛见，背立廷中，正言不屈，令一顾不可得，割其耳鼻竟不肯顾。爇其肉纳铉口中，令啖之，问曰：“甘否？”铉厉声曰：“忠臣孝子肉有何不甘！”遂寸磔之，至死犹喃喃骂不绝。上乃令舁大镬至，纳油数斛熬之，投铉尸，顷刻成煤炭，导其尸使朝上，转展向外，终不可得。上大怒，令内侍用铁棒十余夹持之，使北面，笑曰：“尔今亦朝我邪！”语未毕，油沸蹙溅起丈余，诸内侍手糜烂，弃棒走，尸仍反背如故。上大惊，命葬之。铉年三十七。

编　秋七月朔，大祀天地于南郊，以即位诏天下，大赦。

纪　仍以洪武三十五年为纪，改明年为永乐元年。

编　执黄子澄、齐泰至京，皆杀之，夷其族。

编　以夏原吉为户部尚书。

编　八月，杀故左佥都御史景清。

纪　初，燕师入，清知帝出亡也，犹思兴复，诡自归附，上厚遇之，仍其官。清自是恒伏利剑于衣衽中，委蛇侍朝，人疑焉。八月望日早朝，清绯衣入。先是灵台奏“文曲犯帝座急，色赤”。及是见清独衣绯，疑之，朝毕出御门，清奋跃而前，将犯驾，上急命左右收之，得所佩剑。清知志不得遂，乃起植立嫚骂，抉其齿，且抉且骂，含血直噀御袍，乃命剥其皮，草椟之，械系长安门，碎磔其骨肉，是夕精英迭见。后驾过长安门，索忽断，所械皮趋前数步，为犯驾状。上大惊，乃命烧之。已而上昼寝，梦清仗剑追绕御座，觉曰：“清犹为厉邪！”命赤其族，籍其乡，转相扳染，谓之“瓜蔓钞”，村里为墟。

编 杀故右副都御史练子宁。

纪 子宁被缚至阙，语不逊，上大怒，命断其舌，曰：“吾欲效周公辅成王耳。”子宁手探舌血，大书地上“成王安在”四字，上益怒，命磔之，宗族弃市者一百五十一人。

编 九月，大封靖难功臣。

编 以蹇义为吏部尚书。命解缙、黄淮、胡广、杨荣、杨士奇、金幼孜、胡俨直文渊阁。

编 徙封谷王橞于长沙。

编 以黄福为工部尚书。

编 冬十月，宁王权来朝，徙封南昌。

编 建文帝往滇。

纪 初帝附舟至京口，过六合，陆行至襄阳，至是往滇。

明鉴易知录卷四

明纪

太宗文皇帝

编 癸未，太宗文皇帝永乐元年，春正月，建文帝至云南永嘉寺。

编 复代王桂、岷王楩封爵。

编 二月，诏以北平为北京。

纪 设留守及行部官，改北平为顺天府。

编 命皇子高煦率兵备开平。

编 冬十月，赐贵州总兵官、镇远侯顾成银币。

纪 上谓侍臣曰："朕今休息天下，惟望时和年丰、百姓安乐；至于外夷，但思以备之，必不欲自我扰之，以罢敝生民。成言'今日惟安养中国，慎固边方'，甚合朕意，以是特嘉奖之。"

编 十一月，封李芳远为朝鲜国王。

编 甲申，二年，春正月，召皇长子及高煦还京。

编 夏四月，立皇长子高炽为皇太子，封高煦为汉王，高燧为赵王。

纪 初，上议建储，武臣咸请立高煦，谓其有扈从功，惟文臣金忠以为不可。上密谘解缙，缙言："立嫡以长。"复问黄淮，亦曰："长嫡承流，万世正法。"上意遂决。

编 擢左善世道衍为太子少师。

纪 始复姓名姚广孝，上称为姚少师而不名。亦终不畜发娶妻，尝赐二宫人，亦不近。寻命广孝赈济苏、湖，往见其姊，姊拒之曰："贵人何用至贫家为？"不纳。广孝乃易僧服往，姊坚不出。家人劝之，姊不得已，出立堂中，广孝即连下拜，姊曰："我安用尔许多拜！曾见做和尚不了底是个好人！"遂还户内，不复见。

编 六月，诏杖饶州儒士朱友季，焚其所著书。

纪　饶州鄱阳儒士朱友季诣阙献所著书，专毁濂、洛、关、闽之说。上览之，曰："此儒者之贼也！"遣行人押还饶州，会司府县官声其罪，杖之，悉焚其书。

编　冬十月，山西蒲州河津县禹门渡黄河清。

编　直文渊阁解缙承制纂录韵书成，赐名文献大典。

编　十二月，李景隆伏诛。

纪　景隆僭逾不法，诸司连章劾奏其罪。上初宥景隆死，惟没其田庄，令杜门省愆。因奸人造图谶，谓"十八子当有天下"，乃执景隆下狱。景隆见上，大呼曰："陛下非臣开门奉迎，何以有今日？"上曰："幸是朕来，若他人来，汝亦开门邪？"景隆遂死于狱。

编　乙酉，三年，春正月，诏选新进士，就文渊阁进学。

纪　命学士解缙选新进士才识英敏者，入文渊阁进学。于是选修撰曾棨等凡二十八人，以应二十八宿。庶吉士周忱自陈年少，愿进学。上喜曰："此有志之士也。"命增忱为二十九人，人歆其荣。

编　冬十月，以郑赐为礼部尚书，吕震为兵部尚书。

编　丙戌，四年，春二月，命赵王高燧居守北京。

编　帝诣太学谒孔子。

纪　上视太学，礼部尚书郑赐言："宋制谒孔子，服靴袍，再拜。"上曰："见先师，礼不可简。"乃服皮弁，行四拜礼。

编　建文帝至重庆之大竹善庆里。

编　夏四月，建文帝至西平侯沐晟家。五月，结茅白龙山。

编　秋七月，命成国公朱能、新成侯张辅等帅师讨安南。

纪　先是安南国王陈日煃为其臣黎季犛所弑，季犛窜易姓名，上表诈称陈氏绝嗣，求权署国事，上从之。逾年，故安南王孙陈天平走至京师愬实，上遣人责之，季犛卑辞表请还国，上遂命广西都督黄中等以兵送天平还。季犛伏兵杀天平，中等引兵还。事闻，上大怒曰："蕞尔小丑，罪恶滔天，犹敢潜伏奸谋，肆毒如此。朕推诚容纳，乃为所欺，此而不诛，兵则奚用！"乃命朱能、张辅等帅兵分道进讨。

编　诏建北京宫殿。

编　冬十月，朱能有疾留龙州，张辅等入安南。

编　丁亥，五年，春正月，出学士解缙为广西布政。

编 夏四月,命皇长孙瞻基出阁就学。

纪 时年九岁,命太子太师姚广孝、翰林院待诏鲁瑄、宋礼等侍讲读,礼部郎中李继鼎说书,不置僚属。

编 五月,安南平。

纪 张辅等至安南,黎季犛遁,辅军追败之,生擒季犛及其子澄,余众悉降。安南平,得府十五,州四十一,县二百八,户三百十二万。

编 秋七月,皇后徐氏崩。

纪 后疾甚,上问有何言?对曰:"天下虽定,然生民未大休息,惟陛下矜念之。妾不能报陛下恩,愿无骄畜外家。"后崩,上哭之恸。

后恭勤妇道,高后深爱重。高后崩,哀毁动左右,蔬食三年。正位中宫,愈益敬谨,命妇入见,后谕之曰:"妻之事夫,岂止衣服馈食,必有德行之助。常情,朋友之言,有从有违,夫妇之言,婉顺易入。吾在宫中,朝夕侍皇上,未尝不以生民为言,每承顾问,多见听纳。今皇上所与共图治理者,公卿大臣数辈,诸命妇可不有以翼赞于内乎?百姓安则国家安,国家安则君臣同享富贵,泽被子孙矣。"崩年四十六。太子、汉王、赵王皆后出。

编 九月,张辅等槛送黎季犛等至京师,帝御承天门受俘。

编 戊子,六年,春三月,张辅等振旅还京师。

编 夏六月,建文帝白龙庵灾。

纪 程济出山募葺。

编 秋七月,论平安南功,封元功张辅等七人为公、侯、伯,余皆颁赉有差。

编 己丑,七年,春二月,帝巡幸北京,命皇太子监国。

编 三月,帝至北京。

编 敕都御史虞谦、给事中杜钦巡视两淮。

纪 谦等奏:"颍州军民缺食,请发廪赈贷。"皇太子遣人驰谕之曰:"军民困乏,待哺嗷嗷,卿等尚从容启请待报。汲黯何如人也?即发廪赈之,勿缓!"

编 夏五月,建文帝还滇。

纪 先是上命太监郑和航海通西南诸国,和数往来云、贵间踪迹建文帝,帝东行至善庆里,是月复还滇。

编 庚寅，八年，春三月，建文帝复至白龙庵。

纪 工部尚书严震使安南，密访建文帝，忽与帝遇于云南道中，相对而泣，帝曰："何以处我？"对曰："上从便，臣自有处。"夜缢于驿亭中。帝复结庵于白龙山，寻复舍白龙庵他去。

编 冬十月，帝还南京。

编 辛卯，九年，春二月，开浚会通河。

编 夏四月，建文帝至鹤庆山。

纪 先是，有司毁白龙庵。是月，建文帝至浪穹鹤庆山，其地颇佳，因募建一庵，名大喜。

编 六月，逮交阯参[政](议)解缙至京，下之狱。

纪 先是缙入奏事，会上北巡，见皇太子而归。及上还京，赵王言："缙瞰陛下远出，觐储君，无人臣礼。"上怒。时检讨王偁亦谪交阯，缙偕偁至广东娱嬉山水，且上言请役夫数万凿[漳](赣)江以便往来。上大怒曰："为臣受事，则引而避去，乃欲劳民如此！"遂逮缙并偁俱下狱。

编 诏遇民饥即行赈给。

纪 户部言赈北京、临城饥民三百余户，给粮三千七百石有奇。上曰："国家储蓄，上以供国，下以济民，故丰年则敛，凶年则散。隋开皇间旱饥，文帝不肯开仓赈济，末岁计所积，供可五十年。仓廪虽丰，民心不固，炀帝无道，遂至灭亡。前鉴具在，今后但遇水旱民饥即赈给之。"

编 冬十一月，立皇长孙瞻基为皇太孙。

编 壬辰，十年，春三月，建文帝纳弟子应慧。

编 秋九月，杀浙江按察使周新。

纪 新，南海人，举乡荐为御史，弹劾不避权贵，京师称为"冷面寒铁"。出为云南按察使，改浙江。时锦衣卫指挥纪纲有宠，使千户往浙缉事，作威受赂，新推治之。千户脱走诉于纲，纲奏新专权，上命逮新至京。新见上，抗声曰："臣奏诏擒奸恶耳，奈何罪臣！（生为直臣，）臣死且不憾！"上怒，命杀之。已而悟其冤，问侍臣曰："新何处人？""对曰："广东。"上叹曰："广东有此好人，枉杀之矣。"悼惜者久之。

编 癸巳，十一年，春正月，帝巡幸北京。

纪 皇太孙从，命尚书蹇义、学士黄淮、谕德杨士奇、洗马杨溥辅太子监国。

编 夏五月，山东曹县献驺虞。

编 秋七月，封鞑靼太师阿鲁台为和宁王。

纪 先是阿鲁台遣使来纳款，且请得部署女真、吐蕃诸部。上以问左右，多请许之，黄淮独不可，曰："此属分则易制，合则难图矣。"上顾左右曰："黄淮如立高冈，无远不见；诸人处平地，所见惟目前耳。"乃不许阿鲁台之请。至是封为和宁王，赐金帛，仍居漠北。瓦剌顺宁王马哈木怨阿鲁台，朝贡不至。

编 甲午，十二年，春二月，诏亲征瓦剌。

编 三月，车驾发北京。

纪 皇太孙从，上谓侍臣曰："朕长孙聪明英睿，智勇过人，今肃清沙漠，使躬历行阵，见将士劳苦，征伐不易。"又谓胡广、杨荣、金幼孜曰："每日营中闲暇，尔等即以经史于长孙前讲说，文事武备，不可偏废。"

编 夏六月，帝帅师击瓦剌军，大败之，马哈木北遁。

纪 上帅师至撒里怯儿之地，前锋都督刘江遇敌三峡口，击走之。戊申，上发苍厓峡，次阑忽失温，马哈木以三万人来战，顿山巅不敢发。上遣铁骑挑之，敌奋而下，中军将安远侯柳升以神机炮毙其骑数百，上率铁骑乘之，马哈木遂大溃走。追至土剌河，生擒数十人，马哈木乘夜北遁，上遂下令班师。

编 秋八月，车驾还北京。

编 逮学士黄淮等下狱。

纪 上北征还，太子遣使迎车驾缓，且书奏失辞，上怒曰："此辅导之咎也。"汉王高煦复谮之，遂逮尚书蹇义、学士黄淮、谕德杨士奇、洗马杨溥、芮喜、正字金问等。既而义获宥，淮等俱下狱。寻召士奇至前，亲问东宫事，士奇言："太子孝敬诚至，凡所稽迟，皆臣等之罪。"乃特宥士奇复职。

编 榜葛剌国献麒麟。

编 冬十二月，命儒臣纂修五经、四书、性理大全。

纪 开馆于东华门外，书成，上亲为之序。

编　乙未，十三年，春二月，解缙死于狱。

编　秋八月，建文帝游衡山。

编　冬十月，赐刑部主事刘宁妻安氏银币。

纪　有人纳银于瓜以馈宁者，宁妻安氏发之。诏褒宁平日廉信于妻，妻能佐夫以义，赐白金二百两，彩币八表里。

编　瓦剌马哈木贡马谢罪。

编　丙申，十四年，春三月，徙封赵王高燧于彰德，汉王高煦于青州。

编　冬十月，帝还南京。

纪　上将建北京宫殿，命群臣会议，于是文武群臣议奏曰："北京，圣上龙兴之地，北枕居庸，西峙太行，东连山海，南俯中原，山川形胜足以控四夷制天下，诚帝王之都也。比年车驾巡狩，四海会同，人心协和，漕运日广，商贾辐辏，财货充盈。良材巨木，已集京师，天下军民，乐于趋事。伏乞上顺天心，下从民望，早敕所司兴工营建，以为子孙万世帝王之业，天下幸甚。"

编　命丰城侯李彬镇交阯。

编　以翰林院修撰沈度为侍读学士。

纪　上爱度书法，称为"我朝王羲之"，命中书习其字。

编　丁酉，十五年，春二月，谷王橞谋逆，诏削爵为庶人。

纪　上以谷王橞开门迎降之故，待之加厚，改封长沙。橞阴养死士，造战船。随侍都督张兴密言于上，上未之信。会蜀王椿次子崇宁王悦爀得罪于父，逃橞所，橞诡众曰："建文君初不死，今已在此。"蜀王闻之，上疏具言橞谋逆之事。上叹曰："朕何如待橞，乃有此心。蜀王忠孝，又不宜欺我，张兴尝为我言，我不忍信，今果然。"立命中官持敕谕橞，令遣悦爀还蜀，且征橞，橞不意敕使猝至，乃就征。至京入见，上以蜀王章示之，橞伏地言"死罪死罪！"上不忍诛，削橞及其二子赋灼、赋熗爵为庶人。诛诸通谋者，张兴以先发橞谋，得不坐。

编　三月，汉王高煦有罪，徙居乐安。

纪　先是，封高煦为汉王，国云南，怏怏不肯去，曰："我何罪，斥我万里！"及改青州，又不肯去，曰："何为置我瘠土！"留居京师，请得天策卫为护卫，曰："唐太宗为天策上将军，吾得之岂偶然。"又益请两护卫，曰："我英武岂不类秦王！"遂僭用天子车服。上在北京颇闻之，及还南京，以问杨士奇，对曰："汉王始封云南不肯行，复改青州又不行，今知朝廷将徙都北京，惟欲留守南京。此其心，路人知之。惟陛下蚤善处置，用全父子之恩。"上默然。后数日，上复得高煦造兵器，阴养死士，招纳亡命等事，大怒，召至诘之，絷之西华门内，将诛之，皇太子涕泣力救，乃徙封乐安，促即日行。上顾谓皇太子曰："乐安去京甚近，如其作祸，可朝发而夕擒之。"

编　帝巡北京，命皇太子监国。

编　秋八月，瓦剌顺宁王马哈木卒，以其子脱欢袭顺宁王。

编　冬十二月，建北京宫殿。

编　戊戌，十六年，夏五月，胡广卒。

纪　初，燕兵渡江时，解缙、胡广与周是修约，同死于难。既而缙使人觇广动静，广方问家人饲猪否？缙闻而笑曰："一猪尚不肯舍，况肯舍性命。"盖初皆无意于死也，惟是修竟行其志。后缙、广同直文渊阁，上曰："缙、广少同业，仕同官，缙业已有子，广宜妻之以女。"广曰："臣妻有娠，未卜男女。"上曰："定生女。"越数月，广妻果生女，遂订盟。既而缙遭谗死，举家徙边，广欲使女改适，女窃入室，以刀截耳，家人觉而救之，血被两颊，且言曰："薄命之婚，皇上主之，父面承之，一与之盟，终身不改。"越数年，解氏蒙宥归，女卒归解氏。

编　以吏科给事中陈谔为顺天府尹。

编　己亥，十七年，冬十二月，颁为善阴骘、孝顺事实二书于天下学校。

纪　上命儒臣辑录古今载籍所记，为善阴骘之事可以垂劝者，得百六十五人；孝顺之事可以垂教者，得二百七人；上亲为之序。

编　庚子，十八年，秋八月，立东厂。

纪　命内官一人主之，刺大小事情以闻。

编　九月，北京宫殿成。

编　冬十月，建文帝入蜀。

编　十一月，皇太子赴北京。

纪　太子过邹县，会岁荒民饥，乃下马入民舍，见男女衣皆百结不掩体，灶釜倾仆不治，叹曰："民隐不上闻若此乎！"会山东布政使石执中来迎，让之曰："为民牧而视民穷如此，亦动念否乎？"执中言："凡被灾之处，皆已奏请，赐今年秋粮。”太子曰：“民饥且死，尚及征税邪？速取勘饥民口数，近地约三日，远地约五日，悉发官粟赈之。”执中请人给三斗，太子曰：“且与六斗。汝毋惧擅发，予见上，当自奏也。”太子至即奏之，上曰：“昔范仲淹之子，犹能举麦舟济其父之故旧，况百姓吾赤子乎！”

编 辛丑，十九年，春正月，帝御北京奉天殿受朝贺。大赦。

编 夏四月，奉天、谨身、华盖三殿灾，诏求直言。

编 秋七月，建文帝入粤。

编 冬十月，阿鲁台入寇。

纪 上议北征，大臣皆言：“粮储未足，且频年出师无功，宜休养兵民”，上不悦，下户部尚书夏原吉、刑部尚书吴中狱。

纪 壬寅，二十年，春三月，帝亲征阿鲁台。

纪 阿鲁台寇兴和，杀守将王焕。上遂决意亲征，驾至鸡鸣山，阿鲁台闻之，夜遁。

编 秋七月，帝至西凉亭，下令班师。

纪 驾次西凉亭。西凉亭者，故元往来巡游之地也。上望其颓垣遗址，树林郁然，谓守臣曰：“元氏创此，将遗子孙为不朽之图，岂意有今日。书云‘常厥德，保厥位。厥德靡常，九有以亡’，况一亭乎？可以为殷鉴矣！”因下令禁军士斩伐树木，遂班师。

编 九月，车驾还京师。

编 冬闰十二月，阿鲁台弑其主本雅失里，自称可汗。

编 癸卯，二十一年，春二月，蜀王椿薨，谥曰献。

纪 王天性孝友，循礼执法，好学不倦，喜接士大夫，讲道问业，诸王中最称贤。

编 建文帝入楚。

编 夏五月，常山中护卫指挥孟贤等谋逆，伏诛。

纪 先是上以疾，多不视朝，中外事悉启皇太子处分。太子每裁抑宦侍，黄俨、江保尤见疏斥。俨等素厚赵王，流言传播，谓上属意赵王。由是孟贤遂起邪心，与羽林卫指挥彭旭等连结贵近，谋进毒于上；俟晏驾，即以兵劫内库兵仗符宝，执大臣伪撰遗诏，废皇太子而立赵王。布置已定，中护卫总旗王瑜知之，诣阙上变告。上大惊，急捕贼。既悉得，上御左顺门亲鞫之，召皇太子、赵王、文武大臣皆至，上览所撰伪诏，震怒，顾赵王曰："尔为之邪？"皇太子为之营解曰："高燧必不预谋，此自下人所为耳。"遂止按诛贤等。

编 秋七月，帝复亲征阿鲁台。

纪 上闻阿鲁台将犯边，复亲征，次于宣府。

编 冬十月，帝至上庄堡，鞑靼王子也先土干率众来降。

纪 初，上次沙城，阿失帖木儿率妻子来降，言阿鲁台闻天兵复出，疾走远遁，不复有南意。至是，也先土干来降，上喜，谓诸将曰："远人来归，宜有以旌异之。"乃封为忠勇王，赐姓名金忠。遂班师。

编 十一月，帝还京师。

编 甲辰，二十二年，春正月，阿鲁台寇大同。

纪 大同守将奏阿鲁台侵塞。遂大阅，议北征。

编 夏四月，诏命皇太子监国，帝发京师。

纪 大学士杨荣、金幼孜从。五月，师次清水源，阿鲁台远遁。上谓荣、幼孜曰："朕夜梦神人告朕曰：'上帝好生。'如是者再，是何祥也？岂天属意兹寇乎？"荣、幼孜言："宜承天意，赦其不臣之罪，班师还京。"上曰："此朕志也。"

编 六月，帝下诏班师。

纪 师次答兰纳木儿河，弥望荒尘野草。阿鲁台遁走已久，前锋陈懋、金忠引兵抵白邙山下，咸无所遇，以粮尽还。英国公张辅奏："愿假臣一月粮，率骑深入，罪人必得。"上曰："今出塞已久，人马俱劳。北地早寒，一旦有风雪之变，归途尚远，不可不虑。"乃诏旋师。

编 秋七月，帝崩于榆木川。

纪 师次苍崖，上不豫。庚寅，次榆木川，上大渐，召张辅受遗命，传位皇太子。辛卯，上崩。

编 八月，梓宫至京师。

纪 杨荣等奉大行皇帝讣至京师，皇太子遣皇太孙赴开平迎梓宫，壬子，至京师。

编 出夏原吉、吴中、黄淮、杨溥、金问于狱。

编 太子高炽即位，大赦。

编 置公、孤官。

纪 太师、太傅、太保皆正一品，少师、少傅、少保皆从一品。上谕吏部尚书蹇义曰："此皇祖之制，皇考圣明天纵，可不置此官，予历事未广，不无望于师傅，卿等勉之。”遂加义少保。

编 赦解缙妻子还乡，官其子祯亮为中书舍人。

纪 初，文皇尝手书蹇义等十人授缙曰：“汝可疏其人品。”缙曰：“蹇义天姿厚重，中无定见。夏原吉有德有量，不远小人。刘儁虽有才干，不知顾义。郑赐可谓君子，颇短于才。李至刚诞而附势，虽才不端。黄福秉心易直，确有执守。陈瑛刻于用法，好恶颇端。宋礼戆直而苛，人怒不恤。陈洽疏通警敏，亦不失正。方宾簿书之才，驵侩之心。”奏上，文皇以示上曰：“至刚朕已洞灼，余徐验之。”至是，上出缙奏示杨士奇曰：“今人率谓缙狂士，观所论评，皆有定见。”乃赦其家属，官其子祯亮。

编 九月，进蹇义少傅，加杨士奇少保，杨荣太子少傅，金幼孜太子少保。

纪 赐义等银图书各一，其文曰“绳愆纠缪”。谕之曰：“卿等皆先帝旧臣，又事朕于东宫；今朕嗣位之初，赖卿等协心赞辅，凡政有阙失，群臣及卿等言之而朕未从，悉用此印密疏以闻。”

编 冬十月，建文帝下江南。

编 立妃张氏为皇后。

编 立皇太孙瞻基为皇太子。

编 封子瞻埈为郑王，瞻墉为越王，瞻垠为蕲王，瞻墡为襄王，瞻堈为荆王，瞻墺为淮王，瞻垲为滕王，瞻垍为梁王，瞻埏为卫王。

编 十一月，赦奸党族属，并放还家，给还田产。

纪 上谓侍臣曰：“方孝孺辈皆忠臣也，宜从宽典。”因下御札，谕礼部尚书吕震曰：“建文中奸臣，其正犯已悉受显戮，家属初发教坊司、锦衣卫及功臣之家为奴；今有存者，既经大赦，可宥为民，给还田土。”

编 逮治前御史舒仲成，既而罢之。

纪 初，上监国时，仲成以言事忤旨，贬湖广按察副使。至是，命都察院逮治之。杨士奇上疏言：“向来得罪者多，陛下即位皆宥之，今追理仲成，即诏书不信。汉景帝为太子，召卫绾不赴，即位，进用绾，前史韪之。”上览疏喜，即有旨罢治仲成，而降敕奖谕士奇。

编 十二月，葬长陵。

仁宗昭皇帝

编 乙巳，仁宗皇帝洪熙元年，春正月，进大学士黄淮为少保兼户部尚书，杨士奇兼兵部尚书，金幼孜兼礼部尚书。

编 建宏文阁。

纪 建宏文阁于思善门之左，作印章，命翰林院学士杨溥掌阁事。征苏州儒士陈继为翰林院五经博士学录，杨敬为翰林院编修训导，何澄为礼科给事中，皆直宏文阁。上亲举印授溥曰："朕用卿等，非止助益学问，亦欲广知民事，为理道之助。卿等如有建白，即用此印封识以闻。"

编 三月，征权谨为学士。

纪 上闻前光禄寺署丞权谨孝行，曰："忠孝之人，可任辅导。"遂驿召至，以为文华殿大学士。

编 赵王高燧之国彰德。

编 遣汉王高煦子瞻圻守皇陵。

纪 初，瞻圻恨父杀其母，屡发父过恶，文皇曰："尔父子，何忍也！"及文皇北征晏驾，瞻圻在北京，凡朝廷事，潜遣人驰报，一昼夜六七行。高煦日亦遣数十人入京师潜伺，幸有变。上固知之，顾益厚遇。至是，高煦悉上瞻圻前后觇报朝中事，且曰："廷议旦夕发兵取乐安。"上召瞻圻示之曰："汝处父子兄弟间，谗构至此乎！稺子不足诛，发凤阳守皇陵。"

编 夏四时，诏免山东、淮、徐税粮之半。

纪 时有至自南京者，上问"所过地方何如？"对曰："淮、徐、山东民多乏食，而有司征税方急。"上遂召杨士奇等，令草诏免之。士奇曰："此事可令户部、工部与闻。"上曰："救民之穷，当如救焚拯溺，不可迟疑，有司虑国用不足，必持不决之论。"乃令士奇书诏毕，即遣使赍行。上顾士奇曰："卿今可语户、工二部，朕已悉免之矣。"左右言："地方千余里，其间未必尽荒，宜有分别，庶不滥恩。"上曰："恤民宁过厚。为天下主，乃与民寸寸计较邪？"

编 命皇太子谒祭皇陵、孝陵，留南京监国。

编 出二敕二印，赐蹇义、杨士奇。

纪 上明于星象，忽夜见星变，召士奇等语曰："天命尽矣！"乃叹息而起。次日早朝罢，召义、士奇谕曰："监国二十年，为谗慝所构，心之艰危，吾三人共之。赖皇考仁明，得遂保全。"言已，泫然，义、士奇亦流涕。上曰："即吾去世后，谁复知吾三人同心一诚？"遂出二敕二印，一赐义，文曰"忠贞"；一赐士奇，曰"贞一"，皆拜受而退。

编　五月，帝崩。

纪　上不豫，召蹇义、杨士奇、黄淮、杨荣至思善门，命士奇书敕遣中官海寿驰召皇太子于南京。翌日，上疾大渐，遗诏传位皇太子，遂崩。寿四十八。时皇太子未至，群臣请郑、襄二王监国。

编　建文帝自闽、粤还鹤庆山。

纪　建文帝自闽、粤还山，止程济从。闻仁宗崩，帝曰："吾心放下矣。今后往来亦少如意也。"

编　六月，太子瞻基即位。

纪　太子至自南京，遂即位。

编　秋七月，尊皇后曰皇太后。

编　立妃胡氏为皇后。

编　九月葬献陵。

宣宗章皇帝

编　丙午，宣宗皇帝宣德元年，春正月，汉王高煦遣人献元宵灯。

纪　有言于上曰："汉府遣所来者多，是窥瞰朝廷之事，特以进献为名。"上曰："吾惟推诚以待之耳。"复书报谢。

编　二月，礼部进耕藉田仪注。

纪　上观之，谓侍臣曰："先王制藉田以奉粢盛，以率天下务农，所贵有实心耳。诚念创业艰难，爱恤苍生，使明德至治达于神明，则黍稷之荐不待亲耕矣。诚轻徭薄赋，贵农重谷，则人咸乐耕，不待劝率矣。不然，三推、五推，何益于事！"

编　夏四月，吕震卒。以胡濙为礼部尚书。

编　五月，以户部左侍郎陈山为户部尚书，兼谨身殿大学士，礼部左侍郎张瑛兼华盖殿大学士，并入内阁预机务。

编　秋八月，汉王高煦反，帝自将讨擒之。

纪　初，高煦既之国乐安，反谋未尝一日忘。及仁宗崩，上即位，赐高煦视他府特甚。高煦益自肆。八月壬戌遂反，遣枚青潜来京，约英国公张辅为内应，辅系青闻于朝。又约山东都指挥靳荣等反济南为应。乃立五军都督府，指挥王斌领前军，韦达左军，千户盛坚右军，知州朱煊后军。诸子瞻垐、瞻域、瞻埣、瞻墿各监一军，高煦率中军，世子瞻垣居守，指挥韦贤、韦兴、千户王玉、李智领四哨。部署已定。御史李浚，乐安人，弃其家，变姓名，间道诣京上变，言高煦刻日取济南，然后率兵犯阙。

丁卯，高煦遣百户陈刚进疏，斥言二三大臣夏原吉等为奸佞，并索诛之。上叹曰："高煦果反！"议遣将讨高煦，杨荣力言不可，曰："陛下独不见李景隆事乎？"上默然，顾原吉，原吉曰："兵贵神速，宜卷甲韬戈以往，一鼓而平之，所谓'先声有夺人之心也'。若命将出师，恐不济。荣言是。"上意遂决。立召张辅谕亲征，辅对曰："高煦鸷而寡谋，外戆中恇，今所拥非有能战者，愿假臣兵二万，擒逆贼献阙下。"上曰："卿诚足办贼，顾朕新即位，小人或怀二心，行决矣。"

乙丑，敕平江伯陈瑄防守淮安，勿令贼南走。令指挥芮勋守居庸关，勿令北入胡。戊辰，命定国公徐景昌、彭城伯张昶守皇城，安卿伯张安、广宁伯刘瑞、汴城伯张荣、建平伯高远辅、郑王瞻埈、襄王瞻墡留守北京，蹇义、杨士奇、夏原吉、杨乐、杨溥、吴中、胡濙、张本、顾佐扈从，丰城伯李贤、侍郎郭琎督军饷，阳武侯薛禄为先锋。辛未，车驾发京师，率大营五军将士以行。戊寅，获乐安归正人，给榜令还乐安谕众。

上赐书谕高煦曰："王，太宗皇帝之子，仁宗皇帝之弟，朕嗣位以来，事以叔父，礼不少亏，何为而反邪？朕惟张敖失国，本之贯高；淮南受诛，成于伍被。自古小人事藩国，率因之以自图富贵，而陷其主于不义；及事不成，则反噬主以图苟安。今六师压境，王能悔祸，即擒献倡谋者，朕与王削除前过，恩礼如初。王如执迷，或出兵拒敌，或婴城固守，图侥幸于万一，当率大军乘之，一战成擒矣。又或麾下以王为奇货，执以来献，王以何面目见朕？虽欲保全，不可得也。王之转祸为福，一反掌间耳，其审图之！"

辛巳，车驾至乐安，诸将请即攻城，上不许。复敕谕高煦，不报。又以敕系矢射城中，谕党逆者以祸福，于是城中人多欲执献高煦者。高煦狼狈失据，密遣人诣御幄陈奏："愿宽假今夕与妻子别，明旦出归罪。"上许之。是夜，高煦尽取积岁所造兵器，与凡谋议交通文书尽焚之。壬午，高煦将出，王斌等固止之，曰："宁一战以死，就擒辱矣！"高煦遂潜从间道衣白席藁出见上，顿首自陈。群臣请正典刑，不许。上令高煦为书，召诸子同归京师。

乙酉班师，命中官颈系高煦父子赴北京。庚寅，车驾至献县之单桥，户部尚书陈山迎驾。山见上，言"宜乘胜移师向彰德，袭执赵王。则朝廷永安矣。"上召杨荣以山言谕之，荣对曰："山言，国之大计。"遂召蹇义、夏原吉谕之，两人不敢异议。荣言："请先遣敕赵王，诘其与高煦连谋之罪，而六师奄至，可擒也。"从之。荣遂传旨令杨士奇草诏，士奇曰："事须有实，天地鬼神岂可欺哉！且敕召以何为辞？"荣厉声曰："此国家大事，庸可沮乎？令锦衣卫责所系汉府人状，云与赵连谋，何患无辞？"士奇曰："锦衣卫责状何以服人心？太宗皇帝惟三子，今上亲叔二人，一人有罪者不可恕，其无罪者当厚之，庶几仰慰皇祖在天之灵。"荣不肯。时杨溥亦与士奇意合，上乃不复言移兵，车驾遂还京。

编　九月，帝至京师，废高煦为庶人，逆党王斌、朱煊等伏诛。

纪　时言者犹喋喋，请尽削赵护卫，且请召赵王拘之京，上皆不听。乃召杨士奇谕曰："言者论赵王益多，如何？"对曰："今日宗室惟赵王最亲，当思保全之，毋惑群言！"上曰："吾亦思之，皇考于赵王最友爱，且吾今惟一叔，奈何不爱，然当思所以保全之道。"乃封群臣言章，遣驸马都尉广平侯袁容、左都御史刘观赍以示之，使自处。容等至，赵王大喜曰："吾生矣！"即献护卫，且上表谢恩，而言者始息。

编　汉庶人高煦伏诛。

纪　庶人锁絷大内逍遥城，一日上往，熟视久之，庶人出不意，伸一足句上仆地。上大怒，亟命力士舁铜缸覆之。缸重三百斤，庶人有力，顶负缸起。乃积炭缸上如山，然炭，逾时，火炽铜镕，庶人死。诸子皆死。

编　冬十月，复李时勉翰林侍读。

纪　洪熙中，时勉言事过激，仁宗怒，命武士扑以金瓜，断胁不死，系狱。至是，上面讯，释之，复召入翰林。

编　以张本为兵部尚书，陈祚、于谦并为监察御史。

编　秋八月，建文帝入蜀。

编　九月，诏浙江按察使林硕复职。

纪 硕振举宪法不少贷，中官裴可立督事浙江，以沮格诏令诬之。上遣人逮硕至，亲问之，曰："尔毋怖，但尽实对。"硕言："臣往年为御史，尝巡按浙江，小人多不便臣。今任按察使至浙未久，中宫在彼者亦无乖忤，惟旧不便臣者设谋造诈，欲去臣以自便耳。"上曰："朕固未信，逮汝面问，今既明白，即驰驿还任，汝无他虑。"遂降敕切责裴可立曰："归必不贷也。"硕初被逮，众皆危之，一见遽释，中外颂圣德焉。

编 冬十一月，皇子祈镇生。

编 以薛瑄为监察御史。

编 戊申，三年，春二月，立皇子祈镇为皇太子。

编 废皇后胡氏，立妃孙氏为皇后。

纪 先是上尝召张辅、蹇义、夏原吉、杨士奇、杨荣谕之曰："朕年三十，未有子，今幸贵妃生子。母以子贵，古亦有之，但中宫宜何如处置?"因举中宫过失数事。荣曰："举此废之可也。"上曰："废后有故事否?"义曰："宋仁宗降郭后为仙妃。"上问"辅、原吉、士奇何无言?"士奇对曰："臣于帝、后，犹子事父、母。今中宫，母也，群臣，子也，子岂当议废母。"上问"辅、原吉云何?"二人依违其间曰："此大事，容臣详议以闻。"上问："此举得不贻外议否?"义曰："自古所有，何得议之。"士奇曰："宋仁宗废郭后，孔道辅、范仲淹率台谏十数人入谏，被黜。至今史册为贬，何谓无议?"既退，明旦，上复召问士奇、荣，士奇对曰："汉光武废后，诏书曰：'异常之事，非国休福。'宋仁宗废后，后来甚悔。愿陛下慎之。"上不怿而罢。一日，独召士奇至文华殿，屏左右，谕曰："若何处置为当?"士奇因问"中宫与贵妃若何?"上曰："甚和睦，相亲爱。中宫今病逾月矣，贵妃日往视，慰藉甚勤也。"士奇曰："然则乘今有疾而导之辞让，则进退以礼，而恩眷不衰。"上颔之。数日，复召士奇曰："尔前说甚善，中宫果欣然辞，贵妃坚不受，太后亦尚未听辞，然中宫辞甚力。"士奇曰："若此则愿陛下待两宫当均一。昔宋仁宗废郭后，而待郭氏恩意加厚。"上曰："然。吾不食言。"其议遂定，敕皇后退居别宫。册立孙氏为皇后。

编 夏六月，出左都御史刘观，以通政使顾佐为左都御史。

纪 上罢朝，谕："朝臣贪浊，奈何?"杨士奇对曰："贪风始永乐末，今更甚。"上问"何如?"对曰："太宗自十五六年数疾不视朝，扈从之臣，请托贿赂公行无忌。"杨荣曰："当是时，惟方宾有贪名。"上即顾荣问："今贪者谁甚？"对曰："莫甚于刘观。"士奇曰："风宪所以肃百僚，宪长如此，则不肖御史皆效之。御史奉巡四方，则不肖有司皆效之。"上叹息曰："除恶务本。顾观去，谁代观者？"士奇曰："通政使顾佐廉公有威。"荣曰："佐为京尹，能禁防下吏，政清弊革。"上喜曰："顾佐乃能如是。"乃命观巡阅河道，而以佐代之，寻下观狱。

编　冬十月，建文帝游汉中。

编　己酉，四年，春正月，建文帝至成都，再宿而去。

编　二月，江南守备襄城伯李隆献驺虞，群臣请表贺，不许。

纪　隆献驺虞二，云出滁州来安县石固山。礼部尚书胡濙等请上表贺，上曰："朕嗣位四年，民生未能得所，驺虞之祥，于德弗类。"不许。

编　冬十一月，千户臧清弃市。

纪　时有囚告左都御史顾佐枉法者，上怒，召杨士奇、杨荣谕曰："此必有重囚教之陷佐。"因命法司穷治之，得千户臧清杀无罪三人当死，教之诬告。上曰："不诛之，佐何以行事！"立命磔清于市。

编　庚戌，五年，春正月，少保、户部尚书夏原吉卒。

纪　原吉天性宽平，人无识与不识皆称为君子长者。吕震尝在上前短原吉柔奸。震为子求官，上问原吉，原吉称震有守城功。陈瑄靖难初，欲杀原吉；原吉荐瑄才，总漕运。尝有从隶污所服织金赐衣，惧欲逃，原吉曰："污可浣，何惧为？"吏坏所宝古砚，匿不敢见，原吉召吏谕曰："物皆有坏，吾未尝惜此。"慰遣之。在部，吏捧精微文书押之，因风为墨所污，吏惧，肉袒以俟，原吉曰："汝何与焉。"明日袖至上前，自咎不谨被污，上命易之。一时卿大夫雅量推原吉第一。尝夜阅文卷，抚案叹息，欲下而止者再。其夫人问之，原吉曰："此岁终大辟奏也。吾笔一下，死生决矣，是以惨沮而笔不忍下也！"尝与同列饮于他所，夜归值雪，过禁门，有欲不下马者，原吉曰："君子不以冥冥惰行。"其敬慎如此，有古大臣之风焉。

编　秋八月，以况钟为苏州知府。

纪　钟，靖安人，始为吏胥，吕震荐其才，授仪制司郎中。至是，大臣奏苏州等九大郡烦剧难治，特选钟等九人为知府，赐以玺书，假便宜行事，驰驿赴任。钟至苏，初视事，阳为木讷，胥有弊蠹，辄默识之。通判赵忱肆谩侮，钟亦不校，及期月，一旦宣敕，召府中胥悉前，大声言："某日某事某窃贿若干，某日某亦如之。"群胥骇服，不敢辨，立杀六人肆诸市。复出属官贪暴者五人,庸懦者十余人。由是吏民震悚,苏人称之曰"况青天"。

编 冬十二月,含誉星见。

编 辛亥,六年,春二月,建文帝往陕西。

编 逮江西巡按御史陈祚下狱。

纪 祚上疏劝上务帝王实学,退朝之暇,命儒臣讲说真德秀大学衍义一书。上览疏怒曰:"朕不读书,大学且不识,岂堪作天下主乎!"命逮至京,并其家下锦衣卫狱,禁锢者五年。时上方以博综经史自负,祚之措词若上未尝学问者,故怒不可解。

编 秋七月,帝微行,夜至少傅杨士奇家。

纪 时上颇好微行,夜半从四骑至士奇家。比出迎,上已入门立庭中,士奇俯伏地下,言"陛下奈何以宗庙社稷之身自轻!"上笑曰:"思见卿一言,故来耳。"遂屏左右语。既竟,士奇叩头曰:"车驾今夕俯临,外间必有知者,伏乞自此慎出,事变不测,当虑也。"驾还宫,明日遣太监范宏问"车驾临幸,曷不谢?"对曰:"至尊夜出,愚臣迨今中心惴栗未已,岂敢言谢。"又数日,遣宏问"尧不微行乎?"对曰:"陛下恩泽岂能徧洽幽隐,万一有怨夫冤卒窥视窃发,诚不可无虑。"后旬余,锦衣卫获二盗,尝杀人,捕急,遂私约候驾之玉泉寺,挟弓矢伏道旁林丛中作乱。捕盗校尉变服如盗,入盗群,盗不疑,以谋告,遂为所获。上叹曰:"士奇爱我。"遣宏赐金绮。

编 冬十二月,大学士金幼孜卒。

编 壬子,七年,春正月,建文帝入楚,至公安。

编 夏六月,诏修各州县广济仓。

纪 巡按湖广御史朱鉴上言:"洪武间,郡县皆置东西南北四仓以贮官谷,令富民守之,遇水旱饥馑以贷贫民。今廒仓废弛,赎谷、罚金有司皆掩为己有,深负朝廷仁民之意。"上从其言,命违者从按察使、监察御史劾奏。

编 秋八月,诏释故城县丞陈铭罪,复其官。

纪 先是上闻内官奉使者多贪纵为民害。以太监刘宁清谨,命同御史驰往各郡,尽收所差内官资橐,并其人解京师。既还,道经故城,县丞陈铭闻有内官至,不问从来,辄奋前捽宁,手击之。御史奏丞无状,逮至,上曰:"丞固可罪,朕以其一时偏于所恶,姑宥之。"侍臣言:

"纵赦之,亦不可使复任。"上曰:"朕既释之,彼当知所改过也。"

编 癸丑,八年,春正月,少保大学士黄淮致仕。

纪 淮辞归,上宴之于太液池,亲洒宸翰送之。

编 秋八月,南海诸国献麒麟者四。

编 景星见。

编 冬十一月,巡抚南直隶工部侍郎周忱奏定济农仓之法。

纪 令诸县各设仓,择县官之廉公有威与民之贤者司其籍,每岁种莳之际量给之,秋成还官。明年江南大旱,诸郡发济农米以赈贷,民不知饥。

编 甲寅,九年,夏五月,建文帝至吴江史彬家,程济从。

编 冬十二月,有僧自陈修寺祝延圣寿,诏斥之。

纪 上谓侍臣曰:"人情莫不欲寿。古之人君若商中宗、高宗、祖甲、周文王享国最久,其时岂有僧、道、神仙之说?秦皇、汉武求神仙,梁武帝、宋徽宗崇僧、道,效验可见。世人不悟,可叹也!"

编 乙卯,十年,春正月,帝崩,太子祁镇即位。

纪 上不豫,百官朝皇太子于文华殿。翌日上崩,太子即位。

编 尊皇太后曰太皇太后,皇后曰皇太后。封弟祁钰为郕王。

编 命礼部尚书兼翰林院学士杨溥复入阁参预机务。

编 三月,建文帝往粤西。

编 夏六月,葬景陵。

编 秋七月,命司礼太监王振偕文武大臣阅武于将台,振矫制以隆庆右卫指挥佥事纪广为都督佥事。

纪 振,山西大同人,初侍上东宫,及即位,遂命掌司礼监,宠信之,呼为先生而不名,振遂擅作威福。时辅臣方议开经筵,而振乃导上阅武将台,集京营及诸卫武职试骑射,殿最之。纪广者,尝以卫卒守居庸,往投振门,大见亲昵,遂奏广第一,超擢之。宦官专政自此始。

太皇太后尝御便殿,英国公张辅、大学士杨士奇、杨荣、杨溥、尚书胡濙被旨入朝,上东立,太皇太后顾上曰:"此五人,先朝所简遗皇帝者,有行必与之计,非五人赞成不可行也。"上受命。有顷,宣太监王振,振至俯伏,太皇太后颜色顿异,曰:"汝侍皇帝起居多不律,今当赐汝死。"上跪为之请,诸大臣皆跪。太皇太后曰:"皇帝年少,岂知此辈祸人家国!我听皇帝暨诸大臣贷振,此后不可令干国事也。"

明鉴易知录卷五

明纪

英宗睿皇帝

编 丙辰，英宗皇帝正统元年，春正月，诏开经筵。

编 夏四月，始设提学。

编 秋八月，建文帝还至滇，卜筑旧日之浪穹。

编 冬十月，帝阅武于将台。

纪 命诸将骑射以三矢为率，受命者万骑，惟驸马都尉井源弯弓跃马，三发三中。上大喜，撤上尊赐之。观者皆曰："往年王太监阅武，纪广骤升；今天子自来，顾一杯酒邪！"

编 丁巳，二年，春二月，诏宋儒胡安国、蔡沈、真德秀从祀孔子庙庭。

编 夏六月，京师旱。

纪 时御巷小儿为土龙祷雨，拜而歌曰："雨帝，雨帝，城隍土地。雨若再来，还我土地。"成群呼噪，不知所起。

编 秋九月，召温州府知府何文渊为刑部右侍郎。

编 戊午，三年，秋七月，建文帝复往粤西。

编 己未，四年，春三月，加苏州府知府况钟秩正三品。仍知府事。

纪 钟考满当代，军民诣阙留者数万人。诏升钟俸，令复任。杨士奇赠以诗云："十年不愧赵清献，七邑重逢张益州。"

编 庚申，五年，春三月，建文帝同寓僧诣思恩知州岑瑛，自称建文帝，僧及建文帝被执赴京师。

纪 建文帝好文章，能为诗歌，至是出亡盖三十九年矣。会有同寓僧者，窃帝诗，自谓建文帝，诣思恩知州岑瑛，大言曰："吾建文皇帝也。"瑛大骇，闻之藩司，因系僧，并及建文帝，飞章以闻。诏械入京师。

程济从。

编　命侍讲学士马愉、侍讲曹鼐并直内阁机务。

纪　先是王振语杨士奇曰："朝廷事赖三位老先生，然三公亦高年倦勤矣，后当何如？"士奇曰："老臣当尽瘁报国，死而后已。"杨荣曰："先生安得为此言？吾辈老，无能效力，当以人事君耳。"振喜，越日即荐曹鼐、苗衷、陈循、高穀等，遂次第擢用。士奇因尤荣，荣曰："彼厌吾辈，吾辈纵自立，彼容能已乎！一旦内中出片纸，命某某入阁，则吾辈束手矣。今四人竟是我辈人，何伤也？"士奇是其言。

编　秋七月，少师、大学士杨荣卒。

编　九月，僧及建文帝至京师。

纪　命御史廷鞫之，僧称年九十余，且死，思葬祖父陵旁耳。御史言建文君生洪武十年，距正统五年当六十四岁，何得九十岁？廉其状，僧实杨应祥，钧州白沙里人。奏上，僧论死，下锦衣狱。建文帝白其实，御史密以闻。阉吴亮老矣，逮事建文帝，乃令探之。建文帝见亮辄曰："汝非吴亮邪？"亮曰："非也。"建文帝曰："吾昔御便殿，汝尚食，食子鹅弃片肉于地，汝手执壶据地狗饣舌之，乃云非是邪？"亮伏地哭。建文帝左趾有黑子，摩视之，持其踵复哭，不能仰视，退而自经。于是迎建文帝入西内。程济闻之，叹曰："今日方终臣职矣！"往云南焚庵，散其徒。建文帝既入宫，宫中人皆呼为老佛，以寿终葬西山，不封不树。

编　辛酉，六年，夏四月，太监王振矫诏以工部郎中王佑为工部右侍郎。

纪　振既弄权，佑以谄媚超擢，与兵部侍郎徐晞极意逢迎之。佑貌美而无须，善伺候振颜色，一日振问曰："王侍郎何无须？"对曰："老爷所无，儿安敢有！"闻者鄙之。

编　秋八月，召山东提学佥事薛瑄为大理寺左少卿。

纪　初，王振问杨士奇曰："吾乡人谁可大用者？"士奇荐瑄，乃有是召。瑄至京朝见，不谒振，振至阁下，问何不见薛少卿？二杨为谢，振知李贤素与瑄厚，召至阁下，令致己意。贤至朝房与瑄言，瑄曰："厚德亦为是言乎？拜爵公朝，谢恩私室，吾不为也。"久之，振知其意，亦不复问。一日会议东阁，公卿见振皆拜，一人独立，振知其为瑄也，先揖之，且告罪，然自是益深衔之。

编　冬十月，作奉天、谨身、华盖三殿成。

纪　三殿工成，宴百官。故事，宦者虽宠，不得预外庭宴。是日上使人视王先生何为？振方大怒，曰："周公辅成王，我独不可一坐乎？"使以闻，上为蹙然，乃命开东华中门，听振出入。振至问故，曰："诏命也。"至门外，百官皆望风拜，振悦。

编　十一月，右副都御史吴讷乞致仕，许之。

编　壬戌，七年，夏六月，少保、工部尚书吴中卒。

纪　中以国子生累官至尚书。性贪鄙，其妻甚严正。一日迎诰，其妻呼子宣之问曰："此诰词是主上自言邪？是翰林代草邪？"曰："亦翰林代草耳。"叹曰："翰林先生果不虚妄，吴中一篇诰文，止说他平生为人，何尝有'清廉'二字！"中闻之虽恚，强笑容而已。

编　以礼部侍郎王直为吏部尚书。

编　冬十月，太皇太后张氏崩。

纪　初，宣宗崩，上冲年践祚，事皆白太后然后行。委用三杨，政归台阁，每数日，太后必遣中官入阁，问施行何事具以闻。或王振自断不付阁议者，必立召振责之。太后既崩，振益无所惮矣。

编　十二月，太监王振矫诏以徐晞为兵部尚书。

编　癸亥，八年，夏四月，雷震奉天殿鸱吻，诏求直言。下侍讲刘球狱，杀之。

纪　球素为王振所憾，锦衣指挥彭德清，球乡人也，往来振门用事，公卿率趋谒，球独不为礼，德清衔之。至是，球应诏上言十事，德清乃激振曰："公知之乎？刘侍讲疏之三章，盖诋公也。"振怒，欲置之死。会编修董璘自陈愿为太常，而球疏有"太常不可用道士，宜易儒臣"语，乃逮璘及球俱下狱。振即令其党锦衣卫指挥马顺以计杀球。一夕五更，顺独携一校，推狱门入，球与璘同卧，小校前持球，球知不免，大呼曰："死诉太祖、太宗！"校持刀断球颈，流血被体，屹立不动。

编　下大理寺少卿薛瑄狱，寻除名放归田里。

纪　瑄素不为王振屈，振衔之。会有武吏病死，其妾有色，振侄山欲夺之，妻持不可，妾因诬告妻毒其夫。都御史王文究问，已诬服；瑄辨其冤，屡驳还之。文谄事振，谮之，嗾御史劾瑄受贿，故出人罪。廷鞫竟坐以死，下狱，瑄怡然曰："辨冤获罪，死何愧焉！"在狱读易以自娱。初，瑄既论死，子淳等三人请一人代死，二人戍赎父罪；不许。将决，振老仆泣于爨下。振问之，曰："薛少卿不免，是以泣。"曰："何以知之？"曰："乡人也。"因述其平生，振少解。会侍郎王伟申救之，得免死，除名放归田里。

编　瓦剌太师顺宁王脱欢卒，子也先嗣。

纪　自脱欢并吞诸部，势浸强盛，至也先益横，屡犯塞北，边境自此多事。

编　秋八月，王振枷祭酒李时勉于国子监门，寻释之。

纪　振尝诣监，衔时勉无加礼，令人廉其事，无所得。彝伦堂有古树，故许衡所植也，时勉嫌其阴翳妨诸生班列，稍使伐其旁枝，振遂诬以伐官木私家用，矫旨令荷校肆诸成均。监生石大用乞以身代，号哭奔走阙下，上疏求解者数千人。会昌伯孙继宗言于孙太后，太后为上言之，始知振所为也，命立释之。

纲　立妃钱氏为皇后。

编　甲子，九年，春正月，新建太学成，帝临视，祗谒先圣，行释奠礼。

纪　先是，太学犹因元陋，吏部主事李贤上言："国家建都北京以来，所废弛者莫甚于太学，所创新者莫多于佛寺，举措如是，可谓舛矣！若重修太学，虽极壮丽，不过一佛寺之费。请及时修举，以致养贤及民之效。"从之，至是成。

编　三月，少师，兵部尚书兼华盖殿大学士杨士奇卒。

编　夏四月，以翰林院学士陈循直文渊阁，与机务。

编　乙丑，十年，秋七月，下霸州知州张需狱。

纪　需善字民，顺天府丞王铎尝旌异之。有牧马官扰民，需置于法。牧马官以谮王振，遂被逮，箠楚几死，谪戍边；并坐铎私举，下于理。

编　丙寅，十一年，春三月，贬巡抚山西、河南兵部侍郎于谦为大理寺少卿，寻复命巡抚。

纪　谦抚梁、晋十余年，惧盈满，举参政孙原贞、王来自代。时王振方用事，谦每入京，未尝持一物交当路。又御史有姓名类谦者尝忤振，振意以为谦，嗾言官劾之，罢为大理少卿。二省民倍道赴阙乞留，亲藩亦以"不可无谦"请，乃复命巡抚。

编 秋七月，少师、礼部尚书兼武英殿大学士杨溥卒。

编 丁卯，十二年，春正月，巡抚宣、大佥都御史罗亨信，奏请增置城卫以备边，不报。

纪 亨信上言："瓦剌也先专候衅端图入寇，宜预于直北要害，增置城卫土城备之，不然恐贻大患。"奏闻，兵部尚书邝埜畏王振，不敢主议，遂寝不行。

编 以于谦为兵部侍郎。

编 以都督佥事石亨为左参将，守万全。

编 戊辰，十三年，春二月，修大兴隆寺。

纪 寺初名庆寿，在禁城西，金章宗建，王振言其敝，命役军民修之，费巨万，壮丽甲于京都，上临幸焉。

编 己巳，十四年，春二月，瓦剌也先遣使进马。

纪 也先遣使二千余人进马，诈称三千人。王振怒其诈，减去马价，使回报，遂失和好。

先是也先遣人入贡，通事辈利其贿，告以中国虚实，也先求结婚，通事私许之，朝廷不知也。至是贡马，曰："此聘礼也。"答："诏无许婚意。"也先益愧忿，谋寇大同。

编 夏六月，谨身、奉先、华盖三殿复灾。

纪 丙辰夜，雷电大震，风雨骤作，谨身殿火起，延奉天、华盖二殿，奉天诸门皆毁。自王振擅权，灾异叠见，振略不警畏，很恣愈甚，且讳言天变。时浙江绍兴山移于平地，官不敢闻。又地动，白毛遍生，奏入不省。陕西二处山崩、山移，有声三日不绝，移三里，不敢详奏。黄河改往东流于海，淹没人家千余户。又振宅新起，未逾时一火而尽。南京宫殿火，是夜大雨，殿基上荆棘二尺高。始下诏赦天下。

编 秋七月，瓦剌也先大举入寇，帝下诏亲征。

纪 也先图犯边，其势甚张，侍讲徐珵语其友刘溥曰："祸不远矣！"亟命妻子南归。皆重迁，有难色，珵怒曰："尔不急去，不欲作中国妇邪！"乃行。八日，也先大举入寇，兵锋锐甚，大同兵失利，塞外城堡所至陷没，边报日至，乃遣驸马都尉井源等四将各率兵万人出御之。源等既行，王振劝上亲征，从之。

编 车驾发京师，命弟郕王祁钰居守。

纪 亲征命下，二日即行，事出仓卒，举朝震骇。命太师英国公张辅、太师成国公朱勇率师以从，户部尚书王佐、兵部尚书邝埜、学士曹鼐、张益等扈征。吏部尚书王直及大小群臣伏阙恳留，不允。命太监金英辅郕王居守，遂偕王振并官军五十余万人出居庸关，过怀来至宣府，未至大同，兵士已乏粮，僵尸满路；寇亦佯避，诱师深入。

编 八月，车驾至大同，下诏班师。

纪 师至大同，王振又欲进兵北行，钦天监正彭德清斥振曰："象纬示警，不可复前。若有疏虞，陷乘舆于草莽，谁执其咎！"曹鼐曰："臣子固不足惜，主上系天下安危，岂可轻进！"振怒曰："倘有此，亦天命也。"于是井源等报败踵至，会暮复有黑云如伞罩营，雷雨大作，振恶之。会前军西宁侯朱瑛、武进伯朱冕全军覆没，镇守大同中官郭敬密言于振："势决不可行。"振始有还意。明日，班师。

编 车驾至土木，大军与瓦剌兵战，败绩，帝被拥以去。

纪 大同总兵郭登告曹鼐等："车驾入，宜从紫荆关，庶保无虞。"王振不听。振，蔚州人，因欲邀驾幸其第，既又恐损其禾稼，行四十里复转而东，还至狼山，追骑且及。庚申，遣朱勇等率三万骑御之。勇进军鹞儿岭，敌于山两翼邀阻夹攻，杀掠殆尽。

是日，驾至土木，日尚未晡，去怀来二十里。众欲入保怀来，以王振辎重千余两未至，留待之。邝埜再上章请车驾疾驱入关，而严兵为殿，不报。又诣行殿力请，振怒曰："腐儒安知兵事！"遂驻土木。旁无水泉，又当敌冲，辛酉欲行，敌已逼，不敢动，人马不饮水已二日，饥渴之甚，掘井深二丈不得水。

也先分道自土木傍麻谷口入，守口都指挥郭懋拒战终夜，敌益增。壬戌，敌遣使持书来以和为言，上遂召曹鼐草敕与和，遣二通事与北使偕去。振急传令移营，南行未三四里，敌复四面攻围，兵士争先奔逸，势不能止，敌奋长刀以砍，大军大呼"解甲投戈者不杀！"众裸袒相蹈藉死，蔽野塞川，宦侍、虎贲矢被体如猬。上与亲兵乘马突围，不得出，被拥以去。张辅、邝埜、王佐、曹鼐、张益而下数百人皆死。

初，师既败，上乃下马盘膝面南坐，有一敌将索衣甲，不与，欲加害，其兄来曰："此非凡人，举动自别。"拥出雷家站见也先之弟赛刊王。上问曰："子其也先乎？其伯颜帖木儿乎？赛刊王乎？大同王乎？"赛刊王闻语大惊，驰见也先曰："部下获一人甚异，得非大明天子乎？"也先乃召使中国二人问是否，二人见大惊，曰："是也。"也先喜曰："我常告天，求大元一统天下，今果有此胜！"问众何以为计？其中一人名乃公，大言曰："天以仇赐我，不如杀之。"伯颜帖木儿大怒，呼也先为那颜，那颜者，华言大人也。"安用此人在旁"，摧其面曰"去"，因力言："两军交战，人马必中刀箭，或践伤压死；今大明皇帝独不践压、中刀箭，而问那颜，问我等，无惊恐怨怒。我等久受大明皇帝厚恩赏，虽天有怒，推而弃之地下，而未尝死之，我等何反天？那颜若遣使告中国迎返天子，那颜不有万世好男子名乎？"众皆曰"者"，犹华言"然"也。于是也先以上送伯颜帖木儿营，令护之。报至京师，皇太后遣使赍重宝文绮，载以八骑，皇后钱氏尽括宫中物佐之，诣也先营请还车驾，不报。

编　皇太后诏立皇长子见深为皇太子，命郕王为辅，代总国政。

编　籍王振家，族诛之。

纪　帝之北狩也，护卫将军樊忠从帝旁，以所持棰捶死振，曰："吾为天下诛此贼！"遂突围，杀数十人，死之。至是廷臣请族诛振，振所亲马顺及王、毛二侍，一时被击死。都御史陈镒奉郕王令旨籍其家，并振从子山脔于市，族属无少长皆斩。振家当京城内外凡数处，重堂辽阁，拟于宸居，器服绮丽，尚方不逮，玉盘百面，珊瑚高六七尺者二十余株，金银六十余库，币帛珠宝无算。

编　皇太后以于谦为兵部尚书。

编　也先拥帝至大同，寻复拥帝去。

纪　也先拥帝至大同城下索金币，约赂至即归帝。都督郭登闭门不纳，帝传旨曰："朕与登有姻娅，何外朕若此？"登遣人传奏曰："臣奉命守城，不敢擅启闭。"随侍校尉袁彬以头触门大呼，于是广宁伯刘安等括公私金银共万余两出迎驾，既献，复不应。

初，也先来索赂，郭登曰："此给我耳，莫若以计代其谋，劫营夺驾入城，此为上策。"乃谋以壮士七十余人饷之食，令奋前执其弓刀，因拥帝还，会有沮者，既淹久，寇觉，惊扰而去。

也先拥帝道宣府，总兵杨洪闭城门不出。事闻，逮洪系诏狱。

帝出塞过猫儿庄、九十海子，历苏武庙、李陵碑至黑松林，也先营在焉。帝始入也先营，也先屡欲谋害，会夜大雷雨，震死也先所乘马，谋乃止，且加礼焉。袁彬侍左右，颇知书，性警敏。又有哈铭者，先随使臣吴良羁留在北，至是亦与彬同侍。又有卫沙狐狸者，亦随上至漠北，供薪水，劳苦备至。

编 皇太后命郕王即帝位，群臣奉表劝进。

纪 太后遣太监金英传旨："皇太子幼冲，郕王宜早正大位以安国家。"时议者以时方多故，人心危疑，思得长君以弭祸乱。于是文武群臣交章劝进。王再辞让，众请遵太后命，允之，遂择日行礼。

编 九月，也先遣使来。

纪 使言欲送帝还京师。使还，以金百两，银二百两，彩币二百匹赐也先。

编 郕王即皇帝位，遥尊帝为太上皇，诏赦天下，改明年为景泰元年。

编 也先复遣使致书。

纪 也先书辞悖慢，兵部尚书于谦见上泣言曰："寇贼不道，势将长驱深入，不可不预为计。迩者各营精锐尽遣随征，宜急遣官分设召募；京师九门，宜用都督统领。通州、霸上仓粮，不可捐弃以资寇，令在官者悉诣阙支，准为月粮之数，庶几两得。"上嘉纳之。

编 以陈循为户部尚书，高谷为工部尚书。

编 出杨洪、石亨于诏狱，命洪仍守宣府，亨总京师兵马。

纪 亨有威望，方面，巨躯，须垂至膝。初协守万全，坐不救乘舆，械系诏狱，至是以于谦言赦出之，使总京营兵马赎罪。

编 冬十月，也先挟上皇与可汗脱脱不花寇紫荆关，京师戒严。

纪 先是太监喜宁，故鞑靼也，土木之败降于也先，尽以中国虚实告之，为彼向道，奉上皇入寇。七日至大同城下，守臣郭登曰："赖天地祖宗之灵，国有君矣。"也先知有备，不攻去。九日至广昌，破紫荆关。朝野汹汹，人无固志。侍讲徐珵方有时名，亦锐意功业，太监金英召珵问计，珵曰："验之星象、历数，天命已去，请幸南京。"英叱之，令人扶出。明日，于谦上疏抗言："京师，天下根本，宗庙、社稷、陵寝、百官、万姓、帑藏、仓储咸在，若一动则大势尽去，宋南渡之事可鉴也。珵妄言，当斩！"金英宣言于众曰："死则君臣同死，有以迁都为言者，上命必诛之。"乃出榜告谕，固守之议始决。

谦闻寇迫关，思各处刍粟数万计，恐为敌资，急遣使焚之，然后奏闻。或请姑待报，谦曰："寇在目前，若少缓彼将据之，适以赍盗粮耳。

独不见宋牟驰冈事乎!"众皆是之。

编 也先军围京师,石亨等击却之,也先北遁。

纪 也先长驱至京城西北关外。命石亨等军于城北,于谦督其军都督孙镗军于城西,刑部侍郎江渊参其军,皆背城而阵。以交阯旧将王通为都督,与御史杨善守城。谦率先士卒,躬擐甲胄,出营德胜门,以示必死。泣以忠义谕三军,人人感奋,勇气百倍。喜宁嗾也先遣使来议和,索大臣出迎驾。众莫敢出,乃以通政参议王复为礼部侍郎、中书舍人赵荣为鸿胪寺卿,出朝上皇于土城庙。也先、伯颜帖木儿擐甲持弓矢侍上皇。复等见上皇进书敕,也先曰:"尔皆小官,急令王直、胡濙、于谦、石亨来。"上皇谕复、荣曰:"彼无善意,汝等宜急去。"二人辞归。

寇益四出剽掠,攻城益急。既而宣府杨洪援兵至,军声大振。时诸军二十二万列城下,寇见大军盛而严,不敢轻犯。

石亨出安定门,与其从子彪持巨斧突入敌中坚,所向披靡。敌却而西;亨追战城西,复却而南。彪率精兵千人诱寇至彰义门,寇见彪兵少,逼之,亨率众乘之,寇败走。神机营都督范广以飞枪火箭杀伤甚众,于是也先气稍沮。于谦使谍谍知上皇移驾远,命石亨等夜举火大炮击其营,死者万人。也先以上皇北遁。脱脱不花闻之,遂不敢入关,亦遁。

编 十一月,京师解严。杨洪等班师还京,封洪昌平侯,石亨武清侯。加于谦少保,总督军务;谦固辞,不许。

编 伯颜帖木儿妻令侍女迎上皇驾;寻值圣节,也先上寿。

纪 上皇北至小黄河苏武庙,伯颜帖木儿妻阿挞剌阿哈剌令侍女设帐迎驾,宰羊递杯进膳。寻值圣节,也先上寿,进蟒衣貂裘,筵宴。哈铭、袁彬常宿御寝傍,天寒甚,每夜上皇令彬以两胁温足,一日晨起谓铭曰:"汝夜手压我胸,我俟汝醒乃下手。"因言光武与子陵共卧事,铭顿首。上皇夜出帐房,仰观天象,指示二人曰:"天意有在,我终当归也。"上皇使哈铭致意伯颜妻,令劝伯颜送还朝。妻曰:"我妇人,何能为?然官人洗濯,我侍巾帨,亦当进一言。"铭时时设喻慰上皇勿忧或成疾。

编 十二月,尊皇太后孙氏曰上圣皇太后,生母吴氏曰皇太后,立妃汪氏为皇后。

景皇帝

编 庚午，景皇帝景泰元年，春正月，上皇书至，索大臣来迎。

纪 上命公卿集议，廷臣因奏请遣官使北贺节，进冬衣。上谓必能识太上皇帝者始可行。群臣惧，谢罪，事遂寝。

编 瓦剌兵入朔州，大同总兵郭登击走之。

纪 登以八百骑破寇数千，追奔四十里，夺回人口牛马军器以万计。捷闻，进封登定襄伯。

编 二月，叛臣喜宁伏诛。

纪 宁教也先扰边，且不欲送上皇还，上皇深恶之。宁又忌袁彬，诱彬出营，将杀之，上皇急救之乃免。彬与上皇谋，遣宁传命入京，令军士高盘与俱，密书系盘髀间，令至宣府与总兵等官计擒之。既至，宣府参将杨俊出与宁饮城下，盘抱宁大呼，俊纵兵遂缚宁，送京诛之。也先闻宁诛，与赛刊王等分道入寇。

编 大同参将许贵请遣使与瓦剌修好，不许。

纪 贵请遣使腆币以款寇兵，而徐为讨伐计。于谦曰："前者固非不遣使，都指挥季铎、指挥岳谦遣而寇骑已至关口，通政王复、少卿赵荣遣而不获征太上一信。其狡焉侮我而龁我，何似而可言和！况也先不共戴天仇也，理固不可和。万一和而彼遂肆无厌之求，从之则坐弊，不从则生变，势亦不可和。贵介胄之臣，而委靡退怯，法当诛！"是时上任谦方专，疏既入，于是边将人人言战守，也先不得挟重相恫喝，抱空名不义之质，始谋归太上矣。

编 秋七月，也先遣其参政完者脱欢等赍书来请和，诏遣礼部右侍郎李实等赍敕报之。

纪 也先以和议不成，命其知枢密院阿剌为书，遣完者脱欢等五人至京师请和。礼部会议，尚书胡濙等奏奉迎上皇，上不允。次日上御文华殿，召文武群臣谕曰："朝廷因通和坏事，欲与寇绝，而卿等屡以为言何也？"吏部尚书王直对曰："上皇蒙尘，理宜迎复，乞必遣使，勿使有他日之悔。"上不怿曰："我非贪此位，而卿等强树焉！今复作纷纭何？"众不知所对。于谦从容曰："大位已定，孰敢他议。答使者，冀以舒边患得为备耳，"上意始释曰："从汝，从汝！"言已即退。

群臣出文华门，太监兴安传呼曰："孰堪使者？有文天祥、富弼乎?"众未答,王直面赤厉声曰:"是何言!臣等惟皇上使,谁敢勿行者!"安语塞入复。时李实任礼科都给事中,上命安传旨欲遣之,对曰:"实不才,然朝廷多事,安敢辞。"安入复命,遂以李实为礼部右侍郎充正使,罗绮为大理寺少卿充副使,马显授指挥使为通事,赍玺书以行。时阁臣及府部诸臣承上意,止言息兵讲和,不及迎复上皇意,实等遂偕完者脱欢北行。

编 李实等辞归。

纪 实等至也先营,地名失八秃儿。既见,也先读玺书毕,乃引见上皇。上皇居伯颜帖木儿营,所居毡毳帐服,食饮皆膻酪,牛车一乘为移营之具,左右惟校尉袁彬暨哈铭侍。实等见上皇泣,上皇亦泣。上皇曰:"朕非为游畋而出,所以陷此者王振也。"因问太后、皇上、皇后俱无恙,又问二三大臣,上皇曰:"也先欲归我,卿归报朝廷善图之。"实等因问上皇,居此亦思旧所享锦衣玉食否?又问何以宠王振至此,致亡国?上皇曰:"朕不能烛奸,然振未败时,群臣无肯言者,今日皆归罪于我。"日暮,实等归宿也先营,酌酒相待。也先曰:"南朝我之世仇,今天使皇帝入我国,我不敢慢;南朝若获我,肯留至今日乎?"又言:"皇帝在此,吾辈无所用之,每遣使南朝令来迎,竟不至,何也?"实等反复譬晓,欲奉迎上皇意。也先曰:"南朝遣汝通问,非奉迎也。若归亟遣大臣来。"实等遂辞归。

编 脱脱不花遣其平章皮儿马黑麻来请和,诏遣右都御史杨善等报之。

纪 李实未至京,会脱脱不花亦遣皮儿马黑麻来请和。右都御史杨善慨然请行,中书舍人赵荣亦请往,乃遣善、荣等同皮儿马黑麻往。道遇实,实告以故,善曰:"得之矣,即敕书所无,可权以集事也。"实既还朝,具述也先情及上皇起居状,奏请遣使奉迎,文武大臣上疏恳请遣使,皆不许。上问实也先讲和之意虚实,对曰:"论其和意,似有实情。"上曰:"待杨善归再议。"

编 八月,上皇还京师,帝送上皇居南宫。

纪 杨善等至也先营,也先见善等甚喜,善因请上皇还京,历述累朝恩遇之厚,不可忘,反复辨论数千百言。也先问:"上皇还更临御否?"善言:"天位已定,不得再易。"也先问:"古尧、舜事如何?"善言:"尧让位于舜,今日兄让位于弟。"也先悦服。平章昂克问善:"欲迎复来何操?”善言:“若操贿来迎,后人以尔贪贿归上皇;今无所操而归,书之史册,后世皆称述。”也先然其言。伯颜帖木儿请留使臣,遣使欲南朝更请上皇临御。也先曰:“曩令遣大臣来迎,大臣至矣,不可无信。”乃引善见上皇。明日,也先设宴饯上皇于其营,善侍,也先与妻妾以次起为寿。也先令善坐,上皇曰:“从太师言坐。”善曰:“虽草野,不敢失君臣礼。”也先顾羡曰:“中国有礼。”罢酒,送上皇出。明日,宴使臣。又明日,伯颜帖木儿设宴饯上皇。又明日,亦宴使臣。又明日,上皇驾行,也先率众头目罗拜而别,伯颜送至野狐岭,恸哭良久始别去,仍命其部将率五百骑护送至京。既入塞,礼部议迎复仪注未定,上皇先遣使诏谕避位,免群臣迎。

丙戌,百官迎上皇于安定门,上皇自东安门入,上迎拜,上皇答拜,各述授受意,逊让良久,乃送上皇至南宫,群臣就见而退,大赦天下。

编　冬十二月,礼部尚书胡濙请明年正旦,百官朝上皇于延安门,不许。

编　命靖远伯王骥守备南宫。

编　辛未,二年,春二月,上皇在南宫。

编　二月,命右佥都御史王竑巡抚江、淮诸郡。

纪　时淮、徐大饥,死者相枕藉,山东、河南流民踵至。竑不待奏报,大发仓储赈之,近者日饲以粥,远者给米,被鬻者赎归其家。择医四十人,空庾六十区,处流民之病者,死则给以棺,为丛冢葬之。穷昼夜,竭精虑,事事穷理,有所委任,出于至诚,人人为尽力。共用米一百六十余万石,全活数百万人,人述其行事为救荒录,世传焉。先是,上闻淮、徐大饥,惊曰:“奈何!”后得竑奏,大喜曰:“好御史,不然饥死我百姓矣。”

编　秋七月,诏择颜子、孟子后裔一人,并授翰林院世袭五经博士。

编　冬十月,以李贤为兵部右侍郎。

编　壬申,三年,春正月,上皇在南宫。

编　夏五月,废皇太子见深为沂王,立皇子见济为皇太子。

纪　先是,上欲易储,语太监金英曰:“七月初二日,东宫生日也。”英顿首对曰:“东宫生日是十一月初二日。”上默然。至是上意既定,恐文武大臣不从,乃分赐内阁诸学士金五十两,银倍之,陈循、王文等遂以太子为可易。时有广西浔州守备都指挥黄玹者，思明土知府㺩庶兄也。㺩老，子钧袭知府，玹欲谋夺之，与其子矫军门令征兵思明，率骁悍数千人夜驰入㺩家，支解㺩父子，纳瓮中，瘗后圃。总兵武毅知之，疏闻于朝。玹惧，乃遣千户袁洪走京师，上疏请易太子。上大喜曰："万里外有此忠臣。"亟下廷臣集议，且令释玹罪，予官都督。尚书胡濙、侍郎薛琦、邹幹会廷议，王直、于谦相顾错愕久之，司礼太监兴安厉声曰："此事不可已，即以为不可者，勿署名。"群臣皆唯唯署议。于是胡濙等上言："陛下膺明命中兴，邦家统绪之传宜归圣子，黄玹奏是。"诏从之。

编 废皇后汪氏，立妃杭氏为皇后。

纪 后，太子生母也。

编 冬十月，命太子太保、左都御史王文入阁，参预机务。

编 癸酉，四年，春正月，上皇在南宫。

编 吏部尚书何文渊罢。

纪 时言官劾文渊贪纵，下狱。文渊自言易储有功，诏书所云"天佑下民作之君，父有天下传之子"，已所属对也。乃令致仕。

编 冬十月，以左谕德徐有贞为右佥都御史。

纪 有贞初名珵，以倡南迁之议，为太监金英所叱，遂怀怅惘。陈循教之更名，无使内臣习知，庶朝廷忘其议而荐可行也。遂更名，乃有是命。

编 十一月，皇太子见济卒。

编 甲戌，五年，春正月，上皇在南宫。

编 积雪恒阴，诏求直言。

编 夏四月，南京大理寺少卿廖庄应诏上书，不报。

纪 庄言："上皇被留北庭，陛下屡降诏书，以銮舆未复为意。今幸上皇迎归，伏望笃亲亲之恩，时时朝见于南宫，或讲明家法，或论権治道。仍令群臣亦得朝见，以慰上皇之心。如此则孝弟刑于国家，恩义通于神明，灾可弭而祥可召矣。然所系之重，又不特此。太子者，天下之本。臣以为上皇诸子，陛下之犹子也，宜令亲近儒臣，诵读经书，以待皇嗣之生，使天下臣民晓然知陛下有公天下之心。盖天下者太祖、太宗之天下，仁宗、宣宗之继体守成者，此天下也，上皇之北征亦为此天下也。今陛下抚而有之，必能念祖宗创业之艰难，思所以系属天下之人心矣。"不报。

编　御史钟同上疏请复储。

纪　先是同尝因待漏与仪制郎中章纶论易储事，继之以泣，至是遂上疏言："宗社之本在储位，宜复不宜缓。"闻者韪之。

编　五月，下礼部仪制郎中章纶、御史钟同于狱。

纪　纶上修德弭灾十四事，又曰："太上皇帝君临天下十四年，陛下尝亲受册封为臣子，是天下之父也。陛下宜率群臣每月朔望及岁时节旦，朝见于延安门以极尊崇之道。而又复皇后于中宫，以正天下之母仪。复皇储于东宫，以定天下之大本。"疏奏，下锦衣狱鞫讯，体无完肤。钟同先亦有言，故并逮之。

编　以进士杨集为六安州知州。

纪　集上书于谦曰："奸人黄竑进易储之说以迎合上意，本逃死之计耳。公等国家柱石，乃恋官僚之赏，而不思所以善后乎？脱章纶、钟同死狱下，而公坐享崇高，如清议何！"谦以示王文，文曰："书生不知朝廷法度，然有胆，当进一级处之。"进士选知州始此。

编　谪给事中徐正戍铁岭卫。

纪　正密请召见便殿，屏左右言："今日臣民有望上皇复位者，有望废太子沂王嗣位者，陛下不可不虑。宜出沂王于沂州；增高南城数尺，伐去城边高树，宫门之锁，亦宜灌铁，以备非常。"上怒，谪戍。御史高平亦言："城南多树，事叵测。"遂尽伐之。时盛暑，上皇常倚树憩息；及树伐，得其故，大惧。

编　乙亥，六年，春正月，上皇在南宫。

编　秋八月，杖大理寺少卿廖庄、礼部郎中章纶、御史钟同于阙。

纪　同死杖下，纶仍诏狱，谪庄定羌驿丞。先是庄上疏忤旨，至是赴京陛见，上念及，命杖之。

编　丙子，七年，春正月，上皇在南宫。

编　夏五月，帝遣太监兴安、舒良视少保于谦疾。

纪　谦以疾在告，上遣安、良视之，见谦自奉俭，相与叹息，因以闻。上为计所资用，一切上方给之，至辍尚膳醯酱、蔬菜以赐。驾幸万岁山，伐竹为沥，为和药丸，尤异数也。言官有言谦柄用过重者，兴安言："只说日夜与国家分忧，不要钱，不爱官爵，不问家计，朝廷正要用此等人，可寻一个来换于谦。"众皆默然。

英宗睿皇帝

编 丁丑,英宗皇帝天顺元年,春正月,武清侯石亨、副都御史徐有贞等迎上皇复位。

纪 先是,景帝不豫,以储位未定,中外忧惧。兵部尚书于谦日与廷臣疏请立东宫,盖谓复宪宗也。中外籍籍,谓大学士王文与太监王诚谋白太后,迎取襄王世子。都御史萧维桢同百官问安于左顺门外,太监兴安自内出曰:"若皆朝廷大臣,不能为社稷计,徒问安邪?"维桢集御史议曰:"今日兴安之言,若皆达其意否?"众曰:"皇储一立,无他虑矣。"众谓上皇子宜复立。惟王文意他有所属,陈循知文意,独不言。李贤以问学士萧镃,镃曰:"既退不可再。"文遂对众言曰:"今只请立东宫,安知朝廷之意在谁!"维桢因举笔曰:"我更一字。"乃更"早建元良"为"早择",疏进。

时石亨知景帝疾必不起,念请复立东宫,不如请太上皇复位可得功赏。遂与都督张軏、太监曹吉祥以南城复辟谋叩太常卿许彬,彬曰:"此社稷功也。彬老矣,无能为矣,盍图之徐元玉。"元玉,徐有贞字也。亨、軏遂往来有贞家,有贞亦时时诣亨,人莫知也。是月十四日夜会有贞宅,有贞曰:"如公所谋,南城亦知之乎?"亨、軏曰:"一日前已密达之。"有贞曰:"俟得审报乃可。"亨、軏去。至十六日既暮,复会有贞曰:"得报矣,计将安出?"有贞乃升屋步览乾象,亟下曰:"事在今夕,不可失!"遂相与密语。会有边吏报警,有贞曰:"宜乘此以备非常为名,纳兵入大内,谁不可者!"亨、軏然之。计定,仓皇出,有贞焚香祝天,与家人诀曰:"事成,社稷之利;不成,门户之祸。归人,不归鬼矣!"遂与亨、軏往会吉祥及王骥、杨善、户部侍郎陈汝言,收诸门钥,夜四鼓开长天门,纳兵千人,宿卫士惊愕不知所为。时天色晦冥,亨惶惑叩有贞曰:"事当济否?"有贞大言曰:"时至矣,勿退!"率众薄南宫,毁垣坏门而入。亨、軏等入见,上皇烛下独出,呼亨、軏曰:"尔等何为?"众俯伏,合声:"请陛下登位。"遂共掖上皇登舆以行。忽天色明霁,星月皎然,上皇顾问有贞等为谁?各自陈官职姓名。入大内,门者呵止之,上皇曰:"吾太上皇也。"门者不敢御。遂升奉天殿,登御坐,鸣钟鼓,启诸门。是日百官入候景帝视朝,有贞号于众曰:"上皇复辟矣,趣入贺!"百官震骇,乃就班贺。景帝闻钟鼓声,大惊,问知为上皇,连声曰"好!好!"

明日上皇临朝，诏改景泰八年为天顺元年。

编 诏逮少保于谦、王文、学士陈循、萧镃、商辂、尚书俞士悦、江渊、都督范广、太监王诚、舒良、王勤、张玉下狱。命副都御史徐有贞以本官兼翰林院学士，直内阁与机务，寻晋兵部尚书，兼职如故。

编 出前礼部郎中章纶于狱，擢为礼部侍郎。

纪 上以纶建议复储，出之狱，嗟叹良久，遂有是擢。

编 杀少保、兵部尚书于谦。

纪 先是城下之役，石亨功不如谦而得侯爵，心愧之，乃推谦功。诏予一子千户，谦固辞，且曰："纵臣欲为子求官，自当乞恩于君父，何必假手于石亨？"亨闻，恚甚。亨从子彪贪暴，谦奏出之大同，亨益衔之。徐有贞尝因谦求祭酒，景帝召谦辟左右谕之曰："有贞虽有才，然奸邪。"谦顿首退。有贞不知，亦恨谦。及上之复辟也，有贞嗾言官以迎立外藩议劾王文，且诬谦；下狱，所司勘之无验。有贞曰："虽无显迹，意有之。"法司萧维桢等阿亨辈，乃以"意欲"二字成狱。奏上，上犹豫未忍曰："于谦曾有功。"有贞直前曰："不杀于谦，今日之事无名。"上意乃决，遂与王文及太监舒良、王诚、张永、王勤斩东市，妻子戍边。谦有再造功，上北狩，廷臣或主和，谦辄曰"社稷为重君为轻"，以故也先抱空质，上得还，然谦祸机亦萌此矣。谦死之日，阴霾翳天，行路嗟叹。都督范广勇而知义，为谦所任，亨恶之，并斩广。

编 论迎复功，封武清侯石亨为忠国公，都督张𫐄为太平侯，张𫐐为文安侯，都御史杨善为兴济伯，并世袭。

编 论随驾功，擢哈铭、袁彬并为锦衣卫指挥佥事。

编 召廖庄于定羌驿，赐还官。赠故御史钟同大理寺左丞，荫其子入太学。

编 二月，皇太后诏废景泰帝仍为郕王。寻薨。

纪 太后谕郕王归西内，废皇后汪氏为郕王妃。钦天监奏革除景泰年号，上曰："朕心有所不忍，可仍旧书之。"郕王薨，祭葬礼悉如亲王，谥曰戾。

编 出左都御史萧维桢于南京。召南京副都御史轩輗为刑部尚书，巡抚陕西；副都御史耿九畴为右都御史，掌院事。

编 三月，封直内阁兵部尚书徐有贞为武功伯，兼华盖殿大学士，掌文渊阁事。

编　夏四月，复立元子见深为皇太子。

编　襄王瞻墡来朝。

纪　先是，土木之变，王两上疏慰安皇太后，乞命皇太子居摄天位，急发府库，募勇敢之士，务图迎复，仍乞训谕郕王尽心辅政。疏上，景帝已立八日矣。至是得疏宫中，上览之感叹，手敕取王入朝，礼待甚隆。王辞归，上送至午门。王伏地不起，上曰："叔父欲何言？"王顿首曰："万方望治如饥渴，愿陛下省刑、薄敛。"上拱手谢曰："敬受教。"

编　六月，逮徐有贞下狱。

纪　曹吉祥、石亨憾有贞，嗾诸阉巧诋，数为巧语触上，上殊不为动。锦衣官门达复劾其阿比，排陷石亨。诏执鞫之，降广东参政。既有以飞章谤国是者，其语复多侵亨、吉祥，于是复诉上，谓有贞实主使。逮归置狱，穷治锻炼无所得，摘其诰词"缵禹神功"语为所自草，大不敬，无人臣礼，当死；以雷震奉天门，宥为黔首，谪戍云南金齿。有贞去，而曹、石益专横矣。

编　以户部侍郎陈汝言为兵部尚书。

纪　汝言附石亨、曹吉祥谋夺门，故亨荐用之。及理部事，益阿比，表里为奸。

编　秋七月，谪内阁赞善岳正为广东钦州同知。

纪　初正入直文渊阁，上尝召问曰："卿何以辅朕？"正曰："今内臣、武臣权过重。"上颔之。正退语曹钦、石彪，令谢兵归第。钦、彪走告曹吉祥，吉祥诣上垂泣，免冠请死，具道所由。上曰"无之"，乃召正责其漏言。正言："固也。臣观二家必有背叛之灭，即今无可按之诛，臣欲全君臣共难情，故令早自为计。"上不悦。会承天门灾，上命正草诏罪己，历陈奸邪蒙蔽状。石亨见之怒，遂指为谤讪，因有是谪。陈汝言故恨正，复中以私事，戍肃州卫。

编　九月，敕左顺阍者："今后非有宣召，总兵官不得辄入。"

纪　上颇知石亨等骄恣，然念其功。间屏人语大学士李贤，贤对曰："权不可下移，惟独断乃可。"既又与贤语及夺门功，贤曰："迎驾则可，'夺门'二字岂可传示后世！陛下顺天应人以复大位，门何必夺？且内府门宁当夺邪！当时亦有以此事邀臣者，臣辞不与。"上惊问故，对曰："景帝不起，群臣自当表请陛下复位。此名正言顺无可疑者，何至夺门！假事泄，此辈固不足惜，不审置陛下于何地？此辈藉陛下图富贵耳，岂有为社稷之心哉！”上大悟，浸疏之。

编　冬十一月，逮陈汝言下锦衣狱，籍其家。

纪　给事中高明等交章劾汝言怙势乱法，赃私藉甚，故逮之。上命所司陈籍汝言物于大内庑下，召大臣入视，且曰：“景泰间任于谦久，籍没无余物。汝言未期，得赂多若是邪！”时上怒甚，色变，石亨等皆俯首。自是上渐悟谦冤而恶亨等矣。

明鉴易知录卷六

明纪

英宗睿皇帝

编　戊寅，二年，春正月，皇太子出阁读书。

编　遣建庶人出居凤阳。

纪　庶人，建文君幼子也，入禁大内时方二岁，至是年五十六。上意欲宽之，谓李贤曰："亲亲之义，实所不忍。"贤对曰："陛下此一念，天下鬼神实临之，太祖在天之灵实临之，尧、舜之心不过如此。"左右或以为不可，上曰："有天命在，任自为之。"遂遣居凤阳，听其婚娶，出入自在。庶人出禁，见牛、羊亦不识。未几庶人卒，懿文太子、建文君遂无后。

编　己卯，三年，秋八月，定远侯石彪有罪，下狱。

纪　彪性阴狡凶暴，出镇大同，素侮总兵官，总兵官因彪尝奏城威宁海子，遂为流言称彪有异志。上固疑彪，屡有功，屡召还。彪乃阴使大同千户杨斌等五十人诣阙，乞留为镇守。上知其诈，下彪狱。词连石亨，上犹念亨功，宥之，惟罢其兵权，令以本籍归第。

编　庚辰，四年，春正月，石亨谋反，伏诛。

纪　初，亨见稍疏斥，怀怨望。尝往来大同，顾紫荆关谓左右曰："若塞此关守之，据大同，京师何由得至？"一日退朝归私第，语锦衣指挥使卢旺、彦敬曰："吾所居官，皆尔等所欲者。"旺、敬不知所谓，对曰："旺、敬以公得至此，他何敢言！"亨曰："陈桥之变，史不称其篡。尔能助吾，吾官非尔官乎？"旺、敬股栗莫敢对。会瞽人童先出妖书，曰"惟有石人不动"，劝亨举事。亨谓其党曰："大同士马甲天下，吾抚之素厚，今石彪在彼，可恃也。异日以彪代李文佩镇朔将军印，专制大同，北塞紫荆关，东据临清，决高邮之堤以绝饷道，京师可不占而困矣。"遂请以卢旺守里河。会孛来寇延绥，上命亨往御之。先又力劝亨，亨曰：

"为此不难,但天下都司除代未周,待周为之未晚也。"先曰:"时者难得而易失。"亨不听。先私谓所亲曰:"此岂可与成大事者!"会彪败,上犹念亨功,置不问,罢其兵,而亨之谋渐急,事益露。其家人上变告亨谋反,逮治之,死狱中。斩彪于市,其党童先等俱坐死。

编 二月,诏令冒报迎驾功升官者,许自首改正。

纪 时法司奏石亨等冒功升官者,俱合查究。上召问李贤曰:"此事恐惊动人心。"贤对曰:"不若令其自首免罪。"上曰:"然。"遂行之,于是冒功升职者四千余人,皆自首改正。

编 辛巳,五年,秋七月,太监曹吉祥及昭武伯曹钦反,杀恭顺伯吴瑾、都御史寇深。怀宁伯孙镗、兵部尚书马昂率兵讨平之,吉祥、钦俱伏诛。

纪 方石亨之败也,上命由亨冒功以进者许自首革,吉祥念与亨同功,亨败己且不得独完,因日犒诸降丁金帛,倚为腹心。诸降丁亦念由吉祥冒功进,一旦不测,身且随后,相与为党。吉祥之客有冯益者,钦一日问曰:"自古有宦官子弟为天子者邪?"益曰:"君家魏武盖中官腾之后。"钦大喜,由是阴畜异志。锦衣百户曹福来曾役钦家,钦虑其泄,棰楚滨死。上闻,谕钦曰:"速改过,不悛,罪无赦!"先是石彪得罪,上亦先谕之,钦以故大惧。又锦衣指挥逯杲伺钦甚急,会孛来寇甘、凉,上使孙镗统京军往征之,马昂监其军,择庚子昧爽出师。于是钦与诸昆季其党都督伯颜也先数十人谋曰:"县官持我急,不发,我为石彪续矣!"遂分勒死士蕃、汉军五百人,约以是日昧爽朝门开则拥杀镗、昂,夺门入,此时吉祥素所部禁兵且可为内应。

谋定,以其夕饮诸降丁酒,酒半夜可二鼓,镗与吴瑾、广义伯琮方待漏朝房,都指挥完者秃亮从钦席上亡走,见瑾、琮告变。瑾、琮趋告镗,相与去匿他所,手作奏投门罅闻上。上止开门,缒入吉祥,锁系之,钦不知也,与弟铉、镕、铎率蕃将伯颜也先至东长安门,门闭,钦知事泄,即召死士驰至逯杲门,杲出,杀之,恨杲为上伺己也。寇深素善钦,既乃与言官疏劾之,钦亦以此为恨,与铎驰入西朝房索深杀之。大学士李贤待朝东朝房,钦复驰索之,贤惊出被执,钦持杲头示贤曰:"今日直为此激变,非得已也。可为我草疏进上。"又执尚书王翱,贤乃就翱所索纸为草疏,同翱投入长安左门隙,门坚不启,钦火之。钦往来啸呼,拟贤刃者数,舍之驰去。叠索马昂,不得,时已昧爽矣。既而征西军稍集至二千人，孙镗曰："不见长安门火邪？曹钦谋反，兵少，击杀者予金。"皆曰"诺。"工部尚书赵梁被甲跃马奋呼市中曰："能杀贼者从我！"从者亦数百人。镗子东安门逐贼，军锐甚，贼众披靡。吴瑾将五骑出觇，贼猝与遇，力战死。镗子軏遇钦于道，奋砍中其膊，軏亦死，钦惧，夜窜归。镗督兵与战，马昂以精兵殿，会昌侯孙继宗兵又集，鏖战，军士奋呼而入。钦迫，投井死，遂屠其家，亲党同谋一时尽死。下吉祥都察院狱，明日磔于市。

编　壬午，六年，秋九月，皇太后孙氏崩。

编　太傅、吏部尚书致仕王直卒。

编　癸未，七年，春正月，以姚夔为礼部尚书。

编　追谥宣德废后胡氏为恭让章皇后。

纪　孙太后崩，钱皇后屡为上言胡后贤而无罪。其死也，人畏太后，敛葬皆不如礼，劝上复其位号。上从之。钱皇后素性孝谨，绝无妒忌。上北狩，每夜哀吁拜天，倦则卧地，因损一肢；哭泣太多，复损一目。上在南城每不快，后曲为慰解。复辟之后，待景皇后尤尽礼焉。

编　秋八月，少师、礼部尚书致仕胡濙卒。

编　下锦衣卫指挥佥事袁彬狱，寻释之，调南京锦衣卫。

纪　时都指挥门达有宠，自计得进言于御前者惟李贤与彬二人而已，谋排去之，乃使逻卒摭彬阴私数十事上之。上欲法行，不以彬沮，谕之曰："从汝逮问，只要一个活袁彬还我。"彬遂下狱。有彩漆军匠杨暄者，愤然不平，上疏论救，言"昔者驾留北庭，独彬以一校尉保护圣躬，备尝艰苦。今猝然付狱，乞御前审录，则死无憾。"并陈达不法三十余事，击登闻鼓以进。上令达逮问，达逼暄令供李贤主使，暄惧拷死于狱，乃佯诺曰："此实李阁老教我，但我言于此无人证见，不若请多官廷鞫，我对众言之，彼乃无辞。"达信之，以闻，命中官会法司讯于午门，暄大言曰："死则我死，何敢妄指他人！鬼神昭鉴，此实门指挥教我扳指也。"达失色计沮，彬得从轻调南京。

编　甲申，八年，春正月，帝崩。

纪　上不豫，既而大渐，乃处分后事，命太监牛玉执笔，口占，使书之，一曰东宫即位百日成婚，二曰定后妃名分，三曰勿以嫔御殉葬，四曰殡敛器服从旧。书毕，命玉持付阁臣润色。李贤与学士陈文、彭时捧读惊怆，叹曰："所言皆关大体，而止殉葬一事尤为盛德。"是月，上崩。

编 太子见深即位。

编 尊皇后曰慈懿皇太后，生母贵妃周氏曰皇太后。

编 时周贵妃传旨“钱后无子，不得称太后。宣德自有例。”彭时曰：“胡后上表让位，退居别宫，故正统初不加尊号。今日名分固在，若推大孝之心，宜两宫同尊。”得允所请。李贤复议曰：“正宫宜加二字，不然无分别。”因定尊号，称皇后钱氏为慈懿皇太后，贵妃周氏为皇太后。

编 葬裕陵。

编 锦衣卫都指挥门达有罪下狱，谪戍南丹卫。召袁彬还。

纪 言官劾达欺罔，始系狱。彬自南京召还，复职，适达遣戍南丹，彬饯送出城如礼，人以为难。

编 三月，加李贤少保兼华盖殿大学士，陈文吏部左侍郎，彭时吏部右侍郎。

编 夏五月，以马昂为户部尚书，王竑为兵部尚书。

编 六月，礼部左侍郎兼翰林院学士致仕薛瑄卒。

编 冬十月，立妃王氏为皇后。

宪宗纯皇帝

编 乙酉，宪宗皇帝成化元年，春正月，诏释戍边陈循、江渊、俞士悦等及王文子宗彝、于谦子冕、谦婿朱骥各回原籍，给还家产。

纪 冕论父冤，上追复谦官，遣行人往祭其墓，复冕世袭千户。

编 夏四月，荆、襄流民刘千斤反。

编 秋八月，以彭时为兵部尚书，仍兼翰林院学士。

编 丙戌，二年，春二月，重修阙里庙成，帝制文纪之。

编 起复大学士李贤，贤固辞，不许。

纪 贤以父丧去位，诏夺情起复。贤固乞终制，不许。命内侍林兴护送贤还乡视葬。

编 夏五月，李贤还京，命入阁视事。

纪 贤还京，复上疏乞终丧，不允，命入阁视事。修选罗伦上疏劾贤，谓“宋仁宗起复富弼，孝宗起复刘琪，二人皆不从，纲常伦理，所关甚大。”上恶伦狂妄，谪福建市舶司副提举。编修尹直引文彦博待唐介故事，请贤留伦，贤曰："潞公市恩，归怨朝廷，吾则不敢。"

编 襄阳贼刘千斤僭号于南漳，命抚宁伯朱永、尚书白圭督兵讨平之。

编 冬十二月，少保、吏部尚书、大学士李贤卒。

编 丁亥，三年，春三月，召商辂至京，复为兵部侍郎兼翰林院学士，入内阁办事。

编 召罗伦还，复为翰林院修撰。

编 下刑部郎中彭韶狱，既而释之。

纪 周太后弟长宁伯彧与真定武强县民争田，命韶往勘之。韶至田所，环视之，归奏曰："田本民有，虽其间地有多余，然岁有旱潦，地有高下，安有空闲可以别给。且民者国之本，食者民之天，食足民始安，民安则国安，岂可以民田给贵戚，重伤国本邪？"疏上，下韶锦衣卫狱；言官交章救之，得释。先是韶以论都御史张岐幸进事下狱，寻宥复职，至是复下狱，直声震一时。

编 秋七月，追封汉儒董仲舒为广川伯，宋儒胡安国为建宁伯，蔡沈为崇安伯，真德秀为浦城伯。

编 以李秉为吏部尚书。

编 戊子，四年，春二月，固原土官满四据石城反；官军讨之，失利。

编 夏六月，慈懿皇太后钱氏崩。

纪 钱太后崩，命大臣议葬所。众相视，莫敢先发。大学士彭时曰："此一定之礼，无可议者。梓宫当合葬裕陵，神主当祔庙。"礼部尚书姚夔曰："此正礼也。"太监夏时曰："慈懿无子，且有疾，宜别葬。"彭时曰："太后母仪天下近三十年，臣子岂忍议别葬！"已而上御文华殿，召内阁诸大臣面议，彭时曰："合依礼而行，庶全圣孝。"上曰："朕岂不知。但与太后有碍。"学士刘定之曰："孝子从义不从令，虽圣母有言，亦不可从也。"上默然良久曰："合葬固是孝；若因此失圣母心，亦岂得为孝乎？"彭时曰："陛下大孝当以先帝之心为心。先帝待慈懿太后始终如一，今若安葬于左，而虚其右以待后来，则两全其美矣。"上感悟。明日，传谕："卿等如前议行。"

编 秋八月，命都督同知刘玉充总兵官，右副都御史项忠提督军务，太监刘祥监军，帅京营兵四万讨满四。

编　冬十月，以商辂为兵部尚书仍兼学士。

编　十一月，刘玉、项忠等讨满四，擒之，余党悉平。

编　己丑，五年，春正月，吏部尚书李秉罢。

纪　秉素刚介，给事中萧彦庄受属诬劾之，遂致仕。

编　三月，命礼部左侍郎万安兼翰林院学士，入内阁参预机务。

编　夏六月，以姚夔为吏部尚书。

编　庚寅，六年，秋七月，皇子祐樘生。

纪　纪妃所生也。初，妃有娠，万贵妃知而恚之，百方谋害，胎竟不堕。至是生，妃乳少，太监张敏使女侍以粉饵哺之。弥月，西内废后吴氏保抱惟谨，不使贵妃知之。

编　辛卯，七年，春正月，定漕米长运法。

编　冬十月，立皇子祐极为皇太子。

编　壬辰，八年，秋七月，陇州大风雨雹。

纪　雹有大如牛者五，长七八尺，六日方消。陇州北山吼三日，裂成沟，长半里。

编　癸巳，九年，春二月，吏部尚书姚夔卒。

编　以尹旻为吏部尚书。

编　命中官至兵部查西洋水程。

纪　时上好宝玩，有言宣德间尝遣王三保出使西洋，所获奇珍异货无算。上乃命中官至兵部查三保至西洋水程。时项忠为兵部尚书，刘大夏为车驾司郎中。忠遣都吏往库中检旧案，大夏先入检得之，藏置他处，都吏检之不得，大夏亦秘不言。会言官交章谏，其事遂寝。后忠呼都吏诘之曰："库中案卷，焉得失去！"大夏在旁，微笑曰："三保太监下西洋，费钱粮数十万，军民死者亦万计。此一时弊事，旧案虽在，亦当毁之以拔其根，尚何追究其有无哉！"忠耸然降位，揖而谢之，曰："公阴德不细，此位不久当属公矣。"

编　夏五月，以商辂为户部尚书，万安为礼部尚书，仍兼旧职。

编　冬十一月，帝谕大学士彭时编纂宋元纲目。

编　甲午，十年，冬十一月，复郕王帝号。

纪　上谕群臣曰："曩者朕叔郕王践祚，戡难保邦，奠安宗社，亦既有年，属寝疾弥留之际，奸臣贪功生事，妄兴谗构，请去帝号。先帝寻知诬枉，深怀悔恨，以次抵奸于法，不幸上宾，未及举复。朕嗣承大统，一纪于兹，敦念亲亲，用承先志。郕王宜复帝号，其上尊谥曰恭仁康定景皇帝。”

编 乙未，十一年，春三月，少保文渊阁大学士彭时卒。

编 命吏部侍郎刘珝兼翰林院学士，入内阁典机务。

编 皇太子祐极薨。

纪 皇太子薨，内官渐传西宫有一皇子六岁矣。万贵妃惊曰："何独不令我知？"遂具服进贺，召皇子入昭德宫，徙纪氏于永寿宫。

编 夏六月，皇妃纪氏薨。

纪 妃薨日天色皆赤，人疑为万贵妃所鸩云。

编 冬十一月，立皇子祐樘为皇太子。

编 丙申，十二年，秋七月，命宋儒朱熹十世孙墩为翰林院五经博士，奉祠祀。

编 命增孔子庙笾豆、佾舞之数。

纪 国子监祭酒周宏谟言："臣比言孔子封号、冕服、笾豆、佾舞等事，礼部尚书邹榦以谥号器数之加否不足为孔子重轻，请仍旧为宜。臣窃以孔子自唐开元封文宣王，被以衮冕，乐用宫县。当时衮冕虽通乎上下，而宫县者天子之乐也，乐既用天子之宫县，服必用天子之衮冕，是唐之奉孔子已用天子礼乐矣。宋承五代衰弊之制，至徽宗始加冕为十二旒。元时孔子庙貌遍天下，而被天子衮冕，圣朝因之。则孔子服冕已用天子之礼，佾舞止用诸侯之乐。以礼论乐则乐不备，以乐论礼则礼为僭。乞敕廷臣议增笾豆为十二，佾数为八，则份数与冕服相称，礼明乐备，补前代缺略之典，备圣明尊崇之制。"上曰："尊崇孔子，乃朝廷盛典，宜从所言。其笾豆、份舞俱如数增用，仍通行天下，悉遵此制。"

编 丁酉，十三年，春正月，置西厂，命太监汪直诇刺外事。

纪 直年少黠谲，上宠之。先是妖人李子龙以左道惑众，内使鲍石、郑忠敬信之，夤缘入内府，时引至万岁山观望，谋不轨。锦衣官校发其事，伏诛。自是上锐意欲知外事，乃选锦衣官校善刺事者百余人，别置厂于灵济宫前，号西厂。永乐中尽戮建文诸臣，怀疑不自安，始设东厂主刺奸，至是名西厂，以别东厂也。纵直出入，分命诸校，广刺督责，大政小事，方言巷语，悉采以闻。

编 夏五月，罢西厂。

纪 汪直罗织人罪，数起大狱。任用锦衣百户韦瑛纵肆贪暴，臣民悚怵。大学士商辂疏言："近日伺察太繁，政令太急，刑网太密，人情疑畏，汹汹不安，盖缘陛下委听断于汪直，而直又寄耳目于群小也。中外骚然，安保其无意外不测之变！往者曹钦之反，皆逯杲有以激之。一旦祸兴，卒难消弭。望陛下断自宸衷，革去西厂，罢汪直以全其身，诛韦瑛以正其罪。"疏入，上命去西厂，遣太监怀恩数直罪责之；谪韦瑛戍宣府。

编 六月，复西厂，命汪直仍刺事。

纪 御史戴缙言："近年灾变洊臻，未闻大臣进何贤，退何不肖。惟太监汪直厘奸剔弊，允合公论，而止以官校韦瑛张皇行事，遂革西厂。伏望推诚任人，命两京大臣自陈去留，断自圣衷。"上悦。时缙九年不迁，以觊进，故颂直。其自陈一事尤直所喜，盖直常恶商辂、左都御史李宾，难于施行也。御史王亿言："汪直所行，不独可为今日法，且可为万世法。"天下闻而唾之。上以二人言，复西厂，直仍刺事。

编 大学士商辂、尚书薛远、董方、左都御史李宾并致仕，以王越为兵部尚书兼左都御史，掌院事。

纪 时越附汪直，嗾御史冯瓘排诸大臣。辂既致仕，远等相继自陈去。

编 秋七月，以余子俊为兵部尚书，加太子少保。

编 冬十一月，以冯瓘为大理寺丞，戴缙为尚宝司少卿。缙寻擢佥都御史王亿为湖广按察副使。

编 戊戌，十四年，春二月，命皇太子出阁讲学。

纪 时东宫内官覃吉，温雅诚笃，知大体，通书史，议论方正，虽儒生不能过。辅东宫，悉道以正，暇则开说五府、六部及天下民情、农桑、军务以至宦者专权蠹国情弊，悉直言之。曰："吾老矣，安望富贵，但得天下有贤主足矣！"上尝赐东宫五庄，吉曰："天下山河皆主所有，何以庄为？徒劳民伤财，为左右之利！"竟辞之。太子尝呼吉为"老伴"。一日，太子念蒿里经而吉适至，骇曰："老伴来矣！"即以孝经自携。吉跪曰："主得无念经乎？"曰："否，读孝经耳。"其见畏如此。太子出讲，必使左右迎请；讲官讲毕，则语讲官云"先生吃茶"。左右不以为然，吉曰："尊师重傅，礼当如此。"

编　夏六月，命太监汪直往辽东处置边务。

编　己亥，十五年，春正月，加吏部尚书尹旻太子太保。

编　夏六月，逮整饬辽东边务、兵部右侍郎马文升下锦衣狱。

纪　初，陈钺巡抚辽东，行事乖方，文升更置之，约束不得动。汪直至辽东，钺戎服伏道左，文升独与直抗礼，左右多誉钺毁文升，钺又谮之。会给事中张良劾钺激变属部，逮至京。钺赂直，言"海西皆以文升禁农器不与交易，故屡寇边"。直遂奏文升"妄启边衅，擅禁农器"，乃遣直同刑部尚书林聪往讯。直缪致恭敬，深自结纳于聪。聪上报竟如直言，遂逮文升下狱，谪戍重庆。

编　秋七月，命汪直行边。

编　冬十月，辽东巡抚陈钺请讨海西，以抚宁侯朱永为总兵，陈钺提督军务，汪直监之。

纪　直既至辽东，有头目郎秀等四十人入贡，遇直于广宁，直诬以窥伺，掩杀之，出塞掩不备，焚其庐帐而还，以大捷闻。论功加汪直岁禄，临督十二团营，朱永进保国公，陈钺户部尚书。已而海西诸部，以复仇为辞，深入云阳、清河等堡，杀掠男妇，皆支解以徇。边将敛兵不出，钺隐匿不以闻。以太仆少卿王宗彝为佥都御史，巡抚辽东。宗彝，故大学士文子也，以郎中督饷辽东，阿汪直得骤进。

编　十二月，以陈钺为户部尚书，掌部事。

编　庚子，十六年，春三月，命太监汪直、保国公朱永、尚书王越率兵出塞袭敌于威宁，破之。

编　夏五月，以周洪谟为礼部尚书。

编　秋七月，逮巡抚陕西右副都御史秦纮下锦衣狱，既而释之。

纪　时秦府旗校肆横，民苦之，纮擒治不少贷。秦王奏纮欺灭亲藩，上怒，逮纮下狱。命籍其家，止得黄绢一匹，敝衣数件，上亲阅，嘉叹良久，诏释纮系，且赐钞万锭以旌其廉。调纮巡抚河南，汪直亦以事至，纮与抗礼，不为屈。直以上知其廉，亦加敬焉。

编　以陈钺为兵部尚书。

编　冬十月，以国子监祭酒邱濬为礼部侍郎，仍掌监事。

编　辛丑，十七年，夏四月，命汪直监督威宁伯王越军务赴宣府，相度击贼事宜。

编　冬十二月，命王越佩征西前将军印镇守大同，仍与汪直提督各路军马。

编　壬寅，十八年，春三月，复罢西厂。

纪　先是有盗越皇城入西内，东厂校尉缉获，太监尚铭以闻。上喜甚，厚赐赍。汪直闻，怒曰："铭，吾所用，乃背吾独擅功。"思有以倾之。铭惧，潜以直构祸事达于上，上自直行后，李孜省用事，万安结昭德宫，颇揽权，恶直浸淫，上亦渐疏之。于是科道交章奏："西厂苛察，非国体。"万安亦谓宜罢。刘珝不可。上竟罢西厂，中外欣然，珝有惭色。

编　冬十二月，进吏部尚书万安太子太傅、华盖殿大学士，户部尚书刘珝太子太保、谨身殿大学士，礼部尚书刘吉太子太保、武英殿大学士。

编　癸卯，十九年，夏六月，调汪直南京御马监。

纪　直与总兵许宁不协，巡抚郭镗以闻，故有是命。

编　秋八月，汪直有罪罢。

纪　御史徐镛上疏劾汪直欺罔罪，曰："汪直与王越、陈钺结为腹心，自相表里，肆罗织之文，振威福之势。兵连西北，民困东南。天下之人但知有西厂，而不知有朝廷，但知畏汪直，而不知畏陛下，渐成羽翼，可为寒心。乞陛下明正典刑，以为奸臣结党怙势之戒。"上深纳其言，遂罢直；削越威宁伯，追夺诰券，编管安陆州；钺及戴缙革职为民。召还马文升，以为左副都御史，巡抚辽东。

初，汪直用事久，势倾中外，天下凛凛。有中官阿丑，善诙谐，恒于上前作院本，颇有谲谏风。一日，丑作醉者酗酒状，前遣人佯曰"某官至"，酗骂如故；又曰"驾至"，酗亦如故；曰："汪太监来！"醉者惊迫帖然。旁一人曰："驾至不惧而惧汪太监，何也？"曰："吾知有汪太监，不知有天子。"又一日，忽效直衣冠，持双斧，趋跄而行。或问故，答曰："吾将兵惟仗此两钺耳。"问钺何名，曰："王越、陈钺也。"上微哂，自是而直宠衰矣。及其罢斥，中外莫不快之。寻尚铭亦有罪黜，籍其家。韦瑛谪万全卫，寻伏诛。

编　冬十月，以僧录司继晓为左善世，惠昇为右善世。

编　甲辰，二十年，春正月，京师地震。

编　三月，命太监陈准提督东厂。

纪 准为人平恕清俭，莅事之初，下令军校曰："大逆者告我，非此则有司之事也。"由是中外安之。

编 冬十月，建永昌寺，下刑部员外郎林俊、后府经历张黻狱。

纪 僧继晓始以淫贪欺诳楚府事败，走匿京师，夤缘梁芳等引入禁中。其术得售，尊为善世，赐美珠十余，金宝不可胜纪。乃言于上，发内库银数十万两，于西华门外拆毁民居，创建永昌寺。大臣谏官皆不言，于是林俊上疏言："今岁以来，灾异屡见，京师地震，陵寝动摇，鉴戒之昭，莫此为甚。陕西、山西、河南连年饥谨，人民流离，可以流涕。而僧继晓欺罔圣德，发内库银建永昌寺，以有用之财，供无益之费，工役不息，人怨日兴。臣谓不斩继晓，异日之祸未可言也。然纵之者，梁芳也。芳倾覆阴很，引用奸邪，排斥忠良，数年之间，假进贡买办为名，盗祖宗百余年之府库殆尽。家赀山积，尚铭不足多；所在风扰，汪直莫能过。饥民之死，莫不欲食梁芳、继晓之肉，而不敢以此言进者，所惜者官，所畏者死耳，臣何忍畏死不言，以为陛下仁圣之累。"上览疏大怒，下俊锦衣卫狱，贬云南姚州。

判官张黻上言："今三边未靖，四方灾旱，军民愁苦万状，凡有世道之忧者惟恐陛下不得尽闻。今林俊上言而反得罪，则远近相传，以言为讳，岂朝廷之福哉！伏乞察俊忠直，恕其僭越，使士气益张，谠论无隐。"上以黻回护林俊，贬云南师宗州知州。

南京兵部尚书王恕上疏曰："迩闻刑部员外郎林俊陈言过直，干冒天威，后府经历张黻，为林俊陈情，亦蒙逮问。臣当以二人为戒，而复敢进言者，实为天下国家虑也。今都城内外佛寺不知有几千百区，滋又欲营建，迁移军民数千百家，计费帑银数十万两，人皆知此事之非而不言，独林俊言之；人皆知林俊之是而不言，独张黻言之。今悉置之于法，人皆以言为讳，设再有奸邪误国，陛下何由知之？乞复林俊等以慰天下，停建寺以理兵荒，庶宗社可巩固，天命可永保矣。"疏入，留中。

编 乙巳，二十一年，春正月，星陨有声，诏求直言。

纪 工部主事张吉、中书舍人丁玑、进士敖毓元俱上疏斥李孜省、僧继晓等罪恶。疏入，俱留中，寻皆以他事谪之。孜省，江西人，尝为吏，坐赃，巡按御史杨守随逮问充军。孜省逃至京师，夤缘入禁中，以符水得幸，授太常寺丞。守随寻还朝，即劾孜省罪恶，不宜典郊庙百神之祀。命改上林苑监，未几，擢礼部侍郎，掌通政司事，受密命访察百官贤否，书小帖以所赐图书封进，其宠眷如此。

编 复林俊、张黻原职。

纪 初，林俊之劾继晓下狱也，事且不测，独太监怀恩叩头语曰："自古未闻有杀谏官者，臣不敢奉诏。"上大怒曰："汝与林俊合谋讪我！"举所用御砚掷之。恩免冠号哭不起，曰："臣不能复事陛下。"上命左右扶出。恩至东华门，使人谓镇抚司曰："若等谄梁芳，合谋倾林俊，俊死若等不得独生！"俊狱得解。

时星变，黜传奉官，御马监太监王敏请于上，凡马房传奉不复动。恩怒曰："星象示变，专为我辈内臣坏朝廷之法，外官何能为？今甫欲正法，汝等又来坏之，他日天雷击汝矣！"敏郁郁而死。章瑾以进奉宝石授镇抚司，命怀恩传旨，恩曰："镇抚掌天下刑狱，奈何以小人得之？"不肯传。上曰："汝违我！"恩曰："非敢违命，恐违法也。"上命覃昌传之。恩曰："倘外廷有谏者，吾言尚可行也。"时尚书余子俊在兵部，恩语之曰："第执奏，吾从中赞之。"子俊谢不敢，恩叹曰："吾固知外廷之无人也！"时尚书王恕屡上疏切直，恩曰："天下忠义，斯人而已。"

编 三月，泰山屡震。

纪 泰山凡大震者七次。时椒寝渐繁，上颇有易储意，而未宣露。钦天监奏言："泰山震动，应在东宫。"上大惊，意遂已。

编 秋九月，大学士刘珝致仕。

编 冬十月，以詹事彭华为吏部左侍郎兼翰林院学士，入内阁参预机务。

编 丙午，二十二年，春三月，罢南京兵部尚书王恕。

纪 先是，因星变，传奉官多革罢，既而夤缘复进用。恕上言："政令必信，不宜数改。"语多激切，忤上意，遂令恕致仕。

编 秋七月，致仕大学士商辂卒。

纪 辂字弘载，淳安人，乡会殿试皆第一，奉敕纂修续资治通鉴纲目。卒年七十三，谥文毅。

编 以马寅为山东布政使。

纪 寅在郎署三十年，为副使十六年，未尝以淹抑降志，尝语坐客曰："君子有三惜：此生不学，一可惜；此日闲过，二可惜；此身一败，三可惜。"客叹为名言。

编 冬十月，加大学士万安少师，刘吉少傅，彭华为礼部尚书，尹直为兵部尚书，并为太子少保。

编 丁未，二十三年，秋八月，帝崩。

纪 上不豫，命皇太子视朝于文华殿。己丑，上崩，年四十岁。

编 九月，太子祐樘即位。尊皇太后曰太皇太后，皇后曰皇太后。

编 立妃张氏为皇后。

编 李孜省伏诛，僧继晓发原籍为民。

纪 太常卿道士赵玉芝、邓常恩谪戍边，番僧国师领占竹等悉革职，斥佞竖梁芳、陈喜等往孝陵司香，先朝妖佞之臣放斥殆尽。继晓寻伏诛。

编 冬十月，召王恕为吏部尚书。

纪 初，太监怀恩以直道屏居凤阳，上素知之，至是召还。恩言大学士万安谀佞，王恕刚方，请上去安而召恕，遂有是命。

编 十一月，谥生母淑妃纪氏为孝穆皇太后。

纪 上念吴后保抱之恩，命宫中进膳如太后礼。

编 大学士万安罢。

纪 先是安结万贵妃兄弟进妖僧继晓以固其宠，与李孜省结纳，表里奸弊，上在东宫稔闻其恶。至是于内中得一箧，皆房中术也，悉署曰"臣安进"。上遣怀恩持至阁下，曰："是大臣所为乎？"安惭汗不能出一语。已而科道交章论之，遂命罢去。安在道，犹夜望三台星，冀复进用，寻卒。

编 礼部右侍郎邱濬进所著大学衍义补，擢礼部尚书。

纪 先是濬以真西山大学衍义有资治道，而治国平天下之事缺焉，乃采经传子史有关治国平天下者，分类汇集，附以己意，名曰大学衍义补。至是书成，进之。上览之甚喜，批答曰："卿所纂书，考据精详，论述该博，有辅政治，朕甚嘉之。"赐金币，遂进尚书，仍命礼部刊行。

编 葬茂陵。

孝宗敬皇帝

编 戊申，孝宗皇帝弘治元年，春正月，召南京兵部尚书马文升为左都御史。

编 文升陛见，赐大红织金衣一袭，盖上在东宫时，素知其名故也。文升感殊遇，自奋励，知无不言。

编 闰正月，诏天下举异才。

编 二月，帝耕藉田。

纪 上耕藉田，宴群臣，教坊以杂伎承应，或出亵语。马文升厉色曰："新天子当知稼穑艰难，岂宜以此渎乱宸聪！"即斥去。

编 以刘健为礼部右侍郎兼翰林院学士，直文渊阁。

编 三月，帝视学，释奠先师。

编 起用谪降主事张吉、王纯、中书舍人丁玑、进士敖毓元、李文祥。

纪 先是五人并以言事远谪南京，吏部主事储瓘上言："五人者既以直言徇国，必不变节辱身。今皆弃之岭、海之间，毒雾瘴气，与死为伍，情实可悯。乞取而置之风纪论思之地，则言论风采必有可观，与其旋求敢谏之士，不若先用已试之人。"上命吏部起用之。

编 加赠前少保于谦特进、光禄大夫、柱国、太傅，谥肃愍。

编 初开经筵。

纪 少詹事杨守陈上开讲勤政疏，上嘉之，诏开经筵。讲毕，赐讲官程敏政等茶及宴，上皆呼先生而不名。

编 冬十月，以耿裕为礼部尚书。

编 己酉，二年，春二月，以马文升为兵部尚书。

编 下御史汤鼐、寿州知州刘槩狱。

纪 先是万安、刘吉、尹直在政府，尝语鼐朝廷不欲开言路，鼐即以其言劾之。已而安、直皆免官，鼐与李文祥等以为小人退则君子进，虽刘吉在，不足虑也。吉使客徐鹏啗御史魏璋以殊擢，使伺鼐。鼐家寿州，知州刘槩与书言："梦一人牵牛陷泽中，鼐手提牛角引之而上。人牵牛，象国姓，此国势滨危，赖鼐复安之兆也。"鼐大喜，出书示客。璋以劾之，谓其妖言诽谤，下锦衣狱。辞连庶吉士邹智。智身亲三木，仅余残喘，神色自若。议者欲处以死，刑部侍郎彭韶辞疾，不为判案，获免，左迁石城吏目。大理寺评事夏镓上言："主事李文祥、庶吉士邹智、御史汤鼐等，皆以言获罪，实大学士刘吉误陛下，岂知刘吉之罪，不减万安、尹直乎？"疏奏，留中。镓谢病归。

编　夏五月,以彭韶为吏部左侍郎。

纪　王恕为尚书,得韶为贰,皆不避权贵,请谒路绝。

编　庚戌,三年,夏四月,定预备仓。

编　冬十一月,有星孛于天津。诏大臣极言时政得失。

纪　吏部侍郎彭韶言:"正近侍,慎宫爵,厚根本,减役钱。"上嘉纳之。礼部尚书耿裕率群臣条时政七事,上谓有防微杜渐之意。左侍郎倪岳上言:"当今民日贫,财日匮,宜节俭以为天下先。"又言:"减斋醮,罢供应,省营缮。"上采纳之。

编　辛亥,四年,春正月,刑部尚书何乔新致仕。

纪　乔新执法不回,每重王恕,不平刘吉。吉衔之,嗾御史邹鲁诬奏乔新受馈遗,下狱鞫讯无验,遂致仕归。

编　以彭韶为刑部尚书。

编　秋八月,吏部尚书王恕上疏乞致仕,不许。

纪　恕时有建白,众议谓业已行矣,恕言:"天下事苟未得其当,虽十易之不为害;若谓已行不及改,则古之纳谏如流,岂皆未行乎?"恕遇事敢言,有不合即引疾求退,上每温诏留之。

编　九月,大学士刘吉罢。

纪　时上欲封张皇后弟伯爵,吉言必尽封周、王二太后家乃可。上恶之,使中官至其家,勒令致仕去。初,吉屡被弹章,仍进秩,人呼为"刘棉花",谓其愈弹愈起也。

编　冬十月,命礼部尚书邱濬兼文渊阁大学士,典机务。

编　壬子,五年,春二月,立皇子厚照为皇太子。

编　右谕德王华上疏,请帝恒御经筵。

纪　略曰:"每岁经筵不过三四御,而日讲或间旬日始一行,则缉熙之功毋乃或间,虽圣德天健,自能乾乾不息。而宋儒程颐所谓'涵养本源,薰陶德性'者,必接贤士大夫之时多,宦官宫妾之时少,始可免于一暴十寒之患。"上嘉纳之。

编　夏四月,大学士邱濬上疏言时政之弊。

纪　大略言:"陛下端身以立本,清心以应务,谨好尚勿流于异端,节财费勿至于耗国,公任用勿失于偏听,禁私谒以肃内政,明义理以绝奸佞,慎俭德以怀永图,勤政务以弘至治,度可以回天灾消异物,帝王之治可几也。”因拟为二十二条，以为朝廷抑遏奸言，杜塞希求，节财用，重名器之助，凡万余言。上览奏甚悦，以为切中时弊。

编 冬十一月，诏停生员吏典开纳事例。

纪 王恕言：“永乐、宣德、正统间，天下亦有灾伤，各边亦有军马，当时未有开纳事例，粮不闻不足，军民不闻困弊。近年以来，遂以此例为长策。既以财进身，岂能以廉律己？欲他日不贪财害民，何由而得乎！”上从之。

编 癸丑，六年，春三月，刑部尚书彭韶罢。

编 吏部尚书王恕致仕。

编 改礼部尚书耿裕为吏部尚书，加太子太保。以礼部左侍郎倪岳为礼部尚书。

编 甲寅，七年，春二月，河决张秋。命太监李兴、平江伯陈锐协同都御史刘大夏往治之。下山东按察副使杨茂仁狱。

纪 大夏既受命，循河上下千余里，周览形势，上言：“河性湍悍，张秋乃下流襟喉，势难猝治，当于上流分导南下，再筑长堤以御横波，且防大名、山东之患，俟其循轨，而后决可塞也。”杨茂仁上疏言：“官多则民扰。治河既委刘大夏，又差李兴、陈锐，事权分而财力匮。乞将兴、锐取回，专委大夏。水阴也，其应为内官，为外寇，宜戒饬后戚，防御边患。”疏入，兴等奏茂仁为妖言，逮系锦衣卫狱；科道交章论救，乃谪长沙府同知。

编 秋八月，加徐溥少傅、吏部尚书、谨身殿大学士，邱濬少保、户部尚书，刘健太子太保，并兼武英殿大学士。

编 冬十月，西域进狮子。

纪 倪岳言：“狮者外域之兽，真伪不可知。纵真，非中国宜畜；非真，无为外域所笑。”诏还之。

明鉴易知录卷七

明纪

孝宗敬皇帝

编　乙卯，八年，春二月，少保、大学士邱濬卒。

编　命礼部侍郎兼侍读学士李东阳、詹事兼侍讲学士谢迁参与机务。

编　张秋堤成，召刘大夏为户部右侍郎。

编　秋八月，设江西巡抚于南赣。

纪　时汀、漳多盗，岭南奸民附之，故添设宪府于要地，以节制焉。

编　丙辰，九年春闰三月，谕德王华日讲文华殿。

纪　华讲唐李辅国与张后表里用事。时内侍李广方贵幸，招权纳贿，华以讽上。上乐闻之，特命赐食。

编　夏四月，以吏部左侍郎周经为户部尚书，礼部左侍郎徐琼为礼部尚书。

编　秋八月，大学士徐溥、刘健、李东阳、谢迁上疏谏烧炼、斋醮之事。

纪　溥等以内官李广、杨鹏引用刘良辅左道惑乱，乃上疏曰："我祖宗自洪武至天顺间，皆召儒士谘议政事，今朝参外不得一睹天颜。夫人君之心必有所系，不系于此则必系于彼，正士既疏则邪说乘间而入。近有以斋醮、烧炼进者，此乃异端惑世之术，圣王之所必禁也。宋徽宗崇信道流，卒使乘舆播迁，社稷倾覆。至若烧炼金石之药，性多酷烈，唐宪宗药发致疾，其祸甚惨！矧荧惑失度，太阳无光，天鸣地震，草妖木异，四方奏报，殆无虚日。今望严早朝之节，复奏事之规，远邪佞之人，斥诬罔之说，太平之业可保矣。"上嘉纳之。

编　丁巳，十年，春三月，命内阁及翰林院官纂修大明会典。

编 帝罢游后苑。

纪 上屡游后苑，侍讲王鏊侍经筵，讲文王不敢盘于游田。上悟，纳之，召李广等戒之曰："今日讲官所指，盖为若辈，好为之！"竟罢游。

编 夏五月，京师风霾，各省地震，诏求直言。

纪 祠祭郎中王云凤上言纳忠言，罢左道斋醮、采办、传奉诸事。上嘉纳之。

编 戊午，十一年，春二月，进内阁大学士徐溥少师兼太子太师，刘健少傅，李东阳、谢迁并太子少保，许进兵部尚书，马文升少傅兼太子太傅，刑部尚书白昂太子太保，户部尚书周经、礼部尚书徐琼、工部尚书徐贯、左都御史闵珪并太子少傅。

编 皇太子出阁讲学。

编 夏六月，有熊入京城，乾清宫灾。

纪 京师西直门有熊入城。马文升谓："野兽入城，宜严武备以防不虞。"兵部郎中何孟春谓同列曰："熊之为兆宜慎火。"未几，礼部毁，禁中亦火，乾清宫灾。或问孟春："此占出自何书？"孟春曰："予不晓占书，曾见宋纪，绍兴中，永嘉灾前数日，有熊至城下，州守高世则谓其倅赵允绍曰：'熊于字"能、火"，郡中宜慎火。'果延烧官民舍十之七八。予忆此事，不料其亦验也。"

编 冬十月，少师、华盖殿大学士徐溥致仕。

编 太监李广有罪自杀。

纪 广以左道见宠任，权倾中外。会幼公主痘殇，太皇太后归罪于广；广惧，饮鸩死。上命搜广家，得纳贿簿籍，中言"某送黄米几百石，某送白米几千石"。上曰："广食几何？而多若是。"左右曰："黄米，金也。白米，银也。"上怒，籍没之。

编 己未，十二年，春正月，给事中杨廉上疏请讲大学衍义，从之。

编 冬十一月，宁王觐锡卒，上高王宸濠嗣。

纪 宸濠，宁康王觐锡庶子，初封上高王，至是觐锡卒，宸濠嗣为宁王。

编 庚申，十三年，夏五月，吏部尚书屠滽、户部尚书周经、礼部尚书徐琼、刑部尚书白昂、工部尚书徐贯罢。

编 以右都御史侣钟为户部尚书，掌詹事府，礼部左侍郎傅瀚为礼部尚书，左都御史闵珪为刑部尚书，工部左侍郎曾鉴为工部尚书。

编 夏六月，召南京兵部尚书倪岳为吏部尚书，南京刑部尚书戴珊为左都御史。加兵部尚书马文升少傅。

编 辛酉，十四年，春正月，陕西地震。

纪 马文升上言："祗畏变异，痛加修省。"劝上"积金帛以备缓急，罢斋醮以省浪费，止传奉之官，禁奏计之地，将陕西织造绒褐内臣早取回京，以苏军民之困。"上嘉纳之。

编 秋九月，太子太保、吏部尚书倪岳卒。

编 冬十月，以马文升为吏部尚书，刘大夏为兵部尚书。

编 壬戌，十五年，春二月，侣钟罢，以南京兵部尚书韩文为户部尚书。

编 夏四月，命御史王哲巡按江西。

纪 哲所至，恤民隐，作士风，表先贤祠墓。时天旱，种不入土。哲乃亲录系囚，出其所当原者数百人，翌日雨，是岁有秋。民有女奴自逃，其雠指为故杀，讼于官。狱既成，哲复讯，见其有冤色，使人密访女奴所在，得之，民得不坐。又有大家被盗，因诬其所怨者，赂镇守，欲置于法。哲察其诬，出之。镇守怒，众亦以为疑，久之真盗得，始皆愧服。民为之谣曰："江西有一哲，六月飞霜雪；天下有十哲，太平无休歇。"

编 癸亥，十六年，春二月，进刘健少师兼太子太师、吏部尚书、华盖殿大学士，李东阳户部尚书、谨身殿大学士，谢迁礼部尚书、武英殿大学士，并加太子太保，吴宽礼部尚书兼翰林院学士，掌詹事府。

编 夏五月，京师大旱。

纪 刘大夏因言兵政之弊，未能悉革，乞退；不允，令开陈所言弊端。大夏条上十事，上览奏，嘉纳之。上尝问大夏："天下何时太平？朕如何得如古帝王？"对曰："求治不宜太急。凡用人行政，即召内阁并执政大臣面议行之，但求顺理以致太平。"时刑部尚书闵珪持法忤旨，上与大夏语及之而怒，大夏曰："人臣执法，不过效忠朝廷。珪所为，无足异！"上曰："古亦有之乎？"对曰："舜为天子，皋陶为士，执之而已。"上默然，徐曰："珪第执之过耳，老成人何可轻弃！"竟允珪请。

编 甲子，十七年，春三月，太皇太后周氏崩。

编 秋七月，掌詹事府礼部尚书吴宽卒。

编 乙丑，十八年，夏五月，帝崩。

纪 上不豫，召大学士刘健等受顾命。健等入，叩头榻下，上曰："朕蒙皇考厚恩，选张氏为皇后，生东宫，今十五岁矣，尚未选婚，社稷事重，可即令礼部举行。"皆应曰："诺。"上曰："东宫聪明，但年幼好逸乐，诸先生须辅之以正道，俾为令主。"健等皆叩头曰："臣等敢不尽力！"诸臣出，翼日上崩。

编 太子厚照即位。尊皇太后曰太皇太后，皇后曰皇太后。

编 秋九月，恒星昼见。

编 葬泰陵。

武宗毅皇帝

编 丙寅，武宗皇帝正德元年，春正月，天鸣地震。

编 命都御史杨一清总制陕西三边军务。

编 以神机营中军二司内官太监刘瑾管五千营。

纪 瑾，陕西兴平人，故姓淡，景泰中自宫，为刘太监名下，因其姓。成化时领教坊见幸，弘治初摈茂陵司香，其后得侍东宫，以俳弄为上所悦。上即位，瑾朝夕与其党八人为狗马、鹰犬、歌舞、角抵以娱上，上狎焉。八人者，马永成、高凤、罗祥、魏彬、邱聚、谷大用、张永，其一瑾。瑾尤狡给，颇通古今，常慕王振之为人。至是渐用事。

编 夏四月，少师、吏部尚书马文升罢。以焦芳为吏部尚书。召南京兵部尚书张敷华为左都御史。

编 六月，雷震郊坛禁门、太庙脊兽、奉天殿鸱吻。

纪 大学士刘健、谢迁、李东阳闻上与八人戏亡度，连疏请诛，略曰："政在于民生国计，则若罔闻知；事涉于近幸贵戚，则牢不可破。臣等叨居重地，徒拥虚衔，或旨从中出，略不与闻；或众所拟议，竟行改易。若以臣言为是，则宜传赐施行；臣等言非，亦宜明加斥责。而往往留中不发，视之若无。臣等因循玩愒，窃禄苟容，既负先帝，又负陛下。"语甚切直，不报。

编 秋七月，彗星见参、井，扫太微垣。

编 太白经天。

编 八月,立妃夏氏为皇后。

编 九月,兵部尚书刘大夏致仕。

编 以总督宣、大军务都御史刘宇为兵部尚书。

编 冬十月,命刘瑾入掌司礼监兼提督团营。瑾矫诏罢大学士刘健、谢迁,杀内司礼监太监王岳、范亨等,下刑科给事中吴翀、山西道御史刘玉狱。

纪 户部尚书韩文具疏合九卿诸大臣上言:"伏睹近岁以来,太监马永成、谷大用、张永、罗祥、魏彬、刘瑾、邱聚、高凤等置造巧伪,浮荡上心,或击毬走马,或放鹰逐免,或俳优杂剧,错陈于前。或导万乘之尊与人交易,狎昵媟亵,无复礼体,日游不足,夜以继之,劳耗精神,亏损圣德。遂使天道失序,地气靡宁,雷异星变,桃李秋花,考厥占候,咸非吉祥。先帝临崩,顾命之语,陛下所闻也,奈何姑息群小,置之左右为长夜之游,恣无厌之欲以异圣德乎?伏望陛下将永成等缚送法司,以消祸萌。"疏入,上惊泣不食,诸阉大惧,自求安置南京,而阁议持不从。

时内司礼监太监王岳,亦东宫旧臣,素刚直,颇恶其侪所为,与司礼太监范亨、徐智等亦助韩文等密奏上,上允之,待明旦发旨捕瑾等下狱。而吏部尚书焦芳者,故与瑾善,遂以所谋泄之瑾。瑾等亦廉知岳等密奏事,八人者遂夜趋上前,环跪哭曰:"微陛下恩,瑾等磔馁狗矣。"上色动。瑾辄进曰:"害瑾等者,王岳也。夫狗马鹰犬,岳买献否?而独咎瑾等。"上怒曰:"吾收岳矣。"瑾曰:"狗、马、鹰、兔,何损万几?今左班官敢哗无忌者,司礼监无人也;有,则惟陛下所欲为,谁敢言者!"上怒,是夜立命瑾入掌司礼监兼提督团营,邱聚提督东厂,谷大用提督西厂,张永等并司营务,分据要地。瑾夜传命榜岳、亨、智,逐之南京,而外廷未知也。晨伏阙则旨下。

刘健等知事不可为,各上疏求去。瑾矫诏勒健、迁致仕,惟李东阳独留,盖前阁议时,健尝推案哭,迁亦訾瑾等不休,惟东阳稍缄默,故得独留。健、迁滨行,东阳祖道,欷歔,健正色曰:"何用今日哭为?使当日出一语,则与我辈同去耳!"东阳无以应。瑾寻矫诏追杀岳、亨于途,击折徐智臂,得免。

初,举朝必欲诛瑾,兵部尚书许进曰:"此属得疏斥足矣,若峻其事，恐有甘露之变。”既而果如进言。吴翀、刘玉俱上疏论刘瑾佞幸，弃逐顾命大臣。乞留刘健、谢迁而以瑾正典刑。上怒，下狱，斥为民。

瑾既得志，于是内揣合上意，外日以深文诛求诸臣，使自救不暇，而莫敢进言。上喜，益谓瑾可委任矣。

编　以吏部尚书焦芳兼文渊阁大学士，入阁办事。

纪　芳潜通刘瑾党，瑾遂引芳入阁，表里为奸，凡变紊成宪，桎梏臣工，杜塞言路，酷虐军民，皆芳导之。

编　逮南京给事中戴铣、御史薄彦徽等下锦衣卫狱。

纪　初，刘健等致仕，给事中吕翀、刘蒞上疏留之，南京兵部尚书林瀚闻而叹息。于是南京六科给事中戴铣等、十三道御史薄彦徽等上疏请斥权阉，正国法，留保辅，托大臣以安社稷。刘瑾矫旨遣缇骑逮系锦衣卫狱，寻蒞、翀及铣、彦徽等二十人各廷杖，除名为民。

编　罢户部尚书韩文。

纪　刘瑾恨文，令人日伺其过。会有进纳内府折银者，内有假伪，瑾矫旨文不能防奸，落职闲住。滨归，瑾阴遣逻卒伺于途，文乘一骡宿野店而去。文子高唐州知州士聪、刑部主事士奇皆削籍。

编　十二月，罢左都御史张敷华。

编　进李东阳少师兼太子太师、吏部尚书、华盖殿大学士，焦芳太子太保、武英殿大学士，王鏊户部尚书、文渊阁大学士。以许进为吏部尚书，起屠滽为左都御史。

编　谪兵部主事王守仁贵州龙场驿丞。

纪　守仁上疏言：“戴铣等职居司谏，以言为责。其言而善，自宜嘉纳，如其未善，亦宜包容，以开忠谠之路。乃今赫然下命，遽事拘囚，下民无知，妄生疑惧。在廷之臣，莫不以此举为非，然莫敢为陛下讼言者，恐复以罪铣等者罪之，则无补国事，而徒增陛下之过举耳。臣恐自兹以往，虽有上关宗庙危疑之事，陛下孰从而闻之？苟念及此，宁不寒心，况今天时冻沍，万一遣去官校，督束过严，铣等在道或遂失所填沟壑，使陛下有杀谏臣之名，然后追咎左右莫有言者，则既晚矣。伏愿追收前旨，使铣等仍旧供职。”疏入，刘瑾怒，矫诏杖五十，毙而复苏，谪贵州龙场驿丞。既谪后，瑾使人伺之途，将置之死。守仁至钱塘，虑不免，乃乘夜佯为投江，而浮冠履水上。遗诗有“百年臣子悲何极，夜夜江涛泣子胥”之句。浙江藩臬及郡守杨孟瑛皆信之，祭之江上，家人亦成服。守仁遂隐姓名，入武夷山中，已而虑及其父华，卒赴驿。华时为南京吏部尚书，瑾勒令致仕。

编 帝悉以天下章奏付刘瑾。

纪 瑾时杂构戏玩娱上，候上娱则多上章奏请省决，上曰："吾安用尔为？而一烦朕。"瑾由是自决政。

编 丁卯，二年，春三月，刘瑾矫诏榜奸党于朝堂，颁示天下。

纪 略曰："朕以幼冲嗣位，惟赖廷臣辅弼其不逮，岂意去岁奸臣王岳、范亨、徐智窃弄威福，颠倒是非，私与大学士刘健、谢迁、尚书韩文、杨守随、林瀚、都御史张敷华、戴珊、郎中李梦阳、主事王守仁、王纶、孙盘、黄昭、检讨刘瑞、给事中汤礼敬、陈霆、徐昂、陶谐、刘蒨、艾洪、吕翀、任惠、李光翰、戴铣、徐蕃、牧相、徐暹、张良弼、葛嵩、赵任贤、御史陈琳、贡安甫、史良佐、曹兰、王弘、任诺、李熙、王蕃、葛浩、陆昆、张鸣凤、萧乾元、姚学礼、黄昭道、蒋钦、薄彦徽、潘镗、王良臣、赵佑、何天衢、徐珏、杨璋、熊倬、朱廷声、刘玉、翰林倪宗正递相交通，反侧不安，因自陈休致。其敕内有名者，吏部查令致仕，毋俟恶稔，追悔难及。"是日朝罢，令廷臣跪金水桥南听诏。

编 秋八月，进焦芳少傅兼太子太傅、谨身殿大学士，王鏊少傅兼太子太傅、武英殿大学士。

编 总制三边都御史杨一清罢。

编 以杨廷和为户部尚书兼文渊阁大学士，参与机务。

编 戊辰，三年，春三月，逮前总制三边都御史杨一清下狱。

纪 先是一清巡边，上疏陈战守之策，请开屯田数百里，省内运。奏上，报可。一清遂兴筑边墙，克期完工；而刘瑾憾一清，罢之，工亦止。至是，又恶其筑边糜费，下诏狱。王鏊言于瑾曰："一清有高才重望，为国修边，可以为罪乎？"李东阳亦力救，乃得释。

编 夏四月，致仕吏部尚书王恕卒。

编 六月，执朝官三百余人下诏狱。

纪 时早朝，有遗书丹墀者，上命拾以进，则告刘瑾不法状也。瑾大怒，矫旨跪百官奉天门下，诸监立门东监之。时暑甚，僵偃十数人，命曳出，至暮，尽送下诏狱。明日，李东阳疏救，瑾微闻出内寺，乃得释。

编 逮前户部尚书韩文下锦衣卫狱。

编 秋八月，逮前兵部尚书刘大夏、南京刑部尚书潘蕃下狱，谪戍。

编 刘瑾矫诏以刘宇为吏部尚书，曹元为兵部尚书。

编 己巳，四年，春二月，勒原任大学士刘健、谢迁为民。

纪 先是诏举怀才抱德之士，以余姚周礼、徐子元、许龙、上虞徐文彪应诏。刘瑾以四人皆迁乡人，而草诏由健，欲因而害之，矫旨下礼等镇抚司鞫之。吏部尚书刘宇阿瑾意，劾有司访举失实，镇抚词连健、迁，瑾持至内阁，欲籍其家。李东阳徐为劝解，得少释，焦芳抗声曰："从轻处，亦当除名！"既而旨下，健、迁除名，礼等戍边，令余姚人从此毋选京朝官。

编 三月，以钱玑为户部尚书。

编 夏四月，大学士王鏊致仕。

编 五月，大学士焦芳以老病致仕。

编 六月，进吏部尚书刘宇少傅兼太子太傅、文渊阁大学士，入阁办事。以吏部左侍郎张彩为吏部尚书。

编 冬十二月，追夺大学士刘健、谢迁、尚书马文升、刘大夏、韩文、许进等六百七十五人诰敕为民，充军。

编 庚午，五年，春二月，以曹元为吏部尚书兼文渊阁大学士，入阁办事。

编 夏四月，安化王寘鐇反，起都御史杨一清，命太监张永提督讨之。

纪 一清与永西行，一日叹息，泣谓永曰："藩宗乱易除，国家内乱不可测，奈何？"永曰："何谓？"一清曰："公岂一日忘情，顾无能为公画策者。"遂促席手书"瑾"字。永曰："瑾日夜在上傍，上一日不见瑾则不乐。今其羽翼已成，耳目广矣，且奈何！"一清曰："公亦天子信幸臣，今讨逆不付他人，付公，上意可知。公试班师入京，诡言请上间语宁夏事，上必就公问，公于此时上寘鐇伪檄，并述渠乱政凶狡，谋不轨，海内愁怨，天下乱将起。上英武，必悟，且大怒诛瑾。瑾诛，柄用公，公益矫瑾行事，吕强、张承业暨公，千载三人耳！"永曰："即不济，奈何？"一清曰："他人言，济不济未可知；言出公，必济。顾公言时，须有端绪，且委曲，脱上不信，公顿首请死，愿死上前，即退，瑾必见杀，又涕泣顿首。得请即行事，毋缓顷刻，漏事机，祸不旋踵。”永攘臂起曰：“我亦何惜馀生报主乎！”

编 刘宇罢。

纪 宇附刘瑾，排斥正人，知瑾将败，先乞身免。

编 秋八月，刘瑾伏诛。

纪 寘鐇就擒。是月望日，张永至自宁夏献俘，上迎之东华门，赐宴。比夜，瑾先退，夜半，永出疏怀中，谓瑾变宁夏，心不自安，阴谋不轨状。永党张雄、张锐亦助之。上曰：“罢矣，且饮酒。”永曰：“离此一步，臣不复见陛下也。”上曰：“瑾且何为？”永曰：“取天下。”上曰：“天下任彼取之。”永曰：“置陛下何地？”上悟，允其奏，当夜即命禁兵逮瑾。永等劝上亲至瑾第观变。时漏下三鼓，瑾方熟寝，禁兵排闼入，瑾披衣起，趋出户，被执就内狱。明日，降为奉御，闲住之凤阳，命廷臣议其罪。

初，上尚未有意诛瑾，瑾闻凤阳之命曰：“犹不失富太监也。”及籍其家，得金二十四万锭又五万七千八百两，元宝五百万锭又一百五十八万三千六百两，宝石二斗，金甲二，金钩三千，玉带四千一百六十二束，蟒衣四百七十袭，衮袍八爪金龙四，盔甲三千，弓弩五百。上大怒曰：“瑾果反！”乃付狱；吏部尚书张彩送都察院狱。于是六科十三道共劾瑾罪三十余条，上是之，命法司锦衣卫执瑾午门廷讯之。瑾大言曰：“满朝公卿皆出我门，谁敢问我者！”皆稍稍却。驸马都尉蔡震曰：“我国戚也。不出汝门，得问汝。”使人批瑾颊曰：“公卿，朝廷所用，何由汝？抑汝何藏甲也？”曰：“以卫上。”震曰：“何藏之私室？”瑾语塞。既上狱，上命“毋覆奏，凌迟之。”三日枭其首，诸被害人争买其肉啖之。瑾亲属皆论斩，张彩死狱中。大学士刘宇、曹元、前大学士焦芳、宇子编修刘仁、芳子侍读焦黄中、户部尚书刘玑、兵部侍郎陈震，并削籍为民。

编 封张永兄张富为泰安伯，弟张容为安定伯，魏彬弟魏英为镇安伯，马永成弟马山为平凉伯，谷大用弟谷大玘为永清伯。封义子朱德为永寿伯，给诰券，世袭。

纪 李东阳奏“旬月之间，二难交作，悉底平定，皆永等之功”，故加恩典。

编 命太监魏彬掌司礼监事。

纪 四川巡抚都御史林俊上疏“请上还内宫,择宗室之贤者养于别宫,收召老臣刘健、谢迁、林瀚、王鏊、韩文等以修旧政。”又言:“刘瑾虽死,而权柄犹在宦竖,安知后无复有如瑾者。”词旨剀切,大忤左右,不报。御史张芹劾“大学士李东阳,刘瑾专权乱政之时,阿谀承顺,不能力争,及陛下任用得人,潜消内变,又攘以为功,冒膺恩荫,乞赐罢斥”,不听。时魏彬、马永成等擅执朝政,两河南北、楚、蜀盗遂起。

编 召杨一清为户部尚书,加太子太保。进杨廷和少傅、谨身殿大学士;刘忠少傅,梁储少保,并武英殿大学士。

编 辛未,六年,夏四月,大学士刘忠致仕。

编 五月,致仕兵部尚书刘大夏卒。

编 江西、四川盗起。

纪 攻破州县,到处劫掠官民。流贼刘六、刘七、齐彦名等横行畿甸,京师戒严。

编 秋八月,命惠安伯张伟等统京营兵讨流贼。

编 流贼刘六、赵风子等分寇河南、山东州县。

纪 张伟、都御史马中锡讨贼无功,逮下狱;伟革爵,中锡死狱中。

编 冬十月,命太监谷大用总督军务,调宣府、大同边兵讨贼。流贼攻徐州,掠淮西。

编 十二月,赵风子破裕州,同知郁采死之。

编 进礼部尚书费宏文渊阁大学士,以礼部左侍郎傅珪为礼部尚书。

编 壬申,七年,春正月,黄河清。

编 致仕少师、吏部尚书马文升卒。

编 夏五月,赵风子被获,诛之。

纪 刘六等乘舟往来,至通州狼山遇飓风,舟覆,贼尽死。

编 冬十月,召大同游击江彬等入京师。

纪 彬,宣府人,骁勇狡险,时从宣府副总兵张俊征流贼于山东,惟杀掠良民以邀赏。班师入京,赂钱宁引入豹房,得见上。彬机警,善迎人意。上喜,留侍左右,升左都督,冒国姓,为义儿,时时在上前讲说兵事，因请尽调辽东、宣府、大同、延绥四镇精兵入京操练。

时许泰、刘晖等皆有宠于上，号“外四家”，而彬尤甚，边卒纵横骄悍，都人苦之。上尝于西内练兵，令彬等率兵入习营阵，校骑射，上戎服临之，铳炮之声不绝禁中。千户周麒常叱之，彬竟陷麒死，于是左右皆畏彬。

编　十一月，少师、大学士李东阳乞致仕，从之。

编　癸酉，八年，夏四月，宁王宸濠建阳春书院，僭号离宫。

纪　宸濠怀不轨，术士李自然妄称天命，谓宸濠当为天子。又招术士李日芳等，谓城东南隅有天子气，遂建书院当之。

编　六月，以王琼为兵部尚书。

编　冬十月，以钱宁掌锦衣卫事，赐姓朱。

纪　宁，镇安人。太监钱能镇守云南，宁幼鬻能家；能死，事刘瑾，因得见上。上甚悦之，尝醉枕宁卧，百官候朝至晡，莫得帝起居，但伺宁。宁内侍帝，外招权纳贿，诸大臣造谒恐后，小拂意即中害。时内臣张锐掌东厂，威势与宁埒，中外号曰“厂、卫”。

编　甲戌，九年，春二月，命掌詹事府礼部尚书靳贵为文渊阁大学士。

编　帝始微行。

纪　上微行黄花镇等处。近幸朱宁、张锐、张雄等日导上游畋、微行，不可谏止。

编　三月，宁王宸濠自称国主。

纪　妄传护卫为侍卫，改令旨为圣旨。宸濠欲令抚臣以下朝服见，抚臣俞谏不可，又尝去其左右为恶者，濠深衔之。

编　乙亥，十年，春三月，大学士杨廷和罢。

编　夏四月，命少傅、吏部尚书杨一清兼武英殿大学士。以陆完为吏部尚书，王琼为兵部尚书，彭泽掌都察院事。

编　秋八月，以毛纪为礼部尚书。

编　冬十月，江西按察司副使胡世宁劾奏宁王宸濠罪。诏下兵部移文宁府，令钤束其下。

纪　时宸濠反迹已著，人莫敢言，世宁发愤上疏，略曰：“宁王自复护卫以来，骚扰闾阎，钤束官吏，礼乐政令，渐不出自朝廷，臣恐江西之患，不止群盗也。伏乞圣明，广集群议，简命才节威望大臣，兼任提督、巡抚之职，假之以大权，销隙寝邪于无形。敕王自王其国，仰遵祖训，勿挠有司，以防未然。”疏上，宸濠颇惧，委过近属以自解。未几，宸濠奏：“胡世宁离间亲亲，妖言诽谤。”贿营内旨，逮系诏狱，寻谪戍。

编 以河南左布政孙燧为都察院右副都御史，巡抚江西。

编 十一月，江西豕生象。

编 丙子，十一年，秋七月，致仕大学士李东阳卒。

编 八月，大学士杨一清致仕，以掌詹事府蒋冕兼文渊阁大学士。

编 冬十月，以王守仁为都察院右佥都御史，巡抚南赣、汀、漳等处。

编 丁丑，十二年，夏四月，命礼部尚书毛纪兼东阁大学士，以毛澄为礼部尚书。

编 秋七月，召大学士杨廷和还京师。

编 南赣巡抚王守仁请提督军务，许之。

编 八月，帝出关游猎。

纪 先是江彬等屡导上出宫游戏近郊，因数言宣府乐，至是，遂出居庸关至宣府，临塞下。巡关御史张钦上疏谏，不报。彬为上营镇国府第于宣府，辇豹房珍玩女御其中，时时入民家益索妇女以进，上乐之忘归。

编 九月，帝幸大同，猎阳和诸城。

纪 上时独乘一马，卤簿侍从皆不及。二十七日，方猎，天雨冰雹，军士有死者。是夜又有星陨之异。明日，驾赴大同。北寇数万骑犯阳和，掠应州；上命诸将击之，引去。

编 冬十月，帝还京师。

纪 南京吏科给事中孙懋上疏言：“都督江彬自进用以来，专事从谀导非，或游猎驰驱，或声色货利，凡可以蛊惑圣心者无所不至。今又导陛下出居庸关，既临宣府，又过大同，以致寇骑深入应州，使当日各镇之兵未集，强寇之众沓来，几何不蹈土木之辙哉！是彬在一日，国之安危未可知也。”不报。上还京，封江彬平卤伯，许泰安边伯，冒应州功也。

编 戊寅，十三年，春正月，太皇太后王氏崩。

纪　上郊祀毕，复出关游幸，太皇太后崩乃还京。

编　夏六月，帝复议北征。

纪　宁夏塞有警，上议北征，自称威武大将军、太师、镇国公朱寿，巡边；以江彬为威武副将军扈行。令内阁草敕，大学士杨廷和、梁储、蒋冕、毛纪上疏力谏，不听。上御左顺门召梁储，面趋令草制，储对曰："他可将顺，此制断不可草！"上大怒，挺剑起曰："不草制齿此剑！"储免冠伏地泣谏曰："臣逆命有罪，愿就死。草制则以臣名君，臣死不敢奉命。"良久，上掷剑去，乃自称之，不复草制。彬亦罢副将军命。

编　七月，帝北巡。

纪　先是上既还京，辄思宣府乐，称曰"家里"。至是，复历宣府，至大同。大同巡抚都御史胡瓒乞回銮，不听。

编　冬十月，帝幸榆林。

纪　上自偏头关渡河幸榆林。江彬索金璧裘马数十万，南京礼部右侍郎杨廉、兵部尚书乔宇上疏谏止，不报。

编　己卯，十四年，春二月，帝自榆林还京师。

编　三月，帝自称总督军务、威武大将军、太师、镇国公朱寿，制下南巡。

纪　上欲登岱宗，历徐、扬，至南京，临苏、浙，浮江、汉，祠武当，遍观中原。时宁王宸濠久畜异谋。制下，人情汹汹。翰林修撰舒芬等约群臣上疏乞留，俱会阙下，吏部尚书陆完迎谓曰："主上闻直谏，辄引刀为刎状。"完意盖以阻言者也。于是舒芬疏先入，郎中黄巩、倪宗正、员外陆震联疏入，吏部郎中夏良胜、礼部郎中万潮、太常博士陈九川疏继入，医士徐鳌以医谏，吏部郎中张衍庆、礼部郎中姜龙、兵部郎中孙凤、陆俸等率部僚合疏入，工部郎中林大辂等、大理寺正周叙等、行人司副余廷瓒等亦合疏先后入。上大怒，召江彬示之，以彬言，下黄巩、陆震、夏良胜、万潮、陈九川、徐鳌锦衣狱，命舒芬、张衍庆、姜龙、孙凤、陆俸等百有七人跪午门外五日，林大辂、周叙、余廷瓒等二十余人俱下狱。明日，黄巩等六人亦跪五日。于是京师连日阴霾昼晦，禁中水自溢，高桥四尺许，桥下七铁柱齐折如斩。金吾卫指挥张英者，肉袒挟两囊土数升，当跸道哭谏，不允，即拔刀自刎，血流满地，侍卫人缚送诏狱。问英囊土何为？曰："恐污帝廷，洒土掩血耳。"殒命狱中。是日内旨舒芬等百有七人俱廷杖三十，疏首谪外任；黄巩等七人俱廷杖五十，徐鏊戍边；巩、震、良胜、潮俱削籍；林大辂、周叙、余廷瓒廷杖五十，降级外补。死杖下者员外陆震，主事刘校、何遵，评事林公黼，行人司副余廷瓒，行人詹轼、刘槩、孟阳、李绍贤、季惠、王翰、刘平甫、李翰臣，刑部照磨刘珏十余人。车驾竟不出，彬等亦知朝廷有人，稍畏惮之。

编 夏六月，宁王宸濠反，都御史孙燧、按察司副使许逵死之。

纪 先是朝廷遣太监赖义、驸马都尉崔元、都御史颜颐寿戒饬宸濠。元等方行，而京师竞传以为且擒治。宁王宸濠侦卒林华者，即兼程逃归，以六月十三日至江西，值宸濠生日，宴镇巡三司等官，闻报大惊。罢宴，遂密召奸党刘养正、刘吉等谋之。养正曰："事急矣，明早镇巡三司官入谢宴，可就擒之，杀其不附己者，因而举事。"乃夜集鄱阳贼首吴十三、凌十一、闵廿四等，饬兵器以候。

待旦，急召致仕侍郎李士实入，以谋反告之，士实唯唯而已。寻各官入谢，拜毕，左右带甲露刃侍卫者数百人，宸濠出立露台，大言曰："太后有密旨，令我起兵入朝监国，汝等知之乎？"都御史孙燧毅然曰："密旨安在？"宸濠曰："不必多言。我今往南京，汝保驾否？"燧张目直视宸濠，厉声曰："天无二日，臣安有二君。太祖法制在，谁则敢违！"宸濠大怒，命缚燧，众骇愕相顾失色。按察司副使许逵大呼曰："孙都御史，朝廷大臣，汝反贼，敢擅杀邪！"顾燧语曰："我欲先发，不听，今制于人，尚何言？"宸濠并缚之，讯逵且何言，逵曰："惟有赤心耳，岂从汝反！"且缚且骂。宸濠喝校尉火信等拽燧、逵出惠民门外杀之。遂执御史王金、主事马思聪、金山、右布政胡濂、参政陈杲、刘斐、参议许效濂、黄宏、佥事顾凤、都指挥许清、白昂，并太监黄宏俱械锁下狱。思聪、黄宏不食死。

刘养正常言帝星明江、汉间，故属意宸濠。至是与李士实谋令参政季斆、佥事潘鹏、师夔持檄谕降诸郡县，左布政梁宸、廉使杨璋、副使唐锦为所胁，移咨府部，传檄远近，革正德年号，指斥乘舆。以李士实、刘养正为左、右丞相，参政王纶为兵部尚书、总督军务大元帅。分遣逆党娄伯、王春等四出收兵，闵廿四、吴十三等夺船顺流攻南康，知府陈霖等遁走；进攻九江，兵备副使曹雷、知府汪颖等亦遁，城俱陷。

编 提督南雄军务都御史王守仁起兵讨宸濠。

纪 先是福州三卫军人进贵等作乱，兵部尚书王琼知宸濠且反，谓主事应典曰："进贵乱小事，不足烦王守仁，但假此便宜敕书在彼手中，以待他变可也。"乃具题降敕，令守仁查处福州乱军，故宸濠之叛，江西守臣俱遇害被执，惟守仁以往勘福建出。

六月初九日，自赣起行，十五日守仁至丰城，知县顾佖告宸濠反，守仁易服潜至临江。知府戴德孺闻守仁至，喜，迎入城调度，守仁曰："临江居大江之滨，与省会近，且当道路之冲，莫若抵吉安为宜。"遂行。庚辰，守仁飞报宸濠反，王琼宣言曰："有王伯安在，何患，不久当有捷报耳！"

丁亥，守仁集兵粮，传檄四方诸郡县，知府伍文定等皆至，议所向。守仁曰："兵家之道，急冲其锋，攻其有备，皆非计之得。我故示以自守不出之形，彼必他出，然后尾而图之，先复省城以捣其巢穴，俟彼还兵来援，然后邀而击之，此全胜之策也。"宸濠果使人探，守仁不出。

编 秋七月，宸濠率兵出江西攻安庆，知府张文锦、都指挥杨锐、指挥崔文悉力御之。

纪 宸濠留其党宜春郡王拱樤同内官万锐等守南昌，自与拱栟、李士实、刘养正、闵廿四等六万人，号十万，以刘吉为监军，王纶为参赞，指挥葛江为都督，载其妃媵、世子从，总一百四十余队出鄱阳，舳舻蔽江而下，声言直取南京。戊戌，宸濠趋安庆，张文锦、杨锐、崔文令军士鼓噪登城，大骂之，宸濠遂留攻安庆。时九江、南康既陷，远近震骇，三人凭孤城，以忠义激士誓众死守。佥事潘鹏，安庆人也，宸濠令鹏遣家属持书入城谕降，崔文手斩之，磔其尸投城下。宸濠令鹏至城下说之，文引弓欲射鹏，鹏走免，文锦即鹏家尽诛之。宸濠尽攻击之术，不能克。时朝廷闻宸濠反，乃收交通宸濠太监萧敬、秦用、卢明、都督钱宁、优人臧贤、尚书陆完等俱下狱，籍其家。后萧敬罚二万金得免，秦用、陆完谪戍边，馀死狱中。

编 提督南赣军务都御史王守仁率知府伍文定等攻南昌，克之。宸濠解安庆围，还兵援江西。文定等率兵迎击，大败之，遂擒宸濠，江西平。

纪 守仁率文定等起兵会于临江樟树镇，于是知府戴德孺引兵自临江，徐琏引兵自袁州，邢珣引兵自赣州，通判胡尧元、童琦引兵自瑞州，通判谈储、推官王暐、徐文英、新淦知县李美、太和知县李楫、宁都知县王天与、万安知县王冕各以其兵至。

己酉，至丰城，众议所往。或谓“宁王经画旬馀始出，留备南昌必严，攻之恐难猝拔。今宁王攻安庆久不克，兵疲意沮，若以大兵逼之江中，与安庆夹攻之，必败。宁王败，南昌不攻自破矣。”守仁曰：“不然。我师越南昌下与宁王持江上，安庆之众仅能自保，必不能援我于中流，而南昌兵议其后绝我粮道，南康、九江又合势乘之，腹背受敌，非利也。不若先攻南昌，宁王久不克安庆，精锐皆出，守御必单弱，我兵新集气锐，南昌可克也。宁王闻我攻南昌，必解安庆围还兵自救。暨来，我师已克南昌，彼闻之自夺气。首尾牵制，此成擒矣。”乃令文定等各攻一门。十九日发兵，以二十日昧爽各至汛地。守仁下令曰：“一鼓附城，再鼓登，三鼓不登诛，四鼓不登斩其队将。”又先期为榜，入谕城中居民，令各闭户自守，勿助乱，勿恐畏逃匿。遂舁攻具至城下，梯緪而登，城上虽设守御，闻风倒戈，城门有不闭者，兵遂入。守仁乃入城抚定之，擒拱樤及万锐等十馀人，散遣胁从，城中始安。

时宸濠愤安庆不下，方自督兵填濠堑，期在必克。闻守仁率兵攻南昌，大恐。李士实等劝宸濠勿还兵，舍安庆径取南京，既即大位，江西自服。宸濠不从，解安庆围，移兵泊阮子江，先遣兵二万还援江西，宸濠自率大军继之。

二十二日谍报至江西，守仁乃集众议。或谓“宁王兵盛，凭其愤怒悉众而来，我援兵未集，势不能支，不若坚壁自守，以待四方之援。彼久顿坚城之下，兵孤援绝，将自溃矣。”守仁曰：宁王兵力虽强，然所至徒恃焚掠，劫众以威。今进取不能，巢穴又覆，沮丧退归，众心已离；我以锐卒乘胜击之，彼将不战自溃矣。”是日抚州知府陈槐亦率兵至。

二十三日，谍报宸濠先锋已至樵舍，守仁乃遣诸将率兵迎击之。令伍文定以正兵当其前，余恩继文定后，邢珣率兵绕出贼背，徐琏、戴德孺张两翼分击之。诸将各受命出。

二十四日，贼兵乘风鼓噪而前，逼黄家渡，气骄甚。文定、恩佯北致之，贼争进趋利，前后不相及，珣兵从后急击，横贯其阵，贼败走；文定、恩还兵乘之，琏、德孺兵合势夹击，贼不知所为，遂大溃，追奔十余里，擒斩二千余级，溺水死者万计。贼气大沮，退保八字脑。是日建昌知府曾玙等率兵至。

守仁谓:“九江、南康不复,则道终梗,且湖广援兵不能达。”乃别遣陈槐率兵四百,合知府林械兵攻九江;曾玙率兵四百,合知府陈朝佐兵攻南康。宸濠大赏将士,当先者千金,被伤者百金,使人尽发南康、九江兵至。明日,并力合战,官兵败死者数百人,文定急斩先却者以徇,身立炮铳间,火焚其须鬓不移足,士殊死战,兵复振,炮及宸濠舟,贼遂大败,擒斩二千余级,溺水死者甚众。

贼复退保樵舍,联舟为方阵,尽出其金帛赏士。文定等乃为火攻之具,珣击其左,琏、德孺击其右,恩等分兵四伏,期火发兵合。

明日,宸濠朝群臣,执其不尽力者将斩之,争论未决,官兵四集奋击之,火及宸濠副舟,贼复大溃。宸濠与诸妃嫔泣别,妃嫔皆赴水死,将士执宸濠及其世子、郡王并伪丞相、元帅等官李士实、刘养正、徐吉等数百余人,擒斩贼党三千余级,溺水死者约三万。曾玙、陈槐亦攻复九江、南康二郡。

将士执宸濠入江西,军民聚观,欢呼之声震动天地。宸濠见守仁呼曰:“王先生,我欲尽削护卫请降为庶民,可乎?”守仁曰:“有国法在。”遂顿首不言。

初,宸濠谋反,妃娄氏泣谏不听,及被擒,于槛车中泣语人曰:“昔纣用妇人言而亡天下,我以不用妇人言而亡其国,今悔恨何及!”守仁为求娄妃尸,葬之。

编　八月,帝下诏亲征。

纪　时王守仁擒宸濠捷书未至,诸将各献擒宸濠之策,上亦欲假亲征南游。太监张永等见钱宁、臧贤事败,又欲因此邀功。于是上自称奉天征讨威武大将军、镇国公,边将江彬、许泰、刘晖、张永、张忠等俱称将军,所下玺书改称军门檄。上方出师,驻跸良乡,而守仁捷书至,且虑有沿途窃发,欲自献俘阙下。奏入,上屡檄止之,令以俘候车驾至。大学士梁储、蒋冕屡请回銮,不听。

编　九月,帝至南京。

纪　王守仁发南昌,将献俘阙下,张忠、江彬等谓当纵之鄱湖,俟上亲与遇战而后奏凯论功,屡遣人至广信止之。守仁不得已,乘夜过玉山,械系宸濠等取道由浙江以进。张永已候于杭州,守仁至杭谓永曰:“江西之民既经大乱,继以旱灾,又供京、边军饷,困苦既极,必逃聚山谷为乱。昔助宸濠为胁从,今将成土崩之势,然后兴兵定乱,不亦难乎!”永深然之,乃徐曰:“吾之此出,为群小在君侧,调护左右以默转圣躬,非为掩功来也。但皇上意将顺而行,犹可挽回万一,若逆其意,徒急群小之怒,无救于天下大计矣!”于是守仁信其无他,以宸濠付之,乘夜渡浙江过越还江西。

编 命王守仁巡抚江西,擢吉安知府伍文定为江西按察司,赣州知府邢珣为江西布政司右参政。

纪 初,江彬、张忠等谋欲夺功,诬守仁初附宸濠,及知其势败然后擒宸濠攘功。太监张永知其谋,语家人曰:“王都御史忠臣为国,今欲以此害之,他日朝廷有事,何以教臣子之忠!”至是永复命,先见上,备言守仁之忠,并江彬等欲害之之意;彬等毁遂不入。张忠又言:“守仁在杭竟不至南京,陛下试召之必不来,无君可知。”上召之,守仁即奔命,至龙江将进见,忠殊失意,又从中阻之。守仁乃纶巾野服入九华山。永闻之,又力言于上曰:“王守仁忠臣,今闻众欲争功,欲弃其官入山为道士。”由是上益信之,乃有是命。

编 冬十二月,宸濠至南京。

纪 上欲自以为功,乃与诸近侍戎服整军容,出城数十里,列俘于前,为凯旋状;既入,囚禁之。

编 庚辰,十五年,冬十月,帝自南京班师还京。

纪 先是上以大将军钧帖,令巡抚江西都御史王守仁重上捷书。守仁节略前奏,入江彬、张忠等姓名于内上之。疏入,始议北旋。

编 十二月,宸濠伏诛。

纪 上至通州,赐宸濠死,燔其尸,馀党至京师磔诛之。独抑王守仁功未叙。

编 辛巳,十六年,春正月,帝至京师。

纪 江彬益骄横,其所部边卒桀骜不可制。

编 加蒋冕少傅、谨身殿大学士,毛纪少保、武英殿大学士。以石珤为礼部尚书,兼翰林院学士,掌詹事府。

编 三月,帝崩。皇太后与大学士杨廷和等定议,奉遗诏迎立兴献王世子厚熜。

纪 上寝疾豹房,既而大渐。丙寅,上崩。皇太后与杨廷和等定议,遵祖训“兄终弟及”之文,乃为遗诏,遣太监谷大用、韦霦、张锦、寿宁侯张鹤龄、定国公徐光祚、驸马都尉崔元、大学士梁储、礼部尚书毛澄赍金符往安陆藩府，迎兴献王世子厚熜入继大统。

编　江彬伏诛。

纪　初，上崩，彬偶不在左右，皇太后召杨廷和等议，恐彬为乱，秘不发丧，以上命召彬入。彬不知上崩，并其子入，俱收之。皇太后下制暴彬罪恶，论磔于市。籍其家，金七十柜，银二千二百柜，金银珠玉珍宝首饰不可胜计，隐匿奏疏百余本。

编　夏四月，兴献王世子厚熜至京师，即位。

纪　诏以明年为嘉靖元年。

编　命礼部会议崇祀兴献王典礼。

纪　礼部尚书毛澄请于大学士杨廷和，廷和出汉定陶王、宋濮王事授之曰："此篇为据，异议者即奸谀，当诛！"澄会公卿台谏等官六十余人上议："汉成帝立定陶王为嗣，以楚孝王孙景为定陶王，奉共王祀。今上入继大统，宜以益王子崇仁主后兴国。其崇号则袭宋英宗故事，以孝宗为考，兴献王及妃为皇叔父母，祭告上笺称侄署名，而令崇仁主考兴献王，叔益王。"上览曰："父母可互易若是邪！其再议。"

编　五月，葬康陵。

编　太保兼武英殿大学士梁储致仕。以袁宗皋为礼部尚书，兼文渊阁大学士。遣中官迎帝母兴献妃。以彭泽为兵部尚书。

编　召王守仁为南京兵部尚书，封新建伯。

编　秋七月，观政进士张璁上大礼疏。

纪　璁疏曰："朝议谓陛下入嗣大宗，宜称孝宗皇帝为皇考，改称兴献王为皇叔父，王妃为皇叔母者，不过拘执汉定陶王、宋濮王故事耳。夫汉哀、宋英皆预立为皇嗣，而养之于宫中，是明为人后者也，故师丹、司马光之论施于彼一时犹可。今武宗皇帝已嗣孝宗十有六年，比于崩殂，而廷臣遵祖训、奉遗诏迎取陛下入继大统，遗诏直曰'兴献王长子，伦序当立'，初未尝明著为孝宗后，比之预立为嗣，养之宫中者较然不同。夫兴献王往矣，称之以皇叔父，鬼神固不能无疑也。今圣母之迎也，称皇叔母，则当以君臣礼见，恐子无臣母之义。礼，长子不得为人后，况兴献王惟生陛下一人，利天下而为人后，恐子无自绝父母之义。故陛下为继统武宗，而得尊崇其亲则可，谓嗣孝宗以自绝其亲则不可。臣窃谓今日之礼，宜别为兴献王立庙京师，使得隆尊亲之孝。且使母以子贵，尊与父同，则兴献王不失其为父，圣母不失其为母矣。"

疏入，上遣司礼监官送至内阁。谕曰："此议实遵祖训，据古礼，尔曹何得误朕！"杨廷和曰："书生焉知国体！"复持入，上熟览之，喜曰："此论一出，吾父子必终可完也。"

编 九月，兴献王妃至通州。

纪 帝母至通州，闻朝廷欲考孝宗，恚曰："安得以我子为人之子！"谓从官曰："尔曹已极宠荣，献王尊称胡犹未定？"因留通州不入。上闻之，涕泗不止，启慈圣皇太后，愿避位奉母归。群臣惶惧。

编 冬十月，兴献后至自通州。

纪 先是，杨廷和见追崇兴献之礼势不得已，乃草敕下礼部曰："圣母慈寿皇太后懿旨，以朕缵承大统，本生父兴献王宜称兴献帝，母宜称兴献后，宪庙贵妃邵氏称皇太后。仰承慈命，不敢固违。"帝从之，廷和意假母后，示非廷议意也。至是，兴献后自通州至京师，由大明中门入，上迎于阙内。廷和以追崇礼成，拟上慈寿皇太后及武宗皇后尊号，帝因遣司礼监谕廷和曰："邵太后、兴献帝后亦各拟上尊号。"廷和等上言"不可，宜俟明年大婚礼成，庆宫闱，加之可也。"

编 十二月，除张璁南京刑部主事。

纪 先是帝下大礼，或问于礼部，时杨一清家居，遗书吏部尚书乔宇曰："张生此论，圣人不易，恐终当从之。"宇不听。至是杨廷和衔璁，授意吏部除为南京主事。石珤语璁曰："慎之，大礼说终当行也。"璁怏怏而去。

编 起林俊为工部尚书。

纪 都御史林俊致仕家居，杨廷和寓书于俊以定国是，俊上疏曰："孔子谓'观过知仁'，陛下大礼未协，过于孝故耳。司马光有言：'秦、汉而下，入继大统，或尊崇其所生，皆取讥当时，贻笑后世。'陛下纯德，何忍袭之！"疏入，留中。廷和遂奏起林俊为工部尚书。

编 帝下御札谕加兴献帝、后以"皇"字。大学士杨廷和等乞罢归，不报。

纪 廷和等上言："汉宣帝继孝昭后，追谥史皇孙、王夫人曰悼考、悼后而已；光武上继元帝，巨鹿、南顿君以上，立庙章陵而已；皆未尝追尊。今日兴献帝、后之加，较之前代尊称已极，若加'皇'字，与慈寿孝庙并，是忘所后而重本生，任私恩而弃大义，臣等不得辞其责。"吏部尚书乔宇等奏曰："皇者正统大义，若加'皇'字于本生之亲，则与正统溷而无别，揆之天理则不合，验之人心则不安，非所以重宗庙正名分也。”上曰：“慈寿皇太后懿旨有谕：‘今皇帝婚礼将行，其兴献帝宜加与“皇”号，母兴献皇太后。’朕不敢辞，尔群臣其承后命！”廷和等见不可争，乃俱求罢归，不报。

明鉴易知录卷八

明纪

世宗肃皇帝

编　壬午，世宗皇帝嘉靖元年，春正月，郊祀甫毕，清宁宫小房灾。

纪　杨廷和、蒋冕、毛纪、费宏上言："火起风烈，此殆天意。况迫清宁后殿，岂兴献帝、后之加称，祖宗神灵容有未悦乎？"上乃议称孝宗为"皇考"，慈寿皇太后为"圣母"，兴献帝、后为"本生父母"，而"皇"字不复加矣。

编　三月，上孝宗太后尊号曰昭圣慈寿皇太后，武宗皇后曰庄肃皇后，圣祖母邵氏曰寿安皇太后，本生父曰兴献帝，母曰兴国太后。

编　秋九月，立妃陈氏为皇后。

编　冬十一月，寿安皇太后邵氏崩。

编　癸未，二年，春正月，五星聚于营室。

编　南京刑部主事桂萼上正大礼疏。

纪　萼大略言："陛下入继大统，非为人后，当考兴献帝，母兴国太后。"并录巡抚湖广都御史席书、吏部员外郎方献夫二疏以闻。下群臣集议。

编　秋九月，刑部尚书林俊致仕。冬十一月，少师、吏部尚书、华盖殿大学士杨廷和致仕。

编　甲申，三年，春三月，诏奉兴献帝为本生皇考恭穆献皇帝，兴国太后为本生母章圣皇太后。

编　夏五月，前户部尚书武英殿大学士王鏊卒。

编　六月，以张璁、桂萼、方献夫为翰林院学士。少傅蒋冕致仕。以石珤为文渊阁大学士。

编　秋七月，逮学士丰熙等百三十有四人下狱，吏部右侍郎何孟春等八十有六人令待罪。

纪　先是上命内阁拟撰本生圣母章圣皇太后册文。至是上采张璁、桂萼议，谕大学士毛纪等去册文“本生”字，纪等力言不可。上召百官至左顺门敕曰：“本生圣母章圣皇太后，今更定尊号曰圣母章圣皇太后。”何孟春与尚书秦金、学士丰熙等及翰林、寺部、台谏诸臣，各上言，力争“本生”二字不宜削，章十三上，俱留中不报。

戊寅，上朝罢，斋居文华殿，尚书金献民、徐文华倡言曰：“诸疏留中，必改孝宗为伯考，则太庙无考，正统有间矣。”孟春曰：“宪宗朝，尚书姚夔率百官伏哭文华门争慈懿皇太后葬礼，宪宗从之，此国朝故事也。”修撰杨慎曰：“国家养士百五十年，仗节死义正在今日。”给事中张翀、王元正等遂遮留群臣于金水桥南，曰：“万世瞻仰在此一举，今日有不力争者，共击之！”孟春、献民、文华复相号召，于是秦金等凡二十有三人，丰熙等凡二十人，谢蕡等凡十有六人，余翱等凡三十有九人，马理等凡十有二人，黄待显等凡三十有六人，余才等凡十有二人，陶滋等凡二十人，相世芳等凡二十有七人，赵儒等凡十有五人，毋德纯等凡十有二人，俱赴左顺门跪伏，有大呼高皇帝、孝宗皇帝者。上闻之，命司礼监谕退，不去。金献民曰：“辅臣尤宜力争。”礼部侍郎朱希周乃诣内阁告毛纪，纪与石珤遂赴左顺门跪伏。上复遣司礼太监谕之退，群臣仍伏不起，自辰迨午。上怒，命司礼监录诸姓名，收系诸为首者丰熙、张翀、余宽、黄待显、陶滋、相世芳、毋德纯等八人于狱。杨慎、王元正乃撼门大哭，一时群臣皆哭，声震阙廷。上大怒，遂命逮系马理等凡一百三十有四人于狱，何孟春等八十有六人姑令待罪，总二百有二十人。命拷讯丰熙等八人编伍，其余四品以上者俱夺俸，五品以下者杖之。于是编修王相等一百八十余人各杖有差。

编　诏上本生皇考恭穆献皇帝尊号曰皇考恭穆献皇帝，本生圣母章圣皇太后曰圣母章圣皇太后。

纪　初，给事中陈洸言事忤旨，出为按察司佥事。至是上言曰：“陛下察几致决，毅然去‘本生’二字，有人心者咸谓始全父子之恩，无不感泣。”上悦，复以洸为给事中。逮系修撰杨慎、编修王元正、给事中刘济、御史张原等于诏狱，复扑之，谪杨慎、王元正、刘济戍边，何孟春调南京工部，毛纪罢。

编　八月，以吏部左侍郎兼翰林院学士掌詹事府贾咏为礼部尚书，兼文渊阁大学士。

编　九月，诏称孝宗敬皇帝曰皇伯考，昭圣皇太后曰皇伯母。

编　乙酉，四年，春三月，建献皇帝庙。

编　冬十二月，席书上大礼集议。

纪　上命颁赐藩府及中外群臣，仍令各省刊布以传。

编　进费宏少师、谨身殿大学士，石珤、贾咏并太子太保、武英殿大学士。

编　丙戌，五年，夏六月，进费宏华盖殿大学士，起杨一清少师、谨身殿大学士，石珤、贾咏并进少保。

编　秋九月，帝奉章圣皇太后谒见世庙。

编　丁亥，六年，春二月，少保、武英殿大学士石珤致仕，以少保席书为武英殿大学士，寻卒。

编　夏四月，大学士费宏致仕，以礼部右侍郎翟銮入阁办事。

编　以新建伯王守仁为兵部尚书，总制两广及江西、湖广军务。

纪　初，田州土官岑猛反，总督两广都御史姚镆讨之，猛奔归顺州，知州岑璋诛之。已而猛党卢苏、王绶复叛，御史石金诬奏："镆轻信寡谋，安攘无术。"上怒，落镆职，命王守仁代之。

编　秋八月，进杨一清华盖殿大学士，以张璁为礼部尚书、文渊阁大学士。

编　戊子，七年，夏五月，提督两广军务王守仁讨广西叛蛮，平之。

纪　捷闻，桂萼忌之，论守仁挟诈专兵。礼部尚书霍韬上疏曰："伏遇圣明，特起王守仁抚剿田州。命下之日，臣窃为守仁计曰：前巡抚调三省兵若干万，军饷支费若干万，杀死疫死民兵若干万，仅得田州安靖五十日，自是而思恩叛矣。守仁乘此大坏极敝之后，虽合四省兵力，支银米数百万，剿平报捷，亦且曰天下大功也。而守仁不役一卒，不费斗粮，只宣扬圣德，遂令稽首来服。若八寨、断藤峡之贼，又非田州、思恩可比。广西在万山之中，土恶水迅，气习凶悍。八寨贼，洪武间所不能平，断藤峡贼，成化初仅得讨平，馀孽复炽。今守仁沉机不露，掩贼不备，一举荡平，百数十年虎豹窟穴，扫而清之，如拂尘然。臣是以叹服守仁能体陛下之仁，以怀绥思恩、田州向化之民；能体陛下之义，以讨服八寨、断藤峡梗化之贼。不以为功，反以为罪，可乎？守仁擒宸濠，奸臣许泰等欲掩其功，扬言守仁初与贼同谋，反谓宸濠金帛守仁满载以去，当时阁臣亦忌守仁之功，不为辨白。臣谓守仁江西之功不白，无以劝效忠之臣；广西之功不白，无以劝策勋之臣。守仁，大臣也，岂以功赏有无为重轻哉！第恐当时有功之人，及守官立功之人，视此解体，则在外镇臣，遂无所激劝矣。"疏奏，不报。

编　六月，明伦大典成，加张璁少傅兼太子太傅、吏部尚书、谨身殿大学士。

纪　追夺议礼诸臣官，敕曰："大学士杨廷和谬主濮议，尚书毛澄不能执经据礼，蒋冕、毛纪转相附和，林俊著论迎合。乔宇为六卿之首，乃与九卿等官交章妄执，汪俊继为礼部，仍注邪议。吏部郎中夏良胜胁持庶官，望遂邪志。何孟春以侍郎掌吏部，鼓舞朝臣伏阙喧呼。朕不欲已甚，姑从轻处：杨廷和为罪之魁，法当僇市，特宽宥削籍为民；毛澄、林俊俱已病故，各夺其生前官职；蒋冕、毛纪、乔宇、汪浚俱已致仕，各夺职闲住；何孟春情犯特重，夏良胜酿祸独深，俱发原籍为民。尔礼部揭示承天门下，俾在外者咸自警省。"

编　冬十月，皇后陈氏崩。闰月，立妃张氏为皇后。

编　己丑，八年，春二月，新建伯、兵部尚书兼都察院左都御史王守仁卒于南安。

编　三月，前大理寺评事林希元上荒政丛言。

纪　其言曰："救荒有二难：得人难，审户难。有三便：极贫民便赈米，次贫民便赈钱，稍贫民便赈贷。有六急：垂死贫民急饘粥，疾病贫民急医药，病起贫民急汤水，已死贫民急埋瘗，遗弃小儿急收养，轻重系囚急宽恤。有三权：权借官钱以籴粜，权兴工作以助赈，权贷牛种以通变。有六禁：禁侵渔，禁攘盗，禁遏籴，禁抑价，禁宰牛，禁度僧。有三戒：戒迟缓，戒拘文，戒遣使。"上以其切于救民，皆从之。

编　秋七月，以少保、吏部尚书兼翰林院学士桂萼为武英殿大学士。九月，少师、吏部尚书、华盖殿大学士杨一清致仕。

编　庚寅，九年，秋八月，致仕大学士杨一清卒。

编　冬十月，改号孔子为先师，易像为主。十二月，桂萼致仕。

编 辛卯，十年，春正月，帝改张璁名孚敬，字懋恭，御书赐之。

编 诏三途并用。

纪 诏："吏、礼二部循洪武十九年以后弘治十一年以前例，三途并用，务在得人，以称朕用贤之意。"

编 夏六月，以少保、吏部尚书兼翰林院学士方献夫为武英殿大学士。

编 闰月，雷震午门西角楼。

编 张孚敬致仕。

编 秋九月，以太子太保、礼部尚书兼翰林院学士李时为武英殿大学士。

编 壬辰，十一年，春二月，进张孚敬华盖殿大学士。

编 秋七月，彗星见东井，东北行，历天津，扫太微垣。诏群臣修省。

编 八月，张孚敬致仕。

编 以汪鋐为吏部尚书，加太子太保。

编 冬十月，下御史冯恩狱。

纪 恩上疏劾张孚敬、汪鋐、方献夫曰："张孚敬之奸久露，汪鋐、方献夫之奸不测，陛下去孚敬而不去此二人，天下事未可知也。臣谓孚敬根本之彗也，鋐腹心之彗也，献夫门庭之彗也。乞斩三奸以应更新之象。"上怒，下恩狱。

编 癸巳，十二年，春正月，进张孚敬少师。方献夫致仕。

编 河南巡抚吴山献白鹿。

编 夏四月，应天巡抚陈轼献白兔。

编 秋九月，以张孚敬摄都察院事。

编 甲午，十三年，春正月，废皇后张氏，立德妃方氏为皇后。

编 乙未，十四年，春正月，庄肃皇后崩。

编 夏四月，张孚敬罢，召费宏入阁。

编 秋九月，汪鋐罢。

编 丙申，十五年，秋九月，进李时少师、谨身殿大学士。

编 冬十一月，少师费宏卒。

编 十二月，以南京吏部尚书严嵩为礼部尚书，兼翰林院学士。

纪 时礼部选译字诸生，嵩至即受货贿，已而苞苴过多，更高其价。御史桑乔列其状，请罢黜之；嵩乃疏辨求免。给事中胡汝霖复劾其秽行既彰，招致论列，不得饰辞自明，以伤大体。帝乃令以后大臣被劾，宜自省修，勿得疏辨。嵩惧，益为恭谨以媚上。

编 进李时华盖殿大学士，以少傅、礼部尚书兼翰林院学士夏言为武英殿大学士。

编 丁酉，十六年，夏五月，雷震谨身殿。

编 戊戌，十七年，秋八月，以礼部尚书掌詹事府顾鼎臣为文渊阁大学士。

编 九月，追尊太宗文皇帝为成祖，皇考献皇帝为睿宗。

纪 初，通州致仕同知丰坊上言："请复古礼，尊皇考献皇帝庙号称宗，以配上帝。"下礼部集议，严嵩上言："万物成形于秋，故王者秋祀明堂，以父配之。自汉武迨唐、宋诸君，莫不皆然，主亲亲也。若称宗之礼，则未有帝宗而不祔太庙者，恐皇考有所不宁。"上悦。已而嵩复阿上旨，请尊文皇帝称祖，献皇帝称宗。上从之，乃尊文皇帝为成祖，献皇帝为睿宗，配上帝，诏天下。

编 冬十二月，少师华盖殿大学士李时卒。

编 章圣皇太后蒋氏崩。

编 己亥，十八年，春正月，立皇次子为皇太子。进夏言少师，顾鼎臣少保、武英殿大学士。

编 二月，景云见。

纪 夏言、顾鼎臣以闻，严嵩请上御朝受群臣贺，嵩乃作庆云赋及大礼告成颂上之；诏付史馆。

编 诏诣承天府视显陵。

编 车驾发京师。

编 三月，以方士陶典真为神霄保国宣教高士。

纪 典真一名仲文，黄冈人，少为县掾，喜神仙方术。嘉靖初授辽东库大使，秩满至京师。时致一真人邵元节贵幸，会宫中黑眚见，元节治之无验，遂荐仲文代己，试宫中，稍能绝妖，上宠异之。至是扈驾南巡，至卫辉，白昼有旋风绕驾不散，上以问仲文，对曰："当火。"遣仲文禳之，仲文曰："火终不免，可谨护圣躬耳。"是夜行宫果灾，宫中死者无算，锦衣陆炳排闼入，负帝出，竟无恙。明日，敕行在吏部授仲文是职，给诰印，许携其家于官。

编 夏四月，车驾至承天府。

纪 上至承天，居卿云宫。辛巳，诣纯德山，降辇稽首。甲申，享上帝于龙飞殿，奉皇考配。阅陵毕，诏告天下。壬辰，车驾发承天。

编 五月，帝还京。

编 以翟銮为礼部尚书、武英殿大学士。

编 庚子，十九年，春二月，京城黄雾四塞。

编 秋七月，授方士段朝用紫府宣忠高士。

编 冬十月，大学士顾鼎臣卒。

编 十一月，进陶仲文为忠孝秉一真人，领道教事。

纪 寻加少保、礼部尚书，又加少傅，食一品俸。

编 辛丑，二十年，夏四月，九庙灾。

纪 时久旸不雨，是日初昏，阴雨骤至，大雷电以风，忽震火起仁庙，烈风嘘之，须臾毁其主，延及成祖主亦毁，遂及太祖昭穆群庙，惟献庙独存。

编 御史叶经劾严嵩罪，赦弗治。

纪 交城王绝，辅国将军表柚谋袭之，遣校尉任得贵至京，以黄白金三千两赂严嵩，复赂仪制司令史徐旭及王府科胥，人皆受焉。嵩乃题覆从之。东厂逻卒执其籍以闻，下法司问；受赂者皆戍边，嵩无恙。既而永寿共和王庶子惟熜与嫡孙怀熇争立，以白金三千赂嵩，亦受之，为覆允。永寿庄怀王妃遣人击登闻鼓奏诉，于是御史叶经劾嵩贪状，乞赐敕正。嵩急归诚于上，上悯之，乃曰："表柚、惟熜袭爵应否，行所司勘之。嵩安心任事，勿以介意。"

编 秋八月，昭圣皇太后崩。

编 壬寅，二十一年，夏六月，大学士夏言罢。

编 进翟銮少傅、谨身殿大学士。

编 秋八月，以礼部尚书严嵩为武英殿大学士，参预机务，仍掌部事。

纪 吏科都给事中沈良材、御史童汉臣等首论嵩奸污，不当乘君子之器。南京给事中王晔、御史陈绍等复论嵩并其子世蕃同恶相济，关通苞苴，动以千百计。嵩疏辨乞休，上优诏慰留之。

编 癸卯，二十二年，春二月，段朝用伏诛。

编 宫婢杨金英等谋弑帝，伏诛。

纪 上曰："朕非赖天地鸿恩，遏除宫变，焉有今兹！朕晨起至醮，朝天宫七日。"醮之日，白鹤四十余翔空中，群臣贺。

编 夏四月，下给事中周怡狱。

纪 严嵩既入内阁，窃弄威权，内外百执事有所建白，俱先白嵩，许诺然后上闻，于是副封苞苴，辐辏其户外。大学士翟銮位望先嵩而势实不竞，遂至不相能。周怡上疏论之，语多侵嵩。疏入，下怡狱。已而銮以二子幸第，削籍去。

编 秋九月，杀山东巡按御史叶经。

纪 初，经劾严嵩受表柚、惟熺赂，嵩衔之。及经监山东乡试，嵩摘试录中有讽上语，激帝怒，逮之至京，杖阙下死。布政使陈儒以下皆远谪。自是，中外益侧目畏嵩矣。

编 甲辰，二十三年，秋八月，以吏部尚书许赞、礼部尚书张璧为文渊阁大学士。

编 冬十月，加秉一真人礼部尚书陶仲文为少师。

纪 大同边卒获叛人王三，上曰："叛恶就擒，固义勇之效力，实神鬼有以默戮之。"遂加仲文为少师，其少傅、少保如故。前此大臣，无兼总三孤如仲文者。

编 乙巳，二十四年，春三月，以严世蕃为尚宝司少卿。

编 秋七月，太庙成，布诏天下。

编 冬十一月，许赞削籍去。

编 十二月，复召夏言入阁。

纪 自严嵩入相，同事者多罢去，嵩独相；以太庙工成，加太子太师。后上微闻其横，厌之，于是诏起夏言。言至，尽复其原官，且加少师，位在嵩上，嵩甚恨之。是时嵩子世蕃为尚宝司少卿，通赂遗，且代输户转纳钱谷，多所朘削。言知之，欲以上闻。嵩惧甚，挈世蕃诣言求哀。言称疾不出，嵩赂其门者，直走言榻下，及世蕃长跪泣谢，言遂置不发。嵩父子愈恨之。

编 丁未，二十六年，秋七月，以尚宝司少卿严世蕃为太常寺少卿，仍掌尚宝司事。

纪　世蕃纳贿日盛，嵩惮夏言知之，乃疏遣世蕃归；上特命驰驿往还，世蕃益横。

编　冬十一月，皇后方氏崩。

编　戊申，二十七年，春正月，夏言罢。

纪　严嵩既忌言，都督陆炳亦怨言持己，阴比嵩图之。会都御史曾铣议复河套，言主之，而嵩则极言其不可，语颇侵言。会澄城山崩裂，又京师大风，上疑言。以套议问嵩，嵩因诋言擅权自用。及退，复上疏劾铣开边启衅，言雷同误国，并自求去甚力。上温旨留嵩，而切责言。于是吏部尚书闻渊、礼部尚书费寀、左都御史屠侨皆谓言误国，上乃命缇骑捕铣至京，因尽夺言师、傅，俾以尚书致仕。

编　三月，杀都御史曾铣。

纪　铣既被逮，严嵩复令仇鸾讦之。刑部侍郎詹瀚等阿嵩意，谓铣行贿夏言，论斩，弃西市。

编　冬十月，杀大学士夏言。

纪　先是言既归，舟至丹阳，复就逮至京，上疏极陈为严嵩所陷，帝不听。刑部尚书喻茂坚等据曾铣律以请，而谓言实当八议，所谓议贵议能者。上怒责茂坚等阿附言。值居庸报警，嵩复以开衅力持，竟坐与铣交通律，弃西市。言既死，大权悉归嵩矣。

编　十二月，谪给事中厉汝进为典史。

纪　汝进劾严嵩及其子世蕃奸恶，谪为典史，寻以大计削籍。

编　己酉，二十八年，春二月，以南京吏部尚书张治为文渊阁大学士，国子祭酒李本入阁办事。

编　三月，皇太子薨。

编　冬十月，以夏邦谟为吏部尚书。

编　庚戌，二十九年，夏六月，以仇鸾为宣、大总兵。

纪　以重赂严世蕃得之。

编　秋八月，俺答薄都城，谪司业赵贞吉于岭南。

纪　俺答入犯宣府，由蓟州入古北口，转掠怀柔、顺义，遂逼通州。复自北河东渡，直薄京师。令人持书入朝，求入贡，言多悖慢。

上召严嵩及礼部尚书徐阶于西苑，曰："事势至此，奈何？"嵩曰："此穷寇乞食耳，毋足患。"上曰："何以应之？"嵩无以对。乃命阶集群臣议，司业赵贞吉抗言其不可；上壮之，予金五万募战士，而敕中无督战语，不得统摄诸将，因谒嵩，嵩故与贞吉有隙，辞。贞吉怒，会通政赵文华趋入，谓曰："公休矣，天下事当徐议之。"贞吉愈怒，骂曰："汝权门犬，何知天下事！"叱守门者，嵩大恨。

已而贞吉单骑出城，遍谕诸营将，诸将皆感奋。仇鸾统大同军入援，肆掠畿甸，有诏勿问。俺答大掠金帛子女而还，鸾率诸镇兵尾之，俺答阨险不得出，乃稍弃余物，从东南行至昌平，猝与鸾兵遇，纵骑蹂躏，几获。鸾遂循古北口故道出塞，论功进鸾太保。嵩论贞吉狂诞，谪戍岭南。

编 杀兵部尚书丁汝夔。

纪 初，俺答薄都城，严嵩授汝夔计，谓地近丧师难掩，当令诸将勿轻战，寇饱自去。诸将固怯战，辄相谓曰："有禁勿战。"故民间归罪汝夔，诏收之。嵩恐露前画，绐曰："毋虑，吾为若地。"汝夔信之，弗自辨，论死，临刑大呼曰："严嵩误我！"遂弃市。

编 冬十一月，以易州、昌平州、通州为三辅，置经略大臣。

编 辛亥，三十年，春正月，杖锦衣卫经历沈炼于阙廷。

纪 初，俺答薄都城，求通贡，赵贞吉以为不可，炼在众中申贞吉指不休。吏部尚书夏邦谟目之曰："何小吏而言若是?"炼曰："大吏不言，故小吏言之。"已而上疏请以万骑护陵寝，万骑护通州军储，而合勤王师邀击其惰归，必大捷。时严嵩数寝格边檄，不以上闻，故炼书奏不报。炼乃抗疏言："严嵩受国重任，贪婪愚鄙，不闻谘诹方略，治国安边，惟与子世蕃为全家保妻子计。以朝廷之赏罚为己出，故人皆计嵩爱憎，不知朝廷恩威。"因历数其十大罪，请戮之以谢天下。诏以炼诋诬大臣，廷杖之，谪田保安。

编 三月，大计京官。

纪 严嵩授指吏部，中伤善类甚众。初，刑部郎中徐学诗以劾嵩父子被斥，至是削籍，并黜其兄中书舍人应丰。吏部奏上，上察其枉，留之，然亦不问。

编 贬兵部车驾司员外郎杨继盛为狄道县典史。

纪 仇鸾密遣家丁时义结俺答义子脱脱，使贡马互市。俺答利货币，译书送总督苏祐，祐以闻，鸾与严嵩赞成之，上乃许。继盛上疏极言其不可。下内阁，嵩等议未决，鸾曰："竖子不知兵，宜其易之。"密疏诋继盛阻挠边计，上意遂中变，诏逮继盛下锦衣卫狱，贬狄道县典史。

编 夏四月，开马市于大同。

编 壬子，三十一年，春正月，俺答寇大同。

编 二月，罢马市。

编 三月，以少保、礼部尚书兼翰林院学士徐阶为东阁大学士。

编 秋七月，俺答寇蓟州，仇鸾伏诛。

纪 俺答寇蓟州，时仇鸾患疽，请舆疾督战。诏兵部尚书赵锦收鸾大将军印绶，以总兵官陈时代之。鸾闻命，大恚而死。徐阶因奏鸾通敌误国，诏剖棺戮尸，全家斩于市，没其资产。

编 冬十月，谪御史王宗茂为平阳县丞。

纪 宗茂疏论严嵩负国大罪八，上谓其狂率，遂谪。

编 癸丑，三十二年，春正月，日食。

纪 巡按御史赵锦请罢严嵩以应天变；上怒，命逮锦系锦衣狱，久之削籍为民。

编 兵部员外郎杨继盛上疏劾严嵩，坐绞，系狱。

纪 初，仇鸾既诛，上思继盛言，自贬所月余迁主事，随迁兵部武选司员外。至是，上疏论严嵩十大罪、五奸，略曰："方今在外之贼为俺答，在内之贼惟严嵩。贼有内外，攻宜有先后，未有内贼不去而外贼可除者，故臣请诛贼嵩当在剿绝俺答之先。嵩之罪恶，徐学诗、沈炼、王宗茂等论之已详，然皆止言其贪污之小，而未尝发其僭窃之大。去年春雷久不声，占云'大臣专政'，夫大臣专政孰有过于嵩者？又冬日下有赤色，占云'下有叛臣'，凡心背君者，皆叛也。夫人臣背君，又孰有过于嵩者？如四方地震，与夫日月交食之变，其灾皆感应贼嵩之身。乃日侍左右而不觉，上天警告之心，亦恐怠且孤矣。不意陛下聪明刚断，乃甘受嵩欺，人言不信，虽上天示警亦不省悟，以至于此！臣敢以嵩之专政叛君十大罪为陛下陈之：我太祖高皇帝诏罢中书丞相而立五府、九卿分理庶政，殿阁之臣，惟备顾问视制草，故载诸训，有曰：'建言设立丞相者，本人陵迟，全家处死。'及嵩为辅臣，俨然以丞相自居，挟一人之权，侵百司之事，凡府部题覆，先面禀而后敢起稿，嵩之直房，百官奔走如市，府部堂司，嵩指使络绎不绝，一或少违，显祸立见，及至失事，又驾罪于人。是嵩无丞相之名，而有丞相之权，有丞相之权，而无丞相之责。坏祖宗之成法,一大罪也。权者,人君所以统御天下之具,不可一日下移。嵩以票本自任,遂作威福。用一人,即先谓曰'我荐之也';罚一人,则又号于众曰'此得罪于我,故报之也'。群臣感嵩,甚于感陛下,畏嵩甚于畏陛下。窃君上之大权,二大罪也。人臣善则称君,过则归已。今陛下苟有一善,嵩必令子世蕃传于人曰:'上故无此意,我议而成之。'将圣谕及嵩所进揭帖刻板颁行,名曰嘉靖疏义,欲使天下后世谓陛下所行之善,尽出于彼而后已。掩君上之治功,三大罪也。陛下之令嵩票本盖取君逸臣劳之义,嵩何所取而令子世蕃代票,又何所取而约诸义子赵文华等群会而拟题?疏方上,满朝纷然;既下,若合符契。如锦衣卫经历沈炼劾嵩疏,发大学士李本拟旨,本即叩之世蕃,乃同赵文华自拟以上,此人所共知也。嵩既以臣而弄君之权,世蕃复以子而弄父之柄,京师有大丞相、小丞相之谣。纵奸子之僭窃,四大罪也。边事废坏,皆原于功罪赏罚之不明。嵩为辅臣,欲令孙冒功于两广,故置其表侄欧阳必进为总督,朋奸比党。将长孙严效忠冒征蛮功奏捷,遂升镇抚。效忠告病,严鹄袭代,加升锦衣千户。效忠、鹄,皆世蕃豢养乳臭子。冒朝廷之军功,五大罪也。仇鸾总兵甘肃,以贪虐论革,世蕃乃受鸾重贿,荐为大将;后知陛下疑鸾,遂互相诽谤以掩初迹。是通寇者逆鸾,而受贿引用鸾者嵩与世蕃也。进不肖蒙显戮,引悖逆之奸臣,六大罪也。俺答犯内深入,兵法击其惰归,嵩乃曰'京、边不同势,败于边可掩,败于京不可掩,且俺答饱自退耳',故丁汝夔传令不战。及汝夔临刑,而后知为嵩所绐。误国家之军机,七大罪也。刑部郎中徐学诗以劾嵩、世蕃革任为民矣,又于考察京官之时,罢其兄中书舍人徐应丰。户科给事中厉汝进以劾嵩、世蕃降为典史矣,又于考察外官之时,逼吏部削汝进籍。夫考察,巨典也,陛下持之以激励天下之人心,贼嵩窃之以中伤天下之善类。乱黜陟之大柄,八大罪也。府部之权皆挠于嵩,而吏、兵二部尤大利所在,将官既纳贿于嵩,不得不剥削乎军士,有司既纳贿于嵩,不得不滥取于百姓。陛下虽累加抚恤,岂足以当嵩残虐之害,臣恐天下之患不在塞外而在域中。失天下之人心,九大罪也。先朝风俗淳厚,近自逆瑾用事,始一少变。至嵩为辅臣,守法度者以为固滞,尚巧猾者以为通材,励节介者以为矫激,善奔走者以为练事;风俗之坏,未有甚于此者。坏天下之风俗,十大罪也。

嵩有十大罪昭人耳目,以陛下之神圣而若不知者,盖有五奸以济之。嵩侦知陛下之意向者，莫过于左右侍从，厚以贿结之，圣意所爱憎，嵩皆预知，以得遂其逢迎之巧。是陛下之左右，皆嵩之间谍，其奸一。通政司纳言之官，嵩令义子赵文华为之，凡疏到，必有副本送嵩、世蕃先阅而后进，早为弥缝。是陛下之纳言，乃嵩之鹰犬，其奸二。嵩既内外周密，所畏者厂、卫之缉访也。嵩则令世蕃笼络厂、卫，缔结姻亲。陛下试诘嵩所娶者谁女？立可见矣。是陛下之爪牙，乃嵩之瓜葛，其奸三。厂、卫既已亲矣，所畏者科道言之也。嵩于进士初选时，非亲知不得与中书行人之选，知县、推官非通贿不得与给事御史之列。是陛下之耳目，皆嵩之奴隶，其奸四。科道虽入其牢笼，而部臣如徐学诗之类亦可惧也。嵩又令子世蕃将各部之有才望者俱网罗门下，各官少有怨望者，嵩得早为斥逐。是陛下之臣工，多嵩之心腹，其奸五。夫嵩之十罪赖此五奸以济之，五奸一破，则十罪立见。陛下何不忍割一贼臣，顾忍百万苍生之涂炭乎！陛下听臣之言，察嵩之奸，或召问二王，令其面陈嵩恶，或询诸阁臣，谕以勿畏嵩威。重则置之宪典以正国法，轻则谕令致仕以全国体。内贼去，而后外贼可除也！”

疏奏，上怒其引用二王，命系锦衣狱诘讯主使者。继盛曰：“尽忠则已，岂必人主使乎！”又问引用二王故，继盛大言曰：“奸臣误国，非二王谁不畏嵩者！”狱具，杖百，送刑部。尚书何鳌受嵩意，欲坐以诈传亲王令旨。郎中史朝宾曰：“疏中但云二王亦知嵩恶，原无亲王令旨，三尺法岂可诬也！”嵩怒，降朝宾为高邮判官。侍郎王学益助成其说，竟坐绞，系狱。

编 三月，以严世蕃为工部左侍郎。

编 甲寅，三十三年，春正月，倭寇浙江，遣工部侍郎赵文华如浙。

纪 倭贼犯浙江，文华请祷海神以杀贼；遂遣如浙，陵轹官吏，搜括财物，公私苦之。

编 秋七月，命驸马都尉邬景和、安平伯方承裕、吏部尚书李默、礼部尚书王用宾、左都督陆炳、吏部左侍郎程文德、礼部左侍郎闵如霖、吏礼右侍郎郭村、吴山并直西内撰玄文。

纪 景和以不谙玄理辞免，俄以金币赐玄修诸臣，犹及景和，景和自疏无功，辞，愿洗心涤虑，效马革裹尸之报。上怒曰：“景和故出不祥语，当拟怨讪律。”乃革爵，安置昆山。

编 乙卯，三十四年，春三月，以杨博为兵部尚书。

编 冬十月，杀兵部员外杨继盛。

纪 初，继盛自谪所累迁至武选司员外，常感激思报。妻张氏曰：“公休矣！一鸾困公几死，今相公嵩父子，百鸾也，公何以报为？”继盛不听。密具疏，疏成，斋三日乃上，遂得罪。

继盛每出朝审，诸内臣士庶夹道拥视，共指曰：“此天下义士！”又指其三木，窃叹曰：“奈何不以此囊嵩头！”司业王林诣嵩曰：“人言籍籍，谓继盛且不免，公不忧万世邪！”嵩曰：“吾行当救之。”令其子世蕃谋之其党胡植、鄢懋卿，懋卿曰：“此养虎自遗患也。”植亦言不可，嵩意遂决。

先是，倭犯江、浙，浙、闽总督张经、浙江巡抚李天宠以玩寇殃民，逮至京师，下狱论死，嵩乃以经、天宠疏覆奏，附继盛于尾。上览之，谓江南酿寇遗患，遂下旨行刑。是岁论大辟当刑者凡百余人，诏决九人，而继盛与焉。

将刑，张氏疏言：“臣夫谏阻马市，预伐仇鸾，圣旨薄谪，旋因鸾败，首赐湔雪，一岁四迁。臣夫衔恩图报，误闻市井之言，尚狃书生之见，妄有陈说。荷陛下不即加戮，俾从吏议。杖后入狱，割肉二斤，断筋二条，日夜笼箍，备诸苦楚。年荒家贫，臣纺绩供给。部臣两次请决，俱蒙特宥；今混入张经疏尾，奉旨处决。傥以罪不可赦，乞将臣枭首以代夫命。夫生一日，必能执戈矛御魑魅，为疆场效命之鬼，以报陛下。”奏入，为嵩所抑不得达。盖杀谏臣自此始，由是天下益恶嵩父子矣。

编 丙辰，三十五年，春正月，赵文华自江南还京，擢为工部尚书，加太子太保。

纪 文华与吏部尚书李默构隙，知默与嵩异，疏劾之，摘其部选策题有“汉武征四夷而海内虚耗，唐宪复淮、蔡而晚业不终”为谤讪。上怒，收系狱拷讯，竟死狱中。嵩德文华，遂有是擢。

编 三月，以胡宗宪为兵部右侍郎兼右佥都御史，提督浙、闽军务。

编 夏五月，命赵文华以工部尚书兼右副都御史，视师江、淮。

编 秋八月，江、浙倭寇平。

编 冬十一月，加赵文华少保，胡宗宪右都御史。

编 丁巳，三十六年，夏四月，奉天、华盖、谨身三殿灾。

编 秋八月，进徐阶少傅，李本太子太保。

编 冬十月，严嵩及其子世蕃杀前锦衣卫经历沈炼。

纪 初，炼既编保安，即孑身至里，长老问知炼状，咸大喜，遣其子弟从学。炼稍与语忠义大节，乃争为炼骂嵩以快炼，炼亦大喜，尝束刍为偶人三，目为林甫、桧及嵩而射之。语稍稍闻，嵩父子衔之。而侍郎杨顺来为总督，故嵩党也，遣其私人经历金绍鲁、指挥罗铠走世蕃，告炼结死士，击剑习射，将以间而取若父子。世藩曰："吾固知之。"即以属巡按御史李凤毛，凤毛谬为谢曰："有之，窃阴以解散其党矣。"凤毛得代归，而御史路楷来，又嵩党也，世蕃为酒寿楷，而使谓顺曰："幸为我除吾疡。"楷至则与顺合策捕诸白莲教通叛者，窜炼名籍中，以叛闻。下兵部议，尚书许论不为申理，嵩竟杀之，籍其家。嵩乃予顺一子锦衣千户，楷迁太常卿。顺犹怏怏曰："丞相犹有所不足乎？"谋之楷，复取炼二子杖杀之，并系其长子襄，顺、楷败乃得脱。

编 十二月，赵文华罢。

纪 文华既得宠眷，乃稍欲结知帝，不禀严嵩命。一日密进药酒方，言"授之仙，饮可不死，独臣与嵩知之。"上曰："嵩有是方不奏，乃文华奏我！"嵩闻之，大惧且恨，立召文华问之曰："若何所献？"对曰："无有。"嵩取疏示之，文华惭，顿首谢罪，嵩怒不令起，呼左右拽出，令门者毋得为文华通。文华日忧惧，不知所出，从世蕃乞怜，为白夫人。夫人以其儿也，怜之，然嵩意终未慊也。又文华初赂世蕃金丝幕一具，其姬二十七人皆宝髻一，世蕃以为薄，恨之；乃为疏草使上，引疾归，帝从之。而是时上方修玄，以其疏中有病语，怒削其职，子戍边。

编 戊午，三十七年，春三月，给事中吴时来、主事张翀、董传策并上疏劾严嵩及其子世蕃罪；下狱，廷杖，谪戍岭南。

编 夏四月，浙江总督胡宗宪献白鹿。

编 己未，三十八年，夏五月，杀山西总督侍郎王忬。

纪 严嵩以忬愍杨继盛死，衔之。忬子世贞又从继盛游，为之经纪其丧，吊以诗，嵩因深憾忬。严世蕃尝求古画于忬，忬有临幅类真者以应，世蕃知之，益怒。会俺答犯大同。入潘家口，都御史鄢懋卿乃以嵩意为草授巡按山西御史方辂，令劾忬；嵩即拟旨，逮系狱。刑部尚书郑晓拟“谪戍”奏上，竟以边吏陷城律弃市。

编 冬十一月，以朱熹原籍婺源县子孙朱墅世袭五经博士。

编 庚申，三十九年，夏六月，以都御史鄢懋卿总理天下盐运。

纪 懋卿益通贿无虚日，御史林润劾其贪冒五罪。懋卿疏辨，不问。

编 冬十一月，秉一真人领道教事、少傅、礼部尚书、恭诚伯陶仲文卒。

编 辛酉，四十年，春正月，万寿宫灾。

纪 命大学士徐阶、工部尚书雷礼兴工重建。

编 冬十二月，吏部尚书吴鹏罢。

纪 鹏，严嵩党也，御史耿定向劾其六罪，故罢。嵩复荐所亲欧阳必进代之，未久亦勒归。

编 进礼部尚书袁炜太子太保，入阁参预机务。

纪 时上渐有疑嵩意，密谕徐阶举堪辅政者。阶密奏曰：“人君以论相为职，陛下断自宸衷，则窥伺阴阻之私自塞矣。”上从之，遂有是命。

编 壬戌，四十一年，春三月。万寿宫成。

纪 加大学士徐阶少师，任一子；袁炜少保；严嵩加禄百石而已。

编 夏五月，严嵩罢，其子世蕃下诏狱。以御史邹应龙为通政司参议。

纪 自徐学诗、王宗茂、杨继盛、沈炼、吴时来、张翀、董传策或死或戍，缙绅皆畏嵩不敢言。至是徐阶日亲用事，廷臣多知之，未发。

御史邹应龙欲具疏，一夕梦出猎，见一高山，射之不中，东有培垒楼，其下甚壮，楼俯平田，有米草覆其上，一注矢拉然。醒而悟曰：“此小儿东楼之兆也。”遂上疏劾世蕃，数其通贿赂行诸不法状，乞置于理，因及嵩植党蔽贤，溺爱恶子，且曰：“如臣言不实，愿斩臣首悬之藁竿以谢世蕃父子。”上览之心动，命嵩致仕，乘传去，而下世蕃于狱，擢应龙，嘉其敢言。

鄢懋卿等属法司量坐世蕃赃银八百两，拟罪上请，于是戍世蕃雷州卫，子鹄、鸿及其爪牙罗龙文、牛信等分戍边远卫，家人严年锢狱追赃。年最黠恶，即士大夫所呼为萼山先生者也。上犹以嵩故，特宥其孙鸿为民。嵩既去，上念之，谕徐阶曰：“严嵩已退，伊子已服罪，敢有再言如邹应龙者俱斩。"

编 六月，大理卿万寀、刑部侍郎鄢懋卿罢。

纪 御史郑洛劾寀、懋卿及太常少卿万虞龙皆朋比奸赃不职；寀、懋卿罢，虞龙降调。

编 秋八月，三殿成。

明鉴易知录卷九

明纪

世宗肃皇帝

编　癸亥，四十二年，春三月，以严讷为吏部尚书，李春芳为礼部尚书。

编　夏四月，严世蕃逃归。

纪　世蕃未达雷州，至南雄而返。罗龙文亦逃伍，潜往歙县，藏匿亡命刺客。一日被酒大言曰："要当取应龙与徐老头泄此恨！"徐阶闻，厚为备。严嵩久之亦闻，惊曰："儿误我多矣！"

初，阶之入政府也，肩随嵩者且十年，几不敢讲钧礼。嵩惩夏言祸，亦颇自恭谨，惟世蕃多行无礼；阶既曲忍，嵩亦不知也。方应龙疏上，阶往谒，慰藉甚，嵩喜，顿首谢，世蕃亦尽出妻子为托。既归，其子密启曰："大人受侮已极，此其时已。"阶伪骂曰："吾非严氏不至此。负心为难，人将不食吾余！"嵩遣所亲探之，语如前。盖阶亦知上犹眷恋，未能即割也。嵩既去，书问不绝，久之世蕃亦忘旧事，谓"徐老不我毒"。鸠工大治馆舍，阴贼弥甚。

编　甲子，四十三年，秋七月，以谕德张居正充裕王府讲官。

编　冬十月，复逮严世蕃下狱。

纪　先是御史林润既劾鄢懋卿罢去，知雠在必报。会袁州推官郭谏臣以公事过严嵩里，工匠千余方治园亭，其仆为督，谏臣至，箕踞不起，役人戏以瓦砾掷谏臣，亦不禁。谏臣遂具揭上之润。润得之，大喜，乃上疏言："臣巡视上江，备访江洋盗贼，多入逃军罗龙文之家。龙文卜筑深山，乘轩衣蟒，有负险不臣之志，推严世蕃为主，事之。世蕃自罪谪之后，愈肆凶顽，日夜与龙文诽谤朝政，动摇人心。近者假治第，聚众至四千人，道路汹汹，咸谓变且不测。乞早正刑章，以绝祸本。"疏入，诏以世蕃、龙文即付润逮捕至京。润下郭谏臣捕世蕃，徽州府推官粟祁捕龙文，自驻九江勒兵以待。

编 乙丑，四十四年，春三月，严嵩削籍，没其家，其子世蕃及罗龙文伏诛。

纪 初，林润闻命，驰至九江，郭谏臣白监司，尽散其工匠四千人，龙文走匿世蕃家，捕得之。润因谕袁州府详具严氏诸暴横状，得之，复上疏数世蕃父子罪。上怒，诏下法司讯状。已而徐阶具疏以闻，疏中极言“事已勘实，其交通倭寇，潜谋叛逆，具有显证，请亟正典刑，以泄神人之愤。”上从之，命斩世蕃、龙文于市。二人闻，相抱哭；家人请写遗书谢其父，不能成一字。都人闻之，大快，各相约持酒至西市看行刑。已而籍嵩家，得银二百五万五千余两，其珍异充斥，逾于天府。

编 冬十二月，诏万寀、鄢懋卿并充军。

编 严嵩死。

编 丙寅，四十五年，春正月，帝不豫。

纪 先是方士王金、陶仿、刘文彬、申世文、高守中、陶世恩，伪造诸品仙方，以金石药进御，性燥热，帝服，稍稍火发，不能愈。至是谕徐阶欲幸承天拜显陵，取药服气，阶奏止之。

编 下户部主事海瑞狱。

纪 瑞上言：“陛下即位初年，敬一箴心，冠履分辨，天下忻忻，谓焕然更始。无何而锐精未久，妄念牵之，谬谓长生可得，一意修玄，土木兴作，二十余年不视朝政，法纪弛矣；数行推广事例，名器滥矣。二王不相见，人以为薄于父子；以猜疑诽谤戮辱臣下，人以为薄于君臣；乐西苑而不返大内，人以为薄于夫妇。今愚民之言曰：‘嘉者，家也；靖者，尽也。’谓民穷财尽，靡有孑遗也。然而内外臣工修斋、建醮，相率进香，天桃、天药，相率表贺，陛下误为之，群臣误顺之。臣愚谓陛下之误多矣，大端在玄修。夫玄修所以求长生也，尧、舜、禹、汤、文、武之为君，圣之至也，未能久世不终；下之方外士亦未见有历汉、唐、宋至今存者。陛下师事陶仲文，仲文则既死矣，仲文不能长生，而陛下独何求之？至谓天赐仙桃、药丸怪妄尤甚。桃必采乃得，药必捣乃成，兹无因而至，有胫行邪？云天赐之，有手授邪？然则玄修之无益可知矣。陛下玄修多年，靡有一获，左右奸人揣逆圣意，投桃设药，以谩长生，理之所无，断可见已。陛下诚翻然悟悔，日旦视朝，与辅宰、九卿、侍从、言官讲求天下利害，洗数十年君道之误，置身尧、舜、禹、汤、文、武之域，使诸臣亦洗心数十年阿君之耻，置身皋、夔、伊、傅、周、召之列。民熙物洽，熏为太和，陛下性中真药也。道与天通，命由我立，陛下性中真寿也。此理之所有，可旋至立效。乃悬思服食不终之饵，凿想遥兴轻举之方，求之终身，不可得已。"疏奏，上大怒，命逮系瑞镇抚狱。

编　三月，以礼部尚书高拱为文渊阁大学士。

编　冬十二月，帝崩。

纪　上疾甚，自西苑还乾清宫，遂崩。大学士徐阶等启请皇子裕王主丧事，宣遗诏曰："朕奉宗庙四十五年，享国长久，累朝未有。一念惓惓，惟敬天勤民是务。只缘多疾，过求长生，遂致奸人诳惑。自今建言得罪诸臣，存者召用，没者恤录，见监者即释复职。"

编　皇子裕王载垕即位。

编　释刑部主事海瑞于狱，擢为通政使。

穆宗庄皇帝

编　丁卯，穆宗皇帝隆庆元年，春正月，立妃陈氏为皇后。

编　诏录用先朝建言诸臣；杨继盛、沈炼等并复职、赠荫、谕祭。

编　追赠王守仁为新建侯，谥文成。

编　进高拱少傅、武英殿大学士，谢病归。以礼部尚书陈以勤为文渊阁大学士。

编　二月，以礼部右侍郎张居正为吏部左侍郎兼东阁大学士，直内阁。

编　三月，葬永陵。方士王金、陶仿、申世文、刘文彬、高守中、陶世恩伏诛。

编　四月，进张居正礼部尚书、武英殿大学士。

编　戊辰，二年，春正月，进大学士张居正少保。进陈以勤太子太师、武英殿大学士。召南京礼部尚书赵贞吉为讲官，掌詹事府。

编　二月，帝耕藉田。

编　三月，立皇子翊钧为皇太子。

编　科臣石星上疏言六事，诏廷杖、削籍。

纪　星上言六事：一曰养圣躬，长夜之饮不可不节；二曰勤圣学，经筵久辍，屡请未复；三曰勤视朝，总理万几，周知民隐；四曰速俞允，言涉圣躬者留中不下，事干内庭者稽迟不允；五曰广听纳；六曰察谗谮。疏奏，上怒，命廷杖，削其籍。

编 秋七月，陕西民李良雨化为妇人。

编 冬十月，户部尚书刘体乾罢。

纪 先是内降户部采买珍珠金玉等项，尚书高曜即召商收买应命。及体乾为尚书。抗论财用阙乏，请停采买。疏至，文思房不肯收，令赍本吏领回。体乾复令赍往，吏被殴逐，将原本送内阁，未及进呈，忽内降著致仕去。

编 十一月，杖内监李芳，系狱禁锢之。

纪 芳数以直谏忤旨，同辈亦恨其正直，共短之，上命缇骑杖之，系狱待决。刑部尚书毛恺言："'刑人于市，与众弃之'，非惟死者不冤，亦令生者不犯。李芳供事内廷，罪状未明，莫知所坐？"上曰："芳无礼，第锢之。"

编 己巳，三年，夏五月，逮御史詹仰庇，杖一百，削籍为民。

纪 仰庇言："陛下取户部银，尽以供造鳌山，修理宫苑，花栏、龙凤、秋千架、金玉器物之费，使群小因而乾没，为圣德累不小。"上怒，命锦衣卫逮治，杖一百，削籍为民。大学士李春芳等疏救，不听。

编 六月，以海瑞为右佥都御史，总理粮漕，巡抚应天等处。

编 秋七月，建极殿大学士徐阶致仕。诏起高拱为武英殿大学士。

编 八月，以赵贞吉为文渊阁大学士。

编 庚午，四年，春正月。太子太师陈以勤致仕。

编 冬十月，俺答来请盟，通贡市马。

纪 俺答孙把汉那吉率其仆阿力哥等来降，总督王崇古纳之。边吏哗曰："此孤竖无足重轻，宜勿留。"崇古曰："此奇货可居。俺答即急之，留而为市，谕以执送叛人赵全等，我归其孙；若其弗急，则我因而抚之，如汉质子法，使招其故部居近塞。俺答老且死，其子黄台吉势不能尽有其众，然后以居耆、谷蠡秩置塞外，其与黄台吉构则两利而俱存之，弗构则以兵助之，外博兴灭扶危之名，而实收其用。"事闻，廷臣喧然以为不可，御史叶梦熊争之尤力。上曰："慕义来降，宜加奖励。其以把汉那吉为指挥使，阿力哥为正千户，各赐衣一袭。"

俺答妻恐中国杀其孙，日夜怨俺答，俺答亦自悔，遂拥众十万压境。崇古命百户赵崇德往谕以国恩，要其缚叛示信。俺答夫妇感且愧曰:"汉乃肯全吾孙,吾且啮臂盟,世世服属,何有于叛人。"遂定盟,通贡市马。

编 十二月,诏进王崇古少保、兵部尚书。

纪 俺答执赵全等来献,崇古遣那吉归,那吉感泣,誓不敢负中国。论功,进崇古少保、兵部尚书,赐蟒玉,世袭锦衣千户。

编 进大学士张居正吏部尚书、少傅,兼建极殿大学士。

编 辛未,五年,春三月,封俺答为顺义王。

编 夏四月,诏小吏得官本土。

纪 高拱言:"国家用人,不得官于本土,此惟有民社之责者然耳。若仓库、驿递等官,官甚卑,家甚贫,一授远土,或弃官而不能赴,或去任而不能归,其情可怜。近日教官得选本省地方,人以为便,乞照此例。"从之。

编 五月,少师李春芳致仕。

编 秋八月,诏以故礼部左侍郎薛瑄从祀孔子庙庭。

编 以高仪为礼部尚书,掌詹事府。

编 壬申,六年,春正月,进大学士张居正少师。以高仪为文渊阁大学士,以吏部左侍郎吕调阳为礼部尚书。

编 三月,皇太子出阁读书。

编 夏五月,帝崩。

纪 上不豫。己酉,大渐,召阁臣高拱、张居正、高仪至乾清宫受顾命。上倚坐御榻,皇后及皇贵妃咸侍,东宫立于左。上困甚,太监冯保宣顾命曰:"朕嗣统方六年,今疾甚,殆不起,有负先帝付托。东宫幼冲,以属卿等,宜协辅,遵守祖制,则社稷功也。"拱等泣拜而出。翼日,上崩。

编 六月,太子翊钧即位。

纪 时太监冯保方居中用事,矫传大行遗诏云:"阁臣与司礼监同受顾命。"廷臣闻之俱骇。一日内使传旨至阁,高拱曰:"旨出何人?上冲年,皆若曹所为,吾且逐若曹矣。"内臣还报,保失色,谋逐拱。拱与张居正俱负气不相下,居正乃结保自固。拱虑保专恣,与居正、高仪谋去之。居正阴泄之保,乃与保谋去拱。

编 罢大学士高拱。

纪 是月既望庚午昧爽，拱在直，张居正引疾。召诸大臣于会极门，促居正至，拱以为且逐冯保也。保传皇后、皇贵妃、皇帝旨曰："告尔内阁、五府、六部诸臣，大行皇帝宾天先一日，召内阁三臣御榻前，同我母子三人亲受遗属。今大学士高拱揽权擅政，威福自专，通不许皇帝主管。我母子日夕惊惧，便令回籍闲住，不许停留。"拱即日出朝门，乘一牛车去，而高仪未几亦以病卒，居正裒然首辅矣。

编 尊皇后曰仁圣皇太后，皇贵妃曰慈圣皇太后。

编 秋八月，帝御经筵。

纪 张居正请开经筵，复请更定常朝日期，御门听政，俱从之，上遂御文华殿日讲以为常。

编 冬十二月，张居正进帝鉴图说。

纪 上见居正捧册进，喜动颜色。遽起立，命左右展册，居正从旁指陈大义，上应如响，因即宣付史馆，赐居正银币。

一日，上御文华殿讲毕，览至汉文帝劳军细柳事，居正因言："陛下当留意武备。祖宗以武功定天下，承平日久，武备日弛，不可不及早讲求也。"上称善。

神宗显皇帝

编 癸酉，神宗皇帝万历元年，春正月，命成国公朱希忠、大学士张居正知经筵事。

编 张居正及冯保谋杀前大学士高拱，未遂而罢。

纪 庚子，早朝，上出乾清宫，见一无须男子伪作宦者状，袖有佩刀，趋走惶遽。左右执之，冯保立鞫之，曰："南兵王大臣。""奚自？"曰："自总兵戚继光来。"保使密报居正，而居正令附保耳曰："戚公方握南北军，禁无妄指，可借以除高氏。"

先是大臣为戚帅三屯营南兵不遂，流落都下，为人巧捷便佞，一中贵昵之。至是，令称拱使，改籍武进县，即令厕卒辛儒衣大臣蟒袴，予二剑，剑首饰猫精异宝，送系厂中，入以闻，请究主使人。居正亦上疏如保意。上即付保鞫，保令辛儒屏语大臣曰："第言高相君怨望，使汝来刺，愿先首免罪，即官汝锦衣赏千金；不然，重榜掠死矣。"儒日与大臣狎款，即令诬拱家人为同谋。

狱具，保飞发五校械拱仆。而居正前疏传中外，口语籍籍，谓且逮拱。居正乃密谋于吏部尚书杨博,博曰:"迫之恐起大狱。抑上神圣英锐,持公平察,高公虽粗暴,天日在上,安得有此?"居正面不怿。左都御史葛守礼语杨博:"过张公,必诤之。"博曰:"向已告矣。"守礼曰:"舆望属公,谓公能不杀人媚人耳。大狱将起,公奈何以已告为解?"即共诣居正,居正曰:"东厂狱具矣。同谋人至,即疏处之耳。"守礼曰:"愿以百口保高公。"居正默不应,博曰:"愿相公持公议。"居正愤然入内,取厂中揭帖投博曰:"是何与我?"揭帖有居正窜改四字曰"历历有据",而居正忘之,守礼识居正字,笑而纳诸袖。居正觉曰:"彼理法不谙,我为易数字耳。"守礼曰:"机密重情,不即上闻,先政府邪?吾两人非为相公甘心高公,以回天非相公不能。"居正揖谢曰:"何以教我?"博曰:"此须得一有力世家,与国休戚者,乃可委治。"居正悟,言于上,命冯保与葛守礼、都督朱希孝会审。

希孝诣杨博问计,博曰:"公第使善诇校尉入狱,讯刀剑、口语所从来,杂高家仆稠众中,令别识,且问见高公何所?今在何地?则立辨矣。"希孝如博言,使善诇校尉密询大臣何自来?则来自保所,语尽出保口。校尉即告大臣:"入宫谋逆者,法族,奈何甘此?若吐实,或免罪。"大臣哭曰:"始给我主使者罪大辟,自首无恙,官且赏,岂知当实言!"高家仆逮至,希孝杂诸校中,令物色,大臣不辨也。

及会审,风霾、大晦、雨雹,东厂理刑官白一清厉声曰:"天意若此,可不畏乎!"顷之,天稍明,出大臣会问。故事,先杂治,大臣呼曰:"故许我富贵,何杂治也!"冯保即问曰:"谁主使者?"大臣曰:"尔使我,乃问也。"保气夺。又问:"尔言高相公何也?"曰:"汝教我,我则岂识高相公。"希孝复诘其蟒袴、刀剑,曰:"冯家仆辛儒所予。"保益惧,遂罢审。保密饮大臣生漆酒瘖之,而密以拱行刺事上闻。

有殷内监者,年七十余,奏上曰:"高拱故忠臣,何为有此!"随顾保曰:"高胡子是正直人,张居正故怀忮刻,必杀之,我辈内官何须助彼。"保大沮,而内监张宏亦力言不可,于是上下刑部拟罪,竟论大臣斩。

拱被居正龄龁,杜门屏居。仕宦中州者不敢过新郑,率枉道他去。

[编] 甲戌,二年,春正月,张居正进讲章。

[纪] 居正上讲章疏略曰:"义理必时习而后能悦,学问必温故而后知新。臣谨将今岁所进讲章重复删定,大学一册,虞书一册,通鉴四册,进呈睿览。虽浅近之言,然亦行远登高之一助也。"

编 三月，帝自驾迎仁圣皇太后过大内赏花。

纪 上语辅臣曰："昨日禁中花盛开，侍母后赏宴甚欢。"盖指慈圣也。张居正奏曰："仁圣太后处多时寂寞，惟陛下念之。"上即起还宫白慈圣，自驾往迎仁圣过大内赏花，传觞欢宴而罢。

编 秋九月，刑部请录囚。

纪 慈圣太后欲停之，上问张居正，对曰："春生、秋杀，天道之常。陛下即位以来，停刑者再矣，稂莠不除，反害嘉禾，凶恶不去，反害良民。"上为请太后，从之。

编 冬十二月，张居正率大臣上御屏。

纪 屏绘天下疆域及职官姓名，用浮帖以便更换。上命设于文华殿后，时加省览。

编 乙亥，三年，秋八月，以吏部左侍郎张四维为礼部尚书，入东阁。

纪 张居正请增阁臣，许之，即日进四维为礼部尚书，入东阁。故事，入阁者止曰同某人办事，至是上手注"随元辅入阁办事"，四维恂恂若属吏矣。

编 丙子，四年，春正月，下御史刘台狱，夺职为民。

纪 台劾"大学士张居正专擅威福，如逐大学士高拱，私赠成国公朱希忠王爵，引用张四维、张瀚为党，斥逐言官余懋学、傅应祯，罔上行私，横黩无厌。"居正怒甚，见上辞政曰："臣之所处者，危地也。言者以为擅作威福，而臣之所行正威福也。将巽顺以悦下邪，则负国；竭公以事上邪，无以逃专擅之讥。"伏地不肯起，上下御座手掖之，曰："先生起，朕当责台以谢先生。"诏："下台狱，杖一百，远戍之。"时议籍籍，居正不自安，复具疏为解，免杖夺职为民，然心终恨之，后竟置之死。

编 冬十月，进张居正左柱国、太傅，加伯爵。

纪 敕曰："先生亲受先朝顾命，辅朕冲年。今四海升平，实赖匡弼，精忠大勋，言不能殚，惟我祖宗列圣佑尔子孙，与国咸休，钦哉！"居正固辞伯爵，许之。

编 丁丑，五年，夏五月，诏修慈庆、慈宁两宫，既而罢之。

纪 张居正言："两宫于万历二年落成，今壮丽如故，足以娱圣母，乃欲坏其已成，更加藻饰，非所急也。请辍工。"从之。

编　秋九月，帝谕停刑。

纪　慈圣太后以大婚期近也。张居正上言："春生、秋杀，天道所以运行；雨露、霜雪，万物因之发育。明王奉若天道，刑赏予夺，皆奉天意以行事。若弃有德而不用，释有罪而不诛，则刑赏失中，惨舒异用矣。且臣近详阅所开诸犯，皆逆天悖理；其所戕害，含冤蓄愤，圣主明王不为一泄，彼以其怨恨冤苦之气，郁而不散，其上蒸为妖氛沴祲之变，下或致凶荒疫疠之疾，则其为害又不止一人一家也。请俟明年吉典告成，然后概免一年。"从之。

编　张居正以父丧欲去位，帝手诏慰留之。

编　冬十月，张居正复上疏乞终制，不允。杖谪编修吴中行、检讨赵用贤、刑部员外艾穆、主事沈思孝等。

纪　居正既父丧夺情，吉服视事，中行、用贤、穆、思孝交章劾居正忘亲贪位，居正大怒。大宗伯马自强曲为营解，居正跪，而以一手捻须曰："公饶我！公饶我！"掌院学士王锡爵径造丧次为之解，居正曰："圣怒不可测。"锡爵曰："即圣怒，亦为公。"语未讫，居正屈膝于地，举手索刀作刎颈状，曰："尔杀我！尔杀我！"锡爵大惊趋出。

是月二十二日，中行等四人同时受杖，中行、用贤即日驱出国门，人不敢候视。许文穆方以庶子充日讲，镌玉杯一，曰"斑斑者何卞生泪，英英者何蔺生气，追之琢之永成器"，以赠中行。镌犀杯一，曰"文羊一角，其理沉黝，不惜剖心，宁辞碎首。黄流在中，为君子寿"，以赠用贤。

穆、思孝复加镣锁，且禁狱，越三日始签解发戍，为更惨毒。时邹元标观政刑部，愤甚，视四人杖毕而疏上；越三日受杖，谪戍贵州都匀卫。

编　罢吏部尚书张瀚。

纪　先是瀚为南京工部尚书，廷推吏部，瀚名第三，以张居正言，上越次用之。居正以为德，希瀚报。夺情议起，遂邀中旨属瀚留居正，居正亦自为牍，风之使留己。瀚若不喻其意者，谓"政府奔丧，当以殊典恤之，宗伯事也，何关吏部。"居正大不悦，于是有诏切责瀚，谓瀚奉谕不复，无人臣礼。瀚拊膺太息曰："三纲沦矣！"居正益怒，嗾台省劾之，勒令致仕。

编 起复大学士张居正入直内阁。

纪 初居正在丧次，凡阁中事令吏赍奏就拟处分，手诏称元辅，称太师，称先生，皆尽古师臣之礼。至是，上召居正于平台，慰谕甚至，即日入直。

明鉴易知录卷十

明纪

神宗显皇帝

编　戊寅，六年，春正月，帝冠。

编　三月，立妃王氏为皇后。

纪　大婚礼成，上两宫徽号。

编　张居正乞归治葬，许之。

纪　居正辞朝，上劳谕之曰："朕不能舍先生，恐重伤先生怀，是以忍而允所请。然先生虽行，国事尚宜留心。"乃赐银印，曰"帝赉忠良"，令得密封言事。

编　以礼部尚书马自强为文渊阁大学士，掌詹事府；礼部左侍郎申时行为东阁大学士。

编　夏六月，张居正还朝。

纪　上召见于文华西室，问沿途所见稼穑何如，民生何如，边事何如？居正对甚悉。上大悦，赐休沐十日。

编　秋八月，前少师高拱卒，复其官，予祭葬。

编　己卯，七年，春二月，帝患疹。

纪　慈圣太后命僧于戒坛设法度众，张居正上言："戒坛奉皇祖之命禁止至今，以当时僧众数万，恐生变败俗也；今岂宜又开此端！圣躬违豫，惟告谢郊庙、社稷，斯名正言顺，神人胥悦，何必开戒坛而后为福哉！"事遂寝。

编　二月，河工成。

纪　先是淮安有水患，河决入淮，水势不敌，淮、扬咸为巨浸，直逼泗州，患近寝陵。上以问张居正，因上言故河道都御史潘季驯可使。乃降玺书，即其家拜都御史，使持节治河，一切假以便宜，久任，帑藏不问出入，诸奉行不及事者下诏狱鞫治之。于是当事者日夜焦劳，盖逾年而堤成，转漕无患。

编　三月，帝疹愈。

编　夏四月，命铸大钱进内库，既而罢之。

纪　上以内库缺钱，赏赉不足，命部铸大钱以进。张居正上言：“先朝铸钱呈式，非供上用也。万历二年进钱一千万，其后岁半之，已非本意；若缺钱铸进，是以外府之储取供内府，大失旧制矣。”上从之，乃罢铸钱。

编　五月，封辽东总兵李成梁为宁远伯。

纪　张居正言成梁屡立战功，忠勇为一时冠，加以显秩，此鼓励将士之法也。已而成梁使使馈以金，居正曰：“而主以百战得功勋，我受其金，是得罪高皇帝也。”却不受。

编　秋七月，给事中顾九思等请罢浙、直织造内臣，从之。

纪　九思、王道成等以江南水灾，请罢织造内臣孙隆。上语张居正曰：“彼织币且完，当俟来春罢之。”居正曰：“地方多一事，则有一事之扰，宽一分则受一分之惠。灾地疲民，不堪催督，暂去之，俟稍稔可复也。”上从之。

编　冬十月，蓟、辽总督梁梦龙等击土蛮，走之。

纪　梦龙报土蛮大举入寇。张居正奏言：“臣谕边臣：‘如敌骑入，勿轻战，坚壁清野，野无所掠，彼将自阻。’请令梦龙驻永平，戚继光驻一片石，伺间邀击。”上善之。既而土蛮以四万骑犯前屯，梁梦龙、李成梁率兵击却之。

编　庚辰，八年，夏五月，纂修大明会典。

编　冬十二月，张居正请修累朝宝训、实录进呈。

纪　居正请属儒臣以累朝宝训、实录分四十余则，曰创业艰难，曰励精图治，曰勤学，曰敬天，曰法祖，曰保民，曰谨祭祀，曰崇孝敬，曰端好尚，曰慎起居，曰戒游佚，曰正宫闱，曰教储贰，曰睦宗藩，曰亲贤臣，曰去奸邪，曰纳谏，曰守法，曰敬戒，曰务实，曰正纪纲，曰审官，曰久任，曰重守令，曰驭近习，曰待外戚，曰重农，曰兴教化，曰明赏罚，曰信诏令，曰谨名分，曰却贡献，曰慎赏赉，曰甘节俭，曰慎刑狱，曰褒功德，曰屏异端，曰饬武备，曰御寇盗。仍敕次第进呈，俟明年开讲，其诸司章奏切要者，即讲毕面裁。时上留意翰墨，居正以为笔札小技，非君德治道所系，故有是请；上嘉纳之。

编 辛巳,九年,夏四月,张居正以给事中傅作舟疏进览。

纪 居正以作舟疏进览云:“今江北淮、凤及江南苏、松,连被灾伤,民多乏食,至以树皮充饥,或相聚为盗,大有可忧。”上曰:“淮、凤频年告灾,何也?”居正对曰:“此地从来多荒少熟。元末之乱,皆起于此,今当破格赈之。”上曰:“然。”居正又言:“江南、北旱,河南风灾,畿内不雨,势将蠲赈。惟陛下量入为出,加意撙节。如宫费及服御可减者减之,赏赍可裁者裁之,至若施舍缁黄,不如予吾赤子也。”上然之。

编 冬十一月,加张居正上柱国、太师,支伯爵俸。居正固辞,许之。

编 以宣、大巡抚右副都御史吴兑为都御史,总督蓟、辽。

编 壬午,十年,春三月,加蓟、辽总督都御史吴兑兵部尚书。

编 张居正有疾,求私宅票拟,从之。

编 夏六月,张居正以疾再乞休,不允。

纪 上以细务委张四维,大事即居正家平章。

编 进张居正太师。

编 命礼部尚书潘成、吏部左侍郎余有丁入阁办事。

编 大学士张居正卒。

纪 上震悼辍朝,遣司礼太监张诚监护丧事,赐赙甚厚。两宫太后及中宫俱赐金币,赐祭十六坛,赠上柱国,谥文忠。

居正性深沉机警,多智数,及揽大政,登首辅,慨然有任天下之志。劝上力行祖宗法度,上亦悉心听纳,十年来海内肃清,治绩炳然。惜其褊衷多忌,刚愎自用,初入政府,即以私憾废辽王。久直信任,奸佞好谀成风,至章疏不敢斥名,第称“元辅”。居正卒,余威尚在,言官奏事,尚称“先太师”。方夺情时,威权震主,上虽虚己以听,而内顾不堪。

初,上在讲筵读论语“色勃如也”,误读作“背”字,居正忽从旁厉声曰:“当作‘勃’字。”上悚然而惊,同列皆失色,上由此惮之。及居正卒后蒙祸,人比之霍氏之骖乘。

编 发冯保南京闲住。

编 复吴中行、赵用贤、艾穆、沈思孝、邹元标等官。

纪 时潞王婚礼所需珠宝未备,太后以为言。上曰:“办此不难,年来廷臣无耻,尽献张、冯二家耳。”自此内中张先生称谓绝以为讳,而籍没之举亦胎于此。

编 冬十一月，以吴兑为兵部尚书，加太子少保。

编 癸未，十一年，春三月，太子少保、兵部尚书吴兑致仕。

编 户部请停买金珠，不报。

编 甲申，十二年，春正月，诏夺张居正封诰、赠谥，籍其家。其弟居易、子嗣修等俱远地充军。

纪 御史羊可弘追论居正罪恶，诏夺其官爵、赠谥；复从辽府次妃王氏奏请，籍没其家产。其产不及严嵩二十分之一，株连颇多，荆州骚动。上曰："张居正诬蔑亲藩，箝制言官，蔽塞朕聪，专权乱政，罔上负恩，谋国不忠。本当斵棺戮尸，念效劳有年，姑免尽法。伊属张居易、张嗣修、张顺、张书，俱令烟瘴地面充军。"有司勘居正家属，其长子敬修不胜刑，自缢死。刑部尚书潘季驯上言："居正家产奉旨钞没，国法已正，众愤已平。但其八旬老母衣食不周，子孙死亡相继，殊失罪人不孥之意。"上乃诏有司保全之。

编 冬十二月，以礼部尚书王锡爵为文渊阁大学士，吏部左侍郎王家屏为东阁大学士。

编 四川巡抚雒遵奏采木之害。

编 乙酉，十三年，春正月，起前应天巡抚致仕海瑞为南京吏部右侍郎。

编 夏五月，大旱。

纪 诏免灾伤地方本年钱粮。

编 六月，慈宁宫成。

纪 宫建于万历二年，极壮丽，以居慈圣皇太后。寻欲改造，因张居正疏谏而止。居正没，乃兴工，费财力巨万。

编 丙戌，十四年，春正月，皇第三子生，进其母郑氏为贵妃。

编 贬户科给事中姜应麟等为典史。

纪 应麟、吏部员外郎沈璟上言："贵妃虽贤，所生为次子，而恭妃诞育元子，主鬯承祧，反令居下。乞收回成命，首进恭妃，次及贵妃。"上怒，谪应麟广昌典史，璟调外任。上谓阁臣曰："朕非为册封事责言官，恶彼疑朕立幼废长，故先揣摩上意，置朕于不善之地。我朝建储，自有成宪，朕岂敢以私意坏祖宗之法。"刑部主事孙如法上言："恭妃诞育元嗣，五年未闻有进封之典，郑氏一生子，即有皇贵妃之封，此天下不能无疑也。”上怒谪如法朝阳典史。礼部左侍郎沈鲤请并封恭妃王氏,上谕待元子册立行。

编　二月,大学士申时行等上疏请立东宫,不听。

纪　时行等疏言:“国本系于元良,主器莫若长子。汉臣有云,‘早建太子所以尊宗庙、重社稷也。’自万历十年,元子诞生,诏告天下,于兹五年,正名定分宜在今日。本朝故事,宣宗以宣德三年立英宗为皇太子,时年二岁,宪宗以成化十一年立孝宗为皇太子,时年六岁,孝宗以弘治五年立武宗为皇太子,尚未周一岁也。成宪具存,昭然可考。今元子睿龄渐长,阳德方亨,乞敕下礼部,速具仪注,择吉册立,以慰臣民之望。”上谕:“少俟二三年举行。”

编　三月,以海瑞为南京都察院右都御史。

编　秋七月,南京太常寺卿沈子木上疏请立建文帝祠祀,不报。

纪　子木疏言:“建文皇帝御宇四年,死葬西山,不得一盂麦饭,下同庶民。近奉明诏祀死事诸王,而建文独不祀,于德意未称。宜敕礼官议立祠祀。”不报。

编　丁亥,十五年,秋八月,南京都察院右都御史海瑞卒。

纪　卒年七十三。赠吏部尚书,谥忠介,加祭二坛,遣行人许子伟护丧至琼州,葬于滨涯山。瑞卒时,佥都御史王用汲入视,葛帏敝衣,有寒士所不堪者,叹息泣下。启其箧,仅十余金。士大夫为具敛,百姓哭之,罢市者数日。丧出江上,白衣冠送者两岸无隙地,箪食壶浆之祭,数百里不绝。

编　戊子,十六年,春正月,命停讲贞观政要。

纪　上览贞观政要,谓辅臣曰:“唐太宗多有惭德,魏徵大节有亏。宜停讲,自后讲礼记。”

编　三月,国子监司业王祖嫡请复建文年号,从之。

编　己丑,十七年,春三月,灵山吏目孙一谦卒。

纪　南京司狱孙一谦,麻城人。旧例,重囚米日一升,率为狱卒盗去,又散时强弱不均,多有不得食者。又囚初入狱,不得钱则驱之湿秽地。一谦一切严禁,手一秤秤米计饭,按籍以次分给甚均,囚衣敝为澣濯补葺,终其官,囚无冻饿陵虐死者。兵部侍郎王用汲闻之,叹异,欲为之地,而一谦已满考,转灵山吏目去矣。一谦不之官,径归。未几,卒。

编　房山人史锦请开矿，命下抚按。

编　庚寅，十八年，春正月朔，帝御毓德宫，召阁臣申时行等入见。

纪　大学士申时行、许国、王锡爵、王家屏至西室，御榻东向，时行等西向跪，贺朔毕，进曰："臣等久不瞻仰天颜，诸事未能面陈，今幸蒙召见，敢不倾吐。近来圣体常欲摄静，但一月间或三四次临朝，亦足慰群情之望。"上曰："朕疾虽愈，行立不便。"时行请册立东宫，上曰："朕无嫡子，长幼自有定序。郑妃亦再三陈请，恐外廷有疑。但长子孱弱，俟其强健耳。"时行等言："皇长子年已九龄，宜出阁读书，及时训教，乃能成德。"上曰："朕知之。"命司礼监召皇长子、皇第三子至，上手引皇长子，向明端立。时行等注视良久，因言："有此美玉，何不早加琢磨，使之成器。"上复曰："朕知之。"时行等乃出。

编　冬十月，两京九卿、科道交章请立东宫，诏切责之。

纪　群臣合辞请立太子。郑贵妃弟国泰特疏恳请，上谕曰："皇子体弱，稍俟年月，长幼之序，岂有摇动。郑妃尝请定名分以免疑议，朕前已面谕卿等知之。今又来陈奏，朕不喜激聒，且看十四年至今，未有一日之不激聒者。此辈心怀无父，志欲求荣，顾于此时激朕加疾，离间父子，以成己卖直、图报之逆志耳！子乃朕子，岂肯越序更置！为臣者以言激之，其求荣乎？欲朕之疾剧乎？我朝戚臣，不敢干预国事，郑国泰出位妄奏，姑免罪。"

编　十一月，改谥故少保于谦曰忠肃。

编　辛卯，十九年，春正月，阁臣进累朝宝训、实录。

纪　加恩申时行太师，许国少师，王锡爵少傅，王家屏太子少保。

编　冬十月，大学士许国等合疏请建东宫。杖中书黄正宾，削给事中罗大纮籍。

纪　先是建储事既奉上旨，申时行与同官约，遵守稍需一岁，每诸司接见，亦以此告之，故是年自春及秋，曾无言及者。至是，工部主事张有德请备东宫仪仗，时行方在告，许国乃曰："小臣尚以建储请，吾辈不一言可乎。"仓卒具疏，首列时行名以上。时行闻之，大愕，别具揭云："臣已在告，同官疏列臣名，臣不知也。"故事，阁臣密揭皆留中，而是揭与诸疏同发，礼科罗大纮遂上疏论时行迎合上意以固位，武英中书黄正宾继之。上怒，杖正宾，削大纮籍。

编　十二月，以礼部尚书赵志皋、吏部左侍郎张位并为东阁大学士。

编　壬辰，二十年，春正月，礼科都给事李献可疏请皇长子出阁读书；削籍为民。

纪　献可既削籍，大学士王家屏具揭申救，封还御批。上怒，家屏乞归，许之。吏部主事顾宪成、章嘉祯等言家屏忠爱，不宜废置，请召还。上怒，宪成削籍，嘉祯谪罗定州州判。

编　癸巳，二十一年，春正月，大学士王锡爵密疏请建东宫，不允。

纪　锡爵上言："前者册典垂行，而辄为小臣激聒所阻。陛下亲发大信，定以二十一年举行，于是群嚣寂然，盖皆知成命在上，有所恃而无虞也。倘春令过期，外廷之臣必曰：'昔以激聒而改迟，今复何名而又缓？'伏乞降谕举行，使盛美皆归之独断，而天功无与于人谋。"上报云："朕虽有今春册立之旨。昨读皇明祖训'立嫡不立庶'，皇后年尚少，倘复有出，是二储也。今将三皇子并封王，数年后皇后无出，再行册立。"锡爵复疏曰："昔汉明帝取宫人贾氏子，命马皇后养之，唐玄宗取杨良媛子，命王皇后养之，宋真宗刘皇后取李宸妃之子为子。与其旷日持久，待将来未定之天，孰若酌古准今，成目下两全之美。臣谨遵谕，并拟传帖二道，以思采择，然尚望陛下三思臣言，俯从后议，以全恩义，服人心。"上竟用前谕。

编　冬十一月，诏皇长子、皇三子同行出阁礼。

纪　上御暖阁，召辅臣王锡爵，锡爵叩头力请建储，上允明年出阁听讲。寻又传谕，皇长子、皇三子龄岁相等，欲一并行出阁礼。锡爵复奏："陛下有子而均爱之，固慈父一体之念。然自外廷而观，皇长子明年十三岁，皇三子明年九岁，大抵皇子生十岁而入学，以皇长子之太迟，形皇三子之太早，先后缓急之间，一不慎，而圣心又晦矣。"

编　甲午，二十二年，春二月，皇长子出阁讲学。

纪　礼部侍郎冯琦进仪注，上以未册立，免侍卫仪仗。

编　夏五月，吏部尚书陈有年罢，以孙丕扬为吏部尚书。

编　大学士王锡爵致仕。以沈一贯、陈于陛并为礼部尚书兼东阁大学士，直文渊阁。

编 谪文选司郎中顾宪成,复削籍。

纪 先是宪成以请召还王家屏,削籍,寻起为吏部文选郎。至是复以言事被谪,给事中卢明陬、逯中立先后疏救。上益怒,宪成削籍,谪明陬、中立按察司知事。礼部郎中何乔远奏救宪成,谪广西布政司经历。

初,申时行性宽平,所斥必旋加拔擢。沈一贯既入相,以才自许,不为人下。宪成既谪,归讲学于东林,故杨时书院也。孙丕扬、邹元标、赵南星之流,謇谔自负,与政府每相持;附一贯者科道亦有人。而宪成讲学,天下趋之,一贯持权求胜,受黜者身去而名益高,此东林浙党所自始也。其后更相倾轧,垂五十年。

编 乙未二十三年,秋七月,巡按直隶御史赵文炳劾吏部文选郎中蒋时馨罪,时馨削籍。

纪 文炳劾时馨幸进鬻爵。下廷议,孙丕扬代时馨辨,时馨削籍。时馨贪黩,初知新喻,调嘉鱼,迁南京大理寺评事。故为敝衣冠,从邹元标讲学,历考功、文选二司。及被劾,请廷质,且曰:"戎政兵部左侍郎沈思孝,庇浙江海道丁此吕,避察不得,又求少宰不得,遂同谕德刘应秋、大理右少卿江东之等,诋光禄寺卿李三才,授赵文炳,冀陷太宰而代之。"上怒其渎辨,逮故浙江海道丁此吕。蒋时馨既斥,丕扬谓衅由此吕,思孝以此吕建言不宜察,丕扬遂上此吕访单,贪婪赃迹,虽建言,无幸脱理。命逮下狱。丕扬遂与思孝交恶矣。

编 丙申,二十四年,秋八月,大学士张位乞罢,不许。

纪 时孙丕扬乞休,疏二十上,言"权官坐谋,鹰犬效力,义难再留",以位党丁此吕、沈思孝也。上责丕扬无大臣体,宜协恭,毋相抵牾。

编 闰月,吏部尚书孙丕扬、右都御史兼兵部侍郎沈思孝罢。

编 府军前卫副千户仲春请开矿助大工,从之。

纪 命户部、锦衣卫各一,同仲春开采。给事中程绍工、杨应文言:"嘉靖三十五年七月命采矿,自十月至三十六年,委官四十余,防兵千一百八十人,约费三万余金,得矿银二万八千五百,得不偿失。"不听。

编 命户部郎中戴绍科、锦衣佥事杨宗吾开矿汝南。

编　九月，詹事府录事曾长庆、锦衣卫百户吴应骐请山西夏邑开矿，府军后卫指挥王中允请青、沂等开矿，从之。

编　编富民为矿头。

编　冬十二月，遣太监张忠往山西、曹金往两浙、赵钦往陕西，各开矿。

纪　先是奸人王君锡奏开易州矿，下户部议。尚书林材上言："山冶之害，小则争掠，大则啸聚，盗之囮，寇之薮也。"遂逐君锡。及张位秉政，以为"利出于天地之自然，可益国，无病民，采之便"。上遂从其言，矿使之害，几遍天下。

编　丁酉，二十五年，春正月，御史况上进、给事中杨应文上言建昌采木之害，不报。

纪　上进、应文上言："建昌采木人夫渡泸，触瘴死者被野，吏胥假公行私，毒流百姓。"不报。

编　二月，给督征天津等处店租内官关防。

编　夏四月，刑部侍郎吕坤上疏请收人心，不报。

纪　坤言："洮、兰之绒，山西之䌷，浙、直之段绢，积于无用；若服有定制，岁用千匹，而江南、山、陕之人心收。采木之害，饥渴瘴疫死者无论，一木初仆，千夫难移，遭险蹉跌死常百人；倘减其尺寸，少其数目，而川、贵、湖广之人心收。矿税无利，勒民间纳银，民不能支，括库银代，岂开矿之初意哉！诚敕各省使臣严禁散砂，不许借解，而各省之人心收。自赵承勋进获利之说而皇店开，朝廷有内官之遣而事权重，且冯保八店，为屋几何？而岁四千金，不夺市民，将安取乎？诚撤各店之内官，而畿内之人心收。"不报。

编　戊戌，二十六年，夏五月，吏科给事戴士衡、全椒知县樊玉衡，削籍谪戍。

纪　先是吕坤为山西按察，辑闺范图志，郑国泰重刻之，增刊后妃，首汉明德皇后，终郑贵妃。戴士衡指其书上言，谓"吕坤逢迎掖庭，语侵贵妃。"樊玉衡前疏皇长子册立中亦有"皇上不慈，皇长子不孝，皇贵妃不智"等语，贵妃闻之，泣诉于上，二臣谪戍。

编　六月，命内监李敬采珠广东。

编　秋七月，户部给事包见捷上疏谏开矿，不报。

纪　见捷上言开矿之害："陛下谓徒取诸山泽，在矿使实夺取之闾阎，搥击入山者十二载，虎狼出柙者半天下。"科臣赵完成、郝敬，道臣许闻造、姚思仁，交章言之，不报。

编　夺保定巡抚李盛春等俸。

纪　以天津店税银解进迟延，故罚。

编　冬十月，下云南大理采石。

编　己亥，二十七年，春正月，分遣御马监高寀榷京口，供用库官暨禄榷仪真。

编　二月，百户张宗仁请复浙江市舶。命太监刘成榷税浙江。

编　千户陈保请榷珠，命内监李凤采珠广州兼征市舶司税课。设福建市舶司。

编　夏五月，以光禄寺卿李三才为都察院右佥都御史，巡抚凤阳。

编　谪户科给事包见捷为贵州布政司都事。

纪　见捷疏论矿、店滋蔓。又疏论临清税使扰民，必致生变。又疏辽左阽危，矿市为患尤烈。一月三疏，指数内使切直，时论韪之。谪贵州布政司都事。未几，临清百姓变，殴税使马堂几死。见捷言若左券。

编　秋八月，逮荆州府推官华钰，贬荆州知府李商耕、荆门知州高则巽等。

纪　以税监陈奉诬劾也。初，奉由武昌抵荆州，商民鼓噪者数千人，飞砖击石，势莫可御。道府诸臣，身犯其冲，弹力防护，独华钰以公事至夷陵，奉疑之，又恶其禁革差官冠带，阻截可役书算，故受诬尤烈。又税课襄阳，商人聚徒鼓噪，李商耕治其参随，开镇荆门，增设税课；而荆门故非巨镇，往来商船颇少，诬知州高则巽阻挠，俱降调。

编　九月，户部进大珠、龙涎香。

编　庚子，二十八年，春正月，大学士沈一贯请皇长子冠婚，不报。

编　二月，命太监暨禄兼征凤阳、安庆、徽、庐、常、镇税。

编　内监鲁坤开彰德、卫辉、怀庆、开封等矿洞。

编　凤阳巡抚李三才上疏请停矿税，不报。

纪 三才疏言："自矿税繁兴，万民失业。陛下为斯民主，不惟不衣之，且并其衣而夺之；不惟不食之，且并其食而夺之。征榷之使，急于星火，搜括之令，密如牛毛。今日某矿得银若干，明日又加银若干；今日某处税若干，明日又加税若干；今日某官阻挠矿税拏解，明日某官怠玩矿税罢职：上下相争，惟利是闻。如臣境内，抽税，徐州则陈增，仪真则暨禄；理盐，扬州则鲁保；芦政，沿江则邢隆。千里之区，中使四布，加以无赖亡命，附翼虎狼。如中书程守训尤为无忌，假旨诈财，动以万数。昨运同陶允明自楚来云：'彼中内使沿途掘坟，得财方止。'圣心安乎，不安乎？且一人之心，千万人之心也。陛下爱珠玉，人亦爱温饱。陛下爱万世，人亦恋妻孥。奈何陛下欲黄金高于北斗，而不使百姓有糠粃升斗之储？陛下欲为子孙千万年，而不使百姓有一朝一夕？试观往籍，朝廷有如此政令，天下有如此景象，而不乱者哉！"不报。

编 秋七月，巡按御史王立贤奏税监陈奉贪暴激变，不报。

纪 时陈奉道承天之金花滩，勒居民黄金，拷及妇人，并拘钟祥知县邹尧弼，远近大震。

编 八月，命内监邱乘云往征四川成都、龙安盐茶，重庆、马湖名木。

编 冬十月，谕内阁来春册储。下工科都给事王德完锦衣狱。

纪 德完上言："臣入京数月，道路相传，中宫役使止数人，忧郁致疾，阽危不保，臣窃谓不然。第臣得风闻言事，若如所传，则宗社隐忧。臣羡袁盎却坐之事，祈陛下眷顾中宫，止辇虚受，臣死且不朽。"上怒，下锦衣卫狱讯其由。吏部尚书李戴、御史周盘等谕救，俱切责之。

编 辛丑，二十九年，春三月，武昌民变，逐陈奉。谪知府王禹声、知县邹尧弼为民。

纪 武昌民逐奉，奉列兵杀二人，匿楚府中，命甲骑三百余射死数人，伤二十余人。奉逾月不敢出，众执奉左右六人投之江，奉自焚公署门。事闻，谪禹声、尧弼为民。沈一贯论奉激变，不报。

编 夏四月，督理直隶仪真等税、御马监暨禄疏请宽恤。

纪 禄言："臣征庐、凤、徽、安遗税，并沿江船税，各抚、按皆云重迭不敷，题请宽处，臣未敢凭。二项共二十万金，今征不满万，始信抚、按为可据，而原奏人无凭也。乞轸念民瘼，以实征解上，毋拘原奏人揣摩之数。”上从之。时榷使苛暴，独暨禄请宽恤，凡五上。

编 六月，杀苏州乱民葛成。

纪 太监孙隆采税浙、直，驻苏州，激变市人，杀其参随黄建节等数人。抚、按诘乱民，有葛成独引服，不及其余，下狱论死。

编 秋七月，大学士赵志皋卒。九月，以礼部尚书兼翰林院学士沈鲤、朱赓兼东阁大学士，直文渊阁。

编 冬十月，立皇长子常洛为皇太子。

纪 先是沈一贯上言：“陛下大婚及时，故得圣子早。今皇长子大礼，必备其仪，推及真情，不如早谐伉俪。陛下孝奉圣母，朝夕起居，不如早遂含饴弄曾孙之为乐。乞令先皇长子大礼，明春秋递举诸皇子礼，子复生子，孙复生孙，坐见本支之盛，享令名、集完福矣。”上心动，谕即日行之。至是，上以典礼未备，欲改期册立，一贯封还圣谕，力言不可。上从之，乃立皇长子为皇太子，暨封福王、瑞王、惠王、桂王，诏告天下。

编 皇太子冠，福、瑞诸王俱冠。

编 壬寅，三十年，春正月，增东宫官属。

编 二月，册皇太子妃郭氏。

纪 上偶不豫，免贺，急召沈一贯入，谕以勉辅太子，并及罢矿税、起废、释禁诸事。翌日上安，诸事遂寝。停税谕已出，上悔，急令追之。太监田义谏曰：“谕已颁行，不可反汗。”上怒，几欲手刃义，义不为动。一贯恐，亟缴前谕，义唾之。始吏部尚书李戴、左都御史温纯约即日奉行，且颁天下，刑部谓弛狱须再请，亡何而旨格矣。

编 夏五月，礼部侍郎冯琦上言矿税之害，不报。

纪 饶州景德镇民变，税监潘相舍人激之也。相诬劾通判陈奇，逮下狱。云南税监杨荣肆虐激变，滇人不胜愤，火厂房，杀委官张安民。冯琦疏言：“矿税之害，滇以张安民故，火厂房矣；粤以李凤酿祸，欲剸刃其腹矣；陕以委官迫死县令，民汹汹不安矣；两淮以激变地方，劫毁官舍钱粮矣；辽左以余东翥故，碎尸抄家矣；土崩瓦解，乱在旦夕，皇上能无动心乎？”不报。

应天大风，拔富家树成穴。鲁保诬以盗矿。府尹徐申力白富家冤，而盛言帝京王气不可凿，保不能夺。

编 秋九月，诏授扬州富民吴时修子弟各中书舍人。

纪 以时修献银十四万两也。

编 癸卯，三十一年，夏四月，楚王华奎与宗人华越等相讦，章下礼部。

纪 初，楚恭王隆庆初废疾薨，遗腹宫人胡氏，双生子华奎、华壁。或云内官郭纶以王妃族人如綍奴产子寿儿，及弟如言妾尤金梅所出并入宫，长为华奎，次华壁。仪宾汪若泉尝讦奏，事下抚按，王妃坚持之，乃寝。华奎既嗣楚，华壁封宣化王。华越素强御，忤王，越妻又如言女，知其详，越遂盟宗人二十九人，入奏："楚先王风痹，不能御内，乃令宫婢胡氏诈为身，临蓐时，抱妃兄王如言子为华奎，又抱妃族王如綍舍人王玉子为华壁，皆出于妻王氏口，王氏，如言女，故知之。二孽皆不宜冒爵。"章入，通政司沈子木持未上，楚王劾宗人疏亦至。事下礼部，右侍郎郭正域曰："王奏华越事易竟，华越奏王非恭王子，乱皇家世系，事难竟。楚王袭封二十年，何至今始发，而又发于女子骨肉之间？王论华越一人，而二十九人同攻王，果有真见出真情否？王假则华越当别论，王真则华越罪不胜诛。"沈一贯以亲王不当勘，但当体访。正域曰："正域，江夏人，一有偏徇，祸且不测。非勘则楚王迹不白，各宗罪不定。"

时正域右宗人，而辅臣沈鲤又右正域。户部尚书赵世卿、仓场尚书谢杰、祭酒黄汝良皆谓王非假。一时阁部互相龃龉。给事中姚文蔚劾郭正域故王护卫中人，修怨谋陷王。都察院左都御史温纯劾御史于永清、姚文蔚，刺及沈一贯。刑科都给事中杨应文、给事中钱梦皋各劾郭正域，梦皋并及沈鲤。上卒以王为真，而正域罢去。寻楚府东安王英燧、武冈王华增、江夏王华煊等请复勘假王，不听。时票楚事皆朱赓，二沈引嫌不出。

编 冬十一月，妖书事起，命锦衣严鞫之；皦生光自诬服，事得解。

纪 时有飞语，曰续忧危竑议，凡三百余言，谓东宫不得已立之，而从官不备，寓后日改易之意。其特用朱赓，"赓"者，"更"也。内外官附赓者，文则戎政尚书王世扬、巡抚孙玮、总督李汶、御史张养志；武则锦衣都督王之祯、都督佥事陈汝忠、锦衣千户王名世、王承恩、锦衣指挥佥事郑国贤；又有陈矩朝夕帝前以为之主。沈一贯右郑左王，规福避祸，他日必有靖难勤王之事。吏科都给事中项应祥撰，四川道监察御史乔应甲刊。其书一夕间自宫门迄于衢巷皆遍。厥明，举朝失色，莫敢言。朱赓得于私宅，以闻。上大怒，令厂、卫搜缉，务得造书主名，责项应祥、乔应甲回奏。

沈一贯请严迹之。或曰："妖书似出清流之口，将以倾沈一贯者。"或曰："此奸人作之以陷郭正域。"正域时有清流领袖之目，见忌一贯。已，乔应甲、项应祥各回奏"奸书谤人，无自名理"，不问。上召皇太子慰安之，太子泣，上亦泣，随令内竖以慰安太子语谕内阁。

时一贯方以楚宗事恨郭正域。正域，沈鲤门生也，鲤闻告密，语人曰："此事何必张皇也？"一贯大不怿。

正域放归，待冻潞河之杨村，闻问不绝，一贯益侧目。给事钱梦皋直指正域并及沈鲤，御史康丕扬佐之，于是发卒围正域舟，捕其仆隶乳媪十三人，陈汝忠又获正域舍人毛尚文、江夏布衣王忠，康丕扬捕高僧达观、琴士钟澄、百户刘相、医人沈令誉下狱，考讯无所得。逻校且环逼鲤第，迫胁不堪。皇太子遣内监语阁臣曰："先生辈容我，乞全郭侍郎。"会都察院温纯上书讼之，陈矩亦力持之，鲤得安。

上命锦衣严鞫妖书，一贯、朱赓请宽疑狱。最后，锦衣百户崔德缉顺天黠生皦生光鞫之。生光性险贼，善胁人金，坐谴戍大同，赦归，终不悛，犹胁郑国泰家。方廷讯时，丕扬等皆欲坐郭正域，御史牛应元指天为誓，御史沈裕厉声折生光，从重论，恐株连多人，无所归狱。生光自诬服，叹曰："朝廷得我结案，如一移口，诸君何处求生活乎？"刑部尚书萧大亨必欲穷究之，礼部侍郎李廷机、赵世卿告赓，谓即此可以具狱，赓以语一贯，事得稍解。

编 甲辰，三十二年，夏四月，皦生光磔于市。

纪 提督东厂司礼太监陈矩上妖书狱，移皦生光刑部论斩，上欲加等，以谋危社稷律论磔。矩素清直，妖书事保全善类为多。生光磔于市，妻子戍边。妖书非生光也，第其人可死，故人不甚怜之。或谓妖书出武英殿中书舍人永嘉赵士祯，后士祯疾笃自言之，肉碎落如磔。

编 秋八月，户部尚书赵世卿上疏请停矿税，不报。

纪 时大雨，都城奔坏，世卿上言："苍生糜烂已极，天心示警可畏。矿税貂珰掘坟墓，奸子女。陛下尝曰'朕心仁爱，自有停止之日'，今将索元元于枯鱼之肆矣。”不报。

编 乙巳，三十三年，春正月，考察京官。

纪 时主察当属吏部左侍郎杨时乔，沈一贯惮其方严，请以兵部尚书萧大亨主笔。疏上，上以时乔廉直，竟属之。时乔与都御史温纯力持公道，疏入，留中。

编 秋九月，诏罢采矿，以税务归有司。释矿税在狱承天诸生沈机等十二人。

纪 先是礼部侍郎冯琦上言："矿使出而天下苦更甚于兵，税使出而天下苦更于矿。陛下欲通商而彼专欲困商，陛下欲爱民而彼必欲害民，陛下戒以勿信拨置而拨置愈多，陛下责以不报绎骚而绎骚更甚，陛下之心但欲裕国不欲病民，群小之心必自瘠民方能肥己。"疏留中，至是乃有是诏。

编 丙午，三十四年，春正月，逮咸阳知县宋时隆下狱。

纪 时命停矿，税监梁永坚执以为咸阳、潼关委官不宜罢，益树党布虐。巡抚顾其志捕恶党置之法，永大恨之。永又檄时隆取绒毡千五百，时隆不予，遂诬时隆劫税。阁臣申救，不听。

编 三月，云南矿务太监杨荣被杀。

纪 荣久于滇，恣行威福，杖毙数千人，搒掠指挥樊高明等，尽捕六卫官，人人自危。指挥贺世勋、韩光大倡众杀荣，焚其署，徒党辎重皆烬。事闻，上怒不食，曰："荣不足惜，何纪纲顿至此！"罪其首事，罢中使不遣，以税课归四川税使邱乘云。世勋下狱死，光大戍边。

编 夏六月，大学士沈一贯、沈鲤罢。

纪 吏科给事中陈良训、御史孙居相劾沈一贯奸贪；一贯连疏乞休，始允。鲤居位四载，尝列天戒、民穷十事，书之于牌，每入阁则拜祝之。或谗鲤为诅咒，上命取观之，曰："此非诅咒语也。"妖书事起，危甚，赖上知其心，得无恙。及放归，得旨不如一贯之优，各赐金币，鲤半之。出都日，犹有谗其衣红袍阅边者，中官陈矩为解乃已。居相夺岁俸，良训调外。

编 丁未，三十五年，夏五月，以礼部左侍郎李廷机、南京礼部右侍郎叶向高为礼部尚书，兼东阁大学士，直文渊阁。复谕朱赓召旧辅王锡爵，辞不至。

纪 时顾宪成移书向高，言近日辅相，以摸棱为工，贤否混淆，引张禹、胡广为戒。廷机故出沈一贯门，人多疑之，给事中王元翰、御史陈宗契等交章劾廷机。廷机故清介，而攻之者诋为辇金奥援，御史叶未盛极辨之。廷机伏阙辞，不允，上下旨切责元翰等。

编 秋七月，撤陕西税监梁永还京。

编 贬参政姜士昌广西佥事。

纪 总督漕运李三才上言："废弃诸臣，只以议论意见，一触当路，永弃不收。总之于陛下无忤，今乃假主威以锢诸臣，又借忤主之名以饰主过，负国负君，莫此为甚！"参政姜士昌赍表入京，奏别遗奸，录遗逸。遗奸，指王锡爵、沈一贯、朱赓。又曰："古今称廉相，必称唐杨绾、杜黄裳，然二贤皆推贤好士，惟恐不及；而王安石用之，驱逐诸贤，竟以祸宋。"时李廷机有清名，故士昌规及之。赓、廷机上疏辨，降士昌广西佥事。御史宋焘论救，谪平定州判，加谪士昌兴安典史。

明鉴易知录卷十一

明纪

神宗显皇帝

编　戊申，三十六年，夏五月，谪礼部主事郑振先普安州判。

纪　振先劾辅臣朱赓、李廷机大罪十二，指沈一贯、赓、廷机为过去、现在、未来三身，布置接受，从风而靡。上以其诬诋，遂谪。

编　秋九月，起孙丕扬太子少保、吏部尚书。

编　冬十月，起吏部文选郎中顾宪成为南京光禄少卿，辞不至。

编　十一月，朱赓卒。

纪　赓性淳谨，同乡沈一贯当国，善调护，故妖书、楚狱祸不蔓延。赓卒，李廷机当首揆，言路益攻之，廷机决计不出。叶向高独相，而攻廷机者未已也，遂移居演象所之真武庙。乞放，凡五年，至万历四十年始得请，寒暑闭门无履迹。

编　以李化龙为兵部尚书。

编　己酉，三十七年，春正月，北敌在边讲赏。

纪　京民讹传警至，街市喧动，安定、德胜二门百姓争入城避难。大学士叶向高上言："今日事本无实，但敌人窥伺，民心惊惶之状，亦可概见矣。蓟镇去京师甚近，敌骑动辄数万，我边军皆饥寒穷困，势必不支，万一溃边而入，抵国门在呼吸间，安知今日之讹传，不为他日之实事！都下人民，以办役破家，谁肯效守？兵部、戎政两署，止李化龙一人，虽其威望才猷真堪倚任，但军务倥偬，难于肆应，况化龙抱病，岂能卧治。伏望陛下将所推兵部两侍郎先行检发，使缓急有人，不致临时失措。至户部库银止存八万两，即使尽发，所济几何？臣诚不知计之所出也。"

编　二月，御史郑继芳劾工科右给事中王元翰，元翰亦奏辨劾继芳，俱不报。

纪　初，给事中王绍徽善汤宾尹，营入阁甚急，尝语元翰曰："公语言妙天下，即一札扬汤君，汤君且为公死，世间如汤君可恃也。"元翰辞焉。绍徽衔之，因嗾继芳摭元翰贪婪不法事。元翰奏辨，且劾继芳为王锡爵等吐气也。

编　夏四月，吏科纠擅去诸臣。

纪　初，工科给事中孙善继拜疏竟去，刘道隆继之，王元翰、顾天峻、李腾芳、陈治则各先后去；命削善继籍，道隆等各降秩。时南北科道互相攻诋，至不可问。

编　户科给事刘文炳请召邹元标，不报。

编　冬十二月，工部主事邵辅忠劾总督漕运李三才，工科给事中马从龙等疏救，俱不报。

纪　辅忠论三才结党遍天下，前图枚卜，今图总宪，四岳荐鲧，汉臣谀莽，天下之大可忧也。时三才需次内台，辅忠首劾之，继以御史徐兆魁。三才奏辨，马从龙、御史董兆舒、彭端吾、南京工科给事中金在衡交章为三才辨，俱不报。三才负才名，初为山东藩臬，有声，民歌思之。抚淮十年，方税珰横甚，独能捕其爪牙，珰为之敛迹。三才多取多与，收采物情，用财如流水，顾宪成之左右誉言日至，宪成信之，亦为游扬。三才尝宴宪成，止蔬果三四色，厥明盛陈百味，宪成讶而问之，三才曰："此偶然耳。昨偶乏即寥寥，今偶有故罗列。"宪成以此不疑其绮靡。至是挟纵横之术，与言者为难，公论绌之。

编　蓟镇地陷，辽东地震，甘肃地震如雷。

编　江西、福建大水。

纪　溺死民人各十余万。

编　是岁山西大旱，山东旱、蝗，真定、保定等府大旱，赤地千里。

编　庚戌，三十八年，春正月，叶向高请补阁臣，又请东宫讲学，皆不报。

编　夏五月，吏部主事王三善乞勘李三才，不报。

纪　前吏部郎中顾宪成遗书叶向高，谓三才至廉至淡漠，勤学力行，为古醇儒，当行勘以服诸臣心。时给事中金士衡、段然力保三才，给事中刘时俊、兵部郎中钱寀争之，纷如聚讼。

编　辛亥，三十九年，春二月，前大学士王锡爵卒。总督漕运李三才罢。

编 夏四月，南京国子监祭酒汤宾尹、御史王绍徽、乔应甲等俱降调。

编 五月，给事中朱一桂、御史徐兆魁上言京察尽归党人，不报。

纪 一桂、兆魁疏言："顾宪成讲学东林，遥执朝政，结淮抚李三才，倾动一时，孙丕扬、汤兆京、丁元荐角胜附和，京察尽归党人。"不报。

编 秋九月，皇贵妃王氏薨。

纪 妃虽生皇太子，失宠目眚，比疾笃，太子始知之，亟至，宫门尚闭，抉钥而入。妃手太子衣而泣曰："儿长大如此，我死何憾！"太子恸，左右皆泣，莫能仰视，须臾薨。

编 壬子，四十年，春二月，吏部尚书孙丕扬挂冠出都。

编 夏四月，大学士叶向高上疏乞休，不报。

编 秋九月，李廷机出都。

编 冬十月，叶向高请福王之国。

纪 报明年春举行。

编 癸丑，四十一年，春正月，礼部请东宫开讲，福王就国。不报。

编 二月，御史刘廷元劾光禄寺少卿于玉立依附东林，风波翻覆，宜显斥。不报。

编 夏六月，锦衣卫百户王日乾下狱。

纪 日乾讦奏："奸人孔学与皇贵妃宫中内侍庞、刘诸人，请妖人王子诏诅咒皇太子，刻木像圣母、陛下，钉其目，又约赵思圣在东宫侍卫，带刀行刺。"语多涉郑贵妃、福王。叶向高语通政使具参疏，与日乾奏同上之，向高密揭："日乾、孔学皆京师无赖，诪张至此，此大类往年妖书，但妖书匿名难诘，今两造具在，法司其情立见，陛下第静俟，勿为所动，动则滋扰。"上初览日乾疏，震怒，及见揭意解，遂不问。东宫遣取阁揭，向高曰："皇上既不问，则殿下亦无庸更览。"太子深然之。寻御史以他事劾日乾，下之狱，逾年而梃击之狱兴。

编 冬十月，礼科给事中亓诗教劾东林顾宪成。

纪 诗教上言："今日之事始于门户，门户始于东林。东林倡于顾宪成，刑部郎中于玉立附焉。宪成自贤，玉立自奸，贤奸各还其人，而奔竞招摇，羽翼置之言路，爪牙列在诸曹，关通大内，操纵朝权，顾宪成而在，宁愿见之哉！”末刺及叶向高，向高奏辨。

编 以吏部左侍郎方从哲、礼部左侍郎吴道南并为礼部尚书、东阁大学士，直文渊阁。

编 甲寅，四十二年，春二月，慈圣皇太后李氏崩。

编 命各省税课减三分之一。

编 三月，福王常洵之国洛阳。

编 秋八月，大学士叶向高致仕。

编 乙卯，四十三年，夏五月，梃击事起，诏法司严刑鞫审，磔张差于市。

纪 是月己酉，有不知姓名男子持枣木棍撞入慈庆宫，打伤守门内官李鉴，直至前殿檐下，内官韩本用等执缚付东华门守卫指挥朱雄等收之。次日，皇太子奏闻，命法司提问。庚戌，巡视皇城御史刘廷元奏：“人犯供名张差，系蓟州井儿峪民。语言颠倒，形似风狂，臣再三考讯，本犯呶呶称吃斋讨封等语。话非实情，词无伦次，按其迹若涉风魔，稽其貌的系黠猾，情境叵测，不可不详鞫重拟。”

乙卯，刑部郎中胡士相、岳骏声等审张差，供“被李自强、李万仓烧差柴草，气愤，于四月内来京，欲赴朝声冤，从东进，不识门径，往西走适路遇男子二人，给曰‘尔无凭据，如何进？尔拏棍子一条，便可当作冤状’等语。差日夜气忿，失志颠狂，遂于五月初四日手拏枣木棍一条，仍复进城，从东华门直至慈庆宫门首，打伤守门官，走入前殿下被擒。”拟依宫殿前射箭、放弹、投砖石伤人律，斩决不待时。

戊午，刑部提牢主事王之寀言：“本月十一日散饭狱中，末至新犯张差，见其年壮力强，非风颠人，臣问‘实招与饭，不招当饥死。’即置饭差前，差见饭低头，已而云‘不敢说’。臣乃麾吏书令去，止留二役扶问之，招称：‘张差小名张五儿，父张义病故，有马三舅、李外父叫我跟不知姓名老公，说事成与尔几亩地种。老公骑马，我跟走，初四到京。’问‘何人收留？’复云：‘到不知街道大宅子，一老公与我饭，说“汝先冲一遭，撞见一个打杀一个，打杀了我等救得汝。”遂与我枣棍，领我由厚载门进到宫门上，守门阻我，我击之堕地。已而老公多，遂被缚。’又招有柏木棍、琉璃棍，棍多人众等情，其各犯姓名至死不招。臣看此犯不颠不狂，有心有胆。愿陛下缚凶犯于文华殿前朝审，或敕九卿、科道、三法司会问,则其情立见矣。”

辛酉,户部郎中陆大受言:“青宫何地?男子何人?而横肆手棍,几惊储跸。此乾坤何等时邪!北人好利轻生,有金钱以结其心则轻为人死,有臣子所不忍言者。张差业招一内官,何以不言其名?明说一街道,何以不知其处?彼三老、三太互为表里,而所供霸州武举高顺宁等今竟匿于何所?变岂无因,警甚非小,乞陛下大振乾纲,务在首恶必得,邪谋永销,明肆凶人于朝市以谢天下。”疏中有“奸戚”二字,上恶之,与之寀疏俱不报。

御史过庭训为移文蓟州踪迹之,知州戚延龄具言其致颠始末,诸臣据为口实,以“风颠”二字定为铁案矣。

乙丑,刑部司官胡士相、陆梦龙、邹绍先、朱瑞凤等再审张差,供称“马三舅名三道,李外父名守才,同在井儿峪居住。又有姐夫孔道,住本州城内。不知姓名老公,乃修铁瓦殿之庞保,不知街道大宅子,乃住朝外大宅之刘成。三舅、外父常往庞保处送炭,庞、刘在玉皇殿商量,与我三舅、外父逼遣我来”等语。刑部行蓟州道提解马三道等,疏请法司提庞保、刘成对鞫。

给事中何士晋上言:“顷者张差持梃突入慈庆宫,事关宗社安危,陛下宜何如震怒?三事大臣宜何如计安?乃旬日以来,似犹泄泄,岂刑部主事王之寀一疏,果无故而发大难之端邪?虽事涉宫闱,百宜慎重,然谋未成,机未露,犹可从容曲处;今形见势逼,业已至此,所谓‘乱臣贼子,人人得而诛之’,明主可与忠言,此事宁无结局!”疏留中。阁臣促之,上谕曰:“朕自圣母升遐,奉襄大典,追思慈恩罔极,哀慕不胜。方在静摄中,突有风颠奸徒张差持梃闯入青宫,震惊皇太子,致朕惊惧,身心不安。朕思太子乃国根本,岂不深爱,已传内宫添人守门防护。连日览卿等所奏,奸宄叵测,行径隐微,既有主使之人,即著三法司会同拟罪具奏。”是日,刑部据戚知州回文以上。

壬申,上再谕法司严刑鞫审,速正典刑。时语多涉戚臣郑国泰,国泰出揭自白。何士晋复奏:“陆大受疏内虽有‘身犯奸戚’等语,并未直指国泰主谋。此时张差之口供未具,刑曹之勘疏未成,国泰岂不能从容少待,辄尔具揭张皇,人遂不能无疑。若欲释疑,计惟明告宫中,力求陛下,速将张差所供庞保、刘成立送法司考讯。如供有国泰主谋,是大逆罪人,臣等执法讨贼,不但宫中不能庇,即陛下亦不能庇。设与国泰无干，臣请与国泰约，令国泰自具一疏告之陛下，嗣后凡皇太子、皇长孙一切起居，俱系郑国泰保护，稍有疏虞，即便坐罪，则人心帖服，永无他言。若今日畏各犯招举，一惟荧惑圣聪，久稽廷讯，或潜散党与使远遁，或阴毙张差使灭口，则疑复生疑，将成实事。惟有审处以消后祸。”不报。

癸酉，驾幸慈宁宫召见百官，辅臣方从哲、吴道南暨文武诸臣先后至，内侍引至圣母灵次行一拜三叩头礼，上西向倚左门柱设低座，皇太子侍御座右，三皇孙雁行立左阶下。上宣谕曰：“昨忽有风颠张差闯入东宫伤人，外庭有许多闲说，尔等谁无父子，乃欲离间我邪？适见刑部郎中赵会桢所问招情，止将本内有名人犯张差、庞保、刘成即时凌迟处死，其余不许波及无辜一人，以伤天和，以惊圣母神位。”寻执东宫手示群臣曰：“此儿极孝，我极爱惜。”乃以手约皇太子体曰：“彼从六尺孤，养至今成丈夫矣。使我有别意，何不于彼时更置，今又何疑？且福王既已至国，去此数千里，自非宣召，彼能飞至邪！”因命内侍传呼三皇孙至石级上，令诸臣熟视，谕曰：“朕诸孙俱已长成，更有何说。”顾问皇太子：“尔有何语，与诸臣悉言无隐。”皇太子曰：“似此风颠之人，决了便罢，不必株连。”又曰：“我父子何等亲爱，外庭有许多议论，尔辈为无君之臣，使我为不孝之子。”上又持皇太子面向右问群臣曰：“尔等俱见否？”众俯伏谢，乃命诸臣同出。

甲戌，决张差于市。寻刑部审马三道、李守才、孔道以左道从律论，应流；李自强、李万仓应答。从之。寻毙庞保、刘成于内庭，王之寀为科臣所纠，黜闲住。补何士晋于外。

编　秋八月，命内官吕贵暂提督浙江织造，江西税监潘相檄催福建、广东税课。

编　九月，江西湖口税廨火。大学士吴道南请罢湖口商税，不报。

编　丙辰，四十四年，夏四月，雷火焚通州税监张晔楼居。御史金汝谐请罢税使，不报。

编　秋八月，皇太子出阁讲学。

编　万寿节，加税监河南胡江、江西潘相、通湾张晔、天津马堂、四川邱乘云、南京刘朝用岁禄，赐吕贵绯鱼服。

编　丁巳，四十五年，春三月，京畿旱。

编　京察，革刑部主事王之寀职为民，户部郎中陆大受等被斥。

纪　时叶向高既去，方从哲为相，无所短长，吏部尚书郑继之、主察科臣徐绍吉、台臣韩浚佐之。初，之寀以倡争梃击一案为韩浚所纠，大受议论与之寀合，至是并罢。时上于奏疏概留中无所处分，惟言路一纠，其人自罢去，不待旨也。

于是台省之势积重不返，有齐、楚、浙三方鼎峙之名，齐为亓诗教、韩浚、周永春，楚为官应震、吴亮嗣，浙为刘廷元、姚宗文，势甚张，汤宾尹辈阴为之主。宾尹负才名而淫污，辛亥，京察被斥，至是察典竣，韩浚以问乡人给事中张华东，华东曰："王之寀论甚正，何为重处之？"浚惊愕不语。

编　夏六月，江、浙旱、蝗。秋七月，山东、山西旱、蝗。

编　大学士吴道南罢。

编　九月，湖广飞蝗蔽天。

编　江西大水。

编　冬十一月，隆德殿、延禧宫灾。福建大水。

编　戊午，四十六年，春正月，我大清太祖高皇帝天命元年。

纪　夏四月，大清遣所部诣抚顺市，潜以兵踵至袭之，城陷，守将王命印死之，执游击李永芳，用汉字传檄清河，胁北关归顺。辽抚李维翰，趣总兵张承胤移师应援，大清兵佯退，明兵直前，遇伏，万骑突出，承胤及副将颇廷伯、游击梁汝贵等皆死之，一军尽没。京师震骇，命起旧将李如柏总辽镇兵，杜松屯山海关，征刘𬘩、柴国柱赴京调度。

编　以前辽抚杨镐为兵部右侍郎，经略辽东。

编　闰月，日中有黑子相斗。五月朔，有黑气掩日，日无光。

编　秋七月，大清兵围清河，参将邹储贤、援辽游击张旆死之。

纪　大清兵从鸦鹘关入围清河，储贤拒守，旆请战，不许。大清兵冒版抉墙隳东北角登城，旆战死，储贤遥见李永芳招降，大骂赴敌而死。自三岔河至孤山并遭焚毁，惟参将贺世贤于叆阳边外血战，斩首百五十四级。

编　赐经略杨镐尚方剑，谕饬诸边。

纪　镐至河东，叆阳、宽奠之兵已去，乃斩清河逃将陈大道等以徇。议徙宽奠民人于辽阳，会朝鲜王遣其议政府右参赞姜洪立等统兵万人从征，议乃止。

编 八月，以太常寺少卿周永春为辽东巡抚，设援辽饷司。

编 己未，四十七年，春正月，趣经略辽东杨镐进兵。

纪 上以四方援辽兵马大集，杨镐奏报稽延，恐师老财匮，下廷议。大学士方从哲、兵部尚书黄嘉善、兵科给事中赵兴邦等，发红旗趣镐进兵。时蚩尤旗长竟天，彗见东方，星陨地震，识者知为败征。镐乃会总督汪可受、巡抚周永春、巡按陈王廷等议，以二月十一日誓师，二十一日出塞。

编 二月，杨镐遣总兵官马林、杜松、李如柏、刘綎分道出师。

纪 镐誓师，分为四路：林率游击麻岩、丁碧、都司窦永承督北关金台失兵由靖安堡出边趋开原、铁岭，攻其北；松率都司刘遇节等由抚顺关出边趋沈阳，攻其西；如柏率参将贺世贤、李怀忠等由鸦鹘关出边趋清河，攻其南；綎率都司祖大定、乔一琦督朝鲜兵由晾马佃出边趋宽奠，攻其东。是月十九日出兵，值大雪，兵不前，师期泄。

编 三月，明师与大清兵战，败绩。

纪 杜松欲立首功，越五岭关，先期抵浑河，既渡遇伏，松血战突围，力竭而死，兵无存者。马林改由三岔堡出边抵二道关，闻松没，结营自固，大清兵乘胜来攻，林败，游击麻岩死之。刘綎独纵兵马家寨口，深入三百余里，克十余寨。大清兵诡作杜松兵，披其衣甲为向道，诱入重围，众溃，綎没于阵。惟清河一路李如柏，以经略令撤回获全。是役也，杨镐军机不密，诸事宣泄，大清军处处为备，故败。文武将吏死者三百一十余员，军士死者四万五千八百余人。事闻，京师大震。

编 召陕西总督杨应聘为兵部左侍郎，甘肃巡抚祁光宗为兵部右侍郎。起前御史熊廷弼为大理寺丞，往辽东宣慰军民。

编 征李如柏听勘，以如柏弟都督李如桢代将。谕经略杨镐戴罪视事。

编 诏以山东巡抚李长庚为户部右侍郎，兼右佥都御史，出督辽饷，驻天津。

编 夏五月，大清兵入抚顺，以偏师蹦铁岭抚安堡。

编 六月，大清兵由静安堡入，遂克开原。

纪　西部亦以三万骑由亮河入围镇西堡，于是沈阳、铁岭军民皆奔溃。

编　以熊廷弼为都察院右佥都御史，兼兵部右侍郎，赐尚方剑，经略辽东。

编　起泰宁侯陈良弼总督京营，召南京兵部尚书黄克缵协理戎政，改差御史张铨按辽。

编　以科臣姚宗文查阅援辽兵马。

编　秋七月，大清兵由三岔堡入，攻铁岭，克之。

编　八月，逮前经略杨镐。

纪　铁岭既失，熊廷弼率八百人抵广宁，是月三日受代，上度廷弼已受事，乃遣缇骑逮镐。

编　熊廷弼奏李如桢罪，请亟调李怀信代将。

编　是月，大清兵破金台失、白羊骨寨，北关遂亡。

编　命李怀信赴辽。命少詹事徐光启兼河南道御史，训练候调诸营。予蓟、辽总督汪可受回籍。

编　释罪弁郭有光、刘孔胤、麻承恩往援辽。

编　冬十一月，大清兵入龙潭口，筑城抚顺边外。

编　庚申，四十八年，夏四月，皇后王氏崩。

编　五月，大清兵略地花岭。

编　帝不豫。

纪　召大学士方从哲于卧榻前，谕以："东事告急，卿宜加意筹之。"

编　六月，大清兵深入至浑河，总兵贺世贤、柴国柱拒却之。

编　秋七月，帝崩。

纪　上疾大渐，召阁臣方从哲谕曰："朕嗣祖宗大统，历今四十八年，久因国事焦劳，致成痹疾，遽不能起，有负先皇付托。惟皇太子在青宫有年，实赖卿与司礼监协心辅佐，功在社稷，万世不泯。特谕卿知。"从哲出，皇太子不得入。兵科给事中杨涟、御史左光斗语东宫内侍王安曰："上疾甚而不召皇太子，非上意也。"安素忠直，东宫多赖其调护。是日上崩。

编　皇太子令停止矿税。

纪 收税内监张晔、马堂、胡宾、潘相、邱乘云等并撤回。

编 皇太子令发帑银一百万两解赴九边。

光宗贞皇帝

编 八月，太子常洛即位。

纪 诏以明年为泰昌元年。上宣大行皇帝遗命，欲尊郑贵妃为皇后，命查例。礼部尚书孙如游疏言："祖宗朝，其以配而后者乃敌体之经，其以妃而后者则从子之义，故累朝非无抱衾之爱，终引割席之嫌者，以例所不载也。皇贵妃事先帝有年，不闻倡议于生前，而顾遗诏于逝后，岂先帝弥留之际遂不及致详邪！王贵妃诞育陛下，恩典尚尔有待，乃令他人得母其子，恐九原不无怨恫也。郑贵妃贤而习于礼，处以非分，必非其心所乐。书之史册，传之后世，有悖典礼，且昭先帝之失，非所以为孝也。臣不敢奉遗命。"从之。

编 以汪应蛟为工部尚书，董从儒为工部右侍郎，邹元标为大理寺卿，刘光复为光禄寺丞，周日庠、朱一桂并为太仆寺少卿，朱国祚为南京礼部尚书，冯从吾为尚宝司卿，李宗廷为光禄寺少卿。

编 以袁应泰为辽东巡抚。

编 以翰林院侍读学士刘一燝、韩爌并为礼部尚书、东阁大学士，直文渊阁。

编 帝不豫。

纪 乙卯，上有疾，传谕礼部曰："选侍李氏侍朕勤劳，皇长子生母薨逝后，奉先帝旨委托抚育，视如亲子，厥功懋焉。其封为皇贵妃。"丁巳，上力疾御门视事，圣容顿减。己未，内医崔文升下通利药，上一昼夜三四十起，支离床褥间。辛酉，上不视朝，方从哲等赴宫门候安，有"数夜不得睡，日食粥不满盂，头目眩晕，身体罢软，不能动履"之旨。乙丑，给事中杨涟上言："医家有余者泄之，不足者补之。陛下哀毁之余，一日万几，于法正宜清补，贼臣崔文升反投相伐之剂，其肉宁足食乎！臣闻文升调护府第有年，不闻用药谬误；陛下一用文升，倒置若此，有心之误邪？无心之误邪？有心则齑粉不足偿，无心则一误岂可再误。陛下奈何置贼臣肘腋间哉！"

刑部主事孙朝肃、徐世仪、御史郑宗周上书方从哲，请册立皇太子，且移居慈庆宫。庚午，上召阁部九卿至榻前谕曰："选侍数产不育，止存一女。”随传皇长子出见，上又言：“皇五子亦无母，亦是选侍抚育。”传皇五子出见。辛未，上召诸臣于乾清宫，又谕速封选侍。甲戌，上再召诸臣于乾清宫，仍谕封皇贵妃。语未既，选侍披帏立呼皇长子入咄咄语，复趣之出，皇长子向上曰：“要封皇后。”上不语。从哲等以册储原旨期宜改近，上因顾皇长子谕曰：“卿等辅佐为尧、舜。”又语及寿宫，辅臣以皇考山陵对，则自指曰：“是朕寿宫。”因问：“有鸿胪寺官进药何在？”从哲奏：“鸿胪寺丞李可灼自云仙丹，臣等未敢轻信。”上即命中使宣可灼至，诊视，具言病源及治法。上喜，命趣和药进。遂进红丸。上饮汤辄喘，药进乃受。上喜，称忠臣者再。诸臣出宫门外，竢少顷，中使传圣体用药后暖润舒畅，思进饮膳。诸臣欢跃而退，可灼及御医各官留。时日已午，比未申，可灼出，辅臣迎讯之，可灼具言：“上恐药力竭，复进一丸。”亟问复何状，可灼以如前对。

编 九月，帝崩。

纪 乙亥朔五鼓，内宣急召诸臣趋进，而龙驭以卯刻上宾矣。中外籍籍，以李可灼误下劫剂，恐有情弊。而方从哲拟旨赏可灼银五十两，御史王安舜首争之，疏言：“先帝之脉，雄壮浮大，宜清不宜助明矣。红铅乃妇人经水，阴中之阳，纯火之精也，而以投于虚火燥热之症，几何不速之逝乎！轻亦当治以庸医杀人之条，乃蒙殿下颁以赏格，臣谓不过借此一举，塞外廷之议论也。夫轻用药之罪固大，而轻荐庸医之罪亦不小。”疏入，乃改票罚俸一年，而议者蜂起矣。

御史郑宗周疏请寸斩崔文升以谢九庙，于是御史郭如楚、主事吕维祺交章论崔文升、李可灼。给事中杨涟语尚书周嘉谟、李汝华曰：“宗社事大，李选侍非可托少主者，急宜请见嗣主，呼万岁以定危疑；随拥出宫，移住慈庆为是。”二臣然之，以语方从哲，涟遂先诸臣排闼入，阉竖梃乱下，涟厉声曰：“皇帝召我等至此，今晏驾，嗣主幼小，汝等阻门不容入临，意欲何为！”阉者却，诸臣乃入哭临毕，请见皇长子。皇长子为选侍阻于暖阁不得出。青宫旧侍王安给选侍抱持以出，诸臣即叩头呼万岁，遂共请诣文华殿。王安拥之行，阁臣刘一燝掖左，勋臣张维贤掖右，内侍李进忠传选侍命召还皇长子者三，喝诸臣曰：“汝辈挟之何往！”涟叱之，共拥皇长子登舆至文华殿。群臣请即日登极，不允，谕初六日即位。复拥入慈庆宫，一燝奏曰：“今乾清宫未净，殿下请暂居此。”

丙子，尚书周嘉谟等合疏请选侍移宫。御史左光斗上言："内廷之有乾清宫，犹外廷之有皇极殿也，惟皇上御天居之，惟皇后配天得共居之，其余嫔妃虽以次进御，遇有大故即当移置别殿，非但避嫌，亦以别尊卑也。今大行皇帝宾天，选侍既非嫡母，又非生母，俨然居正宫，而殿下乃居慈庆，不得守几筵，行大礼，名分倒置，臣窃惑之。且殿下春秋十六龄矣，内辅以忠直老成，外辅以公孤卿贰，何虑乏人，尚须乳哺而襁负之哉！即贵妃之请、许于先皇弥留之际，其意可知。且行于先皇，则俯锡之名犹可；行于殿下，则尊闻之称有断断不可者。倘及今不早断，借抚养之名，行专制之实，武氏之祸，将见于今。"

戊寅，选侍用李进忠谋邀皇长子同宫。杨涟遇进忠于宫门，问"选侍移宫何日？"进忠摇手曰："李娘娘怒甚，今母子一宫，正欲究左御史武氏之说。"涟叱曰："误矣！幸遇我。皇长子今非昨比，选侍移宫，异日封号自在；且皇长子年长矣，若属得无惧乎！"进忠默然去。

己卯，选侍尚无移宫意，杨涟上言："殿下登极已在明日矣，岂有天子偏处东宫之礼！先帝圣明，同符尧、舜，徒以郑贵妃保护为名，病体之所以沉锢，医药之所以乱投，人言籍籍，至今抱痛，安得不为寒心！此移宫一事，臣言之在今日，殿下行之亦必在今日。"疏上，涟复往趣方从哲，从哲曰："待初九、十二亦未晚。"涟曰："天子无复返东宫理，选侍今不移，亦未有移之日，此不可顷刻缓者。"内侍曰："独不念先帝旧宠乎？"涟怒曰："国家事大，岂容姑息，且汝辈何敢如是！"声彻大内。皇长子使人谕涟出，命收诸侍李进忠、刘逊等，选侍移居仁寿殿。

编　庚辰，皇长子由校即位。

编　给事中惠世扬劾奏大学士方从哲。

纪　世扬上言："郑贵妃包藏祸心，先帝隐忍而不敢言。封后之举，满朝倡义执争，从哲两可其间，是徇平日之交通，而忘宗社之隐祸也。无君当诛者一。李选侍原为郑氏私人，丽色藏剑，且以因缘近幸之故，欺抗先圣母。从哲独非人臣乎？及受刘逊、李进忠盗藏美珠，夜半密约请封贵妃，封妃不得，占居乾清，是视登极为儿戏，而天子不如宫嫔也。无君当诛者二。崔文升轻用剥伐之药，廷臣交章言之，从哲何心，必加曲庇？律之赵盾、许世子，何辞弑君之罪。无君当诛者三。"诏责以轻诋大臣，有伤国体。

编 御史冯三元疏论辽东经略熊廷弼。

纪 三元言廷弼无谋者八，欺君者三，廷弼不罢，辽之存亡未可知也。

编 科臣姚宗文、御史顾慥等疏劾辽东经略熊廷弼。

纪 初，宗文为户部给事中，以父忧去职，谋起复不得，求廷弼代请，廷弼不从，由是怀怨。后夤缘得吏科，阅视辽东兵马，廷弼复不为礼。有辽人刘国缙者，以兵部主事赞画辽东军务，主募辽人为兵，所募万七千余人，逃者过半，廷弼闻于朝，国缙亦怨。两人相比倾廷弼。宗文还，即疏诋廷弼，又嗾其党顾慥、魏应嘉、郭巩等交章攻击，必欲去之；而御史张修德、科臣魏应科亦前后疏论廷弼。

编 诏熊廷弼回籍听勘。

纪 兵科杨涟疏言："顷者传闻辽左村屯日劫，人民日掳，城堡日空，边疆日坏，经略熊廷弼以此日被人言矣。议经略者终难掩其功，怜经略者亦难掩其咎。功在支撑辛苦，得二载之幸安；咎在积衰难振，怅万全之无术。为廷弼者有二策焉：全副精力报效君父知遇之恩，一策也；如以封疆必不可支，病躯必不可起，当缴还敕书，求贤速代，又一策也。庙堂之上，常焦思远计，外料敌，内料己，求一的当之说。或循资，或破格，择一的当之人。宁议之而后用，毋用之而后议，东事其有瘳乎！"于是廷弼上疏自辨，前后凡数千言，并请敕冯三元、张修德往辽查勘辽事有无破坏，勿使后人代受其过。又疏缴还剑、敕。有旨："熊廷弼解任，回籍听勘。"

编 冬十月，哕鸾宫灾。

纪 先是，御史贾继春上书辅臣曰："天地之大德曰生，圣人之至德曰孝。先帝命诸臣辅皇上为尧、舜。夫尧、舜之道，孝弟而已矣。父有爱妾，其子终身敬之不忘；先帝之于郑贵妃三十余年，天下侧目之隙，但以笃念皇祖，涣然冰释。何不辅皇上取法，而乃作法于凉。纵云选侍原非淑德，夙有旧恨，此亦妇人女子之常态。先帝弥留之日，亲向诸臣谕以选侍产有幼女，歔欷情事，草木感伤，而况我辈臣子乎？伏愿阁下委曲调护，令李选侍得终天年，皇幼女不虑意外。"御史左光斗上言："选侍既移宫之后，自当存大体，捐其小过；若复株连蔓引，使宫闱不安，是与国体不便，亦大非臣等建言初心。伏乞陛下正刘逊、李进忠法外，其余概从宽政。”疏入，上传谕内阁：“朕幼冲时，选侍气凌圣母，成疾崩逝，使朕抱终天之恨。皇考病笃，选侍威挟朕躬，传封皇后。朕心不自安，暂居慈庆，选侍复差李进忠、刘逊等，命每日章奏文书先奏选侍，方与朕览。朕思祖宗家法甚严，从来有此规制否？朕今奉养选侍于哕鸾宫，仰遵皇考遗爱，无不体悉。其李进忠等，事干宪典，原非株连，卿可传示遵行。”至是哕鸾宫灾，上谕选侍、皇妹俱无恙。

编　诏改万历四十八年为泰昌元年。

编　兵部尚书黄嘉善罢，命刑部尚书黄克缵摄兵部事，兼理戎政。

编　葬定陵。

编　以巡抚袁应泰经略辽东。

编　命兵科给事中朱童蒙往勘辽事。

纪　御史冯三元、张修德、给事中魏应嘉复论熊廷弼，廷弼复疏辨，上谕阁部科道：“魏应嘉、冯三元、张修德与熊廷弼互相奏扰，就著魏应嘉等前往辽镇会同彼处抚、按勘明具奏。”兵科杨涟等言：“从来奉旨行勘，就令各地方抚、按官勘报，或遣官会勘，未有即以言事之官勘所言之事者。就令勘得逼真，谁肯心服！乞收回成命，毋伤从来勘事之体。”上乃改命童蒙往。

编　征辅臣叶向高、朱国祚、史继偕、沈潅、何宗彦入阁。

编　特简礼部尚书孙如游入阁办事。

编　十二月，兵科都给事中杨涟疏请加恩李选侍及皇妹。

纪　涟上言：“臣初请李选侍移宫，盖以正体统而尊朝廷也。移宫之后，有倡言选侍徒跣踉跄欲自缢者，皇八妹失所遂投井者。事关他日不白之案，望陛下于皇弟、皇妹时时廑念，李选侍量加恩数，并祈传知阁部，以服中外之心。”疏入，上优诏答之。

编　大学士方从哲乞归，许之。

明鉴易知录卷十二

明纪

熹宗哲皇帝

编　辛酉，熹宗皇帝天启元年，春正月，兵科给事中杨涟予告回籍。

纪　涟以移宫一案，御史贾继春侵之，涟因乞归。

编　命吴宗达、黄立极、李标、钱谦益知诰敕。

编　闰二月，兵科朱童蒙勘辽还京。

纪　童蒙还奏略曰："臣谨看得旧经略熊廷弼有挥霍之雄才，有沉毅之雅度，极其全力，固能担人之所不能担，骋其偏锋，亦能忍人之所最不忍。任事才十余月，而辽阳颓塌之城如新，丧胆之人复定，奉集、沈阳三空城，今且俨然重镇矣。曾几何时，而金汤鼎峙，恃以无恐，迄今民安于居，贾安于市，商旅安于途，使后之人因以为进战退守之地。臣入辽阳，官民士庶垂泣而思，遮道而愬，谓数万生灵皆廷弼一人之所留。是其精力在于此，其得谤亦在于此也。抑且督工修筑，刻期责报，缙绅子衿，役无割免，又束缚悍弁，斥逐庸吏，能无腾谤声乎！言官得之，风闻胪列入告。廷弼胜气相加，屡疏致辨，非所以待言官，亦非大臣所以自待。廷弼功在存辽，臣会同督臣文球、经臣袁应泰、抚臣薛国用、按臣张铨据实奏闻。"有旨："辽事会勘已明，熊廷弼力保危城，功不可泯。因言求去，情有可原。今中外多事，用人方急，该部仍议及时起用，以为劳臣任事者劝。"

编　是月辛酉，大清兵克沈阳，总兵贺世贤、尤世功等皆死之。

纪　大清兵攻沈阳，世贤、世功出城力战，败还。明日，降人内应，城遂破，世贤、世功俱战死，总兵官陈策、童仲揆、石柱土官秦邦屏等皆力战而死。御史江秉谦上言："自杨镐失律丧师，开、铁沦没，其情形危急，诚有百倍于此时者。乃熊廷弼受命田间，仓皇赴召，单骑出关，收拾余烬，城守经年，敌终不能躏入。何前此垂危之辽，敌不知其所攻？今此坚备之沈，我反失其所守？则廷弼之才识胆略，有大过人者矣！使廷弼得安其位，决不败坏至此。然昔之论廷弼者犹曰风闻，及查勘已明，而谗构复起。宁坏朝廷之封疆，必不肯消胸中之畛域；宁甘心以辽阳与仇敌，必不肯平气以议论宽劳臣！今日之事，何不持一疏以退敌邪？"

编　以刘宗周为礼部主事，王之寀为刑部主事，高攀龙为光禄寺丞。

编　大清兵克辽阳，经略袁应泰、巡按御史张铨等皆死之。

纪　时应泰已撤奉集、威宁诸军并力守辽阳，引水注壕，沿壕列火器，兵环四面，守备甚设。戊辰，大清兵薄城，应泰身督兵出城迎战，军败，应泰退宿营中。己巳，大清兵掘城西闸以泄壕水，分兵塞城东水口，击败明军，遂渡壕大呼而进。战良久，大清兵来益众，明兵败，望城而奔，杀、溺死者无算。

应泰乃入城，与张铨等分陴固守，诸监司高出、牛维曜、胡嘉栋、督饷郎中傅国并逾城遁。庚午，攻城急，应泰督诸军大战，又败。薄暮谯楼火，城中降人内应，大清兵从小西门入，城中大乱。应泰知事不济，叹息谓铨曰："公无守城责，宜亟收拾余烬，为退守河西计，应泰死且不朽！"遂佩剑印自缢。铨亦以不屈死，守道何廷魁视其二女、二妾投井而后死，监军崔儒秀自缢于都司堂上。事闻，赠应泰兵部尚书，予祭葬，官其一子。

编　夏四月，辽东巡抚薛国用以病免，以参议王化贞为巡抚。

编　辽东死节诸臣张铨、崔儒秀、何廷魁、尤世功、秦邦屏等，各赠官、恤荫有差。

编　立妃张氏为皇后。

编　诏征前辽东经略熊廷弼赴京，御史冯三元、张修德、魏应嘉各降调，姚宗文革职为民。

编　命何宗彦入阁办事。进刘一燝、韩爌少保，兼太子太保，武英殿大学士。

编　秋七月，封乳母客氏为奉圣夫人，以其子侯国兴为锦衣卫指挥使。

纪 客氏故定兴民侯二妻也，年十八进宫，又二年而嫠，生子国兴。至是客氏封夫人，授国兴锦衣指挥御史。刘兰疏谏，以为恩礼所加，权势归之。不报。

编 复命熊廷弼经略辽东。

纪 廷弼至京，赐敕书、尚方剑，起行日赐大红麒麟一品服，复赐宴都城外。

编 以兵部尚书王象乾建节蓟镇，行总督事。

编 辽东抚标练兵游击毛文龙克复镇江城堡。

编 八月，内侍魏忠贤矫杀前太监王安。

纪 忠贤初名进忠，肃宁人，少黠慧，无藉，好酒善啖，喜驰马，能右手执弓，左手彀弦，射多奇中。目不识丁而有胆力，猜很自用。尝与年少赌博，不雠，走匿市肆中，诸少年追窘之，恚甚，因而自宫。万历十七年，隶司礼监掌东厂太监孙暹。时熹宗为皇太孙，忠贤谨事之，导之宴游，甚得皇太孙欢心。孝和皇后，太孙生母也，忠贤夤入宫办膳，其介绍引进者魏朝。朝故属太监王安名下，安素刚正，主持一宫事，朝日誉忠贤，安善视之。朝初与太孙乳媪客氏私，忠贤亦通焉。光宗即位，册太孙为东宫，忠贤得充东宫典膳，客氏力也。光宗崩，东宫暂居慈庆，杨涟疏参及忠贤，忠贤无措，泣求魏朝于王安，力营救之。忠贤深德朝，结为兄弟。而两人皆客氏私人，上即位数月，一夕忠贤与朝争拥客氏于乾清宫暖阁，醉詈而嚣，声达御前，时上已寝，漏将丙夜，俱跪御榻前听上命。客氏久厌朝儇薄，而喜忠贤憨猛，上逆知之，乃退朝而与忠贤。忠贤卒矫旨发朝凤阳，缢杀之。自是得专客氏，而尾大不掉之患成焉。

初，上之立也，王安与诸大臣同受顾命，见忠贤侵权，欲重惩之，奏之帝。会御史方震孺上疏请逐客氏，帝乃令客氏出宫，忠贤发安鞫问。安诘责令其自新，忠贤得释。客氏夤缘复入宫，将甘心于安焉。时安奉旨掌司礼监，辞未赴，王体乾即欲起攘之，因忠贤以危言动客氏，忠贤遂嗾给事霍继华劾安，客氏从中附和之，于是矫旨革安职，而以体乾掌司礼监。忠贤必欲杀安，遂以刘朝提督南海子，而降安为南海净军，勒令自裁。安既死，而忠贤益无所惮矣。忠贤暗文义，乃取旧司礼监李永贞入备赞画，李实、李明道、崔文升各司监局，探上意为奸，忠贤自掌东厂。

编 九月，葬庆陵。

纪 上以客氏保护圣躬，命户部择田二十顷，以为护坟香火之用。魏忠贤侍卫有功，命工部以陵工成叙录。御史王心一奏言："梓宫未殡，先规客氏之香火；陵工既成，强入忠贤之勤劳。于礼为不顺，于事为失宜。忠臣爱君，必防其渐。"上怒，责之。

编 冬十月，降吏科给事中侯震旸于外。

纪 初，客氏已出宫，复召入，震旸奏曰："陛下于客氏始而徘徊眷注，稍迟其出犹可言也，出而再入不可言也。中涓群小，炀灶借丛，王圣宠而煽江京、李闰之奸，赵娆宠而媾曹节、王甫之祸，可为寒心！"上怒，降之。时御史王心一、倪思蕙等相继疏劾，皆谪降。

编 吏部尚书周嘉谟罢，大学士刘一燝回籍。

编 十一月，以都察院左都御史张问达为吏部尚书，刑部左侍郎邹元标为左都御史。

编 辽东经略熊廷弼驻劄右屯。

纪 廷弼奏言："顷见兵部上疏，欲臣提兵出关，臣敢不出。惟是经略一出，观望非轻，西人视以为轻重，东敌视以为进退，兵将视以为勇怯。枢臣第知经略一出，足以镇定人心，不知无一兵之经略出，更足摇动人心也。前留援兵三千已尽出关矣，此外无一卒一骑，不知枢臣与臣何项兵马出关？又不知臣驻广宁，抚臣应驻何地？乞敕兵部速议，无使担安危之重臣，徒手出门，为敌所笑。"既而出关，驻劄右屯。

编 四川永宁宣抚使奢崇明叛。

纪 崇明性阴鸷，佯为恭顺，凡有征调，罔不应命。子奢寅有逆志。会以辽事急，征四方兵，崇明遂上疏请提兵三万赴援，遣其将樊龙、樊虎以兵至重庆。四川巡抚徐可求点核，汰其老弱发饷，饷复弗继，龙等遂鼓众反，杀可求。已而贼逼成都。御史薛敷政、左布政使朱燮元悉力捍御。贼围城久，岁且尽，会有俘民脱归者，言贼旦夕须旱船一决胜负。

编 壬戌，二年，春正月，四川左布政使朱燮元大破贼兵成都下，奢崇明及其子寅走。诏以燮元为四川巡抚。

纪 贼数千自林中大噪而出，视之，有物如舟，高丈许，长五百尺，楼数重，簟茀左右，板如平地。一人披发仗剑，上载羽旗，中数百人各挟机弩毒矢，牛数百头运石毂行，旁翼两云楼，俯视城中。燮元曰："此吕公车也，破之非驳石不可。"驳石者，巨木为杆柱，置轴柱间，转索运杆，千钧之石飞击如弹丸，贼舟不得近。燮元复募敢死士，以大炮击牛，中其当轭者，牛骇返走，乘势纵击，败之。

裨将刘养鲲言："有诸生范祖文、邹尉陷贼中，遣孔之谭来约，贼将罗乾象欲自拔效用。"燮元即遣之谭复往，至则与乾象俱来。燮元方卧戍楼，呼与饮；乾象衷甲佩刀，燮元不之疑，就榻呼同卧，酣寝达旦。乾象感激，誓以死报，许之，缒而出。后贼营举动，纤悉无不知者，乾象之力也。逾数日，又使牙将周斯盛诈降，诱其来，设伏待之。崇明果自至，伏起，获其从骑数人，崇明跳身免。乾象等内变，贼营四面火起，崇明父子拔营走，乾象皆来归。成都围解，贼归重庆。事闻，以燮元为巡抚。

编 大清兵渡河。

纪 先是，王化贞上疏请战，廷议赐化贞尚方剑便宜行事；化贞遂令总兵刘渠移军振武，而广宁遂空矣。

编 二月，大清兵下广宁，监军高邦佐死之。

纪 大清兵至振武，总兵刘渠方集阵，先锋孙得功乃王化贞心腹将也，未战，遽呼曰："兵败矣！"率所部走降。渠略阵，马蹶被杀。西平守将罗一贯死之。得功入广宁谕军民降，封府库以待。化贞卧方起，参将江朝栋排闼入曰："城中走空矣。"化贞股栗不知所为，索所坐马，已为左右窃去，仓皇乘朝栋马以行。及门，乱兵诃之曰："尔不得出。"将缚之，朝栋后至，挥刀与斗，乃得出。

广宁既失，化贞所招敌骑大肆杀掠，难民西奔者十不存一二，弃老幼于途，蹂践死者相望。化贞从数十人走闾阳，适经略熊廷弼自右屯引兵至，化贞向廷弼哭，廷弼曰："公不召募敌骑，不撤广宁兵于振武，当无今日。此时惟有护百万生灵入关，勿以资敌足矣！"乃整众西行。化贞与宁前道张应吾殿后，总督王象乾验放入关。

初，按臣方震孺在广宁，卧未起，闻抚臣走，亦单骑出奔，各道臣前后相继走，惟监军高邦佐沐浴衣冠望阙再拜，从容自缢，其仆高永从死焉。

编 诏辽东抚臣王化贞逮问，经臣熊廷弼回籍听勘。

纪 御史谢文锦疏言："熊廷弼控扼山海，调度三方，广宁原非辖外，而必欲驱之右屯。初因边报紧急移驻闾阳，分兵应援，未为失策，迨至军民奔溃，与抚臣并辔而西，不能只身死敌，恶得无罪！王化贞专制一方，初意敌骑外助，辽人内应，侥幸奇功，不觉堕计，乃复守备不设，浪兵催战，弃广宁而奔，罪更何辞！然臣窃叹经臣责任虽重，事权实轻，不幸与兵部相忤，系手缚足，展布无由，欲图固守而不可得。抚臣意气既锐，荧惑复多，又不幸有兵部为主，言听计从，虽欲不战而不可得。是二臣之陷于刑辟者，皆尚书张鹤鸣致之也。"有旨："广宁失守，经、抚罪无所逃。王化贞逮问，熊廷弼回籍听勘。"

编 以孙承宗为兵部尚书、东阁大学士，直文渊阁。

编 三月，以王在晋为兵部尚书，兼都察院右副都御史，经略辽、蓟、津、莱军务。

编 夏四月，会勘辽东经、抚熊廷弼与王化贞，并坐斩，诏从之。

纪 刑部尚书王纪、左都御史邹元标、大理寺卿周应秋会审熊廷弼、王化贞，狱成奏言："王化贞全不知兵，用敌而反为敌用，用间而反为间用。叛逆如孙得功者，日侍左右而不悟。及敌骑尚在百里之外，而弃广宁如敝屣，安所逃罪，宜服上刑！熊廷弼才猷气魄，睥睨一世，往年镇辽而辽存，去辽而辽亡，关系非小。及再起经略，即缴有控扼山海之旨，识者已知其无意于广宁矣。抵关以后，微有可观，使广宁告急之日，廷弼仗义誓师，收余烬以图恢复，反败为功，死且不朽。计不及此，一闻大兵既败，先奔榆关，即有盖世之气，亦不足赎丧师失地之罪矣！若引从前经略观之，比之杨镐更多一逃，比之袁应泰反欠一死。如厚诛化贞而少宽廷弼，罪同罚异，非刑也，俱坐斩。"从之。

编 起杨涟为兵科都给事中。

编 礼部尚书孙慎行劾前大学士方从哲罪。

纪 慎行上言："皇考宾天，缘医人进药不审，李可灼进红药两丸，乃原任大学士方从哲所进。夫丸不知何药物，而乃敢突以进。春秋许世子进药于父，父卒，世子自伤与弑，不食死，春秋尚不少假借，直书许世子弑君，然则从哲宜何如处焉？臣谓从哲纵无弑之心，却有弑之事，欲辞弑之名，难免弑之实，宜直书云'方从哲连进红药两丸，须臾帝崩'，恐百口无能为天下万世解矣。乞将从哲速严两观之诛，李可灼严加拷问，置之极刑。"有旨："会议具奏。"

编　五月，授毛文龙总兵官。

编　秋七月，贵州水西土目安邦彦叛。以太常寺少卿王三善为右佥都御史，巡抚贵州。

编　诏李可灼著法司究问，崔文升仍发遣南京。

纪　吏部尚书张问达、户部尚书汪应蛟会议："孙慎行疏论方从哲，'弑逆'二字何忍加之？但李可灼进药之后，适会皇考宾天，台臣王安舜疏请严究，从哲先票罚俸，继票养病去，失之太轻。从哲已认罪，自请削夺，为法任咎矣，若李可灼，应拏解法司究问。至崔文升先进大黄凉药，及可灼进红丸又不详察，可否应与可灼并正典刑？"上曰："李可灼本不知医，希图侥幸，委应重处。方从哲票拟太轻，然心迹自明，何可轻议。可灼著法司究问，崔文升仍发遣南京。此事纷纭多日，今处分已定，大小臣工不得再生事端。"

编　以李若珪、杨涟并为太仆寺少卿。

编　八月，左都御史邹元标、副都御史冯从吾并致仕。

纪　兵科给事中朱童蒙疏劾元标、从吾醵金讲学，比之妖贼；元标、从吾致仕归。

编　冬十月，修撰文震孟、庶吉士郑鄤、太仆寺卿满朝荐并谪归。

纪　震孟上言勤政讲学之实，中云："君臣相对如家人父子，则左右近习无缘可以蒙蔽。"疏入，魏忠贤不下，郑鄤复疏趣之曰："经御览而留中，则非止辇转圜之义；不经御览而留中，必有藏伏奥援之奸。本朝故事，惟武宗及神宗末年有之。权珰炀灶，相顾太息，无可如何矣！"忠贤深恶之，承上观剧，摘震孟疏中"傀儡登场"语激怒上，时朝荐亦言之力，俱谪归。

编　十一月，以赵南星为都察院左都御史。十二月，以顾秉谦、魏广微为大学士，入阁办事。

编　以杨述中为川、贵总督。

编　癸亥，三年，春正月，安邦彦复纠奢寅父子，与云南土司安效良等率众数万，并力攻陆广。

纪　先是贵抚王三善以仓储空虚，欲因粮于敌，又诸军视贼过易；前锋杨明楷率兵渡河列营三十里外，一军屯陆广，向大方奢社辉；一屯鸭池，向安邦彦巢穴。至是，贼攻陆广，明楷奋勇接战，众溃，溺水死者数千，明楷陷贼中。贼乘胜赴鸭池，我兵退屯威清，三善收兵入城。土司苗仲见我军不利，复肆劫掠，自龙里至瓮城，尸横四十余里。

编　秋八月，诏开内操。

纪　开内操，钲鼓之声，喧阗宫禁。御史刘之凤上言："虎符重兵，何可倒戈授巷伯之手？假令刘瑾拥甲士三千，能束手就擒乎？"御史李应升、黄尊素、宋师襄交章论之。尊素疏有"阿保重于赵娆，禁旅近于唐末"等语，魏忠贤尤恶之，皆矫旨切责。

忠贤自杀王安后，益骄横，设内操万人，衷甲出入。内监王进尝试铳上前，铳炸伤进手，上几危。光宗选侍赵氏与客、魏不协，矫旨赐死，选侍尽出光宗所赐珍玩列于庭，再拜投缳而绝。裕妃张氏方娠，膺册封礼，客氏谮于上，绝饮食，闭襄道中，偶天雨，匍匐掬檐溜数口而绝。成妃李氏诞二公主而殇。先是冯贵人尝劝上罢内操，客、魏恶之，矫旨贵人诽谤赐死，成妃从容为上言之；乃矫旨革封，绝饮食。成妃故鉴裕妃饥死，密储食物壁间，数日不死。魏、客怒少解，斥为宫人。皇后张氏素精明，魏、客惮之。后方娠，腰痛，客氏密布心腹宫人，奉御无状，陨焉。又于上郊天之日，掩杀胡贵人，以暴疾闻。

编　冬十月，以杨涟为左佥都御史，协理院事。

编　贵州巡抚王三善自将兵六万击安邦彦，大败之，邦彦遁走。

纪　三善直趋大方，沿途杀贼，降者相继。

编　十一月，王三善入大方，奢社辉及其子安位乞降，总督杨述中许之。

纪　时三善以元凶未穷，当用剿为抚，而述中一意主抚，议遂不合。三善驻大方，日久食尽，述中弗为援。安邦彦日夜聚兵自益，令其党陈其愚诈降；三善轻信之，多与参赞军务，由是纤悉尽知。

编　甲子，四年，春正月，王三善自大方还贵州，为贼党陈其愚所杀。

纪　其愚从三善行，忽传其愚山后遇贼，三善勒马回视，其愚故纵辔冲三善堕地。三善知有变，将帅印付家人，属令护持先去，即抽袜中小刀自刎，颈皮已破，其愚下马夺其刀，贼蜂拥而至，三善骂贼不屈，贼割其首去。事闻，杨述中回籍听勘。既而监军御史傅宗龙获陈其愚，诛之。

编 三月，以蔡复一为川、贵总督，兼巡抚贵州，赐尚方剑。

编 荫魏忠贤弟侄一人锦衣百户。

编 夏五月，以许显纯掌北镇抚司理刑。

编 六月，左副都御史杨涟疏劾魏忠贤二十四大罪。

纪 涟言："忠贤原一市井亡赖人耳，中年净身，夤入内地，初犹谬为小忠、小信以幸恩，既而敢为大奸、大恶以乱政。祖宗之制，以票拟托重阁臣，责无他委，自忠贤擅权，旨意多出传奉，径自内批，坏祖宗二百年来之政体，大罪一也。刘一燝、周嘉谟同受顾命之大臣也，忠贤急于翦己之忌，不容陛下不改父之臣，大罪二也。先帝一月宾天，进御、进药之间实有隐恨。执春秋讨贼之义者孙慎行也，明万古纲常之重者邹元标也，忠贤一则逼之告病去，一则嗾言官论劾去。顾于护党气殴圣母之人，曲意绸缪，终加蟒玉以赠其行。亲乱贼而雠忠义，大罪三也。王纪、钟羽正先年功在国本，及纪为司寇，执法如山，羽正为司空，清修如鹤，忠贤一则使人交谇于堂，辱而迫之去，一则与沈潅交构，陷之削籍去。必不容盛时有正色立朝之直臣，大罪四也。国家最重无如枚卜，忠贤一手握定，力阻前推之孙慎行、盛以弘，更为他辞以锢其出。是真欲门生宰相乎？大罪五也。爵人于朝，莫重廷推，去岁南太宰、北少宰所推皆点陪贰，致一时名贤不安位去。颠倒有常之铨政，掉弄不测之机权，大罪六也。圣政初新，正资忠直，乃满朝荐、文震孟等九人，抗论稍忤忠贤，传奉尽令降斥，屡经恩典，竟阻赐环。长安谓陛下之怒易解，忠贤之怒难调，大罪七也。然犹曰外廷之臣了也；传闻宫中有一旧贵人，以德性贞静荷上宠注，忠贤恐其露己骄横，谋之私比，托言急病，立刻掩杀。是陛下且不能保其贵幸矣，大罪八也。犹曰无名封也；裕妃以有喜得封，中外欣欣相告，忠贤以抗不附已，属其私比，矫旨勒令自尽。是陛下不能保其妃嫔矣，大罪九也。犹曰在妃嫔也；中宫有庆，已经成男，乃绕电流虹之祥，忽化为飞星堕月之惨，传闻忠贤与奉圣夫人实有谋焉。是陛下不能保其子矣，大罪十也。先帝在青宫四十年，操心虑患，所以护持孤危者，仅王安　人耳。陛下仓猝受命，拥卫防护之中，亦不可谓无微忠。而忠贤以私忿矫旨掩杀于南海子。是不但雠王安，而实敢于雠先帝之老仆与陛下老犬马，略无顾忌，大罪十一也。今日奖赏，明日祠额，要挟无穷，王言屡亵。近又于河间府毁人房屋以建牌坊，镂凤雕龙，干云插汉，又不止于茔地擅用朝官规制，僭拟陵寝而已，大罪十二也。今日荫中书，明日荫锦衣，金吾之堂，口皆乳臭，诰敕之馆，目不识丁，如魏良弼、魏良材、魏良卿等，五侯七贵，何以加兹？大罪十三也。因立枷之法以示威，枷号家人者，欲扳陷皇亲也；扳陷皇亲者，欲动摇三宫也。当时若非阁臣力持，椒房之戚，又兴大狱矣，大罪十四也。良乡生员章士魁，以争煤窑伤其坟脉，托言开矿而致之死。假令盗长陵一抔土，何以处之？赵高鹿可为马，忠贤煤可为矿，大罪十五也。伍思敬、胡遵道以侵占牧地细事，而径置囚阱，草菅士命，使青磷赤壁之气，先结于璧宫泮藻之间，大罪十六也。科臣周士朴执纠织监一事，原是在工言工，忠贤竟停其升迁，使吏部不得专其铨荫，言官不敢司其封驳。大罪十七也。北镇抚臣刘侨不肯杀人媚人，自是在刑言刑，忠贤以其不善锻炼，竟令削籍。明示大明之律令可以不守，而忠贤之律令不可不遵，大罪十八也。科臣魏大中到任已奉明旨，鸿胪寺传单忽传诘责，及科臣覆奏，台省交章，又再亵王言。而煌煌天语，朝夕纷更，令天下后世视陛下为何如主？大罪十九也。东厂原以察奸细非常，不以扰平民也，自忠贤受事，鸡犬不宁。野子傅应星等为之招摇引纳，陈居恭为之鼓舌摇唇，傅继教为之投罟设网，片语违忤，驾帖立下。如近日之逮中书汪文言，不从阁票，不令阁知，而傅应星等造谋告密，日夜未已，势不至于兴同文之狱，刊党锢之碑不已者。当年西厂汪直之僭，恐未足语，此大罪二十也。前韩宗功潜入长安侦探虚实，往来忠贤私房之家，事露始令避去，大罪二十一也。祖制不蓄内兵，原有深意，忠贤创立内操，使羽党盘踞其中，安知无大盗、刺客、深谋不宄之人，识者每为寒心。昔刘瑾招纳亡命，曹吉祥倾结达官，忠贤盖已兼之，大罪二十二也。忠贤进香涿州，警跸传呼，清尘垫道，人人以为驾幸涿州。及其归也，以舆夫为迟，改驾驷马，羽幢青盖，夹护环遮，则已俨然乘舆矣，大罪二十三也。盖宠极则骄，恩多成怨。闻今春忠贤走马御前，陛下曾射杀其马，贷忠贤以不死。忠贤不自畏罪请死，且进有傲色，退有怨言，朝夕堤防，介介不释。从来乱臣贼子，只争一念放肆，遂至收拾不住，奈何养虎兕于肘腋间乎！此又寸脔忠贤，不足尽其辜者，大罪二十四也。凡此逆迹，左右既畏而不敢言，外廷又皆观望而不敢言，即或内廷奸状败露，又赖有奉圣客氏为之弥缝其罪戾，而遮饰其回邪。举朝内外，但知有忠贤不知有陛下。且如忠贤已往涿州矣，一切事情必星夜驰请意旨，票拟必忠贤到始敢批发，嗟嗟天颜咫尺之间，忽漫不请裁，而驰候忠贤意旨于百里之外，事势至此，陛下威灵尚尊于忠贤邪！”疏入，忠贤亦惧祸，泣诉上前，客氏又从中委曲调之，遂令魏广微条旨。广微素固结忠贤，附为同姓，涟疏中复有“门生宰相”语，广微恨之。是时忠贤亦有疏辞厂，疏先下，备极温谕。次日乃下涟疏，切责不少贷。诸臣无不愤激，继涟申奏者不下百余疏，无不危悚激切，俱不听。

编 秋七月，大学士叶向高予告回籍。封光宗选侍傅氏为懿妃，李氏为康妃。

编 九月，大学士孙承宗请贷杨镐、熊廷弼、王化贞死，许之。

纪 承宗出关视师，请宽累臣杨镐、熊廷弼、王化贞死罪，遣戍效用。上许待以不死。

编 冬十月，降吏科都给事魏大中、吏部员外夏嘉遇、御史陈九畴三级，调外。吏部尚书赵南星、左都御史高攀龙乞罢，许之。

纪 大学士韩爌力争，不报，南星等狼狈去国。

编 削吏部左侍郎陈于庭、右都御史杨涟、左佥都御史左光斗籍。

纪 赵南星之去也，铨部以陈于庭代署，西台以杨涟代署，俱留中。及会推冢宰，涟以注籍不与，其所会推乔允升、冯从吾、汪应蛟，上仍以南星私人责之，并责杨涟、河南道御史袁化中，一时尽去，部署为空。

编 十一月，加援辽总兵官毛文龙左都督，赐银币。

编 以崔景荣为吏部尚书。改户部尚书李宗廷掌都察院事。以徐兆魁为吏部左侍郎。

编 十二月，复逮汪文言。

编 乙丑，五年，春正月，起崔呈秀复为御史。

纪 呈秀为高攀龙所纠，乃微服叩赂魏忠贤，愿为忠贤子，呼之以父。忠贤大悦，遂出中旨免其勘，起用。时忠贤窃柄，动曰中旨，兵科给事中李鲁生阿忠贤意，上言“执中者帝，宅中者王，旨不自中出而谁出？”时论鄙之。

编 罢礼部侍郎何如宠、右谕德缪昌期。削太仆寺少卿刘宗周籍。起用阮大成等十一人。

编　二月，大理寺丞徐大化劾杨涟、左光斗。

纪　大化奏涟、光斗党同伐异，招权纳贿；命俟汪文言逮至鞫之。

编　削御史周宗建、李应升、黄尊素、张慎言籍。

纪　工部主事曹钦程复劾赵南星、周宗建、张慎言、李应升、高攀龙、黄尊素、邹维涟、魏大中，大约诬以受熊廷弼赂，以汪文言为之证。

编　夏四月，给事中霍维华疏论梃击、红丸、移宫三案。

纪　霍维华上疏论三案，其略曰："选侍之请封也，请封妃也；妃之未封，而况于后；请之不得，而况于自后；不妃不后，而况于垂帘。臣谓宫不难移也，王安等故难之也。难移宫者，所以重选侍之罪，而张拥戴之功。神祖册立东宫稍迟，诸臣群起而争之，然笃爱震器，始终不渝。倘果如奸邪所称，废立巫蛊之谋，则九阍邃密，乃藉一风癫之张差，有是理乎？非神祖、先帝慈孝无间，王之寀、陆大受同恶相济，开衅骨肉矣。神祖升遐，先帝哀毁，遽发夙疾，而悠悠之口，致疑于宫掖，岂臣子所忍言，孙慎行借题红丸，诬先帝为受鸩，加从哲以弑逆，邹元标、钟羽正从而和之。两人立名非真，晚节不振，委身门户，败坏生平。伏乞严谕纂修诸臣，以存信史。"已而三朝要典成，魏忠贤矫宸翰弁之。

编　五月，命锦衣卫指挥掌北镇抚事许显纯勘问汪文言狱。

纪　辞连赵南星、杨涟、左光斗、魏大中、缪昌期、袁化中、惠世扬、毛士龙、邹维涟、邓汉、卢化鳌、夏之令、王之寀、钱士晋、徐良彦、熊明遇、施天德等。已而忠贤矫旨命显纯复讯之，于是周朝瑞、黄龙光、顾大章并以求缓杨、熊狱入焉。

初，文言再下诏狱，锻炼两月余弗屈，有旨杖之百，其甥悲失声，文言叱曰："孺子真不才，死岂负我哉，而效儿女子相泣邪！"至是下狱，严鞫者四，酷刑备加，弗屈如故，最后不能堪，始仰视许显纯曰："吾口终不似汝心，任汝巧为之，我承焉可也。"显纯诬魏、周诸人以赃，文言蹶起曰："天乎冤哉！以此蔑清廉之士，有死不承！"

编　秋七月，下杨涟、周朝瑞、左光斗、顾大章、袁化中于北镇抚司。

纪　初，狱上，拟涟以移宫一案。许显纯等相与谋，谓不可，入移宫则罪名不大，不假借封疆则难与追赃，遂坐以受熊廷弼贿。涟等不肯承，而显纯榜楚甚酷，无生理。左光斗曰："彼杀我有两法，乘我之不服而亟鞫以毙之，又或阴害于狱中，徐以病闻耳。若初鞫辄服，即送法司，或无死理。”于是靡焉承顺，遂五日一比，惨毒更甚，见者无不切齿流涕。

编 八月，御史张讷请废天下书院。

纪 讷上书论东林书院，诋邹元标、孙慎行、冯从吾、余懋衡；俱削籍。

编 副都御史杨涟卒于狱。

编 吏科都给事魏大中卒于狱，其子学洢死之。

编 决熊廷弼于市。

编 佥都御史左光斗卒于狱。

编 九月，赐魏忠贤印，文曰“顾命元臣”，客氏印，文曰“钦赐奉圣夫人”。

编 顾大章下狱卒。

编 冬十月，皇子生。

编 以兵部尚书高第经略辽东。

编 十一月，戍赵南星于振武卫。

编 以崔呈秀为工部右侍郎。

纪 时殿工兴，魏忠贤借督工，无日不与呈秀屏人密语，呈秀授党人姓名如天鉴等录，忠贤奉为圣书。天鉴录首列东林叶向高、韩爌等十六人，次列东林之党孙鼎相、徐良彦等六人，又列真心为国不附东林顾秉谦、魏广微等十七人。同志录者陈宗器、韩维思、黄尊素、李应升、贺烺等十八人。点将录者首天罡星托塔天王李三才、及时雨叶向高、浪子钱谦益、圣手书生文震孟、白面郎君郑鄤、霹雳火惠世扬、大刀杨涟、智多星缪昌期等三十六人，地煞星神机军师顾大章、旱地忽律游大任、鼓上蚤汪文言等七十二人。

编 丙寅，六年，春三月，辽东经略高第以病免。

编 以王之臣总理辽东、蓟镇、天津、登莱等处军务。

编 以宁前道袁崇焕巡抚辽东。

编 逮前吏部主事周顺昌下狱，杀之。

纪 顺昌，吴县人，时缇骑出，魏大中被逮过吴，顺昌周旋累日，临别涕泗，即以女许配其孙允祎。缇骑趣大中行，语侵顺昌，顺昌张目叱之曰：“若不知世间有不畏死男子邪！若曹归语而忠贤，我即故吏部郎周顺昌也。”大中下狱，御史倪文焕即以缔婚事劾顺昌，削籍。内臣李实复疏参顺昌、高攀龙、李应升、黄尊素、周宗建五人，俱矫旨逮系。缇骑挟威横行，所至索金数千。宗建逮行未三日，而逮顺昌者复至，吴中沸然，士民素德顺昌，闻其逮不胜冤愤。吴令陈文瑞，顺昌所拔士也，夜半叩户求见，抚床为恸。顺昌曰：“吾固知诏使必至，此特意中事耳，毋效楚囚对泣，”颜色不变。语良久，令请顺昌入治装，举家号恸。顺昌改囚服出门，士民拥送者不下数千人。顺昌出赴使署开读。巡抚毛一鹭至署，诸生五六百人王节、杨廷枢、刘羽仪、文震亨等遮中丞，恳其疏救。一鹭流汗，不能出一语。缇骑见议久不决，厉声曰：“东厂逮人，鼠辈何敢置喙！”于是市人颜佩韦等前问曰：“旨出朝廷，乃东厂邪！”缇骑曰：“旨不出东厂将谁出？”众怒，哄然而登，从殴缇骑，立毙一人。顺昌步诣府署，手书别亲友，以是月二十六日行，人无知者。就诏狱，许显纯拷比倍酷，身无完肤，骂不绝口。显纯令狱卒私殒之。临死短章，祈以尸谏，狱卒见而毁焉。

编 水西苗老虎阿引等杀贼翁奢寅来降。

编 夏六月，浙江巡抚潘汝祯请为魏忠贤建祠宇，乞赐额；从之。

纪 时汝祯疏先至，而巡按刘之倅疏迟至一日，忠贤怒，削夺之。

编 阁臣顾秉谦进三朝要典。

编 秋八月，我大清太祖高皇帝崩。

编 九月，我大清太宗文皇帝即位。

编 苏、杭织造李实奏建魏忠贤祠宇成，乞命杭州卫百户沈尚文等永守祠宇，世为祝禧崇报；从之。

纪 祠建于西湖之麓，备极壮丽，阁臣缙绅施凤来撰记，张瑞图书丹，赐额曰“普德”。子衿微有反唇者，则守祠之竖从殴之。自是四方效尤，几遍天下。各曲意献媚，务穷工作之巧。攘民田墓，伐人树木，无敢发声。其上食享祀，一如王公。像以沉香木为之，眼耳口鼻手足宛转一如生人，腹中肺肠皆以金、玉、珠宝为之，衣服奇丽，髻上穴空其一以簪四时香花。一祠木像头稍大，小竖上冠不能容；匠人恐，急削而小之以称冠焉，小竖抱头恸哭，责匠人。

编 皇子薨。大学士顾秉谦回籍。

编 冬十月，以霍维华为太仆寺卿，毛一鹭为南京兵部右侍郎。

明鉴易知录卷十三

明纪

熹宗哲皇帝

编　丁卯，七年，春正月，我大清太宗文皇帝天聪元年。

编　削翰林陈仁锡、文震孟、郑鄤籍。拟孙文豸罪，坐斩。

纪　文豸，仁锡戚也，尝作策论嘲时，魏忠贤知之，因诬文豸造妖言，谤朝政，置重辟。所指妖言者，则韩愈原道篇、钦天监步天歌也。先是仁锡在讲筵因王恭厂火灾，又见正人屠戮，忠贤竭土木不休，讲时不避忌讳；忠贤怒，遂命许显纯拟文豸狱，词连仁锡等，因削职，追夺诰命。

编　夏五月，大清兵围锦州城，分兵围宁远，俱不克而还。

编　六月，海寇郑芝龙等犯闽山、同山、中左等处。

编　秋七月，以田吉为兵部尚书，霍维华为蓟、辽总督。

编　八月，起复崔呈秀为兵部尚书、少傅兼太子太傅，仍兼都察院左都御史。

编　帝崩。

纪　上不豫。时魏忠贤张甚，中外危惧。上召皇弟信王入，谕以当为尧、舜之君，再以善事中宫为托，及委用忠贤语。信王出，上崩。忠贤自出迎王入，王危甚，袖食物以入，不敢食大官庖也。是时群臣无得见王者，王秉烛独坐。或曰忠贤欲自篡，而崔呈秀以时未可，止之。

编　信王由检即位。

纪　王即位于中极殿，受百官朝，毋贺，朝时忽天鸣。

编　九月，东厂太监魏忠贤乞辞位，不许；奉圣夫人客氏出外宅。

编　冬十一月，安置魏忠贤于凤阳，籍其家。

纪　初，上神明默操，忠贤党与林立，莫发其奸。御史杨维垣首纠崔呈秀，语侵忠贤，而崔、魏之势衰。后工部主事陆澄源、兵部主事钱元悫直攻忠贤，贡生钱嘉征上数忠贤十大罪。忠贤不胜愤，哭诉于上，上命内侍读嘉征疏使听之，忠贤震恐丧魄。客、魏相倚，知信邸内监徐应元为上所任，忠贤屈身事之，馈以货，告之辞东厂印，援为后劲，应元果为间。至是谪忠贤凤阳司香祖陵，籍客、魏二氏，安置徐应元于显陵，寻谪戍。

编 魏忠贤、客氏伏诛。

纪 上谕兵部曰："逆恶魏忠贤擅窃国柄，诬陷忠良，罪当死，姑从轻降发凤阳，不思自惩，素蓄亡命之徒，环拥随护，势若叛然。令锦衣卫擒赴，治其罪。"忠贤宿阜城尤氏邸舍，其党密报上旨，知不免，夜自经。

命太监王文政严讯客氏，得宫人娠身者八人，盖出入掖庭多携其家侍媵，冀如吕不韦、李园事也。上大怒，立命赴浣衣局掠死。侯国兴、魏良卿等俱伏诛。

编 追复太监王安官，予祭葬、立祠。

编 以钱龙锡、杨景辰、来宗道、李标、周道登、刘鸿训并为礼部尚书、东阁大学士。

编 罢苏、杭织造。

编 命削田尔耕籍，籍其家。

纪 户部员外王守履奏逆党文臣崔呈秀、田吉、吴淳夫、李夔龙、倪文焕为"五虎"，武臣田尔耕、许显纯、孙云鹤、杨寰、崔应元为"五彪"，乃命籍尔耕家。尔耕贪婪，好罗织诸臣，榜掠惨毒，皆尔耕为之。

编 释大理寺少卿惠世扬、御史方震孺狱。

编 罢各道镇守内臣。

纪 上谕兵部："先朝于宣、大、蓟、辽东江之地，分遣内臣协镇，二柄两操，甚无谓也，且宦官观兵，古来有戒，其概罢之。"

怀宗端皇帝

编 戊辰，怀宗皇帝崇祯元年，春正月，召前兵部尚书霍维华。

纪 维华辞敕命，且述忤珰始末，荐周道登、郭巩；不允辞。

编 许显纯、田尔耕伏诛。

纪 法司追论魏忠贤等罪，上命磔忠贤尸于河间，斩崔呈秀于蓟州，又戮客氏尸，寻复诛显纯、尔耕，天下快之。

编 命内臣俱入直，非受命不许出禁门。

编 二月，以侍读学士温体仁直经筵日讲。免杨涟、熊廷弼等诬赃。

编 三月，以周延儒为礼部右侍郎。

编 夏四月，起袁崇焕为兵部尚书，兼右副都御史，总督蓟、辽、登、莱、天津军务。

编 五月，戎政尚书霍维华罢。

纪 兵部推维华署督师事。工科给事中颜继祖上言："维华狡人，珰炽则附珰，珰败则攻珰。击杨、左者，维华也。杨、左逮而阳为救者，亦维华也。以刑科给事中，三年躐致尚书，无叙不及，有赍必加，即维华难以自解。乞褫革以儆官邪。"遂罢维华行边，寻免官归。

编 光禄寺卿阮大成罢。

纪 大成与左光斗同里，有隙。天启四年吏科都给事中阙，宜补大成，廷议以大成贪邪，遂授魏大中，其后左、魏被陷，皆大成意也。至是，御史毛羽健劾其党邪，明年追削籍。

编 兵科给事中李鲁生、太仆寺少卿李蕃罢。

纪 鲁生当魏忠贤时迎合中旨，倡为执中之说。蕃督学建忠贤祠。至是，给事中颜继祖、御史王之朝劾罢之。鲁生、蕃故与礼科给事中李恒茂号"三李"，谣曰："官要起，问三李。"

编 编修倪元璐追论大学士顾秉谦、魏广微媚珰；夺恩荫，广微寻削籍。

编 六月，兵部议招海盗郑芝龙。

编 是月，大清兵入内地，毁锦州、杏山、高桥三城。

编 秋七月，袁崇焕入朝。

纪 召见平台，慰劳甚至。问以方略，对曰："陛下假臣便宜计五年，全辽可复。"上曰："五年复辽，朕不吝封侯之赏，卿其努力！"阁臣刘鸿训等请收还王之臣、满桂尚方剑以赐崇焕，令便宜行事。上从之。

编 九月，郑芝龙降于巡抚熊文灿。

编 冬十一月，府谷民王嘉胤倡乱，延安人张献忠从之。

纪 是岁延安大饥，嘉胤作乱，献忠从之。献忠阴谋多智，贼中号"八大王"，其部最强，旁掠延安诸郡邑。

编 起朱燮元仍总督贵、湖、云、川、广五省军务。

编 十二月，米脂人李自成起为盗。

纪 延安饥，不沾泥、杨六郎、王嘉胤等掠富家粟，有司捕之急，遂揭竿为盗。自成性狡黠，善走，能骑射。家贫，为驿书，往投焉。已而参政洪承畴击贼，破之，不沾泥等相次俘获，自成走匿山泽间，得免。

编 己巳，二年，夏四月，秦、晋饥，盗起。

纪 朝臣捐俸助饷，上曰："诸臣兴利除害，国家受益多矣，何必言助。"

编 袁崇焕杀左都督毛文龙。

编 秋七月，以司礼太监曹化淳提督东厂。

编 八月，总督贵、湖、云、川、广五省军务朱燮元讨奢崇明、安邦彦，诛之。

纪 时燮元檄滇兵下乌撒，蜀兵出永宁，扼各路要害，而亲帅大军驻陆广，逼大方。崇明号大梁王，邦彦号四裔大长老，歹费小、阿乌继、阿鲊怯等各号元帅，悉力趋永宁，先犯赤水。谍知之，燮元授意守将许成名佯北，诱贼深入，度贼已抵永宁，分遣林兆鼎从三岔入，王国祯从陆广入，刘养鲲从遵义入。邦彦分兵四应，力不支；罗乾象复以奇兵绕出其背，急击之，贼大惊溃，崇明、邦彦等皆被创，汉兵斩其首以献。

燮元不欲穷兵，乃移檄安位，赦其罪，许其归附。而位竖子，不能自决，其群下复谋合溃兵拒明。燮元乃大会诸将曰："水西多山险，丛箐篁，蛮烟瘴雨，莫辨昼夜，深入难出，以此多败。当与诸君扼其要害，四面迭攻，渐次荡除，使贼乏粮，将自毙。"于是焚蒙翳，刬岩穴，截溪流，发劲卒，驰骋百余里，或斩樵牧，或焚积聚，暮还归屯，贼益不能测。凡百余日，所得首功万余级，生口数万。每得向导，辄发窖粟就食，而贼饥甚。刘养鲲遣其客入大方，烧其宫室，悬榜而出。安位大恐，乞降，燮元为奏请，诏许之。

编 冬十月，我大清太宗亲率兵入边，蒙古诸部贝勒、台吉皆以兵会。

编 李自成称闯将。

纪 都城警，诏天下勤王。山西巡抚耿如杞入援，兵溃于涿鹿，叛走秦、晋间山谷，李自成出与之合，旬日间众至万余。推高迎祥为首，称闯王，转寇山西、河南，贼中称自成为闯将。九年，官军击迎祥，斩之，群盗推自成为主。

编　十一月，大清兵南下，京师戒严。

纪　始遣乾清宫太监王应朝监视行营，太监冯元升核军讫，始下户部发饷。又命太监吕直劳军。

编　十二月，逮蓟、辽总督袁崇焕下狱。

编　以礼部侍郎周延儒为礼部尚书、东阁大学士。

编　是月，大清兵北去，京师解严。

编　庚午，三年，春正月，大学士韩爌罢。复故大学士张居正荫，赐故都督戚继光表忠祠。命洪承畴巡抚延绥。

编　二月，我大清太宗遣使持书至明议和。

纪　书言："满洲国皇帝致书明国皇帝：惟师旅频兴，互相诛戮，天之生民，罹祸实甚，言念及此，欲盟诸天地，共结和好，使两国获享太平。不然，何时止息兵戈，以几治安邪？故特遣使持书议和，惟明示之。"又与锦州将士书，令其申奏和议，于是班师。

编　三月，大清兵抵辽河，还沈阳。

编　夏六月，进礼部尚书温体仁东阁大学士。

编　王嘉胤陷黄甫川、清水二营，遂据府谷。

纪　洪承畴与总兵杜文焕围之，贼夜劫营，官兵击败之。

编　王嘉胤等掠延安、庆阳，城堡多陷。

纪　总督杨鹤主抚，不以闻，与陕抚刘广生遣官持牌四出招贼，贼魁黄虎、小红娘、一丈青、龙江水、掠地虎、郝小泉等俱给牒免死，安置延绥、河西，但不焚杀，其劫掠如故，民罹毒益甚。有司莫敢告，而寇患成于此矣。

兵科给事中刘懋上言："秦之流贼非流自他省，即延、庆之兵丁土贼也。边盗倚土寇为向导，土寇倚边盗为羽翼。六七年来，韩、蒲被掠，其数不多，至近年荒旱频仍，愚民影附，流劫泾、原、富、耀之间，贼势始大。当事以不练之兵剿之，不克，又议抚之。其剿也，所斩获皆饥民也，而真贼饱掠以去矣。其抚也，非不称降，聚众无食，仍出劫掠，名降而实非降也。且今斗粟金三钱，营卒乏食三十余月，即慈母不能保其子，彼官且奈兵民何哉？且迩来贪酷成风，民有三金不能供纳赋之一金，至于捕一盗而破十数人之家，完一赎而倾人百金之产，奈何民不驱为盗乎？若营兵旷伍，半役于司道，半折于武弁，所馀老弱，既不堪战，又不练习，当责督抚清汰操练，以备实用也。”

编 山西流贼破蒲州、潞安。

编 冬十月，王嘉胤陷清水营，杀游击李显宗，复陷府谷。

编 十二月，盗神一元破宁塞，据之，杀参将陈三槐，围靖边，遂陷柳树涧、保安等城。

编 辛未，四年，春正月，刑科给事中吴执御请罢理财、加派等事，不听。

纪 执御言：“理财、加派，不得已而用之，未有年余不罢者。捐助、搜括二者，尤难为训。”上曰：“加派原不累贫，捐助听之好义，惟搜括滋奸，若得良有司奉行，亦岂至病民乎！”

编 神一元陷保安，副总兵张应昌击败之。

纪 一元死，弟一魁领其众。

编 命御史吴甡赍金赈陕西饥荒，招抚流盗。

编 二月，神一魁围庆阳。

纪 宜君贼赵和尚等各分犯，不知其数。

编 三月，贼帅孙继业、茹成名等诣总督杨鹤降。

纪 贼六十余人来降，鹤受之。设御座于固原城楼上，贼跪拜，呼万岁。因宣圣谕，令设誓，各解散，或归伍，或归农。自此群盗视总督如儿戏矣。

编 夏五月，我大清太宗定官制，设立六部。

编 神一魁降于总督杨鹤。

纪 一魁降，鹤责数其罪，俱伏谢。一魁有战骑五千，鹤侈其事，上言乞赐数万金赈济。时宜君、雒川盗蜂起，鹤又止巡抚练国事北征，宜、雒贼亦求抚于国事，从之，其胁从饥民各给牒回籍，首领置军中。省臣劾宣、大总督魏云中、陕西总督杨鹤恇怯玩寇，上切责云中等平盗自赎。时言官交论鹤，鹤疏引咎。

编 六月，副总兵曹文诏击斩王嘉胤于阳城，贼复推王自用为首。

纪 自用号曰紫金梁，其党自相名目，有老回回、八金刚、闯王、闯将、八大王、扫地王、闯塌天、破甲锥、邢红娘、乱世王、混天王、显道神、乡里人、活地草等，分为三十六营。

编 秋七月，逮总督陕西三边都御史杨鹤下刑部狱，论戍边。

编 八月，我大清太宗亲统诸军入边至旧辽河而营，蒙古贝勒各率兵来会。

编 九月，以洪承畴总督三边，张福臻巡抚延绥。

编 命太监张彝宪总理户、工二部钱粮，唐文征提督京营戎政，王坤往宣府，刘文忠往大同，刘允中往山西，各监视兵饷。

编 给事中吴执御劾大学士周延儒疏，留中。

纪 执御论延儒："揽权壅蔽，私其乡人，塘报奏章，一字涉边疆盗贼，辄借军机密封下部，明畏廷臣摘其短长，他日败可以捷闻，功可以罪案也。陛下习见延儒摘发细事，近于明敏，遂尔推诚，抑知延儒特借此以行其私乎？"上切责之。执御劾疏凡三上，俱留中。

编 冬十月，命太监监军。

纪 王应朝往关宁，张国元往蓟镇东协，王之心中协，邵希韶西协。

编 十一月，以太监李奇茂监视陕西茶、马，吴直监视登岛兵饷。

纪 初，上既罢诸内臣，外事俱委督抚。然上英察，辄以法随其后，外臣多不称任使者。崇祯二年，京师戒严，乃复以内臣视行营。自是衔宪四出，动以威倨上官，体加于庶司，群相壅蔽矣。

编 张献忠率众降于三边总督洪承畴。

编 壬申，五年，春正月，延绥贼陷宜君，复陷保安、合水。

纪 贼伪为米商入宜君，遂陷之。复陷保安、合水，流入山西者陷蒲州、永宁，大掠四出。山西巡按御史罗世锦归咎于秦，谓"以邻为壑"。给事中裴君赐，晋人也，上言"责成秦之抚镇驱之回秦，而后再议剿抚。"盖当事之无定见如此。

编 洪承畴请留陕西饷银二十万资剿费，并以劝农，从之。

编 三月，削工部右侍郎高弘图籍。

纪 弘图上言："臣部有公署，中则尚书，旁列侍郎，礼也。内臣张彝宪奉总理两部之命，俨临其上，不亦辱朝廷而亵国体乎？臣今日之为侍郎也，贰尚书，非贰内臣，国家大体，臣固不容不慎，故仅延之川堂相宾主，而公座毋宁已之，虽大拂彝宪意，臣不顾也。且总理公署，奉命别建，则在臣部者宜还之臣部，岂不名正言顺而内外平。"上以军兴，饷事重，应到部验核，不听。弘图遂引疾求去，疏七上，竟削籍。

编 三边总督洪承畴等击贼，大败之。斩贼首可天飞，擒其党郝临庵、独行狼，诛之。

纪 先是，延西诸寇，承畴偕曹文诏先后清荡，而铁角城乃边盗薮，郝临庵、可天飞为官军所败，独行狼跳入其伍，耕牧铁角城，为持久计。闻他盗尽平，甚惧。承畴、文诏击破之，斩可天飞，其二贼亦生得，就诛，军声益振。文诏忠勇善战，承畴与下同甘苦，得士卒心，转战四载，斩级三万，西人稍稍休息，然亦惫甚矣。

陕西原任通政使马鸣世奏曰："三秦为海内上游，延安、庆阳为关中藩屏，榆林又为延、庆藩篱，无榆林必无延、庆，无延、庆必无关中矣。乃自盗发以来，破城屠野，四载于兹，良以盗众我寡，盗饱我饥，内鲜及时之饷，外乏应手之援。揆厥所由，缘庙堂之上，以延、庆视延、庆，未尝以全秦视延、庆；以秦视秦，未尝以天下安危视秦。而且误视此流盗为饥民，势焰燎原，莫可扑灭，若非亟增大兵，措大饷，为一劳永逸之计，恐官军骛于东，贼驰于西，师老财匮，揭竿莫御，天下事尚忍言哉！乞敕所司亟措饷二十万，给民牛、种，为兵士犒赏，急图安戢，庶全秦安而各镇安矣。"

编 夏四月，湖广流盗自兴国入江西泰和、吉安等处。

编 秋八月，山西巡抚宋统殷击贼于长子，贼奔沁水。

编 以司礼监太监曹化淳提督京营戎政。

编 冬十一月，罢山西巡抚宋统殷，以许鼎臣代之。

编 海盗刘香老犯福建小埕，游击郑芝龙击走之。

编 张献忠复叛。

编 癸酉，六年，春正月，副总兵左良玉败贼于涉县西，斩其渠。

编 进副总兵曹文诏都督同知。

纪 文诏连败贼于忻、代间，斩首千五百级。

编 二月，诏吏部荐举潜修之士。

纪 谕科道不必专出考选，馆员须应先历知、推，垂为法。

编 大学士周延儒罢归。

纪 延儒以宣府阅视太监王坤疏劾，乞罢，不允。左副都御史王志道上言："王坤不宜侵辅臣。"上召廷臣于平台，谓志道曰："遣用内臣，原非得已。朕言甚明，何议论之多也！昨王坤之疏，朕已责其诬妄。乃廷臣举劾,莫不牵引内臣,岂处分各官皆为内臣邪?”对曰:“王坤直劾辅臣,举朝皇皇,为纪纲法度之忧。臣为法度惜,非为诸臣地也。”上曰:“廷臣于国家大计不之言,惟因内臣在镇,不利奸弊,乃借王坤疏要挟朝廷,诚巧佞也。”因诘志道者再,延儒曰:“志道非专论内臣,实责臣等溺职。”上色稍霁,曰:“职掌不修,沽名立论,何堪宪纪。”立命志道退,延儒遂放归。

编 夏五月,命太监陈大金等监纪各路兵将功罪。

纪 上谕兵部,流寇蔓延,各路兵将功罪应有监纪,特命太监陈大金、阎思印、谢文举、孙茂霖为内中军,会各抚道,分入曹文诏、左良玉诸营。寻复以阎思印同总兵张应昌合剿,汾阳知县费甲镳以逼迫苦供亿,坠井死。

编 六月,海盗刘香老犯长乐。

编 秋九月,总兵张应昌败贼于平山。

纪 应昌获贼首张有义,即一盏灯也。

编 冬十月,帝论囚。

纪 上素服御建极殿,召阁臣商榷,温体仁竟无所平反。陕西华亭知县徐兆麟,赴任七日,城陷,竟弃市,上颇心恻,体仁不为救,人皆冤之。

编 十二月,延绥巡抚陈奇瑜击贼,大破之,贼首皆被诛,延水盗悉平。

纪 时秦贼已尽入晋,流突畿辅、河南至数十万,而延绥贼首钻天哨、开山斧独据永宁关,前阻山险,下临黄河,负固数年不下。奇瑜谋取之,乃阳传总制檄发兵,简众七千人抵延川,潜师疾走入山。贼不虞大兵至,仓皇溃佚,焚其巢,纵击,斩首千六百级。二贼死,分兵击贼首一座城,斩之,延水盗悉平,奇瑜威名著关、陕。

编 是年陕西、山西大饥。

编 甲戌,七年,春正月,山西巡抚戴君恩诱执降盗王刚等,诛之。

纪 降盗王刚、王之臣、通天柱等至太原挟赏,君恩设宴诱刚等,斩之,共斩四百二十九人,而岢岚大盗高加计号显道神尤横。会大旱,饥民投贼者愈众。

编 李自成、张献忠走盩厔、鄠县间。

纪 总督洪承畴率总兵曹文诏等先后剿诸贼，斩获甚众，群贼悉奔入商、雒、兴平大山中，自成、献忠奔盩、鄠间。

编 谪刑科给事中李世祺于外。

纪 以劾大学士温体仁、吴宗达也。山西提学佥事袁继咸上言曰："养风欲鸣，养鹰欲击。今鸣而箝其舌，击而绁其羽，朝廷之于言官何以异此？使言官括囊无咎，而大臣终无一人议其后。大臣所甚利，忠臣所深忧，臣所为太息也。且陛下所乐听者谠言，而天下误以攻弹贵近为天子所厌闻，其势将波靡不止。"上以越职言事，切责之。

编 三月，山西自去秋八月不雨至于是月；大饥，人相食。

编 总理太监张彝宪请入觐官投册，以隆体统，许之。

纪 袁继咸上言："士有廉耻，然后有风俗；有气节，然后有事功。如总理内臣有觐官赍册之令，陛下从之，特在剔厘奸弊，非欲群臣诎膝也。乃上命一出，靡然从风，藩、臬、守、令，参谒屏息，得免呵责为幸。嗟乎！一人辑瑞，万国朝宗，诸臣未觐天子之光，先拜内臣之座，士大夫尚得有廉耻乎！逆珰方张时，义子、干儿，昏夜拜伏，自以为羞；今且白昼公庭，恬不知耻。国家自有觐典，二百余年，未闻有此，所为太息也。"上以越职言事，责之。已，张彝宪亦奏辨，谓"觐官参谒，乃尊朝廷。"继咸复上言："尊朝廷莫大于典例，知府见藩、臬行属礼，典例也；见内臣行属礼，亦典例乎？诸司至京投册吏部各官，典例也；先谒内臣，亦典例乎？事本典例，虽坐受，犹以为安；事创彝宪，即长揖，只增其辱！高皇帝立法，内臣不得与外事；若必以内臣绳外臣，会典所不载。"上仍切责之。

编 夏四月，海盗刘香老犯海丰。

编 六月，罢各道监视太监。

编 总督陈奇瑜受李自成降，复给牌回籍。

纪 奇瑜围自成于汉中车厢峡。会连雨四十日，贼马乏刍，死者过半，弓矢俱脱，贼大窘，自成乃自缚乞降。奇瑜许之，各给免死票回籍，自是复纵横不可制矣。

编 秋七月，李自成陷澄城，围郃阳。

纪 自成闻洪承畴兵至，解围去，转寇平凉、邠州。

编 江西饥，观政进士陆运昌上抚字八条。

编 九月，贼二十余营西至函谷关，东至河阳，连屯百余里。别贼万余，连营雒南、阌乡。

编 陕贼陷扶风。

编 命吴甡巡抚山西。

编 冬十一月，侍读倪元璐上制实、制虚各八策。

纪 元璐上制实八策：曰离敌交，缮旁邑，优守兵，靖降戎，益寇饷，储边才，奠辇毂，严教育。又制虚八策：曰正根本，伸公议，宣义问，一条教，虑久远，昭激劝，励名节，明驾驭。疏入，上令确奏伐交实计，其抚降戎，储边才，留秦、晋饷，馆监教习，俱下部。其制虚八策多系奉旨，不必继陈。既而元璐再陈间敌之术，且请尽撤监视内臣以重边疆，不报。

编 逮陕西巡抚练国事，命李乔巡抚陕西。

编 削总督陈奇瑜职，听勘。

编 十二月，进洪承畴兵部尚书，总督河南、山西、陕西、湖广、保定、真定等处军务，其总督三边如故。

编 总督两广熊文灿遣守道洪云蒸等招刘香老，被执。

纪 文灿令云蒸、巡道康承祖、参将夏之本、张一杰往谢道山招刘香老，被执。文灿奏"云蒸等信贼自陷"，上以"贼渠受抚，自当听其输诚，岂有登舟往抚之理？弛备长寇，尚称未知，督臣节制何事？"命巡按御史确核以闻。已，令文灿戴罪自效。

编 乙亥，八年，春正月，谪兵部职方主事贺王盛于外。

编 河南贼分三道。

编 张献忠掠庐、凤、安庆。

编 夏四月，广东左布政王世德及福建游击郑芝龙合击刘香老，诛之。

纪 芝龙合世德兵击刘香老于田尾远洋，香老胁洪云蒸出船止兵，云蒸大呼曰："我矢死报国，亟击勿失！"遂遇害。香老势蹙自焚，溺死。康承祖、夏之本、张一杰脱归。寻以世德为云南巡抚，加芝龙参将。

编 六月，免陕西巡抚李乔官，以甘学阔巡抚陕西。

编 秦贼摇天动袭陷西和。

编 秋七月，秦贼陷澄城，八月，陷咸阳。

编 命湖广巡抚卢象升总理直隶、河南、山东、四川等处军务，统关、辽兵，赐尚方剑，便宜行事，专制中原。

编 进文震孟礼部左侍郎，兼东阁大学士。

编 冬十月，老回回袭陷陕州。

编 帝下诏罪己，避居武英殿，减膳彻乐。

纪 除典礼外，惟以青衣从事，以示与行间文武士卒甘苦相同之意。

编 十一月，秦贼一字王等部众出关，钞掠诸路。

纪 一字王部众二十万，撞天王统十七万，自潼关出犯阌乡、灵宝，大队东行，尘埃涨天，阔四十里，络绎百里，老弱居中，精骑居外。左良玉与总兵祖宽两军相隔，东西七十里，遥望山头，不敢邀击。贼钞掠诸路，截烧粮草，诸军乏食。

编 十二月，张献忠合诸贼围庐州，分道陷巢县、含山，遂陷和州，沿江下犯江浦。

编 丙子，九年，春正月，以刘宗周为工部右侍郎。

编 授淮安武举陈启新吏科给事中。

纪 启新上言："今天下有三大病，曰科目取人，资格用人，推知行取科道。惟陛下停科目以诎虚文，举孝廉以崇实行，罢推知行取以除积横之习。蠲灾伤钱粮，苏累困之民，而且专拜大将，举行登坛、推毂之礼，使其节制有司，便宜行事，庶几民怨平而寇氛靖。"上异其言，特授吏科给事中，命遇事直陈毋隐。

启新本庸人，时政府觇知上意，必有辟门特达之典，故令启新上书跪正阳门；曹化淳实闻之于内，立致省垣，将借以搏击善类。迨启新既得进，惟从事敝车羸马以逢迎上意，而政府有求皆不应，故政府恨之，不见信任。工部右侍郎刘宗周上言："武生新授吏科给事中陈启新，一言投契，立置清华，此诚盛事。臣愚谓宜先令以冠带办事黄门，稍如试御史例，俟数月后果有忠言奇计，实授未晚，不然如名器可惜何！"

编 总理卢象升大败张献忠于滁州。

纪 献忠合群贼围滁州，象升大败之，贼窜河南。

编 总兵陈永福败李自成于朱仙镇。

纪 自成出河南，攻固始，左良玉遇自成于阌乡，相持六日，永福援之，败之于朱仙镇。自成走登封、密县，寻自成诱别部贼入河南当官兵，而自帅麾下奔汉南，循南山险厄，遵商雒而行，复出陕西，官军败绩于罗家山，失亡士马无算，自成自鄜州至延绥。

编 二月，山西饥，人相食。

编 甘肃总兵柳绍宗败贼过天星于西宁州。

纪 过天星合九条龙等八营西掠兰、河，南扰会宁，洪承畴檄左光先与绍宗合兵击之，绝其西奔。贼复自万安走盐池，两军力战破之。贼穷蹙请降，陕西巡抚甘学阔受其降，安插其部数万人于延安，寻延河劫掠如故。

编 三月，贼九条龙、张胖子从南漳、柳池陷谷城、官山，逼保康。

编 南阳洊饥。

纪 唐王聿键奏："南阳有母烹其女者。"

编 陕西巡抚甘学阔削籍听勘，以孙传庭代之。

编 夏四月，延绥总兵俞翀霄引兵逐李自成，被执。

纪 自成欲往绥德渡河入山西，定边副将张天机力战却之。贼沿河犯朝邑，将围绥德，翀霄引兵逐贼，陷贼伏中，翀霄被执，绥延精卒尽覆。贼分陷米脂、延安、绥德。贼本延安人，至是再入延安，衣锦绣昼游，尚其亲戚，故从乱者益众。

编 是月，我大清太宗建国号曰清，改天聪十年为崇德元年。

编 六月，命司礼太监曹化淳同法司录囚。

编 秋七月，我大清兵至居庸。遣内中军李国辅守紫荆关，许进忠守倒马关，张元亨守龙门关，崔良用守固关，勇卫营太监孙维武、刘元斌防马水沿河。

编 以张元佐为兵部右侍郎，镇守昌平。

纪 时内臣提督天寿山者皆即日往，上语阁臣曰："内臣即日就道，而侍郎三日未出，何怪朕之用内臣邪！"

编 巡抚陕西孙传庭击贼于盩厔，大破之。

纪 擒贼首闯王高迎祥及刘哲等，献俘阙下，磔于市。

编 八月，老回回焚开封西关。

纪 时群盗出没豫、楚间，散而复合。

编 九月，我大清兵从建昌冷口还。

纪 守将崔秉德请率兵遏归路，总监高起潜不敢进，扬言当半渡击之。侦骑报师已尽行四日，起潜始进石门山，报斩三级。

编 以兵部侍郎王家贞巡抚河南，总理直隶、川、湖、山、陕军务。

编 冬十月，工部侍郎刘宗周上疏谏用中官，不报。

纪 宗周上言："人才之不竞，非无才之患，而无君子之患。今天下即乏才，亦何至尽出二三中官下，每当缓急之际，必依以大任。三协有遣，通津临德有遣，又重其体统，等于总督。中官总督，将置总督于何地？是以封疆尝试也。且小人与中官每相引重，而君子独岸然自异，故自古有用小人之君子，终无党比中官之君子。陛下诚欲进君子退小人，而复用中官以参制之，此明示以左右袒也。"不报。

编 起复杨嗣昌为兵部尚书。

编 命采平阳、凤翔诸矿以储国用。

编 总督贵、湖、云、川、广等处军务朱燮元讨摆金、两江、巴香、狼坝，火烘、五洞叛苗，悉平之。

纪 燮元既平叛苗，水西势益孤，又通上下六卫并清平、偏镇四卫道路，凡一千六百余里，设亭障，置游徼，以便往来滇中。沐氏土舍普名声乱，燮元奉命移兵讨诛之。

编 丁丑，十年，春二月，左良玉大破贼于舒城、六安，连战三捷。

纪 时总兵秦翼明败闯塌天于细石岭，擒贼首一条葱、新来虎。贼至英山分营山险，伐竹为筏，谋渡江潜窜大山中。应天巡抚张国维檄左良玉入山搜捕，良玉新立功，骄蹇不奉调发，惮入山险，屯于舒城。国维三檄之，始自舒城进发，贼已饱掠出境。山西总兵王忠以兵援河南，称病数月，不进一军，噪而西归。给事中凌义渠劾之。诏逮王忠入都；革良玉职，杀贼自赎。

编 命陕西巡抚孙传庭兼总理河南。

编 夏闰四月，以熊文灿为兵部尚书，兼副都御史，总理直隶、山、陕、川、湖军务，督剿流寇。

编 河南巡抚陈必谦罢，以常道立代之。

编 六月，大学士温体仁以疾罢归。

编 秋七月，以史可法为右佥都御史，巡抚安、庐、池、泰等处军务。

编 江北贼陷六合，遂围天长。

编 李自成寇泾阳、三原，西安大震。

编 官军败张献忠于黄冈。

纪 献忠复入江北，东掠至仪真，扬州告急。献忠寻西走入楚。

编 八月，以薛国观为礼部左侍郎，兼东阁大学士。

编 冬十月，陕贼过天星同李自成入蜀，混天王、蝎子块随之。川兵大败混、蝎二贼于广元，斩首千级。

编 水西安位死，西南悉平。

纪 位死无嗣，族属争立，朝议欲乘其弊，郡县之，朱爕元上书谏，乃止。爕元遂传檄土目，谕以威德，诸部争纳土献重器。爕元召将吏议，以为众建土司，使其势少力分，则易制；各欲保土地，传子孙，则不敢为逆。乃上奏曰："臣按西南之境，皆荒服也，杨氏反播，奢氏反蔺，安氏反水西。而滇之定番，弹丸小州，为长官司者十有七，二三百年未闻有反者。非他司好逆而定番忠顺也，盖地大者跋扈之资，而势弱者保世之策也。今臣分水西之壤授诸渠长〔又〕(及)有功汉人，咸俾世守，凡其俗虐政、苛敛一切除之，使参用汉法，可为长久计。"制曰"可。"西南遂底定焉。

编 十一月，以司礼太监曹化淳、杜勋等提督京营。

编 戊寅，十一年，春正月，总兵左良玉、陈洪范大破贼于郧西，张献忠请降。

纪 初，献忠为盗，洪范捕获献忠，异其貌而释之，以是怀旧恩乞降于洪范，请率所部杀贼自效。总理熊文灿承制抚之，献忠请置家口于郧西，文灿为请于朝，诏贷其罪，立功自赎。

编 二月，巡按河南御史张任学改都督佥事总兵官，镇守河南。

纪 任学觊得巡抚，且欲荐故丹徒知县张放，极诋诸总兵不足恃，盛称放有奇才，可御寇。上竟以总兵授之，意大沮悔。

编 总督洪承畴大败李自成于梓潼。

纪 自成率残众数千走溪南，孑身入楚依张献忠，不许，至竹溪，献忠谋杀之。自成独乘骡日行六百里走商雒，至淅川老回回营，卧疾半年余，老回回授以数百人，仍出剽掠。

编 夏五月，宣、大总督卢象升以父忧罢，诏以陈新甲代之。

编 六月，逮湖抚余应桂，以方孔炤为湖广巡抚。

编 以杨嗣昌为礼部尚书，兼东阁大学士。

编 秋九月，我大清兵薄墙子岭，总督吴阿衡及中军副将鲁宗文被执，皆不屈，死之。

编 大清兵入密云。

纪 兵部檄宣、大、山西总兵杨国柱、王朴、虎大威入援，总督卢象升立遣三帅入居庸，趋都城，陈新甲亦至，受敕印交代。象升入勤王，中途闻诏，仍赐尚方剑，总督天下援军。

编 冬十月，京师戒严。

纪 召孙传庭于陕西，洪承畴于三边；于是承畴、传庭率诸将合兵五万，先后出潼关入援。

编 以丁启睿为都御史，巡抚陕西。

编 大清兵逼京城。

编 十一月，大清兵克高阳，前太傅、中极殿大学士、兵部尚书孙承宗死之。

编 十一月，括废铜铸钱。

编 十二月，改洪承畴蓟、辽总督，孙传庭保定总督。加传庭兵部右侍郎，赐尚方剑，督诸镇援军。

编 大清兵下山东。

明鉴易知录卷十四

明纪

怀宗端皇帝

编 己卯，十二年，春正月，我大清兵克济南，德王被执。诏逮山东巡抚颜继祖下狱论死。

编 二月，大清兵北旋。

编 巡抚河南常道立削籍，以李仙风为河南巡抚。

编 以司礼太盛崔琳清理两浙盐课赋税。

编 逮河南总兵张任学。

编 三月，左良玉大败河南贼于内乡。

编 夏四月，抚治郧阳戴东旻免，以王鳌永抚治郧阳。

编 五月，张献忠叛于谷城，御史林鸣球死之。

纪 初，贼首高迎祥既诛，李自成困，川西群盗失势，献忠连败，精锐俱尽，始乞抚以缓诛，初无降意。及据谷城，潜句诸贼为犄角，遂复思叛去，举人王秉贞为之谋主。至是，遂杀谷城知县阮之钿以叛，降贼罗汝才九营并起应之。献忠胁御史林鸣球上书求封于襄阳，鸣球不从，遂杀之。

编 秋七月，总理熊文灿、总兵左良玉俱削职，杀贼自赎。

纪 文灿檄诸将进兵谷城，献忠焚谷城西走，与罗汝才合。良玉追贼于房县西，贼设伏罗猴山，良玉兵渡隘入伏中，贼四合围之。突围战，败绩，一军尽没。良玉失其符印，仅收残兵数百走回房县。事闻，文灿、良玉俱革职自效。

编 诏撤各镇内监还京。大学士薛国观免。

编 安庆巡抚史可法以忧归。

编 八月，命大学士杨嗣昌以兵部尚书督师讨贼，赐尚方剑。

纪 初，熊文灿与嗣昌深相结纳，嗣昌冀文灿成功以结上知。文灿既败，嗣昌内不自安，请督师南讨，故有是命。

编　九月，秦兵大破李自成于函谷。

纪　自成众散略尽，其部下相继俱降。自成穷窜汉南，秦兵蹙之于北，左良玉阨武关以南，自成穷蹙不得他逸，食且尽，自经者数四，养子李双喜救之。自成因命军中尽杀所掠妇女，以五十骑冲围而南，遂逃入郧阳，息马深山中。时河南大饥，饥民所在为盗，自成乃自郧、均走伊、洛，饥民从者数万，势复大振。

编　冬十月，杨嗣昌至襄阳。诏逮熊文灿入京，论死。

编　拜左良玉为平贼将军。

纪　良玉所部多降将，杨嗣昌谓可倚以办贼，为请于上，故有是命。

编　是岁，两京、河南、山东、山西旱、饥。

编　彗星见，谕停刑。

编　庚辰，十三年，春正月，逮湖广巡抚方孔炤，命宋一鹤为湖广巡抚。

编　闰月，督师杨嗣昌奏辟永州推官万元吉为军前监纪，从之。

编　二月，杨嗣昌驻襄阳调兵剿贼。

编　平贼将军左良玉大破张献忠于太平县之玛瑙山。

纪　良玉斩贼首万级，献忠精锐俱尽，止千余骑自随，遁走兴、归山中。寻自盐井窜兴、房界上，良玉屯兴安、平利诸山，连营百里，诸军惮山险，围而不攻。贼伏深箐中，重贿山氓市盐刍米酪，山中人安之，反为贼耳目，阴输兵情于贼。献忠得以休息，收散亡，养夷伤，群盗往往归之，兵复振。时罗汝才、过天星七股贼尽入蜀。

编　风霾亢旱，诏求直言。

编　谕户部以保定、永清等郡县刍粮给畿南饥民，发帑金六千赈山东。

编　三月，免畿郡料匠等银，赈京城贫民各钱二百。

编　杨嗣昌次荆门。

纪　嗣昌立大剿营，以新募湖南杀手二千人隶之，更以麾下骑兵为上将营，新抚降丁皆隶焉，以副将猛如虎将之。

编　夏四月，罢郧抚王鳌永，以袁继咸抚治郧阳。

编　五月，减商州、湖广田租。

纪　上以两京及山东、西、河南、陕西各处告饥，命地方有司设法赈济，招徕流徙，抚按躬行州县，定殿最以闻。

编　截漕米万石赈山东。

编　六月，张献忠自兴、房走白羊山。

编　秋七月，发帑金二万赈顺天、保定。

编　八月，发仓粟赈河东饥民，帑金三万赈真定、山东、河南饥民。

编　九月，张献忠、罗汝才陷大昌。

纪　二贼屯夔城山背，贼行营辎重妇女甚众，而诸军多观望不前，但尾贼后，所至关隘，防兵多远遁，贼长驱直过，二贼合兵趋达州，谋西渡。

编　张献忠、罗汝才渡河入巴西。

纪　杨嗣昌命监军万元吉监诸军西行，尾击贼。

编　冬十月，张献忠、罗汝才陷剑州。

纪　官军转战于绵州，二贼渡绵河而西。

编　出帑金万两，市旧棉衣给京师贫民。

编　十二月，李自成陷永宁，杀万安王采𨨗。

纪　自成围永宁，陷之，焚杀一空，杀万安王，连破四十八寨。土贼一斗谷等群盗响应，遂陷宜阳，众至数十万。杞县诸生李岩为之谋主，贼每以剽掠所获，散济饥民，故所至咸归附之，其势益盛。

编　加福建参将郑芝龙署总兵。

纪　芝龙既诛刘香老，海氛颇息，又以海利交通朝贵，浸以大显。

编　是岁，两京、山东、河南、山西、陕西、浙江大旱、蝗，至冬大饥，人相食。

编　辛巳，十四年，春正月，李自成陷河南府，杀福王，前兵部尚书吕维祺死之。自成自号闯王。

纪　自成围河南府，福王募死士逆战，斩获颇多，贼引退。贼以大炮环攻城，城守严不动，及昏而退。总兵王绍禹兵有驰而呼于城上者，外亦呼而应之，绍禹兵即执副使王胤昌于城上，绍禹驰解之，诸军曰："贼已在城下，即总镇其如我何？"挥刀杀守陴者数人，守陴者皆惊坠堞。贼缘堞而上，叛兵迎之，贼遂入。

贼焚福王府，福王及世子俱缒城走，士民被杀数十万，执王胤昌已下各官，皆不死，惟一典史不屈见杀。

河南方大饥，通判白尚文坠城死，其尸为饥民所食，顷刻尽。自成发藩邸及巨室米数万石，金钱数十万，赈饥民。自成迹福王所在，执之。并执前兵部尚书吕维祺。维祺遇王于西关，谓王曰："名义甚重，毋自辱！"王见自成，惶怖顿首乞命，自成责数其失，遂遇害。贼置酒大会，以王为俎，杂鹿肉食之，号"福禄酒"。维祺骂贼，不屈死。世子逸走，遇乱兵劫之，裸而奔于怀庆。

是时群盗辐辏，自成自称闯王，雄诸贼。事闻，上震怒，逮王绍禹，磔之，籍其家。

编 副将猛如虎率诸将及张献忠、罗汝才于开县，大战，败绩，二贼东走。

纪 初，贼南窜，督师监军元吉欲从间道出梓潼扼归路以待贼，杨嗣昌檄诸军蹑贼急追，不得距贼远，令他逸。诸将皆尽向泸州，贼折而东返，归路尽空，不可复遏。至是猛如虎率诸将及贼于开县，参将刘士杰奋先挥戈而进，如虎亦率亲兵从之。士杰奋勇前搏贼阵，连胜之。献忠凭高而望，见后军无继，左军皆前却不进，因以精锐绕谷中出官军后，驰而下，左军先溃，士杰及游击郭关、如虎子先捷皆战死。前军已覆，如虎突战，溃围出，马仗军符尽失。贼东走巫山、大昌。元吉赴开县收召残兵，祭阵亡诸将，哀动三军。嗣昌在云阳，闻开县失利，始悔不用诸将扼归路之谋矣。贼既度巫山，昼夜疾走兴、房山中。

编 二月，李自成寇开封，巡按高名衡、周王恭枵悉力御之，贼乃退。

编 诏逮河南巡抚李仙风，以高名衡巡抚河南。

编 张献忠陷襄阳，杀襄王，兵备副使张克俭、推官郦曰广死之。

纪 献忠、罗汝才走宜城，侦襄阳无备，简二十骑持符伪为官兵，夜至城下，守者验符信启关。贼既入，即挥刀大呼杀门者，城中先伏贼百余，俱起应之，纵火，光烛天。贼大队疾驰至，城中大乱，门洞开，昧爽，贼尽入城。知府王承曾突围走，克俭、曰广皆死之。贼焚襄王府，执襄王。献忠据坐王宫，坐王堂下，劝之以卮酒曰："吾欲断杨嗣昌头，而嗣昌远在蜀；今当借王头，使嗣昌以陷藩伏法。王其努力尽此一杯酒。”因缚王杀之，投尸火中。福清王常澄逃免，潜遣人索王尸，已烬，仅拾颅骨数寸以归。贼杀宫眷并贵阳王常法，尽掠宫女，发银十五万以赈饥民。襄阳守兵数千，军资器械山积，尽为贼有。左良玉同袁继咸发兵驰援，已不及。贼渡江破樊城，陷光州、新野。

编　李自成陷归德。

编　三月，督师大学士杨嗣昌自缢于军。

纪　时李自成已陷河南，福王遇害。嗣昌以连失二郡，丧两亲藩，度不免，遂自尽。监军元吉部署行营，命猛如虎驻蕲、黄，防张献忠东逞。

编　削平贼将军左良玉职，戴罪平贼，逮郧抚袁继咸入京。

编　夏四月，召前大学士周延儒入朝。

编　进陕督丁启睿兵部尚书，代杨嗣昌督师讨贼。

编　左良玉率兵击李自成于南阳，自成北走。

纪　自成屯于卢氏，永宁宝丰举人牛金星向有罪，当戍边，降于贼。自成以其女为妻。金星荐卜者宋献策，善河、洛数。献策长不满三尺，见自成献图谶，云“十八孩儿当主神器”，自成大喜，拜军师。

编　张献忠、罗汝才合兵陷随州，知州徐世淳死之。

纪　世淳合户被杀，吏民屠僇不遗，血流成沟浍。

编　五月，出兵部尚书傅宗龙于狱，以右侍郎都御史督陕西兵讨贼。

编　秋七月，罗汝才北走李自成营。

纪　汝才不合于张献忠，走邓州，与自成合营。时自成有众五十万，复得汝才军，众益炽。

编　八月，左良玉击张献忠于信阳，大败之。

纪　良玉败献忠于信阳，夺其马万余，降众数万。献忠负重伤，易服夜遁，窜入山中。良玉军声大振。

编　九月，张献忠奔李自成。

纪　初，献忠与自成并起延西，以狡诈雄长。自陷襄阳，杨嗣昌缢死，自以威名远出自成右。及败来归，仅从数百骑。自成方强，欲屈之，献忠不为下，自成怒，欲杀之。罗汝才知之，阴选五百骑资献忠，令他徙；献忠乃尽夜东驰，与回、革诸贼合，入霍山扼险拒守。

编　陕西总督傅宗龙与保定总督杨文岳会兵讨李自成，败绩，宗龙被执，死之。

纪　宗龙与文岳之兵会，诸将贺人龙、李国奇将秦兵，虎大威将保定兵，共结浮桥渡河，合兵趋项城。自成、罗汝才亦结浮桥于上流，觇官军至，尽伏精锐松林中，阳驱诸贼自浮桥西渡。宗龙、文岳两军并进，次孟家庄，诸军散行墟落以求刍牧，贼突起林中，搏官军，人龙、国奇两军俱溃。人龙、大威北奔，国奇从之。保定兵宵溃，文岳夜奔项城。

宗龙独立营当贼垒，贼筑重围以困之。夜漏二下，宗龙潜勒军突贼营，溃围出，诸军星散，宗龙徒步率散卒且战且走。翌日，至项城，贼及之，被执。至城下，贼呼于门曰："我秦督官军也，请启门纳秦督。"宗龙大呼曰："我秦督也，不幸堕贼手，左右皆贼耳，毋为所绐。"贼唾宗龙，宗龙骂曰："我大臣也，杀则杀耳，岂能为贼诈城以缓死！"贼抽刀击宗龙，中脑而仆，复厉声骂贼，断其耳鼻，死城下。遂陷项城，屠之。诏复宗龙兵部尚书、太子太保。

编　冬十月，张献忠召六营贼复出，攻舒城。

编　十二月，李自成围开封，总兵陈永福射中自成左目，自成退屯朱仙镇。

纪　自成、罗汝才合兵陷禹州，徽王遇害，复围开封。巡抚高名衡、永福等竭力守御，周王贮库金于城头，擒一贼者予百金，斩一首者五十金，战没者恤其家五十金，伤者以轻重为差，杀贼甚众。永福射中自成左目，自成屯朱仙镇。内乡、镇平、唐县、新野俱降于贼，邓州知州刘振世死之。

编　是岁，两京、山东、河南、浙江大旱、蝗。

编　壬午，十五年，春正月，李自成攻开封，不克，解围去。

纪　自成攻开封益急，洞车附城，凿城搏土而空之，广数尺，实以火药，燃之，一烘而裂，曰小放；窟城纵横数丈，实火药，燃之，一发震天，曰大放。贼以精骑数千布围于外，执汴人畚土穴城为大窟十余，辇火药数万斤，百炬齐燃，贼擐甲持矛，望城崩，将拥入。贼穴城畚其土砾于外，累累成阜，火药一发崩天，砖缶皆飞鸣外向，贼之布围于外者，人马成血糜，城之未穿者坚如石犹寻丈，贼骇，解围去。

编 起孙传庭兵部侍郎，总督陕西兵剿寇。

编 二月，我大清兵破锦州，辽东巡抚邱民仰被执，不屈死之。

纪 先是锦州围急，民仰与总督洪承畴进至松山为声援，诸将王朴等军大溃，民仰、承畴入守锦州城，誓以同死。至是，民仰被执，不屈死。事闻，赠右都御史。

编 李自成、罗汝才陷陈州，兵备副使关永杰等死之。

纪 自成、汝才合群盗八十万围陈州，永杰率士民死守。贼周围四十里，更番进攻，永杰力竭，城陷，战死城上。乡绅崔必之、举人王受爵等咸手刃数贼，被执，骂贼死。贼怒，屠陈州。

编 夏四月，陕西总督孙传庭杀总兵贺人龙。

纪 传庭檄召诸将于西安听令，人龙以兵来会。传庭大集诸将，缚人龙坐之旗下而数之曰："尔为大帅，遇寇先溃，致秦督委命贼手，一死不足塞责也！"因命斩之，诸将莫不动色。因以人龙兵分隶诸将，刻期进讨。人龙，米脂人，初以诸生效用，佐督抚讨贼，屡杀贼有功，总全陕兵。叛将剧贼多归之，人龙推诚以待，往往得其死力。朝廷尝疑人龙与贼通，密敕传庭杀之。贼闻人龙死，酌酒相庆曰："贺风子死，取关中如拾芥矣。"

编 李自成、罗汝才复攻开封。

纪 先是贼再攻不克，士马多杀伤，群贼畏葸，日逃亡数千。贼乃申约，围而不攻，以坐困之。

编 五月，以郑三俊为刑部尚书。

编 张献忠袭陷庐州，知府郑履祥死之。

纪 先是献忠遣英、霍游民阳为贸易者，潜入庐州城。适督学御史以较士至郡，献忠遣贼数百，负书卷，衣青衿，杂诸生应试者旅寓城中。夜漏三下，献忠卷甲疾驰入郡，城中贼纵火应之，城陷，学使者及兵备副使蔡如蘅俱走，知府郑履祥死之。庐州城池高深，贼屡攻不能克，至是一夕而陷。

编 以马士英为兵部左侍郎兼右佥都御史，提督凤阳。

编 六月，以蒋德璟、黄景昉、吴甡并为东阁大学士。

编 张献忠复陷六安。

纪 献忠将州民尽断一臂，男左女右。总兵黄得功、刘良佐兵救六安，再战败绩，得功归定远。献忠再陷六安，挫得功、良佐兵，谋渡江入南京，遂僭号改元，刻伪宝，选自宫男子，伪署总兵以下官。

编 秋七月，诏援开封诸军皆溃，逮督师丁启睿下狱，保督杨文岳削职听勘。

纪 贼围开封久，守臣告急援剿，总兵许定国以山西兵渡河援之，定国兵溃于覃怀，总督援剿诸军溃于河上。时丁启睿、杨文岳合左良玉、虎大威、杨德政、方国安诸军次于开封朱仙镇，与贼垒相望。启睿督诸军进战，良玉曰："贼锋方锐，未可击也。"启睿曰："汴围已急，岂能持久，必击之。"诸将咸惧。请诘朝战。良玉以其兵南走襄阳，诸军相次而走，督师营乱，启睿、文岳联骑奔汝宁，贼渡河逐之，追奔四百里，丧马骡七千，兵数万俱降贼。事闻，诏逮启睿下狱，革文岳职，听勘。

编 八月，改郑三俊为吏部尚书，范景文为刑部尚书，进刘宗周左都御史。

编 九月，河决开封，贼浮舟入城，肆掠以去。

纪 开封久困，食尽，人相食。诏山东总兵刘泽清援开封。泽清立营朱家寨，贼攻之三日，诸兵不至，泽清引兵去开封城北十里，枕黄河。巡抚高名衡、推官黄澍等城守且不支，恃引河水环壕以自固，更决堤灌贼，可溃也。至是，河决开封，贼先营高处，然移营不及，亦沉其卒万人。河流直冲入城，势如山岳，水骤长二丈，士民溺死数十万。高名衡、陈永福咸乘小舟至城头，周王府第已没，从后山逸出西城楼，督师侯恂以舟迎王，总兵卜从善以水师至开封城上，黄澍从王乘城夜渡，达堤口。诸军列营朱家寨。城中遗民尚余数万，贼浮舟入城，尽掠以去。

编 黄得功大破张献忠于潜山。

编 杀兵部尚书陈新甲。

纪 初，周延儒为营解甚力，因奏："国法，大司马兵不临城不斩。"上曰："他边疆即勿论，僇辱我亲藩七，不甚于薄城乎！"不听。

编 冬十月，我大清兵自墙子岭入蓟州。

编 刘良佐再破张献忠于安庆。

纪 夺马骡五千，救回难民万余。献忠引兵西走蕲水。

编 李自成复陷南阳，屠之。

编　十一月，以赵光忭为兵部右侍郎兼右佥都御史，总督蓟州、永平、山海、通州、天津诸镇军务。

编　左都御史刘宗周上言六事。

纪　宗周言六事：曰建道揆，京师首善之地，先臣冯从吾立首善书院，臣请亟复之以昭圣明政治之本。曰贞法守，高皇帝读老氏“民不畏死，奈何以死惧之”，立焚锦衣刑具。请一切狱词专听法司，不必下锦衣。曰崇国体，大臣自三品而上犯罪者，宜令九卿科道会详之后，乃付司寇，司寇议辟，始得收系，此于僇辱之中，不忘礼遇之意。曰清伏奸，凡禁地匿名文书，请一切立毁。曰惩官邪，京师士大夫与外官交际愈多愈巧。臣必为风闻弹劾之，惟祈严断。曰饬吏治，今吏治之败，无如催科火秏，词讼赎锾，已复为常例矣，至于营升谢荐，巡方御史尤甚。臣请以风宪受赃之律，为回道考察第一义。上是之。

编　闰月，我大清分兵南下。

编　李自成陷汝宁，保定总督杨文岳、分巡佥事王世琮被执，死之。

纪　自成合诸贼围汝宁，监军孔贞会以川兵屯城东，杨文岳以保定兵屯城西。贼兵进攻，相拒一昼夜，川兵溃，保定兵不支。贼四面环攻，戴扉以障矢石，云梯如墙而立，城上矢石俱下，贼死伤众而攻不休，一鼓百道并登，执文岳及王世琮于城头。文岳、世琮厉声骂贼，贼怒缚文岳等以大炮击之，洞胸糜骨以死。世琮初授河南推官，屡却贼，射矢贯耳不动，号“王铁耳”。贼屠上民数万，燔烧邸舍无遗。寻拔营走确山，向襄阳，掠崇王由樻及世子、诸王、妃嫔以行。

编　下礼科给事中姜埰于狱。

纪　先是上戒谕言官，又时有匿名书二十四气之说，隐诋朝士。埰言：“陛下修省罪己，又致戒言官，唯视言官独重，故望之独切，若云代人规卸，安敢谓尽无其事。臣独展转而不得其故，皇上何所闻而云然乎？如诽语腾谤，必大奸巨慝，恶言官而思中之，谓不重其罪，不能激陛下之怒，箝言官之口。后将争效寒蝉壅蔽天听，谁为陛下言之哉！”上怒，立置狱。

编　削左都御史刘宗周籍。

纪　上召廷臣于中左门，问御敌及用督抚之宜。宗周曰：“使贪使诈，此最误事，为督抚者须先极廉。”上曰：“亦须论才。”宗周退。御史杨若桥举西洋人汤若望演习火器，宗周进曰：“唐、宋以前，用兵未闻火器，自有火器，辄依为劲，误专在此。”上色不怿，曰：“火器终为中国之长技。”命宗周退。群臣以次对，上色解。宗周又进请释姜埰、行人右司副熊开元，言：“厂、卫不可轻信，是朝廷有私刑也。”上遽怒，仰视屋梁曰：“东厂、锦衣卫俱为朝廷，何公何私？”宗周抗论不屈。左副都御史金光宸言宗周无他意，上益怒，责宗周，免冠谢，徐起退。寻廷杖姜埰、熊开元，仍下狱，宗周削籍，光宸降调。吏部尚书郑三俊、刑部尚书徐石麒各疏救，不听；石麒罢。

编　十二月，李自成陷襄阳，分兵逼荆州。

纪　偏沅巡抚陈睿谟弃荆州，奉惠王走湘潭。自成至荆州，士民开门迎之。贼入荆州，荆州诸县土寇蜂起。

编　河南巡抚高名衡免，以巡按御史王汉代之。

编　是岁，两京、山东、河南、浙江大旱、蝗。

编　癸未，十六年，春正月，李自成陷承天，巡抚宋一鹤、钟祥知县萧汉死之。

纪　自成围承天，知府开门迎贼。巡抚宋一鹤时守城，下城巷战，将士劝之走，一鹤不听，挥刃击杀贼数人而死。钟祥知县萧汉，有贤声，贼戒其部曰：“杀贤令者死无赦！”乃幽之寺中，戒诸僧曰：“令若死，当屠尔等！”僧谨视之。汉曰：“吾尽吾道，不碍汝法。”遂自经。贼改承天府曰扬武州。

巡按李振声守显陵，迎降贼，贼列之上班。振声自以与贼同姓，肩舆出入营中，扬扬自得。贼欲发显陵，忽大声起山谷，若雷震，贼惧而止。总兵方国安等退屯汉口，左良玉退屯芜湖。

初，自成流劫秦、晋、楚、豫，攻剽半天下，然志乐狗盗，所至焚荡屠灭。既而连陷荆、襄、鄢、郢，席卷河南，有众百万，始侈然以为天下莫与争，思据有城邑，擅名号矣。群贼俱奉其号令，推自成为奉天倡义文武大元帅，号罗汝才曰代天抚民德威大将军。自成据襄阳，号曰襄京，其余所陷郡县俱改易名号。修襄王宫殿，设官分职。封崇王由横为襄阳伯，邵陵王在城、保宁王绍圯、肃宁王术授俱降贼，改封伯。伪政府侍郎喻上猷荐列荆州绅士，贼下檄征之，江陵举人陈万策、李开先在所荐中，伪檄下，万策自经，开先触墙死。

编 张献忠陷蕲水,屠之。

编 二月,李自成陷郏县,知县李贞死之。

纪 自成分兵为四:老回回守承天,罗汝才守襄阳,革里眼往黄州,自将其一。自成攻郏县,李贞率士民坚守,一昼夜杀伤甚众,贼百道环攻,一鼓而拔,纵兵大杀。贞大声叱贼曰:“驱百姓死守者,知县耳,妄杀何为!”骂贼不已,自成怒,褫其衣,倒悬于树。贞大呼曰:“高皇帝有灵,我必诉之上帝以杀贼!”贼断其舌,剐之。母乔氏及妻俱死。

编 三月,命大学士吴甡出督师以讨贼。

纪 甡出督师,给五万金旌功。以大理评事万元吉为职方员外郎,仍充督师,军前赞画。

编 夏四月,大清兵北旋。

编 李自成袭杀革里眼、左金王,并其众。

编 李自成杀罗汝才,并其众。

编 张献忠陷黄州,副使樊维城死之。

纪 献忠自蕲水疾驰至黄州,乘大雾攻城,黎明城陷。执维城,欲降之,维城骂贼不屈,贼刺之洞胸死。献忠据府自称西王。

编 五月,张献忠陷武昌,参将崔文荣、前大学士贺逢圣、楚府长史徐学颜死之。

纪 总兵方国安率兵七千扼蕲州,献忠西向武昌,武昌武备积弛,闯、献交窥江、汉。时议募兵守城,而库藏空绌。楚王有积金百万,长史徐学颜请王发金数十万以赡军,不听。大学士贺逢圣家居,倡义捐赀募兵,佥谓宜募土著,适承天、德安溃兵俱下,楚王尽募之为军锋,以学颜领之,号“楚府兵”。

献忠沿江而上,悉师破汉阳,临江欲渡。武昌大震,议撤江上兵婴城守,参将崔文荣曰:“守城不如守江,守江不如守汉。磨盘、煤炭诸洲浅不过马腹,纵之飞渡,而婴城坐困,非策也。”议者不从,贼果从煤炭洲而渡,直逼城下。文荣御之,小有斩获。贼攻武胜门,文荣率诸军拒之,多杀伤。

楚府新募兵为贼内应,开门迎贼,文荣跃马持矛大呼,杀贼三人,贼攒矛刺之洞腋死。逢圣与文荣俱守武胜门,城陷归家,衣冠北向再拜,以巨舟载其家出墩子湖,至中流,凿舟,全家溺者十二人。学颜与贼格斗，断左臂，右手持刀不仆，贼支解之，一门死者二十余人。

贼执楚王，尽取宫中积金百余万，辇载数百车不尽，楚人以是咸憾王之愚也。贼沉王于西湖，屠僇士民数万，投尸于江，尚余数万人，纵之出城，以铁骑围而蹙之江中，浮尸蔽江而下，武昌鱼几不可食。其遗民数百，多刖断手足，凿毁目鼻，无一全形者。献忠遂据楚王府，僭称武昌曰京城，伪设六部五府，铸西王之宝，开科取士，授郡县官。

初，李自成兵临汉阳，不克，闻献忠取之，自成怒，榜示远近曰："有能擒献忠以献者赏千金。"及闻取武昌，复遣人贺之曰："老回回已降，曹、革、左皆被杀，行将及汝矣。"献忠得书而惧，多赍金宝报使于自成。自成留其使，献忠恨之。

编 大学士周延儒罢。进修撰魏藻德为礼部右侍郎，兼东阁大学士。

编 六月，立赏格，购李自成万金，爵通侯；购张献忠五千金，官极品，世袭锦衣指挥；余各有差。

编 进孙传庭兵部尚书，总制应、凤、江、皖、豫、楚、川、黔剿寇军务，仍总制三边。

编 李自成大造战舰于荆、襄，遣老回回攻常德。

纪 自成谋自王于荆，其亲信大帅二十九人分守所陷郡邑。自成自随骑兵五营，营精骑二千，步兵十四哨，哨精卒三千，刘宗敏总步，白旺总骑。每屯以骑兵一营外围巡徼，昼夜更番，余营以次休息，警候严密，人不得逃逸，逸者追获必磔之。营兵不许多携辎重。兵各携妻孥，生子弃之，不令举。男子十五以上四十以下，咸掠为养子，为奴隶，故每破一邑，众辄增数万。每一精兵则畜役人二十余，其驮载马骡不与焉，众实五六万，且百万也。虽拔城邑，不听屋居，寝处布幕，弥望若穹庐。其甲缝绵帛数十重，有至百者，轻而韧，矢镞铅丸不能入。每战，一骑兵必二三马，数易骑，终日驰骤而马不疲。严寒则掠茵荐布地以藉马足，或刳人腹为马槽，实以刍菽饲之，饮马则牵人贯耳流血杂水中，马习见之，遇人则嘶鸣思饮噉焉。行兵倏忽，虽左右不知所往。鸡再鸣，并起蓐食，鞴马以俟。百万之众，惟自成马首是瞻。席卷而趋，遇大川则囊土壅上流，虽淮、泗诸水，乱流而渡。百万合营不携粮，随掠而食，饱则弃馀，有断食断盐数月者。临阵铁骑三重，反顾则杀之，战不胜，马兵阳北，官军乘之，步兵拒战，马兵绕而合围，无不胜矣。以牛金星为谋主，日讲经一章，史一通。每有谋画，集众计之，自成不言可否，阴用其长者，人多不测也。

其攻城分昼夜为三番，以铁骑布围，步兵内薄向城，人戴铁胄，蒙铁衣，携椎斧凿城，得一砖甓即还，易人以进穴城，可容一人则一人匿之，畚土以出，以次相继，遂穿空旁侧，迤四五步留一主柱，巨缅系之，去城十余丈，牵缅倒柱，而城崩矣。望风降者不焚杀，守一二日杀十三四，或五六日不下则必屠矣。杀人数万，聚尸为燎，名曰"打亮"。城将陷，以兵周布壕外，縋城者杀之，故城陷必无噍类。掠马骡为上功，次军仗，次币帛、衣服，次珍宝，其金银恒散弃之，或以代铅置炮中。屠城则夷其城垣，令后莫与为守。立投顺牌四，凡破城，四向负牌至村落，降者即负牌过别村，否则加兵。牌所至日蹙千里。

性惨酷，断耳劓目，截指折足，下心镙体，日以为常，谈笑对之。性又淡泊，食无兼味，一妻一妾皆老妪，不畜奴仆。无子，以李双喜为养子，嗜杀更酷于自成。自成在襄阳，以构殿、铸钱皆不成，斩一谋士，令术士问紫姑，卜之不吉，因立双喜为太子，改名洪基以厌之。铸洪基年为钱，又不成。时闻秦督兵将至，留毛贼守襄阳家口，自成率精锐往河南。

编　秋七月，以史可法为南京兵部尚书。

编　督师孙传庭发兵潼关，分道讨李自成。

纪　以总兵牛成虎、卢光祖为前锋，会河南总兵卜从吉、陈永福合兵洛阳之下池塞，檄左良玉以兵自九江赴汝宁夹击贼。大营移宛向洛，诏蓟、辽总兵白广恩、四川总兵秦翼明入卫。土汉官兵，陕西三镇兵俱随督师进讨。传庭以副总兵高杰将降丁为中军，命翼明出商、洛为掎角，总兵王定、官抚民率绥、夏二镇兵为后劲。

编　八月，孙传庭次阌乡。

编　督师孙传庭克宝丰，诛伪州牧陈可新，遂入唐县，贼家口悉伏诛。

纪　传庭次汝州，伪都尉四天王李养纯率所部来降，知贼并兵守宝丰。传庭进军宝丰，合围，贼坚守不下，李自成以轻兵来援，战于城东，白广恩、高杰、卢光祖分兵逆战，却之。翊日，贼复以精骑数千直攻官军，诸将复击走之。传庭曰："宝丰不即下，而贼救大至，则腹背受敌矣。"亲督诸军悉力攻城，拔之，斩陈可新等数千级，遂以大兵捣唐县。

时贼家口尽在唐县，贼发精骑来援，官军已入城，尽杀贼家口，贼满营痛哭，誓杀官兵。

编 督师孙传庭复郏县，李自成将兵逆战，官军大败之，自成奔襄城。

纪 传庭自朱仙镇而南，大雨六日，粮车日行三十里，又道淖，未至，士马俱饥。或劝传庭旋师就运，传庭曰："军已行，即还亦饥，奚济乎，要当破一县就食耳。"传庭复郏县，县俱穷民，集骡羊二百余，顷刻分脔食尽，不足给，命河北、山西就近饷传庭军。自成将步骑万余逆战，官军前锋击断自成坐纛，进逐之，贼披靡，贼营逃亡者相属。时传庭前锋尽收革、左故部，皆致死于贼，而高杰统诸降贼，备悉贼中曲折，自成遣其弟一只虎逆战，三战三北，自成奔襄城，诸军进逼之，自成累败而惧，挑土筑墙自守。已食尽，贼有饥色。

编 以司礼太监王承恩督察京营戎政，韩赞周守备南京。

编 九月，张献忠陷永州，巡按湖南御史刘熙祚死之。

纪 初，献忠袭陷衡州，桂王及吉、惠二王走永州。至是，献忠拆桂王府殿材至长沙构造宫殿，遣兵南追三王至永州。熙祚督水师御之，遣兵护三王南行入广西，而自入永州死守。奸人内应，开门迎贼，熙祚被贼执。贼欲胁降之，不屈，囚之永阳驿中，闭目绝食，题绝命词于壁，贼再三谕降之，临以白刃，熙祚大骂不已，遂遇害。于是全楚皆陷。

编 督师孙传庭军与李自成兵战，败绩，传庭还军潼关。

编 初，大雨连旬，传庭军乏饷，兵噪于汝州，降盗李际遇阴通贼，贼率精骑大至。传庭问计于诸将，高杰请战，白广恩曰："我师困，宜驻师分据要害，步步为营以薄贼，易耳。"传庭恐贼遁，曰："将军何怯，独不如高将军邪！"广恩不怿，引所部八千人先去。贼前锋名"三堵墙"，一红，一白，一黑，各七千二百人来薄。官军接战，陷贼伏中，贼乘之，官军大败。高杰麾众退，诸军尽西走，贼驱大队疾追，一日驰走四百里，至于孟津，官军死亡四万余人，尽丧其军资数万。传庭与杰收散亡数千骑，走河北。贼别将克汝州，自成向潼关，白广恩击破之，传庭亦回军潼关，众尚四万。

编 冬十月，李自成陷渭南，督师孙传庭、知县杨暄死之。

纪 一只虎陷阌乡，即自成弟李过也。疾走至潼关，获督师大纛，贼以纛绐守关者，乘间突入，潼关陷，李自成间道缘山崖出潼关后，夹攻，官军大溃。贼既入关西行,一只虎陷华阴,传庭及白广恩退屯渭南。贼合众数十万陷渭南,传庭没于阵,杨暄被执,不屈死。贼屠渭南。

编 李自成陷商州,商、洛道黄世清死之。

编 李自成陷西安,陕西巡抚冯师孔,按察使黄炯、长安知县吴从义、指挥崔尔达、秦府长史章世炯等死之。

纪 贼陷临潼,关中人心所在瓦解。冯师孔知寇棘,急入西安收保,俄贼至,师孔督兵出战,城陷,被执,不屈死。黄炯自尽,吴从义、崔尔达俱投井死,章世炯自经死,绅士死者甚众。右都御史三原焦源溥骂贼,磔死。磁州道副使祝万龄至学宫拜先圣,从容自经死。礼部主事南居业骂贼死,宣抚焦源清、参政田时震俱不受伪职死,御史王道纯大骂贼不屈死,解元席增光、举人朱谊泉俱投井死,山东监军佥事王徵七日不食死,都司吏丘从周骂贼死。馀吏民皆相率降于贼,总兵白广恩逃而追获,降之。

初,自成剽掠十余年,既席卷楚、豫,始有大志,然地四通皆战场,所得郡县官军旋复之。至是,既入秦,百二山河,遂不可制。自成据秦王府,伪授秦王存枢权将军。世子妃刘氏曰:"国破家亡,愿求一死。"自成遣归外家。秦藩富甲天下,拥赀十万。贼之犯秦也,户部尚书倪元璐奏曰:"天下诸藩,无如秦、晋山险,用武国也。宜谕两藩,能任杀贼,不妨假之以大将之权;如不知兵,宜悉输所有,与其赍盗,何如享军。贼平之后,益封两藩各一子如亲王,亦足以报之。两王独不鉴十一宗之祸乎?贤王忠而熟于计,必知所处矣。"书上,不报。至西安陷,秦藩府库尽为贼有。贼分兵徇诸县,皆陷。蒲城知县朱一统抱印投井死。

初,自成在楚议所向,牛金星请先取河北,直捣京师;杨永裕欲先据留都,断漕运;独顾君恩曰:"否,否!先据留京,势居下流,难济大事,其策失之缓;直捣京师,万一不胜,退无所归,其策失之急;不如先取关中,为元帅桑梓之邦,且秦都百二山河,已得天下三分之二,建国立业,然后旁略三边,资其兵力,攻取山西,后向京师,进退有余,方为全策。"贼从其计。先是贼好杀掠,牛金星劝以不杀,遂严戢其下,民间稍安堵,辄相诳惑,人无斗志。自成遂改西安府为长安,搒掠巨室助饷。

编 李自成分兵略鄜、延,中部知县华堞死之。

编 以兵部侍郎余应桂总督陕西三边,收兵剿寇。应桂迁延不进。

纪 上始闻潼关失守，以余应桂总督陕西三边，收拾边兵，相机剿寇。应桂闻命，饮泣陛辞曰："不益兵饷，虽去何济？"上默然，发帑金五万给军。应桂迁延河上不进。

编 以左副都御史方岳贡为东阁大学士。

编 十一月，李自成陷延安，复陷凤翔，屠之。

纪 总兵王定、高杰自渭南败，各率所部奔延安，自成命贼将田斌守西安，自往塞上。高杰闻贼至，以兵渡河而东，入山西；王定奔榆林。自成陷延安，大会群贼，戎马万匹，旌旗数十里，于米脂祭墓，以五百骑按行，凤翔守将诱而歼之。自成怒，亲攻凤翔，陷之，屠其城。

编 李自成陷榆林，备兵副使都任、总兵尤世威及诸将、一城男妇尽死之。

纪 自成发大兵围榆林，榆林诸将力战杀贼，贼死者万人。贼攻益力，逾旬不克，贼以冲车环城穴之，城崩数十丈，贼拥入，城遂陷。都任阖室自经死，尤世威纵火焚其家百口，挥刀突战死。诸将各率所部巷战，杀贼千计，贼大至，杀伤殆尽，无一降者，阖城妇女俱自尽，诸将死事者数百人。榆林为天下劲兵处，频年饷绝，军士饥困，而殚义殉城，志不少挫，阖城男子妇女无一人屈节辱身者。榆林既屠，贼捣宁夏，宁夏总兵官抚民迎降，三边俱没。贼无后顾，长驱而东矣。

编 李自成陷庆阳，备兵副使段复兴、董琬、前太常少卿麻禧死之。屠庆阳，执韩王。

纪 时贼遣伪王往关东灵、阌诸路大张伪榜，移檄河南郡县。河南西境贼皆设伪官，官兵守怀庆府。

编 十二月，前大学士周延儒有罪，赐死。

编 张献忠通好于老回回。

纪 时老回回为李自成据荆州，献忠遣人与修旧好，合兵。自成既入关，献忠益横荆、岳间。

编 李自成陷平阳，知府张嶙然走太原，吏民皆降。

纪 贼杀西河王等三百人。高杰闻平阳陷，拥兵东下泽州，山西郡县闻贼至，望风迎款，贼遣伪牌遍行山西，其辞甚悖。

明鉴易知录卷十五

明纪

怀宗端皇帝

编　甲申，十七年，春正月，是岁为我大清世祖章皇帝顺治元年。

编　大风霾。

纪　占曰："风从乾起，主暴兵、城破。"

编　凤阳地震。

编　张献忠入夔州。

编　李自成称王于西安，僭国号曰顺，改元永昌。

纪　贼掠河东，河津、稷山、荣河、绛州一路俱陷。自成伪牒兵部约战，言三月十日至。上忧寇，临朝而叹曰："卿等能无分忧哉！"大学士李建泰进曰："主忧如此，臣敢不竭力！臣晋人，颇知寇中事。臣愿以家财佐军，可资数月之粮。臣请提兵西行。"上悦曰："卿若行，朕当仿古推毂。"

编　癸酉夜，星入月中。

纪　占云："星入月中，国破君亡。"

编　帝命大学士李建泰出师，师次涿州。

纪　命建泰出师，行遣将礼，命驸马都尉万炜以特牲告太庙，上临轩，廷授建泰节、剑，赐宴饯之。上亲赐卮酒曰："先生之去，如朕亲行。"建泰顿首起行。是日大风扬沙，占曰："不利行师。"建泰御肩舆，不数武，杆折，识者忧之。建泰出都，道闻山西烽火甚急，建泰家且破，因迟行，日三十里，师次涿州。初，建泰承上宠命，恃有家财可佐军需，已闻家破，进退失措，逡巡畿内而已。

编　二月朔，帝视朝。

纪　上平旦视朝，忽得伪封，启之，其词甚悖，末云"限三月望日至顺天，会同馆暂缴"。一时相顾失色，朝罢，遂不复问。

编 李自成陷蒲州及汾州。

纪 贼陷蒲、汾，怀庆不守，福王出奔，与太妃相失，遂至卫辉依潞王。

编 李自成陷太原，巡抚蔡懋德、中军盛应时等皆死之。

纪 自成至太原，太原无重兵为守，蔡懋德遣骁将牛勇、朱孔训出战，孔训伤于炮，勇陷阵死，一军皆殁，城中夺气。贼移檄远近，有云："君非甚暗，孤立而炀蔽恒多；臣尽行私，比党而公忠绝少。甚至贿通宫府，朝廷之威福日移，利入戚绅，闾左之脂膏尽竭。"又云："公侯皆食肉纨袴而倚为腹心，宦官皆龁糠犬豚而借其耳目。狱囚累累，士无报礼之心；征敛重重，民有偕亡之恨。"人读之多为扼腕。懋德知事必不支，写遗表令监纪贾士璋间道奏京师。盛应时见之，退归，先杀其妻子，誓将死敌。初八日，风沙大起，贼乘风夜登城，懋德、应时策马赴敌死，赵布政、毛副使及府县各官四十六员咸死之，贼尸之于城。

编 李自成至黎城，遣将陷临晋。

编 帝下诏罪己。

纪 诏曰："朕嗣守鸿绪，十有七年，深念上帝陟降之威，祖宗付托之重，宵旦兢惕，罔敢怠荒。乃者灾害频仍，流氛日炽，赦之益骄，抚而辄叛，甚至有受其煽惑，顿忘敌忾者。朕为民父母，不得而卵翼之，民为朕赤子，不得而怀保之，坐令秦、豫丘墟，江、楚腥秽，罪非朕躬，谁任其责！所以使民罹锋镝，蹈水火，殣量以壑，骸积成丘者，皆朕之过也。使民输刍挽粟，居送行赍，加赋多无艺之征，预征有称贷之苦者，又朕之过也。使民室如悬磬，田卒污莱，望烟火而无门，号冷风而绝命者，又朕之过也。使民日月告凶，旱潦荐至，师旅所处，疫厉为殃，上干天地之和，下丛室家之怨者，又朕之过也。至于任大臣而不法，用小臣而不廉，言官首鼠而议不清，武将骄懦而功不奏，皆由朕抚驭失道，诚感未孚。中夜以思，局蹐无地。朕自今痛加创艾，深省夙愆，要在惜人才以培元气，守旧制以息烦嚣，行不忍之政以收人心，蠲额外之科以养民力。至于罪废诸臣，有公忠、正直、廉洁、干才尚堪用者，不拘文武，吏、兵二部确核推用。草泽豪杰之士，有恢复一郡一邑者，分官世袭，功等开疆。即陷没胁从之流，能舍逆反正，率众来归，许赦罪立功；能擒斩闯、献，仍予通侯之赏。於戏！忠君爱国，人有同心，雪耻除凶，谁无公愤。尚怀祖宗之厚泽，助成底定之大功，思克厥愆，历告朕意。”诏下，贼前锋已至大安驿。

编 议京师城守。

编 李自成攻代州，总兵周遇吉退守宁武关。

编 李自成兵趋真定，知府丘茂华叛降贼。

纪 茂华闻警，先遣家人出城，总督徐标执茂华下狱。标麾下中军伺标登城画守御，劫标城外杀之，出茂华。茂华遂檄属县叛待寇，贼数骑入城，收帑籍，近京三百里，寂然无言者。

编 进魏藻德礼部尚书、文渊阁大学士，总督河道屯练，往天津。进方岳贡户部尚书兼兵部尚书、文渊阁大学士，总督漕运屯练，往济宁。

纪 藻德辞新衔，允之。有言各官不可令出，出即潜遁，遂止藻德等不遣。

编 诏征天下兵勤王。

纪 命府部大臣各条战守事宜，上候于文华殿，都察院左都御史李邦华、少詹事项煜、右庶子李明睿各言南迁，及东宫监抚南京。上骤览之，怒甚曰：“诸臣平日所言若何？今国家至此，无一忠臣义士为朝廷分忧，而谋乃若此。夫国君死社稷，乃古今之正，朕志已定，毋复多言！”吏科都给事中吴麟征请弃山海关外宁远、前屯二城，徙总兵吴三桂入关屯宿近郊，以卫京师。廷臣皆以弃地非策，不敢主其议。

编 大学士陈演罢。

纪 初，上忧秦寇，演谓无足虑。至是不自安，求去。

编 李自成陷宁武关，总兵周遇吉死之。

纪 自成薄宁武关，传檄五日不下，且屠，遇吉悉力拒守，大炮击贼万馀人。会火药尽，或言“贼势重，可款也。”遇吉曰：“战三日杀贼且万，若辈何怯邪！能胜之一军尽为忠义；万一不支，缚我以献，若辈可无恙。”于是开门奋击，杀贼数千人，贼惧，欲退。或为贼策曰：“我众彼寡，但使主客分别以十击一，蔑不胜矣。请去帽为识，见戴帽者击之，递出战，不二日可歼也。”贼引兵复进迭战，脱帽以自别，我兵大败。遇吉阖室自焚，挥短刀力斗，被流矢，牙兵且尽，见执；骂贼，贼于市磔焉，遂屠宁武。自成既杀遇吉，叹曰：“使守将尽周将军者，吾安得至此！”

编　李自成陷大同，总兵朱三乐、巡抚卫景瑗、督理粮储户部郎中徐有声、朱家仕、文学李若葵俱死之。

编　二月，督师、大学士李建泰上书请驾南迁，愿奉太子先行。

纪　上谕阁臣曰："李建泰有疏劝朕南迁。国君死社稷，朕将何往！"大学士范景文、左都御史李邦华、少詹事项煜请先奉太子抚军江南，兵科给事中光时亨大声曰："奉太子往南，诸臣意欲何为，将欲为唐肃宗灵武故事乎？"景文等遂不敢言。上复问战守之策，众臣默然。上叹曰："朕非亡国之君，诸臣尽亡国之臣尔！"遂拂袖起。

编　钦天监奏帝星下移。

编　诏封总兵吴三桂平西伯、左良玉宁南伯、唐通定西伯、黄得功靖南伯。

编　征山海总兵吴三桂，蓟、辽总督王永吉率兵入卫。

编　唐通以八千人入卫，寻同太监杜之秩守居庸。

编　李自成兵陷保定，御史金毓峒与其从子振孙等皆死之。

纪　贼犯保定，李建泰已病，中军郭中杰缒城降贼，兵溃，贼入保定，建泰被执。毓峒守西门，贼执之入三皇庙见贼帅，毓峒奋拳殴贼帅仆之，跃入井中死，妻王氏自经。毓峒从子振孙以武举效力行间，登城射贼，多应弦而毙。城陷，众解戎衣自匿，振孙大呼曰："我御史金毓峒侄也。"贼支解之。毓峒子罂妇陈氏，年十八，与其祖母张、母杨、嫂常一时尽投于井。

编　李自成陷宣府，巡抚朱之冯死之。

纪　自成宿阳和，遂长驱向宣府，宣府叛将白广恩贻总兵姜瓖书约降，监视太监杜勋郊迎三十里，军民聚谋籍籍。朱之冯悬赏劳军守城，无一应者，三命之，咸叩头曰："愿中丞听军民纳款！"之冯独行巡城，见大炮曰："汝曹试发之，可杀数百人，贼虽杀我，无恨矣。"众又不应，之冯不得已乃自起燃火，兵民竞挽其手，之冯乃夺士卒刀自刎，宣府军民俱迎降于贼。乡绅张罗彦自杀。

编　帝按籍勋戚大珰，征其助饷。

纪　上遣太监徐高谕嘉定伯周奎为倡，奎谢无有，高拂然起曰："外戚如此，国事去矣，多金何益！"奎奏捐万金，上少之，勒其二万。太监王永祚、曹化淳助王三万五万。王之心最富，上面谕之，仅献万金。

诸内官各大书于门曰“此房急卖”，复杂出雕镂玩好诸物陈于市以求售。后贼拷王之心，追十五万，他金银器玩称是；周奎钞见银五十二万，珍币复数十万。魏藻德首输百金。陈演既放未行，召入，诉清苦。百官共议捐助，勉谕至再。时谕上等三万金，皆无应，惟太康伯张国纪输二万，余不及也。又议前三门巨室各输粮给军，且赡其妻孥使无内顾，诸巨室多不乐而止。

编 大风霾，昼晦。命司礼太监王承恩提督内外京城，总督蓟、辽王永吉节制各镇。

纪 贼警益逼，有劝上南迁者，上怒曰：“卿等平日专营门户，今日死守，夫复何言！”谕兵部曰：“都城守备有余，援兵四集，何难刻期灭寇。敢有讹言惑众，及私发家眷出城者擒治。”

编 分营都门，设大炮，给九门守者人百钱，召前太监曹化淳守城。

编 南京孝陵夜哭。

编 风晦。寇自柳沟抵居庸关。

纪 柳沟天堑，百人可守，竟不设备。总兵唐通、太监杜之秩迎降，抚臣何谦伪死私遁，总兵马岱自杀其妻子，疾走山海关。时京师以西诸郡县望风瓦解，将吏或降或遁。伪权将军移檄至京师，云“十八日至幽州，会同馆暂缴”，京师大震，诏三大营屯齐化门外。

编 李自成兵陷昌平州。

纪 贼陷昌平州，诸军皆降。总兵李守𨱍骂贼不屈，手格杀数人，人不能执，诸贼围之，守𨱍拔刀自刎。贼焚十二陵享殿，传警至京师。

先是上知寇警益急，下吴麟征请徙宁远疏，飞檄趣吴三桂入关。三桂徙五十万众，日行数十里，是日始及关，贼骑已过昌平矣。太监高起潜弃关走西山，贼分兵掠通州粮储，上方御殿，自考选诸臣，问裕饷安人。以次对，未及半，秘封入，上览之色变，即起入。诸臣立候移刻，命俱退，始知为昌平失守也。

编 李自成陷京师，帝自经于煤山，皇后及宫人魏氏、费氏皆死之，诸臣一时死难者四十余人。

纪 贼乘夜自沙河而进，直犯平则门，竟夜焚掠，火光烛天。京师内外城堞，凡十五万四千有奇，京营兵疫，其精锐又太监选去，登陴羸弱五六万人，内阉数千人，守陴不充，无炊具，市饭为餐，饷久阙，仅人给百钱，无不解体。

乙巳，上早朝，召对诸臣而泣，俄闻贼大至，方报过卢沟桥，俄攻平则、彰义等门矣。城外三大营皆溃降，火车、巨炮，皆为贼有，贼反炮攻城，轰声震地。京军五月无饷，一时驱守，率多不至，每堵一人多不及。诸臣方侍班，襄城伯李国桢匹马驰阙下，汗浃沾衣，内侍呵止之，国桢曰："此何时也，君臣即求相见，不可多得矣！"内臣叩之，曰："守军不用命，鞭一人起，一人复卧如故。"上召入，因命内臣俱守城，凡数千人。上括中外库金二十万犒军，是日细民有痛哭输金者，各授锦衣卫千户。

丙午，寇攻城，炮声不绝，流矢雨集，贼仰语守兵曰："亟开门，否且屠矣。"守者惧，空炮向外，不实铅子，徒以硝焰鸣之，犹挥手示贼，贼稍退，炮乃发。贼驱居民负木石填壕，急攻；我发万人敌大炮，误伤数十人，守者惊溃，尽传城陷，阖城号哭奔窜。贼驾飞梯攻西直、平则、德化三门，势甚危急。太常少卿吴麟征累土填西直门，因单骑驰入西安门，吏部侍郎沈惟炳守门，曰："内守有宦寺，百官不得入，奈何？"麟征排门而入，太监王德化语麟征曰："守城人少，奈何？请增益之。"麟征至午门，遇大学士魏藻德止之曰："兵部调度，兵饷已足，公何事张皇邪？藻德且出阁，上方休，公安从入？"麟征流涕，藻德挽之出。

是日封刘泽清东平伯。时左谕德杨士聪等入直，语阁臣："左良玉、吴三桂俱封，而遗刘泽清，且临清地近，可虞也。"阁揭上，得封。

都察院左都御史李邦华至正阳，欲登城，中贵拒之。李自成对彰义门设座，晋王、代王左右席地坐，太监杜勋侍其下，呼"城上人莫射，我杜勋也，可缒下一人以语。"守者曰："留一人下为质，请公上。"勋曰："我杜勋无所畏，何质为。"提督太监王承恩缒之上，同入见大内，盛称贼势重，皇上可自为计。守陵太监申芝秀自昌平降贼，亦缒上入见，备述贼犯上不道语，请逊位；上怒叱之。诸内臣请留勋，勋曰："有秦、晋二王为质，不反则二王不免矣。"乃纵之出，仍缒下。

兵部尚书张缙彦奏曰："时势如此危急，臣屡至城阈，欲觇城上守御，辄为监视抑沮。今闻曹化淳、王化成缒贼杜勋上城，未知何意，恐有奸宄不测。"章上，上手书遣缙彦上城按之。至城，内监沮之如故，示以上传，始登，问"杜勋安在？"云"昨暮上，今晨下之。已上闻，无容致诘。"又曰"尚有秦、晋二王在城下，亦欲通语。"缙彦曰："秦、晋二王既降贼,如何可上。”化淳拂衣去。因阅城上守卒寥寥,兵部侍郎王家彦痛哭云:“贼势如此,监视将营兵调去。李襄城处尚有十之四,家彦所守两堵仅一卒。”语未竟,城下坎墙声急,王承恩炮击之,连毙数人。化淳、化成饮酒自若。缙彦驰至内阁,约同奏,至宫门,传止之。

上下诏亲征,召驸马都尉巩永固,谋以家丁护太子南行。对曰:“臣等安敢私蓄家丁,即有之何足当贼。”乃罢。已,召王承恩亟饬内员备亲征。

申刻,彰义门启,盖曹化淳献城开门也。贼恣杀掠,前大学士蒋德璟宿会馆被创。上亟召阁臣入曰:“卿等知外城破乎?”曰:“不知。”上曰:“事亟矣,今出何策?”皆曰:“陛下之福,自当亡虑;如其不利,臣等巷战,誓不负国。”命退。

是夕上不能寝,内城陷,一阉奔告,上曰:“大营兵安在?李国桢何往?”答曰:“大营兵散矣,皇上宜急走。”其人即出,呼之不应。上即同王承恩幸南宫,登万岁山,望烽火烛天,徘徊逾时,回乾清宫,朱书谕内阁:“命成国公朱纯臣提督内外诸军事,来辅东宫。”内臣持至阁。因命进酒,连沃数觥,叹曰:“苦我民尔!”以太子、永王、定王分送外戚周、田二氏。语皇后曰:“大事去矣!”各泣下,宫人环泣,上挥去,令各为计。皇后顿首曰:“妾事陛下十有八年,卒不听一语,至有今日。”皇后拊太子、二王,恸甚,遣之出,后自经。上召公主至,年十五,叹曰:“尔何生我家!”左袖掩面,右手挥刀断左臂,未殊死,手栗而止。命袁贵妃自经,系绝,久之苏,上拔剑刃其肩,又刃所御妃嫔数人。召王承恩对饮,少顷,易靴出中南门,手持三眼枪,杂内竖数十人,皆骑而持斧,出东华门,内监守城,疑有内变,施矢石相向。时朱纯臣守齐化门,因至其第,阍人辞焉,上太息而去。走安定门,门坚不可启,天且曙矣。帝御前殿,鸣钟集百官,无一至者。遂仍回南宫,登万岁山之寿皇亭自经。亭新成,所阅内操处也。太监王承恩对缢。上披发御蓝衣,跣左足,右朱履,衣前书曰:“朕自登极十七年,逆贼直逼京师,虽朕薄德匪躬,上干天咎,然皆诸臣之误朕也。朕死无面目见祖宗于地下,去朕冠冕,以发覆面,任贼分裂朕尸,勿伤百姓一人。”又书一行:“百官俱赴东宫行在。”犹谓阁臣已得朱谕也,不知内臣持朱谕至阁,阁臣已散,置几上而反,文武群臣无一人知者。

丁未昧爽,天忽雨,俄微雪,须臾城陷。贼先入东直门,杀守门御史王章，兵部侍郎张伯鲸走匿民舍。贼骑塞巷，大呼民间速献骡马，贼经象房桥，群象哀鸣，泪下如雨。贼千骑入正阳门，投矢令人持归闭门得免死，于是俱门书“顺民”。太子走诣周奎第，奎卧未起，叩门不得入，因走匿内官外舍。上之出至南宫也，使人诣懿安皇后所，劝后自裁，仓卒不得达。两宫已自尽，宫人号泣出走，宫中大乱。懿安皇后青衣蒙头，徒步走入成国公第。尚衣监何新入宫，见长公主断肩仆地，与宫人救之而苏，公主曰：“父皇赐我死，我何敢偷生。”何新曰：“贼已将入，恐公主遭其辱，且至国丈府中避之。”乃负之出。

午刻，李自成毡笠缥衣，乘乌骏马，伪丞相牛金星、尚书宋企郊等五骑从之。时宫中大乱，诸贼帅率其骑，皆擐甲执兵，先入清宫，诸宫人逸出，遇贼复入，宫人魏氏大呼曰：“贼入大内，我辈必遭所污，有志者早为计。”遂跃入御河死，顷间从死者积一二百人。

自成自西长安门入，弯弓仰天大笑，手发一矢，中坊之南偏。至承天门，自成顾盼自得，复弯弓指门榜语诸贼曰：“我一矢中其中字，必一统。”射之不中，中“天”字下，自成愕然。牛金星趋而进曰：“中其下，当中分天下。”自成喜，投弓而笑。司礼视印太监王德化以内员三百人先迎德胜门，令仍旧任，各监局印官迎，亦如之，因集选百余人，余皆散去。自成入宫，问帝所在，大索宫中，不得，伪尚玺卿黎某进曰：“此必匿民间，非重赏严诛不可得。今日大事，不可忽也！”乃下令，献帝者赏万金，封伯爵，匿者灭族。

自成登皇极殿，据黼座，牛金星檄召百官，期二十一日俱集于朝。自成同伪都督刘宗敏等数十骑入大内，太监杜之秩、曹化淳等前导，自成责其背主当斩，秩等叩首曰：“识天命，故至此。”自成叱去之。贼分宫嫔各三十人，牛金星、军师宋献策等亦各数人。宫人费氏，年十六，投眢井，贼钩出之，见其姿容，争相夺，费氏绐曰：“我长公主也。若不得无礼，必告汝主。”群贼拥之见自成，自成命内官审之，非是，赏部校罗贼。罗携出，费氏复绐曰：“我实天潢之胤，义难苟合，惟将军择吉成礼，死生惟命。”贼喜，置酒，极劝，费氏怀利刃，俟贼醉断其喉立死，因自刎。自成大惊，令收葬之。内臣献太子，自成留之西宫，封为宋王，太子不为屈。辛亥，改殡先帝后，出梓宫二，以丹漆殡先帝，黝漆殡先后，加帝翼善冠，衮玉渗金靴，后袍带亦如之。

初，贼犯都城，大学士范景文知事不可为，叹曰：“身为大臣，不能从疆埸少树功伐，虽死奚益！”十八日，召对，已不食三日矣，饮泣入告，声不能续。翼日城陷，景文望阙再拜，自经。家人解之，乃赋诗二首，潜赴龙泉巷古井死，其妾亦自经。户部尚书兼侍读学士倪元璐闻难曰：“国家至此，臣死有余责。”乃衣冠向阙北谢天子，南谢母，索酒招二友为别，酬汉寿亭侯像前，遂投缳。题几案云：“南都尚可为，死吾分也。慎勿棺衾，以志吾痛。”因诏家人曰：“若即欲殓，必大行殓方收吾尸。”乃缢。死三日后，贼突入，见之，颜色如生，贼惊避他去。一门殉节共十有三人。左都御史李邦华闻难叹曰：“主辱臣死，臣之分也，夫复何辞。但得为东宫导一去路，死庶可无憾。已矣，势不可为矣！”乃题阁门曰：“堂堂丈夫，圣贤为徒，忠孝大节，矢死靡他。”乃走文丞相祠，再拜，自经祠中。贼至，见其冠带危坐，争前执之，乃知其死，惊避去。左副都御史施邦曜闻变，恸哭，题词于几曰：“愧无半策匡时难，但有微躯报主恩。”遂自缢。仆解之，复苏，邦曜叱曰：“若知大义，毋久留我死。”乃更饮药而卒。大理寺卿凌义渠闻难，以首触柱，流血被面，尽焚其生平所著述及评骘诸书，服绯正笏望阙拜，复南向拜讫，遗书上其父，有曰：“尽忠即所以尽孝，能死庶不辱父。”乃系帛，奋身绝吭而死。协理京营兵部右侍郎王家彦，贼犯都城，奉命守德胜门，城陷，家彦自投城下不死，折臂足，其仆掖入民舍，自缢死。贼燔民舍，焚其一臂，仆收其遗骸归。刑部右侍郎孟兆祥，贼犯都城，奉命守正阳门，贼至，死于门下，妻何氏亦死。其子进士章明收葬父尸，亟归，别其妻王氏曰：“吾不忍大人独死，吾往从大人。”妻曰：“尔死，吾亦死。”章明以头抢地曰：“谢夫人，然夫人须先死。”乃遣其家人尽出，止留一婢在侧，章明视妻缢，取笔作诗已，复大书壁曰：“有侮吾夫妇尸者，吾必为厉鬼杀之！”妻气绝，取一扉置上，加绯服，又取一扉，置妻左，亦服绯自缢，属婢曰：“吾死亦置扉上。”遂死。左谕德马世奇是日方早食，闻变曰：“是当死。”家人曰：“奈太夫人何？世奇曰：“正恐辱太夫人耳。”遂作书别母。侍妾朱氏、李氏盛服前，世奇曰：“若辞我去邪？”二妾言：“主人尽节，吾二人亦欲尽节。”拜辞已，并入室自缢，世奇亦遂缢。家人救之，复苏，告曰：“闻圣驾已南幸矣，可为从亡计。”世奇不应，睹二妾已死，笑曰：“若年少，遂能死乎？”乃朝服捧敕北面再拜，取冠带焚之于庭，以司经局印置案上，属仆曰：“上如出幸，以此上行在，否则投之吏部。”复南向拜母，端坐引帛力自缢死。左中允刘理顺，贼入城，理顺题于壁曰：“成仁取义，孔、孟所传，文信践之，吾何不然？”酌酒自尽，其妻万氏、妾李氏及子孝廉并婢仆十八人，阖门缢死。贼多河南人，至其居，曰：“此吾乡杞县刘状元也。居乡厚德，吾军奉李将军令护卫公，何遽死也！”数百人下拜，泣涕而去。时谓臣死君，妻死夫，子死父，仆死主，一家殉难者，以刘状元为最。太常少卿吴麟征奉命守西直门，贼势急，同守者相继避去。麟征遗友人书曰：“时事决裂，一旦至此，同官潜身远害，某惟致命遂志自矢而已。”城陷，徒步归，贼已据其邸，因入道左三元祠。时传天子蒙尘，有劝公南归，不应，同官来招之降贼，怒挥之户外，遂自经。家人救之苏，泣而请曰：“明旦待祝孝廉至，可一诀。”麟征许之。先是祝孝廉渊以奏保刘宗周被逮，留京师，渊晨至，麟征酌酒慷慨与别曰：“自我登第时，梦见隐士刘宗周题文信国零丁洋诗二语于壁，数实为之。今老矣，山河破碎，不死何为。”相对泣数行下，因作书诀家人曰：“祖宗二百七十年宗社，一旦而失，身居谏垣，无所匡救，法应褫服，殓时用角巾青衫，覆以单衾，藉以布席足矣。茫茫泉路，咽咽寸心，所以瞑予目者，又不在乎此也。罪臣吴麟征绝笔。”书毕，投缳死之。渊为视含殓，乃去。右庶子周凤翔，上梓宫暴露东华门外，凤翔赴哭恸绝，归寓遗书诀父，有曰：“男今日幸不亏辱此身贻两大人羞，吾事毕矣。罔极之恩，无以为报，矢之来生。”复作诗一首，有“碧血九泉依圣主，白头二老哭忠魂”之句，向阙再拜，自缢，二妾从之俱死。简讨汪伟，先是闻贼渐近都城，遗书友人曰：“京师单弱，不惟不能战，亦不能守，一死外无他计也。”及贼犯关，伟恺憏，累日不食。妻耿氏从容语曰：“苟事不测，请从君共死。”城陷，伟趋吴给事甘来所，约同殉难。归与妻耿氏呼酒命酌，伟大书前人语于壁曰：“志不可屈，身不可降。夫妇同死，节义成双。”为两缳于梁间，伟就右，耿氏就左，既皆缢，耿氏复挥曰：“止止，虽在颠沛，夫妇之序不可失也。”复解缳正左右序而死。户科给事中吴甘来，贼薄京师，兄礼部员外泰来至寓，执甘来手泣曰：“事势至此，奈何？”甘来曰：“有死，无二义也！”城陷，传闻圣驾南出，甘来曰：“上明且决，必不轻出。”乃疾趋皇城，不得入，返寓，家人进饮食，却之。有劝甘来潜遁者，甘来曰：“今不能调兵杀贼，顾欲苟全求活邪？”遂作书以后事属其兄弟，简几上有疏草在，曰：“留此恐彰君过”，取火焚之。兄子家仪奔至，相与恸哭曰：“我不死无以见志，汝父死无以终养。古者兄弟同难，必存其一。使皇上在，则土木袁彬，逊国程济，皆可为也。否则求真人于白水，起斟鄩于有仍，是我虽死犹生也。努力！免之！”遂冠带北向拜者五，南向拜者四，赋绝命诗一首，引佩带自缢死。监察御史王章，贼犯京师，章与给事中光时亨同巡城，至阜城门，贼缘堞而上，从人骇走，贼持刃问曰：“降否？”章叱之曰：“不降。”贼以刃筑其膝仆地，遂遇害。章子之栻后亦死难于闽，甚烈，与章同。监察御史陈良谟闻变，痛饮作诗，为缳于梁欲自尽。妾时氏有娠，良谟谓之曰：“吾年逾五十无子，汝幸有娠，倘生男以延陈氏血食，汝必勉之！”时氏曰：“主人死，妾将谁依？与其为贼辱，不如无子也。妾请先死以绝君念。”遂入投缳。良谟别作一缳，与之同尽。监察御史陈纯德时提督北直学校，行部至易水，试士未竟，闻都城贼警，即戒装入都。不数日，城陷，自缢死。四川道御史赵撰巡视中城，捕贼谍，杀之。城陷，贼获撰，撰瞑目大骂，贼怒，杀于白帽胡衕。太仆寺丞申佳胤闻城陷，投井死。吏部员外许直，都城陷时，传先帝从齐化门出，有客劝曰：“天子南迁，公等宜扈跸偕行，共图光复。”直唯之。既而出门一望，曰：“当此四面干戈，驾将焉往？”比闻帝崩，号恸几绝，有客从旁慰解，动以亲老子幼，直曰：“有兄在，吾无忧也。”是夜，为书报其父，作诗六章，起拜阙已，复拜父毕，自缢死。一手持绳尾，一手上握，神气如生。兵部郎中成德，贼报急，即致书同年马世奇曰：“主忧臣辱，我等不能匡救，贻祸至此，惟有一死以报国耳。君常忠孝夙禀，谅有同心也。”及帝崩，梓宫暴露东华门，德以鸡酒哭奠梓宫前。贼怒，露刃胁视之，不为动。归寓，跪母张氏前哭，母曰：“我知之矣。”入室自缢死，妻张氏亦死。一子六岁，德扑杀之，然后自杀。兵部员外郎金铉，贼攻城急，铉跪母章氏前曰：“儿世受国恩，职任车驾，城破，义在必死，得一僻地可以藏母，幸速去。”母曰：“尔受国恩，我独不受国恩邪？事急，庑下井是吾死所。”铉恸哭，即辞母往视事，归至御河桥，闻城陷，铉望寓再拜，即投入御河，从人拯救，铉啮其臂，急赴深处。时河浅，俛首泥泞，死之。家人报至，母章氏亦投井死。铉妾王氏亦随死。其弟诸生錝哭曰：“母死，我必从死，然母未归土，未敢死也。”遂棺殓其母，既葬二日，复投井而死。光禄寺署丞于腾蛟冠带，呼妻亦衣命服同缢死。副兵马使姚成，中书舍人宋天显皆自尽。中书舍人滕之所、阮文贵、经历张应选咸投御河死。儒士张世禧二子懋赏、懋官，俱自经死。又菜佣汤之琼见先帝梓宫过，恸哭触石死。襄城伯李国桢，贼李自成舁帝后梓宫于东华门外，设厂，百官过者莫进视，国桢泥首去帻，踉跄奔赴，跪梓宫前大哭。贼执国桢见自成，复大哭，以头触阶，血流被面，贼众持之，自成以好语诱国桢使降，国桢曰："有三事，尔从我即降：一，祖宗陵寝不可发；一，须葬先帝以天子礼；一，太子、二王不可害。"自成悉诺之，扶出，贼以天子礼藁葬先帝于田贵妃墓，惟国桢一人斩衰徒步往葬，至陵，襄事毕，恸哭作诗数章，遂于帝后寝前自缢死之。新乐侯刘文炳，贼破外城，帝召文炳同驸马巩永固各率家丁二十余人，欲于崇文门突围出，不得，乃回宫，文炳叹曰："身为戚臣，义不受辱，不可不与国同难。"其女弟适李年，未三十而寡，文炳召之归，城陷，与弟左都督文耀择一大井，驱子孙男女及其妹十六人尽投其中，纵火焚赐第，火燃，俱投火死。祖母，瀛国太夫人，即帝外祖母也，年九十余，亦投井死。驸马都督巩永固，从帝突围出，不得，归家杀其爱马，焚其弓刀铠仗，大书于壁曰："世受国恩，身不可辱。"时乐安公主先薨，以黄绳缚子女五人于柱，命外举火，遂自刭。太傅惠安伯张庆臻闻城陷，尽散财物与亲戚，置酒，一家聚饮，积薪四围，全家燔死。宣城伯卫时春闻变，合家赴井死，无一存者。锦衣卫都指挥使王国兴闻变，自缢死。锦衣卫指挥同知李若珪守崇文门，城陷，作绝命词云"死矣，即为今日事。悲哉，何必后人知。"自缢死。锦衣卫千户高文采守宣武门，城陷，一家十七人皆自杀，尸狼藉于路。顺天府知事陈贞达自尽。阳和卫经历毛维张不屈死。百户王某，周钟寓其家，百户劝钟死，钟不应，出门欲降，百户挽钟带至断，钟不听，百户自经。长洲生员许琰，闻京师之变，悲号欲绝，遍体书"崇祯圣上"四字，绝粒七日而死。会稽生员王毓蓍闻京师之变，作致命词以见志，夜肃衣冠赴柳桥水而死。

贼兵充塞街巷，恣意淫掠，惟殉难诸臣家，贼戒不敢骚扰。一时诸臣尽节稍不决烈者，即被其拘执于朝，迫胁献金，极刑拷掠；献不满意，仍复受刑；受刑不过，陈演仰药死，魏藻德自勒死，方岳贡不食死，邱瑜自经死。贼毁太庙，迁太祖神主于历代帝王庙中。贼每升御座，辄目眩头晕。铸永昌钱，字不成文。有明制度，任意纷更。识者已知其终于贼矣。

编　平西伯吴三桂乞师于我大清，长驱而入。夏四月，贼李自成遁走。

纪 初，三桂率兵入援，闻京城已陷，顿兵山海，走大清乞师而后长驱以入。自成闻之大惊，胁三桂父襄作书招三桂，复遣唐通赍银四万两犒师，别以贼兵二万守关。三桂佯受其犒，而出不意尽杀守关贼，遂复书绝父。四月，自成率精锐六万众，挟太子、定王、永王及吴襄东行向永平。三桂击贼于关门，贼方合围，大清兵至，自成策马先走，贼众奔溃；三桂追贼至永平，又破之。自成奔还京师，三桂压城而营，自成合十八营拒战，官军击之，贼死者二万人。自成杀吴襄，尽戮其家口三十八口，悬襄首于城上。三桂披发坠鞍，哭于地，三军感愤，拔刀砍地誓杀贼。

丙戌，自成称帝，即位于武英殿。

丁亥，自成出彰义门西走，三桂轻骑追之。贼马骡皆重载，自卢沟至固安百里内，所弃财物、妇女塞路，贼众半散去。三桂追至保定，贼还兵而斗，尽失其辎重。追至真定复拒战，官军击之，杀贼万余人，自成中流矢，拔营走山西。三桂以兵逐之，及关而止，遂还军京师。

编 五月，我大清定鼎顺天。